이 책을 집필해 주신 선생님들

고창균 낙생고 교사 / EBS 교재 검토위원, 전국연합학력평가 검토위원, 고등 국어 지도서(천재교육), 문학 지도서(천재교육)

김기훈 덕성여고 교사

김덕곤 성일여고 교사 / EBS 집필위원, 전국연합학력평가 출제위원, 문학 교과서(동아)

김미정 신한고 교사 / EBS 교재 검토위원, 올리드 중학 국어(미래엔)

김성언 소래고 교사

김수학 중동고 교사 / EBS 집필위원, 문학 교과서(천재교육)

김익규 한빛고 교사 / 전국연합학력평가 출제위원, 고등 국어 자습서·평가문제집(천재교육), 중등 국어 자습서·평가문제집(천재교육, 미래엔)

김태현 순심여고 교사 / 중등 국어 평가문제집(천재교육)

박인규 인천포스코고 교사 / 중등 국어 교과서(천재교과서, 금성), 수능 Q&Q 특강 문법(천재교육)

박인태 홍대부여고 교사 / 떠먹는 국어문법, 떠먹는 문학(쏠티북스), 정직한 모의고사(병아리북스)

박정준 오산고 교사 / 前 EBS 논술·구술·면접·학생부 종합전형 강사, 논술 교과서(천재교육), 고전 교과서(해냄), 논술 지도서·자습서(천재교육), 고전 자습서&평가문제집(해냄)

배현진 대구고 교사 / 고등 국어 자습서(천재교육), 수능셀파 문학편(천재교육)

부경필 충암고 교사 / EBS 교재 검토위원, 이화여대 논술 검토위원, 고등 국어 자습서·평가문제집(천재교육)

신해연 자유기고가 / 중등 국어 교과서(천재교육)

유성주 보성고 교사 / 전국연합학력평가 출제위원, 고등 국어 자습서(천재교육), 문학 자습서(천재교육)

윤여정 백석고 교사 / 문학 평가문제집(천재교육), 중등 국어 자습서(천재교육)

이강휘 무학여고 교사 / 고등 국어 지도서·자습서·평가문제집(천재교육), 문학 지도서·자습서·평가문제집(천재교육), 국어는 꿈틀 문학·독서 비문학(꿈을담는틀), 국어는 훈련이다(지상사), 에고, Ego! 시쓰기 프로젝트(이담북스)

이경호 중동고 교사 / EBS 집필위원, 전국연합학력평가 출제위원

이기만 고대사대부고 교사 / 전국연합학력평가 출제위원, 개벽 국어(천재교육)

이세영 운암고 교사 / 고등 국어 교과서(천재교육), 화법과 작문 교과서(천재교육)

이윤복 교하고 교사 / 전국연합학력평가 출제위원, 중등 국어 교과서(비상)

이호형 서라벌고 교사 / EBS 분석노트 수능특강(메가스터디)

임인규 교하고 교사 / EBS 교재 검토위원

임호원 동탄국제고 교사 / 전국연합학력평가 출제위원, 고등 국어 교과서(천재교육, 금성), 고등 국어 자습서(천재교육, 금성)

임호인 대구 예담학교 교사 / EBS 집필 및 검토위원, 전국연합학력평가 출제위원, 고등 국어 지도서·자습서(천재교육), 문학 지도서(천재교육), 수능 셀파 국어영역(천재교육)

조은영 세명컴퓨터고 교사 / 문학 교과서 검토(천재교육), 고등 국어 교사용 평가자료(천재교육)

조형주 한성고 / EBS 집필위원, 문학 교과서(지학사)

주진택 영남중 교사 / 중등 국어 교과서(천재교육)

지범식 계성고 교사 / EBS 교재 검토위원, 고등 국어 자습서(천재교육), 수능셀파 국어영역(천재교육), 문학 교과서(해냄)

최덕수 대구서부고 교사 / EBS 집필위원, 전국연합학력평가 출제위원

최성조 인천국제고 교사 / 전국연합학력평가 출제위원, 고등 국어 자습서(천재교육, 비상), 자이스토리 국어영역(수경출판사)

학교

서울
강예림(한국삼육고), 김동규(대원고), 김동기(한서고), 김수진(상명고), 김수호(남강고), 김자령(동명여고), 박지민(양재고), 배용수(영락고), 이동근(동대부고), 이세주(광성고), 이유미(대원고), 이희찬(삼성고), 임광선(광문고), 임은정(대일관광고), 최연주(신광여고)

인천/경기
고재현(광주중앙고), 고종열(경기창조고), 국응상(인천영종고), 김관우(한민고), 김명희(영덕고), 김소라(도당고), 김숙경(인천원당고), 김영길(유신고), 김영대(수성고), 김윤정(서도고), 김지선(중원고), 박선영(도당고), 박엄지(분당경영고), 박영민(광탄고), 박준영(정왕고), 오은혜(행신고), 윤정현(안성고), 윤형철(솔터고), 우지현(소래고), 이동미(보정고), 이민정(화성반월고), 이선영(의정부중), 이섭(대신고), 이원재(분당영덕여고), 장동준(인천포스코고), 장종호(대부고), 정미혜(동두천외고), 정민영(율천고), 조선주(행신고), 조혜령(양주백석고), 한상진(백령고)

대구/경북
곽미소(이서중고), 김영식(대구과학고), 박진형(금오고), 이광현(상주공업고), 정수진(상모고), 정지성(문창고), 지상훈(정화여고), 최상원(근화여고), 허정동(달서중)

부산/경남
강경태(사상고), 안다희(브니엘여고), 임성범(해동고), 전예지(부산장안고)

전북
고영빈(해리고), 류가진(전주해성고), 배희라(고창여고), 윤성민(전북사대부고)

광주/전남
김지연(여남고), 박영우(광주서석고), 박지연(장흥관산고), 박해영(전남기술과학고), 최윤정(수완고)

강원
강민주(여량고), 김종호(원주고), 전광표(대성고), 최민경(홍천여고)

대전/세종/충청
고영훈(두루고), 김두식(서대전고), 김보연(청석고), 김태호(중일고), 김현지(대전여고), 김홍호(서대전고), 박수용(대전만년고), 반세현(오성고), 양진희(한솔고), 윤장원(청석고), 최경일(동방고), 한정민(충남삼성고)

학원

서울
강영훈, 강현정, 권태경, 김우진, 김주욱, 김주현, 김진선, 김진홍, 노병곤, 박수영, 박은영, 박정민, 박정범, 변효지, 성은주, 오성민, 오승현, 이동규, 이세람, 이정복, 이철웅, 이효정, 정선애, 정현성, 진순희, 최선호, 한기연, 한상덕, 허연

인천/경기
강찬, 곽기범, 김문기, 김민정, 김부경, 김선철, 김수영, 김신혜, 김윤정, 김정욱, 김정일, 김흙, 문선희, 문성국, 박종욱, 백수미, 서대영, 오성기, 이성훈, 이수진, 장영욱, 조성오, 최성철, 홍승억, 황의선, 황재준

대구/경북
김형주, 이승구, 이진주, 제갈민

부산/울산/경남
김병수, 김혜정, 남한나, 노경임, 박수진, 백승재, 성미화, 성부경, 손영재, 이유림, 전정배, 정영수, 차승훈, 최정인, 한지담, 홍성훈, 황양규

광주/전라
차효순, 하선희

강원
최수남

대전/세종/충청
김영미, 문효상, 박대권, 박진영, 손인배, 오승영, 조승연, 조훈, 천은경

제주
김선미, 김은정

내용을 검토해 주신 선생님들

해법문학
고전 산문

구성과 특징

- **2015 교육과정 10종 문학, 11종 국어 및 기타 교과서 수록 문학 작품 완전 분석**
  10종 문학 교과서, 11종 국어 교과서 및 독서, 화법과 작문, 언어와 매체 교과서에 수록된 문학 작품들을 망라하여 수록하였습니다.
- **교과서 수록 작품의 핵심을 모아 공부할 수 있는 자율 학습의 기본서**
  교과서에서 중요하게 다루는 학습 활동 내용을 중심으로 각 작품의 상세한 분석과 함께 핵심 내용을 한눈에 볼 수 있도록 구조화하여 쉽고 재미있게 학습할 수 있도록 하였습니다.
- **출제 가능성이 높은 문제로 내신과 수능에 철저한 대비**
  각 작품의 핵심 내용을 문제화하고, 교과서의 학습 활동을 응용한 문제와 수능 및 평가원, 교육청 기출문제, 비중이 높아지고 있는 서술형 문제 등을 제시하여 내신과 수능에 효율적으로 대비하도록 하였습니다.

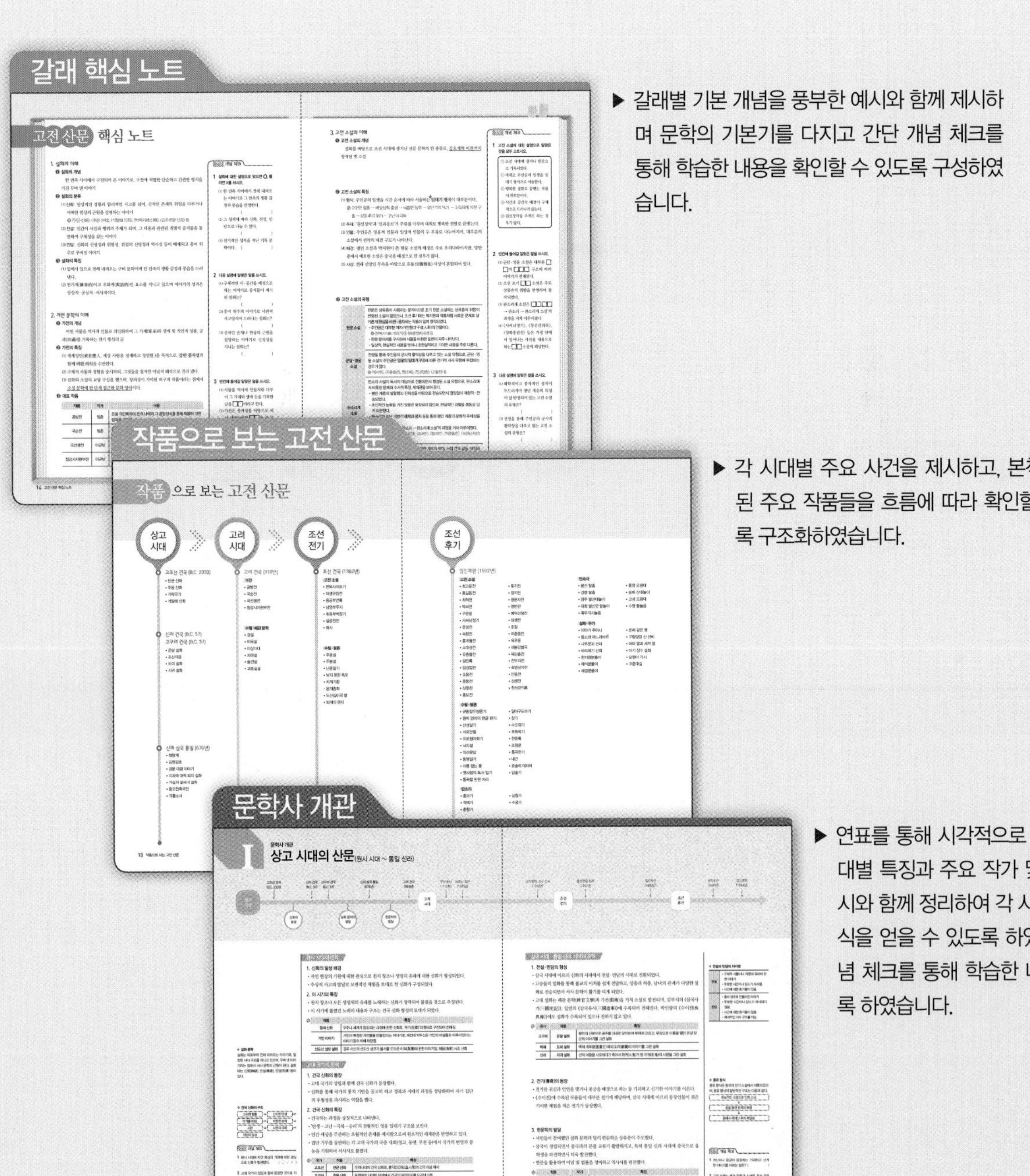

▶ 갈래별 기본 개념을 풍부한 예시와 함께 제시하며 문학의 기본기를 다지고 간단 개념 체크를 통해 학습한 내용을 확인할 수 있도록 구성하였습니다.

▶ 각 시대별 주요 사건을 제시하고, 본책에 수록된 주요 작품들을 흐름에 따라 확인할 수 있도록 구조화하였습니다.

▶ 연표를 통해 시각적으로 시대를 개관하면서 시대별 특징과 주요 작가 및 작품들을 풍부한 예시와 함께 정리하여 각 시대를 이해하는 배경지식을 얻을 수 있도록 하였습니다. 또한 간단 개념 체크를 통해 학습한 내용을 확인할 수 있도록 하였습니다.

본문 학습

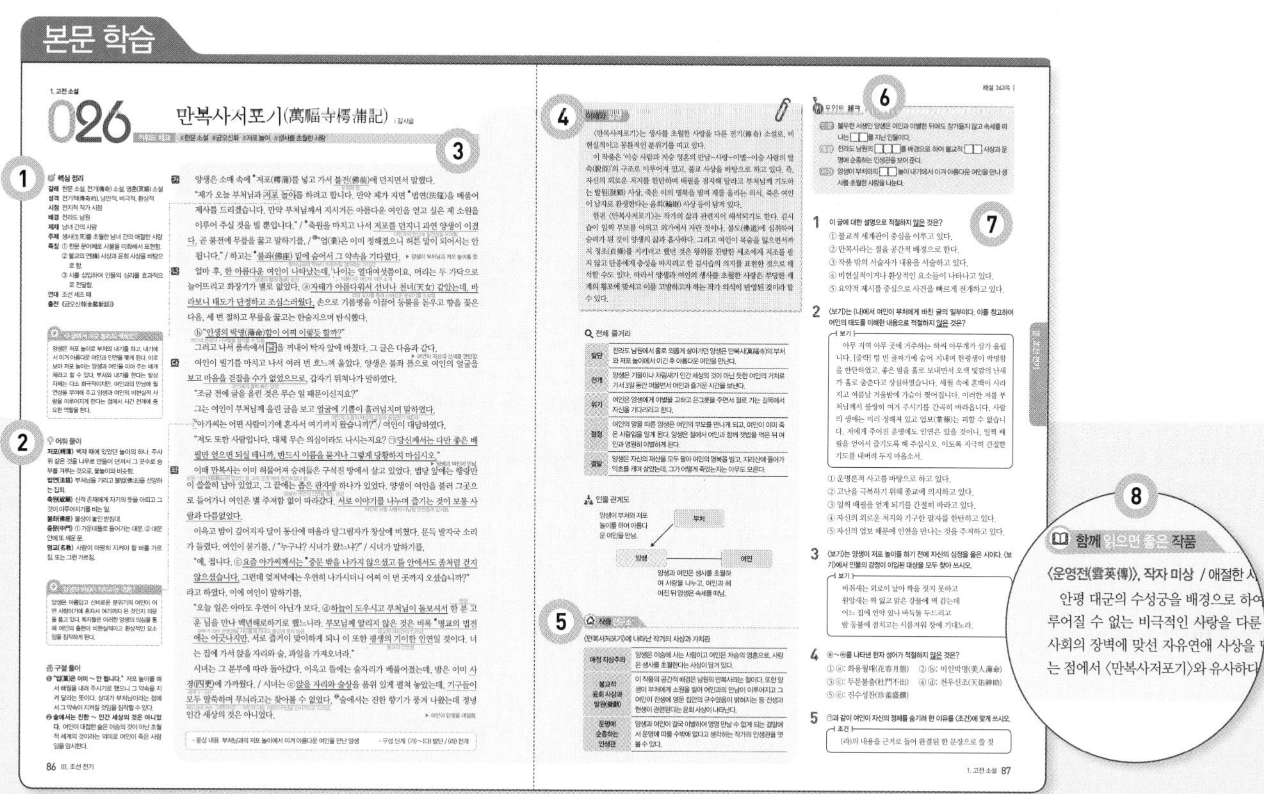

❶ **핵심 정리** 작품의 성격, 주제, 특징 등 작품과 관련된 핵심적인 내용을 한눈에 살펴볼 수 있도록 정리하였습니다.

❷ **어휘·구절 풀이** 작품의 내용을 이해하기 쉽도록 어려운 어휘나 주요 구절을 상세하게 풀이하여 제시하였습니다.

❸ **본문 분석** 교과서 수록 작품 중 문학사적으로 중요하고 출제 가능성이 높은 작품을 선정하였습니다. 또한 행간주 등의 주석을 활용하여 작품에 대한 이해의 폭을 넓힐 수 있도록 하였습니다.

❹ **이해와 감상** 작품에 대한 체계적인 분석과 해설을 통해 작품의 내용을 바르게 이해하고 감상할 수 있도록 하였습니다.

❺ **작품 연구소** 시험에 자주 출제되고 중요한 작품의 핵심 내용을 이해하기 쉬운 도식과 알기 쉬운 해설로 제시하였습니다.

❻ **키포인트 체크** 작품의 주요 구성 요소를 파악하고, 빈칸에 알맞은 답을 넣어 봄으로써 작품을 한눈에 정리할 수 있도록 하였습니다.

❼ **확인 문제** 학습 활동에서 다루는 내용을 문제화하고 수능 및 평가원, 교육청 기출문제를 제시하였습니다.

❽ **함께 읽으면 좋은 작품** 본문에 수록된 작품과 함께 읽으면 좋은 작품을 소개하여 감상의 폭을 넓힐 수 있도록 하였습니다.

더 읽을 작품

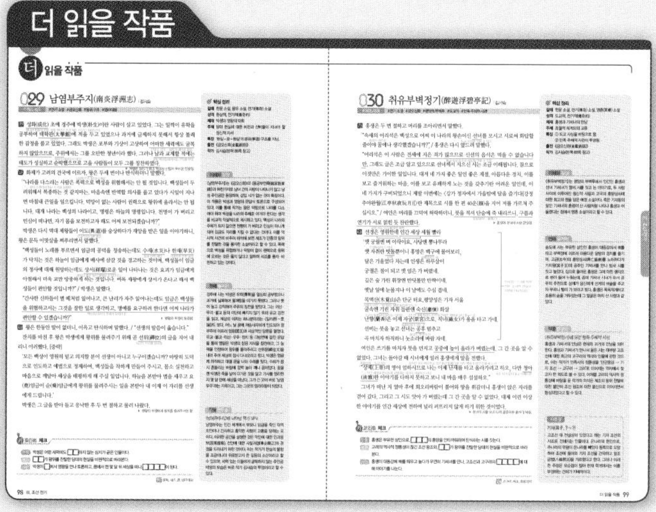

▶ 본문에서 다루지 않은 작품들을 핵심 정리, 이해와 감상, 작품 연구소 등의 충실한 자료와 키포인트 체크를 통해 학습할 수 있도록 구성하였습니다.

차례

차례

차례

작품 찾아보기

작가 찾아보기

고전 산문 핵심 노트

1. 설화의 이해

❶ 설화의 개념

한 민족 사이에서 구전되어 온 이야기로, 구전에 적합한 단순하고 간편한 형식을 가진 꾸며 낸 이야기

❷ 설화의 분류

(1) 신화: 일상적인 경험과 합리적인 사고를 넘어, 신적인 존재의 위업을 다루거나 어떠한 현상의 근원을 설명하는 이야기

예 〈단군 신화〉, 〈주몽 신화〉, 〈석탈해 신화〉, 〈박혁거세 신화〉, 〈김수로왕 신화〉 등

(2) 전설: 인간이 사건과 행위의 주체가 되며, 그 내용과 관련된 개별적 증거물을 동반하여 구체성을 갖는 이야기

(3) 민담: 신화의 신성성과 위엄성, 전설의 신빙성과 역사성 등이 배제되고 흥미 위주로 꾸며진 이야기

❸ 설화의 특징

(1) 입에서 입으로 전해 내려오는 구비 문학이며 한 민족의 생활 감정과 풍습을 드러낸다.

(2) 전기적(傳奇的)이고 우화적(寓話的)인 요소를 지니고 있으며 이야기의 성격은 상상적·공상적·서사적이다.

2. 가전 문학의 이해

❶ 가전의 개념

어떤 사물을 역사적 인물로 의인화하여 그 가계(家系)와 생애 및 개인적 성품, 공과(功過)를 기록하는 전기 형식의 글

❷ 가전의 특징

(1) 계세징인(戒世懲人, 세상 사람을 경계하고 징벌함.)을 목적으로, 강한 풍자성과 함께 비판 의식을 수반한다.

(2) 구체적 사물과 경험을 중시하되, 그것들을 철저한 이념적 해석으로 걸러 냈다.

(3) 설화와 소설의 교량 구실을 했으며, 창의성이 가미된 허구적 작품이라는 점에서 소설 문학에 한 단계 접근한 문학 양식이다.

❸ 대표 작품

작품	작가	내용
공방전	임춘	돈을 의인화하여 돈의 내력과 그 흥망성쇠를 통해 재물에 대한 탐욕을 경계함.
국순전	임춘	술을 의인화하여 방탕한 군주를 풍자하고 술로 인한 패가망신을 경계함.
국선생전	이규보	술을 의인화하여 바람직한 인간상을 제시하고 군자의 올바른 처신을 강조함.
청강사자현부전	이규보	거북을 의인화하여 안분지족(安分知足)의 처세와 신중한 언행을 강조함.

간단 개념 체크

1 설화에 대한 설명으로 맞으면 ○, 틀리면 X를 하시오.

(1) 한 민족 사이에서 전해 내려오는 이야기로 그 민족의 생활 감정과 풍습을 반영한다. (　　　)

(2) 그 성격에 따라 신화, 전설, 민담으로 나눌 수 있다. (　　　)

(3) 전기적인 성격을 지닌 기록 문학이다. (　　　)

2 다음 설명에 알맞은 말을 쓰시오.

(1) 구체적인 시·공간을 배경으로 하는 이야기로 증거물이 제시된 설화는? (　　　)

(2) 흥미 위주의 이야기로 낙관적 사고방식이 드러나는 설화는? (　　　)

(3) 신적인 존재나 현상의 근원을 설명하는 이야기로 신성성을 지니는 설화는? (　　　)

3 빈칸에 들어갈 알맞은 말을 쓰시오.

(1) 사물을 역사적 인물처럼 다루어 그 가계와 생애 등을 기록한 글을 □□이라고 한다.

(2) 가전은 풍자성을 바탕으로 세상 사람들에게 □□을 줄 목적으로 창작되었다.

(3) 가전은 사물을 □□□하여 표현했다는 점에서 우화와 공통점이 있다.

답 1 (1) ○ (2) ○ (3) X 2 (1) 전설 (2) 민담 (3) 신화 3 (1) 가전 (2) 교훈 (3) 의인화

3. 고전 소설의 이해

❶ 고전 소설의 개념

설화를 바탕으로 조선 시대에 생겨난 산문 문학의 한 종류로, 갑오개혁 이전까지 창작된 옛 소설

❷ 고전 소설의 특징

(1) 형식: 주인공의 일생을 시간 순서에 따라 서술하는 일대기 형식이 대부분이다.

예 고귀한 혈통 → 비정상적 출생 → 비범한 능력 → 유년기의 위기 → 조력자에 의한 구출 → 성장 후의 위기 → 고난의 극복

(2) 주제: '권선징악'과 '인과응보'가 주류를 이루며 대체로 행복한 결말로 끝맺는다.

(3) 인물: 주인공은 영웅적 인물과 일상적 인물의 두 부류로 나누어지며, 대부분의 소설에서 선악의 대결 구도가 나타난다.

(4) 배경: 평민 소설과 박지원이 쓴 한문 소설의 배경은 주로 우리나라이지만, 양반층에서 애호한 소설은 중국을 배경으로 한 경우가 많다.

(5) 사상: 전래 신앙인 무속을 바탕으로 유불선(儒佛仙) 사상이 혼합되어 있다.

❸ 고전 소설의 유형

유형	내용
한문 소설	한문은 상류층이 사용하는 문자이므로 초기 한문 소설에는 상류층의 취향이 반영된 소설이 많았으나, 조선 후기에는 박지원의 작품처럼 새로운 문체로 날카롭게 현실을 비판·풍자하는 작품이 많이 창작되었다. • 주인공은 대부분 재자가인형(才子佳人形)의 인물이다. 예 〈만복사저포기〉의 양생, 〈허생전〉의 허생 등 • 한문 문어체를 구사하며 사물을 미화한 표현이 자주 나타난다. • 일상적, 현실적인 내용을 벗어나 초현실적이고 기이한 내용을 주로 다룬다.
군담·영웅 소설	전쟁을 통해 주인공의 군사적 활약상을 다루고 있는 소설 유형으로, 군담·영웅 소설의 주인공은 영웅의 일대기 구조에 따른 전기적 서사 유형에 부합하는 경우가 많다. 예 〈박씨전〉, 〈유충렬전〉, 〈임진록〉, 〈임경업전〉, 〈조웅전〉 등
판소리계 소설	판소리 사설이 독서의 대상으로 전환되면서 형성된 소설 유형으로, 판소리에서 비롯된 문체와 수사적 특징, 세계관을 보여 준다. • 평민 계층의 발랄함과 진취성을 바탕으로 전승되면서 끊임없이 재창작·전승되었다. • 초인적인 능력을 가진 영웅은 등장하지 않으며, 현실적인 경험을 생동감 있게 표현했다. • 판소리가 지닌 개방적 해학과 풍자 등을 통해 평민 계층의 문화적 주체성을 담아냈다. • 대부분 '근원 설화 → 판소리 → 판소리계 소설'의 과정을 거쳐 이루어졌다. 예 〈춘향전〉, 〈심청전〉, 〈흥보전〉, 〈토끼전〉, 〈장끼전〉, 〈이춘풍전〉, 〈숙영낭자전〉 등
가정 소설	가정을 배경으로 하여 전실 소생에 대한 계모의 학대, 처첩 간의 갈등, 애정과 혼사 문제 등을 중심으로 내용이 전개되는 소설 유형이다. 예 〈사씨남정기〉, 〈창선감의록〉, 〈장화홍련전〉 등

간단 개념 체크

1 고전 소설에 대한 설명으로 알맞은 것을 모두 고르시오.

㉠ 조선 시대에 생겨나 한문으로 기록되었다.
㉡ 대체로 주인공의 일생을 일대기 형식으로 서술한다.
㉢ 행복한 결말로 끝맺는 작품이 대부분이다.
㉣ 시간과 공간적 배경이 구체적으로 드러나지 않는다.
㉤ 권선징악을 주제로 하는 경우가 많다.

2 빈칸에 들어갈 알맞은 말을 쓰시오.

(1) 군담·영웅 소설은 대부분 □□의 □□□ 구조에 따라 이야기가 전개된다.

(2) 조선 초기 □□ 소설은 주로 상류층의 취향을 반영하여 창작되었다.

(3) 판소리계 소설은 '□□□□ → 판소리 → 판소리계 소설'의 과정을 거쳐 이루어졌다.

(4) 〈사씨남정기〉, 〈창선감의록〉, 〈장화홍련전〉 등은 가정 안에서 일어나는 사건을 내용으로 하는 □□ 소설에 해당한다.

3 다음 설명에 알맞은 말을 쓰시오.

(1) 해학적이고 풍자적인 성격이 두드러지며 평민 계층의 특성이 잘 반영되어 있는 고전 소설의 유형은?
( )

(2) 전쟁을 통해 주인공의 군사적 활약상을 다루고 있는 고전 소설의 유형은?
( )

답 1 ㉡, ㉢, ㉤ 2 (1) 영웅, 일대기 (2) 한문 (3) 근원 설화 (4) 가정 3 (1) 판소리계 소설 (2) 군담·영웅 소설

고전 산문 핵심 노트

4. 패관 문학의 이해

❶ 패관 문학의 개념

고려 시대에 한문학이 발달하면서 문인들이 항간에 구전되는 이야기를 한문으로 기록한 것으로, 단순히 기록하는 데 그치는 문헌 설화보다 진일보한 형태이다.

❷ 패관 문학의 특징

(1) 항간에 떠돌던 이야기에 채록자의 견해가 가미되어 수필의 성격을 띠고 있으며, 소설의 발생에 영향을 주었다.

(2) 조선 시대에 들어 설화, 전기(傳奇), 야담, 시화(詩話), 견문, 기행, 일기, 신변잡기 등으로 폭이 넓어졌다.

❸ 대표 작품집

작품집	작가	내용
파한집	이인로	시화, 문담(文談), 기사(記事), 자작(自作), 고사(故事), 풍물(風物) 등을 기록함.
백운소설	이규보	시화, 문담 28편이 홍만종의 《시화총림》에 전함.

5. 고전 수필의 이해

❶ 고전 수필의 개념

생각이나 느낌을 형식에 구애받지 않고 자유롭게 쓴 글로, 임진왜란과 병자호란 이후 국문학이 산문화(散文化)되면서 일기, 서간, 기행, 야담, 전기 등의 형태로 창작되었다.

❷ 고전 수필의 특징

(1) 임진왜란과 병자호란 이후 크게 발전했으며 민간과 궁중에서 함께 창작되었다.

(2) 처음에는 한문으로 쓰이다가 나중에는 순 한글로도 쓰였으며, 제재의 폭도 넓어져 설화, 전기, 야담, 기행, 일기 등 다양한 유형으로 나타났다.

(3) 궁정 수필은 내간체 문장의 전형으로서 우아하고 섬세한 필치가 두드러진다.

❸ 고전 수필의 종류

(1) 한문 수필: 한자에 익숙한 문인과 학자들에 의해 지어졌으며, 중국 한문의 형식을 빌린 문(文), 기(記), 서(序), 설(說) 등의 구성법이 쓰였다.

(2) 국문 수필: 조선 후기에 성장한 산문 정신(기록적·비판적·분석적)을 배경으로 발달했으며 제문, 일기, 내간, 행장 등 다양한 양식으로 지어졌다. 조선 후기 사대부 여인들을 중심으로 한 내간 문학은 치밀한 묘사와 섬세한 정서 표현이 특징적이다.

❹ 대표 작품

작품	작가	내용
주옹설	권근	손과 뱃사람의 대화를 통해 참된 인생을 살아가는 방법을 제시함.
규중칠우쟁론기	작자 미상	서로 자신의 공이 더 크다고 다투는 '바늘, 자, 가위, 인두, 다리미, 실, 골무'를 의인화한 작품임.
조침문	유씨 부인	제문 형식을 빌려 애용하던 바늘을 부러뜨린 데 대한 안타까운 심정을 토로함.

간단 개념 체크

1 패관 문학에 대한 설명으로 맞으면 ○, 틀리면 X를 하시오.

(1) 사람들 사이에서 구전되는 이야기를 수집하여 기록한 것이다. (　　　)

(2) 한글이 널리 쓰이면서 크게 발달했다. (　　　)

(3) 기록한 사람의 견해가 가미되어 수필의 성격을 지니고 있다. (　　　)

2 고전 수필에 대한 설명으로 알맞은 것을 모두 고르시오.

㉠ 일기, 서간, 기행, 전기 등 다양한 유형으로 창작되었다.
㉡ 글쓴이의 생각이나 느낌을 형식에 제한 없이 자유롭게 썼다.
㉢ 작가층은 대부분 사대부 여인들이었다.
㉣ 임진왜란과 병자호란 이후 산문화 경향에 따라 크게 발전했다.

3 빈칸에 들어갈 알맞은 말을 쓰시오.

(1) 국문 수필은 주로 사대부 여인들이 사용하는 고전 문체인 □□□로 창작되었다.

(2) 〈주옹설〉은 중국 한문의 형식인 '□'의 구성을 따르고 있다.

(3) 〈조침문〉은 부러진 바늘을 의인화하여 죽음을 안타까워하는 □□ 형식의 글이다.

답 1 (1) ○ (2) X (3) ○ 2 ㉠, ㉡, ㉣ 3 (1) 내간체 (2) 설 (3) 제문

6. 판소리의 이해

❶ 판소리의 개념

이야기를 노래로 부르는 일종의 구비 서사시로, 음악(창), 문학(아니리), 연극(발림)적 요소가 결합되어 형성된 종합 예술 양식이다.

❷ 판소리의 특징

(1) 주로 평민들의 현실적인 생활을 그리고 있다.
(2) 창사(唱詞)의 내용에 극적 요소가 많고 민속적이며, 그 체제는 희곡적이다.
(3) 풍자와 해학 등 골계적인 내용이 풍부하게 구사되어 있다.

❸ 대표 작품

작품	내용
흥보가	흥보와 놀보를 통해 형제간의 우애를 강조하고 인과응보, 권선징악을 나타냄.
적벽가	적벽전에서 관우가 길을 터 주어 조조가 화용도까지 달아나는 장면을 노래함.
춘향가	춘향과 이몽룡의 사랑 이야기를 통해 당시 사회적 특권 계급의 횡포를 고발하고 춘향의 정절을 찬양하면서 천민의 신분 상승 욕구를 나타냄.
심청가	심청의 부모에 대한 지극한 효심과 이를 통해 인과응보의 주제를 드러냄.

7. 민속극의 이해

❶ 민속극의 개념

가장한 배우가 대화와 몸짓으로 사건을 표현하는 전승 형태를 말한다.

❷ 민속극의 특징

(1) 평민들의 사회에 대한 비판 의식과, 언어와 삶의 모습이 생생하게 담겨 있다.
(2) 대사가 해학적이며 특히 양반이나 승려를 풍자하는 표현이 많다.
(3) 등장인물은 악공이나 관객과 대화를 나누기도 하며, 구비 전승되었기 때문에 상황에 따라 대사가 다르게 구사될 수도 있다.

❸ 민속극의 종류

(1) 가면극: 가면을 쓰고 공연하는 민속극이다. 농촌의 탈놀이에서 시작하여 상업 중심지의 공연물로 자리 잡는 과정에서 일종의 서사적 줄거리를 지니게 되었고 극적 요소가 강화되었다.
(2) 인형극: 인형으로 극이 진행되며 조종자가 무대 뒤에서 인형의 동작을 조종하고 대사와 가창을 하는 민속극이다. 무속에서 출발했으나 익살과 해학, 풍자와 반어 등 평민들의 비판 의식과 오락성이 결합되면서 민속극의 한 유형으로서 독특한 세계를 연출해 냈다.

❹ 대표 작품

형식	작품	내용
가면극	봉산 탈춤	황해도 봉산에 전해 오는 산대놀이 계통의 탈춤으로, 전체 일곱 과장으로 구성되며 사자춤이 있는 것이 특징임.
	강령 탈춤	황해도 강령에 전해 오는 가면극으로, 주로 단오 때에 행해지며 〈봉산 탈춤〉과 함께 황해도의 대표적인 가면극임.
	양주 별산대놀이	경기도 양주에 전승되는 탈놀이로, 양반에 대한 풍자, 서민 생활의 빈곤함을 폭로하는 내용을 담고 있음.
인형극	꼭두각시 놀음	홍동지, 박첨지 등의 여러 가지 인형을 무대 뒤에서 조종하면서 그 인형의 동작에 맞추어 조종자가 대사를 하며 극을 진행함.

간단 개념 체크

1 판소리와 민속극의 공통점으로 알맞은 것을 모두 고르시오.

㉠ 구비 전승되어 온 적층 문학에 해당한다.
㉡ 풍자적이고 해학적인 성격이 두드러진다.
㉢ 설화를 바탕으로 창작되었으며 후에 소설 창작으로 이어졌다.
㉣ 한문으로 기록되어 궁중에서 연행되기도 했다.

2 빈칸에 들어갈 알맞은 말을 쓰시오.

(1) 판소리는 음악(창), 문학(□□□), 연극(발림)의 요소가 결합된 종합 예술 양식으로 볼 수 있다.
(2) 판소리에서는 광대가 이야기를 □□로 전달한다.
(3) 〈흥보가〉, 〈춘향가〉, 〈심청가〉 등은 □□□□ 소설로 정착되었다.

3 민속극에 대한 설명으로 맞으면 ○, 틀리면 X를 하시오.

(1) 가면을 쓰고 공연하는 가면극과 인형이 등장하는 인형극이 있다. (　　　)
(2) 양반 계층과 평민 계층에서 두루 향유했다. (　　　)
(3) 양반이나 승려에 대한 풍자와 비판이 자주 나타난다. (　　　)

답 1 ㉠, ㉡ 2 (1) 아니리 (2) 노래 (3) 판소리계 3 (1) ○ (2) X (3) ○

작품으로 보는 고전 산문

상고 시대

고조선 건국 (B.C. 2333)

- 단군 신화
- 주몽 신화
- 가락국기
- 석탈해 신화

신라 건국 (B.C. 57) 고구려 건국 (B.C. 37)

- 온달 설화
- 조신지몽
- 도미 설화
- 지귀 설화

신라 삼국 통일 (676년)

- 화왕계
- 김현감호
- 경문 대왕 이야기
- 지하국 대적 퇴치 설화
- 가실과 설씨녀 설화
- 왕오천축국전
- 격황소서

고려 시대

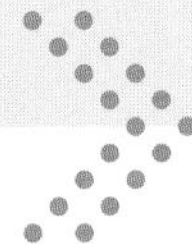

고려 건국 (918년)

가전

- 공방전
- 국순전
- 국선생전
- 청강사자현부전

수필·패관 문학

- 경설
- 이옥설
- 이상자대
- 차마설
- 슬견설
- 괴토실설

조선 전기

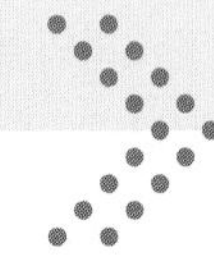

조선 건국 (1392년)

고전 소설

- 만복사저포기
- 이생규장전
- 용궁부연록
- 남염부주지
- 취유부벽정기
- 설공찬전
- 화사

수필·평론

- 주옹설
- 주봉설
- 난중일기
- 보지 못한 폭포
- 차계기환
- 용재총화
- 도산십이곡 발
- 퇴계의 편지

조선 후기

임진왜란 (1592년)

고전 소설

- 최고운전
- 홍길동전
- 최척전
- 박씨전
- 구운몽
- 사씨남정기
- 운영전
- 숙향전
- 홍계월전
- 소대성전
- 유충렬전
- 임진록
- 임경업전
- 조웅전
- 춘향전
- 심청전
- 흥보전
- 토끼전
- 장끼전
- 광문자전
- 양반전
- 예덕선생전
- 허생전
- 호질
- 이춘풍전
- 옥루몽
- 채봉감별곡
- 옥단춘전
- 전우치전
- 숙영낭자전
- 민옹전
- 심생전
- 창선감의록

수필 · 평론

- 규중칠우쟁론기
- 원이 엄마의 한글 편지
- 산성일기
- 서포만필
- 요로원야화기
- 낙치설
- 의산문답
- 동명일기
- 이름 없는 꽃
- 옛사람의 독서 일기
- 통곡할 만한 자리
- 일야구도하기
- 상기
- 수오재기
- 포화옥기
- 한중록
- 조침문
- 통곡헌기
- 내간
- 요술에 대하여
- 임술기

판소리

- 흥보가
- 적벽가
- 춘향가
- 심청가
- 수궁가

민속극

- 봉산 탈춤
- 강령 탈춤
- 양주 별산대놀이
- 하회 별신굿 탈놀이
- 꼭두각시놀음
- 통영 오광대
- 송파 산대놀이
- 고성 오광대
- 수영 들놀음

설화 · 무가

- 이야기 주머니
- 용소와 며느리바위
- 나무꾼과 선녀
- 바리데기 신화
- 천지왕본풀이
- 제석본풀이
- 세경본풀이
- 은혜 갚은 꿩
- 구렁덩덩 신 선비
- 어미 말과 새끼 말
- 아기 장수 설화
- 달팽이 각시
- 코춘대길

단군 신화 주몽 신화 가락국기 온달 설화 조신지몽 도미 설화 지귀 설화 화왕계 김현감호
경문 대왕 이야기 지하국 대적 퇴치 설화 석탈해 신화 가실과 설씨녀 설화 왕오천축국전 격황소서

I

상고 시대

I

문학사 개관

상고 시대의 산문(원시 시대 ~ 통일 신라)

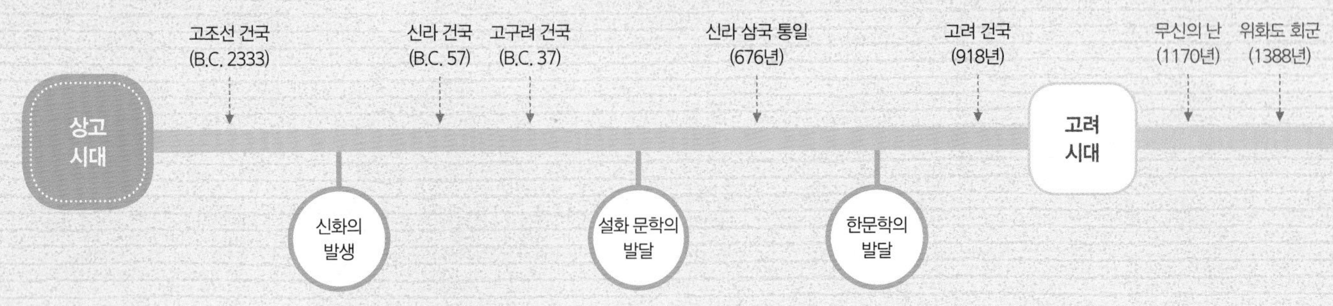

원시 시대의 문학

1. 신화의 발생 배경

- 자연 현상의 기원에 대한 관심으로 천지 창조나 생명의 유래에 대한 신화가 형성되었다.
- 추상적 사고의 발달로 보편적인 체험을 토대로 한 신화가 구성되었다.

2. 이 시기의 특징

- 천지 창조나 모든 생명체의 유래를 노래하는 신화가 창작되어 불렸을 것으로 추정된다.
- 이 시기에 불렸던 노래의 내용과 구조는 건국 신화 형성의 토대가 되었다.

예

작품	특징
창세 신화	우주나 세계가 창조되는 과정에 관한 신화로, '무가(巫歌)'의 형태로 구전되어 전해짐.
거인 이야기	거인이 특정한 자연물을 만들었다는 이야기로, 예컨대 백두산은 거인의 배설물로 이루어졌다는 이야기 등이 이에 해당함.
선도산 성모 설화	경주 서산의 선도산 성모가 불사를 도와준 이적(異蹟)에 관한 이야기임. 해동(海東) 시조 신화

◆ **설화 문학**
설화는 예로부터 전해 내려오는 이야기로, 일정한 서사 구조를 지니고 있으며, 꾸며 낸 이야기라는 점에서 서사 문학의 근원이 된다. 설화에는 신화(神話), 전설(傳說), 민담(民譚) 등이 있다.

고대 국가의 문학

1. 건국 신화의 등장

- 고대 국가의 성립과 함께 건국 신화가 등장했다.
- 신화를 통해 국가의 통치 기반을 공고히 하고 정복과 지배의 과정을 정당화하며 자기 집단의 우월성을 과시하는 역할을 했다.

2. 건국 신화의 특징

- 건국하는 과정을 상징적으로 나타낸다.
- '탄생 – 고난 – 극복 – 승리'의 전형적인 영웅 일대기 구조를 보인다.
- 인간 세상을 주관하는 초월적인 존재를 제시함으로써 원초적인 세계관을 반영하고 있다.
- 집단 가무를 동반하는 각 고대 국가의 국중 대회(영고, 동맹, 무천 등)에서 국가의 번영과 풍농을 기원하며 서사시로 불렸다.

예

국가	작품	특징
고조선	단군 신화	우리나라의 건국 신화로, 홍익인간(弘益人間)의 건국 이념 제시
고구려	주몽 신화	동명왕의 신이한 탄생에서 건국의 위업까지를 드러낸 신화
신라	박혁거세 신화	알에서 태어나 6부를 통합하고 임금이 된 박씨의 시조 신화
	석탈해 신화	알에서 나와 버려진 뒤 부마가 되고 임금으로 추대되었다는 석씨의 시조 신화
	김알지 신화	시림(始林)의 나무에 걸렸던 금궤에서 태어났다고 전해지는 경주 김씨의 시조 신화
가락국	김수로왕 신화	알에서 태어난 6명의 아이들 중 가락국의 왕이 된 김해 김씨의 시조 신화

◆ **건국 신화의 구조**

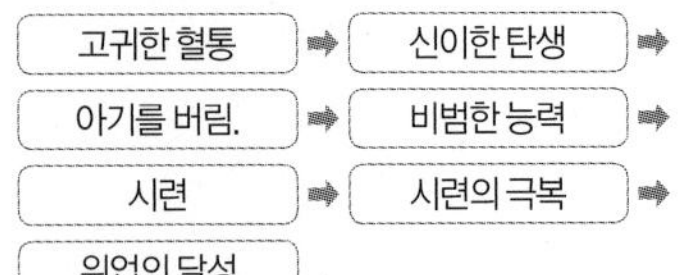

간단 개념 체크

1 원시 시대에 자연 현상의 기원에 대한 관심으로 신화가 발생했다. (○ / ×)

2 고대 국가의 성립과 함께 등장한 것으로 지배의 과정을 정당화하는 신화는? (　　　)

3 '□□의 일대기'는 '탄생 – 고난 – 극복 – 승리'의 전형적인 구조를 갖는다.

답 1 ○ 2 건국 신화 3 영웅

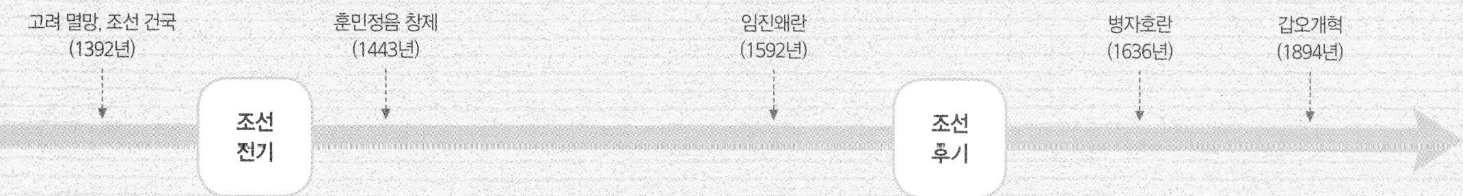

삼국 시대 · 통일 신라 시대의 문학

1. 전설 · 민담의 형성

- 삼국 시대에 이르러 신화의 시대에서 전설 · 민담의 시대로 전환되었다.
- 고승들의 일화를 통해 불교의 이치를 쉽게 전달하고, 상층과 하층, 남녀의 관계가 다양한 설화로 전승되면서 서사 문학이 활기를 띠게 되었다.
- 고대 설화는 패관 문학(稗官文學)과 가전(假傳)을 거쳐 소설로 발전되며, 김부식의 《삼국사기(三國史記)》, 일연의 《삼국유사(三國遺事)》에 수록되어 전해진다. 박인량의 《수이전(殊異傳)》에도 설화가 수록되어 있으나 전하지 않고 있다.

예

국가	작품	특징
고구려	온달 설화	평민의 신분으로 공주를 아내로 맞이하여 부마에 오르고, 무장으로 이름을 떨친 온달 장군의 이야기를 그린 설화
백제	도미 설화	백제 개루왕(蓋婁王) 때의 도미(都彌)의 이야기를 그린 설화
신라	지귀 설화	선덕 여왕을 사모하다가 죽어서 화귀(火鬼)가 된 지귀(志鬼)의 사랑을 그린 설화

◆ **전설과 민담의 차이점**

구분	내용
전설	• 구체적 사물이나 지명의 유래에 관한 이야기 • 뚜렷한 시간이나 장소가 제시됨. • 사건에 대한 증거물이 있음.
민담	• 흥미 위주로 만들어진 이야기 • 뚜렷한 시간이나 장소가 제시되지 않음. • 사건에 대한 증거물이 없음. • 체계적인 서사 구조를 지님.

2. 전기(傳奇)의 등장

- 전기란 귀신과 인연을 맺거나 용궁을 배경으로 하는 등 기괴하고 신기한 이야기를 이른다.
- 《수이전》에 수록된 작품들이 대부분 전기에 해당하며, 삼국 시대에 이르러 등장인물이 겪은 기이한 체험을 적은 전기가 등장했다.

◆ **몽유 형식**

몽유 형식은 중국의 전기 소설에서 비롯되었으며, 몽유 형식의 일반적인 구조는 다음과 같다.

현실적인 소망으로 인한 고뇌
↓
꿈을 통한 문제의 해결
↓
꿈에서 깨어난 후의 깨달음

3. 한문학의 발달

- 서민들이 참여했던 설화 문학과 달리 한문학은 상류층이 주도했다.
- 삼국이 정립되면서 중국과의 문물 교류가 활발해지고, 특히 통일 신라 시대에 중국으로 유학생을 파견하면서 더욱 발전했다.
- 한문을 활용하여 이념 및 법률을 정비하고 역사서를 편찬했다.

예

작품	작가	특징
화왕계	설총	꽃을 의인화하여 임금의 도리를 풍자한 작품으로, 우언(빗대어 하는 말)의 시초가 된 작품
격황소서	최치원	황소의 죄상을 고발하고 항복을 권유한다는 내용의 수필
왕오천축국전	혜초	우리나라 최초의 외국 기행문으로, 객관적 묘사와 감정 표현이 담긴 시가 삽입된 것이 특징임.

간단 개념 체크

1 귀신이나 용궁이 등장하는 기괴하고 신기한 이야기를 이르는 말은? (　　　　)

2 고전 설화는 패관 문학과 소설을 거쳐 가전(假傳)으로 발전했다. (○ / ×)

3 □□ 문학은 서민들이 참여했지만 □□□은 상류층이 주도했다.

답 1 전기 2 × 3 설화, 한문학

001 단군 신화(檀君神話) | 작자 미상

키워드 체크 #고조선 건국 신화 #삼대기 구조

문학 천재(김), 미래엔, 비상, 해냄

핵심 정리

갈래 설화, 건국 신화
성격 신화적, 서사적, 민족적
제재 단군의 탄생과 고조선의 건국
주제 홍익인간의 이념과 단일 민족의 역사성
특징 ① '환인 – 환웅 – 단군'의 삼대기(三代記)적 구성임.
② 천손 하강형(天孫下降型), 천부 지모형(天父地母型)의 화소가 나타남.
의의 ① 홍익인간의 건국 이념이 제시됨.
② 우리 민족이 천손의 혈통이라는 민족적 자부심을 고취함.
출전 《삼국유사(三國遺事)》

Q 〈단군 신화〉에 나타난 인간 지향성은?

환웅이 하늘에 있으면서도 인간 세상을 바랐다는 것은 〈단군 신화〉의 인간 지향성을 가장 잘 보여 주는 대목이다. 인간 지향성은 곰과 범이 인간이 되고 싶어 하는 것에서도 잘 드러난다. 하늘에 있는 신적 존재와 땅에 있는 동물들이 모두 인간 세상을 바라고 인간이 되고 싶어 한다는 것은 〈단군 신화〉가 인간 세계를 널리 이롭게 한다는 홍익인간의 가치를 담고 있음을 보여 준다.

어휘 풀이

고기(古記) 단군의 사적을 기록한 가장 오래된 문헌인 《단군고기(檀君古記)》를 말함. 특정 책을 지칭하는 것이 아니라는 설도 있음.
제석(帝釋) 불교에서 불법을 지키는 신. 여기서는 하느님.
서자(庶子) 맏아들 이외의 모든 아들.
삼위태백(三危太伯) 삼위산과 태백산을 아울러 이르는 말. 삼위산은 중국 간쑤성 둔황현 남쪽에 있으며, 태백산은 백두산이라고도 한다.
천부인(天符印) 천자의 위(位), 곧 제위의 표지로서 하느님이 내려 전한 세 개의 보인(寶印). 방울, 칼, 거울로 추정함.
신단수(神壇樹) 〈단군 신화〉에서, 환웅이 처음 하늘에서 그 밑으로 내려왔다는 신성한 나무.
신시(神市) 환웅이 태백산 신단수 밑에 세웠다는 도시.
교화(敎化)하다 가르치고 이끌어서 좋은 방향으로 나아가게 하다.
요(堯)임금 중국 고대 전설상의 임금. 성덕을 갖춘 이상적인 군주로 꼽히며, 역법을 정하고, 효행으로 이름이 높았던 순(舜)을 등용했다.

구절 풀이

❶ **환웅이 신령한 ~ 곧 사람이 될 것이다."** 신령한 쑥과 마늘을 먹으며 햇빛을 보지 않는 것은, 지상적 존재가 그 세속성을 탈피하고 신성한 존재와 만나기 위해 필수적으로 요구되는 금기이자 통과 의례에 해당한다.

❷ **환웅이 이에 ~ 아들을 낳았다.** 곰이 인간이 되기를 바란 것은 인본주의적인 성격을 나타내며, 환웅과 웅녀의 결혼은 신과 인간의 결합이자 이주족과 토착민의 결합을 뜻한다.

"•고기(古記)"에는 이렇게 전한다.

옛날에 환인(桓因) — •제석(帝釋)을 이른다. — 의 •서자(庶子) 환웅(桓雄)이 항상 천하(天下)에 뜻을 두고 세상을 몹시 바랐다. 아버지가 아들의 뜻을 알고, •삼위태백(三危太伯)을 내려다보니, 인간 세계를 널리 이롭게 할 만했다. 이에 •천부인(天符印) 세 개를 주어 인간의 세계를 다스리게 했다.

- 인간 세계를 널리 이롭게 할 만했다: 홍익인간의 건국 이념 – 인본주의 정신이 드러남.
- 천부인(天符印): 환웅이 신성한 권능을 지녔음을 말해 주는 물건
- ▶ 환웅이 인간 세계를 다스리기를 바람.

환웅은 무리 3천 명을 거느리고 태백산(太伯山) — 지금의 묘향산 — 꼭대기의 •신단수(神壇樹) 아래로 내려왔다. 이곳을 •신시(神市)라 불렀다. 이분을 환웅 천왕(桓雄天王)이라 한다. 그는 풍백(風伯)·우사(雨師)·운사(雲師)를 거느리고, 곡식·수명·질병·형벌·선악 등을 주관하고, 모든 인간의 삼백예순여 가지 일을 주관하여 인간 세계를 다스리고 •교화(敎化)했다.

- 신단수(神壇樹): 천상계와 지상계, 두 세계를 연결해 주는 신성한 장소의 표지
- 환웅 천왕(桓雄天王): 환웅이 하늘과 연결되어 있음을 포함하는 명칭 → 제정일치(祭政一致) 시대의 통치자
- 풍백(風伯)·우사(雨師)·운사(雲師): 각각 바람, 비, 구름을 주관하는 존재 – 농경 생활을 중시했음이 드러남.
- 인간 세계를 다스리고 교화(敎化)했다: 재세이화(在世理化)
- ▶ 환웅이 인간 세상을 질서 있게 다스림.

이때, 곰 한 마리와 범 한 마리가 같은 굴에서 살고 있었는데, 그들은 항상 환웅에게 사람이 되기를 빌었다. 그러자 ❶환웅이 신령한 쑥 한 심지와 마늘 스무 개를 주면서 말했다.

"너희들이 이것을 먹고 백 일 동안 햇빛을 보지 않으면 곧 사람이 될 것이다."

- 곰 한 마리와 범 한 마리: 토템과 관련지어 해석할 때 각각 곰과 범을 숭배하는 부족을 의미함.
- 신령한 쑥 한 심지와 마늘 스무 개: 주술적 성격을 지닌 소재
- 이것을 먹고 백 일 동안 햇빛을 보지 않으면: 금기, 사람이 되기 위해 거쳐야 할 통과 의례적 요소
- ▶ 곰과 범이 인간이 되고 싶어 함.

곰과 범이 이것을 받아서 먹고 조심한 지 삼칠일(21일) 만에 곰은 여자의 몸이 되었으나, 범은 조심을 잘못해서 사람이 되지 못했다. 웅녀(熊女)는 혼인할 상대가 없었으므로 항상 단수(壇樹) 밑에서 아이 배기를 축원했다. ❷환웅이 이에 임시로 변하여 그녀와 혼인했더니 이내 잉태해서 아들을 낳았다. 이름을 단군왕검(檀君王儉)이라 하였다.

- 이것: 쑥과 마늘
- 삼칠일(21일): 민속적 금기를 나타냄.
- 범은 조심을 잘못해서 사람이 되지 못했다: 토템과 관련지어 곰 숭배 부족이 범 숭배 부족을 이겼다고 해석함.
- 환웅이 이에 임시로 변하여 그녀와 혼인했더니: 이주족인 환웅의 무리가 토착민인 곰을 숭배하는 무리와 결합한 것으로 해석하기도 함.
- 단군왕검(檀君王儉): 하늘의 신성한 혈통(환웅)과 지상계(웅녀)의 정기를 이어받은 존재
- ▶ 환웅과 웅녀의 결합으로 단군이 태어남.

『단군왕검은 중국 •요(堯)임금이 즉위한 지 50년인 경인년(庚寅年) — 요(堯)가 즉위한 원년(元年)은 무진년(戊辰年)이니 50년은 정사(丁巳)이지, 경인(庚寅)이 아니다. 아마 잘못된 부분이 있는 듯하다. — 에 평양성(平壤城) — 지금의 서경(西京) — 에 도읍하고 비로소 조선(朝鮮)이라고 불렀다.』 또 도읍을 백악산(白岳山) 아사달(阿斯達)로 옮기니 그곳을 궁홀산(弓忽山) — 일명 방홀산(方忽山) — 이라고도 하고 금미달(今彌達)이라고도 한다. 그는 1천5백 년 동안 여기에서 나라를 다스렸다. 주(周)나라 호왕(虎王)이 즉위한 기묘년(己卯年)에 기자(箕子)를 조선에 봉하니, 단군은 장당경(藏唐京)으로 옮겼다가 뒤에 돌아와서 아사달(阿斯達)에 숨어서 산신(山神)이 되니, 나이는 1천9백8세였다고 한다.

- 『 』: 나라 이름, 건국 연도, 도읍지 등이 제시됨. – 건국 신화의 성격이 드러남.
- 아사달(阿斯達): 고조선의 도읍지 – 아침 해가 비치는 곳이라는 뜻을 지님.
- 그는 1천5백 년 동안 여기에서 나라를 다스렸다: 비현실적 내용 – 신성성 강조
- 호왕(虎王): 무왕(武王)을 말함.
- 조선: 고조선
- 장당경(藏唐京): 황해도 구월산 밑에 있던 지명
- 산신(山神)이 되니, 나이는 1천9백8세였다고 한다: 제정일치 시대의 군장(君長)이 신격화(神格化)되는 것을 보여 줌. – 단군 신화의 신성성
- ▶ 단군이 고조선을 다스리다가 산신이 됨.

• 중심 내용 환웅의 강림 및 단군왕검의 탄생과 우리 민족 최초의 고대 국가인 고조선의 건국

이해와 감상

〈단군 신화〉는 고조선의 건국 신화로, '환인[父]－환웅[子]－단군[孫]'의 삼대기(三代記) 구조로 이루어져 있다. 즉, 천상적 존재 환인, 천상과 지상을 매개하는 환웅, 천상적 존재와 지상적 존재의 결합을 상징하는 단군의 삼대에 걸친 이야기이다. 또한 천상계를 대표하는 환웅과 지상계를 대표하는 지모신 격인 웅녀의 혼인으로 단군이 탄생했다는 것에서 〈단군 신화〉가 전형적인 천부 지모형의 신화적 성격을 지녔음을 알 수 있다.

이 신화에는 당시의 정치적·문화적·사회적 상황이 담겨 있다. 즉, 환웅이 천왕(天王)으로 불린 것에서 그가 주술권과 지배권을 모두 장악한 제정일치(祭政一致) 시대의 통치자였음을 알 수 있고, 곰과 범이 등장하는 데서 특정 자연물이나 동식물을 집단의 상징물로 삼는 토템 신앙을 엿볼 수 있으며, 풍백(바람)·우사(비)·운사(구름)를 통해 농경 사회의 특징도 찾아볼 수 있다.

작품 연구소

〈단군 신화〉의 삼대기 구조

1대	환인	천상적 존재로서 아들 환웅의 큰 뜻을 헤아리고 인간 세계를 다스리게 함.
2대	환웅의 하강과 웅녀와의 혼인	• 환웅은 천상과 지상을 매개하는 존재로서 '천상 → 지상', '신 → 인간'의 경로를 보여 주며, 환웅이 내려온 땅은 하늘이 선택한 땅임을 드러냄. • 인간이 되기를 바란 곰이 인간으로 변한 것은 신화의 인본주의적 성격을 보여 주며, 환웅과 웅녀의 혼인을 통해 신과 인간의 결합이라는 상징성을 드러냄.
3대	단군의 탄생	단군은 천상계(환웅)와 지상계(웅녀)의 결합으로 탄생했다는 점에서 신성성을 드러내며, 제정일치 시대의 신격화된 군장(君長)으로서의 면모를 지님.
	고조선의 건국	건국 신화의 면모를 보여 주는 부분으로, 신화에서 주로 나타나는 투쟁적 요소가 없는 점이 특징적임.

〈단군 신화〉에 나타난 고조선의 건국 이념

환인이 인간 세상을 널리 이롭게 하기 위해 아들 환웅을 내려보냄.

⬇

홍익인간(弘益人間)

⬇

모든 인간을 이롭게 하는 것이 정치의 기본이라는 인본주의적 가치를 바탕에 둠.

〈단군 신화〉의 소재별 상징성

소재	상징적 의미
천부인	신의 위력과 영험함의 표상으로, 지도자가 주술권을 행사하며 지배권을 장악한 제정일치 사회임을 보여 줌.
신단수	천상계와 지상계의 매개 지점임.
풍백, 우사, 운사	당시 사회가 농경 사회였음을 암시함.
쑥과 마늘	인간이 되기 위한 금기(통과 제의), 동물적 속성을 제거함.
곰과 범	동물을 토템으로 하는 부족을 상징함.

함께 읽으면 좋은 작품

《제왕운기(帝王韻紀)》, 이승휴 / 〈단군 신화〉가 실려 있는 또 다른 책

《삼국유사》와 비슷한 시기에 지어진 책으로, 여기에도 〈단군 신화〉가 실려 있다. 두 책 모두 〈단군 신화〉가 한민족을 결속하는 데에 큰 역할을 했음을 보여 주고 있다.

키 포인트 체크

인물 환인, 환웅, 단군의 □□를 중심으로 천부 지모형의 신화적 성격이 드러난다.

배경 고조선의 건국 이념인 □□□□은 제정일치 시대의 인본주의적 가치를 바탕으로 한다.

사건 최초의 고대 국가인 □□□이 □□된 사건을 다루고 있다.

1 이 글을 읽고 추론한 내용으로 적절하지 않은 것은?

① 곰과 범에게 주어진 금기는 일종의 통과 의례이다.
② '바람, 비, 구름'을 중시하는 것으로 보아 당시는 농경을 중요시하는 사회였다.
③ 단군이 산신이 되는 것은 제정일치 시대의 군장이 신격화되는 것을 보여 준다.
④ 환웅이 가지고 있었던 천부인 세 개는 환웅이 신성한 권능을 지녔음을 보여 주는 소재이다.
⑤ 환웅과 곰, 범을 통해 나타나는 인간 지향성은 당대인들이 인간 세계를 우월하게 인식한 결과이다.

내신 적중 다빈출

2 〈보기〉의 ㉠~㉤ 중, 이 글의 내용과 관련이 없는 것은?

보기

주인공이 신성한 존재로 표현되는 것은 건국 신화의 중요한 특징이다. 건국 신화의 주인공, 즉 ㉠국가의 시조(始祖)는 신이거나 신의 후손으로, 그 ㉡혈통부터가 평범한 인간이 아니다. 혈통이 신성하기 때문에 이들은 ㉢평범한 인간이 지닐 수 없는 초월적 능력을 발휘한다. ㉣나라의 도읍을 정하고 기틀을 세우기까지 갈등과 고난이 있기도 하지만, 이들은 ㉤비범한 능력으로 역경을 극복하고 국가를 건설한다.

① ㉠ ② ㉡ ③ ㉢ ④ ㉣ ⑤ ㉤

3 〈보기〉를 참고하여 이 글을 감상한 내용으로 적절하지 않은 것은?

보기

우리나라의 건국 신화에서는 대부분 '신이한 탄생－신성한 결혼－등극－사후의 이적'의 구조를 찾아볼 수 있다. 작품에 따라 이러한 구조가 복잡해지거나 구체화되기도 하지만 기본적인 뼈대는 여기에서 크게 벗어나지 않는다. 〈단군 신화〉 역시 이러한 구조에 따라 내용을 파악할 수 있다.

① 이 글에서 '신이한 탄생'은 천상계의 인물이 지상으로 내려오는 하강 모티프와 관련이 있군.
② 천상계의 인물인 환웅과 지상계의 인물인 웅녀의 결합에서 '신성한 결혼'의 요소를 찾아볼 수 있군.
③ 금기를 어겨 인간이 되지 못한 범은 '신성한 결혼'을 방해하는 장애물이라 할 수 있군.
④ 단군이 왕위에 올라 평양성에 도읍을 정하고 나라 이름을 조선이라 하는 부분이 '등극'에 해당하겠군.
⑤ 단군이 1천9백8세에 산신이 되었다는 것에서 '사후의 이적'을 확인할 수 있군.

002 주몽 신화(朱蒙神話) | 작자 미상

키워드 체크 #고구려 건국 신화 #난생 화소 #영웅 서사 문학

[문학] 미래엔, 비상, 창비
[국어] 금성, 해냄

핵심 정리

갈래 설화, 건국 신화
성격 신화적, 서사적, 영웅적
제재 주몽의 탄생과 고구려의 건국 경위
주제 주몽의 일생과 고구려의 건국
특징 ① 난생 화소와 천손 하강형, 천부 지모형 화소가 결합됨.
② '탄생 – 기아 – 구출 – 시련 – 극복'이라는 영웅의 일대기 구조로 이루어짐.
의의 영웅 서사 문학의 기본적인 틀을 잘 갖추고 있어 후대 문학에 영향을 줌.
출전 《삼국유사(三國遺事)》

Q 알에서 태어난 주몽의 신화적 상징성은?

알은 자체가 하나의 생명체이면서 다시 태어나는 것을 전제하므로 알로 태어난 것은 새로운 세계를 잉태할 수 있는 존재임을 상징한다. 즉, 주몽이 알을 깨고 나온 것은 현실적 세계에서 벗어나 새로운 국가를 건설할 것이라는 상징성을 지니는 것이다.

어휘 풀이

시조(始祖) 한 겨레나 가계의 맨 처음이 되는 조상.
태기(胎氣) 아이를 밴 기미.
되 부피의 단위. 곡식, 가루, 액체 등의 부피를 잴 때 쓴다. 한 되는 한 말의 10분의 1로 약 1.8리터에 해당한다.
범인(凡人) 평범한 사람.
기병(騎兵) 말을 타고 싸우는 병사.
궁실(宮室) 궁전 안에 있는 방. 여기서는 궁을 의미함.
본성(本姓) 성(姓)을 고치기 전에 본디 가졌던 성.

Q 물고기와 자라가 다리를 만들어 주는 것의 의미는?

물고기와 자라의 도움은 천신과 수신의 자손인 주몽이 신의 도움을 받음을 의미한다. 이는 주몽이 신성한 존재임을 부각하여 이야기에 신성성을 부여한다.

구절 풀이

❶ **"나는 하백(河伯)의 딸로서 ~ 이곳으로 귀양 보냈습니다."** 유화가 해모수와 혼인한 일로 집에서 쫓겨난 후 금와왕을 만나기까지의 과정이 요약적으로 서술되어 있다. 이를 통해 주몽이 천신과 수신의 결합으로 탄생한 신성한 존재임을 알 수 있다.

❷ **스스로 활과 화살을 ~ 주몽이라 이름했다.** 주몽의 활쏘기 솜씨와 '주몽'이라는 이름이 붙은 연유가 드러나 있다. 활 잘 쏘는 사람에 대한 명칭이 있었던 것으로 보아, 당시 부여에서는 활쏘기를 중요한 능력으로 여겼음을 알 수 있다.

가 •시조(始祖) 동명성제(東明聖帝)의 성(姓)은 고씨(高氏)요, 이름은 주몽(朱蒙)이다. 이보다 앞서 북부여(北扶餘)의 왕 해부루(解夫婁)가 이미 동부여(東扶餘)로 피해 가고, 부루가 죽자 금와(金蛙)가 왕위를 이었다. 이때 금와는 태백산(太伯山) 남쪽 우발수(優渤水)에서 여자 하나를 만나서 물으니 그 여자는 말하기를, ❶"나는 하백(河伯)의 딸로서 이름은 유화(柳化)라고 합니다. 여러 동생들과 함께 물 밖으로 나와서 노는데, 남자 하나가 오더니 자기는 『천제(天帝)의 아들 해모수(解慕漱)라고 하면서 나를 웅신산(熊神山) 밑 압록강(鴨綠江) 가의 집 속에 유인하여 남몰래 정을 통하고 가더니 돌아오지 않았습니다.』 부모는 내가 중매도 없이 혼인한 것을 꾸짖어서, 드디어 이곳으로 귀양 보냈습니다." 했다.

이 이야기가 고구려의 시조인 고주몽에 관한 이야기임을 알 수 있음.
당시 부여의 상황
여기에서는 백두산을 말함.
물을 맡아 다스린다는 신. 주몽의 외할아버지로 주몽의 혈통이 고귀함을 보여 줌.
주몽의 어머니
주몽의 아버지
하느님. 주몽의 할아버지로 주몽의 혈통이 고귀함을 보여 줌.
『 』: 천신(天神)과 수신(水神)의 결합
부모의 허락이나 중매 없이 결혼하는 것이 법도에 어긋났던 당시의 사회상을 알 수 있음.

▶ 유화가 집에서 쫓겨나 금와를 만남.

나 금와가 이상히 여겨 그녀를 방 속에 가두어 두었더니 햇빛이 방 속으로 비쳐 오는데, 그녀가 몸을 피하면 햇빛은 다시 쫓아와서 비쳤다. 이로 해서 •태기가 있어 알[卵] 하나를 낳으니, 크기가 닷 •되들이만 했다. 왕은 그것을 버려서 개와 돼지에게 주게 했으나 모두 먹지 않았다. 다시 길에 내다 버렸더니 소와 말이 그 알을 피해서 가고 들에 내다 버리니 새와 짐승들이 알을 덮어 주었다. 왕이 이것을 쪼개 보려고 했으나 아무리 해도 쪼개지지 않아 그 어머니에게 돌려주었다. 어머니가 이 알을 천으로 싸서 따뜻한 곳에 놓아두었더니 한 아이가 껍질을 깨고 나왔는데, 골격과 외모가 영특하고 기이했다. 나이 겨우 일곱 살에 기골이 뛰어나서 •범인(凡人)과 달랐다. ❷스스로 활과 화살을 만들어 쏘는데 백 번 쏘면 백 번 다 맞히었다. 나라 풍속에 활 잘 쏘는 사람을 주몽이라고 하므로 그 아이를 주몽이라 이름했다.

주몽이 태양의 정기를 받고 태어났음을 드러냄.
난생(卵生) – 기이한 출생
기아 화소 ①
기아 화소 ②
동물 양육 – 주몽의 조력자 ①
난생 화소
주몽의 비범함, 영웅적 면모
유목 문화와 관련 있음.
백발백중 – 주몽의 비범한 능력
주몽이라는 이름의 뜻

▶ 비범한 능력을 지닌 주몽이 탄생함.

다 금와에게는 아들 일곱이 있는데 항상 주몽과 함께 놀았으나 재주가 주몽을 따르지 못했다. 장자 대소(帶素)가 왕에게 말했다. "주몽은 사람이 낳은 자식이 아닙니다. 만일 일찍 없애지 않는다면 [후환]이 있을까 두렵습니다." 왕은 그 말을 듣지 않고 주몽을 시켜 말을 기르게 하니 주몽은 좋은 말을 알아보아 적게 먹여서 여위게 기르고, 둔한 말을 잘 먹여서 살찌게 했다. 이에 왕은 살찐 말은 자기가 타고 여윈 말은 주몽에게 주었다.

금와왕의 아들들이 주몽을 미워하게 된 원인
뒷날의 근심과 걱정
좋은 말을 얻기 위한 주몽의 기지 – 영웅으로서의 능력과 자질
왕이 주몽의 의도대로 행동함.

▶ 주몽이 기지를 발휘함.

라 왕의 여러 아들과 신하들이 주몽을 장차 죽일 계획을 하니, 주몽의 어머니가 이 기미를 알고 말했다. "지금 나라 안 사람들이 너를 해치려고 하는데, 네 재주와 지략(智略)을 가지고 어디를 가면 못 살겠느냐. 빨리 이곳을 떠나도록 해라." 이에 주몽은 오이(烏伊) 등 세 사람을 벗으로 삼아 엄수(淹水)에 이르러 물을 보고 말했다. "나는 천제의 아들이요, 하백의 손자이다. 오늘 도망해 가는데 뒤쫓는 자들이 거의 따라오게 되었으니 어찌하면 좋겠느냐." 말을 마치니 『물고기와 자라가 다리를 만들어 주어 건너게 하고, 모두 건너자 이내 풀어 버려 뒤쫓아 오던 •기병(騎兵)은 건너지 못했다.』 이에 주몽은 졸본주에 이르러 도읍을 정했다. 그러나 미처 •궁실(宮室)을 세울 겨를이 없어서 비류수(沸流水) 위에 집을 짓고 살면서 국호를 고구려(高句麗)라 하고, 고(高)로 씨(氏)를 삼았다. — •본성(本姓)은 해(解)였다. 그러나 지금 천제의 아들을 햇빛을 받아 낳았다 하여 스스로 고로 씨를 삼은 것이다. — 이때의 나이 12세로서, 한(漢)나라 효원제(孝元帝) 건소(建昭) 2년 갑신(甲申)에 즉위하여 왕이라 일컬었다.

주몽에게 닥친 위기와 시련
슬기로운 계략
주몽의 조력자 ② – 오이, 마리, 협보
물을 건너기 위해 고귀한 혈통을 내보임.
주몽의 조력자 ③
『 』: 신의 도움을 받음. – 위기와 시련의 극복
그 나라의 수도
고구려를 건국하고 스스로 시조가 됨.

▶ 주몽이 어려움을 극복하고 고구려를 세워 왕이 됨.

• 중심 내용 고구려의 시조인 주몽의 기이한 탄생과 고구려의 건국

이해와 감상

〈주몽 신화〉는 고구려의 건국 신화로, 고주몽의 고귀한 혈통과 기이한 탄생 과정, 시련과 영웅적 투쟁을 통한 건국 경위를 통해 영웅 일대기의 전형적인 모습을 보여 준다.

신화는 창작하고 향유한 집단의 문화를 반영하는데, 천신(천제)과 수신(하백)에 대한 신성 의식은 우리 민족이 고대부터 천신과 수신을 숭배했음을 보여 주고, 주몽이 활쏘기에 능했다는 점은 당시가 유목 사회였음을 짐작하게 한다. 또한 유화가 햇빛을 받고 잉태한 것에서 당대인들이 태양을 숭배하는 사상을 지녔음을 추측할 수 있다.

한편 대부분의 건국 신화에는 시조들이 겪는 갈등과 시련이 두드러지지 않는 데 비해, 〈주몽 신화〉에는 주몽이 고구려를 건국하기까지 여러 차례 시련을 겪고, 금와왕의 아들들과의 갈등도 뚜렷하게 드러나 있는 점이 특징적이다.

작품 연구소

〈주몽 신화〉에 나타난 영웅의 일대기 구조

고귀한 혈통	천제의 아들인 해모수와 하백의 딸인 유화 사이에서 태어남.
신이한 탄생	유화가 햇빛을 통해 주몽을 잉태하고 알을 낳음.
기아와 구출	• 금와가 알의 형태로 태어난 주몽을 버리게 함. • 알을 들에 버리니 새와 짐승들이 보살펴 줌.
비범한 능력	주몽의 골격과 외모가 영특하고 기이하며, 활을 잘 쏨.
성장 후 시련	• 금와왕의 아들들이 주몽을 죽이려 함. • 주몽이 엄수에 이르렀을 때 배가 없어 길이 막힘.
시련 극복과 위업 달성	• 주몽이 자신의 신분을 밝히자 물고기와 자라가 다리를 놓아 줌. • 부여에서 탈출하는 데 성공하고, 고구려를 건국함.

주몽의 고귀한 혈통 – 고구려의 자부심

주몽은 천신과 수신의 결합이라는 태생적 의의를 지닌다. 이러한 고귀하고 신성한 혈통은 후대의 고구려인들이 자부심을 가지게 했을 것이다. 또한 주몽이 활쏘기와 말타기에 능했다는 것과, 물이 농사를 지을 때 중요하다는 점을 고려하면, 주몽이 유목 민족과 농경 민족을 모두 아우르는 지도자였음을 짐작할 수 있다.

〈주몽 신화〉와 〈단군 신화〉의 공통점과 차이점

		〈주몽 신화〉	〈단군 신화〉
공통점		• '천제 – 해모수 – 주몽'과 '환인 – 환웅 – 단군'의 삼대기 구조를 보임. • 하늘과 땅이 결합하여 국조가 탄생함.(천손 하강형, 천부지모형 화소) • 새로운 국가를 건설한 건국 시조의 이야기임.	
차이점	탄생	알에서 태어남.	곰이 변한 사람에게서 태어남.
	토템 신앙	강하게 드러나지 않음.	곰과 호랑이 등 토템의 흔적이 드러남.
	시련과 갈등	• 시련: 알로 태어나 버려짐. • 갈등: 적대자와의 투쟁 등	거의 나타나지 않음.

함께 읽으면 좋은 작품

〈동명왕편(東明王篇)〉, 이규보 / 주몽의 영웅적 일대기를 볼 수 있는 작품

동명왕(주몽)을 영웅으로 내세워 민족에 대한 강한 자긍심을 구현한 작품으로, 〈주몽 신화〉와 제재와 창작 의도 면에서 유사하다.

키 포인트 체크

인물 □□하게 탄생한 주몽은 □□한 재능을 지녔다.
배경 난생 화소와 영웅의 □□□□ 구조가 잘 드러난다.
사건 알에서 태어난 주몽이 비범한 재능과 조력자들의 도움으로 시련을 극복하고 □□□를 건국한다.

1 이 글에 나타나는 주몽의 영웅적 면모로 적절하지 않은 것은?

① 주몽에게는 오이 등 세 명의 조력자가 있었다.
② 주몽은 햇빛으로 잉태되어 닷 되만 한 알로 태어났다.
③ 주몽의 아버지는 천제의 아들, 어머니는 하백의 딸이다.
④ 주몽은 물고기와 자라의 도움을 받아 위기에서 벗어났다.
⑤ 주몽은 직접 활과 화살을 만들었고, 쏘면 백발백중이었다.

2 이 글과 〈단군 신화〉를 비교하여 감상한 내용으로 적절하지 않은 것은?

① 이 글의 해모수는 〈단군 신화〉의 환웅과 역할이 비슷하군.
② 이 글의 유화와 〈단군 신화〉의 곰은 모두 고귀한 혈통을 지닌 존재로군.
③ 이 글의 유화와 〈단군 신화〉의 곰은 건국 시조의 어머니가 되기까지 고난을 겪는군.
④ 이 글과 〈단군 신화〉는 모두 새로운 국가를 건설한 건국 시조의 이야기를 전하고 있군.
⑤ 이 글은 '천제 – 해모수 – 주몽', 〈단군 신화〉는 '환인 – 환웅 – 단군'의 삼대기 구조를 보이는군.

3 〈보기〉를 바탕으로 이 글을 이해할 때, 밑줄 친 부분과 관계있는 것은?

> 보기
>
> 〈주몽 신화〉의 지향 의식은 하늘과 땅(또는 물)에 대한 신성 관념이다. 즉, 하늘의 상징인 남신과 땅의 상징인 여신이 지상에서 만나 혼례를 행하고 새로운 국가의 시조를 탄생시킨다는 것이다.

① 국가의 시조 탄생에 관한 이야기라는 점
② 주몽이 시련을 극복하고 왕이 되었다는 점
③ 주몽이 해모수와 유화 사이에서 태어났다는 점
④ 해모수와 유화가 혼례를 치르지 않고 주몽을 낳았다는 점
⑤ 자연물을 신성시하는 당대인들의 의식이 반영되었다는 점

내신 적중 多빈출

4 〈보기〉는 영웅의 일대기 구조를 나타낸 것이다. 이 글에서 ㉠과 ㉡에 해당하는 내용을 한 문장으로 쓰시오.

> 보기
>
> 고귀한 혈통 → 기이한 출생 → 어려서 버림을 받음. → 탁월한 능력 → ㉠ 시련과 위기 → ㉡ 시련의 극복 → 위업 성취

5 (다)에서 대소가 말한 후환이 의미하는 바를 〈조건〉에 맞게 쓰시오.

> 조건
>
> '주몽이 ~것' 형태의 한 문장으로 쓸 것

003 가락국기(駕洛國記) | 작자 미상

키워드 체크 #가락국 건국 신화 #난생 화소 #구지가

문학 금성, 동아

핵심 정리

갈래 설화, 건국 신화
성격 신화적, 상징적, 신성성
제재 가락국의 건국
주제 수로의 강림과 가락국의 건국
특징 ① 신화 내용이 직접 신에게서 주어짐.
② 신맞이 신화임.
③ 여러 씨족이 연합되어 이룩된 통합적인 왕국의 창건에 관한 신화임.
의의 ① 최고(最古)의 집단 무요가 삽입됨.
② 일반적 신화 형태에서 이탈함.
출전 《삼국유사(三國遺事)》

Q 〈구지가〉의 주술과 그 상징은?

〈구지가〉에서는 거북에게 머리를 내놓으라고 명령하고 내놓지 않으면 구워 먹겠다고 위협하고 있다. 말로 위협한 것에는 말에 주술적 힘이 담겨 있다는 고대인들의 믿음이 반영되어 있다. 또한 머리를 내놓으라는 것은 주술적 명령인데, 그 결과로 수로(首露) 임금을 맞이하게 되었으니 주술이 효과를 거두었다고 할 수 있다.

어휘 풀이

계욕일(禊浴日) 액(厄)을 제거하는 의미로 목욕하고 물가에 모여 술을 마시는 날.
하례(賀禮)하다 축하하여 예를 차리다.
공장(工匠) 수공업에 종사하던 장인. 관공장(官工匠)과 사공장(私工匠)으로 나뉜다.
옥사(屋舍) 죄인을 가두어 두는 건물.

구절 풀이

❶ **이곳에는 아직 ~ 7만 5천 명이었다.** 왕과 국호가 없이 아홉 명의 추장들이 백성들을 통솔하고 있는 상황을 제시한 부분으로, 국가가 발전하지 못한 씨족 연합체 사회임을 보여 준다. 이러한 상황을 배경으로 하여 대왕의 강림이라는 뒤의 내용이 자연스럽게 이어진다.
❷ **그들이 살고 있는 ~ 이상한 소리가 났다.** 아무것도 보이지 않는데 소리가 들리는 기이한 현상이 일어나고 있다는 점에서 초월적인 힘의 존재를 느낄 수 있다.
❸ **"하늘이 나에게 ~ 뛰놀게 될 것이다."** 앞으로 임금이 탄생하여 국가를 건설할 것임을 알 수 있다. 하늘의 명을 받아 나라를 세운다는 점에서 건국의 정당성과 신성성을 보여 준다.
❹ **자줏빛 줄이 ~ 닿아 있었다.** 대왕이 하늘에서 내려오는 모습으로, 하늘로부터 내려왔다는 점에서 신성한 존재임을 알 수 있다. 이때 자줏빛 줄은 하늘과 땅을 잇는 매개체가 된다.
❺ **나라 이름을 ~ 다섯 가야의 임금이 되니** 수로왕이 하늘에서 내려온 알에서 태어나 대가락(가야국)의 왕이 되고 나머지 다섯 사람도 다섯 가야의 왕이 되었다는 것으로 이 이야기가 수로왕의 탄생 설화임과 동시에 가야국의 건국 신화임을 알 수 있다.

가 천지가 처음 열린 이후로 ❶이곳에는 아직 나라 이름이 없었다. 그리고 또 임금과 신하의 칭호도 없었다.(나라와 왕이 존재하지 않았음. – 국가 형성 이전의 원시 촌락 사회) 이때 아도간·여도간·피도간·오도간·유수간·유천간·신천간·오천간·신귀간 등 아홉 간(干)(가야국 초기의 아홉 추장)이 있었다. 이 추장들이 백성들을 통솔했으니 모두 100호(戶)로서 7만 5천 명이었다. 이 사람들은 거의 산과 들에 모여서 살았으며 ⓐ우물을 파서 물을 마시고 밭을 갈아 곡식을 먹었다.(농경 사회)

▶ 국가 체제가 성립되기 전 아홉 간이 백성들을 통솔함.

나 후한(後漢)의 세조 광무제(光武帝) 건무 18년 임인(壬寅, 기원후 42)년 3월 *계욕일(禊浴日)(〈구지가〉의 의식요 성격이 드러남.)에 ❷그들이 살고 있는 북쪽 ⓑ구지(龜旨)(가야국을 다스릴 왕을 맞이하기 위한 제의의 장소)에서 무엇을 부르는 이상한 소리가 났다. 백성 2, 3백 명이 여기에 모였는데(수상한 소리를 듣고 백성들이 몰려듦.) 사람의 소리 같기는 하지만 그 모양은 숨기고 소리만 내서 말했다.

"여기에 사람이 있느냐." / 아홉 간이 말했다. / "우리들이 있습니다." / 그러자 또 말했다.

"내가 있는 곳이 어디냐." / "구지입니다." / 또 말했다.

❸"하늘이 나에게 명하기를 이곳에 나라를 새로 세우고 임금이 되라고 하였으므로 일부러 여기에 내려온 것이니,(건국의 정당성 – 하늘의 명으로 임금이 탄생하여 나라를 세울 것임.) 너희들은 모름지기 산봉우리 꼭대기의 흙을 파면서(〈구지가〉의 노동요적 성격이 나타남.)

거북아 거북아[龜何龜何](신령스러운 존재, 기원의 대상) / 머리를 내밀어라[首其現也](집단의 우두머리(수로), 생명의 기원(새로운 생명)) – (요구)
만일 내밀지 않으면[若不現也] / 구워 먹겠다[燔灼而喫也] – (위협) 왕의 출현을 원하는 집단의 소망과 의지를 강렬하게 드러냄.

라고 노래 부르면서 뛰며 춤을 추어라. 그러면 곧 대왕을 맞이하여(가야국을 다스릴 왕의 출현) 기뻐 뛰놀게 될 것이다."

▶ 임금을 맞이하기 위해 구지봉에서 노래하고 춤을 추라는 소리를 들음.

다 아홉 간은 이 말을 좇아 모두 기뻐하면서 노래하고 춤추다가 얼마 안 되어 우러러 쳐다보니 다만 ❹ⓒ자줏빛 줄(천상과 지상을 이어 주는 역할)이 하늘에서 드리워져서 땅에 닿아 있었다. 그 줄의 끝을 찾아보니 ⓓ붉은 보자기에 금으로 만든 상자가 싸여 있으므로 열어 보니 해처럼 둥근 ⓔ황금 알 여섯 개(새로운 생명 – 가야국을 구성하는 여섯 개의 가야를 의미함.)가 있었다. 여러 사람들이 모두 놀라고 기뻐하여 함께 백배(百拜)하고 얼마 있다가 다시 싸안고 아도간의 집으로 돌아와 책상 위에 놓아두고 각기 흩어졌다. 이런 지 열두 시간이 지나, 그 이튿날 아침에 여러 사람들이 다시 모여서 그 상자를 여니 여섯 알은 어린아이로 변해 있었는데(난생 화소) 용모가 매우 훤칠했다. 이들을 평상 위에 앉히고 여러 사람들이 절하고 *하례하면서 극진히 공경했다.

이들은 나날이 자라서 10여 일이 지나니 키가 9척으로(비범한 인물임을 알 수 있는 부분으로, 신화의 비현실적인 특징이 나타남.) 「은나라 천을(天乙)과 같고 얼굴은 용과 같아 한나라 고조(高祖)와 같다. 눈썹이 팔자(八字)로 채색이 나는 것은 당나라 고조(高祖)와 같고, 눈동자가 겹으로 된 것은 우나라 순(舜)과 같았다.」(「 」: 알에서 태어난 여섯 왕을 고대 중국의 성왕에 빗대어 표현함. – 인물의 비범함과 신성성을 부각함.) ㉠그가 그달 보름에 왕위에 오르니 세상에 처음 나타났다고 해서 이름을 수로(首露) 혹은 수릉(首陵)이라고 했다.(〈구지가〉에서의 '머리'를 수로왕이라고 보기도 함.) ❺나라 이름을 대가락(大駕洛)이라 하고 또 가야국(伽耶國)이라고도 하니, 이는 곧 여섯 가야 중의 하나다. 나머지 다섯 사람도 각각 가서 다섯 가야의 임금이 되니 동쪽은 황산강('낙동강'의 옛 이름), 서남쪽은 창해, 서북쪽은 지리산, 동북쪽은 가야산이며 남쪽은 나라의 끝이었다.

▶ 하늘에서 내려온 황금 알에서 태어난 아이들이 여섯 가야의 임금이 됨.

라 「여기에 1,500보 둘레의 성과 궁궐과 전당 및 여러 관청의 청사와 무기고와 곡식 창고를 지을 터를 마련한 뒤에 궁궐로 돌아왔다. 두루 나라 안의 장정과 *공장(工匠)들을 불러 모아서 그달 20일에 성 쌓는 일을 시작하여 3월 10일에 공사를 끝냈다. 그 궁궐과 *옥사(屋舍)는 농사일에 바쁘지 않은 틈을 이용하니(농한기를 이용해 공사함.) 그해 10월에 비로소 시작해서 갑진(甲辰, 기원후 44)년 2월에 완성되었다.」(「 」: 왕이 도읍을 정한 뒤 나라의 기틀을 잡는 과정을 정확한 날짜와 함께 서술함. – 신빙성을 높임.)

▶ 왕이 도읍을 정한 뒤 나라의 기틀을 잡음.

• 중심 내용 하늘에서 땅으로 내려온 황금 알에서 태어나 가야국을 세운 수로왕

이해와 감상

〈가락국기〉는 가락국의 건국 신화로 가락국 시조인 수로왕의 탄생과 혼사, 즉위에서 죽음에 이르기까지의 내력을 담고 있다. 이 점에서 〈가락국기〉는 〈단군 신화〉나 〈혁거세 신화〉, 〈동명왕 신화〉와 그 맥락이 같다.

건국 시조 신화로서 〈가락국기〉는 하늘에서 내려와 하늘의 뜻대로 지상을 다스리는 첫 군왕이 곧 수로왕이고, 그러한 왕을 받들고 있는 거룩한 왕국이 곧 가야국이라는 이념이 강하게 투영되어 있다. 이를 통해 다른 건국 시조 신화와 마찬가지로 왕국에 신성성을 부여하고, 왕권 자체를 신성화하고 있다.

〈가락국기〉는 하늘의 신이 아도간(我刀干)·여도간(汝刀干) 등 아홉 족장이 다스리는 부족(9간) 연합의 통치자로서 인간 사회에 내려왔다는 것과, 인간 사회가 그를 환영의 의미인 춤과 노래로 스스럼없이 맞아들여 왕으로 삼은 영신(迎神) 신화라는 데 그 특색이 있다.

작품 연구소

〈가락국기〉의 특징

특징	내용
씨족 연합으로 이룩된 통합적인 왕국의 창건 신화임.	국호도 없이 아도간, 여도간 등 아홉 명의 추장이 백성들을 통솔하고 있던 씨족 연합 사회에 김수로왕이 군장으로 하강함.
신화 내용이 직접 신에게서 주어졌음.	구지봉에 모인 무리들이 직접 하늘에서 들려오는 신의 목소리에 응답했고, 그 결과 신의 내림을 받음.
신맞이 신화임.	신이 인간에게 직접 한 말을 받들어 노래하고 춤추며 육체로 연행된 신화임.

〈가락국기〉에 나오는 〈구지가〉의 성격

〈구지가〉는 가락국 시조 김수로왕의 강림 신화에 삽입된 무가적 서사시로 향가의 4구체와 유사한 형식을 보인다. 〈구지가〉에 나타나는 요구와 위협은 전형적인 주술로, 이를 통해 이 노래는 노동요, 주술요, 의식요, 잡귀를 쫓는 주문 등 여러 가지로 해석된다. 또한 이 노래는 수로왕이라는 신적인 존재를 맞이하기 위한 노래이기 때문에 신맞이 노래, 즉 영신군가로서의 성격도 지닌다. 〈구지가〉의 내용상 핵심은 '머리를 내놓으라'는 것인데, 머리를 내놓는다는 것은 새로운 생명의 탄생을 뜻한다. 여기에서 탄생은 수로왕의 탄생을 의미하며, 거북의 머리를 생명의 의미로 본 데서 고대인의 소박한 상징 수법이 잘 나타난다.

〈가락국기〉의 소재의 상징적 의미

소재	의미
거북	• 신령스러운 존재로 소망을 들어주는 주술의 대상 • 부정적 행위를 하지 않는 신적인 존재로 경외의 대상
머리	집단의 우두머리 혹은 건강한 출생
자줏빛 줄	〈단군 신화〉의 신단수와 같이 하늘과 땅을 이어 주는 소재
황금 알 여섯 개	• 난생(卵生) 화소 • 새로운 질서의 창조(고귀한 생명의 상징)

함께 읽으면 좋은 작품

〈주몽 신화(朱蒙神話)〉, 작자 미상 / 고구려의 건국 신화

난생 화소가 드러나고 건국 신화라는 점에서 〈가락국기〉와 유사하다. 하지만 〈주몽 신화〉의 경우 주몽이 고구려를 건국하기까지 여러 차례 시련을 겪고 금와왕의 아들들과의 갈등도 뚜렷하게 드러난다는 점에서, 시련을 겪지 않고 나라를 세운 수로와 차이를 보인다. Link 본책 26쪽

키 포인트 체크

인물 김수로는 □□ 알에서 기이하게 탄생한다.
배경 가락국의 건국 과정에서 왕국과 왕권의 □□□이 드러난다.
사건 하늘에서 내려온 황금 알 여섯 개가 사람으로 변하여 가락국의 □이 된다.

1 이 글에 대한 설명으로 적절하지 않은 것은?

① 씨족 연합으로 이룩된 왕국의 창건 신화에 해당한다.
② 최고(最古)의 집단 무요인 〈구지가〉가 삽입되어 있다.
③ 인간 사회가 신을 맞아들여 왕으로 삼은 신맞이 신화이다.
④ 가락국 시조인 김수로의 탄생과 건국 과정을 다루고 있다.
⑤ 주인공이 고난을 이겨 내는 영웅 일대기의 전형적인 구조를 보이고 있다.

2 아홉 간이 봉우리 꼭대기의 흙을 파내면서 노래를 부르고 춤을 춘 이유로 적절한 것은?

① 부귀를 얻기 위해
② 임금을 맞이하기 위해
③ 신의 노여움을 피하기 위해
④ 새로운 나라의 왕이 되기 위해
⑤ 세상 사람들을 이롭게 하기 위해

3 이 글의 내용을 연극으로 공연하기 위해 구상한 내용으로 적절하지 않은 것은?

① 신의 등장 방식: 신의 주변에 황금빛 조명을 비추어 신성한 모습이 잘 드러나게 하자.
② 〈구지가〉를 부르는 방식: 주술적 효과가 드러나도록 진지한 표정과 목소리로 부르자.
③ 춤을 추는 모습: 신성한 존재를 맞이하는 기쁨이 잘 드러나도록 경쾌하면서도 품위 있는 춤을 추자.
④ 하늘에서 줄이 내려올 때의 모습: 은은하고 신비로운 느낌을 주는 환상적인 분위기의 조명을 비추자.
⑤ 알에서 나온 사람의 모습: 용모가 빼어난 아이를 선정하여 알에서 나온 사람이 비범한 인물임을 알 수 있게 하자.

4 ⓐ~ⓔ 중, 〈보기〉의 신단수와 같은 역할을 하는 것은?

보기
〈단군 신화〉에서 신단수(神壇樹)는 천상계와 지상계를 이어 주는 매개체의 역할을 한다.

① ⓐ ② ⓑ ③ ⓒ ④ ⓓ ⑤ ⓔ

5 ㉠에서 알 수 있는 이 글의 의의 두 가지를 〈조건〉에 맞게 쓰시오.

조건
'〈가락국기〉는 ~임을 알 수 있다.' 형태의 완결된 한 문장으로 쓸 것

온달 설화(溫達說話) | 작자 미상

키워드 체크 #전기(傳記) 형식 #주체적인 여성상 #바람직한 인물상 반영

핵심 정리

갈래 설화, 전(傳)
성격 역사적, 영웅적
제재 온달과 평강 공주의 삶
주제 온달의 입신출세와 평강 공주의 주체적인 삶의 태도
특징 ① 역사상의 실존 인물을 다룸. ② 인물에 대한 전(傳) 형식의 설화임.
의의 역사적 인물의 삶을 민간에서 설화화하여 전승함.
출전 《삼국사기(三國史記)》

Q 온달에게 시집가기를 고집하는 평강 공주의 성품은?

평강 공주는 부왕의 명을 구체적인 이유를 들며 거부하고 온달에게 시집가겠다는 자신의 신념을 분명히 밝히고 있다. 이러한 평강 공주의 강직한 성품과 당찬 모습을 통해 자신의 삶을 스스로 개척해 나가는 주체적인 여성상을 부각하고 있다.

어휘 풀이

평강왕(平岡王) 고구려 25대 왕인 평원왕(平原王). 재위 기간은 559~590년임.
상부(上部) 고구려의 유력한 부족 가운데 하나. 동부(東部).
필부(匹夫) 신분이 낮고 보잘것없는 사내.
식언(食言)하다 한번 입 밖에 낸 말을 도로 입 속에 넣는다는 뜻으로, 약속한 말대로 지키지 않음을 이르는 말.
지존(至尊) 임금을 높여 이르는 말.
희언(戱言) 웃음거리로 하는 실없는 말.
시정(市井) 인가가 모인 곳.
국마(國馬) 나라에서 경영하던 목장의 말.

구절 풀이

❶ **왕 노릇하는 사람에게는 희언(戱言)이 없다고 합니다.** 왕의 말은 지대한 영향력을 가지므로 왕과 같이 높은 자리에 있는 사람은 함부로 말해서는 안 된다는 뜻이다. 평강 공주의 강직한 성품과 신념을 엿볼 수 있다.
❷ **'한 말의 곡식도 ~ 같이 입을 수 있다.'** 《사기(史記)》의 〈회남형산열전(淮南衡山列傳)〉에 나오는 말이다. 형제 사이의 다툼을 풍자한 데서 유래했지만, 여기서는 가난한 살림이라도 마음먹기에 따라서는 화목하게 지낼 수 있다는 의미로 쓰였다.

Q 온달의 관이 움직이지 않은 사건의 의미는?

온달이 전사하여 장사 지내려 할 때 관이 움직이지 않은 것은 떠날 때의 맹세를 지키기 위한 것으로, 온달이 뜨거운 조국애와 장수로서의 의기를 지니고 있었음을 보여 준다. 또한 공주가 위로하자 관이 움직였다는 것은 두 사람의 사랑이 매우 깊었음을 보여 준다.

가 온달(溫達)은 고구려 •평강왕(平岡王) 때 사람이다. 얼굴은 우스꽝스러울 만큼 파리하였으나 마음은 밝았다.(인물의 외양과 성격 제시) 「집이 매우 가난하여 항상 밥을 빌어다 어머니를 봉양하였는데, 떨어진 옷과 해진 신으로 거리를 돌아다녔다.」(「 」: 온달이 처한 상황 – 매우 가난함.) 당시 사람들은 그를 가리켜 '바보 온달'이라 하였다.

▶ 바보 온달은 성품이 밝지만 가난함.

나 평강왕의 어린 딸이 잘 울었으므로 왕이 놀리면서 / "너는 항상 내 귀가 아프도록 울어 대니 커서 사대부의 아내가 될 수는 없겠구나. 바보 온달에게나 시집보내야겠다."(공주가 나중에 바보 온달에게 시집가게 되는 계기가 되는 말) 라고 매번 말하였다. / 공주가 16세가 되자, 왕은 •상부(上部) 고씨(高氏)에게 시집보내려 하였다. 그러자 공주가 왕에게 말하였다.

「"대왕께서는 늘 '너는 반드시 온달의 아내가 될 것이다.'라고 말씀하셨는데, 이제 무슨 이유로 예전의 말씀을 바꾸십니까? •필부(匹夫)도 오히려 •식언(食言)하지 않으려 하거늘, 하물며 •지존(至尊)이야 어떠하겠습니까? 그러므로 ❶왕 노릇하는 사람에게는 •희언(戱言)이 없다고 합니다. 지금 대왕의 명령은 잘못되었사오니, 소녀는 감히 받들지 못하겠습니다."」(「 」: 부왕의 명령이 잘못되었음을 지적하고, 명령을 따르지 않을 것을 선언함. – 공주의 당찬 성격과 주체적인 태도가 드러남.)

▶ 평강 공주가 온달에게 시집가겠다는 뜻을 밝힘.

다 왕은 노하여 말하였다. / "네가 나의 가르침을 따르지 않는다면, 진실로 내 딸이라 할 수 없다. 어찌 함께 살 수 있겠느냐? 네가 가고 싶은 데로 가거라."

그러자 공주는 값비싼 팔찌 수십 개를(온달과의 생활에 필요한 수단) 팔에 매달고 홀로 궁궐을 나와, 길에서 만난 사람에게 온달의 집을 물었다. [중략]

▶ 평강 공주가 궁궐에서 나와 온달의 집으로 감.

온달이 우물쭈물하면서 결정을 내리지 못하자 그 어머니가 말하였다.

"내 자식은 미천한 사람이니 귀인의 배필이 될 수 없고, 우리 집은 몹시 비좁아서 귀인이 살기에는 마땅치 않습니다."(사리 분별이 분명한 노모의 성품이 드러남.) / 공주가 대답하였다. / "㉠ 옛사람의 말에 ❷'한 말의 곡식도 찧어서 나눠 먹을 수 있고, 한 자의 베라도 옷을 지어 같이 입을 수 있다.'라고 하였습니다. 만약 마음만 같다면, 어찌 꼭 부귀한 다음에야 함께 지낼 수 있겠습니까?"

그러고는 금팔찌를 팔아서 밭, 집, 종, 소, 말, 그릇 등을 사들여 살림을 온전히 장만하였다.

처음에 말을 살 때에 공주는 온달에게 말하였다. / 「"부디 •시정(市井)의 말은(사사로이 키워서 파는 말) 사지 말고, 반드시 병들고 야위어서 버려진 •국마(國馬)를 사 오세요."」(「 」: 공주의 지혜 – 앞으로의 가능성을 보고 말을 선택함.) / 온달은 공주의 말대로 했는데, 공주가 부지런히 말을 먹였더니 그 말은 날로 살찌고 건강해졌다.

▶ 평강 공주는 온달과 혼인하여 그를 내조함.

라 이때 후주(後周)의 무제(武帝)가 군사를 보내어 요동(遼東)을 치니, 왕이 군사를 거느리고 나가 배산(拜山) 들에서 맞아 싸웠다. 온달이 선봉장이(제일 앞에 진을 친 부대를 지휘하는 장수) 되어 날쌔게 싸워 수십여 명을 베니 여러 군사가 승기(勝機)를 타고 분발하여 쳐서 크게 이겼다. 공을 의논할 때에 온달로 제일을 삼지 않은 이가 없었다.

▶ 온달이 무공을 세워 입신출세함.

마 온달은 떠날 때 이렇게 맹세하였다.

"계립현(鷄立峴)과 죽령(竹嶺) 서쪽의 땅을 다시 되찾지 못한다면, 나는 돌아오지 않겠다."

드디어 출전하였는데, 온달은 신라 군사와 아단성(阿旦城)(지금의 아차산성) 아래에서 싸우다가 어디선가 날아든 화살에 맞아서 죽었다. 장사를 지내려 하였지만, 관이 전혀 움직이지 않았다. 공주가 와서 관을 어루만지며 말하였다.

"죽고 사는 것이 이미 결정되었습니다. 아아, 돌아가소서."(삶과 죽음에 대한 당대인의 의식을 엿볼 수 있음.)

드디어 관을 들어 장사 지냈다. 대왕이 그 소식을 듣고 매우 슬퍼하였다.

▶ 온달이 아단성에서 전사함.

• 중심 내용 고귀한 신분의 평강 공주와 바보 온달의 혼인 및 온달의 비극적인 죽음

이해와 감상

〈온달 설화〉는 정사(正史)인 《삼국사기》 중 〈열전(列傳)〉에 실린 이야기로, 실존했던 인물인 고구려의 장수 온달과 평강 공주의 혼인을 소재로 하여 구전되던 설화를 전기(傳記) 형식으로 기록한 것이다. 온달이 죽고 관이 움직이지 않았다는 내용 외에는 비교적 현실적인 내용으로 이루어져 있다.

이 설화에서 평강 공주는 기존의 관습을 뛰어넘어 평민 남자와 혼인하는, 스스로의 삶을 개척해 나가는 주체적인 여성으로 묘사되어 있다. 또한 남편인 온달은 미천한 신분에서 평강 공주의 지혜에 힘입어 입신양명(立身揚名)하는 인물로 그려지고 있다. 설화에는 당대의 향유층의 의식이 반영된다는 것을 고려하면, 이러한 인물 설정은 당대인들이 바람직하게 여기던 인물상을 반영한 것이라고 볼 수 있다. 즉, 기존의 질서와 관념을 비판하고 주체적인 여성상을 부각하여 당대인들의 바람을 반영하는 동시에 삶의 지혜와 용기를 주려고 한 것이라 볼 수 있다.

작품 연구소

온달에 대한 당대인들의 인식

온달의 처지	당대인들의 인식
바보 온달	얼굴이 우스꽝스럽고 집안이 가난하지만 부지런히 어머니를 봉양하는 모습을 보고 효자로 인식함.
평강 공주의 남편인 온달	• 공주의 남편이 된 온달 – 당대인들의 바람이 투영됨. • 뛰어난 능력을 지니게 된 온달 – 지혜로운 아내의 역할을 인식함.
고구려의 장수 온달	미천한 신분을 극복하고 고구려를 위해 싸우다가 전사하는 모습에서 존경심을 가지게 됨.

평강 공주와 온달의 성격

인물	성격	근거
평강 공주	신의를 중시함.	왕에게 자신이 한 말을 지키라고 말함.
	주체적·의지적임.	홀로 궁궐을 나와 온달의 집을 찾아감.
	지혜로움.	버려진 국마(國馬)를 사 오라고 함.
온달	긍정적임.	마음이 밝음.
	수용적임.	공주의 말대로 함.
	의지적임.	땅을 다시 되찾지 못한다면 돌아오지 않겠다고 함.

〈온달 설화〉의 주제 의식

이 설화의 주제는 부권 중심의 전통적인 가치관을 비판하고 스스로의 독자적인 삶을 개척해 나가는 여성의 주체 의식이라고 할 수 있다. 그러나 이러한 주체적 삶은 여성 자체에 의해 실현되는 것이 아니라 남편의 성취와 아버지의 인정에 의해 완성되므로 한계를 지니기도 한다.

함께 읽으면 좋은 작품

〈서동 설화(薯童說話)〉, 작자 미상 / 평민 남자와 공주의 결연담을 다룬 작품

백제 무왕이 왕위에 오르기까지의 과정을 다룬 설화로, 서동이 진평왕의 셋째 공주인 선화 공주와 결혼하여 백제의 왕이 되었다는 이야기이다. 이 설화는 미천한 출신의 주인공이 지혜로운 부인의 도움을 얻어 출세하게 된다는 점에서 〈온달 설화〉와 기본 줄거리가 유사하지만, '평민성'과 '여성의 주체성'의 측면에서는 차이를 보인다.

키 포인트 체크

인물 평강 공주는 자신의 삶을 개척해 나가는 □□□인 성격을 지녔다.

배경 기존의 질서와 관념을 향한 비판, 주체적인 □□□, 삶의 지혜 등 당대의 바람을 반영하고 있다.

사건 평강 공주와 혼인하고 □□□□한 온달이 전쟁터에서 비극적인 죽음을 맞이한다.

1 이 글에 대한 설명으로 적절하지 않은 것은?

① 초월적 능력을 지닌 영웅이 등장하고 있다.
② 역사상의 실존 인물을 설화화하여 제시하고 있다.
③ 기존의 관습에서 벗어난 인물의 행위가 나타나고 있다.
④ 중심인물을 통해 여성의 주체적인 삶을 형상화하고 있다.
⑤ 가난하고 미천한 남자가 고귀하고 지혜로운 여자를 만나 출세한다는 구조로 이루어져 있다.

2 이 글에서 추측한 내용으로 적절하지 않은 것은?

① 온달은 왕이 그 이름을 알 정도로 유명한 인물이었다.
② 평강왕은 왕도 가벼운 농담을 할 수 있다고 생각했다.
③ 상부 고씨는 평강 공주와 결혼할 만한 배경을 갖추었다.
④ 온달의 어머니는 처음에는 평강 공주를 부담스러워했다.
⑤ 평강 공주는 권위를 유지하기 위해 팔찌를 가지고 나왔다.

3 〈보기〉의 ⓐ와 ⓑ를 참고하여 이 글을 감상한 내용으로 적절하지 않은 것은?

| 보기 |

설화는 살아온 내력이나 생각한 바를 이야기에 담아내어 흥미를 끈다. 따라서 설화를 문학사 안으로 끌어들여야 ⓐ당시 사람들이 자기 삶을 되돌아보면서 무엇을 생각하고 바랐는지 알아낼 수 있다. 또한 설화 속에는 ⓑ상상에서만 가능한 비현실적인 이야기들이 존재한다. 〈단군 신화〉에서 곰이 웅녀가 되는 사건이나 〈주몽 신화〉에서 물고기와 자라가 주몽이 강을 건널 수 있도록 도와주는 사건 등이 그 예이다.

① ⓐ: 미천한 신분의 온달이 출세하는 것에서 미천한 사람도 위대해질 수 있다는 당대인의 생각을 읽어 낼 수 있다.
② ⓐ: 평강 공주를 통해 남성보다 우위에 서고 싶어 한 당대 여성들의 소망을 엿볼 수 있다.
③ ⓐ: 온달이 죽고 평강 공주가 그 관을 만지며 위로하는 장면에서 당대인의 생사관과 영혼관을 짐작할 수 있다.
④ ⓑ: 관이 움직이지 않는 장면은 현실에서는 일어날 수 없는 일로, 온달의 애국심과 의기를 강조하는 역할을 한다.
⑤ ⓑ: 비현실적인 사건이 비교적 적게 나타난 설화로, 초기 설화에 비해 현실에 근접한 모습을 보인다.

4 ㉠의 의미와 평강 공주가 그렇게 말한 의도를 〈조건〉에 맞게 쓰시오.

| 조건 |

1. 공주가 온달의 어머니에게 바라는 내용을 포함할 것
2. 50자 이내의 완결된 한 문장으로 쓸 것

조신지몽(調信之夢) | 작자 미상

키워드 체크 #환몽 설화 #액자 구조 #세속적 욕망의 헛됨

문학 금성

핵심 정리

갈래 사찰 연기(寺刹緣起) 설화, 환몽 설화, 전설
성격 불교적, 환몽적, 서사적, 교훈적
제재 조신의 꿈
주제 인간의 욕망과 집착의 무상함
특징 ① '현실-꿈-현실'의 환몽 구조임.
② '외화-내화'로 이루어진 액자식 구성을 취함.
③ 구체적인 지역과 증거물 등 전설로서의 특징이 나타남.
의의 몽자류 소설의 근원이 되는 설화임.
출전 《삼국유사(三國遺事)》

어휘 풀이

장원(莊園) 궁정·귀족·관료나 사찰이 소유하고 있는 대규모의 토지.
관음보살 대자대비하여 중생의 괴로움을 구제해 준다고 하는 보살.
지초(芝草) 지치. 천연염료를 얻거나 민간요법에서 약재로 많이 사용한 풀. 여기에서는 향기로운 풀을 의미함.
난조(鸞鳥) 중국 전설에 나오는 상상의 새. 깃은 붉은빛에 다섯 가지 색채가 섞여 있으며, 소리는 오음(五音)과 같다고 함.
돌미륵 돌로 새겨 만든 미륵불. 미륵불(미륵보살)은 괴로움이 많은 인간 세계에 나타나서 중생을 건진다는 보살.

구절 풀이

❶ **붉은 얼굴과 ~ 나부끼는 버들가지입니다.** 이슬은 쉬 사라지는 것이고, 버들가지는 미풍에도 흔들리는 연약한 존재로, 세파에 시달려 부부의 언약을 더 이상 지키기 어려움을 비유적으로 드러낸 말이다.

❷ **수염과 머리털은 ~ 얼음 녹듯이 깨끗이 없어졌다.** 조신이 꿈에서 경험한 삶의 고뇌가 컸음을 보여 줌과 동시에, 이로 인해 세상일의 허무함에 대해 깨달았음을 나타낸다.

❸ **정토사(淨土寺)를 세워 부지런히 착한 일을 했다.** 조신이 깨달음을 얻고서 세웠다는 정토사는 이 이야기가 이 절의 건립 내력을 설명하는 사찰 연기 설화임을 알 수 있게 하는 동시에, 전설의 증거물이 되기도 한다.

Q 이 글에서 꿈의 역할은?

조신은 김흔의 딸을 얻고자 하는 세속적 욕망에 집착하다 꿈을 꾸게 되고, 꿈에서 깨어나서는 이러한 욕망이 덧없음을 깨닫는다. 따라서 꿈은 조신의 욕망을 반영한 것이면서, 또한 조신에게 새로운 깨달음을 얻게 하는 역할을 한다. 즉, 이 글에서 꿈은 세속적 욕망의 부질없음을 깨닫게 하기 위해 작가가 의도적으로 설정한 장치인 것이다.

가 『옛날 신라가 서울이었을 때 세달사(世達寺) — 지금의 흥교사(興敎寺) — 의 *장원(莊園)이 명주(溟洲) 날리군(捺李郡)에 있었는데,』 본사(本寺)에서 중 조신을 보내서 장원을 맡아 관리하게 했다.

(『 』: 구체적인 지명 제시 - 전설의 특징 / 명주: 지금의 강릉 지방 / 조신의 신분 - 행정적인 업무를 보는 사판승(事判僧))

▶ 승려 조신이 세달사의 장원을 관리하게 됨.

나 조신이 장원에 와서 태수(太守) 김흔(金昕)의 딸을 좋아해서 아주 반하게 되었다. 여러 번 낙산사(洛山寺) *관음보살 앞에 가서 남몰래 그 여인과 살게 해 달라고 빌었다. 이로부터 몇 해 동안에 그 여인에게는 이미 배필이 생겼다. 그는 또 불당 앞에 가서, 관음보살이 자기의 소원을 들어주지 않는다고 원망하며 날이 저물도록 슬피 울다가 생각하는 마음에 지쳐서 잠깐 잠이 들었다. 꿈속에 갑자기 김씨 낭자가 기쁜 낯빛을 하고 문으로 들어와 활짝 웃으면서 말했다.

(태수: 신라 때, 각 고을의 으뜸 벼슬 / 조신의 소망이 은밀해야 하는 이유 - 조신의 신분이 승려이기 때문임. / 조신의 소망이 현실에서 이루어질 수 없는 이유 / 입몽(入夢) / 이후 전개되는 사건은 모두 꿈속에서 벌어진 일임을 알 수 있음.)

"저는 일찍부터 스님을 잠깐 뵙고 알게 되어 마음속으로 사랑해서 잠시도 잊지 못했으나 부모의 명령에 못 이겨 억지로 딴 사람에게로 시집갔다가 이제 부부가 되기를 원해서 왔습니다."

이에 조신은 매우 기뻐하여 그녀와 함께 고향으로 돌아갔다.

(조신은 장원을 관리하는 사판승의 직책을, 김씨의 딸은 부모와 남편을 버리고 새로운 생활을 시작함.)

▶ 입몽 - 조신과 김씨 낭자가 부부가 됨.

다 "근년에 와서는 쇠약한 병이 해마다 더해지고 굶주림과 추위도 날로 더해 오는데 남의 집 곁방살이에 하찮은 음식조차도 빌어서 얻을 수가 없게 되어, 수많은 문전(門前)에 걸식하는 부끄러움이 산과도 같이 무겁습니다. 아이들이 추워하고 배고파해도 미처 돌봐 주지 못하는데 어느 겨를에 부부간의 애정을 즐길 수가 있겠습니까? ❶붉은 얼굴과 예쁜 웃음도 풀 위의 이슬이요, *지초(芝草)와 난초 같은 약속도 바람에 나부끼는 버들가지입니다. 이제 그대는 내가 있어서 누가 되고 나는 그대 때문에 더 근심이 됩니다. 가만히 옛날 기쁘던 일을 생각해 보니, 그것이 바로 근심의 시작이었습니다. 그대와 내가 어찌해서 이런 지경에 이르렀습니까? 『뭇 새가 다 함께 굶어 죽는 것보다는 차라리 짝 잃은 *난조(鸞鳥)가 거울을 향하여 짝을 부르는 것만 못할 것입니다.』 추우면 버리고 더우면 가까이하는 것은 사람의 정으로는 차마 할 수 없는 일입니다. 하지만 나아가고 그치는 것은 인력(人力)으로 되는 것이 아니고, 헤어지고 만나는 것도 운수가 있는 것입니다. 원컨대 이 말을 따라 헤어지기로 합시다."

(생활고로 인해 부부간의 애정이 예전과 같지 않음을 드러냄. / 현재 상황이 너무 비참해 과거의 기뻤던 일까지 모두 부정적으로 인식됨. / 온 가족이 함께 굶어 죽는 것 / 부부가 헤어져 사는 것 / 『 』: 남편과 헤어지려는 아내의 비장한 결심이 드러남. / 사정에 따라 사람을 버리고 취하는 것)

▶ 꿈 - 조신 일가의 고난

라 이리하여 서로 작별하고 길을 떠나려 하다가 꿈에서 깨었다.

(각몽(覺夢))

타다 남은 등잔불은 깜박거리고 밤도 이제 새려고 한다. 아침이 되었다. ❷수염과 머리털은 모두 희어졌고 망연히 세상일에 뜻이 없다. 『괴롭게 살아가는 것도 이미 싫어졌고 마치 한평생의 고생을 다 겪고 난 것과 같아 재물을 탐하는 마음도 얼음 녹듯이 깨끗이 없어졌다.』 이에 관음보살의 상(像)을 대하기가 부끄러워지고 잘못을 뉘우치는 마음을 참을 길이 없다. 돌아와서 꿈에 아이를 묻은 해현에서 땅을 파 보니 *돌미륵이 나왔다. 물로 씻어서 근처에 있는 절에 모시고 서울로 돌아가 장원을 맡은 책임을 내놓고 사재(私財)를 내서 ❸정토사(淨土寺)를 세워 부지런히 착한 일을 했다. 그 후에 어디서 세상을 마쳤는지 알 수가 없다.

(망연히: 아득히, 멍하니 / 『 』: 꿈에서 깬 뒤 인생무상을 깨닫고 세속적 욕망을 버림. / 자신이 가졌던 세속적인 욕망에 대한 부끄러움 / 조신이 불도에 정진하게 됨을 나타냄. / 개인이 소유하고 있는 재산 / 구체적인 증거물)

▶ 각몽 - 세상일이 덧없음을 깨달은 조신이 정토사를 세움.

• **중심 내용** 사모하던 여인과 부부가 되어 살다가 헤어지는 꿈을 꾼 뒤 인생무상을 깨닫고 세속적 욕망을 버린 조신

이해와 감상

〈조신지몽〉은 '현실 – 꿈 – 현실'로 이어지는 환몽 구조를 바탕으로 세속의 욕망과 집착이 헛된 것임을 보여 주는 설화로, 세속적 욕망은 결국 허망한 것이라는 불교적 가르침을 일깨워 주고 있다.

이 설화는 사찰 연기(寺刹緣起) 설화로, 마지막 부분에서 조신이 정토사를 건립한다는 내용이 이를 뒷받침해 준다. 또한 돌미륵, 정토사 등 구체적인 증거물이 제시되어 전설로서의 특징을 드러내고 있다.

한편 조신이 현실에서 바라던 것을 꿈속에서 이루고, 꿈에서 깨어난 뒤 어떤 깨달음을 얻는다는 환몽 구조는 몽자류 소설의 기원이 되어, 훗날 〈옥루몽〉, 〈옥린몽〉, 〈옥련몽〉과 같은 몽자류 소설과 김만중의 〈구운몽〉, 이광수의 〈꿈〉 등에 큰 영향을 미쳤다.

작품 연구소

〈조신지몽〉의 환몽 구조와 액자식 구성

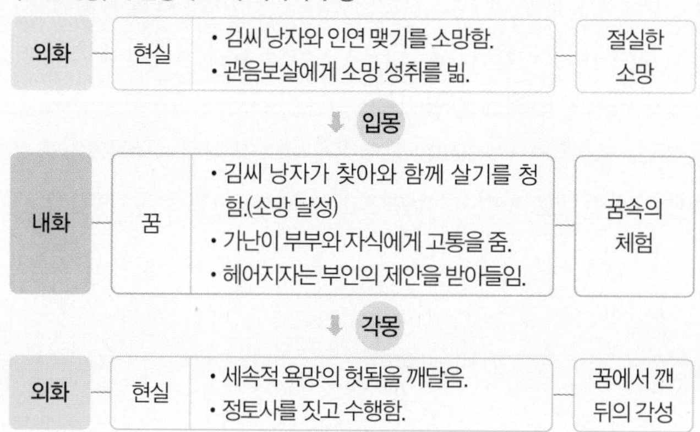

〈조신지몽〉과 〈구운몽〉의 공통점과 차이점

〈조신지몽〉과 〈구운몽〉에서는 공통적으로 두 주인공이 꿈속의 삶을 겪은 후 깨달음을 얻는다. 하지만 조신은 꿈속에서 가난으로 인한 고통스러운 삶을 겪은 후 꿈에서 깨어 인생무상을 깨닫는 반면, 성진은 꿈속에서 인생의 모든 부귀영화를 누린 후 인생무상을 깨닫는다는 차이가 있다.

• 〈조신지몽〉의 구조

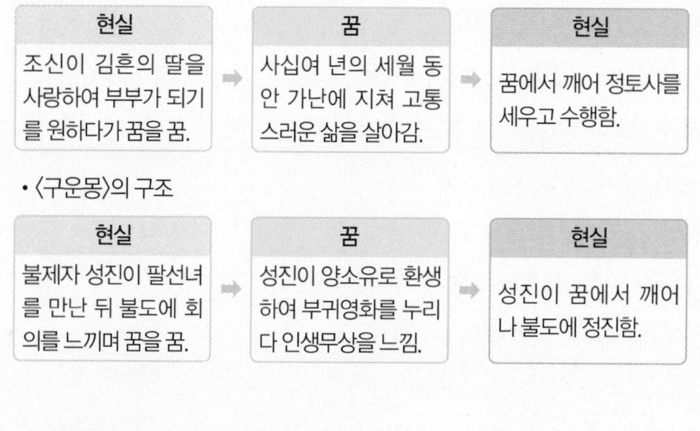

함께 읽으면 좋은 작품

〈꿈〉, 이광수 / 〈조신지몽〉을 소설화한 작품

〈조신지몽〉의 내용을 소설화한 것으로, 조신과 김흔의 딸과의 꿈속 생활에 현실성을 부여한 작품이다. 현실의 욕망 때문에 파멸하다가 꿈에서 깨어나는 구조로 이루어져 있으며, 인간 세계는 허망하고 덧없다는 불교 사상을 바탕으로 하는 일종의 몽자류 소설이다.

키 포인트 체크

인물 승려 조신은 꿈에서 깬 뒤 세속의 ☐☐과 집착이 헛됨을 깨닫는다.
배경 인간 세계는 허망하고 덧없다는 ☐☐ 사상이 드러난다.
사건 조신이 평소 사모하던 여인과 부부가 되어 갖은 고생을 겪으며 살다 헤어지는 꿈을 꾼 뒤 삶의 ☐☐☐☐을 깨닫는다.

1 이 글에 대한 설명으로 적절하지 않은 것은?

① 몽자류 소설의 근원이 되는 설화이다.
② 이야기 속에 또 다른 이야기가 들어 있다.
③ '현실 – 꿈 – 현실'의 환몽 구조로 이루어져 있다.
④ 사찰 연기 설화로 사찰의 건립 내력을 알 수 있다.
⑤ 입몽과 각몽의 계기로 필연성을 갖춘 사건이 제시되었다.

2 〈보기〉의 구조를 참고하여 이 글에 대해 설명한 내용으로 적절하지 않은 것은?

보기

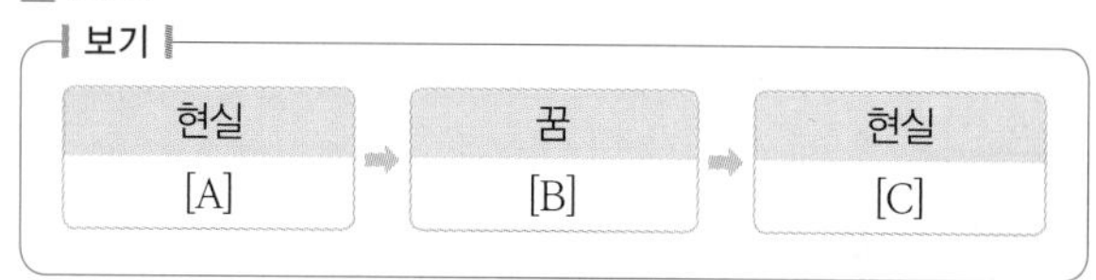

① [A]에서 조신은 세속적 욕망을 추구한다.
② [A]에 나타난 조신의 절실한 소망이 [B]에서 이루어진다.
③ [B]에서 [C]로의 변화는 '고진감래(苦盡甘來)'와 관련 있다.
④ [B]는 조신의 가치관에 커다란 변화를 일으키는 역할을 한다.
⑤ [C]에서 조신은 세속적 욕망을 초탈한 삶을 추구하게 된다.

3 〈보기〉를 참고하여 이 글이 전설의 성격을 띤다고 판단할 수 있는 근거를 〈조건〉에 맞게 쓰시오.

보기

전설의 작중 배경은 대체로 특정한 역사적 시간과 구체적인 지리적 공간이 제시되는데, 이는 전설의 세계가 특정한 시간과 장소에서 일어난 일을 바탕으로 함을 보여 준다.

– 조동일 외, 《한국 문학 강의》

조건

이 글에서 구체적인 예를 찾아 근거로 제시할 것

내신 적중 高난도

4 〈보기〉는 이 글에 일연이 덧붙인 시이다. ㉠, ㉡과 연관되는 내용을 이 글에서 각각 찾아 쓰시오.

보기

㉠즐거운 시간은 잠시뿐 마음은 어느새 시들어
남모르는 근심 속에 젊던 얼굴 늙었네.
다시는 좁쌀밥 익기를 기다리지 말지니,
바야흐로 힘든 삶 한순간의 꿈인 걸 깨달았네.
몸을 닦을지 말지는 먼저 뜻을 성실하게 해야 하거늘
홀아비는 미인을 꿈꾸고 도적은 장물을 꿈꾸네.
어찌 가을날 맑은 밤의 꿈으로
때때로 눈을 감아 ㉡청량(淸凉)의 세계에 이르는가.

006 도미 설화(都彌說話) | 작자 미상

키워드 체크 #열녀 설화 #관탈 민녀 설화 #교훈적 #민중의 저항 #절개

국어 천재(박)

핵심 정리

갈래 열녀 설화, 관탈 민녀(官奪民女) 설화
성격 교훈적, 저항적, 서사적
제재 도미 부인의 절개
주제 도미 부인의 정절 칭송 및 지배층의 횡포 폭로
특징 ① 민중의 도덕성과 긍정적 인간관이 잘 드러남.
② 지배층의 비도덕적인 권력에 대한 저항 의지가 나타남.
의의 열녀 설화의 원형으로 후대 〈춘향전〉에 영향을 미침.
출전 《삼국사기(三國史記)》

Q 개루왕의 여성관은?

개루왕이 도미의 부인을 두고 도미와 내기를 하는 것에서, 여성을 인격체가 아닌 물건처럼 여기고 있음을 알 수 있다. 또한 여성은 어두운 곳에서 유혹하면 누구나 다 절개를 버린다고 생각하는 부정적인 여성관도 드러내고 있다.

어휘 풀이

절개(節槪/節介) 지조와 정조를 깨끗하게 지키는 여자의 품성.
정결(貞潔) 정조가 굳고 행실이 깨끗함.
궁인(宮人) 궁궐 안에서 왕과 왕비를 가까이 모시는 내명부를 통틀어 이르는 말. 엄한 규칙이 있어 환관(宦官) 이외의 남자와 절대로 접촉하지 못하며, 평생을 수절해야만 함.

구절 풀이

❶ **그는 비록 미천한 ~ 칭찬을 받았다.** 도미 부부의 인품이 단적으로 드러나는 부분으로, 이후 도미가 보여 주는 인간관과 도미 부인의 절개를 이해하는 단서가 된다.
❷ **"무릇 부인의 덕은 ~ 없을 것이다."** 힘이나 권력으로 유혹하면 절개를 지킬 여자가 없을 것이라는 뜻으로, 개루왕의 부정적인 여성관이 드러난다.
❸ **도미와 내기를 하여 ~ 네 몸은 내 것이 되었다."** 도미 부인을 유혹하려는 개루왕의 거짓말이다. 개루왕이 여성을 하나의 인격체로 대하지 않고 여성의 몸을 소유의 대상으로 간주함을 알 수 있다.
❹ **도미 부인이 하늘을 우러러 ~ 물결을 따라오므로,** 도미 부인이 하늘의 도움으로 위기를 극복하는 것에서 절개를 지키는 행위의 숭고함을 알 수 있다.
❺ **풀뿌리를 파서 ~ 일생을 마쳤다.** 부도덕한 지배층에 피해를 입은 민중의 모습으로 볼 수 있다. 도미는 눈을 잃고 목숨을 부지하여 아내와 극적으로 재회했으나, 도미 부부는 풀뿌리로 굶주림을 면하다가 고구려에 가서 살게 되었다.

가 도미는 백제 사람이다. ❶그는 비록 미천한 백성이었으나 자못 의리를 알았으며, 그의 아내는 용모가 아름답고 또한 ˚절개를 지켰으므로 사람들의 칭찬을 받았다.
(도미의 신분 / 사람으로서 마땅히 지켜야 할 도리를 알고 있음.)
▶ 도미의 부인이 아름다운 용모와 절개로 칭송을 받음.

나 개루왕이 이 말을 듣고 도미를 불러 이야기하기를,
(도미 부부가 고초를 겪는 원인 / 도미의 아내가 아름답고 절개를 지킨다는 말)

❷"무릇 부인의 덕은 비록 ˚정결을 위주로 한다고 하나 만약 어둡고 사람이 없는 곳에서 교묘한 말로 꼬이면 능히 그 마음이 움직이지 않는 자가 없을 것이다."
(개루왕이 여성의 정조를 불신함.)

하였다. 도미는 대답하기를,

"사람의 마음을 가히 헤아리지 못할 것이오나, 신의 아내만은 비록 죽더라도 두 마음을 갖지 않는 사람입니다."
(사람의 마음은 쉽게 알 수 없는 것임을 전제함.)
▶ 개루왕이 도미의 아내를 빼앗고자 함.

다 하니, 왕은 이를 시험하고자 하여 도미에게 사건을 만들어 머물러 두고는 한 신하를 시켜 왕으로 꾸며 그 의복을 입히고 말을 태워 보냈다. 그는 밤에 도미의 집에 이르러서 먼저 사람을 시켜 왕이 왔다고 알리고 도미의 부인에게 말하기를,
(도미 부인은 죽더라도 두 마음을 갖지 않을 것임. / 왕이 왔다고 알림으로써 이후 올 사람을 왕이라고 인식하게 함.)

"내 너의 아름답다는 말을 듣고 좋아한 지 오래다. 이제 ❸도미와 내기를 하여 이겼으므로 너를 얻게 되어 내일 너를 ˚궁인으로 만들게 하였으니, 이후부터 네 몸은 내 것이 되었다."
(개루왕으로 변장한 신하가 거짓말로 도미의 부인을 속이면서 유혹함.)

하니, 도미 부인은 말하기를,

"국왕께서는 거짓말이 없겠사오므로 제가 감히 순종하지 않으리까? 청컨대 대왕께서는 먼저 방으로 들어가소서. 내 다시 옷을 갈아입고 곧 들어가 모시겠습니다."
(왕의 말을 면전에서 의심하고 반박하는 것은 불경한 일이 되므로 순종하는 척 연기함. / 자기 대신 계집종을 들여보낼 시간을 벌기 위해 하는 말)

하고 물러 나와서는 곧 한 계집종을 단장시켜 모시게 하였다.
(도미의 아내가 기지를 발휘해 위기를 모면함.)
▶ 도미의 아내가 기지를 발휘해 개루왕의 계략을 피하고 절개를 지킴.

라 그런데 왕은 뒤에 그가 속은 것을 알고 크게 노하여, 도미를 애매한 죄로 다스려 그의 두 눈을 멀게 하고 사람을 시켜 그를 끌어내어 작은 배에 실어 강물 위에 띄워 놓았다. 그리고 드디어는 도미 부인을 궁으로 잡아들였다.
(부당한 권력을 이용한 지배 계층(왕)의 횡포가 직접적으로 나타남.)

도미 부인은 남편이 겪게 된 사정을 알고 왕을 속여 궁궐에서 도망쳐 나왔다. ㉠그러나 앞에는 강물이 흐르고, 뒤에는 군사들이 쫓아오고 있었다. ❹도미 부인이 하늘을 우러러 통곡하니, 갑자기 한 조각배가 나타나서 물결을 따라오므로, 이를 잡아타고 천성도에 이르러 도미를 만났는데, 아직 죽지 않고 살아 있으므로, ❺풀뿌리를 파서 먹으며 굶주림을 면하였다.
(앞으로 나아갈 수도 뒤로 물러설 수도 없는 상황 – 진퇴양난(進退兩難) / 개연성이 떨어지는 부분 – 고전 설화의 특징)
▶ 도미의 아내가 극적으로 탈출하여 남편과 재회함.

마 그들은 드디어 함께 배를 타고 고구려의 산산(蒜山) 밑에 이르렀다. 고구려 사람들이 그들을 불쌍히 여겨 옷과 밥을 주어 드디어는 살게 되어 거기서 일생을 마쳤다.
(함경남도의 지명)
▶ 도미 부부가 고구려에 가서 여생을 마침.

• 중심 내용 왕이라는 절대 권력 앞에서 일부종사(一夫從事)의 절개를 지키는 도미의 아내

이해와 감상

〈도미 설화〉는 열녀 설화, 관탈 민녀 설화의 원형으로, 지배층의 부당한 권력 앞에서 자신의 절개를 지킨 도미 부인에 관한 설화이다. 도미 부인을 억압하는 존재가 왕으로 설정됨으로써 절대 권력 앞에서도 굴복하지 않는 도미 부인의 절개가 더욱 강조되고 있다. 도미 부인이 기지로 왕을 속이고 절개를 지키는 모습에서는 비도덕적인 권력에 저항하는 당대 민중의 건강한 삶의 의지를 찾을 수 있다. 왕이 도미의 눈을 멀게 하고 도미 부인을 궁으로 잡아들이는 모습에서는 권력에 의해 부당하게 억압받는 당대 백성들의 고달픈 삶을 짐작할 수 있다.

작품 연구소

〈도미 설화〉와 〈춘향전〉의 비교

〈도미 설화〉와 〈춘향전〉에는 두 가지의 공통된 화소가 있는데, 하나는 지배 계층인 임금이나 관리가 평민의 여자를 빼앗으려 한다는 것이고 또 하나는 여자가 고난과 시련 속에서도 정절을 지킨다는 것이다. 두 작품에 나타나는 인물 관계는 다음과 같이 정리할 수 있다.

인물		공통점
〈도미 설화〉	〈춘향전〉	
도미의 아내	성춘향	지배층의 권력과 유혹에 굴하지 않고 끝내 절개를 지킴.
도미	이몽룡	자신의 여자에 대한 강한 믿음을 갖고 있음.
개루왕	변학도	권력을 이용해 평민 여성의 정절을 빼앗으려 함.

도미와 개루왕의 상반된 인간관

도미의 관점		개루왕의 관점
어떠한 역경과 유혹이 있어도 절개를 지킬 수 있음.	⟷	절개를 지킬 수 있는 사람은 이 세상에 존재하지 않음.
긍정적		부정적

〈도미 설화〉의 전승 및 관탈 민녀 설화

〈도미 설화〉는 유교적 윤리관인 열(烈)의 귀감이 되어 《삼국사기》와 《오륜 행실도》 등에 실려 널리 전승되었다. 〈도미 설화〉는 관탈 민녀 설화에 해당하는데 관탈 민녀 설화는 대체로 인물들이 비극적인 결말을 맞는다는 공통점이 있다. 〈도미 설화〉는 〈우렁 각시〉나 〈산방덕 전설〉에 비해 부부가 함께 살아남았다는 점에서는 다행이지만, 도미의 눈이 멀고 부부의 여생도 힘들었다는 점에서는 비극적이라고 할 수 있다.

〈도미 설화〉	〈우렁 각시〉	〈산방덕 전설〉
도미 부인이 아름답다는 말에 왕이 빼앗으려 하나 도미 부인이 기지로 이를 모면함. 하지만 왕의 횡포에 도미는 눈이 멀고, 도미의 아내는 간신히 남편과 재회하나 힘들게 여생을 마침.	한 노총각이 집에 가져온 우렁이가 몰래 집안일을 함. 그런데 우렁 각시의 미모에 반한 관원이 강제로 관아로 끌고 감. 이에 노총각은 죽어 새가 되고 우렁 각시도 죽어서 참빗이 됨.	제주의 산방산 아래 살던 한 여인을 고을 사또가 빼앗으려 함. 남편은 살인 누명을 쓰고 귀양 가고, 여인은 사또를 피해 산방산으로 올라가 눈물을 흘리다 바위로 변함.

키 포인트 체크

인물 도미는 미천한 백성이나 ☐☐☐를 아는 인물이며, 도미의 아내는 외모가 뛰어나고 ☐☐를 지키는 인물이다.

배경 백제의 제4대 왕인 ☐☐☐이 다스리던 시대가 배경이다.

사건 절대 권력을 지닌 ☐이 백성인 도미의 아내를 빼앗으려 하지만, 도미의 아내는 끝내 절개를 지키고 도미와 재회하여 일생을 마친다.

1 이 글의 인물에 대한 설명으로 적절한 것은?

① 개루왕은 여성의 절개를 불신하고 있다.
② 도미 부인은 남편이 자신을 두고 왕과 내기한 것에 실망감을 드러내고 있다.
③ 개루왕은 도미 부부가 계획적으로 자신을 속인 것에 배신감을 느끼고 있다.
④ 도미는 자신의 부인이 왕의 절대 권력에 의해 피해를 입을까 봐 염려하고 있다.
⑤ 도미는 사람의 마음은 충분히 헤아릴 수 있음을 강조하며, 인간에 대한 보편적인 믿음을 드러내고 있다.

2 이 글에서 도미 부부를 억압하는 인물을 왕으로 설정한 이유로 가장 적절한 것은?

① 도미 부인의 정절을 부각하기 위해
② 왕이 갖추어야 할 요건을 보여 주기 위해
③ 도미가 겪는 시련의 부당함을 강조하기 위해
④ 인간의 욕망은 보편적이라는 것을 나타내기 위해
⑤ 절대 권력은 반드시 부패한다는 점을 드러내기 위해

내신 적중 多빈출

3 이 글과 〈보기〉를 비교한 내용으로 적절하지 않은 것은?

> **보기**
>
> 변학도는 춘향에게 수청을 들라고 강요하나 춘향은 이몽룡을 기다리며 수청을 거부한다. 결국 춘향은 감옥에 갇혀 갖은 고난과 시련을 겪지만 이를 모두 이겨 내고, 암행어사가 되어 돌아와 변학도를 물리친 이몽룡과 사랑을 이룬다.
>
> – 〈춘향전(春香傳)〉의 줄거리

① 이 글과 〈보기〉 둘 다 지배 계층이 평민 여성의 정절을 빼앗으려 하고 있다.
② 이 글과 〈보기〉 둘 다 여성 주인공이 시련을 극복하고 자신의 절개를 지키고 있다.
③ 이 글과 달리 〈보기〉는 지배 계층이 무력(武力)으로 백성을 제압하고 있다.
④ 이 글은 〈보기〉와 달리 남성 주인공이 별다른 능력을 발휘하지 못하고 있다.
⑤ 이 글은 〈보기〉와 달리 남성 주인공의 눈이 먼다는 점에서 다소 비극적인 결말을 보이고 있다.

4 ㉠의 상황을 나타내는 한자 성어로 가장 적절한 것은?

① 역지사지(易地思之)　② 토사구팽(兎死狗烹)
③ 아전인수(我田引水)　④ 견강부회(牽强附會)
⑤ 진퇴양난(進退兩難)

007 지귀 설화(志鬼說話) | 작자 미상

키워드 체크 #해원 설화 #화신 설화 #지귀의 사랑과 선덕 여왕의 연민 #주술성

국어 천재(이), 지학사

핵심 정리

갈래 해원(解冤) 설화, 화신(火神) 설화, 민담
성격 순애적, 해원적, 주술적
시점 전지적 작가 시점
문체 역어체, 설화체
제재 지귀의 사랑
주제 지귀의 사랑과 선덕 여왕의 넉넉한 품성, 화신(火神)의 내력
특징 ① 신이하고 환상적이며, 전기적(傳奇的)인 요소가 나타남.
② 여왕과 평민, 여자와 남자, 불과 물 등의 대립 관계를 보임.
의의 우리나라 화신(火神) 설화의 효시로 화신의 내력과 그에 따른 풍속을 보여 줌.
출전 《수이전(殊異傳)》

Q 지귀를 대하는 선덕 여왕의 태도에서 드러나는 면모는?

선덕 여왕은 평민인 지귀가 자신을 사모한다는 말을 전해 듣고 '고마운 일'이라고 표현하며 지귀가 자기를 따라오도록 배려한다. 또한 자신을 기다리다 지쳐 잠든 지귀에게 금팔찌를 남긴다. 이러한 선덕 여왕의 행동은 연민에서 비롯된 것으로, 하찮은 신분의 백성까지도 배려해 주는 선덕 여왕의 인자한 품성과 인간적인 면모를 짐작하게 한다.

어휘 풀이

선덕 여왕(善德女王, ? ~ 647) 신라 제27대 왕으로, 최초의 여왕임.
서라벌 경주의 옛 이름.
인자(仁慈)하다 어질고 자애롭다.
칭송(稱頌) 칭찬하여 일컬음. 또는 그런 말.
찬사(讚辭) 칭찬하거나 찬양하는 말이나 글.
행차(行次) 웃어른이 차리고 나서서 길을 감. 또는 그때 이루는 대열.
불공(佛供) 부처 앞에 공양을 드림. 또는 그런 일.

구절 풀이

❶ **그래서 사람들은 ~ 떠들썩했다.** 신분이 낮은 지귀가 선덕 여왕의 행차에서 공개적으로 선덕 여왕을 부르며 앞으로 나서는 것은 당대인들이 받아들일 수 없는 행위였음을 알 수 있다.

❷ **관리는 큰 죄나 ~ 숙이며 말했다.** 평민인 지귀가 여왕을 사모한다는 것은 당대에는 받아들일 수 없는 일이었기에 관리는 지귀의 생각을 여왕에게 전하는 것 자체에 죄책감을 느끼고 있음을 알 수 있다.

❸ **심신이 쇠약해질 대로 ~ 잠이 들고 말았다.** 지귀가 잠이 들면서 선덕 여왕과의 정식 만남은 성사되지 않는다. 이 또한 여왕과 평민의 만남을 용납하지 않는 당대인의 의식을 반영한 것이다.

가 신라 *선덕 여왕(善德女王) 때에 지귀(志鬼)라는 젊은이가 있었다.
(구체적인 시간적 배경 – 사실성을 강조함.) (뜻(志) 지, 귀신(鬼) 귀 → 귀신에 뜻을 두다. 죽어도 뜻을 바꾸지 않겠다는 의지를 보여 줌.)

지귀는 활리역(活里驛) 사람인데, 하루는 *서라벌에 나왔다가 지나가는 선덕 여왕을 보았다. 그런데 여왕이 어찌나 아름다웠던지 그는 단번에 여왕을 사모하게 되었다.
(구체적 지명 – 사실성을 강조함.) (착할 선, 덕 덕 → 여왕의 착하고 덕망 있는 심성을 암시함.) (지귀가 여왕을 사모하게 된 이유)

선덕 여왕은 진평왕의 맏딸로 그 성품이 *인자하고 지혜로울 뿐만 아니라 용모가 아름다워서 모든 백성들로부터 *칭송과 *찬사를 다 받았다. 그래서 여왕이 한번 *행차를 하면 모든 사람들이 여왕을 보려고 거리를 온통 메웠다. 지귀도 그러한 사람들 틈에서 여왕을 한번 본 뒤에는 여왕이 너무 아름다워서 혼자 여왕을 사모하게 되었던 것이다. 그뿐만 아니라 그는 잠도 자지 않고 밥도 먹지 않으며 정신이 나간 사람처럼 선덕 여왕을 부르다가 그만 미쳐 버리고 말았다.
(신라 제26대 왕(? ~ 632)) (선덕 여왕의 성격과 외양에 대한 직접적 서술) (오매불망(寤寐不忘)) (지귀의 사랑이 그만큼 크고 파괴적임을 보여 줌.)
▶ 지귀가 선덕 여왕을 사모하다가 미쳐 버림.

나 어느 날 여왕이 행차를 하게 되었다. 그때 어느 골목에서 지귀가 선덕 여왕을 부르면서 나오다가 사람들에게 붙들렸다. ❶그래서 사람들은 웅성거리기 시작했고 떠들썩했다. 이를 본 여왕은 뒤에 있는 관리에게 물었다. / "대체 무슨 일이냐?"
(신분적 제약) (사람들이 웅성거리며 떠들썩한 이유를 물음.)

"미친 사람이 여왕님 앞으로 뛰어나오다가 다른 사람들에게 붙들려서 그럽니다."
(지귀)

"왜 나한테 온다는데 붙잡았느냐?"
(미친 사람마저 포용하는 여왕의 아량)

"아뢰옵기 황송합니다만, 「저 사람은 지귀라고 하는 미친 사람인데 여왕님을 사모하고 있다고 합니다." / ❷관리는 큰 죄나 진 사람처럼 머리를 숙이며 말했다.」
(「 」: 일반 백성인 지귀가 여왕을 사모하는 일, 미친 사람이 여왕을 만나는 일은 당대인에게 일종의 금기였음을 보여 줌.)

"고마운 일이로구나!"
(당대인들의 인식과 달리 여왕은 자신을 사모하는 지귀의 행동에 고마움을 느낌. – 지귀에게 연민을 느낌.)

여왕은 혼잣말처럼 이렇게 말하고는, 지귀에게 자기를 따라오도록 이르라고 관리에게 말한 다음 절을 향하여 발걸음을 떼어 놓았다.
(지귀의 죄를 물을 것이라는 당대인들의 예상과 다른 여왕의 지시 – 여왕의 너그러운 품성)
▶ 선덕 여왕의 배려로 지귀가 여왕의 행차를 따라가게 됨.

다 선덕 여왕은 절에 이르러 부처님에게 *불공을 올렸다. 그러는 동안 지귀는 절 앞에 있는 탑 아래에 앉아서 여왕이 나오기를 기다렸다. 그러나 여왕은 좀처럼 나오지 않았다. 지귀는 지루했다. 그리고 시간이 흐를수록 안타깝고 초조했다. 그러다가 ❸심신이 쇠약해질 대로 쇠약해진 지귀는 그 자리에서 그만 잠이 들고 말았다.
(신라의 국교가 불교임을 알 수 있음.) (지귀가 여왕을 만나지 못한 결정적인 계기)

여왕은 불공을 마치고 나오다가 탑 아래에 잠들어 있는 지귀를 보았다. 여왕은 그가 가엽다는 듯이 물끄러미 바라보고는 팔목에 감았던 금팔찌를 뽑아서 지귀의 가슴 위에 놓은 다음 발길을 옮기었다.
(여왕의 분신)
▶ 선덕 여왕이 잠든 지귀에게 금팔찌를 두고 떠남.

라 여왕이 지나간 뒤에 비로소 잠이 깬 지귀는 가슴 위에 놓인 여왕의 금팔찌를 보고는 놀랐다. 그는 여왕의 금팔찌를 가슴에 꼭 껴안고 기뻐서 어찌할 줄을 몰랐다. 그러자 그 기쁨은 다시 불씨가 되어 가슴속에 활활 타올랐다. 그러다가 온몸이 불덩어리가 되는가 싶더니 이내 숨이 막히는 것 같았다. 「가슴속에 있는 불길은 몸 밖으로 터져 나와 지귀를 어느새 새빨간 불덩어리로 만들고 말았다.」
(지귀의 사랑의 감정이 폭발하는 계기) (여왕이 하찮은 백성에 불과한 자신에게 관심을 보여 주어 기뻐함.) (여왕에 대한 사랑의 감정이 폭발함.) (「 」: 비현실적, 전기적 요소) (사랑의 감정이 폭발하여 불귀신(화신)이 됨.)
▶ 지귀가 금팔찌를 껴안고 불덩어리가 됨.

[뒷부분의 줄거리] 온몸에 불길이 타오른 지귀가 있는 힘을 다하여 탑을 잡고 일어서자 탑도 불기둥에 휩싸였다. 선덕 여왕을 따라가려고 지귀가 걸음을 옮기자 온 거리가 불바다를 이루고, 이때부터 지귀는 불귀신으로 변하여 세상을 떠돌아다니게 되었다. 사람들이 불귀신을 두려워하자 「선덕 여왕은 ㉠불귀신을 쫓는 주문을 지어 백성들에게 나누어 주며 대문에 붙이게 하였고, 백성들은 비로소 화재를 면하게 되었다.」 이 일을 계기로 사람들은 불귀신을 물리치는 주문을 쓰게 되었다.
(「 」: 지귀는 선덕 여왕의 뜻만 따르기 때문에 선덕 여왕이 주문으로 지귀의 원한을 풀어 줌.) (화재를 모면하는 주문의 유래를 밝힘. – 주술적)
▶ 선덕 여왕이 불귀신을 쫓는 주문을 지음.

• 중심 내용 선덕 여왕을 사모하다가 불귀신이 된 지귀

이해와 감상

〈지귀 설화〉는 선덕 여왕이 주문을 지어 화신(火神)이 된 지귀의 한을 달래고, 불귀신을 물리치게 된 연유를 담은 해원적(解冤的; 원통한 마음을 푸는) 성격의 설화이다. 문헌에는 〈심화요탑(心火繞塔)〉이라는 제목으로 실려 있다. 선덕 여왕이 지은 주문으로 화재를 예방하는 풍속을 사랑과 연관 지어 형상화했으며, 주술적 능력과 함께 선덕 여왕의 통치자로서의 능력도 보여 준다.

〈지귀 설화〉의 내용에서 화재의 원인인 불귀신을 주문으로 쫓아낼 수 있다고 믿었던 당대인들의 인식을 엿볼 수 있다. 또한 지귀와 선덕 여왕의 만남이 한 차례도 이루어지지 않는다는 점에서 당대인들은 신분을 뛰어넘는 사랑을 인정하지 않았음을 알 수 있다.

지귀의 사랑이 너무나 뜨거워서 지귀가 불이 되었다는 설정은 한편으로 비현실적이기도 하지만, 다른 한편으로는 사랑이라는 인간의 감정을 불귀신으로 대변되는 지귀를 통해 그려 낸 것이라고 해석할 수도 있다.

작품 연구소

내용 전개에 따른 지귀의 심리 변화

내용		지귀의 심리
평민 신분으로 여왕을 사모함.	➡	이루지 못할 사랑으로 가슴 아파함.
여왕이 행렬을 뒤따르도록 허락함.	➡	희망을 발견하고 설렘.
절 앞에서 여왕을 기다림.	➡	• 여왕을 만날 수 있다는 기대감에 벅참. • 시간이 흐를수록 안타깝고 초조함.
여왕이 팔찌를 남겨 두고 떠났음을 깨달음.	➡	여왕에 대한 주체할 수 없는 사랑을 느낌.

〈지귀 설화〉에 드러나는 당대인들의 인식

설화의 내용	당대인들의 인식
주요 인물의 이름이 인물의 특징을 반영함.	이름은 그 사람의 영혼을 담고 있다고 인식함.
선덕 여왕의 외모와 성격을 긍정적으로 서술함.	선덕 여왕을 존경함.(선덕 여왕을 긍정적으로 서술하기 위해 이 부분을 삽입한 것으로 해석할 수도 있음.)
지귀와 선덕 여왕의 만남이 이루어지지 않음.	신분의 차이를 뛰어넘는 사랑을 용납하지 않음.
선덕 여왕이 지귀에게 팔찌를 줌.	선덕 여왕을 자비로운 여왕으로 인식함.
불귀신으로 변한 지귀 때문에 화재가 일어남.	화재를 불귀신이라는 미신적 존재 때문에 일어나는 것이라고 생각함.
주문으로 화재를 면할 수 있음.	화재의 원인에 대한 인식과 마찬가지로, 화재 해결 또한 주술로써 가능하다고 믿음.

함께 읽으면 좋은 작품

〈처용가(處容歌)〉, 처용 / 역신(疫神)을 쫓는 주술적 성격의 노래

신라 헌강왕 때 처용이 지었다는 8구체 향가로, 《삼국유사》의 〈처용랑망해사〉에 관련 설화와 함께 전해진다. 처용의 얼굴을 그려 붙인 집에는 역신이 들어오지 못했다는 내용으로, 〈처용가〉의 이러한 주술적 성격은 선덕 여왕이 나누어 준 주문을 대문에 붙이면 불귀신이 물러간다는 〈지귀 설화〉의 주술적 성격과 유사한 면모를 보인다.

Link 〈고전 운문〉 50쪽

키 포인트 체크

인물 지귀는 하찮은 신분에도 선덕 여왕을 □□하는 마음을 품었고, 선덕 여왕은 그러한 지귀를 □□의 감정으로 포용하였다.

배경 선덕 여왕이 재위하던 시기로, □□을 뛰어넘는 사랑을 인정하지 않던 당대인들의 생각이 드러난다.

사건 선덕 여왕을 사모했던 지귀는 여왕이 남긴 □□□를 보고 사랑의 마음이 타올라 결국 □□□이 되었고, 선덕 여왕은 이를 쫓을 □□을 지어 주었다.

1 이 글에서 알 수 있는 당대인들의 사고방식으로 적절하지 않은 것은?

① 불귀신이 화재를 일으키는 주범이다.
② 사람의 이름에는 그 사람의 영혼이 담겨 있다.
③ 신분의 차이를 뛰어넘는 사랑을 용납할 수 없다.
④ 선덕 여왕이 지은 주문은 화재 예방에 효과가 있다.
⑤ 사람이 원한을 품고 죽으면 그것을 풀어 줄 방법이 없다.

2 지귀를 대하는 선덕 여왕의 정서를 나타내기에 적절한 것은?

① 동병상련(同病相憐)
② 측은지심(惻隱之心)
③ 언감생심(焉敢生心)
④ 자가당착(自家撞着)
⑤ 이심전심(以心傳心)

내신 적중 高난도

3 이 글과 〈보기〉를 비교하여 감상한 내용으로 적절하지 않은 것은?

보기

'나'는 점순이와 혼인시켜 준다는 말만 믿고 장인의 집에서 머슴살이를 하고 있다. 점순이가 평생 일만 할 것이냐며 '나'를 타박하자 '나'는 장인을 구장 댁으로 끌고 가 해결을 보려 하고 구장은 빨리 성례를 시켜 주라고 하지만 장인은 핑계를 대며 거부한다. '나'는 어떻게든 점순이와 혼인하려고 일터로 나가기를 거부하고 화가 난 장인이 '나'를 마구 때리자, 점순이를 의식한 '나'는 장인과 싸운다. 하지만 정작 점순이는 '나'에게 달려들어 귀를 잡아당기며 운다. '나'는 점순이의 알 수 없는 태도에 넋을 잃는다.

– 김유정, 〈봄·봄〉의 줄거리

① 이 글과 〈보기〉는 '사랑'이라는 소재를 다루고 있다.
② 이 글의 관리와 〈보기〉의 구장은 그 역할이 대조적이다.
③ 이 글의 관리와 〈보기〉의 장인이 주인공을 핍박하는 까닭은 유사하다.
④ 이 글의 선덕 여왕과 〈보기〉의 점순이는 주인공이 사랑하는 대상이라는 점에서 유사하다.
⑤ 이 글의 지귀와 달리 〈보기〉의 '나'는 신분적 제약을 극복할 가능성을 지니고 있다.

4 이 글에서 지귀의 감정이 폭발하는 계기가 된 소재를 찾아 쓰시오.

5 ㉠에 담길 내용을 〈조건〉에 맞게 쓰시오.

조건

1. 〈지귀 설화〉의 해원(解冤) 기능에 초점을 두어 쓸 것
2. 30자 이내의 완결된 한 문장으로 쓸 것

화왕계(花王戒) | 설총

키워드 체크 #창작 설화 #제왕이 지녀야 할 자세 #교훈적 #의인화 문학

독서 천재

화왕(花王)께서 처음 이 세상에 나왔을 때 향기로운 동산에 심고 푸른 휘장으로 둘러싸 보호하였는데, 삼춘가절(三春佳節)을 맞아 예쁜 꽃을 피우니 온갖 꽃보다 빼어나게 아름다웠다. 멀고 가까운 곳에서 여러 꽃들이 다투어 화왕을 뵈러 왔다. 깊고 그윽한 골짜기의 맑은 정기를 타고난 탐스러운 꽃들이 다투어 모여 왔다. ▶ 화왕의 내력

- 화왕: 꽃 중의 왕. '모란'을 이르는 말
- 삼춘가절: 봄철 석 달의 좋은 시절

문득 한 가인(佳人)이 앞으로 나왔다. 「붉은 얼굴에 옥 같은 이와 신선하고 탐스러운 감색 나들이옷을 입고 아장거리는 무희(舞姬)처럼 얌전하게 화왕에게 아뢰었다.」

- 가인: 아름다운 사람. 미인. '장미'를 이르는 말
- 「 」: 장미의 화려한 모습
- 무희: 춤을 추는 일을 업으로 삼는 여자

「"이 몸은 백설의 모래사장을 밟고 거울같이 맑은 바다를 바라보며 자라났습니다. 봄비가 내릴 때는 목욕하여 몸의 먼지를 씻었고, 상쾌하고 맑은 바람 속에서 유유자적하면서 지냈습니다.」 이름은 장미라 합니다. ❶임금님의 높으신 덕을 듣고 꽃다운 침소에 그윽한 향기를 더하여 모시고자 찾아왔습니다. 임금님께서 이 몸을 받아 주실는지요?" ▶ 장미가 미모로 화왕을 유혹함.

- 「 」: 가인의 살아온 내력
- 유유자적: 아무것에도 매이지 않고 자유롭게 마음 편히 삶.
- 장미: 간사하고 아첨하는 사람을 비유함.

「이때 베옷을 입고, 허리에는 가죽띠를 두르고, 손에는 지팡이, 머리는 백발을 한 장부 하나가 둔중한 걸음으로 나와 공손히 허리를 굽히며 말했다.」

- 「 」: 백두옹의 모습 – 검소한 옷차림에 연륜과 인품을 지님.

"이 몸은 서울 밖 한길 옆에 사는 백두옹(白頭翁)입니다. 「아래로는 창망한 들판을 내려다보고, 위로는 우뚝 솟은 산 경치에 의지하고 있습니다.」 가만히 보옵건대, 좌우에서 보살피는 신하는 •고량(膏粱)과 향기로운 차와 술로 수라상을 받들어 임금님의 식성을 흡족하게 하고 정신을 맑게 해 드리고 있사옵니다. 또 고리짝에 저장해 둔 양약(良藥)으로 임금님의 기운을 돕고, 「금석(金石)의 극약(劇藥)으로써 임금님의 몸에 있는 독을 제거해 줄 것입니다.」 그래서 이르기를, 「'비록 사마(絲麻)가 있어도 군자 된 자는 •관괴(菅蒯)라고 해서 버리는 일이 없고, 부족에 대비하지 않음이 없다.'」라고 하였습니다. ❷임금님께서도 이러한 뜻을 가지고 계신지 모르겠습니다." ▶ 백두옹이 화왕의 마음가짐을 경계함.

- 창망한: 넓고 멀어서 아득한
- 백두옹: '머리가 하얀 늙은이'라는 뜻으로, '할미꽃'을 이르는 말. 충간하는 사람으로 '장미'와 대조됨.
- 「 」: 백두옹이 자신의 고결한 품성을 비유적으로 드러냄.
- 고리짝: 키버들의 가지나 대오리를 엮어서 만든, 옷을 담는 상자
- 양약: 효험이 두드러진 약
- 금석: 대단히 굳고 단단한 것
- 극약: 치명적인 약. 적절히 사용하면 독을 제거할 수 있음.
- 「 」: 왕의 잘못을 시정할 신하의 충언이 필요하다는 의미
- 사마: 명주실과 삼실
- 군자: 유교에서 추구하는 바람직한 상태
- 「 」: 최선의 것이 있어도 차선의 것을 버리지 않는다는 뜻으로, 유비무환(有備無患)의 정신을 나타냄.

한 신하가 화왕께 아뢰었다.

"두 사람이 왔는데, 임금님께서는 누구를 취하고 누구를 버리시겠습니까?"

- 두 사람: 장미(간신)와 백두옹(충신)

화왕께서는 이렇게 대답하였다.

"장부의 말도 도리가 있기는 하나, 가인을 얻기 어려우니 이를 어찌할꼬?" ▶ 화왕이 장미와 백두옹을 두고 고민함.

- 화왕의 내면적 갈등의 표출

그러자 장부가 앞으로 나와 말하였다.

"제가 온 것은 임금님의 총명이 모든 사리를 잘 판단한다고 들었기 때문입니다. 그러나 지금 뵈오니 그렇지 않으십니다. 무릇 임금 된 자로서 간사하고 아첨하는 자를 가까이하지 않고, 정직한 자를 멀리하지 않는 이는 드뭅니다. 그래서 ㉠맹자(孟子)는 불우한 가운데 일생을 마쳤고, 풍당(馮唐)은 •낭관(郎官)으로 파묻혀 머리가 백발이 되었습니다. 예로부터 이러하오니 저인들 어찌하겠습니까?"

- 제가: 백두옹
- 그러나 지금 뵈오니 그렇지 않으십니다: 임금의 감정을 상하게 만들 수도 있는 충직한 발언
- 무릇 임금 된 자로서 ~ 드뭅니다: 임금 중에는 간신을 가까이하는 자가 더 많았음.
- 풍당: 중국 한나라의 어진 인재
- 맹자는 ~ 되었습니다: 뛰어난 인재들도 왕이 멀리하는 바람에 쓰임을 받지 못하고 일생을 마쳤다는 뜻 – 사례 제시로 논지 강화

화왕은 마침내 다음의 말을 되풀이하였다.

"내가 잘못했다. 잘못했다." ▶ 백두옹의 충언에 화왕이 과오를 뉘우침.

- 외관에 눈이 어두워 본질을 보지 못한 잘못(옳은 말을 하는 충신을 몰라본 잘못)을 사과함. → 화왕의 깨달음

• 중심 내용 아름다운 장미와 충직한 백두옹 사이에서 갈등하다 충신을 몰라본 과오를 인정하고 뉘우치는 화왕

핵심 정리

갈래 창작 설화, 우화
성격 우의적, 풍자적, 유교적, 교훈적
제재 꽃
주제 제왕의 도리에 대한 충언(忠言)
특징 ① 우의적 기법으로 교훈을 제시함.
② 고사(古事)를 인용하여 교훈적 의도를 효과적으로 드러냄.
의의 ① 우리나라 최초의 창작 설화임.
② 가전 문학과 의인화 소설에 영향을 줌.
출전 《삼국사기(三國史記)》

Q 백두옹의 외양적 특징은?

백두옹의 외모는 아름답지 않게 묘사되어 있다. 장미가 나들이옷을 입은 것에 비해 백두옹은 베옷을 입고 있으며, 장미가 아름답고 젊은 여성인 데 비해 백두옹은 나이 많은 남성이다. 이러한 외양적 특징은 백두옹의 우직하고 충성스러운 성격을 드러내기 위해 의도적으로 설정한 것으로 볼 수 있다.

어휘 풀이

고량(膏粱) 고량진미(膏粱珍味). 기름진 고기와 좋은 곡식으로 만든 맛있는 음식.
관괴(菅蒯) 관과 괴(풀이름). 관은 도롱이와 삿갓을 짜는 원료이고, 괴는 돗자리를 짜는 원료임.
낭관(郎官) 각 관아의 당하관(堂下官)의 총칭.

구절 풀이

❶ **임금님의 높으신 덕을 듣고 ~ 모시고자 찾아왔습니다.** 장미는 임금의 덕을 칭송하면서 임금을 즐겁게 하기 위해 찾아왔음을 밝히고 있다. 이를 통해 장미가 간신을 비유한 대상임을 짐작할 수 있다.

❷ **임금님께서도 이러한 뜻을 ~ 모르겠습니다."** 백두옹이 임금의 자질을 시험하는 질문을 던지고 있다. 이를 통해 백두옹이 우직한 충신의 모습을 비유한 대상임을 알 수 있다.

Q 백두옹의 말에 담긴 의도는?

더 이상 맹자와 풍당과 같이 임금에게 외면당하는 인재가 있어서는 안 된다는 말로, 간사한 무리를 멀리하고 정직하고 충성스러운 인재를 등용해야 함을 간언하고 있다.

작가 소개

설총(薛聰, 655 ~ ?)
신라 경덕왕 때의 학자로, 신라 십현(十賢) 중의 한 사람이다. 한자의 음과 훈을 빌려 우리말을 적는 표기법인 이두를 집대성하였으며, 강수·최치원과 더불어 신라 3대 문장가로 꼽힌다. 주요 작품으로 〈화왕계〉, 〈감산사 아미타여래 조상기〉 등이 있다.

이해와 감상

〈화왕계〉는 신라 신문왕이 설총에게 재미있는 이야기를 해 주도록 청하자, 설총이 왕에게 들려준 교훈담이다. 설총은 이 이야기를 통해 왕에게 바른 도리로써 정치를 해야 함을 주장하고, 부귀에 안주하는 요망한 무리들을 가까이하지 말라는 충언을 했다. 신문왕은 이 이야기를 듣고 '설총의 이야기가 매우 뜻이 깊다.'라고 하면서 글을 써 후세의 임금들에게 경계하도록 했다.

이 설화에서 백두옹은 충신의 상징으로, 설총을 대변하고 있는 인물이라 할 수 있다. 이처럼 자신의 의도를 직접 말하지 않고 다른 대상에 빗대어 넌지시 말하는 방식을 우의(寓意), 또는 우언(寓言)이라고 한다. 꽃을 의인화하여 인간 세상을 빗댄 이 작품은, 새로운 문학적 표현 방식을 개척함으로써 고려 중기에 등장한 가전 문학, 조선 중기 임제의 〈화사(花史)〉와 같은 의인화 소설 문학에 영향을 끼쳤다.

작품 연구소

장미와 백두옹의 대비

화왕(왕) ← 유혹 — 장미(간신) / 화왕(왕) ← 충언 — 백두옹(충신)

장미(간신)		백두옹(충신)
붉은 얼굴에 옥 같은 이와 신선하고 탐스러운 감색 나들이옷을 입음.	외모	베옷을 입고, 허리에는 가죽 띠를 두르고, 손에는 지팡이를 짚고, 머리는 백발임.
백설의 모래사장	거주지	서울 밖 한길 옆
사마(부귀, 현재의 만족)와 같은 역할	역할	관괴(미래를 위한 대비)와 같은 역할

백두옹의 말하기 방식

백두옹은 작가인 설총을 대변하고 있기 때문에, 백두옹의 말하기 방식과 그 내용을 살펴보면 설총의 입장도 알 수 있다.

임금의 평판 제시	➡ 임금이 스스로의 총명함에 대해 생각해 보게 함.
자신의 판단 제시	➡ 임금이 장미를 택하려는 것이 옳지 못한 것임을 드러냄.
고사의 인용	➡ 주장의 타당성을 높이고 비판, 풍자의 의도를 드러냄.
설의적 마무리	➡ 임금의 마음을 바꾸고자 함.

자료실

의인화 문학의 흐름

상고 시대	설화	의인화 문학의 시초 – 〈구토 설화〉, 〈화왕계〉	
고려 시대	가전	임춘의 〈국순전〉·〈공방전〉, 이규보의 〈국선생전〉·〈청강사자현부전〉, 이곡의 〈죽부인전〉, 이첨의 〈저생전〉 등	
조선 시대	의인화 소설	동물 의인화	〈장끼전〉, 〈토끼전〉, 〈서동지전〉 등
		식물 의인화	임제의 〈화사〉, 이이순의 〈화왕전〉, 정수강의 〈포절군전〉 등
		마음 의인화	김우옹의 〈천군전〉, 임제의 〈수성지〉, 정태제의 〈천군연의〉 등
		기타	〈규중칠우쟁론기〉, 〈꼭두각시 실기〉 등

함께 읽으면 좋은 작품

〈화사(花史)〉, 임제 / 꽃을 의인화하여 교훈을 전한 작품

조선 시대 때 임제가 지은 한문 소설이다. 꽃을 의인화해서 세 나라의 왕으로 설정하여 역사적, 정치적 교훈을 주고 있다. 우화의 기법을 사용했다는 점과 그 의도가 교훈적이라는 점이 〈화왕계〉와 유사하다.

Link 본책 101쪽

키 포인트 체크

인물 화왕은 곁에 둘 인재로 장미와 백두옹을 두고 □□한다.

배경 신라 신문왕 때를 배경으로 인간의 모습을 □의 특성에 비유하여 제왕이 지녀야 할 바른 자세를 일깨우고자 지어졌다.

사건 장미와 백두옹 사이에서 고민하던 화왕은 백두옹의 말을 듣고 □□을 몰라본 과오를 뉘우친다.

1 이 글에 대한 설명으로 적절하지 않은 것은?

① 후대 가전 문학의 형성에 영향을 주었다.
② 정치 현실을 풍자하여 교훈을 전하고 있다.
③ 대비되는 두 대상을 제시하여 주제를 강조하고 있다.
④ 사물을 의인화하여 인간 세계를 빗대어 표현하고 있다.
⑤ 임금에게 간언하고자 하는 의도를 직설적으로 드러내고 있다.

2 이 글의 등장인물에 대한 설명으로 적절하지 않은 것은?

① 화왕은 인간 세상의 임금을 빗댄 존재이다.
② 백두옹은 작가의 생각을 대변하는 인물이다.
③ 백두옹은 구체적인 근거를 들어 주장을 펼치고 있다.
④ 장미의 겉모습은 백두옹과 대비되지만 화왕에 대한 충성심은 같다.
⑤ 화왕이 자신의 잘못을 뉘우치는 장면에는 인재 발탁에 관한 교훈적 의도가 담겨 있다.

3 대화의 흐름을 고려할 때 백두옹이 ㉠과 같이 맹자와 풍당을 인용한 궁극적인 이유로 적절한 것은?

① 뛰어난 인재가 버림받은 사실을 부각하기 위해
② 왕들이 정직한 신하를 멀리했음을 알리기 위해
③ 자신이 맹자나 풍당만큼 뛰어난 인재임을 알리기 위해
④ 왕에게 정직하고 충성스러운 인재를 등용해야 함을 주장하기 위해
⑤ 뛰어난 재주를 지녔음에도 불우한 일생을 보낸 인물을 기리기 위해

4 이 글과 〈보기〉의 표현상의 공통점에 유의하여 두 작품이 공통적으로 전달하고자 하는 내용을 〈조건〉에 맞게 쓰시오.

보기

구룸이 무심(無心)튼 말이 아마도 허랑(虛浪)ᄒᆞ다.
중천(中天)에 ᄯᅥ 이셔 임의(任意)로 ᄃᆞᆫ니면셔
구ᄐᆡ야 광명(光明)ᄒᆞᆫ 날빗출 ᄯᅡ라가며 덥ᄂᆞ니.

– 이존오의 시조

조건

'~해야 한다.' 형태의 완결된 한 문장으로 쓸 것

김현감호(金現感虎) | 작자 미상

키워드 체크 #사찰 연기 설화 #전기적(傳奇的) #변신형 모티프 #인간과 호랑이의 사랑 #살신성인

문학 비상, 지학사

핵심 정리

갈래 사찰 연기 설화, 변신형 설화, 전설
성격 불교적, 전기적, 환상적
제재 김현과 호랑이 처녀의 사랑
배경 신라 원성왕 때
주제 자기희생의 고귀한 사랑
특징 ① 동물 변신 모티프가 나타남.
② 신이하고 환상적인 요소가 드러남.
출전 《삼국유사(三國遺事)》

Q 김현이 탑돌이를 정성스레 한 까닭은?

탑돌이는 탑을 돌면서 소원을 비는 것이다. 김현이 정성을 다해 탑돌이를 한 것은 입신양명의 소원을 빌기 위해서이다. 그리고 이러한 모습에 감동받은 부처님이 호랑이 처녀로 변신하여 김현의 소원을 들어준 것이다.

어휘 풀이

흥륜사(興輪寺) 경상북도 경주시 사정동에 있던 신라 최초의 왕실 절.
복회(福會) 복을 빌기 위한 모임.
원성왕(元聖王) 신라의 제38대 왕.
낭군(郎君) 젊은 귀공자의 호칭.
천행(天幸) 하늘이 준 큰 행운.
배필(配匹) 부부로서의 짝.
요행(僥倖) 뜻밖에 얻는 행운.
소신(小臣) 신하가 임금을 상대하여 자기를 낮추어 이르던 일인칭 대명사.
나발(喇叭) 옛 관악기의 하나. 놋쇠로 긴 대롱같이 만드는데, 위는 가늘고 끝은 퍼진 모양.
세간(世間) 세상 일반.
호원사(虎願寺) 경상북도 경주시 황성동에 있던 절.

구절 풀이

❶ **신라 풍속에 ~ 복회를 삼았다.** 불교 국가였던 신라의 풍속이 드러난 부분으로, 절에서 탑을 돌며 소원을 비는 행사가 있었음을 알 수 있다.
❷ **이때 하늘에서 ~ 기색이었다.** 호랑이의 살생(殺生)에 대한 심판자로 하늘이 나타나는데, 호랑이를 벌 줄 수 있는 존재가 하늘뿐이기 때문이다. 이를 통해 당대인들이 호랑이를 매우 강력한 힘을 가진 존재로 여겼음을 알 수 있다. 또한 신라 원성왕 때 호랑이가 나타나 사람들을 죽이는 일이 많았음도 짐작할 수 있다.
❸ **이에 김현이 ~ 찔러 쓰러지니** 호랑이 처녀는 자결했는데, 이는 김현이 사랑하는 연인을 죽인 죄책감을 갖고 살아갈까 봐 염려한 행동으로 볼 수 있다. 즉 호랑이 처녀는 짐승임에도 불구하고 사람의 마음을 헤아릴 줄 아는 인간성을 지녔다.
❹ **지금도 세간에서는 ~ 쓰고 있다.** 전설의 특징이 드러난 부분으로, 세간에서 쓰는 민간요법을 증거로 제시하고 있다. 또한 절의 간장을 바르고 나발 소리를 들으면 상처가 치유된다는 것은 종교적인 방법으로 문제를 해결했던 당시의 시대적 특징이 반영된 부분으로 볼 수 있다.

가 ❶신라 풍속에 매년 2월이 되면 초여드렛날부터 보름날까지(음력 2월 8일부터 2월 15일) 서울(신라의 수도인 경주 – 공간적 배경)의 남녀들이 서로 다투어 *흥륜사(興輪寺)의 전탑(殿塔)(전각과 탑)을 도는 것으로 *복회(福會)를 삼았다. *원성왕(元聖王) 때 *낭군(郎君) 김현(金現)이란 사람이 밤이 깊도록 홀로 돌면서 쉬지 않았다.(김현이 온 마음을 다해 탑돌이를 함.) 한 처녀가 염불하면서 따라 돌다가 서로 감정이 통하여 눈길을 주었다. 탑돌이를 끝내자 으슥한 곳으로 가서 정을 통하였다.(김현과 호랑이 처녀가 서로 첫눈에 반해 사랑을 나눔.)
▶ 김현이 탑돌이를 하다 호랑이 처녀와 만나 정을 통함.

처녀가 돌아가려고 하자 김현이 그를 따라가니, 처녀는 사양하고 거절했지만 억지로 따라갔다.(자신의 형제들 때문에 김현이 위기에 처할 것을 알았기 때문에) 가다가 서산(西山) 기슭에 이르러 한 초막으로 들어가니, 늙은 할미가 그녀에게 묻기를, "함께 온 이는 누구냐?"라고 하였다. 처녀가 그 사정을 말하니, 늙은 할미는 말하기를, "비록 좋은 일이지만 없는 것만 못하다.(탑돌이에서 만나 정을 통한 남자가 자신을 따라왔음을 밝힘.) 그러나 이미 저지른 일이기에 나무랄 수도 없다. 은밀한 곳에 숨겨 두어라."(호랑이 처녀의 형제들이 김현을 해치거나 잡아먹을 것을 걱정함.) [중략] 조금 뒤에 세 마리의 범이 으르렁거리면서 와서 사람의 말로 말하기를,(처녀의 형제들이 사람이 아니라 호랑이임이 밝혀짐.) "집 안에 비린내(사람(김현)의 냄새)가 나니 요기하기 좋겠구나."라고 하였다. [중략]

❷이때 하늘에서 외치는 소리(사건의 전환이 이루어짐.)가 있어 "너희들이 즐겨 생명을 해침이 너무도 많으니, 마땅히 한 놈을 죽여서 악행을 징계하겠다."(하늘이 윤리적 판단을 내리는 절대자의 역할을 함.)라고 하였다. 세 짐승이 그것을 듣고 모두 근심하는 기색이었다. 처녀가 말하기를, "세 오빠가 만일 멀리 피해 가서 스스로 징계하겠다면 제가 대신해서 그 벌을 받겠습니다."(호랑이 처녀가 자신을 희생하기로 결심함.)라고 하였다.
▶ 호랑이 처녀가 오빠들을 대신하여 벌을 받기로 함.

나 김현이 말하기를, "사람과 사람의 사귐은 인륜(군신·부자·형제·부부 등에서 지켜야 할 도리)의 도리이지만 다른 유와 사귀는 것은 대개 정상이 아닙니다. 이미 조용히 만난 것은 진실로 *천행이라고 할 것인데, 어찌 차마 *배필의 죽음을 팔아서 일생의 벼슬을 *요행으로 바랄 수 있겠소?"(배필의 죽음을 팔아 벼슬을 얻는 것은 도리에 어긋나는 일이라고 생각함.)라고 하였다. 처녀가 말하기를, "낭군은 그런 말 마십시오. 「지금 제가 일찍 죽는 것은 대개 천명(天命)이며, 또한 저의 소원이요, 낭군의 경사요, 우리 일족의 복이요, 나라 사람들의 기쁨입니다.」(「」: 자신의 죽음이 갖는 다섯 가지 이로움을 밝힘. – 김현의 죄책감을 덜어 주려는 의도) 한 번 죽어서 다섯 가지 이로움이 갖춰지니 어떻게 그것을 어기겠습니까? 다만 저를 위하여 절을 짓고 불경을 강하여 좋은 과보[勝報]를 얻도록 도와주시면 낭군의 은혜는 더없이 클 것입니다."(호랑이 처녀가 남긴 부탁으로 김현이 호원사를 세우고 《범망경》을 강설하는 이유가 됨.) 라고 하였다. / 드디어 그들은 서로 울면서 헤어졌다.
▶ 호랑이 처녀가 김현에게 자기를 죽여 공을 세우라고 설득함.

다음 날 과연 사나운 범이 성 안으로 들어왔는데,(호랑이 처녀가 사람의 모습에서 다시 호랑이로 돌아옴.) 매우 사나워 감당할 수가 없었다. 원성왕이 이 소식을 듣고 명령하기를, "범을 잡는 자에게는 벼슬 2급을 주겠다."라고 하였다. 김현이 대궐로 들어가서 아뢰기를, "*소신이 잡을 수 있습니다."라고 하였다. 이에 먼저 벼슬을 주어 그를 격려하였다. 김현이 단도를 지니고 숲속으로 들어갔다. 범이 처녀로 변하여 반갑게 웃으면서 말하기를, "간밤에 낭군과 함께 마음속 깊이 정을 맺던 일을 낭군은 잊지 마십시오. 오늘 내 발톱에 상처를 입은 사람들은 모두 흥륜사의 간장을 바르고 그 절의 *나발 소리를 들으면 나을 것입니다."(다친 사람들을 걱정하는 모습에서 사람들을 해친 것이 진심이 아니었음을 알 수 있음.)라고 하였다.
▶ 호랑이 처녀가 호랑이로 변신해 성에 나타남.

❸이에 김현이 찼던 칼을 뽑아 스스로 목을 찔러 쓰러지니(호랑이 처녀가 자결함.) 곧 범이었다. 김현이 숲에서 나와 소리쳐 말하기를, "지금 이 범을 쉽게 잡았다."라고 하였다. 그 사정은 누설하지 않고 다만 그의 말대로 상한 사람들을 치료하니 그 상처가 모두 나았다. ❹지금도 *세간에서는 그 방법을 쓰고 있다. / 김현은 등용된 뒤 서천(西川) 가에 절을 세워 *호원사(虎願寺)라고 하고('호원사'라는 사찰이 건립된 경위로, 이 작품이 사찰 연기 설화임을 알 수 있음.) 항상 《범망경(梵網經)》을 강설하여 범의 저승길을 인도하고, 또한 범이 제 몸을 죽여서 자기를 성공하게 만든 은혜(작품의 주제 의식)에 보답하였다.
▶ 김현이 호랑이 처녀의 희생을 잊지 않고 보답함.

• 중심 내용 자신을 희생하여 김현이 벼슬을 얻게 한 호랑이 처녀와 김현의 호원사 건립

이해와 감상

〈김현감호〉는 김현과 호랑이 처녀의 비극적인 사랑 이야기를 다루고 있는 전설로, 호원사의 건립 내력을 밝힌 사찰 연기 설화이면서 동시에 호랑이가 인간으로 변신하는 변신형 설화에 해당한다.

이 이야기는 사람으로 변신한 호랑이 처녀가 인간 남자와 사랑에 빠진다는 설정을 통해 환상적이고 신이한 분위기를 형성하고 있으며, 호랑이 처녀가 세 오빠와 김현을 위해 자신의 목숨을 희생하는 부분에서는 살신성인(殺身成仁)이라는 주제 의식이 드러난다. 이러한 이야기가 생겨난 것은 당시 호랑이가 많이 나타나 사람들을 해치자 이를 막기 위해서였을 것으로 추측된다.

작품 연구소

〈김현감호〉의 구조

발단	김현과 호랑이 처녀가 탑돌이를 하다가 만나 정을 통함.
전개	김현이 호랑이 처녀의 집에 따라갔다가 죽을 위기에 처함.
위기	호랑이 처녀가 자신을 희생하기로 결심함.
절정	김현이 호랑이 처녀를 잡아 공을 세우고 벼슬을 얻음.
결말	김현이 절을 세워 호랑이 처녀의 은혜에 보답함.

호랑이 처녀와 김현의 성격

호랑이 처녀	김현
• 형제의 악행에 대한 벌을 대신 받고자 함. • 자신을 희생하여 김현에게 보답하고자 함.	• 호랑이와의 비정상적인 사귐을 천행으로 여김. • 호랑이 처녀의 희생으로 벼슬을 얻는 것을 요행으로 여기지 않음.
⬇	⬇
이타적이고 자기희생적임.	도덕적이고 진실함.

〈김현감호〉의 제목에 담긴 의미

'김현감호'라는 제목의 뜻은 '김현이 호랑이를 감동시키다'이다. 이 작품에서 김현이 다른 사람에게 감동을 줄 만큼 정성스레 한 행동은 탑돌이이다. 탑돌이는 부처에게 소원을 비는 행위이고 김현은 탑돌이 때 만난 호랑이 처녀의 희생적 도움으로 입신양명의 뜻을 이룬다. 이러한 상황을 고려한다면 호랑이 처녀는 '부처의 대리인'으로 볼 수 있다. 즉, 김현의 정성스러운 탑돌이에 감동한 부처가 호랑이 처녀로 나타나 소원을 이루어 준 것이다.

〈김현감호〉와 〈이생규장전〉의 비교

'김현감호'는 설화에서 소설로 넘어가는 과도기적 작품이라는 평가를 받는다. 그만큼 설화적 특성과 소설적 특성이 고루 나타난다고 볼 수 있는데, 소설적 요소가 잘 드러나는 〈이생규장전〉과 비교하면 〈김현감호〉의 설화적 특성을 분명하게 파악할 수 있다.

	〈김현감호〉	〈이생규장전〉
공통점	남녀가 비현실적인 사랑(호랑이와의 사랑, 죽은 사람과의 사랑)을 하지만 결국 비극적인 결말을 맞이함.	
차이점	김현이 호랑이 처녀의 죽음이라는 현실적 문제를 적극적으로 해결하지 못하고 종교적 차원에서 해결함. → 설화적 특징	이생이 죽은 아내와의 사랑을 위해 세속적 성공까지 포기하는 등 외적 세계의 횡포에 적극적으로 맞섬. → 소설적 특징

키 포인트 체크

인물 김현은 도덕적이고 진실한 성격이고 호랑이 처녀는 이타적이고 □□□□적인 성격을 지녔다.

배경 불교가 국교인 신라 시대를 배경으로 절에서 □□□를 하며 소원을 비는 풍습이 나타난다.

사건 호랑이 처녀가 김현에게 자신을 죽여 공을 세우게 하고, 김현은 □□□를 세워 그녀의 은혜에 보답한다.

1 이 글에서 알 수 있는 내용으로 적절한 것은?

① 늙은 할미는 호랑이 처녀의 짝을 반겼다.
② 신라의 남녀는 이성을 만나기 위해 탑돌이를 했다.
③ 김현은 호랑이를 죽인 공으로 '호원사'라는 절을 받았다.
④ 하늘에서는 살생을 즐긴 죄로 처녀의 세 오빠를 벌주고자 했다.
⑤ 원성왕은 김현이 호랑이를 잡아올 것이라 믿고 벼슬부터 주었다.

내신 적중

2 김현과 호랑이 처녀에 대한 반응으로 적절하지 않은 것은?

① 김현이 호랑이 처녀를 잊지 않고 은혜를 갚은 것은 정말 감동적이야.
② 호랑이 처녀가 세 오빠의 벌을 대신 받는 것에서 살신성인(殺身成仁)의 자세를 느꼈어.
③ 김현이 사랑하는 이의 죽음을 팔아 벼슬을 얻을 수 없다고 말하는 부분에서 진실한 사람이라고 느꼈어.
④ 김현이 왕 앞에서 호랑이를 잡을 수 있다고 큰소리치는 것에서 허장성세(虛張聲勢)하는 면모를 보았어.
⑤ 호랑이 처녀가 자기 죽음의 다섯 가지 이로움을 설명한 것은 김현의 부담감을 덜어 주기 위해서였을 거야.

3 〈보기〉를 참고할 때, 이 글을 소설로 볼 수 없는 이유는?

> **보기**
> 소설에서 갈등은 자아의 욕망에서 비롯되며 욕망의 충족 과정에서 그것에 대응하는 장애, 즉 세계의 횡포가 발생한다. 소설은 이와 같은 자아와 세계의 치열한 갈등을 다루며, 그 과정에서 자아가 세계에 적극적으로 대응하는 모습을 그린다.

① 김현의 욕망이 충분히 드러나지 않으므로
② 김현이 호랑이 처녀와의 싸움에서 패배하므로
③ 김현이 호랑이 처녀의 죽음에 맞서 싸우지 못하므로
④ 김현이 세계와의 갈등에서 비도덕적인 선택을 하므로
⑤ 김현의 욕망 충족 과정에서 세계의 횡포가 나타나지 않으므로

4 〈보기〉를 참고하여 이 글의 갈래가 전설이라고 판단할 수 있는 근거를 쓰시오.

> **보기**
> 전설은 설화의 한 유형으로 구체적 사물이나 지명의 유래에 관한 이야기이다. 전설에는 뚜렷한 시간과 장소가 있으며 사건에 대한 구체적인 증거물이 제시된다.

010 경문 대왕(景文大王) 이야기

| 작자 미상

키워드 체크 #설화 #당나귀 귀 화소 #비밀 발설의 욕망 #경문 대왕의 비범함

문학 금성

핵심 정리

갈래 설화
성격 설화적, 보편적
제재 경문 대왕의 귀
주제 경문 대왕의 인물됨
특징 ① 신라 말기의 혼란스러운 사회상을 반영함.
② 그리스 신화 〈미다스 왕 이야기〉를 비롯하여 세계적 보편성을 지닌 설화 유형(당나귀 귀 화소)임.
연대 신라 경문왕 때
출전 《삼국유사(三國遺事)》

어휘 풀이

유조(遺詔) 임금의 유언.
시호(諡號) 제왕이나 재상, 유현(儒賢) 들이 죽은 뒤에, 그들의 공덕을 칭송하여 붙인 이름.
침전(寢殿) 임금의 침방(寢房)이 있는 전각.
복두장(幞頭匠) 복두, 즉 관(冠)을 만드는 기술자.
도림사(道林寺) 경북 월성군 내동면 구황리에 있던 절.

Q 복두장이 비밀을 외치는 행동에 담긴 의미는?

경문왕과 상하 종속 관계에 놓인 복두장은 경문왕이 제시한 금기(禁忌), 즉 왕의 귀가 당나귀 귀처럼 자랐다는 비밀을 말해서는 안 된다는 약속을 지키며 살아갈 수밖에 없는 존재이다. 그럼에도 불구하고 끝내 비밀을 이야기하고 마는 그의 모습은 인간에게 내재된 비밀 발설의 욕망을 보여 주는 한편, 세상에 영원한 비밀은 없으며 진실은 언제든 드러나기 마련이라는 세상의 진리를 상징적으로 보여 주고 있다.

구절 풀이

❶ **왕은 즉위한 후 ~ 당나귀 귀처럼 자랐다.** 갑자기 귀가 자라나 남들에게 말 못할 비밀을 간직하게 된 왕의 모습은, 왕이 뱀과 함께 자는 데서도 드러나듯 다른 평범한 인물들과 다른 신이하고 비범한 인물임을 나타내는 것이라고 볼 수 있다. 또는 역으로 남들에게 쉽게 드러낼 수 없는 도덕적 약점을 지닌 인물임을 암시한다고 해석될 수도 있다.

가 "대왕께서 공주를 공에게 시집보낸다는 것이 사실이오?"
(경문 대왕에게 왕위를 물려준 헌안 대왕(憲安大王)을 가리킴.)
낭이 그렇다고 대답했다. 그러자 그가 물었다.
(훗날의 경문 대왕 / 범교사)
"그럼 둘 중에서 누구를 선택하겠소?"
(헌안 대왕의 두 딸)
낭이 말했다. / "부모님께서는 나에게 동생을 선택하라고 명하셨소."
(맏공주의 외모는 보잘것없지만 동생은 아름다웠기 때문에)
범교사(範敎師)가 말했다.
(낭의 무리 중의 우두머리로, 흥륜사의 승려라는 기록이 있음.)
「"낭이 만약 동생을 선택한다면 나는 반드시 낭의 눈앞에서 죽을 것이오. 하지만 맏공주에게 장가를 든다면 반드시 세 가지 좋은 일이 있을 것이니 잘 살펴 결정하시오."」
(「 」: 둘째 공주와 결혼하려던 낭에게 맏딸과 결혼하도록 충고해 줌.)

"가르쳐 준 대로 하겠소."

얼마 후 왕이 날을 잡고 사람을 보내 낭에게 말했다.

"두 딸 가운데 누구를 선택할 것인지는 오직 공의 뜻에 따르겠다."

심부름 갔던 사람이 돌아와 낭의 뜻을 아뢰었다.

"맏공주를 받들겠다고 합니다."

그리고 석 달이 지나자 왕의 병이 위독해져 여러 신하들을 불러 말했다.

"짐에게는 아들이 없으니 죽은 뒤의 일은 맏딸의 남편인 응렴이 이어받도록 하라."
(경문 대왕의 이름)

이튿날 왕이 죽자 낭은 •유조를 받들어 즉위했다.
▶ 경문 대왕이 헌안 대왕의 맏사위가 되어 왕위를 이어받게 됨.

그리고 범교사가 왕에게 와서 아뢰었다.

"제가 아뢴 세 가지 좋은 일이 이제 모두 이루어졌습니다. 맏공주를 선택하였기 때문에 지금 왕위에 오르신 것이 그 한 가지고, 이제 쉽게 아름다운 둘째 공주를 취할 수 있게 된 것이 그 두 가지며, 맏공주를 선택했기 때문에 왕과 부인이 매우 기뻐하신 것이 그 세 가지입니다."

왕은 그 말을 고맙게 여겨 대덕(大德)이란 벼슬을 주고 금 130냥을 내렸다.

왕이 죽으니 •시호를 경문(景文)이라 했다.
▶ 맏공주와 결혼하도록 알려 준 범교사에게 벼슬을 내림.

나 왕의 •침전에는 매일 저녁 수많은 뱀들이 모여들었는데, 대궐에서 알아보는 사람들이 놀라고 무서워 몰아내려 하니 왕이 말했다.

"나는 뱀이 없으면 편히 잠들 수가 없으니 몰아내지 마라."
(경문왕이 뱀 토템 신앙을 가졌던 것으로 해석할 수 있음.)

그래서 매일 잠잘 때면 뱀이 혀를 내밀어 왕의 가슴을 덮었다.
(경문 대왕의 신이함과 비범함)
▶ 뱀과 함께 잠을 자는 경문 대왕

❶왕은 즉위한 후 귀가 갑자기 당나귀 귀처럼 자랐다. 왕후와 궁인들은 모두 이 사실을 알지 못하고 오직 •복두장(幞頭匠) 한 사람만 알고 있었다. 그러나 평생토록 다른 사람에게 말하지 않았다. 어느 날 복두장이 죽을 때가 되자 •도림사(道林寺) 대숲 가운데로 들어가 사람이 없는 곳에서 대나무를 향해 외쳤다.
(자기만이 알고 있는 왕의 비밀을 말하고 싶은 욕망이 컸음.)

"우리 임금님 귀는 당나귀 귀다."

그 후 바람이 불면 대나무 숲에서 이런 소리가 났다.

"우리 임금님 귀는 당나귀 귀다."
(임금님 귀는 당나귀 귀 화소 – 〈미다스 왕 이야기〉에도 등장하는 보편적 화소임.)
▶ 복두장이 대나무 숲을 향해 경문 대왕의 비밀을 외침.

왕이 그것을 싫어하여 대나무를 모두 베어 버리고는 산수유를 심었는데 바람이 불면 이런 소리가 났다.

"우리 임금님 귀는 길다."
(아무리 은폐하려 해도 진실은 감출 수 없음을 드러냄.)
▶ 경문 대왕의 비밀이 바람과 함께 퍼져 나감.

• 중심 내용 경문 대왕이 왕이 된 과정과 경문 대왕의 비밀

이해와 감상

〈경문 대왕 이야기〉는 신라 48대 왕 경문 대왕과 관련된 이야기를 모아 놓은 것으로, 설화이지만 실제 임금을 주인공으로 삼았다는 점에서 특이성을 지닌다. 헌안 대왕의 맏공주와 결혼하여 왕이 되는 과정을 보여 주는 첫 번째 이야기는 경문 대왕의 지혜로움을, 침소에 뱀을 두고 자는 두 번째 이야기는 경문 대왕의 신이함과 뱀 토템 신앙을, 당나귀 귀를 지닌 경문 대왕의 이야기를 다룬 세 번째 이야기는 경문 대왕의 비범함과 비밀을 품은 인간의 욕망을 보여 준다. 이 이야기는 우리나라 전국 각지에 널리 분포되어 있는데, 특히 세 번째 이야기는 '임금님 귀는 당나귀 귀'라는 세계 공통의 화소를 지니고 있다는 점에서 우리 문학의 보편성을 잘 보여 준다.

한편 이 설화는 신라 말기의 혼란스러운 사회 상황에서 발생한 것이라고 보는 견해도 있다. 이러한 관점에 따르면 〈경문 대왕 이야기〉는 빈번한 모반이 일어났던 신라 말기의 혼란한 사회 분위기에서 왕권을 찬탈하려는 세력이 창작하고 유포한 일종의 유언비어(流言蜚語)라고 해석되기도 한다.

작품 연구소

〈경문 대왕 이야기〉에 담긴 당나귀 귀 화소

왕의 귀가 당나귀 귀로 변한다는 화소는 이 글뿐만 아니라 세계 각지의 설화에 종종 드러나는 화소이다. 이러한 당나귀 귀 화소가 갖는 기본적인 골격은 다음과 같다.

귀의 모습이 갑자기 당나귀 귀로 변하는 사람(왕이나 권력자 등)이 등장함.

↓

당나귀 귀의 비밀을 알아차리는 사람(이발사, 하인 등)이 등장하고, 비밀을 발설하고 싶어 함.

↓

주술적인 공간(숲이나 들판 등)에서 비밀이 퍼져 나감.

이와 관련된 가장 오래된 기록이 〈미다스 왕 이야기〉이다. 그 밖에 프랑스, 러시아, 그리스 등지에서는 당나귀 귀가 아닌 말이나 산양의 귀로 변형된 이야기들이 분포한다. 아시아권에서도 인도, 몽골, 터키 등에 당나귀 귀를 가진 주인공의 이야기가 존재한다.

〈경문 대왕 이야기〉와 〈미다스 왕 이야기〉의 비교

〈경문 대왕 이야기〉	〈미다스 왕 이야기〉
경문 대왕이 왕이 된 후 갑자기 당나귀 귀를 갖게 됨.	미다스 왕이 아폴론 신의 노여움을 사 당나귀 귀를 갖게 됨.
↓	↓
경문 대왕의 신비로운 면모	그리스 신화 신들의 부당한 횡포

미다스 왕은 자신이 믿는 신 판과 제우스의 아들 아폴론이 악기 솜씨를 겨루는 자리에 참석했다가, 아폴론의 승리 판정에 항의한 것을 계기로 아폴론의 노여움을 사 당나귀 귀를 갖게 된다. 미다스의 당나귀 귀를 본 유일한 인물인 이발사는 비밀을 발설하고 싶어 견딜 수 없게 되자 들판에 구멍을 파고 비밀을 말한 다음 땅을 메운다. 그러자 들판에 자란 갈대가 비밀을 속삭인다. 이 이야기는 〈경문 대왕 이야기〉의 내용과 상당히 유사하지만, 차이점도 있다. 〈경문 대왕 이야기〉는 경문왕의 신비로운 면모를 주로 드러낸 반면, 〈미다스 왕 이야기〉는 그리스 신화 속 신들의 부당한 횡포를 드러내고 있다. 이러한 면에서 〈경문 대왕 이야기〉는 우리 문학의 보편적 성격과 더불어, 우리 문학만의 고유한 특수성을 보여 준다.

키 포인트 체크

인물 경문 대왕은 헌안 대왕의 맏사위가 되어 즉위한 뒤부터 귀가 □□ □ 귀 모양으로 자랐다.

배경 신라 말기를 배경으로 인간에 내재된 □□ 발설의 욕망을 보여 준다.

사건 복두장은 경문 대왕의 비밀을 혼자 알고 있다가 죽을 때가 되자 □ □□□에서 비밀을 외친다.

1 이 글에 대한 설명으로 가장 적절한 것은?

① 인물에 대한 작가의 직접적인 평가가 드러나 있다.
② 다양한 인물을 통해 당대의 사회상을 보여 주고 있다.
③ 역사적 사건을 배경으로 허구적 인물이 등장하고 있다.
④ 초월적 능력을 지닌 인물의 탄생과 성공을 그리고 있다.
⑤ 인물의 비범함과 신이함이 강조되는 일화를 보여 주고 있다.

2 이 글을 읽고 추측한 내용으로 적절하지 않은 것은?

① 신라 시대 때 왕위는 주로 남자에게 세습되었다.
② 응렴은 범교사의 조언을 받아들인 덕분에 왕이 되었다.
③ 신라 경문 대왕 때에는 뱀 숭배 신앙이 널리 퍼져 있었다.
④ 맏공주와 결혼하여 왕이 되면 둘째 공주를 후궁으로 삼을 수 있었다.
⑤ 경문 대왕은 당나귀 귀처럼 자란 자신의 귀를 남에게 보이기 싫어했다.

3 〈보기〉의 관점에서 이 글의 복두장의 행동을 이해한 내용으로 적절하지 않은 것은?

보기

사람에게는 자신이 알고 있는 비밀을 발설하고 싶은 욕망이 있다. 그러나 비밀을 발설하면 고립된 삶을 살거나, 대가를 치러야 할 수도 있기에 많은 사람들이 하고 싶은 말을 참으며 살아간다. 그런데 하고 싶은 말을 지나치게 참으면 화병이 나기도 한다. 미국의 한 심리학자의 연구에 따르면, 하고 싶은 이야기를 누군가에게 말하지 않고 그저 일기에 기록하기만 해도 화병에서 벗어나는 효과를 얻는다고 한다.

① 복두장이 간접적으로 비밀을 털어놓았다면 오히려 화병에 걸렸겠구나.
② 복두장이 비밀을 외치지 않고 끝까지 참았다면 화병에 걸렸을 수도 있겠구나.
③ 복두장이 경문 대왕의 비밀을 외친 것은 인간이 가진 비밀 발설의 욕망을 보여 주는 것이구나.
④ 복두장이 대나무 숲에서 비밀을 외친 것은 일기에 감정을 기록하는 행위와 비슷한 효과를 얻었겠구나.
⑤ 복두장이 경문 대왕의 비밀을 발설하지 않은 것은 고립된 삶을 살거나 대가를 치러야 할 수도 있기 때문이겠구나.

4 이 설화의 화소를 고려하여, 이 이야기가 보편성을 획득할 수 있는 이유를 완결된 한 문장으로 쓰시오.

011 지하국 대적 퇴치 설화 | 작자 미상

키워드 체크 #신이담 #영웅 서사 구조 #도적의 여인 납치 #지하국 #권선징악

문학 천재(김)

핵심 정리

갈래 설화, 민담
성격 전기적, 교훈적
제재 지하국 도적에게서 여인을 구출한 무사의 행적
주제 위기 극복과 노력을 통한 과업 성취
특징 ① 주인공이 조력자의 도움으로 위기를 극복하고 업적을 이루는 영웅 설화의 구조를 지님.
② 권선징악의 주제를 전달함.
의의 ① 후대에 전기 소설과 영웅 서사 구조의 토대가 됨.
② 전 세계에 널리 퍼져 있는 이야기 구조임.

Q 이 작품에서 여인이 하는 역할은?

여인은 지하국 도적에게 납치된 인물이며, 무사가 구출하고자 하는 대상이다. 하지만 다른 이야기와 달리 단순히 구출되기만을 기다리지 않고 무사가 도적의 집에 들어와 힘을 기르는 데 도움을 줌으로써 조력자의 역할도 하고 있다.

어휘 풀이

창검(槍劍) 창과 검을 아울러 이르는 말.
별세상(別世上) 유난히 다른 세상.
사력(死力) 목숨을 아끼지 않고 쓰는 힘.
변(變) 갑자기 생긴 재앙이나 괴이한 일.

구절 풀이

❶ **그 아래는 별세상이었다.** 지상과 대비되는 지하국의 모습을 나타낸 표현이다. 지하국은 도적이 사는 공간으로, 밝음의 세계인 지상과 대비되는 어둠의 세계라 할 수 있다.

❷ **젊은 무사가 한 달간 ~ 정도가 되었다.** 무사가 신비한 샘물을 마시고 특별한 능력을 얻게 되는 과정을 그리고 있다. 강하고 비범한 능력을 지닌 도적과 달리 평범한 인간인 무사는 샘물을 통해 능력을 얻음으로써 도적을 물리칠 수 있게 된다.

❸ **위에 있는 사람들은 ~ 하려고 한 것이다.** 지상에 있는 사람들의 이기적인 모습이 드러나는 부분이다. 정승이 딸들을 구해 오면 막대한 돈과 세 딸을 주겠다고 했기 때문에 이를 차지하려고 무사를 지하에 남겨 둔 것이다.

가 옛날 어느 정승 집에 외아들이 있었다. 그는 낮에는 자고 밤만 되면 살짝 일어나 어디론지 자취를 감추는 것이었다. [중략] 이윽고 몸에는 갑옷을 입고 창검을 잡은 사나이가 말을 타고 들어왔는데, 자세히 보니 그 젊은 무사는 자기 아들이었다.

(막연한 배경 – 민담의 특징 / 신이하게 탄생하거나 비범한 인물이 아님. – 신화의 주인공과의 차이 / 남몰래 무예를 닦고 있음.)

정승이 "어찌 된 것이냐?"라고 물었더니, 아들은 "오늘 밤에 이상한 일이 있었습니다. 커다란 ㉠독수리가 아름다운 여인 셋을 납치해서는 산중에 있는 바위 사이로 들어갔습니다. 그것을 퇴치하러 가지 않으면 안 됩니다." 하고 대답했다. 다음 날 아침이 되자 다른 정승 집에서 "세 딸을 구하는 자에게는 막대한 돈과 세 딸을 줄 것이다."라는 방을 붙였다.

(납치된 인물은 공주나 부자의 딸 등 고귀한 신분으로 제시됨. 이 글에서는 다른 정승의 딸임. / 무사가 이루고자 하는 과업)

▶ 무사가 세 여인이 독수리에게 납치되는 것을 목격함.

나 어젯밤에 익혀 둔 길을 따라 바위 밑까지 와서 보니, 그곳에는 한 사람이 겨우 들어갈 수 있는 구멍이 있어서 ㉡밧줄에 바구니를 이어 "방울이 울리거든 바구니를 끌어 올려라." 하고 남은 사람에게 당부한 뒤 그는 그 바구니에 올라타고 내려가 밑에 닿았다. ❶그 아래는 별세상이었다.

(지상과 지하를 연결하는 통로 / 뒤에 배신당하게 되는 계기)

▶ 무사가 세 여인을 구하러 지하국으로 내려감.

다 ㉢여인은 "도적은 대단히 강한 놈입니다. 그리고 열두 대문의 입구에는 개나 새 그밖에 무서운 동물이 각각 지키고 있으므로 안으로 들어가기가 쉽지 않을 것입니다. 제발 돌아가 주십시오."라고 말했다. 그렇지만 그는 그 말에 응하지 않았으므로 여인은 재차 "정 그렇다면 이렇게 해 주십시오.『최초의 대문을 들어갈 때 개에게 떡을 던져 주십시오. 개가 그것을 먹고 있는 동안 들어가면 됩니다. 다음 대문을 지키는 ㉣새에게는 ㉤콩을 던져 주십시오. 또 다음 대문을 지키는 (이하 잊어버렸음.)"이라며 이렇게 던져 줄 물건 열두 가지를 알려 주었다.』

(도적을 퇴치하는 것이 쉽지 않은 이유 / 『 』: 여인의 도움 ① / 구전 설화의 특성이 드러남.)

그는 그대로 해서 무사히 집 안으로 들어갈 수 있었다. 그러자 여인은 또한 이렇게 말했다. "도적은 지금 마침 사냥을 하러 가서 3개월 후에나 돌아올 것입니다. 도적은 잠을 잘 때도 눈을 뜨고 있으므로 자고 있는지 아닌지 분별하기가 어려우니 조심하셔야 합니다. 그리고 이 큰 바위는 도적이 제기차기를 하는 돌입니다. 이것을 한번 들어 보십시오."라고 했다. 그는 그것을 움직일 수도 없었다. 그러자 여인은 그를 샘으로 데려가 그 물을 마시게 했다. ❷젊은 무사가 한 달간 그 물을 마시자 큰 바윗덩어리를 자유자재로 가지고 놀 정도가 되었다.

(도적이 비범한 능력을 지니고 있음을 드러냄. / 무사에게 도적을 퇴치할 힘이 부족함. / 여인의 도움 ②)

▶ 무사가 여인의 도움으로 도적의 집에 들어가 힘을 기름.

라 무사는 사력을 다하여 재차 목을 쳐서 도적을 죽인 뒤 많은 졸개를 물리치고 정승의 세 딸을 구해 구멍 밑까지 오게 되었다.

바구니에는 세 사람밖에 탈 수 없어서 무사는, 또 무슨 변이 생길지 모르니 내가 먼저 탈 수는 없다고 생각하여 여인들을 먼저 태웠다. 그리고 줄에 매달려 있는 방울을 흔드니까 밧줄은 끌어 올려졌다. 그렇지만 아무리 기다려도 다음 바구니는 내려오지 않았다. ❸위에 있는 사람들은 세 딸을 구출한 것을 자기들의 공으로 하려고 한 것이다.

(여인들의 안전을 우선함. / 지상에 있는 사람들의 배신으로 또 다른 위기를 맞음.)

▶ 무사가 도적을 죽이고 세 여인을 구하나 지상의 다른 사람들에게 배신당함.

마 그는 가질 수 있는 데까지 동물의 고기를 준비하여 학을 찾으러 나섰다. 학을 만나 "제발 도와주십시오." 하고 간청하니까 학은 그를 태워 구멍의 밑까지 날랐다. 도중에서 학이 침을 뱉으므로 그는 재빨리 고기 한 주먹을 학의 입에 넣어 주었다. 잠시 후에 또 침을 뱉으므로 또다시 고기를 넣어 주었다. 몇 차례 그렇게 하는 동안 준비해 간 고기가 떨어지자 젊은 무사는 할 수 없이 자기의 팔 한쪽을 베어 학의 입에 넣어 주었다. 그리고 겨우 그는 지상으로 나올 수 있었다. 배신한 사람들은 모두 처치하고 젊은 무사는 정승의 세 딸과 결혼하여 행복하게 지냈다고 한다.

(무사가 지하국을 탈출할 수 있도록 도와주는 존재 / 지하국을 탈출하기 위해 고난을 겪음. / 권선징악의 주제를 드러내는 결말 – 사필귀정(事必歸正), 인과응보(因果應報))

▶ 힘들게 지상으로 돌아온 무사가 세 여인과 결혼함.

• 중심 내용 갖은 노력 끝에 지하국 도적에게 납치된 세 여인을 구출하여 결혼한 무사

이해와 감상

〈지하국 대적 퇴치 설화〉는 지하에 사는 도적이 정승의 세 딸을 납치해 가자 무사가 지하에 내려가 사력을 다해 도적을 물리치고 지상으로 돌아와 정승의 세 딸과 결혼하는 이야기이다. 전 세계적으로 널리 분포되어 있는 이야기 구조로, 고전 소설에서도 이와 같은 형태의 이야기를 많이 찾아볼 수 있다. 주인공이 조력자의 도움으로 위기를 극복하고 업적을 이룬다는 점에서는 영웅 서사의 구조를 보여 준다. 상대적으로 약자인 무사가 강자인 도적에 맞서 도적을 물리치고 결국 승리를 쟁취하는 것에서 부정적 현실을 극복할 수 있다는 희망적 전망을 전달한다.

인물 관계도

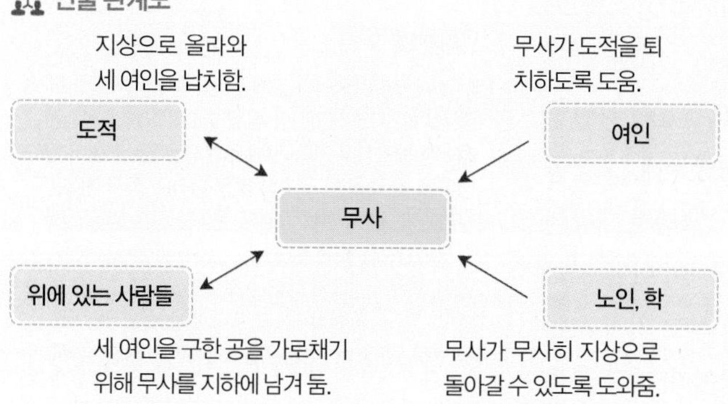

작품 연구소

〈지하국 대적 퇴치 설화〉의 구조

여인의 납치	정승의 세 딸이 독수리에게 납치되자 정승이 딸을 구해 올 사람을 찾음.
지하국 도착	무사가 홀로 바구니를 타고 구멍을 통해 지하국에 도착함.
여인의 도움 (조력자의 등장 ①)	여인이 무사가 도적을 물리칠 수 있도록 도움.
도적 퇴치	무사가 사력을 다해 도적을 죽임.
동료의 배신 (새로운 위기)	위에 있던 사람들이 무사를 지하에 남겨 둔 채 공을 가로챔.
노인과 학의 도움 (조력자의 등장 ②)	노인이 일러 준 대로 학을 타고 지상으로 탈출함.
행복한 결말 (과업 달성)	배신한 사람들을 처치하고 정승의 세 딸과 결혼함.

〈지하국 대적 퇴치 설화〉에 담긴 민중 의식

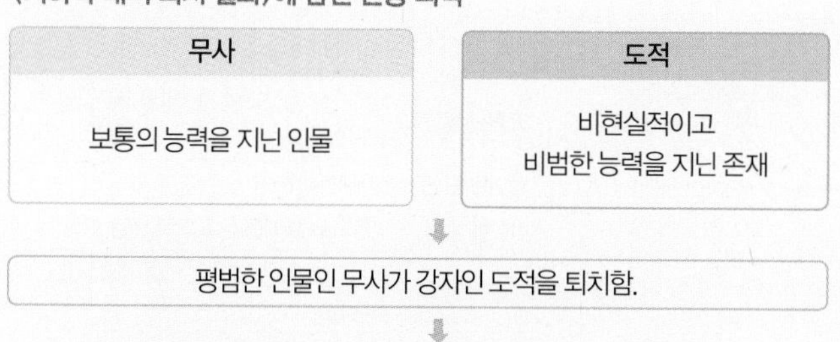

- 노력으로 고난을 극복하고 행복해질 수 있다는 민중의 욕망을 드러냄.
- 우리 민족의 낙천적인 태도와 소박한 삶의 방식을 드러냄.

키 포인트 체크

- **인물** 무사는 평범한 인물인 반면 도적은 □□한 능력을 지니고 있다.
- **배경** 선(善)의 세계인 □□과 악(惡)의 세계인 □□가 대비되어 제시된다.
- **사건** 무사가 끈질긴 □□ 끝에 도적에게 납치된 세 여인을 □□하고 동료들에게 배신당하지만 이를 극복한 뒤 세 여인과 결혼한다.

1 이 글에 대한 설명으로 가장 적절한 것은?

① 독자가 이야기를 신뢰할 수 있게 증거물을 제시하고 있다.
② 신이한 능력을 지닌 인물의 삶을 일대기 형식으로 기록하고 있다.
③ 악인의 횡포를 징벌함으로써 권선징악의 주제를 드러내고 있다.
④ 자연물을 의인화하여 인간 세계의 부정적인 면을 풍자하고 있다.
⑤ 역사적 사건을 배경으로 당시의 사회상을 구체적으로 보여 주고 있다.

2 ㉠~㉤ 중, 〈보기〉의 밑줄 친 대상과 같은 역할을 하는 것은?

보기

"나는 천제의 아들이요, 하백의 손자이다. 오늘 도망해 가는데 뒤쫓는 자들이 거의 따라오게 되었으니 어찌하면 좋겠느냐." 말을 마치니 물고기와 자라가 다리를 만들어 주어 건너게 하고, 모두 건너자 이내 풀어 버려 뒤쫓아 오던 기병(騎兵)은 건너지 못했다.

– 작자 미상, 〈주몽 신화(朱蒙神話)〉

① ㉠ ② ㉡ ③ ㉢ ④ ㉣ ⑤ ㉤

내신 적중 高난도

3 〈보기〉를 참고하여 이 글을 감상한 내용으로 적절하지 않은 것은?

보기

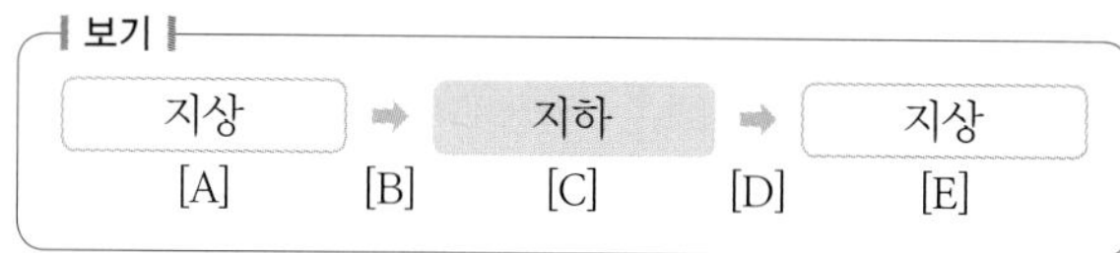

① 무사는 [A]에서 목격한 것 때문에 [B]를 찾아낼 수 있었군.
② 무사는 [B]에서는 여인의, [D]에서는 학의 도움을 받았군.
③ 무사는 [B]와 [D]에서 각각 다른 방식으로 이동했군.
④ 무사는 [B]에서는 밧줄에 바구니를 이어서, [D]에서는 학에게 자신의 팔을 베어 주어 어려움을 극복했군.
⑤ 무사는 [C]에서의 활약 덕분에 [E]에서 행복한 삶을 살게 되었군.

4 평범한 인간인 무사가 힘센 도적을 물리치는 이 글의 내용에서 드러내고 있는 민중의 의식을 쓰시오.

012 석탈해 신화(昔脫解神話) | 작자 미상

키워드 체크 #시조 신화 #난생 화소 #탈해의 탄생 #영웅적 면모

가 남해왕 때에 가락국 바다 한가운데 배가 와서 닿았다. 그 나라의 수로왕이 신하와 백성들과 함께 북을 시끄럽게 두드리며 맞이하여 그들을 머물게 하려고 했다. 그러나 배는 나는 듯 달아나 계림(鷄林) 동쪽 하서지촌 아진포에 이르렀다.

(남해왕: 박혁거세의 뒤를 이어 왕이 된 신라의 제2대 왕 / 가락국: '가야'를 일컬음. / 계림: 신라의 다른 이름 / 장차 신라의 왕이 될 것임을 암시함.)

▶ 가락국에 닿으려던 배가 계림(신라)에 닿음.

나 그때 마침 포구 가에 혁거세왕의 고기잡이 노파 아진의선(阿珍義先)이 있었다. [중략] 아진의선이 배를 끌어다가 나무숲 아래 매어 두고는 길흉을 알 수가 없어 하늘을 향해 고했다. 잠시 후에 열어 보니 「반듯한 모습의 남자아이가 있었고, 칠보(七寶)와 노비가 가득 차 있었다.」

(하늘을 믿는 신앙이 있었음. / 남자아이: 탈해 / 칠보: 불가(佛家)의 일곱 가지 주요 보물 / 「 」: 특별한 아이임을 알 수 있음.)

▶ 아진의선이 배의 상자에서 남자아이를 발견함.

이에 동안 잘 대접하자 아이가 이렇게 말했다. / "나는 본래 용성국(龍城國) 사람입니다. [중략] 우리 부왕 함달파가 적녀국 왕의 딸을 맞아 왕비로 삼았는데, 오랫동안 아들이 없자 아들 구하기를 빌어 7년 만에 알 한 개를 낳았습니다. 그러자 대왕이 군신을 모아 묻기를 '사람이 알을 낳은 일은 고금에 없으니 길상(吉祥)이 아닐 것이다.'라고 하고, 궤짝을 만들어 나를 넣고 또한 칠보와 노비까지 배에 싣고 띄워 보내면서, '아무 곳이나 인연 있는 곳에 닿아 나라를 세우고 집안을 이루어라.'라고 축원했습니다. 그러자 문득 붉은 용이 나타나 배를 호위하여 이곳에 이른 것입니다."

(용성국: 《삼국사기》에는 다파나국이라 했음. / 알 한 개를 낳았습니다: 난생 화소 – 신이한 탄생 / 고금: 옛날과 지금 / 길상: 운수가 좋은 조짐 / 아무 곳이나 ~ 이루어라: 희망하는 대로 이루어지기를 원함. / 붉은 용: 조력자 – 탈해가 하늘의 도움을 받는 천신의 자손임을 암시함.)

▶ 아이(탈해)가 자신의 출생에 대해 밝힘.

다 말을 끝내자 아이는 지팡이를 짚고 노비 두 명을 데리고 토함산으로 올라가 돌무덤을 만들었다. (그곳에) 이레 동안 머물면서 성안에 살 만한 곳을 살펴보니 초승달 모양의 봉우리 하나가 있는데 오래도록 살 만했다. 그래서 내려가 살펴보니 바로 호공의 집이었다. 이에 곧 계책을 써서 몰래 그 옆에 숫돌과 숯을 묻고 다음 날 이른 아침에 그 집에 가서 말했다. / "여기는 우리 조상이 대대로 살던 집이오."

(초승달 모양의 봉우리: 《삼국사기》에서는 이곳이 훗날의 월성(月城)이라 했음. / 오래도록 살 만했다: 탈해가 신라에 정착하기로 결심했음을 알 수 있음. / 숫돌과 숯: 호공의 집이 대장장이인 자신의 조상이 대대로 살던 집이었음을 주장하기 위한 근거)

호공이 그렇지 않다고 하자 이들의 다툼이 결판이 나지 않아 관청에 고발했다. 관청에서 물었다. / "무슨 근거로 너의 집이라고 하느냐?" / 아이가 말했다.

"우리 조상은 본래 대장장이였는데, 잠깐 이웃 고을에 간 사이에 그가 빼앗아 살고 있는 것입니다. 땅을 파서 조사해 보십시오."

(대장장이: 당시에는 철기를 다루는 사람을 신비한 능력이 있는 존재라고 생각했음.)

탈해의 말대로 땅을 파 보니 과연 숫돌과 숯이 나왔으므로 (그는) 그 집을 빼앗아 살게 되었다. 이때 남해왕은 탈해가 지혜로운 사람임을 알아보고 맏공주를 아내로 삼게 하니, 이 사람이 아니(阿尼) 부인이다.

(남해왕은 ~ 삼게 하니: 탈해가 계략을 써서 호공의 집을 빼앗은 일에 남해왕이 깊은 인상을 받았음을 알 수 있음.)

▶ 탈해가 호공의 집을 빼앗고 남해왕의 사위가 됨.

라 왕위에 있은 지 23년째인 건초 4년 기묘년(79년)에 죽은 뒤 소천구에 장사 지냈다. 그 이후에 신(神)이 말했다. / "내 뼈를 조심해서 묻으라."

「두개골의 둘레가 세 자 두 치, 몸통뼈의 길이는 아홉 자 일곱 치에 치아는 하나로 엉켜 있었으며, 뼈마디는 사슬처럼 이어져 있어 이른바 천하에 둘도 없는 장사의 골격이었다.」 뼈를 부수어 소상을 만들어 대궐 안에 안치하니, 신(神)이 또 말했다.

"내 뼈를 동악에 두라." / 그래서 그곳에 받들어 모셨다.

(신: 탈해의 영혼 / 「 」: 신체적 우월함을 통해 탈해의 신성성과 비범함을 강조함. / 소상: 찰흙으로 만든 형상)

▶ 탈해의 죽음과 신격화

키 포인트 체크

인물 탈해는 신이하게 ☐☐했으며 영웅적 면모를 지닌 인물이다.

배경 신라를 배경으로 하여 신라의 왕성(王姓) 중 ☐☐ 시조에 대해 다룬다.

사건 탈해가 ☐에서 나와 시련을 극복하고 지혜를 발휘하여 신라의 왕이 된다.

답 탄생, 석씨, 알

핵심 정리

갈래 시조 신화
성격 신화적, 서사적
제재 탈해의 탄생과 왕이 된 내력
주제 탈해의 탄생과 왕위 등극 과정 및 석씨의 유래
특징 ① 난생 화소가 드러남.
② 영웅의 일대기 구조가 드러남.
출전 《삼국유사(三國遺事)》

이해와 감상

〈석탈해 신화〉는 신라의 세 왕성(王姓)인 '박, 석, 김' 중 석씨의 시조 신화이다. 탈해가 바다를 통해 왔다는 점에서 해양성을 띠며, 알에서 태어났다는 점에서 난생 화소를 포함한다. 또한 낯선 나라에 와서 지혜를 발휘하여 왕위에까지 오르게 된다는 점은 영웅 설화로서의 면모를 보여 준다.

한편 탈해가 알에서 태어난 것, 붉은 용의 호위를 받은 것, 탈해 신(神)이 자신의 유해에 대해 지시를 내린 것 등은 탈해가 신적인 인물이라는 상징성을 부여해 준다.

이 신화는 《삼국사기》, 《삼국유사》 등 역사서에 실려 있는 설화 중에서도 주인공이 겪은 사건이 가장 다양하게 나타나 문학적 즐거움을 주고, 당대의 역사적 상황을 읽어 낼 수 있게 한다.

작품 연구소

석탈해가 자신의 조상을 '대장장이'라고 한 것의 사회적 의미

원시 사회에서는 금속기, 특히 철기, 무기 등을 주술적인 신비한 힘을 지닌 도구라고 생각했다. 따라서 이것을 만드는 대장장이에 대한 사회적 인식이 높았다. 〈석탈해 신화〉에서 석탈해가 자신의 조상을 대장장이라고 한 것에는 이러한 사회적 인식이 반영되었다고 볼 수 있다. 해양계 출신의 이방인으로서 토착 세력에 비해 기반이 약했던 석씨족이 제철 기술로써 왕권에 참여하게 된 것도 이러한 사회적 인식에 기반한 것이다. 이것은 초기 철기 시대에 새로운 철기 문화를 담당하고 지배했던 것으로 추측되는 석씨족의 새로운 철기 문화의 힘을 반영한 것이라 할 수 있다.

〈석탈해 신화〉에 나타난 영웅의 일대기 구조

고귀한 혈통	아버지는 용성국의 왕, 어머니는 적녀국 왕의 딸임.
신이한 탄생	알에서 태어남.
아이를 버림.	부왕이 알을 배에 싣고 띄워 보냄.
구출과 양육	아진의선에게 발견되어 구출되고 보호를 받음.
위업 달성	왕의 사위가 된 후, 나중에 왕위에까지 오름.

013 가실과 설씨녀 설화 | 작자 미상

문학 금성

키워드 체크 #신물 설화 #거울 #일반 백성의 훌륭한 삶 #탄탄한 서사 구조

가 신라 율리(栗里)에 설씨 성을 가진 아름다운 여자가 살고 있었다. 한미한 가문에 단출한 집안이었지만 얼굴빛이 단정하고 뜻과 행실이 반듯해서, 보는 이마다 그 어여쁨을 흠모하면서도 감히 범접하지 못하였다.

- 신라 율리(栗里)에 설씨 성을 가진 아름다운 여자: 구체적 배경과 인물 – 사실성을 높임.
- 한미한: 가난하고 지체가 변변하지 못한
- 단출한: 식구가 많지 않은
- 얼굴빛이 단정하고 뜻과 행실이 반듯해서: 설씨녀의 뛰어난 외모와 행실
- 감히 범접하지 못하였다: 보통 사람은 가까이할 수 없는 설씨녀의 뛰어난 행실

▶ 설씨녀의 훌륭한 뜻과 행실

나 진평왕 때 설씨의 아버지가 북적(北狄)을 방비할 순번이 되자 「그녀는 쇠약하고 병든 아버지를 차마 멀리 보낼 수 없었고, 여자의 몸으로 대신 군에 갈 수도 없었기에 근심하고 괴로워했다.」 사량부에 사는 젊은이 가실이 그 말을 듣고 찾아와 설씨 아버지의 군역을 대신하겠다고 청하자 그녀의 아버지는 기뻐하며 두 사람의 혼인을 허락하였다. 둘은 거울을 반쪽씩 나누어 가지며 훗날을 약속하였고, 가실은 자신의 말 한 필을 건네주고 떠났다.

- 북적(北狄): 북쪽 오랑캐 – 여기서는 '고구려'를 가리킴.
- 순번: 차례
- 쇠약하고 병든 아버지를 차마 멀리 보낼 수 없었고: 설씨녀의 효심과 함께 쇠약하고 병든 백성마저 군역으로 고통받았음을 알려 줌.
- 「 」: 사면초가(四面楚歌), 진퇴양난(進退兩難)의 처지
- 설씨 아버지의 군역을 대신하겠다고: 다른 사람이 군역을 대신할 수 있었음.
- 두 사람의 혼인을 허락하였다: 가실이 군역을 대신하겠다고 자청한 이유
- 거울을 반쪽씩: 사랑의 징표이자 이별의 징표
- 훗날: 군역을 마치는 3년 후
- 자신의 말 한 필을: 설씨녀의 경제적 안정을 도모함.

▶ 가실이 군역을 대신하기로 하고 혼인을 허락받음.

다 그런데 나라에 변고가 있어 사람을 교대해 주지 못하여 기한인 3년이 지나 6년이 되어도 가실은 돌아오지 못했다. 그러자 아버지는 그녀를 강제로 시집보내기로 하고 몰래 마을 사람과 혼인할 날을 받아 두었다. 그녀는 은밀히 도망가려 하였으나 미처 가지 못하고, 가실이 남겨 두고 간 말을 보며 눈물만 흘렸다.

- 나라에 변고: 전쟁이나 반란과 같은 예기치 못한 사건
- 사람을 교대해 주지 못하여: 가실의 군역이 길어진 불가피한 사정
- 그녀를 강제로 시집보내기로 하고: 가실과의 약속이라는 명분보다는 과년한 딸의 혼사를 중시함.
- 몰래: 딸(설씨녀)이 모르게
- 은밀히 도망가려 하였으나: 가실과의 신의를 지키려 함.
- 가실이 남겨 두고 간 말을 보며 눈물만 흘렸다: 가실에 대한 그리움 때문에

▶ 아버지가 설씨녀를 강제로 시집보내려 함.

라 이때 가실이 교대되어 돌아왔는데, 비쩍 마르고 옷이 남루해서 사람들이 그를 알아보지 못하였다. 가실이 깨진 거울 한쪽을 던지니 설씨가 이를 받아 들고 울음을 터뜨렸다. 마침내 둘은 혼례를 치르고 일생 동안 함께하였다.

- 이때 가실이 교대되어: 우연적인 사건 전개
- 비쩍 마르고 옷이 남루해서: 고된 군역으로 변해 버린 가실의 외모
- 깨진 거울 한쪽을: 가실과 설씨녀의 신의의 징표
- 이를: 깨진 거울 한쪽
- 울음을 터뜨렸다: 원망과 반가움의 감정
- 둘은 혼례를 치르고 일생 동안 함께하였다: 위기와 불행을 극복하고 행복한 결말을 맞이함.

▶ 가실과 설씨녀가 거울을 매개로 다시 만나게 됨.

핵심 정리

갈래 신물 설화, 민담
성격 사실적, 낭만적, 교훈적, 축약적
제재 가실과 설씨녀의 약속
주제 서민 남녀의 사랑과 신의
특징 ① '행복 – 불행 – 행복'의 서사 구조가 탄탄함.
② 신물(信物)이 등장함.

이해와 감상

신라 때부터 구전되다가 고려 초 《삼국사기》에 수록된 설화이다. 일반 백성의 훌륭한 삶과 함께 빈번한 전쟁으로 고통받는 백성들의 모습도 담겨 있다. 설씨녀를 아내로 맞이하기 위해 고난을 자청한 가실이 위기의 순간에 돌아와 거울을 신물(信物)로 제시하여 결혼에 성공하게 되는 탄탄한 서사 구조를 보이고 있다. 부친과의 갈등을 가실과의 신의를 내세워 극복하는 설씨녀의 모습에서 신분을 초월하여 신의를 지켜야 한다는 교훈을 전달하고 있다.

작품 연구소

〈가실과 설씨녀 설화〉의 주요 인물의 성격

인물	성격
설씨녀	• 도덕성에 바탕을 두고 행동함. • 약속과 신의를 존중함.
가실	• 인정이 있음. • 기개가 있고 곧은 뜻을 지님.
설씨의 아버지	• 과년한 딸을 걱정함. • 가실에 대한 태도가 바뀜.(고마움 → 약속을 저버림.)

〈가실과 설씨녀 설화〉에 나타난 갈등 양상과 주제 의식

가실과의 신의를 지키려는 설씨녀와 딸을 강제로 시집보내려는 아버지가 갈등함.

⬇

가실이 던진 거울 한쪽을 통해 가실과 설씨녀가 재회하고 혼례를 치름.

신의에 바탕을 둔 남녀의 아름다운 사랑을 강조함.

키 포인트 체크

인물 가실과 설씨녀는 변함없는 □□를 중시하지만, 설씨녀의 아버지는 과년한 딸의 □□을 걱정한다.

배경 빈번한 전쟁으로 백성들이 고통받던 □□ 시대가 배경이다.

사건 가실은 설씨녀와 혼약한 뒤 설씨녀 아버지의 군역을 대신 마치고 돌아와 깨진 □□로 자신의 신분을 증명하고 혼례를 치렀다.

답 신의, 혼인(결혼), 신라, 거울

014 왕오천축국전(往五天竺國傳) | 혜초

키워드 체크 #기행문 #마하보리사 예방의 기쁨 #천축국 소개

가 이 녹야원(鹿野苑)과 구시나(拘尸那)와 •사성(舍城)과 •마하보리(摩訶菩提)의 영탑(靈塔)이 모두 마가다국 경계 안에 있다. 이 파라나시국에는 대승 불교와 소승 불교가 같이 시행되고 있다. 마하보리사를 •예방하는 것은 나의 평소부터의 숙원이었기 때문에 무척 기쁘다. 이 기쁨을 감출 길 없어 미숙하나마 이 뜻을 시로 읊어 보았다.

(녹야원: 석가가 최초로 설법한 곳. 이곳에 사슴이 많았기 때문에 붙여진 이름임. / 대승 불교: 중생을 제도하여 부처의 경지에 이르게 하는 것을 이상으로 하는 불교 / 소승 불교: 수행을 통한 개인의 해탈을 이상으로 하는 불교)

[A]
보리사가 멀다고 근심할 것 없었는데 / 녹야원이 먼들 어찌하리요.
다만 멀고 험한 길이 근심이 되나 / 불어닥치는 악업(惡業)의 바람은 두렵지 않네.
❶여덟 개의 탑을 보기 어려움은 / 여러 차례의 큰불에 타 버렸음이라.
어찌해서 사람들의 소원을 들어줄 거나. / 오늘 아침부터 이 눈으로 똑똑히 보오리.

(악업: 나쁜 과보를 가져올 악한 행위)

▶ 마하보리사를 예방하는 기쁨을 시로 읊음.

나 이 파라나시국에서 반 달을 걸어서 중천축의 국왕이 살고 있는 성에 도착하였다. 이 이름은 갈나급자(葛那及自)이다. 이 중천축의 영토는 무척 넓고 백성이 많이 산다. 왕은 코끼리 백 마리를 가지고 있고, 그 밖에 큰 수령이 다 각기 3백 또는 2백 마리의 코끼리를 가지고 있다. 그 왕은 언제나 스스로 병마를 거느리고 싸움을 잘하는데, 항상 주변에 있는 네 천축의 나라와 싸움을 하면 이 중천축의 국왕이 이겼다. ㉠싸움에 진 나라는 코끼리도 적고 병력도 적어서 이기지 못할 것을 알고 곧 •강화(講和)하기를 청하여 해마다 공물(貢物)을 바치기로 약속하고 휴전한다. 그리고 서로 진을 치고 대치하고 있다.

(반 달을 걸어서 ~ 도착하였다: 혜초가 걸어서 여행했음을 알 수 있음. – 여정이 드러남. / 갈나급자: 현재의 카나우지. 당나라 현장의 《대당서역기》에는 곡녀성이라 함.)

▶ 중천축국의 사정과 주변국과의 관계

다 의복과 언어, 풍속, 그리고 법은 다섯 천축국이 서로 비슷하다. 오직 남천축의 시골에 가면 백성들의 언어가 다른 곳과 차이가 있으나 벼슬아치들의 언어와 생활은 중천축국과 다른 데가 없다. ❷이 다섯 천축국의 법에는 죄수의 목에 칼을 씌우거나, 형벌로서 몽둥이로 때리거나 또는 가두는 감옥 같은 것은 없다. 오직 죄인에게는 그 경중에 따라 벌금을 물릴 뿐 사형도 없다. ㉡위로 국왕에서부터 아래로 서민에 이르기까지 사냥한다고 매를 날리거나 •엽견(獵犬)을 사용하는 일은 하지 않는다.

(사형도 없다: 생명을 중시함.)

▶ 다섯 천축국의 언어와 법률, 풍속

라 이 땅은 기후가 아주 따뜻하여 온갖 풀이 항상 푸르고 서리나 눈은 볼 수 없다. 먹는 것은 오직 쌀 양식과 떡, 보릿가루, 우유 등이며 간장은 없고 소금을 상용(常用)한다. 흙으로 구워 만든 냄비에 밥을 익혀 먹지, 무쇠로 만든 가마솥은 없다. ㉢백성에게는 별도 받아들이는 세나 •용(庸)은 없고, 다만 토지에서 나오는 곡식에서 다섯 섬만 왕에게 바치면 왕이 직접 사람을 보내서 그 곡식을 운반해 가고, 토지 주인은 곡식을 바치기 위해 운반하는 수고가 필요 없다. 그 나라 땅에 사는 백성들은 빈자(貧者)가 많고 부자는 적은 편이다. ㉣왕이나 벼슬아치, 그리고 부자 백성은 •전포(氈布)로 만든 옷 한 벌을 입고, 스스로 지어 입은 사람(중류 계급)은 한 가지만 입고, 가난한 사람은 반 조각만 몸에 걸친다. 여자도 역시 그렇다.

(상용: 일상적으로 씀. / 빈자: 가난한 사람)

▶ 천축국의 기후, 음식, 세금 제도, 의복

마 이 나라의 왕은 마냥 •정아(政衙)에 앉아 있으면 수령과 백성들이 모두 와서 왕을 둘러싸고 그 주위에 둘러앉는다. 각기 어떤 일에 대하여 도리를 내세워서 논쟁이 일어나고 소송이 분분하여 비상히 요란하게 입씨름이 벌어져도 ㉤왕은 못 들은 척하고서 듣고도 꾸짖지 아니하다가 거의 끝날 무렵이 되면 왕이 천천히 판결을 내리는데, "너는 옳고, 너는 옳지 못하다."라고 한다.

▶ 천축국의 재판 제도

• 중심 내용 마하보리사를 예방한 기쁨과, 천축국의 정치 상황, 언어와 법률, 기후와 생활 문화, 재판 제도 소개

핵심 정리

갈래 기행 수필(성지 순례기)
성격 사실적, 묘사적
제재 천축국에서 보고 들은 것
주제 천축국의 정치 상황과 언어, 법률, 풍습 소개
특징 ① 다양한 정보를 병렬적으로 나열함.
② 시간의 흐름과 여정에 따라 서술함.
의의 ① 한국 문학 최초의 외국 기행문임.
② 최초의 불교 유적 순례기임.
연대 727년(신라 성덕왕 26년)
출전 《왕오천축국전(往五天竺國傳)》

Q 이 부분에서 삽입 시의 역할은?

〈왕오천축국전〉에는 모두 다섯 수의 한시가 실려 있는데, 이 한시들은 작가의 감정을 잘 드러내어 자칫 건조할 수 있는 기행문에 풍부한 감정을 불어넣어 주는 역할을 한다. 이 부분에 제시된 한 시는 승려인 작가가 느낀 불교적 감동을 읊은 것으로, 자신의 종교적인 감동과 정서의 고양을 직접적으로 노출하지 않고 절제하여 간결하게 표현하고 있다.

어휘 풀이

사성(舍城) 기원전 5세기까지 마가다국의 수도였음. 불교 사상 최초의 정사(精舍)가 세워진 곳임.
마하보리(摩訶菩提) 대각(大覺, 크게 깨달음.)의 뜻. 사찰 이름.
예방(禮訪) 예를 갖추는 의미로 인사차 방문함.
강화(講和) 싸우던 두 편이 싸움을 그치고 평화로운 상태가 됨.
엽견(獵犬) 사냥개.
용(庸) 중국 당나라 때 부역 대신에 물품을 바치던 세금 제도.
전포(氈布) 짐승의 털로 짠 모직물의 하나.
정아(政衙) 정사를 보는 관청.

구절 풀이

❶ **여덟 개의 탑을 ~ 큰불에 타 버렸음이라.** 이슬람의 침공으로 불교 유적이 사라졌음을 의미하는 것으로, 불교 유적을 볼 수 없는 것에 대한 작가의 안타까운 마음이 담겨 있다.
❷ **이 다섯 천축국의 법에는 ~ 일은 하지 않는다.** 다섯 천축국에 사형이나 살생, 폭력적인 일이 없다는 내용으로, 이를 통해 다섯 천축국이 살생을 금지하는 불교의 가르침을 충실하게 따르고 있음을 알 수 있다.

작가 소개

혜초(慧超, 704~787)
신라의 고승이다. 당나라 광저우에 가서 인도승 금강지의 제자가 되었으며, 그의 법통을 이어받아 6대 제자의 한 사람으로 불린다. 스승의 권유로 인도 내의 불교 성지와 다섯 천축국을 순례했으며, 파미르고원을 넘어 중앙아시아의 구자로 돌아왔다. 이때의 여행 기록을 남긴 것이 《왕오천축국전》이다.

이해와 감상

〈왕오천축국전〉은 신라 시대의 고승 혜초가 인도와 서역 및 아랍을 4년간 두루 여행하고 남긴 기록이다. 제목인 '왕오천축국전(往五天竺國傳)'은 '다섯 천축국에 간 이야기'라는 뜻으로, 다섯 천축국은 동천축국, 서천축국, 남천축국, 북천축국, 중천축국이다. 여기에서 '천축국'은 옛날 중국에서 인도를 가리키던 이름이다.

이 작품은 시간의 흐름과 작가의 여정에 따라 구성되어 있으며, 천축국의 의식주, 풍속, 종교, 세금 제도, 재판 제도 등을 병렬적으로 나열하여 소개하고 있다. 각 항목에 대해서는 그 나라에 직접 가 본 것 같은 경험을 할 수 있도록 자세히 묘사했다. 혜초의 여행 목적이 불교 유적을 돌아보는 것, 즉 성지 순례에 있었으므로 천축국에 대한 서술에서도 승려로서의 관점이 주로 드러난다.

한편 이 작품은 각 나라에 대한 상세한 정보를 제공하고 있어서 사료로서의 가치도 크다. 이 글이 쓰인 시기에는 동서 문명의 교류가 흔하지 않았기 때문에 당시의 중국과 인도를 이해하는 데 도움이 되는 사실적이고 종합적인 역사서라 할 수 있다.

작품 연구소

〈왕오천축국전〉의 구성과 천축국의 특징

추보식 구성

파라나시국 ➡ 다섯 천축국

병렬식 구성

항목	내용
법	• 신체에 고통을 가하는 형벌이나 사형이 없음. → 벌금으로 대신함. • 천축국의 재판 제도 – 왕이 판결함.
풍속	• 사냥하지 않음. • 도적이 사람을 죽이거나 해치지 않음.
기후	아주 따뜻함.
음식	• 쌀, 떡, 보릿가루, 우유 등을 먹음. • 간장은 없고 소금을 상용함. • 토기 냄비에 밥을 지어 먹음.
세금 제도	• 세나 용이 없음. • 토지에서 나오는 곡식 다섯 섬을 왕에게 바침. → 곡식 운반에 대한 수고는 왕이 부담함.
의복	전포로 만든 옷을 입음.(부자는 한 벌, 중류층은 스스로 지은 한 가지, 빈민은 반 조각으로 생활함.)

〈왕오천축국전〉의 사료적 의의

〈왕오천축국전〉은 1908년 프랑스의 동양학자 펠리오가 중국 북서 지방 간쑤성의 둔황 천불동 석불에서 발견했으며, 중국의 나옥진이 출판하여 세상에 알려졌다. 이 작품에는 육로와 해로가 같이 언급되어 있어서, 육로 기행문인 현장의 《대당서역기》와 해로 기행문인 법현의 《불국기》와 차별된다. 또한 8세기의 인도와 중앙아시아를 다룬 세계에서 유일무이한 기록이고, 일반적인 정치나 그 시기의 정세 이외에도 사회상을 다루고 있어 사료적 가치가 높다.

함께 읽으면 좋은 작품

〈수로왕과 허황옥의 결혼〉, 작자 미상 / 다른 문화와의 만남을 담은 작품

가락국의 시조인 수로왕이 아유타국(인도로 추정)에서 온 공주 허황옥과 결혼하는 내용이 담긴 설화로, 다른 문화(인도)와의 만남이 드러나 있다는 점에서 〈왕오천축국전〉과 유사하다.

키 포인트 체크

- 인물: 신라의 승려 혜초가 마하보리사 예방을 기뻐하며 □□□ 감동을 드러낸다.
- 배경: 신라 말기에 □□□을 방문했던 때가 배경이다.
- 사건: 마하보리사를 예방하는 기쁨을 시로 읊고 천축국의 정치 상황과 언어와 법률, □□와 생활 문화, 재판 제도 등을 소개한다.

1 이 글에 대한 설명으로 적절하지 않은 것은?

① 시간의 흐름과 공간의 이동에 따라 구성되어 있다.
② 정세, 언어, 풍속 등의 다양한 내용을 나열하고 있다.
③ 불교 성지를 방문한 여정과 견문을 수록한 기행문이다.
④ 당시 인도의 사회상과 풍속을 객관적으로 묘사하고 있다.
⑤ 비현실적 사건을 제시하여 대상의 신성성을 드러내고 있다.

2 다음 질문 중 이 글에서 답을 찾을 수 없는 것은?

① 천축국의 형벌 제도는 어떠한가?
② 혜초가 이 글을 쓰게 된 계기는 무엇인가?
③ 마하보리의 영탑은 어느 나라에 위치하는가?
④ 천축국 백성들이 주로 먹는 음식은 무엇인가?
⑤ 천축국에서 소송이 발생하면 어떻게 해결하는가?

3 〈보기〉는 이 글의 다른 부분에 삽입된 시이다. [A]와 〈보기〉를 읽고 토의한 내용으로 적절한 것은?

보기

달 밝은 밤에 고향 길을 바라보니
뜬구름은 너울너울 고향으로 돌아가네.
나는 편지를 봉하여 구름 편에 보내려 하나
바람은 빨라 내 말을 들으려고 돌아보지도 않네.
내 나라는 하늘 끝 북쪽에 있고
다른 나라는 땅 끝 서쪽에 있네.
해가 뜨거운 남쪽에는 기러기가 없으니
누가 내 고향 계림으로 나를 위하여 소식을 전할까.

① [A]와 〈보기〉 모두 대상에 대한 감동을 드러내고 있어.
② [A]와 〈보기〉 모두 고향에 대한 그리움이 드러나 있어.
③ [A]는 〈보기〉와 달리 설의법을 통해 의도를 강조하고 있어.
④ [A]와 〈보기〉 모두 대상과의 심리적 거리감이 드러나 있어.
⑤ 〈보기〉는 [A]와 달리 의인법을 사용하여 화자의 정서를 드러내고 있어.

4 ㉠~㉤ 중, 〈보기〉의 밑줄 친 부분과 가장 관계 깊은 것은?

보기

불교에는 속세에 있는 신자들이 지켜야 할 다섯 가지 계율이 있다. 살생하지 말라, 훔치지 말라, 음행하지 말라, 거짓말하지 말라, 술 마시지 말라, 이것이 계율의 내용이다.

① ㉠ ② ㉡ ③ ㉢ ④ ㉣ ⑤ ㉤

5 이 글이 지닌 사료적 가치를 두 가지 이상 쓰시오.

015 격황소서(檄黃巢書) | 최치원

키워드 체크 #격문 #황소의 난 비판 #위협과 회유 #설득

핵심 정리

갈래 격문(檄文)
성격 설득적, 위협적, 회유적
제재 황소의 반란
주제 황소의 죄상을 고발하고 항복을 권유함.
특징 ① 중국 문학과 한국 문학의 교섭 관계를 파악할 수 있는 자료임.
② 문학의 힘을 잘 보여 줌.
③ 위협과 회유의 방법을 조합하여 효과적으로 설득함.
의의 신라인으로서 당나라 사람들까지 놀라게 한 명문(名文)으로, 최치원의 명성을 천하에 떨치게 한 글임.
연대 881년(신라 헌강왕 7년)
출전 《계원필경(桂苑筆耕)》

Q 이 글을 본 황소의 반응은?
황소가 격문을 보다가 이 구절에 이르러 놀라 앉았던 의자에서 떨어졌다고 한다. 이처럼 문학은 사람의 마음을 움직이는 힘을 가지고 있으며, 이 격문으로 반란군의 괴수까지 제압했을 정도로 문학이 효과적인 설득 수단이 될 수 있음을 알 수 있다.

어휘 풀이

요망(妖妄)하다 요사스럽고 망령되다.
봉(封)하다 임금이 그 신하에게 일정 정도의 영지를 내려 주고 영주(領主)로 삼다.
공명(功名) 공을 세워서 자신의 이름을 널리 드러냄. 또는 그 이름.
도당(徒黨) 불순한 사람의 무리.
회보(回報)하다 어떤 문제에 관한 물음이나 요구에 대하여 대답으로 보고하다.
당랑(螳螂) 사마귀.
융거(戎車) 전쟁할 때 쓰는 수레.
귀순(歸順)하다 적이었던 사람이 반항심을 버리고 스스로 돌아서서 복종하거나 순종하다.

구절 풀이

❶ **이는 아녀자의 ~ 대장부의 일인 것이다.** 황소가 귀순하려고 하자 그의 처첩(妻妾)들이 말렸다는 것을 두고 하는 말로, 처첩들의 말을 듣지 말라는 뜻이다.
❷ **동탁(董卓)의 배를 ~ 될 것이다.** 후한 말기의 정치가 동탁이 죽음을 당한 뒤에 그의 배꼽에 불을 붙였더니 살에 기름이 많아서 3일 동안이나 탔다는 것을 말한다.

작가 소개

최치원(崔致遠, 857~?) 신라 말기의 학자이며 자는 고운(孤雲)이다. 12세에 당나라에 들어가 18세에 외국인을 등용하기 위한 과거인 빈공과에 급제했다. 황소(黃巢)의 난이 일어나자 〈격황소서(檄黃巢書)〉를 지어 문장가로 이름을 떨쳤다. 저서로는 《계원필경(桂苑筆耕)》이 있다.

가 햇빛이 활짝 펴니, 어찌 •요망한 기운을 그대로 두겠으며, 하늘 그물이 높이 베풀어져서 반드시 흉한 족속들을 없애고 마는 것이다. (황소의 반란 행위는 하늘도 용납하지 못하는 부당한 행위임을 나타냄.) 하물며 너는 평민의 천한 것으로 태어났고, 농민으로 일어나서 (황소의 신분) 불 지르고 겁탈하는 것을 좋은 꾀라 하며, 살상(殺傷)하는 것을 급한 임무로 생각하여 헤아릴 수 없는 큰 죄만 있고 속죄될 조그마한 착함도 없었으니, (황소의 행위가 부당함을 꾸짖음.) 천하 사람이 모두 너를 죽이려고 생각할 뿐만 아니라 아마도 땅 가운데 있는 귀신까지도 가만히 죽이려고 의논하리라. (인심의 향배뿐만 아니라 귀신의 향배까지 언급하여 황소의 잘못을 꾸짖음.) 비록 잠깐 동안 숨이 붙어 있으나, 벌써 정신이 죽었고, 넋이 빠졌으리라.

▶ 황소에 대한 꾸짖음.

나 나라의 도적을 정복하는 이는 사사로운 분(分)을 생각하지 않는 것이요, 어두운 길에 헤매는 자를 일깨우는 데는 진실로 바른말을 하여 주어야 한다. 나의 한 장 편지로써 너의 거꾸로 매달린 듯한 다급한 것을 풀어 주려는 것이니, (적에게 탈출구를 마련해 주겠다고 하며 자기편의 아름다운 덕을 자랑함.) 고집을 하지 말고 일의 기회를 잘 알아서 스스로 계책을 잘하여 허물을 짓다가도 고치라. 『만일 땅을 떼어 •봉해 줌을 원한다면, 나라를 세우고, 집을 계승하여 몸과 머리가 두 동강으로 되는 것을 면하며, •공명(功名)의 높음을 얻을 것이다.』 (『 』: 부귀를 약속하며 황소를 회유함.) 겉으로 한 •도당(徒黨)의 말을 믿지 말고 영화로움을 후세에까지 전할 것이다. ❶이는 아녀자의 알 바가 아니라, 실로 대장부의 일인 것이다. 일찍이 •회보(回報)하여 의심 둘 것 없나니라.

▶ 황소에게 항복하여 귀순하기를 권유함.

다 『나의 명령은 천자를 머리에 이고 있고, 믿음은 강물에 맹세하여 반드시 말이 떨어지면 그대로 하는 것이요, 원망만 깊게 하지는 않을 것이다.』 (『 』: 약속을 꼭 지킨다고 다짐하며 항복을 망설이는 황소에게 거듭 권유함.) 『만일 미쳐 덤비는 도당(徒黨)에 견제(牽制)되어 취한 잠이 깨지 못하고 여전히 •당랑(螳螂)이 수레바퀴에 항거하기를 고집한다면, (제 역량을 생각하지 않고, 상대가 되지 않을 일에 덤벼드는 무모한 행동거지를 비유적으로 이르는 말 – 당랑거철(螳螂拒轍)) 그제는 곰을 잡고 표범을 잡는 군사로 한 번 휘둘러 없애 버릴 것이니, 까마귀처럼 모여 솔개같이 덤비던 군중은 사방으로 흩어져 도망갈 것이다. 몸은 도끼에 기름 바르게 될 것이요, 뼈는 •융거(戎車) 밑에 가루가 되며, 처자도 잡혀 죽으려니와 종족들도 베임을 당할 것이다.』 (『 』: 어리석게 고집을 부리고 귀순을 늦추다가는 황소 자신은 물론이고 처자와 권속들까지도 베임을 당할 것이라고 재차 겁을 줌.)

▶ 황소를 위협하며 귀순을 권유함.

라 『생각하건대, ❷동탁(董卓)의 배를 불로 태울 때에 반드시 배꼽을 물어뜯어도 할 수 없게 될 것이다. (『 』: 다시 한번 귀순을 권하면서 뒤늦게 후회하지 말고 결단을 내려 살 길을 찾으라고 거듭 촉구함.) 너는 모름지기 진퇴(進退)를 참작하고 잘된 일인가 못된 일인가 분별하라. 배반하여 멸망되기보다 어찌 •귀순하여 영화롭게 됨과 같으랴. 다만 바라는 것은 반드시 그렇게 하라. 장사(壯士)가 하는 짓을 택하여 갑자기 변할 것을 결정할 것이요, 어리석은 사람의 생각으로 여우처럼 의심만 하지 말라.』

▶ 황소에게 귀순할 것을 재차 권유함.

· 중심 내용 황소의 반란 행위가 부당함을 꾸짖고 항복하며 귀순할 것을 권유하는 최치원
· 구성 단계 본사

이해와 감상

〈격황소서〉는 881년(당나라 희종 광명 2년, 신라 제49대 헌강왕 7년)에 황소의 난이 일어나자 최치원이 그 토벌 총사령관인 고변의 휘하에 종군하여 황소에게 보내기 위해 지은 격문이다. 황소가 이 격문을 읽고서 혼비백산하여 굴러떨어졌다는 일화가 중국 역사책에 기록되어 전해질 만큼 뛰어난 문장이다. 최치원은 이 한 편의 글로 자신의 이름을 중국 천하에 떨쳤다. 우리나라 문인이 명문(名文)으로 중국 문학에 영향을 미쳤다는 점은 문학사적으로 의미 있는 사건이며, 최치원이 우리나라 한문학의 원로로서 후세 사람들에게 추앙을 받는 계기가 되었다.

최치원은 이 글에서 황소의 마음을 돌리기 위해 위협과 회유를 절묘하게 조합하여 표현하고 있다. 위협을 가하는 대목에서는 상대방이 자기 목이 붙어 있는지 확인하게 할 정도로 강력하게 표현하고 있으며, 회유하는 대목에서는 상대가 마음을 돌릴 수 있도록 어루만지고 달래며 부드럽게 표현함으로써 상대방을 효과적으로 설득하고 있다.

작품 연구소

〈격황소서〉에 나타난 설득 방식

위협	회유
• 역모의 실패 사례들을 듦. • 경전의 가르침을 인용함. • 토벌군의 막강한 위력을 알림.	항복하면 부와 명예를 누리도록 배려할 것임.

↓

항복하여 죽음을 면하고 부귀와 공명을 누리라며 황소를 설득함.

〈격황소서〉를 한국 문학으로 볼 수 있는 근거

한국 문학은 한국인이 자신의 체험과 정서를 한국의 언어로 표현한 문학이다. 이 글이 중국에서 창작된 한자 표기의 문학이기는 하나 당시는 훈민정음이 창제되지 않은 시기여서 한자가 우리나라 문인들의 보편적인 문자 표현 수단이었던 점, 최치원이라는 한국 사람의 경험과 시각, 문학적 재능을 바탕으로 창작되었다는 점을 고려한다면 이 글 역시 한국 문학으로 볼 수 있다.

자료실

황소의 난

중국 당나라 말기에 일어난 농민 반란이다. 당나라 말기에는 당쟁과 환관의 횡포가 겹쳐 지배력이 흔들렸으며, 백성에 대한 수탈이 심해져 반(反)왕조의 분위기가 팽배했다. 더욱이 전국에 기근이 들어 사회적 불안이 절정에 달하자 소금의 암거래 상인으로서 반체제 활동을 해 오던 산동(山東)의 왕선지, 황소 등이 난을 일으켰다. 왕선지가 죽은 후 잔당들을 모아 지도자가 된 황소는 장안에 스스로 정권을 세워 국호를 대제(大齊), 연호를 금통(金統)이라 부르고 항복한 관리도 기용하여 통치를 굳히려고 했으나 3년 후 토벌군에게 격파되었는데, 이 난은 당나라를 근본적으로 붕괴시키는 계기가 되었다.

함께 읽으면 좋은 작품

〈여수장우중문시(與隨將于仲文詩)〉, 을지문덕 / 적장에 대한 경고를 담은 작품

이 작품은 고구려의 명장(名將) 을지문덕이 수(隋)나라의 30만 대군을 맞아 살수에서 싸울 때에 적장인 우중문에게 조롱조로 지어 보낸 시이다. 상대에게 싸움(난)을 멈추지 않는다면 그냥 내버려 두지 않겠다고 경고한 점에서 〈격황소서〉와 유사하다. Link 〈고전 운문〉 54쪽

키 포인트 체크

- 인물 최치원이 위협과 ☐☐를 적절하게 조합하여 황소를 설득한다.
- 배경 중국 당나라 말기에 일어난 ☐☐☐☐을 배경으로 한다.
- 사건 황소의 잘못을 꾸짖고, 황소에게 항복하여 ☐☐하기를 권유한다.

1 이 글에 대한 설명으로 적절하지 않은 것은?

① 중국 당나라 때의 황소의 난을 배경으로 한다.
② 사람의 생각이나 행동을 변화시킬 목적으로 쓰였다.
③ 우리나라 문인의 이름을 중국 천하에 떨치게 한 명문이다.
④ 신라의 관리였던 최치원이 외교 중재자의 자격으로 쓴 격문이다.
⑤ 협박과 회유를 적절하게 결합하여 상대를 효과적으로 설득하고 있다.

내신 적중 多빈출

2 (나)에 사용된 설득 방식으로 적절한 것은?

① 상대의 장점을 추켜세우며 달래고 있다.
② 고전에 나오는 가르침을 인용하고 있다.
③ 역모에 실패한 역사적 사례를 들고 있다.
④ 부귀를 약속하며 상대방을 회유하고 있다.
⑤ 토벌군의 막강한 세력을 들어 상대방을 협박하고 있다.

3 〈보기〉에서 이끌어 낼 수 있는 문학의 특성으로 적절한 것은?

보기

최치원의 격문을 읽은 황소가 의자에서 굴러떨어졌다는 일화가 중국 역사책에 기록되어 전한다.

① 문학은 인간의 거짓된 삶을 고발하는 매개체이다.
② 문학은 사람의 마음을 움직일 수 있는 힘을 지니고 있다.
③ 문학은 불안한 마음을 진정시켜 주는 신경 안정제와 같다.
④ 문학은 상상을 통해 직접 보지 못한 세계를 경험하게 한다.
⑤ 문학은 나약한 인간이 절대자에게 드리는 기도 같은 것이다.

4 이 글을 쓴 작가의 의도를 〈조건〉에 맞게 쓰시오.

조건

'격황소서'라는 제목의 의미를 고려하여 한 문장으로 쓸 것

5 이 글의 작가가 황소에게 〈보기〉와 같은 글을 보낸 이유를 〈조건〉에 맞게 쓰시오.

보기

나의 명령은 천자를 머리에 이고 있고, 믿음은 강물에 맹세하여 반드시 말이 떨어지면 그대로 하는 것이요, 원망만 깊게 하지는 않을 것이다.

조건

'~하기 위해서이다.' 형태의 완결된 한 문장으로 쓸 것

공방전　국순전　국선생전　청강사자현부전　경설　이옥설　이상자대　차마설　슬견설　괴토실설

Ⅱ

고려 시대

문학사 개관

Ⅱ 고려 시대의 산문

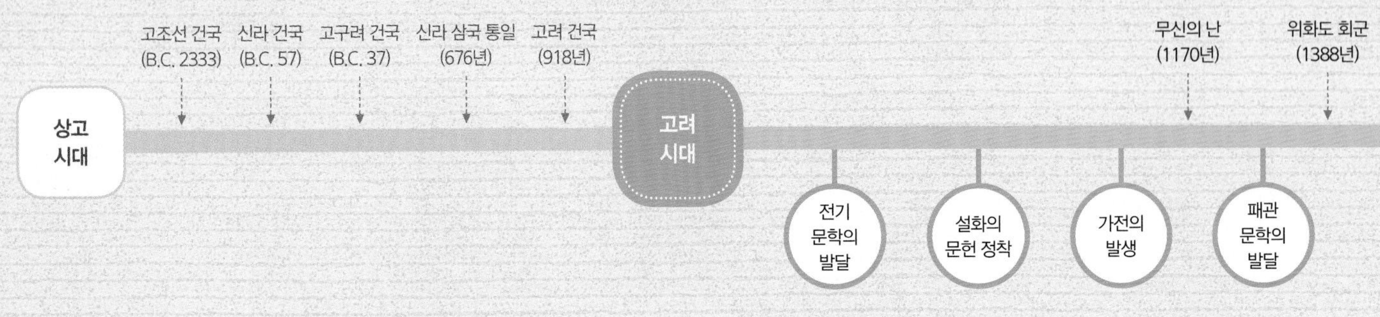

이 시기의 특징

- 과거 제도를 시행하고 교육 기관을 설립함으로써 한문학이 크게 융성했으나 국문학은 상대적으로 위축되었다.

  예 대표 문인들: 김부식, 정지상, 이인로, 이규보, 임춘 등
- 지배층에서는 한자를 이용한 기록 문학이 발전했고, 일반 백성들은 구비 문학을 주로 향유했다.
- 문벌 귀족들이 주도하던 문학계를 무신 정변 이후 신진 사대부들이 주도하면서 문학 담당층이 전면적으로 교체되었다.
- 신진 사대부들에 의해 가전(假傳)과 같은 새로운 문학 갈래가 탄생했다.

◆ **새로운 문학 담당층의 대두**
'무신의 난(1170년)'은 고려 시대의 중요한 사건이다. 이를 통해 고려 전기의 문벌 귀족들이 몰락하고 새로운 문인인 신진 사대부가 등장했다. 성리학을 앞세운 이들의 등장은 새로운 문학 담당층의 대두를 의미하며 그들로 인해 경기체가, 시조, 전(傳) 등이 나타나게 되었다.

전개 양상

1. 설화적 전통의 계승

- 고려 건국 직후 태조 왕건은 고대 건국 신화의 전통을 계승하여 6대조 호경(好景)부터 아버지 용건(龍健)까지를 신화의 주인공으로 등장시켜 건국 신화를 만들었다.
- 신화의 전통을 잇는 영웅 관련 설화도 나타났는데, 균여와 강감찬 설화가 이에 해당한다. 이러한 설화들은 《수이전(殊異傳)》, 《삼국사기(三國史記)》, 《삼국유사(三國遺事)》 등의 문헌에 기록·정착되었다.

예

작품집	작가	특징
수이전(殊異傳)	박인량	한국의 첫 설화집으로 책은 전해지지 않고, 수록되었던 설화 가운데 10편이 《삼국유사》를 비롯한 다른 책들에 실려 전해짐.
삼국사기(三國史記)	김부식	유교 사관에 입각하여 편찬한 삼국의 정사(正史)로서 〈열전(列傳)〉 등에 설화가 수록되어 있음.
삼국유사(三國遺事)	일연	삼국의 야사(野史)가 기록된 책으로, 특히 〈단군 신화〉를 비롯한 많은 설화를 수록하고 있음.

◆ **정사(正史)와 야사(野史)**

구분	내용
정사(正史)	동아시아 국가들에서 각 왕조가 정통(正統)으로 인정하여 편찬한 사서
야사(野史)	민간에서 개인이 저술한 사서로서 흔히 정사(正史)와 구별되는 의미로 쓰임.

2. 전(傳) 문학의 발전

전(傳)이란 사람의 일생을 요약적으로 서술하여 교훈을 전달하는 문학의 한 갈래를 말한다. 전(傳)은 크게 인물전(人物傳)과 가전(假傳)으로 나눈다. 가전은 신진 사대부들이 새 시대의 문제의식을 표현한 새로운 방식의 문학 갈래로, 고려 중기 이후 설화를 수집·정리하는 과정에서 의인체 문학으로서 출현하게 되었다.

간단 개념 체크

1 무신 정변 이후 문학 담당층으로 새롭게 대두된 계층은? (　　　　)

2 사람의 일생을 요약적으로 서술하여 교훈을 전달하는 전(傳) 문학은 크게 □□□과 □□으로 나뉜다.

3 고려 건국 직후 왕건은 조상들을 주인공으로 등장시켜 건국 신화를 만들었다. (○ / ×)

답 1 신진 사대부 2 인물전, 가전 3 ○

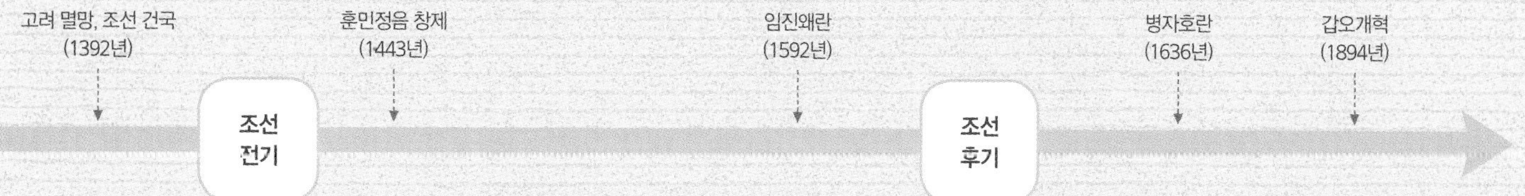

(1) 인물전: 어떤 인물의 가치 있는 행적을 기록한 글

(2) 가전

- 어떤 사물을 역사적 인물처럼 의인화하여 그 가계와 생애 및 개인적 성품, 공과(功過)를 기록한 글이다.
- 인간사의 다양한 문제들을 의인화라는 간접적이고 우회적인 수법으로 비평하고 있기 때문에 강한 풍자성을 동반한다.
- 창의성이 가미된 허구적 작품이라는 점에서 설화와 소설을 잇는 교량 역할을 했다.

예

갈래	작품	작가	특징
인물전	배열부전(裵烈婦傳)	이승인	왜적의 협박에도 굴하지 않고 끝까지 절개를 지키다 장렬히 죽은 열부 배씨의 이야기를 다룸.
	절부 조씨전(節婦曺氏傳)	이곡	전쟁 중 부친과 지아비를 잃고 아들도 없이 평생 절개를 지킨 절부 조씨의 이야기를 다룸.
가전	공방전(孔方傳)	임춘	돈을 의인화하여 재물을 탐하는 태도를 경계함.
	국순전	임춘	술을 의인화하여 간사한 벼슬아치를 비판함.
	국선생전(麴先生傳)	이규보	술을 의인화하여 술의 긍정적인 면을 통해 군자의 처신을 경계함.
	청강사자현부전(淸江使者玄夫傳)	이규보	거북을 의인화하여 안분지족과 처세의 중요성을 강조함.
	저생전(楮生傳)	이첨	종이를 의인화하여 문인의 도리를 서술하고 당시 유생을 비판함.
	죽부인전(竹夫人傳)	이곡	대나무를 의인화하여 현숙하고 절개 있는 여성상을 그림.
	정시자전(丁侍者傳)	석식영암	지팡이를 의인화하여 사람이 도를 알고 행해야 함을 강조함.

3. 패관 문학(稗官文學)의 발전

- 고려 후기 시화(詩話)를 중심으로 민간에 떠도는 이야기를 한문으로 기록한 것으로, 채록자의 창의성과 흥미 요소가 더해져 단순히 기록만 하는 문헌 설화보다 진일보한 것이다.
- 소설의 전신(前身)으로 소설이 발달하는 데 영향을 주었다.

예

작품집	작가	특징
백운소설(白雲小說)	이규보	시화(詩話), 문담(文談) 등 28편이 홍만종의 《시화총림》에 전함. 삼국 시대부터 저자 당대까지의 시인들과 그 작품에 대해 논했으며 소설이라는 명칭을 처음 사용함.
파한집(破閑集)	이인로	시화, 문담, 고사 등을 기록하고 풍속, 풍물도 함께 실어 고려사 연구에 귀중한 자료로 평가 받음.
보한집(補閑集)	최자	《파한집》을 보충한 수필체의 시화들을 엮은 책으로 시구(詩句), 취미, 사실(史實), 기녀(妓女) 등에 관한 여러 가지 이야기를 수록함.
역옹패설(櫟翁稗說)	이제현	역사책에 보이지 않는 이문(異聞), 기사(奇事)와 경전(經典), 인물, 시문(詩文), 서화(書畫) 등을 비평한 글을 수록함.

◆ 가전과 동물 우화의 공통점과 차이점

	가전	동물 우화
공통점	• 사물을 의인화함. • 풍자성을 구현함.	
차이점	어떤 사물의 내력, 속성, 가치 등을 주로 서술함.	동물 간의 사건을 중심으로 이야기가 전개됨.

◆ 패관의 유래

패관은 옛날 중국에서 민간의 풍속이나 여론을 살피기 위해 거리의 소문을 모아 기록하던 벼슬의 이름으로, 이 뜻이 발전하여 이야기를 짓는 사람도 패관이라 일컫게 되었다.

간단 개념 체크

1 고려 후기 시화를 중심으로 민간에 구전되는 이야기를 한문으로 기록한 것은? (　　　　)

2 가전은 어떤 사물을 역사적 인물처럼 □□□하여 기록한 글이다.

3 인물전은 소설의 전신(前身)인 동시에 후대에 중요한 사료 역할을 하였다. (○ / X)

답 1 패관 문학 2 의인화 3 X

016 공방전(孔方傳) | 임춘

키워드 체크 #가전 #일대기 형식 #풍자적 #의인화 #돈을 탐하는 세태 비판

문학 미래엔, 비상, 신사고

핵심 정리

갈래 가전(假傳)
성격 풍자적, 우의적, 교훈적
제재 돈(엽전)
주제 돈(재물)에 대한 인간의 탐욕과 돈을 탐하는 세태에 대한 비판
특징 ① 의인화 기법을 활용한 전기적 구성임.
② '도입-전개-비평'의 구성임.
③ 돈에 대한 작가의 부정적·비판적·풍자적 성격이 강하게 드러남.
출전 《서하선생집(西河先生集)》, 《동문선(東文選)》

어휘 풀이

황제(黃帝) 헌원씨. 중국 고대 전설상의 제왕. 삼황(三皇)의 한 사람으로, 처음으로 곡물 재배를 가르쳤다고 함.
천(泉) 고대 중국 신(新)나라 때 왕망이 발행한 엽전. 화천(貨泉)을 가리킴. 둥근 바탕에 네모난 구멍이 있고, 겉면에 '화천'이라는 두 글자가 있음.
공우(貢禹) 한나라 때의 벼슬아치로, 청렴하고 정직했음.

Q 공방의 생김새가 의미하는 바는?

'공방'은 테두리는 둥글고[孔] 안에는 구멍이 모나게[方] 뚫린 엽전(돈)의 생김새에서 나온 명칭이다. 겉은 둥글둥글하여 원만해 보이지만, 속은 모가 나고 악하다는 의미가 내포되어 있다. 이러한 생김새를 통해 돈에는 긍정적인 면과 부정적인 면의 이중적 성격이 있음을 드러내고 있다. 돈은 물건의 교환이 활발하게 이루어지게 하여 상업의 발전을 촉진하는 한편, 사람의 욕망을 자극하여 인간과 사회를 전반적으로 타락시킬 수 있음을 암시한 것이다.

구절 풀이

❶ **공방(孔方)의 자(字)는 관지(貫之)이니,** '공(孔)'은 엽전 바깥의 둥근 모양, '방(方)'은 엽전 가운데에 뚫린 구멍의 모난 모양을 말하고, '관지(貫之)'는 '그것을 꿴다.'라는 뜻이다. 구멍으로 엽전을 꿰어 꿰미로 만들기 때문에, 자(字)를 꿸 관 자를 써서 '관지'라고 한 것이다.
❷ **오(吳)나라 왕 비(濞)가 교만하고 ~ 나라의 창고가 텅 비었으므로** 가전 문학의 일반적인 서술상 특징이 드러나는 부분으로, 돈의 유래나 내력과 관련된 역사적 인물이나 사건을 제시하여 사실성을 부여함으로써 교훈성을 높이고 있다.
❸ **무릇 짊어지고 타게 되면 도둑이 된다고** 짊어지는 것은 재물을 뜻하고, 타는 것은 벼슬함을 뜻하는 것으로, 재물과 권세를 탐하면 도둑과 같이 된다는 말이다.

가 ❶공방(孔方)의 자(字)는 관지(貫之)이니, ㉠그 조상이 일찍이 수양산(首陽山)에 숨어 굴 속에서 살았기에 세상에 쓰인 적이 없었다. 『처음 •황제(黃帝) 시절에 조금 쓰이기도 했으나 성질이 굳세어 세상일에 그리 잘 적응하지 못하였었다.』 임금이 쇠붙이를 맡은 사람을 불러 보이니, 그가 한참 동안 들여다보고 말하기를,

『 』: 돈이 아직 제 모습을 갖추지 못했고, 돈이 꼭 필요하지 않은 시대였음을 드러냄.

"산과 들처럼 거센 성질이라 쓸 만하지는 못하오나, 만일 『폐하가 만물을 조화하는 풀무와 망치 사이에 놀게 하여 때를 긁고 빛을 갈면 그 자질이 마땅히 점점 드러나리이다.』 임금 된 이는 무엇이나 쓸모가 있게 하는 분이오니, 원컨대 폐하는 저 단단한 구리와 함께 내버리지 마옵소서."

『 』: 철을 달구고 다듬으면 쓸모 있다는 뜻으로, 돈의 주조 과정을 드러냄.

하였다. ㉡이로 말미암아 세상에 그의 이름이 나타났다. 뒤에 난리를 피하여 강가의 숯화로 거리로 이사하여 거기서 눌러살게 되었다.

㉡: 돈이 세상에 유통되기 시작함.

그의 아버지 •천(泉)은 주(周)나라의 재상으로 나라의 세금 매기는 일을 맡았었다.

▶ 공방이 세상에 출현함.

나 방의 위인이 밖은 둥글고 안은 모나며, 때에 따라 그에 맞게 변하기를 잘하여 한(漢)나라에서 벼슬하여 홍로경(鴻臚卿)이 되었다. 그때에 ❷오(吳)나라 왕 비(濞)가 교만하고 주제넘어 권세를 부렸는데, 방이 그에게 붙어 많은 이익을 얻었다.

처세에 능하여 / 홍로경: 한(漢)나라의 관직 이름 – 외국의 빈객(賓客)을 접대하는 벼슬

무제(武帝) 때에 천하의 경제가 궁핍하여 나라의 창고가 텅 비었으므로 위에서 걱정하여 방에게 부민후(富民侯)라는 벼슬을 주어 그의 무리 염철승(鹽鐵丞) 근(僅)과 함께 조정에 있었는데, 근이 매양 형님이라 하고 이름을 부르지 않았다.

무제: 중국 전한(前漢)의 제7대 황제 / 위: 황제 / 부민후: 백성을 풍요롭게 하는 벼슬이라는 뜻 / 염철승: 전통적으로 소금과 철은 국가의 전매 사업으로, 이것을 담당하는 승상이라는 뜻

▶ 이중적 성격을 지닌 공방이 정계에 등용됨.

다 ㉢방의 성질이 욕심 많고 더러워 염치가 없었는데, 이제 재물과 씀씀이를 도맡게 되니 본전과 이자의 경중을 저울질하기 좋아하였다. 나라를 편하게 하는 것이 반드시 질그릇이나 쇠그릇을 만드는 생산의 기술에만 있는 것이 아니라고 하면서 백성과 더불어 사소한 이익조차도 다투었다. / 그런가 하면 물건값을 낮추어 곡식을 천하게 만드는 대신 돈을 중하게 만들어 『백성으로 하여금 근본인 농사를 버리고 끄트머리인 장사를 좇게 하여 농사를 방해했다.』 임금께 아뢰는 사람들이 많이 상소하여 논했으나 위에서 듣지 않았다.

㉢: 사람들이 돈맛을 알아 더욱 탐욕스럽게 되고, 돈을 벌기 위해 체면을 가리지 않음을 우의적으로 드러냄. / 끄트머리인 장사: 사농공상(士農工商)이라 하여 장사[商]가 가장 낮은 지위에 있었음. / 『 』: 생산적인 일보다 돈을 만지는 일에 사람들을 매달리게 함. → 돈의 폐해

▶ 욕심 많은 공방 때문에 백성들도 돈을 중요하게 여기게 됨.

라 방은 또 재치 있게 권세와 부귀를 잘 섬겨 그쪽에 드나들며 권세를 부리는가 하면, 벼슬을 팔아서 올리고 내침이 그 손바닥에 있으므로 많은 벼슬아치들이 절개를 굽혀 섬겼다. 그리하여 곡식을 쌓고 뇌물을 거둔 문서와 증서가 산 같아 이루 셀 수가 없었다.

매관매직이 성행함. – 돈으로 정치에 개입할 수 있었음.

그는 사람을 접하고 인물을 대함에도 어질고 어리석음을 묻지 않고, ㉣비록 저잣거리 사람이라도 재물만 많이 가진 자면 다 함께 사귀고 통하였다. 때로는 혹 거리의 못된 젊은이들과 어울려 바둑과 투전을 일삼고 뒤섞이기 좋아하므로 그때 사람들이 말하기를,

㉣: 사람을 사귀는 기준이 돈에 있음을 드러냄. – 공방의 속물근성

㉤"공방의 말 한마디면 무게가 황금 백 근만 하다." / 하였다.

▶ 공방이 탐욕을 채우고 권세를 누림.

마 원제(元帝)가 자리에 오르자 •공우(貢禹)가 상서(上書)하여 아뢰기를,

원제: 중국 남북조 시대 동진(東晉)의 제1대 황제 / 상서: 신하가 임금에게 글을 올리던 일 또는 그 글

"방이 오랫동안 힘든 일을 맡아보면서 『농사의 근본을 알지 못하고 한갓 장사치의 이익만을 일으켜 나라를 좀먹고 백성을 해하여 공사가 다 곤궁하오며, 더구나 뇌물과 청탁이 낭자하고 버젓이 행해지니,』 ❸무릇 짊어지고 타게 되면 도둑이 된다고 한 것은 옛날의 분명한 경계이니, 청컨대 그를 면직하여 욕심 많고 더러운 자를 징계하옵소서." / 하였다.

『 』: 돈의 폐해 / 공사: 나라와 백성

▶ 공방이 탄핵을 받음.

• **중심 내용** 공방의 내력·가계·외양·탐욕스러운 성품과 공방에 대한 탄핵 • **구성 단계** (가) 도입 / (나)~(마) 전개

이해와 감상

〈공방전〉은 돈(엽전)을 의인화하여 그 내력과 행적을 허구적으로 구성한 가전으로, 돈의 폐단을 비판하고 재물에 대한 인간의 탐욕을 경계한 작품이다. 작가가 불우한 처지로 일생을 마친 귀족의 후예였다는 점을 고려할 때, 이 작품은 돈이 권력을 지닌 일부 사람들에게만 집중되어 있어 자신과 같은 사람들은 고난을 겪어야 했던 세태에 대해 불만을 토로하고자 쓴 것으로 볼 수 있다.

주인공의 이름인 '공방(孔方)'은 전체적으로는 둥글고 가운데에 네모난 구멍이 있는 엽전의 형상에서 따온 것이다. 공방은 욕심이 많고 염치가 없는 부정적 성격의 인물이다. 백성들이 농업을 멀리하고 오직 이익을 좇는 일에 몰두하게 만들었으며, 이해득실을 따져 시정잡배들과 문란하게 어울린다. 이러한 점에서 공방은 탐욕적인 인간의 표상으로, 작가가 잘못된 사회상을 비판하기 위해 설정한 인물이라고 볼 수 있다. 즉, 작가는 공방의 모습을 통해 잘못된 사회상을 풍자하고, 이를 경계하도록 깨우치고자 한 것이다.

한편 이 작품은 사물을 의인화하여 그 가계(家系)와 생애 및 성품을 전기(傳記) 형식으로 기록한 점과, 주인공의 인물됨을 행동과 말로써 구체적으로 제시하고 있다는 점에서 설화와 구별된다.

전체 줄거리

도입	공방의 출현 배경과 내력	• 공방의 가계와 등장 • 공방의 아버지 소개
전개	공방의 외양과 정계 진출	• 공방의 성품과 행적 • 공방에 대한 탄핵과 공방의 죽음 • 공방 제자들의 등용, 그 폐단으로 인한 세력 약화 • 공방 아들의 죽음
비평	공방에 대한 사신의 평가	돈을 없애지 않은 후환과 폐단 – 작가의 주장 제시

작품 연구소

공방의 가계

조상	수양산 굴속에 살았기에 세상에 쓰인 적이 없었음.
아버지 – 천(泉)	주(周)나라의 재상으로 나라의 세금 매기는 일을 담당함.
공방	한(漢)나라에서 벼슬하여 홍로경(鴻臚卿)이 되었으며, 교만하고 주제넘었던 오나라 임금을 도와 큰 이익을 취함.

공방의 성질과 폐해

공방

욕심 많고 더러워 염치가 없음.	권세와 부귀를 잘 섬김.
• 백성들과 사소한 이익조차 다툼. • 장사를 좇게 하여 근본인 농사를 방해함.	• 벼슬을 팔아 올리고 내침. • 재물을 많이 가진 자면 누구라도 사귐.

↓

부정부패를 일삼아 폐단이 발생함.

키 포인트 체크

인물 공방은 돈을 □□□한 인물로, 재물을 탐하며 탐욕적이다.

배경 □을 탐하는 인간의 모습과 세태를 보여 준다.

사건 공방이 돈으로 벼슬을 사고팔며 □□이 많은 자와 사귀는 등 악행을 일삼아 결국 □□되고, 그의 무리도 세력이 약화된다.

1 이 글의 내용과 일치하지 않는 것은?

① 공방의 조상은 황제 시절에 처음 세상에 나왔다.
② 공방의 아버지는 세금 매기는 일을 담당하였다.
③ 공방은 돈을 벌기 위해서라면 체면도 가리지 않았다.
④ 공방 때문에 매관매직이 성행하고 재물로 사람을 사귀었다.
⑤ 공방은 물건값을 낮추어 물가를 안정시키고 나라의 경제를 편하게 했다.

내신 적중 高난도

2 〈보기〉를 참고하여 이 글을 감상한 내용으로 적절하지 않은 것은?

보기

가전(假傳)은 어떤 사물을 역사적 인물처럼 의인화하여 그 가계와 생애 및 성품, 공과(功過)를 기록한 글로, 고려 후기 신진 사대부들이 새 시대의 문제의식을 표현하는 방식의 하나로 활용되었다.

① 돈을 의인화한 공방을 통해 돈의 내력과 흥망성쇠를 보여 주고 있다.
② 공방의 생애와 성품 등을 기록하여 가전의 전형적인 특징을 드러내고 있다.
③ 공방에 대한 탄핵은 재물에 대한 인간의 탐욕을 경계한 것이라 할 수 있다.
④ 탐욕적인 인간의 표상인 공방을 통해 진정한 사귐에 대한 교훈을 전하고 있다.
⑤ 공방의 정계 진출을 통해 돈으로 정치에 개입할 수 있었던 사회상을 비판하고 있다.

3 ㉠~㉤의 문맥적 의미로 적절하지 않은 것은?

① ㉠: 역사적으로 아직 돈이 유통되지 않았음을 의미한다.
② ㉡: 돈이 비로소 세상에 유통되기 시작했음을 의미한다.
③ ㉢: 돈을 벌기 위해서는 체면을 가리지 않음을 의미한다.
④ ㉣: 인물의 됨됨이와 상관없이 재물을 따르는 인간관계를 드러낸다.
⑤ ㉤: 한마디도 허투루 하지 않는 공방의 언행을 의미한다.

4 이 글에서 정치와 경제가 유착되어 있던 당대 사회를 비판한 부분을 찾아 쓰시오.

5 (1) 공방의 성격을 그 모양과 관련지어 〈조건〉에 맞게 쓰고, (2) 그러한 특징과 관계 깊은 한자 성어를 쓰시오.

조건

1. '공방은 ~지만 ~하다.'의 형태로 쓸 것
2. 30자 이내의 완결된 한 문장으로 쓸 것

어휘 풀이

식화지(食貨志) 중국 역대 정사(正史) 속에 들어 있는 재정 관계 기록편의 이름.
추증(追贈)하다 나라에 공로가 있는 벼슬아치가 죽은 뒤에 품계를 높여 주다.
왕안석(王安石) 송나라의 개혁 정치가. 황제 신종에게 발탁되어 파격적인 개혁 정책을 단행함. 청묘법이 포함된 신법(新法)을 실시하여, 국가 재정을 확보하고 국가 행정의 효율성을 증대시킴.
청묘법(靑苗法) 왕안석의 신법 가운데 한 가지로, 싹이 파랄 때에 관(官)에서 돈 백 문(百文)을 대여하고 추수한 뒤에 이자 이십 문을 붙여 상환하게 하던 법.
사신(史臣) 역사적 사실을 기록하던 사관.
은우(恩遇) 은혜로 대우함. 또는 그런 대우.

Q 공방이 아랫사람들에게 한 말의 의미는?

공방은 퇴출당하면서 유유자적하며 사는 것의 유익함을 말하고, 자신의 본성 때문에 시간이 지나면 다시 발탁될 것이라며 다시 세상에 나아가겠다는 뜻을 밝히는 등 몰염치한 태도를 보이고 있다. 비록 잠시 동안은 돈의 유통을 막을 수 있지만, 돈이 다시 쓰이게 될 가능성이 크다는 것을 암시하는 부분이다.

구절 풀이

❶ **이에 방이 ~ 말을 거들었다.** 변방에 대한 대비책을 세우려 하는데 공방 때문에 군비가 부족했다는 말을 한 것으로, 이는 공방이 백성들로 하여금 농사를 짓지 않고 장사만 하게 만들어 경제를 파탄케 했다는 주장에 해당한다. 이 때문에 공방은 탄핵을 받아 쫓겨나게 된다.
❷ **천종(千鍾)의 녹(祿)과 오정(五鼎)의 밥** '천종'은 많음을, '녹'은 봉급을 가리키므로 '천종의 녹'은 많은 양의 봉록을 뜻한다. '오정'은 원래 소, 양, 돼지, 물고기, 순록을 담아 제사 지내는 다섯 개의 솥을 의미하는데, 이 글에서는 아주 맛있는 음식을 뜻한다.
❸ **그런데 다만 이들을 ~ 후세에 폐단을 남기고 말았다.** 화폐를 폐지하자는 작가의 주장이 담긴 말이다. 작가는 돈이 순기능보다는 역기능이 많다는 비판적인 시각을 갖고 있다. 돈이 지닌 역기능이 세상을 어지럽힌다고 생각하기 때문에 돈을 폐지해야 한다고 주장하고 있는 것이다.

Q 사신(史臣)의 역할은?

가전 문학의 끝 부분에는 사신의 비평이 나오는데, 이것은 소설에서 나타나는 서술자의 개입과 유사하다. 여기서 사신은 사관(史官)의 신분으로 인물의 성품과 행적에 대해 평가하고 작가의 의식을 대변하는 역할을 한다. '사신이 말하기를'이라는 표현은 역사 서술에 쓰이는 양식적인 표현으로 《사기》 〈열전〉의 형식을 본뜬 것이다.

작가 소개

임춘(林椿, ?~?)
고려 중기 무신 정권기인 인종 때의 문인으로 호는 서하(西河)이다. 강좌칠현(江左七賢)의 한 사람으로 극도로 가난한 처지에서 다른 문인들과 더불어 죽림고회(竹林高會)를 결성하여 술과 시로 사회적 울분을 달랬다. 문장력이 탁월하여 한문과 당시(唐詩)에 뛰어났다. 저서에 《서하선생집》, 작품에 〈국순전〉, 〈공방전〉 등이 있다.

가 그때에 집정자(정권을 잡은 자) 중에는 경제 문제를 잘 아는 이가 있었다. 그는 변방을 막는(변방을 지키는) 정책을 세우려 했다. ❶이에 방이 한 일을 미워하는 자들이 그를 위해 말을 거들었다. 위에서 그 사람을(중심지에서 멀리 떨어진 가장자리 지역) 들어 방이 드디어 쫓겨나게 되었다.

방이 아랫사람들에게 하는 말이,

"내가 얼마 전에 임금님을 뵙고 혼자 천하의 정치를 도맡아 보아 장차 나라의 경제와 백성의 재물을 넉넉하게 하고자 하였더니, 이제 하찮은 죄로 내버림을 당하게 되었지만,(자신이 지은 죄가 사소하다고 여김. – 공방의 몰염치한 성격) 나아가 쓰이거나 쫓겨나 버림을 받거나 나로서는 더하고 손해날 것이 없다. 다행히 나의 남은 목숨이 실오라기처럼 끊어지지 않고, 진실로 주머니 속에 감추어 말없이 내 몸을 성하게 지녔다. 가서 뜬 마름과(마름과의 한해살이 풀) 같은 자취로 곧장 강가로 돌아가 낚싯줄을 드리워 고기나 낚아 술을 사며, 뱃길로 돈을 번 사람들과 더불어 술 실은 배에 둥실 떠 마시면서 한평생을 마치면 그만이다. 비록 ❷천종(千鍾)의 녹(祿)과 오정(五鼎)의 밥인들 내 어찌 그것을 부러워하여 이와 바꾸랴. 그러나 나의 술(術)(계책)이 아무래도 오래면 다시 일어나리로다."

하였다. ▶ 공방이 탄핵을 받고 쫓겨나면서도 반성하지 않음.

나 당(唐)나라가 일어나자 유안(劉晏)(당나라 때 제일의 재정 관료)이 탁지판관(度支判官)(재산을 관리하는 벼슬)이 되었다. 당시 국가의 재산은 넉넉지 못했다. 그는(유안) 다시 임금에게 아뢰어 방을 이용해서(공방을 등용하려 함.) 국가의 재용(財用)(쓸 수 있는 재물)을 여유 있게 하려고 했다. 그가 임금에게 아뢴 말은 •식화지(食貨志)에 실려 있다. 그러나 그때 방은 죽은 지 이미 오래였다.(세상에 돈이 유통되고 있지 않음을 의미함.) 다만 그의 제자들이 사방에 흩어져 살고 있었다. 국가에서 이들을 불러 방 대신 쓰게 되었다. 이리하여 방의 술책이 개원(開元), 천보(天寶)(당나라 현종 때의 연호) 사이에 크게 쓰였고, 심지어는 국가에서 조서를 내려 방에게 조의대부소부승(朝議大夫少府丞)을 •추증하기까지 했다.

남송 신종조(神宗朝) 때에는 •왕안석(王安石)이 정사를 맡아 다스렸다. 이때 여혜경(呂惠卿)도 불러서 함께 일을 돕게 했다. 이들이 •청묘법(靑苗法)을 처음 썼는데, 이때 온통 천하가 시끄러워 아주 못살게 되었다.(청묘법을 실시함으로써 돈이 대량으로 유통되자 나라가 혼란해졌음.) 소식(蘇軾)(소동파. 북송 때의 시인. 당송 8대가의 한 사람)이 이것을 보고 그 폐단을 혹독하게 비난하여 그들을(공방의 무리) 모조리 배척하려 했다. 그러나 소식은 도리어 그들의 모함에 빠져서 자신이 귀양을 가게 되었다. 이로부터 조정의 모든 선비들은 그들을 감히 비난하지 못하였다.(공방 무리의 세력이 커졌음을 드러냄.) 사마광은(북송의 정치가, 사학자) 정승으로 들어가자 그 법을 폐지하자고 아뢰고, 소식을 천거하여 높은 자리에 앉혔다. 이로부터 방의 무리는 차츰 세력이 꺾이어(돈의 활용 가치가 떨어짐.) 다시 강성하지 못했다. ▶ 당·송에 걸쳐 공방 무리가 흥망성쇠(興亡盛衰)를 겪음.

다 •사신(史臣)이 말하기를,

"남의 신하가 되어 두 마음을 품고 큰 이익을 좇는 자를 어찌 충성된 사람이라 이르겠는가. 방이 올바른 법과 좋은 주인을 만나 정신을 모으고 마음을 도사려 정녕(丁寧)한(대하는 태도가 친절한. 충고하거나 알리는 태도가 간곡한) 약속을 손에 잡아 그다지 적지 않은 사랑을 받았으니, 마땅히 일으키고 해를 덜어 그 •은우(恩遇)를 갚을 것이거늘, 「비(濞)(오나라 왕)를 도와 권세를 도맡아 부리고 이에 사사로운 당(黨)을 세웠으니, 충신은 경외(境外)(경계 밖)의 사귐이 없다는 것에 어그러진 자이다.」/ 하였다.(「 」: 공방에 대한 부정적인 평가)

『방이 죽자 그 남은 무리는 다시 남송에 쓰였다. 집정한 권신(權臣)들에게 붙어서 정당한 사람을 모함하는 것이었다. 비록 길고 짧은 이치는 명명(冥冥)한(나타나지 않아 모양을 알 수 없는) 가운데 있는 것이지만, 만일 원제(元帝)가 일찍부터 공우(貢禹)가 한 말을 받아들여서 이들을 일조에 모두 없애 버렸던들 이 같은 후환은 없었을 것이다. ❸그런데 다만 이들을 억제하기만 해서 마침내 후세에 폐단을 남기고 말았다. 그러니 대체 실행보다 말이 앞서는 자는 언제나 미덥지 못한 것을 걱정하지 않을 수가 없다.』(『 』: 돈을 없애지 않은 후환과 폐단) ▶ 공방에 대한 사신의 평가 – 돈을 없애지 않아 후환을 남긴 것을 안타까워함.

• 중심 내용 공방 무리의 흥망성쇠와 공방 무리를 없애지 않은 후환 • 구성 단계 (가)~(나) 전개 / (다) 비평

작품 연구소

〈공방전〉에 나타난 작가의 의도

〈공방전〉의 주인공인 공방은 욕심이 많고 염치가 없으며 오직 이익을 좇는 부정적 성격의 인물로, 재물만 많다면 인물의 그 됨됨이를 따지지 않고 사귀었다. 작가가 이처럼 탐욕스러운 인물을 내세운 것은 이해득실만을 따지는 사회상을 비판하기 위해서이다. 작가는 공방의 내력과 흥망성쇠의 과정을 생생하게 보여 줌으로써 잘못된 사회상을 경계하는 한편, 돈의 행태를 통해 임금을 섬기는 신하의 도리, 그리고 신하를 대하는 임금의 도리를 은근히 드러내어 삶에 대한 교훈을 전하고 있다.

공방의 특징	사신의 평가
• 속이 편협하게 모가 나 있음. • 욕심이 많고 비루하고 염치가 없음. • 백성들이 농사짓는 것을 방해함. • 관직을 매매하여 사회의 질서를 해침.	공방의 존재가 사회를 어지럽히므로, 후환을 막으려면 공방의 무리를 모두 없애야 함.

↓

돈의 폐해에 대한 작가의 비판적 인식 표출

〈공방전〉에 나타난 가전의 교술적 요소와 서사적 요소

교술적 요소	서사적 요소
• 실존 사물에 대해 서술함. • 교훈을 전달하는 것이 목적임. • 작가의 비평(주장)이 제시됨. • 사물의 속성에 대한 사전 지식이 있어야 이해하기 쉬움.	• 일정한 구성 단계를 지님. • 시간적·공간적 배경이 있음. • 등장인물이 존재함. • 사건과 갈등을 바탕으로 이야기가 전개됨.

↓

돈을 의인화하여 얻은 효과	사물을 의인화하여 우의적으로 서술함으로써 독자의 흥미를 유발하고, 교훈적인 내용을 전달하거나 사회적 모순에 대한 비판적인 시각을 드러내기 쉬움.

자료실

가전의 특징

① 개념

전(傳)	가전(假傳)
사람의 일생을 서술하는 문학 양식	사물을 의인화한 후, 전(傳)의 형식을 빌려 그의 일생을 서술하는 문학 양식

② 주요 작품

작가	작품	의인화한 사물	작가	작품	의인화한 사물
임춘	공방전	돈(엽전)	이곡	죽부인전	대나무
	국순전	술	이첨	저생전	종이
이규보	국선생전	술	석식영암	정시자전	지팡이

③ 특징

• 인간 세계의 질서와 생활을 우의적으로 보여 줌.
• 대부분 교훈성을 특징으로 함.
• 설화와 소설을 이어 주는 교량 역할을 함.

함께 읽으면 좋은 작품

〈국순전(麴醇傳)〉, 임춘 / 의인화된 부정적 인물을 내세워 교훈을 주는 작품

〈국순전〉은 술의 내력과 흥망성쇠를 통해 향락에 빠진 임금과 이를 따르는 간신배들을 풍자한 작품이다. 〈공방전〉과 그 구성 방식이 유사하고, 의인화된 부정적 인물을 내세워 비판·풍자하면서 세상 사람들에게 깨우침을 준다는 점에서 공통점이 있다. Link 본책 60쪽

6 이 글의 등장인물에 대한 설명으로 적절하지 않은 것은?

① 유안은 공방의 제자를 등용해 세상에 돈이 유통되게 했다.
② 공방은 탄핵을 당하면서도 자신의 죄가 사소하다고 생각했다.
③ 왕안석은 청묘법을 시행하여 돈 때문에 발생하는 폐단을 억제하고자 했다.
④ 사마광은 소식을 천거함으로써 공방의 무리가 세력을 펼치지 못하게 했다.
⑤ 소식은 공방이 지닌 폐단을 비난하고 그 무리를 배척하려다 모함을 받아 귀양을 가게 되었다.

7 (다)에 대한 설명으로 적절하지 않은 것은?

① 작품의 주제가 집약적으로 드러나 있다.
② 사신(史臣)이 작가의 생각을 대변하고 있다.
③ 서술자가 개입하여 대상에 대해 논평하고 있다.
④ 인물에 대해 직접적인 표현을 사용하여 비판하고 있다.
⑤ 인물의 장단점을 비교·분석하여 미래를 예측하고 있다.

8 이 글에 드러난 돈에 대한 작가의 생각으로 적절한 것은?

① 돈은 돌고 돈다.　② 돈이 돈을 번다.
③ 돈에 침 뱉는 놈 없다.　④ 돈은 모든 악의 뿌리이다.
⑤ 돈은 생살지권(生殺之權)을 가졌다.

9 〈보기〉의 김○○ 할머니가 이 글의 작가에게 할 수 있는 말로 알맞은 것은?

보기

김○○ 할머니가 평생 노점을 하며 어렵게 모은 5천만 원을 고아들을 위한 장학금으로 내놓아 진한 감동을 주고 있다.

① 당신은 돈을 독점하고 있는 특권층을 두둔하는군요.
② 당신은 부자가 되려고 노력하는 사람을 방해하고 있군요.
③ 돈은 사람을 타락시키는 법인데 그 점을 간과하고 있군요.
④ 돈도 잘 쓰면 의미 있는 것인데, 당신은 돈을 부정적으로만 보고 있군요.
⑤ 돈에 대한 욕심은 자연스러운 것인데, 당신은 사람들에게 본성을 거스르도록 강요하는군요.

10 〈보기〉의 밑줄 친 '성'이 술을 의미한다고 할 때, 이 글과 〈보기〉의 공통점과 차이점을 〈조건〉에 맞게 쓰시오.

보기

성이 유독 넉넉한 덕이 있고 맑은 재주가 있어서 당시 임금의 심복이 되어 국가의 정사에까지 참여하고, 임금의 마음을 깨우쳐 주어, 태평스러운 푸짐한 공을 이루었으니 장한 일이다.
— 이규보, 〈국선생전(麴先生傳)〉

조건

갈래에서 알 수 있는 인물의 특성과, 인물에 대한 평가에 주목하여 쓸 것

017 국순전(麴醇傳) | 임춘

키워드 체크 #가전 문학의 효시 #일대기 형식 #술 #의인화 #간신 풍자

문학 금성

핵심 정리

갈래 가전(假傳)
성격 풍자적, 우의적, 교훈적
제재 술(누룩)
주제 간사한 벼슬아치에 대한 풍자
특징 ① '도입-전개-비평'의 구성임.
② 일대기 형식의 순차적 구성임.
③ 의인화 기법을 활용한 전기적 구성임.
의의 ① 현전하는 가전 문학의 효시임.
② 이규보의 〈국선생전〉에 영향을 줌.
출전 《서하선생집(西河先生集)》, 《동문선(東文選)》

어휘 풀이

조서(詔書) 임금의 명령을 일반에게 알리는 문서.
안거(安車) 노약자나 부녀자가 앉아서 타고 갈 수 있게 만든 수레로, 한 필의 말이 끎.
화광동진(和光同塵) 빛을 감추고 티끌 속에 섞여 있다는 뜻으로, 자기의 뛰어난 지덕(智德)을 나타내지 않고 세속을 따름을 이르는 말.
원구(圜丘) 천자가 동지에 천제(天祭)를 지내던 곳.
식읍(食邑) 고대 중국에서 왕족, 공신, 대신들에게 공로에 대한 특별 보상으로 주는 영지. 그 지역 조세를 받아 먹게 했고, 봉작과 함께 대대로 상속됨.
금고(禁錮) 죄과 혹은 신분의 허물이 있는 사람을 벼슬에 쓰지 않던 일.
기국(器局) 사람의 재능과 도량.
산도(山濤) 중국 진(晉)나라 때 죽림칠현(竹林七賢)의 한 사람.
감식(鑑識) 어떤 사물의 가치나 진위 등을 알아냄. 또는 그런 식견.

구절 풀이

❶ **"나는 반드시 밭을 갈아야 먹으리라."** 벼슬에 나아가지 않고 야인으로 살아가겠다는 의지가 드러나 있다.
❷ **임금을 따라 ~ 중산후(中山侯)에 봉해졌다.** 천자가 동짓날에 하늘에 제사를 지낼 때 제주(祭酒), 즉 제사에 쓰인 술의 공을 인정하여 '중산후'라는 벼슬을 내렸다는 뜻이다.
❸ **5세손이 성왕(成王)을 ~ 금고(禁錮)에 처해졌다.** 국씨의 5세손이 성왕 때는 사랑을 받았지만 강왕 때 금주령이 내려져 숨어 살았다는 뜻으로, 국씨 집안이 겪은 우여곡절이 드러난다.
❹ **그를 조정에 ~ 떠나지 않았다.** 진한 술[酎]을 조정에 가지고 들어와 늘 마셨다는 뜻이다.

Q 국순에 대한 산도의 태도는?

산도는 국순이 가륵한 아이지만 천하의 창생을 그르칠 자라고 이중적으로 평가하고 있는데, 이는 술이 긍정적인 면과 부정적인 면을 지니고 있음을 드러낸다. 그리고 산도가 '이놈'이라고 국순에 대해 부정적 태도를 드러내고 있는 것으로 보아, 장차 국순 때문에 폐해가 심할 것임을 예측하고 있음도 알 수 있다.

가 국순(麴醇)의 자(字)는 자후(子厚)이다. 그 조상은 농서(隴西) 사람이다. 90대조(祖)인 모(牟)가 후직(后稷)을 도와 뭇 백성들을 먹여 공이 있었다. 《시경(詩經)》에, / "내게 밀과 보리를 주다." / 한 것이 그것이다. 모(牟)가 처음 숨어 살며 벼슬하지 않고 말하기를,

(국순(麴醇): 술을 의인화한 말. 국(麴)은 누룩을, 순(醇)은 진한 술을 뜻함. / 농서(隴西): 진·한 시대의 군 이름 / 모(牟): 보리를 의인화한 말 / 후직(后稷): 주나라 때 농사를 맡은 벼슬)

❶"나는 반드시 밭을 갈아야 먹으리라." / 하며 밭이랑에 살았다. 임금이 그 자손이 있다는 말을 듣고 •조서(詔書)를 내려 •안거(安車)로 부를 때, 군(郡)과 현(縣)에 명하여 곳마다 후하게 예물을 보내게 하고 신하를 시켜 친히 그 집에 나아가, 드디어 방아와 절구 사이에서 교분을 정하였다. •화광동진(和光同塵)하게 되니, 훈훈하게 찌는 기운이 점점 스며들어서 온자(醞藉)한 맛이 있어 기뻐 말하기를,

(교분: 서로 사귄 정 / 훈훈하게 찌는 기운이 점점 스며들어서: 발효되어서 / 온자(醞藉): 마음이 너그럽고 따스한)

"나를 이루어 주는 자는 벗이라 하더니, 과연 그 말이 옳다."

하였다. 드디어 맑은 덕(德)으로써 알려지니, 임금이 그 집에 정문(旌門)을 표하였다. ❷임금을 따라 •원구(圜丘)에 제사한 공으로 중산후(中山侯)에 봉해졌다. •식읍(食邑)은 일만 호(一萬戶)이고, 식실봉(食實封)은 오천 호(五千戶)이며, 성(姓)은 국씨(麴氏)라 하였다. ❸5세손이 성왕(成王)을 도와 사직을 제 책임으로 삼아 태평성대를 이루었고, 강왕(康王)이 위(位)에 오르자 점차로 박대를 받아 •금고(禁錮)에 처해졌다. 그리하여 후세에 나타난 자가 없고, 모두 민간에 숨어 살게 되었다.

(정문(旌門): 충신, 효자, 열녀 등을 표창하기 위해 그 집 앞에 세우던 붉은 문 / 식실봉(食實封): 실제로 취득할 수 있는 식읍 / 사직: 나라 또는 조정을 이르는 말 / 위(位): 지위 / 박대를 받아 금고에 처해졌다: 금주령을 내려 더 이상 술을 못 마시게 했음을 의미함.)

▶ 국순의 집안이 시대가 바뀌며 우여곡절을 겪음.

나 위(魏)나라 초기에 이르러 순(醇)의 아비 주(酎)가 세상에 이름이 알려져서, 상서랑(尙書郞) 서막(徐邈)과 더불어 서로 친하여 ❹그를 조정에 끌어들여 말할 때마다 주(酎)가 입에서 떠나지 않았다. 마침 어떤 사람이 임금께 아뢰기를,

(주(酎): 진한 술을 의인화한 말 / 서막(徐邈): 중국 위나라 때의 애주가)

"막이 주와 함께 사사로이 사귀어, 점점 난리의 계단을 키웁니다."

하므로, 임금께서 노하여 막을 불러 힐문(詰問)하였다. 막이 머리를 조아리며 사죄하기를,

(힐문(詰問): 트집을 잡아 따져 물음.)

"신이 주를 좇는 것은 그가 성인(聖人)의 덕이 있기에 수시로 그 덕을 마셨습니다."

하니, 임금께서 그를 책망하였다.

그 후에 진(晉)이 이어 일어서매, 세상이 어지러울 줄을 알고 다시 벼슬할 뜻이 없어, 유령(劉伶), 완적(阮籍)의 무리들과 함께 죽림(竹林)에서 노닐며 그 일생을 마쳤다.

(유령(劉伶), 완적(阮籍): 중국 진나라 초기에 죽림칠현에 속한 인물들)

▶ 국순의 아비 주(酎)는 죽림에서 노닐며 일생을 마침.

다 ㉠순(醇)의 •기국(器局)과 도량은 크고 깊었다. 출렁대고 넘실거림이 만경창파(萬頃蒼波)와 같아 ㉡맑게 하여도 맑지 않고, 뒤흔들어도 흐리지 않으며, 자못 ㉢기운을 사람에게 더해 주었다. 일찍이 섭법사(葉法師)에게 나아가 온종일 담론할 때, ㉣일좌(一座)가 모두 절도(絶倒)하였다. 드디어 유명하게 되었으며, 호(號)를 국 처사(麴處士)라 하였다. 공경(公卿), 대부(大夫), 신선(神仙), 방사(方士)들로부터 머슴, 목동, 오랑캐, 외국 사람에 이르기까지 그 향기로운 이름을 맛보는 자는 모두가 그를 흠모하여, 성대(盛大)한 모임이 있을 때마다 순(醇)이 오지 아니하면 모두 다 추연(愀然)하여 말하기를,

(만경창파(萬頃蒼波): 한없이 넓은 바다 / 맑게 하여도 맑지 않고, 뒤흔들어도 흐리지 않으며: 성품이 매우 맑음. / 기운을 사람에게 더해 주었다: 취기가 돌며 활력을 불어넣어 줌. / 섭법사(葉法師): 《태평광기》의 〈섭법선(葉法善) 설화〉에 나오는 인물 / 일좌(一座)가 모두 절도(絶倒)하였다: 모든 사람들이 과음하여 몸을 가누지 못했다는 뜻 – 술의 폐해 / 처사(處士): 벼슬하지 않고 은거하며 사는 선비 / 공경(公卿): 높은 벼슬아치 / 방사(方士): 신선의 술법을 닦는 사람 / 그 향기로운 이름을 맛보는 자: 술 마시기를 즐겼다는 말 / 오지 아니하면: 술이 없으면 / 추연(愀然): 처량하고 슬퍼하여)

㉤"국 처사가 없으면 즐겁지가 않다."

(술이 없으면 흥이 생기지 않는다는 말)

하였다. 그가 당시 세상에 애중(愛重)됨이 이와 같았다.

(애중(愛重): 귀하게 사랑을 받음.)

태위(太尉) •산도(山濤)가 •감식(鑑識)이 있었는데, 일찍이 그를 말하기를,

(태위(太尉): 삼정승 가운데 하나 / 창생(蒼生): 세상의 모든 사람)

ⓐ"어떤 늙은 할미가 요런 갸륵한 아이를 낳았는고. 그러나 천하의 창생(蒼生)을 그르칠 자는 이놈일 것이다."/ 라 하였다.

▶ 국순의 성품이 맑아 많은 사람에게 사랑을 받음.

• 중심 내용 국순의 집안 내력과 국순의 성품 • 구성 단계 (가)~(나) 도입 / (다) 전개

이해와 감상

〈국순전〉은 술을 의인화한 작품으로, 현전하는 가전 문학의 효시로 알려져 있다. 이 작품은 술의 내력을 밝히고, 개인·왕·국가가 술 때문에 향락에 빠지는 양상을 보여 줌으로써 세상 사람들에게 경계심을 일깨워 주고 있다.

작가는 술이 남의 기운을 북돋워 주고, 막힌 것을 열어 주고, 굳은 것을 풀어 주는 긍정적인 면도 있지만, 과음하면 인간을 타락시키고 망신시킬 수 있다는 부정적인 면을 부각하여 사람들이 지나치게 술에 탐닉하는 것을 경계하고 있다.

또한 이 작품은 술에 빠져 향락을 일삼던 왕과 벼슬아치들을 우회적으로 고발하는 한편, 교활한 방법으로 임금을 혼란에 빠지게 하여 정사를 그르치게 하는 간신배들을 비판하고 있다. 이것은 당시 술에 빠져 향락을 일삼던 고려 의종과 그에게 간언하지 않는 간신배들의 작태를 풍자한 것으로, 당대의 국정 문란, 벼슬아치들의 타락상, 소인배들의 득세, 능력 있는 인재들이 관직에 등용되지 못하는 현실을 비판하려는 작가의 창작 의도를 짐작할 수 있다.

전체 줄거리

도입	• 국순과 국순의 집안 내력 소개 • 국순의 아버지 주(酎)의 행적과 죽음
전개	• 국순의 성품과 정계 진출 • 국순이 저지른 온갖 전횡 • 국순의 은퇴와 죽음 • 국순의 자손
비평	국순에 대한 사신의 부정적 평가

작품 연구소

〈국순전〉에 나타난 술의 이중성 및 국순의 공과(功過)

술	이로움	• 막힌 것을 열어 줌. • 맺힌 것을 풀어 줌.	⇒ 사람들이 지나치게 술에 탐닉하는 것을 경계함.
	해로움	• 인간을 방탕하게 함. • 사람을 망신시킴.	
국순	공(功)	• 성품이 맑고 도량이 넓음. • 사람들의 기운을 더해 줌.	⇒ 향락에 빠진 임금과 간신들을 풍자하고 경계함.
	과(過)	• 임금의 마음을 혼미하게 함. • 임금에게 아첨만 하고 간언하지 않음.	

가전의 작가와 의인화의 효과

고려 후기에 새로 등장한 문인들은 원래 지방 향리 출신으로서 실무 역량에다 문인으로서의 소양까지 갖추었던 신진 사 대부들이거나, 처지는 달라도 이들에게 동조한 사람들이다. 구체적인 사물을 의인화해서 표현하는 가전은 실무 능력과 문학적인 수련을 겸비한 신진 사대부들의 취향을 잘 보여 주는 문학 양식이다.

가전의 주인공은 의인화된 사물이기 때문에 그 가계와 행적을 역사적 사실과 관련짓기 위해 많은 고사를 끌어와 쓰는 특징이 있다. 또한 역사적 기록과 같이 끝 부분에서 사관의 말을 통해 강한 비판 의식을 보임으로써 사람들에게 교훈을 주고 경계로 삼게 한다. 고려 후기 무신의 난으로 말미암아 세력을 잃게 된 문인들은 가전을 통해 그들의 문학적 역량을 과시하면서, 한편으로 불편한 심사를 우회적으로 담아낼 수 있었던 것이다.

키포인트 체크

- 인물: 국순은 □을 의인화한 인물로, 왕과 관리들을 향락으로 이끈다.
- 배경: 향락을 일삼는 왕과 간언하지 않는 □□들 때문에 국정이 문란했던 시기를 보여 준다.
- 사건: 많은 사람의 사랑을 받던 국순이 정계에 진출한 뒤 □□을 일삼다가 결국 왕의 총애를 잃고 은퇴한다.

1 이 글을 읽고 추측한 내용으로 적절하지 않은 것은?

① 국순의 조상 모는 벼슬을 하지 않고 숨어 살았다.
② 서막은 진한 술을 조정에 가지고 들어와 늘 마셨다.
③ 주는 임금에게 책망을 들은 뒤에는 죽림에 묻혀 살았다.
④ 성대한 모임에 술이 없으면 즐겁지 않다며 모두 슬퍼했다.
⑤ 태위 산도는 일찍이 국순으로 인해 폐해가 생길 것으로 예측했다.

2 이 글을 읽은 학생이 〈보기〉의 기사에 대해 보일 반응으로 적절한 것은?

보기
> 지난 1일 서울 ○○경찰서는 방송인 K씨가 음주 운전 혐의로 도로 교통법을 위반해 불구속 입건되었음을 밝혔다. K씨는 사건 당일 새벽 친구들과 신년회 자리에서 술자리를 가진 후 음주 운전을 하다 경찰에 적발되었으며, 음주 측정 결과 혈중 알코올 농도가 0.15%로 면허 취소에 해당된다고 경찰은 밝혔다. - ○○일보 20○○년 1월 2일 자

① 술이 귀하게 사랑받는 상황을 단적으로 드러내는군.
② 많은 사람이 술을 흠모하는 이유를 알 수 있게 하는군.
③ 사람에게 기운을 더해 주는 술의 특성을 잘 보여 주는군.
④ 천하의 창생을 그르칠 수 있다는 평가의 사례가 되겠군.
⑤ 뒤흔들어도 흐려지지 않는 술의 기국과 도량을 본받아야 할 필요성을 강조하는군.

3 ㉠~㉤ 중, 인물에 대한 서술자의 태도가 다른 하나는?

① ㉠ ② ㉡ ③ ㉢ ④ ㉣ ⑤ ㉤

4 ⓐ에 나타난 말하기 방식으로 알맞은 것은?

① 상대를 비판하고 그 근거를 제시하고 있다.
② 대상의 장점과 단점을 나열, 대조하고 있다.
③ 상대를 먼저 치켜세운 뒤에 깎아내리고 있다.
④ 권위 있는 이의 말을 빌려 대상을 예찬하고 있다.
⑤ 사실과 정반대되는 표현으로 의도를 강조하고 있다.

5 〈보기〉와 이 글의 표현상 공통점을 쓰시오.

보기
> 참새야 어디서 오가며 나느냐
> 일 년 농사는 아랑곳하지 않고,
> 늙은 홀아비 홀로 갈고 맸는데
> 밭의 벼며 기장을 다 없애다니. - 이제현, 〈사리화(沙里花)〉

어휘 풀이

격(鬲) 고대 중국에서 사용하던, 발이 바깥쪽으로 굽어서 벌어진 세 발 달린 솥.
광록대부(光祿大夫) 고려 시대에, 종삼품 문관(文官)의 품계. 문종 때 이전의 흥록대부(興祿大夫)를 고친 것임.
두예(杜預) 중국 진(晉)나라 때의 정치가. 《춘추좌씨전》을 좋아하여 '좌전벽'이라는 별명이 생겼음.
벽(癖) 무엇을 지나치게 즐기는 성벽(性癖). 혹은 고치기 어렵게 굳어 버린 버릇.
왕제(王濟) 중국 서진 때 학자로 말을 좋아했음. 두예가 왕제를 일러 말에 도가 튼 사람이라고 했음.
권고(眷顧) 관심을 가지고 보살핌.
사제(私第) 개인 소유의 집. 여기서는 자신의 집.
족제(族弟) 성과 본이 같은 사람들 가운데 유복친(有服親, 복제에 따라 상복을 입어야 하는 가까운 친척) 안에 들지 않는 같은 항렬의 아우뻘인 남자.
내공봉(內供奉) 임금을 호위하고 따르는 승관(僧官)의 직책.
청백(淸白) 재물에 대한 욕심이 없이 곧고 깨끗함.
창(鬯) 울창주. 튤립을 넣어서 빚은, 향기 나는 술. 제사의 강신(降神)에 씀.
거원(巨源) 중국 진나라의 선비로, 죽림칠현의 한 사람인 산도(山濤)의 자(字). 공정한 성품과 인물을 보는 감식안이 있어, 그가 골라 뽑은 인물은 모두 한 시대의 빼어난 선비였다고 함.

Q 〈국순전〉에서 술과 인간의 관계를 통해 말하고자 하는 바는?

〈국순전〉은 단순히 술과 인간의 관계를 이야기하고 있는 것이 아니라, 신하와 임금의 관계를 술과 인간의 관계에 빗대어 당시의 사회상을 비판하고 있다. 즉, 술이 인간을 망치듯이, 충언을 하지 않고 임금의 비위만 맞추는 간신이 임금을 망치는 것을 풍자한 것이라 할 수 있다.

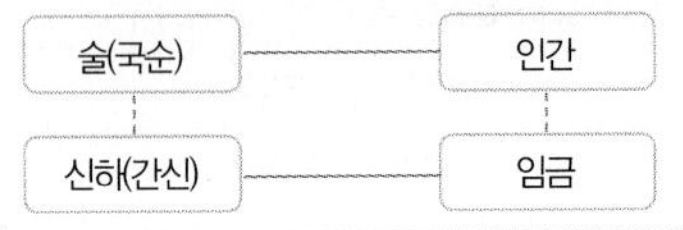

구절 풀이

❶ **"내가 쌀 닷 말 ~ 담론할 뿐이로다."** 도연명이 평택 현령으로 있을 때 군의 관리가 시찰을 나왔는데, 군은 현의 아래에 있으므로 '향리의 소아에게 절을 할 수 없다'면서 〈귀거래사(歸去來辭)〉를 짓고 사직한 일을 인용한 것이다. 그는 이 작품에서 벼슬아치의 구차한 생활을 그만두고 고향으로 돌아가는 심경을 노래했다.

❷ **금구(金甌)로 덮어 빼고** 당나라 현종이 재상을 선정하여 그 이름을 책상 위에 써 놓고 금구(쇠나 금으로 만든 사발)로 가려 신하에게 맞히게 한 고사에서 유래하여, 새 재상을 임명하는 일을 뜻한다.

❸ **어진 이와 사귀고 ~ 모두 순이 주장하였다.** 임금이 술의 좋은 점을 인정하자, 술이 다용도로 사용되었음을 나타낸다.

❹ **왕실(王室)이 미란(迷亂)하여 엎어져도 붙들지 못하여** 왕실을 보필해야 할 신하의 도리를 다하지 못했음을 드러내는 말로, 국순을 간신배로 보는 부정적 평가에 해당한다.

작가 소개

임춘(본책 58쪽 참고)

가 공부(公俯)에서 불러 청주종사(淸州從事)를 삼았으나, •격(鬲)의 위가 마땅한 벼슬자리가 아니므로, 고쳐 평원독우(平原督郵)를 시켰다. 얼마 뒤에 탄식하기를,
(청주종사: 질이 좋은 술 / 격의 위: 임금이 정사(政事)를 보던 곳 / 평원독우: 질이 안 좋은 술)

❶"내가 쌀 닷 말 때문에 허리를 굽혀 향리(鄕里) 소아(小兒)에게 향하지 않으리니, 마땅히 술 단지와 도마 사이에서 서서 담론할 뿐이로다."
(향리: 시골의 마을 / 소아: 어린아이)

라고 하였다. 그때 관상을 잘 보는 자가 있었는데 그에게 말하기를,
(그때: 조정에 진출하여)

"그대 얼굴에 자줏빛이 떠 있으니, 뒤에 반드시 귀하여 천종록(千鍾祿)을 누릴 것이다. 마땅히 좋은 대가를 기다려 팔라."
(천종록: 천 가지의 녹봉. 많은 혜택을 의미함.)

라고 하였다. 진후주(陳後主) 때에 양가(良家)의 아들로서 주객 원외랑(主客員外郞)을 받았는데, 임금께서 그 기국을 보고 남달리 여겨 장차 크게 쓸 뜻이 있어, ❷금구(金甌)로 덮어 빼고 당장에 벼슬을 올려 •광록대부(光祿大夫) 예빈경(禮賓卿)으로 삼고, 작(爵)을 올려 공(公)으로 하였다. 대개 군신(君臣)의 회의에는 반드시 순(醇)을 시켜 짐작(斟酌)하게 하니, 그 진퇴(進退)와 수작이 조용히 뜻에 맞는지라, 임금께서 깊이 받아들이고 이르기를,
(금구: 금 또는 쇠로 만든 사발이나 단지 / 예빈경: 예로써 손님을 맞이하는 벼슬 / 작: 벼슬의 위계 / 공: 공작 / 수작: 술잔을 주고받는다는 뜻)

『"경(卿)이야말로 이른바 곧음 그것이고, 오직 맑구나. 내 마음을 열어 주고 내 마음을 질펀하게 하는 자로다."』 / 라 하였다.
(『 』: 술의 양면성 중 술의 장점을 거론하고 있음.)

▶ 국순이 정계에 진출함.

나 순이 권세를 얻고 일을 맡게 되자, ❸어진 이와 사귀고 손님을 접함이며, 늙은이를 봉양하여 술, 고기를 줌이며, 귀신에게 고사하고 종묘(宗廟)에 제사함을 모두 순이 주장하였다. 임금께서 일찍 밤에 잔치할 때도 오직 그와 궁인(宮人)만이 모실 수 있었고, 아무리 근신(近臣)이라도 참예하지 못하였다. 이로부터 임금께서 곤드레만드레 취하여 정사를 폐하고, 순은 이에 제 입을 재갈 물려 말을 하지 못하므로 예법(禮法)의 선비들은 그를 미워함이 원수 같았으나, 임금께서 매양 그를 보호하였다.
(참예하지: 참여하지 / 정사를 폐하고: 나랏일을 돌보지 않고 / 제 입을 재갈 물려 말을 하지 못하므로: 간언하지 않으므로 – 순이 간신임을 드러냄.)

순은 또 돈을 거둬들여 재산 모으기를 좋아하니, 시론(時論)이 그를 더럽다 하였다. 임금께서 묻기를, / "경(卿)은 무슨 버릇이 있느냐." / 하니, 대답하기를,
(시론: 그 시대의 여론)

"옛날에 •두예(杜預)는 좌전(左傳)의 •벽(癖)이 있었고, •왕제(王濟)는 말[馬]의 벽이 있었고, 신(臣)은 돈 벽이 있나이다." / 하니, 임금께서 크게 웃고 •권고(眷顧)가 더욱 깊었다.
(임금이 국순(신하)의 잘못을 비호하는 모습 → 국정이 문란함을 알 수 있음. / 돈 벽: 순의 재물욕)

▶ 전횡을 일삼는 국순이 임금의 총애를 받음.

다 일찍이 임금님 앞에 주대(奏對)할 때, 순이 본래 입에 냄새가 있으므로 임금께서 싫어하여 말하기를, / "경이 나이 늙어 기운이 말라 나의 씀을 감당치 못하는가."
(주대: 임금의 물음에 대답하여 아뢸 때)

라 하였다. 순이 드디어 관(冠)을 벗고 사죄하기를,
(관: 검은 머리카락이나 말총으로 엮어 만든 쓰개)

"신이 받은 벼슬을 사양하지 않으면 마침내 망신(亡身)할 염려가 있사오니, 제발 신(臣)을 •사제(私第)에 돌려 주시면, 신(臣)은 족히 그 분수를 알겠나이다."

라고 하였다. 임금께서 좌우(左右)에게 명하여 부축하여 나왔더니, 집에 돌아와 갑자기 병들어 하루저녁에 죽었다. 아들은 없고, •족제(族弟) 청(淸)이, 뒤에 당(唐)나라에 벼슬하여 벼슬이 •내공봉(內供奉)에 이르렀고, 자손이 다시 중국에 번성하였다.

▶ 국순이 은퇴하고 죽음.

라 사신(史臣)이 말하기를, / "국씨(麴氏)의 조상이 백성에게 공(功)이 있었고, •청백(淸白)을 자손에게 끼쳐 •창(鬯)이 주(周)나라에 있는 것과 같아 향기로운 덕(德)이 하느님에까지 이르렀으니, 가히 제 할아버지의 풍이 있다 하겠다. 순이 설병(挈甁)의 지혜로 독 들창에서 일어나서, 일찍 금구(金甌)의 뽑힘을 만나 술 단지와 도마에 서서 담론하면서도 옳고 그름을 변론하지 못하고, ㉠❹왕실(王室)이 미란(迷亂)하여 엎어져도 붙들지 못하여 마침내 천하의 웃음거리가 되었으니, •거원(巨源)의 말이 족히 믿을 것이 있도다."
(제 할아버지의 풍: 국순의 90대조인 모(牟)의 기풍 / 설병의 지혜: 손에 들고 다닐 만한 작은 병에 들어갈 정도의 작은 지혜 / 독 들창: 깨진 항아리의 입을 창으로 낼 정도로 가난한 집안을 비유 / 미란: 정신이 흐리멍텅하여 어지러워)

라고 하였다.

▶ 국순에 대한 사신의 평가 – 국순 때문에 왕실이 웃음거리가 됨.

- **중심 내용** 임금의 총애를 등에 업고 전횡을 일삼은 국순과 이에 대한 사신의 평가
- **구성 단계** (가)~(다) 전개 / (라) 비평

작품 연구소

〈국순전〉에 나타난 가전 문학의 3요소

교훈성	인간의 올바른 처신을 알려 줌.	술로 인해 방탕한 사람이 되는 것을 경계하라고 가르침.
서사성	인물의 일생을 연대기적으로 서술함.	국순이라는 가공 인물의 일대기를 서술함.
우의성	사물을 의인화하여 표현함.	술을 사람처럼 표현하여 현실을 풍자함.

〈국순전〉의 영향 관계

〈국순전〉의 내용과 등장인물, 벼슬 이름 등은 대부분 중국 송나라 때의 설화집인 《태평광기(太平廣記)》의 〈서막(徐邈) 설화〉에서 본을 받았으며, 〈청화선생전(淸和先生傳)〉에서 직접 본을 받았다고 할 수 있다. 이처럼 중국의 설화에 근거하여 이야기를 꾸민 것은 고려 가전의 일반적인 특징인데, 그 이유는 무신 집권기에 사회를 직접적으로 비판하기 어려웠기 때문이다. 중국 설화에서 영향을 받은 〈국순전〉은 이규보의 〈국선생전〉의 제목, 관련 인물, 지명, 서술 방식 등에 영향을 주었다.

임춘의 삶과 〈국순전〉의 창작 의도

임춘은 고려 건국 공신의 자손으로, 어린 시절에는 귀족의 자제다운 삶을 누렸으나 20세를 전후한 1170년(의종 24년)에 무신의 난이 일어나면서 삶이 급변했다. 1차 대살육 때 일가가 화를 당하자 숨어 지내면서 벼슬의 기회를 엿보았으나, 친지들로부터 소외당해 남은 가족을 이끌고 경상도 상주로 가서 7년여 동안 타향살이를 했다. 이처럼 불우한 처지에서 울분 속에 살았던 작가는 세상에 대한 불평과 비판의식을 담아 〈국순전〉을 지은 것으로 보인다. 이 작품은 일반인과 신하는 물론이고 임금까지도 비판의 대상으로 삼고 있다. 이를 통해 왕위에 있는 사람이 인재를 바르게 등용하지 않고 간신배를 등용하여 정사를 그르치면 비판의 대상이 될 수 있음을 보여 준다.

자료실

가전과 소설의 공통점과 차이점

	가전	소설
공통점	• 작가의 창의력과 상상력이 발휘된 허구적 이야기임. • 인물, 사건과 갈등을 바탕으로 이야기를 구성한 산문체 문학 양식임.	
차이점	• 동식물이나 사물을 의인화함. • 서사적 성격보다 교술적 성격이 강함. • 유기적인 전개를 갖추지 못함(사물의 내력, 속성, 가치 등에 초점을 두고 전개됨). • 전기와 같이 일대기적 형식으로 기록하는 형식임.	• 주로 인간이 주인공임. • 교술적 성격보다 서사적 성격이 강함. • 사건이 유기적으로 엮이어 전개됨(다양한 사건이 얽히어 전개됨). • 기록의 형식이 아닌 문학적 형상화를 통해 서술됨.

함께 읽으면 좋은 작품

〈화왕계(花王戒)〉, 설총 / 사물을 의인화하여 교훈을 주는 작품

설총이 신문왕에게 충간하기 위해 지은 설화로, 꽃을 의인화하여 충언을 멀리하기 쉬운 제왕의 마음가짐을 경계하고 있다. 세상 사람들에게 교훈을 전할 목적으로 창작되었다는 점에서 〈국순전〉과 유사하다.

Link 본책 38쪽

내신 적중 多빈출

6 이 글의 서술상 특징으로 적절하지 않은 것은?

① 사물에 인격을 부여하여 의인화하고 있다.
② 역사적 사실들을 활용하여 서술하고 있다.
③ 고사를 인용하여 인물의 행적을 서술하고 있다.
④ 개인적 정서를 우의적(寓意的)으로 표현하고 있다.
⑤ 인물의 일대기를 시간의 흐름에 따라 서술하고 있다.

7 〈보기〉를 고려할 때, 작가가 이 글을 통해 전달하고자 한 내용으로 알맞은 것은?

보기

〈국순전〉은 단순히 술과 인간의 관계를 서술한 것이 아니라, 신하와 임금의 관계를 술과 인간의 관계에 빗대어 당시의 사회상을 비판한 작품이다.

① 술이 인간을 망치듯 임금의 비위만 맞추는 간신은 결국 임금을 망치게 된다.
② 술이 인간처럼 이중성을 가지듯 임금과 신하가 이중성을 가지는 것은 당연하다.
③ 술이 인간에게 즐거움을 주듯 신하는 임금에게 즐거움을 주는 존재가 되어야 한다.
④ 술이 인간에게 귀한 존재이듯 신하 역시 귀한 존재이므로 임금은 신하를 귀하게 여길 줄 알아야 한다.
⑤ 인간이 술을 마신 후 평소와 다른 모습을 보이듯 신하는 임금에게 충신과 간신의 모습을 모두 보여 주어야 한다.

8 ㉠에 나타난 순의 행적을 한자 성어로 나타낼 때 알맞은 것은?

① 전전긍긍(戰戰兢兢)　② 소탐대실(小貪大失)
③ 배은망덕(背恩忘德)　④ 자승자박(自繩自縛)
⑤ 공도동망(共倒同亡)

내신 적중

9 (라)와 〈보기〉에 드러난 대상에 대한 작가의 시각 차이를 〈조건〉에 맞게 쓰시오.

보기

사신(史臣)은 말한다.
국씨는 원래 대대로 내려오면서 농가 사람들이었다. 성이 유독 넉넉한 덕이 있고 맑은 재주가 있어서 당시 임금의 심복이 되어 국가의 정사에까지 참여하고, 임금의 마음을 깨우쳐 주어, 태평스러운 푸짐한 공을 이루었으니 장한 일이다. 그러나 임금의 사랑이 극도에 달하자 마침내 국가의 기강을 어지럽히고 화가 그 아들에게까지 미쳤다. 하지만 이런 일은 실상 그에게는 유감이 될 것이 없다 하겠다. 그는 만절(晩節)이 넉넉한 것을 알고 자기 스스로 물러나 마침내 천수를 다하였다. - 이규보, 〈국선생전(麴先生傳)〉

조건

1. (라)와 〈보기〉의 의인화 대상을 먼저 밝힐 것
2. 대조의 방법을 활용하여 완결된 한 문장으로 쓸 것

018 국선생전(麴先生傳) | 이규보

키워드 체크 #가전 #일대기 형식 #술 #의인화 #바람직한 신하

핵심 정리

갈래 가전(假傳)
성격 서사적, 우의적, 교훈적
제재 술(누룩)
주제 위국충절의 교훈과 군자의 처신 경계
특징 ① 사물을 의인화한 일대기 형식임.
② '도입-전개-비평'의 구성임.
③ 임춘의 〈국순전〉의 영향을 받음.
출전 《동문선(東文選)》

어휘 풀이

평원독우(平原督郵) '평원독우'의 '郵(우편 우 / 역참 우)'를 '憂(근심 우)'로 바꾸면 '근심 없이 하는 벼슬'이라는 뜻. 격상(膈上, 명치 위)에 머물러 숨이 막히는 좋지 않은 술을 의미함.
유영(劉伶) 위진 시대 죽림칠현(竹林七賢)의 한 사람. 술의 덕을 찬양한 〈주덕송(酒德頌)〉을 지었음.
도잠(陶潛) 술을 즐겼던 동진(東晋)의 시인 도연명의 본명.
청주종사(青州從事) '청주종사'의 '州(고을 주)'를 '酒(술 주)'로 바꾸면 '술 마시는 것을 일로 삼는다.'의 뜻으로, 제하(臍下, 배꼽 밑)까지 시원하게 넘어가는 좋은 술을 의미함.
공거(公車) 관청의 수레. 한(漢)나라 때 과거 시험에 응시하는 자를 공거에 태워 서울로 보낸 고사가 있음.
교자(轎子) 높은 벼슬아치가 타던 가마. 술상을 비유함.

구절 풀이

❶ **조부 모(牟)가 ~ 성(聖)을 낳았다.** 국성의 조부는 모(보리)이고 아버지는 차(흰 술)라는 것은 곡식이 술로 변화되는 과정을 표현한 것이다. 또한 국성의 성이 누룩[麴]임을 고려하면, 국성의 탄생은 발효 매개체인 누룩이 곡식을 만나 술이 되는 과정을 서술한 것으로 볼 수 있다.
❷ **이보다 앞서 태사(太史)가 ~ 기특하게 여겼다.** 과거에는 천체를 보고 나라의 중대사나 미래를 점쳤는데, 주기성이 밝게 빛나는 것을 보고 태사는 국성이 이 나라의 중요 인재로 쓰일 것을 알게 되고, 임금 역시 국성을 좋게 본 것이다. 이는 국성이 정계에 진출하는 데 신비로움을 부여하는 설정이다.

Q 임금이 국성을 국 선생으로 예우한 이유는?

국성은 미천한 몸으로 국가의 주요한 행사에서 중요한 역할을 맡으면서 위국충절의 모범적 태도를 보였기 때문에 임금에게 '국 선생'으로 불리는 예우를 받는다. 작가는 이와 같은 이상적인 인물을 설정하여 바른 신하의 귀감으로 삼고자 한 것이다.

가 국성(麴聖)의 자(字)는 중지(中之)니, 주천(酒泉)에 사는 사람이다. 국성이란 맑을 술을 말하는 것이요, 중지란 곤드레만드레를 뜻한다. / 어릴 때에는 서막(徐邈)에게 귀여움을 받았다. 심지어 서막이 그의 이름과 자를 지어 주기까지 했다.

('국(麴)'은 누룩으로 술을 의미함. – 술을 의인화함. / '성(聖)'은 '성스럽다'는 뜻 – 술에 대한 작가의 긍정적인 평가가 담김. / 주천: 춘추 전국 시대 주나라의 지명. 이곳 물로 맛있는 술을 빚었다고 함. / 곤드레만드레: 술에 취해 갈지자(之)로 걷는 것을 빗댐. / 서막: 술을 좋아했던 위나라 사람 – 실존 인물을 등장시켜 사실감을 줌(가전의 특징). / 《태평광기(太平廣記)》에서 연유함. 국성의 자 중지(中之)는 〈국순전〉에서 인용함.)

㉠그의 먼 조상은 원래 온(溫)이라는 땅에서 살았다. 힘껏 농사를 지어서 넉넉하게 먹고 살았다. 정(鄭)나라가 주(周)나라를 칠 때 잡아갔기 때문에 그의 자손들은 간혹 정나라에 흩어져 살기도 한다.

(누룩은 따뜻한 곳에서 발효되기 때문에 마을의 이름을 따뜻함을 뜻하는 '온(溫)'으로 정함.)

국성의 증조(曾祖)는 그 이름이 역사에 실려 있지 않다. ❶조부 모(牟)가 주천이라는 곳으로 이사 와서 살기 시작했다. 그의 아버지도 여기서 살아 드디어 주천 사람이 되고 말았다. 그의 아비 차(醝)는 벼슬을 했다. 그의 집에서는 처음 하는 벼슬이었다. 차란 흰 술을 뜻한다. 차는 •평원독우(平原督郵)가 되어, 사농경(司農卿) 곡씨(穀氏)의 딸과 결혼해서 성(聖)을 낳았다.

(모: 보리를 의인화한 말 / 차: 흰 술을 의인화한 말 / 평원독우: 낮은 관직에 있었음. / 사농경: 한나라 때의 벼슬 이름. 쌀과 논밭의 면적을 맡아봄. / 곡씨: 누룩과 곡물을 섞어 술을 만든다는 의미, 곡식을 의인화한 말)

▶ 차(醝)가 곡씨의 딸과 결혼하여 국성을 낳음.

나 성은 어려서부터 도량이 넓었다. 손님들이 그 아비를 보러 왔다가도 성을 유심히 보고 귀여워했다. 손님들은 말했다.

(술에 대한 작가의 긍정적인 평가 – 성격의 직접적 제시)

『"이 아이의 마음과 도량이 몹시 크고 넓어서 출렁거리고 넘실거려 마치 만경(萬頃)의 물결과도 같소. ㉡더 맑게 하려 해도 맑아지지 않고, 흔들어도 더 흐려지지 않소.』 그러니 그대와 이야기하느니보다는 차라리 성과 함께 즐기는 것이 낫겠소."

(『 』: 〈국순전〉과 유사한 표현으로, 술이 매우 맑음을 의미함. / 만경: 지면이나 수면이 아주 넓음. / 쉽게 변하지 않는 좋은 술의 속성)

㉢성은 자라서 중산(中山)의 •유영(劉伶), 심양(潯陽)의 •도잠(陶潛)과 친구가 되었다. 이 두 사람은 말했다.

(애주가(실존 인물) / 역사적인 인물을 작품에 등장시킴으로써 흥미를 높이고, 많은 사람에게 사랑받은 술의 긍정적인 면을 나타냄.)

"단 하루라도 국성을 만나지 않으면 마음속에 비루하고 이상한 생각이 싹튼다."

이들은 서로 만나기만 하면 며칠 동안 모든 일들을 잊고 마음으로 취하고야 헤어지는 것이었다.

▶ 국성의 도량이 넓음.

다 국가에서 성에게 조구연(糟丘掾)을 시켰지만 부임하지 않았다. 또 •청주종사(青州從事)로 불러, 공경(公卿)들이 계속하여 그를 조정에 천거했다. 이에 임금은 조서(詔書)를 내리고 •공거(公車)를 보내어 불러서 보고 눈짓하며 말했다.

(조구연: 술지게미를 쌓은 더미. 여기서는 아전(하급 관리) 직책을 뜻함. / 공경: 삼공(三公)과 구경(九卿) / 천거: 어떤 자리에 사람을 소개하거나 내세움.)

"저 사람이 바로 주천의 국생인가? 내 그대의 향기로운 이름을 들은 지 오래다."

(국성에 대한 긍정적인 평가가 드러남.)

❷이보다 앞서 태사(太史)가 임금께 아뢰었다.

"지금 주기성(酒旗星)이 크게 빛을 냅니다."

(태사: 천문과 역사를 맡은 직책 / 주기성: 술의 별)

이렇게 아뢰고 나서 얼마 안 되어 성이 도착하니 임금은 태사의 말을 생각하고 더욱 성을 기특하게 여겼다. 임금은 즉시 성에게 주객 낭중(主客郎中) 벼슬을 주고, 얼마 안 되어 국자제주(國子祭酒)로 옮겨 예의사(禮儀使)를 겸하게 했다. / 이로부터 ㉣모든 조회(朝會)의 잔치나 종묘의 제사, 천식(薦食), 진작(進酌)의 예(禮) 모두 임금의 뜻에 맞지 않는 것이 없었다. 이에 임금은 그의 그릇이 믿음직하다 해서 승진시켜 승정원(承政院) 재상으로 있게 하고 융숭한 대접을 했다. 출입할 때에도 •교자(轎子)를 탄 채로 대궐에 오르도록 하고, 이름을 부르지 않고 국 선생(麴先生)이라 일컬었다. 혹 『㉤임금의 마음이 불쾌할 때라도 성이 들어와 뵙기만 하면 임금의 마음은 풀어져 웃곤 했다. 성이 사랑을 받는 것은 대체로 이와 같았다.』

(주객 낭중: 손님을 맞이하는 벼슬 / 국자제주: 나라의 제사에 올리는 술. 여기서는 벼슬 이름 / 예의사: 예의범절을 맡아보는 관리 / 조회: 신하들이 모여 임금에게 문안을 드리던 일 / 천식: 봄과 가을, 신에게 올리는 제사에 쓰는 음식 / 진작: 임금에게 나아가 술잔을 올림. / 국성에 대한 임금의 사랑이 매우 컸음을 나타냄. / 『 』: 술에 대한 작가의 긍정적인 태도가 드러남. / 술을 마시면 기분이 좋아짐을 표현함.)

▶ 국성이 정계에 진출하여 임금의 총애를 받음.

• 중심 내용 국성의 가계와 행적 • 구성 단계 (가) 도입 / (나)~(다) 전개

이해와 감상

〈국선생전〉은 술을 의인화한 인물인 국성의 일생을 통해 바람직한 인간의 모습을 나타낸 가전이다. 작가는 주인공인 국성을 신하로 설정하여 유생(儒生)의 바른 삶이란 신하로서 군왕을 모시고 나라를 다스리는 이상을 실현하는 데 있음을 드러내고 있다. 신하는 군왕의 총애를 받으면 자칫 방자해져 자신의 본분을 잃게 되므로, 한때 유능하고 성실한 신하였을지라도 나라와 민생에 해를 끼치는 존재로 전락할 수 있음을 국성을 통해 보여 주고 있다. 이는 무신이 집권하던 당시의 시대적 상황을 고려할 때, 문신들에게 나아갈 때와 물러날 때를 판별하는 것이 중요함을 일깨워 경계로 삼고자 한 것으로 볼 수 있다.

이 작품은 초기 가전에 비해 고사가 많이 줄어들고 주인공의 가계와 행적을 자세히 서술, 묘사하는 등 세련된 표현 기법을 보인다. 술이 소재인 점에서 임춘의 〈국순전〉과 자주 비교되는데, 국성은 일시적인 시련을 겪지만 이를 견딜 줄 아는 덕과 충성심을 지닌 인물로 설정되었다는 점에서 국순을 부정적인 인물로 그린 〈국순전〉과 차이가 있다. 국성을 긍정적인 시각에서 바라본 이러한 작가의 태도는 작품의 마지막 부분인 사신의 논평에서 특히 잘 드러난다.

전체 줄거리

도입	국성의 가계와 신분
전개	• 국성의 성품과 정계 진출 • 국성의 탄핵, 국성의 아들들과 친구의 죽음 • 국성의 반란군 진압과 퇴직, 그 이후의 행적
비평	국성에 대한 사신의 긍정적 평가

작품 연구소

국성의 가계

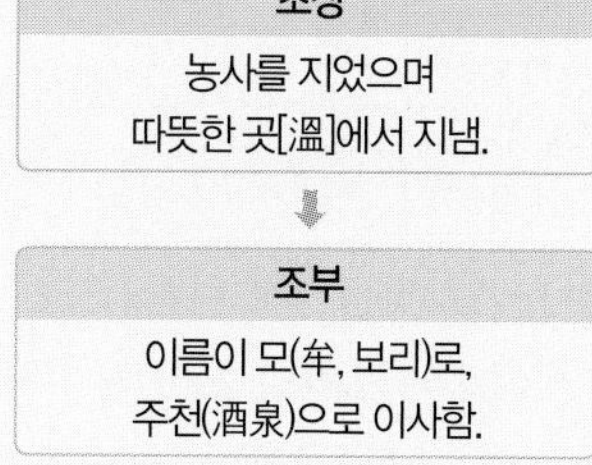

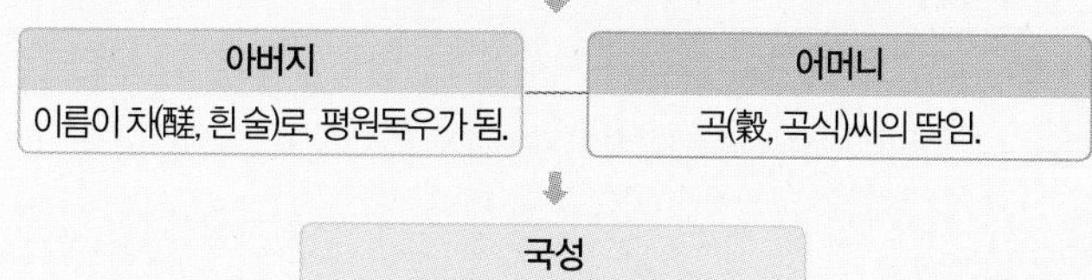

〈국선생전〉에 등장하는 의인화된 사물들

국성(麴聖)	술을 의인화한 이름으로, 누룩으로 술을 빚기 때문에 국성(麴聖)이라 함.
모(牟)	보리를 의인화한 이름
차(醝)	흰 술[白酒]을 의인화한 이름
곡씨(穀氏)	곡식을 의인화한 말
평원독우(平原督郵)	맛이 좋지 않은 술을 의인화한 말
청주종사(靑州從事)	질이 좋은 술을 의인화한 말
치이자(鴟夷子)	술 주머니를 의인화한 이름

키 포인트 체크

인물 국성은 □을 의인화한 인물로, 군왕을 모시고 나라를 다스리며 이상을 실현하는 데에서 바른 삶을 찾는 인물이다.

배경 □□ 집권 시기를 배경으로, 지방 출신의 신진 사대부들이 역량을 갖추어 중앙 정계로 진출했다.

사건 국성이 임금의 총애를 받으며 방종했다가 □□되고, 이후에는 잘못을 뉘우치고 충성을 다한다.

1 이 글에 대한 설명으로 적절하지 않은 것은?

① 비유적 표현을 사용해 내용을 전달하고 있다.
② 인물의 일대기를 통해 사건이 전개되고 있다.
③ 사물을 의인화하여 등장인물을 표현하고 있다.
④ 역사적 인물을 등장시켜 흥미를 유발하고 있다.
⑤ 배경 묘사를 활용하여 인물의 심리를 드러내고 있다.

2 〈보기〉를 참고하여 이 글을 이해한 내용으로 적절하지 않은 것은?

보기

〈국선생전〉은 고려 후기 신진 사대부인 이규보의 작품이다. 당시에는 무신의 난으로 무인들이 정권을 잡고 있었으며, 지방 향리 출신의 신진 사대부가 새롭게 등장했다. 신진 사대부들은 실무 역량과 문인으로서의 소양을 갖추어 중앙 정계로 진출한 사람들로, 사물과 현실에 대한 관심을 바탕으로 본격적으로 가전(假傳)을 창작하기 시작했다.

① 국성의 삶의 모습에서 신진 사대부의 의식을 엿볼 수 있다.
② 국성이 예의사를 겸하면서 행한 실무적인 일들은 신진 사대부의 실무적 역량을 드러낸 것이다.
③ 중앙 정계에 진출하는 국성의 모습은 그 당시 막 등용되기 시작하던 신진 사대부의 모습과 연결된다.
④ 임금이 국성을 '국 선생'으로 예우한 것은 무신 정권 이후 각광받기 시작한 무인들의 삶과 관련이 있다.
⑤ 사물인 술을 국성이라는 사람으로 의인화한 것은 신진 사대부들이 술의 속성을 잘 알고 있었기 때문이다.

3 ㉠~㉤에 대한 설명으로 적절하지 않은 것은?

① ㉠: 누룩(술)은 따뜻한 곳에서 발효되기 때문에 따뜻함을 뜻하는 '온(溫)'으로 마을 이름을 정했다.
② ㉡: 항상 원칙을 따르며 세속의 유혹에 쉽게 흔들리지 않는 국성의 강직한 성품을 나타내고 있다.
③ ㉢: 유영과 도잠이 술을 즐겨 마셨음을 의미한다.
④ ㉣: 모든 제사와 잔치에 술이 들어갔다는 것으로, 국성에 대한 임금의 만족감을 보여 준다.
⑤ ㉤: 술을 마시고 기분이 좋아지는 것을 의미하며, 국성이 임금을 기쁘게 했음을 알 수 있다.

4 이 글에서 국성의 어머니를 '곡씨(穀氏)의 딸'로 설정한 이유를 〈조건〉에 맞게 쓰시오.

조건

1. 국성의 성인 '국(麴, 누룩)'과 관련지을 것
2. 30자 이내의 완결된 한 문장으로 쓸 것

어휘 풀이

탄핵(彈劾)하다 죄상을 들어 책망하다.
병(病)통 깊이 뿌리박힌 잘못이나 결점.
횡행(橫行)하다 거리낌 없이 멋대로 행동하다.
서인(庶人) 벼슬이 없는 서민.
치이자(鴟夷子) 말가죽으로 만든 주머니. 술을 넣는 데 쓰이는 것.
제(齊) 마을과 격(鬲) 마을 제 마을의 '제(齊)'와 배꼽을 뜻하는 '제(臍)', 격 마을의 '격(鬲)'과 가슴을 뜻하는 '격(膈)'은 음이 서로 같음. 배[腹]를 의미함.
경각(頃刻) 아주 짧은 동안.
심복(心腹) 마음 놓고 부리거나 일을 맡길 수 있는 사람.
만절(晩節) 늙은 시절. 만년(晩年).
천수(天壽) 타고난 수명.

가 중서령(中書令) 모영(毛穎)이 임금에게 글을 올려 •탄핵했다.
붓을 의인화한 이름
모영은 곧 붓이다. 그 글은 이러했다.
간사한 신하 – 국성에 대한 모영의 반감을 드러내는 호칭
"행신(倖臣)이 폐하의 사랑을 독차지하고 있는 것을 천하 사람들은 모두 •병통으로 알고
술이 너무 사랑받는 현실이 사회적으로 병적일 수 있음을 지적함.
있습니다. 이제 국성이 조그만 신임을 받고 조정에 쓰이고 있어 요행히 벼슬 계급이 3품
에 올라서, 많은 도둑을 궁중으로 끌어들이고 사람들을 휘감아서 해치기를 일삼고 있사
술의 폐해를 지적한 말
옵니다. 이것을 보고 모든 사람들이 분하게 여겨, 소리치고 반대하여 머리를 앓고 가슴
아파합니다. 이 자야말로 국가의 병통을 바로잡는 충신이 아니옵고, 실상 만백성에게 해
술이 사람들에게 부정적 영향을 줌.
독을 주는 도둑이옵니다. 더구나 성의 자식 셋은 제 아비가 폐하께 총애받는 것을 믿고,
국성이 서인으로 폐해지게 된 구체적인 이유
제 마음대로 세상에 •횡행하고 방자하게 굴어서 모든 사람들이 다 괴로워하고 있사옵니
다. 바라옵건대 이들에게 모두 사형을 내리셔서 모든 사람들의 입을 막으시옵소서."
혹(酷, 독한 술)과 폭(醑暴, 진한 술)과 역(醳, 쓴 술)
이에 성의 아들 셋은 즉시 독약[酖]을 마시고 자살했다. 성도 죄를 받아 •서인(庶人)으로
폐해졌다. 한편 •치이자(鴟夷子)도 성과 친하게 지냈다 해서 수레에서 떨어져 자살했다.
술 주머니를 의인화한 말
▶ 국성이 탄핵을 받아 서인이 됨.

나 ❶성이 이미 벼슬을 그만두자 •제(齊) 마을과 격(鬲) 마을 사이에는 도둑들이 떼 지어 일
술이 없어지자 / 근심, 걱정 또는 괴로움을 의인화한 표현
어났다. 이에 임금은 이 고을의 도둑들을 토벌하라는 명을 내렸다. 하지만 적임자가 쉽게
물색되지 않았다. 하는 수 없이 다시 성을 기용해서 원수로 삼아 토벌하도록 했다. 성은 부
사람들의 근심을 해결하기 위해서는 술이 필요하기 때문에
하 군사를 몹시 엄하게 통솔했고, 또 모든 고생을 군사들과 같이했다. 수성(愁城)에 물을
국성의 원수로서의 자질을 엿볼 수 있음. – 국성의 능력 / 근심
대어 한 번 싸움에 이를 함락시키고 나서 거기서 장락판(長樂坂)을 쌓고 회군하였다. 임금
술로 사람들의 근심을 해결함. / '오래도록 즐거워한다'는 뜻
은 그 공로로 성을 상동후(湘東候)에 봉했다. ▶ 국성이 도둑들을 평정하여 명예를 회복함.

다 그 후 2년이 지났다. 성은 소를 올려 물러나기를 청했다.
"신(臣)은 본래 가난한 집 자식이옵니다. 어려서는 가난하고 천한 몸이라 이곳저곳으로
팔려 다니는 신세였습니다. 그러다가 우연히 폐하를 뵙게 되자, 폐하께서는 마음을 터놓
으시고 신을 받아들이셔서 할 수 없는 몸을 건져 주시고 강호의 모든 사람들과 같이 용
납해 주셨습니다. 하오나 신은 일을 크게 하시는 데 더함이 없었고, 국가의 체면을 조금
도 빛나게 하지 못했습니다. 저번에 제 몸을 삼가지 못한 탓으로 시골로 물러나 편안히
탄핵을 받아 서인으로 폐해져 낙향했던 예전의 일을 가리킴.
있었사온데, ❷비록 엷은 이슬은 거의 다 말랐사오나 그래도 요행히 남은 이슬방울이 있
능력 / 충성심
어, 감히 해와 달이 밝은 것을 기뻐하면서 다시금 찌꺼기와 티를 열어젖힐 수가 있었나
임금, 임금의 총애 / 도둑들(근심)을 물리침.
이다. 또한 물이 그릇에 차면 엎어진다는 것은 모든 물건의 올바른 이치옵니다. 이제 신
'달도 차면 기운다.' – 어떤 것이라도 번성하면 다시 쇠할 때가 있음.
은 몸이 마르고 소변이 통하지 않는 병으로 목숨이 •경각에 달려 있사옵니다. 바라옵건
대 폐하께서는 명령을 내리시와 신으로 하여금 물러가 여생을 보내게 해 주시옵소서."
치사 귀향(致仕歸鄕, 나이가 들어 벼슬을 사양하고 귀향함.)의 소망을 피력함.
그러나『임금은 이를 승낙하지 않고 중사(中使)를 보내어 송계(松桂), 창포(菖蒲) 등의 약
왕명을 전하는 신하
을 가지고 그 집에 가서 병을 돌봐 주게 했다.』성은 여러 번 글을 올려 이를 사양했다. 임금
『 』: 국성에 대한 임금의 신임이 두터움을 알 수 있음.
은 부득이 이를 허락하여 마침내 고향으로 돌려보냈다. ▶ 국성이 치사 귀향(致仕歸鄕)함.

라 사신(史臣)은 말한다. / 국씨는 원래 대대로 내려오면서 농가 사람들이었다.『성이 유독 넉
가전의 일반적 특징 – 제재(인물)에 대한 작가의 평을 덧붙임. / 『 』: 국성에 대한 긍정적 평가
넉한 덕이 있고 맑은 재주가 있어서 당시 임금의 •심복이 되어 국가의 정사에까지 참여하
고, 임금의 마음을 깨우쳐 주어, 태평스러운 푸짐한 공을 이루었으니 장한 일이다.』그러나
국성에 대한 사신의 예찬적 태도가 직접적으로 드러난 말
『임금의 사랑이 극도에 달하자 마침내 국가의 기강을 어지럽히고 화가 그 아들에게까지 미
『 』: 국성에 대한 부정적 평가
쳤다.』하지만 이런 일은 실상 그에게는 유감이 될 것이 없다 하겠다. 그는『•만절(晩節)이 넉
정당한 일이다 / 『 』: 국성에 대한 긍정적 평가
넉한 것을 알고 자기 스스로 물러나 마침내 •천수를 다하였다.《주역》에 ❸'기미를 보아서
일을 해 나간다[見機而作].'라고 한 말이 있는데 성이야말로 거의 여기에 가깝다 하겠다.』
순리를 알고 이에 맞게 처신을 함.
▶ 국성에 대한 사신의 평가 – 국성이 방종을 뉘우치고 위국충절함.

• **중심 내용** 국성의 탄핵과 국란 평정 후의 치사(致仕) 및 사신의 평가 • **구성 단계** (가)~(다) 전개 / (라) 비평

Q 국성이 시련을 겪도록 설정한 작가의 의도는?

술이 사람들에게 끼치는 폐해를 지적한 모영의 상소로 국성은 탄핵당하고 아들과 친구를 잃는다. 작가는 국성이 이러한 시련을 겪게 함으로써 술이 지나치면 그 해독(害毒)이 클 수 있음을 지적하고, 사람의 상황은 언제든지 바뀔 수 있으니 항상 행동을 조심해야 함을 일깨우고 있다.

Q (나)에 드러난 국성의 처지와 태도는?

서인으로 폐해졌던 국성이 국란을 계기로 명예를 회복하는 장면이다. 탄핵을 받아 패가망신한 처지이지만 임금의 명에 따라 전쟁터로 나가 곤경에 처한 나라를 구하는 모습에서 국성의 충성심을 확인할 수 있다.

구절 풀이

❶ **성이 이미 벼슬을 그만두자 ~ 떼 지어 일어났다.** 여러 근심, 걱정을 술로써 잊고 위안을 받던 사람들이 술을 먹지 못하게 되자 근심, 걱정을 풀지 못해 괴로워했다는 뜻이다.
❷ **비록 엷은 이슬은 ~ 열어젖힐 수가 있었나이다.** 비록 보잘것없지만 충성심도 남아 있고, 임금님이 계신 것을 기쁘게 여겨 기꺼이 악(도둑)을 물리칠 수 있었다는 뜻이다.
❸ **'기미를 보아서 일을 해 나간다[見機而作].'** 낌새를 알아차리고 미리 조처를 취한다는 뜻으로, 순리를 알고 처신한다는 의미이다. 국성에 대한 사신의 긍정적 태도가 드러나 있다.

작가 소개

이규보(李奎報, 1168~1241)
고려 중기의 문인이자 관료로, 경전, 사기, 잡설에 이르기까지 다양한 문학 작품을 남겼다. 주요 작품으로 〈동명왕편(東明王篇)〉, 〈슬견설(虱犬說)〉, 〈주뢰설(舟賂說)〉 등과 문집 《동국이상국집(東國李相國集)》, 《백운소설(白雲小說)》 등이 있다.

작품 연구소

〈국선생전〉에 나타난 작가의 의도

내용	작가의 의도
국성의 도량이 만경의 물결과 같음.	이상적인 마음가짐을 표현함.
국성이 임금을 도와 태평을 이룸.	이상적인 신하의 역할을 제시함.
파면되었다가 다시 부름을 받아 활약하고, 시기를 보아 물러남.	• 어진 신하의 도리를 표현함. • 물러날 때를 보아 물러날 줄 알아야 한다는 가치관을 드러냄.

↓

술에 대한 작가의 긍정적인 태도가 드러남.

〈국선생전〉의 국성에 대한 사신의 평가

긍정적 평가	부정적 평가
• 넉넉한 덕과 맑은 재주가 있음. • 국정을 돕고 태평을 이룸. • 분수에 족함을 알고 스스로 물러남.	임금의 총애를 받자 나라의 기강을 어지럽힘.

↓

대체로 긍정적으로 평가함.

〈국선생전〉과 〈국순전〉의 공통점과 차이점

		〈국선생전〉	〈국순전〉
공통점		• '술(누룩)'을 의인화함. • 관련 인물과 지명, 서술 방식이 유사함. • 조선 시대에 〈수성지〉, 〈천군연의〉, 〈천군본기〉 등 술을 소재로 한 작품으로 계승됨.	
차이점	사건의 구조	국성은 임금의 총애가 지나쳐 방종했으나 스스로 물러나 잘못을 뉘우치고 후에 백의종군하여 충성을 다함.	국순은 임금의 총애를 받으며 향락과 부정을 일삼다가 버림받고 죽음을 맞이함.
	인물형	긍정적 인물형(바람직한 삶의 모습을 제시) → 술의 순기능 강조	부정적 인물형(주인공의 악행을 서술) → 술의 역기능 강조
	사신의 평	앞으로의 일을 보아 그에 맞게 처세함.	천하의 웃음거리가 됨.
	창작 의도 (주제 의식)	국성을 위국충절의 모범적 신하로 형상화함으로써 사회적 교화를 의도함.	국순의 일생을 통해 간신배들과 방탕한 군주를 비판하고 풍자함.
	관련 작품	임춘이 지은 〈국순전〉의 영향을 받음.	《태평광기(太平廣記)》 〈서막 설화〉의 영향을 받음.

함께 읽으면 좋은 작품

〈주옹설(舟翁說)〉, 권근 / 처세 방법을 제시한 교훈적 수필

손과 주옹의 대화를 통해 험난한 세상에서의 처세 방법을 제시한 교훈적 수필이다. 삶은 물 위에 뜬 배와 같으니 항상 조심해야 하며, 중심을 잡아야 한다는 내용을 담고 있다. 올바른 처신의 중요성을 형상화한 점에서 〈국선생전〉의 주제 의식과 통한다. Link 본책 102쪽

〈수성지(愁城誌)〉, 임제 / 근심을 술로 다스린다는 전제가 드러난 작품

'마음'을 의인화한 조선 후기의 소설로, 〈국선생전〉에서 근심을 '마음의 도적 떼'로 의인화한 것에서 더 나아가 마음 그 자체를 주인공으로 삼고 있다. 근심을 술로 다스린다는 전제가 〈국선생전〉과 유사하다.

5 (가)의 내용을 통해 작가가 전하고자 하는 바로 알맞은 것은?

① 자식들의 잘못을 엄하게 다스려야 한다.
② 자신에게 도움이 되는 친구를 사귀어야 한다.
③ 사람의 상황은 바뀔 수 있으니 행동을 조심해야 한다.
④ 다른 사람의 잘못을 지적하기 전에 자신을 돌아봐야 한다.
⑤ 확실한 근거도 없이 다른 사람을 함부로 비난해서는 안 된다.

6 〈보기〉에 따라 이 글을 설명한 내용으로 적절하지 않은 것은?

보기

가전(假傳)은 고려 후기에 일부 문인들에 의해 창작된 특수한 갈래이다. 어떤 사물을 의인화하여 그 인물의 가계와 생애 및 개인적 성품, 공과(功過)와 사신의 평을 기록하는 전기(傳記) 형식으로 서술해 나간다.

① 이 글에서는 '술, 보리' 등을 의인화하여 그 성품과 생애 등을 서술했어.
② 주인공에 대한 사신의 평가는 내용 전개상 글의 마지막에 제시될 거야.
③ 가전에는 허구적 인물이 등장하므로 이 글의 국성도 실제 인물이 아니야.
④ 국성의 공로는 높은 벼슬자리에 올라 치국(治國)의 이상을 실현한 것이라고 할 수 있어.
⑤ 국성의 조카와 아우들의 행적을 자세히 설명한 것은 주인공의 가계에 대해서 서술하는 가전의 특성 때문이야.

7 이 글과 〈보기〉에 나타나는 술에 대한 관점과 서술 방식의 차이를 대조하여 쓰시오.

보기

임금께서 곤드레만드레 취하여 정사를 폐하고, 순은 이에 제 입을 재갈 물려 말을 하지 못하므로 예법(禮法)의 선비들은 그를 미워함이 원수 같았으나, 임금께서 매양 그를 보호하였다. / 순은 또 돈을 거둬들여 재산 모으기를 좋아하니, 시론(時論)이 그를 더럽다 하였다.

– 임춘, 〈국순전(麴醇傳)〉

8 〈보기〉에서 드러나는 국성의 인물됨을 쓰시오.

보기

임금: 국 선생! 나는 그대가 벼슬에서 물러나는 것을 허락할 수 없으니 내가 보내 주는 약을 먹고 병을 돌보도록 하시오.
국성: 폐하! 신은 병으로 목숨이 경각에 달려 있사옵니다. 명령을 내리셔서 신으로 하여금 물러가 여생을 보내게 해 주시옵소서.

019 청강사자현부전(淸江使者玄夫傳) | 이규보

키워드 체크 #가전 #일대기 형식 #거북 #인분지족

핵심 정리

갈래 가전(假傳)
성격 교훈적, 우의적
제재 거북
주제 안분지족의 처세와 언행(言行)을 삼가는 삶의 자세
특징 ① 사물을 의인화한 일대기 형식임.
② '도입-전개-비평'의 구성임.
③ 미신적 신앙보다는 지족(知足)의 삶이 더 중요함을 강조함.
출전 《동국이상국집(東國李相國集)》, 《동문선(東文選)》

어휘 풀이

초빙(招聘)하다 예를 갖추어 불러 맞아들이다.
제후(諸侯) 봉건 시대에 일정한 영토를 가지고 그 영내의 백성을 지배하는 권력을 가지던 사람.
홍범구주(洪範九疇) 세상의 큰 규범 아홉 가지라는 뜻. 우임금이 정한 정치 도덕의 아홉 가지 원칙.
주조(鑄造)하다 녹인 쇠붙이를 거푸집에 부어 물건을 만들다.
요광성(瑤光星) 북두칠성 가운데 일곱 번째 별 이름. 군대를 관장하는 별.
방술(方術) 방법과 기술.

Q 현부의 노래에 담긴 의미와 그 기능은?

이 노래는 현부가 임금의 뜻을 거절하기 위해 부른 것으로, 현부의 삶의 태도, 즉 자연 속에 묻혀 살며 벼슬살이에 큰 미련이 없는 모습을 드러낸다. 이처럼 서사적인 글 중간에 시를 삽입하여 인물의 태도나 정서를 드러내는 방식은 조선 전기의 한문 소설집인 김시습의 《금오신화》에 계승되어 나타난다. 이 소설집에는 삽입 시가 많이 쓰여 등장인물들의 정서나 태도를 효과적으로 보여 주고 있다. 한편, 《금오신화》의 〈용궁부연록〉에서도 거북을 현(玄) 선생으로 의인화한 점을 고려할 때, 두 작품 사이의 영향 관계도 추측해 볼 수 있다.

구절 풀이

❶ **오직 점치는 것을 업으로 삼았다.** 예부터 거북의 등딱지를 불에 태워서 그 갈라지는 틈을 보고 길흉을 판단하던 거북점(占)을 업으로 삼았다는 것이다.
❷ **할아버지의 이름은 ~ 공을 세웠다.** 상고 시대에 하후개(夏后開)가 비렴(蜚廉)을 시켜 산천에서 금을 캐어 곤오(昆吾)에서 솥을 주조하게 하면서 옹난을(翁難乙)로 하여금 '백약'이라는 거북으로 점을 쳐서 그 길흉을 알아보게 한 일을 뜻한다.
❸ **글이 새겨져 있었다.** 거북의 등에 새겨진 갑골 문자(甲骨文字)를 뜻한다. 갑골 문자는 고대 중국에서 거북의 등딱지나 짐승의 뼈에 새긴 상형 문자로, 한자의 가장 오래된 형태이면서 주로 점복(占卜)을 기록하는 데에 사용했다.

가 현부는 어떠한 사람인지 알 수 없다. 어떤 이는 말하기를,
(현부: 검은[玄] 옷을 입은 사내[夫]라는 뜻으로, 거북을 의인화한 말)

"그 선조는 신인(神人)이었다. 그 형제가 열다섯 명이었는데, 모두 건장하고 힘이 굉장했다. 그러므로 하느님이 명하여 바다 가운데 있는 다섯 산을 떠내려가지 않게 떠받치게 했다."
(신인: 신과 같이 신령하고 숭고한 사람 / 다섯 산: 중국의 명산인 화산(華山), 수산(首山), 태실(太室), 대산(岱山), 동래(東萊) / 떠받치게: 거북의 등가죽이 단단함을 뜻함.)

라고 한다. 그 후 대대로 내려오면서 크기가 차츰 작아지고 또한 소문이 날 정도로 힘이 센 자도 없었으며, ❶오직 점치는 것을 업으로 삼았다. 현부는 한곳에 머물지 않고 사는 곳을 가려 옮겨 다녔기 때문에 그의 출신 고향이나 조상들의 내력을 자세히 알 수 없다. 그의 먼 조상 중에 문갑(文匣)이란 자가 있는데, 요임금 시대에 낙수에 살았다. 요임금이 그가 어질다는 소문을 듣고 흰 옥을 예물로 그를 *초빙하자 그가 기이한 그림을 지고 와서 바쳤다. 요임금이 그를 가상히 여기어 낙수의 *제후로 봉하였다. 그의 증조는 하느님의 심부름꾼이라고만 알려졌을 뿐 이름이 밝혀지지는 않았는데 바로 *홍범구주(洪範九疇)를 지고 와서 우임금에게 바쳤던 자이다. ❷할아버지의 이름은 백약(白若)이다. 그는 우임금 시대에 곤오(昆吾)라는 곳에서 솥을 *주조하였는데 옹난을과 함께 힘써 공을 세웠다. 아버지의 이름은 중광(重光)이다. 그는 나면서부터 왼쪽 옆구리에 '나는 달의 아들 중광인데, 나를 얻으면 서민은 제후가 될 것이고 제후는 제왕이 될 것이다.'라는 ❸글이 새겨져 있었다. 그래서 그의 이름을 중광이라 하였다.
(크기가 ~ 없었으며: 신인으로서의 능력이 없어짐을 의미함. / 낙수: 중국의 강 이름. 황하의 한 지류 / 곤오: 하(夏)나라의 곤오국 / 옹난을: 중국 하나라 때의 귀족 이름)

▶ 현부의 고향과 조상의 내력이 자세히 알려지지는 않음.

나 현부는 아주 침착하고 도량이 컸다. 『그의 어머니가 *요광성(瑤光星)이 품에 들어오는 ⓐ꿈을 꾸고 임신을 하였는데,』 태어났을 때 관상쟁이가 보고 말하기를,
(현부는 ~ 컸다: 인물의 성격 직접 제시 / 『 』: 훌륭한 인물이 탄생할 것임을 예고함.)

"등은 산과 같고 거기에 별들이 아롱아롱 무늬를 이루었으니 신령스러운 관상임이 분명하다."
(별들이 ~ 이루었으니: 거북 등딱지의 모양)

라고 하였다. 장성하자 주역의 이치를 깊이 연구하여 우주의 모든 변화의 원리를 터득하였고, 또한 갖가지 신선의 *방술을 배웠다. 그는 천성이 씩씩함을 좋아하여 언제나 갑옷을 입고 다녔다.
(갑옷: 거북의 등딱지를 뜻함.)

임금이 그의 명성을 듣고 심부름꾼을 보내어 불렀으나 거만하게 돌아보지도 않고 노래를 부르기를,

㉠"진흙 속에서 노니는 재미가 끝이 없는데, 벼슬살이를 내가 왜 바라겠는가?"

하고 웃기만 하고 대꾸하지 않았다. 그래서 결국 그를 불러들이지 못했다.

▶ 현부는 침착하고 도량이 크며 벼슬에 뜻이 없음.

다 그 뒤 춘추 전국 시대 송나라 원왕 때 예저(預且)라는 어부가 그를 사로잡아 강제로 임금에게 바치려 하였다. 『그때 그가 검은 옷에 수레를 타고 왕의 ⓑ꿈에 나타나서 '나는 청강에서 보낸 사자인데 왕을 뵙고자 한다.'라고 하였다.』 이튿날 과연 예저가 그를 데리고 와서 왕께 뵈었다. 왕은 매우 기뻐하며 그에게 벼슬을 주려 하였다. 그가 말하기를,
(검은 옷: 현부임을 드러냄. / 『 』: 제목인 〈청강사자현부전〉과 관련 있음.)

"신이 이 자리에 온 것은 예저의 강압에 의한 것이요, 또한 왕께서 덕이 있다는 말을 들어서일 뿐이니, 벼슬은 제 본심이 아닙니다. 왕께서는 어찌 저를 붙잡아 두고 보내지 않으려 하십니까?"
(벼슬은 ~ 아닙니다: 벼슬에 대한 욕심이 없음을 드러냄.)

하였다.

▶ 현부가 벼슬을 사양함.

• 중심 내용 현부의 집안 내력과 벼슬을 사양하는 현부의 성품 • 구성 단계 (가) 도입 / (나)~(다) 전개

이해와 감상

<청강사자현부전>은 거북을 의인화한 가전이다. 작가는 이 작품을 통해 지혜로운 현부와 성인도 술책에 빠질 수 있으므로 언행(言行)을 삼가야 함을 강조하고 있다. 즉, 공자와 같은 성인도 고난을 겪을 수 있고, 현부처럼 앞길의 길흉을 점칠 수 있는 자도 어부의 꾀에 빠져 사로잡히기도 하므로 평범한 사람들은 말할 필요도 없이 언행을 삼가야 함을 드러내고 있는 것이다.

요컨대 작가는 이 작품을 통해 입신행도(立身行道)를 추구함이 본질인 선비들은 마땅히 나라를 어질게 다스려야 하고, 백성들에게 은택을 입히는 치국(治國)의 도리를 다하되, 몸과 마음을 닦아 수양하고 말과 행동을 조심하며 사는 것이 어지러운 시대의 처세임을 밝히고 있다.

전체 줄거리

도입	현부의 가계 소개
전개	• 현부의 성품 • 현부의 정계 진출과 행적을 알 수 없는 이후의 삶 • 현부 아들의 삶과 후손들의 생애
비평	현부에 대한 사신의 평가

작품 연구소

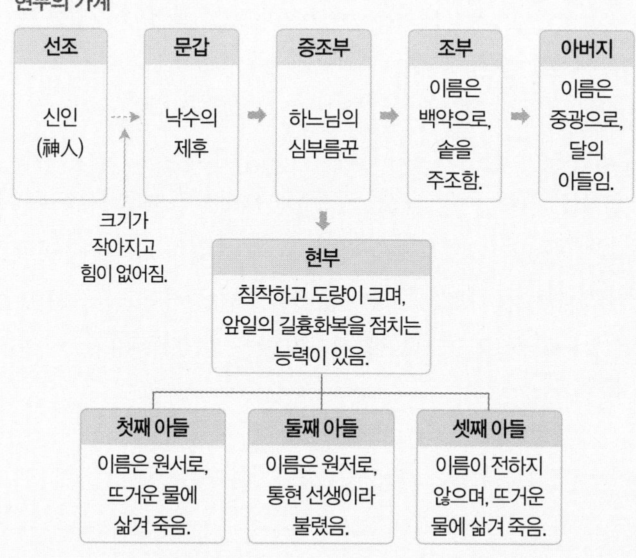

현부의 특징과 작가의 주제 의식

현부의 특징	사건의 전개
• 앞일의 길흉화복을 점치는 신령스러운 능력이 있음. • 벼슬을 탐하지 않고 자신의 처지에 만족하며 삶.	• 현부가 어부에게 사로잡혀 강제로 세상에 나옴. • 관직을 두루 거치며 왕에게 존경받고 공을 세우지만, 생을 어디에서 마감했는지 알려지지 않음.

주제 의식	아무리 현명한 사람이라도 한순간 실수로 일을 그르칠 수 있으므로, 위태로운 시대에 말과 행동을 조심해야 함.

키 포인트 체크

인물 현부는 ☐☐을 의인화한 인물로, 안분지족(安分知足)의 삶을 중요하게 여긴다.

배경 무신들이 집권한 어지러운 시기에 선비들에게 필요한 ☐☐에 대하여 밝힌다.

사건 지혜로운 현부가 벼슬을 사양하며 ☐☐☐☐의 삶을 살다가, 어부에게 사로잡혀 세상에 나와 관직을 두루 거치고 공을 세운다.

1 이 글의 서술상 특징으로 알맞은 것은?

① 구체적 배경을 묘사하여 현실성을 강조하고 있다.
② 초월적 인물을 통해 주인공의 운명을 예고하고 있다.
③ 상징적 소재를 통해 인물 간의 관계를 암시하고 있다.
④ 인물의 위기 상황을 통해 주제 의식을 드러내고 있다.
⑤ 장면을 빈번하게 전환하여 사건을 긴박하게 전개하고 있다.

2 ㉠에서 알 수 있는 사실로 적절한 것은?

① 현부는 천성이 씩씩하고 지혜로웠다.
② 현부는 주역의 이치와 우주의 원리에 능숙했다.
③ 현부는 자연에 묻혀 사는 자신의 처지에 만족했다.
④ 현부는 임금의 명을 거절할 만큼 부와 권력을 지녔다.
⑤ 현부는 침착하고 도량이 커서 신령스러운 관상을 지녔다.

3 ⓐ와 ⓑ에 대한 설명으로 적절하지 <u>않은</u> 것은?

① ⓐ와 ⓑ 모두 앞으로 일어날 일과 관련되어 있다.
② ⓐ보다 ⓑ가 실현되는 데 걸리는 시간이 더 짧다.
③ ⓐ의 주체는 능동적이고, ⓑ의 주체는 수동적이다.
④ ⓐ보다 ⓑ의 정보가 좀 더 구체적으로 제시되어 있다.
⑤ ⓐ는 태몽(胎夢)이라 볼 수 있고, ⓑ는 예지몽(豫知夢)이라 볼 수 있다.

4 (다)에 드러난 갈등의 내용을 <조건>에 맞게 쓰시오.

조건
1. 갈등 주체와 갈등 양상을 포함할 것
2. 30자 이내의 완결된 한 문장으로 쓸 것

5 거북에 대한 이 글의 서술자와 <보기>의 화자의 태도를 <조건>에 맞게 쓰시오.

보기

거북아 거북아, 수로를 내놓아라.
남의 부녀를 약탈했으니 그 죄가 얼마나 큰가.
네 만약 거역하고 내어 바치지 않으면
그물을 넣어 사로잡아 구워서 먹으리라.

– 작자 미상, <해가(海歌)>

조건
1. (나), (다)에서 현부를 대하는 태도를 고려할 것
2. 대조의 방법을 활용하여 완결된 한 문장으로 쓸 것

가 왕이 그를 보내 주려 하는데 •위평(衛平)이 은밀히 눈짓하여 말렸다. 그래서 그를 수형승에 임명하였고, 얼마 뒤 벼슬을 올려 •도수사자에 제수하였다. 다시 발탁하여 태사령을 삼고, 나랏일의 대소를 막론하고 모두 그에게 물어본 뒤에 시행하였다.

현부를 등용시키라는 뜻 / 물을 관장하는 관리 / 천문과 날씨 등의 일을 맡아보던 벼슬 이름 / 나라의 중요한 일들을 거북점을 쳐서 결정했음을 드러냄.

▶ 현부가 정계에 진출함.

나 왕이 일찍이 장난말로 이르기를,

"그대는 신명의 후손으로 길흉화복에 밝은 자인데, 왜 스스로 미리 자신의 앞길을 도모하지 못하고 예저의 술책에 빠져서 과인에게 붙들린 신세가 되었는가?"

하니, 현부가 아뢰기를,

"아무리 밝은 눈으로도 보지 못하는 것이 있고, 아무리 명철한 지혜로도 헤아리지 못하는 일이 있는 것입니다."

라고 아뢰니, 왕이 크게 웃었다. 그 후 그가 어디에서 생을 마쳤는지 아는 사람이 없다. 지금도 벼슬아치들 사이에는 ❶그의 덕을 사모하여 황금으로 그의 모양을 주조해서 다니는 사람이 있다.

현부의 신비로움을 부각함.

▶ 벼슬아치들이 현부를 숭상함.

다 그의 맏아들은 원서이다. 그는 뜨거운 물에 삶겨 죽임을 당했다. 죽을 때에 탄식하기를,

사람들이 별미로 즐겼음을 드러냄.

"때를 가리지 않고 세상에 나왔다가 오늘 삶김을 당하는구나. 그러나 저 남산에 있는 나무를 다 태워도 내 뜻을 꺾지는 못할 것이다."

자신의 굳은 뜻을 강조함. – 과장법

그는 이처럼 •강개하였다.

둘째 아들은 원저라 하는데, 오나라와 월나라 사이를 방랑하면서 살았다. 세상 사람들이 그를 •통현 선생이라 불렀다. 그 다음 아들은 이름이 전하지 않는다. 몸집이 아주 작아 점은 치지 못하고 다만 나무에 올라가서 매미를 잡고는 하더니, 또한 뜨거운 물에 삶겨 죽었다.

현부의 후손 가운데에는 도를 얻어 천 년에 이르도록 죽지 않는 자도 있었는데, 그가 있는 곳에는 항상 푸른 구름이 감돌았다. 또 자기의 덕을 숨긴 채 벼슬살이를 했던 사람도 있는데, 세상에서는 그를 •현의독우(玄衣督郵)라 불렀다.

거북이 장수의 동물임을 나타냄. / 상서로움

▶ 현부 자식들은 일찍 죽고 몇몇 자손만이 장수함.

라 사신(史臣)은 이렇게 평한다.

"지극히 •은미한 상태에서 미리 살펴 알고, 징조가 나타나기 이전에 예방하는 것은 성인이라도 간혹 실수가 있는 법이다. 현부 같은 지혜를 가지고도 예저의 술책을 피하지 못하고 또 두 아들이 삶아 죽임을 당하는 것을 피하지 못하였는데, 하물며 다른 이들이야 더 말할 것이 있겠는가! ❷옛적에 공자는 광(匡)이라는 곳에서 고난을 겪었고 또 제자인 자로는 죽어서 젓으로 담겨지는 비극을 겪었으니, 아, 삼가지 않을 수 있겠는가?"

지혜로운 현부도 실수를 하는데, 일반 사람들은 더 말할 필요가 없다는 뜻 – 설의법 / 송나라의 지방 이름 / 삼가야 한다는 뜻 – 설의법

▶ 현부에 대한 사신의 평가 – 언행을 삼가야 함.

• 중심 내용 정계에 진출한 현부와 자손들의 행적 및 현부에 대한 사신의 평가 • 구성 단계 (가)~(다) 전개 / (라) 비평

어휘 풀이

위평(衛平) 송나라 원왕의 신하로 박사의 자리에 있었음.
도수사자(都水使者) 하천의 관개와 보수를 맡아보던 벼슬 이름.
강개(慷慨)하다 의롭지 못한 것을 보고 의기가 북받쳐 원통하고 슬프다.
통현(通玄) 사물의 깊은 이치를 깨달음.
현의독우(玄衣督郵) 검은 옷을 입은 독우라는 뜻. 독우는 지방 관아에 소속된 관리로, 여기서는 거북을 달리 이르는 말임.
은미(隱微)하다 묻히거나 작아서 알기 어렵다.

Q 장난말에 담긴 의미는?

장난말이란 다른 사람을 희롱하거나 빈정대며 놀리는 말로, 왕이 현부에게 장난말을 한 것은 길흉화복을 점을 쳐서 알아맞히는 '복무적(卜巫的)' 신앙으로는 삶을 구제할 수 없다고 생각했기 때문이다. 이 말은 무속적이고 미신적인 신앙보다는 지족(知足)의 처세가 소중함을 간접적으로 나타내고 있다.

구절 풀이

❶ **그의 덕을 사모하여 ~ 다니는 사람이 있다.** 사람들이 거북을 장수의 상징, 영험과 신령스러움의 상징, 사방신의 하나인 현무로서 북방을 수호하는 방위신, 달의 화신과 수성과 천지 음양의 상징, 상서로운 기운의 상징으로 인식하여 장신구로 만들어 몸에 지니고 다녔다는 뜻이다.

❷ **옛적에 공자는 ~ 비극을 겪었으니,** 양호가 일찍이 광(匡) 땅에서 횡포했는데, 광 땅의 사람들이 양호와 닮은 공자(孔子)를 양호로 착각하고 포위하여 공자가 막심한 곤욕을 겪었다. 또한 자로는 위첩의 난 때 죽어 젓으로 담기게 되었다. 이러한 고사를 인용하여 행동이나 말을 삼가야 한다는 뜻을 효과적으로 전달하고 있다.

Q 사신의 평에 나타난 특징은?

가전 작품에는 '삽화(挿話)'가 많이 나타난다. 하지만 이는 제재와 관련이 있을 뿐 등장인물의 삶과 직접적인 관계는 없다. 이러한 삽화는 중국 역사에 나타난 인물들의 행적을 통해 주인공의 행적을 드러내면서 삶의 의미를 깨닫게 해 준다. 이 글에서도 공자와 자로의 이야기를 제시하여 삶의 이치를 이끌어 내고 있다. 공자가 광 땅에 이르렀을 때 백성들이 공자를 포악질로 백성을 괴롭혔던 양호로 착각하여 5일 동안 일행 모두를 포위하고 오가지 못하게 했던 일과 자로가 능력이 뛰어나 정계에 진출했지만 왕위 다툼에 휘말려 살해되어 젓으로 담기게 된 삽화를 제시하여, 자만하지 않고 조심하며 항상 언행을 삼가야 함을 효과적으로 전달하고 있다.

작가 소개

이규보(본책 66쪽 참고)

작품 연구소

이규보의 삶과 〈청강사자현부전〉의 창작 의도

이규보는 사물에 대해 애정을 지니고 의인화에 관심을 가졌다. 〈접과기(接菓記)〉의 과일, 〈사륜정기(四輪亭記)〉의 바퀴 달린 정자, 〈답석문(答石問)〉의 큰 돌, 〈섬(蟾)〉의 두꺼비, 〈주망(蛛網)〉의 거미, 〈칠호명(漆壺銘)〉의 호로병과 같이 많은 작품에서 동식물이나 사물을 의인화했다. 거북을 의인화한 〈청강사자현부전〉도 이규보의 이러한 관심을 보여 준다.

이 작품은 작가의 정치적 삶과도 밀접한 관련이 있다. 미래를 예견하는 지혜를 지니고 자유롭게 살고자 한 현부(玄夫)가 어부인 예저에게 붙잡혀 현실 정치에 참여하게 된 것처럼, 작가 이규보도 무신들이 집권한 세상에 자의(自意) 반 타의(他意) 반으로 벼슬살이를 하게 된 것이다. 이런 점에서 작가는 우화의 한 형태인 가전을 통해 직접적으로 말하기 곤란한 자신의 정치 입문에 대한 생각을 우회적으로 밝힌 것이라 볼 수 있다. 또한 성인도 삶에 어그러짐이 있고 현부처럼 앞일의 길흉을 점칠 수 있는 자도 어부의 술책에 빠져 사로잡히는 것처럼, 인간들도 항상 자신을 경계하고 언행을 삼갈 것을 피력하고 있다.

〈청강사자현부전〉과 〈수궁가〉의 비교

	〈청강사자현부전〉	〈수궁가〉
갈래	거북을 의인화한 가전	〈구토 설화〉를 바탕으로 만든 판소리 사설
거북의 면모	《주역》의 이치를 연구하고 신선의 방술을 배워 우주의 변화 원리를 터득했으나 벼슬길에 나아가고 싶어 하지 않음.	우직하고 충성스러우나 공명심이 앞서고, 신중하지 못한 언변 때문에 일을 그르침.
주제 의식	안분지족(安分知足)의 처세와 언행(言行)을 삼가는 삶의 자세	• 표면적 주제: 왕에 대한 충성 • 이면적 주제: 피지배층을 억압하는 지배층의 횡포 풍자
형식	• 인물의 일대기 형식으로 구성됨. • 사물에 얽힌 전례와 고사를 활용함. • '도입-전개-비평'의 3단 구성으로 이루어짐.	• 구연하기에 편리하도록 4·4조 중심의 운율이 있는 문체를 사용함. • 서술자의 개입이 두드러짐. • 비속어와 한자어가 혼재함. • '발단-전개-위기-절정-결말'의 소설 구성 단계와 일치함.
거북에 대한 작가의 태도	도량이 커서 벼슬을 사양하는 긍정적 인물로 봄.	임금에게 충성하는 긍정적 측면과 피지배 계층을 속이고 억압하는 부정적 측면의 양면성을 지닌 인물로 봄.

〈청강사자현부전〉과 〈국선생전〉의 공통점

〈청강사자현부전〉과 〈국선생전〉은 모두 주인공의 삶과 인품을 긍정적으로 바라보고 있으며, 주인공의 삶을 통해 언행을 삼가는 삶의 자세나 벼슬길에 나아가고 물러날 때를 아는 것과 같은 처세에 대한 교훈을 전달하고 있다는 점에서 공통점이 있다.

함께 읽으면 좋은 작품

〈수궁가(水宮歌)〉, 작자 미상 / 동물을 의인화하여 처세술을 보여 주는 작품

〈구토 설화〉를 바탕으로 한 판소리로, 토끼와 자라의 행동을 통해 인간을 풍자하고 있다. 이 작품은 거북을 의인화했으며 인간 삶의 처세술을 보여 준다는 점에서 〈청강사자현부전〉과 공통점이 있다.

Link 본책 295쪽

6 이 글을 읽고 알 수 있는 내용으로 적절하지 <u>않은</u> 것은?

① 위평은 현부의 정계 진출을 말리고자 했다.
② 현부는 나라의 일들을 점을 쳐서 결정했다.
③ 현부가 어디에서 생을 마쳤는지 아는 사람이 없었다.
④ 많은 벼슬아치가 현부의 덕을 사모하여 본받고자 했다.
⑤ 현부의 맏아들 원서는 때를 가리지 않고 세상에 나왔다가 죽임을 당했다.

7 〈보기〉의 ⓐ~ⓔ 중, 이 글의 내용에 반영된 거북의 특성에 해당하는 것끼리 바르게 묶인 것은?

보기

단약(丹藥)이 아니라도 오래 살 수 있으며 / 도를 배우지 않아도 영과 통한다네. / 천 년 만에 성스런 님을 만나면 / ⓐ상서로운 징조들이 빛나게 나타나며, / ⓑ내 수족(水族)의 어른이 된지라 / 연산(連山) 귀장(歸藏)의 이치를 연구하였네. ⓒ문자를 지고 나오니 숫자가 있었으며 / ⓓ길흉을 알려 주어 계책을 이루게 하였네. / ⓔ지혜가 많다 하여도 곤액은 어쩔 수 없고 / 능력이 많아도 못 미칠 일이 있었네.

– 김시습, 〈용궁부연록(龍宮赴宴錄)〉

① ⓐ, ⓑ, ⓒ ② ⓐ, ⓓ, ⓔ ③ ⓑ, ⓒ, ⓓ
④ ⓑ, ⓒ, ⓔ ⑤ ⓒ, ⓓ, ⓔ

8 〈보기〉를 바탕으로 이 글을 감상한 내용으로 적절하지 <u>않은</u> 것은?

보기

이규보는 고려 무신 집권기의 문인으로서 자의 반, 타의 반으로 관직에 진출했다고 볼 수 있다. 우화의 한 형태인 가전은 직접 설명하기 곤란한 작가의 생각을 우회적으로 표출하기에 적합한 양식인데, 이규보는 〈청강사자현부전〉을 통해 벼슬길의 출입과 진퇴 등의 처세론에 대한 자신의 생각을 간접적으로 드러내고 있다.

① 현부를 관직에 진출한 작가의 대리인으로 볼 수도 있겠군.
② 현부가 관직에 진출한 것은 작가의 정치적 삶과 관련이 있겠군.
③ 현부의 '붙들린 신세'는 작가가 타의 반으로 벼슬을 한 것과 관련이 있겠군.
④ 위평이 눈짓하여 왕을 말린 것은 작가가 타의에 의해 관직에 진출했음을 보여 주는 것이겠군.
⑤ 현부가 예저의 술책에 빠진 것은 작가가 관직에 진출하고자 하는 꿈을 실현했음을 우회적으로 표현한 것이겠군.

9 〈보기〉는 이 글의 작가가 후손들에게 남긴 가상의 유언이다. 빈칸에 들어갈 알맞은 말을 쓰시오.

보기

너희가 이 글을 읽을 때면 나는 세상을 떠나고 없겠구나. 이 세상을 살아가기 위해서는 알아야 할 것들이 많단다. 공자와 같은 성인들도 꾀에 말려들어 고난을 겪을 수 있다. 그러니 항상 (   )해야 한다.

경설(鏡說) | 이규보

기워드 체크 #설 #교훈적 #기울 #삶의 본질적 의미

문학 미래엔

핵심 정리

갈래 한문 수필, 설(說)
성격 교훈적, 관조적, 철학적
제재 (흐린) 거울
주제 ① 세상을 살아가는 올바른 처세
② 사물과 현상의 본질을 꿰뚫어 보는 통찰
특징 ① 대화 형식으로 주제를 표출함.
② 사물을 통해 올바른 삶의 자세를 상징적으로 드러냄.
출전 《동국이상국집(東國李相國集)》

Q 손의 역할은?

이 글에는 손과 거사의 구체적인 관계나 손의 자세한 견해는 제시되지 않는다. 손은 거사의 주장을 선명하게 드러내기 위해 먼저 통념을 제시하는 역할을 담당하도록 작가가 의도적으로 설정한 인물이라 할 수 있다.

어휘 풀이

거사(居士) 숨어 살며 벼슬을 하지 않는 선비.
군자(君子) 학식과 덕행이 높은 사람.

Q 거사가 전하고자 하는 교훈은?

첫 번째 교훈	지나치게 청렴결백하게 처세할 경우, 결함이 있는 사람들에 의해 깨질 수도 있다. 따라서 자신의 청렴결백을 드러낼 상황이 아니라면 드러내지 않는 것이 좋다.
두 번째 교훈	세상에는 잘난 사람들보다 부족한 사람이 훨씬 많다. 따라서 사람들의 잘잘못을 일일이 따지기보다는 너그럽게 넘어갈 줄도 알아야 한다.

구절 풀이

❶ **"거울이란 얼굴을 ~ 취하는 것인데,** 손이 생각하는 거울에 대한 고정 관념이 드러난 부분이다. 손은 거울에 얼굴을 비추어 보는 실용적 기능과 맑음을 교훈으로 제시하는 인격 수양의 기능이 있다는 통념적 사고를 드러내고 있다.

❷ **그러니 먼지가 끼어서 희미한 것만 못하네.** 거울은 맑아서 못난 사람에 의해 깨뜨려지는 것보다 오히려 먼지가 끼어서 흐린 것이 낫다는 말이다. 이 말에는 지나치게 결백한 태도를 지녀 상황을 파국으로 몰아가는 것보다는, 부정적인 현실을 받아들이는 현실주의적인 태도를 지니는 것이 낫다는 의식이 내재되어 있다.

❸ **먼지가 흐리게 ~ 상하게 하지 못하니,** 먼지 때문에 표면이 흐려져도 거울의 본질인 맑음은 변함이 없다는 뜻으로, 작가의 외면적 삶과 내면적 이상을 상징적으로 드러낸 표현이다. 즉, 겉으로는 세태에 적응하여 속물적인 삶을 산다 하더라도 내면의 도덕적인 이상은 그대로 지키고 있다는 뜻이다.

작가 소개

이규보(본책 66쪽 참고)

ⓐ거사(居士)에게 거울 하나가 있는데, 먼지가 끼어서 마치 구름에 가려진 달빛처럼 희미하였다. 그러나 조석(朝夕)으로 들여다보고 마치 얼굴을 단장하는 사람처럼 하였더니, 어떤 ⓑ손[客]이 묻기를,

(거사: 삶에 대해 원숙하게 통찰하는 인물로, 작가의 목소리를 대변함. / 조석: 아침과 저녁)

❶"거울이란 얼굴을 비치는 것이요, 그렇지 않으면 ㉠군자(君子)가 그것을 대하여 그 맑은 것을 취하는 것인데, 지금 그대의 거울은 마치 안개 낀 것처럼 희미하니, 이미 얼굴을 비칠 수가 없고 또 맑은 것을 취할 수도 없네. 그런데 그대는 오히려 얼굴을 비추어 보고 있으니, 그것은 무슨 까닭인가?"

(얼굴을 비치는 것: 실용적 목적 / 군자가 그것을 대하여 그 맑은 것을 취하는 것: 인격 수양의 목적)

▶ 손이 흐린 거울을 보는 거사에게 의문을 제기함.

하였다. 거사는 말하기를,

「"거울이 맑으면 ⓒ잘생긴 사람은 기뻐하지만 못생긴 사람은 꺼려 하네.」 그러나 잘생긴 사람은 수효가 적고, ⓓ못생긴 사람은 수효가 많네. 만일 못생긴 사람이 한번 들여다보게 된다면 반드시 깨뜨리고야 말 것이네. ❷그러니 먼지가 끼어서 희미한 것만 못하네. ❸먼지가 흐리게 한 것은 그 겉만을 흐리게 할지언정 그 ⓔ맑은 것은 상하게 하지 못하니, 만일 잘생긴 사람을 만난 뒤에 닦여져도 시기가 역시 늦지 않네. 아, 옛날 거울을 대한 사람은 그 맑은 것을 취하기 위한 것이었지만 내가 거울을 대하는 것은 그 희미한 것을 취하기 위함인데, 그대는 무엇을 괴이하게 여기는가?"

(「 」: 장점은 드러내고 단점은 감추고 싶어 하는 인간의 보편적인 심리를 드러냄. / 잘생긴 사람: 도덕적으로 결점이 없는 사람 / 수효: 사물의 수 / 못생긴 사람: 단점과 결점이 많은 사람 / 내가 거울을 대하는 것은 그 희미한 것을 취하기 위함: 인간의 결점에 대한 애정 어린 시선과 열린 마음을 엿볼 수 있음. / 괴이하게: 이상하게)

하였더니, 손은 대답이 없었다.

(손은 대답이 없었다: 손이 거사에게 설득당함.)

▶ 거사가 손에게 흐린 거울의 의미를 설명해 줌.

자료실

〈경설〉에 드러난 시대적 배경

고려 시대에 일어난 무신의 난은 고려의 정치적·사회적 상황을 급격히 바꾸었고, 이로 인해 기존의 귀족 계층이 몰락하고 신진 사대부가 등장한다. 신진 사대부에 속한 이규보는 현실주의적인 태도를 지닌 인물로, 무신의 난 이후 정권을 잡은 최씨 집권자들과 적극적으로 관계를 맺었다. 그러나 기존 귀족 출신들은 현실을 도외시한 채 그들만의 모임인 강좌칠현(고려 후기에 명리를 떠나 사귀던 일곱 선비)을 결성하고 현실과 결별했다. 이규보는 이런 사람들을 지나치게 맑음만 추구하는 그릇된 처세관을 지닌 사람이라고 본 것이다.

'거울'의 상징적 의미

- 작가가 나아가고자 하는 세계
- 작가가 인정해 주는 어떤 사람
- 작가가 반려자로 삼고 싶은 대상
- 인간의 본성, 영혼

• 중심 내용 거사가 흐린 거울을 보는 이유

해설 361쪽

이해와 감상

〈경설〉은 흐린 거울을 사용하는 거사의 태도를 통해 바람직한 삶의 자세를 일깨우는 교훈적 수필이다. 거사는 거울에 먼지가 끼어도 사물을 맑게 비추는 거울의 본질이 사라지지 않는 것처럼, 부정적 현실을 받아들인다고 해서 사람의 맑은 본성이 흐려지는 것은 아니라는 현실주의적 처세관을 보여 준다.

작가는 거울이라는 사물을 통해 지나치게 청렴결백한 태도로만 일관하는 사람에 대한 비판 의식과 함께 당시 시대 상황에서 올바르다고 생각하는 자신만의 처세관을 드러내고 있다. 즉, 결백하고 청명한 태도로 일관해서는 현실에 부딪혀 깨지기 쉬우니, 못난 사람도 감싸고 남의 허물도 수용하는 유연한 삶의 자세가 필요하다는 생각을 비유적으로 제시하고 있는 것이다.

작품 연구소

〈경설〉의 구성

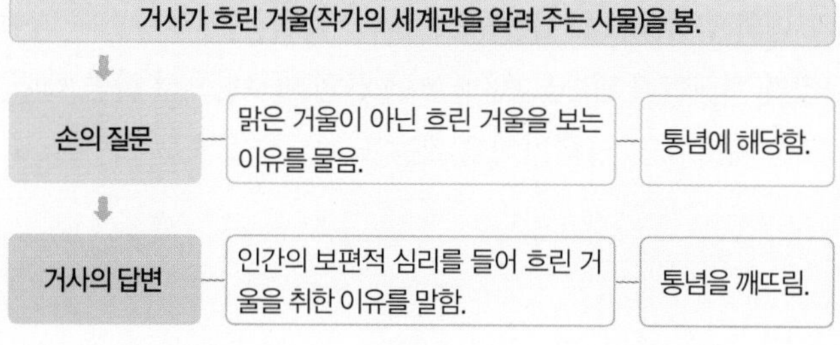

〈경설〉에 나타난 비유적 표현의 의미

함께 읽으면 좋은 작품

〈슬견설(虱犬說)〉, 이규보 / 사물에 대한 새로운 인식을 담은 작품

손과 '나'의 대화를 통해 큰 것의 생명은 소중하고 작은 것의 생명은 하찮다는 통념을 깨고, 생명이 있는 모든 것은 소중하다는 가치를 드러낸 한문 수필이다. 통념을 가진 손과 그 통념을 깨뜨리는 '나'가 등장한다는 점, 독자로 하여금 사물에 대한 새로운 시각을 가질 수 있도록 한다는 점에서 〈경설〉과 공통점을 지닌다. Link 본책 80쪽

키 포인트 체크

제재 (흐린) □□

관점 지나치게 □□만 추구하는 처세관은 그릇되다.

표현 손의 물음과 거사의 □□을 통해 거울에 대한 □□을 깨고 교훈을 제시한다.

1 이 글에 대한 설명으로 적절하지 않은 것은?

① 대화 형식을 통해 내용을 전개하고 있다.
② 인물 간의 갈등을 통해 사건이 진행되고 있다.
③ 비유적 표현을 통해 작가의 가치관을 드러내고 있다.
④ 일상적 사물을 통해 올바른 삶의 자세를 보여 주고 있다.
⑤ 통념을 깨뜨리는 방식으로 작가의 의도를 드러내고 있다.

2 〈보기〉를 참고하여 이 글을 이해한 내용으로 적절하지 않은 것은?

보기

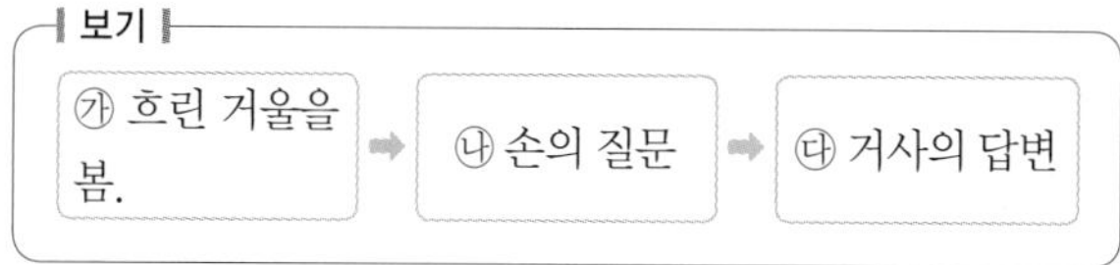

① 거사는 보통의 사람들에게는 ㉮가 더 적절하다고 생각한다.
② 손은 ㉮를 사람들이 세상을 살아가는 데 필요한 행동이라고 생각한다.
③ ㉮는 사람들의 결점도 유연하게 받아들이는 거사의 태도를 보여 준다.
④ ㉯는 거울에 대한 사람들의 일반적인 생각을 드러낸다.
⑤ 손은 ㉰를 듣기 전에는 거울의 목적을 실용적 목적과 인격 수양의 목적으로 판단했다.

3 이 글에서 손[客]의 역할로 적절한 것은?

① 대상의 기능에 대한 새로운 통찰을 제공한다.
② 사건을 요약하여 사건 전개의 속도를 높인다.
③ 상대의 질문에 답변하며 작품의 주제를 드러낸다.
④ 삶에 대한 따뜻한 시선을 보여 주어 독자에게 교훈을 준다.
⑤ 통념을 제시하여 상대가 새로운 이치를 주장할 기회를 제공한다.

4 ⓐ~ⓔ 중, 〈보기〉의 밑줄 친 '옥'과 그 상징적 의미가 유사한 것은?

보기

옥에 흙이 묻어 길가에 버렸으니
오는 이 가는 이 다 흙이라고 하는고야.
두어라, 알 이 있을 것이니 흙인 듯이 있거라. - 윤두서

① ⓐ ② ⓑ ③ ⓒ ④ ⓓ ⑤ ⓔ

5 ㉠의 내용과 관련 있는 한자 성어는?

① 명경지수(明鏡止水)
② 경궁지조(驚弓之鳥)
③ 목불인견(目不忍見)
④ 명불허전(名不虛傳)
⑤ 박문약례(博文約禮)

6 이 글에서 거사와 거울이 하는 역할을 주제 전달의 측면에서 쓰시오.

021 이옥설(理屋說) | 이규보

키워드 체크 #설 #행랑채를 수리한 경험 #삶의 이치 #나라를 다스리는 경험 #유추

문학 신사고, 창비, 해냄
국어 동아, 지학사 독서 미래엔

핵심 정리

갈래 한문 수필, 설(說)
성격 교훈적, 경험적, 유추적
제재 행랑채를 수리한 일
주제 잘못을 알고 고쳐 나가는 자세의 중요성
특징 ① '사실 – 의견'의 구성임.
② 유추의 방법으로 글을 전개함.
출전 《동국이상국집(東國李相國集)》

Q 작가가 자신의 경험을 제시하는 이유는?

작가는 자신의 경험을 제시함으로써 독자의 이해를 돕고 주장의 설득력을 높이고 있다. 독자는 작가의 경험을 통해 자신의 경험을 떠올려 글의 내용을 쉽게 이해할 수 있으며, 작가가 말하고자 하는 바에 동의하게 된다. 이 글이 호소력을 지니는 이유도 이처럼 평범한 일상의 체험을 바탕으로 깨달음을 주고 있기 때문이다.

어휘 풀이

행랑(行廊)채 행랑으로 된 집채. 문간채.
서까래 마룻대에서 도리 또는 보에 걸쳐 지른 나무.
추녀 네모지고 끝이 번쩍 들린, 처마의 네 귀에 있는 큰 서까래. 또는 그 부분의 처마.
들보 칸과 칸 사이의 두 기둥을 건너지른 나무.
재목(材木) 건축, 기구 제작의 재료가 되는 나무.
도탄(塗炭) 몹시 곤궁하여 고통스러운 지경.

Q 작가가 깨달음을 확대·적용하여 말하고자 한 바는?

작가는 일상적인 경험에서 깨달은 바를 정치에 확대·적용하고 있다. 자신의 이익과 가문만을 돌보던 탐관오리들이 횡행하던 당시의 상황에 비춰 보면, 작가는 정사를 맡은 지도자들이 늦기 전에 백성의 삶을 보살피는 정치를 해야 한다고 말하고자 했던 것으로 볼 수 있다.

구절 풀이

❶ **비가 샌 지 ~ 그 비용이 많지 않았다.** 비가 샌 지 오래된 행랑채는 목재가 모두 썩어서 수리하는 데 비용이 많이 들었고, 비가 샌 지 오래되지 않은 행랑채 한 칸은 재목들을 다시 쓸 수 있어 수리비가 많이 들지 않았다. 이를 통해 작가는 '잘못을 빨리 고치면 큰 힘을 들이지 않고도 새로워질 수 있다.'는 깨달음을 얻었다.

❷ **백성을 좀먹는 ~ 나라가 위태롭게 된다.** 자신의 깨달음을 정치에 적용하고 있는 대목으로, 정치인 중 탐관오리가 있다면 빨리 축출해야만 나라가 바로 설 수 있다는 뜻이다. 즉, 백성들의 안정된 삶을 위해서는 때를 놓치지 않는 개혁과 결단이 필요하다는 작가의 생각이 담겨 있다.

작가 소개

이규보(본책 66쪽 참고)

가 ⓐ행랑채가 퇴락하여 지탱할 수 없게끔 된 것이 세 칸이었다. 나는 마지못하여 이를 모두 수리하였다. 그런데 그중의 두 칸은 앞서 장마에 비가 샌 지가 오래되었으나, 나는 그것을 알면서도 이럴까 저럴까 망설이다가 손을 대지 못했던 것이고, 나머지 한 칸은 비를 한 번 맞고 샜던 것이라 서둘러 ⓑ기와를 갈았던 것이다. 이번에 수리하려고 본즉 ❶비가 샌 지 오래된 것은 그 서까래, 추녀, 기둥, 들보가 모두 썩어서 못 쓰게 되었던 까닭으로 수리비가 엄청나게 들었고, 한 번밖에 비를 맞지 않았던 한 칸의 재목들은 완전하여 다시 쓸 수 있었던 까닭으로 그 비용이 많지 않았다.

(퇴락하여: 낡아서 무너지고 떨어져 / '마지못하여'라는 표현에서 행랑채를 수리하는 것을 오랫동안 미뤄 왔음을 알 수 있음. / 작가는 행랑채를 수리해야 한다는 것을 알면서도 계속해서 미뤄 옴.)

▶ 퇴락한 행랑채를 수리함.

나 나는 이에 느낀 것이 있었다. ⓒ사람의 몸에 있어서도 마찬가지라는 사실을. 잘못을 알고서도 바로 고치지 않으면 곧 그 자신이 나쁘게 되는 것이 마치 나무가 썩어서 못 쓰게 되는 것과 같으며, 「잘못을 알고 고치기를 꺼리지 않으면 해(害)를 받지 않고 다시 착한 사람이 될 수 있으니, 저 집의 재목처럼 말끔하게 다시 쓸 수 있는 것이다.」

(느낀 것: 작가의 깨달음 / 사람의 몸: 신체가 아니라 사람 그 자신이라는 뜻으로 해석해야 함. – 유추적 적용 ① / 「 」: 행랑채를 수리한 일에서 얻은 교훈을 사람의 잘못을 반성하고 고치는 것에 적용함.)

▶ 잘못은 빨리 고쳐야 한다는 깨달음을 얻음.

다 뿐만 아니라 나라의 정치도 이와 같다. ⓓ❷백성을 좀먹는 무리들을 내버려 두었다가는 백성들이 도탄에 빠지고 나라가 위태롭게 된다. 그런 연후에 급히 바로잡으려 하면 ⓔ이미 썩어 버린 재목처럼 때는 늦은 것이다. 어찌 삼가지 않겠는가.

(나라의 정치: 행랑채를 수리한 일에서 얻은 교훈을 나라의 정치에 적용함. – 유추적 적용 ② / 무리들: 탐관오리 / 어찌 삼가지 않겠는가: 자신과 타인에 대한 경계의 태도)

▶ 깨달음을 정치에 적용함.

자료실

'설(說)'의 특징

'설'은 이치에 따라 사물을 해석하고[解], 시비를 밝히면서 자기 의견을 설명하는[述] 형식의 한문 문체의 한 종류로, 국문학상의 갈래로는 수필에 가장 가까운 글이다. 온갖 말을 사용하여 자세히 논술하는 것이 특징이며, 비유나 우의적 표현 방법을 많이 사용한다. 설이라는 명칭은 원래 《주역》의 〈설괘(說卦)〉에서 유래했으며, 당나라 시대에 이르러 새롭게 발전하여 우의적 작품이 많이 나왔다. 중국에서는 한유의 〈사설(師說)〉, 〈잡설(雜說)〉, 주돈이의 〈애련설(愛蓮說)〉 등이 유명하며, 우리나라에서는 고려 시대 이규보의 〈경설〉, 〈슬견설〉, 〈이옥설〉, 조선 시대 강희맹의 〈훈자오설〉, 권호문의 〈축묘설〉 등이 있다.

• 중심 내용 행랑채를 수리하는 과정에서 얻은 깨달음 • 구성 단계 (가) 사실 / (나)~(다) 의견

이해와 감상

〈이옥설〉은 퇴락한 행랑채를 수리한 경험에서 얻은 깨달음을 인간의 삶과 정치 현실에 적용한 교훈적 수필이다. 이 글을 구조적으로 보면 '경험 – 깨달음'의 2단 구성으로 이루어져 있으며, 좀 더 세부적으로 나누면 '대상 자체 분석(경험) – 대상의 의미 유추(의미 발견) – 대상의 의미 확장'으로 나누어 볼 수 있다.

대상을 분석하는 부분에서는 집을 수리했던 경험을 통해 잘못을 알고도 수리하지 않았을 때의 폐해가 얼마나 큰지를 설득력 있게 말하고 있다. 대상의 의미를 유추하는 과정에서는 집과 마찬가지로 사람의 잘못된 버릇, 습관도 바로 고쳐야 온전한 사람이 될 수 있다는 깨달음을 얻는다. 그리고 이러한 깨달음은 대상의 의미 확장을 통해 백성을 좀먹는 무리들을 한시바삐 제거하여 정치를 바로 세울 것을 촉구하면서 정치 현실에 확대·적용된다.

작가는 정치 개혁이라는 다소 무거운 제재를 일상적 경험을 바탕으로 한 깨달음과 의미 확장이라는 구조를 통해 제시함으로써 독자들이 자연스럽게 받아들일 수 있도록 전달하고 있다.

작품 연구소

〈이옥설〉의 구성

문단	내용	구조
첫 번째 문단	**행랑채 수리** 일상생활의 구체적 경험 제시	대상 자체의 분석
⬇ 유추(경험에서 얻은 깨달음의 적용)		
두 번째 문단	**사람의 경우** • 자신의 잘못을 알고도 고치지 않으면 점점 더 나빠짐. • 잘못을 알고 빨리 고치면 다시 착한 사람이 될 수 있음.	대상의 의미 유추
⬇ 유추 및 확장(깨달음의 확대 적용)		
세 번째 문단	**정치의 경우** • 백성을 좀먹는 무리를 내버려 두면 나라가 위태로워짐. • 늦기 전에 잘못을 바로잡아야 정치가 올바르게 됨.	대상의 의미 확장

함께 읽으면 좋은 작품

〈나무 접붙이기〉, 한백겸 / 유추를 통한 깨달음을 담은 작품

나무에 접을 붙여 볼품없던 나무를 다시 소생하게 하는 것에서 유추하여 사람이 자신의 마음을 살펴 악한 바를 제거하고 선한 싹을 보살핀다면 누구나 성인이 될 수 있다는 깨달음을 담은 작품이다. 작가의 경험에서 유추하여 깨달음을 얻는 구조가 〈이옥설〉과 유사하다.

키 포인트 체크

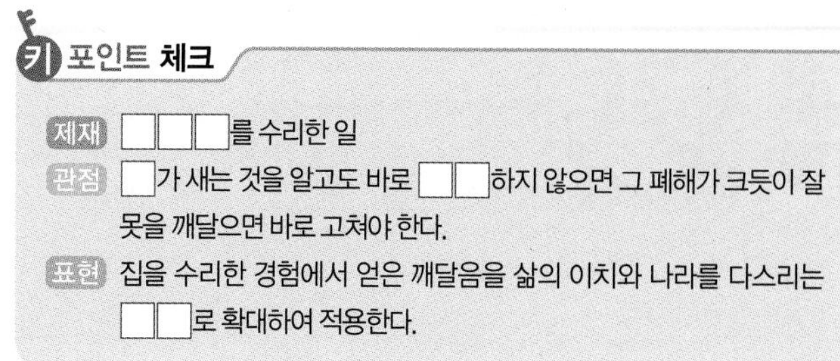

제재 □□□를 수리한 일

관점 □가 새는 것을 알고도 바로 □□하지 않으면 그 폐해가 크듯이 잘못을 깨달으면 바로 고쳐야 한다.

표현 집을 수리한 경험에서 얻은 깨달음을 삶의 이치와 나라를 다스리는 □□로 확대하여 적용한다.

1 이 글에서 알 수 있는 내용으로 적절한 것은?

① '나'의 행랑채는 총 세 채이다.
② 행랑채는 지은 지 얼마 되지 않았다.
③ 한 번 비를 맞은 목재는 다시 사용할 수 없다.
④ 잘못된 것을 알고도 고치지 않으면 해(害)를 입게 된다.
⑤ 좋은 정치란 비가 샌 지 오래된 집을 수리하는 일과 같다.

내신 적중

2 이 글의 구조를 〈보기〉와 같이 정리할 때, [A]~[C]에 대한 설명으로 적절하지 않은 것은?

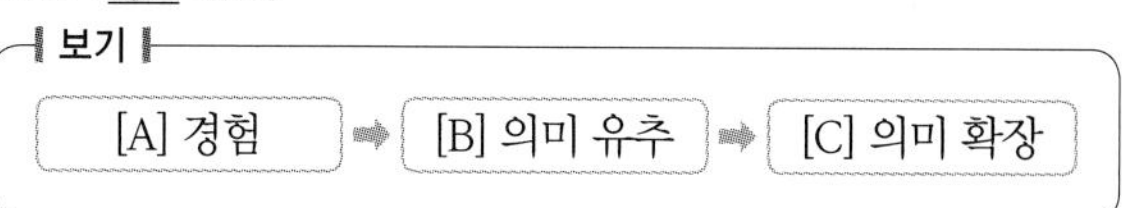

보기: [A] 경험 ➡ [B] 의미 유추 ➡ [C] 의미 확장

① [A]는 [B]와 [C]를 이끌어 내기 위해 제시한 내용이다.
② [B]는 자신의 잘못을 빨리 고쳐야 한다는 내용이다.
③ [B]는 인간의 삶, [C]는 정치 현실에 깨달음을 적용했다.
④ [C]는 [A]와 [B]의 경험에서 이끌어 낸 깨달음이다.
⑤ [C]는 탐관오리를 내버려 두면 나라가 위태로워진다는 내용이다.

3 이 글에 드러난 작가의 깨달음과 의미가 통하는 것은?

① 늦었다고 생각할 때가 가장 빠른 것 같아.
② 무엇이든 기초를 튼튼하게 하는 것이 가장 중요해.
③ 자신의 일을 남에게 미루지 말고 스스로 책임져야 해.
④ 자신의 잘못을 알고 이를 빨리 고치려는 자세가 필요해.
⑤ 다른 사람의 모습을 거울삼아 자신을 돌아볼 줄 알아야 해.

4 ⓐ~ⓔ 중, 〈보기〉의 밑줄 친 시어와 가장 유사한 의미로 쓰인 것은?

보기

<u>참새</u>야 어디서 오가며 나느냐
일 년 농사는 아랑곳하지 않고,
늙은 홀아비 홀로 갈고 맸는데
밭의 벼며 기장을 다 없애다니. – 이제현, 〈사리화(沙里花)〉

① ⓐ ② ⓑ ③ ⓒ ④ ⓓ ⑤ ⓔ

5 〈보기〉를 참고하여 작가가 당시의 집권층에게 조언하고자 한 내용을 40자 이내의 완결된 한 문장으로 쓰시오.

보기

작가가 이 글을 창작할 당시는 무신들이 집권하던 시기로, 몽골의 침략으로 인해 백성들은 참혹한 고통에 시달리고 있었다. 무신 정권은 목숨을 바쳐 몽골에 저항하기도 했지만, 자신들의 안위만 생각하는 이들도 있었다.

이상자대(異相者對) | 이규보

키워드 체크 #한문 수필 #교훈적 #문답 형식 #고정관념의 타파 #유연한 시각 #선입견과 편견의 극복

문학 지학사

핵심 정리

갈래 한문 수필
성격 교훈적, 성찰적
제재 관상가와의 대화
주제 고정관념에 얽매이지 않는 유연한 시각으로 세상을 바라보는 태도
특징 ① 문답 형식으로 주제 의식을 구체화함.
② '기-승-전-결'의 4단 구성을 통해 관상가에 대한 긍정적인 태도를 드러냄.
출전 《동국이상국집(東國李相國集)》 제20권

어휘 풀이

빈천(貧賤)하다 가난하고 천하다.
파리하다 몸이 마르고 낯빛이나 살색이 핏기가 전혀 없다.
관상(觀相) 사람의 얼굴을 보고 그의 운명, 성격, 수명 등을 판단하는 일.
자태(姿態) 어떤 모습이나 모양. 주로 여성의 고운 맵시나 태도에 대하여 이르는 말.
담박(淡泊)하다 욕심이 없고 마음이 깨끗하다.
자객(刺客) 사람을 몰래 죽이는 일을 전문으로 하는 사람.
정위(廷尉) 중국 진(秦)나라 때부터, 형벌을 맡아 보던 벼슬.
좌우명(座右銘) 늘 자리 옆에 갖추어 두고 가르침으로 삼는 말이나 문구.

Q 관상가가 관상을 보는 기준은?
관상가는 일반적인 관상가와 다른 시각으로 관상을 보고 있다. 고정관념이나 선입견을 넘어 대상의 진면목을 보고 대상의 이면에 숨겨진 의미를 분별하고 헤아리려 하고 있다.

구절 풀이

❶ **그가 관상을 ~ 취조하려 하였다.** 일반적으로 관상가들은 과거로부터 전해 내려오는 방식 그대로 관상을 보기 때문에 편견에 갇힐 우려가 있는 반면, '그'는 고정관념에 얽매이지 않고 자신의 시각으로 대상의 이면까지 고려하여 관상을 보고 있다. 그러나 대중들은 이를 거짓이라 폄하하며 '그'의 말을 인정하지 않고 있다.
❷ **"과연 내 말이 ~ 그의 대답을 적는다.** '나'는 대상의 이면과 다양한 모습을 고려하여 관상을 보는 관상가의 인식과 태도를 긍정하며 감탄하고 있다. 그리고 이러한 관상가의 모습을 글로 남겨 후세에 교훈을 전하려 하고 있다.

작가 소개

이규보(본책 66쪽 참고)

가 부귀하면서 살지고 기름기 흐르는 사람을 보고서는 다음과 같이 말하였다.

"당신의 모습이 몹시 야위겠으니, 당신처럼 천한 사람도 없을 것이오."
(관상가의 독특한 인식 ① – 누구나 상황에 따라 가난해져서 굶주리거나 어리석은 사람이 될 수 있음.)
•빈천하면서 아프고 •파리한 사람을 보고서는 다음과 같이 말하였다.

"당신의 모습이 살찌겠으니, 당신처럼 귀한 사람도 드물 것이오."
(관상가의 독특한 인식 ② – 빈천하면 자신을 낮추고 반성함으로써 운수가 트이고 귀하게 여겨짐.)
장님을 보고서는 다음과 같이 말하였다. / "눈이 밝겠소."
(관상가의 독특한 인식 ③ – 마음이 깨끗하고 욕심이 없어 치욕을 멀리함.)
민첩하여 잘 달리는 자를 보고서는 다음과 같이 말하였다. / "절뚝거리며 제대로 걸을 수도 없겠소." / 아름다운 여인을 보고서는 다음과 같이 말하였다.
(관상가의 독특한 인식 ④ – 민첩하면 용기를 과하게 부려 간악하게 행동하다 옥에 갇히기도 함.)

㉠"아름답기도 하고 추하기도 할 것이오."
(관상가의 독특한 인식 ⑤ – 음란한 자가 여인을 보면 아름답게 여기고 순박한 사람이 보면 추하게 여기기도 함.)
세상 사람들이 너그럽고 인자하다고 하는 사람을 보고서는 다음과 같이 말하였다.

"많은 사람을 아프게 할 사람이군요." / 당시 사람들이 잔혹하기 이를 데 없다고 하는 사람을 보고서는 다음과 같이 말하였다. / "많은 사람의 마음을 기쁘게 할 사람이군요."
(관상가의 독특한 인식 ⑥ – 너그럽고 인자한 사람이 죽으면 많은 사람이 마음을 아파함.)
(관상가의 독특한 인식 ⑦ – 잔혹한 사람이 죽으면 서로 축하해 주며 기뻐함.)

❶그가 •관상을 보는 것이 모두 이와 같았다. 재앙이나 복이 생겨나는 까닭을 말할 수 없을 뿐만 아니라 상대방의 얼굴과 행동거지를 살피는 것이 모두 반대였다. 그래서 대중들은 사기꾼이라 시끄럽게 떠들며 그를 잡아다 심문하여 그의 거짓말을 취조하려 하였다.
(사람들의 일반적 인식과 다름.) (길흉화복(吉凶禍福)) (상대방의 관상을 보는 것)
▶ 관상가가 고정관념에 얽매이지 않고 관상을 봄.

나 "요염한 •자태와 아름다운 얼굴을 엿보아 만지게 하고, ⓐ진기하고 좋은 물건을 보고서 그것을 탐하게 하며, 사람을 의혹되게 하고 사람을 왜곡되게 하는 것은 눈입니다. 이 때문에 뜻밖의 치욕을 당하게 된다면 눈이 밝지 않은 사람이 아니겠습니까? 오직 장님만이 •담박하여 탐내지도 않고 만지지 않아 온몸에서 치욕을 멀리하는 것이 현각자(賢覺者)보다 뛰어나기에 '눈이 밝다.'라고 하였습니다. 민첩하면 용기를 숭상하고 용기가 있으면 대중을 능멸하여 끝내 •자객이 되거나 간악한 우두머리가 됩니다. 이렇게 되면 •정위(廷尉)가 체포하고 옥졸이 가두어서 발에는 족쇄를 차고 목에는 칼을 쓰게 되니, 비록 달아나려 한들 가능하겠습니까? 그래서 '절뚝거리며 제대로 걸을 수 없겠다.'라고 하였습니다.
(사람을 호릴 만큼 매우 아리따운) (눈이 여러 가지 욕망의 근원이 된다는 인식이 드러남.) (여러 가지 욕망을 멀리하는 것) (깨달음을 얻어 현명한 사람) (연쇄법을 사용해 자신의 생각을 전개하고 있음.) (민첩함이 초래한 부정적인 상황)

무릇 색이라는 것은 음탕하고 사치한 사람이 보면 보석처럼 아름답게 여기고, 단정하고 순박한 사람이 보면 진흙처럼 추하게 여기기 때문에 '아름답기도 하고 추하기도 하다.'라고 하였습니다. 이른바 인자한 사람이 죽었을 때에는 수많은 백성들이 그를 사모하여 어머니를 잃은 아이처럼 슬프게 울기 때문에 '많은 사람을 아프게 할 사람이다.'라고 하였습니다. 잔혹한 사람이 죽으면 거리마다 노래를 부르고 양고기와 술을 먹으며 축하하면서 연신 웃느라 입을 닫지 못하는 사람도 있고, 손이 아프도록 손뼉을 치는 사람도 있기에 '많은 사람을 기쁘게 할 사람이다.'라고 하였습니다."
(여색. 남성의 눈에 비치는 여성의 아름다운 자태) (인자한 사람의 죽음은 사람들을 슬프게 하고 마음 아프게 함.)
▶ 관상가가 자신의 생각에 대한 이유를 밝힘.

다 내가 깜짝 놀라 일어나면서 말하였다.

❷"과연 내 말이 맞았군. 이 사람은 참으로 기이한 관상가로다. 그의 말은 •좌우명으로 삼고, 법으로 삼을 만하다. 어찌 얼굴과 형상에 따라 귀한 상을 말할 때는 '몸에 거북이의 무늬가 있으니 높은 벼슬을 하겠고, 이마가 무소의 뿔처럼 튀어나왔으니 임금의 아내가 될 상'이라 하고, 나쁜 상을 말할 때는 '벌의 눈과 승냥이의 목소리를 가졌으니 흉악한 상'이라 하여, 잘못을 고치지 않고 틀에 박힌 것만을 따르면서 스스로 거룩한 체, 신령스러운 체하는 관상가이겠는가." / ⓑ물러 나와 그의 대답을 적는다.
(일반적인 관상가들과 생각이 다름.) (일반적인 관상가들이 말하는 귀한 상) (일반적인 관상가들이 말하는 나쁜 상) (일반적인 관상가들에 대한 작가의 부정적인 태도가 드러남.)
▶ 관상가의 생각에 감탄함.

• 중심 내용 고정관념에 얽매이지 않는 관상가의 생각과 그에 대한 감탄 • 구성 단계 (가) 승 / (나) 전 / (다) 결

이해와 감상

〈이상자대(異相者對)〉는 《동국이상국집》에 실려 있는 한문 수필로, 관상가와의 문답을 통해 대상을 바라보는 새로운 관점을 제시하고 있다. 작품에 등장하는 관상가는 일반적인 관상가들과는 다른 시각으로 대상을 바라보고 있는데, 대중은 그를 사기꾼으로 여기며 그의 생각을 이해하지 못하고 있다. 반면 작가는 관상가를 예사롭게 여기지 않고, 몸가짐을 바르게 하여 그와 대화를 이어가고 있는데 이를 통해 관상가의 가치관이나 작품의 주제 의식이 구체적으로 제시되고 있다. 즉, 겉모습이나 행동에 대해 일반적인 평가와 다르게 관상을 보는 관상가를 통해 고정관념이나 편견에 얽매이지 않는 유연한 사고가 필요하다는 교훈을 강조하고 있다.

전체 줄거리

기	관상가의 출현
승	관상가가 일반적인 시각과 다르게 관상을 봄.
전	'나'가 관상가를 찾아가 그가 독특하게 관상을 보는 이유를 들음.
결	'나'가 관상가의 말을 듣고 감탄하며, 깨달음을 후세에 전하고자 함.

작품 연구소

대상에 대한 관상가의 평가

대상	관상가의 평가
부귀하면서 살지고 기름기 흐르는 사람	몹시 야위어 천한 사람이 될 것임.
빈천하면서 아프고 파리한 사람	살쪄서 귀한 사람이 될 것임.
장님	눈이 밝을 것임.
민첩하여 잘 달리는 자	제대로 걸을 수 없을 것임.
아름다운 여인	아름답기도 하고 추하기도 할 것임.
너그럽고 인자한 사람	많은 사람을 아프게 할 것임.
잔혹한 사람	많은 사람의 마음을 기쁘게 할 것임.

'나'의 깨달음과 작품의 주제 의식

관상가의 생각	• 사람의 현재 모습이나 행동보다 미래의 모습을 기준으로 관상을 봄. • 고정관념이나 편견에 얽매이지 않고, 대상의 이면에 숨겨진 의미를 찾는 것을 강조함.

⬇ '나'와 관상가의 문답

'나'의 깨달음	일반적인 관상가들과 다르게 생각하는 관상가의 모습을 통해 선입견과 편견을 버리고 유연한 시각으로 대상을 바라봐야 한다는 깨달음을 얻음.

함께 읽으면 좋은 작품

〈경설(鏡說)〉, 이규보 / 바람직한 삶의 자세를 강조한 교훈적 수필

흐린 거울에 관한 이야기를 통해 바람직한 삶의 자세를 일깨우고자 하는 교훈적 수필이다. 〈이상자대〉와 마찬가지로 《동국이상국집》에 실려 있으며, 작가에게 깨달음을 주는 대상이 등장하여 서로 묻고 답하는 과정을 거치며 깨달음을 전달한다는 점, 편견에 얽매이지 않고 새로운 시각을 가지도록 하는 주제 의식이 드러난다는 점이 유사하다. 〈경설〉은 '거울'이라는 일상적 소재를 매개로 하여 대화를 주고받고 있는 반면, 〈이상자대〉는 다양한 사람에 대한 관상을 소재로 하여 이야기를 전개해 나가고 있다.

Link 본책 72쪽

키 포인트 체크

제재 일반적인 사람과는 다른 시각으로 관상을 보는 □□□와의 대화

관점 작가는 □□□□이나 편견에 얽매이지 않는 유연한 사고가 필요하다는 교훈을 얻고 이를 □□□으로 삼고자 한다.

표현 작가와 관상가의 □□ 형식으로 구성하여 작품의 주제 의식을 구체화한다.

1 이 글에 대한 설명으로 적절하지 않은 것은?

① 인물에 대한 작가의 평가를 직접 드러내고 있다.
② 대화를 직접 인용하여 인물의 생각을 제시하고 있다.
③ 다양한 상황을 제시하여 인물의 가치관을 드러내고 있다.
④ 묻고 답하는 과정을 통해 작가의 깨달음을 제시하고 있다.
⑤ 인물 간의 갈등 해소 과정을 통해 주제 의식을 구체화하고 있다.

내신 적중 多빈출

2 (다)에서 관상가를 대하는 작가의 태도로 적절한 것은?

① 관상가와의 갈등을 해소하려 하고 있다.
② 관상가에게 깨달음을 주기 위해 노력하고 있다.
③ 관상가의 생각에 감탄하며 본받으려 하고 있다.
④ 관상가의 말에서 논리적 허점을 찾아내고 있다.
⑤ 관상가를 오해한 것에 대해 용서를 구하고 있다.

3 ⓐ의 문맥적 의미와 가장 유사한 한자 성어는?

① 견물생심(見物生心) ② 견리사의(見利思義)
③ 목불식정(目不識丁) ④ 안하무인(眼下無人)
⑤ 과유불급(過猶不及)

4 ⓑ의 내용을 추측할 때 적절하지 않은 것은?

① 고정관념이나 편견에 얽매이지 않아야 해.
② 대상의 진정한 본질을 알기 위해 노력해야 해.
③ 겉으로 드러나는 모습만 보고 평가해서는 안 돼.
④ 과거로부터 이어져 내려오는 방식을 잘 계승해야 해.
⑤ 대상이나 현상은 관점에 따라 다르게 해석될 수도 있어.

5 관상가가 ㉠과 같이 대답한 이유를 쓰시오.

023 차마설(借馬說) | 이곡

키워드 체크 #설 #자성적 #말을 빌려 탄 경험 #소유에 대한 깨달음

문학 미래엔

핵심 정리

갈래 한문 수필, 설(說)
성격 교훈적, 경험적, 자성적
제재 말을 빌려 탄 일
주제 소유에 대한 성찰과 깨달음
특징 ① '사실 – 의견'의 2단 구성임.
② 권위 있는 사람(맹자)의 말을 논거로 제시해 설득력을 높임.
③ 유추의 방법을 사용해 개인적 경험을 보편적 깨달음으로 일반화함.
출전 《가정집(稼亭集)》

어휘 풀이

방자(放恣)하다 어려워하거나 조심스러워하는 태도가 없이 무례하고 건방지다.
미혹(迷惑) 무엇에 홀려 정신을 차리지 못함.
독부(獨夫) 백성들의 따돌림을 받는 외로운 통치자.
백승(百乘) 백 대의 수레. 많은 재산과 권력을 비유.

Q 이 글에서 '빌리다'의 의미는?

일상생활에서 '빌리다'는 남의 물건이나 돈 등을 나중에 돌려주기로 약속하고 잠시 동안 쓰는 것을 의미하지만, 이 문장에서의 '빌리다'는 우리가 일반적으로 사용하는 것과는 다른 철학적 의미를 지닌다. 인간이 가진 것들은 근본적으로 인간의 소유가 아니므로, 인간에게 진정한 자기 소유는 없다는 의미에서 빌린다는 표현을 쓴 것이다.

구절 풀이

❶ **노둔하고 야윈 말을 ~ 환란을 면하지 못한다.** 작가가 노둔하고 약한 말을 빌려 탔을 때와 준마를 빌려 탔을 때의 자신의 심리 변화를 제시하고 있다. 즉, 빌린 말의 상태에 따라 마음가짐이 달라졌던 경험을 제시하고 이를 소유에 대한 문제로 일반화하려는 의도를 엿볼 수 있다.

❷ **사람이 가지고 있는 것 ~ 또 뭐가 있다고 하겠는가.** 사람이 가진 모든 것은 다른 대상으로부터 빌린 것이라는 주장이다. 이는 현재 소유하고 있는 것이라도 언제든지 사라질 수 있으므로 진정으로 '가졌다'고 할 수 없다는 의미를 나타내며, 소유에 대한 본질적 통찰을 보여 준다.

❸ **맹자(孟子)가 말하기를 ~ 라고 하였다.** 맹자의 말을 인용하여 자신의 주장을 뒷받침하고, 주장의 타당성을 확보하고 있다.

작가 소개

이곡(李穀, 1298~1351)
고려 후기의 학자이자 문인이다. 문장이 매우 뛰어나 원나라에서도 그 실력을 인정했다. 또한 고려 말기 고려에 대하여 충절을 지킨 것으로 유명한 이색의 아버지이기도 하다. 그의 주요 작품으로 〈죽부인전(竹夫人傳)〉과 문집 《가정집(稼亭集)》이 있다.

가 나는 집이 가난해서 말이 없기 때문에 간혹 남의 말을 빌려서 타곤 한다. 그런데 ❶노둔하고 야윈 말을 얻었을 경우에는 일이 아무리 급해도 「감히 채찍질을 대지 못한 채 금방이라도 쓰러지고 넘어질 것처럼 전전긍긍하기 일쑤요, 개천이나 도랑이라도 만나면 또 말에서 내리곤 한다.」 그래서 후회하는 일이 거의 없다. 반면에 발굽이 높고 귀가 쫑긋하며 잘 달리는 준마를 얻었을 경우에는 「의기양양하여 *방자하게 채찍질을 갈기기도 하고 고삐를 놓기도 하면서 언덕과 골짜기를 모두 평지로 간주한 채 매우 유쾌하게 질주하곤 한다.」 그러나 간혹 위험하게 말에서 떨어지는 환란을 면하지 못한다.

(말을 빌려 타게 된 이유 / 늙어서 재빠르지 못하며 둔하고 / 「 」: 노둔하고 야윈 말을 빌렸을 때 말을 대하는 태도 – 조심함. / 말에서 떨어져 다칠 위험이 적으므로 / 빠르게 잘 달리는 말 / 「 」: 준마를 빌렸을 때 말을 대하는 태도 – 거침없이 달려감.)

▶ 말의 상태에 따라 심리가 변화함.

나 아, 사람의 감정이라는 것이 어쩌면 이렇게까지 달라지고 뒤바뀔 수가 있단 말인가. 남의 물건을 빌려서 잠깐 동안 쓸 때에도 오히려 이와 같은데, 하물며 진짜로 자기가 가지고 있는 경우야 더 말해 무엇하겠는가.

(근심과 재앙을 통틀어 이르는 말 / 개인적 경험이 보편적 깨달음으로 변화하는 과정 / 자기의 소유물일 경우에는 마음의 변화가 더욱 심할 것임을 드러냄.)

▶ 자기 소유물일 때에는 심리 변화가 더 클 것임.

다 「그렇긴 하지만 ❷사람이 가지고 있는 것 가운데 남에게 빌리지 않은 것이 또 뭐가 있다고 하겠는가.」 임금은 백성으로부터 힘을 빌려서 존귀하고 부유하게 되는 것이요, 신하는 임금으로부터 권세를 빌려서 총애를 받고 귀한 신분이 되는 것이다. 그리고 자식은 어버이에게서, 지어미는 지아비에게서, 비복(婢僕)은 주인에게서 각각 빌리는 것이 또한 심하고도 많은데, 대부분 자기가 본래 가지고 있는 것처럼 여기기만 할 뿐 끝내 돌이켜 보려고 하지 않는다. 이 어찌 *미혹된 일이 아니겠는가.

(「 」: 소유의 본질에 대한 깨달음 – 주제문 / 설의법 – 자신의 의도 강조 / 계집종과 사내종을 아울러 이르는 말 / 자기 소유가 아니라 빌린 것이라는 사실을 깨닫지 못함을 지적함.)

그러다가 혹 잠깐 사이에 그동안 빌렸던 것을 돌려주는 일이 생기게 되면, 만방(萬邦)의 임금도 *독부(獨夫)가 되고 *백승(百乘)의 대부(大夫)도 고신(孤臣)이 되는 법인데, 더군다나 미천한 자의 경우야 더 말해 무엇하겠는가. ㉠ ❸맹자(孟子)가 말하기를 "오래도록 차용하고서 반환하지 않았으니, 그들이 자기의 소유가 아니라는 것을 어떻게 알았겠는가."라고 하였다. 「내가 이 말을 접하고서 느껴지는 바가 있기에, 차마설을 지어서 그 뜻을 부연해 보았다.」

(세계의 모든 나라 / 임금의 신임이나 사랑을 받지 못하는 신하 / 더욱 허망한 심정을 느낄 것임. / 「 」: 집필 동기 / 잘못된 소유 관념에 대한 경계)

▶ 잘못된 소유 관념을 비판함.

· 중심 내용 말을 빌려 탄 작가의 경험에서 얻은 소유에 대한 성찰과 깨달음 · 구성 단계 (가) 사실 / (나)~(다) 의견

이해와 감상

〈차마설〉은 말을 빌려 탄 개인적인 경험을 통해 소유에 대한 보편적인 깨달음을 제시하고 올바른 삶의 태도를 촉구하는 교훈적 수필이다.

이 글은 개인적인 일상의 경험을 제시한 '사실' 부분과 경험을 일반화한 '의견' 부분(집필 의도)으로 구성되어 있다. 사실 부분에서는 말을 빌려 탄 경험을 통해 말의 상태에 따라 다루는 사람의 심리가 달라지는 것을 설명하고 있다. 의견 부분에서는 이러한 심리 변화가 자신이 소유하고 있는 것에 대해서는 더욱 극심할 것이라고 지적하면서 소유 전반에 대한 문제로 일반화하고 있다.

작가는 세상의 부귀와 권세도 본래부터 소유한 것이 아니라 누군가에게 빌린 것임을 예를 들어 제시하면서 세상 사람들은 이를 망각하고 마치 자기 소유인 양 생각하고 반성할 줄 모른다고 맹자의 말을 인용하여 지적하고 있다. 즉, 작가는 외물에 따른 인간의 심리 변화와 그릇된 소유 관념을 비판하고 있는 것이다.

작품 연구소

〈차마설〉의 구성

사실 – 일상적 경험		의견 – 경험의 일반화
빌린 말의 상태 차이에 따라 심리가 변화함. → 소유물에 따른 심리의 변화로, 항상심(恒常心)을 갖지 못하는 것을 한탄함.	+	힘, 권세 등 인간이 소유한 모든 것은 남에게서 빌린 것으로, 인간에게 진정한 자기 소유는 없음. → 무소유의 의미를 일깨우고자 이 글을 씀.

↓

참된 삶의 자세 자각

- 무소유(無所有), 안분지족(安分知足)의 삶
- 소유에 대한 지나친 집착을 경계함.
- 소유에 맹목적으로 집착하지 않는 것이 참되고 바른 삶의 자세임을 제시함.

〈차마설〉의 창작 의도

이 글에서 '느껴지는 바'는 작가가 드러내고자 하는 주제 의식으로, 크게 두 가지로 정리할 수 있다. 하나는 전반부의 '항상심(恒常心)을 잃고 때에 따라 태도를 바꾸는 것'이고, 다른 하나는 후반부의 '무소유(無所有)의 참뜻을 모르는 것'이다. 작가는 이러한 사실을 말을 빌려 탄 경험을 통해 깨닫고 있다. 자기 소유일 경우 외물에 따른 심리 변화는 더욱 극심할 것이라고 하면서 본래 자기 소유의 것은 존재하지 않고 모두 빌려 온 것이므로 소유에 집착하지 말라는 것이다. 즉, 작가는 경험에서 얻은 깨달음을 삶의 지표로 삼을 수 있도록 생각의 기회를 제공하기 위해서 이 글을 쓴 것이다.

함께 읽으면 좋은 작품

〈무소유(無所有)〉, 법정 / 소유에 대한 관점이 드러난 작품

작가의 직접적인 경험을 바탕으로 하여 인간의 괴로움과 번뇌는 어떤 것에 집착하고 더 많이 가지려 하는 소유욕에서 비롯된다는 점을 설득력 있게 제시한 수필이다. 소유욕을 버림으로써 그것보다 더 큰 마음의 평정과 자유를 얻을 수 있다는 깨달음을 전하고 있다. 작가의 경험을 통해 소유에 집착하지 말라는 주제를 전달하고 있다는 점에서 〈차마설〉과 공통점을 지닌다.

키 포인트 체크

제재 □을 빌려 탄 일

관점 본래 자기 □□의 것은 존재하지 않고 모두 빌려 온 것이다.

표현 권위 있는 사람의 말을 논거로 제시하고, □□의 방법으로 경험에서 얻은 깨달음을 일반화한다.

1 이 글의 내용과 일치하는 것은?

① 양반은 가난을 부끄럽게 생각해서는 안 된다.
② 임금은 백성을 자식처럼 여기며 보살펴야 한다.
③ 자식이 어버이에게 의지하는 것은 자연의 순리다.
④ 남에게 빌린 물건은 원상태로 돌려주어야 한다.
⑤ 본래 자기 소유의 것은 없고 모두 빌려 온 것이다.

2 이 글의 작가가 〈보기〉의 상황에 대해 할 수 있는 말로 가장 적절한 것은?

보기

> 요사이 세력 있는 사람들 백성의 땅을 빼앗아
> 산천으로 경계 지으며 공문서 만들었소.
> 땅은 하나인데 주인은 많아서
> 벼 섬 받아 가고 또 받아 가기 쉴 새 없소.
> 장마나 가뭄 당하여 흉작일 때에도
> 해묵은 타작마당엔 풀만 쓸쓸하다오.
> 살을 벗기고 뼈를 긁어 가 빈터만 쓸고 있으니
> 관가의 조세는 어떻게 낼꼬. – 윤여형, 〈상률가(橡栗歌)〉

① 공문서를 만들었다는 것은 소유의 경계를 뚜렷이 한 것이므로 정당한 일입니다.
② 세력 있는 사람들은 자신들의 권력이 백성들로부터 빌린 것임을 명심해야 합니다.
③ 벼는 백성이 나라에서 빌린 땅에서 농사지은 것이므로 관가에 조세로 바치는 것이 맞습니다.
④ 땅은 하나인데 주인이 많다는 것은, 본래 땅의 주인이 특정한 인물로 정해져 있는 것이 아니라는 뜻입니다.
⑤ 땅은 원래 백성이 하늘로부터 잠시 빌려 쓰는 것이므로 백성들이 땅을 빼앗기고 억울해하는 것은 부당합니다.

3 이 글의 전개 과정에서 ㉠의 역할로 적절한 것은?

① 작가의 주장을 뒷받침하여 설득력을 높이고 있다.
② 물음의 방식을 통해 결론에 대한 여운을 남기고 있다.
③ 작가의 의견과 비교하여 올바른 판단을 유도하고 있다.
④ 반대되는 의견을 제시하여 작가의 주장을 강화하고 있다.
⑤ 어려운 용어를 사용하여 주장의 타당성을 확보하고 있다.

4 이 글에서 드러내고자 하는 주제 의식과 관계 깊은 한자 성어는?

① 능소능대(能小能大)
② 안분지족(安分知足)
③ 사필귀정(事必歸正)
④ 수구초심(首丘初心)
⑤ 백절불굴(百折不屈)

5 이 글의 작가가 독자에게 전하고자 한 깨우침이 무엇인지 쓰시오.

024 슬견설(虱犬說) | 이규보

문학 천재(정)

키워드 체크 #설 #이[虱]의 죽음 #생명의 소중함

가 어떤 손[客]이 나에게 이런 말을 했다.
통념을 제시하는 역할을 함.

"어제 저녁엔 아주 처참한 광경을 보았습니다. 어떤 불량한 사람이 큰 몽둥이로 돌아 다니는 개를 쳐서 죽이는데, 보기에도 너무 참혹하여 실로 마음이 아파서 견딜 수가 없었습니다. 그래서 이제부터는 맹세코 개나 돼지의 고기를 먹지 않기로 했습니다."

슬프고 끔찍한 / 손이 개나 돼지의 고기를 먹지 않기로 결심하게 된 계기 / 커다란 짐승의 죽음에 대한 연민 때문에

▶ 손이 개의 죽음을 안타까워함.

나 이 말을 듣고, 나는 이렇게 대답했다.

『"어떤 사람이 불이 이글이글하는 화로를 끼고 앉아서, 이를 잡아서 그 불 속에 넣어 태워 죽이는 것을 보고, 나는 마음이 아파서 다시는 이를 잡지 않기로 맹세했습니다."』

『 』: 손의 말과 대구를 이루는 문장 – 생명이 있는 모든 것이 소중함. / 개와는 대조적으로 작고 하찮게 여겨지는 존재

▶ '나'가 이의 죽음을 안타까워함.

다 손이 실망하는 듯한 표정으로,
손이 '나'의 말을 제대로 이해하지 못했기 때문에

"이는 미물이 아닙니까? 나는 덩그렇게 크고 육중한 짐승이 죽는 것을 보고 불쌍히 여겨서 한 말인데, 당신은 구태여 이를 예로 들어서 대꾸하니, 이는 필연코 나를 놀리는 것이 아닙니까?"

작고 보잘것없는 것 / 손은 개의 죽음은 처참하고 불쌍하지만 이의 죽음은 그렇지 않다고 생각함. / 손은 '나'의 의도적인 대답을 자신을 놀리는 것으로 오해함.

하고 대들었다.

▶ 손이 '나'의 의도를 제대로 이해하지 못함.

라 나는 좀 구체적으로 설명할 필요를 느꼈다.

"무릇 피[血]와 기운[氣]이 있는 것은 사람으로부터 소, 말, 돼지, 양, 벌레, 개미에 이르기까지 모두가 한결같이 살기를 원하고 죽기를 싫어하는 것입니다. 어찌 큰 놈만 죽기를 싫어하고, 작은 놈만 죽기를 좋아하겠습니까? 그런즉, 개와 이의 죽음은 같은 것입니다. 그래서 예를 들어서 큰 놈과 작은 놈을 적절히 대조한 것이지, 당신을 놀리기 위해서 한 말은 아닙니다. 당신이 내 말을 믿지 못하겠으면 당신의 열 손가락을 깨물어 보십시오. 엄지손가락만이 아프고 그 나머지는 아프지 않습니까? 한 몸에 붙어 있는 큰 지절(支節)과 작은 부분이 골고루 피와 고기가 있으니, 그 아픔은 같은 것이 아니겠습니까? 하물며, 각기 기운과 숨을 받은 자로서 어찌 저놈은 죽음을 싫어하고 이놈은 좋아할 턱이 있겠습니까? 당신은 물러가서 눈 감고 고요히 생각해 보십시오. 그리하여 『달팽이의 뿔을 쇠뿔과 같이 보고, 메추리를 대붕(大鵬)과 동일시하도록 해 보십시오.』 연후에 나는 당신과 도(道)를 이야기하겠습니다."

생명이 있는, 살아 있는 것 / 생명이 있는 것은 모두 죽기 싫어함. / 본질적으로 생명은 모두 소중함. / 팔다리의 뼈마디 / 편견을 배제한 시각으로 바라보기를 권함. / 크기가 아주 작은 뿔 / 크기가 큰 뿔 / 크기가 아주 작은 새 / 크기가 매우 큰 새 / 진리

라고 했다.

『 』: 작가의 의도가 드러난 말 – 사물은 크기에 관계 없이 그 근본적 성질은 같음.

▶ '나'가 손에게 개와 이의 죽음이 같은 것임을 설명함.

키 포인트 체크

제재 개[犬]와 □[虱]의 죽음

관점 □□을 버리고 현상의 이면을 보아야 사물의 □□을 올바로 볼 수 있다.

표현 대화를 통해 상황을 전개하고, 대조적인 □□를 통해 주제를 부각한다.

답 이, 편견, 본질, 예시

핵심 정리

갈래 한문 수필, 설(說)
성격 교훈적, 비유적, 관념적, 풍자적
제재 개[犬]와 이[虱]의 죽음
주제 ① 사물에 대한 편견의 배제
② 생명의 소중함
특징 ① 변증법적 대화를 통해 글을 전개함.
② 일상적 사물을 통해 교훈적 의미를 전달함.
출전 《동국이상국집(東國李相國集)》
작가 이규보(본책 66쪽 참고)

이해와 감상

〈슬견설〉은 개[犬]와 이[虱]의 죽음을 통해 선입견이나 편견을 가지고 사물을 보지 말아야 한다는 교훈을 제시한 수필이다. 작가는 깊은 통찰에서 나온 깨달음과 새로운 관점을 가상의 인물인 손과의 대화를 통해 제시함으로써 설득력을 높이고 있다. 이 글에서 손은 큰 동물인 개의 생명은 귀하고 미물인 이의 생명은 하찮다고 주장한다. 이에 대해 '나'는 개처럼 큰 동물이든 이처럼 작은 동물이든 생명을 가진 것의 죽음은 모두 불쌍하다고 말하면서, 모든 생명은 대소 귀천(大小貴賤)에 관계없이 소중하다고 주장한다. 즉, 작가는 선입견이나 편견을 버리고 현상의 이면을 꿰뚫어 보는 안목을 갖춰야 사물의 본질을 올바로 볼 수 있음을 깨우쳐 주고 있는 것이다.

작품 연구소

〈슬견설〉의 표현상 특징

① 손과 '나'의 대화를 통해 상황을 전개한다.
② 개와 이의 대조적 예시를 통해 주제를 부각한다.
③ 일상적인 소재를 이용하여 교훈적인 의미를 부여하는 작가의 개성이 두드러진다.
④ 표면적인 사실을 통해 이면의 주제를 드러내는 관조적인 내용을 풍자의 수법으로 표현하고 있다.

〈슬견설〉의 논리 전개 방법

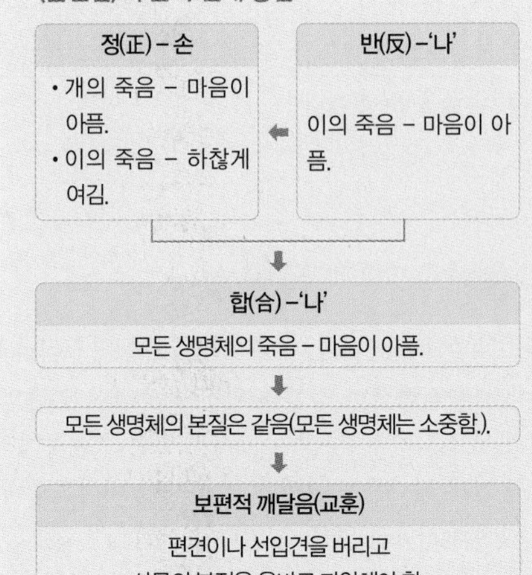

025 괴토실설(壞土室說) | 이규보

키워드 체크 #설 #토실 #이기적 심성 #자연의 섭리

가 10월 초하루에 이자(李子)가 밖에서 돌아오니, 종들이 흙을 파서 집을 만들었는데, 그 모양이 무덤과 같았다. 이자는 어리석은 체하며 말하기를,

이자(李子): 이씨 성을 가진 사람. 이규보 자신을 일컬음. / 어리석은 체하며 말하기를: 모르는 체하며 말하기를

"무엇 때문에 집 안에다 무덤을 만들었느냐?"

토실에 대한 작가의 부정적 시각이 드러남.

하니, 종들이 말하기를,

"이것은 무덤이 아니라 토실입니다."

토실: 재목을 쓰지 않고 흙만 쌓아 그 위에 지붕을 이어 지은 집. 지금의 온실에 해당함.

하기에,

"어찌 이런 것을 만들었느냐?"

하였더니,

「"겨울에 화초나 과일을 저장하기에 좋고, 또 길쌈하는 부인들에게 편리하니, 아무리 추울 때라도 온화한 봄 날씨와 같아서 손이 얼어 터지지 않으므로 참 좋습니다."」

「」: 토실을 만든 이유 – 편리성과 실용성 / 길쌈: 실을 내어 옷감을 짜는 모든 일을 통틀어 이르는 말.

하였다. ▶ 종들에게 토실을 만든 이유를 물음.

나 이자는 더욱 화를 내며 말하기를,

「"여름은 덥고 겨울이 추운 것은 사시(四時)의 정상적인 이치이니, 만일 이와 반대가 된다면 곧 괴이한 것이다. 옛적 성인이, 겨울에는 털옷을 입고 여름에는 베옷을 입도록 마련하였으니, 그만한 준비가 있으면 족할 것인데, 다시 토실을 만들어서 추위를 더위로 바꿔 놓는다면 이는 하늘의 명령을 거역하는 것이다. 사람은 뱀이나 두꺼비가 아닌데, 겨울에 굴속에 엎드려 있는 것은 너무 상서롭지 못한 일이다. 길쌈이란 할 시기가 있는 것인데, 하필 겨울에 할 것이냐? 또 봄에 꽃이 피었다가 겨울에 시드는 것은 초목의 정상적인 성질인데, 만일 이와 반대가 된다면 이것은 괴이한 물건이다. 괴이한 물건을 길러서 때아닌 구경거리를 삼는다는 것은 하늘의 권한을 빼앗는 것이니, 이것은 모두 내가 하고 싶은 뜻이 아니다. 빨리 헐어 버리지 않는다면 너희를 용서하지 않겠다."」

「」: 토실을 허물라고 한 이유 / 사시(四時): 봄, 여름, 가을, 겨울의 네 계절 / 만일 이와 반대가 된다면: 자연의 순리를 거스른다면 / 괴이한: 괴이하고 이상한 / 추위를 더위로 바꿔 놓는다면: 자연의 섭리를 거스른다면 / 뱀이나 두꺼비: 굴속에서 겨울을 나는 동물들 / 상서롭지: 복되고 길한 일이 일어날 조짐이 있다. / 길쌈이란 할 시기가 있는 것인데: 모든 일에는 적당한 시기가 있음. / 하늘의 권한: 자연의 이치 / 이것: 하늘의 권한을 빼앗는 것

하였더니, 종들이 두려워하여 재빨리 그것을 철거하여 그 재목으로 땔나무를 마련했다. 그리하고 나니 나의 마음이 비로소 편안하였다. ▶ 토실에 대한 '나'의 생각을 밝히고 토실을 허물게 함.

나의 마음이 비로소 편안하였다: 자연의 섭리에 순응했을 때의 평안과 안식

Q '토실'의 상징적 의미는?

이 글에서 '토실'은 자연의 섭리나 생태계의 질서를 등한시한 채 편리나 욕망만을 추구하는 인간의 이기적 심성을 상징한다. '토실'을 '무덤'이라고 지칭하는 '이자'의 태도에서 이를 바라보는 작가의 부정적·비판적 시각을 읽을 수 있다.

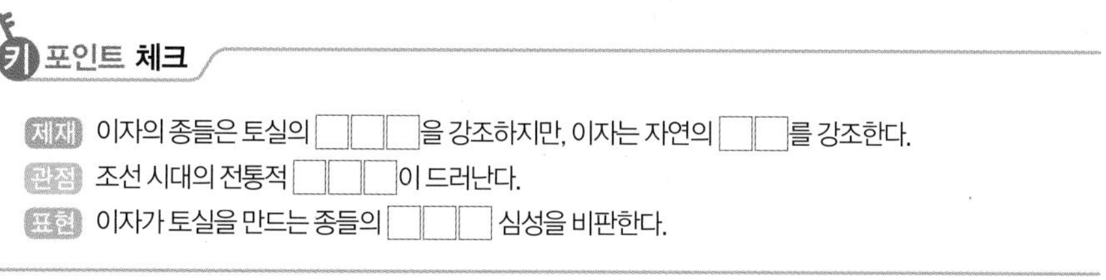

키포인트 체크

제재 이자의 종들은 토실의 □□□을 강조하지만, 이자는 자연의 □□를 강조한다.

관점 조선 시대의 전통적 □□□이 드러난다.

표현 이자가 토실을 만드는 종들의 □□□ 심성을 비판한다.

답 효용성, 질서(섭리), 자연관, 이기적

핵심 정리

갈래 한문 수필, 설(說)
성격 교훈적, 경험적, 자연 친화적
제재 토실(土室)
주제 자연의 질서에 순응하는 삶의 추구
특징 ① 자연 친화적인 삶의 태도를 드러냄.
② 일상적 경험을 통해 주제를 전달함.
출전 《동국이상국집(東國李相國集)》
작가 이규보(본책 66쪽 참고)

이해와 감상

〈괴토실설〉은 토실과 관련된 일상생활의 경험을 통해 인간의 욕망과 편리를 위해 자연의 이치를 역행해서는 안 된다는 교훈을 제시한 한문 수필이다. 이자(李子)는 생활의 편리함을 얻기 위해 토실을 만들었다는 종들에게 이는 계절의 순환에 역행하는 것이자 하늘의 권한을 빼앗는 행위라며 토실을 허물라고 말한다. 이와 같은 이자의 말에서 인간의 편리보다는 자연의 섭리를 중시하는 자연 친화적 사상을 엿볼 수 있다. 작가는 이 글을 통해 '토실'로 상징되는 인간의 이기적 심성을 비판하고, 자연의 질서를 존중하고 순응하며 살 것을 촉구하고 있는 것이다. 이러한 측면에서 인간의 욕망을 위해 자연의 질서와 생태계의 조화를 등한시한 채 환경을 파괴하고 있는 현대 사회에 이 작품이 시사하는 의미가 크다고 할 수 있다.

작품 연구소

〈괴토실설〉의 구성

경험	종들이 토실을 만든 것을 보고 이자가 그 이유를 물음.
의견	토실은 자연의 순리를 거스른 것이므로 바람직하지 않음. → 토실을 허물라고 함.

토실에 대한 종들과 이자의 견해 차이

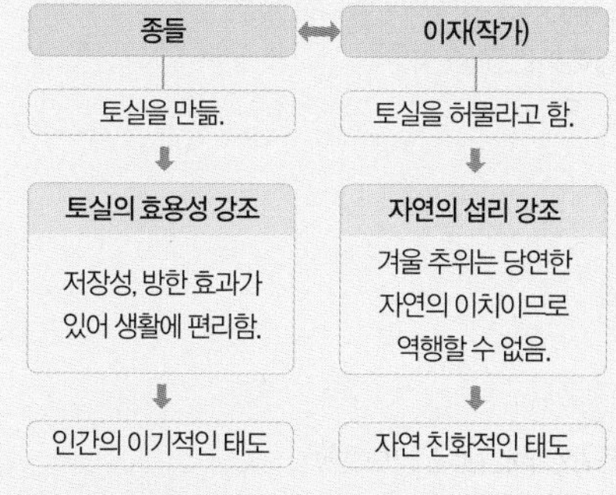

자료실

동양의 전통적 자연관

우리 선조들은 자연을 늘 인간이 더불어 살아야 하는 윤리와 도덕의 출발로 보았다. 문명의 흔적이라고는 없었던 원시 시대에도 터부(taboo)나 토템(totem)의 형식으로 자연을 경외의 대상으로 삼아 적절한 규범으로 승화시켜 나름대로 발전된 사회적 윤리 체계를 만들어 살았던 것에서 이를 짐작할 수 있다. 자연은 선조들에게 하늘과 땅, 그리고 그 안에 들어 있는 모든 것을 의미한다. 우리 조상들은 하늘과 땅을 음양의 조화로 풀이하려 했으며, 이들이 균형과 조화를 이루어야 기(氣)가 살아 있는 자연이 함께 살아 숨쉰다고 보았다.

만복사저포기　이생규장전　용궁부연록　남염부주지　취유부벽정기　설공찬전　화사　주옹설

주봉설　난중일기　보지 못한 폭포　차계기환　용재총화　도산십이곡 발　퇴계의 편지

III

조선 전기

문학사 개관

조선 전기(조선 건국 ~ 임진왜란)

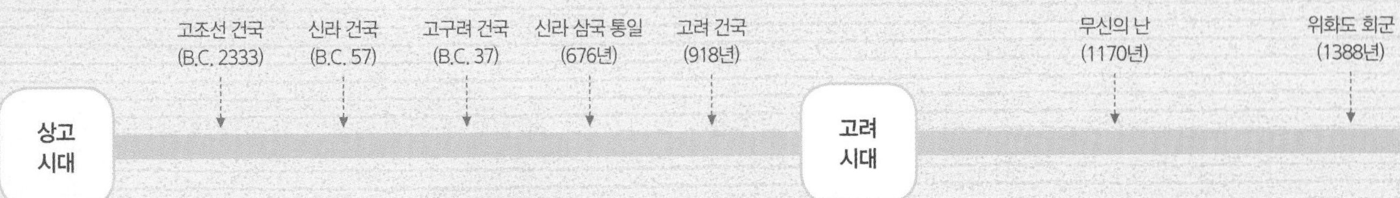

이 시기의 특징

- 성리학 중심의 유교 문화를 확립한 시기로, 유교적 이념을 바탕으로 한 귀족 문학이 주류를 이루었다.
- 한문학이 발달했고, 최초의 한문 소설집인 《금오신화》가 창작되었다.
- 훈민정음(訓民正音)이 창제되면서 각종 구비 문학이 한글로 정착되었다.
- 문학 창작의 주체가 확대되고 한글로 지어진 작품이 출현하면서 이후 한글 문학의 기틀을 다지게 되었다.

전개 양상

◆ 설화 문학의 변모 과정

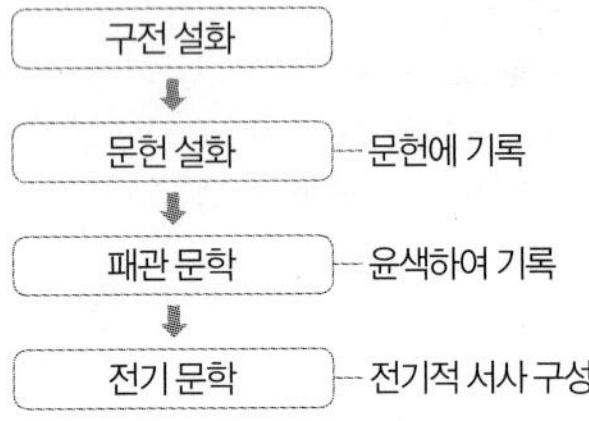

1. 패관 문학의 융성

고려 때부터 발달한 패관 문학은 훈민정음이 창제된 후에 더욱 전문화되고 영역별로 분화되었다. 패관 문학은 가전을 거쳐 소설의 발생과 발달에 많은 영향을 주었다.

예

작품집	작가	특징
동인시화(東人詩話)	서거정	역대 시문에 대한 일화·수필·시화 등을 모은 비평서로, 신라에서 조선 시대에 이르는 시인들의 시를 품평하고, 작가의 시론(詩論)을 기술함.
태평한화골계전(太平閑話滑稽傳)	서거정	시정에 떠돌아다니는 이야기를 수집하여 기록한 일화집으로, 역사적 인물의 일화를 해학적으로 풀어낸 이야기가 주를 이룸.
용재총화(慵齋叢話)	성현	문담(文談)·시화(詩話)·서화(書畵)와 인물평·사화(史話)·실력담(實歷談) 등을 모아 엮은 책
패관잡기(稗官雜記)	어숙권	요동(遼東)·일본 등지에 관련된 유사(遺事)·풍속, 사환(仕宦)·일사(逸士)·시인·묵객들의 언행과 재인·기예 등에 관한 사실들을 보고 들은 대로 기술한 글을 모은 수필집
순오지(旬五志)	홍만종	각종 시화를 곁들인 문학 평론집으로, 역대의 문장가와 시인에 얽힌 재미있는 이야기가 실려 있음.

2. 가전·몽유록의 전승과 발달

(1) 가전(假傳): 고려 말 발생했던 가전의 전통을 이어받아 허구성이 가미된 의인화 소설이 생겨났다.

예

작품	작가	특징
포절군전(抱節君傳)	정수강	대나무를 의인화한 포절군의 선계(先系)와 그의 일대기를 서술한 전기 형식의 작품으로, 선비의 자세를 드러내면서 더럽혀진 관료 사회의 현실을 비판함.
수성지(愁城誌)	임제	마음, 술 등을 주인옹, 국장군 등으로 의인화하여 당시의 문란한 사회·정치상을 비판함.

간단 개념 체크

1 조선 전기는 성리학 중심의 유교적 이념을 바탕으로 한 귀족 문학이 주류를 이루었다. (○ / ×)

2 □□□□이 창제된 후에 패관 문학이 더욱 전문화되고 영역별로 분화되어 소설의 발달에 영향을 주었다.

3 꿈에서 겪은 일을 적은 문학으로, 꿈속의 일을 통해 역사적 사실을 비판적으로 해석한 것은? (　　　)

답 1 ○ 2 훈민정음 3 몽유록

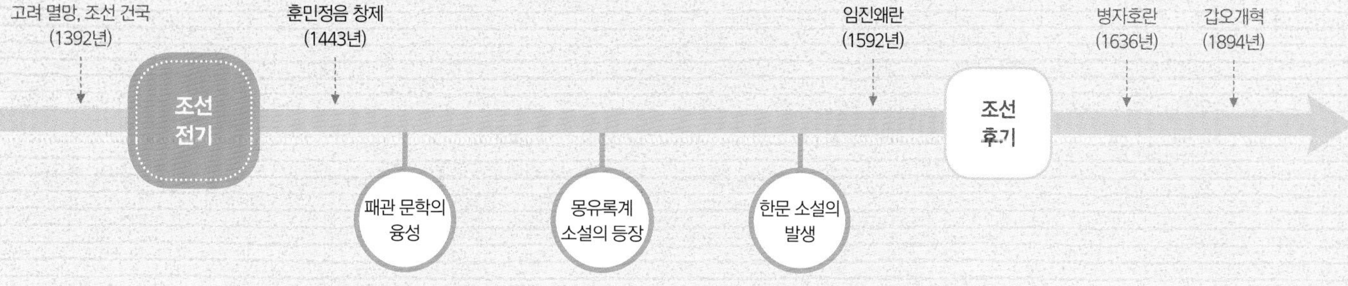

(2) 몽유록(夢遊錄): 꿈에서 겪은 일을 적은 문학으로, 꿈속의 일은 허구이지만 그 내용은 역사적 사실을 비판적으로 해석한 것이다.

예

작품	작가	특징
대관재몽유록(大觀齊夢遊錄)	심의	주인공이 꿈속에서 최치원이 천자인 왕국에 가 부귀영화(富貴榮華)를 누린다는 이야기로, 문인들이 차지한 왕국의 이야기를 통해 인생의 허무함을 교훈으로 제시함.
원생몽유록(元生夢遊錄)	임제	원자허라는 인물이 꿈속에서 단종과 사육신을 만나 토론한 이야기

3. 한문 소설의 발생

- 기존의 설화와 가전 등을 바탕으로, 중국 명나라에서 들어온 소설의 영향을 받아 한문 소설이 발생했다.
- 전대의 설화적인 단순성을 지양하고 허구성을 갖추어 내용을 발전시켰으며, 전기적 요소가 많이 나타난다.
- 구성이 평면적이고 사건 전개의 필연성이 적으며, 국문화되면서 4·4조의 가사체가 많아졌다.
- 권선징악의 주제가 많고, 대부분 행복한 결말을 맺으며 이야기가 끝난다.

예

작품	작가	특징
금오신화(金鰲新話)	김시습	〈만복사저포기(萬福寺樗蒲記)〉, 〈이생규장전(李生窺牆傳)〉을 비롯한 총 5편의 작품이 실린 단편 소설집으로, 한국 전기체(傳奇體) 소설의 효시로 알려져 있음.
설공찬전(薛公瓚傳)	채수	주인공 '설공찬'의 혼령이 전하는 저승 소식을 통해 당대의 정치와 사회 및 유교 이념의 한계를 비판함.
화사(花史)	임제	매화·모란·부용의 세 꽃을 의인화하여 국가의 흥망성쇠(興亡盛衰)를 그림.

4. 한문학의 발달

정도전·권근 등이 밑바탕을 마련한 조선 전기의 한문학은 사장(詞章)을 중시한 훈구파와 도학(道學)을 중시한 사림파에 의해 두 갈래로 나뉘어 전개되었다.

(1) 관각 문학(館閣文學, 훈구파의 문학): 홍문관·예문관과 같은 관각 출신의 문인들이 주도한 문학으로, 성리학과 문학 두 가지를 모두 소중히 여겼으며, 당·송의 고문(古文)을 모범으로 삼았다. 서거정에 와서 전성기를 이루었으며, 성현, 남곤, 이행 등의 학자가 뒤를 이었다.

(2) 사림 문학(士林文學, 도학파의 문학): 지방 사대부들이 주도한 문학으로, 자기 성찰적인 태도보다 흥취를 중시했다. 길재, 김종직, 김일손, 김굉필, 조광조, 서경덕, 이황, 이이 등이 속한다.

(3) 방외인 문학(方外人文學): 세상을 멀리했던 선비들이 주도한 문학으로, 대표 작가에 김시습, 정희량, 남효온, 어무적 등이 있다.

◆ **한문 소설의 발생 과정**

설화 ➡ 패관 문학 ➡ 가전 ➡ 한문 소설

◆ **사장(詞章)**

사장(詞章)은 유학의 중심 내용으로, 문장(文章)과 시부(詩賦)를 통칭하는 개념이다. 주로 당(唐)의 문학을 모범으로 삼아 수사적 기교에 중점을 둔 장식적인 문학론에 충실했다. 조선 초기에 사장 중심의 훈구파가 도학 중심의 사림파에 대립하여 형성되었으며, 도학을 위주로 하여 한문학의 문장(文章)과 시부(詩賦)를 무시하는 조광조(趙光祖) 일파에 대항했다.

◆ **방외인(方外人) 문학의 대표 작가 김시습**

방외인이란 당대의 일반적 삶의 양태에서 벗어나 벼슬을 달갑게 여기지 않고 처사(處士)로서 권위나 규범을 지키는 것도 바라지 않는 사람들을 말한다. 김시습은 이러한 가치관을 바탕으로 방외인 문학의 토대를 일구어 낸 대표 작가이다.

간단 개념 체크

1 중국 명나라에서 들어온 소설의 영향을 받아 한문 소설이 발생했다. (○ / ×)

2 사대부를 중심으로 한 한문 문학이 발전했고, 최초의 한문 소설인 □□□□가 창작되었다.

3 사대부들이 주축이 된 한문 문학은 크게 훈구파와 사림파, □□□ 문학으로 분화·발전하였다.

답 1 ○ 2 금오신화 3 방외인

026 만복사저포기(萬福寺樗蒲記) | 김시습

키워드 체크 #한문 소설 #금오신화 #저포 놀이 #생사를 초월한 사랑

핵심 정리

갈래 한문 소설, 전기(傳奇) 소설, 명혼(冥婚) 소설
성격 전기적(傳奇的), 낭만적, 비극적, 환상적
시점 전지적 작가 시점
배경 전라도 남원
제재 남녀 간의 사랑
주제 생사(生死)를 초월한 남녀 간의 애절한 사랑
특징 ① 한문 문어체로 사물을 미화해서 표현함.
② 불교의 연(緣) 사상과 윤회 사상을 바탕으로 함.
③ 시를 삽입하여 인물의 심리를 효과적으로 전달함.
연대 조선 세조 때
출전 《금오신화(金鰲新話)》

Q 이 글에서 저포 놀이의 역할은?

양생은 저포 놀이로 부처와 내기를 하고, 내기에서 이겨 아름다운 여인과 인연을 맺게 된다. 이로 보아 저포 놀이는 양생과 여인을 이어 주는 매개체라고 할 수 있다. 부처와 내기를 한다는 발상 자체는 다소 희극적이지만, 여인과의 만남에 필연성을 부여해 주고 양생과 여인의 비현실적 사랑을 이루어지게 한다는 점에서 사건 전개에 중요한 역할을 한다.

어휘 풀이

저포(樗蒲) 백제 때에 있었던 놀이의 하나. 주사위 같은 것을 나무로 만들어 던져서 그 끗수로 승부를 겨루는 것으로, 윷놀이와 비슷함.
법연(法筵) 부처님을 기리고 불법(佛法)을 선양하는 집회.
축원(祝願) 신적 존재에게 자기의 뜻을 아뢰고 그것이 이루어지기를 비는 일.
불좌(佛座) 불상이 놓인 받침대.
중문(中門) ① 가운데뜰로 들어가는 대문. ② 대문 안에 또 세운 문.
명교(名敎) 사람이 마땅히 지켜야 할 바를 가르침. 또는 그런 가르침.

Q 양생의 의심이 의미하는 것은?

양생은 아름답고 신비로운 분위기의 여인이 어떤 사람이기에 혼자서 여기까지 온 것인지 의문을 품고 있다. 독자들은 이러한 양생의 의심을 통해 여인의 출현이 비현실적이고 환상적인 요소임을 짐작하게 된다.

구절 풀이

❶ **"업(業)은 이미 ~ 안 됩니다."** 저포 놀이를 해서 배필을 내려 주시기로 했으니 그 약속을 지켜 달라는 뜻이다. 상대가 부처님이라는 점에서 그 약속이 지켜질 것임을 짐작할 수 있다.
❷ **술에서는 진한 ~ 인간 세상의 것은 아니었다.** 여인이 대접한 술은 이승의 것이 아닌 초월적 세계의 것이라는 의미로 여인이 죽은 사람임을 암시한다.

가 양생은 소매 속에 저포(樗蒲)를 넣고 가서 불전(佛前)[부처의 앞]에 던지면서 말했다.

"제가 오늘 부처님과 저포 놀이를 하려고 합니다. 만약 제가 지면 법연(法筵)을 베풀어 제사를 드리겠습니다. 만약 부처님께서 지시거든 아름다운 여인을 얻고 싶은 제 소원을 이루어 주실 것을 빌 뿐입니다." / 축원을 마치고 나서 저포를 던지니 과연 양생이 이겼다.[여인과의 만남에 필연성을 부여함.] 곧 불전에 무릎을 꿇고 말하기를, / ❶"업(業)은 이미 정해졌으니 허튼 말이 되어서는 안 됩니다." / 하고는 불좌(佛座) 밑에 숨어서 그 약속을 기다렸다.[부처님과의 약속이 이루어질 것이라는 기대감] ▶ 양생이 부처님과 저포 놀이를 함.

나 얼마 후, 한 아름다운 여인이 나타났는데,[양생의 발원(發願) 결과] 「나이는 열대여섯쯤이요, 머리는 두 가닥으로 늘어뜨리고 화장기가 별로 없었다. ⓐ자태가 아름다워서 선녀나 천녀(天女) 같았는데, 바라보니 태도가 단정하고 조심스러웠다.」[「」: 아름다운 여인에 대한 소개 / 외양 묘사를 통해 신비로운 분위기를 조성함.] 손으로 기름병을 이끌어 등불을 돋우고 향을 꽂은 다음, 세 번 절하고 무릎을 꿇고는 한숨지으며 탄식했다.

ⓑ"인생의 박명(薄命)함이 어찌 이렇듯 할까?"[여인의 운명이 기구함을 짐작할 수 있음.]

그러고 나서 품속에서 글을 꺼내어 탁자 앞에 바쳤다. 그 글은 다음과 같다. ▶ 여인이 자신의 신세를 한탄함.

다 여인이 빌기를 마치고 나서 여러 번 흐느껴 울었다. 양생은 불좌 틈으로 여인의 얼굴을 보고 마음을 걷잡을 수가 없었으므로,[여인에게 흠뻑 빠진 양생] 갑자기 뛰쳐나가 말하였다.

"조금 전에 글을 올린 것은 무슨 일 때문이신지요?"

그는 여인이 부처님께 올린 글을 보고 얼굴에 기쁨이 흘러넘치며 말하였다.[여인의 소원이 자신의 소원과 동일했기 때문에]

"아가씨는 어떤 사람이기에 혼자서 여기까지 왔습니까?" / 여인이 대답하였다.

"저도 또한 사람입니다. 대체 무슨 의심이라도 나시는지요? ㉠당신께서는 다만 좋은 배필만 얻으면 되실 테니까, 반드시 이름을 묻거나 그렇게 당황하지 마십시오." ▶ 양생과 여인이 만남.

라 이때 만복사[남원 기린산(麒麟山)에 있었던 절. 고려 문종 때에 창건되었다 함.]는 이미 허물어져 승려들은 구석진 방에서 살고 있었다. 법당 앞에는 행랑만이 쓸쓸히 남아 있었고, 그 끝에는 좁은 판자방[양생과 여인이 인연을 맺는 공간] 하나가 있었다. 양생이 여인을 불러 그곳으로 들어가니 여인은 별 주저함 없이 따라갔다. 서로 이야기를 나누며 즐기는 것이 보통 사람과 다름없었다.[여인이 보통 사람이 아님을 은연중에 암시함.]

이윽고 밤이 깊어지자 달이 동산에 떠올라 달그림자가 창살에 비쳤다. 문득 발자국 소리가 들렸다. 여인이 묻기를, / "누구냐? 시녀가 왔느냐?" / 시녀가 말하기를,

"예, 접니다. ⓒ요즘 아가씨께서는 중문 밖을 나가지 않으셨고 뜰 안에서도 좀처럼 걷지 않으셨습니다. 그런데 엊저녁에는 우연히 나가시더니 어찌 이 먼 곳까지 오셨습니까?"

라고 하였다. 이에 여인이 말하기를,

"오늘 일은 아마도 우연이 아닌가 보다. ⓓ하늘이 도우시고 부처님이 돌보셔서 한 분 고운 님[양생]을 만나 백년해로하기로[부부가 되어 한평생을 사이좋게 지내고 즐겁게 함께 늙음.] 했느니라. 부모님께 알리지 않은 것은 비록 명교의 법전에는 어긋나지만,[유교적 가치관이 드러남.] 서로 즐거이 맞이하게 되니 이 또한 평생의 기이한 인연[불교의 인연설]일 것이다. 너는 집에 가서 앉을 자리와 술, 과일을 가져오너라."

시녀는 그 분부에 따라 돌아갔다. 이윽고 뜰에는 술자리가 베풀어졌는데, 밤은 이미 사경(四更)[새벽 1~3시]에 가까웠다. / 시녀는 ⓔ앉을 자리와 술상을 품위 있게 펼쳐 놓았는데, 기구들이 모두 말쑥하며 무늬라고는 찾아볼 수 없었다.[제사상에 쓰는 그릇이므로 → 여인이 이승 사람이 아님을 암시적으로 드러냄.] ❷술에서는 진한 향기가 풍겨 나왔는데 정녕 인간 세상의 것은 아니었다. ▶ 여인이 양생을 대접함.

• 중심 내용 부처님과의 저포 놀이에서 이겨 아름다운 여인을 만난 양생 • 구성 단계 (가)~(다) 발단 / (라) 전개

이해와 감상

〈만복사저포기〉는 생사를 초월한 사랑을 다룬 전기(傳奇) 소설로, 비현실적이고 몽환적인 분위기를 띠고 있다.

이 작품은 '이승 사람과 저승 영혼의 만남-사랑-이별-이승 사람의 탈속(脫俗)'의 구조로 이루어져 있고, 불교 사상을 바탕으로 하고 있다. 즉, 자신의 외로운 처지를 한탄하며 배필을 점지해 달라고 부처님께 기도하는 발원(發願) 사상, 죽은 이의 명복을 빌며 재를 올리는 의식, 죽은 여인이 남자로 환생한다는 윤회(輪廻) 사상 등이 담겨 있다.

한편 〈만복사저포기〉는 작가의 삶과 관련지어 해석되기도 한다. 김시습이 일찍 부모를 여의고 외가에서 자란 것이나, 불도(佛道)에 심취하여 승려가 된 것이 양생의 삶과 흡사하다. 그리고 여인이 목숨을 잃으면서까지 정조(貞操)를 지키려고 했던 것은 왕위를 찬탈한 세조에게 지조를 팔지 않고 단종에게 충성을 바치려고 한 김시습의 의지를 표현한 것으로 해석할 수도 있다. 따라서 양생과 여인의 생사를 초월한 사랑은 부당한 세계의 횡포에 맞서고 이를 고발하고자 하는 작가 의식이 반영된 것이라 할 수 있다.

전체 줄거리

발단	전라도 남원에서 홀로 외롭게 살아가던 양생은 만복사(萬福寺)의 부처와 저포 놀이에서 이긴 후 아름다운 여인을 만난다.
전개	양생은 기물이나 차림새가 인간 세상의 것이 아닌 듯한 여인의 거처로 가서 3일 동안 머물면서 여인과 즐거운 시간을 보낸다.
위기	여인은 양생에게 이별을 고하고 은그릇을 주면서 절로 가는 길목에서 자신을 기다리라고 한다.
절정	여인의 말을 따른 양생은 여인의 부모를 만나게 되고, 여인이 이미 죽은 사람임을 알게 된다. 양생은 절에서 여인과 함께 잿밥을 먹은 뒤 여인과 영원히 이별하게 된다.
결말	양생은 자신의 재산을 모두 팔아 여인의 명복을 빌고, 지리산에 들어가 약초를 캐며 살았는데, 그가 어떻게 죽었는지는 아무도 모른다.

인물 관계도

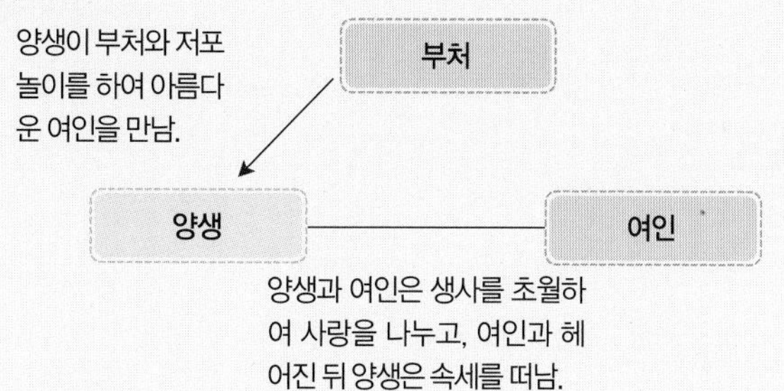

작품 연구소

〈만복사저포기〉에 나타난 작가의 사상과 가치관

애정 지상주의	양생은 이승에 사는 사람이고 여인은 저승의 영혼으로, 사랑은 생사를 초월한다는 사상이 담겨 있다.
불교적 윤회 사상과 발원(發願)	이 작품의 공간적 배경은 남원의 만복사라는 절이다. 또한 양생이 부처에게 소원을 빌어 여인과의 만남이 이루어지고 그 여인이 전생에 명문 집안의 규수였음이 밝혀지는 등 전생과 현생이 관련된다는 윤회 사상이 나타난다.
운명에 순종하는 인생관	양생과 여인이 결국 이별하여 영영 만날 수 없게 되는 결말에서 운명에 따를 수밖에 없다고 생각하는 작가의 인생관을 엿볼 수 있다.

키 포인트 체크

- **인물** 불우한 서생인 양생은 여인과 이별한 뒤에도 장가들지 않고 속세를 떠나는 □□를 지닌 인물이다.
- **배경** 전라도 남원의 □□□를 배경으로 하여 불교적 □□ 사상과 운명에 순종하는 인생관을 보여 준다.
- **사건** 양생이 부처와의 □□ 놀이 내기에서 이겨 아름다운 여인을 만나 생사를 초월한 사랑을 나눈다.

1 이 글에 대한 설명으로 적절하지 <u>않은</u> 것은?

① 불교적 세계관이 중심을 이루고 있다.
② 만복사라는 절을 공간적 배경으로 한다.
③ 작품 밖의 서술자가 내용을 서술하고 있다.
④ 비현실적이거나 환상적인 요소들이 나타나고 있다.
⑤ 요약적 제시를 중심으로 사건을 빠르게 전개하고 있다.

2 〈보기〉는 (나)에서 여인이 부처에게 바친 글의 일부이다. 이를 참고하여 여인의 태도를 이해한 내용으로 적절하지 <u>않은</u> 것은?

> 보기
>
> 아무 지역 아무 곳에 거주하는 하씨 아무개가 삼가 올립니다. [중략] 텅 빈 골짜기에 숨어 지내며 한평생이 박명함을 한탄하였고, 좋은 밤을 홀로 보내면서 오색 빛깔의 난새가 홀로 춤춘다고 상심하였습니다. 세월 속에 혼백이 사라지고 여름날 겨울밤에 가슴이 찢어집니다. 이러한 저를 부처님께서 불쌍히 여겨 주시기를 간곡히 바라옵니다. 사람의 생애는 미리 정해져 있고 업보(業報)는 피할 수 없습니다. 저에게 주어진 운명에도 인연은 있을 것이니, 일찍 배필을 얻어서 즐기도록 해 주십시오. 이토록 지극히 간절한 기도를 내버려 두지 마옵소서.

① 운명론적 사고를 바탕으로 하고 있다.
② 고난을 극복하기 위해 종교에 의지하고 있다.
③ 일찍 배필을 얻게 되기를 간절히 바라고 있다.
④ 자신의 외로운 처지와 기구한 팔자를 한탄하고 있다.
⑤ 자신의 업보 때문에 인연을 만나는 것을 주저하고 있다.

3 〈보기〉는 양생이 저포 놀이를 하기 전에 자신의 심정을 읊은 시이다. 〈보기〉에서 인물의 감정이 이입된 대상을 모두 찾아 쓰시오.

> 보기
>
> 비취새는 외로이 날아 짝을 짓지 못하고
> 원앙새는 짝 잃고 맑은 강물에 멱 감는데
> 어느 집에 언약 있나 바둑돌 두드리고
> 밤 등불에 점치고는 시름겨워 창에 기대노라.

4 ⓐ~ⓔ를 나타낸 한자 성어가 적절하지 <u>않은</u> 것은?

① ⓐ: 화용월태(花容月態) ② ⓑ: 미인박명(美人薄命)
③ ⓒ: 두문불출(杜門不出) ④ ⓓ: 천우신조(天佑神助)
⑤ ⓔ: 진수성찬(珍羞盛饌)

5 ㉠과 같이 여인이 자신의 정체를 숨기려 한 이유를 〈조건〉에 맞게 쓰시오.

> 조건
>
> (라)의 내용을 근거로 들어 완결된 한 문장으로 쓸 것

Ⅲ. 조선 전기

Q 이 작품에서 은그릇의 역할은?

은그릇은 여인이 죽었을 때 같이 묻힌 부장품이다. 여인은 양생에게 은그릇을 들고 가게 하여 양생이 자신의 부모와 만나게 하고, 부모에게 자신과 양생이 특별한 관계임을 알려 준다. 따라서 은그릇은 사건 전개에 필연성을 부여하면서 이승에 있는 여인의 부모와 저승에 있는 여인의 환신을 연결해 주는 매개체의 역할을 한다.

어휘 풀이

대상(大祥) 죽은 지 두 돌 만에 지내는 제사.
개령사(開寧寺) 남원의 대수산에 있는 절.
건상(褰裳) 자유분방한 여인의 마음을 노래한 《시경》의 시.
상서(相鼠) 예의를 모르는 사람을 풍자하여 노래한 《시경》의 시.
삼세(三世) 불교에서 말하는 전세(前世), 현세(現世), 내세(來世)의 세 가지.
업보(業報) 선악의 행업으로 말미암은 과보(果報).
누(漏) 불교에서 말하는 사물을 따라 마음에 생기는 번뇌. 눈, 귀 등의 육근(六根)으로부터 새어 나와 그치지 않는 것이라는 뜻임.

구절 풀이

❶ **친척들과 승려들은 ~ 볼 수 있었다.** 여인은 저승의 혼령이기에 다른 사람들의 눈에는 보이지 않고 오직 양생의 눈에만 보인다. 이는 양생과 여인이 서로 사랑하는 특별한 관계임을 알려 준다.
❷ **부모가 시험 삼아 ~ 중지되곤 했다.** 작품의 비현실적인 성격이 드러나는 부분으로, 인간인 양생과 혼령인 여인이 교통(交通)하고 있음을 알 수 있다. 이를 통해 이 작품이 인귀 교환 화소를 바탕으로 하고 있음을 알 수 있다.
❸ **슬픈 이별이 닥쳐왔습니다."** 인간 세상에서 혼령으로 떠돌며 양생과 사랑을 나누는 것은 법도에 어긋나는 일이기 때문에 이제 이별해야 함을 드러낸 말이다.
❹ **"저는 낭군의 ~ 태어나게 되었습니다.** 불교의 윤회 사상이 드러난 문장이다. 저승과 이승은 막혀 있지만 지극한 정성으로 죽은 사람의 운명도 바꿀 수 있다는 내세관이 드러나 있다.

Q 이 작품의 결말이 의미하는 것은?

사랑하던 여인이 떠나가고 홀로 남게 된 양생이 속세를 벗어나 약초를 캐며 살다가 생을 마쳤다는 결말은 설화의 결말과 유사한 것으로, 인간의 운명에 대한 비극적 인식을 보여 주어 행복한 결말로 끝나기 쉬운 전기적(傳奇的) 소설의 수준을 한 단계 높이고 있다.

작가 소개

김시습(金時習, 1435~1493)
조선 전기의 학자이며 호는 매월당(梅月堂)·동봉(東峰)이다. 생육신(生六臣)의 한 사람으로, 어릴 때부터 시와 경서에 능통하여 천재로 불렸으나, 세조가 조카인 단종을 폐위하고 왕위를 찬탈한 것을 보고 비분강개하여 승려가 되어 전국을 유랑하며 일생을 보냈다. 시문집으로 《매월당집(梅月堂集)》이 있으며, 경주 금오산에 들어가 살면서 소설집 《금오신화(金鰲新話)》를 남겼다.

가 잔치가 끝나자 작별하게 되었다. 여인이 ㉠은그릇 하나를 내어 양생에게 주며 말했다.

"내일 보련사에서 부모님께서 제게 음식을 내려 주십니다. 만약 저를 버리지 않으신다면, 길가에서 기다리고 계시다가 함께 절로 가셔서 부모님께 인사를 드려 주십시오."
(보련사: 전북 남원의 보련산에 있는 절 / 음식을 내려 주십니다: 여인의 기일에 제사를 지내는 것을 의미함. / 부모님께 인사를 드려 주십시오: 부모님께 혼인을 승낙받으려는 의도) ▶ 양생이 여인과 작별함.

나 이튿날 양생은 여인이 시킨 대로 그릇을 쥐고 서서 보련사로 가는 길가에서 기다리고 있었다. 과연 어떤 귀족 집안에서 딸의 •대상(大祥)을 치르기 위해 수레와 말을 길게 이끌고 보련사를 찾아가고 있었다. 그때 길가에서 한 서생이 그릇을 들고 서 있는 것을 본 종이 주인에게 말했다. / "아가씨 장례 때 함께 묻었던 물건을 어떤 사람이 훔쳐서 가지고 있습니다." (부장품)

"뭐라고?" / "저 서생이 가지고 있는 그릇을 보십시오." / 주인은 말을 몰아 양생에게 다가가 그 연유를 물었다. 양생은 그 전날 여인과 약속한 일을 그대로 이야기했다. 여인의 부모는 ⓐ놀라고 의아하게 생각하더니 이윽고 입을 열었다. / "내겐 딸만 하나 있었네. 그런데 그 아이는 왜구들의 난리 때 싸움의 와중에 죽고 말았지. 정식으로 장례도 치르지 못해서 •개령사 옆에다 ⓑ임시로 묻어 두고, 장사를 미루어 오다가 오늘에 이르게 되었네. 오늘이 벌써 대상 날이라 재(齋)를 올려 명복이나 빌어 줄까 해서 가는 길일세. 자네가 약속을 지키려거든 내 딸을 기다리고 있다가 같이 오게. 그리고 조금도 놀라지 말게."
(약속한 일: 은그릇을 들고 기다리다 여인의 부모님께 인사를 드리는 일 / 그 아이는 ~ 죽고 말았지: 여인이 환신한 존재임을 드러내 주는 말 / 재(齋): 성대한 불공이나 죽은 이를 천도(薦度)하는 법회 / 조금도 놀라지 말게: 자신의 딸이 환신한 존재임을 알게 되어 양생이 놀라지 않을까 하는 염려) ▶ 양생이 여인의 부모와 만남.

다 약속한 시간이 되자 과연 한 여인이 시녀를 데리고 하늘거리며 왔다. 그 여인이었다. 그들은 서로 기뻐하며 손을 잡고 절 안으로 들어갔다. / 여인은 부처님께 절을 올리고 하얀 휘장 안으로 들어가는데 ❶친척들과 승려들은 모두 그녀를 보지 못하고 오직 양생만이 볼 수 있었다. 여인이 양생에게 말했다. / "진지 드시지요." / 양생은 여인의 말을 그녀의 부모에게 전했다. ❷부모가 시험 삼아 함께 밥을 먹도록 명했더니 수저 놀리는 소리만이 들릴 뿐이었지만, 인간이 먹는 것과 조금도 다름이 없었다. 여인의 부모는 이에 경탄해 마지않더니, 양생에게 그곳에서 여인과 함께 머물도록 권했다. 밤중에 그들의 이야기 소리가 낭랑히 들렸지만 사람들이 가만히 엿들으려 하면 갑자기 중지되곤 했다.
(그들은 서로 기뻐하며: 여인이 혼령임을 알고도 기쁘게 맞이하는 양생 → 여인에 대한 사랑이 지극함. / 양생은 ~ 전했다: 양생에게만 여인의 말이 들리므로) ▶ 양생이 여인과 재회함.

라 여인이 양생에게 말했다. / "제가 ⓒ법도를 어겼다는 것은 저도 잘 알고 있습니다. 저도 어렸을 때에 《시경(詩經)》과 《서경(書經)》을 읽었으므로, 예의를 조금이나마 알고 있습니다. 시경에서 말한 〈•건상〉이 얼마나 부끄럽고 〈•상서(相鼠)〉가 얼마나 얼굴 붉힐 만한 시인지 모르는 것도 아닙니다. 그렇지만 하도 오래 ⓓ다북쑥 우거진 속에 묻혀서 들판에 버림받았다가 사랑하는 마음이 한 번 일어나고 보니, 끝내 걷잡을 수가 없게 되었던 것입니다. 지난번 절에 가서 복을 빌고 부처님 앞에서 향불을 사르며 박명했던 한평생을 혼자서 탄식하다가 뜻밖에도 •삼세(三世)의 인연을 만나게 되었으므로, 『소박한 아내가 되어 백년의 높은 절개를 바치려고 하였습니다. 술을 빚고 옷을 기워 평생 지어미의 길을 닦으려 했었습니다만,』 애달프게도 •업보(業報)를 피할 수가 없어서 저승길을 떠나야 하게 되었습니다. ⓔ즐거움을 미처 다하지도 못하였는데 ❸슬픈 이별이 닥쳐왔습니다."
(법도를 어겼다는: 환신한 존재로서 이승 사람과 사랑을 맺은 것(천리를 어김.) / 《시경(詩經)》과 《서경(書經)》을 읽었으므로: 여인이 지성도 겸비했음을 알 수 있음. / 삼세(三世)의 인연: 과거, 현재, 미래의 인연 / 『 』: 이승에서 평범하게 행복을 누리며 살고자 한 여인의 소망 / 지어미: 아내 / 업보(業報)를 피할 수가 없어서: 운명론적 사고관) ▶ 여인이 이별을 고함.

마 장례를 지낸 후 양생은 슬픔을 이기지 못해 토지와 가옥을 다 팔아 절간으로 가서 사흘 저녁을 연달아 재를 올렸더니, 여인이 공중에 나타나 양생을 부르며 말했다.
(토지와 가옥을 다 팔아: 세상에 대한 욕심이 전혀 없음. / 사흘 저녁을 연달아 재를 올렸더니: 지극한 정성으로 여인의 명복을 빎.)

❹"저는 낭군의 은덕을 입어 이미 다른 나라에서 남자의 몸으로 태어나게 되었습니다. 비록 저승과 이승은 막혀 있지만 낭군의 은덕에 깊이 감사의 뜻을 올립니다. 낭군께서도 이제 다시 착한 업을 닦으시어 저와 함께 속세의 •누를 벗어나게 하십시오."
(착한 업을 닦으시어: 현재의 업이 내세에도 이어진다는 불교의 업보 사상이 드러남.)

양생은 그 후 다시는 장가가지 않고 지리산에 들어가 약초를 캐면서 살았다고 하는데, 그가 어디서 세상을 마쳤는지는 아는 이가 없다. ▶ 양생이 여인의 장례를 치른 후 속세를 떠남.

• **중심 내용** 양생과 여인의 재회 및 영원한 이별 • **구성 단계** (가) 위기 / (나)~(라) 절정 / (마) 결말

작품 연구소

전기 소설(傳奇小說)로서의 〈만복사저포기〉

전기 소설은 기괴하고 신기한 사건이 벌어지는 내용을 담고 있는 소설로, 〈만복사저포기〉는 귀신과 인간의 사랑을 다루고 있어 이에 속한다고 할 수 있다. 전기 소설은 비현실적인 사건을 다루지만, 현실의 사건을 반영하기도 하며 실제 인간의 감정을 절실하게 표현하기도 한다. 또한 인물의 심성을 드러내기 위해 시를 삽입하는 것도 중요한 특징 가운데 하나인데, 〈만복사저포기〉는 이러한 특징이 잘 드러나는 작품이라고 할 수 있다.

〈만복사저포기〉의 결말 부분의 의미

이 작품의 결말에서 여인과 헤어진 양생은 장가를 가지 않고 지리산에 들어가 행방을 감춘다. 세상을 등지고 산으로 들어가는 양생의 모습은 부당한 세계의 횡포와 부조리에 맞서는 것으로 이해할 수 있으며, 죽은 사람에 대해 끝까지 의리를 지킨 것은 단종에 대한 지조를 저버리지 않았던 김시습의 정치적 삶을 반영한 것으로 볼 수도 있다.

《금오신화(金鰲新話)》의 의의와 특징

《금오신화》는 김시습이 지은 우리나라 최초의 한문 소설로, 중국 구우의 《전등신화》의 영향을 받았지만 그것을 그대로 모방하지 않고 작가의 독창성을 발휘하고 있다. 즉, 우리나라를 배경으로 한국인의 사상과 감정을 표현하고 있는데, 소재와 주제가 특이하고 비현실적, 비극적 성격을 띠는 점이 특징이다. 유려한 문어체 문장을 사용하고 있으며 시를 삽입하여 인물의 심리와 분위기를 표현함으로써 독특한 효과를 낳고 있다.

자료실

《금오신화(金鰲新話)》에 수록된 다른 작품들

작품	내용
이생규장전(李生窺墻傳)	개성에 사는 이생은 부모의 반대를 극복하고 최 처녀와 혼인한다. 그러나 홍건적의 난이 일어나 최 처녀는 정조를 지키려다 홍건적에게 죽게 된다. 홀로 난을 피했던 이생에게 죽은 최 처녀의 환신이 나타나고 두 사람은 행복한 시간을 보낸다. 최 처녀는 저승으로 돌아가고, 이생은 최 처녀를 그리워하다 병들어 죽는다.
취유부벽정기(醉遊浮碧亭記)	홍생이 평양의 부벽정에서 취흥에 겨워 시를 읊던 중 선녀 기씨녀를 만난다. 홍생은 선녀와 시를 주고받으며 하룻밤을 즐겁게 보낸다. 날이 새자 선녀는 승천하고, 홍생은 마음의 병이 들어 죽은 뒤 신선이 되어 하늘로 올라간다.
남염부주지(南炎浮洲志)	경주의 박생이 유교에 심취하여 불교와 무속, 귀신 등을 부인한다. 그런데 꿈에 남염부주라는 지옥에 가서 염왕을 만나 귀신, 왕도, 불도 등에 대해 문답을 하게 되는데, 염왕이 그의 박식에 감동하여 왕위를 물려준다. 그 후 박생은 죽어서 남염부주의 왕이 된다.
용궁부연록(龍宮赴宴錄)	글재주에 능한 고려 시대 개성의 한생이 꿈속에서 용궁에 초대되어 신축 별궁의 상량문을 지어 준다. 이에 용왕에게 극진한 환대와 많은 선물을 받고 돌아온 한생은 명산에 들어가 자취를 감춘다.

함께 읽으면 좋은 작품

〈운영전(雲英傳)〉, 작자 미상 / 애절한 사랑을 그린 비극적인 결말의 작품

안평 대군의 수성궁을 배경으로 하여 궁녀 운영과 선비 김 진사의 이루어질 수 없는 비극적인 사랑을 다룬 염정 소설이다. 이 작품은 봉건 사회의 장벽에 맞선 자유연애 사상을 담고 있는데, 결말이 비극적이라는 점에서 〈만복사저포기〉와 유사하다.

Link 본책 142쪽

6 이 글의 등장인물에 대한 반응으로 적절하지 않은 것은?

① 여인이 양생에게 착한 업을 닦으라고 하는 것으로 보아 여인은 불교적 윤회 사상을 지닌 것 같아.
② 여인이 어릴 때부터 시경과 서경을 읽었다는 것으로 보아 여인은 지성을 겸비한 인물인 것 같아.
③ 양생이 여인을 다시 만난 뒤 기뻐하는 것으로 보아 양생은 여인의 죽음을 믿지 못하고 있는 것 같아.
④ 여인이 업보를 피할 수 없어 저승길을 떠난다는 것으로 보아 여인은 운명론적 세계관을 지닌 것 같아.
⑤ 양생이 토지와 가옥을 다 팔아 여인의 재를 올린 것으로 보아 양생은 여인을 진심으로 사랑했던 것 같아.

7 다음 중 ㉠의 역할로 알맞지 않은 것은?

① 사건 전개에 필연성을 부여한다.
② 앞으로 여인에게 닥칠 운명을 암시한다.
③ 양생이 저승의 여인을 만났음을 증명한다.
④ 여인의 부모에게 여인과 양생이 인연이 있음을 알린다.
⑤ 이승의 부모와 저승의 여인을 이어 주는 매개체가 된다.

8 ⓐ~ⓔ에 대한 설명으로 적절하지 않은 것은?

① ⓐ: 반신반의(半信半疑)하는 모습이다.
② ⓑ: 가매장(假埋葬)한 것을 뜻한다.
③ ⓒ: 여인이 먼저 양생에게 다가간 것을 뜻한다.
④ ⓓ: 여인이 묻혀 있는 장소를 뜻한다.
⑤ ⓔ: 남녀가 서로 사랑하는 즐거움을 의미한다.

중요 기출 高난도

9 〈보기〉는 이 글을 바탕으로 드라마를 제작하기 위한 기획 의도이다. 기획 의도를 살리기 위한 의견으로 가장 적절한 것은?

보기

> 죽은 이와의 사랑은 다소 생소한 소재이지만 원작에 최대한 충실하려 한다. 때로는 비현실적 요소가 더 진지하게 받아들여질 때가 있다. 현실에서 소외된 양생은 절박한 외로움 때문에 현실 너머에 있는 여인과 만나서 진정한 사랑을 할 수 있었다. 이러한 양생의 사랑은 가벼운 만남에 익숙한 현대의 시청자들에게 현재의 삶을 새롭게 인식할 기회를 줄 것이다.

① 주변 인물들이 양생과 여인의 만남에 자연스럽게 반응하는 장면을 제시하여, 둘의 사랑이 시청자들에게 평범한 일상으로 다가서게 하면 좋겠어.
② 외로웠던 양생이 여인의 정체를 알고도 그녀를 사랑하는 모습을 부각하여 시청자들이 만남의 소중함을 깨닫도록 해야겠군.
③ 여인의 역할을 맡은 배우는 신비하고 기이한 모습으로 시청자들에게 다가가게 하여, 시청자들이 현실을 잊게 해야겠군.
④ 양생과 여인의 만남을 밝고 경쾌하게 묘사하여, 현대 시청자들의 감각과 기호에 부합해야겠군.
⑤ 양생과 여인의 사랑을 최대한 강조하되, 비현실적인 요소는 되도록 줄이는 것이 좋겠어.

027 이생규장전(李生窺牆傳) | 김시습

키워드 체크 #한문 소설 #금오신화 #홍건적의 난 #환신

문학 금성, 동아, 미래엔, 비상, 지학사, 창비

핵심 정리

갈래 한문 소설, 전기(傳奇) 소설, 명혼(冥婚) 소설
성격 전기적(傳奇的), 낭만적, 비극적
시점 전지적 작가 시점
배경 ① 시간 - 고려 공민왕 때
② 공간 - 송도(개성)
제재 남녀 간의 사랑
주제 죽음을 초월한 남녀 간의 애절한 사랑
특징 ① '만남 - 이별'을 반복하는 구조임.
② 유불선(儒佛仙) 사상이 혼재함.
③ 시를 삽입하여 인물의 심리를 효과적으로 전달함.
연대 조선 세조 때
출전 《금오신화(金鰲新話)》

Q 이생과 최 처녀의 만남에서 드러나는 작가의 애정관은?

이생과 최 처녀는 부모에 의해 남녀 간의 만남이 이루어지는 엄격한 유교 사회에서 자신들의 감정을 중시하여 사랑을 나눈다. 유교적 관습에서 벗어난 이생과 최 처녀의 사랑은 작가의 진보적 애정관이 반영된 것이라고 할 수 있다.

어휘 풀이

현인(賢人) 어질고 총명하여 성인 다음가는 사람.
초야(草野) 풀이 난 들이라는 뜻으로, 궁벽한 시골을 이르는 말.
호사가(好事家) 남의 일에 특별히 흥미를 가지고 말하기를 좋아하는 사람.
월로(月老) 월하노인(月下老人). 부부의 인연을 맺어 준다는 전설상의 노인.

구절 풀이

❶ **"이 도령은 ~ 두서너 달이 되었네."** 이생은 부모의 허락 없이 최 처녀와 연애를 한 사실이 발각되어 강제로 공부하러 영남으로 가게 되었다. 이를 통해 부모가 배필을 정해 주던, 당대의 엄격한 유교적 혼인관을 엿볼 수 있다.

❷ **깨진 거울 합쳐지니** 《고금시화(古今詩話)》의 고사를 인용하여, 이생이 최 처녀와 다시 인연을 맺게 된 기쁨을 드러내었다. 이 고사에 따르면 진(陳)나라 서덕언이 세상의 흉흉함을 걱정하며 아내인 낙창 공주와 거울을 깨뜨려 나누어 가졌는데, 진나라가 망하고 낙창 공주는 양소라는 권력자에게 가게 되었다. 오랜 시간이 지난 후 서덕언이 아내의 거울을 파는 사람을 발견하여 시를 지어 부르니, 낙창 공주는 그 시를 전해 듣고 슬퍼했다. 이를 알게 된 양소가 낙창 공주를 서덕언에게 보내 주었다고 한다.

Q 이 작품에서 삽입 시의 기능은?

삽입 시는 인물의 심리를 비유적·압축적으로 표현하고 낭만적인 분위기를 연출하는 역할을 한다. 이생은 시를 통해 최 처녀와 혼인할 뜻이 있음을 밝히며 기쁜 마음을 표현하고 있다.

가 최 처녀는 저녁마다 화원에 나와서 이생을 기다렸으나(이생을 매우 사랑하고 있음. 오매불망(寤寐不忘)) 두서너 달이 지나도 돌아오지 않았다. 그녀는 이생이 병이 나지나 않았나 염려되어 향아(계집종을 가리킴.)를 시켜 몰래 이웃 사람에게 물어보게 했더니 이웃 사람들은 이렇게 말했다.

❶"이 도령은 아버지께 죄를 얻어 영남으로 내려간 지가 벌써 두서너 달이 되었네."

여인은 이 소식을 듣고 너무나 상심하여 병이 나서 침상에 쓰러졌다. 「그녀는 음식을 먹지 못하고(식음을 전폐하고 횡설수설함.) 말도 두서가 없었으며 피부는 핏빛을 잃었다.」(「」: 이생을 그리워하다 상사병이 남.) 그녀의 부모는 이를 이상히 여겨 병의 증상을 물어보았으나 묵묵히 말이 없었다. 그들은 딸의 상자 속을 들추어 보았다. 거기에는 딸이 이생과 서로 주고받은 시(연정(戀情)의 시)가 들어 있었다. 그녀의 부모는 그제야 놀라면서 무릎을 쳤다.(딸이 앓아누운 이유를 알게 됨.) / "아이구, 까딱 잘못했으면 내 귀한 딸을 잃을 뻔했구나."(딸을 애지중지(愛之重之)하는 부모의 마음이 드러남.)

그들은 딸에게 물었다. / "이생이란 대체 누구냐?"/ 일이 이 지경에 이르게 되니, 최 처녀는 더는 숨길 수 없었으므로 목구멍에서 간신히 나오는 목소리로 부모님께 사뢰었다.

그녀의 부모는 이미 그 딸의 뜻을 알았으므로 다시는 병의 증세를 묻지 않고 깨우쳐 주고 달래어 주고 하여 그녀의 마음을 누그럽게 해 주었다. ▶ 최 처녀가 이생을 그리워하여 상사병에 걸림.

나 그들은 매자(중매인)를 사이에 넣어 예를 갖추어 이생의 집으로 보내었다. 이생의 아버지는 최씨의 집안에 대해서 묻고 난 뒤 이렇게 말했다. / "저희 집 아이가 비록 나이 젊어서 바람이 났다고(최 처녀와 연애를 한 것) 하더라도 「학문에 정통하고 풍채도(드러나 보이는 사람의 겉모양) •현인답게 생겼소. 훗날엔 장원으로 급제할 것이며 이름을 세상에 떨칠 것이니,」(「」: 자식에 대한 자부심을 드러냄.) 그의 배필을 서둘러 구할 생각이 없소."

매자가 돌아가서 사실대로 전하니 처녀의 아버지는 다시 매자를 이씨 집에 보내어 말하게 했다. / "송도에 사는 친구들이 모두 그 댁의 영식(윗사람의 아들을 높여 부르는 말. 영랑(令郎))은 재주가 남달리 뛰어났다고(재자가인(才子佳人)) 칭찬하고 있습니다. 지금은 아직 과거하지 않고 있습니다만 어찌 끝까지 •초야에 묻혀 있을 인물이겠습니까?(반드시 과거에 급제하여 벼슬할 것이라는 말) 「제 여식도 과히 남에게 뒤지지는 않으오니 그들의 혼인을 이루어 주심이 어떠하겠습니까?」(「」: 자식에 대한 지극한 사랑이 드러남.)

매자는 다시 이생의 아버지를 찾아가서 그대로 전했다. 이생의 아버지는 말하였다.

"나도 젊어서부터 책을 들고 학문을 닦았으나 아직 성공을 하지 못했습니다. 그러니 노복들은(사내종) 뿔뿔이 흩어져 가고 친척들도 도와주지 않아서 생활이 치밀하지 못해 살림이 궁색해졌습니다. 「그런데 어찌 권세 있는 가문에서 빈한한 선비의 자제를(대조) 사위로 삼으려 하겠습니까? 이는 반드시 •호사가들이 내 가문을 지나치게 칭찬해서 규수댁을 속이려는 것입니다.」(「」: 이생 아버지의 겸손한 태도가 드러남.)

매자는 한 번 더 돌아와서 들은 대로 일러 주니 최씨 집에서는 말했다.

"모든 예물 드리는 절차와 의장은(의식(儀式)을 행하는 장소의 장식이나 장치) 저희 집에서 다 처리할 것이니 좋은 날만 가려 가약(佳約)을(부부가 되자는 약속) 맺게 해 주셨으면 좋겠습니다고 여쭈어 주시오."

매자는 또 달려가서 이 말을 전했다. / 이씨 집에서는 마침내 뜻을 돌려서(이생과 최 처녀의 혼인을 허락함.) 곧 사람을 보내어 이생을 불러와서 그의 의사를 물었다.

▶ 최 처녀의 부모가 최 처녀와 이생을 혼인시키기 위해 이생의 부모를 설득함.

다 그는 기쁨을 이기지 못해서 ㉠시를 지어 읊었다.

ⓐ❷깨진 거울 합쳐지니 이것 또한 인연이네. / ⓑ은하의 오작들도(까마귀와 까치) 이 가약을 돕겠네.
ⓒ이제부터 •월로(月老)는 붉은 실 맺어 주니 / ⓓ봄바람 부는 저녁 두견새 원망 마오.

▶ 이생이 혼인의 기쁨을 시로 지어 읊음.

• 중심 내용 부모의 도움으로 이생과 혼인하게 된 최 처녀 • 구성 단계 전개

이해와 감상

〈이생규장전〉은 《금오신화(金鰲新話)》에 실린 다섯 편의 전기(傳奇) 소설 중 하나이다. 이 작품은 홍건적의 난을 기점으로 전반부와 후반부로 나누어지는데 전반부는 '이생과 최 처녀의 만남 – 이별 – 혼인'으로 이어지는 현실 세계의 이야기이다. 특히 여성의 능동적이고 적극적인 행동으로 두 사람의 사랑이 이루어진 점이 주목할 만하다. 유교적 관습에서 벗어난 자유연애를 통한 결연(結緣)은 시대를 뛰어넘는 작가 의식이 반영된 것이라 할 수 있다. 후반부는 최 처녀의 죽음, 그리고 이생과 최 처녀의 재회의 과정에서 '행복한 삶 – 영원한 이별 – 이생의 죽음'으로 이어지는 비현실적인 세계의 이야기가 중심을 이룬다. 죽은 아내의 환신(幻身)과 사랑을 나눈다는 내용은 비록 비현실적이지만 사랑에 대한 강한 의지를 보여 준다는 점에서 의의를 지닌다.

이처럼 〈이생규장전〉은 사랑을 반대하는 부모와 홍건적이라는 세계의 횡포에 대한 주인공들의 저항을 그려 내면서, 인간의 자유로운 삶에 대한 지향을 드러내고 있다.

전체 줄거리

발단	이생은 어느 봄날 서당에 다녀오던 중 우연히 담 너머로 최씨 집안의 아름다운 처녀를 보게 된다.
전개	사랑에 빠진 두 사람은 시를 주고받는데, 이를 눈치챈 이생의 부모 때문에 둘은 헤어지게 된다. 최 처녀가 상사병에 걸리자 최 처녀의 부모는 이생의 부모를 설득하여 두 사람을 혼인시킨다.
위기	홍건적의 난이 일어나고, 이생은 간신히 목숨을 보전했으나 최 처녀는 정조를 지키다가 끝내 홍건적의 손에 죽임을 당한다.
절정	이생이 가족의 생사를 알 수 없어 슬퍼하던 중 최 처녀의 환신(幻身)이 돌아오고, 이생은 그녀가 이미 죽은 줄 알면서도 3년 동안 행복하게 산다.
결말	최 처녀는 자신의 유골을 거두어 장사 지내 줄 것을 부탁하며 이생에게 영원한 이별을 고한다. 이생은 아내의 유언에 따라 장사를 지내 주고, 이내 병들어 죽는다.

인물 관계도

이생 ――― 최 처녀

이생과 최 처녀는 부모의 반대, 홍건적의 난 등 여러 시련을 해소하며 한시적으로 사랑을 성취하지만 결국 영원한 이별을 맞음.

작품 연구소

〈이생규장전〉의 중심 내용과 갈등 구조

구성	중심 내용	인물의 심리	갈등 구조 (시련과 해소)
전반부 (현실적)	이생과 최 처녀의 만남과 사랑	행복	행복한 발단
	이생 부모의 반대로 인한 이별	불행	1차 시련
	부모의 반대를 극복하고 이룬 혼인	행복	시련 해소
	홍건적의 난으로 인한 최 처녀의 죽음	불행	2차 시련
후반부 (비현실적)	이생과 죽은 최 처녀의 재회	행복	시련 해소
	영원한 이별과 이생의 죽음	불행	3차 시련과 비극적 결말

키 포인트 체크

인물 이생과 최 처녀는 위협과 고통 앞에서도 이를 극복하고 사랑을 □□하기 위해 노력하는 인물들이다.

배경 고려 시대 개성을 배경으로 □□□의 난이라는 장애에 대한 저항을 보여 준다.

사건 이생과 최 처녀는 서로 사랑하여 부부의 연을 맺지만 홍건적의 난으로 최 처녀가 죽고, 이생과 최 처녀의 □□이 재회했다가 영원히 □□한다.

1 〈보기〉의 내용을 참고할 때, 최 처녀의 행동에 대한 반응으로 가장 적절한 것은?

| 보기 |

소설 속 인물의 욕망은 소설 속 인물 역시 자신의 욕망을 드러내고 그 욕망에 따라 세계를 변형하려 하는 욕망을 말한다. – 김현, 〈소설은 왜 읽는가〉

① 부모의 욕망과 갈등하고 있다.
② 당대의 관습을 극복하고 싶은 욕망이 있다.
③ 가부장적 체제와 유교적 세계의 욕망을 따르고 있다.
④ 욕망을 드러내고 있지만 세계를 바꾸지는 못하고 있다.
⑤ 기존의 욕망이 좌절되자 그것을 대신할 대상을 찾고 있다.

내신 적중 高난도

2 최 처녀가 ㉠에 대한 답시를 보냈다고 할 때, 그 시에 담겼을 내용으로 가장 적절한 것은?

① 노래 만든 사람 시름도 많구나. / 말로 다 못해 불러 풀었던가. / 진실로 풀릴 것이라면 나도 불러 보리라.
② 아! 내 일을 그리워할 줄을 몰랐던가. / 있으라 했다면 갔겠냐마는 굳이 / 보내고 그리는 정은 나도 몰라 하노라.
③ 백설이 잦아진 골에 구름이 험하구나. / 반겨 줄 매화는 어느 곳에 피었는가? / 석양에 홀로 서 있어 갈 곳 몰라 하노라.
④ 천만 리 머나먼 곳에 고운 임 이별하고 와 / 내 마음 둘 데 없어 냇가에 앉았더니 / 저 물도 내 마음 같아서 울며 밤길 가는구나.
⑤ 나쁜 인연이 좋은 인연 되었으니 / 그 옛날 굳은 맹세 마침내 이뤄졌네. / 어느 때 임과 함께 작은 수레 끌고 갈꼬. / 아이야 날 일으켜라 꽃 비녀를 매만지리.

3 ⓐ~ⓓ에 대한 설명으로 적절하지 않은 것은?

① ⓐ: 깨진 거울은 이생과 최 처녀의 이별을 뜻한다.
② ⓐ: 이별 뒤에 재회하게 된 반가운 심정이 내포되어 있다.
③ ⓑ: 이생과 최 처녀의 현 상황을 설화에 비유하고 있다.
④ ⓒ: 이생과 최 처녀가 곧 혼인할 것임을 드러내고 있다.
⑤ ⓓ: 두 사람의 인연을 원망하는 두견새를 타이르고 있다.

4 이생과 최 처녀가 〈보기〉의 시련에 대응하는 방식을 바탕으로 두 인물의 성격을 대조하여 쓰시오.

| 보기 |

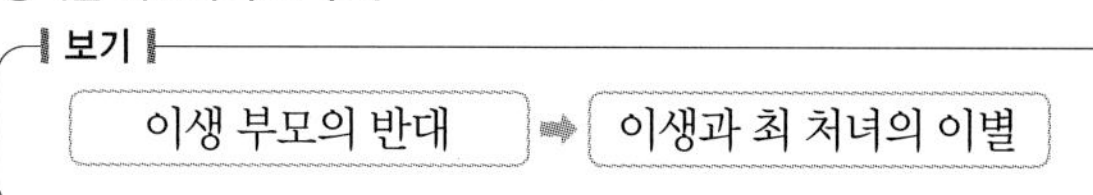

어휘 풀이

홍건적(紅巾賊) 중국 원나라 말기에 난을 일으킨 도둑의 무리. 머리에 붉은 수건을 쓴 까닭에 이렇게 이르며, 두 차례에 걸쳐 고려에까지 침범했다.
궁벽(窮僻)하다 매우 후미지고 으슥하다.
창귀(倀鬼) 먹을 것이 있는 곳으로 범을 인도한다는 나쁜 귀신.
오관산(五冠山) 경기도 장단 서쪽 30리 지점에 있는 산 이름.
명부(名簿) 어떤 일에 관련된 사람의 이름, 주소, 직업 등을 적어 놓은 장부.
미구(未久) 얼마 오래지 아니함.

Q 죽은 최 처녀와의 재회에서 드러나는 특징은?

이생은 아내가 죽은 후 찾아간 옛집에서 이미 죽은 최 처녀와 재회하게 된다. 죽은 최 처녀가 다시 이승으로 와서 이생과 인연을 맺게 된 것이다. 이승 사람과 저승의 영혼이 만나는, 죽음을 초월한 간절한 사랑을 그렸다는 점에서 전기성이 두드러지게 나타난다.

구절 풀이

❶ **신축년(辛丑年)에 홍건적(紅巾賊)이 ~ 복주(福州)로 피란 갔다.** 고려 말기에 홍건적이 침략한 역사적 사실이 작품의 배경으로 활용되고 있다. 홍건적의 침략은 이생과 최 처녀의 사랑을 가로막는 세계의 횡포에 해당한다.
❷ **다시 아내의 ~ 꿈만 같았다.** 전쟁이 휩쓸고 간 뒤 폐허가 된 옛집의 모습을 본 이생의 슬프고 암담한 마음을 드러내고 있다.
❸ **"세 번째나 가약을 맺었습니다마는,** 첫 번째 가약은 이생이 담장 너머로 엿본 것이 계기가 되어 최 처녀를 처음 만나 인연을 맺은 것이고, 두 번째 가약은 어려움을 극복하고 정식 혼례를 올린 것을 말한다. 마지막 세 번째 가약은 죽은 최 처녀가 환신하여 이생과 남은 인연을 맺은 것을 뜻한다.
❹ **이생은 아내가 말한 대로 ~ 세상을 떠났다.** 최 처녀의 마지막 부탁을 들어주고 이생도 얼마 후 죽고 만다. 이는 아내가 없는 이승에서의 삶이 이생에게 더 이상 의미가 없는 삶이었음을 드러내며, 최 처녀에 대한 이생의 지극한 사랑을 짐작할 수 있게 한다.

Q 결말에 나타난 작가의 세계관은?

작가는 이승과 저승의 질서에 따라 이생과 최 처녀가 다시 이별할 수밖에 없는 상황을 설정하고 있다. 이를 통해 삶과 죽음은 따로 정해져 있으며, 따라서 비극적 이별을 맞이할 수밖에 없다는 생각을 드러내고 있다. 결국 헤어질 수밖에 없는, 덧없는 삶의 모습을 그린 데에는 작가의 불교적 관념이 반영되어 있다.

작가 소개
김시습(본책 88쪽 참고)

가 이윽고 ❶신축년(辛丑年)(1361년(고려 공민왕 10년))에 홍건적(紅巾賊)이 서울을 점령하매 임금은 복주(福州)(경북 안동)로 피란 갔다. 적들은 집을 불태우고 사람과 가축을 죽이고 잡아먹으니, 그의 가족과 친척들은 능히 서로 보호하지 못하고 동서(東西)로 달아나 숨어서 제각기 살기를 꾀했다.(홍건적의 횡포) (피란을 감.)

이생은 가족을 데리고 궁벽한 산골에 숨어 있었는데 한 도적이 칼을 빼어 들고 쫓아왔다. 이생은 겨우 달아났는데 여인은 도적에게 사로잡힌 몸이 되었다. 적은 여인의 정조를 겁탈하고자 했으나, 여인은 크게 꾸짖어 욕을 퍼부었다.

"이 호랑이 창귀(倀鬼) 같은 놈아! 나를 죽여 씹어 먹어라. 내 차라리 이리의 밥이 될지언정 어찌 개·돼지의 배필이 되어 내 정조를 더럽히겠느냐?"(정절을 지키겠다는 강한 의지)

도적은 노하여 여인을 한칼에 죽이고 살을 도려 흩었다. ▶ 최 처녀가 홍건적에게 죽임을 당함.

나 한편 이생은 황폐한 들에 숨어서 목숨을 보전하다가 도적의 무리가 떠났다는 소식을 듣고 부모님이 살던 옛집을 찾아갔다. 그러나 집은 이미 병화(兵火)(전쟁으로 일어난 재난)에 타 버리고 없었다. ❷다시 아내의 집에 가 보니 행랑채는 쓸쓸하고 집 안에는 쥐들이 우글거리고 새들만 지저귈 뿐이었다.(이생의 쓸쓸한 심정을 객관적인 묘사로 실감 나게 표현함.) 그는 슬픔을 이기지 못해, 작은 누각에 올라가서 눈물을 거두고 길게 한숨을 쉬며 날이 저물도록 앉아서 지난날의 즐겁던 일들을 생각해 보니, 완연히(눈에 보이는 것처럼 뚜렷하게) 한바탕 꿈만 같았다. 밤중이 거의 되자 희미한 달빛이 들보를 비춰 주는데, 낭하(廊下)(행랑, 복도)에서 발소리가 들려왔다. 그 소리는 먼 데서 차차 가까이 다가온다. 살펴보니 사랑하는 아내가 거기 있었다. 이생은 그녀가 이미 이승에 없는 사람임을 알고 있었으나, 너무나 사랑하는 마음에 반가움이 앞서 의심도 하지 않고 말했다.(이성적 판단보다 사랑하는 감정이 앞서 아내의 죽음을 인정하지 않으려는 이생의 심리가 표현됨.) / "부인은 어디로 피란하여 목숨을 보전하였소."

여인은 이생의 손을 잡고 한바탕 통곡하더니 곧 사정을 얘기했다.(자신이 죽임을 당한 것과 여기까지 오게 된 연유) ▶ 이생과 최 처녀가 재회함.

다 이튿날 여인은 이생과 함께 옛날에 살던 개령동을 찾아가니 거기에는 금, 은 몇 덩어리와 재물 약간이 있었다. 그들은 두 집 부모님의 유골을 거두어 금, 은 재물을 팔아서 각각 오관산(五冠山) 기슭에 합장하고는 나무를 세우고 제사를 드려 모든 예절을 다 마쳤다.

「그 후 이생은 벼슬을 구하지 않고 아내와 함께 살게 되니, 피란 갔던 노복들도 또한 찾아들었다. 이생은 이로부터 인간의 모든 일을 다 잊어버리고, 친척과 귀한 손의 길흉사(吉凶事)(길사와 경사를 아울러 이르는 말) 방문에도 문을 닫고 나가지 않았으며(두문불출(杜門不出)), 늘 아내와 함께 시구를 지어 주고받으며 즐거이 세월을 보냈다.」(「」: 최 처녀와 함께 시간을 보내기 위해 세상의 일을 잊고 지냄.) ▶ 이생과 최 처녀가 함께 행복한 시간을 보냄.

라 어느덧 두서너 해가 지난 어떤 날 저녁에 여인은 이생에게 말했다.

❸"세 번째나 가약을 맺었습니다마는, 「세상일이 뜻대로 되지 않았으므로 즐거움도 다하기 전에 슬픈 이별(저승으로 가야 함.)이 갑자기 닥쳐왔습니다.」(「」: 세상일이 뜻대로 되지 않는다는 표현에서 작가의 현실에 대한 태도를 짐작할 수 있음.) / 하고는 마침내 목메어 울었다. [중략]

"낭군의 수명은 아직 남아 있으나, 저는 이미 저승의 명부(名簿)에 이름이 실려 있으니(이별해야 하는 이유) 오래 머물러 있을 수가 없습니다. 만약 굳이 인간 세상을 그리워해서 미련을 가진다면, 명부(冥府)(저승)의 법에 위반됩니다. 그렇게 되면 죄가 저에게만 미칠 것이 아니라 낭군님께까지 미칠 것입니다. 다만 저의 유골이 아직 그곳(도적에게 죽임을 당한 곳)에 흩어져 있으니, 만약 은혜를 베풀어 주시겠다면 유골을 거두어 비바람 맞지 않게 해 주십시오.(장사 지내 주기를 부탁함.)" / 두 사람은 서로 바라보며 눈물을 흘렸다. 미구에 여인은 말했다. / "낭군님, 부디 안녕히 계십시오."

말을 마치자 점점 사라져서 마침내 종적을 감추었다. ❹이생은 아내가 말한 대로 그녀의 해골을 거두어 부모의 무덤 곁에 장사를 지내 주었다.

그 후 이생은 아내를 지극히 생각한 나머지 병이 나서 두서너 달 만에 그도 또한 세상을 떠났다. / 이 사실을 들은 사람들은 모두 슬퍼하고 탄식하면서, 그들의 절개(이생과 최 처녀의 지고지순한 사랑)를 사모하지 않는 사람이 없었다. ▶ 최 처녀가 저승으로 떠나고 이생은 최 처녀를 그리워하다 생을 마감함.

• **중심 내용** 이생과 최 처녀의 재회와 이별, 그리고 이생의 죽음 • **구성 단계** (가) 위기 / (나)~(다) 절정 / (라) 결말

작품 연구소

〈이생규장전〉의 사상적 배경

유교적 도덕 규범	• 이생은 국학에 다니는 유생으로, 부모 몰래 연애를 하면서 불안해한다. • 이생의 부모는 이생과 최 처녀가 서로 사랑한다는 사실을 알고 이생을 멀리 보내 버린다. • 홍건적의 난이 일어나 도적이 최 처녀를 겁탈하려 하자 최 처녀는 정절을 지키다가 결국 죽음에 이른다.
죽음을 초월하고자 하는 도교 사상	홍건적의 난으로 죽은 최 처녀의 원혼이 환신하여 이생과 재결합하는 것은 도교적 숙명론에 따른 사건 전개이다.
삶의 덧없음을 인식하는 불교 사상	결말에서 주인공들의 재회가 허무하게 끝나도록 설정해 놓은 것은 불교적인 무상관(無常觀)을 반영한 것이다.

↓

작가가 지닌 유불선(儒佛仙) 사상을 혼합하여 반영함.

〈이생규장전〉에서 삽입 시의 기능

서사적 기능	• 이전에 일어난 사건을 압축적으로 보여 줌. • 사건이 앞으로 어떻게 전개될 것인지 암시함. • 서사적 전개 속에서 서정적 감흥을 일으켜 사건 전개의 단조로움을 탈피함.
정서적 기능	• 인물의 정서를 효과적으로 전달함. • 독자에게 인물의 심리와 상황에 대한 정서적 여운을 줌. • 상황을 함축적으로 표현하여 낭만적 분위기를 형성함.

〈이생규장전〉과 〈만복사저포기〉의 공통점

주제	삶과 죽음을 넘어선 애절한 사랑
인물	• 재자가인(才子佳人, 재주 있는 남자와 아름다운 여자)의 인물형임. • 귀신과 진실한 사랑을 나누는 남성 주인공이 등장함.
결말	이승의 사람과 저승의 영혼이 사랑을 나누는 것은 하늘의 질서에 어긋나므로, 결국 영원한 이별이라는 비극적 결말에 이르게 됨.

자료실

《금오신화》의 구조

《금오신화》는 초현실적인 요소를 지닌 소설집으로, 현세의 인물이 직접 천상계나 저승으로 가거나 용궁의 신, 죽은 여인의 환신이나 여귀(女鬼)와 만나는 사건이 설정되어 있다. 《금오신화》에 실린 5편은 모두 현실의 인간 세계와 초현실의 세계가 상호 출입한다는 설정하에 사건이 전개되며, 이것은 내부 이야기와 외부 이야기의 사건이 독립적으로 전개되는 액자 구성과는 구별된다. 《금오신화》는 대체로 다음과 같은 구조를 지니고 있다.

현실(불행) ➡ 초현실(행복) ➡ 현실(절망) ➡ 초현실(상승)

함께 읽으면 좋은 작품

〈최치원전(崔致遠傳)〉, 작자 미상 / 전기적 성격이 드러나는 작품

당나라에 유학 간 최치원이 초현관이라는 곳에 놀러 갔다가, 그곳에 있는 쌍녀분(雙女墳)에 묻힌 두 여인과 시를 주고받고 하룻밤 좋은 인연을 맺은 뒤에 헤어졌다는 이야기로, 전기적(傳奇的) 성격이 드러난다는 점에서 〈이생규장전〉과 유사하다.

〈양산백전(梁山伯傳)〉, 작자 미상 / 재생을 통해 못다 이룬 인연을 맺는 작품

추양대라는 여주인공이 서원에서 공부하다가 가난하지만 멋있는 청년 양산백을 만나 사랑에 빠지는 애정 소설이다. 못다 이룬 인연을 맺기 위해 재생하여 혼인하는 점에서 〈이생규장전〉의 자유연애, 비극적 성격, 전기적 요소와 상통한다.

중요 기출 高난도

5 이 글로 미루어 알 수 있는 작가의 생사관(生死觀)은?

① 사람이 죽더라도 영혼은 사람 곁에 영원히 머물게 된다.
② 사람이 죽으면 바로 육신과 영혼으로 분리되어 사라져 버린다.
③ 사람은 죽더라도 업보에 따라 사람이나 동물로 새로 태어나서 살아간다.
④ 사람이 죽으면 영혼이 잠시 이승에 머물 수도 있지만 끝내는 사라진다.
⑤ 사람은 죽으면 바로 천국에 가 행복을 누리거나 지옥에 가 벌을 받으며 지낸다.

6 이 글을 〈보기〉와 같이 설명할 수 있는 근거가 되는 내용은?

보기

전기(傳奇) 소설이라는 명칭에서 '전기(傳奇)'는 '기이[奇]한 이야기를 전(傳)한다.'라는 뜻으로 주로 초현실 세계를 다루며 비현실적이고 환상적인 내용이 전개된다.

① 이생이 최 처녀의 뒤를 따라 죽음을 맞는다.
② 죽은 최 처녀가 환신하여 이생과 부부로 지낸다.
③ 홍건적의 침입으로 임금과 백성들이 고통을 겪는다.
④ 최 처녀와 이생이 시련을 극복하고 사랑을 쟁취한다.
⑤ 최 처녀가 정조를 지키려다 홍건적의 칼을 맞고 죽는다.

7 이 글의 내용을 한자 성어를 활용해 나타낼 때, 적절하지 않은 것은?

① 집이 불타고 부모와 최 처녀가 죽은 것은 그야말로 '설상가상(雪上加霜)'이로군.
② 이생과 최 처녀의 행복한 생활이 파국을 맞게 된 것은 '흥진비래(興盡悲來)'로군.
③ 이생과 최 처녀가 결국 헤어지는 내용은 '회자정리(會者定離)'로 설명할 수 있겠군.
④ 이생이 '두문불출(杜門不出)'하며 최 처녀와 함께한 것에서 깊은 사랑이 드러나는군.
⑤ 이생이 최 처녀의 유골을 거두어 장사를 지내 준 것은 최 처녀에 대한 '결초보은(結草報恩)'이로군.

8 작가가 (나)에 〈보기〉의 시 Ⓐ, Ⓑ를 삽입했다면, 그 이유가 무엇인지 사건 전개와 관련하여 각각 쓰시오.

보기

Ⓐ
도적 떼 밀려와서 온 세상이 싸움터인데,
구슬 꽃 흩어지고 원앙도 짝 잃었네.
여기저기 널린 유해(遺骸)는 묻어 주는 이 없고
얼룩진 유혼(遊魂)은 하소연할 곳도 없구나.

Ⓑ
고당루(高唐樓)에 한번 내려온 무산(巫山) 선녀
깨진 거울이 다시 갈라지니 마음이 참담하도다.
이제 한번 이별하면 두 세계가 아득히 멀어
저승과 이승 사이 소식조차 막히리.

Ⅲ. 조선 전기

028 용궁부연록(龍宮赴宴錄) | 김시습

키워드 체크 #한문 소설 #금오신화 #전기적 #용궁의 잔치

핵심 정리

갈래 한문 소설, 몽유 소설, 전기(傳奇) 소설
성격 환상적, 전기적(傳奇的)
시점 전지적 작가 시점
제재 한생이 용궁에 다녀온 경험
주제 화려한 용궁 체험과 세속적 명리의 부질없음
특징 ① '현실-꿈-현실'의 몽유(夢遊) 구조로 이루어짐.
② 탁월한 글재주로 궁궐에 초대되어 세종대왕의 칭찬을 받았던 작가의 경험과 밀접한 관련을 지님.
연대 조선 세조 때
출전 《금오신화(金鰲新話)》

Q 전기적 요소를 활용해 얻을 수 있는 효과는?

사건 전개에 변화의 폭을 넓혀 독자의 흥미를 높이고, 작품의 주제를 더욱 효과적으로 표현할 수 있게 해 준다.

어휘 풀이

청삼(靑衫) 푸른빛의 공복.
복두(幞頭) 귀인이 쓰던 모자. 과거에 급제한 사람이 홍패를 받을 때 쓰던 모자.
일산(日傘) 햇볕을 가리기 위해 세우는 큰 양산.
기악(妓樂) 기생이 하는 음악.
홀(笏) 벼슬아치가 임금을 만날 때에 손에 쥐던 물건. 임금의 명을 받았을 때 여기에 기록함.
미구(未久) 얼마 오래지 아니함.
절운관(切雲冠) 《초사(楚辭)》에 나오는 관(冠) 이름.
성화(聲華) 세상에 널리 알려진 명성.

구절 풀이

❶ **미구(未久)에 말이 ~ 보이지 않는다.** 한생이 용궁으로 가는 장면을 묘사한 것으로, 전기적(傳奇的) 요소가 잘 드러나 있다.

❷ **오랫동안 선생의 ~ 모시게 되었습니다.** 글의 처음 부분에 언급된 '젊어서부터 글을 잘 지어 조정에 이름이 알려져서, 문사로 평판이 있었다.'라는 내용과 일맥상통하는 부분으로, 한생의 글솜씨가 얼마나 뛰어난지를 보여 주는 말이다. 이는 한생으로 비유된 김시습 자신의 문장 실력을 은근히 과시하고 있는 내용이라고 볼 수도 있다.

가 고려 때 한생(韓生)이 살고 있었는데 젊어서부터 글을 잘 지어 조정에 이름이 알려져서, 문사로 평판이 있었다.
(작가 김시습의 전기(傳記)적 사실과 일치하는 내용)

어떤 날, 한생은 거처하는 방에서 해가 저물 때까지 편히 쉬고 있었더니, ㉠문득 *청삼(靑衫)을 입고 *복두(幞頭)를 쓴 관원 두 사람이 공중으로부터 내려와서 뜰 밑에 엎드렸다.
(꿈속으로 접어드는 상황 / 전기(傳奇)적 요소가 나타난 부분 ①)

"박연못의 용왕께서 모셔 오란 분부이십니다."

한생은 깜짝 놀라 얼굴빛을 변하면서 말하였다.

"신과 인간 사이에는 길이 막혀 있는데 어찌 통할 수 있겠소? 더구나 용궁은 길이 아득하고 물결이 사나우니 어찌 갈 수 있겠소?"

두 사람은 말하였다.

"준마를 문밖에 준비시켜 두었습니다. 사양하지 마시기 바랍니다."

마침내 그들은 몸을 굽혀 한생의 소매를 잡고 문밖으로 모셨다. ㉡거기에는 과연 총마 한 필이 있는데, 금안장 옥굴레에 누런 비단으로 배띠를 둘러 놓았는데 날개가 돋혀 있었다. 수종자는 모두 붉은 수건으로 이마를 싸고 비단 바지를 입고 서 있는데, 여남은 사람이나 되었다.
(그들은: 한생에게 예를 갖추는 용궁의 관리들 / 전기적 요소가 나타난 부분 ② / 수종자: 따라다니며 곁에서 심부름 등의 시중을 드는 사람)

그들이 한생을 부축하여 말 위에 태우니, ㉢*일산(日傘)을 쓴 사람이 앞에서 인도하고 *기악(妓樂)이 뒤를 따랐다. 그리고 그 두 사람도 *홀(笏)을 손에 잡고 따랐다. ❶*미구(未久)에 말이 공중을 향해 날으니 말발굽 아래 구름이 뭉게뭉게 이는 것만 보일 뿐 땅에 있는 것은 보이지 않는다.
(전기적 요소가 나타난 부분 ③)

▶ 한생이 꿈속에서 용왕의 초대를 받아 용궁에 감.

나 잠시 후에 일행은 벌써 용궁문 밖에 도착하였다. 말에서 내려서니 문지기들이 방게, 새우, 자라의 갑옷을 입고 창을 들고 주르르 늘어서 있는데, 그들은 눈자위가 한 치나 되었다. ㉣한생을 보더니 모두 머리를 숙여 절하고는 교의(交椅)를 놓고 앉아 쉬기를 청하였다. 미리 기다리고 있던 듯하였다.
(교의: 의자)

㉤두 사람이 재빨리 안으로 들어가서 보고하니, 곧 푸른 옷을 입은 두 동자가 나와 손을 마주 잡고 한생을 인도하였다. 그는 조용히 걸어 나아가다가 궁문을 쳐다보았다. 현관에 함인지문(含仁之門)이라 씌어 있었다.
(함인지문: 인(仁)을 품고 있는 문)

그가 문 안에 들어서자 용왕(龍王)은 *절운관(切雲冠)을 쓰고 칼을 차고, 손에 홀(笏)을 쥐고 뜰아래로 내려와서 맞이하였다. 그를 이끌고 다시 뜰 위로 해서 궁전으로 올라가더니, 앉기를 청하니 그것은 수정궁 안에 있는 백옥 걸상이었다. 한생은 엎드려 굳이 상양(賞揚)하며 말하였다.
(상양: 남을 칭찬하여 높이며)

"어리석은 백성은 초목과 함께 썩을 몸이온데, 어찌 감히 거룩하신 임금님께 외람히 융숭한 대접을 받을 수 있겠습니까?"

용왕은 말하였다.

"❷오랫동안 선생의 *성화(聲華)를 들어 왔습니다만 오늘에야 모시게 되었습니다. 의아히 생각하지 마십시오."
(용왕이 한생을 초대한 이유 - 한생의 뛰어난 글솜씨를 익히 들음.)

마침내 손을 내밀어 앉기를 청하였다. 한생은 세 번 사양한 후 자리에 올랐다.

▶ 용궁에 간 한생이 용왕을 만남.

• 중심 내용 꿈속에서 용궁에 초대되어 용왕을 만난 한생 • 구성 단계 (가) 발단 / (나) 전개

이해와 감상

〈용궁부연록〉은 한생이 용궁의 잔치에 가서 용왕과 만난 이야기로, 김시습이 세종 대왕의 은총을 받은 과거를 추억하면서 현재의 방랑 생활에서 인생의 종착점을 모색하고 있음을 엿볼 수 있는 작품이다. 즉, 이 작품에는 작가 자신의 삶이 반영되어 있으며, 문사(文士)인 한생은 김시습 자신을, 용왕은 세종 대왕을, 용녀는 문종과 단종을 비유한 것이라고 볼 수 있다. 또한 이 작품에 등장하는 강하(江河)의 군장과 곽 개사(郭介士), 현 선생(玄先生)은 조정의 백관을 나타낸 것이고, 용왕이 한생에게 노자로 준 빙초는 세종 대왕이 김시습에게 상으로 준 비단이라고 할 수 있다.

전체 줄거리

발단	젊어서부터 문장을 잘하여 조정에까지 이름이 알려진 한생은 용왕의 초대를 받아 용궁으로 향한다.
전개	용궁에 도착해 용왕을 만난 한생은 새로 지은 누각에 상량문을 지어 준다.
위기·절정	용왕은 그 사례로 잔치를 열고, 한생은 용궁을 두루 둘러본다.
결말	집에 돌아온 한생은 그곳에서 받은 선물을 소중하게 여기며 명예와 이익을 버리고 산에 들어가 자취를 감춘다.

인물 관계도

한생 ← 용왕

용왕이 새로 지은 누각의 상량문을 짓기 위해 문장이 뛰어나기로 유명한 한생을 초대하고, 한생이 이생에서의 명예와 이익이 덧없음을 자각하게 함.

작품 연구소

〈용궁부연록〉에 나타난 전기적 요소

전기(傳奇)적 성격을 띠는 작품에서는 천상, 지옥, 용궁 등 비현실적 공간에서의 기괴한 사건이 흥미롭게 전개되고는 하는데 현실과 초현실을 구분 없이 일원적 구조로 인정한다. 〈용궁부연록〉은 《금오신화》에 수록된 전기 소설로, 한생이 용궁에 갈 때 탄 하늘을 나는 말인 총마, 용왕, 용궁 등의 비현실적인 요소가 다양하게 나타난다. 이러한 전기적 요소는 현실적으로 실현되기 어려운 인간의 욕구를 비현실적 시간과 공간에서 해결할 수밖에 없는, 전근대적 사회의 한계를 극복하는 하나의 방법이라 할 수 있다.

〈용궁부연록〉에 나타난 작가의 글에 대한 생각

한생은 글에 능하여 조정에 이름이 알려져 문사로 평판이 자자했다. 한생이 용왕의 부름을 받는 소설 속 설정을 통해, 글솜씨가 좋으면 권위를 지닌 대상에게서 부름을 받는 것, 곧 작가 김시습이 뛰어난 글재주로 임금의 부름을 받은 것을 당연한 일이라 생각하고 있음을 알 수 있다. 또한 한생이 용궁에 초대되어 자신의 재주를 뽐내고, 그 재주 덕에 용왕과 같은 자리에서 술을 마시고 춤과 노래를 구경할 기회를 얻게 된 것은 사회적 신분이 아니라 글을 잘 쓰는 능력이 중요함을 강조한 것이라 할 수 있다.

키포인트 체크

인물 한생은 문장이 뛰어나 조정에까지 알려진 인물로, 용궁에 다녀온 뒤 □□□□의 덧없음을 깨닫는다.

배경 비현실적 공간인 □□을 배경으로 현실적으로 실현되기 어려운 인간의 욕구를 해결한다.

사건 한생이 용궁에 초대받아 □□을 만나고, 공주의 거처에 상량문을 지어 준 사례로 용궁을 두루 구경한다.

1 이 글에 대한 설명으로 적절하지 않은 것은?

① 우리나라 최초의 한문 소설집에 실려 있다.
② 현실과 꿈을 넘나드는 구조를 지니고 있다.
③ 현실과 이상 세계의 대립과 갈등을 보여 주고 있다.
④ 전기적 요소를 활용하여 환상적인 느낌을 주고 있다.
⑤ 작품의 배경이 비현실적인 세계로까지 확대되어 있다.

2 이 글의 내용과 일치하지 않는 것은?

① 용궁의 관리들은 한생을 존중하며 예를 갖추었다.
② 용왕은 한생의 명성을 만나기 전부터 알고 있었다.
③ 한생은 용왕이 보낸 사자들을 따라 용궁에 가게 되었다.
④ 한생은 용궁의 절차에 대해 불편한 심기를 드러내고 있다.
⑤ 한생은 대접이 과분하다고 생각하며 용왕에게 겸양의 태도를 보이고 있다.

3 〈보기〉의 ㄱ~ㅁ 중, 이 글에 해당하는 것을 골라 바르게 묶은 것은?

보기
ㄱ. 사건의 우연성이 드러난다.
ㄴ. 권선징악을 중심 내용으로 삼는다.
ㄷ. 행복한 결말로 구성하여 마무리한다.
ㄹ. 평면적이고 전형적인 인물이 등장한다.
ㅁ. 작품 밖의 서술자가 이야기를 이끌어 나가고 있다.

① ㄱ, ㄴ ② ㄱ, ㄷ, ㄹ ③ ㄱ, ㅁ
④ ㄴ, ㄷ ⑤ ㄴ, ㄷ, ㅁ

4 〈보기〉를 참고할 때, ㉠~㉤ 중 전기적 요소가 나타나는 것을 골라 바르게 묶은 것은?

보기
전기(傳奇)적 성격을 띠는 작품에서는 비현실적 공간에서 괴이한 사건이 흥미 있게 전개되고는 한다. 이러한 구조는 실현되기 어려운 인간의 욕구를 비현실적인 시·공간에서 해결할 수밖에 없는 전근대적 사회의 한계를 극복하는 방법이다.

① ㉠, ㉡ ② ㉠, ㉤ ③ ㉡, ㉢
④ ㉡, ㉣ ⑤ ㉢, ㉣

5 이 글을 바탕으로 〈보기〉의 빈칸에 들어갈 내용을 〈조건〉에 맞게 쓰시오.

보기
용왕: 제가 선생을 용궁으로 초대한 이유는 ____________ 때문입니다.

조건
한생의 면모와 용왕이 한생을 초청한 이유를 연결하여 쓸 것

어휘 풀이

상량문(上樑文) 상량식을 할 때에 상량을 축복하는 글. '상량'은 기둥에 보를 얹고 그 위에 처마 도리와 중도리를 걸고 마지막으로 마룻대를 올긴 것이나 또는 그 일을 의미함.
문명(文名) 글을 잘하여 세상에 알려진 이름.
삼한(三韓) 삼국 시대 이전에 우리나라 중남부에 있었던 마한, 진한, 변한.
백가(百家) 여러 가지 학설이나 주장을 내세우는 많은 학자 또는 작자(作者).
풀무 불을 피울 때 바람을 일으키는 기구.

Q 이 작품에서 상량문의 역할은?

용왕은 글솜씨가 뛰어나다는 한생의 명성을 익히 들어 알고 있던 차에 딸의 혼인을 위해 새로 지은 누각의 상량문을 지으려고 부하를 보내 한생을 초청하여 데리고 온다. 이처럼 이 작품에서 상량문은 신과 인간이 만나는 소통의 매개가 됨과 동시에, 한생이 신묘한 글솜씨를 뽐내고 인정받는 계기가 되고 있다.

Q 용궁과 인간 세상 중 한생의 선택은?

<용궁부연록>에 묘사된 용궁은 매우 이상적이고 평화로운 공간이이며, 한생은 용궁에서 최고의 찬사와 대접을 받는다. 한생이 원한다면 그곳에 머물 수도 있었지만 그는 인간 세상으로 돌아온다. 이로 보아 한생은 용궁이 아름답고 멋지기는 하지만 자신이 머무를 수 없는 공간으로 인식하고 있다는 것을 알 수 있다.

구절 풀이

❶ **한생은 고개를 ~ 얽히는 듯하였다.** 한생의 글솜씨가 얼마나 뛰어난지를 단적으로 보여 주는 구절이다. 일필휘지(一筆揮之)라는 표현이 어울린다.
❷ **그 후에 한생은 ~ 알 수 없었다.** 한생이 세속적 명리를 생각하지 않고 명산에 들어가 종적을 감추었다는 결말은 세속적 명리의 부질없음을 말해 준다. 꿈속 같은 용궁에서의 호화로운 잔치와 환대 끝에 그것의 허망함을 깨달은 것이다.

작가 소개

김시습(본책 88쪽 참고)

가 자리에 앉자 찻잔을 돌린 후에 용왕이 말하였다.

『"내 슬하에는 오직 딸이 하나 있을 뿐입니다. 벌써 결혼할 시기가 되어서 곧 시집을 보내려 합니다. 그러나 거처가 누추해서 사위를 맞이할 집도 화촉을 밝힐 만한 방도 없습니다. 그래서 따로 누각을 하나 지을까 하며, 집 이름을 가회각(佳會閣)이라 하기로 하였습니다. 장인(匠人)도 벌써 모았고 목재, 석재도 다 준비되었습니다만 다만 없는 것이 ㉠ 상량문(上樑文)입니다. 풍문에 들으니, 선생께서는 ⓐ 문명(文名)이 삼한(三韓)에 나타났고 재주가 백가(百家)에 으뜸간다 하므로, 특별히 부하들을 먼 곳으로 보내어 모셔 오게 한 것입니다. 나를 위해 상량문을 하나 지어 주시면 감사하겠습니다."』

『 』: 한생을 초청한 이유 – 문사로서 이름이 높은 한생에게 상량문을 부탁하려 함.
화촉: 빛깔을 들인 밀초로, 흔히 혼례 의식에 씀.

말이 채 끝나기도 전에 두 아이가 하나는 푸른 옥돌 벼루와, 상강(湘江)의 반죽(班竹)으로 만든 붓을 받들고, 다른 하나는 얼음같이 흰 명주 한 폭을 받들어 들어오더니, 꿇어앉아서 한생 앞에 놓았다.

반죽: 대나무의 일종

❶한생은 고개를 숙이고 엎드렸다가 일어나더니, 붓에 먹을 찍어 곧 상량문을 써 내려 가는데, ⓑ 그 글씨는 구름과 연기가 서로 얽히는 듯하였다. ▶ 한생이 용왕의 부탁을 받고 상량문을 씀.

ⓑ: 한생이 신묘한 재주를 지니고 있음을 보여 줌.

나 한생은 절하고 사례한 후에 나아가 용왕에게 말하였다.

"용궁의 좋은 일들을 이미 다 보았습니다만 그 위에 또한 ⓒ 궁실의 웅장함과 강토의 광대함도 두루 구경할 수 있겠습니까?" / 용왕은 말하였다. / "좋습니다."

한생은 허가를 얻어 문밖에 나와서 눈을 크게 뜨고 보니 다만 오색 구름이 주위에 둘려 있으므로 동쪽과 서쪽을 분별할 수가 없었다. [중략]

사자는 한생을 인도하여 한곳에 이르니 한 물건이 있는데 마치 둥근 거울과 같은 것이 번쩍번쩍 광채가 있어 눈이 아찔하여 똑똑히 볼 수가 없었다. / 한생은 물었다.

"이것은 무슨 물건입니까?" / "번개를 맡은 전모(電母)의 거울입니다."

전모: 번개를 맡은 신

또 북이 있는데 크고 작은 것이 서로 맞았다. 한생이 이를 쳐 보려고 하니 사자는 말리면서 말하였다. / "만약 한번 친다면 온갖 물건이 모두 진동하게 되니 이것은 곧 우레를 맡은 뇌공(雷公)의 북입니다."

뇌공: 천둥을 맡고 있다는 신

또 한 물건이 있는데 풀무와 같았다. 한생이 이를 흔들어 보려고 하니 사자는 다시 말리면서 말하였다.

"만약 한번 흔든다면 산의 바위가 다 무너지고 큰 나무가 뽑혀지게 되니 곧 바람을 일게 하는 풀무입니다." ▶ 용왕의 허락을 받아 용궁을 구경하지만 여러 가지 제약이 있음.

다 "대왕의 은덕으로 좋은 경치를 두루 구경하였습니다."

두 번 절하고 작별하니 이에 용왕은 산호반 위에 ⓓ 야광주(夜光珠) 두 개와 빙초(氷綃) 두 필을 담아서 전별의 노자로 주고 문밖까지 나와서 전송하였다. [중략] ⓔ 사자의 한 사람은 서각을 휘두르면서 앞에서 인도하니, 마치 공중으로 올라 날아가는 것 같았는데 다만 바람 소리와 물소리가 잠깐 동안이라도 끊어지지 않았을 뿐이었다. 이윽고 소리가 그치어 서생이 눈을 떠 보니 다만 자기 몸은 거처하는 방 안에 누워 있을 뿐이었다.

ⓓ: 용왕에게서 받은 답례품
ⓔ: 한생이 다시 지상 세계로 돌아옴. – 전기적 요소

한생이 문밖에 나와서 보니 하늘의 별은 드문드문하고 동방은 밝아 오며, 닭은 세 홰를 쳤는데 밤은 벌써 오경(五更)이었다. 빨리 그 품속의 물건을 찾아서 보니 야광주와 빙초가 있었다. 한생은 이 물건을 상자 속에 깊이 간직하여 소중한 보물로 삼고 남에게는 잘 보이지도 않았다. / ❷그 후에 한생은 세상의 명예와 이익에는 생각을 두지 않고 명산에 들어갔는데 그가 어디서 세상을 마쳤는지 알 수 없었다. ▶ 용궁에서 돌아온 한생이 종적을 감춤.

오경: 새벽 3시 ~ 5시

• 중심 내용 상량문을 쓰고 용궁을 둘러본 뒤 지상으로 돌아온 한생 • 구성 단계 (가) 전개 / (나) 위기·절정 / (다) 결말

작품 연구소

〈용궁부연록〉에서 용궁이라는 공간의 의미

용궁을 유람하는 한생에게 용궁은 자신이 할 수 있는 것보다 할 수 없는 것이 더 많은 공간이다. 문재(文才) 하나로 칭찬을 받을 수는 있어도, 한생이 실질적인 역할을 할 수 있는 곳이 아닌 것이다. 이러한 한계 때문에 한생은 스스로 인간 세상으로 돌아가기를 청하게 된다.

조원루(朝元樓)	더 이상 오를 수 없음.	➡	한생에게 용궁은 할 수 있는 것보다 할 수 없는 것이 더 많은 공간임.
북	쳐 볼 수 없음.		
풀무 같은 물건	풀무질해 볼 수 없음.		
먼지떨이같이 생긴 물건	물을 뿌려 볼 수 없음.		

용궁에서의 체험 이후 한생의 행동이 지닌 의미

한생은 용궁에서 후한 대접을 받고 돌아온 뒤 세상을 등진다. 한생은 이미 자신을 초청한 용궁에서의 체험을 통해 자기의 위상을 확인했다. 그런데 용궁에서 한생은 실상 그리 중요한 일을 할 수 있는 인물이 아니었다. 그것을 안 한생은 그곳에 다시는 가서는 안 된다는 자각을 하게 된다. 그러나 현실과 연결되어 있는 용궁에서 언제나 다시 부를 수 있는 가능성이 남아 있으므로 한생은 그러한 순환을 막기 위해 세상을 등지고 산으로 들어간 것이다.

《금오신화》에 나타난 작가 의식

〈용궁부연록〉을 포함한 《금오신화》의 주인공들은 낭만적 환상이나 꿈을 통해 현실적 요구와 사회적 이상을 성취하고 있다. 이 사실은 현실과 이상 사이의 갈등 속에서 은자(隱者)로서 일생을 보낸 작가의 생애와 밀접하게 관련된다. 곧 《금오신화》의 주인공들은 작가의 의식과 소망이 투영된 인물이며, 그들이 처한 배경은 작가가 살고 있던 당대 사회로 볼 수 있는 것이다. 김시습은 자신이 고뇌하고 있는 현실적 갈등을 환상적, 초현실적 시공(時空)을 이용하여 예술적으로 승화시켰으며, 이런 점에서 그의 작가 의식은 오늘날까지 높이 평가되고 있다.

자료실

전기 소설(傳奇小說)

전기(傳奇)는 '전하여 오는 기이한 일을 세상에 전한다'는 뜻으로, 주로 초현실적이고 비현실적인 세계의 문제를 다루고 있다. 우리의 고전 소설에서 전기 소설은 현실적인 인간 생활을 떠나 천상·명부(冥府)·용궁 등에서 전개되는 기이한 사건을 다룬 소설을 의미한다. 이러한 전기 소설은 비현실적이지만 이는 작가가 의도적으로 설정한 장치로 작가의 개성과 사상이 잘 투영되어 있다. 전기 소설은 또한 사건 전개에서 그 변화의 폭이 넓고, 소재 자체는 비현실적이지만 남녀 간의 애정 문제, 사회적 상황 등 인생에 관한 다양한 문제를 그리고 있다는 특징이 있다.

함께 읽으면 좋은 작품

〈남염부주지(南炎浮洲志)〉, 김시습 / 《금오신화》에 실린 또 다른 작품

〈용궁부연록〉과 마찬가지로 남녀 간의 사랑이 나타나지 않고 남성 주인공만 등장한다는 특징이 있다. 왕은 덕망으로 나라를 다스려야 하며, 백성이 나라의 주체가 되지 않으면 천명이 가 버리고 인심이 떠나게 되어 임금도 자리를 지킬 수 없다는 생각이 드러나 있다. Link 본책 98쪽

6 이 글을 읽은 독자의 반응으로 적절한 것은?

① 일반적인 고전 소설과 달리 등장인물들의 성격이 입체적이군.
② 한생은 용궁을 이상적인 세계로 여겨서 보고 배우려고 하는군.
③ 등장인물 간의 뚜렷한 갈등이 없어 긴장감은 별로 느껴지지 않는군.
④ 한생은 용궁에서의 체험을 통해 삶에 대한 의욕을 새롭게 다잡는군.
⑤ 용왕은 한생의 글재주를 높이 평가하여 자신의 곁에 계속 두고 싶어 하는군.

7 〈보기〉를 참고하여 이 글을 이해한 내용으로 적절하지 않은 것은?

보기

〈용궁부연록〉은 어려서부터 문재(文才)로 명성이 있었던 김시습이 세조가 왕위를 찬탈한 계유정난 이후 세조의 부름에 대한 자신의 의식과 태도를 함축적으로 드러낸 작품이다. 김시습은 세조의 부름을 받았지만 결국 정계에 진출하지 않았고, 끝내 세상을 떠돌아다녔다.

① 한생이 용궁에 가서 상량문을 쓴 것은 김시습 자신의 문재(文才)를 보여 주는 설정이다.
② 한생이 문사로 평판이 자자했던 것은 김시습이 어려서부터 글솜씨가 좋았다는 사실과 통한다.
③ 한생이 용왕에게 용궁을 구경할 수 있도록 부탁한 것은 김시습이 세조의 권력을 인정했음을 암시한다.
④ 한생이 용궁으로 초대된 것은 그의 명성 때문인데, 이는 세조가 김시습을 궁으로 부른 이유와 유사하다.
⑤ 용궁에 다녀온 한생이 산으로 들어간 것은 김시습이 정계에 나아가지 않고 세상을 떠돌아다녔다는 것과 유사하다.

8 ⓐ~ⓔ에 대한 설명으로 적절하지 않은 것은?

① ⓐ: 용왕이 한생을 용궁으로 초대한 이유를 알 수 있다.
② ⓑ: 한생의 신묘한 글솜씨를 보여 준다.
③ ⓒ: 한생이 용궁 세계에 흠뻑 빠지는 계기가 된다.
④ ⓓ: 한생이 상량문을 짓고 용왕에게서 받은 답례품이다.
⑤ ⓔ: 환상적인 느낌을 주는 전기적 요소가 드러나 있다.

9 이 글의 흐름을 고려하여 ㉠의 기능 두 가지를 〈조건〉에 맞게 쓰시오.

조건

1. 한생이 용궁에 초대된 사실과 관련지어 쓸 것
2. 각각 20자 이내의 완결된 한 문장으로 쓸 것

029 남염부주지(南炎浮洲志) | 김시습

키워드 체크 #전기 소설 #금오신화 #몽유 구조 #염라대왕

가 성화(成化) 초에 경주에 박생(朴生)이란 사람이 살고 있었다. 그는 일찍이 유학을 공부하여 태학관(太學館)에 적을 두고 있었으나 과거에 급제하지 못해서 항상 불쾌한 감정을 품고 있었다. 그래도 박생은 포부와 기상이 고상하여 어떠한 세력에도 굴복하지 않았으므로, 주위에서는 그를 오만한 청년이라 했다. 그러나 남과 교제할 적에는 태도가 성실하고 순박했으므로 고을 사람들이 모두 그를 칭찬하였다.

(성화: 명나라 헌종의 연호. 성화 원년은 조선 세조 11년인 1465년임. / 태학관: 성균관 / 인물의 성격 - 심지가 대단히 곧음. / 벼슬아치(부정적 대상) / 일반 백성들에게서는 신임을 받음.)

▶ 박생은 심지가 곧고 백성의 신임이 두터운 인물임.

나 화제가 고려의 건국에 이르자, 왕은 두세 번이나 탄식하더니 말했다.

『"나라를 다스리는 사람은 폭력으로 백성을 위협해서는 안 될 것입니다. 백성들이 두려워해서 복종하는 것 같지마는, 마음속엔 반역할 의사를 품고 있다가 시일이 지나면 마침내 큰일을 일으킵니다. 덕망이 없는 사람이 권력으로 왕위에 올라서는 안 됩니다. 대개 나라는 백성의 나라이고, 명령은 하늘의 명령입니다. 천명이 가 버리고 민심이 떠나면, 자기 몸을 보전하고자 해도 어찌 보전되겠습니까?"』

(왕: 남염부주의 왕(염라대왕) / 『 』: 왕이 갖추어야 하는 자격을 설명함.)

박생은 다시 역대 제왕들이 이도(異道)를 숭상하다가 재앙을 받은 일을 이야기하니, 왕은 문득 이맛살을 찌푸리면서 말했다.

(이도: 유교 외의 다른 종교)

"백성들이 노래를 부르면서 임금의 공덕을 칭송하는데도 수재(水災)나 한재(旱災)가 닥치는 것은 하늘이 임금에게 매사에 삼갈 것을 경고하는 것이며, 백성들이 임금의 정사에 대해 원망하는데도 상서(祥瑞)로운 일이 나타나는 것은 요괴가 임금에게 아첨해서 더욱 교만 방종하게 하는 것입니다. 비록 제왕에게 상서가 온다고 해서 백성들이 편안할 것입니까?" / 박생은 말했다.

(수재: 물로 인한 재앙 / 한재: 가뭄으로 인한 재앙 / 상서로운: 복되고 좋은 일이 일어날 조짐이 있는)

"간사한 신하들이 벌 떼처럼 일어나고, 큰 난리가 자주 일어나는데도 임금은 백성들을 위협하고서는 그것을 잘한 일로 생각하고, 명예를 요구하려 한다면 어찌 나라가 편안할 수 있겠습니까?"

(백성이 나라의 주체가 되어야 함.)

▶ 염왕과 박생이 토론함.

다 왕은 한동안 말이 없더니, 이윽고 탄식하며 말했다. / "선생의 말씀이 옳습니다."

잔치를 마친 후 왕은 박생에게 왕위를 물려주기 위해 곧 선위(禪位)의 글을 지어 내리니 이러했다. [중략]

(선위: 임금의 자리를 물려줌.)

'모든 백성이 영원히 믿고 의지할 분이 선생이 아니고 누구이겠습니까? 마땅히 도덕으로 인도하고 예법으로 정제하여, 백성들을 착하게 만들어 주시고, 몸소 실천하고 마음으로 깨달아 세상을 태평하게 해 주실 일입니다. 하늘을 본받아 법을 세우고 요(堯)임금이 순(舜)임금에게 왕위를 물려주시는 일을 본받아 내 이제 이 자리를 선생에게 드립니다.'

박생은 그 글을 받아 들고 응낙한 후 두 번 절하고 물러 나왔다.

▶ 염왕이 박생에게 왕위를 물려주기로 함.

키 포인트 체크

- **인물** 박생은 어떤 세력에도 ☐☐하지 않는 심지가 곧은 인물이다.
- **배경** ☐☐가 왕위를 찬탈한 당대의 현실을 비판적으로 바라본다.
- **사건** 박생이 ☐에서 염왕을 만나 토론하고, 꿈에서 깬 몇 달 뒤 세상을 떠나 ☐☐☐☐이 된다.

답 굴복, 세조, 꿈, 염라대왕

핵심 정리

갈래 한문 소설, 몽유 소설, 전기(傳奇) 소설
성격 환상적, 전기적(傳奇的)
제재 박생과 염왕의 대화
주제 당대 현실에 대한 비판과 선비들이 지녀야 할 정신적 자세
특징 '현실-꿈-현실'의 몽유(夢遊) 구조를 지님.
출전 《금오신화(金鰲新話)》
작가 김시습(본책 88쪽 참고)

이해와 감상

〈남염부주지〉는 《금오신화》의 〈용궁부연록(龍宮赴宴錄)〉과 마찬가지로 남녀 간의 사랑이 나타나지 않고 남성 주인공만 등장하며, 삽입 시가 없는 것이 특징이다. 이 작품은 박생과 염왕의 문답식 토론으로 구성되어 있다. 이를 통해 작가는 왕은 덕망으로 나라를 다스려야 하며 백성을 나라의 주체로 여겨야 한다는 생각을 비교적 직설적으로 제시하고 있다. 백성이 나라의 주체가 되지 않으면 천명이 가 버리고 인심이 떠나게 되어 임금도 자리를 지킬 수 없다는 것이다. 이를 역사적 사건에 비추어 해석해 보면 세조가 단종의 왕위를 찬탈한 것을 풍자한 소설이라고 할 수 있다. 폭력으로 백성을 위협하거나 덕망이 없이 권력으로 왕위에 오르는 것은 옳지 않다고 말하며 세조를 풍자·비판하고 있는 것이다.

전체 줄거리

경주에 사는 박생은 유학(儒學)을 열심히 공부했으나 과거에 실패하여 불쾌함을 이기지 못했다. 그러나 뜻이 높고 강직하여 주위의 칭찬을 받았다. 그는 귀신·무격·불교 등의 이단에 빠지지 않기 위해 유교 경전을 읽고, 세상의 이치는 하나뿐이라는 〈일리론(一理論)〉도 썼다. 어느 날 꿈에 저승사자에게 인도되어 염부주에 이르러 염왕(閻王)과 사상적인 담론을 펼쳤다. 유교·불교·미신·우주·정치 등 다방면에 걸친 문답을 통해 염왕은 박생의 참된 지식을 칭찬하고, 그 능력을 인정하여 왕위를 물려주려고 선위문(禪位文)을 내려 주며 세상에 잠시 다녀오라고 했다. 박생은 염왕께 하직하고 대궐 문을 나와 수레를 탔다. 수레가 몹시 흔들리는 바람에 깜짝 놀라 깨니 꿈이었다. 꿈을 깬 박생은 죽을 날이 다가온 것을 알고 가사를 정리한 지 몇 달 만에 세상을 떠났다. 그가 간 곳이 바로 '남염부주'라는 지옥이고, 그는 그곳의 염라대왕이 되었다.

작품 연구소

〈남염부주지〉에 나타난 작가 의식

남염부주는 인간 세계에서 부모나 임금을 죽인 대역 죄인이나 간사하고 흉악한 사람이 고통을 당하는 곳이다. 이러한 공간을 설정한 것은 악인에 대한 인과응보(因果應報), 선인에 대한 사필귀정(事必歸正)의 관점을 드러내기 위한 것이다. 이는 작가가 현실의 불행을 조금이나마 위로받고자 한 갈등의 소산이라고 할 수 있으며, 세력 있는 이들에게 굴복하지 않는 주인공 박생의 모습은 바로 작가 김시습의 투영이라고 할 수 있다.

030 취유부벽정기(醉遊浮碧亭記) | 김시습

키워드 체크 #전기 소설 #금오신화 #평양의 부벽루 #도교적 #민족 주체적 사관

가 홍생은 두 번 절하고 머리를 조아리면서 말했다.

『"속세의 어리석은 백성으로 어찌 이 나라의 왕손이신 선녀를 모시고 시로써 화답할 줄이야 꿈에나 생각했겠습니까?"』 / 홍생은 다시 엎드려 말했다.

(『 』: 홍생의 겸손함 / 도교 사상을 엿볼 수 있음.)

"어리석은 이 사람은 전세에 지은 죄가 많으므로 신선의 음식은 먹을 수 없습니다만, 그래도 글은 조금 알고 있으므로 선녀께서 지으신 시는 조금 이해됩니다. 참으로 이것만은 기이한 일입니다. 대저 네 가지 좋은 일인 좋은 계절, 아름다운 경치, 이를 보고 즐거워하는 마음, 이를 보고 유쾌하게 노는 것을 갖추기란 어려운 일인데, 이 네 가지가 구비되었으니 제발 이번에는 〈강가 정자에서 가을밤에 달을 즐기다[강정추야완월(江亭秋夜玩月)]〉란 제목으로 시를 한 편 40운(韻)을 지어 저를 가르쳐 주십시오." / 여인은 머리를 끄덕여 허락하더니, 붓을 적셔 단숨에 죽 내리쓰니, 구름과 연기가 서로 얽힌 듯 찬란했다.

(불교 사상과 도교 사상을 엿볼 수 있음. / 일필휘지(一筆揮之) / 글을 쓰는 모습에 대한 예찬)

▶ 홍생과 선녀가 시로 문답함.

나 선경은 영원한데 인간 세상 세월 빨라
『옛 궁궐엔 벼 이삭이요, 사당엔 뽕나무라
옛 자취란 빗돌뿐이니 흥망은 백구에 물어보리.』
달은 기울었다 차는데 인생은 하루살이
궁궐은 절이 되고 옛 임은 가 버렸네.
깊은 숲 가린 휘장엔 반딧불만 반짝이네.
옛날 일에 눈물지나 이 날에도 수심 겹네.
목멱산(木覓山)은 단군 터요, 평양성은 기자 서울
굴속엔 기린 자취 들판엔 숙신(肅愼) 화살
난향(蘭香)은 이제 자궁(紫宮)으로, 직녀(織女)가 용을 타고 가네.
선비는 붓을 놓고 선녀는 공후 멈추고
곡 마치자 하직하니 놋소리에 바람 자네.

(대조 / 『 』: 인생무상이 드러남. / 비석 / 갈매깃과의 새 / 서울의 남산 – 여기서는 평양 동쪽에 있는 산 / 고구려 동명왕이 탔다는 기린마 / 고조선 때에 지금의 만주와 연해주 지방에 살던 퉁구스족 / 옥황상제가 사는 곳 / 동양의 옛 현악기)

(화려했던 과거를 되새기며 초라한 현실과 이별을 안타까워함.)

여인은 쓰기를 마치자 붓을 던지고 공중에 높이 올라가 버렸는데, 그 간 곳을 알 수 없었다. 그녀는 돌아갈 때 시녀에게 일러 홍생에게 말을 전했다.

(전기적 요소)

『"상제(上帝)의 영이 엄하시므로 나는 이제 난새를 타고 올라가려고 하오.』 다만 청아(淸雅)한 이야기를 다하지 못하고 보니 내 마음 매우 섭섭하오."

(옥황상제 – 도교 사상 / 모양은 닭과 비슷하고 깃은 붉은빛에 다섯 가지 색채가 섞인 전설 속의 새 / 『 』: 인간 세계와 천상계를 구별하는 작가의 사상이 드러남. / 속된 티가 없이 맑고 아름다운)

그녀가 떠난 지 얼마 후에 회오리바람이 불어와 땅을 휘감더니 홍생이 앉은 자리를 걷어 갔다. 그리고 그 시도 앗아 가 버렸는데 그 간 곳을 알 수 없었다. 대체 이런 이상한 이야기를 인간 세상에 전하여 널리 퍼뜨리지 않게 하기 위한 것이었다.

▶ 선녀가 시를 쓰고 나서 공중으로 올라가 버림.

키 포인트 체크

인물 홍생은 부유한 상인으로, □□□의 흥망을 안타까워하며 탄식하는 시를 짓는다.

배경 고려의 역사적 정통성이 끊긴 조선 왕조와, □□가 왕위를 찬탈한 당대의 현실을 비판적으로 바라본다.

사건 홍생이 대동강에 배를 띄우고 놀다가 우연히 기씨녀를 만나, 고조선과 고구려의 □□□□에 대해 이야기를 나눈다.

답 고구려, 세조, 흥망성쇠

핵심 정리

갈래 한문 소설, 전기(傳奇) 소설, 명혼(冥婚) 소설
성격 도교적, 전기적(傳奇的)
제재 홍생과 기씨녀의 만남
주제 초월적 세계와의 교류
특징 ① 도교 사상을 바탕으로 함.
② 민족 주체적 사관이 투영됨.
출전 《금오신화(金鰲新話)》
작가 김시습(본책 88쪽 참고)

이해와 감상

〈취유부벽정기〉는 평양의 부벽루에서 인간인 홍생과 선녀 기씨녀가 함께 시를 짓고 논 이야기로, 두 사람 사이에 이루어진 정신적 사랑과 고국의 흥망성쇠에 대한 회고의 정을 담은 애정 소설이다. 죽은 기자왕의 딸인 기씨녀의 혼령이 산 사람처럼 나타나 홍생과 어울렸다는 점에서 명혼 소설이라고 할 수 있다.

전체 줄거리

송도에 사는 부유한 상인인 홍생이 대동강에서 배를 타고 부벽정에 이르러 아름다운 달밤의 경치를 즐기며, 고금(古今)의 흥망성쇠(興亡盛衰)를 노래하다가 기자왕(箕子王)의 공주인 기씨녀를 만나 밤새 시를 짓고 놀았다. 집으로 돌아온 홍생은 그에 대한 생각으로 병이 들어 누웠는데, 꿈에 기씨녀 시녀가 와서 공주의 추천으로 상제가 당신에게 선계의 벼슬을 주고자 부르니 빨리 가 보라고 했다. 홍생은 목욕재계하고 조용히 숨을 거두었는데 그 얼굴은 마치 산 사람과 같았다.

작품 연구소

〈취유부벽정기〉에 담긴 민족 주체적 사상

홍생과 기씨녀의 만남은 현재와 과거의 만남을 의미한다. 홍생과 기씨녀가 만나서 읊은 시는 대부분 고조선에 대한 회고와 고구려의 역사와 인물에 관한 것으로, 이는 작가가 민족사의 정통성을 '단군왕검 → 기자 조선 → 고구려 → 고려'로 이어지는 역사에서 찾고자 한 의도로 볼 수 있다. 이처럼 고려의 역사적 정통성에 바탕을 둔 작가의 의식은 세조의 왕위 찬탈에 대한 불만이 조선 왕조에 대한 불신으로 이어지면서 형성되었다고 할 수 있다.

자료실

기자(箕子, ?~?)

고조선 때 전설상에 있었다고 하는 기자 조선의 시조로 전해지는 인물이다. 은나라의 현인으로, 주나라의 무왕이 은나라를 빼앗자 동쪽으로 도망하여 조선에 들어와 기자 조선을 건국하고 팔조금법(八條禁法)을 가르쳤다고 한다. 그러나 이러한 주장은 모순점이 많아 현재 학계에서는 이를 부정하는 견해가 지배적이다.

031 설공찬전(薛公瓚傳) | 채수

키워드 체크 #풍자 소설 #현실 비판적 #풍자적 #사후 세계

공침이 그 사람들더러 이르기를, / "나는 병들어 죽을 것이다." / 하고 이윽고 고개를 빼서 눈물을 흘리고 베개에 누웠는데, 그 영혼은 아직 오지 않고 있었다. 이윽고 공침의 말이 아주 간절하였는데, 제 아버지가 이르기를 / "영혼이 또 온다." / 라고 하였다.

평소 설공찬의 넋이 설공침의 몸으로 들어가 설공침을 괴롭게 할 때가 많았음.

▶ 설공침이 설공찬의 빙의로 괴로워함.

공침이 기지개를 켜고 일어나 앉아 머리를 긁고 그 사람을 보고 이르기를,

"내 너희와 이별한 지 다섯 해니, 멀리 떨어져 있어 매우 슬픈 뜻이 있다."

설공찬의 넋이 설공침의 몸을 통해 사람들에게 말함.

라고 하였다. 저 사람들이 그 말을 듣고 매우 기특하게 여겨 저승 기별을 물어보았다.

▶ 사람들이 설공찬의 넋에게 저승에 대해 질문함.

저승에 대한 말을 이르기를,

『"저승은 바닷가이로되, 매우 멀어서 여기서 거기 가는 것이 40리인데, 우리 다니는 것은 매우 빨라 여기에서 술시(저녁 8시)에 나서서 자시(자정)에 들어가, 축시(새벽 2시)에 성문이 열려 있으면 들어간다." / 라고 하였다. 또 이르기를,

"우리나라 이름은 단월국이라고 한다. 중국과 모든 나라의 죽은 사람이 다 이 땅에 모이니, 하도 많아 수효를 세지 못한다. 우리 임금의 이름은 비사문천왕이다.』 육지의 사람이 죽으면 반드시 이승 생활에 대해 묻는데, '네 부모, 동생, 족친들을 말해 보라.'라며 쇠채로 치는데, 많이 맞는 것을 서러워하면 책을 상고(詳考)하여, 명이 다하지 않았으면 그냥 두고, 다하였으면 즉시 연좌(蓮座)로 잡아간다. 나도 죽어 정녕히 잡혀가니, 쇠채로 치며 묻기에 맞기가 매우 서러워 먼저 죽은 어머니와 누님을 대니, 또 치려고 하길래, 증조부 설위(薛緯)로부터 편지를 받아다가 주관하는 관원한테 전하니 놓아주었다. 설위도 이승에서 대사성 벼슬을 하였다시피 저승에 가서도 좋은 벼슬을 하고 있었다." / 라고 하였다.

『 』: 저승이 있는 공간과 출입 시간, 나라의 이름, 왕의 이름 등을 구체적으로 언급하여 사실성을 부여함.

족친: 유복친 안에 들지 않는, 같은 성을 가진 일가붙이

쇠채: 쇠로 만든 채

상고: 꼼꼼하게 따져서 검토하여

연좌: 연꽃 모양으로 만든 불보살이 앉는 자리

정녕히: 틀림없이 확실하게

▶ 저승에서 행해지는 관행에 대해 설명함.

아래의 말을 여기에 하기를, / "이승에 어진 재상이면 죽어서도 재상으로 다니고, 이승에서는 비록 여편네 몸이었어도 약간이라도 글을 잘하면 저승에서 아무 소임이나 맡으면, 잘 지낸다. 이승에서 비록 비명에 죽었어도 임금께 충성하여 간하다가 죽은 사람이면 저승에 가서도 좋은 벼슬을 하고, 『비록 여기에서 임금을 하였더라도 주전충 같은 반역자는 다 지옥에 들어가 있었다.』 주전충 임금은 당나라 사람이다. 적선을 많이 한 사람이면 이승에서 비록 천하게 다니다가도 저승에서 가장 품계 높이 다닌다. 서럽게 살지 않고 여기에서 비록 존귀히 다니다가도 악을 쌓으면 저승에 가도 수고롭고 불쌍하게 다닌다. 이승에서 존귀히 다니고 남의 원한 살 만한 일을 하지 않고 악덕을 베풀지 않았으면 저승에 가서도 귀하게 다니고, 이승에서 사납게 다니고 각별히 공덕 쌓은 게 없으면, 저승에 가서도 그 가지도 사납게 다니게 된다. [중략] 염라왕이 시키면 모든 나라 임금과 어진 사람이 나오는데, 앉히고 예악을 썼다.

여성을 차별하는 조선의 유교적 사회 체제에 대한 비판적 의식을 드러냄.

비명: 제명대로 다 살지 못하고 죽음.

간하다가: 임금에게 잘못한 일을 고치도록 말하다.

『 』: 연산군을 축출하고 정권을 잡은 중종을 우회적으로 비판함.

권선징악의 요소가 반영됨.

자손을 의미함.

▶ 저승에서 귀한 지위와 천한 지위를 나누는 기준을 설명함.

키 포인트 체크

인물 설공찬은 죽은 사람의 영혼으로, 산 사람의 몸에 들어가 염라대왕의 ☐☐를 대신 전하는 인물이다.

배경 유교 이념으로는 설명할 수 없는 영혼, 사후 세계 등을 통해 당대의 정치와 사회, 유교 이념의 한계를 ☐☐☐으로 제시한다.

사건 설공찬이 병들어 죽은 뒤, 산 사람의 몸에 ☐☐하여 ☐☐에서 겪은 일들을 이야기한다.

답 평가, 비판적, 빙의, 저승

핵심 정리

갈래 사회 소설, 풍자 소설
성격 현실 비판적, 풍자적, 전기적
제재 설공찬이 전하는 여러 가지 저승 소식
주제 저승 이야기를 통한 당대의 정치 풍자
특징 영혼과 사후 세계의 이야기를 통해 당대의 정치와 사회, 유교 이념의 한계를 비판함.
연대 1511년(중종 11년)
출전 《묵재일기(默齋日記)》
작가 채수(蔡壽, 1449~1515)
조선 전기의 문신으로, 이석형과 함께 조선 개국 이래 삼장에서 연이어 장원한 두 사람 중의 한 사람이다. 《세조실록》, 《예종실록》의 편찬에 참여했으며, 정현왕후의 폐위를 반대했다.

이해와 감상

〈설공찬전〉은 죽은 사람의 영혼이 산 사람의 몸에 빙의하는 것을 소재로 삼아 당시 정치를 비판한 풍자 소설이다. 이 작품은 저승을 다녀온 설공찬이 당대의 정치적 인물들에 대한 염라대왕의 평가를 전하는 형식으로 전개된다. 이 중 가장 주목할 만한 것은 반역으로 정권을 잡은 사람은 지옥에 떨어진다고 한 부분인데, 이에는 연산군을 축출하고 정권을 잡은 중종을 비판하기 위한 의도가 반영되어 있다. 또한 저승에서는 여성이라도 글만 할 줄 알면 얼마든지 관직을 받아 잘 지낸다는 부분에서는 여성을 차별하는 조선의 유교적 사회 체제에 대한 비판 의식을 드러내고 있다.

전체 줄거리

순창에 살던 설충란에게 남매가 있었는데, 딸은 결혼 후 바로 죽고 아들 설공찬도 장가들기 전 병들어 죽는다. 설충란은 설공찬이 죽은 후 신주를 모시고 3년 동안 제사를 지내다가 3년이 지나자 설공찬의 무덤 곁에 신주를 묻는다. 설공찬 누이의 혼령은 설충수(설충란의 동생)의 아들 설공침에게 들어가 그를 병들게 한다. 이후 설공찬의 혼령도 설공침에게 들어가 수시로 왕래하기 시작한다. 설공찬은 설공침으로 하여금 사촌 동생 설위와 윤자신을 부르게 한 뒤 설공침의 입을 빌려 저승에서 겪은 이야기를 전해 준다.

작품 연구소

최초의 국문 번역 소설 〈설공찬전〉

〈설공찬전〉의 국문본은 한글로 표기된 최초의 소설(최초의 국문 번역 소설)로서, 이후 본격적인 창작 국문 소설이 출현하는 데 결정적인 역할을 했다. 이 작품이 발견되기 전 학계에서는 최초의 국문 소설로 알려진 〈홍길동전〉보다 이른 시기의 국문 표기 소설이 존재할 것이라는 가설이 있었다. 왜냐하면 〈홍길동전〉이 장편인 데다 완벽한 구조를 지니고 있었기 때문이다. 〈설공찬전〉의 국문본이 발견됨으로써 이 가설이 사실로 증명되었다.

〈설공찬전〉에 나타난 사실적 배경과 그 효과

〈설공찬전〉은 순창이라는 실제 지역을 공간적 배경으로 하고, 이곳을 본관으로 하는 설씨 집안의 가족들을 등장인물로 설정했다. 등장인물은 실존 인물과 허구적 인물을 교묘히 조합했으며, 전통적으로 친숙한 원귀 관념 및 무속에서의 공수 현상 등을 활용하고 있다. 이러한 사실적 배경과 친숙한 소재는 대중의 인기를 끌 수 있는 요인이 되었다.

032 화사(花史) | 임제

키워드 체크 #의인체 소설 #연대기적 #풍자적 #꽃과 초목의 의인화

가 당(唐)나라 명왕(明王)의 성은 백(白)이고, 이름은 연(蓮)이며 자는 부용(芙蓉)이라고 했다. [중략] 모친 하씨(何氏)는 빛이 아름다운 꽃을 가진 창포(菖蒲)를 보고, 그 꽃에 혹하여 그것을 입에 넣어 삼켰는데 이때 임신해서 왕을 낳은 것이었다. 왕의 얼굴은 잘생기고 아름다워서 마치 천신(天神)과도 같았고, 『어딘가 이 세상 사람 같지 않은 고상하고 거룩한 점이 있었다.』

(둘 다 연꽃을 의인화함. / 명왕의 신이한 출생담 – 신화나 영웅 소설에 나타나는 주인공의 신이한 출생담과 유사한 화소 / 명왕의 외양 묘사 / 「 」: 인물 성격의 직접적 제시)

▶ 당나라 명왕의 가계와 출생 내력, 명왕의 외모

나 하(夏)나라가 망한 처음에, 나라에 왕이 없어서 상주(湘州) 사람인 두약(杜若)과 백지(白芷) 등이 그를 추대하여 왕의 자리에 오르게 되었다. 그를 말하자면 수덕(水德)으로 왕이 된 셈이어서 흰색[白色]을 좋아하고, 7월을 세수(歲首)로 삼고, 전당(錢塘)을 도읍으로 정하여, 나라 이름을 남당(南唐)이라 불렀다.

(모란꽃의 나라 / 약용으로 쓰이는 식물을 의인화함. / 물의 덕 / 해의 첫머리 – 설날 / 연못)

사신(史臣)은 이렇게 말했다.

'도(陶)나라는 목덕(木德)으로 왕이 되어 흰색을 숭상했고, 하(夏)나라는 토덕(土德)으로 왕이 되어 붉은색을 숭상했으며, 당(唐)나라는 수덕(水德)으로 왕이 되어 흰색을 숭상했던 것이니, 이런 일의 연유는 감감하니 알 수가 없다.'

(나무의 덕 / 매화 / 흙의 덕 / 모란 / 연꽃(부용) / 어떤 사실을 전혀 모르거나 잊은 상태이니)

▶ 도(陶)·하(夏)·당(唐)나라의 왕을 세운 연유를 밝힘.

다 덕수 원년(德水元年)에 정전(井田)의 법을 만들고, 전폐(錢幣)를 쓰기 시작했다.

(…금이 즉위한 … 나라를 세운 … 연호를 정한 … 어떤 일이 … 시작되는 해 / 토지 제도의 정비 / 돈의 사용)

이 해에, 예의 포학(暴虐)한 풍백(風伯)은 그의 왕인 계주백(桂州伯)을 죽이고 자신이 왕이 되어 나라 이름을 금(金)이라고 하고, 서북(西北) 땅을 합쳐 차지했다. 이 때문에 녹림적(綠林賊)들도 그에게 복종하는 것이었다. / 왕은 두약(杜若)을 승상으로 삼았다. 그 조서(詔書)에서 왕은 이렇게 써 놓고 있었다. / '그대는 맡은 바를 잘 보살펴서 그대 선조의 이름을 더럽히지 말 것이며, 동시에 이 당나라 이름을 떨치게 하라.'

(몹시 잔인하고 난폭한 바람을 의인화함. / 나뭇잎을 도적에 빗대어 의인화함. / 임금의 뜻을 널리 알리고자 적은 문서)

두약은 옛날 당나라의 어진 재상(宰相)이었던 두여회(杜如晦)의 후손이었다. 그래서 더욱 그 어진 피를 받아 훌륭했고, 왕의 신임이 두터웠다. [중략] 이때 불행하게도 천하는 모두가 녹림적의 소굴이 되어 버렸다. 그러나 다만 당(唐)나라만은 깊은 개울에다 높은 성을 쌓아 올렸으므로 그들의 해를 면할 수 있었다.

(천혜(天惠)의 지리적 조건과 유비무환의 자세)

『백성들은 모두가 다 〈격양가(擊壤歌)〉를 부르고 태평했으며, 나라는 점점 살찌고 부자가 되었다. 이리하여 이때 수형(水衡)의 돈이 많아 거만(巨萬)에 달하고, 강과 연못의 물고기가 얼마든지 있어서 다 먹으려야 먹을 수 없을 정도였고, 상하의 백성들이 저마다 길쌈을 하기에 힘쓰고 조석으로 주옥(珠玉)을 헤아리는 데 여념이 없을 뿐이었다.』

(「 」: 나라가 번성하고 태평성대를 이루었음을 구체적으로 드러냄. / 하천을 관장하던 관직 / 만의 곱절이라는 뜻으로, 많은 수를 비유적으로 이르는 말 / 구슬과 옥)

▶ 선정을 펼쳐 나라가 번성하고 태평성대를 구가함.

라 사신(史臣)은 이러한 역대의 변천과 흥망성쇠를 지켜보며 이렇게 기록해 두었다.

'3대의 흥망이 눈 깜박이는 사이였고, 네 임금의 존망(存亡)이 또한 눈 깜박이는 사이였다. 동원(東園)에 잠깐 놓인 것 같고 어찌 보면 남가일몽(南柯一夢)이 아닐 수 없다. 『아침에 동산에서 지저귀는 새소리를 들었는가 하면, 저녁에 서산에서 집을 찾아 늦게 돌아가는 산새를 보는 것 같고, 아쉽고 슬프기 한이 없구나.』'

(도(陶)·하(夏)·당(唐) / 존속과 멸망 / 한바탕의 허망한 꿈 / 「 」: 3대 흥망의 역사를 하루에 비유하여 작가가 느끼는 덧없음과 슬픔을 드러냄.)

▶ 남가일몽과 같은 역사에 대해 사신이 논평함.

키 포인트 체크

인물 당나라의 명왕은 □□을 의인화한 인물이다.

배경 도·하·당 등의 꽃 나라를 통해 □□ 세계를 우의적으로 제시한다.

사건 꽃 나라 왕들의 잘못된 □□로 나라가 결국 망하는 역사가 되풀이된다.

답 연꽃, 인간, 치세

핵심 정리

갈래 한문 소설, 의인체 소설
성격 우의적, 연대기적, 풍자적, 서사적
제재 꽃(초목)
주제 꽃 나라 3대의 흥망성쇠(興亡盛衰)의 역사
특징 ① 식물을 의인화하여 인간 세계를 풍사함.
② 역사를 서술하는 방식으로 글을 전개함.
③ 〈화왕계〉와 가전 문학을 계승함.
연대 16세기 무렵(선조 때)
출전 《백호집(白湖集)》
작가 임제(林悌, 1549~1587)
명종~선조 때의 문인이며 자는 자순(子順), 호는 백호(白湖)이다. 20세부터 학문에 정진하여 선조 9년에 대과에 급제했으나, 현실에 순응하지 못하고 법도를 초탈해서 호방하게 살았다. 봉건적 권위에 반항했던 인간으로서 주정적이고 낭만적인 삶의 자세를 지켰다. 문집 《백호집》을 남겼는데, 여기에 〈화사(花史)〉, 〈수성지(愁城誌)〉, 〈원생몽유록(元生夢遊錄)〉 등의 한문 소설이 전한다.

이해와 감상

〈화사〉는 식물 세계를 의인화하여 식물 왕국의 흥망을 그린 한문 소설로, 고려 시대의 가전과 유사한 성격을 지니고 있다. 여러 제도·지명·인명 등을 모두 화훼(花卉)와 관련된 글자들로 표현하여 중국의 역사를 비유적으로 설명하고 있다. 즉, 계절에 따라 매화는 도(陶, 겨울)나라와 동도(東陶, 봄)나라의 군왕에, 모란은 하(夏, 여름)나라의 군왕에, 연꽃(부용)은 당(唐, 가을)나라의 군왕에 빗대어 의인화했고, 그 밖의 식물들은 충신(忠臣)·간신(奸臣)·역신(逆臣)·은일(隱逸) 등으로 의인화하여 사건을 전개하고 있다.
이 작품에서는 인간 사회를 직접 서술하지 않고 우의적으로 제시함으로써 함축적이고 풍자적인 효과를 거두고 있다.

전체 줄거리

도(陶)의 열왕과 충신들이 도탄에 빠진 백성들을 구하기 위해 나라를 세운다. 동도의 영왕이 소인(小人) 옥형을 승상으로 삼고 양 귀인을 사랑하면서 사치와 향락에 빠져 왕조가 망한다. 하(夏)의 문왕은 문치(文治)에 힘써 문화가 부흥했으나 권귀의 딸 소녀를 왕비로 취했다가 소녀에게 독살당하고 만다. 당(唐)만이 천연의 지리(地理)로 태평했으나 명왕은 국방을 등한시하고 윤회의 설법에 빠져 5년 만에 망하게 된다. 이를 통해 인간 세상의 흥망성쇠의 무상함을 토로하고 꽃의 성실성과 정직성을 예찬하고 있다.

작품 연구소

〈화사(花史)〉와 가전(假傳)의 공통점과 차이점

	〈화사〉	가전
공통점	• 사물을 의인화하여 역사를 기술함. • '출생 → 성장 → 죽음'의 순으로 사건을 순차적으로 기술함. • 작가가 사관의 입장에서 소견을 덧붙이는 형식을 취함.	
차이점	화초(花草)는 인간 세계의 표상으로, 인간 사회의 일반적 심상이 투영됨. → 왕조의 흥망이라는 사건 표현에 주안점을 둠.	사물의 생애를 표현하기 위해 그 사물과 관련된 역사적 사실을 소재로 다룸. → 사물의 속성 표현에 주안점을 둠.

Ⅲ. 조선 전기

033 주옹설(舟翁說) | 권근

키워드 체크 #설 #교훈적 #우의적 #위험한 배 #역설적 발상

핵심 정리

갈래 한문 수필, 설(說)
성격 교훈적, 비유적, 우의적, 계몽적
제재 뱃사람의 삶
주제 세상을 살아가는 올바른 삶의 태도
특징 ① 질문을 제시하고 이에 대한 인물의 생각을 설명함.
② 역설적 인식을 바탕으로 삶의 교훈을 전달함.
출전 《동문선(東文選)》

Q 이 글에서 손과 주옹의 역할은?

손이 주옹에게 배 위에 사는 이유를 물어 주옹이 그에 대해 대답하고 있다. 주옹이 배 위에 사는 이유는 작가가 전하고자 하는 핵심 의도를 우의적으로 나타낸 것으로, 주옹은 작가의 생각을 전달하는 허구적 대리인이다. 그리고 이 발언을 유도하는 손 역시 작가의 변형된 모습이라 할 수 있다.

어휘 풀이

주옹(舟翁) 늙은 뱃사람. 배에서 사는 사람.
변화불측(變化不測)하다 끊임없이 달라져서 이루 다 헤아릴 수가 없다.
만경(萬頃) 아주 많은 이랑이라는 뜻으로, 지면이나 수면이 아주 넓음을 이르는 말.
지척(咫尺) 아주 가까운 거리.
무상(無常)하다 일정하지 않고 늘 변하는 데가 있다.
유유(悠悠)하다 움직임이 한가하고 여유가 있고 느리다.

구절 풀이

❶ **내 차라리 ~ 되지 않으려 한다.** 편안함을 추구하다가 위태롭게 되기보다는 위험한 곳에서 늘 조심하고 경계하는 삶을 살겠다는 주옹의 삶의 자세가 드러나 있다.
❷ **안전할 때는 ~ 죽는 자가 많다.** 세상 사람들은 뒷일은 생각하지 않고 헛된 욕심에 빠져 결국에는 잘못되거나 죽게 된다는 뜻으로 인간 세태를 비판하고 있다.

Q 주옹이 부른 노래의 효과는?

자연 속에서 유유자적하고자 하는 주옹의 삶의 태도를 집약적으로 드러내어 주제를 강조하고, 여운을 남기며 글을 마무리하는 역할을 한다.

작가 소개

권근(權近, 1352~1409)
고려 말에서 조선 전기의 문신이자 학자이며, 호는 양촌(陽村)이다. 이색(李穡)의 문하에서 당대의 석학들과 교유했고, 조선 개국 후 사병(私兵) 폐지를 주장하여 왕권 확립에 큰 공을 세웠다. 성리학자이면서 문장에도 뛰어나 하륜 등과 함께 역사서인 《동국사략(東國史略)》을 편찬했다.

가 손[客]이 •주옹(舟翁)에게 묻기를,

"그대가 배에서 사는데, 「고기를 잡는다 하자니 낚시가 없고, 장사를 한다 하자니 돈이 없고, 진리(津吏) 노릇을 한다 하자니 물 가운데만 있어 왕래(往來)가 없구려.」
(「」: 손이 배에서 사는 주옹에 대한 자신의 생각을 말함. → 위험한 배 위에서 사는 이유를 묻는 계기가 됨. / 진리: 나루터를 관리하는 벼슬아치)

•변화불측(變化不測)한 물에 조각배 하나를 띄워 가없는 •만경(萬頃)을 헤매다가, 바람 미치고 물결 놀라 돛대는 기울고 노까지 부러지면, 정신과 혼백(魂魄)이 흩어지고 두려움에 싸여 ㉠명(命)이 •지척(咫尺)에 있게 될 것이로다. 이는 지극히 험한 데서 위태로움을 무릅쓰는 일이거늘, 그대는 도리어 이를 즐겨 오래오래 물에 떠가기만 하고 돌아오지 않으니 무슨 재미인가?"
(위태로운 상황이 부각됨. / 가없는: 끝이 없는 / 설상가상(雪上加霜) / 목숨이 위태로운 지경 – 풍전등화(風前燈火), 누란지위(累卵之危), 백척간두(百尺竿頭) / 위태로운 상황을 즐기는 주옹의 삶에 대한 손의 의문 제기)

하니,

▶ 손이 주옹에게 위험한 배 위에서 사는 이유를 물음.

나 주옹이 말하기를,

"아아, 손은 생각하지 못하는가? 대개 사람의 마음이란 다잡기와 느슨해짐이 •무상(無常)하니, 평탄한 땅을 디디면 태연하여 느긋해지고, 험한 지경에 처하면 두려워 서두르는 법이다. 두려워 서두르면 조심하여 든든하게 살지만, 태연하여 느긋하면 반드시 흐트러져 위태로이 죽나니, ❶내 차라리 위험을 딛고서 항상 조심할지언정, 편안한 데 살아 스스로 쓸모없게 되지 않으려 한다.
(긴장과 이완 / 보통 사람들의 삶에 대한 태도 / 역설적 발상 / 편안함을 추구하는 세태 비판)

▶ 주옹의 대답 ① – 위험을 딛고 조심하며 경계하는 삶을 살아야 함.

다 하물며 내 배는 정해진 꼴이 없이 떠도는 것이니, 혹시 무게가 한쪽으로 치우치면 그 모습이 반드시 기울어지게 된다. 왼쪽으로도 오른쪽으로도 기울지 않고, 무겁지도 가볍지도 않게 내가 배 한가운데서 평형을 잡아야만 기울어지지도 뒤집히지도 않아 내 배의 평온을 지키게 되나니, 비록 풍랑이 거세게 인다 한들 편안한 내 마음을 어찌 흔들 수 있겠는가?
(평정을 지키는 삶 – 중용의 자세 / 흔들 수 없음. – 설의적 표현)

또, 무릇 인간 세상이란 한 거대한 물결이요, 인심이란 한바탕 큰 바람이니, 하잘것없는 내 한 몸이 아득한 그 가운데 떴다 잠겼다 하는 것보다는, 오히려 한 잎 조각배로 만 리의 부슬비 속에 떠 있는 것이 낫지 않은가? 내가 배에서 사는 것으로 사람 한 세상 사는 것을 보건대, ❷안전할 때는 후환(後患)을 생각지 못하고, 욕심을 부리느라 나중을 돌보지 못하다가, 마침내는 빠지고 뒤집혀 죽는 자가 많다. 손은 어찌 이로써 두려움을 삼지 않고 도리어 나를 위태하다 하는가?" / 하고,
(거대한 물결(위험함.) + 큰 바람(변화가 심함.) → 인간 세상은 안정된 곳이 아님.(비유) / 세상에 휩쓸려 위태롭게 살아가는 것 / 위험한 배 위에서 조심하며 살아가는 것이 나음. / 뒷날의 걱정과 근심 / 평정을 잃은 삶 / '안전할 때는 ~ 죽는 자가 많다.')

▶ 주옹의 대답 ② – 평정을 잃지 않고 스스로 중심을 잡고 살아가야 함.

라 주옹은 뱃전을 두들기며 노래하기를,

아득한 강 바다여, •유유(悠悠)하여라.
빈 배를 띄웠네, 물 한가운데.
밝은 달 실어라, 홀로 떠가리.
한가로이 지내다 세월 마치리.
(인간의 한평생 삶 / 욕심 없는 삶 상징 / 홀로 유유자적(悠悠自適)하는 삶 – 주제)

하고는 손과 작별하고 간 뒤, 더는 말이 없었다.

▶ 주옹이 노래를 남기고 손과 작별함.

• 중심 내용 위험을 딛고 항상 조심하며 평정을 잃지 않는 삶의 자세

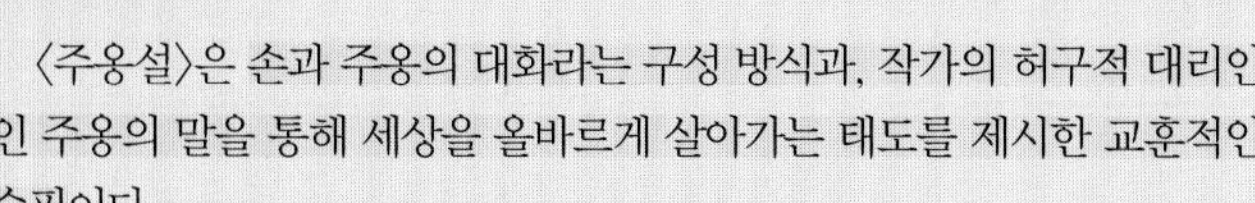

〈주옹설〉은 손과 주옹의 대화라는 구성 방식과, 작가의 허구적 대리인인 주옹의 말을 통해 세상을 올바르게 살아가는 태도를 제시한 교훈적인 수필이다.

손이 주옹에게 위험한 배 위에서 사는 이유를 묻자 주옹은 배 위의 위태로운 상황은 자신을 늘 조심하며 살아가게 하고, 자신이 배의 중심을 잘 잡으면 충분히 평온을 지킬 수 있다고 대답한다. 즉, 스스로 중심을 지키고 살아간다면 평탄한 땅에서 편하게 사는 것보다 배 위에서 사는 것이 더 안전할 수 있다는 것이다. 이러한 주옹의 관점은 통념에서 벗어난 역설적 발상을 보여 준다.

작가는 주옹의 말을 빌려, 언제나 자신의 삶이 변화에 적응할 수 있도록 평정을 잃지 않고 스스로 중심을 잡아야 함을 강조하고 있다. 배를 타고 물 위에 떠 있는 것을 인생에 비유하여, 배를 탈 때처럼 언제나 조심하고 경계하는 자세를 지녀야 한다는 교훈을 전달하고 있다.

작품 연구소

〈주옹설〉의 구성

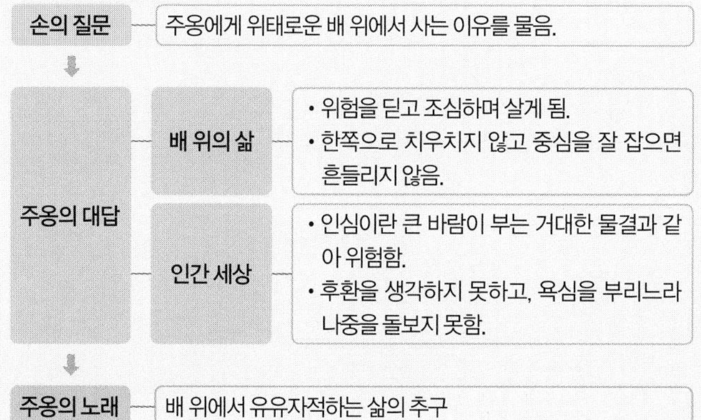

삶에 대한 손과 주옹의 관점 차이

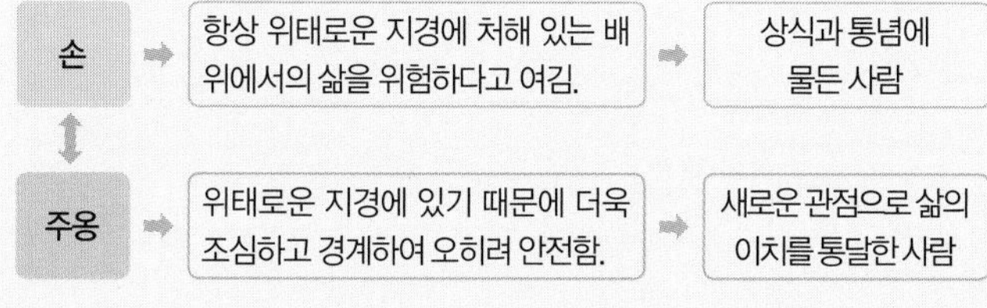

〈주옹설〉의 작가가 주옹을 통해 말하고자 하는 바

쉽고 편한 것이 결코 더 좋은 것은 아니기 때문에 험한 파도 위의 삶을 선택함. ➡ 인생에 대한 달관의 자세

⬇

안전한 것만을 택해 나태에 빠지기보다 위태로운 상황에 대비하여 늘 조심하고 경계하며 사는 삶의 태도가 중요함.

키 포인트 체크

제재 □□□의 삶

관점 언제나 □□을 잃지 않고 스스로 □□을 유지해야 함을 강조한다.

표현 일반적인 상식과 통념에서 벗어난 □□적인 발상을 통해 세상에 대한 태도와 참된 삶의 방식을 깨우쳐 준다.

1 이 글에 대한 설명으로 적절하지 않은 것은?

① 대화를 통해 주제를 이끌어 내고 있다.
② 추상적인 대상을 자연물에 비유하고 있다.
③ 결말을 노래로 처리하여 여운을 주고 있다.
④ 현상에 대한 상반된 인식을 보여 주고 있다.
⑤ 작가가 경험 속에서 깨달은 바를 직접 전달하고 있다.

2 이 글을 쓴 의도를 〈보기〉와 같이 정리할 때, 빈칸에 들어갈 내용으로 알맞은 것은?

보기
이 글을 통해 작가는 삶을 살아가는 데 (　　　　　　) 태도가 필요하다는 것을 전하고자 한다.

① 순리에 따르며 주어진 것에 만족하는
② 평정을 잃지 않고 스스로 중심을 잡는
③ 속박에 얽매이지 않고 자유롭게 지내는
④ 나와 남이 다름을 인정하고 이를 수용하는
⑤ 누구에게도 의지하지 않고 독립적으로 사는

3 (라)에 제시된 주옹의 노래에 대한 설명으로 알맞지 않은 것은?

① 주옹의 삶의 태도를 압축하여 드러낸다.
② '빈 배'는 욕심을 버린 주옹 자신을 의미한다.
③ 조심하며 한가롭게 지내는 삶의 모습을 보여 준다.
④ 손에게 현재 자신의 삶을 유지하겠다는 의사를 전달한다.
⑤ '밝은 달'은 세상 사람들이 욕심을 부려 얻고자 하는 대상을 나타낸다.

4 ㉠의 상황을 나타내기에 가장 적절한 한자 성어는?

① 계란유골(鷄卵有骨)　② 함흥차사(咸興差使)
③ 백척간두(百尺竿頭)　④ 유비무환(有備無患)
⑤ 문전성시(門前成市)

5 이 글에서 〈보기〉의 밑줄 친 부분에 해당하는 내용을 쓰시오.

보기
'설(說)'이라는 양식은 독특한 서술 구조를 보여 준다. 먼저 대상을 제시한 다음 그 대상이 다른 것들과 맺고 있는 관계를 헤아리고, 그런 다음에 그것들이 내게 어떤 의미를 지니는가를 명료하게 밝힘으로써 끝맺는다. 이를 '대상 – 관계 – 의미'의 구조로 정리할 수 있다.

034 주봉설(酒蜂說) | 강유선

키워드 체크 #한문 수필 #교훈적 #우의적 #술에 빠진 벌 #과욕에 대한 경계

국어 천재(이)

핵심 정리

갈래 한문 수필, 설(說)
성격 교훈적, 우의적, 관조적, 유추적
제재 술에 빠져 죽은 벌
주제 과욕(過慾)에 대한 경계
특징 ① 벌을 관찰한 경험을 토대로 서술함.
② '경험 – 깨달음'의 구조로 이루어져 있음.
출전 《주천유고(舟川遺稿)》
연대 1544년(중종 39년)

Q 이 글에 나타난 작가의 성품은?

작가는 벌 한 마리가 술 그릇에 빠진 것을 불쌍히 여겨 손을 휘저어 내쫓고 있으며, 벌의 죽음을 슬퍼하는 마음을 직접적으로 드러내고 있다. 한낱 미물일 뿐인 벌의 죽음을 안타까워하는 것으로 보아 작가가 선한 성품을 지니고 있음을 알 수 있다.

어휘 풀이

단술 맛이 좋은 술.
미물(微物) 인간에 비하여 보잘것없는 것이라는 뜻으로, '동물'을 이르는 말.
조목(條目) 하나의 일을 구성하고 있는 낱낱의 부분이나 갈래.
경계(警戒) 옳지 않은 일이나 잘못된 일들을 하지 않도록 타일러서 주의하게 함.
갑진(甲辰) 육십갑자의 마흔한째. 여기서는 1544년(중종 39년), 작가 43세 때를 말함.

구절 풀이

❶ **내가 불쌍히 여겨 ~ 빠져 죽었다.** 벌이 술에 빠져 죽기까지 여러 번 살아날 기회가 있었음에도 술에 대한 욕심을 절제하지 못하고 계속 날아와 끝내 죽음을 맞이하게 되었다.
❷ **슬프구나. 벌은 ~ 이와 같은가.** 작가의 탄식이 나타난 부분이다. 작가는 술에 대한 욕심 때문에 목숨까지 잃은 벌을 미물이라고 말하고 있다. 하지만 이것은 인간 역시 욕심을 자제하지 못한다면 미물인 벌과 다르지 않음을 의미한다.
❸ **슬프다. 나도 역시 술을 좋아한다.** 작가가 자신 역시 술을 좋아한다는 사실을 밝히고 있다. 욕심이란 누구나 쉽게 가질 수 있는 것이므로 욕심 자체는 문제라고 볼 수 없으며, 욕심을 잘 절제하는 것이 중요함을 드러내기 위해 서술한 부분으로 해석할 수 있다.
❹ **글로 써서 ~ 새기고자 한다.** 작가는 자신이 얻은 깨달음을 잊지 않기 위해 매일 먹는 밥그릇, 매일 앉는 방석, 매일 잡는 지팡이에 새기고자 한다.

작가 소개

강유선(康惟善, 1520~1549)
조선 중기의 학자로, 자는 원숙(元叔), 호는 주천(舟川)이다. 성균관 유생으로 문장이 출중하여, 1545년 인종 즉위 후 성균관 유생들과 함께 조광조의 신원과 복작을 호소하여 관철했다. 인종이 죽은 뒤에는 고향으로 내려가 산수를 즐기며 세월을 보냈다. 저서로는 《주천집(舟川集)》이 있다.

가 내가 일찍이 단술을 마시고 높은 곳에 두고 앉아 있었는데, 옆에 벌 한 마리가 빠르게 날아오더니, 그릇에 붙어서 빨아 먹으며 술에 취한 것을 오랫동안 깨닫지 못하더니 곧 술 그릇에 빠졌다. ❶내가 불쌍히 여겨 손을 휘저어 쫓았더니 날아갔다가 다시 왔다. 이렇게 하기를 여러 차례 하였는데도 마침내 그 날개가 술에 잠기게 되어도 술을 버리고 가지 못하더니 한참 후 빠져 죽었다.

(하찮은 미물인 벌의 생명도 소중히 여기는 작가의 마음이 드러남.)
(벌이 술에 빠져 죽게 되는 과정을 시간 순서에 따라 서술하고 있음.)
▶ 벌이 술을 계속 빨아 먹다가 술에 빠져 죽음.

나 ❷슬프구나. 벌은 미물이다. 어찌 그 욕심에 술을 좋아함이 있어 마침내 그 몸을 빠뜨림이 이와 같은가. 처음에 내가 손을 저었을 때 날아갔더라면 참으로 날개가 술에 젖는 화는 없었을 것이다. 또 날개가 젖었을 때 떠났더라면 또 어찌 술에 빠지는 화에까지 미쳤겠는가. 처음에는 날아가지 않았고 중간에는 깨닫지 못하더니 마침내 빠졌다.

(벌에 대한 화자의 마음이 직접 드러남.)
(작가가 기회를 주었으나 미물인 벌은 욕심 때문에 날아갔다가 다시 술을 찾아옴.)
(벌이 욕심에 눈이 멀어 자신의 날개가 젖었다는 사실을 깨닫지 못했음을 의미함.)
(벌이 살아날 수 있는 기회가 두 번이나 있었는데도 욕심 때문에 이 기회를 잡지 못함을 지적함.)
▶ 벌이 죽은 이유 – 욕심을 절제하지 못함.

다 ❸슬프다. 나도 역시 술을 좋아한다. 술 먹은 벌을 예로 중요한 조목을 가려 자식을 위한 경계로 삼고자 한다. 비록 그러하나, 사람이 욕심이 있고 절제할 수 없으면 이 때문에 그 본연의 마음을 잃고 마침내 그 생명까지 잃는 것은 어찌 술뿐이겠는가. 따라서 ❹글로 써서 보관하고, ㉠밥그릇과 방석과 지팡이에도 새기고자 한다. 갑진(甲辰) 칠월 명암(明菴)이 쓰다.

(작가가 글을 쓰게 된 이유)
(술뿐만 아니라 인간사 모든 것에서 과욕은 좋지 않음을 역설함.)
▶ 욕심을 절제하지 못하는 것을 경계함.

자료실

우언(寓言)

우언(寓言)은 우의적인 방법을 통해 풍자적이거나 교훈적인 의미를 전달하는 이야기이다. 비유적 수법을 주로 사용하는데 이를 통해 교훈적 주제를 전달한다. 우언의 주된 목적은 허구적인 이야기를 통해 민중들의 생활상이나 심리를 드러내고 교훈을 표현하는 데 있다.

우언(寓言)은 원래 민간에서 창작되어 구비 전승된 것인데, 나중에 문인들에 의해 채용되어 문학 문체의 한 종류로 발전했다. 특히 중국에서 크게 유행했으며 《맹자》와 《장자》, 《한비자》 등에 다양한 우언이 소개되어 있다.

우언(寓言)의 교육적 의의는 크게 두 가지이다. 첫째, 사람들이 적대적인 대상의 본질을 파악하게 하여 속임수에 빠지지 않게 하는 것이다. 둘째, 사람들이 사물에 담긴 이치를 인식하게 하여 사고를 향상시키고 정신적 덕성을 함양하는 것이다. 이 같은 특징은 당대 민중들의 건강한 세계관과 순수한 도덕관념을 반영한 것이라 할 수 있다.

• 중심 내용 벌 한 마리가 술을 탐닉하다가 날개가 젖어 날아가지 못하고 결국 술에 빠져 죽음.

이해와 감상

〈주봉설〉은 작가가 벌을 관찰한 경험에서 얻은 깨달음을 인간에 적용한 교훈적 수필이다. 첫 번째 문단에서는 술에 빠져 죽은 벌을 본 경험을, 두 번째 문단에서는 벌이 죽은 원인이 욕심을 절제하지 못했기 때문이라는 분석을 제시하고, 마지막 문단에서는 이러한 분석을 인간의 경우로 일반화하여 깨달음을 드러내고 있다. 즉, 미물이 아닌 인간이라 하더라도 욕심을 절제하지 못하면 순수한 마음을 잃고 생명까지 잃게 된다는 것이다. 또한 이러한 깨달음은 자신뿐만 아니라 자식들도 경계로 삼아야 할 내용이기에 글로 씀을 밝히고 있으며, 일상에서 늘 사용하는 밥그릇, 방석, 지팡이에도 이를 새겨 절대 잊지 않아야 함을 강조하고 있다.

작품 연구소

〈주봉설〉의 구성

일화부(逸話部)	관찰한 객관적 상황 – 벌이 날개가 젖은 줄도 모르고 술을 빨아 먹기를 거듭하다가 결국 술에 빠져 죽었다.
설리부(說理部)	일화에 대한 이치 – 벌이 술에 빠져 죽게 된 이유는 욕심 때문이며, 작가가 손을 저었을 때 날아갔더라면 죽음에 이르지 않았을 것이다.
창작 의도 제시부	글을 쓰게 된 이유 – 벌과 술의 관계를 통해, 인간이 경계해야 할 것은 욕심을 절제하지 못하는 것임을 강조한다.

벌과 인간이 욕심에 빠지는 과정

작가는 술을 좋아하던 벌이 욕심을 절제하지 못하여 결국 술에 빠져 죽은 일화를 제시하고, 이를 바탕으로 인간도 욕심을 절제하지 못하면 생명까지 잃게 된다는 교훈을 제시하며 경고하고 있다.

	벌	인간
처음	술을 먹느라 날아가지 않음.	어떤 대상에 욕심을 가짐.
중간	날개가 젖은 것을 깨닫지 못함.	욕심을 절제하지 못하고 계속 빠져듦.
끝	술에 빠져 죽음.	순수한 마음을 잃고 생명까지 잃게 됨.

작가의 경험과 깨달음

〈주봉설〉은 '작가의 경험'과 '이에 대한 깨달음'의 두 부분으로 이루어져 있다.

작가의 경험		작가의 깨달음
술에 취한 벌이 과욕을 부리다 날개가 젖어 술 그릇에 빠져 죽는 것을 목격함.	➡	욕심을 절제하지 못하면 본연의 마음을 잃고 생명까지 잃을 수 있음.

우언(寓言)적 설(說)

'설(說)'은 '경험 – 깨달음'의 2단 구성으로 이루어지는 갈래로, 우의적(寓意的) 표현을 활용한다. 인간이 아닌 벌의 모습을 제시한 것, 유추를 통해 벌의 욕심을 인간의 욕심으로 치환한 것, 술에 대한 무절제를 모든 것에 대한 무절제로 일반화한 것은 이 작품이 우언적 설의 성격을 지니고 있음을 드러낸다.

키 포인트 체크

제재 □에 빠져 죽은 □

관점 □□을 절제하지 못하면 큰 화를 당할 수 있음을 경고한다.

표현 벌을 관찰한 경험을 토대로 '경험 – □□□'의 구조로 제시한다.

1 이 글에 대한 이해로 적절한 것은?

① 작가는 과음(過飮)을 경계하기 위해 이 글을 썼다.
② 작가는 벌과 인간이 근본적으로 다름을 강조하고 있다.
③ 작가는 벌이 자신이 준 기회를 놓친 것에 분노하고 있다.
④ 작가는 자신이 애주가임을 밝히며 벌에게 공감하고 있다.
⑤ 작가가 손을 휘저어 벌을 쫓은 것은 벌을 불쌍히 여겼기 때문이다.

2 이 글의 서술상의 특징으로 적절하지 않은 것은?

① 글을 쓰게 된 이유를 분명하게 밝히고 있다.
② 일상적 소재에 대한 관찰을 토대로 하고 있다.
③ 자신이 본 것에 담긴 이치를 분석하여 설명하고 있다.
④ 대상에 대한 작가의 감정을 직접적으로 드러내고 있다.
⑤ 자아 성찰을 통해 깨달은 바를 구체적으로 나타내고 있다.

3 이 글과 〈보기〉를 읽은 두 학생의 대화로 적절하지 않은 것은?

| 보기 |

욕망은 인간을 살아가게 하는 동력이다. 처음에는 대상이 실재(實在)처럼 보였지만, 대상을 얻는 순간 허상이 되기 때문에 욕망은 남고 인간은 계속해서 살아가는 것이다.

① A: 〈보기〉의 관점에서 보면 인간이 욕망을 갖는 것 자체가 나쁜 것은 아니야.
② B: 하지만 이 글의 작가는 그 욕망을 절제하지 못하면 큰 화를 입을 수 있다고 경고하고 있어.
③ A: 맞아. 벌이 죽은 것은 결국 술에 대한 욕망을 절제하지 못했기 때문이니까.
④ B: 그런데 〈보기〉에서 대상을 얻어도 욕망이 남는다고 말한 것처럼, 만족을 얻는다는 것은 쉬운 일이 아닐 거야.
⑤ A: 그래도 작가의 말처럼 인간은 이성적인 존재이기 때문에 만족감을 얻지 못해 욕망의 노예가 되는 일은 없을 거야.

내신 적중 多빈출

4 이 글과 〈보기〉에 공통적으로 나타나는 태도로 적절한 것은?

| 보기 |

두터비 ᄑᆞ리를 물고 두험 우희 치ᄃᆞ라 안자
것넌 산(山) ᄇᆞ라보니 백송골(白松骨)이 ᄯᅥ 잇거ᄂᆞᆯ 가슴이 금즉ᄒᆞ여 풀덕 ᄯᅱ여 내ᄃᆞᆺ다가 두험 아래 쟛바지거고
모쳐라 ᄂᆞᆯ낸 낼싀만정 에헐질 번ᄒᆞ괘라.

① 우의적(寓意的) ② 해학적(諧謔的) ③ 풍자적(諷刺的) ④ 달관적(達觀的) ⑤ 냉소적(冷笑的)

5 작가가 ㉠처럼 하고자 하는 이유를 쓰시오.

035 난중일기(亂中日記) | 이순신

키워드 체크 #일기 #전쟁 체험 #임진왜란 #이순신

핵심 정리

갈래 한문 수필, 일기
성격 사실적, 기록적, 체험적
배경 ① 시간 – 임진왜란 당시
② 공간 – 전투 해역의 선상
제재 임진왜란의 역사적 상황
주제 국란 극복에 대한 염원
특징 ① 전쟁이라는 특수한 상황이 배경이 됨.
② 군대의 직위와 군사 관련 용어가 많이 사용됨.
연대 조선 선조 때
출전 《이충무공전서(李忠武公全書)》

Q 〈난중일기〉의 문체적 특징은?

〈난중일기〉는 작성한 날의 날씨와 해당 일에 일어난 일을 거의 모든 날짜에 걸쳐 간결하고 명료한 문체로 서술하여 일기의 전형적 형식을 따르고 있다. 들은 내용은 아는 범위 내에서만 서술한 반면, 전투 정황은 비교적 자세히 적되, 전투 결과에 대한 해석이나 평가는 자제하는 특징을 보인다.

어휘 풀이

탐망(探望) 살펴서 바라봄.
어란(於蘭) 전라남도 해남군 송지면 어란리.
전령(傳令)하다 명령이나 훈령, 고시 등을 전하여 보내다.
벽파정(碧波亭) 전라남도 진도군에 있던 정자.
지자포(地字砲) 지자총통. 불씨를 손으로 점화하여 발사하는 화포로, 크기에 따라 천자문의 순서로 이름을 붙인 화포 가운데에 천자총통 다음으로 큰 것.
만호(萬戶) 조선 시대에 각 도의 여러 진에 배치한 종사품의 무관 벼슬.
곤임(閫任) 병마를 다스리는 직임.
중양절(重陽節) 세시 명절의 하나. 이날 남자들은 시를 짓고 각 가정에서 국화전을 만들어 먹었음.
복중(服中) 상복을 입는 동안.
감보도(甘甫島) 전라남도 진도군의 북서부에 있는 섬.

구절 풀이

❶ **"오늘 밤에는 ~ 군법대로 할 것이다."** 적의 야습이 예상되자 이에 철저하게 대비하도록 군관들에게 단호하게 명령하는 말로, 냉정하게 상황을 판단하고 단호하게 대처하는 장군으로서의 면모가 잘 드러난다.

작가 소개

이순신(李舜臣, 1545~1598) 조선 선조 때의 무신이며 자는 여해(汝諧), 시호는 충무(忠武)이다. 32세에 무과에 급제하고 전라좌도 수군절도사가 되어 거북선을 제작하는 등 군비 확충에 힘썼다. 임진왜란 중 노량 해전에서 적의 유탄에 맞아 전사했다. 저서에 〈난중일기(亂中日記)〉가 있다.

가 정유년(1597년)

9월 7일(을미) 맑음. •탐망 군관 임중형이 와서 보고하기를, "적선 쉰다섯 척 가운데 열세 척이 이미 •어란 앞바다에 도착했는데, 그들의 목적이 필시 우리 수군에 있는 것 같다."라고 하였다. 그래서 여러 장수들에게 •전령하여 재삼(거듭, 여러 번) 타이르고 경계하였다. 신시(오후 3~5시)에 과연 적선 열세 척이 쳐들어왔는데, 우리의 여러 배들이 닻을 올려 바다로 나가 추격하자, 적선은 뱃머리를 돌려 피해 달아났다. 먼바다 밖까지 쫓아갔지만 바람과 물결이 모두 거스르고 복병선이 있을 것을 염려하여 끝까지 쫓아가지는 않았다.(여러 상황을 종합적으로 고려하는 치밀함이 드러남.) •벽파정으로 돌아와서 여러 장수들을 불러 모아 약속하기를 ❶"오늘 밤에는 반드시 적의 야습이 있을 것이니 모든 장수들은 미리 알아서 대비할 것이요, 조금이라도 군령을 어기는 일이 있으면 군법대로 할 것이다."라고 재삼 거듭 당부하고 헤어졌다. 이경(밤 9~11시)에 왜적이 과연 와서 야습하여 탄환을 많이 쏘았다. 내가 탄 배가 곧바로 앞장서서 •지자포를 쏘니 강산이 온통 흔들렸다.(대장으로서 직접 전투에 나서 적들의 기선을 제압하는 모습) 적의 무리들도 범할 수 없음을 알고 네 번이나 나왔다가 물러났다 하면서 화포만 쏘다가 삼경(밤 11시~새벽 1시) 말에 아주 물러갔다.

▶ 적의 야습을 미리 알고 대비하여 물리침.

나 9월 8일(병신) 맑음. 여러 장수들을 불러 대책을 논의했다. 우수사 김억추는 겨우 •만호에만 적합하고 •곤임을 맡길 수 없는데, 좌의정 김응남이 서로 친밀한 사이라고 해서 함부로 임명하여 보냈다.(능력보다는 친밀도를 우선시하는 불공정한 인사(人事) 행태를 지적함.) 이러고서야 조정에 사람이 있다고 할 수 있겠는가. 다만 때를 못 만난 것을 한탄할 뿐이다.(불공정한 인사에 대한 불만과 나라에 대한 걱정과 한탄)

▶ 공정치 않은 인사(人事)를 우려하며 조정을 걱정함.

다 9월 9일(정유) 맑음. 이날은 곧 9일(•중양절)이다. 일 년 중의 명절이므로 내 비록 •복중의 사람이지만, 여러 장수와 병졸 들에게는 먹이지 않을 수 없었다.(격식을 지키는 것보다 부하들을 아끼고 위하는 것이 더 중요함.) 그래서 제주에서 온 소 다섯 마리를 녹도, 안골포 두 만호에게 주어 장병들에게 먹이도록 지시했다. 늦게 적선 두 척이 어란으로부터 곧장 •감보도에 와서 우리 수군의 많고 적음을 정탐하였다. 이에 영등포 만호 조계종이 끝까지 추격하니 적들은 당황한 나머지 형세가 급박하자 배에 실었던 여러 가지 물건들을 모두 바다 가운데에 던져 버리고 달아났다.

9월 10일(무술) 맑음. 적선이 멀리 도망갔다.

▶ 명절을 맞아 장병들을 먹이고 왜적을 추격함.

라 9월 11일(기해) 흐리고 비 올 징후가 있었다. 홀로 배 위에 앉았으니 어머님 그리운 생각에 눈물이 흘렀다. 천지 사이에 어찌 나와 같은 사람이 또 있겠는가.(외롭고 고독한 마음을 직접적으로 토로함.) 아들 회는 내 심정을 알고 심히 불편해하였다.

▶ 어머니를 그리워함.

• 중심 내용 나라에 대한 걱정과 부하를 보살피는 마음, 어머니를 향한 그리움

이해와 감상

〈난중일기〉는 임진왜란 7년 동안의 상황을 아주 구체적으로 기록한 한문 일기로, 임진왜란의 정황을 살필 수 있는 사료적(史料的) 가치와 함께 이순신 장군의 인간적인 모습을 엿볼 수 있는 기록 문학이다.

일기의 내용은 엄격하고 철저한 대비를 바탕으로 한 진중(陣中) 생활, 무능한 조정에 대한 탄식, 부하에 대한 사심 없는 상벌(賞罰), 전투 상황의 정확한 기록, 전쟁에 시달리는 부하와 백성들에 대한 사랑, 가족·친지·부하장졸에 대한 고뇌와 번민, 내외 요인들의 내왕 관계, 정치·군사에 관한 서신 교환, 국란 극복의 간절한 염원 등이 주를 이룬다.

이 작품은 한문으로 기록된 일기로 간결한 문체, 진실성이 담긴 문장, 무인의 웅혼한 필치가 돋보여 기록 문학적 특성뿐만 아니라 문학 작품으로서의 특성도 잘 드러난다.

작품 연구소

〈난중일기〉의 발간 경위와 구성

〈난중일기〉는 임진왜란이 일어난 1592년 1월 1일부터 1598년 11월 17일까지의 일을 간결하고 명료하게 기록한 일기이다. 그러나 〈난중일기〉라는 책의 제목은 이순신이 지은 것이 아니다. 임진왜란 발발 200주년이 되던 1792년(정조 16년)에 정조가 이순신의 위계를 영의정으로 더 높이고, 이순신의 글과 그에게 준 글들을 모아 1798년에 《이충무공전서(李忠武公全書)》를 편찬했는데, 그때 편찬자들이 이순신의 전란 중의 일기를 묶어서 편의상 〈난중일기〉라고 이름을 붙였다.

연도	내용
임진년(1592년), 48세	한산도 대첩이 발발함. 전라좌수사로서 거북선을 완성함.
계사년(1593년), 49세	삼도 수군통제사와 전라좌수사를 겸임함.
갑오년(1594년), 50세	• 명나라가 일방적 강화를 강요함. • 전염병으로 죽은 군사와 백성들을 장사 지냄.
을미년(1595년), 51세	군량을 준비하고 훈련을 하며 전선을 정비함.
병신년(1596년), 52세	휴전 중의 말미를 이용하여 어머니를 만나 위로함.
정유년(1597년), 53세	• 정유재란이 발발함. 옥고를 치른 후 백의종군함. • 어머니 별세함. 명량 대첩이 발발함.
무술년(1598년), 54세	노량 해전에서 전사함.

〈난중일기〉의 의의

〈난중일기〉에는 이순신의 충(忠)·효(孝)·의(義)·신(信)이 잘 나타나 있어 충무공의 인간성을 여러 각도에서 살필 수 있다. 그리고 당대의 정치·경제·사회·군사 상황 전반도 잘 드러나 있어 그 당시의 사회상을 이해하는 데에 많은 도움이 된다.

〈난중일기〉와 〈산성일기〉의 공통점과 차이점

	〈난중일기〉	〈산성일기〉
공통점	전란의 정황을 간결하고 객관적으로 기술함.	
차이점	이순신 장군이 왜적과의 전투에 직접 참여한 체험을 기록함.	궁녀가 청나라와의 전쟁을 지켜보는 처지에서 기록함.

함께 읽으면 좋은 작품

〈산성일기(山城日記)〉, 어느 궁녀 / 전쟁 체험을 일기체로 기록한 작품

병자호란 때 인조가 남한산성으로 피란하여 항쟁하다가 치욕적으로 항복하게 되는 과정을 어느 궁녀가 간결하고 사실적으로 기록한 일기로, 역사적 전쟁 체험을 일기체 형식으로 기록한 점에서 〈난중일기〉와 유사하다.

Link 본책 238쪽

키 포인트 체크

제재 □□□□의 역사적 상황

관점 국란을 극복하고자 하는 □□, 무인으로서의 번뇌, 백성에 대한 □□ 등 인간적인 면모도 드러난다.

표현 전쟁 상황을 간단하고 명료하게 □□□ 형식으로 기록했다.

1 이 글에 대한 설명으로 적절하지 않은 것은?

① 해당 날짜마다 날씨를 기록했다.
② 간결하고 명료한 문체를 구사했다.
③ 주관적인 생각이나 감정을 표현했다.
④ 전투가 있었던 날의 정황을 자세히 묘사했다.
⑤ 전장에서 활약한 인물들의 공과(功過)를 평가했다.

2 이 글의 작가에 대한 설명으로 적절하지 않은 것은?

① 조정의 현실을 걱정하는 충성심을 지녔다.
② 중요 사항은 엄중하게 지시하는 냉철함을 보인다.
③ 직접 나서 적들의 기선을 제압하는 용맹함을 지녔다.
④ 전란 중임에도 격식을 철저히 지키는 엄격함을 보인다.
⑤ 적들의 공격을 미리 알고 대비하는 등 준비성이 철저하다.

3 이 글을 바탕으로 〈보기〉를 창작했다고 할 때, 창작 과정에서 고려한 점으로 적절하지 않은 것은?

보기

두 장수는 청령하고 물러간 후 소 다섯 필을 잡아 국을 끓여 군사들을 대접한다. 벽파정 아래 걸린 가마솥 다섯에는 곰국이 펄펄 끓는다. 오래간만에 고깃국을 먹는 군사들의 즐거움은 무어라 형용할 수가 없다. 더욱이 군사들은 장군이 상중이라 아직까지도 소찬만 자시는 것을 잘 알았다.

"사또께서는 소찬만 자시면서도 우리들에게는 고깃국을 배불리 먹이시니 이러한 마음씨가 천하에 어디 또 있겠는가?"

– 박종화, 〈임진왜란〉

① 장군이 중양절에 병사들을 챙기는 모습을 그리자.
② 소 다섯 마리로 음식을 준비하는 과정을 묘사하자.
③ 장군의 마음 씀씀이에 대한 병사들의 반응을 대사로 나타내자.
④ 당시 장군이 상중이었음을 직접 드러내어 그의 인간성을 더욱 부각하자.
⑤ 장군이 여러 장수, 병사들과 스스럼없이 어울리는 소탈한 모습을 그리자.

4 이 글의 형식을 참고하여 〈보기〉의 ⓐ에 들어갈 단어를 쓰고, 이순신 장군이 ⓐ를 꼼꼼하게 기록한 이유를 쓰시오.

보기

이순신 장군은 메모광으로 유명했다. 자신이 보고 들은 정보는 물론이고, 매일매일의 (ⓐ)까지 꼼꼼하게 기록했다.

036 보지 못한 폭포 | 김창협

키워드 체크 #기행문 #폭포를 보지 못한 경험 #경험을 통한 깨달음 #여정에 따른 전개

국어 창비

핵심 정리

갈래 한문 수필
성격 경험적, 성찰적
제재 폭포를 보러 간 경험
주제 폭포를 보지 못한 경험과 그에 대한 감상
특징 ① 작가의 경험과 이에 대한 감상 및 깨달음이 진솔하게 드러남.
② 폭포를 보기 위해 갔다가 돌아온 과정에 따라 서술됨.
연대 1710년(숙종 36년)
출전 《농암집(農巖集)》

어휘 풀이

흔연히 기쁘거나 반가워 기분이 좋게.
밭두둑 밭의 가장자리를 흙으로 돌려막은 두둑.
너럭바위 넓고 평평한 큰 돌.
종내 끝내. 끝까지 내내.
발품 걸어다니는 수고.
번드레하다 실속 없이 겉모양만 번드르르하다.
인사(人士) '사람'을 낮잡아 이르는 말.
유람(遊覽)하다 돌아다니며 구경하다.

구절 풀이

❶ **"오늘 이후로 마땅히 ~ 더욱 싫어질 듯합니다."** 기이한 폭포가 있다는 황 씨의 말이 과장이라고 생각하여, 그의 말에 속아 폭포를 찾아 나선 것에 대한 불쾌함을 말로 허세를 부리는 사람들에 대한 못마땅한 심경으로 나타내고 있다.

❷ **좀 더 애를 써서 ~ 여운이 있음을 깨달았다.** 작가가 깨달은 내용을 직접적으로 드러낸 부분이다. 폭포를 찾지 못하고 돌아온 경험에 대해 길을 더 갔더라면 폭포를 볼 수 있었을 것이라는 안타까움을 느끼면서도, 기이한 폭포가 정말 있다는 기쁨과 뒷날 유람할 거리라는 여운을 이야기하며 긍정적으로 생각하는 자세가 드러나 있다.

Q 작가가 폭포 찾는 것을 포기하게 된 계기는?

작가는 이웃 마을 주민인 황 씨가 아우 자익에게 집 가까운 곳에 기이한 폭포가 있다고 한 말을 듣고 아우와 함께 폭포를 보러 갔으나, 먼저 폭포를 보았다는 자익이 폭포가 조금도 볼만한 게 없다고 말하자 폭포를 볼 필요가 없다고 결정했다.

작가 소개

김창협(1651 ~ 1708)
조선 중기의 학자이자 문신. 1682년(숙종 8년)에 문과에 급제하고 집의(執義)·대사성을 지냈으나, 아버지 김수항이 기사환국 때 사사(賜死)되자 벼슬을 버리고 은거하며 성리학 연구에 몰두했다. 당대의 문장가이며 서예에도 능했다. 저서에 《농암집(農巖集)》, 《사단칠정변(四端七情辨)》 등이 있다.

가 풍패동(風珮洞)의 동쪽은 바로 늠암곡(凜巖谷)이다. 그 물이 서쪽으로 흘러 소월석(掃月石) 아래에 이르러 대천(大川)으로 들어간다. 우리 집에서 바라보면 아주 가깝지만 특별한 점이 있는 것으로는 보이지 않았다. ⓐ하루는 마을 주민 황 씨(黃氏)가 아우 자익(子益)에게 골짜기 안에 있는 폭포가 몹시 기이하다고 말해 주었다. 자익이 내게 알려 주기에 마침내 •흔연히 함께 갔다.
(작가가 보고자 한 폭포가 있는 곳 / 가까운 곳에 있지만 폭포에 대해 알지 못함. / 작가가 폭포를 보러 간 이유)
▶ 기이한 폭포가 있다는 말에 폭포를 보러 길을 나섬.

나 골짜기 어귀에 이르자 인가 서너 채가 보였다. 산을 등진 채 물을 두르고 있어 •밭두둑과 울타리가 썰렁했다. 문을 두드리니 한 구부정한 노인이 나왔다. 수염과 눈썹이 온통 희어 칠팔십 세쯤 되어 보였다. 폭포가 어디에 있는지 묻자 지름길을 가리키며 들어가는 길을 아주 자세히 일러 주었다.
(여정 ① / 작가에게 폭포 가는 길과 진짜 폭포의 존재를 알려 줌.)
▶ 골짜기 어귀에 사는 노인이 폭포 가는 길을 일러 줌.

골짜기 안으로 일 리쯤 들어가서는 말을 풀밭에 놓아두고 지팡이를 짚고 나아갔다. 얼마 안 있어 •너럭바위 하나가 보이는데 비탈이 져서 앉을 만했다. 「물이 그 위를 쟁글대며 흘렀다. 소나무 두 그루가 이를 덮고 있어 기이하고 장한 데다 울창하게 가지가 뻗어 있었다. 곁에는 단풍 숲이 있는데 또한 높고 컸다.」 잎이 한창 선홍빛이었으므로 동행들이 문득 몹시 기뻐하였다. 이 속에 이처럼 아름다운 경치가 있을 줄은 생각지도 못했다.
(길이 험하여 말을 타고 가기 어려움. / 여정 ② / 「 」: 너럭바위에서 바라본 경관 / 아름다운 경치를 보며 기뻐함.)
▶ 골짜기 안의 경치에 감탄함.

여기서부터는 오솔길이 굽이굽이 이어지면서 여러 차례 좋은 곳을 얻게 되니 나아가면 갈수록 더 기뻐할 만했다. 하지만 폭포로 들어가는 길은 놓쳐서 찾지 못하고 그저 시내를 따라 올라갔다. 그렇게 오륙 리쯤 갔는데도 폭포는 •종내 찾을 수가 없었다. 지쳐서 바위 위에 앉아 산과일을 따서 먹으며 사방을 둘러보았다. [중략] / 날은 이미 뉘엿해졌지만 또 폭포를 놓칠 수 없어 다시금 옛길을 따라서 내려가 비로소 한 갈래 좁은 길을 찾았다. 앞서 노인이 일러 준 것과 비슷해서 시험 삼아 그 길을 따라가 보았다. 얼마 못 가 바로 산등성이로 점점 올라가기만 했다. 마침내 폭포가 있는 곳은 알 수가 없었다.
(여정 ③ / 오솔길을 걸으며 경치가 아름다운 곳을 여러 군데 만남. / 오솔길을 따라가다 노인이 알려 준 길을 놓침. / 여정 ④ / 여정 ⑤ / 길이 험난하고 폭포로 가는 길 같지 않음.)
▶ 폭포로 가는 길을 놓치고 헤맴.

얼마 후 골짜기 안에서 사람 소리가 들렸다. 자익이 먼저 시내로 내려갔다가 이곳에 이른 것이었다. 그의 말이 자기가 폭포를 보았다 하므로 어찌 생겼더냐고 묻자 ⓑ검은 바위가 드높게 겹겹이 포개져 있는데 약한 물줄기가 이를 덮어 조금도 볼만한 게 없다고 했다. ⓒ내가 대유와 서로 보면서 입을 벌려 웃으며 말했다.
(폭포에 대한 자익의 평가: 볼 것이 없음. / 폭포로 가는 길을 찾아 헤맨 것이 허탈함.)

"이런 것을 구경하자고 •발품을 팔겠는가?"

마침내 가지 않고 돌아와 비탈진 바위 위에서 밥을 먹었다. 자익이 웃으며 말했다.
(조금도 볼만한 것이 없는 폭포 / 폭포 가는 것을 포기함. / 여정 ⑥)

ⓓ❶"오늘 이후로 마땅히 천하에 말만 •번드레한 못 믿을 •인사들이 더욱 싫어질 듯합니다."

황 씨에게 속고 만 것을 유감스러워한 것이었다.
(기이한 폭포가 있다는 황 씨의 말이 거짓이라고 생각함.)
▶ 폭포가 보잘것없다는 자익의 말에 폭포 가는 것을 포기함.

다 산에서 내려온 뒤 길을 알려 준 노인을 만나 본 것을 얘기하자 노인이 말했다.
(여정 ⑦)

"아닙니다. 그 위에 ㉠진짜 폭포가 있습니다. 하지만 냇물을 따라 내려가면 길이 끊겨 도달할 수가 없지요. 꼭 산등성이를 따라서 가야 이르러 굽어볼 수가 있답니다."
(시내를 따라 올라가면서 폭포를 찾지 못한 이유 / 아까 가던 길로 계속 갔으면 폭포를 볼 수 있었음.)

그제야 내가 갔던 길이 바른 길인 줄을 알았다. 「❷좀 더 애를 써서 앞으로 나아가지 못한 것이 안타까울 뿐이었다. 하지만 또한 폭포의 실상이 자익이 본 것 정도에 그치지 않음이 기뻤고, 잠시 남겨 두어 뒷날의 •유람할 거리로 삼게 된 것이 더욱 여운이 있음을 깨달았다.」 ⓔ유람한 날은 신미년(1691년) 8월 21일이고, 그 이튿날 이 글을 쓴다.
(「 」: 폭포를 보지 못한 경험을 통해 깨달은 점)
▶ 폭포를 찾지 못하고 돌아와 깨달음을 얻음.

• 중심 내용 폭포를 보러 갔다가 폭포를 찾지 못하고 돌아온 감상과 느낌

이해와 감상

〈보지 못한 폭포〉는 작가가 늠암 계곡에 있는 폭포를 보러 갔다가 폭포를 보지 못하고 돌아온 경험을 바탕으로 그 과정에서 느낀 안타까움과 깨달음을 담은 수필이다. 기이한 폭포가 있다는 마을 사람의 말을 듣고 길을 나섰다가 돌아오는 여정에 따라 내용이 전개되고 있다. 폭포를 찾아가면서 본 아름다운 경관에서 느낀 정서를 솔직하게 드러내고 있으며, 폭포 보기를 포기하고 돌아오다가 진짜 폭포가 위에 있음을 듣고 아쉬움을 느끼면서도 뒷날의 유람할 거리로 삼는 긍정적인 모습이 나타난다.

작품 연구소

〈보지 못한 폭포〉에 드러난 경험과 깨달음

경험		깨달음
• 폭포를 찾아 나섰다가 길을 잃고 헤맴. • 폭포가 보잘것없다는 자익의 말에 폭포에 가지 않고 돌아옴. • 위쪽에 진짜 폭포가 있다는 노인의 말을 들음.	➡	• 좀 더 애를 써서 앞으로 나아가지 못한 안타까움 • 기이한 폭포가 진짜 있다는 사실로 인한 기쁨 • 뒷날 유람할 거리를 남겨 둔 것으로 인한 여운

여정에 따른 전개

장소	내용
집	기이한 폭포가 있다는 말에 폭포를 구경하러 길을 나섬.
골짜기 어귀	노인에게 폭포로 가는 길을 물음.
골짜기 안	• 너럭바위에 앉아 단풍 숲의 아름다운 경치를 보며 기뻐함. • 오솔길을 따라가며 경치를 감상하다 폭포로 들어가는 길을 놓침. • 바위 위에 앉아 쉬며 사방의 경치를 즐김. • 내려가다 노인이 일러 준 것과 비슷한 한 갈래 좁은 길을 찾음. • 폭포가 볼만한 것이 없다는 말에 폭포에 가지 않고 비탈진 바위에서 밥을 먹음.
하산	노인에게서 진짜 폭포가 있다는 말을 들음.

폭포의 특징

진짜 폭포		자익이 본 폭포
• 황 씨가 말한 기이한 폭포 • 작가가 보고자 한 폭포 • 산등성이를 따라서 가야 볼 수 있는 폭포	≠	• 볼만한 게 조금도 없는 폭포 • 작가가 진짜 폭포로 착각한 폭포

함께 읽으면 좋은 작품

〈동명일기(東溟日記)〉, 의유당 / 동해 월출과 일출을 사실적으로 묘사한 작품

함흥 판관으로 부임하는 남편을 따라 함흥 지역을 유람하면서 느낀 감상을 적은 기행 수필이다. 자연 경관에 대한 작가의 정서가 잘 드러난다는 점에서 〈보지 못한 폭포〉와 유사하며, 작가의 섬세한 표현을 비교해 볼 수도 있다. Link 본책 248쪽

〈산정무한(山情無限)〉, 정비석 / 금강산 기행의 견문과 감상을 담은 작품

금강산을 여행한 경험과 감상을 화려하게 기록한 수필이다. 산을 오르는 여정에 따라 내용이 전개되고 있으며, 각 장소의 경관과 이에 대한 감상이 드러난다는 점에서 〈보지 못한 폭포〉와 유사한 성격을 지닌다. 단풍 숲의 아름다움을 서술한 것도 공통적이다. Link 〈수필·극〉 44쪽

키포인트 체크

제재 □□를 보러 간 경험

관점 작가는 진짜 폭포를 보지 못하자 이를 뒷날 유람할 거리로 삼게 되었다며 □□□으로 생각하고 있다.

표현 작가가 직접 체험한 내용과 이를 □□하여 얻은 깨달음을 제시하고 있다.

1 이 글의 특징으로 적절하지 않은 것은?

① 작가가 폭포를 보러 갔던 경험을 서술하고 있다.
② 폭포를 찾아 이동한 시간 순서대로 내용이 전개되고 있다.
③ 자신의 경험에 대한 작가의 감상과 깨달음이 진솔하게 드러나 있다.
④ 여정에 따른 장소의 이동이 분명하게 제시되어 기행문의 특성을 드러내고 있다.
⑤ 폭포를 찾는 과정에서 관찰한 자연물과 인간사를 대비하여 교훈을 전달하고 있다.

2 이 글에 대한 감상으로 적절하지 않은 것은?

① 자익은 자신이 본 폭포에 크게 실망했을 거야.
② 자익과 작가 모두 진짜 폭포를 보지 못한 셈이야.
③ 작가는 폭포를 보러 가는 도중에 아름다운 경치를 봤으니 즐거웠을 거야.
④ 산등성이로 올라가는 좁은 길을 계속 갔더라면 폭포를 볼 수 있었을 텐데.
⑤ 볼만한 것이 하나도 없는 폭포를 기이하다고 하다니 황 씨는 말만 번드레한 못 믿을 인사로군.

3 ㉠에 대한 설명으로 적절하지 않은 것은?

① 기이한 폭포
② 작가가 찾아 나선 폭포
③ 황 씨가 자익에게 말해 준 폭포
④ 검은 바위가 겹겹이 포개져 있는 폭포
⑤ 산등성이를 따라서 가야 볼 수 있는 폭포

4 ⓐ~ⓔ에 대한 설명으로 적절하지 않은 것은?

① ⓐ: 작가가 폭포를 보러 떠나게 된 이유이다.
② ⓑ: 작가 일행이 노인에게 속았음을 깨닫는 계기이다.
③ ⓒ: 지금까지 폭포를 찾으려 고생한 것이 헛수고였음을 느끼고 허탈해하고 있다.
④ ⓓ: 상황을 잘 알지 못하고 황 씨의 말이 거짓이라 판단하고 있다.
⑤ ⓔ: 여행한 날짜와 글을 쓴 날짜를 밝혀 기록의 성격을 드러내고 있다.

내신 적중 다빈출

5 폭포를 보지 못하고 돌아온 경험을 통해 작가가 깨달은 점을 〈조건〉에 맞게 쓰시오.

조건
세 가지로 정리하여 각각 완결된 한 문장으로 쓸 것

더 읽을 작품

037 차계기환(借鷄騎還) | 서거정

국어 동아, 비상(박영), 지학사

키워드 체크 #한문 수필 #해학적 #담소 #손님을 접대하는 올바른 태도 #닭을 빌려 타고 가다

김 선생은 담소를 즐겨 하였다.
(웃고 즐기면서 이야기함. 또는 그런 이야기)
그가 일찍이 벗의 집을 찾아간 적이 있었다. 주인은 음식상을 내오되, 음식은 단지 채소뿐이라며 먼저 사과부터 하는 것이었다.
(소중한 벗이 찾아왔는데도 주인이 변변찮은 음식상을 내옴.)

"집은 가난하고 시장마저 멀다네. 맛있는 음식일랑 전혀 없고 담박한 것뿐이네. 그저 부끄러울 따름일세."
(변변찮은 음식상을 내놓은 이유 – 주인의 변명)
▶ 김 선생의 벗이 가난하여 음식상이 형편없음을 사과함.

그때 마침 한 무리의 닭이 마당에 어지럽게 모이를 쪼고 있었다.
(음식상에 고기반찬으로 올릴 수 있는 닭이 있음이 밝혀짐.)
김 선생이 그를 보며 말하였다.

"대장부는 천금도 아까워하지 않는 법이네. 내 말을 잡아 음식을 장만하게."
(친구에게 베푸는 것을 아까워하는 사람은 대장부가 아니라는 의미)
(갑자기 말을 잡겠다고 말하여 주인의 궁금증을 자아냄.)
▶ 김 선생이 자신의 말을 잡아 음식상을 차리라고 함.

"하나뿐인 말을 잡으라니, 무엇을 타고 돌아가겠다는 말인가?"

"닭을 빌려서 타고 가려네."
(웃음을 유발하는 말)
김 선생의 대답에 주인은 크게 웃고서 닭을 잡아 대접했다.
(김 선생 말의 속뜻을 이해하고 닭을 잡아 대접함.)
▶ 벗이 김 선생의 말뜻을 알아차리고 닭을 잡아 대접함.

키 포인트 체크

- 제재: 김 선생과 벗의 □□
- 관점: 친구에게 베푸는 것을 아까워하는 태도는 대장부의 태도가 아님을 □□을 유발하며 드러내고 있다.
- 표현: 김 선생은 □□□□을 사용하여 자신의 의도를 우회적으로 표현하고 있다.

답 대화, 웃음, 완곡어법

핵심 정리

갈래 한문 수필, 패관 문학
성격 해학적, 교훈적
제재 김 선생과 벗의 대화
주제 손님을 접대하는 올바른 태도
특징 웃음을 유발하면서 말하고자 하는 바를 우회적으로 전달함.
출전 《태평한화골계전(太平閑話滑稽傳)》
작가 서거정(徐居正, 1420～1488)
조선 전기의 문신으로, 자는 강중(剛中), 자원(子元), 호는 사가정(四佳亭) 혹은 정정정(亭亭亭)이다. 우리 역사에 대한 신뢰를 바탕으로 사서, 지리지, 문학서를 많이 편찬했고, 우리 한문학의 독자성을 내세웠다. 공동 찬집으로 《동국여지승람(東國與地勝覽)》, 《동문선(東文選)》 등이 있고, 개인 저술로 《동인시화(東人詩話)》, 《태평한화골계전(太平閑話滑稽傳)》 등이 있다.

이해와 감상

〈차계기환〉은 채소뿐인 음식상을 받은 김 선생이 자신의 상한 마음을 우회적으로 전달함으로써 자신의 의도를 재치 있게 전달하는 모습을 담은 한문 수필이다.
김 선생은 마당에 있는 닭을 보고, 고기반찬을 내올 수 있음에도 채소 반찬만 내온 벗을 괘씸하게 생각한다. 하지만 친한 벗과의 의(義)가 상할 수 있기에 완곡어법을 사용해, '닭을 잡아 내오라'는 말 대신 '자신의 말을 잡아 음식을 장만하고 닭을 빌려서 타고 가겠다'고 말함으로써 웃음을 유발하는 동시에 자연스럽게 자신의 의도를 전달하고 있다. 또한 이를 통해 손님을 접대하는 올바른 태도를 제시하고 있다.

038 용재총화 – 민대생 조카의 언변 | 성현

국어 금성

키워드 체크 #한문 수필 #장수를 비는 인사 #조카의 언변 #상대방의 입장 배려 #말의 중요성

중추(中樞) 민대생(閔大生)은 나이 90여 세였다. 정월 초하룻날 조카들이 와서 뵙고는 그중 한 사람이 말하기를, "원하건대 숙부께서는 백 년까지 향수(享壽, 장수하며 복을 누림.)하소서." 했다. 중추가 노해 말하기를, "내 나이 90여 세인데 내가 만약 백 년을 누린다면 다만 수년밖에 살지 못할 것이다. 어찌 입에 이렇게 복 없는 소리를 담느냐." 하고는 내쫓았다.
(민대생: 조선 전기의 문신)
(새해를 맞아 조카들이 민대생에게 세배를 하기 위해 찾아옴.)
(한 조카의 축수 – 90세인 민대생에게 100세까지 장수하라고 축수함.)
(90세인 민대생에게 100세까지 살라는 말은 앞으로 10년만 더 살라는 뜻이 됨. – 민대생이 화를 낸 이유)

또 한 사람이 나아가 말하기를, "원하건대, 숙부께서는 백 년에 더하여 또 백 년을 장수하며 복을 누리소서." 했다. 중추는 "이것은 참으로 장수를 비는 인사로다." 하고, 잘 먹여 보냈다.
(또 다른 조카의 축수 – 100세에 백 년을 더하여 장수하라고 축수함.)
(진정으로 장수를 기원하는 말로 받아들임.)
▶ 조카들의 새해 축수에 대해 민대생이 상반된 반응을 보임.

키 포인트 체크

- 제재: 민대생에게 한 □□의 언변
- 관점: 상대방의 □□이나 처지를 고려하여 말해야 한다는 관점이 드러난다.
- 표현: 정월 초하룻날 웃어른을 찾아뵙고 새해 덕담을 나누는 조선 시대의 세시 풍속이 □□□으로 드러나 있다.

답 조카, 상황, 사실적

핵심 정리

갈래 한문 수필, 패관 문학
성격 사실적
제재 민대생 조카의 언변
주제 상대방의 입장을 배려하는 말의 중요성
특징 ① 실생활의 경험을 소개함.
② 설날의 세시 풍속이 사실적으로 드러남.
출전 《용재총화(慵齋叢話)》
작가 성현(成俔, 1439～1504)
조선 성종 때의 문신으로 자는 경숙(磬叔)이다. 대제학 등을 지냈으며, 《악학궤범(樂學軌範)》을 편찬하여 음악을 집대성했다. 주요 저서로는 《용재총화(慵齋叢話)》, 《허백당집(虛白堂集)》이 있다.

이해와 감상

《용재총화》는 성현(成俔)이 고려 때부터 조선 성종 때까지의 역사책에도 나오지 않는 이야기들을 기록한 책으로, 문장이 훌륭하여 조선 시대 수필 문학의 우수작으로 꼽힌다. 이 책에 소개된 〈민대생 조카의 언변〉은 조선 시대 사람들의 새해 풍습을 엿볼 수 있는 글이다. 상대방의 심중을 헤아려서 기분이 상하지 않게 말해야 함을 알 수 있다.

작품 연구소

조카들의 축수 기원과 숙부의 반응

조카	축수		숙부의 반응
조카 1	"백 년까지 향수하소서."	숙부	화를 내며 혼내고 내쫓음.
조카 2	"백 년에 더하여 또 백 년을 장수하며 복을 누리소서."	숙부	칭찬하며 후하게 대접함.

039 도산십이곡 발(陶山十二曲跋) | 이황

국어 금성

키워드 체크 #비평 #발문 #분석적 #효용론적 관점 #국문 문학의 가치

노인이 본디 음률을 잘 모르기는 하나, 오히려 세속적인 음악을 듣기에는 싫어하였으므로, 한가한 곳에서 병을 수양하는 나머지에 무릇 느낀 바 있으면 문득 시로써 표현하였다. 그러나 오늘의 시는 옛날의 시와는 달라서 읊을 수는 있겠으나, 노래하기에는 어렵게 되었다. 이제 만일에 노래를 부른다면 반드시 이속(俚俗)의 말로써 지어야 할 것이니, 이는 대체로 우리 국속(國俗)의 음절이 그렇지 않을 수 없기 때문이다.

(노인: 이황이 자신을 객관화한 호칭 / 오늘의 시: 한시를 가리킴. / 이속: 우리말 – 국어를 한문보다 낮추는 태도 / 국속: 국어를 가리킴.)

▶ 〈도산십이곡〉을 국문으로 지은 까닭

그러기에 내가 일찍이 이별의 노래를 대략 모방하여 〈도산육곡〉을 지은 것이 둘이니, 기일(其一)에는 '지(志)'를 말하였고, 기이(其二)에는 '학(學)'을 말하였다. 아이들로 하여금 조석(朝夕)으로 이를 연습하여 노래를 부르게 하고는 궤(几)를 비겨 듣기도 하려니와, 또한 아이들로 하여금 스스로 노래를 부르는 한편 스스로 무도(舞蹈)를 한다면 거의 비린(鄙吝)을 씻고 감발(感發)하고 융통(融通)할 바 있어서, 가자(歌者)와 청자(聽者)가 서로 자익(資益)이 없지 않을 것이다.

(이별의 노래: 육가(六歌) / 기일: 전육곡(前六曲) / 지: 자연을 벗하며 사는 자세 / 기이: 후육곡(後六曲) / 학: 학문의 즐거움과 자세 / 무도: 춤을 춤. / 비린: 비루하고 인색함. / 감발: 감동하여 분발하고 / 가자와 청자: 노래를 부르는 사람과 듣는 사람 / 자익: 사람의 근본 바탕에 유익함.)

▶ 〈도산십이곡〉의 내용과 의의

키 포인트 체크

- 제재 〈□□□□□〉
- 관점 □□□적 관점의 문학관과 국문에 대한 주체적 자각이 드러난다.
- 표현 우리나라의 과거 시가 문학을 □□한 뒤 〈도산십이곡〉을 짓는 이유와 그 의의를 제시한다.

답 도산십이곡, 효용론, 비판

핵심 정리

갈래 비평, 발문(跋文)
성격 비평적, 분석적
제재 〈도산십이곡〉
주제 〈도산십이곡〉을 지은 이유와 의의
특징 ① 효용론적 관점의 문학관을 드러냄.
② 국문에 대한 주체적 자각이 드러남.
연대 1565년(명종 20년)
출전 《퇴계집(退溪集)》
작가 이황(李滉, 1501～1570)
조선 중기의 유학자이자 문신으로, 호는 퇴계(退溪)이다. 율곡 이이와 함께 성리학 연구의 쌍벽을 이루었으며, 도산 서원을 창설하여 후진 양성과 학문 연구에 힘썼다. 저서로 《퇴계집(退溪集)》, 《성학십도(聖學十圖)》, 문집으로 《퇴계전서(退溪全書)》를 남겼다.

이해와 감상

이 글은 〈도산십이곡〉을 우리말로 짓게 된 이유를 밝힌 발문(跋文)이면서, 우리말로 지은 연시조 〈도산십이곡〉을 평가하고 있다. 이황은 문학과 시가는 교육적인 내용이어야 하며, 노래를 불러 감정을 유발하여 마음을 순화할 수 있어야 한다고 밝히고 있다. 그리고 한시보다 우리말로 지어서 노래를 부를 수 있는 시조가 더 큰 의의가 있다고 말한다. 한편 이 글에는 문학을 재도지기(載道之器, 도덕적 가치를 담는 그릇)의 관점으로 보는 효용론적 문학관이 드러나 있다.

040 퇴계의 편지 | 이황

화작 천재

키워드 체크 #편지글 #학문적 논쟁 #사단칠정 #예의를 갖춘 말하기 #계급을 초월한 소통

선비들 사이에서 그대가 논한 사단칠정(四端七情)의 설을 전해 들었습니다. 『저는 이에 대해 스스로 전에 말한 것이 온당하지 못함을 근심했습니다만, 그대의 논박을 듣고 나서 더욱 잘못되었음을 알았습니다.』 그래서 그것을 다음과 같이 고쳐 보았습니다. "사단의 발현은 순수한 이(理)인 까닭에 선하지 않음이 없고, 칠정의 발현은 기(氣)와 겸하기 때문에 선악이 있다." 이처럼 하면 괜찮을지 모르겠습니다. 그리고 〈왕구령에게 보내는 편지[與王龜齡書]〉 가운데 '고인(古人)'이 잘못 합해져 '극(克)' 자가 되었다는 말씀을 그대에게서 듣고, 지난날의 의심이 곧 풀렸습니다.

(그대가 논한 사단칠정의 설: 이황과 기대승은 사단칠정에 관해 치열하게 논쟁을 했음. / 『 』: 기대승의 반론을 듣고 학문적 반성을 통해 자신의 생각을 수정함. / 이: 모든 사물의 존재와 생성과 관련된 법칙·원리 또는 이치 / 기: 모든 구체적 사물의 존재와 생성과 관련된 질료(質料)·형질(形質) / 이황은 사단과 칠정이 분리되어 있다고 생각한 반면, 기대승은 사단과 칠정이 분리될 수 없는 것이라고 보았음. / 이황은 기대승의 의견을 받아들여 자신의 생각을 수정한 다음, 재차 기대승에게 의견을 구하고 있음.)

▶ 기대승의 의견을 수용하여 자신의 생각을 수정함.

처음 만나면서부터 견문이 좁은 제가 박식한 그대에게서 도움 받은 것이 많았습니다. 하물며 서로 친하게 지낸다면 도움됨이 어찌 이루 말할 수 있겠습니까? 헤아리기 어려운 것은 한 사람은 남쪽에 있고 한 사람은 북쪽에 있어, 이것이 더러는 제비와 기러기가 오고가는 것처럼 어긋날 수도 있다는 것입니다. [중략] 드리고 싶은 말씀이 참 많습니다만 멀리 보낼 글이니 줄이겠습니다. 오직 이 시대를 위해 더욱 자신을 소중히 여기십시오. / 삼가 안부를 묻습니다. 기미년(1559) 정월 5일, 황은 머리를 숙입니다.

(성균관 대사성이었으며 나이도 26세 더 많은 이황이 과거에 갓 급제한 기대승에게 학문적 존경을 표하고 있음. / 성균관 대사성이었던 이황은 한양에, 기대승은 전라도 광주에 있었음. / 제비는 봄에 날아오는 철새이지만 기러기는 겨울에 날아오는 철새이므로 서로 어긋날 수밖에 없음. / 실제로 이황의 편지가 40일 만에 기대승에게 도착했음. / 자신보다 관직이 낮고 나이가 적은 기대승에게 예의를 갖추고 있음.)

▶ 기대승과 멀리 떨어져 있음을 아쉬워함.

키 포인트 체크

- 제재 이황과 기대승이 □□□□에 관하여 학문적으로 소통한 편지
- 관점 이황은 기대승이 □□하다고 평가하며 기대승에 대한 학문적 존중을 드러내고 있다.
- 표현 이황은 자신보다 나이가 어린 기대승에게 □□체를 사용해 자신의 생각을 전달하고 있다.

답 사단칠정, 박식, 경어

핵심 정리

갈래 수필, 편지
성격 고백적, 성찰적
제재 이황과 기대승의 편지
주제 사단칠정에 관한 이황과 기대승의 학문적 소통
특징 퇴계 이황이 자신보다 나이와 계급이 낮은 고봉 기대승에게 예의를 갖춰 이야기하고 있음.
연대 1559년(명종 14년)
작가 이황(본책 111쪽 참고)

이해와 감상

퇴계 이황과 고봉 기대승은 사단칠정(四端七情)에 관해 편지를 주고받으며 오랫동안 논쟁을 벌였다. 편지 왕래는 1558년(명종 13년)부터, 이황이 세상을 떠난 1570년(선조 3년)까지 13년 동안 지속되었다. 이들이 편지를 주고받을 때 이황이 성균관 대사성의 지위에 있는 반면 기대승은 갓 과거에 급제한 상황이었으며, 나이 차이도 스물여섯에 이르렀다. 하지만 이황은 기대승을 존중하며 극진히 예의를 갖추었으며, 기대승도 자신의 논지를 주장하면서도 이황에게 공손과 존경의 의미를 담았다. 서로의 논리를 날카롭게 비평하면서도 겸손과 예의를 갖춘 모습에서 그들의 우정과 고매한 인격을 엿볼 수 있다.

작품 연구소

사단칠정(四端七情)에 관한 견해

이황	사단과 칠정은 분리해야 하는 것으로, 인간의 본성은 순수하고 선한 사단의 상태이지만, 현실에서는 '기(氣)'의 영향으로 선한 것과 나쁜 것이 뒤섞인 칠정이 발현됨.
↕	
기대승	사단이 비록 순수하게 선하다고 해도, 그것 역시 감정에 속하므로 칠정과 분리할 수 없음.

최고운전　홍길동전　최척전　박씨전　구운몽　사씨남정기　운영전　숙향전　홍계월전　소대성전　유충렬전
임진록　임경업전　조웅전　춘향전　심청전　흥보전　토끼전　장끼전　광문자전　양반전　예덕선생전　허생전
호질　이춘풍전　옥루몽　채봉감별곡　옥단춘전　전우치전　숙영낭자전　민옹전　심생전　창선감의록　규중칠우쟁론기
원이 엄마의 한글 편지　산성일기　서포만필　요로원야화기　낙치설　의산문답　동명일기　이름 없는 꽃
옛사람의 독서 일기　통곡할 만한 자리　일야구도하기　상기　수오재기　포화옥기　한중록　조침문　통곡헌기　내간
요술에 대하여　임술기　흥보가　적벽가　춘향가　심청가　수궁가　봉산 탈춤　강령 탈춤　양주 별산대놀이
하회 별신굿 탈놀이　꼭두각시놀음　통영 오광대　송파 산대놀이　고성 오광대　수영 들놀음　이야기 주머니
용소와 며느리바위　나무꾼과 선녀　바리데기 신화　천지왕본풀이　제석본풀이　세경본풀이　은혜 갚은 꿩　구렁덩덩 신 선비
어미 말과 새끼 말　아기 장수 설화　달팽이 각시　코춘대길

IV

조선 후기

문학사 개관

IV 조선 후기의 산문(임진왜란 이후 ~ 갑오개혁)

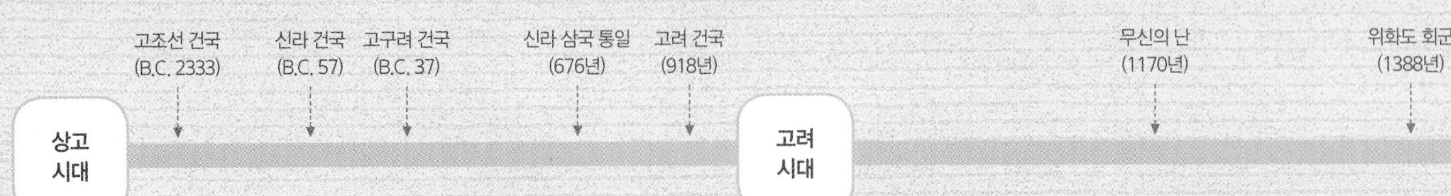

이 시기의 특징

- 임진왜란과 병자호란을 겪으며 신분 질서가 동요하고 평민들의 각성이 두드러지게 나타났다. 이로 인해 평민 계층이 문학 창작에 참여하면서 산문 문학의 발달이 촉진되었다.
- 실사구시 학풍과 서학의 도래로 현실적인 삶을 추구하는 실학파 문학이 대두했다.
- 기록 문학으로 내간체 문학과 수필 문학이 등장했다.
- 서민의 정서를 반영한 적층 문학으로서 판소리와 민속극이 대두되어 지배 계층에 대한 비판과 현실 비판 의식을 나타냈다.

전개 양상

1. 소설 문학의 융성

- 조선 후기 문학의 가장 뚜렷한 변화는 소설의 발달이다. 17세기부터 소설의 창작이 활발해지고 독자층도 넓어져 18, 19세기는 소설의 시대라고 불릴 만큼 질적·양적인 발달을 이룩했다.
- 광해군 때 국문 소설의 효시인 〈홍길동전〉이 창작되어 읽히면서부터 본격적인 소설 시대가 전개되었다.
- 평민 계층이 소설 창작과 향유에 적극 가담했고, 토속 신앙을 비롯하여 유불선(儒佛仙) 사상과 함께 조선 후기에 대두한 실학사상이 골고루 반영되었다.
- 전기 소설, 몽유 소설, 우화 소설, 염정 소설, 군담 소설 등 구성 방식이나 주제에 따라 다양한 갈래로 분류된다.

예

갈래	작품	작가	특징
설화 소설	심청전(沈淸傳)	미상	〈효녀 지은 설화〉를 바탕으로 '효(孝)'라는 주제를 강조함.
	흥보전(興甫傳)	미상	〈방이 설화〉를 바탕으로 형제간의 우애를 강조함.
우화 소설	토끼전	미상	허욕을 경계하고 위기를 극복하는 지혜를 강조함.
	장끼전	미상	꿩을 의인화하여 조류의 세계를 통해 인간 세계를 풍자함.
가정 소설	사씨남정기(謝氏南征記)	김만중	숙종의 인현 왕후(仁顯王后) 폐위 사건을 풍자한 소설로, 첩이 본처를 모함하여 축출했다가 다시 화목하게 되는 과정을 그림.
	장화홍련전(薔花紅蓮傳)	미상	계모가 전처의 자식을 학대하는 화소로 가정의 비극을 그림.
사회 소설	홍길동전(洪吉童傳)	허균	최초의 한글 소설로, 영웅의 일대기 구조가 드러나며 적서 차별의 현실을 비판함.
	전우치전(田禹治傳)	미상	전우치가 도술을 써서 지방 관청의 부패상을 시정하고 백성들을 곤궁으로부터 구하며, 당시의 부패한 정치와 당쟁을 비판함.

간단 개념 체크

1 조선 후기에는 임진왜란과 병자호란으로 인해 신분 질서가 동요하고 양반들의 각성이 두드러지게 나타났다. (○ / X)

2 조선 후기 평민 계층이 문학 창작에 참여하면서 산문 문학의 발달이 촉진되었다. (○ / X)

3 조선 후기 실사구시 학풍과 서학의 도래로 낭만적이고 이상적인 삶을 추구하는 실학파 문학이 대두했다. (○ / X)

4 조선 후기 기록 문학으로 내간체 문학과 수필 문학이 등장했다. (○ / X)

답 1 X 2 ○ 3 X 4 ○

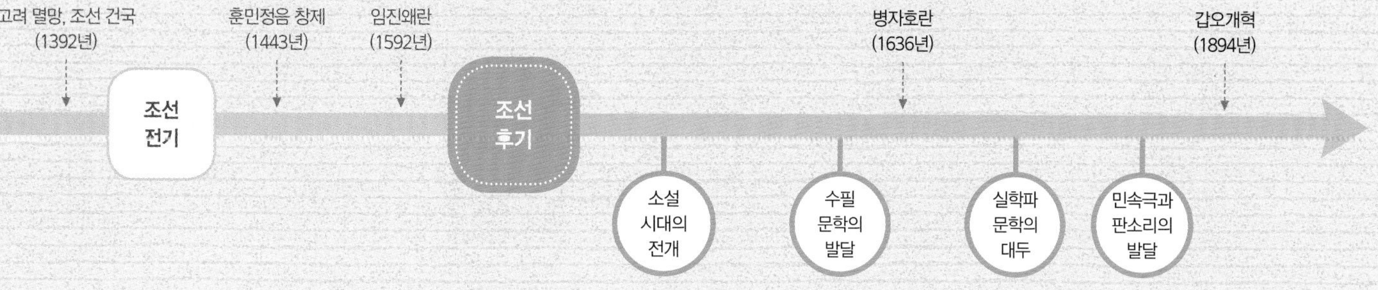

군담 소설	박씨전(朴氏傳)	미상	박씨 부인의 영웅적인 활약을 통해 병자호란의 치욕을 씻고자 하는 민중 의식을 반영함.
	임경업전(林慶業傳)	미상	병자호란의 치욕을 씻으려고 애쓰다가 원통하게 죽어 간 임경업의 무용담을 그림.
염정 소설	구운몽(九雲夢)	김만중	성진이 입신양명하여 팔선녀와 부귀영화를 누리다 깨어 보니 꿈이었다는 내용으로, 인생무상의 주제를 드러냄.
	운영전(雲英傳)	미상	궁녀 운영과 김 진사의 비극적 사랑을 그림.
풍자 소설	배비장전(裵裨將傳)	미상	배비장과 기생 애랑의 이야기로, 양반의 위선을 풍자함.
	이춘풍전(李春風傳)	미상	무능력한 남편과 몰락한 양반을 풍자함.

2. 수필·평론 문학의 발달

- 조선 후기 사회 변동에 따라 개인의 체험이나 역사적 사실을 기록할 필요를 느끼게 되었으며, 산문화의 경향에 따라 일기나 기행문, 서간문 등의 다양한 수필이 활발하게 창작되었다.
- 초기에는 양반층을 중심으로 한 한문 수필이 많았으나, 후기에 작자층이 여성으로 확대되면서 한글 수필이 다수 등장했다. 그중 내간체 수필은 운문적인 어투에서 탈피하려는 노력을 보여 주었다.
- 궁중 여성이 쓴 궁정 수필은 섬세하고 우아한 표현으로 곡진한 정서와 인간미를 담고 있을 뿐만 아니라, 역사적 사실을 객관적으로 드러내어 사료적 가치도 지닌다.
- 평론은 김만중이나 홍만종 등에 의해 활발하게 이루어졌다.

예

갈래	작품	작가	특징
궁정 수필	한중록(閑中錄)	혜경궁 홍씨	남편 사도 세자의 죽음과 당쟁, 자신의 기구한 삶을 적음.
	인현왕후전(仁顯王后傳)	미상	숙종의 인현 왕후 폐위 사건을 다룸.
일기	산성일기(山城日記)	어느 궁녀	병자호란 때 인조의 남한산성 피신을 일기체로 씀.
	의유당관북유람일기(意幽堂關北遊覽日記)	의유당	순조 29년 함흥 판관으로 부임한 남편을 따라 함흥에 갔다가 부근의 경치를 보고 느낀 감상을 기록함.
기행	무오연행록(戊午燕行錄)	서유문	서장관으로 중국을 다녀온 작가가 견문과 감상을 기록함.
서간	우념재수서(雨念齋手書)	이봉한	일본 통신사의 사행길에 가족에게 소식을 전함.
제문 및 기타	규중칠우쟁론기(閨中七友爭論記)	미상	바늘, 자, 가위, 인두, 다리미, 실, 골무 등을 의인화하여 씀.
	조침문(弔針文)	유씨	바늘이 부러진 것을 슬퍼하여 제문 형식을 빌려 씀.
평론	서포만필(西浦漫筆)	김만중	신라 이후 조선 시대까지의 시 문학을 비평함.
	순오지(旬五志)	홍만종	정철의 시가와 중국 소설 등을 비평함.

◆ **내간과 내간체**

'내간'은 부녀자들 사이에 주고받는 한글 편지로, 섬세한 표현 속에 따뜻한 인정이 잘 드러나 있어 감동을 주는 글이 많다. 내간의 이러한 특성은 내간체라는 독특한 문체의 기틀이 되었다. '내간체'란 일상어에 문장적인 수법을 가한 것으로, 주로 부녀자들의 서간체를 말한다. 내간체는 첫째, 문장의 주체가 부녀자이고, 둘째, 우리 말과 글로 쓴 것이며, 셋째, 정다운 인정미와 세련미를 보여 주는 것이 특징이다.

간단 개념 체크

1 〈임경업전〉, 〈박씨전〉, 〈임진록〉, 〈유충렬전〉은 전쟁을 소재로 하고 있다는 점에서 □□ 소설이라고 할 수 있다.

2 조선 후기에는 산문화의 경향에 따라 일기나 기행문, 서간문 등의 다양한 수필 작품이 활발하게 창작되었다. (○ / ×)

3 □□□ 수필은 부녀자가 우리 말과 글로 쓴 것으로, 정다운 인정미와 세련미를 보여 주고 있다.

답 1 군담 2 ○ 3 내간체

3. 한문학의 변모와 실학파 문학

(1) 한문학의 변모

조선 후기의 한문학은 일부 문인들에 의해 기존의 관습적인 한문학 경향이 비판되고 새로운 혁신이 모색되었다. 특히 실학파 문학이 대두하면서 지식인으로서의 사회적 책임을 자각하고 사회의 모순을 비판하며, 그 개혁의 방향을 모색한 문학 작품이 다수 창작되었다. 한문학의 4대가인 이정구, 신흠, 이식, 장유와 김창협, 신위 등이 주로 활약했다.

(2) 실학파 문학

조선 후기에 이르러 실학사상(實學思想)에 입각한 실학파 문학이 나타나기 시작했다. 양반 사대부의 허례허식에 대한 비판에서 대두된 사조이므로 실학파 문학은 종래의 풍류 문학과는 전혀 다른 성격을 띠었다. 조선 후기에 융성한 실학파 문학은 한문학(漢文學)이라는 제약에도 불구하고 실리성, 현실성과 비판 의식을 그 특징으로 한다는 점에서 의의를 지닌다.

◆ 실학파의 분류

경세 치용학파	토지 제도 및 행정 기구, 기타 제도상의 개혁에 치중한 사람들로 이익, 이용휴, 이가원, 정약용 등이 대표적임.
이용 후생학파 (북학파)	상공업의 유통 및 기술 혁신을 목표로 삼은 사람들로 실학 4대가로 불리는 이덕무, 유득공, 박제가, 이서구와 홍대용, 박지원 등이 대표적임.
실사 구시파	경학(經學), 금석학(金石學) 그리고 예술적인 면에서도 실증적이고 과학적인 연구 태도를 취한 사람들로 김정희가 대표적임.

◆ 실학파 문학의 특징

- 종래의 진부하고 형식적인 사대부의 정통 문학(正統文學)을 지양했다.
- 한문장(漢文章)에서 중국의 전형을 탈피한 독자적인 한문체를 확립했다.
- 신선한 구상과 사실적인 수법을 통해 평이한 시와 산문을 창작했다.
- 한국의 속담·이언(俚諺)을 자유롭게 표현하고 풍자와 해학으로 서민적인 정취를 드러냈다.

◆ 열하일기(熱河日記)

조선 정조 때에 박지원이 청나라를 방문하여 견문한 것과 그에 대한 감상을 적은 기행문으로, 26권 10책으로 이루어져 있다. 중국 희본(戱本)의 명목(名目)과 태서(泰西)의 신학문이 소개되어 있고, 〈허생전〉, 〈호질〉 등의 단편 소설이 실려 있다.

(3) 박지원의 한문 소설

연암 박지원 소설의 두드러진 특징은 풍자적 성격과 사실주의적 특성이다. 박지원은 중세적 봉건 사회가 무너져 가고 새로운 사회의 움직임이 싹트기 시작하는 역사적 변화의 시대에 살면서, 그 과정에서 드러나는 양반 계층이나 사회 제반 현상에 대해 비판하며 이를 풍자했다. 그리고 박지원은 서민들의 삶의 세계로 새로운 의식을 확장하면서 당대 평민층의 모습을 생생하게 포착한 사실주의적 기법을 사용하여 뛰어난 소설적 성과를 이룩했다.

- 현실에 대한 비판과 풍자적 태도: 박지원 소설의 가장 큰 특징은 비판과 풍자이다. 이는 중세적 봉건 사회가 무너져 가고 새로운 사회의 움직임이 싹트기 시작하는 역사적 변환기에 살면서 그 모든 추이를 직시했던 비판적 태도에서 기인한 것이다.
- 새로운 인간형 제시: 전대(前代)의 재자가인형(才子佳人形) 주인공에서 벗어나 평범한 사람, 혹은 사회에서 천대받는 인물들이 주인공으로 등장했다. 〈광문자전〉의 광문, 〈예덕선생전〉의 엄 행수, 〈마장전〉의 송욱, 조탑타, 장덕홍 등이 그에 해당한다.
- 인간성의 긍정과 평등사상: 인간성을 긍정하고 남녀 귀천에 관계없이 인간이 평등하다는 생각이 드러난다. 이는 〈광문자전〉, 〈열녀함양박씨전〉 등에 잘 나타난다.
- 사실주의적 기법: 서민들의 삶의 세계로 의식 세계를 확장하면서 당대 평민층의 삶의 모습을 생생하게 포착하는 사실주의적 기법으로 뛰어난 소설적 성과를 이룩했다.

예

작품	특징	출전
허생전(許生傳)	당시의 경제 체제와 사회 제도를 비판함.	열하일기
호질(虎叱)	유학자들의 위선적인 행동을 풍자함.	
광문자전(廣文者傳)	걸인 광문을 통해 사회의 부패상을 고발함.	방경각외전
양반전(兩班傳)	양반들의 무능과 허례허식을 비판함.	
예덕선생전(穢德先生傳)	검소한 생활과 노동의 중요성을 깨우침.	
민옹전(閔翁傳)	민옹의 일화를 통해 사회의 타락상을 고발함.	
우상전(虞裳傳)	학식이 높은 우상을 통해 허례허식을 풍자함.	
마장전(馬駔傳)	세상의 거짓을 고발하고 벗을 사귀는 일의 어려움을 이야기함.	
김신선전(金神仙傳)	신선 사상의 허무맹랑성을 풍자함.	
열녀함양박씨전(烈女咸陽朴氏傳)	봉건 사회에 깃든 형식적인 도덕의 그릇됨을 비판하고 과부의 위선적 절개를 풍자함.	연상각선본

간단 개념 체크

1 조선 후기에는 ☐☐☐ 문학이 대두하면서 지식인으로서의 사회적 책임을 자각하고 사회의 모순을 비판하며, 그 개혁의 방향을 모색한 문학 작품들이 다수 창작되었다.

2 박지원 소설의 가장 큰 특징은 비판과 ☐☐이다.

3 박지원은 한문장에서 중국의 전형을 탈피한 독자적인 한문체를 확립했다. (○ / ×)

답 1 실학파 2 풍자 3 ○

4. 판소리의 성장

판소리와 민속극은 조선 후기에 들어와 민중의 문학 참여가 극대화되어 나타난 대표적 양식이다. 이들은 모두 종합 예술의 형태를 띠고 있으나 그 대본은 국문학의 한 양식이 된다.

(1) 판소리의 개념: 판소리는 전문 예술가인 광대가 고수(鼓手)의 장단에 맞추어 일정한 내용을 육성과 몸짓을 곁들여 창극소(唱劇調)로 두서너 시간에 걸쳐 부르는 민속 예술 형태의 한 갈래이다. 광대는 서사적 내용을 전달하되, 소리인 '창'과 이야기조의 사설인 '아니리'를 번갈아 하고, 실감 나는 장면 묘사를 위해 '너름새(발림)'라는 몸짓을 한다. 고수는 '추임새'라는 탄성으로 흥을 돋운다.

(2) 판소리의 특징

- 서민들의 현실적인 생활을 주로 그려 낸다.
- 극적 내용이 많고 민속적이며, 풍자와 해학이 풍부하다.

예

작품	특징
흥보가(興甫歌)	마음씨 착한 흥보가 제비의 도움으로 가난에서 벗어난 이야기를 다룸.
적벽가(赤壁歌)	적벽전에서 관우가 조조를 잡지 않고 길을 터 주어 조조가 달아나는 장면을 다룸.
춘향가(春香歌)	이몽룡과 춘향의 신분을 초월한 지고지순한 사랑 이야기를 다룸.
심청가(沈淸歌)	심청이 지극한 효성으로 아버지의 눈을 뜨게 한 이야기를 다룸.
수궁가(水宮歌)	토끼가 용궁에 잡혀갔다가 지혜를 발휘해 살아난 이야기를 다룸.

5. 민속극의 성장

(1) 민속극의 개념: 민속극이란 가장(假裝)한 배우가 대화와 몸짓으로 사건을 표현하는 전승 형태를 말하는 것으로 무극(舞劇), 가면극(假面劇), 인형극(人形劇), 창극(唱劇) 등이 있다. 무극은 굿에서 연행되는 굿놀이를 말하며, 가면극은 각 지역에서 행해지던 탈놀이를, 인형극은 남사당에서 연희되는 꼭두각시놀음을 말한다.

(2) 민속극의 기원: 일반적으로 가면극의 연원은 삼국 시대 기악(伎樂)이나 오기(五伎), 처용무(處容舞) 등에 두고 있다. 이것이 고려의 산대희(山臺戲)를 거쳐 조선의 산대 도감극으로 이어지고, 오늘날 〈봉산 탈춤〉, 〈양주 별산대놀이〉, 〈통영 오광대〉, 〈수영 들놀음〉, 〈동래 들놀음〉 등이 된 것이다. 그리고 인형극으로는 〈꼭두각시놀음〉, 〈망석중놀이〉 등이 있다.

(3) 민속극의 특징

- 농민이나 사당 등 서민들이 주도하여 서민들의 언어와 삶의 모습이 생생히 드러난다.
- 넉살과 신명으로 이야기를 풀어 내고 지배층에 대한 비판 의식을 드러낸다.
- 고대 제천 의식에 바탕을 두고 전개되다가 조선 후기에 이르러 평민 의식의 발달과 더불어 정립되었다.

예

갈래	작품	특징
가면극	봉산 탈춤	황해도 일대에서 연행된 가면극으로, 해학성이 강하고 봉건적 모순에 대한 비판 의식이 잘 반영됨.
	산대놀이	서울 및 서울 근처에서 연행된 가면극으로, 〈양주 별산대놀이〉가 유명함.
	오광대놀이	경남 지방에 두루 분포되어 있던 가면극으로, 다섯 광대 또는 다섯 과장과 관련하여 '오광대'라는 이름이 붙음.
	들놀음	부산 근처에 분포된 가면극으로, '야유'라고도 불림.
인형극	꼭두각시 놀음	현전하는 유일한 인형극으로, 유랑 연예인 집단 남사당패에서 연희됨. 일명 〈박첨지놀음〉이라고도 하며, 처첩 간의 갈등, 양반에 대한 조롱과 모욕 등의 내용을 담고 있음.

◆ 판소리 열두 마당

	전성기 판소리 12마당	신재효 판소리 6마당	현존 판소리 5마당
① 춘향가	○	○	○
② 심청가	○	○	○
③ 흥보가	○	○	○
④ 수궁가	○	○	○
⑤ 적벽가	○	○	○
⑥ 변강쇠 타령	○	○	
⑦ 배비장 타령	○		
⑧ 강릉 매화 타령	○		
⑨ 옹고집 타령	○		
⑩ 장끼 타령	○		
⑪ 숙영 낭자 타령	○		
⑫ 무숙이 타령	○		

◆ 판소리와 판소리계 소설

판소리 사설이 문자로 기록되면서 판소리계 소설로 정착되기도 했다. 판소리 사설의 인물과 사건을 이어받아 소설만의 독특한 표현을 가미하고 독자의 취향에 따라 다양한 이본이 파생되면서 소설 문학을 풍성하게 만들었다.

간단 개념 체크

1 조선 후기에 들어와 민중의 문학 참여가 극대화되어 나타난 대표적인 양식으로는 ☐☐☐와 민속극이 있다.

2 판소리 열두 마당을 여섯 마당으로 정리한 사람은? (　　　)

3 판소리는 주로 서민들의 현실적인 생활을 그려 내어, 풍자와 해학적인 요소가 적다. (○ / ×)

4 민속극은 농민이나 사당 등 서민들이 주도하여 서민들의 언어와 삶의 모습이 생생히 드러난다. (○ / ×)

답 1 판소리 2 신재효 3 × 4 ○

041 최고운전(崔孤雲傳) | 작자 미상

키워드 체크 #전기적 영웅 소설 #최치원 #문재(文才) 과시

문학 지학사

핵심 정리

갈래 설화 소설, 전기 소설, 영웅 소설, 적강 소설
성격 설화적, 전기적, 영웅적, 도교적, 민족주의적
시점 전지적 작가 시점
배경 ① 시간 – 통일 신라 시대
② 공간 – 신라와 중국
제재 최치원의 일생
주제 ① 중국의 위협에 맞선 최치원의 비범한 능력
② 최치원의 일대기를 통한 우리 민족의 문화적 자긍심 고취
특징 ① 다양한 전래 민담 화소들이 복합적으로 구성됨.
② 한문 경구가 인용되고 삽입 시가 나타남.
③ 척한적(斥漢的) 민족의식이 반영됨.
의의 전기 소설에서 영웅 소설로 전환되는 과정을 보여 줌.

Q 최치원이 자신의 능력을 과시하는 이유는?

최치원은 시를 써 주면 사위로 삼겠다는 승상의 제안을 거절하고, 오히려 사위로 맞아들여 주면 시를 짓겠다고 한다. 이것은 자신의 능력으로 주종 관계의 질서를 깨뜨릴 수 있음을 나타낸 것이다. 최치원이 스스로 거울을 깨어 파경노(破鏡奴)라는 종이 된 것이 승상의 딸을 얻으려는 계획된 행동이라는 점도 이러한 모습과 관련된다.

어휘 풀이

채화(彩畵) 색을 칠하여 그린 그림.
도시(都是) 이러니저러니 할 것 없이 아주.
난방(蘭房) 난의 향기가 그윽한 방. 혹은 미인의 침실.
오색 서기(五色瑞氣) 파랑, 노랑, 빨강, 하양, 검정 다섯 빛깔의 상서로운 기운

Q 이 부분에 나타난 적강 화소는?

'적강 화소'란 신선이 인간 세상에 내려오거나 사람으로 태어나는 것을 소재로 한 이야기를 말한다. 이 작품에서 최치원은 '월궁(月宮) 계화(桂花)'가 피지 않았는데 천제에게 피었다고 말한 죄로 인간 세계에 유배되어 온 '적강 선인'으로 설정되어 있다. 따라서 최치원은 어려운 일을 겪을 때마다 하늘의 도움을 받아 자신의 능력을 발휘하는데, 이 부분에서도 최치원이 시를 지을 수 있도록 하늘이 도움을 주고 있다.

구절 풀이

❶ **"종이 위에 그린 ~ 배가 부를 것이옵니다."** 그림 속 여인이 아무리 아름다워도 만나지 못하면 소용이 없듯이, 자신은 승상의 딸 운영과 혼인을 해야 시를 짓겠다는 뜻이다.

❷ **우리 가문의 성패가 ~ 달려 있사옵니다.** '이번 일'은 신라의 왕이 나 승상에게 중국 황제가 보내온 석함에 들어 있는 물건에 대해 시를 지을 것을 요구한 일이다. 만약 시를 짓지 못하면 죽이겠다고 했으므로, 이번 일에 가문의 성패가 달려 있다고 말한 것이다.

가 "승상께서 나를 사위로 삼는다면 내 곧 시를 짓겠소이다."

하거늘 유모가 들어가 승상께 보고하니 승상이 소리를 지르며 이르시되,

"어찌 창두(蒼頭)(사내종)를 사위로 삼을 수 있겠느냐. 네가 잘못 듣고 전하는 게 아니냐."

하고는 또 유모에게 신선의 모습을 그린 •채화(彩畵)를 내주면서 이르시되,

"그가 만약 시를 지으면 이 같은 미인에게 장가를 보내 주겠다고 하라."

하니 유모가 파경노(거울을 깨뜨린 노비 – 최치원)에게 전하였다. / 이에 파경노가

❶"종이 위에 그린 떡을 하루 종일 바라본들 어찌 배가 부르리까. 반드시 먹은 후에야 배가 부를 것이옵니다."

하고 함을 발로 차서 밀치고 비스듬히 누워서 말하기를,

"나를 비록 마디마디 베인다 해도(죽인다고 해도) 짓지(시를) 못하겠노라." / 하더라.

▶ 파경노(최치원)가 승상의 사위가 되려는 생각을 드러냄.

유모가 들어가서 그 말대로 아뢰니 승상이 말없이 앉아 있는데 딸 운영(雲英)이 눈물을 닦으며 고하되,

"❷우리 가문의 성패가 •도시 이번 일(석함 속의 물건에 관한 시를 짓는 일)에 달려 있사옵니다. 옛날 제영(提縈)이라는 여자는 관비(官婢)가 되어 들어가서 아버지의 형을 속죄하였다 합니다(과거의 일을 예로 들어 자신의 행동에 정당성을 부여하려 함). 가군(家君)(남에게 자기 아버지를 높여 이르는 말)께서 딸을 사랑하는 마음 때문에 좇지 않으시면(파경노가 자신과 혼인하고자 하는 뜻을 받아들이지 않으시면) 이 화는(석함 속의 물건에 관한 시를 짓지 못하면 나 승상이 죽게 됨) 면하기 어렵습니다. 바라옵건대 이 몸으로 아버님의 화를 면하도록 하여 주십시오."

▶ 운영이 파경노(최치원)와 혼인할 뜻을 나타냄.

나 다음날 아침 승상이 시비에게 명하여 •난방(蘭房)에서 시 짓는 모습을 엿보라 하였다. ㉠이때에 파경노가 자기 이름을 지어 치원(致遠)이라 하고, 자(字)를 고운(孤雲)이라 하더라. 운영이 옆에 앉아서 시 짓기를 재촉하니 치원이 말하기를,

"시는 내일 중으로 지을 것이니 너무 재촉하지 마오."

하고는 운영더러 종이를 벽 위에 붙여 놓도록 하고 스스로 붓대롱을 잡아 발가락에 끼고 잤다(여유를 부리는 최치원의 모습).

[A] 운영이 또한 근심하다가 고단하여 자는데 꿈속에 쌍룡이 하늘에서 내려와 함 안에 서로 엉켜 있고 무늬 옷을 입은 동자(童子) 10여 명(천상계의 인물들로 최치원을 돕는 조력자)이 함을 받들고 서서 소리 내어 노래하니 함이 열리는 듯하더니, 쌍룡의 콧구멍에서 •오색 서기(五色瑞氣)가 나와 함 속을 환히 비치니 그 안에 붉은 옷을 입고 푸른 수건을 쓴 사람들이 좌우로 늘어서서 혹은 시를 지어 읊고 혹은 붓을 잡아 글씨를 쓰는데 승상이 빨리 시를 지으라고 재촉하는 소리에 운영이 놀래어 깨어 보니 한 꿈이더라.

▶ 운영이 기이한 꿈을 꿈.

치원 역시 깨어나 시를 지어 벽에 붙은 종이에다 써 놓으니 용과 뱀이 놀라 꿈틀거리는 듯하더라. 시의 내용인즉,

둥글고 둥근 함 속의 물건은(團團石含裡),
반은 희고 반은 노란데(半白半黃金)(달걀의 흰자위와 노른자위),
밤마다 때를 알아 울려 하건만,(夜夜知時鳴)
뜻만 머금을 뿐 토하지 못하도다(含情未吐音).
(함 속의 달걀이 이미 부화되어 닭이 되었지만, 함 속에 갇혀 울지 못함.)

〈최고운전〉에 나타난 삽입 시의 성격
대부분의 고전 소설에서 삽입 시는 등장인물의 내면을 표현하는 형태로 나타난다. 그러나 〈최고운전〉에서 나타나는 삽입 시는 등장인물의 내면을 표현하기보다는 주로 서사를 진행시키고 사건을 해결하는 기능적 역할을 한다.

이더라. 치원이 운영을 시켜 승상께 바치게 하니 승상이 믿지 않다가 운영의 꿈 이야기를 듣고서야 믿고 대궐로 들어가 왕께 바치었다.

▶ 최치원이 석함 속의 물건을 알아내어 시를 지음.

- **중심 내용** 중국 황제가 보낸 석함 속의 물건에 대한 시를 짓는 조건으로 승상의 딸 운영과 혼인하려는 최치원
- **구성 단계** 위기

이해와 감상

〈최고운전〉은 신라 말기의 대학자인 최치원(崔致遠)의 일생을 허구적으로 형상화한 전기적 영웅 소설로, 당나라에 대한 우리 민족의 우월성을 드러내고 있다. 이는 북방 민족에게 당했던 설움을 정신적으로 극복하고 보상받고자 하는 당대 민중들의 심리가 반영된 것이라고 할 수 있다.

이 작품에는 적강(謫降)·기아(棄兒)·글재주 다툼·알아맞히기·기계(奇計) 등 다양한 설화적 화소(話素)가 결합되어 있다. 작가는 탁월한 상상력으로 역사적 인물인 최치원의 이야기에 다양한 설화 내용을 가미하여 소설의 주인공으로 형상화하고 있다. 다만 최치원이 12세에 중국으로 간 것이나 〈격황소서〉를 지은 것 등은 역사적 사실과 일치하지만 〈최고운전〉의 내용과 구성은 역사적 사실과 상당한 차이가 있다.

전체 줄거리

발단	금돼지에게 납치되었다가 돌아온 최충의 부인이 잉태하여 여섯 달 만에 최치원을 낳는데, 최치원은 금돼지의 자식이라며 버려진다.
전개	최치원의 글 읽는 소리를 들은 중국 황제가 두 학사를 보내 실력을 겨루게 하지만 최치원을 당해 내지 못한다.
위기	최치원은 나 승상의 딸을 아내로 삼는 것을 조건으로 중국 황제가 보낸 석함 안의 물건을 알아맞히는 시를 짓는다.
절정	중국에 도착한 최치원은 황제의 간계를 물리치고 중원의 학자들과 문장을 겨루어 이긴다. 이때 황소의 난이 일어나 격문을 지어 항복을 받으니 이를 시기한 신하들이 최치원을 죽이려고 유배를 보낸다.
결말	유배지에서 몇 차례의 위기를 극복한 최치원은 신라로 돌아와 가야산에 들어가 신선이 된다.

인물 관계도

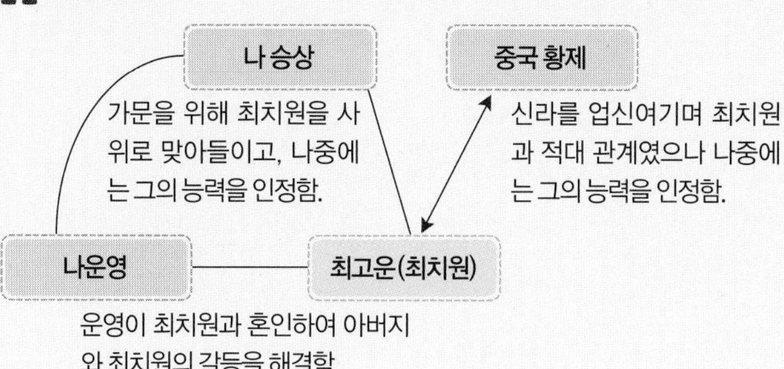

작품 연구소

〈최고운전〉의 구성과 주제

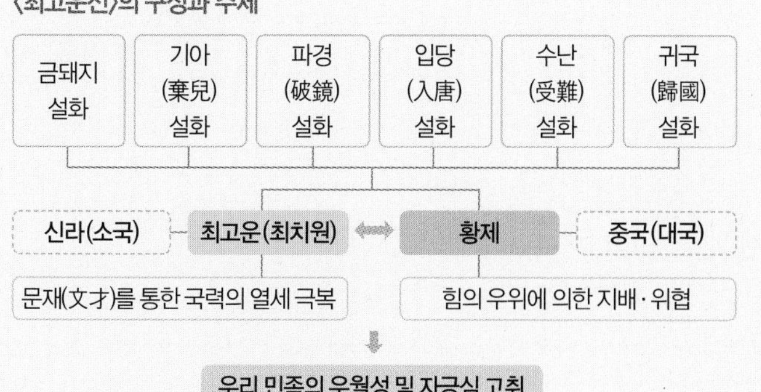

키 포인트 체크

인물 최고운(□□□)은 문사(文士)의 기질을 갖춘 인물로, 나 승상, 중국 □□ 등과 갈등을 겪는다.

배경 척화적 민족의식을 바탕으로 □□와 □□을 오가며 이야기가 전개된다.

사건 최치원이 중국 황제가 보내 온 □□에 든 물건을 맞히고, 중국의 □□들과 실력을 겨루어 이기며 능력을 인정받는다.

1 이 글에 대한 설명으로 적절하지 않은 것은?

① 신라와 중국을 배경으로 하고 있다.
② 설화의 다양한 화소가 결합되어 있다.
③ 사건 전개 과정에서 주인공의 비범한 능력이 밝혀지고 있다.
④ 신라 말기의 학자인 최치원의 일생을 사실적으로 그리고 있다.
⑤ 위기에 처할 때마다 신이한 조력자의 도움을 받는 천상의 인물을 주인공으로 내세우고 있다.

2 〈보기〉의 ⓐ~ⓔ 중, (가)~(나)에서 확인할 수 있는 갈등 관계로 알맞은 것은?

보기

영웅 소설의 대부분이 전쟁을 소재로 민족의 영웅을 창조하는 데 비해, 〈최고운전〉은 주인공의 탁월한 문재(文才)를 중심으로 하여 맹목적인 사대주의에 대한 반성을 촉구하고 있다. 이 작품은 ⓐ남자보다는 여자가 더 우월한 존재로, ⓑ주인보다는 종이 더 우월한 존재로, ⓒ아버지보다는 아들이 더 우월한 존재로, ⓓ중국의 선비보다는 신라의 선비가 더 우월한 존재로, ⓔ황제보다 주인공이 더 우월한 존재로 그려져 있다. 강대한 것과 약소한 것과의 형식적 관계와 내용적 관계가 반대로 되어 있는 것이 당시의 실상임을 보여 줌으로써 존재와 당위가 무엇인가를 시사하고 있는 것이다.

① ⓐ ② ⓑ ③ ⓒ ④ ⓓ ⑤ ⓔ

내신 적중

3 ㉠과 같이 파경노의 이름과 자(字)를 실존 인물인 치원(致遠)과 고운(孤雲)으로 정한 이유를 〈조건〉에 맞게 쓰시오.

조건

1. 인물의 역할 측면에서 쓸 것
2. '~기 위해서이다.' 형태의 완결된 한 문장으로 쓸 것

4 〈보기〉를 참고하여 이 글에서 [A]가 어떤 기능을 하는지 쓰시오.

보기

영웅 소설에서는 주인공의 영웅성을 드러내기 위해 여러 서사적 장치가 활용된다. 가령 주인공이 특이한 외양을 타고나기도 하고, 주인공에게 신물을 전해 주기도 한다. 또한 주인공이 영웅적 능력을 갖출 수 있도록 도움을 주는 인물들을 등장시키거나 고귀한 혈통을 지닌 인물로 설정하기도 한다.

어휘 풀이

악인(樂人) 악사(樂師), 악생(樂生), 악공(樂工), 가동(歌童) 등을 통틀어 이르는 말.
소판(素板) 칠 등을 입히지 않은 흰 널판.
의관(衣冠) 남자의 웃옷과 갓이라는 뜻으로, 남자가 정식으로 갖추어 입는 옷차림을 이르는 말.
정제(整齊)하다 격식에 맞게 차려입고 매무시를 바르게 하다.
사모(紗帽) 벼슬아치들이 관복을 입을 때 쓰던 검은 비단[紗]으로 만든 모자.
부작(符作) '부적(符籍)'의 변한 말. 잡귀를 쫓고 재앙을 물리치기 위해 붉은색으로 글씨를 쓰거나 그림을 그려 몸에 지니거나 집에 붙이는 종이.
현철(賢哲)하다 어질고 사리에 밝다.
불민(不敏)하다 어리석고 둔하여 재빠르지 못하다.

가 치원이 낙양(洛陽)에 이르니, 한 학사(學士)가 묻기를,

(낙양: 중국 허난성의 도시로 당나라의 수도였음.)

『"해와 달은 하늘에 걸려 있는데 하늘은 어디에 걸려 있는고?[日月懸於天而天何懸之耶]"

(일 월 현 어 천 이 천 하 현 지 야)

(『』: 자신을 궁지에 빠뜨리려는 중국 학사의 의도를 간파한 최치원이 동일한 성격의 수수께끼로 맞받아쳐서 중국 학사들을 당황하게 함.)

하니, 치원이 대답하여 말하기를,

"산과 물은 땅에 실려 있는데 땅은 어디에 실려 있는고?[山水載於地而地何載耶]"

(산 수 재 어 지 이 지 하 재 야)

하거늘 그 학사가 능히 문답(問答)을 하지 못하더라.』 ▶ 최치원이 중국 학사와의 수수께끼 대결에서 이김.

나 『황제는 치원이 온다는 말을 듣고 치원을 속이고자 첫째, 둘째, 셋째 문 안에 땅을 파고 그 안에 여러 명의 *악인(樂人)을 넣어 놓고 경계하여 명하기를,

(『』: 최치원을 곤경에 빠뜨리려는 중국 황제의 계략)

"치원이 들어오거든 풍악을 요란스럽게 울려 정신을 못 차리도록 하고 또 함정 위에다 엷은 *소판을 깔고 그 위에 흙을 덮어, 잘못 밟으면 빠져 죽게 하라."

하시고 또 넷째 문 안에는 사나운 코끼리를 숨겨 놓은 후에 치원을 들어오게 하였다.』

❶이에 치원이 *의관을 *정제하고 문으로 들어가려는데 50척 되는 *사모(紗帽)의 뿔이 문에 걸려 들어갈 수가 없는지라. 치원이 탄식하며 말하기를,

(50척 되는 사모(紗帽)의 뿔: 과장된 표현으로 중국을 조롱하기 위해 의도적으로 설정한 소재임.)

㉠"비록 소국의 문도 뿔이 닿지 않거늘 하물며 대국의 문으로써 어찌 이같이 작고 낮은가." / 하며 들어가지 않고 서 있는지라. 황제가 듣고 매우 부끄러이 여기고 즉시 문을 헐게 하고 다시 들어오라 불렀다. 이에 문으로 들어가는데 땅 속에서 요란한 악성(樂聲)이 들리는 고로 붉은 *부작을 던지니 조용해졌다. 이어서 둘째 문에 이르니 또 악성이 들리는지라 흰 부작을 던지고, 셋째 문에 이르러 또 풍악 소리가 나므로 푸른 부작을 던지고, 넷째 문에 이르러서 코끼리가 숨어 있는 휘장 안에 누런 부작을 던지니 그 부작이 누런 뱀으로 화하여 코끼리의 입을 감으니 코끼리가 입을 열지 못하더라. 이리하여 무사히 들어가니, 황제는 치원이 아무런 화를 입지 않고 문을 지나 들어왔다는 말을 듣고 크게 놀라며,

(악성(樂聲): 음악 소리)

(부작이 누런 뱀으로 화하여 ~ 열지 못하더라: 전기적 성격이 드러남.)

❷"이 사람이 과연 천신(天神)이로다." / 하더라. 다섯째 문에 이르니 학사들이 좌우로 줄지어 서서 다투어 서로 묻는 것이었다. ❸치원은 대답하지 않고 시로써 응대하니 학사들이 칭찬하지 않는 이 없었다. 순식간에 지은 시가 불가승기(不可勝記)더라.

(불가승기(不可勝記): 중국의 학사들이 감히 이길 수 없더라.)

▶ 최치원이 비범한 능력으로 위기 상황을 극복함.

다 어전(御前)에 이르니 황제가 용상에서 내려와 맞이하여 상좌(上座)에 앉히고 묻기를,

(어전: 임금 앞) (황제가 용상에서 ~ 상좌(上座)에 앉히고: 최치원에 대한 중국 황제의 태도 변화를 보여 줌.)

"경이 함 속의 물건을 알아내어 시를 지었는가?" / 하니,

"네. 그러하옵니다." / 하고 대답하매 또 묻기를,

"경이 어떻게 해서 알았는가?" / 하니 대답하여 아뢰기를,

『"신이 듣건대 *현철(賢哲)한 사람은 비록 천상(天上)에 있는 물건도 오히려 능히 알 수 있다고 하는데 신이 미천하고 *불민하오나 어찌 석함 속의 물건을 알지 못하겠나이까?"』

(『』: 말로는 자기를 낮추고 있으나, 이면적으로는 자신이 비범한 인물임을 드러냄.)

하거늘 황제가 또 묻기를,

"삼문(三門)에 들어올 때 풍악 소리를 못 들었느냐?" / 하니 대답하기를,

"못들었습니다." / 하거늘, 삼문안에서 풍악을 울리던 사람을 불러 물으니 모두 말하기를,

"저희들이 풍악을 연주하려고 하면 붉은 옷을 입은 수천 명이 와서 쇠뭉치를 가지고 치면서 풍악을 울리지 못하게 하며, '큰 손님이 오시니 떠들지 말라.' 하는 고로 능히 풍악을 울리지 못하였나이다."

라고 하는 것이었다. 황제가 크게 놀래어 사람을 시켜 가 보게 하였더니 땅굴 속에 큰 뱀들이 우글우글하였다.

황제는 기이히 여기고서 말하기를, / "치원은 보통 사람이 아니니 경솔히 대접할 수 없도다." 하고 학사들로 하여금 항상 치원을 따라다니면서 대접케 하니 따라다니는 무리들은 군자(君子)와 같이 대접하더라. ▶ 최치원이 황제에게 능력을 인정받고 예우를 받음.

(치원은 보통 사람이 아니니 경솔히 대접할 수 없도다.: 최치원의 능력을 인정함.) (군자: 임금)

• 중심 내용 중국 황제의 부름으로 중국으로 가서 능력을 인정받은 최치원   • 구성 단계 위기

Q 이 작품에서 부작의 기능은?

최치원은 '붉은 부작, 흰 부작, 푸른 부작, 누런 부작'을 던져서 자신을 위기 상황으로 몰아넣으려는 중국 황제의 음흉한 계략에서 벗어난다. 여기에서 부작은 최치원이 중국으로 오는 중 만난 여인(최치원을 위기로부터 구해 주는 조력자)이 준 신물(神物)로, 최치원이 위험으로부터 벗어나게 해 주는 소재이다. 이를 통해 최치원이 천상으로부터 지속적인 도움을 받고 있는 천상계의 인물임을 알 수 있다.

Q 이 작품에서 '석함 속 물건'의 역할은?

황제가 석함에 달걀을 넣고 신라를 시험하자, 최치원은 석함 안의 계란이 병아리가 되었음을 감안하여 시를 지음으로써 황제에게 능력을 인정받는다.

구절 풀이

❶ **이에 치원이 ~ 이같이 작고 낮은가."** 한 척은 약 30.3센티미터, 50척은 약 15미터에 이른다. 50척이나 되는 사모를 썼다고 하는 것은 중국을 조롱하기 위해 의도적으로 과장한 표현이다. 소국의 문도 통과하는 사모가 대국의 문을 통과하지 못한다고 탄식함으로써 중국 황제를 조롱하면서 자존심을 건드리고 있다.
❷ **"이 사람이 과연 천신(天神)이로다."** 황제가 최치원의 비범한 능력을 인정하는 말로, 이 말에는 최치원이 천상계의 인물임이 은연중에 암시되어 있다.
❸ **치원은 대답하지 않고 시로써 응대하니** 최치원이 중국 학사들의 물음을 가소롭게 여겨 일일이 대꾸하지 않고 시로 응대하는 모습으로, 최치원의 시를 짓는 능력이 매우 뛰어남을 짐작할 수 있다.

작품 연구소

〈최고운전〉의 갈등 구도

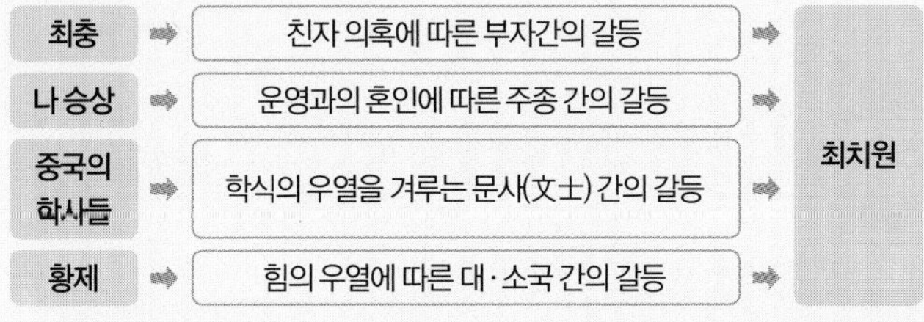

〈최고운전〉에 나타난 영웅 소설의 특징

영웅 소설의 특징	〈최고운전〉의 내용
적강 화소 및 천상적 질서	최치원은 인간 세상으로 유배되어 온 적강 선인으로, 위기 때마다 하늘의 도움을 받음.
부자간의 갈등	최치원이 부모로부터 버림을 받는 한편, 자신도 부모를 부정하고 자신의 삶을 개척함.
조력자와의 만남, 여인과의 결혼을 통한 신분 상승	최치원이 나 승상의 종이 되어 말을 키우고 화원을 관리하다 승상의 사위가 됨.
국가를 위기에서 구한 뒤 획득한 지위를 굳게 다짐.	최치원이 문제를 풀어 국가를 위기에서 구하고 중국 황제와 대결하여 실력을 인정받음.
조력자로부터 도움을 받음.	최치원이 중국으로 가는 도중에 신이한 인물들로부터 도움을 받음.

〈최고운전〉의 특징 및 작가 의식

대부분의 군담 소설이 전쟁을 소재로 하여 민족의 영웅을 창조하는 데 비해, 이 작품은 우리 민족의 탁월한 재능을 나라 안팎에 과시하기 위해 최치원과 같은 문사(文士)를 민족의 영웅으로 형상화하고 있다.

또한 이 작품에는 군담 소설에서 보기 어려운 척한 사상(斥漢思想)이 나타나 있다. 즉, 대국(大國)인 중국의 간교함을 드러내어 맹목적인 사대주의에 대한 반성을 촉구하는 등 작가의 주체 의식이 선명하게 나타나 있는 것이다. 실제로 친당적(親唐的) 인물인 최치원을 반당적(反唐的) 영웅으로 허구화한 것은 중국에 대한 적개심에서 나온 작가 의식이 반영된 것이라고 할 수 있다.

자료실

〈최고운전〉의 실제 인물인 최치원

신라 말기의 학자이자 문장가로 자는 고운(孤雲) 또는 해운(海雲)이다. 12세에 당나라에 유학, 18세에 과거에 급제하고 관리가 되어 24세에 황소의 난이 일어났을 때 〈격황소서(檄黃巢書)〉를 써서 이름을 떨쳤다. 28세에 금의환향한 후 당나라에 있을 때 썼던 저작을 정리하여 책 28권을 만들었는데, 그 가운데 전하는 것이 《계원필경(桂苑筆耕)》이다. 이 책은 우리나라 최초의 본격적인 시문집으로서 최치원을 한문학의 종조로 일컫게 한 중요한 자료이다.

최치원이 당나라에서 귀국했을 때 신라는 이미 멸망 전야의 암흑기였으므로 최치원은 진골 귀족 중심의 억압적인 신분 제도의 한계와 국정의 문란함에 질려 외직을 청하여 지방 관리로 떠돌았다. 44세 때 궁예가 일어나 나라를 세우자 그나마 벼슬을 버리고 산천을 방랑하며 지내다 가야산 해인사에서 여생을 마쳤다.

함께 읽으면 좋은 작품

〈전우치전(田禹治傳)〉, 작자 미상 / 실존 인물을 허구화한 작품

조선 시대에 실존했던 인물 전우치를 조선 왕조의 지배 질서에 반역하는 영웅적 인물로 허구화한 작품이다. 역사적 실존 인물을 영웅으로 허구화했다는 점에서 〈최고운전〉과 유사하다. Link 본책 227쪽

5 이 글의 주인공이 〈보기〉의 화자라고 할 때, 두 작품을 비교하여 감상한 내용으로 적절하지 않은 것은?

보기

거친 밭 언덕 쓸쓸한 곳에
흐드러지게 핀 꽃송이 가지 눌렀네.
매화비 그쳐 향기 날리고
보리 바람에 그림자 흔들리네.
수레 탄 사람 누가 보아 주리.
벌 나비만 부질없이 찾아드네.
천한 땅에 태어난 것 스스로 부끄러워
사람들에게 버림받아도 참고 견디네.

– 최치원, 〈촉규화(蜀葵花)〉

① 이 글과 달리 〈보기〉에는 최치원의 열등감이 드러나 있다.
② 이 글과 달리 〈보기〉에는 최치원의 내적 갈등이 드러나 있다.
③ 이 글과 달리 〈보기〉에서는 최치원이 능력을 인정받지 못하고 있다.
④ 이 글과 〈보기〉에서 모두 최치원과 대립하는 대상이 설정되어 있다.
⑤ 이 글에서는 최치원을 허구적으로 형상화했고, 〈보기〉에서는 다른 대상에 빗대고 있다.

중요 기출 高난도

6 ㉠과 〈보기〉에 공통적으로 나타나는 화자의 태도로 가장 적절한 것은?

보기

신기한 계책은 천문을 환히 알고	神策究天文
오묘한 헤아림은 지리를 꿰뚫었네.	妙算窮地理
싸움에 이겨 그 공이 이미 높으니	戰勝功旣高
만족할 줄을 알고 부디 그만두시오.	知足願云止

– 을지문덕, 〈여수장우중문시〉

① 사실을 과장하여 상대를 자만에 빠지게 하고 있다.
② 상대를 높이는 듯하면서 우회적으로 조롱하고 있다.
③ 재치를 발휘해 상대의 모순된 행위를 비판하고 있다.
④ 영웅적인 기개로 상대의 잘못을 준엄하게 꾸짖고 있다.
⑤ 싸움에서 승리한 사실을 강조하면서 상대의 위선을 꼬집고 있다.

7 (나)에 등장한 '부작'은 최치원이 중국으로 오는 중 만난 여인이 준 신물(神物)이다. 이를 통해 알 수 있는 설화의 화소는?

① 금기(禁忌) ② 기아(棄兒) ③ 변신(變身)
④ 보은(報恩) ⑤ 적강(謫降)

내신 적중 多빈출

8 이 글에서 최치원이 위기를 극복하는 것의 의미를 〈조건〉에 맞게 쓰시오.

조건

1. 국가적 차원에서 '최치원이 위기를 극복하는 것은 ~을 의미한다.'의 형태로 쓸 것
2. 40자 이내의 완결된 한 문장으로 쓸 것

Ⅳ. 조선 후기

042 홍길동전(洪吉童傳) | 허균

키워드 체크 #최초의 한글 소설 #전기성 #적서 차별 #부패한 정치 현실

국어 해냄

핵심 정리

갈래 국문 소설, 사회 소설, 영웅 소설
성격 현실 비판적, 영웅적, 전기적(傳奇的)
시점 전지적 작가 시점
배경 ① 시간 – 조선 시대
② 공간 – 조선과 율도국
제재 적서 차별
주제 모순된 사회 제도의 개혁과 이상국의 건설
특징 ① 사회 제도의 불합리성을 비판함.
② 영웅의 일대기 구조가 드러나며 전기적 요소가 강함.
의의 ① 우리나라 최초의 국문 소설임.
② 불합리한 사회 제도에 대한 저항 정신이 반영된 현실 참여 문학임.

Q 〈홍길동전〉에 나타난 당대의 사회상은?

길동은 홍 판서와 그의 시비인 춘섬 사이에서 태어난 서자로, 천한 출생 때문에 호부호형하지 못하고 문관으로 출세할 수 없었다. 이를 통해 당시에는 적서 차별이 엄격하게 지켜져 적자가 아닌 서자들은 자식의 대우를 받지 못했으며 벼슬길에도 나아갈 수 없었음을 알 수 있다.

어휘 풀이

병법(兵法) 군사를 지휘하여 전쟁하는 방법.
정기(精氣) 천지 만물을 생성하는 원천이 되는 기운. 정.
방자(放恣)하다 어려워하거나 조심스러워하는 태도가 없이 무례하고 건방지다.
기박(奇薄)하다 팔자, 운수 등이 사납고 복이 없다.
슬하(膝下) 무릎 아래라는 뜻으로, 어버이나 조부모의 보살핌 아래.

구절 풀이

❶ **총명함이 보통 ~ 백을 알았다.** 영웅의 비범성을 드러내는 상투적인 표현이다.
❷ **길동이 아버지를 ~ 꾸짖어 못하게 하였다.** 이 글에서 비판하고자 하는 내용으로, 적서 차별을 상징적으로 드러내는 말이다.
❸ **대장부가 세상에 나서 ~ 흔쾌히 할 일이다.** 입신양명(立身揚名)의 유교적 가치관이 반영된 표현이다.
❹ **하늘이 만물을 만드실 때 ~ 어찌 사람이라 하겠습니까?"** 적서 차별에 반대하는 길동의 천부 인권 사상이 드러나 있다.
❺ **길동이 본래 ~ 잠을 이루지 못하였다.** 적서 차별 제도로 인해 서자라는 신분으로는 자신의 능력을 펼칠 수 없는 길동이 괴로워하는 모습이 드러나 있다.
❻ **장충의 아들 길산(吉山)** 조선 숙종 때 황해도 구월산을 중심으로 전국적으로 활동한 도둑의 우두머리인 장길산을 뜻한다. 장길산은 이 작품이 쓰인 때로부터 약 100년 뒤의 인물로, 후대로 전해지는 과정에서 내용이 계속 덧붙여졌음을 알 수 있다.

가 길동이 점점 자라서 여덟 살이 되니, ❶총명함이 보통 사람을 능가하여 하나를 들으면 백을 알았다.(문일지십(聞一知十)) 공이 더욱 사랑하고 귀중하게 여겼지만 근본이 천한지라, ❷길동이 아버지를 아버지라고 형을 형이라고 부르면 곧 꾸짖어 못하게 하였다.(홍길동이 천대를 받는 이유이자 갈등의 원인 / 호부호형(呼父呼兄)) [중략]

"❸대장부가 세상에 나서 공맹을 본받지 못하면 차라리 •병법을 외워, 대장군의 인장을 허리춤에 비스듬히 차고 동과 서로 정벌하여, 나라에 큰 공을 세우고 이름을 만대에 빛내는 것이 장부로서 흔쾌히 할 일이다. 나는 어찌하여 한 몸이 외롭고, ⓐ아버지와 형이 있건만 아버지와 형이라고 부르지도 못하니 심장이 터질 것 같구나. 어찌 원통하지 아니하리오!"(공맹: 공자와 맹자)

▶ 홍길동이 자신의 처지를 한탄함.

나 마침 공이 또한 달빛을 구경하다가(우연성이 드러남.) 길동이 배회하는 것을 보고 즉시 불러 물었다.

"너는 무슨 흥이 있어서 밤이 깊도록 자지 아니 하느냐?" / 길동이 공경하며 대답했다.

"소인이 마침 달빛을 사랑하기 때문입니다. ❹하늘이 만물을 만드실 때 그중 오직 사람이 귀합니다만, 소인에게는 귀함이 없으니, 어찌 사람이라 하겠습니까?"(소인: 홍 판서의 서자인 홍길동의 신분을 나타내 주는 말)

공이 그 말뜻을 짐작했지만, 짐짓 책망하여 말했다.

"네 무슨 말을 하는 것이냐?" / 길동이 거듭 절하고 말씀드렸다.(호부호형을 하고 싶어 하는 홍길동의 마음)

"소인이 평생 서러워하는 바는, 소인도 대감의 •정기를 받아 당당한 남자가 되었으니, 아버님이 낳으시고 어머님이 기르신 은혜가 깊은데, 그 아버지를 아버지라 못하고 그 형을 형이라 못하니, 어찌 사람이라 하겠습니까?"(대감: 서자인 홍길동의 신분을 알 수 있는 말)

길동이 눈물을 흘려 적삼을 적셨다. 공이 다 듣고 나서 비록 길동이 불쌍하지만(홍 판서도 홍길동의 마음을 공감하며 처지를 이해함.), 그 뜻을 위로하면 마음이 •방자해질 것을 염려하여 크게 꾸짖었다.(홍 판서의 보수적인 태도가 드러남.)

▶ 홍 판서가 호부호형을 요청하는 홍길동을 꾸짖음.

다 ❺길동이 본래 재주가 뛰어나고 마음 씀씀이가 넓은데도(홍길동의 영웅적 면모), 마음을 진정시키지 못하여 밤이면 잠을 이루지 못하였다. / 하루는 길동이 어미 방에 가서 울며 말했다.

"소자가 어머니와 함께 전생의 인연이 두터워 지금 세상에서 모자(母子)가 되었으니 그 은혜가 망극합니다.(소자: 서자이기 때문에 아버지와 어머니에게 자신을 칭하는 호칭이 다름. / 전생의 인연: 불교적 세계관) 그러나 소자의 팔자가 •기박하여 천한 몸이 되었으니 품은 한이 깊습니다. 장부가 세상을 살면서 남의 천대를 받고 살 수는 없는 것이라(홍길동의 출가 이유 ① – 적서 차별), 소자는 제 기운을(설움) 억제하지 못하여 어머니 •슬하를 떠나려 하니, 엎드려 바라건대 어머니는 소자를 염려하지 마시고 귀하신 몸을 잘 돌보십시오."

길동의 어미가 듣고 나서 크게 놀라며 말했다.

"재상 집안에 천한 종의 몸에서 태어난 자식이 너뿐이 아니거든, 어찌 마음을 좁게 먹어 어미의 애간장을 태우느냐?" / 길동이 대답했다.

"옛날 ㉠❻장충의 아들 길산(吉山)은 천한 소생이로되, 열세 살에 그 어미를 이별하고 운봉산으로 들어가 도를 닦아서 아름다운 이름을 후세에 전하였으니(홍길동의 출가 이유 ② – 입신양명(立身揚名)), 소자도 그를 본받아 세상을 벗어나려 합니다. 어머니는 안심하시고 뒷날을 기다리십시오.(복선 – 후일에 홍길동이 어머니를 모시러 옴.) 근래 곡산 어미의(홍 판서의 첩 초란) 행색을 보니 상공의 총애를 잃을까 걱정하여 우리 모자를 원수처럼 여기고 있습니다. 잘못하면 큰 화를 입을까 하니(홍길동의 출가 이유 ③ – 화를 피하기 위함.), 어머니는 소자가 나가는 것을 염려치 마십시오."

이에 그 어미가 또 슬퍼하였다.

▶ 홍길동이 출가를 결심함.

• **중심 내용** 총명하고 재주가 뛰어나 홍 판서의 사랑을 받지만 천비 소생이라는 신분 때문에 천대를 받다가 자신의 처지를 한탄하며 출가를 결심하게 된 홍길동 • **구성 단계** 발단

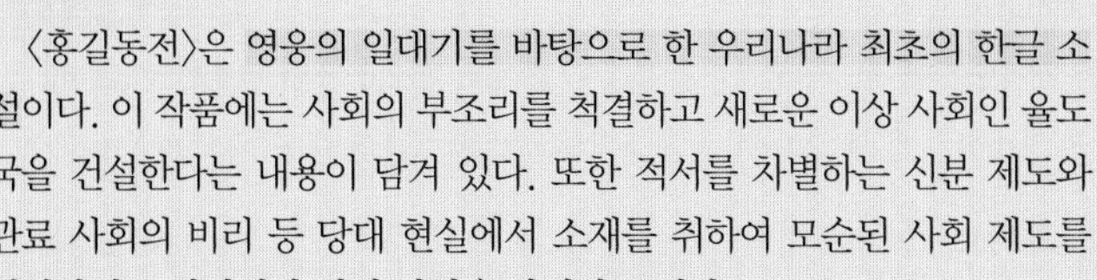

이해와 감상

〈홍길동전〉은 영웅의 일대기를 바탕으로 한 우리나라 최초의 한글 소설이다. 이 작품에는 사회의 부조리를 척결하고 새로운 이상 사회인 율도국을 건설한다는 내용이 담겨 있다. 또한 적서를 차별하는 신분 제도와 관료 사회의 비리 등 당대 현실에서 소재를 취하여 모순된 사회 제도를 개혁하려는 혁명성과 서민 정신을 반영하고 있다.

이 작품은 영웅적 인물의 제시, 전기성(傳奇性)을 바탕으로 한 사건 전개 등에서 고전 소설의 전형적인 형태를 보여 주는 한편, 소외 계층인 서자(庶子) 차별 문제와 관리들의 부패상을 비판, 고발하여 주제의 사실성을 높임으로써 고전 소설의 한계를 극복하고 있다. 또한 대부분의 고전 소설이 소재와 인물, 배경 등을 중국에서 가져오는 데 비해, 이 작품은 순수하게 우리나라를 무대로 삼고 있으며, 한글로 표기함으로써 한문을 읽지 못하는 서민으로까지 독자층으로 확대했다는 점에서 진정한 국문 소설의 출발점으로 평가받고 있다.

전체 줄거리

발단	홍길동은 서자라는 이유로 천대를 받는 것을 서러워하던 중 홍 판서의 첩 초란이 자신을 해치려 하자 집을 떠난다.
전개	출가한 홍길동은 도적의 무리를 만나 그들의 우두머리가 되고, 무리의 이름을 '활빈당'이라고 짓는다.
위기	홍길동이 전국을 돌아다니며 탐관오리를 벌하고 가난한 백성을 구제하자, 임금은 홍길동을 잡아들일 것을 명령한다.
절정	홍길동을 잡는 데 실패한 임금은 홍길동을 병조 판서로 임명하고, 홍길동은 활빈당 무리를 이끌고 조선을 떠난다.
결말	조선을 떠나 율도국의 왕이 된 홍길동은 태평성대를 누린다.

인물 관계도

홍길동은 홍 판서의 아들이지만 어머니가 시비이기 때문에 신분 차별을 받음.

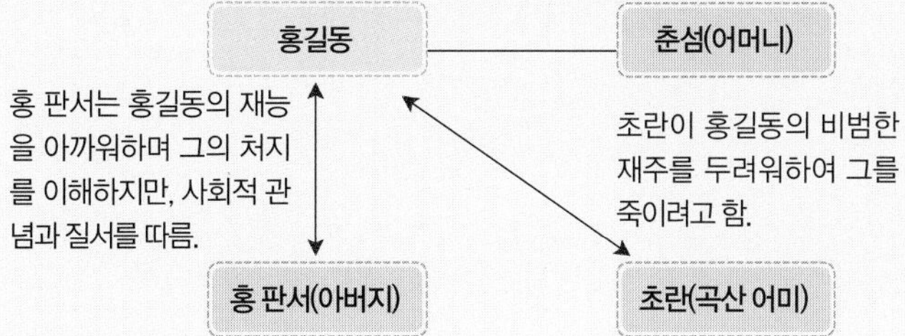

작품 연구소

〈홍길동전〉에 나타난 영웅의 일대기 구조

영웅의 일대기 구조	〈홍길동전〉의 내용
고귀한 혈통의 인물	판서의 아들로 태어남.
비정상적인 잉태 혹은 태생	시비에게서 태어난 서자(庶子)임.
비범한 지혜와 능력	총명하고 도술에 능함.
어려서 위기에 처해 죽을 고비에 이름.	초란의 음모로 생명의 위협을 받음.
구출자를 만나서 위기에서 벗어남.	도술로 자객을 죽이고 위기를 극복함.
자라서 다시 위기에 부딪힘.	활빈당을 조직하여 활동하자 나라에서 길동을 잡아들이려 함.
위기를 극복하고 승리자가 됨.	국가 권력을 물리치고 율도국을 건설하여 왕이 됨.

키 포인트 체크

인물 □□로 태어난 홍길동은 사회적 관념과 질서를 따르는 아버지 홍 판서, 자신을 음해하는 초란(곡산 어미)과 갈등하지만 자신의 이상을 성취해 나가는 □□적 인물이다.

배경 □□ □□의 사회 제도가 존재하며 정치 현실이 부패했던 조선 시대를 보여 준다.

사건 홍길동은 비범한 재주가 있으나 서자라는 신분 때문에 차별을 받아서, □□하여 백성을 구제하고 □□□의 왕이 된다.

1 이 글에 대한 설명으로 적절하지 않은 것은?

① 한글로 표기하여 독자층을 확대했다.
② 중국을 배경으로 이야기가 전개되고 있다.
③ 영웅의 일대기라는 서사 구조로 이루어져 있다.
④ 불합리한 사회 제도에 대한 저항 정신이 반영되어 있다.
⑤ 당대의 현실에서 소재를 취하여 사회상이 잘 드러나 있다.

2 이 글을 읽고 추측한 내용으로 적절하지 않은 것은?

① 홍길동을 꾸짖는 공의 말에서 당쟁이 극심했던 상황을 짐작할 수 있군.
② 곡산 어미의 존재를 통해 양반은 여러 명의 처첩을 두기도 했음을 알 수 있어.
③ 홍길동이 천대를 받은 것은 신분을 엄격하게 따지는 당시 사회 분위기를 반영한 거야.
④ 홍길동이 아버지와 어머니에게 자신을 칭하는 호칭이 다른 것은 서자이기 때문이야.
⑤ 이름을 떨치고자 하는 홍길동의 소망으로 보아 당시에는 입신양명을 중요한 가치로 여겼군.

3 이 글이 창작된 시대보다 후대의 인물인 ㉠이 언급되어 있는 것을 통해 알 수 있는 내용끼리 바르게 짝지어진 것은?

보기
ㄱ. 이 글의 작가는 역사적 사실을 고려하지 않았다.
ㄴ. 이 글은 출간된 이후 꾸준히 인기를 끌었다.
ㄷ. 이 글의 작가는 허균이 아니라 다른 사람일 수 있다.
ㄹ. 이 글은 전해지는 과정에서 내용이 덧붙여지기도 했다.

① ㄱ, ㄴ ② ㄱ, ㄹ ③ ㄴ, ㄷ ④ ㄴ, ㄹ ⑤ ㄷ, ㄹ

내신 적중

4 ⓐ의 상황에 대해 홍길동과 홍 판서는 각각 어떻게 생각하는지 〈조건〉에 맞게 쓰시오.

조건
'홍길동은 ~ 홍 판서는 ~' 형태의 완결된 한 문장으로 쓸 것

5 〈보기〉를 참고하여 홍길동이 홍 판서와 어머니 앞에서 자신을 가리키는 말이 다른 이유를 쓰시오.

보기
• 소인(小人): 신분이 낮은 사람이 자기보다 신분이 높은 사람을 상대하여 자기를 낮추어 이르던 일인칭 대명사.
• 소자(小子): 아들이 부모를 상대하여 자기를 낮추어 이르는 일인칭 대명사.

어휘 풀이

폐단(弊端) 어떤 일이나 행동에서 나타나는 옳지 못한 경향이나 해로운 현상.

주역(周易) 유학 오경(五經)의 하나. 만상(萬象)을 음양 이원으로써 설명하여 그 으뜸을 태극이라 하였고 거기서 64괘를 만들었는데, 이에 맞추어 철학·윤리·정치상의 해석을 덧붙임.

팔괘(八卦) 중국 상고 시대에 복희씨가 지었다는 여덟 가지의 괘.

비수(匕首) 날이 예리하고 짧은 칼.

층층절벽(層層絶壁) 몹시 험한 바위가 겹겹으로 쌓인 낭떠러지.

무도(無道)하다 말이나 행동이 인간으로서 지켜야 할 도리에 어긋나서 막되다.

구절 풀이

❶ **"그때를 타서 ~ 계책이 아니겠습니까?"** 서술자가 임의로 내용을 생략하여 독자의 호기심을 자극하는 표현으로, 고전 소설에서 흔하게 나타난다.

❷ **소년이 주문을 외우자, ~ 살펴보니 길동이었다.** 고전 소설의 전형적인 특징인 전기성과 아울러 인물의 비범함이 드러난 부분이다.

❸ **"너는 죽어도 ~ 어찌 나를 원망하리오."** 특재는 홍길동을 죽이는 것이 아버지 홍 판서의 뜻이라고 말하며 홍길동을 자극하여 홍길동과의 대결에서 심리적 우위를 점하려 하고 있다.

Q 이 부분에 나타난 홍길동의 비범함은?

홍길동은 둔갑법을 사용하여 동정을 살피고, 주문을 외워 주변 환경을 바꾸는 등 비범한 능력을 발휘한다. 이 부분에서 〈홍길동전〉이 영웅의 일대기 구조와 전기성(傳奇性)을 바탕으로 전개되고 있음을 알 수 있다.

작가 소개

허균(許筠, 1569~1618)

조선 선조, 광해군 때의 문인이자 정치가이며, 호는 교산(蛟山)이다. 선조 때 문과에 급제하여 형조 판서, 의정부 참판을 지냈으나 세 번이나 탄핵을 받아 파직당하고, 현실 비판적이고 이상주의적이며, 급진 개혁 사상을 가진 것이 빌미가 되어 반역죄로 처형되었다. 시인 허난설헌의 동생으로 문장력이 뛰어났으며 사회 모순을 비판한 〈유재론(遺才論)〉, 〈호민론(豪民論)〉 등의 글과 《국조시산(國朝詩刪)》, 《성소부부고(惺所覆瓿藁)》 등의 문집을 남겼다.

가 원래 곡산 어미는 곡산 출신의 기생으로 상공의 애첩이 되었는데, 이름은 초란이었다. 아주 교만하고 방자하여 자기 마음에 들지 않는 사람은 공에게 모함하니(인물의 성격을 직접적으로 제시), 이것 때문에 집안에 •폐단이 끊이질 않았다. 자기는 아들이 없고 춘섬은 길동을 낳은 데다 상공이 늘 길동을 귀하게 여기는 것을 마음속으로 불쾌하게 여겨 길동을 없애 버리려고 일을 꾀하였다.

하루는 흉계(홍길동을 죽이려는 계획)를 생각해 내어 무녀를 청하여 말했다.

"내 한 몸 평안하게 살려면 길동을 없애는 수밖에 없다. 만일 나의 소원을 이루어 준다면 그 은혜를 후하게 갚겠다." / 무녀가 그 말을 듣고 기뻐하며 대답했다.

"지금 흥인문(興仁門) 밖에 관상을 아주 잘 보는 여자가 있는데, 사람의 상을 한 번 보면 앞날과 뒷날의 길흉을 안다 합니다. 이 사람을 청하여 그 소원을 자세히 이르고, 상공께 소개하여 앞뒤의 일을 마치 눈앞에서 본 것처럼 고하게 하십시오. 상공이 반드시 크게 혹하셔서 그 아이(홍길동)를 없애고자 하실 것이니(무속 신앙이 팽배한 당대의 사회상을 반영함.), ❶그때를 타서 이리이리하면 어찌 묘한 계책이 아니겠습니까?"

초란이 크게 기뻐하여 먼저 은돈 쉰 냥을 주며 관상녀를 불러 오라고 하니, 무녀가 하직하고 갔다.

▶ 초란이 홍길동을 해칠 계교를 꾸밈.

나 그날 밤 촛불을 밝히고 •주역(周易)을 골똘히 읽고 있는데, 갑자기 까마귀가 세 번 울고 지나가기에(불길함을 암시함.) 길동이 이상하게 여기고 혼잣말로 중얼거렸다.

"이 짐승은 본디 밤을 꺼리거늘, 지금 울고 가니 매우 불길하도다."

길동이 잠깐 •팔괘를 벌여 점을 쳐 보고는 크게 놀라 책상을 물리치고 둔갑법을 써서(전기성(傳奇性)) 그 동정을 살피고 있었다. 사경(四更)(새벽1~3시 사이)에 한 사람이 •비수를 들고 천천히 방문을 열고 들어왔다. 길동이 급히 몸을 감추고 주문을 외우니, 갑자기 한 줄기 음산한(날씨가 흐리고 으스스한) 바람이 일어나면서, 집은 간 데 없고 첩첩산중의 풍경이 장엄하였다. 특재가 크게 놀라서 길동의 조화가 신기하다는 것을 깨닫고 비수를 감추며 피하고자 했으나, 문득 길이 끊어지고 •층층절벽이 가로막아 오도 가도 못하는 신세(고립무원(孤立無援))가 되었다. 사방으로 방황하다가 문득 피리 소리가 들려 정신을 차려서 살펴보니, 한 소년(홍길동)이 나귀를 타고 오며 피리를 불다가 특재를 보고 크게 꾸짖었다.

"너는 무엇 때문에 나를 죽이려 하느냐? 죄 없는 사람을 해치면 어찌 천벌을 받지 않겠는가?(권선징악, 인과응보)"

❷소년이 주문을 외우자, 갑자기 한바탕 검은 구름이 일어나면서 큰비가 퍼붓듯이 쏟아지고 모래와 돌멩이가 날리거늘, 특재가 정신을 가다듬고 살펴보니 길동이었다. 비록 그 재주를 신기하게 여기나, / '어찌 나를 대적하리오.' / 하고 달려들며 크게 소리쳤다.

▶ 홍길동의 비범한 능력이 드러남.

다 ❸"너는 죽어도 나를 원망하지 말라.(책임을 다른 사람에게 전가함.) 초란이 무녀와 관상녀와 더불어 상공과 의논하고 너를 죽이려 하는 것이니(홍길동을 죽이려는 계획이 홍 판서의 뜻에 따른 것이라고 거짓으로 말함.), 어찌 나를 원망하리오."

특재가 칼을 들고 달려들자 길동이 분노를 참지 못하여 요술로 특재의 칼을 빼앗아 들고(전기성이 드러남.) 크게 꾸짖어 말했다.

"네가 재물을 탐해서 사람 죽이기를 좋아하니, 너같이 •무도한 놈은 죽여서 후환을 없애리라."

길동이 한 번 칼을 들어 치자 특재의 머리가 방 가운데 떨어졌다. 길동이 분노를 이기지 못하여 그 밤에 바로 관상녀를 잡아와 특재가 죽은 방에 들이치고 꾸짖었다.

"너는 나와 무슨 원수를 졌기에 초란과 함께 나를 죽이려 하느냐?"

길동이 칼로 베니 어찌 가련하지 아니하리오.(편집자적 논평)

▶ 홍길동이 특재와 관상녀를 죽임.

- 중심 내용 홍길동의 비범한 재주가 장래에 화근이 될까 두려워 홍길동을 없애려 하는 초란과 자신의 능력을 이용하여 이를 물리치는 홍길동 • 구성 단계 발단

작품 연구소

〈홍길동전〉에 드러난 영웅적 인물의 특징

영웅의 일대기 구조가 나타나는 대다수의 설화나 고전 소설에서 영웅은 천상인(天上人)이 인간 세상에 내려와 사람으로 태어난 존재이거나, 하늘과 관련이 있는 조력자의 도움을 받는 존재이다. 그러나 이 작품의 주인공인 홍길동은 천상 세계와 관련이 없고, 위험에 처했을 때에도 조력자의 도움 없이 스스로 고난을 극복한다. 이는 홍길동이 다른 영웅 소설의 인물들에 비해 독립적이며 진취적인 인물임을 뜻한다.

〈홍길동전〉에 나타난 모순된 사회 제도의 개혁과 그 한계

이 작품에서 홍길동은 두 번의 갈등을 겪고 적서 차별의 문제를 해결한다. 첫째는 가정에서 아버지와 겪는 갈등이다. 이 갈등은 홍길동이 초란의 흉계를 물리치고 부친에게 이별을 고할 때 해소된다. 둘째는 사회에서 임금과 겪는 갈등이다. 홍길동은 천비(賤婢) 소생이라는 신분적 제약 때문에 정상적인 출세길이 막혀 있어 의적 행위를 통해 비정상적으로 출세를 하려고 한다. 홍길동은 자신을 잡아들이려는 임금에게 병조 판서 제수를 요구하며 그것이 이루어지자마자 조선을 떠난다.

결국 홍길동은 가정과 사회에서 적서 차별의 벽을 무너뜨리는 것에는 성공했다. 그러나 이러한 계급 타파는 신분 제도를 인정한다는 전제하에 이루어진 것이어서 그 해소가 불완전하다는 한계를 보여 준다. 또한 전기적인 방법으로 문제를 해결한 것은 현실적인 방법으로는 개혁이 불가능하다는 절망적인 상황을 드러낸 것이라고도 할 수 있다.

〈홍길동전〉에서 율도국 건설이 지닌 의미

율도국은 〈홍길동전〉의 작가인 허균이 설정한 이상 사회로, 조선에서 자신의 이상을 실현하지 못하자 새로운 국가의 건설로 이상의 방향을 바꾼다. 비록 봉건 지배 체제를 탈피한 근대적 국가는 아니지만, 홍길동이 세운 율도국은 〈허생전〉의 이상향에 앞서는, 고전 소설사에 처음으로 등장하는 이상향이라는 점에서 주목할 만하다. 더구나 이 이상향은 사회적 모순에 대한 적극적 비판과 저항의 결과물이기에 그만큼 의미가 있다. 율도국 건설이라는 결말로 〈홍길동전〉은 해외 진출과 이상국 건설을 그린 최초의 작품으로 평가된다.

	〈홍길동전〉의 율도국	〈허생전〉의 무인공도
성격	추상적 공간	가족 중심의 농경 사회
공간의 개념	현실의 세계와 단절된 곳	해외 교역이 이루어지는 곳
지향점	최종 목적지	중간 기착지

함께 읽으면 좋은 작품

〈유충렬전(劉忠烈傳)〉, 작자 미상 / 영웅의 일대기가 드러난 작품

중국 명나라 시대를 배경으로 영웅 유충렬이 간신의 모해와 반역으로 위기에 처한 가문과 국가를 구하는 내용의 군담 소설이다. 영웅의 일대기라는 서사 구조에 충실한 작품 구조, 주인공의 영웅적인 행동, 현실에 대한 비판을 담고 있다는 면에서 〈홍길동전〉과 비교해 볼 수 있다.

Link 본책 158쪽

〈허생전(許生傳)〉, 박지원 / 현실 비판과 이상 세계 건설이 드러난 작품

허생이라는 선구적 안목을 지닌 지식인을 통해 조선 후기 사회가 안고 있는 정치, 경제, 사회, 외교 등의 문제점을 비판하고 나아가야 할 방향을 제시한 한문 소설이다. 사회의 기득권층에 맞서고 당대의 현실을 적나라하게 비판하고 있는 점, 해외로 진출하여 이상 세계를 건설한다는 점에서 〈홍길동전〉과 상통하는 면이 있다. Link 본책 206쪽

내신 적중

6 다음은 〈유충렬전〉의 내용을 정리한 것이다. 영웅의 일대기 구조를 고려할 때 (가)~(다)의 내용과 유사한 단계에 해당하는 것은?

유충렬의 일대기	
고위 관리인 유심의 외아들로 태어남.	··········①
부모가 산천에 기도하여 얻은 아들임.	··········②
천상인이 하강했기에 비범한 능력을 지님.	
간신 정한담의 박해로 죽을 고비에 처함.	··········③
강희주를 만나 그의 사위가 되고 도승을 만나 도술을 배움.	
정한담의 반란으로 국가적 위기를 맞음.	··········④
반란을 평정하고 부귀영화를 누림.	··········⑤

내신 적중 高난도

7 이 글의 사회적 기능에 대해 토의한 내용 중 가장 알맞은 것은?

① 사회적 모순에 대한 관심을 촉구함으로써 개혁의 필요성을 일깨우고 있어.
② 당대 사회의 문제점에 대한 해결책을 제시함으로써 평등 사상을 실현하고 있어.
③ 현실에서 해결하지 못하는 문제를 문학적으로 해소함으로써 갈등을 완화하고 있어.
④ 진정한 가치란 무엇인가에 대한 화두를 제시함으로써 반성적 사고를 유도하고 있어.
⑤ 봉건 지배 체제를 탈피한 새로운 국가를 건설함으로써 근대적 국가의 출현을 앞당기고 있어.

8 이 글의 내용을 〈보기〉와 같이 정리할 때, ⓐ~ⓒ에 대한 설명으로 적절하지 않은 것은?

보기

ⓐ 초란이 무녀를 시켜 관상녀를 부름.
↓
ⓑ 특재가 비수를 들고 홍길동의 방에 들어감.
↓
ⓒ 홍길동이 특재와 관상녀를 죽임.

① 초란은 특정한 목적을 가지고 ⓐ를 행하고 있다.
② 무녀가 ⓐ에서 초란의 부탁을 들어준 것은 돈 때문이다.
③ ⓐ와 ⓑ 사이에는 관상녀가 특재를 초란에게 소개해 주는 장면이 있을 것이다.
④ 홍길동이 ⓒ에서 관상녀를 죽인 것은 관상녀가 ⓑ에 개입되어 있다고 믿었기 때문이다.
⑤ 홍길동은 ⓒ에서 자신의 처지를 비관하여 스스로 목숨을 끊으려 하다가 어머니를 생각하여 참는다.

9 이 글에 당대 체제에 대한 비판적인 태도가 담긴 이유를 〈조건〉에 맞게 쓰시오.

조건

1. 표현론적 관점을 바탕으로 할 것
2. '이 작품의 작가인 허균은 ~기 때문이다.' 형태의 완결된 한 문장으로 쓸 것

043 최척전(崔陟傳) | 조위한

키워드 체크 #한문 소설 #가족의 이산과 재회 #민중 계층의 희생 #임진왜란 #정유재란

문학 미래엔
국어 신사고

핵심 정리

갈래 한문 소설, 애정 소설, 전기 소설, 군담 소설
성격 사실적, 불교적
시점 전지적 작가 시점
배경 ① 시간 – 조선 시대(16세기)
② 공간 – 조선의 남원, 일본, 중국, 안남(베트남)
제재 최척 가족의 이산과 재회
주제 전란으로 인한 가족의 이산과 재회
특징 ① '만남 – 이별 – 재회'를 반복해서 구성함.
② 시대적 상황과 전쟁으로 인한 민중의 고통을 사실적으로 표현함.
연대 1621년(광해군 13년)

Q 〈최척전〉의 시간적·공간적 배경은?

〈최척전〉의 시간적 배경은 1592년 임진왜란과 1597년 정유재란, 1619년 후금의 명나라 침입이라는 전쟁 기간을 관통하고, 공간적 배경은 남원을 중심으로 조선, 일본, 중국, 베트남 등 4개국을 넘나든다. 이 작품에서 옥영은 왜병의 포로가 되어 일본에 잡혀갔다가 배를 타고 다니면서 넓은 공간을 왕래하고, 최척은 중국으로 건너가서 살게 된다. 이처럼 이 작품은 드넓은 시간적·공간적 배경을 설정하여 16세기 말에서 17세기 전반의 현실을 사실적으로 그리고 있다.

어휘 풀이

정유년(丁酉年) 정유재란이 일어났던 1597년(선조 30년).
왜구(倭寇) 13세기부터 16세기까지 중국과 우리나라 연안을 무대로 약탈을 일삼던 일본 해적.
연곡사(鷰谷寺) 전라남도 구례군에 있는 절. 544년(신라 진흥왕 5년)에 연기 조사가 창건함.
장정(壯丁) 나이가 젊고 기운이 좋은 남자.
약탈(掠奪)하다 폭력을 써서 남의 것을 억지로 빼앗다.

Q 춘생이 남긴 말의 역할은?

춘생은 최척의 가족들이 적병에게 끌려간 일, 자신이 어린 몽석을 업고 달리다가 적병의 칼에 맞은 일, 몽석의 생사 여부를 알 수 없게 된 일 등 그간의 사정을 최척에게 설명하고 있다. 즉, 춘생의 말을 통해 사건이 요약적으로 전달되고 있다.

구절 풀이

❶ **정유년 8월에 ~ 연곡사로 피란을 갔다.** 최척의 가족이 뿔뿔이 흩어지게 된 원인은 정유재란이다. 정유재란은 실제로 일어난 사건으로, 최척이 산에서 내려왔을 때 왜적들이 쳐들어와 움직이지 못하게 되는 등 가족이 헤어질 수밖에 없는 필연성과 개연성을 부여하고 있다.

❷ **최척은 옥영에게 ~ 여자인 줄을 몰랐다.** 옥영은 남장을 했기 때문에 이후에 왜적들이 장정들만 가려 배에 실어 갈 때 끌려가게 된다. 이렇게 최척 가족은 뿔뿔이 흩어지고, 옥영은 왜병 돈우의 배를 타고 여러 곳을 돌아다니게 된다.

가 ❶정유년 8월에 왜구가 남원을 함락하자 사람들이 모두 피란 가 숨었으며, 최척의 가족들도 지리산 연곡사로 피란을 갔다.(시대적 배경 – 정유재란, 최척 가족이 헤어지는 원인이 됨.) ❷최척은 옥영에게 남장(男裝)(여자가 남자처럼 차림. 또는 그런 차림새)을 하게 했는데, 뭇 사람에 뒤섞이어도 보는 사람들마다 옥영이 여자인 줄을 몰랐다. 지리산으로 들어온 지 며칠이 지나자 양식이 다 떨어져 거의 굶주리게 되었다. 최척은 장정(壯丁) 서너 사람과 함께 양식도 구하고 왜적의 형세도 살펴볼 겸 산에서 내려왔다.(최척 가족이 흩어져 살게 된 원인 ①) 최척 일행은 구례에 이르러서 갑자기 적병을 만나게 되었는데, 모두 바위 골짜기에 몸을 숨겨 겨우 붙잡히는 것을 면했다.

▶ 정유재란이 일어나 최척의 가족들이 피란을 감.

나 이날 왜적들은 연곡사로 가득히 쳐들어가 아무것도 남기지 않고 다 약탈해 갔다. 최척 일행은 길이 막혀 사흘 동안이나 오도 가도 못하고 숨어 있었다.(최척 가족이 흩어져 살게 된 원인 ②) 왜적들이 물러가기를 기다렸다가 간신히 연곡사로 들어가 보니, 시체가 절에 가득히 쌓여 있고 피가 흘러 내를 이루고 있었다.(전란의 참상을 묘사함.) 그런데 이때 숲 속에서 신음소리가 은은히 들려왔다. 최척이 달려가 찾아보니, ⓐ노인 몇 사람이 온몸에 상처를 입고 신음하고 있었다. 노인들은 최척을 보자 통곡하며 말했다. / "적병이 산에 들어와서 사흘 동안 재물을 약탈하고 인민들을 베어 죽였으며, 아이들과 여자들은 모두 끌고 어제 겨우 섬진강으로 물러갔네. 가족들을 찾고 싶으면 물가에 가서 물어보게나."

▶ 왜적들이 연곡사로 쳐들어옴.

다 최척은 하늘을 부르짖으며 통곡하고 땅을 치며 피를 토한 뒤,(가족과의 이별로 인한 비통함과 슬픔) 즉시 섬진강으로 달려갔다. 몇 리도 채 못 갔는데, 문득 어지럽게 널려진 시신들 속에서 신음 소리가 들렸다. 그 소리는 끊겼다 이어졌다 해서 소리가 나는 것인지 아닌지 분간하기도 어려웠다. 가서 보니 온몸이 칼로 베이고 흐르는 피가 얼굴에 낭자하여 어떤 사람인지 알아볼 수가 없었다. 그가 입고 있는 옷을 살펴보니 춘생(옥영의 여종)이 입고 있던 것과 비슷했다. 그래서 최척은 큰 소리로 불러 말했다. / "너는 춘생이 아니냐?" / ⓑ춘생이 눈을 들어 보더니, 얼굴이 비참하게 일그러지며 기어드는 목소리로 희미하게 몇 마디를 중얼거렸다.

"낭군이시여, 낭군이시여! 아아, 애통합니다! 주인어른의 가족들은 모두 적병에게 끌려갔으며, 저는 어린 몽석(최척의 맏아들)을 등에 업고 달아났으나 빨리 달릴 수가 없어 적병의 칼에 맞게 되었습니다. 그 즉시 저는 땅에 넘어져 기절했다가 반나절 만에 깨어났는데, 등에 업혔던 아이는 죽었는지 살았는지 알 수가 없습니다." / 춘생은 말을 마치더니 이내 죽고 말았다. 최척은 주먹으로 가슴을 치고, 땅에 쓰러져 기절했다가 한참 후에야 깨어났다. 이윽고 정신을 가다듬어 섬진강으로 가서 보니, 강둑 위에 상처를 입고 쓰러진 수십 명의 노약자들이 서로 모여서 통곡을 하고 있었다. 최척이 다가가서 묻자, ⓒ노인들이 대답했다.

"산속에 숨어 있다가 왜적에게 여기까지 끌려왔네. 왜적들은 여기에서 장정들만 가려 배에 실어 가고,(옥영이 남장을 하고 있어서 왜적에게 끌려갔음을 추측할 수 있음.) 이처럼 병이 들거나 칼에 찔린 노약자들은 버려두었네."

㉠최척은 이 이야기를 듣고 대성통곡(大聲痛哭)을 하였다.(옥영과 아들 몽석이 죽었다고 생각함.) 혼자만 온전하게 살아남을 수 없다고 생각하여 자살을 하려고 했으나, 주위 사람들이 만류하여 죽을 수도 없었다. 그래서 강의 상류로 터덜터덜 걸어 올라갔는데, 막상 돌아갈 곳도 없었다. 『샛길을 찾아 겨우 고향에 이르러서 보니, 담벼락은 무너지거나 깨어져 있었다. 그 밖의 다른 것들도 모두 불타 버려 쉴 곳은 물론, 곳곳에 시체가 언덕처럼 쌓여 발 디딜 틈도 없었다.』(『』: 왜적의 침입으로 처참하게 변한 고향의 모습)

▶ 최척의 가족들이 뿔뿔이 흩어지고 고향은 왜적에 의해 처참하게 변함.

- 중심 내용 정유재란이 일어나 생사도 확인하지 못한 채 뿔뿔이 흩어진 최척과 그의 아내 옥영, 아들 몽석
- 구성 단계 전개

이해와 감상

〈최척전〉은 임진왜란, 정유재란을 배경으로 한 소설로, 전란으로 인한 가족의 이산(離散)과 재회를 그리고 있다. 이 작품은 몇 달 또는 몇 년에 걸친 이야기가 아니라, 수십 년에 걸친 가족사이며 동시에 우리 민족의 수난사이기도 하다. 우연적인 요소로 사건이 전개되는 측면이 있지만, 그럼에도 우리 역사의 비극과 그 속에 살던 인물들을 사실적으로 그려 냈다는 점에서 큰 의의가 있다. 또한 당시 우리나라의 사회적·역사적 문제를 본질적으로 제기하고 있다는 점에서 당대 문학사에 중요한 위치를 차지한다.

전쟁으로 인한 당대 백성들의 고난과 역경을 사실적으로 그려 내고 있다는 점은 〈박씨전〉, 〈임경업전〉 등 전란을 배경으로 한 다른 군담 소설과 차이가 있다. 다른 작품들이 민족적 영웅의 활약을 통해 민족의 자존심을 높이고자 했다면 이 작품은 가족의 만남, 이별, 재회를 반복하면서 전란 속에서 인물들이 겪는 고난과 역경, 이산의 아픔을 사실적으로 표현하고 있다.

전체 줄거리

발단	옥영은 쇠락한 양반집 아들인 최척과 사랑에 빠지고, 혼사를 반대하는 어머니를 설득하여 마침내 최척과 약혼한다.
전개	의병으로 참전한 최척이 돌아오지 않자 옥영의 어머니는 부자의 아들인 양생을 사위로 맞으려 하는데 옥영은 최척을 기다려 혼인한다. 이후 맏아들 몽석이 태어나고, 정유재란으로 온 가족이 뿔뿔이 흩어진다.
위기	옥영은 왜병의 포로로 일본에 잡혀가고, 최척은 중국으로 건너가 살게 된다. 떠돌아다니던 최척은 우연히 안남(베트남)에서 아내 옥영을 만나 중국 항주에 정착하여 행복한 생활을 누린다.
절정	후금이 명나라를 침입하여 최척은 가족과 다시 이별하고, 명나라 군사로 출전했다가 후금의 포로가 된다. 그는 포로수용소에서 맏아들 몽석을 극적으로 만난다.
결말	부자는 함께 수용소를 탈출하여 고향으로 향하고, 옥영은 천신만고 끝에 고국으로 돌아와 일가가 다시 해후하여 단란한 삶을 누리게 된다.

인물 관계도

최척과 옥영이 서로 사랑하여 역경을 극복하고 혼인함.

최척 ― 옥영

여공(여유문) → 최척: 여공은 최척을 신임하여 그와 의형제를 맺고 도움을 줌.

돈우 → 옥영: 돈우는 왜군이지만 옥영의 처지를 가련하게 여겨 도와줌.

작품 연구소

〈최척전〉과 다른 군담 소설의 공통점과 차이점

	〈최척전〉	〈박씨전〉, 〈임경업전〉 등
공통점	전란을 배경으로 함.	
차이점	• 주인공을 평범한 인물로 설정함. • 전란으로 인한 당대 백성들의 고난과 역경을 사실적으로 그리는 데 초점을 둠. • 적강 화소가 나타나지 않음.	• 주인공을 민족적 영웅으로 설정함. • 영웅의 활약상을 그리는 데 초점을 둠. • 적강 화소가 나타남(이원론적 공간 설정).

키 포인트 체크

인물 쇠락한 양반집 아들 최척과 피란을 온 양반가의 규수 옥영은 사랑으로 역경을 극복하는 □□□ 인물들이다.

배경 왜적이 쳐들어 온 □□□□, □□□□ 시기를 배경으로 민중의 고통을 보여 준다.

사건 전란 때문에 흩어진 최척, 옥영 가족이 □□과 □□를 반복하며 고난과 역경을 극복한다.

1 이 글의 서술상 특징으로 적절하지 않은 것은?

① 인물 간의 대립이 잘 드러나 있다.
② 사건이 사실적으로 서술되고 있다.
③ 사건을 요약적으로 진술하고 있다.
④ 배경을 구체적으로 제시하고 있다.
⑤ 사건이 인과 관계에 따라 전개되고 있다.

2 이 글을 영화로 만든다고 할 때, 글쓴이의 창작 의도를 가장 잘 반영한 것은?

① 무능력한 지배 계층을 신랄하게 비판하도록 하자.
② 왜적의 침략 과정을 긴장감 넘치게 담아내도록 하자.
③ 왜적에게 당당하게 맞서 싸우는 백성들의 모습을 통해 감동을 느낄 수 있게 하자.
④ 전란의 상황에도 굴하지 않는 최척과 옥영의 사랑을 낭만적으로 표현하도록 하자.
⑤ 왜적의 침입으로 인한 민중 계층의 희생과 가족 이산의 아픔을 사실적으로 그려 내는 데 중점을 두자.

3 ㉠에서 알 수 있는 최척의 상황 및 심리로 가장 적절한 것은?

① 왜적의 행위에 비분강개(悲憤慷慨)하고 있어.
② 가족을 잃어버릴까 봐 노심초사(勞心焦思)하고 있어.
③ 가족을 잃어버려 청천벽력(靑天霹靂) 같은 심정이야.
④ 전란의 참상을 직면하고 유구무언(有口無言)하고 있어.
⑤ 가족을 찾을 수도, 안 찾을 수도 없는 진퇴유곡(進退維谷)의 상황이야.

4 ⓐ~ⓒ의 공통적인 역할로 알맞은 것은?

① 최척에게 그간의 상황을 알려 준다.
② 최척에게 앞으로 벌어질 사건을 암시한다.
③ 최척이 위기를 극복할 수 있도록 도와준다.
④ 현실에 대한 최척의 태도에 변화를 가져온다.
⑤ 최척이 처한 문제 상황을 객관적으로 설명한다.

5 이 글과 〈보기〉는 모두 전란을 배경으로 한다. 두 작품의 형상화 과정에서 나타난 차이점을 쓰시오.

보기

박씨가 또 계화를 시켜 외치기를,
"너희 한결같이 그러하려거든 내 재주를 구경하라."
하고 언파(言罷)에 무슨 진언(眞言)을 외더니, 이윽고 공중으로 두 줄기 무지개 일어나며, 모진 비 천지 뒤덮게 오며, 음풍이 일어나며, 백설이 날리며, 얼음이 얼어 호군 중 말발이 땅에 붙어 촌보(寸步)를 옮기지 못하는지라.

– 작자 미상, 〈박씨전(朴氏傳)〉

가 한편, 최척의 가족들은 포로가 되어 강까지 끌려왔는데, 적병들은 최척의 부친과 장모가 늙고 병이 들어 달아나지 못하리라 생각하고 방비를 소홀히 하였다. 최척의 부친과 장모는 적들이 방심하는 순간을 틈타 몰래 갈대숲 속으로 달아나 숨었다. 이윽고 왜적들이 물러가자, 두 사람은 갈대숲에서 나와 이 고을 저 마을을 구걸하며 떠돌다가 마침내 연곡사(앞서 최척의 가족들이 피란을 갔던 곳)로 굴러들게 되었다. 그런데 *승방(僧房)에서 어린아이의 구슬픈 울음소리가 들려왔다. 이에 심씨(최척의 장모)가 울면서 최숙(최척의 부친)에게 말했다.

"이것이 어떤 아이의 소리입니까? 꼭 우리 아이(몽석)의 울음소리 같습니다."

최숙이 문을 열어서 보니 바로 몽석이었다. ❶마침내 최숙은 기이한 인연에 놀라며, 아이를 품에 안고 울음을 달래었다. 그리고 몽석을 안고 나오면서 스님에게 물었다.

"이 아이가 어디서 이곳으로 왔습니까?" / 혜정(惠正)이라는 스님이 말했다.

"수북하게 쌓여 있는 시체 더미 속에서 이 아이가 응애응애 울면서 기어 나왔는데, 제가 그 모습이 하도 불쌍하여 이곳으로 데리고 와 아이의 부모를 기다리고 있었던 것입니다. 이 아이가 살아난 것은 곧 하늘이 내려 주신 복입니다.(천우신조(天佑神助)) 어찌 사람의 힘으로 할 수 있는 일이겠습니까?" / 최숙은 손자 아이를 심 씨와 번갈아 업어 가면서 집으로 돌아와 흩어졌던 노복(사내종)들을 거둬들이고, 집안일을 돌보면서 함께 의지해 살았다.

▶ 최척의 부친과 장모가 몽석을 찾아 집으로 돌아옴.

나 이때 옥영은 왜병인 돈우(頓于)(외국인 조력자)에게 붙들렸는데, 돈우는 인자한 사람으로 *살생을 좋아하지 않았다. 그는 본래 부처님을 섬기면서 장사를 업으로 삼고 있었으나, 배를 잘 저었기 때문에 왜장(倭將)인 평행장(平行長)이 뱃사공의 우두머리로 삼아 데려왔던 것이다. 돈우는 옥영의 영특한 면모를 사랑하였다. 옥영이 붙들린 채 두려움에 떠는 것을 보고 좋은 옷을 입히고 맛있는 음식을 먹이면서 옥영의 마음을 달래었다. 그러나 옥영이 여자인 줄은 끝내 몰랐다. 옥영은 물에 빠져 죽으려고 두세 번 바다에 뛰어들었으나,(가족을 잃은 슬픔과 원통함 때문에) 사람들이 번번이 구출해서 결국 죽지 못하고 말았다.

❷어느 날 저녁이었다. 옥영의 꿈에 장육금불(丈六金佛)(높이가 일 장(丈) 육 척(尺)이나 되는 불상)이 나타나 분명하게 말했다.

"삼가 죽지 않도록 해라. 후에 반드시 기쁜 일이 있을 것이다."(훗날 가족들을 모두 만나게 되는 일을 예언함. – 복선)

옥영은 깨어나 그 꿈을 기억해 내고는 전혀 희망이 없는 것은 아니라고 생각했다. 그래서 마침내 억지로라도 밥을 먹으며 죽지 않고 살아남았다.(옥영의 태도가 변함.(절망 → 희망)) ▶ 옥영의 꿈에 장육금불이 나타나 미래를 예언함.

다 돈우의 집은 낭고사(浪沽寺)(공간의 이동)에 있었는데, 집에는 늙은 아내와 어린 딸만 있고 다른 사내는 없었다. 돈우는 옥영을 집 안에서만 생활하고 다른 곳에는 *일절 나가지 못하게 하였다.

이에 옥영은 돈우에게 거짓말로 일렀다.

"저는 단지 어린 사내로 *약질에다가 병이 많습니다. 예전에 본국에 있을 때에도 남자들의 일을 감당할 수가 없어 오로지 바느질과 밥 짓는 일만을 했습니다."

돈우는 더욱 불쌍하게 생각하여(옥영이 여자라는 사실을 눈치채지 못함.) 옥영에게 사우(沙于)라는 이름을 지어 주었다. 그는 배를 타고 장사를 다닐 때마다 옥영을 데리고 가서 부엌일을 맡겼다. 그래서 옥영은 배 안에 있으면서 *민절의 사이를 왕래하였다.(이후에 옥영은 바다에서 최척을 만나게 되는데, 이는 옥영이 배를 타고 넓은 공간을 왕래했기 때문에 가능한 일이었음.)

▶ 옥영이 돈우와 함께 배를 타고 다님.

라 이때 최척은 소흥부(공간의 이동)에 살면서 여공(명나라 장수 여유문)과 의형제를 맺었다. 여공이 자신의 누이를 최척에게 시집보내려 하자,(최척에 대한 신임) 최척이 완고하게 사양하며 말했다.

[A] 「"저는 온 집안이 왜적에게 함몰되어 늙으신 아버지와 허약한 아내가 살았는지 죽었는지 아직까지 모르고 있습니다. 그래서 죽을 때까지 *상복(喪服)을 벗을 수 없을지도 모르는데, 어떻게 마음 놓고 아내를 얻어 편안한 생활을 꾀할 수 있겠습니까?"」(「」: 최척의 가족에 대한 사랑이 드러남.)

▶ 최척이 여공의 혼인 제의를 거절함.

• **중심 내용** 최척의 부친과 장모는 몽석을 찾아 집으로 돌아오지만 옥영은 일본으로, 최척은 중국으로 뿔뿔이 흩어진 최척의 가족들　　• **구성 단계** 전개

어휘 풀이

승방(僧房) 여승들이 사는 절.
살생(殺生) 사람이나 짐승 등의 생물을 죽임.
일절(一切) 아주, 전혀, 절대로의 뜻으로, 흔히 행위를 그치게 하거나 어떤 일을 하지 않을 때에 쓰는 말.
약질(弱質) 허약한 체질. 또는 그런 체질을 가진 사람.
민절(閩浙) 중국 동남부의 지역으로, '민(閩)'은 오늘날의 복건성(福建城)에 해당하고, '절(浙)'은 절강성(浙江省)을 가리킴. 따라서 '민절의 사이'는 복건성과 절강성 사이를 뜻함.
상복(喪服) 상중에 있는 상제나 복인이 입는 예복.

Q 이 부분에 나타난 고전 소설의 특징은?

〈최척전〉의 또 다른 제목인 〈기우록(奇遇錄)〉에서 확인할 수 있듯이 이 작품에는 우연한 사건이 많이 일어난다. 최숙과 심씨가 몽석을 찾게 되는 장면이나 최척과 옥영을 비롯한 가족의 재회는 우연성을 바탕으로 하고 있다. 하지만 이러한 우연은 최척 가족들의 간절한 소망과 염원이 있었기에 가능한 것이었다. 옥영이나 최척은 넓은 바다를 수없이 오가며 생활했고, 그때마다 마음은 항상 가족들을 향하고 있었기에 바다 한가운데에서도 서로 만날 수 있었던 것이다. 즉, 이 작품의 우연성은 가족을 향한 간절한 의지와 신념이 만들어 낸 것이라 할 수 있다.

구절 풀이

❶ **마침내 최숙은 기이한 인연에 ~ 할 수 있는 일이겠습니까?"** 최숙은 연곡사에 들렀다가 우연히 손자 몽석을 찾게 된다. 스님은 자신이 몽석을 데리고 있게 된 과정을 설명하며 기이한 인연임을 이야기하고 있다. 이렇듯 이 작품에서는 흩어진 가족 간의 만남이 일어나기 힘들고 기이한 일임이 강조되고 있다. 이는 참담한 전란 상황에서 헤어진 가족을 만나는 일이 현실적으로 불가능에 가까운 일이었기 때문이다.

❷ **어느 날 저녁이었다. ~ 죽지 않고 살아남았다.** 장육금불(丈六金佛)은 중요한 대목에서 여러 차례 나타나 미래를 예언한다. 이는 앞으로의 일을 암시하는 복선의 역할을 하기도 한다. 장육금불은 옥영의 자살을 막고, 옥영이 고난을 헤치고 가족을 만나러 갈 수 있도록 하는 등 옥영의 행동을 이끄는 역할을 하고 있다.

작가 소개

조위한(趙緯韓, 1567~1649)
조선 중기의 문신이다. 1592년(선조 25년) 임진왜란 때 김덕령을 따라 종군했고, 1624년(인조 2년) 이괄의 난을 진압했으며, 1627년(인조 5년) 정묘호란 때 의병을 이끌고 싸웠다. 글과 글씨에 뛰어났으며, 저서로 《유민탄(流民嘆)》, 《현곡집(玄谷集)》 등이 있다.

작품 연구소

〈최척전〉의 문학사적 의의

공간적 배경의 확대	조선뿐만 아니라 중국, 일본, 안남(베트남) 등 동아시아 지역으로 공간적 배경을 확장함.
사실성의 확보	임진왜란, 정유재란 등 실제 일어난 전쟁을 배경으로 당시 백성들이 겪은 고통을 구체적이고 사실적으로 표현함.
구성의 복잡화	임진왜란, 정유재란, 후금의 요동 출병 등 세 차례의 전쟁으로 인해 최척과 옥영이 만남과 이별의 과정을 세 차례 반복함.
분량의 장편화	최척과 옥영, 최숙과 심씨, 몽석과 몽선 등의 행적을 각각 상세하게 그려 냄으로써 분량이 길어짐.

〈최척전〉의 시대적 상황과 창작 의도

전쟁을 소재로 한 고전 소설들은 전쟁을 겪은 후의 백성들의 심정을 대변하는 구실을 했다. 〈최척전〉은 임진왜란과 정유재란을 배경으로 하는 작품이다. 두 전쟁을 겪으며 당시 백성들의 생활은 몹시 곤궁하고 고통스러웠으며, 장기간 전쟁을 치르면서 발생한 이산가족의 수는 헤아리기 어려웠다. 따라서 〈최척전〉은 임진왜란과 정유재란을 겪는 과정에서 백성들이 당한 고통을 사실적으로 반영하여 백성들이 겪은 아픔을 함께 나누려는 의도에서 창작된 것으로 볼 수 있다.

〈최척전〉에 나타난 조선의 새로운 여인상

이 작품에서 옥영은 매우 슬기롭고 적극적인 여성의 모습으로 그려져 있다. 자신의 마음에 드는 최척에게 사랑의 마음을 담은 《시경》의 시를 전하기도 하고, 부자에게 시집보내려는 어머니의 뜻을 거스르며 가난하지만 덕이 있는 최척에게 시집가겠다고 주장하기도 한다. 또 중국에서 황해를 건너 조선에 오기 위해 몸소 담대한 결정을 내리고 치밀하게 준비하여 실행한다. 목숨을 담보로 사랑을 지키는 〈운영전〉과 〈영영전〉의 여주인공도 옥영만큼 강인한 의지로 자신의 사랑을 지키고 전쟁이 가져다 준 역경을 극복하며 운명을 개척해 나가는 능동성을 보이지는 않는다. 따라서 옥영은 중세 조선에 나타난 새로운 여성상이라 할 만하다.

〈최척전〉의 사실주의적 표현

〈최척전〉은 기본적으로 허구이지만, 개연성 이상의 사실성(事實性)을 갖추고 있다. 시대적 배경 및 정황의 역사성, 인명과 지명의 실재성, 순차적 연도에 입각한 서술 등이 그러한데, 그중에서도 특히 남녀 주인공의 행적이 이 작품의 사실성을 높이는 데 크게 기여하고 있다. 예를 들어 최척이 1619년 심하 전투에 서기로 출전했다가 살아남아 후금(後金)의 포로가 된다는 설정은 실제로 당시 명군(明軍)만을 살상하고 조선 사람은 죽이지 않는다는 누르하치군의 전략과 맞아떨어진다. 이러한 정황은 소설적 장치로 읽히는 동시에 이 작품의 사실성을 높이고 있다.

함께 읽으면 좋은 작품

〈주생전(周生傳)〉, 권필 / 전란으로 인한 이별을 다룬 작품

조선 광해군 때의 한문 전기(傳奇) 소설이다. 임진왜란 때 이여송 장군의 서기로 따라온 주생으로부터 작가가 직접 들었다는 내용으로, 주생이 배도(俳桃)와 선화(仙花) 사이에서 벌이는 애정의 삼각 구도와 전란으로 인한 이별과 죽음을 다루고 있다. 전란 때문에 사랑하는 사람과 이별한다는 점에서 〈최척전〉과 공통점을 보이나 전쟁의 참상을 구체적·사실적으로 그리기보다는 주생과 배도, 선화의 심리를 주로 다루었다는 점에서 차이가 있다.

6 이 글에 대한 설명으로 적절하지 않은 것은?

① 강인하고 적극적인 여성상이 부각되어 있다.
② 이별과 만남이 반복되는 구조를 취하고 있다.
③ 가족 간의 재회가 극적으로 형상화되어 있다.
④ 영웅의 활약상을 그리는 데 초점을 두고 있다.
⑤ 전란이라는 시대적 상황을 사실적으로 그리고 있다.

7 이 글의 내용을 〈보기〉와 같이 정리할 때, 적절하지 않은 것은?

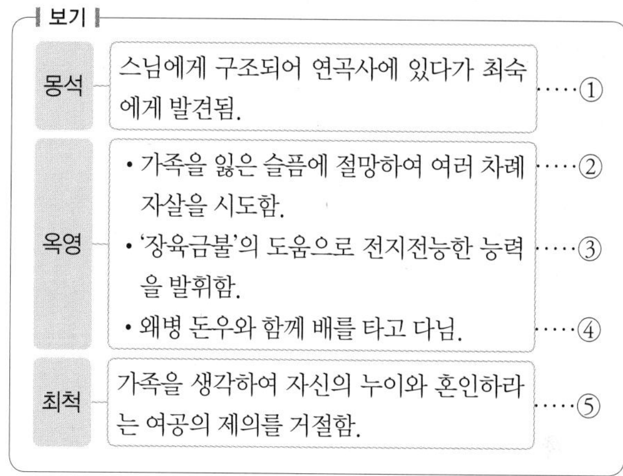

8 [A]에 나타난 말하기 방식으로 적절한 것은?

① 현실의 처지를 과장해서 말하고 있다.
② 현실의 상황을 우회적으로 말하고 있다.
③ 객관적인 입장에서 논리적으로 말하고 있다.
④ 현실 상황에 대해 낙관적인 태도로 말하고 있다.
⑤ 반문을 통해 자신의 의지를 확고하게 전달하고 있다.

9 (나)에서 옥영의 꿈에 나타난 '장육금불'의 역할을 〈조건〉에 맞게 쓰시오.

조건

'장육금불'이 옥영에게 한 말을 토대로 쓸 것

10 옥영이 바다에 뛰어들기 전에 〈보기〉와 같은 유서를 남겼다고 가정할 때, 빈칸에 들어갈 알맞은 내용을 쓰시오.

보기

전란의 와중에 (ⓐ). 아무런 희망도 보이지 않고 언제까지 이런 상황이 계속될지도 모르는데 제가 무엇을 위해 목숨을 이어 가겠습니까? (ⓑ)을/를 더 이상 참을 수 없어 이만 세상을 하직하고자 합니다.

조건

1. ⓐ에는 옥영의 현재 처지를 쓸 것
2. ⓑ에는 옥영의 심리가 드러나도록 쓸 것

044 박씨전(朴氏傳) | 작자 미상

키워드 체크 #역사 군담 소설 #병자호란 #심리적 보상 #민족의 긍지와 자부심

문학 비상
국어 동아, 신사고

핵심 정리

갈래 역사 군담 소설, 전쟁 소설
성격 역사적, 전기적(傳奇的), 영웅적
시점 전지적 작가 시점
배경 ① 시간 – 조선 시대(병자호란)
② 공간 – 청나라와 조선
제재 병자호란
주제 ① 박씨 부인의 영웅적 기상과 재주
② 청나라에 대한 적개심과 대리 만족
특징 ① 변신 화소가 드러남.
② 실존 인물을 등장시켜 사실성을 높임.
③ 병자호란에서 패배한 역사적 사실을 승리한 것처럼 허구로 바꾸어 민족의 자긍심을 고취함.
④ 여성의 능력을 부각하고 남성 중심 사회를 비판함.
⑤ 전기성이 두드러지게 나타남.

어휘 풀이

미부(微婦) 미천한 며느리. 시아버지에게 자신을 낮춰 이르는 말.
주찬(酒饌) 술과 안주를 아울러 이르는 말.
옥(玉)저 옥으로 만든 저. 청아한 소리를 가진 관악기.
사장(査丈) 혼인한 두 집안의 부모들 사이에서 그 집안의 위 항렬이 되는 상대편을 이르는 말.
약수(弱水) 신선이 살았다는 중국 서쪽의 전설 속의 강.

Q 〈박씨전〉에서 변신 화소가 갖는 의미는?

〈박씨전〉은 구성상 추녀인 박씨가 절세가인으로의 변신하기까지의 전반부와, 병자호란을 배경으로 박씨가 영웅적 활약을 펼치는 후반부로 나뉜다. 전·후반부의 전환점이 되는 사건이 바로 박씨의 변신이다. 변신 전에 박씨는 피화당에서 시집 식구들과 교류 없이 외로이 살아가는데, 일종의 통과 의례인 변신 과정을 통해 이러한 역경을 극복하고 박씨는 비로소 명실상부한 사회적 영웅으로 살아갈 수 있게 되는 것이다.

구절 풀이

❶ **박씨 이튿날 ~ 간 곳을 모를러라.** 박씨가 닭 울음소리가 나는 아침에 길을 나서고서 홀연히 사라졌다는 뜻으로, 박씨의 신통한 재주를 보여 준다.
❷ **상공이 슬픔을 ~ 서러워함이 없더라.** 상공은 친우로 여기던 사돈과의 이별을 슬퍼하는 데 반해 박씨는 친부와의 헤어짐에 조금도 서러워함이 없는 태도를 보인다. 이는 미래를 예견하고 인간의 팔자소관에 도통한 박씨의 신통력을 강조하기 위해 대조적으로 표현한 것이다.
❸ **추비한 아씨가 ~ 방안에 가득한지라.** 박씨의 용모가 '월태화용(月態花容)'으로 변모한 장면으로, 고전 소설의 상투적인 묘사가 돋보인다. 이러한 변신으로 가정 내 갈등이 해소되고, 소설이 전반부에서 후반부로 전환된다.

가 일일은 박씨가 상공께 여쭈되,

"•미부 출가하온 지 3년이나 친가 소식을 듣지 못하였사오니, 잠깐 다녀옴을 청하나이다."

상공이

"네 말이 당연(當然)하나, 금강산 길이 머니 여자 행색이 첩첩 험로에 극히 어렵겠다."
(며느리인 박씨에 대한 시아버지(이시백의 부친)의 애정을 알 수 있음.)

박씨가

"㉠행장 차릴 것도 없삽고, 이틀 말미만 주옵시면 다녀오리이다."

상공이 고이히(이상하게) 여기나, 그 신기한 일을 사람이 본받기 어려운지라(박씨의 신묘한 재주에 대해 상공이 알고 있음.) 허락하며, 부디 수이 다녀옴을 당부하더라.

❶박씨 이튿날 계명(닭이 욺. 또는 그런 울음.) 후 상공 전에 하직하고, 문밖에 나서 두어 걸음에 간 곳을 모를러라.

과연 이튿날 박씨가 은연히 들어와 다녀온 말씀을 고하니, 상공이 집안 안부와 처사의 하는 일을 묻더라. 박씨가,

"집안은 무사하옵고, 친정아버님은 아무 날에 오마 하더이다."

상공이 기뻐하여 •주찬을 많이 장만하고 기다리더라.
(사돈인 박 처사에 대한 상공의 친애하는 마음을 알 수 있음.)

그날이 당하매, 상공이 의관을 정제하고 외당을 소쇄(掃灑)(비로 먼지를 쓸고 물을 뿌림.)하여 기다리더니, 홀연 ㉡•옥저 소리 차차 가까와 오며 상서로운 ㉢구름이 영롱하더니, 처사가 ㉣백학을 타고 공중으로부터 내려와 당에 오르는지라.(고전 소설의 비현실적이고 전기적인 요소) 상공이 반기어 맞아 예하며, 여러 해 그리던 회포를 말씀하다가, 상공이

"내 팔자 무상하와 한낱 자식을 두었더니 덕 있는 며느리에게 일생 슬픔을 끼치니, 이는 다 나의 불민한(어리석고 둔하여 재빠르지 못한) 탓이라. •사장(査丈)을 대하여 죄 많사와 부끄럼을 어찌 형언하오리까."
(아들인 이시백이 부인의 용모를 이유로 멀리하는 것에 대한 부끄러운 심경)

▶ 박씨 부인이 신통한 재주를 부려 친정집에 다녀온 뒤, 박 처사가 방문함.

나 일일은 처사가 그 딸을 불러,

"네 이제는 액운이 다하였으니, ㉤허물을 고치라."

하니, 박씨가 대답하고 ⓐ피화당으로 들어가니, 시아버지도 그 말을 알지 못하고 고이히 여기더라.
('화를 피하는 건물'이라는 뜻으로 건물의 이름이 작품 속의 기능을 알려 주는 역할을 함.)

처사 닷새를 머문 후에 하직을 고하니, 상공이 간곡히 만류하되, 처사가 듣지 아니하는지라. 상공이

"이제 가시면 어느 때 다시 뵈오리까?"

"운산(雲山)이 첩첩하고 •약수(弱水)가 묘연하니 다시 보기 어렵도다.(이번에 이별하면 재회를 기약하기 어려움을 상투적인 표현을 활용하여 표현함.) 인간회환(人間回還)(사람이 갔다가 다시 돌아옴.)이 정한 수가 있으니 어찌합니까? 부디 백세무양(百歲無恙)(백 세까지 몸에 병이나 탈이 없음.)하시옵소서."

하니, ❷상공이 슬픔을 이기지 못하여 이별하는 정이 자못 결연하되, 며느리는 그 부친을 하직하며 조금도 서러워함이 없더라. [중략]

이날 밤에 박씨가 목욕하고 뜰에 내려서 하늘을 향하여 축수(祝手)(두 손바닥을 마주대고 빎.)하고 방에 들어가 자더라. 이튿날 일어나 계화를 불러,

"내 간밤에 허물을 벗었으니, 대감께 여쭈어 옥함을 짜 주옵소서 하라."
(이야기가 전환되는 계기로 이를 통해 가정 내의 갈등이 해소됨.)

할 제, 계화가 보니 ❸추비한 아씨가 허물을 벗고 옥 같은 얼굴이며 달 같은 태도가 사람을 놀래며 향기가 방안에 가득한지라. 계화가 도리어 정신을 진정하여, 보고 또다시 보니 그 아름답고 고운 태도는 옛날 서시(西施)(중국 춘추 시대 월나라의 미인)와 양 귀비(楊貴妃)(중국 당나라 현종의 비(妃))라도 미치지 못하겠더라.

▶ 박씨가 허물을 벗음.

• **중심 내용** 박씨 부인의 아버지인 박 처사의 방문과 허물을 벗고 미인이 되는 박씨 부인 • **구성 단계** 위기

이해와 감상

〈박씨전〉은 병자호란이라는 역사적 사실을 배경으로 하는 역사 군담 소설이다. 변신 모티프를 중심으로 전쟁 이야기를 전반부와 후반부로 나누는 이중 구성으로 전개했다. 허구적 인물인 박씨가 영웅적 기상과 재주로 청나라 왕과 적장을 농락하고 민족의 자긍심을 고취한다는 내용으로, 역사적 사실에 허구적인 내용을 가미하여, 병자호란이라는 치욕적 사건과 당시 민중이 느꼈던 전란의 패배감을 정신적으로나마 보상받고자 하는 심리적 욕구를 충족시켜 주기 위해 창작된 것이다.

이 작품에서 남편 이시백은 평범한 인물인 데 비해, 박씨는 초인적인 능력을 지닌 비범한 인물로 설정되어 있다. 이는 봉건적 가족 제도에서 해방되고자 하는 여성들의 욕구와 전란에 패배한 남성 중심의 권력 구조에 대한 비판, 아울러 여성도 국란을 타개할 수 있는 능력을 갖추고 있다는 의식을 반영한 것이라고 볼 수 있다.

전체 줄거리

발단	조선 인조 때 서울에서 태어난 이시백은 어려서부터 총명하고 문무를 겸비하여 조정과 재야에 명망이 높았다. 아버지 이 상공이 박 처사의 청혼을 받아들여, 이시백은 박 처사의 딸과 혼인하게 된다.
전개	이시백은 신부의 용모가 천하의 박색임을 알고 실망하여 박씨를 대면조차 하지 않는다. 박씨는 이 상공에게 청하여 후원에 피화당을 짓고 소일을 하며 홀로 지낸다.
위기	박씨는 자신의 여러 가지 신이한 재주를 드러내 보이지만, 이시백은 거들떠보지도 않는다. 박씨가 시기가 되어 허물을 벗고 절세가인이 되자, 이시백은 크게 기뻐하며 이후로는 박씨의 뜻을 그대로 따른다.
절정	청나라의 가달이 용골대 형제에게 삼만의 병사를 거느리고 조선을 침략하게 한다. 그러나 박씨는 뛰어난 능력을 발휘하여 오랑캐를 물리친다.
결말	박씨와 이시백은 국난을 극복하고 행복한 여생을 보낸다.

인물 관계도

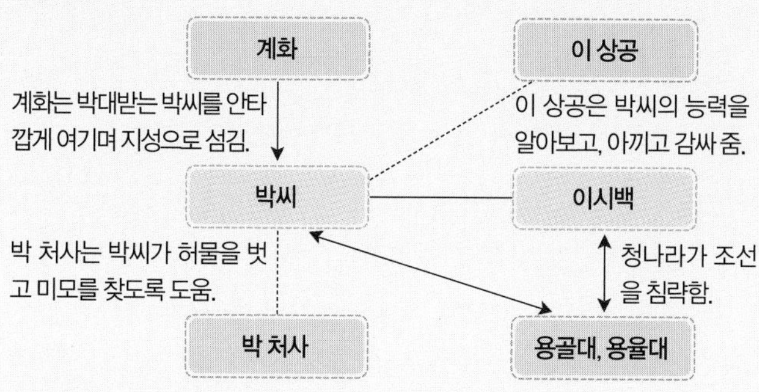

작품 연구소

〈박씨전〉의 이중 구성

〈박씨전〉은 구성상 박색인 박씨가 시집 식구로부터 천대받는 가정 내의 갈등을 다룬 전반부와 절세가인으로 변신 후에 병자호란을 배경으로 영웅적으로 활약하는 후반부로 나뉜다.

	전반부	전환	후반부
내용	박씨와 이시백의 혼인(결혼담)	박씨의 변신	병자호란을 배경으로 한 박씨의 활약(전쟁담)
갈등	가정 내 갈등		사회적 갈등
유교적 의미	수신제가(修身齊家) → 개인적 차원		치국평천하(治國平天下) → 사회적 차원

키 포인트 체크

인물 □□는 초인적인 능력을 지닌 비범한 인물로, 위기에 처한 나라를 구한다.

배경 □□□□ 당시 청나라의 침입으로 고통받는 백성들의 모습을 통해 청나라에 대한 적개심을 드러내고 남성 중심 사회를 비판한다.

사건 □□이라는 이유로 시집 식구들에게 좋지 못한 대우를 받던 박씨가 □□을 벗고 절세가인이 되어 능력을 인정받고, 조선을 침략한 청나라군을 물리치며 국가의 위기를 극복한다.

1 이 글에 대해 발표하기 위한 준비 과정으로 적절하지 않은 것은?

① 당시 실존 인물 중 박씨의 모델을 탐색해 본다.
② 여성을 주인공으로 설정한 이유를 생각해 본다.
③ 유사한 소재를 다룬 작품들을 읽고 비교해 본다.
④ 작품의 배경이 되는 역사적 사건에 대해 알아본다.
⑤ 작품의 주제에 담겨 있는 작가의 의도를 추리해 본다.

2 이 글을 통해 알 수 있는 내용으로 적절하지 않은 것은?

① 상공은 박씨의 신묘한 재주를 이미 알고 있다.
② 박 처사는 신묘한 재주를 가진 범상치 않은 인물이다.
③ 상공은 박씨가 남편에게 홀대받는 상황을 안타까워한다.
④ 상공은 박 처사와의 이별에 깊은 아쉬움을 표출하고 있다.
⑤ 박 처사는 박씨의 처지에 실망하여 상공과 다시는 만나지 않으려 하고 있다.

3 〈보기〉는 고전 소설 〈금방울전〉의 줄거리이다. 이 글의 ㉠~㉤ 중, 〈보기〉의 밑줄 친 '껍질'과 그 의미가 유사한 것은?

보기

김 삼랑의 처 막씨는 옥황상제가 아이를 점지해 주는 꿈을 꾸고, 죽은 남편과 동침하여 금방울을 낳는다. 한편, 장원의 아들 해룡은 난리 중에 부모와 헤어져 도적의 아들로 자라다가 요괴를 만나 위험에 처한다. 이때 금방울이 나타나 해룡을 돕다가 요괴에게 먹힌다. 해룡은 요괴를 죽여 금방울을 구하고, 납치되었던 사람들과 공주를 구한 공으로 부마가 된다. 금방울이 사라져 슬퍼하던 막씨는 선관의 꿈을 꾼 후 껍질에서 벗어나 선녀가 된 금방울을 만난다. 해룡은 금방울이 건네 준 족자 덕분에 부모와 상봉한다.

① ㉠ ② ㉡ ③ ㉢ ④ ㉣ ⑤ ㉤

4 〈보기〉의 내용을 참고하여 이 글에서 ⓐ가 갖는 의미를 30자 내외의 완결된 한 문장으로 쓰시오.

보기

피화당(避 피할 피 禍 재앙 화 堂 집 당)
「명사」 화를 피할 수 있는 공간
예 박씨가 일가친척을 다 모아 **피화당**에 피란하는지라.

어휘 풀이

각설(却說) 주로 글 등에서, 화제를 돌려 다른 이야기를 꺼낼 때 앞서 이야기하던 내용을 그만둔다는 뜻으로, 다음 이야기의 첫머리에 쓰는 말.
물색(物色) 물건.
웅거(雄據)하다 일정한 지역을 차지하고 굳게 막아 지키다.
기(騎) 말을 탄 사람을 세는 단위.
수탐(搜探)하다 무엇을 알아내거나 찾기 위해 조사하거나 엿보다.
고각(鼓角) 군중(軍中)에서 호령할 때 쓰던 북과 나발.
기치창검(旗幟槍劍) 예전에, 군대에서 쓰던 깃발, 창, 칼 등을 통틀어 이르던 말.
조화(造化) 어떻게 이루어진 것인지 알 수 없을 정도로 신통하게 된 일. 또는 일을 꾸미는 재간.
극악(極惡)하다 마음씨나 행동이 더할 나위 없이 악하다.

Q 이 작품에서 전기(傳奇)적 요소의 역할은?

용율대가 피화당을 쳐들어가려 하자 하늘에 검은 구름이 자욱하고 천둥과 벼락이 진동하며 나무들이 군사로 변하는 등 비현실적 사건이 일어난다. 이는 고전 소설의 특징인 전기성(傳奇性)에 해당하는 것으로, 이 작품에서는 이러한 전기적 요소를 통해 병자호란의 패배감을 극복하고 자주성을 회복하려는 염원을 드러내고 있다.

구절 풀이

❶ **용율대가 장안에 웅거(雄據)하여 ~ 죽는 사람이 무수한지라.** 청나라 군이 한양을 점령하고 온갖 물품을 약탈하는 모습을 보여 주는 부분으로, 전쟁으로 인한 백성들의 고통을 나타내고 청나라에 대한 적개심을 불러일으키는 장면이다.
❷ **"불쌍하고 가련토다. ~ 내 칼을 받아라."** 계화가 박씨를 대리하여 도술을 부려 적장을 제압하고 굴복시키는 장면이다. 독자로 하여금 통쾌함을 느끼게 하면서, 남성 중심의 역사를 재구성하여 여성의 역할을 강조하는 주제 의식을 전달한다.

Q 이 작품에서 계화의 역할은?

계화는 박씨의 시비(侍婢)로 이 작품 안에서 박씨를 대리하여 직접 적장과 마주하고 그들을 격퇴하는 역할을 한다. 이는 박씨를 전선에 직접 세우지 않고 계화로 하여금 매개하게 함으로써 박씨의 신비함을 더욱 돋보이게 하기 위한 장치이며, 동시에 외부에 직접 나서기를 꺼리는 양반 여성의 한계를 보여 주는 것이기도 하다.

가 ˚각설. 이때 박씨가 일가친척을 다 모아 피화당에 피란하는지라.

호장 용골대(龍骨大)가 제 아우 율대(律大)로 하여금 (판본에 따라 형이 율대로, 아우가 골대로 표기되기도 하며, 율대가 울대로 표기된 판본도 있음.)

"장안을 지키며 ˚물색(物色)을 수습(收拾)(흩어진 재산이나 물건을 거두어 정돈함.)하라."

하고, 군사를 몰아 남한산성을 에워싸는지라.

❶용율대가 장안에 ˚웅거(雄據)하여 물색을 추심(推尋)(찾아내어 가지거나 받아 냄.)하니 장안이 물 끓듯 하며, 살기를 도망하여 죽는 사람이 무수한지라. 피화당에 피란하는 사람들이 이 말을 듣고 도망코자 하거늘(전쟁 중의 소문을 듣고 심리적으로 동요하고 있음.), 박씨가

"이제 장안 사면을 도적이 다 지키었고, 피란코자 한들 어디로 가겠소. 이곳에 있으면 피화(避禍)(재화를 피할)할 도리가 있으리니 염려들 마시오."

하더라.

이때 율대가 100여 ˚기(騎)를 거느려 우상(우의정 – 여기서는 이시백을 가리킴.)의 집을 범하여 인물을 ˚수탐하더니, 내외가 적적하여 빈집 같거늘, 차차 수탐하여 후원에 들어가 살펴보니, 온갖 기이한(범상한 곳이 아님.) 수목이 좌우에 늘어서 무성하였는지라. 율대가 괴이히(별나고 괴상하게) 여겨 자세히 살펴보니, 나무마다 용과 범이 수미(머리와 꼬리)를 응하며, 가지마다 뱀과 짐승이 되어 천지풍운(天地風雲)을 이루며, 살기(殺氣) 가득하여 은은한 ˚고각(鼓角) 소리 들리는데, 그 가운데 무수한 사람들이 피란하였더라. 율대가 의기양양하여 피화당을 겁칙하려 달려드니, 불의에 하늘이 어두워지며 흑운(黑雲)(검은 구름)이 자욱하고 뇌성벽력(雷聲霹靂)(천둥소리와 벼락을 아울러 이르는 말)이 진동하며, 좌우 전후에 늘어섰던 나무들이 일시에 변하여 무수한 갑옷 입은 군사가 되어 점점 에워싸고, 가지와 잎이 변하여 ˚기치창검(旗幟槍劍)이 되어 상설(霜雪)(눈서리) 같으며, 함성(喊聲) 소리가 천지진동하는지라. 율대가 대경하여(크게 놀라) 급히 내달아 도망치려 한즉, 벌써 칼 같은 바위가 높기는 천여 장이나 되어 앞을 가려 겹겹이 둘러싸이니, 전혀 갈 길이 없는지라.

▶ 용율대가 박씨의 집에 침입함.

나 율대 혼백(魂魄)(넋)을 잃어 어찌할 줄 모르더니, 방 안에서 한 여인(계화)이 칼을 들고 나오면서 꾸짖기를,

"너는 어떠한 도적인데, 이러한 중지(重地)(매우 중요한 땅)에 들어와 죽기를 재촉하느냐?"

율대가 합장 배례(合掌拜禮)(두 손바닥을 마주 대고 절하며)하며,

"귀댁 부인이 뉘신지 알지 못하거니와, 덕분에 살려 주옵소서."

대답하기를,

"나는 박 부인의 시비거니와, 우리 아씨 명월 부인(明月夫人)이 ˚조화(造化)를 베풀어 너를 기다린 지 오랜지라. 너는 ˚극악(極惡)한 도적이라. 빨리 목을 늘이어 내 칼을 받아라."

율대가 그 말을 듣고 대로하여, 칼을 들어 계화를 치려하되, 경각(눈 깜박할 사이에, 아주 짧은 시간에)에 칼 든 팔이 힘이 없어 놀릴 길이 없는지라. 하는 수 없어 하늘을 우러러 탄식하기를,

"대장부가 세상에 나서 만리타국(萬里他國)(조국이나 고향에서 멀리 떨어져 있는 다른 나라)에 대공(大功)(큰 공적)을 바라고 왔다가, 오늘날 조그마한 계집의 손에 죽을 줄 어찌 알았으리오."

계화 웃으며 가로되

❷"불쌍하고 가련토다. 저 장수(용율대)야. 세상에 장부로 나서 나 같은 연약한 아녀자를 당치 못하느냐. 오늘은 네 명이 내 손에 달렸으니, 바삐 목을 늘이어 내 칼을 받아라."

용율대 하늘을 우러러 탄식하여 가로되

"천수(天數)(타고난 운명)로다."

하고 자결하더라.

▶ 박씨의 집에 침입한 용율대가 계화와의 대결에서 지고 자결함.

• **중심 내용** 청나라가 조선을 침략하자 비범한 능력으로 청나라 장군인 용율대를 물리치는 박씨 • **구성 단계** 위기

작품 연구소

〈박씨전〉의 내용과 역사적 사실과의 관계

병자호란은 1636년(인조 14년)에 청나라의 침입으로 일어난 전쟁이다. 군신의 관계를 맺자는 청나라의 요구에 조선이 불응하자 청나라 태종이 직접 20만 대군을 이끌고 침략했고, 조정은 남한산성으로 피란했으나 결국 인조가 삼전도에서 항복하여 세 번 절하고 아홉 번 머리를 조아리는 치욕을 당했다.

	역사적 사실	허구적 내용
비교	청나라 태종이 조선을 침공하여 인조가 항복함.	박씨가 신통력을 부려 청나라 장수를 상대로 승리함.
의의	조선의 패배로 끝난 병자호란을 허구적으로 재구성하여 상처받은 민족의 자긍심을 고취하려는 의도가 드러남.	

〈박씨전〉의 여성 문학적 성격

〈박씨전〉에서는 신선의 딸인 박씨와 시비 계화 등 많은 여성이 등장하고, 작품 전개에서도 남성보다 여성이 중요한 역할을 담당하고 있다. 이는 병자호란 때 나라를 지키지 못한 남성들을 간접적으로 비판하기 위한 의도라고 볼 수 있다. 이렇듯 여성 주인공의 눈부신 활약상을 보여 주는 〈박씨전〉은 필사본으로 전승되면서 여성 독자층에 깊이 파고들었다. 특히 오랜 기간 가부장제에 억눌려 온 여성 독자들은 이 작품을 통해 대리 만족을 느꼈을 것이다. 이처럼 〈박씨전〉은 많은 여성을 애독자로 끌어들여 소설 향유층의 저변을 넓히는 데 공헌한 작품이다.

자료실

여성 군담 소설

전쟁에서 영웅적으로 활약한 인물을 주인공으로 하여 쓰여진 소설을 군담 소설이라 한다. 특히 여성 군담 소설은 여성이 주인공으로 활약하여 국가적 위기나 사회적 갈등을 타개하는 이야기를 다룬 소설로, 가부장제 아래에서 삼종지도(三從之道, 여자가 따라야 할 세 가지 도리) 아래 억압되어 살아야만 했던 여성이 정신적으로 해방되고, 무기력한 남성을 대신해 위기를 극복하는 대리 만족적인 쾌감을 느낄 수 있도록 창작된 이야기이다. 여성 영웅 소설은 〈박씨전〉처럼 여성이 전면에 나서 적극적으로 활약하는 이야기와 같은 유형도 있고, 조력자나 원조자로서 역할을 담당하기도 한다. 또한 〈정수경전〉이나 〈홍계월전〉처럼 여성이 남성으로 변장한 후 장수가 되어 활약하는 경우도 있다.

함께 읽으면 좋은 작품

〈임경업전(林慶業傳)〉, 작자 미상 / 병자호란을 배경으로 한 작품

병자호란을 배경으로 임경업의 일생을 영웅화한 역사 소설이다. 청나라에 대한 강한 적개심과, 나라가 위기에 처했는데도 개인의 사리사욕만을 좇는 간신에 대한 분노를 민족적인 차원에서 소설로 형상화했다는 점에서 〈박씨전〉과 유사하다. Link 본책 166쪽

5 이 글에 대한 설명으로 적절하지 않은 것은?

① 변신 화소가 이야기 전개의 전환점이 된다.
② 역사적 인물과 허구적 인물이 함께 등장한다.
③ 천상 세계와 지상 세계를 오가며 이야기가 전개된다.
④ 사건 전개에 전기적 요소가 매우 중요한 역할을 한다.
⑤ 남성 중심주의에 대한 작가의 비판적 시각이 드러난다.

내신 적중

6 〈보기〉의 빈칸에 들어갈 이 글의 특성으로 적절한 것은?

보기

이 작품은 조선 후기 대중들에게 매우 인기가 있는 소설이었다. 이러한 대중성과 흥행성을 가지게 된 것은 무엇보다 이 소설이 역사적 사건, 즉 병자호란과 관련하여 당시 민중들이 느꼈던 울분과 고통을 가상의 세계에서나마 복수할 수 있게 했다는 사실과 관련 있다. 따라서 이 소설이 가지는 현실 세계와의 접점이 중요했다. 이를 위해 당시의 작자층은 ______________ 작품이 당대 현실의 상상적 반영임을 보여 주었던 것이다.

① 인물의 신통력을 부각하여
② 인물의 내적 갈등을 드러내어
③ 당대의 실존 인물을 등장시켜
④ 우연한 만남을 통해 사건을 전개하여
⑤ 비극적 결말을 통해 주제 의식을 부각하여

7 이 글에 나타난 전기적 요소의 기능에 대한 설명으로 적절한 것은?

① 시·공간적 배경이 초현실의 세계임을 보여 준다.
② 서로 다른 성격을 지닌 인물 간의 갈등을 해소한다.
③ 사회의 모순을 해결하는 주인공의 비범한 능력을 보여 준다.
④ 역사적 피해를 정신적으로 보상받고자 하는 민중의 심리를 투영한다.
⑤ 인간의 보편적 소망이 현실에서는 실현되기 어려움을 역설적으로 보여 준다.

8 이 글에서 〈보기〉의 밑줄 친 부분에 해당하는 내용을 찾아 20자 내외의 완결된 한 문장으로 쓰시오.

보기

〈박씨전〉은 국란을 타개하는 영웅으로 여성을 내세우는데, 이는 당대 국문 소설의 주요 독자층인 여성들의 소망과 밀접한 관련을 맺는 것이다. 즉, 남성 중심 사회가 불러온 사회적 참화를 적극성을 지닌 여성이 해결함으로써 여성들의 의지적이고 진취적인 의식 세계를 보여 주기 위한 것이라고 볼 수 있다. 반면에 박씨의 이러한 활약에도 불구하고 양반 여성의 한계를 보여 주는 서술 또한 존재하는데, 특히 적장과의 대립에서 이러한 한계가 두드러진다.

045 구운몽(九雲夢) | 김만중

키워드 체크 #몽자류 소설 #염정 소설 #환몽 소설 #불교적 #일장춘몽

문학 천재(정), 금성, 지학사

핵심 정리

갈래 국문 소설, 몽자류(夢字類) 소설, 양반 소설, 염정 소설, 영웅 소설
성격 전기적, 이상적, 불교적
시점 전지적 작가 시점
배경 ① 시간 – 중국 당나라 때
② 공간 – 중국 남악 형산 연화봉 동정호(현실), 당나라 서울과 변방(꿈)
제재 꿈을 통한 성진의 득도(得道) 과정
주제 인생무상(人生無常)의 깨달음을 통한 허무의 극복
특징 ① '현실 – 꿈 – 현실'의 이원적 환몽 구조를 지닌 일대기 형식을 취함.
② 유교, 불교, 도교 사상이 나타나며, 그중 불교의 공(空) 사상이 중심을 이룸.
③ 설화 〈조신지몽〉의 영향을 받음.

어휘 풀이

고인(故人) 오래전부터 사귀어 온 친구.
토번(吐蕃) 중국 당나라 · 송나라 때에, 티베트족을 이르던 말.
화상(和尙) 수행을 많이 한 승려. 또는 승려를 높여 이르는 말.
법좌(法座) 설법, 독경, 강경(講經), 법화(法話) 등을 행하는 자리.
경사(京師) 서울. 한 나라의 중앙 정부가 있는 곳.
한림학사(翰林學士) 중국 당나라 때에, 한림원에 속하여 조칙의 기초를 맡아보던 벼슬.
출장입상(出將入相) 나가서는 장수가 되고 들어와서는 재상이 된다는 뜻으로, 문무를 다 갖추어 장상(將相)의 벼슬을 모두 지냄을 이르는 말.
공명신퇴(功明身退) 공을 세워 이름을 떨치고 관직에서 물러남.

Q 성진이 인간 세상으로 쫓겨난 이유는?
승려인 성진은 육관 대사의 심부름으로 용왕을 찾아갔다가 술대접을 거절하지 못해 술을 마셨고, 돌아오던 길에는 팔선녀를 만나 희롱하며 남녀 정욕과 부귀영화 등을 갈망하게 되었다. 이처럼 불도의 가르침에 어긋나는 행동을 하고 세속의 욕망을 품은 성진은 풍도옥으로 쫓겨나 인간계의 삶을 살아가는 꿈을 꾸게 된다.

구절 풀이

❶ **"상공이 아직도 춘몽을 깨지 못하였도다."** 세상의 부귀공명을 따르는 지상의 삶이 진정 허무한 꿈(춘몽)에 불과함을 깨닫지 못한 채, 꿈 밖 현실(천상계)의 스승을 알아보지 못함을 지적하고 있다.
❷ **'처음에 스승에게 ~ 다 하룻밤 꿈이로다.** 양소유로서 살아간 삶이 모두 꿈속의 사건이었음을 깨닫는 부분이다. 부귀공명을 누린 양소유의 삶을 요약적으로 보여 주고 있다.

가 "산야(山野) 사람이 대승상을 뵈옵니다."

태사가 이인(異人)[육관 대사]인 줄 알고[양소유(성진)] 황망히 답례하기를,

"사부는[재주가 신통하고 비범한 사람] 어느 곳으로부터 오셨나이까?" / 호승이 웃으며 대답하기를,

"평생 •고인을 몰라보시니 일찍이, '귀인은 잊기를 잘한다.'라는 말이 옳소이다."

승상이 자세히 보니 과연 얼굴이 익은 듯하였다. 문득 깨달아 능파 낭자를 돌아보며 말하기를,

"내가 지난날 •토번을 정벌할 때 ㉠꿈에 동정 용궁의 잔치에 참석하고 돌아오는 길에, 한 •화상이 •법좌(法座)에 앉아서 경을 강론하는 것을 보았는데[성진의 꿈속 인물인 양소유가 다시 꿈속 일을 언급함. 몽중몽(夢中夢)의 사건] 노승이 바로 그 노화상이냐?" / 호승이 박장대소하고 가로되,

"옳도다, 옳도다. 비록 그 말이 옳으나 꿈속에서 잠깐 만난 일은 기억하고 십 년 동안 같이 살았던 것은 기억하지 못하니[꿈을 꾸기 전 현실에서 제자와 스승의 인연을 맺었던 일] 누가 양 장원을 총명하다 하였는가?"

승상이 망연자실하여 말하기를,

"소유는 십오륙 세 이전에는 부모의 슬하를 떠난 적이 없고, 십육 세에 급제하여 곧바로 직명을 받아 관직에 있었으니, 동으로 연나라에 사신으로 가고 토번을 정벌하러 떠난 것 외에는 일찍이 •경사를 떠나지 아니하였거늘, 언제 사부와 함께 십 년을 상종하였으리오?" / 노승이 웃으며 말하기를,

❶"상공이 아직도 ㉡춘몽을 깨지 못하였도다." ▶ 성진이 육관 대사를 만났으나 천상의 기억을 떠올리지 못함.

나 승상이 말하기를, / "사부는 어찌하면 소유로 하여금 춘몽을 깨게 하실 수 있나이까?"

노승이 이르기를, / "이는 어렵지 않도다."

하고 손에 잡고 있던 석장(錫杖)[승려가 짚고 다니는 지팡이]을 들어 돌난간을 두어 번 두드렸다. 갑자기 네 골짜기에서 구름이 일어나 누대(樓臺) 위를 뒤덮어 지척을 분변하지 못하였다[전기적(傳奇的) 특성이 드러남.]. 승상이 정신이 아득하여 마치 ㉢취몽 가운데에 있는 듯하여 한참 만에 소리를 질러 말하기를,

"사부는 어찌하여 정도(正道)로 소유를 인도하지 아니하고 환술(幻術)로써 희롱하시나이까?"

승상이 말을 마치지 못하여 구름이 걷히는데 노승은 간 곳이 없고 좌우를 돌아보니 팔 낭자도 간 곳이 없었다. 승상이 매우 놀라 어찌할 바를 모르는 중에 높은 대와 많은 집들이 한순간에 없어지고 자기의 몸은 작은 암자의 포단[부들로 둥글게 틀어 만든 방석] 위에 앉았는데, 향로에 불은 이미 사라지고 지는 달이 창가에 비치고 있었다[성진이 현실에서 꿈을 꾸는 동안 저녁에서 새벽까지 시간이 경과했음이 드러남.]. ▶ 성진이 육관 대사의 도술로 꿈에서 깨어 현실로 돌아옴.

다 자신의 몸을 보니 백팔 염주가 걸려 있고 머리를 손으로 만져 보니 갓 깎은 머리털이 가칠가칠하였으니 완연히 소화상의 몸이요 전혀 대승상의 위의가 아니니, 정신이 황홀하여 오랜 후에야 비로소 제 몸이 연화도량의 성진 행자(性眞行者)임을 깨달았다.

그리고 생각하기를, ❷'처음에 스승에게 책망을 듣고 풍도옥[지옥]으로 가서 인간 세상에 환도하여[인간 세상에 다시 태어나] 양가의 아들이 되었다. 그리고 장원급제를 하여 •한림학사를 한 후 •출장입상(出將入相), •공명신퇴(功明身退)하여 두 공주와 여섯 낭자로 더불어 즐기던 것이 다 하룻밤 꿈이로다. 이는 필연 사부가 나의 생각이 그릇됨을 알고 나로 하여금 이런 ㉣꿈을 꾸게 하시어 인간 부귀와 남녀 정욕이 다 허무한 일임을 알게 한 것이로다.'[육관 대사가 성진을 인간 세상에 태어나게 한 의도] ▶ 성진이 현실의 사건을 기억하고 육관 대사가 꿈을 꾸게 한 의도를 깨달음.

• 중심 내용 세속의 성취와 부귀영화를 누린 끝에 인생의 무상함을 느끼고 육관 대사(호승)의 도술로 꿈에서 깨어 현실의 모습으로 돌아온 성진(양소유) • 구성 단계 절정

이해와 감상

〈구운몽〉은 김만중이 남해에 유배되어 살던 시절에 어머니 윤씨 부인을 위로하고자 지었다고 전해지는 몽자류 소설로, 주인공 성진이 하룻밤 꿈에서 겪은 일이 작품의 골격이다. 불제자 성진은 꿈속에서 유교적 공명주의에 입각해 국가와 군왕에게 충성을 다하고 세상의 온갖 영화를 누린 뒤 깨어나, 인간의 부귀영화(富貴榮華)는 일장춘몽(一場春夢)에 불과하다는 불법의 진리를 깨닫게 된다.

이 작품은 일종의 액자 소설로 현실과 꿈이 교차한다. 현실의 공간은 천상 세계, 꿈속 공간은 지상 세계로 설정되었는데, 현실의 공간인 천상 세계는 불교적 세계를, 꿈의 공간인 지상 세계는 유교적 세계를 그리고 있다.

〈구운몽〉은 철학적·종교적 주제를 새로운 형태로 구현했으며, 유교적 공명주의와 불교의 공(空) 사상, 도교의 신선 사상 등이 융합되어 한국인의 정신적 특질을 총체적으로 반영한 작품으로 평가된다.

전체 줄거리

발단	육관 대사의 심부름으로 용궁에 간 성진은 용왕의 극진한 대접에 술을 몇 잔 마시고, 돌아오는 길에는 팔선녀를 만나 수작을 부린다.
전개	성진은 절에 돌아온 뒤에도 선녀들을 그리워하며 부귀영화만을 생각하다 속세로 추방되어 양소유로 환생한다. 팔선녀 역시 각각 인간 세상에 환생하고, 이후 양소유와 차례로 인연을 맺는다.
위기	두 부인과 여섯 첩을 거느린 양소유는 입신양명하여 벼슬이 승상에 이르는 등 부귀영화를 누린다.
절정	벼슬에서 물러나 한가하게 여생을 즐기던 양소유는 어느 날 두 부인과 여섯 첩을 거느리고 뒷동산에 올랐다가 문득 인생의 허무함을 느끼고, 그때 한 도승이 나타나 그의 꿈을 깨운다.
결말	꿈에서 깬 성진은 잘못을 뉘우친 후 불교에 다시 귀의하고 팔선녀도 불제자 되기를 청한다. 이후 아홉 사람은 불도에 정진하여 모두 극락세계로 들어간다.

인물 관계도

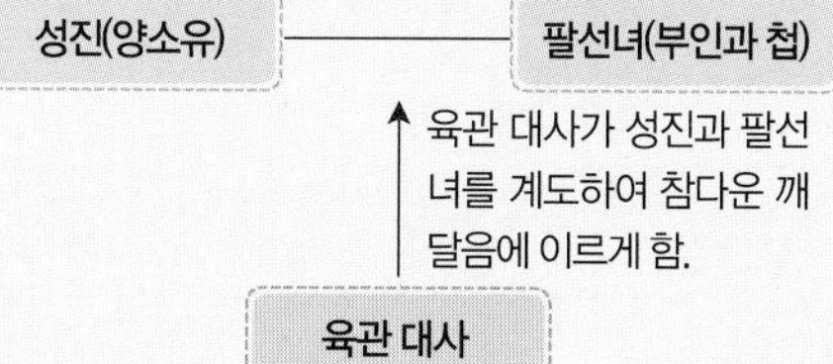

작품 연구소

'구운몽(九雲夢)'이라는 제목의 상징적 의미

구(九)	운(雲)	몽(夢)
인물	주제	구성 – 환몽 구조
현실 – 성진과 팔선녀 꿈 – 양소유와 2처 6첩	인생무상의 깨달음	양소유가 세속적 욕망이 헛된 것임을 깨닫는 공간

성진과 팔선녀, 아홉 사람이 속세의 삶을 갈망하다가 꿈에서 부귀영화를 누린 후에 허망함을 느끼고, 인생의 덧없음을 깨닫는 이야기

키 포인트 체크

인물 성진과 팔선녀는 인간의 □□을 탐하며 □□의 삶을 흠모하는 인물들이다.

배경 중국 당나라 때를 배경으로, □□의 공간(중국 남악 형산 연화봉 동정호)과 □의 공간(당나라 서울)이 교차한다.

사건 성진과 팔선녀는 꿈속에서 양소유와 그의 2처 6첩으로 □□하여 부귀영화를 누리지만 □□□□을 깨닫고, 꿈에서 깨어 □□의 진리를 깨닫는다.

1 이 글에 대한 설명으로 적절하지 않은 것은?

① 작가가 어머니를 위로하기 위해 지은 소설이다.
② 환몽 구조로 이루어진 몽자류 소설의 효시이다.
③ 유교적 현실주의 세계관이 소설의 근간을 이룬다.
④ 제목을 통해 작품의 주제를 암시적으로 드러낸다.
⑤ 꿈속의 내용은 당대의 세속적인 삶의 방식을 반영한다.

2 이 글의 서술상 특징으로 적절하지 않은 것은?

① 격조 있는 표현으로 대화가 진행되고 있다.
② 전기적인 사건이 발생하며 내용이 전개되고 있다.
③ 천상계와 인간계를 오가며 이야기가 서술되고 있다.
④ 한 사건을 다양한 시각에서 입체적으로 제시하고 있다.
⑤ 꿈과 현실이 교차되는 액자식 구성 방식을 취하고 있다.

3 (가), (나)에 드러난 양 승상의 말하기 방식의 특징으로 적절한 것은?

① 기억 속 경험을 과장하여 호승의 말을 반박하고 있다.
② 현재의 상황과 유사한 기억을 떠올리며 호승의 말에 동의하고 있다.
③ 자신의 기억을 토대로 호승의 말에서 모순되는 점을 찾아 지적하고 있다.
④ 기억하지 못하는 내용을 기억하는 것처럼 말하여 호승의 환심을 사려 하고 있다.
⑤ 잘못 기억하고 있는 점이 있음을 인정함으로써 호승의 이야기를 이끌어 내고 있다.

4 ㉠~㉣ 중, 지시 대상이 같은 것끼리 바르게 묶인 것은?

① ㉠, ㉡ ② ㉠, ㉢ ③ ㉡, ㉢
④ ㉡, ㉣ ⑤ ㉢, ㉣

5 〈보기〉는 이 글과 유사한 주제를 표현한 시이다. 이 글의 내용 중 〈보기〉의 밑줄 친 시어에 해당하는 내용을 쓰시오.

보기

즐거운 시간은 잠시뿐 마음은 어느새 시들어
남모르는 근심 속에 젊던 얼굴 늙었네.
다시는 좁쌀밥 익기를 기다리지 말지니,
바야흐로 힘든 삶 한순간의 꿈인걸 깨달았네. – 일연

내신 적중 多빈출

6 이 글의 제목인 '구운몽(九雲夢)'의 의미를 〈조건〉에 맞게 쓰시오.

조건

인물, 주제, 구성과 관련지어 쓸 것

Ⅳ. 조선 후기

Q '성진(性眞)'과 '소유(少遊)'의 의미는?

꿈에서의 소유(少遊)와 현실에서의 성진(性眞)은 결국 한 인물이나, 각각의 이름이 지니는 의미는 대조적이다. 소유(少遊)라는 이름에 '속세에서 잠깐[少] 노닐다[遊] 간다.'라는 의미가 있다면, 성진(性眞)이라는 이름에는 '불법을 통하여 참된[眞] 본성[性]을 깨닫는다.'라는 의미가 있다. 이렇듯 작가는 주인공의 이름에 인간과 세상을 바라보는 자신의 생각을 담아내었다.

가 대사가 큰 소리로 묻기를, / "성진아, 인간 부귀를 겪어 보니 과연 어떠하더냐."

성진이 머리를 조아리고 눈물을 흘리며 하는 말이,

"성진이 이미 깨달았나이다. 제자가 *불초하여 생각을 그릇되게 하여 죄를 지었으니 마땅히 인간 세상에 *윤회하는 벌을 받아야 하거늘, 사부께서 자비하시어 하룻밤 꿈으로 제자의 마음을 깨닫게 하시니, 사부의 은혜는 *천만겁이 지나도 갚기 어렵나이다."

대사가 말하기를,

[A] "네가 흥을 타고 갔다가 흥이 다하여 돌아왔으니 내가 무슨 간여할 바가 있겠느냐? 또 네가 말하기를, '인간 세상에 윤회한 것을 꿈을 꾸었다.'라고 하니, 이는 꿈과 세상을 다르다고 하는 것이니, 네가 아직도 꿈을 깨지 못하였도다(인간 세상과 꿈이 같은 것을 아직 모르니 진정한 깨달음을 얻지 못함.). 옛말에 ❶*'장주(莊周)가 꿈에서 나비가 되었다가 다시 나비가 장주가 되었다.'라고 하니, 어느 것이 거짓 것이고, 어느 것이 참된 것인지(어느 것이 거짓(꿈)이요, 어느 것이 참(현실)인지를) 분변하지 못하나니, 이제 성진과 소유에 있어 어느 것이 참이며 어느 것이 꿈이냐?(현실과 꿈의 구별 자체가 무의미함을 강조함.)"

성진이 이에 대답하기를, / "제자 성진은 아득하여 꿈과 참을 분별하지 못하겠사오니, 사부는 설법을 베풀어 제자로 하여금 깨닫게 하소서." ▶ 육관 대사가 꿈과 세상의 구별이 무의미함을 가르침.

나 『팔선녀가 대사 앞에 나아와 합장 *고두하고 사뢰기를,

"제자들이 비록 위 부인을 모시고 있으나 실로 배운 것이 없어 세속 정욕을 잊지 못하였는데, 대사의 자비하심을 입어 하룻밤 꿈을 꾸어(성진과 같은 꿈) 크게 깨달았나이다. 이제 제자들이 위 부인께 하직하고 불문(佛門)에 돌아왔사오니 사부의 밝은 가르침을 바라나이다."』

『 』: 불교적 세계관의 우월함을 보여 줌.

대사가 말하기를, / "여선들의 뜻이 비록 아름다우나 불법이 깊고도 머니, 큰 역량과 큰 *발원이 없으면 쉽게 이르지 못할 것이니, 그대들은 모름지기 스스로 헤아려서 하라."

팔선녀가 물러나와 얼굴에 칠한 연지분(세속적 삶을 상징)을 씻어 버리고 각각 소매에서 금전도(金剪刀)(금으로 된 가위)를 내어 흑운 같은 머리를 깎아 버렸다. 그리고 다시 들어와 대사께 사뢰기를,

❷"제자들이 이미 얼굴을 고쳤사오니, 맹세코 사부의 가르침과 분부를 게을리하지 않겠나이다." / 대사가 이르기를,

"좋도다, 좋도다. 너희 팔 인이 능히 이렇듯 하니(굳은 의지를 표하니) 진실로 좋은 일이로다." ▶ 팔선녀가 불가에 입문하기를 청함.

다 드디어 대사가 법좌(설법하는 자리)에 올라 경문(금강경)을 강론하니 ❸*백호(白毫) 빛이 세계에 쏘이고 하늘의 꽃이 비같이 내렸다. / 대사가 설법함을 마치자 네 구의 진언(부처의 말)을 읊으니,

㉠一切有爲法(일체유위법) 모든 유위(有爲)의 법은
如夢幻泡影(여몽환포영) 꿈·환상·물거품·그림자 같으며
如露亦如電(여로역여전) 이슬 같고 또 번개 같으니
應作如是觀(응작여시관) 마땅히 이와 같이 볼지어다.

모든 유위법(≒생멸법)은 꿈[夢]과 환상[幻], 물거품[泡]과 그림자처럼 있는 것 같지만 없는 것과 같고, 이슬[露]과 번개[電]처럼 잠시 드러나지만 즉시 사라져 버리는 것으로 봐야 한다는 내용을 담은 《금강경(金剛經)》의 한 구절 – 속세의 모든 것은 나타나서 머물다 변화하고 사라지는 헛되고 순간적인 것에 불과하다는 의미로, 불교의 공(空) 사상이 담겨 있음.

대사가 이렇듯 이르니, 성진과 여덟 니고(尼姑)(비구니)가 일시에 깨달아 불생불멸하는 정과(正果)(결실)를 얻었다. 대사가 성진의 계행이 높고 순숙(純熟)함(완전히 성숙함.)을 보고 이에 대중을 모아놓고 이르기를, / "내 본래 불법의 전도를 위하여 중국에 들어왔는데(대사는 원래 서역 사람임.) 이제 정법(淨法)(성진)을 전할 사람이 있으니 나는 돌아가겠다." / 하고 염주와 바리때와 정병(淨甁)과 석장(錫杖)과 《금강경》 한 권을 성진에게 주고 서천(西天)으로 떠나갔다.

그 후로 성진이 연화도량의 대중을 거느려 크게 교화를 베푸니, 신선과 용신(龍神)(용왕)과 사람과 귀신이 모두 한결같이 존경하기를 육관 대사와 같이 하고, 여덟 니고(尼姑)가 성진을 스승으로 섬겨 깊이 보살대도를 얻어, 아홉 사람이 함께 극락세계(아미타불이 산다는 정토(淨土)로, 괴로움이 없으며 지극히 안락하고 자유로운 세상)로 갔다.

▶ 성진과 팔선녀가 육관 대사의 설법을 받들고 정진하여 극락세계로 감.

• 중심 내용 육관 대사의 설법을 듣고 큰 도를 얻어 극락세계로 가는 아홉 사람 • 구성 단계 결말

어휘 풀이

불초(不肖)하다 못나고 어리석다.
윤회(輪廻)하다 수레바퀴가 끊임없이 구르는 것과 같이, 중생이 번뇌와 업에 의하여 삼계 육도(三界六道)의 생사 세계를 그치지 아니하고 돌고 돌다.
천만겁 아주 길고 오랜 세월. '겁'은 어떤 단위로도 계산할 수 없는 무한히 긴 시간.
장주 장자의 본명.
고두(叩頭)하다 공경하는 뜻으로 머리를 땅에 조아리다.
발원(發願) 신이나 부처에게 소원을 빎. 또는 그 소원.
백호 부처의 두 눈썹 사이에 있는 희고 빛나는 가는 터럭. 이 광명이 무량세계를 비춘다.

구절 풀이

❶ **'장주(莊周)가 꿈에서 ~ 어느 것이 꿈이냐?"** 호접지몽(胡蝶之夢)의 고사를 인용하여 인간 세상과 꿈의 구별이 무의미함을 일깨우고 있다. 호접지몽은 장주지몽(莊周之夢)이라고도 하는데, 이는 장주(장자)가 나비가 된 꿈을 꾸다가 깬 뒤에 자신이 나비가 된 것인지 나비가 자신이 된 것인지 분간하지 못했다는 고사이다.

❷ **"제자들이 이미 ~ 게을리하지 않겠나이다."** 팔선녀가 연지분을 씻어 내고 삭발함으로써 자신들의 굳은 결심을 나타내고 엄중하게 수련할 것을 다짐하고 있다.

❸ **백호(白毫) 빛이 세계에 쏘이고 하늘의 꽃이 비같이 내렸다.** 깨우침의 광명을 비유적으로 드러낸 구절로, 부처가 가르치신 진리의 광명이 온 세상을 비추고 부처의 자비가 아름다운 꽃비처럼 온 천지에 가득하다는 뜻이다.

작가 소개

김만중(金萬重, 1637~1692)
조선 숙종 때의 문신. 호는 서포(西浦). 서인(西人)의 거두로, 1689년 숙종의 폐비 사건에 반대하다가 남해에 유배되어 그곳에서 병사했다. 진보적인 유학 사상과 국문 가사 예찬론을 비롯해 우리말에 대한 애착을 담고 있는 선진적인 문학관을 보여 주었다. 문집(文集)으로 《서포만필(西浦漫筆)》, 《서포집(西浦集)》 등이 있고, 소설 작품으로 〈구운몽(九雲夢)〉과 〈사씨남정기(謝氏南征記)〉가 있다.

작품 연구소

〈구운몽〉의 구조 – 환몽 구조, 액자 구성

	현실(외화)	꿈(내화)	현실(외화)
배경	신선계, 천상	인간계, 지상	신선계, 천상
성격	비현실적, 초월적, 형이상학적	현실적, 형이하학적	비현실적, 초월적, 형이상학적
종교	불교	유교	불교
인물	성진과 팔선녀	양소유와 2처 6첩	성진과 여덟 니고
내용	세속적 욕망으로 인한 번뇌 – 불교에 대해 회의하는 성진	세속적 욕망의 성취 – 유교의 입신양명(立身揚名)을 성취하는 양소유	득도, 깨달음 – 불교에 귀의하는 성진

〈구운몽〉의 배경 사상

유교	노모에 대한 양소유의 지극한 효심, 국가가 위기에 처했을 때 큰 공을 세워 부귀와 공명을 누리는 것(입신양명) 등	유교선 사상이 융합된 가운데 불교의 공(空) 사상이 강조됨.
도교	용왕의 등장, 위 부인과 팔선녀의 등장, 양소유의 부친 양 처사가 옥황상제의 명을 받고 신선이 되어 올라가는 것 등	
불교	성진이 꿈에서 깨어난 뒤 깨달음을 얻고 불도에 귀의하는 것, 팔선녀가 삭발하고 여승이 되는 것, '성진'이라는 불교적 어구를 사용하여 주인공의 이름을 지은 것 등	

〈구운몽〉의 몽자류(夢字類) 소설로서의 특징

몽자류(夢字類) 소설은 글자 그대로 제목에 몽(夢) 자가 붙은 소설로 환몽 구조를 이루는 것이 특징이다. 환몽 구조란 주인공이 입몽(入夢) 과정을 거쳐 꿈에서 새로운 인물로 태어나 새로운 삶을 체험한 뒤, 각몽(覺夢) 과정을 거쳐 깨달음을 얻게 되는 서사 구조이다.

몽자류 소설의 환몽 구조에서는 주인공이 꿈속에서 새로운 인물로 태어나 파란만장한 일생을 거친 뒤 꿈에서 깨어나 본래의 자아로 되돌아오는 이야기가 전지적 작가 또는 3인칭 관찰자를 통해 서술된다. 몽자류 소설에서는 현실에 대한 깨달음을 꿈에서 얻기 때문에 현실과 꿈 모두 의미가 있다.

김만중의 〈구운몽〉은 몽자류 소설의 효시로, 〈구운몽〉에서 '꿈'은 부귀영화의 허망함과 인간 세상의 무상함이라는 작품의 주제를 드러내는 데 결정적인 역할을 한다.

함께 읽으면 좋은 작품

〈조신지몽(調信之夢)〉, 작자 미상 / 몽자류 소설의 연원이 되는 설화

일장춘몽(一場春夢)인 인생의 허무를 주제로 하는 몽자류 소설의 연원이 되는 설화로, 김만중의 〈구운몽〉, 이광수의 〈꿈〉 등과 같은 소설에 영향을 주었다. 인간의 세속적 욕망은 덧없는 것이며 고통의 근원이라는 불교적 가르침이 나타나 있다. Link 본책 32쪽

〈옥루몽(玉樓夢)〉, 남영로 / 〈구운몽〉과 주제·줄거리가 유사한 작품

주인공 양창곡(楊昌曲)이 만국(蠻國)을 토벌한 공으로 연왕(燕王)으로 책봉되어 두 명의 처와 세 명의 첩을 거느리고 호화로운 생활을 누리다가 하늘로 올라가 선관(仙官)이 되었다는 내용의 몽자류 소설이다. 주제와 줄거리가 〈구운몽〉과 유사하다. Link 본책 218쪽

7 이 글의 특징으로 적절한 것은?

① 입체적이고 개성적인 인물이 등장한다.
② 비현실적인 공간이 배경으로 설정되었다.
③ 인물에 대한 객관적인 묘사가 두드러진다.
④ 우연성에 기댄 사건의 전개를 지양하고 있다.
⑤ 서술자가 사건의 전말을 일일이 설명하고 있다.

8 [A]에서 대사가 말하고자 한 바와 가장 가까운 것은?

① 세속적인 욕망은 삶을 피폐하게 한다.
② 꿈과 현실을 구별해 내는 것은 어렵다.
③ 사람의 인생은 자신의 마음먹기에 달렸다.
④ 꿈과 현실을 구별하려는 생각조차 버려야 한다.
⑤ 꿈속의 삶은 잊고 현실의 삶으로 돌아와야 한다.

9 〈보기〉는 ㉠의 의미를 풀이한 것이다. 이에 대한 반응으로 가장 적절한 것은?

> 보기
> 모든 존재의 본질은 꿈, 환상, 물거품, 그림자, 이슬과 번개 같으니, 마땅히 이와 같이 볼지어다.

① 꿈이 커야 대가도 클 수 있다는 말이로군.
② 꿈처럼 환상적인 삶을 살 수 있다는 것이지.
③ 결국 인생이란 꿈과 같이 헛되다는 의미로군.
④ 꿈에서조차도 불도에 대해 잊지 말라는 부탁이군.
⑤ 꿈에서 깨어나야만 현실을 직시할 수 있다는 것이야.

10 〈보기〉와 이 글을 비교하여 감상한 내용으로 적절하지 않은 것은?

> 보기
> 타다 남은 등잔불은 깜박거리고 밤도 이제 새려고 한다. 아침이 되었다. 수염과 머리털은 모두 희어졌고 망연히 세상일에 뜻이 없다. 괴롭게 살아가는 것도 이미 싫어졌고 마치 한평생을 다 겪고 난 것과 같아 재물을 탐하는 마음도 얼음 녹듯이 깨끗이 없어졌다. 이에 관음보살상을 대하기가 부끄러워지고 잘못을 뉘우치는 마음을 참을 길이 없다. 돌아와서 꿈에 아이를 묻은 해현에서 땅을 파 보니 돌미륵이 나왔다. 물로 씻어서 근처에 있는 절에 모시고 서울로 돌아가 장원을 맡은 책임을 내놓고 사재를 내서 정토사를 세워 부지런히 착한 일을 했다. 그 후에 어디서 세상을 마쳤는지 알 수가 없다. – 작자 미상, 〈조신지몽(調信之夢)〉

① 이 글과 〈보기〉 모두 헛된 집착과 욕망을 버리라는 교훈을 주고 있어.
② 이 글과 달리 〈보기〉는 구체적인 증거물을 통해 절의 내력을 제시하고 있어.
③ 이 글과 〈보기〉 모두 '꿈'이 인물이 깨달음에 이르게 하는 역할을 하고 있어.
④ 이 글에서는 '대사'가, 〈보기〉에서는 '관음보살'이 주제의식을 직접 드러내고 있어.
⑤ 〈보기〉와 달리 이 글에서는 '꿈'을 통해 인간 한평생의 부귀영화를 경험하고 있어.

046 사씨남정기(謝氏南征記) | 김만중

키워드 체크 #가정소설 #가부장적 사회 #축첩 제도 #권선징악

문학 천재(김), 신사고
국어 천재(박), 비상(박영)

핵심 정리

갈래 국문 소설, 가정 소설
성격 풍간적(諷諫的), 가정적
시점 전지적 작가 시점
배경 ① 시간 – 중국 명나라 초기
② 공간 – 중국 북경 금릉 순천부
제재 처첩 간의 갈등
주제 처첩 간의 갈등과 사씨의 고행, 권선징악(勸善懲惡)
특징 ① 각 인물들이 상징성을 지님.
② 숙종을 깨우치기 위해 쓴 일종의 목적 소설임.
의의 후대 가정 소설의 모범이 됨.
연대 1689~1692년(숙종 15~18년)

Q 이 부분에 드러난 사 소저의 인물됨은?

처자의 덕(德)보다는 미색(美色)을 중시하고 자기네 집안의 부귀를 자랑하면서 신부 집안의 덕망에 대해 알아주지 않는다는 점을 지적하며 청혼을 거절하는 것에서 사 소저의 총명하고 신중한 성격과 명문가 자제로서의 자부심을 엿볼 수 있다. 또한 주관을 가지고 자신의 혼인 여부를 스스로 결정하는 주체적인 인물이면서, 결혼 조건으로 외양과 물질보다는 사람 됨됨이를 중시하는 인물임을 알 수 있다.

어휘 풀이

천자 국색(天姿國色) 타고난 용모나 맵시가 나라 안에서 으뜸가는 미인이라는 뜻.
빙폐(聘幣) 공경하는 뜻으로 보내는 예물.
명부(命婦) 벼슬아치의 아내로 나라로부터 품계를 받은 부인.
선 급사(先給事) 사 소저가 별세한 자기 부친을 이르는 말.
지현(知縣) 중국 송나라·청나라 때에 둔 현(縣)의 으뜸 벼슬아치. 지방을 다스리는 수령.
소공자(小公子) 사씨의 남동생 사희를 말함.
누지(陋地) 누추한 곳이라는 뜻으로, 자기가 사는 곳을 겸손하게 이르는 말.
욕림(辱臨)하다 (높이는 뜻으로) 남이 자기 있는 곳으로 찾아오다.

구절 풀이

❶ **"어느 재상 댁인들 ~ 부인의 뜻은 어떠하온지요?"** 재덕보다 천자 국색임을 먼저 이야기하는 것으로 보아 매파가 인물의 내면보다 외면적 조건을 중시한 혼인관을 지니고 있음을 알 수 있다.
❷ **이제 매파 주씨가 ~ 덕은 일컫지 않았습니다.** 사 소저가 유 소사 댁의 청혼을 거절한 이유가 제시되어 있다. 사 소저는 내적 가치보다 외적 가치를 중시하고 유 소사 댁의 가문만 내세운 매파의 청혼을 못마땅하게 여긴다.

가 유 소사(劉少師)가 생각하기에, 사 급사 댁에는 남자가 없으니 의당 매파를 보내어 혼인을 의논해야 되겠다고 하여, 매파 주씨를 보내 혼인할 뜻을 전했다. 부인(사 소저의 어머니)이 불러 보니 매파는 먼저 유 소사의 집안이 대대로 부귀하며, 한림의 문채와 풍채가 빼어남을 일컫고는(유 소사의 가문, 뛰어난 외모와 능력을 제시함.) 또 이렇게 말했다.

❶"어느 재상 댁인들 유 소사에게 청혼하지 않았겠습니까? 하오나 소사께서는 소저가 천자 국색(天姿國色)이며, 재덕(才德)이 출중하다는 소문을 들으시고는 이에 소인으로 하여금 중매를 서게 하였습니다. 소저께서 유씨 집안의 빙폐(聘幣)를 받으시면 그날로 명부(命婦)가 되시는 것이오니 부인의 뜻은 어떠하온지요?"

▶ 유 소사가 매파를 통해 사 급사 댁에 혼사의 뜻을 전함.

부인은 매우 기뻤다. 허나 소저와 상의하고자 매파를 머물게 하고는 몸소 소저의 처소로 갔다. 매파 주씨가 말한 대로 소저에게 이르고는 물었다.

"우리 아이는 어떻게 생각하느냐? 숨기지 말고 네 뜻을 말해 보아라."(자녀의 의사를 존중하는 태도가 드러남.)

소저 대답하여 아뢰었다. / "소녀가 듣자오니 유 소사께서는 오늘날의 어진 재상이라고 합니다.(유 소사에 대한 항간의 평가) 결혼이 불가할 까닭이 없습니다. 그러나 오직 매파 주씨의 말로만 본다면 의심스러운 점이 없지 않습니다. 소녀가 듣자오니 군자는 덕(德)(내면적 아름다움)을 귀하게 여기고 색(色)(외면적 아름다움)은 천하게 여기며, 숙녀는 덕으로써 시집을 가고 색으로써 사람을 섬기지 않는다고 합니다.(사 소저의 인물됨 – 덕을 중시함.) ❷이제 매파 주씨가 먼저 색을 일컬으니(혼인을 반대하는 이유 ① – 매파가 외적 가치를 중시함.) 소녀는 그윽히 부끄럽게 여깁니다. 더욱이 유씨 집안의 부귀를 극히 자랑하면서도 우리 선 급사(先給事)의 성대한 덕은 일컫지 않았습니다.(혼인을 반대하는 이유 ② – 매파가 유 소사의 가문만 내세움.) 혹시 매파 주씨가 사람됨이 미천하여 유 소사의 뜻을 잘 전하지 못한 것은 아닌지요.(혼인이 이루어질 가능성은 남김.) 그렇지 않다면 유 소사께서 어질다고 하는 말은 거의 헛소문일 것입니다. 소녀는 그 집에 들어가기를 원하지 않사옵니다."

부인은 평소 딸을 기특히 여기고 사랑하는지라 어찌 그 뜻을 어길 리가 있겠는가?(편집자적 논평) 밖에 나와 매파 주씨에게 답변했다.

▶ 사 소저가 유 소사의 청혼을 거절함.

나 이튿날 소사는 친히 신성(新城)으로 가 지현(知縣)을 보고는 사씨 집안과의 통혼할 일을 말했다. / "일찍이 매파를 보내어 혼인의 뜻을 전했습니다만 그 집안에서 답하기를 여차여차하니 이는 필시 매파가 실언한 때문입니다.(유 소사가 지현에게 부탁을 하는 이유) 이제 수고스럽지만 선생께서 한번 사 급사 댁을 다녀와 주시기를 바랍니다."

㉠이튿날 아침 지현이 도착하자, 소저의 유모가 소공자(小公子) 희랑(喜郎)을 안고 나아가 지현을 맞이했다. 당상(堂上)에 지현을 모시고는 유모가 여쭈었다.

"주인(主人)께서는 세상을 떠나시고 소주인(小主人)께서는 나이 어려 손님 대접하는 예를 모르십니다.(유모 자신이 손님을 맞는 이유를 설명함.) 노야(老爺)(지현)께서는 어인 일로 누지(陋地)에 욕림(辱臨)하셨습니까?"

지현이 말했다. / "돌아가신 사 급사의 맑은 이름을 흠양하던 바, 댁의 따님 또한 덕행이 뛰어나다 듣고 혼인을 청하고자 합니다."

유모가 들어가더니 곧 나와서는 부인의 말씀을 아뢰었다.

"노야께서 소녀의 혼사를 위하여 누추한 집에까지 욕림하시니 실로 황공하기 그지없습니다. 말씀하신 유 소사 댁과의 혼사는 다만 감당하지 못할까 두려울 뿐입니다. 어찌 감히 명을 어기겠습니까?"(사 소저가 혼사를 받아들임.)

▶ 사 소저가 청혼을 승낙함.

• 중심 내용 매파를 통한 유 소사의 청혼을 거절했다가 승낙하는 사 소저　• 구성 단계 전개

해설 371쪽

이해와 감상

〈사씨남정기〉는 중국 명나라 때를 배경으로 하여 양반 사대부인 유 한림의 가정에서 벌어진 처첩 간의 갈등을 통해 축첩 제도의 문제점을 지적하고 비판한 소설로, 가정 소설이라는 하나의 유형을 제시한 작품이다. 치밀한 구성과 섬세한 심리 묘사로 당대의 현실을 사실적으로 그려 내고 있으며, 후처(교씨)의 모략으로 고난을 겪은 본처(사씨)가 결국 남편의 사랑을 되찾는다는 권선징악의 교훈을 담고 있다.

이 작품에서 작가는 정실 부인 사씨를 고매한 부덕(婦德)의 소유자로, 첩 교씨를 간교한 여인으로 설정하고 있다. 이와 같은 대립적 인물 설정은 주인공 사씨의 인격을 강조하기 위한 것으로, 김만중이 인현 왕후를 옹호하다 귀양을 가게 된 역사적 사실을 고려할 때, 인현 왕후 폐위의 부당성을 풍자한 것으로 볼 수 있다. 그러나 사씨 부인의 성격을 지나치게 이상적으로 묘사함으로써, 작가의 가치관이 봉건적 도덕성을 벗어나지 못했다는 한계를 보인다.

전체 줄거리

발단	중국 명나라 세종 때 금릉 순천부에 사는 유현이라는 명신(名臣)의 아들로 태어난 연수는 15세에 장원 급제하여 한림학사를 제수받는다.
전개	유연수(유 한림)는 덕성과 재학(才學)을 겸비한 사씨와 결혼하나, 늦도록 자식이 없어 교씨를 첩으로 맞아들인다. 교씨는 천성이 간악한 인물로 아들을 낳자 정실이 되기 위해 사씨를 참소한다. 결국 유 한림은 사씨를 폐출하고 교씨를 정실로 삼는다.
위기	교씨는 문객 동청과 간통하면서 유 한림을 참소하여 유배시킨다.
절정	조정에서 유 한림에 대한 혐의를 풀어 소환하고, 충신을 참소한 동청을 처형한다.
결말	유 한림은 사방으로 사씨의 행방을 찾다가 소식을 듣고 온 사씨와 해후한다. 유 한림은 자신의 잘못을 뉘우치고 고향으로 돌아와 간악한 교씨를 처형하고 사씨를 다시 정실로 맞아들인다.

인물 관계도

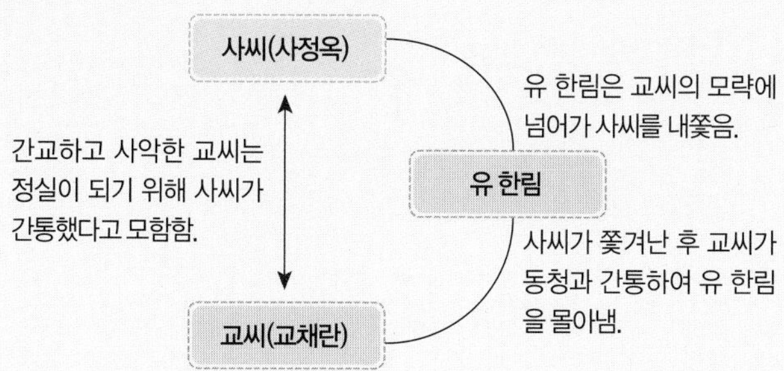

작품 연구소

'사씨남정기'라는 제목의 의미

〈사씨남정기〉의 원래 제목은 〈남정기(南征記)〉이다. '남정'은 '남쪽으로 쫓겨 간다.'라는 뜻으로, 사씨가 가정에서 쫓겨나고, 남편 유 한림이 조정에서 쫓겨나는 것을 의미한다. 특히 이 제목은 사씨가 정실 자리에서 쫓겨난 뒤 남쪽으로 간 사건을 강조하여 지은 제목이라고 할 수 있다. 사씨가 간 남쪽은 중국 장사(長蛇) 지역으로, 이곳은 순임금의 두 왕비인 아황과 여영의 발자취가 남아 있는 곳이자, 굴원을 비롯한 충신 열사들이 목숨을 바치거나 유배를 당한 곳이다. 이로 보아 이 작품은 당시 조선 사회의 모순과 실상을 적나라하게 비판하기 위해 '남정'의 의미에 무게를 두었음을 짐작할 수 있다.

키 포인트 체크

인물 사씨는 선인(善人)이자 □□□□로서 유교적 여성관을 드러내는 인물이며, 교씨는 전형적인 □□이고, 유 한림은 봉건적 사고방식을 지닌 양반 사대부가의 전형적인 인물이다.

배경 중국 명나라 초기의 북경 금릉 순천부를 배경으로, 처첩 간의 갈등을 통해 □□□□의 문제점을 비판한다.

사건 첩 교씨의 모략으로 사씨가 집에서 쫓겨나고, 온갖 □□을 겪은 뒤 유 한림의 □□을 되찾는다.

1 이 글의 서술 방식에 대한 설명으로 적절한 것은?

① 등장인물이 서술자가 되어 사건을 서술하고 있다.
② 서술자가 객관적인 입장에서 사건을 서술하고 있다.
③ 특정 인물의 시각을 중심으로 사건을 전개하고 있다.
④ 등장인물이 자신의 내면 심리를 직접 드러내고 있다.
⑤ 서술자가 사건에 개입하여 사건에 대해 평가하고 있다.

2 사 소저에 대한 평가로 적절하지 않은 것은?

① 가문에 대해 자부심을 가지고 있군.
② 자신의 의지에 따라 결혼을 결정하고 있군.
③ 결혼 상대의 조건보다는 인물됨을 중시하고 있군.
④ 총명하여 사리 판단을 잘하고 신중하게 대처하고 있군.
⑤ 강직하고 완고하여 다른 사람의 실수를 용납하지 않는군.

중요 기출

3 〈보기〉는 사 소저와 유 한림의 혼인 과정을 도식화한 것이다. (가)와 (나)의 차이점으로 적절하지 않은 것은?

보기

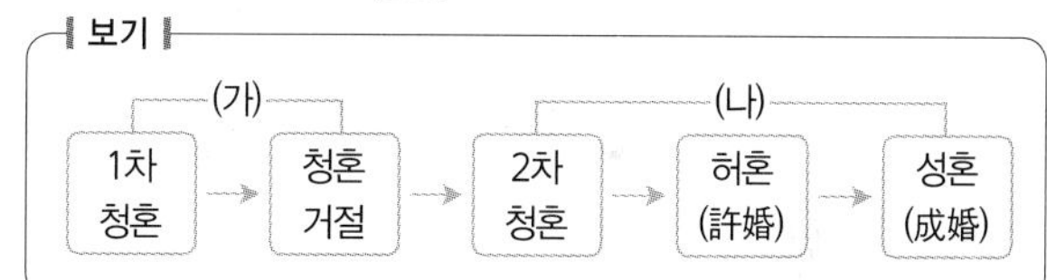

	(가)	(나)
① 청혼하는 자	경솔하게 생각함.	신중하게 행동함.
② 전달하는 자	용모와 부귀를 강조함.	덕성과 가풍을 강조함.
③ 접대의 양상	사 급사 부인이 맞이함.	소공자(유모)가 맞이함.
④ 혼인 당사자	자기주장을 펼침.	혼인 의사를 직접 밝힘.
⑤ 사건의 결과	혼인이 성사되지 않음.	혼인이 성사됨.

4 ㉠에 대한 설명으로 적절한 것은?

① 사 소저가 혼사를 받아들일 것임을 암시한다.
② 지방 수령에 대한 당시 사람들의 반감을 드러낸다.
③ 사 소저의 집안이 몰락하여 형편이 어려움을 드러낸다.
④ 남성 중심의 가부장적 사회인 당시의 상황을 드러낸다.
⑤ 사 소저의 집안에서 유 소사를 못마땅해함을 암시한다.

5 이 글에서 알 수 있는 당시의 결혼 풍속을 〈조건〉에 맞게 쓰시오.

조건
1. 글의 내용에서 두 가지를 찾을 것
2. 40자 이내의 완결된 한 문장으로 쓸 것

가 하루는 사씨가 탄식하여 한림을 보고 가슴속에 품어 온 생각을 털어놓았다.

후사가 없음을 안타까워함. / 첩을 들여 대를 잇는 일

"제가 몸이 허약하여 아무래도 자식 낳을 가망이 보이지 아니하나이다. 『옛날부터 삼천가지 불효 중에 자식 없는 것이 제일 크다 하였으니, 자식 없는 제 죄는 도저히 우리 가문에 용납 못할 것이오나』 인자하신 상공(相公)의 덕택으로 지금까지 부지하여 왔나이다. 그러나 생각자니 상공은 여러 대째 독자로 유씨 가문의 대가 끊어질까 걱정인지라, 제 생각은 마시고 어진 여자를 골라 귀한 아들을 하나 보시면 집안엔 큰 경사일 것이고, 저도 조금이나마 죄가 덜어질까 하나이다."

『 』: 자식을 낳아 대를 잇는 것이 중요한 의무임. / 상공이 자식이 없는 것에 대해 부인을 탓하지 않음. / 대를 잇지 못하는 것을 죄로 여김.

유 한림이 그 말을 듣고 쓸쓸히 웃더니 말하였다. / "어찌 한때 자식이 없다고 한탄하여 첩을 얻겠소. ❶첩이란 원래 집안의 화목을 깨뜨리는 •화근(禍根)인데 부인은 어찌 스스로 화를 부르려 하시오. 이는 •천만부당(千萬不當)하니 다시는 그런 말을 아예 마시오."

처첩 간의 갈등으로 불화가 있는 경우가 많음.

"재상가의 일처일첩은 예부터 있는 일이옵고, 또 제가 비록 덕은 없사오나 •시속(時俗) 부녀자들에게 흔히 있는 투기심 같은 것을 더럽게 여기는 바이니 상공은 조금도 걱정하지 마소서."

축첩 제도가 예전부터 있었음. / 첩에게 투기하지 않을 것임.

▶ 사씨가 유 한림에게 첩을 들이자고 권함.

나 "자네가 내 집에 들어온 이래 지금까지 불평하는 기색을 본 적이 없었네. 오늘은 무슨 일이 있었기에 그렇게 서러워하는가?"

교씨는 대답도 하지 않고 더욱 구슬피 울었다. / 한림이 굳이 그 까닭을 물었다.

사씨를 효과적으로 참소하기 위해 서러운 척함.

마침내 교씨가 입을 열었다.

"•하문(下問)하시는데 대답하지 않는다면 상공에게 죄를 얻고, 대답을 한다면 부인에게 죄를 얻을 것입니다. 대답하기도 어렵고 대답을 하지 않기도 또한 어렵습니다."

자신이 서러워하는 것이 부인 때문임을 드러냄. / 부인의 잘못을 고자질하고 싶지 않은 척함.

"비록 매우 난처한 말을 한다 하더라도 내가 자네를 꾸짖지는 않을 것이야. 숨기지 말고 어서 말씀하게." / 교씨는 그제야 눈물을 거두고 대답하였다.

"첩의 촌스러운 노래와 거친 곡조는 본디 군자께서 들으실 만한 것이 아닙니다. 단지 명을 받들고 마지못하여 못난 재주를 드러냈던 것일 따름입니다. 또한 정성을 다 기울여 상공께서 한번 웃음을 짓도록 하려는 것에 지나지 않았습니다. 무슨 다른 뜻이 있었겠습니까?

자신의 재주를 낮추어 표현함. / 자신의 행동이 순수한 의도에서 한 것이었음을 강조함.

그런데 ㉠오늘 아침 부인께서 첩을 불러 놓고 •책망하셨습니다. ❷'상공께서 너를 취하신 까닭은 단지 후사를 위한 것일 따름이었다. 집안에 미색이 부족한 때문이 아니었어. 그런데 너는 밤낮으로 얼굴이나 다독거렸지. 또한 듣자 하니 음란한 음악으로 장부의 심지를 •고혹하게 하여 •가풍을 무너뜨리고 있다 하더구나. 이는 죽어 마땅한 죄이다. 내가 우선 경고부터 해 두겠다. 네가 만일 이후로도 행실을 고치지 않는다면, 내 비록 힘은 없으나 아직도 여 태후(呂太后)가 척 부인(戚夫人)의 손발을 자르던 칼과 벙어리로 만들던 약을 가지고 있느니라. 앞으로 각별히 삼가라!'고 하셨습니다."

외모 가꾸기에만 관심을 기울임. / 한 고조 유방의 본부인인 여 태후는 유방의 총애를 독차지한 척 부인을 미워하여 그 아들을 독살하고 척 부인의 손발을 자르는 등 악행을 저지름.

▶ 교씨가 사씨를 참소함.

다 아아! 옛말에 이르기를, '호랑이를 그리는 데는 뼈를 그리기 어렵고, 사람을 사귀는 데는 마음을 알기 어렵다'고 하였다. 교씨는 얼굴이 •유순하고 말씨가 공손하였다. 따라서 사 부인은 단지 좋은 사람으로 여겼을 따름이었다. 『경계한 말씀은 오직 음란한 노래가 장부를 •오도할까 염려한 것이었다. 또한 교씨를 바른 길로 인도하려는 것이었다. 본디 사랑하는 마음에서 한 말이었다.』 추호도 시기하는 생각은 없었던 것이다. 그런데 교씨는 문득 분한 마음을 품고 교묘한 말로 •참소하여 마침내 큰 재앙의 뿌리를 양성하였다. 부부와 처첩의 사이는 진정 어려운 관계라 아니할 수 있겠는가?

사람의 속마음을 알기가 어려움. → 외모나 말씨와 달리 교씨는 좋은 사람이 아님. / 『 』: 사 부인이 교씨를 꾸짖은 의도 / 처첩 간의 갈등을 불러일으켜 집안의 위기를 불러옴. / 부부와 처첩이 사이좋게 지내기 어려움.

▶ 교씨로 인해 갈등이 발생함.

• 중심 내용 첩을 들일 것을 권한 사씨와 사씨를 참소하는 교씨 • 구성 단계 전개

어휘 풀이

화근(禍根) 재앙의 근원.
천만부당(千萬不當) 어림없이 사리에 맞지 않음.
시속(時俗) 그 당시의 속된 것.
하문(下問)하다 윗사람이 아랫사람에게 묻다.
책망(責望)하다 잘못을 꾸짖거나 나무라며 못마땅하게 여기다.
고혹(蠱惑)하다 아름다움이나 매력 같은 것에 홀려서 정신을 못 차리다.
가풍(家風) 한 집안에 대대로 이어 오는 풍습이나 범절.
유순(柔順)하다 성질이나 태도, 표정 등이 부드럽고 순하다.
오도(誤導)하다 그릇된 길로 이끌다.
참소(讒訴)하다 남을 헐뜯어서 죄가 있는 것처럼 꾸며 윗사람에게 고하여 바치다.

Q (가)에 드러난 당시의 사회·문화적 상황은?

사씨의 말에서 당시에 아들을 낳아 가문의 대를 잇는 것이 중요한 가치였으며 양반층에서 첩을 두던 것이 일반적인 일이었음을 파악할 수 있다. 또한 투기를 멀리하고자 하는 사씨의 모습에서 당시 사대부 여인들에게 요구되던 덕목을 짐작할 수 있다.

구절 풀이

❶ **첩이란 원래 집안의 화목을 ~ 화를 부르려 하시오.** 처첩 간의 갈등이 사회 문제가 되는 상황을 암시하는 한편, 앞으로 이어질 사건의 복선 역할을 하고 있다. 즉, 첩인 교씨가 들어옴으로써 유 한림 집안의 화목이 깨어지게 되는 것이다. 축첩 제도에 대한 작가의 비판적인 시각이 드러나 있다.

❷ **'상공께서 너를 취하신 까닭은 ~ 앞으로 각별히 삼가라!'** 교씨가 자신에 대한 사씨의 충고를 경고와 위협, 협박처럼 표현한 부분이다. 여 태후와 척 부인의 일화를 언급하여 사씨를 자신에게 해를 입히고자 하는 악한 인물로 표현하고 있다.

Q (다)에 드러난 서술상의 특징과 역할은?

(다)는 서술자의 편집자적 논평이 드러난 부분이다. 사씨와 교씨가 말한 의도를 직접적으로 설명하여 사건의 진행 상황을 정리하고, 사건에 대해 직접 평가를 내리고 있다.

작가 소개

김만중 (본책 136쪽 참고)

작품 연구소

〈사씨남정기〉의 창작 배경

이 작품은 숙종이 왕비인 인현 왕후를 폐위하고 희빈 장씨를 중전에 책봉한 사건을 풍자한 것으로 해석되기도 한다. 작품 속 사씨 부인은 인현 왕후, 유 한림은 숙종, 첩 교씨는 희빈 장씨와 대응된다. 즉, 이 작품은 인현 왕후 폐위의 부당성을 드러내고 숙종의 잘못을 일깨우고자 하는 목적으로 창작되었다고 볼 수 있다.

	현실	작품
인물	숙종 ─ 인현 왕후 – 아들이 없음. / 희빈 장씨 – 균(경종)	유연수 ─ 사씨(본처) – 인아(아들) / 교씨(첩) – 장주(아들)
사건 전개	희빈 장씨의 무고 → 인현 왕후의 폐위 → 인현 왕후의 복위	교씨의 모해 → 사씨를 내쫓음. → 사씨를 다시 정실로 맞아들임.

〈사씨남정기〉에 드러난 당시의 사회·문화적 상황

유 소사가 청혼을 위해 매파와 지현을 사급사 댁에 보냄.	➡	매파나 인편을 통해 혼인의 의사를 밝힘.
지현이 중매하러 왔을 때 유모가 사 소저의 어린 남동생을 안고 손님을 맞음.	➡	남성 가장이 중심이 되는 가부장제 사회임.
후사가 없자 사 부인이 대를 잇기 위해 유 한림에게 첩을 맞도록 권함.	➡	• 대를 잇는 것이 중요함. • 첩을 들이는 것이 일반적임.

〈사씨남정기〉의 독자층과 작품에 대한 평가

이 작품은 한글로 창작되었기 때문에 상하 계층을 막론하고 널리 읽혔으며, 여성들은 물론 사대부들에게까지 긍정적인 평가를 받았다. 선과 악을 대표하는 사씨와 교씨의 대립과 악인이 벌을 받는 결말을 통해 권선징악의 교훈을 전달하는 한편, 유교적 현모양처의 전형인 사씨를 등장시켜 당대 여성들에게 부녀자가 갖추어야 할 덕과 도리를 가르치는 역할도 했기 때문이다. 김춘택이 저서 《북헌집(北軒集)》에서 〈사씨남정기〉에 대해 '선생께서 한글로 지으신 것은 대개 여항의 부녀자들도 모두 암송하고 읽고 느끼게 하기 위해서일 것'이라고 평가한 것도 이런 맥락에서 이해할 수 있다.

자료실

가정 소설(家庭小說)

가정 안에서 벌어지는 일을 소재로 한 작품을 '가정 소설'이라고 한다. 고전 소설에서는 처첩 간의 갈등이나 계모와 전처 소생의 자녀 간 갈등을 다룬 작품들이 여기에 속한다. 이러한 작품들은 권선징악과 개과천선을 주제로 하는데, 대체로 악인은 음해와 악행이 탄로나서 징벌을 받거나 참회하여 선인이 되고, 선인은 행복을 다시 찾는 결말로 이루어져 있다.

함께 읽으면 좋은 작품

〈창선감의록(彰善感義錄)〉, 조성기 / 일부다처제로 인한 갈등이 드러나는 작품

사대부 가문에서 일어나는 악한 처와 착한 처 사이의 갈등과 충효와 형제간의 우애라는 유교적 이념을 다루고 있는 작품이다. 일부다처제가 야기한 갈등을 그렸다는 점에서 〈사씨남정기〉와 주제와 내용 면에서 유사하다.

Link 본책 231쪽

〈장화홍련전(薔花紅蓮傳)〉, 작자 미상 / 대표적인 계모형 가정 소설

조선 효종 때 평안도 철산 부사(府使)로 부임한 전동흘이 배 좌수의 두 딸 장화와 홍련이 계모의 흉계로 억울하게 죽은 사건을 처리한 실제 이야기를 소재로 하여 지은 작품이다. 전처의 자식과 계모 사이의 갈등이 중심을 이루는 계모형 가정 소설 가운데 가장 대표적인 작품이다.

6 이 글에서 비판하고자 하는 당대의 사회상으로 알맞은 것은?

① 사대부가의 축첩 제도
② 입신양명의 출세 지상주의
③ 당시 사회에 만연한 부정부패
④ 여성을 억압하는 남존여비 사상
⑤ 평민 여성에 대한 권력층의 횡포

내신 적중

7 〈보기〉는 ㉠에 해당하는 장면이다. (나)의 내용을 고려할 때, 〈보기〉에 드러난 교씨의 태도와 관계 깊은 한자 성어는?

> **보기**
>
> 사 부인이 정색하여 가로되, / "여자의 행실은 출가하면 구고(舅姑) 봉양과 군자 섬기는 여가에 남녀 자식을 엄숙히 가르치고 비복을 은혜로 부리나니, 여자 음률을 행하고 노래로 소일하면 가도(家道)가 자연 어지러워지나니, 그대는 깊이 생각하여 두 번 그런데 나아가지 말고 그 여자를 집으로 보내고, 또한 나의 말을 허물치 말라."
> 교씨 대하여 가로되,
> "배움이 적고 허물을 깨닫지 못하옵더니, 부인의 경계하시는 말씀이 옳은지라. 각골명심(刻骨銘心)하리이다."

① 감탄고토(甘呑苦吐)　② 구밀복검(口蜜腹劍)
③ 부화뇌동(附和雷同)　④ 방약무인(傍若無人)
⑤ 호가호위(狐假虎威)

8 이 글이 당대의 여성들에게 추천되었다면 그 이유로 보기에 적절한 것은?

① 중매결혼 제도의 허상을 숨김없이 폭로하기 때문에
② 부녀자가 갖추어야 할 덕과 도리를 익힐 수 있기 때문에
③ 당시 신분 제도의 문제점을 비판적으로 바라보기 때문에
④ 여성에게 독립적인 삶의 태도가 필요함을 깨닫게 하기 때문에
⑤ 여성이 가정 밖에서 삶의 의미를 찾을 수 있음을 보여 주기 때문에

내신 적중 多빈출

9 (다)와 〈보기〉에서 밑줄 친 부분의 서술상의 공통점을 쓰시오.

> **보기**
>
> 사람이 겁이 나다가 오래 되면 악이 나는 법이라. 겁이 날 때는 숨도 크게 못 쉬다가 악이 나면 반벙어리 같은 사람도 말이 물 퍼붓듯 나오는 일도 있는지라.
> "여보, 웬 사람이오. 여보, 대답 좀 하오. 여보 남을 붙들고 떨기는 왜 그리 떠오. 여보, 벙어리요 도둑놈이오? 도둑놈이거든 내 몸의 옷이나 벗어 줄 터이니 다 가져가오."
> 그 남자가 못생긴 마음에 어기뚱한 생각이 나서 말 한마디 엄두가 아니 나던 위인이 불 같은 욕심에 말문이 함부로 열렸더라.
> – 이인직, 〈혈의 누〉

IV. 조선 후기

047 운영전(雲英傳) | 작자 미상

키워드 체크 #염정 소설 #비극적 성격 #신분을 초월한 사랑

문학 금성, 해냄
독서 미래엔

핵심 정리

갈래 염정 소설, 몽유 소설, 액자 소설
성격 염정적, 비극적
시점 ① 외화 – 전지적 작가 시점
② 내화 – 1인칭 주인공 시점
배경 ① 시간 – 조선 초기～중기
② 공간 – 한양의 수성궁, 천상계
제재 궁녀 운영과 김 진사의 사랑
주제 신분적 제약을 초월한 남녀의 비극적 사랑
특징 ① 액자식 구성으로 이루어짐.
② 궁중이라는 특수한 사회를 배경으로 함.
③ 고전 소설의 보편적 주제인 권선징악에서 벗어나 자유연애 사상을 보여 주는 개성적인 작품임.
의의 고전 소설 중 보기 드물게 비극적 결말을 보임.
출전 《삼방요로기(三芳要路記)》

어휘 풀이

오언 절구(五言絶句) 한 구가 다섯 글자로 된 절구. 중국 당나라 때에 성행함.
부연시(賦煙詩) 안평 대군이 나무에서 연기가 피어오르는 것을 보고 궁녀들에게 한시를 짓게 한 일이 있는데, 그때 지은 한시를 말함.
상량문(上樑文) 상량식을 할 때에 상량을 축복하는 글. 상량은 집을 지을 때에 기둥에 보를 얹고 그 위에 마룻대를 올려놓는 일.
영명(英明)하다 뛰어나게 지혜롭고 총명하다.
삼생(三生) 전생(前生), 현생(現生), 내생(來生)인 과거세, 현재세, 미래세를 통틀어 이르는 말.

Q 이 작품에서 궁궐이 상징하는 것은?
이 작품의 배경인 수성궁은 안평 대군이 거처하는 곳이다. 궁녀들은 자신의 의지와 상관없이 자신이 섬기는 왕족을 위해 경전과 시문을 익혀야 하고, 다른 남자를 사랑할 수 없으며, 궁궐 밖을 마음대로 다닐 수도 없다. 따라서 궁궐은 운영과 김 진사의 사랑을 가로막는 현실적 장벽 또는 사회적 제약을 의미하는 폐쇄적 공간을 상징한다.

구절 풀이

❶ **김생의 상량문에도 말이 의심스러운 데가 있었는데,** 이전에 김 진사가 지은 상량문에 '담장을 좇아서 그윽이 풍류곡(風流曲)을 훔치네.'라는 구절을 보고 안평 대군이 운영과 김 진사의 사이를 의심한 일을 말한다.
❷ **만약 하늘이 ～ 만나 볼 수 있을 것입니다."** 김 진사와 운영의 인연이 이승에서 맺어지지 못하고 저승(천상계)에서는 맺어질 것임을 나타내며, 운영이 죽은 후 김 진사도 스스로 목숨을 끊어 저승에서 영원한 사랑이 이루어질 것임을 암시한다.

가 하루는 ⓐ대군이 서궁의 수헌(비단으로 수놓은 아름다운 가옥)에 앉아 계시다가 왜철쭉이 활짝 핀 것을 보고, 시녀들에게 각기 •오언 절구(五言絶句)를 지어서 바치라고 명령했습니다. 시녀들이 지어서 올리자, 대군이 크게 칭찬하여 말했습니다.

[A] "너희들의 글이 날마다 점점 나아지고 있어서 매우 기쁘다. 다만 ⓑ운영의 시에는 님을 그리워하는 마음(운영이 지은 시의 주제)이 나타나 있다. 지난번 •부연시(賦煙詩)에서도 그러한 마음이 희미하게 엿보였는데 지금 또 이러하니, 네가 따르고자 하는 사람이 어떤 사람이냐? ⓒ❶김생의 •상량문에도 말이 의심스러운 데가 있었는데, 네가 생각하는 사람이 김생 아니냐?"

▶ 안평 대군이 운영과 김 진사의 연정을 의심함.

나 저는 즉시 뜰로 내려가 머리를 조아리고 울면서 말했습니다.
"지난번 주군께 처음 의심을 사게 되자마자 저는 스스로 목숨을 끊으려고 했었습니다.(안평 대군 외에는 다른 남자를 사랑하는 일이 금지되어 있기 때문에) 그러나 제 나이가 아직 20도 되지 않은 데다가 다시 부모님도 뵙지 못하고 죽는 것이 매우 원통한지라,(한번 궁녀가 되면 부모도 마음대로 만나지 못하는 억압적인 궁중 생활이 드러남.) 목숨을 아껴 여기까지 이르렀습니다. 그런데 또 의심을 받게 되었으니, 한 번 죽는 것이 무엇이 아깝겠습니까? 천지의 귀신들이 죽 늘어서 밝게 비추고 시녀 다섯 사람이 한순간도 떨어지지 않고 함께 있었는데,(천지신명이 지켜보고, 서궁에 거처하는 다섯 궁녀가 자신과 함께 있었음을 들어 자신의 결백을 주장함.) 더러운 이름(오명(汚名))이 유독 저에게만 돌아오니 사는 것이 죽는 것보다 못합니다. 제가 이제야 죽을 곳을 얻었습니다."

저는 즉시 비단 수건을 난간에 매어 놓고 스스로 목을 매었습니다. 이때 ⓓ자란이 말했습니다.

"주군께서 이처럼 •영명(英明)하시면서 죄 없는 시녀(운영)로 하여금 스스로 사지(死地)로 나가게(자결하게) 하시니, 지금부터 저희들은 맹세코 붓을 들어 글을 쓰지 않겠습니다."(자란이 절필을 선언함.)

[B] 대군은 비록 화가 많이 났지만, 마음속으로는 진실로 제가 죽는 것은 바라지 않았습니다.(안평 대군이 운영을 아끼고 있음을 짐작할 수 있음.) 그래서 자란으로 하여금 저를 구하여 죽지 못하게 했습니다. 그런 뒤 대군은 흰 비단 다섯 단(端)을 내어서 다섯 사람에게 나누어 주면서 말했습니다.
"너희가 지은 시들이 가장 아름답기에 이것을 상으로 주노라."(안평 대군의 양면성 – 궁녀들을 억압하는 동시에 칭찬하면서 상을 줌.)

▶ 운영이 자란의 도움으로 위기에서 벗어남.

다 이때부터 진사는 다시는 ㉠궁궐을 출입하지 못하고 집에 틀어박힌 채 병들어 눕게 되었습니다.(운영에 대한 그리움 때문에 상사병에 걸림.) 눈물이 이불과 베개에 흩뿌려졌으며, 목숨은 한 가닥 실낱같았습니다.(가는 실같이 미미하여 끊어지거나 사라질 듯하다) ⓔ특이 와서 보고는 말했습니다.

"대장부가 죽으면 죽는 것이지, 어떻게 차마 임을 그리워하다 원한이 맺혀 좀스런(도량이 좁고 옹졸한) 여자들처럼 상심하고, 또 천금 같은 귀중한 몸을 스스로 던져 버리려 하십니까? 이제 마땅히 꾀를 쓰시면 그 여자를 얻는 것은 어렵지 않을 것입니다. 한적하고 깊은 밤에 담을 넘어 들어가서 솜으로 입을 막고 업어서 나오면(일종의 보쌈 행위) 누가 감히 우리를 쫓아올 수 있겠습니까?"

진사가 말했습니다.

"그 계획 역시 위험하여 성심으로(정성스러운 마음으로) 호소하는 것만 못할 것이다."

▶ 상심한 김 진사에게 특이 운영과 도망가기를 제안함.

라 그날 밤 진사가 들어왔는데, 저는 병으로 일어날 수가 없어서 자란에게 진사를 맞아들이게 했습니다. 술이 세 잔 정도 돌아간 후에 제가 봉한 편지(운영이 김 진사에게 이별을 고하는 편지)를 드리면서 말했습니다.

"이후부터는 다시 뵐 수 없으니, •삼생(三生)의 인연과 백 년의 약속이 오늘 저녁에 모두 끝났습니다. ❷만약 하늘이 정해 준 인연이 아직 끊어지지 않았다면 마땅히 저승에서나 서로 만나 볼 수 있을 것입니다."

▶ 운영이 김 진사에게 이별을 고함.

• 중심 내용 운영과 김 진사의 사랑을 가로막는 궁녀라는 신분적 제약 • 구성 단계 위기

이해와 감상

〈운영전〉은 안평 대군의 수성궁을 배경으로 하여 궁녀 운영과 김 진사의 이루어질 수 없는 사랑을 그린 몽유록 형식의 애정 소설로, 〈수성궁 몽유록(壽聖宮夢遊錄)〉 또는 〈유영전(柳泳傳)〉이라고도 한다. 유영에 대한 외부 이야기와 김 진사와 운영에 대한 내부 이야기로 이루어져 액자식 구성 방식으로 사건이 전개되고 있다. 내부 이야기에서 운영과 김 진사가 자신의 사랑 이야기를 직접 전달하고 있어 사실감과 감동을 더한다. 고전 소설에서는 보기 드물게 비극적인 결말을 맺고 있는 이 작품은 궁중이라는 중세 봉건 질서의 장벽을 뛰어넘어 자유연애를 쟁취하려는 선구적 시대 의식을 담고 있다.

전체 줄거리

발단	선비 유영이 안평 대군의 집터에서 홀로 술을 마시다 잠이 들고, 운영과 김 진사를 만나 그들의 사랑 이야기를 듣게 된다.
전개	안평 대군의 궁녀인 운영과 시객이었던 김 진사가 우연히 만나 사랑하는 사이가 되어 편지로 연정을 나누고 밤마다 궁에서 만난다.
위기	안평 대군이 운영과 김 진사 사이를 의심하게 되어 더 이상 궁에서 만날 수 없게 되자 두 사람은 함께 도망치려 한다.
절정	안평 대군이 운영과 김 진사의 사이를 알게 되어 궁녀들을 문책하자, 운영이 자결하고 김 진사도 뒤따라 죽는다.
결말	유영이 졸다가 깨어 보니 운영과 김 진사의 일을 기록한 책만 남아 있었다.

인물 관계도

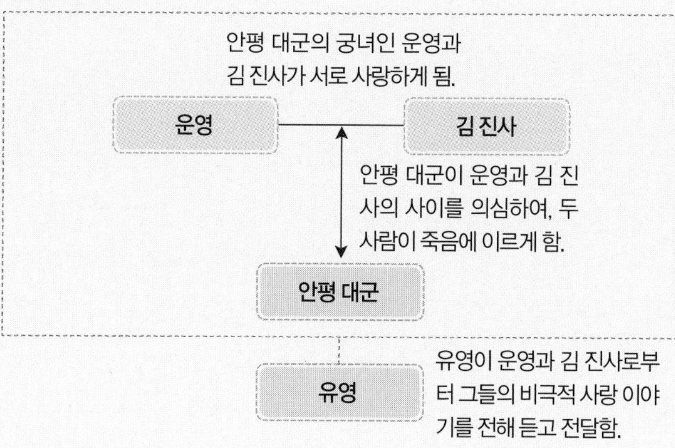

작품 연구소

〈운영전〉의 전체 구성과 서술상 특징

이 작품의 서술 시점은 복합적이지만 운영과 김 진사의 사랑 이야기는 대부분 운영의 목소리를 통해 전달된다. 즉, 운영이 유영에게 과거의 사건을 들려주는 형식으로 서술되고 있다. 특히 과거의 등장인물들이 한 말을 직접 화법으로 서술하여 현장감을 부여하고 있다.

	외화(外話)	내화(內話)	외화(外話)
내용	유영이 술에 취하여 잠이 듦.	운영과 김 진사의 애절한 사랑 이야기	유영이 운영, 김 진사의 이야기를 전함.
시대	선조(현재)	세종(과거)	선조(현재)
서술자	전지적 작가	운영, 김 진사	전지적 작가

키 포인트 체크

인물 궁궐 안의 억압적인 삶에서 벗어나고 싶어 하는 ☐☐ 운영과 선비 김 진사가 위선적이고 ☐☐☐☐ 사고를 지닌 인물인 안평 대군과 대립한다.

배경 폐쇄적 공간인 ☐☐☐을 배경으로 설정하여 당시의 사회적 제약을 보여 준다.

사건 운영과 김 진사가 ☐☐☐ 제약을 초월하여 사랑에 빠지는데 안평 대군의 방해로 함께 도망치지 못하고 운영이 ☐☐한다.

내신 적중 多빈출

1 이 글의 서술상 특징으로 적절하지 않은 것은?

① 등장인물이 자신이 겪은 사건을 서술하고 있다.
② 서술자가 제삼자에게 사연을 들려주는 방식으로 서술하고 있다.
③ 직접 화법을 사용하여 과거의 사건을 현장감 있게 서술하고 있다.
④ 서술자가 사건에 대해 분석하고 평가하여 독자의 이해를 돕고 있다.
⑤ 비극적인 사건을 사건의 당사자가 전달하여 슬픈 감정이 절실하게 전달되고 있다.

2 ㉠이 상징하는 의미로 적절한 것은?

① 김 진사의 위기를 예고하는 공간이다.
② 외부 세계와 단절된 폐쇄적인 공간이다.
③ 운영의 내적 갈등이 해소되는 공간이다.
④ 안평 대군의 불편한 심리를 상징하는 공간이다.
⑤ 김 진사의 신분이 밝혀지는 계기가 되는 공간이다.

3 이 글의 내용으로 보아, ⓐ~ⓔ의 관계를 바르게 이해한 것은?

① ⓐ는 ⓑ와 ⓒ 사이의 장애물로 작용하고 있다.
② ⓑ는 ⓓ를 통해 ⓒ를 꾸짖고 있다.
③ ⓒ는 ⓐ와 ⓑ 사이에서 갈등하고 있다.
④ ⓓ는 ⓔ와 달리 ⓒ를 옹호하며 적극적으로 도와주고 있다.
⑤ ⓔ는 ⓑ와 ⓒ의 관계를 부정적으로 생각하고 있다.

4 [A], [B]에서 알 수 있는 안평 대군의 태도를 〈조건〉에 맞게 쓰시오.

> **조건**
> 안평 대군의 구체적인 행동을 통해 제시할 것

5 운영과 〈보기〉의 밑줄 친 '아가씨'가 공통적으로 처한 상황을 쓰고, 이에 대한 태도의 차이점을 쓰시오.

> **보기**
> 열다섯 아리따운 아가씨
> 남 부끄러워 말 못 하고 헤어졌어라.
> 돌아와 중문을 닫고서는
> 배꽃 사이 달을 보며 눈물 흘리네.
> — 임제, 〈무어별(無語別)〉

어휘 풀이

형장(刑杖) 예전에 죄인을 신문할 때에 쓰던 몽둥이.
경계(警戒)하다 옳지 않은 일이나 잘못된 일들을 하지 않도록 타일러서 주의하게 하다.
음양(陰陽) 우주 만물의 서로 반대되는 두 가지 기운으로서 이원적 대립 관계를 나타내는 것. 달과 해, 겨울과 여름, 북과 남, 여자와 남자 등이 모두 음과 양으로 구분됨.
초사(招辭) 조선 시대에 죄인이 범죄 사실을 진술하던 말.
항간(巷間) 여항(閭巷). 백성의 살림집이 많이 모여 있는 곳.
운우지정(雲雨之情) 구름 또는 비와 나누는 정이라는 뜻으로, 남녀의 정교(情交)를 이르는 말. 중국 초나라의 회왕이 꿈속에서 어떤 부인과 잠자리를 같이했는데, 그 부인이 떠나면서 자기는 아침에는 구름이 되고 저녁에는 비가 되어 양대(陽臺) 아래에 있겠다고 했다는 고사에서 유래함.

가 대군은 서궁의 시녀 다섯 사람을 붙잡아 뜰 가운데 세우고, 눈앞에 •형장(刑杖)을 엄히 갖춘 다음 명령을 내려 말했습니다. / ㉠"이 다섯 사람을 죽여서 다른 사람들을 •경계하라."
(운영, 자란, 은섬, 옥녀, 비취)

대군은 또 곤장을 잡은 사람에게 지시하여 말했습니다.

"곤장 수를 헤아리지 말고 죽을 때까지 때려라."/ 이에 우리 다섯 사람이 말했습니다.

"한마디 말만 하고 죽기를 원합니다."/ 대군이 말했습니다.
(대군의 잔혹한 면모를 엿볼 수 있음.)

"무슨 말이든지 그간의 사정을 다 털어놓도록 해라." ▶ 안평 대군이 서궁의 시녀들을 문초함.

나 은섬이 말했습니다. / "남녀의 정욕은 •음양의 이치에서 나온 것으로, 귀하고 천한 것의 구별이 없이 사람이라면 모두 다 갖고 있는 것입니다. 그런데 저희는 한번 깊은 궁궐에 갇힌 이후 그림자를 벗하며 외롭게 지내 왔습니다. 그래서 꽃을 보면 눈물이 앞을 가리고, 달을 대하면 넋이 사라지는 듯하였습니다.『저희들이 매화 열매를 꾀꼬리에게 던져 쌍쌍이 날지 못하게 하고, 주렴으로 막을 쳐서 제비 두 마리가 같은 둥지에 깃들지 못하게 하는 것도 다름이 아닙니다. 저희 스스로 쌍쌍이 노니는 꾀꼬리와 제비를 부러워하고 질투하는 마음을 견딜 수 없었기 때문입니다.』 한번 ⓐ궁궐의 담을 넘으면 인간 세상의 즐거움을 알 수 있습니다. 그럼에도 저희가 궁궐의 담을 넘지 않는 것은 어찌 힘이 부족하며 마음이 차마 하지 못해서 그러하겠습니까? 저희들이 이 궁중에서 꾀할 수 있는 일은 오로지 주군의 위엄이 두려워 이 마음을 굳게 지키다가 말라 죽는 길뿐입니다. 그런데도 주군께서는 이제 죄 없는 저희들을 사지(死地)로 보내려 하시니, 저희들은 황천(黃泉) 아래서 죽더라도 눈을 감지 못할 것입니다."
(외부 세계와 단절된 궁녀들의 궁중 생활 / 『』: 짐승들도 암수가 서로 정답게 지내는데 성정이 있는 인간들이 마음대로 사랑하지 못하는 것에 대한 울분이 나타남. / 궁녀들과 대비되는 대상 / 안평 대군의 위세에 대한 궁녀들의 두려움 / 궁중 생활에 한이 맺혀 있음을 짐작하게 해 줌. / 황천: 저승)
▶ 은섬이 인간의 본성과 성정을 억압하는 궁중 제도를 간접적으로 비판함.

> **Q 은섬의 주장을 통해 드러내고자 한 것은?**
> 궁녀들은 외부 세계와 단절된 궁중 생활을 하면서 사랑의 감정조차 허용되지 않는 억압적인 삶을 살고 있다. 이에 은섬은 자유로운 인간의 본성과 성정(性情)을 주장하여 이를 억압하는 제도를 간접적으로 비판하고 있다.

다 비취가 •초사(招辭)를 올려 말했습니다. / "주군께서 보살펴 주신 은혜는 산보다 높고 바다보다도 깊습니다. 저희들은 감격스러움과 두려움에 오로지 글짓기와 거문고 연주만을 일삼고 있을 따름입니다. 이제 씻지 못할 악명이 두루 서궁에까지 이르렀으니, 사는 것이 죽는 것보다 못하게 되었습니다. 오로지 엎드려 바라건대, 사지에 빨리 나가고 싶을 뿐입니다." / 자란이 초사를 올려 말했습니다.
(안평 대군의 이중적 태도에서 오는 반응 / 서궁의 궁녀가 외부인과 접촉했다는 소문이나 평판)

"오늘의 일은 죄가 헤아릴 수 없을 정도로 크니, 마음속에 품은 생각을 어떻게 차마 속이겠습니까?『저희들은 모두 •항간(巷間)의 천한 여자로, 아버지가 대순도 아니며, 어머니는 이비도 아닙니다. 그러니 남녀의 정욕이 어찌 유독 저희들에게만 없겠습니까? ❶천자인 목왕도 매번 요대(瑤臺)의 즐거움을 생각했고, ❷영웅인 항우도 휘장 속에서 눈물을 금하지 못했는데, 주군께서는 어찌 운영만이 유독 •운우지정(雲雨之情)이 없다 하십니까?』
(『』: 자신들에게도 남녀의 정욕이 있음을 중국의 역사적 인물들을 사례로 들어 강조함. / 대순: '순(舜)임금'을 높여 이르는 말 / 이비: 순임금의 두 비(妃)인 아황(娥黃)과 여영(女英) / 요대: 훌륭한 궁전)
▶ 비취는 죽기를 바라고, 자란은 운영을 두둔함.

구절 풀이

❶ **천자인 목왕도 매번 요대의 즐거움을 생각했고** 주(周)나라 목왕이 요대에서 서왕모를 만나 함께 노니느라고 돌아오기를 잊었다는 고사에서 나온 말이다. 남녀 간의 애정과 그로 인한 즐거움은 누구에게나 있다는 것을 강조한 말이다.
❷ **영웅인 항우도 휘장 속에서 눈물을 금하지 못했는데,** 항우가 해하에서 한(漢)나라 군사에게 포위되었을 때, 〈해하가〉를 지어 우미인과 함께 부르면서 눈물을 흘렸다는 데서 나온 말이다.

라 제가 초사를 올려 말했습니다. / "주군의 은혜는 산과 같고 바다와 같습니다. 그런데도 능히 정절을 고수(固守)하지 못한 것이 저의 첫 번째 죄입니다. 지난날 제가 지은 시가 주군께 의심을 받게 되었는데도 끝내 사실대로 아뢰지 못한 것이 저의 두 번째 죄입니다. 죄 없는 서궁 사람들이 저 때문에 함께 죄를 입게 된 것이 저의 세 번째 죄입니다. 이처럼 세 가지 큰 죄를 짓고서 무슨 면목으로 살겠습니까? 만약 죽음을 늦춰 주실지라도 저는 마땅히 자결할 것입니다. 처분만 기다립니다."
(제가: 운영 / 직유법, 과장법 / 고수: 굳게 지키지 / 김 진사를 연모한 일 / 서궁 사람들: 은섬, 비취, 자란, 옥녀)
▶ 운영이 자신의 죄를 인정하고 자결하려 함.

마 대군은 우리들의 초사를 다 보고 나서, 또다시 자란의 초사를 펼쳐 놓고 보더니 점차 노기(怒氣)가 풀리었습니다. / 이때 소옥이 무릎을 꿇고 울면서 아뢰었습니다.
(역사적 인물들의 '운우지정'의 고사를 인용해 설득한 자란의 초사를 보고 화가 풀림.)

"지난날 완사를 성내(城內)에서 하지 말자고 한 것은 제 의견이었습니다. 자란이 밤에 남궁에 와서 매우 간절하게 요청하기에, 제가 그 마음을 불쌍히 여겨 여러 사람의 의견을 배척하고 따랐던 것입니다. 그러니 운영의 훼절(毁節)은 죄가 제 몸에 있지 운영에게 있지 않습니다. 엎드려 바라건대, 주군께서는 제 몸으로써 운영의 목숨을 이어 주십시오."
(완사: 마전이나 빨래를 함. / 궁녀들은 빨래를 궁궐 안에서 해야 함. / 훼절: 운영이 궐 밖으로 빨래를 하러 나가서 김 진사를 만나는 것은 안평 대군에 대한 지조나 절개를 깨뜨리는 행위임. / 운영 대신 자신이 죽겠다는 소옥)
▶ 소옥이 죽음으로써 운영을 구하려 함.

> **Q 궁녀들이 초사를 올린 이유는?**
> 궁녀들이 초사를 올린 이유는 운영을 옹호하기 위해서이다. 운영이 겪는 갈등이 곧 궁녀들의 갈등이기 때문이다. 따라서 궁녀들의 초사에는 인간의 본성과 성정을 억압하는 궁중에서 살아가는 궁녀들의 심리적 갈등이 드러나 있다.

• **중심 내용** 문초를 받으면서도 운영을 두둔하는 서궁의 궁녀들 • **구성 단계** 위기

작품 연구소

〈운영전〉의 구성상 특징

〈운영전〉은 액자식 구성으로 이루어져 있는데 그중 내화가 이중으로 구성되어 있다는 점이 특이하다. 유영이 술에 취해 잠들었다가 깨어나서 운영과 김 진사를 만나 그들의 비극적 연애담을 들은 후 다시 술에 취해 잠들었다가 깨어나는 구조로 이루어져 있다. 즉, 유영이 운영과 김 진사를 만난 것이 꿈속에서가 아니라 현실에서 이루어진 일로 제시되어 있는 것이다. 그러나 김 진사나 운영은 이미 죽은 사람의 환신(幻身)이기 때문에 유영이 이들을 만난 것은 환상 체험이라고 할 수 있다. 이러한 구성 방식은 작품에 현실성을 부여하기 위한 몽유록의 발전된 형식이라고 할 수 있다.

유영의 이야기(외화)
- 유영과 운영·김 진사의 대화(내화 1)
  - 운영·김 진사의 회고(내화 2)

〈운영전〉에 나타나는 주제의 양면성

표면적 주제	이루어질 수 없는 남녀의 비극적 사랑
이면적 주제	억압된 삶에 대한 저항, 자유연애 사상

〈운영전〉의 서술자의 특징

〈운영전〉은 서술의 주체가 여성이기 때문에 남성이 서술의 주체가 되었던 작품과는 차이를 보인다. 첫째, 여성이 수동적이고 남성에게 사랑을 애원하는 존재가 아니라 사랑을 하는 행위 주체자로 표현되었다. 둘째, 여성들의 공간이 그들의 생활 흔적이 묻어나는 삶의 공간으로 묘사되었다. 그와 동시에 여성 인물들의 관계는 남성의 사랑을 독차지하기 위해 서로를 질투하고 모함하는 것이 아닌, 하나의 인격체로서 존중하며 유대를 쌓아 가는 모습으로 나타난다. 이러한 특성이 나타나는 것은 여성의 이야기를 여성 서술자가 등장하여 이야기했기 때문에 가능했던 것이다.

〈운영전〉과 기존 몽유록계 소설의 구조적 차이

기존의 몽유록계 소설은 꿈과 현실이 명확하게 구별되고, 대체로 현실 세계의 주인공이 꿈속의 주인공과 동일 인물인 경우가 많은 데 비해, 〈운영전〉은 현실 세계에서는 유영을, 꿈속에서는 운영과 김 진사를 주인공으로 설정하고 있다. 뿐만 아니라 기존의 몽유록계 소설들이 '현실 – 꿈 – 현실'처럼 단순한 액자 구성 방식을 취하는 데 비해, 〈운영전〉은 현실계의 유영이 꿈의 세계에 해당하는 운영과 김 진사의 세계로 바로 들어가지 않는다. 즉, 입몽(入夢)과 각몽(覺夢)의 형태가 다르다. 유영은 취몽(醉夢)에서 깨어난 다음에 비로소 운영과 김 진사를 만나게 되고, 현실로 복귀할 때에도 취몽에서 깨어나는 과정을 거치게 된다.

함께 읽으면 좋은 작품

〈원생몽유록(元生夢遊錄)〉, 임제 / 외화와 내화로 구성된 액자 소설

원자허라는 인물이 꿈속에서 단종과 사육신을 만나 비분한 마음으로 흥망의 도를 토론했다는 내용으로, 세조의 왕위 찬탈을 소재로 정치 권력의 모순을 폭로한 작품이다. 꿈속에서 들은 이야기(내화)와 현실로 돌아와 꿈에서 들은 이야기를 논평(외화)하는 구조의 액자 소설이라는 점에서 〈운영전〉과 유사하다. 하지만 〈운영전〉은 유영이 꿈에서 깨어난 뒤에 운영과 김 진사를 만나 이야기를 듣는다는 점에서 차이가 있다.

6 이 글의 내용으로 적절하지 않은 것은?

① 대군은 우유부단한 성격의 소유자이다.
② 궁녀들은 궁 밖으로 자유롭게 외출할 수 없었다.
③ 운영은 다른 서궁의 궁녀들에게 미안해하고 있다.
④ 궁녀들은 억압된 궁중 생활로 인해 한이 맺혀 있다.
⑤ 서궁의 궁녀들은 운영의 처지에 안타까움을 느끼고 있다.

7 이 글의 인물들의 태도와 그 판단 근거로 적절하지 않은 것은?

	인물	태도	판단의 근거
①	은섬	본성 중시	동물들도 음양의 이치를 따름.
②	비취	명예 중시	악명 때문에 죽고자 함.
③	자란	본성 중시	남녀의 정욕을 인정함.
④	운영	자책적	모든 잘못을 자기 탓으로 돌림.
⑤	소옥	독선적	여러 사람의 의견을 따르지 않음.

8 초사에 드러난 궁녀들의 말하기 방식과 거리가 먼 것은?

① 역사적 인물들의 고사를 제시하고 있다.
② 대군의 은혜에 감사하는 마음을 드러내고 있다.
③ 자신들의 외로운 처지를 진솔하게 표현하고 있다.
④ 자신들의 죽음이 불러올 문제 상황을 일깨우고 있다.
⑤ 의문 형식을 통해 전하고자 하는 의미를 강조하고 있다.

9 ㉠과 뜻이 통하는 한자 성어로 적절한 것은?

① 타산지석(他山之石) ② 일벌백계(一罰百戒)
③ 발본색원(拔本塞源) ④ 인과응보(因果應報)
⑤ 자승자박(自繩自縛)

중요 기출

10 ⓐ에 대한 설명으로 가장 적절한 것은?

① 담은 위선과 진실을 구별하는 경계이다.
② 담 안은 물질적 욕망이 지배하는 공간이다.
③ 담 안의 인물들은 담 밖의 세상에 관심이 없다.
④ 담을 넘는 것은 대군의 권위에 도전하는 것이다.
⑤ 담 밖은 담 안과 달리 신분적 위계가 없는 공간이다.

11 〈보기〉를 참고하여 이 글에 나타난 미적 범주를 〈조건〉에 맞게 쓰시오.

보기

자연을 바라보는 '나'가 자연의 조화라는 가치에 순응하는 태도를 보일 때 그 아름다움은 '우아미(優雅美)'로 나타나고, 자연의 질서나 이치를 의의 있는 것으로 존중하지 않고 추락시킬 때 '골계미(滑稽美)'가 나타난다. 그리고 자연을 인식하는 '나'가 자연의 조화를 현실에서 추구하고 실현하고자 하는 태도를 보일 때 그 아름다움은 '숭고미(崇高美)'로 나타나고, '나'의 실현 의지가 현실적 여건 때문에 좌절될 때 '비장미(悲壯美)'가 나타난다.

조건

1. 이 글에 나타난 사회적 제약을 근거로 들 것
2. '이 글에서는 ~가 나타난다.' 형태의 완결된 한 문장으로 쓸 것

048 숙향전(淑香傳) | 작자 미상

기워드 체크 #적강소설 #염정소설 #비현실적인 사건 전개 #영웅의 일대기 구조

핵심 정리

갈래 염정 소설, 적강 소설, 영웅 소설
성격 도교적, 초현실적, 낭만적
시점 전지적 작가 시점
배경 ① 시간 – 중국 송나라 때
② 공간 – 형초 땅
제재 숙향과 이선의 사랑
주제 ① 고난을 극복한 사랑의 성취
② 인간의 천상적 애정 실현
특징 ① 천상계와 지상계의 이원적 공간이 설정됨.
② 영웅의 일대기 구조가 나타남.
③ 주인공 숙향은 영웅으로서의 능력을 구비하지 못함.
출전 경판본 《숙향전(淑香傳)》

어휘 풀이

금봉차(金鳳釵) 금으로 만든 봉황 모양의 비녀.
옥장도(玉粧刀) 자루와 칼집을 옥으로 만들거나 꾸민 작은 칼.
근간(近間) 요사이.
대로(大怒)하다 크게 화를 내다.
소반(小盤) 자그마한 밥상.
반석(盤石) 넓고 평평한 큰 돌.
사양머리 '새앙머리'의 잘못. 예전에 여자아이가 예장(禮裝)할 때에 두 갈래로 갈라서 땋은 머리.
월궁항아(月宮姮娥) 전설에서, 달에 있는 궁에 산다는 선녀.
옥하수(玉河水) 맑고 깨끗한 물.

구절 풀이

❶ **봉차는 계집의 ~ 가장 수상합니다.** 봉차를 가져간 것은 여자이니 그렇다 치더라도 장도를 가져간 것은 이해할 수 없다는 말로, 혹시 장도로 자신들을 해할 마음을 가졌을지도 모른다는 생각을 드러낸 말이다.
❷ **"요사이 숙향의 ~ 그 뜻을 모르겠습니다."** 글자를 지었다는 것은 다른 사람과 글을 주고받았다는 것을 의미하며, 외인이 자주 출입했다는 것은 다른 남자와 내통했다는 것을 뜻한다. 사향은 승상과 부인에게 거짓된 정보를 고하여 숙향을 모함하고 있다.
❸ **하늘을 우러러 ~ 물속으로 뛰어들었다.** 숙향은 모함을 받은 자신의 처지를 한탄하다가 물로 뛰어드는 극단적인 선택을 한다. 이러한 모습에는 죽음으로 자신의 결백을 보여 주고자 하는 태도와 더불어 더 이상 의지할 곳 없는 처지를 비관하는 심정이 담겨 있다.

Q (라)에 나타난 〈숙향전〉의 비현실성은?

〈숙향전〉에서는 초월적 존재들이 나타나 숙향이 고난에 처할 때마다 숙향을 돕는 비현실적인 상황이 펼쳐진다. 이러한 비현실성은 숙향이 평범한 인간이 아니라는 점, 숙향의 고난과 그 극복 과정이 천상계에서 예정된 것이었음을 드러내는 요소로 작용한다.

가 『이날 사향이 틈을 타 부인의 침소에 들어가 •금봉차와 •옥장도를 훔쳐 낭자의 사사로운 그릇 속에 감추었더니』 그 후에 부인이 잔치에 가려고 봉차를 찾으니 간 데 없는지라. 괴이하게 여겨 세간을 내어 살펴보니 장도 또한 없거늘 모든 시녀를 죄 주었다. [중략]

(『 』: 숙향을 모함하기 위한 사향의 계략)

"저번에 숙향이 부인의 침소에 들어가 세간을 뒤지더니 무엇인가 치마 앞에 감추어 가지고 자기 침방으로 갔으니 수상합니다." / 부인이 말하기를,

"숙향의 빙옥 같은 마음에 어찌 그런 일이 있으리오?" (숙향의 성품을 믿는 모습) / 사향이 말하기를,

"『숙향이 예전에는 그런 일이 없더니 •근간 혼인 의논을 들은 후로는 당신의 세간을 장만하노라 그러하온지 가장 부정함이 많습니다.』 어쨌든 숙향의 세간을 뒤져 보십시오."

(『 』: 숙향을 모함하기 위해 제시한 그럴듯한 이유)

▶ 사향이 숙향을 모함함.

나 부인이 또한 의심하여 숙향을 불러 말하기를,

"봉차와 장도가 혹 네 방에 있나 살펴보라."

숙향이 말하기를, / "소녀의 손으로 가져온 일이 없사오니 어찌 소녀방에 있겠습니까?" (숙향이 자신의 결백을 주장함.) 하고 그릇을 내어 친히 찾게 하니 과연 봉차와 장도가 있는지라. (사향이 미리 감추어 두었기 때문 – 숙향이 위기에 처하게 됨.) 부인이 •대로하여 말하기를, / "네 아니 가져왔으면 어찌 네 그릇에 들어 있느냐?" / 하고 승상께 들어가 말하기를,

"숙향을 친딸같이 길렀으나 이제 장도와 봉차를 가져다 제 함 속에 넣고 종시 몰라라 하다가 제게 들켰사오니, ❶봉차는 계집의 노리개니 이상하지 않으나 장도는 계집에게 어울리지 않는 물건이라 그 일이 가장 수상합니다. 어찌 처치하면 마땅하겠습니까?"

사향이 곁에 있다가 고하기를,

❷"요사이 숙향의 거동을 보오니 혹 글자도 지으며, 외인이 자주 출입하니 그 뜻을 모르겠습니다." / 승상이 대경하여(크게 놀라) 말하기를,

"제 나이가 찼음에 필연 외인과 상통하는(외간 남자와 정을 통함.) 것입니다. 그냥 두었다가는 집안에 불측한(미루어 헤아릴 수 없는) 일이 있을 것이니 빨리 쫓아내십시오."

▶ 숙향이 봉차와 장도를 훔쳤다는 누명을 씀.

다 사향이 발을 구르며 숙향을 이끌어 문밖으로 내치고 문을 닫고 들어가며 말하기를,

"근처에 있지 말고 멀리 가라. 만일 승상이 아시면 큰일 나리라." (숙향을 걱정해 주는 척하면서 내쫓고 있음. – 사향의 간교한 성격)

하거늘, 숙향이 멀리 가며 승상 집을 돌아보고 울며 가더라.

한 곳에 다다라 문득 보니 큰 강이 있으니 이는 표진강이었다. ⓐ어찌할 바를 몰라 강변을 헤매다가 날은 저물고 행인은 드문지라 사면을 돌아봐도 의지할 곳이 없는지라(사면초가(四面楚歌)), ❸하늘을 우러러 통곡하다가 손에 깁수건을 쥐고 치마를 뒤집어쓰고 물속으로 뛰어들었다.

▶ 숙향이 누명을 쓰고 집을 나와 물속으로 뛰어듦.

라 이때 숙향이 물에 뛰어드니 검은 •소반 같은 것이 물 밑으로부터 숙향을 태우고 물 위에 섰는데 편하기가 •반석 같았다. 이윽고 오색구름이 일어나며 •사양머리를 한 계집아이가 연엽주를 바삐 저어 앞에 다다라 말하기를, / "부인은 어서 배에 오르십시오."

하니 그 검은 것이 변하여 계집아이가 되어 숙향을 안아서 배에 올리고 아이 둘은 숙향을 향하여 재배하여 말하기를,

"귀하신 몸을 어찌 이렇듯 가벼이 버리십니까? 저희는 •월궁항아(천상에서 적강한 존재)의 명으로 부인을 구하러 오다가 •옥하수(천상적 존재 – 숙향이 천상에서 하강한 존재임이 드러남.)에서 여동빈(여덟 신선 중 한 명인 중국 당대의 도사) 선생을 만나 잠시 술을 마셨는데 하마터면 부인을 구하지 못할 뻔했습니다."

▶ 월궁항아의 도움으로 숙향이 목숨을 구함.

• **중심 내용** 사향의 모함으로 집에서 쫓겨난 숙향이 자결을 시도하지만 월궁항아의 도움을 받아 구출됨.
• **구성 단계** 전개

이해와 감상

〈숙향전〉은 〈이화정기(利花亭記)〉라고도 불리는 작자 미상의 국문 소설로, 천상에서 죄를 지은 두 남녀가 지상의 인간으로 태어난 뒤 우연한 기회에 만나 시련을 극복한 후 결국 천상에서의 숙연(宿緣)을 실현한다는 내용이다.

이 작품은 숙향의 삶을 중심으로 사건이 전개되면서 영웅의 일대기 구조에 따라 여성의 수난을 그리고 있는 것이 특징이다. 즉, 여성 주인공 숙향이 고귀한 혈통으로 태어나 어려서 고아가 되고, 구출자를 만나 위기를 극복하며 마침내 행복한 삶을 누리는 영웅 소설의 구조를 지니고 있다. 일반적인 영웅 소설에서는 남성 주인공이 중심이 되어 학문이나 무예에서 최고의 실력을 보이며 승부해 나가지만, 이 작품에서는 여성인 숙향이 숱한 고난을 이겨 내고, 자신의 사랑을 찾아 지켜 나가는 것이 중심 내용이다.

한편 여성 주인공이 고난과 역경 속에서도 애정을 포기하지 않는다는 설정은 여성들의 관심사를 다루면서 애정 성취의 욕구를 중요하게 생각하는 여성 독자층의 의식을 반영한 것이라 볼 수 있다.

전체 줄거리

발단	김전과 장씨 사이에서 숙향이 태어난다.
전개	숙향이 부모와 헤어지고 장 승상 댁 양녀가 되나, 종 사향의 흉계로 집에서 쫓겨난다.
위기	거리를 떠돌던 숙향은 마고할미와 살게 된다. 어느 날 숙향은 천상 선녀로 놀던 꿈을 꾸어 이를 수놓고, 이를 본 이선이 숙향을 찾아온다.
절정	이선이 숙향과 가연을 맺자 이에 분노한 이 상서가 김전에게 숙향을 죽이게 하나, 김전은 숙향이 자신의 딸임을 알게 된다.
결말	마고할미가 죽자 자살하려던 숙향은 이선의 부모를 만나 오해를 풀고 이선과의 혼인을 허락받아 부귀를 누리다가 선계로 돌아간다.

인물 관계도

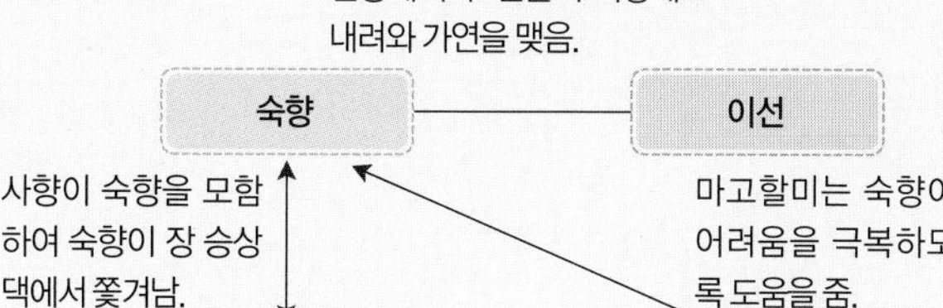

작품 연구소

〈숙향전〉과 일반적인 영웅 소설의 비교

	영웅 소설	여성 영웅 소설	〈숙향전〉
공통점	영웅의 일대기 구조		
차이점	남성 주인공	여성 주인공	
	집단적 가치를 실현하는 영웅임.		집단적 가치를 실현하지 않음.
	초월적 존재 및 영웅 스스로의 능력으로 문제를 해결함.		초월적 존재의 도움으로 문제를 해결함.

키 포인트 체크

인물 숙향과 이선은 □□□에서 □□□로 내려왔으나 영웅으로서의 능력은 갖추지 않은 인물들이다.

배경 중국 송나라 때 형초 땅을 배경으로 천상계와 지상계의 □□□ 공간이 설정되었다.

사건 천상에서 □를 지은 숙향과 이선이 지상에서 태어난 뒤, 온갖 시련을 극복하며 사랑을 □□하고 다시 천상으로 돌아간다.

중요 기출

1 이 글의 내용을 〈보기〉와 같이 정리할 때, ㄱ～ㄹ에 들어갈 말을 바르게 짝지은 것은?

보기

인물	역할	사건의 내용
사향	(ㄱ)	도둑질했다는 누명을 씌움.
		(ㄴ)을/를 했다는 누명을 씌움.
승상	심판자	(ㄷ)
숙향	피해자	(ㄹ)

	ㄱ	ㄴ	ㄷ	ㄹ
①	공모자	부정한 행실	체벌 허락	무죄를 탄원함.
②	공모자	내통	추방 지시	집에서 쫓겨남.
③	공모자	밀고	체벌 허락	무죄를 입증함.
④	음해자	밀고	체벌 허락	무죄를 탄원함.
⑤	음해자	부정한 행실	추방 지시	집에서 쫓겨남.

2 〈보기〉를 참고할 때, 이 글에 대한 설명으로 적절하지 않은 것은?

보기

주인공이 천상에서 죄를 지어 지상에 내려오거나 사람으로 태어나는 화소를 적강 화소(謫降話素)라고 한다. 이러한 화소가 쓰였다는 것은 지상계와 천상계의 이원 구도 속에서 서사가 진행된다는 것을 의미한다.

① 〈보기〉의 성격 때문에 선녀가 개입함을 알 수 있다.
② 천상계와 지상계가 서로 소통하고 있음을 알 수 있다.
③ 숙향이 비범한 능력을 지니고 태어났음을 짐작할 수 있다.
④ 천상계의 원리가 지상계의 원리보다 우위에 있음을 알 수 있다.
⑤ 숙향이 자기 의지와 상관없이 지상계에 내려왔음을 알 수 있다.

중요 기출

3 ⓐ에 나타난 숙향의 처지를 표현할 때, 적절하지 않은 것은?

① 기호지세(騎虎之勢) ② 고립무원(孤立無援)
③ 혈혈단신(孑孑單身) ④ 사고무친(四顧無親)
⑤ 진퇴유곡(進退維谷)

4 이 글과 일반적인 영웅 소설의 차이점을 〈조건〉에 맞게 쓰시오.

조건

1. 주인공의 능력을 중심으로 비교할 것
2. '일반적인 영웅 소설은 ~ 〈숙향전〉은 ~' 형태의 완결된 한 문장으로 쓸 것

어휘 풀이

옥경(玉京) 하늘 위에 옥황상제가 산다고 하는 가상적인 서울.
적강(謫降)하다 신선이 인간 세상에 내려오거나 사람으로 태어나다.
여류(如流)하다 물의 흐름과 같다는 뜻으로, 세월이 매우 빠름을 비유적으로 이르는 말.
망간(望間) 음력 보름께.
양풍(涼風) 서늘한 바람.
태학(太學) 조선 시대에 성균관을 달리 일컫던 말.
봉서(封書) 겉봉을 봉한 편지.
지험(至險)하다 매우 험준하다.
천정연분(天定緣分) 하늘이 맺어 준 연분. 천생연분(天生緣分).
원앙금(鴛鴦衾) 부부가 함께 덮는 이불.
적료(寂廖)하다 적적하고 고요하다.
백년가랑(百年佳郞) 오랜 세월 동안 변치 않을 사랑하는 낭군.

Q 이 작품에서 삽사리의 역할은?

마고할미가 죽자 낙심한 숙향은 자신의 처지를 한탄하면서 글을 쓴다. 이때 삽사리는 숙향의 글을 이선에게 가져다 주고, 이선의 답신을 숙향에게 전해 주어 그녀의 자결을 막게 된다. 이처럼 하루에 수천 리를 달려 숙향의 자결을 막은 삽사리는 용녀, 마고할미 등과 마찬가지로 숙향이 고난과 위기를 극복할 수 있도록 도와주는 조력자 역할을 하면서 또한 숙향과 이선의 편지를 전해 주어 둘의 관계를 이어 주는 매개자 역할을 한다.

구절 풀이

❶ **낭자는 개마저 ~ 자결하고자 하여** 숙향은 어린 나이에 부모를 잃고 여러 곳을 전전하며 여러 차례 죽을 고비를 넘기고서 이선을 만나 혼인했으나, 숙향의 신분을 탐탁지 않게 여기는 이선의 아버지 때문에 결혼 생활이 순탄하지 않았다. 그리고 자신을 돌보아 주던 마고할미마저 죽자 깊은 외로움을 느끼며 자결을 결심한다.

❷ **문득 들으니 ~ 가까이 다가왔다.** 숙향이 자결하려는 순간 삽사리가 등장하는 장면으로, 삽사리가 돌아와 이선의 봉서를 전해 줌으로써 숙향의 자결을 막게 된다. 이는 고전 소설에서 흔히 드러나는 사건 전개의 우연성을 보여 주는 것이다.

❸ **낭자가 편지글에 ~ 기이하게 여겼다.** 삽사리는 하루에 수천 리를 달려 숙향과 이선의 글을 전달한다. 이러한 삽사리의 기이한 능력에는 숙향이 위기를 극복할 수 있도록 도와주려는 천상계의 의지가 담겨 있다고 볼 수 있다.

Q 이선의 편지가 하는 역할은?

숙향의 고난을 알게 된 이선이 삽사리를 통해 숙향에게 보낸 편지의 내용이다. 숙향에 대한 자신의 사랑을 전하면서, 자신의 과거 급제를 기다려 달라는 내용을 통해 자신을 믿어 줄 것을 부탁하고 있다.

가 용녀가 대답하여 말하기를,

"전에 시해용왕이(숙향의 아버지 김전이 살려 준 거북이) 수정궁에 모여 잔치를 할 때 저의 사랑하는 시녀가 유리종을 깨뜨렸기에 행여 죄를 얻을까 하여 감추었더니 부왕이 아시고 노하여 첩을 반하수에 내치시매 물가로 다니다가 어부에게 잡혀 죽게 되었습니다. 이때 김 상서(숙향의 아버지 김전)의 구함을 입어 살아났으니 그 은혜를 갚을 길이 없었습니다. 어제 부왕이 옥경에서 조회할 때 옥제 말씀을 듣사오니 『소아가(숙향이 천상계에 있을 때의 이름) 천상에서 득죄하여 김 상서 집에 적강한 뒤로 도적의 칼 아래 놀라게 하고, 표진강에 빠져 죽을 액을 당하고, 갈대밭에서 화재를 만나고, 낙양 옥중에서 죽을 액을 지낸 후에야 태을을(이선이 천상계에 있을 때의 이름) 만나게 하라.』(『 』: 인간 세계에서 숙향의 고난을 겪는 이유가 천상에서 죄를 지었기 때문임을 알 수 있음.) 하시고 물 지키는 관원을 명하여 '기다렸다가 죽이지는 말고 욕만 뵈어 보내라.' 하시기에 제가 특별히 김 상서의 은덕을 갚고자 하여(결초보은(結草報恩)) 자원하여 왔습니다. 이제 그대가 또 구하시니 저는 가겠습니다."

▶ 용녀가 자신이 오게 된 이유를 밝힘.

나 세월이 여류(如流)하여 ㉠추칠월(秋七月) 망간(望間)이 됨에 양풍(涼風)은 소슬하고 밝은 보름달은 조용한지라,(가을밤의 배경 제시 – 숙향의 쓸쓸한 심정을 고조시킴.) 낭자가 종이를 펴 놓고 글을 지어 읊다가 책상을 의지하여 잠시 졸다가 깨어 일어나 보니 ㉡삽사리 온데간데 없어 놀라서 삽사리를 찾았으나 종적이 없는지라 더욱 망연하여 신세를 한탄하였다.

▶ 마고할미가 죽은 뒤 숙향이 쓸쓸해함.

다 이때 이랑이(이선) 태학에 있어 낭자의 소식을 모르더니 하루는 삽사리가 오거늘 반갑고 놀라 데려다가 어루만질 새 그 개가 문득 한 봉서를 토하니 이는 곧 낭자의 필적(筆跡)이었다. 급히 떼어 본즉 그 글에,

『"숙향의 팔자 지험(至險)하여 ㉢나이 다섯에 부모를 잃고 동서 유리하다가(숙향의 험난한 삶) 천정연분으로 이랑을 만났으나 원앙금이 완전치 못하여 이별이 웬 말인가? 간장은 그치고(매우 고통스러움을 드러낸 말) 서로 만날 때가 기약이 없구나. 이제 할미마저 죽었으니 누구를 의지하여야 할지 알지 못하겠구나. 나의 궁박함을(몹시 곤궁함.) 누가 알겠는가?"』(『 』: 숙향이 자신의 곤궁한 처지를 비관하며 탄식함.)

▶ 삽사리가 이선에게 숙향의 편지를 전함.

라 화설,(고전 소설에서 이야기를 시작할 때 그 첫머리에 관습적으로 쓰는 말) ❶낭자는 개마저 잃고 홀로 있어 사면이 적료(寂廖)함에 슬픔을 금치 못하여 자결하고자 하여 비단 수건을 손에 쥐고 창천을(맑고 푸른 하늘) 의지하여 부모를 부르짖어 통곡하다가 ㉣❷문득 들으니 무슨 짐승이 소리를 크게 지르며 점점 가까이 다가왔다. 마음속으로 놀라 창을 닫고 동정을 살피고 있노라니 이윽고 그 짐승이 들어와 문을 후비기에 자세히 들으니 이는 곧 삽사리였다. 그제야 반겨 급히 문을 열고 나가 개 등을 어루만지며 말하기를,

"네 나를 버리고 어디로 갔었느냐?"

하고 슬피우니, 그 개가 목을 늘이어 낭자의 팔 위에 얹거늘 이상히 여겨서 보니, 목에 한 봉서가 매여 있었다.(삽사리가 숙향과 이선의 관계를 이어 주는 매개자의 역할을 함.) 바삐 끌러 보니 이는 곧 이랑의 필적이었다. 그 글에,

[A]
"백년가랑 이선은 글월을 숙낭자에게 부치노니 낭자의 이렇듯한 괴로움이 모두 나로 말미암은 것이오.(부모의 허락을 받지 않고 숙향과 결혼하고 이별하게 된 책임이 자신에게 있다고 고백함.) 『내 한번 이리로 옴에 높은 산이 첩첩히 가리고 소식이 끊어졌는데 생각지도 못하던 낭자의 친필을 받고 보니 서로 대한 듯 반가웠소.』(『 』: 이별한 아내 숙향에 대한 그리움이 컸음을 알 수 있음.) 그러나 할미가 죽었다는 소식은 나로 하여금 심신을 혼미하게 하였소.(마고할미의 죽음에 대한 숙향의 슬픔에 공감함.) 옛 말에 고진감래(苦盡甘來)하고,(복선 – 장차 숙향과 이선이 행복한 삶을 살 것임을 드러냄.) 또 요사이 과거 소문이 들리니 다행히 과거에 응시하여 급제하면 평생 원(願)을 이룰 것이오. 낭자는 천만 관심하여(주의를 깊이 기울여) 나의 돌아감을 고대하시오."

하였다. ❸낭자가 편지글에 일희일비(一喜一悲)하며 ㉤삽사리가 수천 리를 하루에 득달함을 기이하게 여겼다.

▶ 숙향이 자결하려던 순간에 이선의 편지를 받음.

- **중심 내용** 마고할미의 죽음으로 낙심하여 자결하려던 숙향이 삽사리를 통해 이선의 편지를 받음.
- **구성 단계** (가) 위기 / (나)~(라) 절정

작품 연구소

〈숙향전〉의 기본 구조

〈숙향전〉의 기본 구조는 '출생－성장－만남－이별－재회－완성'이라는 인물의 일대기로 전개되며, 이 과정에서 영웅의 일대기 구조인 고난과 극복, 과제와 해결, 시혜와 보은의 형식이 중첩되어 전개된다.

출생	자식이 없던 김전이 어렵게 숙향을 얻음.
성장과 구출	숙향의 버려짐과 구출, 모함과 신원, 투신과 용녀의 구출, 화재와 화덕진군의 구출, 방황과 마고할미에의 의탁 등이 드러남.
만남	이선과의 인연과 상봉
이별	이선 부모에 의한 혼사 장애
재회	이선의 과거 급제와 재회
완성	혼인 허락과 수용, 혼인 생활의 즐거움과 천상 세계로의 복귀

〈숙향전〉의 갈등 관계와 그 의미

이선은 부모에게 알리지 않고 고아인 숙향과 가연을 맺어 이로 인해 부친 이 상서와 갈등하게 된다. 이는 봉건적 신분 질서를 무시하고 애정을 실현하려는 남녀와, 봉건적 신분 질서를 통해 독점적 지위를 누려 왔던 기득권 사이의 갈등을 반영한 것이라 볼 수 있다. 이후 이 갈등은 부모가 두 사람의 결합을 인정함으로써 해결된다. 이는 천상계의 논리를 따른 결과이기도 하지만, 유교적 논리보다 인간적 애정을 중시하는 작가의 태도가 반영된 결과라고 볼 수 있다.

숙향, 이선
남녀의 인간적 애정

↕ 대립

유교적 도덕관
부모의 의사와 신분 질서에 근거한 현실 논리

→ 현실적 장애 요인을 극복한 애정 성취

자료실

〈숙향전〉에 반영된 설화

반영 설화	〈숙향전〉에 반영된 내용
동물 보은 설화	숙향의 아버지 김전이 거북을 살려 준 일이 있는데, 훗날 김전이 물에 빠졌을 때 그 거북의 도움을 받음.
혼사 장애 설화	이선의 아버지 이 상서는 아들이 미천한 신분의 숙향과 혼인한 것을 알고 숙향을 죽이려고 함.
선약(仙藥) 탐색 설화	이선이 황태후의 병을 치료하는 데 쓸 약을 구하러 길을 떠나고 하늘의 도움으로 약을 구해 옴.

함께 읽으면 좋은 작품

〈채봉감별곡(彩鳳感別曲)〉, 작자 미상 / 애정 성취를 소재로 한 작품

평양 김 진사의 딸 채봉과 선천 부사의 아들 장필성이 시련을 극복하고 재회하여 혼인하는 이야기이다. 이 작품은 채봉이라는 여성이 출세욕에 눈먼 부모 때문에 고초를 겪지만 끝내 애정을 성취한다는 점에서 〈숙향전〉과 유사하다. 하지만 사건이 우연적, 비현실적이지 않고 사실적이라는 점에서 차이가 있다. Link 본책 222쪽

〈숙영낭자전(淑英娘子傳)〉, 작자 미상 / 애정 성취를 소재로 한 작품

조선 후기의 애정 소설로, 숙영 낭자가 남편 백선군이 과거를 보러 간 사이 하녀인 매월의 모략으로 자결하지만, 급제한 백선군이 돌아와 매월을 처단하고 선약(仙藥)으로 숙영을 살려 행복하게 살다가 신선이 된다는 내용이다. 부모의 반대를 무릅쓰고 애정을 성취했다는 점에서 〈숙향전〉과 유사하다. Link 본책 228쪽

5 이 글의 숙향과 〈보기〉의 '저(운영)'를 비교한 내용으로 적절하지 않은 것은?

보기

제가 진사님의 귀에다 대고,

"제가 서궁에 있으니 낭군께서 밤을 타서 쪽담을 넘어 들어 오시면 삼생에 있어서 미진한 인연을 거의 이을 수 있을 것입니다."

중략 부분의 줄거리 진사는 늦은 밤 운영을 찾아서 궁으로 온다.

진사님은 좀 취한 듯이 말하였습니다.

"밤이 얼마나 깊었는가?"

자란이 마침 그 뜻을 알고는 휘장을 드리우고 문을 닫고 나가더이다. 제가 등불을 끄고 잠자리에 나아가니 그 즐거움은 가히 알 것입니다. 밤은 이미 새벽이 되고 뭇 닭은 날 새기를 재촉하기에 진사님은 바로 일어나 돌아가셨습니다.

– 작자 미상, 〈운영전(雲英傳)〉

① 운영은 숙향에 비해 애정 성취에 적극적이다.
② 숙향은 운영에 비해 상대방에게 희생적이다.
③ 숙향과 운영은 모두 애정이라는 가치를 지향한다.
④ 숙향과 운영에게는 모두 도움을 주는 존재가 있다.
⑤ 숙향과 운영은 모두 애정 성취 과정에서 어려움을 겪는다.

6 ㄱ～ㄹ 중, [A]에 대한 설명으로 적절한 것을 골라 바르게 묶은 것은?

보기

ㄱ. 숙향에 대한 사랑을 드러내고 있다.
ㄴ. 숙향에게 자신을 믿어 줄 것을 부탁하고 있다.
ㄷ. 자신의 뜻을 우회적으로 알리려 한다.
ㄹ. 현재의 부정적인 상황을 환경 탓으로 돌리고 있다.

① ㄱ, ㄴ ② ㄱ, ㄷ ③ ㄴ, ㄷ ④ ㄴ, ㄹ ⑤ ㄷ, ㄹ

7 ㉠～㉤에 대한 설명으로 적절하지 않은 것은?

① ㉠: 숙향의 쓸쓸함을 고조시키는 역할을 한다.
② ㉡: 삽사리가 숙향에게 소중한 존재임이 드러난다.
③ ㉢: 숙향이 자신의 곤궁한 처지를 비관하고 있다.
④ ㉣: 숙향의 신변에 위험이 닥칠 것임을 예고한다.
⑤ ㉤: 숙향의 자결을 막고자 하는 천상계의 의지가 드러난다.

8 (다)에서 숙향이 쓴 봉서 내용을 참고할 때, 〈보기〉의 옥황상제의 말의 기능을 서술하시오.

보기

'소아가 천상에서 득죄하여 김 상서 집에 적강한 뒤로 도적의 칼 아래 놀라게 하고, 표진강에 빠져 죽을 액을 당하고, 갈대밭에서 화재를 만나고, 낙양 옥중에서 죽을 액을 지낸 후에야 태을을 만나게 하라.'

홍계월전(洪桂月傳) | 작자 미상

키워드 체크 #여성 영웅 소설 #군담 소설 #남장 화소 #여성으로서의 자아 실현

문학 천재(김)
국어 미래엔, 비상(박영)

핵심 정리

갈래 영웅 소설, 군담 소설
성격 영웅적, 일대기적
시점 전지적 작가 시점
배경 ① 시간 – 중국 명나라 때
② 공간 – 중국 형주, 벽파도, 황성
제재 홍계월의 영웅성
주제 여성인 홍계월의 영웅적 활약상
특징 ① 영웅의 일대기 구조를 지님.
② 신분을 감추기 위한 남장 화소가 사용됨.
의의 여성이 보조적인 위치에서 벗어나 남자보다 우월한 능력을 가진 영웅으로 등장함.

Q 〈홍계월전〉의 배경 사상은?
'상제'는 옥황상제를 가리키므로 도교와 관련이 있고, '세존'은 석가모니 부처를 말하는 것이므로 불교와 관련이 있다. 따라서 이 작품은 도교와 불교의 영향을 모두 받았다고 추측할 수 있다.

어휘 풀이

화설(話說) 고전 소설에서 이야기를 시작할 때 쓰는 말.
성화(成化) 중국 명나라 헌종 때의 연호(1465~1487).
연간(年間) 어느 왕이 왕위에 있는 동안.
존문(尊門) 남의 가문이나 집을 높여 이르는 말.
장중보옥(掌中寶玉) 손안에 있는 보배로운 구슬이란 뜻으로, 귀하고 보배롭게 여기는 존재를 비유적으로 이르는 말.
영민(英敏/穎敏)하다 매우 영특하고 민첩하다.
일람첩기(一覽輒記) 한 번 보면 다 기억한다는 뜻으로, 총명하고 기억을 잘함을 이르는 말.

구절 풀이

❶ 복원(伏願) 상공께서는 ~ 차후는 그런 말씀 마소서." 자식이 없는 것을 자신의 탓으로 여기는 부인 양씨는 남편 홍 시랑에게 첩을 얻도록 권유하지만, 남편은 오히려 자신의 팔자임을 내세워 부인을 위로하고 있다. 남편 홍 시랑의 성품을 알 수 있는 부분이다.
❷ 얼굴은 도화(桃花) 같고 ~ 진실로 월궁항아(月宮姮娥)더라. 홍계월의 외모를 통해서 홍계월이 비범한 인물임을 나타내고 있다. 실제 모습이 선녀와 같이 아름다운 것은 태몽에서 옥황상제의 시녀라고 했던 소녀가 홍계월이 된 것임을 알 수 있게 한다.
❸ 염려 무궁(無窮)하여 ~ 글을 가르치니 홍 시랑은 홍계월이 5세에 부모와 이별한다는 곽 도사의 말을 듣고 만일의 경우에 대비하고 있다. 즉, 여자보다는 남자로 살아가는 것이 덜 위험할 것이라고 생각하여 남복을 입힌 것이다.

가 •화설(話說). 대명(大明) •성화(成化) •연간에 형주 구계촌에 한 사람이 있으되, 성은 홍(洪)이요 이름은 무(武)라. 세대 명문거족(名門巨族)으로 소년 급제(少年及第)하여 벼슬이 이부시랑(吏部侍郞)에 있어 충효 강직하니, 천자(天子) 사랑하사 국사(國事)를 의논하시니, 만조백관이 다 시기하야 모함하여, 무죄히 삭탈관직(削奪官職)하고 고향에 돌아와 농업에 힘쓰니, 가세는 요부(饒富)하나 슬하에 일점혈육(一點血肉)이 없어 매일 설워하더라.
(작품의 시간적·공간적 배경 제시 / 명문거족: 이름이 나고 크게 번창한 집안 / 만조백관: 조정의 모든 벼슬아치 / 삭탈관직: 죄를 지은 자의 벼슬을 빼앗고 벼슬아치의 명부에서 그 이름을 지우던 일 / 요부: 살림이 넉넉하나 / 일점혈육: 자기가 낳은 단 하나의 자녀)

하루는 부인 양씨로 더불어 탄식하여 말하기를,

"사십에 남녀 간 자식이 없으니, 우리 죽은 후에 뉘라서 후사(後事)를 전하며 지하에 돌아가 조상을 어찌 뵈오리오." / 하니, 이에 부인이 슬피 울며 말하기를,

"불효 삼천(不孝三千)에 무후 위대(無後爲大)라 하오니, 첩이 •존문(尊門)에 의탁하온 지 이십 년이라. 다만, 자식이 없사오니 무슨 면목으로 상공을 뵈오리까. ❶복원(伏願) ㉠상공께서는 다른 가문의 어진 숙녀를 취하여 후손을 볼진대, 그리하면 첩도 칠거지악을 면할까 하나이다." / 이에 시랑이 양씨를 위로 하며 말하기를,
(불효 삼천에 무후 위대: 삼천 가지 불효 중에서 자식이 없는 것이 가장 큰 불효임. / 복원: 공손히 원함.)

"이는 다 내 팔자라. 어찌 부인의 죄라 하리오. 차후는 그런 말씀 마소서." / 하더라.

▶ 홍무 부부가 자식이 없어 걱정함.

나 이때는 추구월 망간(望間)이라. 부인이 시비(侍婢)를 데리고 망월루에 올라 월색(月色)을 구경하더니 홀연 몸이 곤하여 난간에 의지하니, 비몽 간에 선녀가 내려와 부인께 재배(再拜)하고 아뢰기를,
(망간: 음력 보름)

"소녀는 상제(上帝)의 시녀옵더니, 상제께 득죄(得罪)하고 인간에 내치시어 갈 바를 모르더니, 세존(世尊)이 부인 댁으로 가라 지시하옵기로 왔나이다."

하고 부인의 품에 들거늘, 놀라 깨달으니 ⓐ꿈이라. 부인이 크게 기뻐하여 시랑을 청하여 몽사(夢事)를 이르고 귀자(貴子) 보기를 바라더니, 과연 그달부터 태기 있어 열 삭이 차, 하루는 집 안에 향취 진동하며, 부인이 몸이 곤하여 침석에 누웠더니 아이를 탄생하니 여자라. [중략] / 부인이 시랑을 청하여 아이를 뵈이니, ㉡❷얼굴은 도화(桃花) 같고 향내가 진동하니, 진실로 월궁항아(月宮姮娥)더라. 기쁨이 측량없거늘, 다만 남자 아님을 한탄하더라.
(몽사: 꿈에 나타난 일 / 월궁항아: 달에 있는 궁에 산다는 선녀)

▶ 태몽을 꾼 뒤 홍계월이 태어남.

다 이름을 계월(桂月)이라 하고 •장중보옥(掌中寶玉)같이 사랑하더라. 계월이 점점 자라나매 얼굴이 화려하고 또한 •영민(英敏)한지라 시랑이 계월이 행여 단수(短壽)할까 하여 강호 땅에 곽 도사라 하는 사람을 청하여 계월의 상을 뵈이니, 도사 이윽히 보다가 말하기를,
(단수: 수명이 짧음.)

『"이 아이 상을 보니 오 세에 부모를 이별하고 십팔 세에 부모를 다시 만나 공후작록(公侯爵祿)을 올릴 것이요, 명망(名望)이 천하에 가득할 것이니 가장 길(吉)하도다."』
(『 』: 도사가 홍계월의 미래를 예견함. – 복선의 역할 / 공후작록: 높은 벼슬과 녹봉 / 명망: 명성과 인망(人望))

시랑이 그 말을 듣고 놀라 말하기를,

"명백히 가르치소서." / 하니 도사 말하기를,

"그 밖에는 아는 일이 없고 천기를 누설하지 못하기로 대강 설화하나이다."

하고 하직하고 가는지라. 시랑이 도사의 말을 듣고는 도로혀 아니 뵈임만 같지 못하여 부인을 대하여 이 말을 이르고 ❸염려 무궁(無窮)하여 ⓑ계월에게 남복(男服)을 입혀 초당에 두고 글을 가르치니 •일람첩기(一覽輒記)라. 시랑이 자탄(自歎)하기를,

"네가 만일 남자 되었던들 우리 문호를 더욱 빛낼 것을 애달프도다." / 하더라.

▶ 도사가 홍계월의 미래를 예견함.

• 중심 내용 선녀의 꿈을 꾼 뒤 홍계월을 낳은 홍무 부부와 홍계월을 본 도사의 예견 • 구성 단계 발단

이해와 감상

〈홍계월전〉은 여성 홍계월의 일대기를 그린 영웅 소설이다. 여성이 영웅으로 등장한다는 점에서 여성 영웅 소설로, 전쟁에서의 활약상이 주로 나타난다는 점에서 군담 소설로 분류된다.

이 작품에 등장하는 홍계월은 남편인 여보국보다 뛰어난 인물로, 사회적 지위와 능력이 남성을 능가한다. 또 남성의 권위에 복종하거나 현모양처의 길을 택하는 것이 아니라, 오히려 가장의 면모를 보이며 여성으로서의 자아를 실현한다. 이렇듯 이 작품은 조선 시대에 창작되었음에도 남성의 전유물로 여겨지던 권위를 여성에게 부여하여 새로운 여성상을 제시하고 여성들에게 통쾌한 해방감과 신분 상승에 대한 희망을 심어 주었다.

전체 줄거리

발단	홍무와 양 부인이 도적의 난을 피하려다 무남독녀인 홍계월을 잃고 가족이 뿔뿔이 흩어지게 된다.
전개	홍계월이 여공에게 구원을 받아 평국이란 이름으로 자라고 과거를 치러 홍계월은 장원, 여공의 아들 보국은 부장원으로 급제한다. 홍계월은 전쟁에 나가 공을 세우고 부모를 다시 만난다.
위기	홍계월이 여자임이 밝혀지나 천자가 용서하고 보국과 혼인할 것을 명한다.
절정	홍계월은 천자의 명으로 보국과 혼인하지만 보국의 애첩을 죽인 일로 보국과 불화를 겪는다.
결말	홍계월은 두 차례에 걸쳐 국가를 위기에서 구하고, 대사마 대장군의 작위를 받아 보국과 함께 나라에 충성하며 오랫동안 낙을 누린다.

인물 관계도

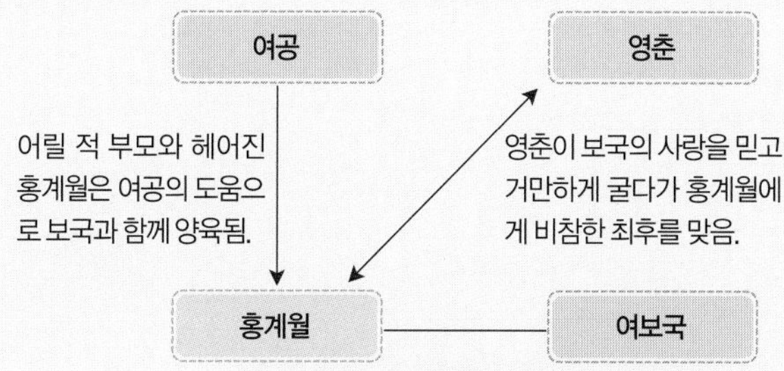

작품 연구소

〈홍계월전〉에 나타난 영웅의 일대기 구조

영웅의 일대기 구조	〈홍계월전〉의 내용
고귀한 혈통	명문거족인 이부시랑 홍무의 딸로 태어남.
비정상적 출생	어머니 양씨가 선녀의 꿈을 꾸고 잉태함.
비범한 능력	어렸을 때부터 비범한 능력을 보임.
유년기의 위기	장사랑의 반란으로 부모와 헤어짐.
구출·양육	여공의 도움으로 죽을 고비를 넘긴 후 평국으로 개명하여 보국과 함께 양육됨.
성장 후의 위기	• 국란이 잦음. • 남장 사실이 발각됨. • 첩 영춘 때문에 보국과 갈등을 겪음.
고난 극복과 행복한 결말	• 홍계월이 출정하여 적을 물리침. • 천자가 홍계월이 남자 행세를 한 것을 용서함. • 보국이 홍계월의 능력을 인정하면서 갈등이 해소됨. • 대대손손 부귀영화를 누림.

키 포인트 체크

인물 홍계월은 신분을 감추기 위해 □□을 하고 남성들과의 경쟁에서도 위축되지 않고 능력을 발휘하는 여성 영웅이며, 여보국은 □□□□ 사상을 가진 권위적인 인물이다.

배경 중국 명나라 때 형주, 벽파도, 황성 등을 배경으로, 조선 후기의 □□□ 가치관에 맞서는 여성 의식을 보여 준다.

사건 홍계월은 사회적 지위와 능력이 남성을 능가하지만 여성이라는 이유로 영춘과 갈등을 겪고, 국가를 위기에서 구함으로써 □□과 □□ 모두에게 인정받게 된다.

1 이 글에서 알 수 있는 내용으로 적절하지 <u>않은</u> 것은?

① 홍무는 가난한 살림에 자식조차 없어 서러움을 겪었다.
② 홍무는 모함을 받고 벼슬에서 쫓겨나 고향으로 돌아왔다.
③ 홍무의 아내는 꿈을 통해 자식을 얻을 수 있음을 기대했다.
④ 홍무의 아내는 자식이 없어서 남편에게 첩을 얻도록 권유했다.
⑤ 도사는 홍계월이 어린 나이에 부모와 헤어졌다가 다시 만나고, 세상에 명성을 떨칠 것으로 예견했다.

2 ㉠에서 알 수 있는 당대의 사회상으로 적절한 것은?

① 남자를 여자보다 우대하고 존중했다.
② 서자는 적자와 같은 대우를 받지 못했다.
③ 가부장이 가족에 대한 지배권을 행사했다.
④ 한 남편이 동시에 여러 아내를 둘 수 있었다.
⑤ 양반과 평민에 대한 신분의 구별이 엄격했다.

3 ㉡에 대한 설명으로 적절하지 <u>않은</u> 것은?

① 외양 묘사를 통해 비범한 인물임을 알 수 있다.
② 비유적 표현으로 인물의 외모를 나타내고 있다.
③ 남존여비(男尊女卑)의 당대 현실을 엿볼 수 있다.
④ '월궁항아'를 통해 도교의 영향을 받았음을 알 수 있다.
⑤ 인물에게 닥칠 시련을 암시하는 복선의 역할을 하고 있다.

내신 적중

4 〈보기〉를 참고하여 ⓐ의 기능을 〈조건〉에 맞게 쓰시오.

보기

소설에는 많은 꿈이 등장한다. 고전 소설에 삽입된 꿈은 주인공의 탄생을 예시하는 태몽과, 주인공이 위기에 처했을 때 이를 알려 주고 위기를 모면할 방법을 지시하는 현시몽(顯示夢)이 대부분이다.

조건

꿈에 등장한 인물로 미루어 보아 알 수 있는 점을 쓸 것

5 홍무가 ⓑ와 같이 한 이유를 〈조건〉에 맞게 쓰시오.

조건

1. 곽 도사의 말에서 근거를 찾을 것
2. '~(으)므로 ~기 때문이다.' 형태의 완결된 한 문장으로 쓸 것

IV. 조선 후기

어휘 풀이

갑주(甲冑) 갑옷과 투구를 아울러 이르는 말.
용봉황월(龍鳳黃鉞) 용과 봉황이 아로새겨지고 금으로 장식한 도끼.
수기(手旗) 손에 쥐는 작은 깃발.
좌기(坐起)하다 관아의 우두머리가 출근하여 일을 시작하다.
현신(現身)하다 아랫사람이 윗사람에게 예를 갖추어 자신을 보이다.
추상(秋霜) 가을의 찬 서리. 호령 등이 위엄이 있어 서슬이 푸름을 비유적으로 이르는 말.
황겁(惶怯)하다 겁이 나서 얼떨떨하다.
만만 무엄(萬萬無嚴)하다 매우 무엄하다.
만사무석(萬死無惜) 만 번 죽어도 아까울 것이 없음.
중장(重杖) 곤장으로 몹시 쳐서 엄중하게 다스리던 형벌.
상사(賞賜) 칭찬하여 상으로 물품을 내려 줌.
평명(平明) 해가 뜨는 시각. 또는 해가 돋아 밝아질 때.
소부(小婦) 결혼한 여자가 자기를 낮추어 이르는 일인칭 대명사.
금덩(金-) 황금으로 호화롭게 장식한 가마. '덩'은 공주나 옹주가 타던 가마.
옹위(擁圍)하다 주위를 둘러싸다.

Q 이 작품에서 남장(男裝)의 의미는?

여성 영웅 소설에서는 여성이 남장을 통해 공적 분야로 진출함으로써 사회적 자아를 실현한다. 여성 영웅 소설의 주인공들에게 남장은 남성 중심 사회에 진출하기 위한 도구로서, 남장을 함으로써 조선조 여성의 지위와 한계를 탈피하고 남성과 대등하게 경쟁하고 활약할 수 있었다. 그러나 남장을 벗는 순간 이들은 다시 여성의 지위로 돌아와 기존의 사회 질서와 갈등하게 된다. 이러한 점에서 남장은 근본적으로 여성의 지위를 변화시키지는 못한다고 볼 수 있다.

구절 풀이

❶ **보국이 전령을 보고 분함을 측량할 길 없으나** 보국은 여성인 홍계월이 높은 벼슬을 구실로 자신을 욕보인다고 생각하여 분해하고 있다. 보국은 홍계월을 남자로 알고 있었을 때에는 자신의 열등함을 문제 삼지 않고 홍계월에게 복종했으나, 홍계월이 여성임을 알고부터는 공공연히 불만을 나타내고 홍계월의 능력을 인정하지 않으려고 한다. 이를 통해 보국이 가부장적 사고에서 벗어나지 못한 권위적이고 옹졸한 인물임이 드러난다.

Q 홍계월, 보국, 영춘의 갈등 양상이 시사하는 바는?

이 작품에서는 혼인으로 인한 갈등이 일어난다. 홍계월이 여성임이 밝혀지자 보국이 가부장의 권위를 내세우며 홍계월을 지배하려 하고, 첩을 두는 등 홍계월을 무시하는 행동을 한다. 이와 같은 모습은 당시 남성 중심 사회의 부조리를 보여 주는데, 이에 보국을 부하로 취급하여 꾸짖고 영춘을 죽이는 홍계월의 모습은 기존의 관습을 따르지 않는 모습이면서 동시에 여성성을 부정하고 남성성을 취한 것이라고 할 수 있다.

가 계월이 여복을 벗고 •갑주를 갖추고 •용봉황월과 •수기를 잡아 행군하여 별궁에 •좌기하고 군사로 하여금 보국에게 전령하니 ❶보국이 전령을 보고 분함을 측량할 길 없으나 전일 평국의 위풍을 보았는지라 군령을 거역하지 못하여 갑주를 갖추고 군문 대령하니라.

이때 원수 좌우를 돌아보고 이르기를, / "중군(보국)이 어찌 이다지 거만하뇨(군대를 비유적으로 이르는 말). 바삐 •현신하라."

호령이 •추상(秋霜) 같거늘 군졸의 대답 소리 장안이 끓는지라, 중군이 그 위엄을 •황겁하여 갑주를 끌고 몸을 굽혀 들어가니 얼굴에 땀이 흘렀는지라, 바삐 나가 장대 앞에 엎드리니, 원수 정색하고 꾸짖기를,

「"군법이 지중하거늘, 중군이 되었거든 즉시 대령하였다가 명 내림을 기다릴 것이거늘, 장령(장수의 명령)을 중히 여기지 않고 태만한 마음을 두어 군령을 게을리하니 중군의 죄는 •만만 무엄한지라. 즉시 군법을 시행할 것이로되, 십분 짐작하거니와 그대로는 두지 못하리라."」

「 」: 보국을 꾸짖는 홍계월의 모습에서 여성 영웅으로서의 우월함이 드러남.

하고 군사를 호령하여 중군을 빨리 잡아내라 하는 소래 추상 같은지라, 무사 일시에 고함하고 달려들어 장대 앞에 꿇리니 중군이 정신을 잃었다가 겨우 진정하여 아뢰되,

(홍계월은 보국이 왜 군령을 즉시 지키지 않았는지를 알고 있음.)

"소장은 신병(身病)이 있어 치료하옵다가 미처 당도하지 못하였사오니 태만한 죄는 •만사 무석이오나 병든 몸이 •중장을 당하오면 명을 보전하지 못하겠삽고 만일 죽사오면 부모에게 불효를 면하지 못하오니 복원, 원수는 하해 같은 은덕을 내리사 전일 정곡(情曲)(간곡한 정)을 생각하와 소장을 살려 주시면 불효를 면할까 하나이다."

하며 무수히 애걸하니, 원수 내심(內心)은 우스우나 겉으로는 호령하기를,

(보국을 꾸짖는 홍계월의 심리를 서술자가 직접적으로 서술함.)

"중군이 신병이 있으면 어찌 영춘각의 애첩(愛妾) 영춘(永春)으로 더불어 주야 풍류로 즐기나뇨? 그러나 사정이 없지 못하여 용서하거니와 차후(지금부터 이후)는 그리 말라."

(보국의 핑계에 대한 홍계월의 반박 – 애첩 영춘에게 빠져 임무를 소홀히 함.)

분부하니 보국이 백배사례하고 물러나니라.

원수 이렇듯 즐기다가 군을 물리치고 본궁에 돌아올새, 보국이 원수께 하직하고 돌아와 부모 전에 욕본 사연을 낱낱이 고하니 여공이 그 말을 듣고 웃어 칭찬하기를,

(홍계월에게 망신당한 일)

"내 며느리는 천고의 여중군자(女中君子)로다." / 하고 보국더러 일러 말하기를,

"계월이 너를 욕뵘이 다름 아니라 어명으로 너와 배필을 정하매 전일 중군으로 부리던 연고라 마음이 다시는 못 부릴가 하여 희롱함이니, 너는 추호도 혐의(꺼리고 미워하지)하지 말라." / 하더라.

(홍계월이 보국과 결혼하면 남편으로 섬겨야 하므로 전처럼 보국을 부하로 부리지 못하는 것이 서운해서 희롱함이니)

천자, 계월이 보국을 욕뵈었다는 말을 듣고 크게 웃으시고 •상사를 많이 하시더라.

▶ 홍계월이 명령에 불복하는 보국을 꾸짖음.

나 이튿날, •평명에 두 사람이 위공과 정렬부인께 뵈온대 위공 부부 희락을 이기지 못하며 또 기주후와 공열부인께 뵈일새, 기주후 기뻐하여,

"세상사를 가히 측량하지 못하리로다. 너를 내 며느리 삼을 줄을 뜻하였으리오." / 하니, 계월이 다시 절하고 아뢰기를,

"•소부의 죽을 명을 구하신 은혜와 십삼 년 기르시되 근본을 아뢰지 아니하온 죄 만사무석이옵고, 하늘이 도우사 구고(舅姑)(시부모)로 섬기게 하시오니, 이는 첩의 원이로소이다."

종일 말씀하다가 하직하고 본궁으로 돌아올새, •금덩을 타고 시녀로 •옹위하여 중문에 나오다가 눈을 들어 영춘각을 바라보니 보국의 애첩 영춘이 난간에 걸터앉아 계월의 행차를 구경하며 몸을 꼼짝하지 않거늘 계월이 노하여 무사를 호령하여 영춘을 잡아 내려 덩 앞에 꿇리고 꾸짖기를,

(보국이 자신을 아끼는 것을 믿고 거만하게 구는 모습)

"네 중군의 세(勢)로(보국의 위세를 믿고) 교만하여 나의 행차를 보고 감히 난간에 걸터앉아 요동하지 아니하고 교만이 태심하니, 네 같은 년을 어찌 살려 두리오. 군법을 세우리라."

하고 무사를 호령하여 베라고 하니 무사 영을 듣고 달려들어 영춘을 잡아내어 베니 군졸과 시비 등이 황급하여 바로 보지 못하더라.

▶ 홍계월이 보국의 애첩인 영춘을 죽임.

• **중심 내용** 자신의 명령에 불복하는 보국을 꾸짖고 그의 애첩인 영춘을 죽인 홍계월과 보국의 갈등 • **구성 단계** 절정

작품 연구소

〈홍계월전〉에 나타난 등장인물의 관계

홍계월	갈등 → 천자에 의한 해결	보국
• 보국보다 능력이 뛰어남. • 우월한 능력으로 보국을 구해 주거나 망신을 주기도 함. • 가정으로의 복귀를 거부하면서 영웅으로서의 능력을 지속적으로 유지함.		• 홍계월에 비해 능력이 부족함. • 여성인 홍계월에게 열등감을 느껴 불만을 나타냄. • 사회적으로 보장된 남성의 권위를 이용하여 열등감을 극복하고자 함.

〈홍계월전〉에 나타난 갈등의 양상

개인과 개인 사이의 갈등	집단과 집단 사이의 갈등
• 부부 사이의 갈등 – 계월과 보국 • 처첩 사이의 갈등 – 계월과 영춘	외적의 침입 – 명과 서달

〈홍계월전〉의 여성 영웅 소설로서의 의의

• 보국이 홍계월의 월등한 능력을 인정하게 됨.
• 홍계월이 천자에게 물러남을 간청하나, 천자는 이를 수용하면서도 홍계월의 벼슬을 회수하지 않음.

↓

가정과 사회에서 모두 인정받게 되는 결말을 취하여, 조선 후기에 성장하고 있는 여성 의식을 구체적으로 표출함.

〈홍계월전〉에 드러난 고전 소설의 특징

우연성	• 홍계월이 우연히 여공을 만남. • 천자를 해치려던 인물이 어린 홍계월을 강에 던진 맹길이었음.
비현실성	• 홍계월이 천기로 천자의 위험을 앎. • 홍계월이 순식간에 한수 북편으로 이동함. • 홍계월이 술법을 베푸니, 경각에 태풍이 일어나고 흑운 안개가 자욱해짐.

자료실

여성 영웅 소설의 유형

대리 성취	여성이 남성을 도와 능력을 발휘함. 예 〈박씨전〉, 〈금방울전〉
가정 안착	영웅적 능력을 발휘하던 여주인공이 정체가 밝혀진 후에 가정으로 돌아감. 예 〈김희경전〉
여성 영웅	영웅적 활약을 보인 남장 여주인공이 정체가 밝혀진 후에도 지위를 유지함. 예 〈홍계월전〉

함께 읽으면 좋은 작품

〈이춘풍전(李春風傳)〉, 작자 미상 / 여성의 활약이 두드러지는 작품

무능하고 방탕한 남편 때문에 가정이 몰락하자 슬기롭고 유능한 아내가 활약하여 가정을 재건한다는 이야기로, 허위를 부리는 남성 중심 사회를 비판하고 여성의 능력을 부각한 고전 소설이다. 한 여성의 활약으로 남성이 자신의 허례허식을 깨닫고 화목한 가정을 이룬다는 점에서 〈홍계월전〉과 일맥상통하는 면이 있다. Link 본책 214쪽

〈정수정전(鄭秀貞傳)〉, 작자 미상 / 여성 영웅이 등장하는 작품

고아가 된 주인공이 남복을 입고 무술을 연마해 과거에 급제하고 전쟁에서 큰 공을 세운 뒤 정혼자와 결혼한다는 내용의 여성 영웅 소설이다. 불행이 닥쳤을 때 여성이 남장을 하고 과감하게 전쟁에 뛰어들어 국가에 큰 공을 세우고, 남편과 대등한 위치에 섬으로써 현실 속의 열등감을 해소하려 한 점에서 〈홍계월전〉과 유사하다.

6 이 글에 대한 설명으로 적절하지 않은 것은?

① 전쟁을 소재로 한 군담 소설에 속한다.
② 여성 영웅 소설의 면모를 보이고 있다.
③ 남장(男裝)이 사건 전개에 중요한 구실을 한다.
④ 서사의 갈등이 주로 등장인물 사이에서 나타난다.
⑤ 주인공의 활약은 우리 민족의 자존심을 회복시켜 준다.

7 이 글의 내용으로 적절하지 않은 것은?

① 보국은 자신을 부하로 대하는 홍계월에게 분노하고 있다.
② 홍계월은 보국이 군령을 지키지 않은 이유를 알 수 없어 더욱 호령했다.
③ 홍계월이 보국을 꾸짖는 모습에서 여성 영웅으로서의 우월성을 파악할 수 있다.
④ 보국의 부모는 홍계월이 보국을 희롱하는 이유를 알기에 보국에게 홍계월을 미워하지 말라고 했다.
⑤ 천자는 홍계월이 보국을 희롱했다는 말을 듣고도 도리어 상을 내릴 만큼 홍계월에게 긍정적인 태도를 보이고 있다.

8 〈보기〉의 ㄱ~ㅁ 중, 이 글의 특징으로 적절한 것끼리 바르게 짝지은 것은?

보기

ㄱ. 인물이 처한 상황을 꿈을 통해 보여 주고 있다.
ㄴ. 배경 묘사를 통해 시대적 상황을 드러내고 있다.
ㄷ. 서술자의 직접적 서술로 인물의 심리를 표현하고 있다.
ㄹ. 전기적(傳奇的) 요소를 활용해 우연성을 강조하고 있다.
ㅁ. 인물 간의 대화를 통해 주인공이 처한 상황과 내면을 드러내고 있다.

① ㄱ, ㄴ ② ㄴ, ㄷ ③ ㄷ, ㄹ ④ ㄷ, ㅁ ⑤ ㄹ, ㅁ

9 원만했던 보국과 홍계월의 관계가 갈등을 빚게 된 이유를 〈조건〉에 맞게 쓰시오.

조건

1. 홍계월의 신변의 변화를 근거로 들 것
2. 보국의 태도를 중심으로 쓸 것

10 이 글의 홍계월이 〈보기〉의 신부에게 충고할 수 있는 말을 완성하여 쓰시오.

보기

"신부는 이제 우리 가문에 들어왔네. 앞으로 장부(丈夫)를 어떻게 섬기려 하는가?"
"자모(慈母)께서 문에서 전송하면서 '반드시 공경하고 반드시 경계하여 지아비의 뜻을 어기지 말라.'라고 말씀하셨습니다. 자고로 장부가 부인의 말을 들으면 이익은 적고 폐해가 많습니다. 암탉이 새벽에 울면 철부(哲婦)가 나라를 기울게 하는 것은 경계하지 않을 수 없을 것입니다."
– 김만중, 〈사씨남정기(謝氏南征記)〉

남편에게 잘못이 있거나 부족함이 있으면 ____________________

050 소대성전(蘇大成傳) | 작자 미상

키워드 체크 #영웅 소설 #군담 소설 #영웅·군담 소설의 화소 변용 #이원적 구조 #지위 회복

문학 미래엔

핵심 정리

갈래 국문 소설, 영웅 소설, 군담 소설
성격 전기적, 일대기적
시점 전지적 작가 시점
배경 ① 시간 – 중국 명나라 때
② 공간 – 중국
제재 소대성의 영웅적 일대기
주제 고난을 극복하고 지위를 회복한 영웅의 활약상
특징 ① 영웅·군담 소설의 화소를 수용하되 부분적으로 변용함.
② 〈홍길동전〉과 〈유충렬전〉을 잇는 교량 역할을 함.
의의 영웅 소설로서 대중적 인기를 크게 얻음.

어휘 풀이

전폐(全廢)하다 아주 그만두다. 또는 모두 없애다.
정제(整齊)하다 격식에 맞게 차려 입고 매무시를 바르게 하다.
하문(下問)하다 윗사람이 아랫사람에게 묻다.
지모(智謀) 슬기로운 꾀. 지혜와 계책.
삼경(三更) 밤 11시에서 새벽 1시 사이.
언연히 거드름을 피우며 거만하게.
필부(匹夫) 신분이 낮고 보잘것없는 사내. 보통의 사내.
검광(劍光) 칼날의 빛.
칠현금(七絃琴) 일곱 줄로 된 고대 현악기의 하나.

Q (나)에 드러난 소대성의 영웅적 면모와 전기적 요소는?

소대성은 왕 부인 측에서 보낸 조영이 등장하기 이전에 이미 불길한 일이 닥칠 것을 감지하고 둔갑하여 숨어 있다가, 조영이 나타나자 도술을 이용하여 위기에서 벗어난다. 도술의 사용은 전기적 요소로 영웅 소설에서 나타나는 특징 중 하나이며, 주로 영웅이 위기에서 벗어나는 과정에서 드러나 독자의 흥미를 높이는 장치로 기능한다.

구절 풀이

❶ **이로부터 서책을 ~ 일어나지 아니하니,** 자신의 뛰어난 능력을 알아본 인물인 이 승상이 죽은 후 소대성은 학업의 목표를 잃은 채 무기력하게 방황한다. 이러한 소대성의 행동은 왕 부인 등이 그를 사위로 삼지 않고 내치고 싶어 하는 마음을 더욱 굳히는 요인이 된다.

❷ **소생의 거동이 ~ 공명을 바라리오?** 학업에 대한 목적의식을 잃고 무기력하게 지내는 소생의 내면을 이해하고 감싸는 것이 아니라, 공명을 위해 노력하지 않는 사위를 받아들일 수 없다고 말하는 왕 부인의 말에서, 겉모습으로만 사람을 판단하고 숨겨진 능력을 알아보지 못하는 세상 사람들의 모습을 확인할 수 있다.

가 소생이 생각하되 / '승상이 세상을 버리시니, 뉘 대성을 알리오?' (소대성) (자신의 진정한 모습을 알아보지 못하는 세상 사람들에 대한 한탄) 하고, ❶이로부터 서책을 •전폐(全廢)하고 의관을 폐하고 잠자기만 일삼더니, 승상의 장례 일이 되니 마지못하여 의관을 •정제(整齊)하고 함께 장사를 극진히 지내고 돌아와 서당에 눕고는 일어나지 아니하니, 왕 부인이 일가에 자주 의논하며 말하기를

"㉠❷소생의 거동이 지나치도다. 학업을 전폐하고 밤낮으로 잠자기만 숭상하니, 이러고서 어찌 공명을 바라리오? 여아의 혼사를 거절하고자 하나니, 너희들의 소견은 어떠하뇨?" (채봉과 소대성의 혼사를 파기하려는 뜻을 드러냄.) / 아들들이 여쭈었다.

"㉡이제 아버님이 아니 계셔 집안의 모든 일은 모친이 맡으실 것이니, 소자들에게 •하문(下問)하실 바가 아니로소이다. 또 소생을 잠깐 보니 단정한 선비가 아니라 소저에게 욕될까 하나이다." (누이인 채봉을 가리킴.)

부인이 / "㉢본래 빌어먹는 걸인을 승상이 취중(醉中)에 망령되이 허하신 바라. (왕 부인은 걸인이었던 대성의 출신 성분이 마음에 들지 않아 소대성을 사위로 받아들이지 않으려고 함.) 너희들은 소생을 내칠 꾀를 빨리 행하라." [중략]

이생 등이 말하기를 / "큰형이 •지모(智謀)가 뛰어나니, 계책을 도모할까 하나이다."

사위인 정생이 말하기를

"이제 천금으로 자객의 손을 얻을진대 남이 모르게 처치할 수 있으리라." (자신들이 나서지 않고 자객을 시켜 대성을 처치하려 함.)

하니, 부인이 말하기를 / "이 방법이 가장 비밀하다."

하고, 즉시 조영이란 자객을 불러 천금(많은 돈)을 주고 소생의 수말(首末)(일의 시작과 끝)을 이르니, 조영이 말하기를

㉣"이는 어렵지 않은 일이라. 오늘 밤에 결단하리이다." (소대성을 암살하기로 결정함.) / 하고 밤을 기다리더라.

▶ 승상이 죽은 후 왕 부인과 이생 등은 소대성을 암살할 계략을 세움.

나 이때 소생이 이생 등을 보내고 탄식하여 말했다.

ⓐ"주인이 객을 싫어하니, 장차 어디로 향하리오?" (이 승상의 댁에서 내쫓길 것을 직감하고 자신의 처지를 한탄함.)

마음이 불안하여 책을 놓고 보더니, 홀연 광풍(狂風)(미친 듯이 사납게 휘몰아치는 거센 바람)이 창틈으로 들어와 생이 쓴 관을 벗겨 공중에 솟았다가 방 가운데 떨어뜨리니, 생이 그 관을 태우고 주역(周易)을 내어 점괘를 보니 괴이한 일이 눈앞에 보이는지라. (비범한 능력으로 앞일을 예측함. – 전기적 요소 ①) 마음에 냉소(冷笑)(쌀쌀한 태도로 비웃음.)하고 촛불을 돋우고 밤새기를 기다리더니, •삼경(三更)이 지난 후에 방 안에 음산한 바람이 일어나거늘, 둔갑술을 베풀어 몸을 감추고 그 거동을 살폈다. (소대성의 비범한 능력 – 전기적 요소 ②) 자객이 비수를 들고 음산한 바람이 되어 문틈으로 들어와 (바람이 되어 문틈으로 들어오는 조영 – 전기적 요소 ③) 두루 살피더니, 인적이 없음을 보고 도로 밖으로 향하고자 하거늘, 생이 동쪽 벽의 촛불 아래에서 •언연히 불러 물었다.

"너는 어떠한 사람이건대, 이 깊은 밤에 칼을 들고 누구를 해치고자 하느냐?"

조영(왕 부인과 아들들이 보낸 자객)이 그제야 소생인 줄 알고 칼춤을 추며 나가고자 하더니, 소생이 문득 간데없이 사라진지라. (소대성의 비범한 능력 – 전기적 요소 ④) 조영이 의혹(疑惑)(의심하여 수상하게 여김)할 차에 생이 또한 서쪽 벽 촛불 아래에서 언연히 크게 꾸짖어 말했다.

㉤"무지한 •필부(匹夫)야. 금은을 받고 몸을 돌아보지 아니하니, 어찌 가련치 아니하리오?" (소대성은 조영이 매수당하여 자신을 암살하려 한다는 사실을 알고 있음.) / 조영이 대답하지 아니하고 생을 향하여 칼을 던지니, 촛불 아래에서 •검광(劍光)이 빛나더니 소생이 또한 간데없는지라. (소대성의 비범한 능력 – 전기적 요소 ⑤) 조영이 촛불 그림자를 의지하며 주저하더니, 남쪽 벽 촛불 아래에 한 소년이 •칠현금(七絃琴)을 무릎 위에 놓고 줄을 희롱하며 노래하였다.

▶ 소대성이 자신을 찾아온 자객 조영을 도술로 물리치고 꾸짖음.

- 중심 내용 왕 부인과 이생 등의 계략으로 죽음을 당할 위기에 처하지만 도술을 써서 위기에서 벗어나는 소대성
- 구성 단계 (가) 전개 / (나) 위기

이해와 감상

〈소대성전〉은 영웅의 일생을 담은 군담 소설로, 천상계와 지상계의 이원적 구조가 드러나 있다. 소대성은 본래 용왕의 아들로 지상에서의 문제를 해결하는 과정에서 용왕의 도움을 받음으로써 천상과의 관련성이 드러난다.

이 작품은 전반적으로는 군담 소설의 주된 특징을 보이고 있으나 부분적으로 차별점을 지니고 있기도 하다. 가장 대표적인 점은 주인공 소대성이 이상서의 집에서 아무 일 없이 먹고 자는 식객으로 그려지는 대목이다. 이처럼 보잘것없어 보이는 인물이 가슴속에 큰 뜻을 품고 있다가 영웅의 면모를 발휘한다는 설정은 지체나 처지에 따라 사람을 평가해서는 안 된다는 작가 의식이 반영된 부분이라고 볼 수 있다.

한편 이 작품에는 〈홍길동전〉과 유사한 장면이 있다. 이상서의 아내인 왕 부인과 그 아들들이 보낸 자객을 도술로 물리치고 승상의 집을 나서는 모습은 〈홍길동전〉에서 초란이 보낸 자객을 도술로 물리치고 집을 나오는 홍길동의 모습과 닮아 있다. 이러한 점은 이 작품이 전래의 영웅·군담 소설의 화소를 수용하고 변용했음을 짐작하게 한다.

전체 줄거리

발단	명나라 시절 병부상서 소량은 자식이 없어 고민하던 중 청룡사 노승에게 거액을 시주하고 현몽을 꾼 후 소대성을 얻는다. 10세 되던 해 부모가 홀연 세상을 떠나자 대성은 집을 나가 품팔이와 걸식으로 연명하다 이 승상을 만난다.
전개	소대성의 인물됨을 알아본 이 승상은 소대성을 딸 채봉과 약혼시키나, 부인과 세 아들은 대성의 신분이 미천함을 못마땅하게 여긴다.
위기	혼인 전날 이 승상이 병으로 세상을 떠나자 왕 부인 등은 자객을 보내 소대성을 죽이려 하고, 소대성은 도술로 위험을 피하고 집을 떠난다.
절정	방황하던 소대성은 어느 노승을 만나 병법과 무술을 공부하고, 5년 후 적군에게 둘러싸여 위태로운 지경에 놓인 황제를 구한다. 이에 크게 기뻐한 황제는 소대성을 대원수로 임명한다.
결말	이후 노왕이 된 소대성은 그를 기다려 온 채봉을 왕후로 맞이하고 행복하게 살아간다.

인물 관계도

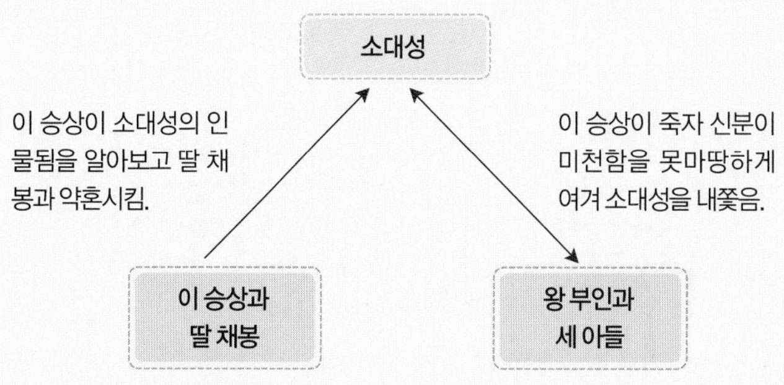

작품 연구소

소대성이 일반적인 영웅들과 다른 점

소대성은 자신을 아껴 주던 이 승상이 죽자 학업을 전폐하고 무기력하게 지내는 나약함을 보인다. 이러한 점은 신적인 능력으로 역경을 초월하는 다른 영웅들과는 사뭇 다른 모습으로, 소대성의 인간적인 면모를 드러낸다.

키포인트 체크

인물 소대성은 비범하지만 □□적인 면모를 지닌 인물로, 소대성의 비범함을 알아본 이 승상, 채봉과 달리 □□□과 신분에 따라 사람을 판단하는 왕 부인 및 그 아들들과 대립한다.

배경 중국 명나라 때를 배경으로 천상계와 지상계의 □□□ 구조가 드러난다.

사건 이 승상이 죽은 뒤 왕 부인과 그 아들들에게 목숨의 위협을 받은 소대성은 집을 떠나 노승에게 병법과 □□을 배우고, 위기에 처한 □□를 구한 공으로 봉작을 받는다.

1 이 글의 특징에 대한 설명으로 적절한 것은?

① 서술자가 사건에 적극적으로 개입하고 있다.
② 당대의 시대적 상황을 구체적으로 서술하고 있다.
③ 꿈을 삽입함으로써 환상적인 분위기를 조성하고 있다.
④ 전기적 요소를 활용하여 인물의 비범함을 드러내고 있다.
⑤ 우의적 소재를 활용하여 사건의 실마리를 제시하고 있다.

2 ㉠~㉤을 이해한 내용으로 적절하지 않은 것은?

① ㉠: 실의에 빠진 소대성의 행동을 빌미로 소대성과 채봉의 혼사를 파기하려 함을 알 수 있다.
② ㉡: 승상이 죽고 난 이후 왕 부인이 집안에서 가장 큰 권위를 갖게 되었음을 알 수 있다.
③ ㉢: 왕 부인은 승상이 소대성에게 베푼 호의에 대해 이전부터 못마땅해했음을 알 수 있다.
④ ㉣: 조영이 암살을 어렵지 않게 행하는 능숙한 자객이라는 점을 알 수 있다.
⑤ ㉤: 소대성이 돈을 받기 위해 사람을 죽여야 하는 조영의 처지를 동정하고 있음을 알 수 있다.

내신 적중 多빈출

3 〈보기〉의 영웅의 일대기 구조를 참고하여 이 글을 이해한 내용으로 가장 적절한 것은?

보기

고귀한 혈통, 비정상적 출생 → ㉮비범한 능력 → 유년기의 위기 → ㉯양육자의 도움 → 성장 후의 ㉰위기 → 고난 극복과 위업 달성

① ㉮를 과시해 온 주인공이 ㉯와 함께 ㉰에 맞선다.
② ㉮를 알아주는 ㉯가 사라지면서 주인공이 ㉰를 맞는다.
③ ㉮를 인정하던 ㉯가 주인공을 배신하면서 ㉰를 겪게 한다.
④ ㉮를 눈여겨본 ㉯가 주인공이 ㉰를 겪도록 시험하고 있다.
⑤ ㉮를 깨닫도록 도와준 ㉯와 함께 주인공이 ㉰에 대비한다.

4 ⓐ에 드러난 소생의 말하기 태도에 대한 설명으로 적절한 것은?

① 상대방의 인정에 호소하며 용서를 구하고 있다.
② 구체적 근거를 제시하며 자신의 결백을 주장하고 있다.
③ 상대방의 생각을 비판하며 새로운 의견을 제시하고 있다.
④ 현재 상황을 바탕으로 하여 자신의 신세를 한탄하고 있다.
⑤ 자신의 과거에 대한 회한을 드러내며 잘못을 뉘우치고 있다.

가 조영이 그 노래를 듣고 자세히 보니 이는 곧 소생이라. 조영이 마음에 헤아리되

『내 재주가 십 년을 공부한 것이니, 사람은 물론이거니와 귀신도 헤아리지 못하더니, 오늘 칼을 두 번 허비(虛費)하여도 소생을 죽이지 못하고 또한 노래로 나를 조롱하도다. 제 비록 ❶장량이 통소로 팔천 명 장사를 흩어 버리던 비상한 계교를 행하여 나로 하여금 돌아가게 하고자 하거니와, 내 어찌 제 간사한 계교에 넘어가리오?』

『 』: 자객 조영도 도술을 부리는 비범한 인물임. 조영은 소대성에게 죽임을 당하여 주인공인 소대성의 영웅성을 부각하는 역할을 함.

조영도 소대성이 부른 노래의 내용과 의도를 알고 있음.

하고 다시 칼을 들어서 던지니 칼 소리 울리되 소생은 간데없거늘, 조영이 칼을 찾더니 소생이 •비수를 들고 촛불 아래 나서며 꾸짖어 말했다.

"처음에 너를 타일러 돌아가게 하고자 하였거늘, 네가 끝내 금은만 생각하고 몸은 돌아보지 아니하니, 진실로 어린 강아지 맹호(猛虎)를 모르는도다."

노래를 불러 조영에게 경고했음. / 하룻강아지 범 무서운 줄 모른다.

하고 말을 마침에 칼을 들어 조영을 치니 조영의 머리가 떨어지는지라. 소생이 분한 마음을 이기지 못하여 칼을 들고 바로 내당에 들어가 이생 등을 모두 죽이고자 하다가, 돌이켜 생각하고 탄식하여 말했다.

소대성은 이 승상의 아들들이 조영을 매수해 자신을 죽이려 했다는 것을 알고 있음.

❷"제 비록 •무도(無道)하여 원수가 되었으나, '차라리 남이 나를 배반하게 할지언정 내가 남을 배반하지 않는다.'고 하니, 이제 저들을 베어 분한 마음을 풀고자 하나 그렇게 한즉 어진 사람의 후사를 끊어지게 할지라. 아직은 피하리라."

죽은 이 승상을 가리킴.

하고 붓을 잡아 떠나가는 이별시를 벽 위에 붙였다.

『 』: 각골난망(刻骨難忘) – 남에게 입은 은혜가 뼈에 새길 만큼 커서 잊히지 않음.

『❸주인의 은혜 무거움이여, •태산(泰山)이 가볍도다.
객의 정이 깊음이여, •하해(河海)가 얕도다.』 [A]
사람이 지음(知音)을 잃음이여, 의탁이 •장구(長久)치 못하리로다.
후손이 •불초(不肖)함이여, 원수를 맺었도다.
자객의 보검이 촛불 아래 빛남이여, 목숨을 보전하여 천 리를 향하는도다.
아름다운 인연이 뜬구름 되었으니,
모르겠노라, 어느 날에 대성의 그림자가 이 집에 다시 이르리오.

이 승상이 자신을 믿어 준 은혜 / 이 승상에게 고마움을 느꼈던 소대성 자신의 마음 / 마음이 서로 통하는 친한 벗을 비유적으로 이르는 말 / 몸과 마음을 길게 의지하지 못하는구나. / 이 승상의 아내와 아들들이 자신을 내쫓으려 계략을 세운 일을 가리킴. / 채봉과의 결혼 약속을 뜻함. / 언젠가 다시 찾아오게 될 것임을 암시함.

쓰기를 다하매 붓을 던지고 짐을 메고 서당을 떠나니, 깊은 밤에 서천을 향하니라.

▶ 소대성이 자객을 죽인 후 이별시를 남기고 이 승상의 집을 떠남.

나 이때 이생 등이 자객을 서당에 보내고 마음이 초조하여, 밤이 지난 후에 서당에 나가 문틈으로 엿보니 한 주검이 방 가운데 거꾸러졌거늘, 처음에는 소생인가 하여 기뻐하더니 자세히 본즉 이는 곧 조영이라. 이생 등이 놀라 주저하다가 문득 벽 위를 보니 예전에 없던 글이 있거늘, 본즉 소생의 필적이라. ❹아주 나간다고 말하였으되 은근히 이생 등을 후일에 찾아올 뜻을 일렀으니, 도리어 뉘우침을 측량치 못하더라. 이생 등이 낙담하여 말했다.

조영의 암살 시도 결과가 궁금하여 / 대경실색(大驚失色)

"소생은 보통 사람이 아니라, 반드시 •후환(後患)이 되리로다."

소대성의 비범함을 깨닫고 두려워함.

정생이 말했다.

❺"그만이로다. •하릴없도다. 말을 내되 '소생이 주인의 은혜를 잊고서 하직도 아니하고 무단히 나갔다.'고 하면, 남이 우리를 불행히 알 것이요, 소저인들 부모의 은혜도 모르는 사람을 어찌 마음에 두리오?"

채봉

이생 등이 옳게 여겨 조영의 시신을 치우고 내당에 들어가, 소생이 조영을 죽이고 사라진 사연을 부인께 고하니, 부인이 또한 두려우나 소생이 나간 것만은 기뻐하더라.

▶ 왕 부인 등은 소대성이 떠난 것을 알고 기뻐함.

- 중심 내용 조영을 물리친 후 이별시를 남기고 떠나는 소대성과 소대성이 떠난 것을 기뻐하는 왕 부인
- 구성 단계 위기

어휘 풀이

비수(匕首) 날이 예리하고 짧은 칼.
무도(無道)하다 말이나 행동이 인간으로서 지켜야 할 도리에 어긋나 막되다.
태산(泰山) 높고 큰 산. 크고 많음을 비유적으로 이르는 말.
하해(河海) 큰 강과 바다를 아울러 이르는 말.
장구(長久)하다 매우 길고 오래다.
불초(不肖)하다 못나고 어리석다. 아버지를 닮지 않았다는 뜻에서 나온 말이다.
후환(後患) 어떤 일로 말미암아 뒷날 생기는 걱정과 근심.
하릴없다 달리 어떻게 할 도리가 없다.

Q 소대성이 남긴 이별시의 서사적 기능은?

소대성은 조영을 물리친 후 이별시를 남겨 두고 떠난다. 여기에는 소대성이 자신을 해하려는 자가 왕 부인과 이생 등임을 알고 있었으나, 이 승상에게서 입은 은혜 때문에 보복하지 않는다는 점을 왕 부인 등에게 알려 주려는 의도가 담겨 있다. 이는 곧 소대성이 도리를 저버리는 일에는 자신의 비범한 능력을 사용하지 않는다는 점을 보여 준다. 또한 시의 마지막 구절을 통해 미래에 소대성과 채봉의 만남이 다시 이루어지게 될 것임을 암시한다.

구절 풀이

❶ **장량이 통소로 ~ 비상한 계교** 한나라의 참모 장량이 초나라와의 전투에서 행한 계교를 일컫는다. 상대편인 초나라 진영에 초나라 노래를 울려 퍼지게 하여 초나라 군사들의 향수(鄕愁)를 자극해서 군사들이 군영에서 도망치게 함으로써 전투에서 승리했다는 내용의 고사에서 비롯된 표현이다.

❷ **"제 비록 무도(無道)하여 ~ 아직은 피하리라."** 이 승상의 아내인 왕 부인이 자신을 죽이려 했음을 알고 원수가 되었다고 인식하지만, 자신의 능력을 알아주었던 어진 사람인 이 승상의 은혜를 생각하여 복수하지 않고 떠나겠다고 결심하는 부분이다. 은혜를 원수로 갚지 않으려는 소대성의 인물됨을 알 수 있다.

❸ **주인의 은혜 무거움이여, 태산(泰山)이 가볍도다.** 태산이 가볍다고 느껴질 만큼 이 승상이 베풀어 준 은혜가 무겁다는 뜻이다.

❹ **아주 나간다고 ~ 측량치 못하더라.** 이생 등은 소대성이 자신들이 보낸 검객을 죽이고 집을 떠난 것을 보고 그제야 소대성의 비범한 능력을 깨닫고 자신들의 선택이 잘못된 것은 아닐까 염려하고 있다.

❺ **"그만이로다. 하릴없도다. ~ 어찌 마음에 두리오?"** 소대성이 갑자기 사라진 것에 대한 세상 사람들의 의심과, 소대성과의 결혼을 기다리는 채봉의 심정을 염려한 말이다. 소대성을 내치려 한 자신들의 계략은 감춘 채, 소대성이 스스로 자신들이 베푼 은혜를 저버리고 나간 것으로 소문을 퍼뜨려 사람들의 의심을 없애고 채봉의 마음을 돌리려는 계획이다.

작품 연구소

〈소대성전〉에 나타난 영웅의 일대기 구조

〈소대성전〉은 일반적인 영웅의 일대기 구조를 거의 그대로 따르고 있다. 신이한 능력을 갖추었으나 신분이 미천하고 겉모습이 누추했던 인물 소대성이 여러 시련과 위기를 극복하고 드디어 영웅이 되는 것에서 당대 독자들이 원하던 영웅의 면모를 짐작할 수 있다.

영웅의 일대기 구조	〈소대성전〉의 내용
고귀한 혈통을 지니고 태어남. 혹은 잉태나 출생이 비정상적임.	용왕의 아들이나 천상계에서 저지른 잘못 때문에 인간 세상에서 태어남.
어려서부터 비범함을 보임.	도술을 부리는 등 비범한 능력을 지님.
일찍 기아(棄兒, 내다 버린 아이)가 되거나 죽을 고비에 이름.	10세 무렵 부모를 잃고 유랑함.
양육자의 도움으로 위기에서 벗어남.	소대성의 비범함을 알아본 이 승상의 보살핌을 받게 됨.
자라서 다시 위기에 부딪힘.	이 승상이 죽자 왕 부인 등에게 죽임을 당할 위기에 처함.
위기를 극복하고 승리자가 됨.	이 승상 댁에서 나온 이후 무술을 연마하여 위험에 처한 황제를 구하고 대원수가 됨.

〈소대성전〉에 반영된 시대적 상황과 독자들의 염원

겉모습은 볼품없지만 사실은 신이한 능력을 타고난 인물인 소대성은 당대 독자들의 염원을 반영하고 있다. 〈소대성전〉이 쓰여진 시기는 중세에서 근대로의 이행기로, 개인의 능력보다는 타고난 혈통이 더욱 중시되는 견고한 신분제가 조금씩 흔들리던 시기이기도 하다. 독자들은 미천한 신분에 보잘것없어 보이는 인물인 소대성이 초월적 능력을 발휘하여 신분 상승을 이루는 모습을 보며 대리 만족을 느꼈을 것이다.

〈소대성전〉과 요전법(邀錢法)

예전에 이야기책을 전문적으로 읽어 주던 사람을 전기수(傳奇叟)라고 하는데, 전기수는 이야기가 한참 흥겨워지는 대목에 이르러 이야기를 멈추곤 했다. 그러면 사람들은 다음 내용이 듣고 싶어 서로 앞 다투어 돈을 던졌는데 이를 '요전법'이라 한다. 〈소대성전〉은 이러한 요전법을 통해 두터운 독자층을 확보해 왔고, 이 시기에 이르러 소설의 상업화 추세에 따라 방각본으로 인쇄되어 유통된 것이다.

자료실

군담 소설(軍談小說)

임진왜란과 병자호란 이후 발생하여 조선 후기에 유행한 소설의 한 유형으로, 전쟁 이야기가 주된 줄거리인 한글 소설을 일컫는다. 〈박씨전〉과 같은 허구적 인물이 등장하는 이야기뿐만 아니라, 〈임경업전〉과 같이 역사적 실존 인물을 주인공으로 삼은 소설도 있다.

함께 읽으면 좋은 작품

〈홍길동전(洪吉童傳)〉, 허균 / 영웅·군담 소설의 화소를 차용한 작품

홍길동은 서얼인 자신의 신분을 한탄하다가 집을 떠나 활빈당을 조직하여 탐관오리를 벌하고, 양민을 돕다가 율도국을 건설한다. 〈홍길동전〉에는 〈소대성전〉과 유사한 장면이 있는데, 초란이 자객을 보내 길동을 죽이려 하자 길동이 도술로 이를 물리치고 집을 떠나는 장면이다. 이러한 점은 두 작품이 영웅·군담 소설의 화소를 차용했음을 알려 준다.

Link 본책 122쪽

5 이 글에 대한 설명으로 적절하지 않은 것은?

① 시간의 흐름에 따라 사건이 진행되고 있다.
② 인물의 독백을 통해 결심을 드러내고 있다.
③ 서술자가 인물의 감정을 직접 언급하고 있다.
④ 배경 묘사를 통해 사건의 전개 방향을 암시하고 있다.
⑤ 말로 표현하지 않은 인물의 마음속 생각이 드러나 있다.

6 이 글의 등장인물에 대한 설명으로 적절하지 않은 것은?

① 소대성은 처음에는 조영을 해치지 않고 타일러서 돌아가게 하려고 했던 것 같아.
② 조영은 오랫동안 연마한 자신의 재주를 믿고 소대성을 이길 수 있으리라 여긴 것 같아.
③ 이생은 소대성이 다시 돌아올지도 모른다는 두려움에 구체적인 대비책을 세워 두기로 했어.
④ 정생은 소대성이 스스로 집을 나간 것처럼 알려 혼사가 자연스럽게 깨진 것처럼 일을 꾸미기로 했어.
⑤ 소대성은 자신을 해치려 한 이생 등에게 화가 났지만, 죽은 이 승상의 은혜를 생각해서 해치지 않고 떠나기로 했어.

7 [A]에 담긴 화자의 정서를 드러내기에 적절한 한자 성어는?

① 각골난망(刻骨難忘) ② 막역지우(莫逆之友)
③ 반포지효(反哺之孝) ④ 사고무친(四顧無親)
⑤ 수구초심(首丘初心)

8 (가)의 이별시가 지닌 서사적 기능을 〈보기〉에서 골라 바르게 짝지은 것은?

보기
ㄱ. 주인공의 예언 능력을 보여 준다.
ㄴ. 주인공의 고민이 해소되었음을 암시한다.
ㄷ. 주인공이 겪은 일을 압축적으로 제시한다.
ㄹ. 주인공의 자신의 처지에 대한 인식을 드러낸다.

① ㄱ, ㄴ ② ㄱ, ㄷ ③ ㄴ, ㄷ ④ ㄴ, ㄹ ⑤ ㄷ, ㄹ

내신 적중

9 〈보기〉는 이 작품을 수용한 방식에 대한 기록이다. 이 글에서 ㉠의 방법을 사용하여 읽기에 적절한 장면을 쓰시오.

보기
이야기책을 읽어 주는 노인은 동대문 밖에 산다. [중략] 노인이 전기 소설을 잘 읽었기 때문에 구경하는 사람들이 몰려들어 그 주변을 빙 둘러 에워쌌다. ㉠소설을 읽어 가다 몹시 들을 만한, 가장 긴장되고 중요한 대목에 이르면 노인은 갑자기 입을 다물고 아무 말도 하지 않는다. 그러면 사람들이 다음 대목을 듣고 싶어서 앞다투어 돈을 던지면서 "이야말로 돈을 달라고 하는 방법이야!"라고 했다.

– 조수삼, 《추재기이(秋齋紀異)》 중 〈전기수〉

Ⅳ. 조선 후기

051 유충렬전(劉忠烈傳) | 작자 미상

기워드 체크 #영웅 소설 #고담 소설 #적강 소설 #영웅 군담 소설의 대표적인 작품

문학 동아, 신사고
국어 지학사, 해냄

핵심 정리

갈래 국문 소설, 영웅 소설, 군담 소설, 적강 소설
성격 전기적, 비현실적, 영웅적
시점 전지적 작가 시점
배경 ① 시간 – 중국 명나라 시대
② 공간 – 명나라 조정과 중국 대륙
제재 유충렬의 영웅적 일대기
주제 유충렬의 고난과 영웅적 행적
특징 ① 천상계와 지상계로 이원적 공간이 설정됨.
② 유불선 사상을 바탕으로 함.
의의 영웅 소설의 전형적 요소를 갖춘 대표적인 작품임.

Q 〈유충렬전〉에 반영된 시대상은?

토번과 가달의 정벌을 위한 기병 문제로 정한담은 정벌에 찬성하고 유심은 반대한다. 이것은 병자호란 때 청나라를 치자고 주장한 척화파(斥和派)와 청나라와 화친을 맺자고 주장한 주화파(主和派)의 갈등 양상을 반영한 것이라 할 수 있다.

어휘 풀이

조공(朝貢) 종속국이 종주국에 때를 맞추어 예물을 바치던 일. 또는 그 예물.
강포(强暴)하다 몹시 우악스럽고 사납다.
내응(內應) 내부에서 몰래 적과 통함. 또는 적의 내부에서 몰래 아군과 통함.
배향(配享)하다 공신의 신주를 종묘에 모시다.
직간(直諫)하다 임금이나 웃어른에게 잘못된 일에 대하여 직접 간하다.
도원수(都元帥) 전쟁이 났을 때 군무를 통괄하던 임시 무관 벼슬.
기치(旗幟) 예전에 군대에서 쓰던 깃발.
도성(都城) 임금이나 황제가 있던 '서울'을 이르는 도읍지가 성으로 이루어져 있었다는 데서 도성이라 불림.

Q 〈유충렬전〉에 나타난 적강 화소는?

유충렬과 정한담은 천상에서 죄를 짓고 지상으로 적강한 인물들로, 천상에서의 갈등이 지상까지 이어진다.

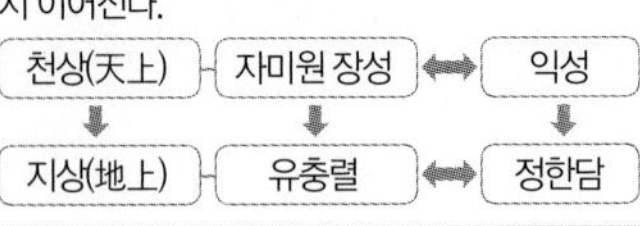

구절 풀이

❶ **왕실은 미약하고 ~ 무게를 견디리까?** 명나라의 국력이 약해서 국력이 강한 남쪽 오랑캐와의 싸움에서 이길 수 없음을 비유적으로 표현한 말로, 오히려 이로 인해 화가 미칠 수도 있음을 경계하여 말한 것이다.
❷ **가련한 백성 ~ 아니 적악(積惡)이리오.** 전쟁으로 인해 백성들이 죽게 되는 것이 가장 큰 죄악이라는 말이다.

가 [A] 정한담(반동 인물)과 최일귀 두 사람이 이때를 타서 천자께 여쭈오되,

「"폐하 즉위하신 후에 은덕이 온 백성에게 미치고 위엄이 온 세상에 진동하여 열국 제신(여러 신하 나라. 제후국)이 다 •조공을 바치되, 오직 토번(티베트족)과 가달(몽골계의 한 부족)이 •강포함만 믿고 천명을 거스르니, 신 등이 비록 재주 없사오나 남적(남쪽의 오랑캐 – 토번, 가달)을 항복 받아 충신으로 돌아오면 ㉠ 폐하의 위엄이 남방에 가득하고 소신의 공명은 후세에 전하리니, 엎드려 바라옵건대 폐하는 깊이 생각하소서."」(「」: 토번과 가달을 정벌할 것을 주장함. – 척화파에 해당)

천자 매일 남적이 강성함을 근심하더니, 이 말을 듣고 대희(크게 기뻐하여) 왈, / "경의 마음대로 기병(전쟁을 일으킴.)하라." 하시니라. / 이때 유 주부(유심, 유충렬의 아버지) 조회하고 나오다가 이 말을 듣고 천자 앞에 들어가 엎드려 주왈(아뢰기를),

"듣사오니 폐하께옵서 남적을 치라 하시기로 기병하신단 말씀이 옳으니이까?"

천자 왈, / "한담의 말이 여차여차하기로(이러이러하기로 – 구체적인 내용을 생략할 때 쓰는 표현) 그런 일이 있노라." / 주부 여쭈오되,

「"폐하 어찌 망령되게 허락하였습니까? ㉡ ❶왕실은 미약하고 외적은 강성하니, 이는 자는 범을 찌름과 같고 드는 토끼를 놓침이라. 한낱 새알이 천 근의 무게를 견디리까? ❷가련한 백성 목숨 백 리 사장(沙場) 외로운 혼이 되면 그것인들 아니 적악(積惡)(남에게 악한 짓을 많이 함.)이리오. 엎드려 바라옵건대 황상(황제, 천자)은 기병하지 마옵소서."」(「」: 토번과 가달의 정벌을 반대하는 유심 – 주화파에 해당)

천자 그 말을 들으시고 여러 가지로 생각하던 차에, 한담과 일귀 일시에 합주하되(한꺼번에 아뢰기를),

"유심의 말을 듣사오니 죽여도 애석하지 않으니, 오국 간신과 같은 무리로소이다. 대국을 저버리고 도적놈만 칭찬하여 개미 무리(보잘것없는 무리)를 대국에 비하고(비유하고) 한낱 새알을 폐하에게 비하니(오나라), 일대의 간신이요(오나라) 만고의 역적이라. 신 등은 저어하건대(염려하거나 두려워하건대) 유심의 말이 가달을 못 치게 하니 가달과 동심하여(유심에 대한 극단적인 부정적 평가) •내응이 된 듯하니(유심이 가달과 내통한다고 모함함.) 유심의 목을 먼저 베고 가달을 치사이다."

천자가 허락하니, / 한림학사(중국 당나라 때 황제의 명령을 받아 문서를 꾸미는 일을 맡아보던 벼슬) 왕공렬이 유심 죽인단 말을 듣고 땅에 엎드려 주왈,

"주부 유심은 선황제 개국 공신(나라를 세울 때 큰 공로가 있는 신하) 유기의 자손이라. 위인(사람의 됨됨이)이 정직하고 일심이 충직하오니 남적을 치지 말자는 말이 사리에 당연하옵거늘, 그 말을 죄라 하와 충신을 죽이시면 태조 황제 사당 안에 유 상공(개국 공신인 유기)을 •배향하였으니 춘추로 제사 지낼 때에 무슨 면목으로 뵈오며, 유심을 죽이면 •직간할 신하 없사올 것이니, 황상은 생각하와 죄를 용서하옵소서."

▶ 정한담과 유심이 남적 토벌 문제로 대립함.

나 이때 정한담이 오국 군왕 전에 한 꾀를 드려 왈, / "소장(정한담이 자신을 낮춘 표현)이 옥관 도사(정한담의 스승)에게 십 년을 공부해 변화무궁하고 「구척장검 칼머리에 강산이 무너지고 하해도 뒤집혔나이다.」(「」: 과장적 표현. 자신의 능력이 뛰어남을 드러냄.) 그런데 명진 •도원수 유충렬은 사람이 아니라 천신입니다.(유충렬의 능력이 매우 뛰어남을 이르는 말로 유충렬과 전면전을 피하는 이유임.) 이제 비록 대왕이 억만 병사를 거느리고 왔으나 충렬 잡기는커녕 접전할 장수도 없사오니, 만일 무작정 싸운다면 우리 군사 씨가 없고 대왕의 중한 목숨마저도 응당 보존하기 어려울 것이옵니다. 그러니 오늘 밤 삼경(밤 11시 ~ 새벽 1시)에 군사들을 둘로 나누어 일군이 먼저 금산성을 치게 되면 충렬이 응당 구하러 올 것이옵니다. 그때를 틈타 소장이 도성에 들어가 천자에게 항복 받고 옥새(옥으로 만든 국새. 나라의 도장으로 국권을 상징함.)를 앗아 버리면 충렬이 비록 천신이라고 한들 제 인군(임금, 곧 천자)이 죽었는데 무슨 면목으로 싸우리까. 소장의 꾀가 마땅할 듯하온데, 대왕의 생각은 어떠하시나이까?"

하니, 호왕이 대희해 한담으로 대장을 삼고 천극한으로 선봉을 삼아 약속을 정하고 군중(軍中)에 •기치를 둘러 도성으로 갈 듯이 하니, 원수 산하(山下)에 있다가 적세를 탐지하고 •도성으로 들어오더라.

▶ 정한담이 유충렬과의 정면 승부를 피하려고 계략을 꾸밈.

- **중심 내용** 남적 정벌 문제로 대립하는 유심을 유배 보내고 도성을 빼앗을 계략을 세우는 정한담
- **구성 단계** (가) 발단 / (나) 위기

이해와 감상

〈유충렬전〉은 〈조웅전(趙雄傳)〉과 함께 조선 후기 영웅 소설과 군담 소설을 대표하는 작품이다. 천상계의 신선이었던 주인공이 죄를 짓고 지상으로 적강하여 간신의 모해와 반역 때문에 위기에 처하지만, 신이한 능력을 발휘하여 위기에 처한 가문과 국가를 구출한다는 이야기이다.

신분이 하락한 주인공이 전란에 공을 세워 신분이 상승하는 과정을 통해 인간 삶의 영고성쇠(榮枯盛衰, 인생이나 사물의 번성함과 쇠락함이 서로 바뀜.)를 보여 주고 있다. 또한 충신과 간신이 대립하고 충신이 마침내 승리한다는 설정을 통해 조선 시대의 충신상을 확인할 수 있다. 또 유충렬이 호국(胡國)을 정벌하고 통쾌하게 설욕하는 장면은 병자 호란 이후 생긴 민중들의 청나라에 대한 강한 적개심을 반영한 것으로 볼 수 있다.

전체 줄거리

발단	명나라 고관인 유심은 늦도록 자식이 없자 산천에 기도하여 신이한 태몽을 꾸고 유충렬을 낳는다.
전개	유심의 정적인 간신 정한담은 누명을 씌워 유심을 귀양 보내고 유충렬 모자를 죽이려 하나 유충렬은 간신히 위기를 넘기고 강희주의 사위가 된다.
위기	강희주마저 정한담의 모함으로 귀양을 가게 되고 아내와 헤어진 유충렬은 광덕산의 도승을 만나 도술을 배우게 된다.
절정	정한담이 남적, 북적과 함께 반란을 일으켜 나라가 위기에 처하자 유충렬이 등장해 천자를 구해 낸다.
결말	유충렬은 반란군을 진압하고 황후·태후·태자를 구출하며, 유배지에서 고생하던 아버지와 장인을 구한 뒤 아내와 함께 부귀영화를 누린다.

인물 관계도

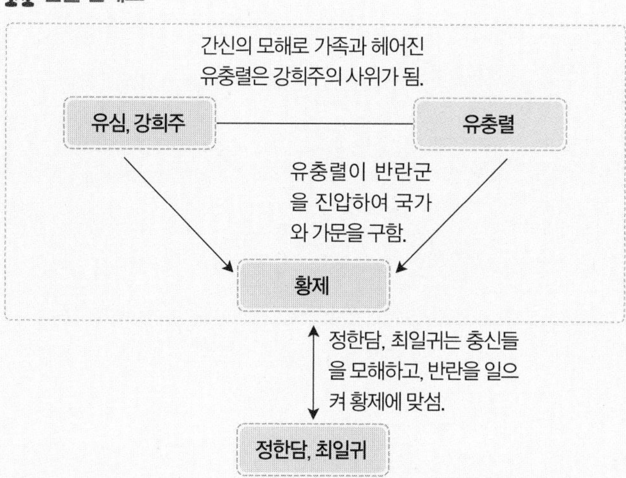

작품 연구소

〈유충렬전〉에 나타난 영웅의 일대기 구조

영웅의 일대기 구조	〈유충렬전〉의 내용
고귀한 혈통	현직 고관 유심의 외아들로 태어남.
비정상적 출생	부모가 산천에 기도하여 늦게 아들을 얻음.
탁월한 능력	하강한 천상인으로 비범한 능력을 지님.
유년기의 위기	간신 정한담의 박해로 죽을 위기에 처함.
구출·양육	강희주를 만나 그의 사위가 되고, 노승을 만나 도술을 배움.
성장 후의 위기	정한담의 반란으로 국가적 위기를 맞음.
고난 극복과 승리	반란을 평정하고 헤어진 가족을 만나 부귀영화를 누림.

키 포인트 체크

인물 유충렬은 정의를 위해 악과 □□하며 황제에게 □□하는 전형적인 영웅이며, 정한담은 천상에서부터 유충렬과 대립하는 악인이다.

배경 중국 명나라 때를 배경으로 □□이 간신을 누르고 승리하는 설정을 통해 '충(忠)'을 강조하고 있다.

사건 정한담의 모해로 가족과 헤어지게 된 유충렬이 강희주에게 구출되어 노승의 도움으로 □□을 익히고, □□□□을 평정하여 나라를 구하고 헤어진 가족을 만난다.

1 이 글을 읽은 독자의 반응으로 적절하지 않은 것은?

① 정한담은 유충렬의 능력이 매우 뛰어남을 잘 알고 있군.
② 천자는 유심의 충성심은 이해하지만 백성을 위해 기병을 선택했군.
③ 호왕이 정한담의 계략을 받아들이는 것으로 보아 정한담을 믿고 있군.
⑤ 유심은 전쟁으로 백성들이 죽게 되는 것이 가장 큰 죄라고 생각하고 있군.
④ 왕공렬은 임금에게 직간(直諫)을 할 수 있는 충성스러운 사람이라 할 수 있군.

중요 기출

2 (가)의 내용을 〈보기〉와 같이 정리해 보았다. ㄱ~ㄹ에 들어갈 말을 바르게 배열한 것은?

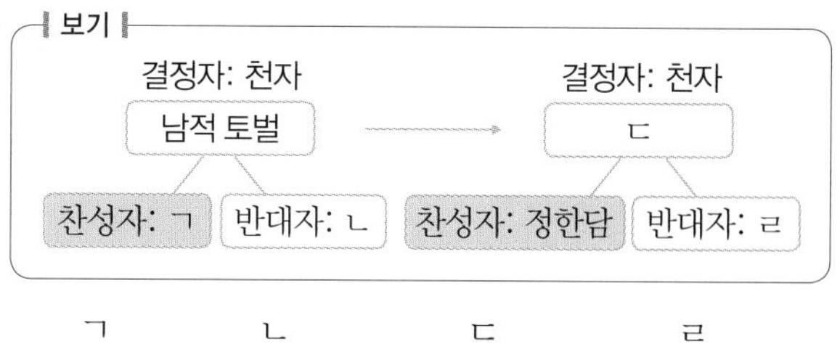

	ㄱ	ㄴ	ㄷ	ㄹ
①	유심	정한담	유심 처벌	왕공렬
②	유심	정한담	사당 참배	최일귀
③	정한담	유심	유심 처벌	왕공렬
④	정한담	유심	사당 참배	왕공렬
⑤	정한담	유심	조공 징수	최일귀

3 [A]에서 알 수 있는 내용으로 적절하지 않은 것은?

① 선제공격이 최상의 방책임을 알 수 있다.
② 감언이설로 천자를 설득했음을 알 수 있다.
③ 전쟁 결정권은 천자에게 있음을 알 수 있다.
④ 천자의 나라와 제후국의 힘의 관계를 알 수 있다.
⑤ 천자는 문제를 해결할 기대감에 차 있음을 알 수 있다.

4 ㉠의 상황을 속담으로 나타낼 때 가장 적절한 것은?

① 마당 쓸고 돈 줍는다.
② 누이 좋고 매부 좋다.
③ 도랑 치고 가재 잡는다.
④ 굿도 볼 겸 떡도 먹을 겸.
⑤ 알로 먹고 꿩으로 먹는다.

5 ㉡에 사용된 표현상의 특징과 그 효과를 〈조건〉에 맞게 쓰시오.

조건
표현 방법을 두 가지 이상 찾아 각각 그 효과를 밝힐 것

Q 〈유충렬전〉에서 공간적 배경을 중국으로 설정한 효과는?

이 작품의 배경은 명나라 영종 때의 중국으로, 우리나라가 아닌 중국을 배경으로 하여 독자에게 낯선 느낌과 흥미를 주고 있다. 또한 우리나라를 배경으로 할 경우 다루기 어려운 내용을 중국을 배경으로 하여 자유롭게 다루고 있다.

어휘 풀이

정병(精兵) 우수하고 강한 군사.
천병만마(千兵萬馬) 천 명의 군사와 만 마리의 군마라는 뜻으로, 아주 많은 수의 군사와 군마를 이르는 말. 천군만마.
비상천(飛上天)하다 하늘로 날아 올라가다.
용상(龍床) 임금이 정무를 볼 때 앉던 평상.
침노(侵擄)하다 남의 나라를 불법으로 쳐들어가거나 쳐들어오다.
청병(請兵) 군대의 지원을 청하거나 출병하기를 청함. 또는 청하여 온 군대.
자미성(紫微星) 큰곰자리 부근에 있는 자미원의 별 이름. 북두칠성의 동북쪽에 있는 열다섯 개의 별 가운데 하나로, 중국 천자(天子)의 운명과 관련된다고 한다.
명재경각(命在頃刻) 거의 죽게 되어 곧 숨이 끊어질 지경에 이름.
삼십삼천(三十三天) 육욕천, 십팔천, 무색계 사천(四天)과 일월성수천, 상교천, 지만천, 견수천, 제석천을 통틀어 이르는 말.

가 이때 한담이 원수(유충렬)를 속이고 •정병만을 가리어 급히 도성으로 들어가니, 『성중에는 지키는 군사가 전혀 없었으며, 천지 또한 원수의 힘만 믿고 잠이 깊이 들어 있었다.』(『 』: 한담의 계략이 맞아 떨어진 것을 나타내는 상황) 이에 한담이 •천병만마를 이끌고 와 순식간에 성문을 깨치고 궐내로 들어가 함성해 이르기를,

"이봐, 명제(명나라 황제)야! 이제 네가 어디로 달아날 수 있겠느냐? 팔랑개비라 •비상천하며 두더지라 땅으로 들어가랴.(더 이상 도망갈 곳이 없음을 동물들의 행동에 빗대어 드러냄.) 네 놈의 옥새 빼앗으려고 왔는데, 네 이제는 어디로 달아나려느냐. 바삐 나와 항복하라."

하는 소리에 궁궐이 무너지고 혼백이 상천(上天)하는지라. 한담의 고함 소리에 명제도 넋을 잃고 •용상에서 떨어졌으나, 『다급히 옥새를 품에 품고 말 한 필을 잡아타고 엎어지며 자빠지며(매우 다급함을 드러냄.) 북문으로 빠져나와 변수 가로 도망했다.』(『 』: 도망가는 황제의 모습에서 무능한 왕권을 나타냄.) 한담이 궐내에 달려들어 천자를 찾았으나 천자는 간데없고, 태자가 황후와 태후(황태후. 황제의 살아 있는 어머니)를 모시고 도망하기 위해 나오는지라. 한담이 호령하며 달려들어 태자 일행을 잡아 호왕(胡王)(오랑캐의 왕)에게 맡긴 후, 북문으로 나와 보니 천자가 변수 가로 달아나고 있었다. 한담이 대희해 천둥 같은 소리를 지르고 순식간에 달려들어 구척장검을 휘두르니 천자가 탄 말이 백사장에 거꾸러지거늘, 천자를 잡아내어 마하(馬下)에 엎어뜨리고 서리 같은 칼로 통천관(通天冠)(황제가 사무를 보거나 조칙을 내릴 때 쓰던 관)을 깨어 던지며 호통하기를,

"이봐, 명제야! 내 말을 들어 보아라. 하늘이 나 같은 영웅을 내실 때는 남경의 천자가 되게 하심이라.(천자가 되고자 하는 정한담의 야욕을 알 수 있음.) 네 어찌 계속 천자이기를 바랄쏘냐. ❶내가 네 한 놈을 잡으려고 십 년을 공부해 변화무궁한데, 네 어찌 순종하지 않고 조그마한 충렬을 얻어 내 군사를 •침노하느냐. 네 죄를 논죄컨대 이제 바삐 죽일 것이로되, 나에게 옥새를 바치고 항서를 써서 올리면 죽이지 아니하리라. 그러나 만약 그렇지 아니하면 네놈은 물론 네놈의 노모와 처자를(태후와 황후와 태자) 한칼에 죽이리라."

▶ 도성에 침입한 정한담이 명나라 천자에게 항복을 요구함.

Q 이 부분에서 사건의 서술 방식은?

정한담이 도성에서 천자를 쫓는 장면과 유충렬이 금산성에서 적군을 무찌르는 사건은 동시에 일어난 것으로, 이 두 공간에서 일어난 사건을 '이때'라는 말로 연결하여 병렬적으로 제시하고 있다.

나 이때 원수 금산성에서 적군 십만 명을 한칼에 무찌른 후,(유충렬의 비범한 능력 ①) 곧바로 호산대에 진을 치고 있는 적의 •청병을 씨 없이 함몰하려고 달려갔다. 그런데 『뜻밖에 월색(달빛)이 희미해지더니 난데없는 빗방울이 원수 면상에 떨어졌다.』(『 』: 자연 변화를 통해 천자의 위급한 상황을 알려 줌.) 원수 괴이해 말을 잠깐 멈추고 천기를 살펴보니,(유충렬의 비범한 능력 ②) ❷도성에 살기 가득하고 천자의 •자미성이 떨어져 변수 가에 비쳐 있었다. 원수 대경해 발을 구르며 왈, / "이게 웬 변이냐." / 하고 산호편(산호로 꾸민 채찍)을 높이 들어 채찍질을 하면서 천사마에게 정색을 하고 이르기를, / "천사마야, 네 용맹 두었다가 이런 때에 아니 쓰고 어디 쓰리오. 지금 천자께서 도적에게 잡혀 •명재경각이라. 순식간에 득달해 천자를 구원하라."

하니, ❸천사마는 본래 천상에서 내려온 ㉠비룡이라. 채찍질을 아니하고 제 가는 대로 두어도 비룡의 조화를 부려 순식간에 몇 천 리를 갈 줄 모르는데, 하물며 제 임자(유충렬)가 정색을 하고 말하고 또 산호채로 채찍질하니 어찌 아니 급히 갈까.(편집자적 논평 ①) 눈 한 번 꿈쩍하는 사이에 황성 밖을 얼른 지나 변수 가에 다다랐다.(전기적 요소)

▶ 유충렬이 천기를 살피고 천자를 구하러 달려감.

다 이때 천자는 백사장에 엎어져 있고 한담이 칼을 들고 천자를 치려 했다. 원수가 이때를 당해 평생의 기력을 다해 호통을 지르니, 천사마도 평생의 용맹을 다 부리고 변화 좋은 장성검도 •삼십삼천(三十三天)에 어린 조화를 다 부리었다. ❹원수 닿는 곳에 강산도 무너지고 하해도 뒤엎어지는 듯하니,(과장된 표현) 귀신인들 아니 울며 혼백인들 아니 울리오.(편집자적 논평 ②) 원수의 혼신이 불빛 되어 벽력 같은 소리를 지르며 왈,

"이놈 정한담아, 우리 천자 해치지 말고 나의 칼을 받아라!"

하는 소리에 나는 짐승도 떨어지고 강신 하백도 넋을 잃어버릴 지경이거든(과장된 표현) 정한담의 혼백과 간담인들 성할쏘냐.(편집자적 논평 ③) 원수의 호통 소리에 한담의 두 눈이 캄캄하고 두 귀가 멍멍해 탔던 말을 돌려 타고 도망가려다가 형산마(정한담의 분신)가 거꾸러지면서 한담도 백사장에 떨어졌다.

▶ 유충렬이 천자를 구하고 정한담을 사로잡음.

• **중심 내용** 정한담이 천자를 죽이려고 하는 순간 천자를 구하는 유충렬 • **구성 단계** 절정

구절 풀이

❶ **내가 네 한 놈을 잡으려고 십 년을 공부해 변화무궁한데,** 정한담은 원래 천상의 신선으로 지략이 뛰어나고 술법이 신묘한 데다가, 천자가 되고자 금산사 옥관 대사에게 술법을 배웠음을 이르는 말이다.
❷ **도성에 살기 가득하고 ~ 비쳐 있었다.** 천자가 있는 도성이 함락되고 천자의 목숨이 위태로움을 암시한다.
❸ **천사마는 본래 ~ 변수 가에 다다랐다.** 천사마는 천상에서 내려온 존재로 그 주인인 유충렬이 본래 천상의 신선임을 나타내며, 이 천사마가 눈 한 번 꿈쩍하는 사이에 황성 밖을 지나 변수 가에 다다랐다는 것은 이 작품의 전기적 요소를 보여 준다.
❹ **원수 닿는 곳에 ~ 혼백인들 아니 울리오.** 과장된 표현과 서술자의 개입으로 원수의 활약상을 드러낸 부분이다. 주인공 유충렬의 활약을 묘사하는 부분에서는 이와 같은 과장과 편집자적 논평을 통해 서술자의 감정을 드러내는 부분이 자주 나타나고 있다.

작품 연구소

〈유충렬전〉의 주제와 작가 의식

충신(忠臣) 유충렬과 간신(奸臣) 정한담이 대결함.	➡	**표면적 주제** 국가에 충성하고 부모에게 효도하는 유교적 윤리관
유충렬이 큰 공을 세워 가문의 명예를 회복하고 부귀영화를 누림.	➡	**이면적 주제** 실세(失勢)한 계층의 권력 회복

천자에 대한 충성이라는 유교 관념을 중시하면서, 국가적 위기에서 공을 세워 명예를 회복하려는 몰락한 양반층의 꿈을 담고 있음.

〈유충렬전〉에 반영된 시대상

척화파와 주화파의 대립상	병자호란 때 척화파(斥和派)와 주화파(主和派)가 대립함. → 토번과 가달의 정벌을 둘러싸고 정한담은 정벌을 주장하지만 유심은 반대함.
적의 인질로 잡혀감.	병자호란 때 대군과 비빈이 청나라에 잡혀감. → 태후·황후·황태자가 호국(胡國)에 잡혀감.
도성의 함락과 피신	병자호란 때 인조가 남한산성으로 피란함. → 도성이 함락되자 천자가 금산성으로 피신함.
외적에 대한 복수 의식	민중들이 병자호란 때 당한 수모를 보상받고자 함. → 유충렬이 호국을 정벌하고 복수를 함.

〈유충렬전〉의 이원적 구조

천상계의 신선들로서 선인(善人) 자미성은 유충렬, 악인(惡人) 익성은 정한담이다. 이들은 천상의 백옥루 잔치에서 싸운 죄로 인간 세상에 유배되고, 유충렬은 충신, 정한담은 간신이 되어 대립한다. 이와 같이 대개의 영웅 소설들은 <u>천상계와 지상계라는 이원적 공간을 설정하고, 주인공이 어떤 잘못을 저질러 지상계로 추방된다는 적강 화소(謫降話素)를 지닌다.</u>

천상계	자미원대장성(선)	←→	익성(악)
	⬇	적강(謫降) 화소	⬇
지상계	유충렬(선)	←→	정한담(악)

자료실

군담 소설(軍談小說)의 종류

창작 군담 소설	소설의 주인공이 허구적으로 만들어 낸 인물이며, 작품에 나타나는 전쟁 또한 꾸며 낸 것이다. 예 〈유충렬전〉, 〈소대성전〉, 〈장익성전〉 등
역사 군담 소설	주로 외적의 침략을 물리칠 수 있는 민족적 능력을 과시하여 전란을 겪으면서 피폐해진 민족적 자존심을 고취하려는 의식을 담고 있다. 예 〈임진록〉, 〈임경업전〉, 〈박씨전〉 등
번역 군담 소설	중국 소설 〈삼국지연의〉 등이 널리 애독되자, 중국의 연의 소설 중 특히 군담이 흥미의 중심을 이루는 부분을 번역하여 작품으로 간행한 것이다. 예 〈삼국대전〉, 〈화용도실기〉, 〈조자룡실기〉 등

함께 읽으면 좋은 작품

〈소대성전(蘇大成傳)〉, 작자 미상 / 영웅적 인물이 등장하는 작품

영웅 소설이자 군담 소설로, 영웅의 기상을 타고난 소대성이 일찍 부모를 여의고 고난을 겪다가 무공을 연마하여 위기로부터 천자를 구하는 내용으로 전개된다. 영웅적 인물인 주인공이 천자와 국가를 위기에서 구한다는 점에서 〈유충렬전〉과 유사하다. Link 본책 154쪽

6 이 글에 대한 설명으로 적절한 것은?

① 사건을 액자식으로 구성하여 전개하고 있다.
② 심리 묘사를 통해 인물의 고조된 감정을 드러내고 있다.
③ 사건에 따라 변화하는 인물의 입체적인 성격을 보여 주고 있다.
④ 우의적 소재를 활용하여 사건 해결의 실마리를 제공하고 있다.
⑤ 두 공간에서 일어난 사건을 병렬적으로 제시하여 전개하고 있다.

중요 기출

7 이 글의 내용을 바탕으로 삽화를 그리려고 한다. 〈보기〉에서 이 글의 내용을 잘 반영한 것을 골라 바르게 묶은 것은?

보기
ㄱ. 유충렬이 천기를 살펴보는 호산대의 배경을 밝고 명랑한 분위기로 표현하여 앞으로의 승리를 예감할 수 있도록 한다.
ㄴ. 쓰러져 있는 천자에게서 무력함 또는 나약함을 느낄 수 있도록 한다.
ㄷ. 정한담을 향해 달려가는 천사마는 역동적이면서 용맹스러운 모습으로 그린다.
ㄹ. 장성검을 들고 진격하는 유충렬의 모습에서 천자를 구하고자 하는 강인한 의지가 엿보이도록 한다.
ㅁ. 달려오는 유충렬을 보고 도망가는 정한담의 표정에서 여유와 의연함이 드러날 수 있도록 그린다.

① ㄱ, ㄴ, ㅁ ② ㄱ, ㄷ, ㄹ ③ ㄱ, ㄷ, ㅁ
④ ㄴ, ㄷ, ㄹ ⑤ ㄷ, ㄹ, ㅁ

8 ㉠에 대한 설명으로 적절하지 <u>않은</u> 것은?

① 주인공의 비범함을 드러내는 요소이다.
② 주인공이 본래 천상의 신선이었음을 알려 준다.
③ 천자가 위험에 빠졌음을 알려 주는 역할을 한다.
④ 천자를 위기에서 구하기 위해서 필요한 설정이다.
⑤ 이 글의 전기적(傳奇的) 요소를 파악할 수 있게 한다.

9 이 글의 내용에 대한 이해로 적절하지 <u>않은</u> 것은?

① 한담이 원수를 속이고 도성으로 왔다는 것으로 보아, 한담은 원수를 따돌리고 천자를 잡으러 왔다.
② 천자가 원수의 힘만 믿고 잠이 깊이 들어 있었던 것으로 보아, 천자는 원수가 한담의 반란군을 쉽게 막아낼 것으로 생각하고 있었다.
③ 한담이 천자에게 옥새를 빼앗으려고 왔다고 하는 것으로 보아, 한담은 천자가 되고자 하는 야망을 품고 있다.
④ 원수가 천기를 살펴보고 놀라서 발을 구르는 것으로 보아, 원수는 한담에게 속은 것을 알고 분노하고 있다.
⑤ 원수가 천자의 생명의 위기 앞에서 평생의 기력을 다해 호통을 지르는 것으로 보아, 원수는 천자에 대해 충성스러운 마음을 지니고 있다.

Ⅳ. 조선 후기

052 임진록(壬辰錄) | 작자 미상

키워드 체크 #역사 군담 소설 #임진왜란 #민족의 자존심

문학 금성

핵심 정리

갈래 역사 소설, 군담 소설
성격 전기적(傳奇的), 설화적
시점 전지적 작가 시점
배경 ① 시간 – 조선 선조 때 임진왜란 전후
② 공간 – 조선 팔도 및 왜국
제재 임진왜란 때 영웅들의 활약상
주제 임진왜란 패배에 대한 정신적 보상과 승리
특징 ① 역사적 사실을 바탕으로 설화와 혼용하여 소설로 창작됨.
② 영웅적 인물들이 활약하는 애국적 무용담을 순차적으로 엮음.
의의 ① 우리나라 군담 소설의 대표작임.
② 민족적 자부심과 응전 의지를 고취함.

어휘 풀이

수축(修築)하다 집이나 다리, 방축 등의 헐어진 곳을 고쳐 짓거나 보수하다.
패문(牌文) 칙사(勅使)를 파견할 때, 칙사의 파견 목적과 일정 등을 기록하여 사전에 보내던 통지문.
구분(俱焚)하다 한꺼번에 불에 타다.
사관(査官) 검사하는 일을 맡아보던 벼슬아치.
풀무 불을 피울 때에 바람을 일으키는 기구.

Q 왜왕이 계속하여 사명당을 시험하는 이유는?

왜왕은 사명당이 생불이라는 것을 의심하여, 사명당에게 병풍의 글을 암송하게 하고, 못 위의 유리 방석에 앉게 하며, 화기를 세게 한 방에 머물게 한다. 하지만 사명당은 초인적 능력을 발휘하여 왜왕의 시험을 모두 물리치는 영웅적인 면모를 보여 준다. 이처럼 사명당의 초인적 능력을 부각하는 것은 왜국에 대한 조선의 우월성을 강조하고 왜국에 당한 수모를 통쾌하게 보복하려는 의도적인 장치라고 할 수 있다.

구절 풀이

❶ **"조선에 어찌 ~ 의혹케 함이라."** 왜왕이 조선에서 보낸 패문의 내용을 의심하는 장면으로, 이러한 의혹으로 인해 사명당의 능력을 시험하게 된다. 사명당의 능력을 부각하기 위해 작가가 설정한 장치라 할 수 있다.
❷ **"한 칸은 어찌 외우지 ~ 장차 어찌하리오."** 사명당에게 일만 팔천 칸의 글자를 외우게 하는 불가능한 일을 주문했으나, 사명당은 글자를 다 외울 뿐만 아니라 글자가 가려진 것까지 알아맞히고 있다. 왜왕에게 두려움을 주는 사명당의 초인적 능력이 잘 드러난 부분이라 할 수 있다.
❸ **얼음 빙(氷) 자를 ~ 가장 추운지라.** 사명당이 도술을 부려 글자 얼음 빙(氷)을 손에 쥐고 화기를 이겨 내는 장면이다. 사명당의 초인적 능력이 드러난 부분으로 전기적 요소가 잘 나타난다.

가 이때, 왜왕이 김응서와 강홍립이 죽은 후로 기탄함이 없어, 다시 기병코자 하여 병기를 •수축(修築)하며 군사를 연습하더니, 문득 조선 •패문이 왔거늘, 왕이 경이하여 급히 떼어 보니,
(기탄함: 어렵게 여겨 꺼림. / 다시 기병코자 ~ 연습하더니: 다시 조선을 침공하려는 왜왕의 의도가 드러남. / 경이하여: 놀랍고 신기하게 여겨)

"너희가 다시 반코자 함을 우리 주상(主上)이 알으시고 생불을 보내사 너의 죄를 자세히 물은 후에 항서(降書)를 받으라 하시니, 만일 순종치 아니하면 옥석(玉石)이 •구분(俱焚)하리라."
(생불: 사명당 / 만일 순종치 ~ 구분하리라: 나쁜 것과 좋은 것 구분 없이 화(禍)를 당하게 되리라 – 왜왕에게 경각심을 심어 줌.)

하였거늘, 왕이 간필(看畢)에 대소 왈,
(간필: 글을 다 읽음. / 대소: 비웃음)

❶"조선에 어찌 생불이 있으리오. 이는 우리를 의혹케 함이라."

하고, 제신(諸臣)으로 의논할새, 제신이 주(奏) 왈,
(제신: 여러 신하)

"제 생불이라 하오니 취맥(取脈)하여 볼 것이 있으니 여차여차 하소서."
(취맥: 남의 동정을 더듬어 살핌. / 여차여차: 구체적인 내용을 생략함.)

하고, 급히 병풍 일만 팔천 칸을 만들어 글씨를 써 들어오는 길 좌우편에 세우고, 사명당을 호위하여 말을 급히 몰아 들이더라.
(급히 병풍 ~ 세우고: 사명당을 시험하는 첫 번째 계략)

▶ 사명당(조선의 생불)이 왜왕에게 찾아감.

나 왜왕과 예필(禮畢) 좌정 후에 왕 왈,
(예필: 인사를 끝마침.)

"그대 생불이라 하니 들어오는 노변(路邊)에 병풍의 글을 보았는가." / 사명당이 왈,

"주마간산(走馬看山)으로 보았나이다." / 왕 왈, / "그러면 그 글을 듣고자 하노라."
(주마간산: 자세히 살피지 않고 대충대충 보고 지나감을 이르는 말)

사명당이 대답하고, 조금도 생각함이 없이 일만 칠천구백구십구 칸을 외우거늘, / 왕 왈
(조금도 생각함이 ~ 외우거늘: 사명당의 초인적 능력 – 영웅적 인물임이 부각됨.)

❷"한 칸은 어찌 외우지 아니하느뇨."/ 사명당 왈,

"한 칸은 글이 없으니 무엇을 외우라 하느뇨."

왕이 고이히 여겨 •사관(査官)을 보내어 적간(摘奸)한즉, 과연 한 칸이 바람에 덥혔다 하니, 왕이 그제야 그 신기함에 놀라 제신더러 왈, / "이는 생불일시 분명하니 장차 어찌하리오."
(적간: 죄상이 있는지 없는지를 밝히기 위해 캐어 살핌. / 고이히: 괴이하게 / 이는 생불일시 ~ 어찌하리오: 사명당의 초인적 능력을 본 왜왕이 겁을 먹음.)

▶ 왜왕의 시험에 사명당이 초능력을 발휘함.

다 사신 왈, / "송당에 판 못이 있으되 깊이 오십 장(丈)이오니, 송당에 유리 방석을 띄우고 방석에 앉으라 하오면 일정(一定) 진가(眞假)를 알으리이다."
(송당에 판 ~ 앉으라: 사명당을 시험하는 두 번째 계략)

왕이 옳이 여겨 그 못에 유리 방석을 띄우고, 사명당을 청하여 그 위에 앉으라 하니, 사명당이 먼저 염주를 방석 위에 던지고 앉으니, 그 방석이 잠기지 아니하고 바람을 따라 무란왕래(無亂往來)하니, / 왕과 좌우가 그 조화를 보고 크게 놀라고 근심하더니, 제신이 주 왈,
(사명당이 먼저 ~ 무란왕래하니: 사명당의 초인적 능력 – 전기적 요소)

"폐하는 근심 말으소서. 사명당을 그저 두오면 대화(大禍)가 있을지라. 한 묘책을 생각하오매, 별당을 정묘히 짓고 별당 밑에 무쇠를 깔고 무쇠 밑에 •풀무를 묻고, 사명당을 방에 들인 후에 사면 문을 굳게 잠그고 풀무에 불을 다투어 불면, 아무리 생불이라도 불에는 녹을 수밖에 없습니다."
(대화: 큰 재앙 / 별당을 정묘히 ~ 불면: 사명당을 시험하는 세 번째 계략)

▶ 사명당을 죽이기 위해 왜왕이 계략을 꾸밈.

라 필역(畢役)한 후 사명당을 인도하여 들인 후에 별당 문을 잠그고, 풀무를 급히 부니 그 화기를 쏘이면 사람이 기절하는지라. ㉠사명당이 내심에 대로하고, ❸얼음 빙(氷) 자를 써 두 손에 쥐고 엄연히 앉았으니, 사면 벽에 서리가 눈 오듯 하고 고드름이 드리웠으니 가장 추운지라. 일야(一夜)를 지낸 후에 한기 과하매 사명당이 한 손의 얼음 빙 자를 버리되 조금도 더움이 없더라.
(필역: 공사를 마친)

왕이 사관을 보내어 사명당의 사생을 탐지하니, 사명당이 죽기는커녕 새로이 방 안에 고드름이 틈 없이 드리워 한기가 사람에게 쏘이는지라.
(사명당의 사생을 탐지하니: 사명당이 죽었는지 확인하니)

▶ 사명당이 초인적 능력을 발휘하여 왜왕의 계략을 물리침.

• **중심 내용** 초인적인 능력으로 왜왕의 계략을 모두 물리치는 사명당

이해와 감상

〈임진록〉은 임진왜란이라는 역사적 사실을 소재로 허구적 요소를 가미한 역사 소설이자 군담 소설이다. 이 작품의 주된 내용은 왜적이 쳐들어왔을 때 나라를 구하려고 일어선 민족적 영웅들인 최일경, 이순신, 강홍립, 정충남, 김덕령, 김응서, 사명당 등의 활약상을 그린 것으로, 이 중에서 왜국에 건너가 항복을 받아 온 사명당의 이야기가 가장 대표적이다.

역사적으로 임진왜란은 몇몇 전투를 제외하면 우리 민족에게 패전의 아픔을 안겨 준 전쟁이다. 그런데 이 작품에서는 우리가 전쟁에서 승리한 것으로 바꾸어 놓고 있다. 이는 허구적으로라도 정신적 위안을 얻으면서 민족의 사기를 진작시키고, 패전으로 인한 수모를 정신적으로 보상하여 민족의 정기를 회복하고자 하는 의도가 반영된 결과라 할 수 있다.

이 작품이 비록 형식이나 내용 면에서 소설적으로 완결성을 지니고 있다고 보기는 어렵지만, 주체적인 민족 정서를 다루고 있다는 점에서 문학사적 의의를 지닌다고 할 수 있다.

전체 줄거리

첫째 부분	왜적이 조선의 침략을 꾀한다.
둘째 부분	민중들은 나라를 지키기 위해 결사 항전하고, 왕과 양반들은 도망가기에 급급하다.
셋째 부분	곳곳에서 의병이 봉기하고 육지와 바다에서 왜병을 격퇴한다.
넷째 부분	사명당이 왜국에 건너가 항복을 받아 온다.

인물 관계도

재차 조선을 침략하려던 왜왕이 사명당의 신이한 능력에 굴복함.

사명당 ←→ 왜왕

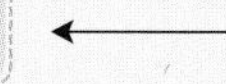

작품 연구소

〈임진록〉에 나타난 주제 의식

민족의 긍지와 자부심 고취	실제로는 패배한 임진왜란의 역사적 사실 앞에서 자칫 상실되기 쉬운 민족의 긍지와 자부심을 고취하고자 하는 작가의 의도가 드러난다. 팔도 명장들의 용전과 각지 의병들의 활약상 등에서 이와 같은 의도를 엿볼 수 있다.
민족적 응전(應戰) 의지의 고취	울분과 복수심을 가지게 된 패전의 역사를 허구의 세계에서나마 승전의 역사로 바꾸어 정신적인 보상을 얻고 있다. 강홍립과 김응서가 왜국을 토벌하고, 사명당이 왜국으로 건너가 왜왕으로부터 항서(降書)를 받는 등 작품 전체를 승전 문학으로 꾸며 놓은 것이 그 근거이다. 이는 결국 왜적에 대한 적개심과 민족적 우월 의식을 바탕으로 왜적의 공격에 맞서 싸우겠다는 의지를 드러내고자 한 것으로 볼 수 있다.

〈임진록〉에 등장하는 그 밖의 인물

최일경	선조의 꿈을 왜가 침략할 꿈이라고 해몽하여 귀양을 가게 되었는데, 곧 왜적이 쳐들어온다.
이순신	거북선을 준비하여 한산도에서 큰 공을 세우고 죽는다.
정충남	전쟁에 자원하여 충주에서 싸우다 청정에게 죽임을 당한다.
김덕령	도술로 청정을 희롱하나 그 재주를 다하지 못하고 죽는다.
김응서	최일경의 명으로 기생 월천의 도움을 받아 왜장 소서를 죽인다.
이여송	명나라 구원병 대장으로 대군을 이끌고 오며, 후에 명산대천의 혈맥을 자르고 철군한다.

키 포인트 체크

인물 □□□□ 때 활약한 실재 영웅들의 이야기이다.
배경 조선 선조 때 임진왜란에서 □□한 사실을 □□의 역사로 바꾸어 치욕을 씻고자 했다.
사건 다시 조선을 침략하려는 왜왕을 굴복시키기 위해 사명당이 □□으로 건너가 신이한 재주를 펼치고 왜왕의 □□를 받아온다.

1 이 글의 서술상 특징으로 적절한 것은?

① 배경을 치밀하게 묘사하여 주제를 부각하고 있다.
② 고사성어를 사용하여 인물의 심리를 표현하고 있다.
③ 전기적(傳奇的) 요소를 활용하여 흥미를 높이고 있다.
④ 과거와 현재의 사건을 교차하여 사건을 전개하고 있다.
⑤ 공간적 배경에 따라 서술자를 달리하여 상황을 드러내고 있다.

2 〈보기〉는 이 글의 주요 사건을 나타낸 것이다. ⓐ~ⓔ에 대한 왜왕의 태도로 적절하지 않은 것은?

보기
ⓐ 김응서와 강홍립의 죽음
ⓑ 조선 패문의 도착
ⓒ 병풍의 글자를 모두 외운 사명당
ⓓ 송당 연못의 유리 방석에 앉게 된 사명당
ⓔ 화기가 가득한 별당에 갇힌 사명당

① 왜왕은 ⓐ를 계기로 다시 조선을 침공하고자 한다.
② 왜왕은 ⓑ에 두려움을 느끼나 겉으로는 태연한 척 웃고 있다.
③ 왜왕은 ⓒ를 통해 사명당의 초인적 능력을 보고 겁을 먹고 있다.
④ 왜왕은 ⓓ의 모습을 보고 크게 놀라며 근심을 하게 된다.
⑤ 왜왕은 ⓔ를 통해 사명당을 죽이고자 한다.

3 ㉠에 대한 설명으로 적절하지 않은 것은?

① 사명당이 생불임을 증명해 주는 행동이다.
② 사명당이 병풍의 글을 외운 것과 같은 의미를 지닌다.
③ 왜왕과 신하들이 별당을 지으며 기대한 것과 어긋난다.
④ 왜왕에 대한 사명당의 심리를 짐작할 수 있는 부분이다.
⑤ 사명당은 모든 것은 마음먹기에 달려 있다는 깨달음을 얻게 된다.

4 〈보기〉는 이 글의 화소를 정리한 것이다. 이처럼 세 번의 시험을 나열한 이유를 이 글의 시대적 배경과 관련지어 30자 이내로 쓰시오.

보기

왜왕의 시험		사명당의 통과
• 길가에 세워 놓은 병풍의 글씨 외우기	➡	• 바람에 덮여 글자가 가려진 칸까지 맞힘.
• 송당에 띄운 유리 방석에 앉기	➡	• 잠기지 아니하고 바람을 따라 무란왕래함.
• 별당 문을 잠그고 불 지피기	➡	• 방 안에 고드름이 틈 없이 드리움.

가 왕이 생각하되, / '이왕 두 계교를 써 맞지 못하고, 또 이 계교 맞지 못하면 •실체(失體)만 되지라.' / 이러므로 유예미결이어늘, 제신이,

왜왕이 또 다른 계략을 쓰기를 주저하는 이유

망설이며 결정하지 않음.

"백계로 하여 맞힐 길 없으나 신이 함만 같지 못하니이다."

왜왕이 계교를 결정하지 못하자 자신이 주장한 계교가 최선이라 주장함.

왕이 마지못하여 허락하고, 즉시 철마(鐵馬)를 만들어 풀무로 불빛이 되게 달구어 •대후(待候)하였다가 사명당을 청하여 타라 하니, 사명당이 비록 변화지술(變化之術)을 가졌으나 정히 민망하여 하더니, 문득 생각하고 용왕의 편지를 손에 쥐고 향산사(香山寺)를 향하여 재배하니, 이때 서산 대사가 사명당을 보내고 주야 •사렴(思念)하더니, 일일은 밖에 나와 천기를 살피다가 상좌를 불러 왈, / "사명당이 급한 일이 있어 나를 향하여 재배한다." 하고, [A] 『손톱에 물을 묻혀 동을 향하여 세 번 뿌리니, 문득 삼색 구름이 사면으로 일어나며, 사해용왕이 구름을 끌며 바람을 끼고 일본으로 살같이 가더니,』 이윽고 『천지 아득하여 뇌성벽력(雷聲霹靂)이 진동하며 큰 비와 얼음덩이 내려와 일본이 거의 바다가 되매, 인민의 죽음을 이루 헤아리지 못하며, 군신 상하가 피할 곳이 없어 서로 붙들고 탄식하며, 살기를 원한들 물이 점점 들어와 망망대해(茫茫大海) 되어 일본이 거의 함몰함에 미치매,』 어찌 두렵고 겁나지 아니하리오.]

묘향산에 있는 절. 서산 대사가 거처하는 곳

서산 대사의 신이한 능력을 엿볼 수 있음.

사명당을 염려하는 마음

「 」: 서산 대사의 신이한 능력 – 왜왕이 항복하는 계기가 됨.

『 』: 일본이 서산 대사의 능력으로 위기에 빠짐.

▶ 서산 대사가 도술을 부려 일본을 함몰시키려 함.

나 ㉠사명당이 조화를 부려 몸을 공중에 올라 앉으니, 그 모양이 한 떼구름이 머무는 듯 그 •형묘(形妙)함을 형용치 못하더라. 사명당이 •고성대매(高聲大罵) 왈,

편집자적 논평

『"무도한 왜왕이 천의(天意)를 모르고 우리 조선을 경히 여겨 종시 침범코자 하니 그 죄 용서하기 어렵고, 또 임진 이후로 조선 인민의 사망이 부지기수라. 우리 조선이 주야로 도축(禱祝)하기를 왜왕을 베고 일본을 씨 없이코자 하나니, 왜왕은 빨리 머리를 올리라."』

『 』: 임진왜란 때 당한 치욕을 설욕하고자 하는 의도가 담김.

기원

하거늘, 왜왕이 •황겁(惶怯)하여 공중을 우러러 애걸 왈,

"내 •혼암무지(昏闇無知)하여 생불이신 줄 모르고 여러 번 희롱하였사오니, 바라건대 죄를 사하사 목숨을 살려 주시면 항서를 써 올리리이다."

▶ 사명당이 왜왕에게 항서를 요구함.

다 왕이 항서를 올리고, / "조선과 일본이 서로 •강화하여 형제지국(兄弟之國)이 됨이 어떠하뇨." / 사명당 왈, / "그러하면 어느 나라가 형이 될꼬." / 왕 왈, / "조선이 형이 될까 하나이다." / 사명당 왈, / "그러하면 해마다 무엇으로 공(貢)하려 하느뇨."

역사적인 굴욕과 수모를 허구적 승리로 변용한 대목

공물을 바치려

왕 왈, / "다만 •경보(輕寶)로 일 년 일 차씩 봉상(捧上)하리이다." / 사명당 왈, / ㉡"조선에 보배는 다 있으되 다만 귀한 것이 •인피(人皮)라. •종고(鐘鼓) •등물(等物)이 인피 아니면 할 길 없으니 매년에 인피 삼백 장씩 봉상하라."

물품을 바침.

▶ 사명당이 왜왕에게 공물을 요구함.

라 사명당이 모든 일이 요당(了當)하매 돌아가고자 하니, ❶왕이 만류 왈,

끝나게 되어

"양국이 이미 강화하매 더욱 허물이 없을지라. 아직 머물러 일본 경개나 구경하고 가소서."

사명당 왈, / "또 나를 희롱코자 하느뇨." / 왕 왈, / "어찌 다시 그런 •불미함이 있으리오."

사명당 왈, / 『"일본 인심은 난측이나 경개나 구경하리라."』 『 』: 사명당이 마지못해 허락함.

헤아리기 어려우나

하니, 왕이 사명당을 •금교(金轎)에 앉히고 인도하여 여러 곳 경개를 찾아가니, 각 읍 수령이 구름 모이듯 하고 구경하는 사람이 산야에 덮였더라.

사명당에 대한 예우가 달라졌음을 드러냄.

이러구러 이미 십여 삭이 되매 돌아감을 왕에게 고하니, 왕 왈,

개월

"생불님이 •누지(陋址)에 •내림(來臨)하사 고행(苦行)을 많이 하시니 •불승황괴(不勝惶愧)하여이다." / 하고, 수레에 각색 채단과 보배를 가득 실어 드린데, 사명당 왈,

온갖 비단

❷"보배는 쓸 데 없으니 아국 •피로인(被虜人) 천여 인을 주시면 데려갈까 하나이다."

왕이 즉시 분부하여 피로인 천여 명을 불러오니, 사명당이 그 백성과 군사를 배에 싣고 발행할새, 왜왕이 백 리 밖에 나와 전송하더라.

사명당이 떠날 때 배웅하는 왜왕의 모습

▶ 사명당이 왜왕에게 항복을 받고 돌아옴.

• 중심 내용 사명당의 도술에 놀란 왜왕의 항복

어휘 풀이

실체(失體) 체면이나 면목을 잃음.
대후(待候)하다 웃어른의 분부를 기다리다.
사렴(思念)하다 걱정하고 염려하는 등의 여러 가지 생각을 하다.
형묘(形妙) 모습이 묘함.
고성대매(高聲大罵) 크고 높은 목소리로 호되게 꾸짖음.
황겁(惶怯)하다 겁이 나서 얼떨떨하다.
혼암무지(昏闇無知) 어리석고 못나서 사리에 어두우며 지혜가 없음.
강화(講和)하다 싸우던 두 편이 싸움을 그치고 평화로운 상태가 되다.
경보(輕寶) 몸에 지니고 다니기에 편한 가벼운 보배.
인피(人皮) 사람의 가죽.
종고(鐘鼓) 종과 북.
등물(等物) 같은 종류의 물건.
불미(不美)하다 아름답지 못하고 추잡하다.
금교(金轎) 금으로 만든 가마.
누지(陋址) 누추한 곳이라는 뜻으로, 자기가 사는 곳을 겸손하게 이르는 말.
내림(來臨)하다 (높이는 뜻으로) 남이 자기 있는 곳으로 찾아오다.
불승황괴(不勝惶愧) 황송하고 부끄러움을 이기지 못함.
피로인(被虜人) 포로로 잡혀 온 사람.

Q 서산 대사의 도술이 지니는 의미는?

서산 대사는 사명당이 도움을 청하자 도술로 기상 이변을 일으켜 왜국을 거의 함몰 직전에 이르게 한다. 이러한 서산 대사의 신이한 능력은 왜왕에게 항복을 받아 내는 결정적인 계기가 된다. 또한 이 대목은 독자에게 통쾌함을 불러일으키는데, 여기에는 왜국을 함몰시키고자 생각할 정도의 분노와, 전쟁으로 인한 아픈 상처를 치유받고자 하는 작가의 의도가 담겨 있다고 볼 수 있다.

구절 풀이

❶ **왕이 만류 왈, ~ 불승황괴(不勝惶愧)하여이다."** 온갖 계교를 부려 사명당에게 악독한 시험을 자행하던 왜왕이 사명당 앞에서 비굴한 모습으로 굴복하고 있다. 작가는 이를 통해 독자에게 통쾌함을 주고자 한 것이다.

❷ **"보배는 쓸 데 없으니 ~ 데려갈까 하나이다."** 임진왜란 중 왜국에 끌려온 포로들을 데려가겠다는 말로, 포로로 잡혀간 백성들에 대한 작가의 안타까움과 이들이 조선으로 돌아오기를 바라는 마음을 표현한 것이다.

Q 역사적 사실과 다른 결말의 의미는?

이 작품에서는 역사적 사실과 달리 사명당이 왜왕에게 항서를 받아 내고 있다. 이로써 임진왜란의 패배로 민족적 자긍심에 상처를 입은 당시 민중들에게 허구적 상상을 통해서나마 통쾌함과 정신적인 위안을 주었을 것이다.

작품 연구소

사명당이 일본에서 겪은 시험과 그 극복 과정

	시험의 내용	시험의 극복 과정
첫 번째 시험	일만 팔천 칸 병풍서를 외우게 함.	바람에 덮여 못 본 칸을 제외하고 나머지 시문을 모두 외움.
두 번째 시험	깊은 못 위 유리 방석에 앉게 함.	연주를 방석 위에 던지고 그 위에 앉아 물 위에 떠다님.
세 번째 시험	별당 문을 봉하고 풀무질을 함.	두 손에 얼음 빙(氷) 자를 쥐어 화기를 없앰.
네 번째 시험	오색 방석을 놓고 어디에 앉는지 살핌.	오색 방석에 앉지 않고 백목 방석에 앉음.
다섯 번째 시험	불에 달군 철마를 타게 함.	향산사를 향해 재배하여 큰 비를 내리게 함.

〈임진록〉의 형성 배경

전쟁의 패배에 대한 정신적 보상	역사적으로 패배한 전쟁을 승리한 전쟁으로 허구화함.
민중 의식의 성장	• 왜적의 침략을 예언했던 사람들을 요망하다고 처벌한 집권층을 비판함. • 의병장, 승려, 기생 등이 왜적을 격퇴함.
왜국에 대한 적개심과 정신적 승리	• 김응서와 강홍립이 왜국을 정벌함. • 사명당이 왜왕의 항복을 받아 냄.
배명 의식(排明意識)	• 명의 구원군이 갖가지 트집을 잡음. • 명나라 장수 이여송이 조선 산천의 혈맥을 끊다가 신령에게 혼이 남.

〈임진록〉에 나타난 역사적 인물의 변용(變容)

〈임진록〉은 이본(異本)에 따라 강조된 인물이 다르지만, 전체적으로는 임진왜란 중에 활약한 인물들의 영웅적 활약상을 나열하는 방식으로 전개되는 독특한 구성법을 취하고 있다. 이것은 특정 인물의 생애를 중심으로 전개되는 고전 소설의 일반적 구성과는 다른 구성 방법이다. 이 작품에 등장하는 인물들은 거의가 실존 인물이지만 역사적 사실이 그대로 서술되지 않고 민중의 정서와 역사 의식에 따라 조금씩 변용되어 등장한다. 예를 들면, 이순신이 어린 나이에 왜군을 무찌르고, 사명당이 왜왕의 항복을 받아 내는 일은 허구를 가미한 변용이라 할 수 있다.

자료실

〈임진록〉의 이본(異本)

〈임진록〉의 이본은 크게 실제 역사를 중심으로 한 작품과 설화를 중심으로 한 작품으로 나눌 수 있다. 역사 중심의 작품에서는 이순신이, 설화 중심의 작품에서는 김덕령이 두드러진 활약을 보인다. 실제 역사를 중심으로 한 작품보다 설화를 중심으로 한 작품을 더 중요하게 여기는데, 이는 설화 중심의 작품에 반영된 민족의식 때문이다. 명나라의 이여송이 조선 산천의 혈맥을 끊다가 신령에게 혼이 나는 이야기나, 비범한 능력을 지닌 사명당의 설화 등은 모두 민중의 시각에서 본 민족의식의 반영이라 할 수 있다. 즉, 민족의식을 반영하여 우리 민족의 주체성과 일본에 대한 적개심을 나타낸다고 할 수 있다.

함께 읽으면 좋은 작품

〈박씨전(朴氏傳)〉, 작자 미상 / 초인적 능력을 지닌 인물이 등장하는 작품

조선 후기의 여성 영웅 소설로, 〈임진록〉과 마찬가지로 군담 소설 중에서도 역사 군담 소설에 속한다. 초인적 능력을 지닌 주인공이 전란에서 승리한다는 점에서 〈임진록〉과 유사성을 보인다. Link 본책 130쪽

내신 적중 多빈출

5 〈보기〉는 이 글의 배경이 되는 역사적 사건을 요약한 것이다. 이 글과 〈보기〉를 비교한 내용으로 적절하지 않은 것은?

> 보기
>
> 사명당은 두 차례에 걸친 도쿠가와[德川]와의 협상을 통해 양국 간의 화평을 성공적으로 도출해 냈다. 즉, 사명당은 다시는 조선을 침략하지 않겠다는 도쿠가와의 서약과 함께 일본은 화평의 징표로서 국서를 교환하는 통신사를 받아들일 것과 임란 시 중종(中宗)의 묘 정릉(靖陵)과 성종비(成宗妃)의 묘 선릉(宣陵)을 도굴한 범인의 인도, 그리고 전란 중 일본으로 잡혀갔던 조선인 3천여 명의 송환에 합의했다.

① 이 글은 〈보기〉에 비해 흥미롭게 허구화되었다.
② 이 글은 〈보기〉에 비해 양국 간의 갈등이 고조되어 있다.
③ 이 글은 〈보기〉에 비해 사명당의 영웅적 행적이 두드러진다.
④ 이 글은 〈보기〉에 비해 집권층에 대한 분노가 직접적으로 드러나 있다.
⑤ 이 글과 〈보기〉에서 사명당은 왜국과의 화평을 이루어 내는 역할을 훌륭히 수행하고 있다.

6 [A]에 대한 설명으로 적절하지 않은 것은?

① 왜왕이 항복하게 되는 계기가 된다.
② 사건에 대한 서술자의 논평이 드러난다.
③ 독자들이 통쾌함을 느끼는 요소에 해당한다.
④ 왜국과 조선의 갈등이 심화될 것임을 암시한다.
⑤ 전쟁으로 인한 상처를 치유하고자 하는 작가의 의도가 담겨 있다.

7 ㉠에 대해 왜왕이 보일 반응으로 가장 적절한 것은?

① 사명당의 저 모습은 허장성세(虛張聲勢)일 뿐이야.
② 백계무책(百計無策)이니 사명당을 없앨 방도가 없구나.
③ 사명당의 극악무도(極惡無道)한 모습을 잊지 않을 거야.
④ 사명당이 조화를 부려 보았자 사상누각(砂上樓閣)에 지나지 않아.
⑤ 사명당의 도술이 아무리 뛰어나도 곧 고립무원(孤立無援)에 빠질 거야.

8 당대의 시대적 상황을 고려하여 ㉡에 반영된 민족의 정서를 쓰시오.

내신 적중

9 〈보기〉를 참고할 때, (라)에 반영된 민중 의식은 무엇인지 쓰시오.

> 보기
>
> 이 작품은 임진왜란이라는 실제 사건을 소재로 삼은 소설로서 전쟁에 대한 민중들의 생각과 정서를 담고 있다. 이는 비범한 조선인을 등장시켜 왜인에 대한 생각을 드러내거나, 전쟁의 결과를 역사적 사실과는 다르게 그려 내어 정신적 위안을 제공하는 것을 통해 알 수 있다.

053 임경업전(林慶業傳) | 작자 미상

키워드 체크 #군담 소설 #병자호란 #정신적 극복 #임경업과 호왕의 갈등 #임경업과 김자점의 갈등

문학 비상

핵심 정리

갈래 국문 소설, 역사 소설, 군담 소설, 영웅 소설
성격 민족적, 비판적
시점 전지적 작가 시점
제재 임경업 장군의 영웅적 생애
주제 임경업 장군의 비극적 생애와 병자호란의 패전에 대한 정신적 승리
특징 ① 역사적 실존 인물을 주인공으로 하여 창작됨.
② 주인공의 모습이 민족적 영웅으로 부각되어 있음.
③ 사실적 요소와 허구적 요소를 결합하여 호국에 대한 적개심과 간신에 대한 분노를 효과적으로 나타냄.
의의 조선 후기 영웅 소설의 대표작임.

Q 임경업의 영웅적 모습은?

임경업은 목숨이 경각에 달린 상황에서도 당당하게 강직한 충성심을 드러내고, 자신의 이익보다는 세자와 대군의 무사 귀국을 위해 최선을 다한다. 자신의 안위를 돌보지 않고 충성을 다하는 임경업의 영웅적 모습은 자신의 위세를 등지고 임금마저도 기만하는 간신 김자점의 모습과 대조적이다.

어휘 풀이

병자년(丙子年) 육십갑자의 열세 번째 해. 여기서는 1636년을 의미함.
종사(宗社) 종묘와 사직이라는 뜻으로, '나라'를 이르는 말.
십보지하(十步之下) 열 걸음 내의 가까운 거리. 이백의 시 〈협객행(俠客行)〉의 '십보살일인(十步殺一人)'에서 유래함.
탄복(歎服)하다 매우 감탄하여 마음으로 따르다.
불승(不勝) 어떤 감정이나 느낌을 억눌러 참아 내지 못함.
결연(缺然)하다 모자라서 서운하거나 불만족스럽다.
중로(中路) 오가는 길의 중간.
주상(奏上)하다 임금에게 아뢰다.
반신(叛臣) 임금을 반역하거나 모반을 꾀한 신하.
대역(大逆) 국가와 사회의 질서를 어지럽히는 큰 죄. 또는 그런 행위.
만고(萬古) 아주 오랜 세월 동안.

구절 풀이

❶ **"내 명은 하늘에 있거니와 네 머리는 십보지하에 있느니라."** 호왕 앞에서 자신의 운명을 하늘에 맡기고 가까운 거리에 있는 호왕의 머리를 베겠다고 선언하는 모습에서 임경업의 당당하고 강직한 성품이 잘 드러난다.
❷ **"무슨 연고로 ~ 해하지 못하리라."** 임금은 임경업이 자신을 해치는 극단적인 상황을 가정하여 어떤 상황에서도 임경업을 해하지 못한다는, 임경업에 대한 강한 믿음을 표현함으로써 김자점이 어떠한 반박도 못 하게 하고 있다.

가 "네 목숨이 내게 달렸거늘 종시 굴하지 아니하느냐? 네가 항복하면 왕을 봉하리라."
(왕에 임명하는 보상을 제시하여 임경업의 항복을 회유함.)

경업이 가로되, /『ⓐ"병자년에 우리 주상이 종사(宗社)를 위하여 네게 항복하셨거니와, 내 어찌 몸을 위하여 네게 항복하리요."』/ 하니 호왕이 분통이 터져 군사에게 명하여,
(『』: 병자호란에서 조선이 항복한 역사적 사실을 강조함. / 살아남기 위하여, 개인적인 이익(왕에 봉해지는 것)을 위하여)

"내어 베어라." / 하니 경업이 대꾸하여, / ❶『"내 명은 하늘에 있거니와 네 머리는 십보지하에 있느니라."』/ 하고 안색도 변하지 않고 무사를 보며, 바삐 죽이라 하니, 호왕이 경업의 강직함을 보고 탄복(歎服)하여, 묶은 것을 풀고 손으로 이끌어 올려 앉히고 말하기를,
(『』: 열 걸음 안에서는 반드시 죽일 수 있음. / 임경업의 목숨이 경각에 달려 있음. / 호왕의 목숨 / 죽음을 앞두고도 두려워하는 기색이 없는 임경업의 강직한 모습 / 임경업을 정중하게 대함. – 호왕의 태도 변화)

"장군이 나에게는 역신(逆臣)이나 조선에는 충신(忠臣)이라. 내 어찌 충절을 해하리요. 장군의 원대로 하리라." / 하며, / "세자와 대군을 놓아 보내라." / 하더라.
(충신의 / 임경업의 소원 = 세자와 대군을 풀어 주는 것)
▶ 임경업의 충절에 호왕이 감동함.

나 이때 세자와 대군이 별궁에 계시면서 임 장군을 주야로 기다리는데, 문득 문 지키는 관원이 들어와 고하되 임 장군이 천자께 청하여 세자와 대군을 놓아 보낸다 하거늘, 세자와 대군이 기뻐하여 궁문 밖으로 나와 기다리다 경업이 와서 울며 절하되, 세자와 대군이 경업의 손을 잡고 함께 들어가 호왕을 뵈오니 호왕이 이르기를, / "경 등을 임경업이 생사 불구하고 구하여 돌아가려 하기로 내 경업의 충절에 감동하여 경 등을 보내노니 각각 소원을 말하면 내 정을 표하리라." / 하거늘 세자는 금은(金銀)을 청하고 대군은 조선에서 잡혀 온 사람을 청하며 쉬이 돌아가기를 원하니 호왕이 각각 원대로 하라 하고 대군을 기특히 여기더라.
(특별히 따로 지은 궁전 / 호왕 / 세자와 대군 / 자신의 목숨을 돌보지 아니하고 / 고국으로 / 호왕의 넓은 아량을 보여 줌. / 물질(금은)을 중시하는 세자와 백성을 중시하는 대군의 모습이 대조됨. / 대군이 백성을 중시하므로)
▶ 호왕이 세자와 대군을 풀어 줌.

다 경업이 세자와 대군을 뫼시고 나와 하직하거늘, 세자와 대군이 울며 말하기를,

"장군의 덕택으로 고국에 돌아가거니와 장군을 두고 가니 마음이 어두운지라 어찌 슬프지 아니하리요, 바라건대 장군도 쉬이 돌아오기를 바라노라." / 하니 경업이 대답하기를,

ⓑ"하늘이 도와 세자와 대군이 고국에 돌아가시니 불승 만행이오나, 모시고 가지 못하오니 가슴 아픔을 어찌 측량하오리까." / 하니 세자가 가로되,
(아주 다행함.)

"장군과 동행하지 못하니 결연함이 비할 데 없는지라, 중로에서 기다릴 것이니 속히 돌아옴을 주선하라." / 하니 경업이 탄식하며,
(빨리 돌아올 방법을 강구하라(찾으라).)

"바라건대 지체하지 마시고 바삐 가시면 신도 머지않아 갈 것이니 염려하지 마소서."

하거늘 세자와 대군이 경업과 이별하고 출발하여 백두산 아래 이르러 조선을 바라보고 눈물을 흘리며 한탄하기를, / "임 장군이 아니었던들 우리를 위하여 만리타국에 죽기를 돌보지 아니하고 구하는 자 뉘 있으며 우리를 보내고 장군은 돌아오지 못하니 어찌 슬프지 아니하리요. 명천(明天)이 도와 쉬이 돌아오게 하소서." / 하더라.
(조선 땅에 도착하여 / 누가 / 밝은 하늘, 모든 것을 똑똑히 살피는 하느님.)
▶ 세자와 대군이 임경업과 이별하고 고국에 돌아옴.

라 이때에 김자점의 위세가 조정에 진동한지라. 경업이 돌아온다는 소문은 있거늘 자점이 헤아리되 경업이 돌아오면 내게 이로움이 없으리라 생각하고 상께 주상하기를,
(충신 임경업과 대립하는 간신 / 역모를 일으켜 임금이 되고자 하는 / 임금)

『㉠"경업은 반신이라 황명을 거역하고 도망하여 남경에 들어가 우리 조선을 치고자 하다가 하늘이 무심하지 아니하사 북경에 잡힌 바 되어 제 계교를 이루지 못하매 할 수 없이 세자와 대군을 청하여 보내고 이제 쫓아 나오니 어찌 이런 대역(大逆)을 그저 두리이까."』/ 상이 크게 놀라 말씀하시기를, / ㉡❷"무슨 연고로 만고에 충신을 해하려 하느냐. 경업이 비록 과인을 해롭게 하여도 아무도 해하지 못하리라."
(황제의 명 = 호왕의 명, 김자점이 호왕을 황제로 인정함. / 조선을 치려는 계략 / 호왕에게 붙잡혀 / 『』: 김자점이 임경업을 모함하는 내용)

하시고 자점을 엄히 꾸짖어 나가라 하시니, 자점이 나와 동료와 의논하기를,

"경업이 의주에 오거든 역적으로 잡아 오너라." / 하더라.
(임금의 명을 어기고 임경업을 제거하고자 함. – 임금의 명을 어길 정도로 간신 김자점의 위세가 대단함.)
▶ 김자점이 귀국하는 임경업을 모함함.

· **중심 내용** 세자와 대군을 구하여 귀국하다가 김자점에게 모함을 당하는 임경업 · **구성 단계** 절정

이해와 감상

〈임경업전〉은 병자호란을 배경으로 하여 인조 때의 명장 임경업 장군의 생애를 영웅화한 역사 소설이다. 조선 시대에 창작된 대부분의 군담 소설과 달리 역사적인 사실이 반영되어 있지만, 허구를 가미하여 병자호란의 치욕으로 인한 한을 풀고자 하는 민중의 정서가 나타나 있다.

이 작품은 임경업 장군의 충절을 표현하는 동시에 병자호란의 국치가 우리 민족의 힘이 부족해서가 아니라 조정의 간신들 때문에 영웅이 활약할 수 없었기 때문임을 보여 주어, 병자호란 후의 청에 대한 적개심과 나라가 위기에 처했는데도 사리사욕만을 일삼던 집권층에 대한 비판 의식을 민족적·민중적 차원에서 승화시키고 있다.

전체 줄거리

발단	임경업은 비범한 인물로 무과에 장원 급제한 뒤 사신 이시백의 무관으로 명나라에 가게 된다. 가달국의 침입을 받은 호국이 명에 구원병을 청하자, 임경업은 명군을 이끌고 호국을 도와 싸움에서 승리하며 용맹을 중국에까지 떨치고 귀국한다.
전개	호국이 강성해져서 조선을 침략하여 인조의 항복을 받아 낸다. 의주 부윤이던 임경업이 의주에서 세자 일행을 인질로 끌고 가던 호국병을 격파하자, 호왕이 진노하여 인조에게 임경업을 호국으로 보낼 것을 명한다. 임경업은 호국으로 보내져 명군과 싸우지만, 우방인 명나라를 칠 수 없어 명과 연락하여 거짓 항복을 받고 귀국한다.
위기	임경업의 내통 사실을 알고 호왕이 임경업을 잡아들인다. 임경업은 명나라로 도망하여 명과 함께 호국을 치려 하다가 승려 독보의 배반으로 호국군에게 생포된다.
절정	호왕은 임경업의 충절에 감복하여 그와 세자 일행을 조선으로 돌려보낸다. 이때 간신 김자점이 인조에게 임경업을 모함하는 간계를 꾸미다가 실패한 뒤 임경업을 암살한다.
결말	꿈속에서 임 장군의 현신을 본 인조가 김자점을 처형하고 임경업에게 포상을 내린다. 임경업의 자손들은 벼슬에 뜻을 두지 않고 낙향한다.

인물 관계도

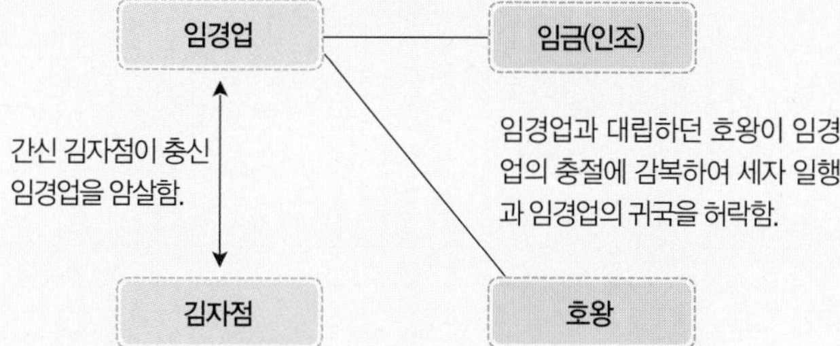

작품 연구소

〈임경업전〉의 내용과 역사적 사실과의 관계

	역사적 사실	허구적 내용
비교	• 임경업이 실존 인물임. • 김자점이 임경업을 살해한 뒤에도 처형되지 않음.	• 임경업이 각종 도술을 자유자재로 부리는 초현실적 영웅으로 형상화됨. • 김자점이 처형됨.
의의	병자호란으로 인한 치욕을 허구적인 방식으로나마 위로받고자 한 민중의 심리가 반영됨.	

키 포인트 체크

인물 임경업은 민족의 □□이자 충신이고, 김자점은 국가의 위기를 외면하고 개인의 사리사욕만을 일삼는 □□이다.

배경 1636년 발발한 □□□□이라는 역사적 사건을 배경으로 당대인들의 호국에 대한 □□□을 반영하고 있다.

사건 호왕은 임경업의 강직한 □□에 감동하여 세자와 대군의 귀국을 허락하고, 귀국하던 임경업은 □□□의 모함으로 전옥에 갇힌다.

1 이 글을 바탕으로 추론한 내용으로 적절하지 않은 것은?

① 호왕은 물질보다도 백성을 중요하게 여기고 있다.
② 임경업 덕분에 세자와 대군은 고국에 돌아가게 되었다.
③ 임경업의 강직한 모습에 그에 대한 호왕의 태도가 달라졌다.
④ 조선의 임금은 간신의 모함에도 임경업의 충절을 굳게 믿고 있다.
⑤ 김자점은 임금 앞에서 어명을 거역할 정도로 권세를 떨치고 있다.

2 ⓐ와 ⓑ에 대한 분석으로 적절하지 않은 것은?

① ⓐ와 ⓑ 모두 충신의 도리를 지키고자 한다.
② ⓐ에서는 과거의 사실을, ⓑ에서는 현재의 처지를 언급하고 있다.
③ ⓐ에서는 상대를 적으로, ⓑ에서는 상대를 아군으로 간주하고 있다.
④ ⓐ에서는 결연한 마음을, ⓑ에서는 안타까운 마음을 표현하고 있다.
⑤ ⓐ에서는 회유에 대해 대응하고, ⓑ에서는 명령에 대해 반응하고 있다.

내신 적중 多빈출

3 ㉠에 드러난 김자점의 말하기 태도에 대한 설명으로 적절하지 않은 것은?

① 김자점은 서술자와 달리 호왕을 황제로 인정하고 있다.
② 김자점은 세자와 대군을 임경업과 한통속으로 여기고 있다.
③ 김자점은 임경업에 대한 적의를 노골적으로 드러내고 있다.
④ 김자점은 임경업이 호국에 붙잡힌 것을 다행으로 여기고 있다.
⑤ 김자점은 임금을 속이기 위해 사실과 거짓을 교묘하게 섞어 말하고 있다.

4 ㉡의 말하기 방식을 평가한 것으로 적절한 것은?

① 자신의 권위를 내세워 상대의 복종을 강요하고 있다.
② 구체적인 근거를 들어 논리적으로 상대를 설득하고 있다.
③ 상대의 의도를 간파하고 상대를 즉석에서 물리치고 있다.
④ 자신의 진심을 우회적으로 드러내며 상대를 설득하고 있다.
⑤ 극단적인 상황을 내세워 상대가 반론을 펼 기회조차 없애고 있다.

5 이 글에서 외적 갈등이 해소되는 계기를 찾아 30자 이내의 완결된 한 문장으로 쓰시오.

Ⅳ. 조선 후기

어휘 풀이

전일(前日) 일정한 날을 기준으로 한 바로 앞 날.
격군(格軍) 조선 시대에 사공(沙工)의 일을 돕던 수부(水夫).
시운(時運) 시대나 그때의 운수.
여등(汝等) '너희'를 문어적으로 이르는 말.
지기(志氣) 의지와 기개를 아울러 이르는 말.
신원(伸寃)하다 가슴에 맺힌 원한을 풀어 버리다.
승지(承旨) 조선 시대에, 승정원에 속하여 왕명의 출납을 맡아보던 정삼품의 당상관.
명일(明日) 내일.
입시(入侍)하다 대궐에 들어가서 임금을 뵙다.
친임 친림(親臨). 임금이 몸소 나옴.
전옥(典獄) 죄를 지은 사람을 가두던 옥(獄).
모계(謀計) 계교를 꾸밈. 또는 그 계교.
청죄(請罪)하다 저지른 죄에 대하여 벌을 줄 것을 청하다.
돈수(頓首) 구배(九拜)의 하나. 머리가 땅에 닿도록 하는 절.
만사무석(萬死無惜) 만 번 죽어도 아까울 것이 없음.
간악(奸惡) 간사하고 악독함.
천안(天顔) 용안. 임금의 얼굴을 높여 이르는 말.
조신(朝臣) 조정에서 벼슬살이를 하고 있는 신하.
품달(稟達)하다 웃어른이나 상사에게 여쭙다.
대척하다 마주 응하거나 맞서다.
국록(國祿) 나라에서 주는 녹봉.
찬역(簒逆)하다 임금의 자리를 빼앗으려고 반역하다.
묵묵무언(默默無言) 입을 다문 채 말이 없음.
진노(震怒)하다 존엄한 존재가 크게 노하다.
부동(符同) 그른 일에 어울려 한 통속이 됨.
금부(禁府) 의금부. 조선 시대에, 임금의 명령을 받들어 중죄인을 신문하는 일을 맡아 하던 관아.

Q 임경업과 김자점의 갈등을 정리해 보면?

임경업은 자신의 안위를 돌보지 않는 충신이고, 김자점은 임금의 명령마저도 거역하고 무소불위의 권력을 행사하는 역신으로 서로 대립하고 갈등하고 있다. 특히 김자점은 임금의 명을 가장하여 임경업을 전옥에 가두었으나, 임경업이 김자점의 흉계를 깨닫고 임금을 만나면서 임경업과 김자점의 외적 갈등이 최고조에 달하고 있다.

구절 풀이

❶ **산천초목도 따라서 슬퍼하더라.** 임경업의 통곡에 대하여 산천초목도 임경업을 따라서 슬퍼한다고 서술자가 주관적으로 평가한 것으로 편집자적 논평(또는 작가의 개입)이 드러난 부분이다.

❷ **자점과 그의 하수인들을 ~ 금부로 가더라.** 김자점과 그의 무리를 가두라는 임금의 명령을 거역하고 김자점이 도리어 임경업을 난타하고 전옥에 가두는 장면으로, 김자점이 임경업을 살해한 역사적 사실을 바탕으로 하고 있다.

가 경업이 세별영에 다다라 전일을 생각하고 격군들을 불러,
(임경업이 중으로 위장하여 배를 타고 남경으로 가기 위해 격군을 속인 사건)
"너희들이 부모처자를 이별하고 만리타국에 갔다가 무사히 돌아오매 너희 은혜를 만분의 일이라도 갚을까 하였더니 시운이 불행하여 죽게 되매 다시 보기 어려우니 여등(汝等)은 각각 돌아가 잘 있거라." / 하니 격군 등이 울며 말하기를,
(격군들은 부모처자도 모르게 남경에 갔었음. / 세자와 대군을 구한다는 임경업의 대의를 위한 격군들의 희생 / 임경업이 김자점에 의해 역적으로 몰려 잡혀감.)
"아무런 연유를 모르거니와 장군의 충성이 하늘에 사무쳤으니 설마 어떠하리오. 과히 슬퍼 마소서."
(격군들이 임경업의 충성심에 감화됨.)
하며 차마 떠나지 못하더라. 경업이 삼각산을 우러러보고 슬퍼하며,
(북한산 – 곧 한양에 당도할 것임을 알 수 있음.)
"장부가 세상에 태어나서, 평생 지기를 이루지 못하고 애매하게 죽게 되니 뉘라서 신원(伸寃)하여 주리요." / 하고 통곡하니, ❶산천초목도 따라서 슬퍼하더라.
(타당한 이유도 없이 / 편집자적 논평)
▶ 임경업이 죽을 위기에 처하여 슬퍼함.

나 경업이 온다는 소문이 나라에 전하여지니, 상이 기뻐하사 승지로 하여금 위로하여 말하기를, / "경이 무사히 돌아오매 기쁘고 다행하여 즉시 보고 싶으나, 먼 길을 왔으니 잘 쉬고 명일 입시(入侍)하라." / 하시니 승지가 자점이 두려워서 하교를 전하지 못한지라. 경업이 생각하되 나라에 친임하시면 죽어도 한이 없을 것이요, 세자와 대군이 내 일을 알고 계신지 모르고 계신지 하여 주야로 번민하여 목이 말라 물을 구하나 옥졸이 물을 주지 아니하니 이는 자점의 흉계로 옥졸들에게 분부한 때문이리라.
(호국에 붙잡혔다가 귀국하는 임경업을 / 임경업을 배려하는 임금의 모습 / 승지가 김자점의 위세가 두려워 임금의 명을 따르지 못함. / 임금께서 몸소 자신을 맞이하며 주시면 / 역적으로 몰려 붙잡혀 온 일 / 옥졸까지도 김자점의 위세를 두려워함.)
▶ 김자점 무리가 임금의 하교 전달을 가로막음.

다 이때 마침 전옥(典獄) 관원이 경업의 애매함을 불쌍히 여겨 경업에게 일러 가로되,
(역적으로 몰려 붙잡힌 것)
"장군을 역적으로 잡아 전옥에 가둔 것은 모두 자점의 모계(謀計)이니, 그대는 잘 주선하여 누명을 벗게 하시오." / 하니 경업이 그제야 자점의 흉계인 줄 알고, 불승 통한(不勝痛恨)하여 바로 몸을 날려 입궐하여 주상께 뵈옵고 관을 벗고 청죄(請罪)하오니, 상이 경업을 보시고 반가와 친히 붙들려고 하시와 문득 청죄함을 보고 깜짝 놀라시어 가로되,
(몹시 원통함을 이기지(참지) 못하여 / 전기적 요소)
"경이 만리타국에 갔다가 이제 돌아옴에 반가운 마음 금하지 못하나 원로에 고생이 많아서 이제야 보게 되니 안타까웁거늘, 하물며 청죄라니 그게 무슨 말이냐? 자세히 말하라."
(이루 말할 수 없으나 / 왜 죄를 청하는지 그 이유를)
하시므로 경업이 돈수(頓首) 사죄(謝罪)하여 말씀 여쭙기를,
"소신이 무인년에 북경에 잡혀가옵다가 중로에서 도망하였는바 그 죄는 만사무석(萬死無惜)이오나, 「대명과 합심하여 호국을 쳐서 호왕의 머리를 베어 병자년 원수를 갚고, 세자와 대군을 모셔 오고자 하였더니」 간악 무리에게 속아 북경에 잡혀갔삽다가, 천행으로 돌아오더니 의주서부터 잡아 올리라 하고 목에 칼을 씌어 끌려 올라오니 아무 까닭을 몰라 망극하옴을 이기지 못하고 전옥에 갇혀 있다가 이제 다시 천안(天顔)을 뵈오니, 비록 죽사와도 한이 없습니다." / 하는지라.
(1938년 / 임경업이 호국으로 끌려가다가 호병을 죽이고 명나라로 달아난 사건 / 명나라를 높여 이르는 말 / 병자호란에서 조선이 호국에 항복한 일 / 「 」: 호국에 대한 당대인의 적개심 / 독보의 배신으로 호국에 잡혔던 일 / 죄수가 되어)
▶ 임경업이 김자점의 흉계를 깨닫고 임금을 뵙고 청죄함.

라 상이 들으시고 매우 놀라시어 조신(朝臣)에게 알아 올리도록 명하니, 자점이 하릴없이 도망치지 못하고 들어와 상께 아뢰기를, / "경업이 역신이옵기로 잡아 가두고 품달(稟達)하고자 하였나이다." / 하거늘, 경업이 큰 소리로 대척하여 이르기를,
(자신은 임경업을 역모죄로 잡아 올리라는 명을 내린 적이 없으므로 / 임경업이 죄인이 된 영문을)
"이 몹쓸 역적 놈아, 네 벼슬이 높고 국록(國祿)이 족하거늘 무엇이 더 부족하여 찬역(簒逆)할 마음을 두어 나를 죽이려 하느뇨?"
(김자점 / 고관대작이 되어 부귀영화를 누리고 있음.)
자점이 묵묵무언이어늘, 상이 진노하여 꾸짖기를,
(임경업의 당당한 모습에 대꾸하지 못함.)
"경업은 삼국에 유명한 장수요 또한 천고 충신이라 너희 놈이 무슨 뜻으로 죽이려 하느냐? 이에 반드시 부동(符同)을 꾀함이라."
(반역, 역모)
하시고, ❷자점과 그의 하수인들을 모조리 금부에 가두도록 하고 경업은 나가라고 하시어 자점이 경업과 함께 나오다가, 무사에게 분부하여 경업을 치라 하니 무사들이 달려들어 경업을 무수히 난타질하니 거의 죽게 되매 전옥에 가두고 자점은 금부로 가더라.
(임금이 내린 명령 – 자점과 그의 하수인들은 금부에 가두고 경업은 전옥에서 나가도록 함. / 김자점이 왕명을 거역하고 임경업을 죽이려 함. / 빈사지경(瀕死地境))
▶ 김자점이 임금의 명을 거역하고 임경업을 전옥에 가둠.

• 중심 내용 임금의 명을 거역하고 귀국한 임경업을 전옥에 가둔 김자점 • 구성 단계 절정

작품 연구소

〈임경업전〉에 그려진 민족적 영웅의 모습

민족적 영웅으로서의 주인공의 모습을 부각함.

다른 영웅 소설과 달리 임경업은 보잘것없는 집안에서 태어나 영웅으로 성장하며 비극적인 죽음을 맞이하는 인물로 그려짐.

⬇

조선 후기의 민족의식을 잘 반영함.

- 김자점이 민족적 영웅인 임경업을 암살하는 부분에서 민중의 분노가 극에 달함.
- 억울하게 죽은 임경업을 민족적·민중적 영웅으로 묘사하여 당대 지배 계층에 대한 강한 비판 의식을 드러냄.
- 자신들을 구제해 줄 영웅의 등장을 소망하는 민중의 의도가 반영된 것이라 할 수 있음.

〈임경업전〉의 서술상의 특징

사건 전개	공간의 이동에 따라 사건이 급박하게 전개됨.
사실적 묘사	전쟁의 참상을 사실적으로 묘사하여 고통받는 민중의 모습을 드러냄.
편집자적 논평	서술자의 개입을 통하여 상황에 대한 판단을 제시함.

기존의 영웅 군담 소설과 다른 〈임경업전〉의 특징

역사적 실존 인물	허구적 인물이 아닌, 실존 인물을 바탕으로 창작됨.
비극적 결말	영웅의 최종적 승리로 끝나는 대신, 임경업이 김자점에게 암살당하는 비극적 결말을 맞이함.

〈임경업전〉에 나타난 두 가지 갈등

갈등 구조	임경업 ↔ 호왕	임경업 ↔ 김자점
갈등 내용	호왕이 임경업의 용맹함을 알고 죽이려고 함.	김자점이 역모에 방해가 되는 임경업을 죽이고자 함.
갈등 해소 과정	호왕이 임경업의 충절에 감복하여 세자와 대군, 임경업의 귀국을 허락함.	김자점의 음모로 암살당한 임경업이 임금의 꿈속에 현신하여 자신의 결백을 밝히자, 김자점이 처형되고 민중에 의해 능지처참됨.
의의	임경업의 용맹과 충절을 강조함.	억울한 죽음을 당한 민중의 영웅 임경업의 한이 민중에 의해 해소됨.

〈임경업전〉의 한계

이 작품에서 임경업은 명나라를 대신해 전장에 나가기도 하며, 위기에 처하여서는 명나라로 도피한다. 또 호국의 강압으로 어쩔 수 없이 명나라를 치게 되었을 때에도 왜란 때 명나라가 조선을 도와준 은공을 잊지 않고 명나라와 내통하는 등 명나라에 대한 의리를 지키는 모습을 보인다. 반면에 호국에 대해서는 시종일관 적개심을 드러낸다. 이는 실리보다 명분을 추구했던 당시 지배 계층의 보수적인 가치관이 그대로 드러난 것으로, 이 작품의 한계라고 할 수 있다.

6 이 글에 대한 설명으로 적절하지 않은 것은?

① 인물의 대화와 행동을 중심으로 사건을 전개하고 있다.
② 전기적 요소를 통해 주인공의 영웅성을 나타내고 있다.
③ 인물의 외양을 묘사하여 인물의 성격을 드러내고 있다.
④ 요약적 진술을 통해 사건의 인과 관계를 설명하고 있다.
⑤ 서술자의 주관을 바탕으로 인물이 처한 상황을 평가하고 있다.

7 이 글을 읽은 독자의 반응으로 적절하지 않은 것은?

① 난세의 영웅이 곤경에 처하니 안타깝군.
② 김자점의 행위를 보니 분노가 일어나는군.
③ 어처구니없이 당하기만 하는 임경업이 불쌍하군.
④ 임경업의 억울함을 임금이 알지 못하니 답답하군.
⑤ 임금의 명이 김자점의 위세만도 못하다니, 임금이 무능하군.

내신 적중 多빈출

8 이 글에서 드러내고자 했던 작가의 의식과 거리가 먼 것은?

① 간신들의 득세로 어지러워진 국정 고발
② 백성에 대한 지배층의 착취와 억압 고발
③ 정세와 시비를 파악하지 못한 무능한 집권층 비판
④ 난세에 뜻을 펴지 못한 영웅의 안타까운 일생 추모
⑤ 역사적 치욕을 허구적인 방식으로 위로받고자 한 민중 심리

내신 적중

9 이 글과 〈보기〉에서 공통적으로 나타난 고전 소설의 특징을 쓰시오.

보기

박씨가 옥렴을 드리우고, 좌수(左手)에 옥화선을 쥐고 불을 붙이니, 화광이 호진을 충돌하여, 호진 장졸이 항오(行伍)를 잃고 타 죽고 밟혀 죽으며, 남은 군사는 살기를 도모하고 다 도망하는지라. 용골대가 할 길 없어,

"이미 화친을 받았으니 대공을 세웠거늘, 부질없이 조그만 계집을 시험하다가 공연히 장졸만 다 죽였으니, 어찌 분한(憤恨)치 않으리오."

하고 회군(回軍)하여 발행할새, 왕대비와 세자, 대군이며 장안 미색(長安美色)을 데리고 가는지라.

– 작자 미상, 〈박씨전(朴氏傳)〉

10 〈보기〉와 관련하여 이 글과 같은 군담 소설이 창작되고 널리 읽힌 이유를 30자 이내의 완결된 한 문장으로 쓰시오.

보기

1636년(인조 14년), 후금은 국호를 청으로 고친 뒤 조선에 군신(君臣)의 예를 요구했다. 조선이 이를 거부하자 청나라 태종이 20만 대군을 거느리고 침략했다. 인조는 남한산성으로 피란하여 청군에 대항했으나, 결국 청에 굴복하고 말았다. 그동안 오랑캐로 여겨 왔던 여진족이 세운 나라에 신(臣)의 예를 갖추고 임금이 굴욕적인 항복을 한 사실은 조선 사회에 큰 충격을 주었다. 이후 오랑캐에게 당한 수치를 씻고, 임진왜란 때 도와준 명에 대한 의리를 지켜 청에 복수하자는 북벌 운동이 전개되었다.

Ⅳ. 조선 후기

054 조웅전(趙雄傳) | 작자 미상

키워드 체크 #영웅 소설 #군담 소설 #무용담과 결연담의 결합 #진충보국 #자유연애

문학 동아

핵심 정리

갈래 국문 소설, 영웅 소설, 군담 소설
성격 영웅적, 도술적, 비현실적
시점 전지적 작가 시점
배경 ① 시간 – 중국 송나라 때
② 공간 – 송나라와 주변 중국 대륙
제재 조웅의 영웅적 활약
주제 진충보국(盡忠報國)과 자유연애
특징 ① 영웅의 무용담과 결연담으로 구성됨.
② 한시를 삽입하여 인물의 상황이나 의중을 나타냄.
③ 유교, 불교, 도교 사상의 영향을 받음.
의의 영웅 소설의 대표적인 작품으로 〈춘향전〉과 더불어 가장 널리 읽혔음.

Q 조웅을 돕는 사람들은?

조웅은 많은 사람의 도움을 받는데, 월경 대사는 조웅 모자를 구해 주고 조웅에게 글과 술법을 가르쳤으며, 화산 도사는 천하 명검인 삼척검을 주었다. 또한 철관 도사는 조웅에게 병법, 무술, 도술을 가르치고 천하 명마를 주었다. 죽은 귀신인 황달 장군은 갑옷을 주었으며, 죽은 아버지 조정인과 송 황제는 꿈속 계시를 통해 예지력을 갖게 했다. 이들은 불교(월경 대사), 도교(철관 도사, 화산 도사), 귀신 숭배(황달 장군, 조정인, 송 황제)의 관념을 표상하는 인물들로, 하늘의 명령을 대신하는 대리인이자 조력자라고 할 수 있다.

어휘 풀이

박람(博覽)하다 사물(事物)을 널리 보다.
반반하다 지체 등이 상당하다.
시석(矢石) 예전에 전쟁에 쓰던 화살과 돌.
육도삼략(六韜三略) 중국의 오래된 병서(兵書).
천문도(天文圖) 천체의 위치와 운행을 나타낸 그림.

Q 이 작품에서 삽입 시의 역할은?

소설과 같은 산문에 서정 갈래인 시를 삽입하면 산문체의 단조로움에서 벗어나 변화를 줄 수 있다. 또한 삽입된 시는 서정적이고 낭만적인 분위기를 형성하고 작품의 주제를 집약적으로 전달하며, 사건 전개의 방향을 암시하기도 한다. 무엇보다도 등장인물의 내면 심리를 비유적·함축적으로 표현하여 더욱 강렬하게 드러낼 수 있다.

구절 풀이

❶ **홍문연 살기 중에 ~ 부인이 살아났으니** 월경 대사가 부인을 설득하기 위해 제시한 중국의 고사로, 조웅의 목숨도 고사의 인물들처럼 하늘에 달려 있으므로 조웅이 세상으로 나가는 것을 크게 걱정하지 않아도 된다는 것을 강조하기 위해 한 말이다.
❷ **공자의 환란을 ~ 출세함을 권하며,** 조웅이 겪게 될 고난과 그 고난을 물리치고 승리자가 될 것을 월경 대사가 신통력으로 미리 알고 있다는 뜻이다.

가 하루는 웅이 모친(왕 부인)께 청하기를, "소자 지금 나이 15세요, 이곳이(강선암) 선경(仙境)(신선들이 사는 곳처럼 신비하고 그윽한 곳)인지라 가히 살 만한 곳이지만, 대장부 세상에 처하매 한곳에서 늙을 것이 아니옵니다. 신선도 두루 돌아다녀 •박람(博覽)한다 하거늘 소자가 슬하(무릎의 아래라는 뜻으로, 어버이나 조부모의 보살핌을 드러내는 말)를 잠시 떠나 산 밖에 나가 세상을 구경하고 황성 소식도 듣고자 하나이다.(역적 이두병이 다스리는 조정에 관심을 보임.)" 하니, 왕 부인이 매우 놀라며 말하기를, "천리 타향에 너는 나만 믿고 나는 너만 믿어 서로 의지하며 살아가거늘 네 일시인들 내 슬하를 떠나며, 내 어찌 너를 내어보내고 일시인들 잊을쏘냐. 네 어디를 갈 양이면 한가지로 할 것이라(아들과 함께하겠다는 뜻). 차후는 그런 마음(강선암을 떠나 세상으로 나가고자 하는 마음) 두지 말라. 매우 놀랍도다."

웅이 다시 아뢰지 못하여 물러 나와 월경 대사와 의논하기를, "내 이제 세상에 나가도 남에게 화를 입지 않을 것이옵니다(충분히 장성했음을 뜻함.). 또한 내 몸이 중이 아니라 오래 산속에 있사오니 황성 소식도 모르고 나의 심중에 품은 일(아버지의 원수를 갚는 일)도 아득하와, 일전에 모친께 사정을 고하오니 도리어 꾸중하시는 바람에 다시 거역하지 못하였삽거니와, 대사께서는 저를 위하여 모친의 마음을 돌려 저의 뜻을 펴게 함이 어떠하오리까?" 하니, 대사가 말하기를, "공자(조웅)의 말은 •반반한 장부의 말이로다(조웅의 말에 공감함.)." 하고 부인 앞에 가서 고금의 일을 이야기하다가 공자의 품은 큰 뜻을 여쭈니 부인이 말하기를, "말은 당연하나 만리타국에 보내고 어찌 이 적막강산 사고무친한(의지할 만한 사람이 아무도 없음.) 곳에서 잠시라도 잊을 수 있으며 또한 저의 나이 어리고 세상사에 어리석은지라(부인이 조웅을 세상에 내보내지 않으려는 이유), 어지러운 세상에 나가 어찌 될 줄 알리오." 하니, 대사가 말하기를, "부인의 말씀도 일리가 있사옵니다. 그러나 이제 공자를 어리다 하시거니와, 천병만마(아주 많은 수의 군사와 군마)에 •시석(矢石)이 비 오듯 하여 살기(殺氣)가 충천한 곳에 넣어도 조금도 걱정할 바가 없을 것이니 부인은 어찌 사람의 운명을 의심하십니까? ❶홍문연 살기 중에 패공이 살아나고, 파강산 천경사의 부인이 살아났으니 어찌 천명을 근심하리오. 소승 또한 ❷공자의 환란을 짐작하지 못하오면 어찌 출세함(세상에 나가기를)을 권하며, 공자 세상에 나가도 부인은 이 곳에 계시오면 무슨 근심이 있으리까?"

▶ 조웅이 강선암을 떠나고자 함.

나 이때 철관 도사가 산중에 그윽이 앉아 웅의 거동을 보더니 벽에 글을 쓰고 가는 것을 보고 불쌍히 여겨 급히 내려와 벽의 글을 보니 다음과 같더라.

십 년을 지내 온 나그네가(조웅) / 만 리 밖에서 찾아오도다.
㉠못에서 용이 날아오르려 하거늘(세상으로 나가 자신의 품은 뜻을 펼치고자 함.) / 이 또한 정성이 모자람이라.

도사가 보기를 다하고 크게 놀라 급히 동자를 산 밖에 보내 웅을 청하니 웅이 동자를 보고 묻기를, "선생이 왔더니까?" 하니, "이제야 오셔서 청하시나이다." 하거늘, 웅이 반겨 동자를 따라 들어가니 도사(철관 도사)가 사립문에 나와 웅의 손을 잡고 기뻐하며 말하기를,

"험한 산길에 여러 번 고생하였도다." 하고 동자를 시켜 저녁밥을 재촉하여 주거늘 웅이 먹은 후 감사하며 말하기를, "여러 날 굶주린 배에 좋은 밥을 많이 먹으니 향기가 뱃속에 가득한지라 감사하여이다." 하니, "그대의 먹는 양을 어찌 알아 권하였으리오?" 하고 책 두 권을 주며 "이 글을 보아라." 하거늘, 웅이 무릎을 꿇고 펼쳐보니 성현(聖賢)(성인(聖人)과 현인(賢人))들이 쓴 책이라. 웅이 다 본 후에 다른 책을 청하니, 도사가 웃고 •《육도삼략(六韜三略)》(《육도(六韜)》와 《삼략(三略)》을 아울러 이르는 말)을 주거늘 받아 큰 소리로 읽었더라. 도사가 더욱 기특하게 여겨 •《천문도(天文圖)》 한 권을 주거늘 받아 보니 기묘한 법이 많은지라. 도사가 가르치는 술법을 배우니 뜻이 넓어지고 눈앞의 일을 모를 것이 없더라.

▶ 조웅이 철관 도사에게서 술법을 배워 익힘.

• **중심 내용** 어머니의 허락을 받고 세상에 나와 철관 대사를 만나 술법을 익히는 조웅 • **구성 단계** 전개

이해와 감상

〈조웅전〉은 국문으로 쓰인 영웅 소설이며 군담 소설로, 진충보국(盡忠報國, 충성을 다해 나라의 은혜를 갚음.)과 자유연애가 주제이다. 내용은 크게 세 부분으로 나눌 수 있는데, 첫째는 조웅과 이두병의 대립이고, 둘째는 조웅과 번왕의 대립이며, 셋째는 다시 조웅과 이두병의 대립이다. 조웅과 이두병의 대립은 조웅의 아버지 조정인의 죽음에 따른 숙명적인 것이라 할 수 있고, 번왕과의 대립은 조웅의 아버지가 번왕과 대립하는 위왕과 우호 관계였기 때문에 형성된 것이라 할 수 있다.

이 작품은 다른 군담 소설과 비교할 때 몇 가지 차이점을 보인다. 첫째, 이 작품에는 기도를 드려 아들을 얻는 기자(祈子) 정성에 대한 이야기가 없다. 둘째, 주인공이 천상인으로서 적강한다는 화소가 없다. 셋째, 장 소저와 혼전에 동침하게 되는데, 이는 보수적인 윤리 의식을 뛰어넘는 파격적인 행동으로 매우 이색적이다. 이러한 특성은 대중들의 기호에 맞게 풍속화되는 과정에서 생겨난 것으로 파악된다.

전체 줄거리

발단	중국 송나라 문제(文帝) 때 승상 조정인이 이두병의 참소를 받고 음독자살하자, 조웅 모자는 이두병을 피해 도망친다.
전개	천자가 세상을 떠나자, 이두병은 어린 태자를 계량도로 유배 보내고 스스로 천자가 된다. 조웅 모자는 온갖 고생을 하며 유랑하다가 월경 대사를 만나 강선암에 들어가 살게 된다. 월경 대사로부터 술법과 글을 배운 조웅은 강선암을 떠나 강호의 화산 도사로부터 조웅검(삼척검)을 얻고, 철관 도사에게서 무술과 도술을 배운 뒤 용마를 얻는다.
위기	조웅은 강선암으로 어머니를 만나러 가던 중 장 소저를 만나 혼인을 약속한다. 이때, 서번이 위국을 침공하므로 조웅은 위국으로 달려가서 위왕을 도와 서번군을 격파한다. 그런 다음 태자를 구출하고, 중국으로 와서 이두병 일파를 처단한다.
절정	조웅은 위왕과 연합하여 수십 만 대군으로 황성을 쳐서 이두병의 목을 베고, 태자를 천자의 자리에 등극시킨다.
결말	황실은 다시 회복되고 조웅은 서번의 왕이 된다.

인물 관계도

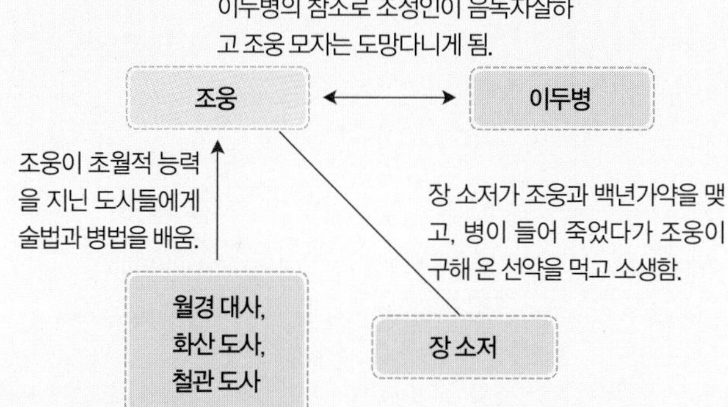

작품 연구소

〈조웅전〉의 이야기 구조

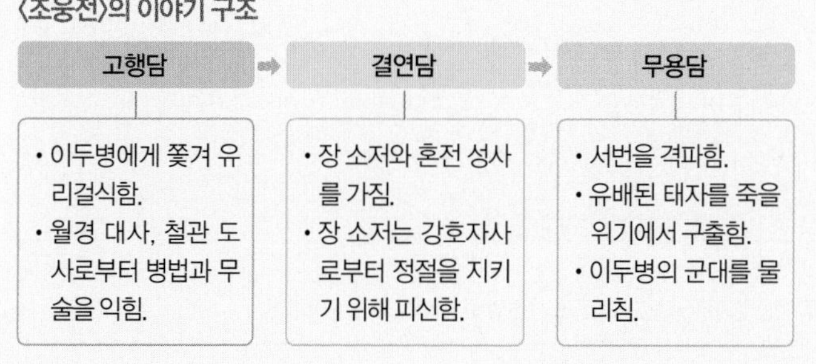

키 포인트 체크

인물 조웅은 온갖 고난을 극복하고 태자를 복위시키는 영웅이자 □□의 전형적인 인물이며, 그와 대립하는 이두병은 권력욕 때문에 스스로 천자의 자리에 오르는 □□의 전형적인 인물이다.

배경 중국 송나라 때를 배경으로 충의를 강조하고 □□□□ 사상을 보여 준다.

사건 이두병의 참소로 아버지가 자결한 뒤 조웅은 어머니와 함께 유랑하다가 □□들로부터 무술과 도술을 배우고 □□를 얻어 □□를 구출하고 이두병을 물리친다.

1 이 글에 대한 설명으로 적절하지 않은 것은?

① 영웅의 일대기를 담고 있다.
② 적강 화소를 활용하여 이야기를 구성했다.
③ 영웅적 무용담과 결연담으로 이루어져 있다.
④ 충신과 간신의 대립을 중심으로 이야기가 전개된다.
⑤ 전통적 유교 윤리에 어긋나는 자유연애 사상이 드러난다.

2 이 글의 등장인물에 대한 설명으로 적절하지 않은 것은?

① 조웅은 어머니 곁을 떠나 세상을 경험하고 싶어 하는군.
② 왕 부인은 세상으로 나가고자 하는 조웅을 걱정하고 있군.
③ 철관 도사는 조웅에게 병법을 가르쳐 주는 조력자의 역할을 하는군.
④ 월경 대사는 조웅이 앞으로의 고난을 잘 이겨 낼 것이라고 생각하는군.
⑤ 동자는 벽에 글을 쓰고 가는 조웅의 존재를 철관 도사에게 알려 주는 협조자라고 할 수 있군.

3 이 글의 내용을 한자 성어를 사용해 나타낼 때 적절하지 않은 것은?

① 왕 부인은 아들과 동고동락(同苦同樂)하고자 하는 마음이 간절해.
② 조웅은 자신을 도와준 월경 대사에게 결초보은(結草報恩)하려고 해.
③ 조웅은 철관 대사에게 술법을 배워서 능력이 일취월장(日就月將)했어.
④ 월경 대사는 조웅의 앞날을 내다보는 선견지명(先見之明)이 있는 사람이야.
⑤ 조웅은 고생 끝에 철관 대사를 만났으므로 고진감래(苦盡甘來)라고 할 만해.

4 〈보기〉를 참고할 때 ㉠이 의미하는 바를 쓰시오.

보기
산문 문학에 삽입된 시는 등장인물의 내면 심리를 드러내면서 앞으로 전개될 사건의 방향을 암시하기도 한다.

어휘 풀이

광활(廣闊)하다 막힌 데가 없이 트이고 넓다.
추상(秋霜)같다 호령 등이 위엄이 있고 서슬이 푸르다.
남대(南臺) 남쪽 장대. 곧 장수가 올라서서 군사를 지휘한 높고 평평한 대.
장전(帳前) 임금이 있는 장막의 앞 혹은 장수(將帥)의 앞.
대경실색(大驚失色)하다 몹시 놀라 얼굴빛이 하얗게 질리다.
존망(存亡) 존속과 멸망 또는 생존과 사망을 아울러 이르는 말.
기체(氣體) 몸과 마음의 형편.
천사(天使) 제후국에서 천자(天子)의 사자를 이르던 말.
조신(朝臣) 조정에서 벼슬살이를 하고 있는 신하.

가 원수는(조웅) 할 수 없어 학산으로 향하여 근근이 찾아가니 좌우의 산천은 하늘에 닿은 듯하고 가운데는 •광활하게 열렸는데 수천 병마 진을 치고 위엄이 •추상(秋霜)같거늘(학산의 배경 묘사) 원수 괴이히 여겨 은신하고 살펴보니 •남대(南臺)로부터 한 사람을 결박하여 대하(臺下)(대 아래에)에 꿇리고 크게 꾸짖어 말하기를, 「"너는 송나라의 기둥이 되는 신하요(이두병의 허수아비) 대대로 나라의 녹을 먹은 신하로서, 곡식이 산과 같이 쌓이고 직위가 일품에 이르러 ❶귀와 눈의 좋아하는 바와 심지(心志)(마음에 품은 의지)의 즐거움을 네 혼자 즐겨 하면서도 너는 부족하다 하고 대체 무슨 심정으로 역적이 되었단 말인가? 태자는 무슨 죄로 만 리 밖에 귀양살이 보냈으며, 하늘 높고 땅 깊은 줄을 모를 지언정 사약은 무슨 일인고?(이두병이 유배지에 있는 태자를 죽이려고 사약을 보냄.)」 광대한 천지간에 용납할 수 없는 네 죄목을 조목조목 생각하니 죽여도 애석하지 않으며 무지한 백성들도 네 고기를 구하는지라." 하고는 수레 위에 높이 달고 명패를 완연히 달았으되 '역적 이두병'이라고 대서특자(大書特字)(이름을 크고 분명하게 적어)하여 밖으로 나오거늘, 원수가 칼을 들고 소리를 우레같이 하며 달려들어 크게 노하여 말하기를, "역적 이두병아, 목을 늘이어 내 칼을 받아라." 하고 치니 목이 말 아래에 떨어지거늘 배를 찔러 헤치니 과연 사람은 아니요 허수아비를 만들어 형용(모습)을 그렸는지라.

「 」: 이두병이 지은 죄목. 이두병의 부정적 모습이 드러남.

▶ 조웅이 학산에서 이두병의 허수아비를 꾸짖는 사람들을 목격함.

나 •장전(帳前)에 나아가며 말하기를, "소장은 전조의 충신 아무의 아들이옵더니(전(前) 조정의 충신 조정인의 아들) 나라 밖의 사람으로 미리 아뢰지 않고 참여하였으니(이두병의 허수아비로 분을 푸는 일에) 죽음의 처벌을 내려도 애석하지 않소이다." 하니, 진중의 여러 사람들이 이 말을 듣고 일시에 •대경실색하여 원수를 붙들어 당상에 앉히고 "그대 어찌 잔명을 보존하였으며 태자 •존망과 소식을 아는가?" 하니, 원수가 대답하기를, "이두병의 환(화)을 면하시고 지금은 •기체 안녕하십니다." 하니, [중략]

"황천이 명감하여(정성스러운 마음이 하느님께 통하여) 오늘날 우리 대왕(태자)의 안녕하신 소식을 들으니 이제 죽는다 한들 무슨 한이 있사오리까?" 하며 무수히 즐겨 하더라.

▶ 조웅이 학산에서 태자를 지지하는 충신들을 만남.

다 원수가 묻기를, "좌중의 제공(諸公)('여러분'의 문어적 표현)을 알지 못하옵거니와 이곳에서 만나기를 약속함은 무슨 일입니까?" 하니 한 백수 노인(머리가 하얗게 센 노인)이 원수의 손을 잡고 눈물을 흘리며 말하기를, "너는 나를 알지 못하는가? 나는 네 어미의 사촌(외종숙, 외당숙)이요, 나의 성명은 왕태수라. 네가 어릴 때 이별하였으니 어찌 알겠는가? 우리는 이두병의 난을 만나 각각 도망하였는데 수개월 전에 여기서 만나기로 약속하매 피란하였던 인민들이 우리의 소식을 알고 약속하지 않고서도 모인 사람이 오천 인이라. ❷옛적에 주나라 무왕이 벌주(伐紂)할 때(은나라 주왕을 정벌할 때)와 다름이 없는지라. 어찌 반갑지 아니하리오?"

▶ 조웅이 외당숙 왕태수를 만남.

라 조웅이 「당초에 ㉠천명 도사(철관 도사) 만나 공부하던 일이며, 처음에 모친을 모시고 환란을 피하여 한곳에 머물러 하늘의 명만 기다렸더니 우연히 천명 도사를 만나 술법 배우던 말씀이며, 위국에 들어가 서번을 쳐 승전하여 대원수 된 이야기며, 계량도에 들어가 보니 천자(이두병)의 사신이 내려와 태자에게 사약을 내리려고 모든 충신을 다 결박하였거늘 사자를 베고 태자를 구하여 모시고 오는 길에 번국에서 죽을 뻔했던 말씀이며, 이로 인하여 위왕의 부마 된 말씀이며, 필마로(혼자서 말을 타고) 오다가 선생을 보고 학산을 찾아오다가 •천사(天使)를 죽인 사연 등을 차례로 아뢰니」 좌중의 여러 사람들이 이 말을 듣고 대경실색하여 원수를 붙들고 이야기하며 칭찬하여 말하기를, "고금에 이런 상쾌한(통쾌한) 일이 어디 있으리오?"

「 」: 조웅의 지난 행적에 대한 요약적 설명

▶ 조웅이 그간에 있었던 일을 들려줌.

마 이즈음에 능주 땅에서 죽은 천사의 하졸(下卒)(졸병)이 황성에 들어가 천사가 조웅에게 죽은 사연을 아뢰니 황제(이두병)가 듣고는 크게 놀라고 노하여 서안(書案)(책상)을 치며 •조신(朝臣)을 크게 꾸짖어 말하기를, "불과 수백 리 밖에 있는 조웅을 잡지 못하고, 또한 마침내 황제의 사신을 마음대로 죽였으니 어찌 분하지 않겠는가? 이번에도 조웅을 잡지 못하면 조신을 다 처참할 것이다." 하니, 조신 중 누가 겁내지 않으리오.

▶ 이두병이 사신의 죽음을 알고 분노함.

• 중심 내용 이두병의 난을 피해 모여든 충신들을 만난 조웅과 사신의 죽음에 분노하는 이두병 • 구성 단계 절정

Q 이 작품에 나타난 악의 축은?

군담 소설에서 악의 축으로 다루어지는 '오랑캐'와 '역신' 가운데 〈조웅전〉에서 두드러지게 나타나는 것은 황제에 의해 구축된 세계 질서를 붕괴하는 '역신'의 문제이다. 이는 〈조웅전〉이 작품의 서두에서부터 군담 소설의 상투적인 출생담을 생략한 채 역신의 문제를 제기하며 위기를 조성하고 있는 것에서 잘 드러난다. 또한 조웅과 이두병의 기나긴 싸움 과정을 중점적으로 그려 내면서 역신이 붕괴시킨 세계 질서를 조웅이 어떻게 복구하는지를 잘 보여 주고 있다.

Q 〈조웅전〉에 나타난 사상적 배경은?

조웅이 이두병의 난을 평정하고 황실을 복구할 수 있었던 것은 천명(天命)에 의해서이다. 즉, 조웅이 그에게 닥친 수많은 위기를 극복하고 이두병에게 궁극적으로 승리할 수 있었던 것은 그가 한 행동들이 하늘의 명령에 따른 것이었기 때문이라는 것이다. 결국 지상의 질서는 하늘의 명령이며, 영웅은 천상적 인물의 도움으로 만들어진다는 천명사상(天命思想)이 이 작품에 깔려 있음을 알 수 있다.

구절 풀이

❶ **귀와 눈의 ~ 역적이 되었단 말인가?** 이두병이 온갖 부귀영화를 누리면서 이것도 부족하다고 여겨 천자를 몰아내고 스스로 천자가 된 것을 힐책하면서 비판하고 있는 말이다.

❷ **옛적에 주나라 ~ 다름이 없는지라.** 사람들이 역적 이두병을 몰아내기 위해 자연스럽게 모인 것을 무왕의 고사를 인용하여 표현한 것으로, 이두병을 정벌하고자 하는 의지가 매우 높음을 드러낸다.

작품 연구소

〈조웅전〉에 나타난 영웅의 일대기 구조

영웅의 일대기 구조	〈조웅전〉의 내용
시련과 고난	이두병의 참소로 조웅의 아버지가 자살하고, 조웅은 어머니와 유리걸식함.
조력자의 도움	월경 도사, 철관 도사 등에게 도술, 무예, 지혜를 배움.
위기	위왕과 대립 관계에 있는 번왕과 대결함.
승리와 영광	이두병을 물리치고 태자를 왕위에 등극시켜 부귀영화를 누림.

〈조웅전〉의 대립 구조

조웅과 이두병의 대립 ➡	조웅과 번왕의 대립 ➡	조웅과 이두병의 대립
⬇원인	⬇원인	⬇원인
이두병이 조웅의 아버지를 모함하여 죽게 함으로써 조웅과 이두병이 원수가 됨.	조웅이 아버지와 우호 관계에 있는 위왕을 도움으로써 위왕과 대립 관계에 있는 서번왕과 대립하게 됨.	이두병이 송의 태자를 쫓아내고 스스로 천자가 되어 천명을 거스름.

다른 작품과 구별되는 〈조웅전〉의 특징

〈조웅전〉은 영웅의 일대기 구조를 거의 그대로 따르고 있으나, 다른 작품에 비해 특이한 점이 있다. 첫째, 주인공의 탄생에서 고귀한 혈통이나 천상인의 하강과 같은 적강 화소가 나타나지 않는다. 둘째, 서술자의 개입이 있기는 하지만 빈번하지 않고, 사건을 전개하는 과정에 운문을 삽입하여 인물의 심리나 상황을 압축적으로 전달한다. 셋째, 다른 군담 소설의 주인공들이 대부분 천상계 인물의 후신으로서 초인적인 능력을 발휘하여 위기를 극복하는 데 반해, 이 작품의 주인공은 자신의 힘보다는 초인의 도움으로 운명을 개척해 간다. 넷째, 이 작품은 부모의 허락 없는 혼전 성사(婚前性事)를 다루고 있어 전통적 유교 윤리에 어긋나는 애정담을 지닌다.

〈조웅전〉의 영웅·군담 소설적 성격

군담 소설의 대결 양상은 중국과 오랑캐의 갈등, 충신과 역신(간신)의 갈등으로 나타난다. 황제의 바른 통치로 이룩된 태평한 세계 질서를 어지럽히는 오랑캐와 역신은 악의 축이며, 이러한 악의 축을 제거하고 태평한 세계의 질서를 회복하기 위해 군사적으로 대결하는 것이 군담 소설의 주요 내용이다.

〈조웅전〉은 철저하게 선과 악의 이분법적 대결 의식을 드러내고 있다. 즉, 중국은 '선(善)'으로, 중국의 지배 질서에 도전하는 오랑캐는 '악(惡)'으로, 황제는 '선(善)'으로, 황제의 지배 질서에 도전하는 역신(逆臣)은 '악(惡)'으로 규정한다. 따라서 조웅은 '절대 선'에 해당하는 중국과 황제를 지켜 나가는 영웅적 주인공이라 할 수 있다.

함께 읽으면 좋은 작품

〈최현전(崔賢傳)〉, 작자 미상 / 〈조웅전〉과 구조가 유사한 군담 소설

전형적인 군담 소설로, 전반부의 고행담과 결연담, 후반부의 영웅담이 〈조웅전〉의 구조와 비슷하다. 전반부는 최현의 고행담, 두 여인 월계(月桂), 영애(英愛)와의 결연 과정이 중심이 되고, 후반부는 최현의 영웅담에 이어 아들 최홍의 영웅담까지 더하고 있어 가문 소설의 성격도 띠고 있다.

5 이 글의 주인공인 조웅에 대한 설명으로 적절하지 않은 것은?

① 조웅은 이두병과 적대적인 갈등 관계에 있다.
② 조웅은 태자와 고국에 대한 충성심을 잃지 않고 있다.
③ 조웅은 여러 도사를 만나 술법을 배우고 도움을 받는다.
④ 조웅은 초인적인 능력을 바탕으로 위기를 극복하고 있다.
⑤ 조웅은 고난 극복에 대한 현실적이고 강인한 의지를 지닌 인물이다.

6 (가)~(마)에 대한 설명으로 적절하지 않은 것은?

① (가)의 학산은 조웅이 이두병에 대한 사람들의 분노를 확인할 수 있는 공간이다.
② (나)는 태자를 지지하는 송나라의 충신들이 조웅이 살아 있음을 알고 놀라는 부분이다.
③ (다)는 외당숙을 통해 그간의 사연이 드러나는 부분으로, 이두병을 정벌하고자 하는 의지를 엿볼 수 있다.
④ (라)는 조웅의 지난 행적을 통해 천사(天使)의 죽음을 알게 된 충신들의 안타까움이 드러난다.
⑤ (마)는 이두병이 조웅에게 천사(天使)가 죽임을 당한 사실을 알고 크게 분노하는 부분이다.

7 (가)~(마) 중, 요약적 제시가 가장 두드러지게 나타나는 것은?

① (가) ② (나) ③ (다) ④ (라) ⑤ (마)

8 〈보기〉의 시에 대해 밑줄 친 부분과 같이 설명한 이유를 (라)의 내용을 바탕으로 쓰시오.

| 보기 |

아득히 그림 속에 정화된 초가집들,
할머니 조웅전에 잠들던 그날 밤도
할버진 율 지으시고 달이 밝았더니다.

– 이호우, 〈달밤〉

→ 이 시의 화자는 어린 시절 할머니가 들려주는 〈조웅전〉을 통쾌하게 듣다가 평화롭게 잠들던 일을 회상하고 있다.

9 (라)에서 조웅의 조력자인 철관 도사를 ㉠과 같이 표현한 이유를 〈조건〉에 맞게 쓰시오.

| 조건 |

1. '천명'의 뜻을 바탕으로 이유를 밝힐 것
2. '~하기 위해서이다.' 형태의 완결된 한 문장으로 쓸 것

Ⅳ. 조선 후기

055 춘향전(春香傳) | 작자 미상

키워드 체크 #판소리계 소설 #해학적 #풍자적 #골계미

가 근읍(近邑) 수령이 모여든다. 운봉 영장(營將), 구례, 곡성, 순창, 옥과, 진안, 장수 원님이 차례로 모여든다. 좌편에 행수 군관(行首軍官), 우편에 청령 사령(聽令使令), 한가운데 본관(本官)은 주인이 되어 하인 불러 분부하되, / "•관청색(官廳色) 불러 다담을 올리라. 육고자(肉庫子) 불러 큰 소를 잡고, •예방(禮房) 불러 고인(鼓人)을 대령하고, •승발(承發) 불러 차일(遮日)을 대령하라. 사령 불러 잡인(雜人)을 금하라."

이렇듯 요란할 제, 기치(旗幟) 군물(軍物)이며 •육각 풍류(六角風流) 반공에 떠 있고, 녹의홍상(綠衣紅裳) 기생들은 백수나삼(白手羅衫) 높이 들어 춤을 추고, 지야자 두덩실 하는 소리 ⓐ ❶어사또 마음이 심란하구나. ▶ 변학도의 호화로운 생일잔치를 준비함.

(근읍 수령: 가까운 고을을 다스리는 지방관들 / 영장: 각 진영의 군사를 통솔하던 무관 / 행수 군관: 우두머리가 되는 군관 / 청령 사령: 관청의 명령을 받는 사령 / 본관: 고을의 수령 – 변 사또 / 다담: 손님을 대접하기 위해 내놓은 다과(茶菓) 등 / 육고자: 관아에 육류를 바치던 관노(官奴) / 고인: 악기를 연주하던 사람 / 차일: 햇볕을 가리기 위해 치는 포장 / 잡인: 일정한 장소나 일에 아무 관계가 없는 사람 / 기치 군물: 군대에서 쓰는 깃발과 물건 / 녹의홍상: 연두저고리와 다홍치마 / 반공: 땅으로부터 그리 높지 않은 허공 / 백수나삼: 희고 아름다운 손과 얇고 가벼운 비단으로 만든 적삼)

나 "여봐라, 사령들아. 네의 원전(員前)에 여쭈어라. 먼 데 있는 걸인이 좋은 잔치에 당하였으니 주효(酒肴) 좀 얻어먹자고 여쭈어라." / ㉮저 사령 거동 보소.

"어느 양반이관대, 우리 안전(案前)님 걸인 혼금(閽禁)하니 그런 말은 내도 마오."

등 밀쳐 내니 ⓑ❷어찌 아니 명관(名官)인가. 운봉이 그 거동을 보고 본관에게 청하는 말이

"저 걸인의 의관은 남루하나 양반의 후예인 듯하니, 말석에 앉히고 술잔이나 먹여 보냄이 어떠하뇨?" / 본관 하는 말이 / ⓒ"운봉 소견대로 하오마는……"

하니 '마는' 소리 훗입맛이 사납것다. 어사 속으로, ❸'오냐, ⓓ도적질은 내가 하마. 오랏줄은 네가 져라.' / 운봉이 분부하여 / "저 양반 듭시래라." ▶ 이몽룡이 변학도의 생일잔치에 끼어듦.

(걸인: 어사또 자신 / 저 사령 거동 보소: 판소리 사설체의 문체적 특징 / 주효: 술과 안주 / 안전: 하급 관리가 상급 관리를 일컫는 대명사 / 혼금: 잡인의 출입을 금함. / 운봉: 어사또가 본관 사또의 생일잔치에 끼어들 수 있도록 기회를 부여하며, 어사또로 하여금 한시를 짓게 만드는 인물 / 의관은 남루하나: 옷차림이 낡고 초라하나 / 말석: 사회적 지위가 제일 낮은 자리 / 운봉 소견대로 하오마는: 운봉의 뜻을 마지못해 받아들임.)

다 어사또 들어가 단좌(端坐)하여 좌우를 살펴보니, 당상(堂上)의 모든 수령 다담을 앞에 놓고 진양조 양양(洋洋)할 제 어사또 상을 보니 어찌 아니 통분하랴. 『모 떨어진 개상판에 닥채 저붐, 콩나물, 깍두기, 막걸리 한 사발 놓았구나.』 상을 발길로 탁 차 던지며 ㉠운봉의 갈비를 직신, / "갈비 한 대 먹고 지고." / "다라도 잡수시오." / 하고 운봉이 하는 말이

"이러한 잔치에 풍류로만 놀아서는 맛이 적사오니 차운(次韻) 한 수씩 하여 보면 어떠하오?" / "그 말이 옳다." / 하니 운봉이 운(韻)을 낼 제, 높을 고(高)자, 기름 고(膏) 자 두 자를 내어 놓고 차례로 운을 달 제, 어사또 하는 말이

"걸인도 어려서 •추구권(抽句卷)이나 읽었더니, 좋은 잔치 당하여서 주효를 포식하고 그저 가기 •무렴(無廉)하니 차운 한 수 하사이다." ▶ 운봉이 작시(作詩)를 제안함.

(단좌: 단정하게 앉아 / 당상: 대청 위 / 진양조 양양할 제: 소리가 아주 느린 속도로 우렁차고 씩씩하게 퍼질 때 / 『 』: 형편없는 음식 차림으로 어사또를 푸대접함. / 직신: 몸을 슬슬 건드리며 치근치근 조르는 모양 / 갈비 한 대 먹고 지고: 잔치 분위기를 깨려는 의도 / 다라도 잡수시오: 동음이의어를 이용한 언어유희 / 차운: 남이 지은 시의 운자(韻字)를 따서 시를 짓는 일)

라 "금준미주(金樽美酒)는 천인혈(千人血)이요, 옥반가효(玉盤佳肴)는 만성고(萬姓膏)라.
촉루락시(燭淚落時) 민루락(民淚落)이요, 가성고처(歌聲高處) 원성고(怨聲高)라."

이 글 뜻은, '금동이의 아름다운 술은 일만 백성의 피요, 옥소반의 아름다운 안주는 일만 백성의 기름이라. 촛불 눈물 떨어질 때 백성 눈물 떨어지고, 노랫소리 높은 곳에 원망 소리 높았더라.' ▶ 이몽룡이 시를 지어 가렴주구(苛斂誅求)를 비판함.

(차운: 남이 지은 시의 운자를 따서 시를 지음. 또는 그런 방법)

마 이렇듯이 지었으되, ⓔ본관은 몰라보고 운봉이 이 글을 보며 속마음에

'아뿔싸, 일이 났다.' / 이때, 어사또 하직하고 간 연후에 공형(公兄) 불러 분부하되,

"야야, 일이 났다." / ㉯공방(工房) 불러 포진(鋪陳) 단속, 병방(兵房) 불러 역마(驛馬) 단속, 관청색 불러 다담 단속, 옥 형리(刑吏) 불러 죄인 단속, 집사 불러 형구(刑具) 단속, 형방(刑房) 불러 문부(文簿) 단속, 사령 불러 •합번(合番) 단속, 한참 이리 요란할 제 물색없는 저 본관이 / "여보, 운봉은 어디를 다니시오?" / "•소피(所避)하고 들어오오." ▶ 운봉이 어사출두를 예감함.

(본관은 몰라보고: 본관 사또의 어리석음 풍자 / 아뿔싸, 일이 났다: 한시의 내용을 보고 암행어사가 출두할 것을 눈치챔. / 포진: 방석, 요, 돗자리를 통틀어 이르는 말 / 역마: 각 역참에 갖추어 둔 말 / 형구: 형벌을 가하는 데 쓰이는 기구 / 문부: 뒷날에 상고할 글발과 장부 / 물색없는: 눈치도 없는)

• 중심 내용 암행어사가 되어 본관 사또의 호화로운 생일잔치에 잠입한 이몽룡 • 구성 단계 절정

문학 천재(김), 비상
국어 천재(박), 금성, 동아, 신사고, 지학사, 창비, 해냄

핵심 정리

갈래 판소리계 소설, 염정 소설
성격 해학적, 풍자적, 평민적
시점 전지적 작가 시점
배경 ① 시간 – 조선 숙종 때
② 공간 – 전라도 남원
제재 춘향의 정절
주제 ① 신분을 초월한 남녀 간의 사랑
② 불의한 지배 계층에 대한 서민의 항거
③ 신분적 갈등의 극복을 통한 인간 해방
특징 ① 해학과 풍자에 의한 골계미가 나타남.
② 서술자의 편집자적 논평이 자주 드러남.
③ 판소리의 영향으로 운문체와 산문체가 혼합됨.

어휘 풀이

관청색(官廳色) 조선 시대에, 수령(守令)의 음식물을 맡아보던 구실아치.
예방(禮房) 조선 시대에, 각 지방 관아에 속한 육방(六房) 가운데 예전(禮典)에 관한 일을 맡아보던 부서.
승발(承發) 지방 관아의 구실아치 밑에서 잡무(雜務)를 맡아보던 사람.
육각 풍류(六角風流) '육각'은 북, 장구, 해금, 피리, 태평소 둘로 이루어진 여섯 악기를 가리키며, '풍류'는 이를 합주함을 이름.
추구권(抽句卷) 유명한 글귀를 뽑아 적은 책.
무렴(無廉)하다 염치가 없다.
합번(合番) 큰일이 있을 때에 관리들이 모여서 함께 숙직하던 일.
소피(所避) '오줌'을 완곡하게 이르는 말.

Q 어사또의 시에서 드러나는 사회상은?

본관 사또(변학도)의 화려한 생일잔치는 당시 사회가 악한 권력자는 영화를 누리고 선량한 백성은 생활고에 시달리는 부조리한 사회였음을 보여 준다. 어사또의 시는 본관 사또의 사치스러운 생일잔치와 백성들의 고통을 대비하여 관리들의 가혹한 정치 행태를 비판하고 있다.

구절 풀이

❶ **어사또 마음이 심란하구나.** 곤궁한 백성들의 처지와는 대조적인 변학도의 화려한 생일잔치를 본 어사또의 언짢은 마음을 드러낸 것으로, 편집자적 논평에 해당한다.

❷ **어찌 아니 명관(名官)인가.** 명관은 정치를 잘하여 이름이 난 관리를 의미하는데, 여기서는 '본관 사또'를 가리킨다. 이는 본관 사또가 명관이 아님을 드러내는 반어적 표현으로, 편집자적 논평에 해당한다.

❸ **'오냐, 도적질은 내가 하마. 오랏줄은 네가 져라.'** 생일잔치 음식을 주는 대로 실컷 먹고 난 뒤 어사출두를 하여 변학도를 벌하겠다는 의도를 나타내는 것으로, 앞으로 전개될 사건의 복선에 해당한다.

이해와 감상

〈춘향전〉은 판소리로 불리다가 소설로 정착된 판소리계 소설로, 이본이 무려 120여 종에 이를 정도로 조선 후기에 인기를 누린 작품이다.

이 작품의 표면에 드러난 주제는 양반의 아들 이몽룡과 퇴기의 딸 춘향의 신분을 뛰어넘는 사랑이지만, 이면에 감추어진 주제는 신분적 제약을 벗어난 인간 해방과 불의한 지배 계층에 대한 서민들의 항거이다.

춘향은 사랑을 지키기 위해 신분 제도의 제약을 벗어나고자 하는데, 기존 질서에 저항하는 이러한 태도는 민중의 사회적 비판 의식이 반영되어 있음을 보여 준다.

이 작품에서는 춘향의 숭고한 사랑을 극적으로 형상화하기 위해 두 가지 장애 요소를 두고 있는데, 그 하나는 춘향과 몽룡의 신분적 격차이다. 이것은 두 사람을 좌절하게 만들지만 역설적으로 서로에 대한 사랑을 강인하게 만들기도 한다. 그리고 다른 하나는 변학도의 수청 강요인데, 이에 대한 춘향의 항거는 이몽룡과의 재회나 신분 상승의 극적 효과를 증대시킨다. 이러한 극적 구성은 해학적 표현, 토속적 어조와 어울려 독자들에게 흥미와 쾌감을 제공해 주는 요소라 볼 수 있다.

전체 줄거리

발단	춘향의 자태에 첫눈에 반한 이몽룡은 춘향과 백년가약을 맺지만 이내 아버지를 따라 한양으로 떠나게 된다.
전개	남원에 새로 부임한 사또 변학도는 춘향에게 수청을 강요하고, 이를 거절한 춘향은 옥에 갇힌다.
위기	어사가 되어 남원에 돌아온 이몽룡은 춘향의 소식을 듣게 되고, 자신의 신분을 감춘 채 걸인의 행색을 하고 춘향을 만난다.
절정	변학도의 생일잔치에 찾아간 이몽룡은 암행어사로 출두하고, 변학도를 봉고파직한다.
결말	옥에서 풀려난 춘향은 이몽룡을 따라 서울로 올라가고, 두 사람은 백년해로한다.

인물 관계도

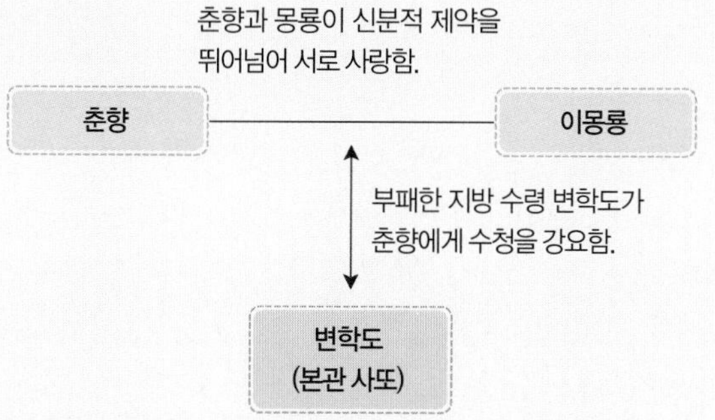

작품 연구소

〈춘향전〉의 갈등 양상과 사회상

	갈등 양상	사회상
춘향 ↔ 사회	신분적 제약과 신분 상승에 대한 욕구	신분의 차이가 있는 남녀의 사랑은 공인받기 어려움.
춘향 ↔ 변학도	수청 요구와 수절	권력자가 선한 백성을 핍박함.
이몽룡 ↔ 변학도	탐관오리의 횡포와 암행어사의 징벌	악한 권력자는 영화를 누리고 선량한 백성은 생활고에 시달림.

키 포인트 체크

인물 유교적 이념에 충실하여 □□을 지키는 춘향과, 춘향과의 사랑을 지키는 의리 있는 이몽룡의 이야기이다.

배경 조선 후기의 전라도 남원을 배경으로 □□□□ 갈등이 존재하고 유교적 덕목을 중시하던 사회상을 보여 준다.

사건 춘향과 이몽룡은 신분의 차이와 변학도의 방해로 고난을 겪지만, □□□□가 된 이몽룡이 변학도를 처벌하고 춘향과 백년해로한다.

1 이 글에 대한 설명으로 적절하지 않은 것은?

① 인물을 해학적으로 표현하여 웃음을 유발하고 있다.
② 4·4조의 운율을 지닌 운문체와 산문체가 섞여 있다.
③ 암행어사 설화와 같은 근원 설화가 바탕에 깔려 있다.
④ 사건이나 인물 서술에 서술자의 개입이 제한되어 있다.
⑤ 서민들의 애환과 당대 사회에 대한 비판 의식이 드러나 있다.

내신 적중 多빈출

2 〈보기〉를 참고할 때, 표현 방법이 ㉠과 가장 유사한 것은?

> 보기
> 언어유희는 말이나 글자를 소재로 하여 말을 재미있게 꾸며 표현하는 방법이다. 언어유희에는 동음이의어를 이용한 것, 유사 음운의 반복에 의한 것, 언어 도치에 의한 것, 발음의 유사성을 이용한 것 등이 있다.

① 이애 이애 그 말 마라. 시집살이 개집살이.
② 그만 정신없다 보니 말이 빠져서 이가 헛 나와 버렸네.
③ 마구간에 들어가 노새 원님을 끌어다가 등에 솔질을 솰솰 하여
④ 이 양반이 허리 꺾어 절반인지, 개다리소반인지, 꾸레미 전에 백반인지.
⑤ 개잘량이라는 '양' 자에 개다리소반이라는 '반' 자 쓰는 양반이 나오신단 말이오.

3 ⓐ~ⓔ에 대한 설명으로 적절하지 않은 것은?

① ⓐ: 어사또의 언짢은 마음을 드러내는 편집자적 논평이다.
② ⓑ: 본관 사또가 명관이 아님을 드러내는 반어적 표현이다.
③ ⓒ: 운봉의 제안을 흔쾌히 받아들이는 본관 사또의 호탕함이 드러난다.
④ ⓓ: 앞으로 전개될 사건의 복선으로, 본관 사또를 벌하겠다는 의도가 나타난다.
⑤ ⓔ: 어사또의 시를 이해하지 못하는 본관 사또의 어리석음을 풍자하고 있다.

4 〈보기〉를 참고할 때, ㉮, ㉯에 드러난 판소리계 소설의 특징을 쓰시오.

> 보기
> 판소리계 소설은 조선 후기의 흥행 예술이었던 판소리가 문자로 정착된 작품들을 지칭하며, 대체로 유사한 문장 구조의 반복으로 운율감이 나타나고, 판소리 사설체의 문체적 특징이 나타난다. 또한 서술자가 등장인물에 대해 주관적인 생각을 드러낸 편집자적 논평이 두드러지기도 하고, 향유층이 다양해지면서 비속한 표현이 나타나는가 하면 언어 유희적 표현이 나타나기도 한다.

어휘 풀이

군호(軍號)하다 서로 눈짓이나 말 등으로 몰래 연락하다.
서리(胥吏) 말단 행정 실무에 종사하던 구실아치.
중방(中房) 고을 원의 시중을 들던 사람.
외올망건(網巾) 하나의 올로 만든 망건.
쌔기 흔히 갓 모자에 씌운 직물.
평립(平笠) 패랭이. 댓개비로 엮어 만든 갓.
감발 버선 대신 발에 감는 좁고 긴 무명.
한삼(汗衫) 손을 가리기 위해 두루마기, 소창옷, 여자의 저고리 등의 윗옷 소매 끝에 흰 헝겊으로 길게 덧대는 소매.
육방(六房) 조선 시대에, 승정원 및 각 지방 관아에 둔 여섯 부서.
등(藤)채 옛날 전쟁에서 군인들이 쓰던 채찍.
별감(別監) 조사·감독·취렴(取斂) 등을 위해 지방에 보내던 임시 벼슬.
삼색나졸(三色羅卒) 조선 시대에, 지방 관아에 속하여 죄인을 다루는 일이나 심부름 등을 하던 세 하인.
과줄 강정, 다식(茶食), 약과(藥果), 정과(正果) 등을 통틀어 이르는 말.
용수 술을 거르는 데 쓰는 싸리로 만든 긴 통.
수의사또(繡衣使道) '어사또'를 달리 이르던 말. 수의(繡衣, 수를 놓은 옷)를 입은 사또라는 뜻.
훤화(喧譁) 시끄럽게 지껄이며 떠듦.
봉고파직(封庫罷職)하다 어사나 감사가 못된 짓을 많이 한 고을의 원을 파면하고 관가의 창고를 봉하여 잠그다.

Q '옥(獄)'의 상징적 의미는?

옥(獄)은 춘향에게 시련의 공간이면서 현재보다 더 나은 상황으로 나아가기 위해 반드시 거쳐야만 하는 통과 의례적 공간, 재생의 제의적(祭儀的) 공간을 상징한다. 춘향은 기생의 딸이라는 신분에서 옥을 거침으로써 이몽룡과의 사랑을 성취하고, 사대부의 정실 아내가 될 자격을 획득하여 신분 상승을 이룬다.

구절 풀이

❶ **달 같은 마패(馬牌)를 햇빛같이 번뜻 들어** 마패를 달과 해에 비유하여 탐관오리의 학정으로 고통받는 백성들의 삶을 환하게 밝혀 줄 것임을 드러내는 동시에, 옥에 갇힌 춘향이도 광명을 찾게 될 것임을 암시한다.

❷ **인궤(印櫃) 잃고 ~ 북, 장구라.** 장면의 극대화가 나타난 부분으로, 관리에게 중요한 물건인 인궤와 병부를 잃고 쓸데없는 것들을 들고 허둥대는 모습을 해학적으로 드러내고 있다.

❸ **층암절벽(層巖絶壁) 높은 바위 ~ 눈이 온들 변하리까?** '높은 바위, 푸른 소나무, 대나무'는 춘향의 절개를, '바람, 눈'은 시련과 고난을 상징하는 것으로, 이 말을 통해 춘향은 이몽룡에 대한 절개를 결코 굽히지 않겠다는 의지를 드러낸다.

Q 〈춘향전〉의 배경 사상은?

〈춘향전〉에서는 인도주의를 바탕으로 한 계급 타파 의식에서 인간 평등사상이 나타나고, 탐관오리의 횡포에 대한 징벌에서 사회 개혁 사상이 나타난다. 또한 남녀 간의 자유 의지로 연애하고 있다는 점 에서 자유연애 사상이 나타나며, 춘향이 변학도의 수청 요구에도 불구하고 지조와 정절을 지키는 것에서 열녀불경이부(烈女不更二夫) 사상이 나타난다.

가 이때에 어사또 •군호(軍號)할 제, •서리(胥吏) 보고 눈을 주니 서리, •중방(中房) 거동 보소. 역졸(驛卒) 불러 단속할 제 이리 가며 수군, 저리 가며 수군수군, 서리 역졸 거동 보소. •외올망건(網巾), 공단(貢緞) •쌔기 새 •평립(平笠) 눌러 쓰고 석 자 •감발 새 짚신에 •한삼(汗衫), 고의(袴衣) 산뜻 입고 육모방치 녹피(鹿皮) 끈을 손목에 걸어 쥐고 예서 번뜻 제서 번뜻, 남원읍이 우군우군, 청파 역졸(青坡驛卒) 거동 보소. ❶달 같은 마패(馬牌)를 햇빛같이 번뜻 들어 / "암행어사 출도(出道)야!"

(역졸: 관원이 부리던 하인 / 수군, 수군수군: 어사출두 신호를 주고받는 것을 음성 상징어로 표현함. / 서리 역졸 거동 보소: 편집자적 논평 / 공단: 두껍고 무늬는 없지만 윤기가 도는 비단. 고급 비단에 속함. / 고의: 남자의 여름 홑바지 / 육모방치: 육면으로 된 방망이 / 녹피: 사슴 가죽)

외는 소리, 『강산이 무너지고 천지가 뒤눕는 듯. 초목금수(草木禽獸)인들 아니 떨랴.』

(『 』: 암행어사의 위세를 과장하여 표현함. / 직유법, 과장법 / 초목금수: 풀과 나무와 날짐승과 길짐승. 온갖 생물)

남문에서 / "출도야!" / 북문에서 / "출도야!" / 동문 서문 출도 소리 청천에 진동하고, (과장법)

『"공형 들라!"/ 외는 소리, •육방(六房)이 넋을 잃어, / "공형이오."』/ •등채로 휘닥딱

(『 』: 호흡이 짧은 어구나 문장을 사용하여 긴박감을 줌.)

"애고 중다." / "공방, 공방!"/ 공방이 포진 들고 들어오며, (중다: 죽는다)

"안 하려던 공방을 하라더니 저 불 속에 어찌 들랴."/ 등채로 후닥딱 / "애고, 박 터졌네."

좌수, •별감 넋을 잃고, 이방, 호방 실혼(失魂)하고, •삼색나졸(三色羅卒) 분주하네.

(좌수: 지방의 자치 기구인 향청의 우두머리 / 실혼: 넋을 잃고)

▶ 암행어사 출두로 아전들이 넋을 잃음.

나 모든 수령 도망할 제 거동 보소. ❷인궤(印櫃) 잃고 •과줄 들고, 병부(兵符) 잃고 송편 들고, 도장 상자 탕건(宕巾) 잃고 •용수 쓰고, 갓 잃고 소반(小盤) 쓰고, 칼집 쥐고 오줌 누기. 부서지니 거문고요, 깨지느니 북, 장구라. ㉠본관이 똥을 싸고 멍석 구멍 새앙쥐 눈 뜨듯 하고 내아(內衙)로 들어가서 / "어 추워라, 문 들어온다, 바람 닫아라. 물 마른다, 목 들여라."

(인궤: 도장 상자 / 탕건: 갓 아래에 받쳐 쓰는 관의 한 가지 / 비유적 표현을 통한 웃음 유발 – 해학적 표현 / 언어 도치에 의한 언어유희 – 해학적 표현)

관청색은 상을 잃고 문짝 이고 내달으니, 서리, 역졸 달려들어 후닥딱 / "애고, 나 죽네!"

▶ 변학도와 수령들이 어사출두를 피해 도망감.

다 이때 •수의사또 분부하되

『"이 골은 대감이 좌정하시던 골이라. •훤화(喧譁)를 금하고 객사(客舍)로 사처(徙處)하라."』

(『 』: 아버지(대감)에 대한 어사또의 효심과 존경심에서 비롯된 행동 / 사처: 거처를 옮김.)

좌정(座定) 후에 / "본관은 •봉고파직(封庫罷職)하라." / 분부하니,

"본관은 봉고파직이오!"

▶ 이몽룡이 변학도를 봉고파직함.

라 사대문에 방 붙이고 옥 형리 불러 분부하되, / "네 골 옥수(獄囚)를 다 올리라."

(옥수: 옥에 갇힌 사람)

호령하니 죄인을 올리거늘, 다 각각 문죄(問罪) 후에 무죄자 방송(放送)할새,

(문죄: 죄를 캐내어 물음. / 방송: 죄인을 석방함.)

『"저 계집은 무엇인다?"/ 형리 여짜오되,

(『 』: 이몽룡이 춘향을 모르는 체하며 춘향의 절개를 시험함.)

"기생 월매 딸이온데, 관정(官庭)에 포악(暴惡)한 죄로 옥중에 있삽내다."

(관정에 포악: 관가에서 심문할 때, 험한 말로 발악하는 것을 이름.)

"무슨 죈다?" / 형리 아뢰되, / "본관 사또 수청(守廳)으로 불렀더니 수절(守節)이 정절(貞節)이라 수청 아니 들려 하고, 관전(官前)에 포악한 춘향이로소이다."

(수청: 아녀자나 기생이 높은 벼슬아치에게 몸을 바쳐 시중을 들던 일 / '수절'과 '정절'은 절개를 지킨다는 의미 – 동음 반복을 통한 언어유희)

어사또 분부하되, / "너만 년이 수절한다고 관정 포악하였으니 살기를 바랄쏘냐. ㉡죽어 마땅하되 내 수청도 거역할까?"』

▶ 이몽룡이 춘향의 절개를 시험함.

마 춘향이 기가 막혀

[A] "내려오는 관장(官長)마다 개개이 명관이로구나. 수의사또 들으시오. ❸층암절벽(層巖絶壁) 높은 바위 바람 분들 무너지며, 청송녹죽(青松綠竹) 푸른 나무 눈이 온들 변하리까? 그런 분부 마옵시고 어서 바삐 죽여 주오." / 하며,

(명관이로구나: 반어적 표현)

"향단아, 서방님 어디 계신가 보아라. 어젯밤에 옥문간에 와 계실 제 천만 당부하였더니 어디를 가셨는지, 나 죽는 줄 모르는가?"

(천만 당부: 본관의 횡포로 죽게 되면 시신을 거두어 장례를 치러 달라는 당부)

▶ 춘향이 곧은 절개로 수청을 거부함.

바 어사또 분부하되, / "얼굴을 들어 나를 보라." / 하시니,

춘향이 고개를 들어 대상(臺上)을 살펴보니 걸객(乞客)으로 왔던 낭군, 어사또로 뚜렷이 앉았구나. 반 웃음 반 울음에 / "얼씨구나 좋을씨고. 어사 낭군 좋을씨고. 남원 읍내 ⓐ추절(秋節) 들어 떨어지게 되었더니, 객사에 봄이 들어 ⓑ이화 춘풍(李花春風) 날 살린다. 꿈이냐 생시냐, 꿈을 깰까 염려로다."

(극적인 반전 / 감정의 반전 / 추절: 학정 / 이화 춘풍: 봄바람, 이몽룡 – 중의적 표현)

▶ 춘향과 이몽룡이 재회함.

• 중심 내용 암행어사로 출두하여 변학도를 파직하고 춘향과 재회하는 이몽룡　• 구성 단계 결말

작품 연구소

〈춘향전〉의 표면적 주제와 이면적 주제

	표면적 주제	이면적 주제
내용	춘향과 이몽룡의 연애담 → 춘향이 수청을 강요하는 변 사또에 맞서 정절을 지킴.	춘향과 이몽룡의 결연(結緣) → 춘향이 사대부와 혼인하여 신분적 제약에서 벗어남.
주제	여성의 굳은 정절	신분적 제약을 벗어난 인간 해방

〈춘향전〉의 근원 설화

염정 설화	양반 자제와 기생의 사랑 이야기 예 〈성세창 설화〉
열녀 설화	여자가 고난과 시련을 이겨 내고 정절을 지킨 이야기 예 〈지리산녀 설화〉
관탈 민녀 설화	임금이나 관리가 평민의 여자를 빼앗는 이야기 예 〈도미 설화〉, 〈우렁 각시 설화〉
신원 설화	억울한 일을 당한 사람의 원한을 풀어 주는 이야기 예 〈남원 추녀 설화〉, 〈박색녀 설화〉, 〈아랑의 전설〉
암행어사 설화	암행어사가 권력자나 부자의 횡포를 징벌하고 약자의 한을 풀어 주는 이야기 예 〈박문수 설화〉, 〈성이성 설화〉, 〈노진 설화〉

〈춘향전〉의 문학사적 의의

소재의 현실성	조선 시대 대부분의 소설이 비현실적 세계에서 소재를 선택한 데 비해, 〈춘향전〉은 당시 사회의 현실적인 생활에서 소재를 취함.
배경의 향토성	조선 시대 소설 대부분의 공간적 배경이 중국인 데 비해, 〈춘향전〉은 전라도 남원을 배경으로 하여 향토성을 잘 드러냄.
표현의 사실성	장면 묘사, 인물 묘사가 비교적 상세하게 서술되어 현실적·사실적으로 표현되고 있음.
성격의 창조성	〈춘향전〉은 당시의 각 계층을 대표하는 인물들의 전형적인 성격을 잘 창조하여 표현하고 있음.
주제의 저항성	춘향이 변 사또에게 끝까지 굽히지 않고 투쟁하며 항변한 것은 민중들의 지배층에 대한 반항 의식을 나타낸 것임.

〈춘향전〉의 발전 과정

근원 설화	→	판소리	→	판소리계 소설	→	신소설	→	영화·드라마
〈열녀 설화〉, 〈신원 설화〉 등		〈춘향가〉		〈춘향전〉		이해조, 〈옥중화〉		〈춘향뎐〉, 〈방자전〉, 〈쾌걸 춘향〉

함께 읽으면 좋은 작품

〈도미 설화(都彌說話)〉, 작자 미상 / 권력에 맞서 정절을 지킨 인물이 등장하는 작품

백제 사람 도미의 아내가 아름답고 절행이 있다는 소리를 듣고 개루왕이 범하려고 하자 도미의 아내는 정절을 지키기 위해 남편과 고구려로 도망가 살았다. 임금의 절대 권력의 횡포에 맞서 일부종사(一夫從事)를 실천한 도미의 아내와 본관 사또의 수청을 거부하고 정절을 지킨 춘향의 성격이 유사하다.

Link 본책 34쪽

5 이 글의 표현상의 특징으로 적절하지 않은 것은?

① 암행어사의 위세를 과장하여 표현하고 있다.
② 서술자가 사건을 요약적으로 제시하고 있다.
③ 언어 도치에 의한 언어유희를 사용하고 있다.
④ 중의적 표현을 사용하여 인물의 심리를 드러내고 있다.
⑤ 호흡이 짧은 어구나 문장을 사용하여 긴박감을 주고 있다.

6 〈보기〉의 밑줄 친 부분을 참고하여 이 글을 설명한 내용으로 적절하지 않은 것은?

보기
이 작품은 양반층의 말투와 서민층의 말투가 섞여 있는 데서도 알 수 있듯이 두 계층의 폭넓은 사랑을 받았다. 그 이유는 〈춘향전〉이 양반층의 취향에 부합하는 면과 <u>서민층의 취향에 부합하는 면</u>을 두루 갖추었기 때문이다.

① 서민들의 일상어를 꾸미지 않고 사용하고 있다.
② 당대 사회의 서민들의 가치관이 반영되어 있다.
③ 유교적 질서와 교훈을 담은 내용들이 작품에 담겨 있다.
④ 서민들의 삶이 녹아 있는 전라도 남원을 공간적 배경으로 하고 있다.
⑤ 힘없는 백성이 선(善)을 추구하여 힘 있는 악인에게 승리한다는 의식이 반영되어 있다.

7 ㉠의 기능에 대한 설명으로 가장 적절한 것은?

① 긴장감을 조성하여 조바심을 갖게 한다.
② 해학을 통해 심리적 긴장을 이완시킨다.
③ 위기 상황을 조성하여 비장미를 유발한다.
④ 함축적인 대사를 통해 사건의 결말을 암시한다.
⑤ 방언을 사용하여 인물의 내면 심리를 짐작하게 한다.

8 ㉡에 드러난 어사또의 말하기 방식으로 적절한 것은?

① 의문점을 해결하기 위해 제삼자에게 질문하고 있다.
② 본심을 숨긴 채 상대방을 시험하기 위해 질문하고 있다.
③ 반가운 마음을 드러내기 위해 반어적으로 질문하고 있다.
④ 놀란 마음을 숨기기 위해 일부러 태연하게 질문하고 있다.
⑤ 상황을 파악하기 위해 상대방을 잘 아는 인물에게 질문하고 있다.

9 ⓐ와 ⓑ가 의미하는 바를 〈조건〉에 맞게 각각 쓰시오.

조건
1. ⓐ가 의미하는 바와 함께, 그와 의미가 유사한 소재를 [A]에서 찾아 쓸 것
2. ⓑ가 의미하는 바와 함께, 이 부분에 사용된 표현 방법을 제시할 것

056 심청전(沈淸傳) | 작자 미상

키워드 체크 #설화 소설 #판소리계 소설 #교훈적 #효(孝) 강조

국어 미래엔

핵심 정리

갈래 윤리 소설, 설화 소설, 판소리계 소설
성격 교훈적, 비현실적, 환상적
시점 전지적 작가 시점
배경 ① 시간 – 중국 송나라 말
② 공간 – 황주 도화동
제재 심청의 효(孝)
주제 ① 부모에 대한 지극한 효심
② 인과응보(因果應報)
특징 ① 유교적 덕목인 효를 강조함.
② 유불선(儒佛仙) 사상이 복합적으로 담겨 있음.
③ 현실 세계를 중심으로 펼쳐지는 전반부와 환상적인 이야기 중심의 후반부로 내용이 구분됨.

Q 심 봉사가 꾼 꿈의 의미는?

심 봉사는 심청이 수레를 타고 가는 꿈을 꾸었다고 하는데, '수레를 타고 가는 것'은 심청의 죽음을 암시한다. 하지만 심 봉사는 심청이 죽으러 가는 줄 모르고, 꿈의 의미를 좋게 해석한다. 이러한 심 봉사의 꿈 해석은 심청의 마음을 더욱 아프게 하고 부녀의 이별을 더욱 안타깝게 만든다. 한편 소설 전체적으로 볼 때 심 봉사의 꿈은 심청이가 나중에 황후가 될 것임을 암시하는 복선 역할을 한다고 볼 수도 있다.

어휘 풀이

몽조(夢兆) 꿈에 나타나는 길흉의 징조.
주과(酒果) 술과 과일만으로 간소하게 차린 제물.
작배(作配)하다 남녀가 서로 짝을 짓다. 또는 배필을 정하다.
조상 향화(祖上香火) 조상에게 향을 피우고 촛불을 밝혀 제사를 받는다는 말로, 후손이 있어서 조상의 혈통을 이어 간다는 말로 씀.
제수(祭需) 제사에 드는 여러 가지 재료.
사궁지수(四窮之首) 사궁(四窮) 중에 첫째라는 말. 사궁(四窮)은 네 가지의 궁한 처지라는 뜻으로, 늙은 홀아비와 늙은 홀어미, 부모 없는 어린이, 자식 없는 늙은이를 통틀어 이르는 말.

구절 풀이

❶ **심청이는 기가 막혀 ~ 말을 한다.** 심청이 부친과의 이별을 앞두고 슬픔을 억누르지 못하여 울음을 터뜨리자, 심 봉사가 그 소리를 듣고 까닭을 모른 채 말을 건네는 극적인 상황이다.
❷ **공양미 삼백 석을 ~ 저를 오늘 망종 보오.** 심청이 남경 뱃사람들에게 공양미 삼백 석에 인당수 제물로 자신의 몸을 팔았다고 고백하는 장면이다. 오늘이 마지막으로 보는 날이라는 말을 듣고 심 봉사는 심한 충격에 빠지게 된다.
❸ **네 이 선인놈들아! ~ 산단 말이 웬 말이냐?** 심 봉사가 심청의 말을 듣고 딸을 공양미 삼백 석에 산 선인들에게 감정을 표출하는 말이다. 선인들에 대한 심 봉사의 적대감과 분노를 드러내어 비탄의 심정을 강하게 나타내고 있다.

가 "아버지, 진지 많이 잡수시오."

"오냐, 많이 먹으마. 오늘은 각별하게 반찬이 매우 좋구나. 뉘 집 제사 지냈느냐?"

❶심청이는 기가 막혀 속으로만 느껴 울며 훌쩍훌쩍 소리 나니(이별을 앞둔 심청의 슬픔), 심 봉사는 물색없이(눈치 없이) 귀 밝은 체 말을 한다.

"아가, 너 몸 아프냐? 감기가 들었나 보구나. 오늘이 며칠이냐? 오늘이 열닷새지, 응?"(심청이가 심 봉사에게 거짓으로 장 승상 댁 양녀로 들어간다고 한 날)

부녀의 천륜이 중하니 •몽조(夢兆)가 어찌 없을쏘냐.(편집자적 논평 – 이별에 대한 예감) 심 봉사가 간밤 꿈 이야기를 하되,

"㉠간밤에 꿈을 꾸니, 네가 큰 수레를 타고 한없이 가 보이니 수레라 하는 것은 귀한 사람이 타는 것이라.(복선의 역할) 아마도 오늘 무릉촌 승상 댁에서 너를 가마에 태워 가려나 보다."

심청이 들어 보니 분명히 자기 죽을 꿈이로다. 속으로 슬픈 생각 가득하나 겉으로는 아무쪼록 부친이 안심하도록, / ㉡"그 꿈이 참 좋습니다."(아버지를 안심시키려는 심청의 효심을 알 수 있음.)

대답하고, 진짓상을 물려 내고 담배 피워 물려 드린 후에, 사당에 하직차로 세수를 정히 하고 눈물 흔적을 없앤 후에 정한 의복 갈아입고 후원에 돌아가서 사당문 가만히 열고 •주과(酒果)를 차려 놓고 통곡 재배 하직할 제,

"불효 여식 심청이는 부친 눈을 뜨게 하려고 남경 장사 선인들에게 삼백 석에 몸이 팔려 인당수로 돌아가니, 소녀가 죽더라도 부친의 눈 뜨게 하고 착한 부인 •작배(作配)하여 아들 낳고 딸을 낳아 •조상 향화(祖上香火) 전하게 하소서."(아버지의 안위를 걱정하는 심청이의 마음이 드러남.)

▶ 남경 선인의 인당수 제물이 된 심청이 아버지를 마지막으로 봉양함.

나 "제가 불효 여식으로 아버지를 속였소.(심청의 실토) ❷공양미 삼백 석을 누가 저를 주오리까. ㉢남경 장사 선인들께 삼백 석에 몸이 팔려 인당수 •제수(祭需)로 가기로 하여(민간 신앙 – 인신공희(人身供犧) 사상) 오늘이 행선날이오니 저를 오늘 망종(일의 마지막) 보오."

㉣사람이 슬픔이 극진하면 도리어 가슴이 막히는 법이라.(편집자적 논평 – 심 봉사가 큰 충격을 받았음을 제시) 심 봉사가 하도 기가 막혀 울음도 아니 나오고 실성을 하는데,

"애고, 이게 웬 말이냐, 응! 참말이냐, 농담이냐?(심청의 말을 믿고 싶지 않은 심 봉사의 심정) 말 같지 아니하다. 나더러 묻지도 않고 네 마음대로 한단 말이냐? 네가 살고 내 눈 뜨면 그는 응당 좋으려니와 네가 죽고 내 눈 뜨면 그게 무슨 말이 되랴. 『너의 모친 너를 낳은 지 7일 만에 죽은 후에, 눈조차 어두운 놈이 품 안에 너를 안고 이집 저집 다니면서 동냥젖 얻어 먹여』(『 』: 심 봉사가 심청이를 매우 힘들게 키웠음.) 그만치 자랐기로 한시름 잊었더니, 이게 웬 말이냐? 눈을 팔아 너를 살지언정 너를 팔아 눈을 산들 그 눈 해서 무엇하랴. 어떤 놈의 팔자로 아내 죽고 자식 잃고 •사궁지수(四窮之首)가 된단 말인가.(심 봉사의 불행한 처지를 부각함.) ㉤❸네 이 선인놈들아! 장사도 좋거니와 사람 사다 제수하는 걸 어디서 보았느냐? 하느님의 어지심과 귀신의 밝은 마음, 앙화가 없을쏘냐.(선인들에 대한 저주의 말) 눈먼 놈의 무남독녀 철모르는 어린 것을 나 모르게 유인하여 산단 말이 웬말이냐? 쌀도 싫고 돈도 싫고 눈 뜨기 내 다 싫다. [중략] 너희놈들 나 죽여라. 평생에 맺힌 마음 죽기가 원이로다. 나 죽는다. 지금 내가 죽어 놓으면 네놈들이 무사할까. 무지한 강도놈들아, 생사람 죽이면 대전통편(大典通編)(1785년(정조 9년)에 편찬한 통일 법전) 율(律)(법률)이니라."

이렇듯이 심 봉사는 홀로 장담(壯談)하고 이를 갈며 죽기로 기를 쓰니,(딸의 죽음을 대신하고자 하는 심 봉사의 심정) 심청이 부친을 붙들고, / "아버지, 이 일은 남의 탓이 아니오니 그리 마옵소서."

부녀(父女)가 서로 붙들고 뒹굴며 통곡하니, 도화동 남녀노소 뉘 아니 슬퍼하리.(편집자적 논평)

▶ 전후 사정을 알게 된 심 봉사가 넋두리를 함.

• **중심 내용** 부친의 눈을 뜨게 하기 위해 인당수 제물로 팔려 가게 된 심청과 이를 안 심 봉사의 넋두리
• **구성 단계** 전개

이해와 감상

〈심청전〉은 판소리 〈심청가〉가 소설로 정착된 판소리계 소설로, 〈효녀 지은 설화〉, 〈거타지(居陀知) 설화〉, 〈인신공희(人身供犧) 설화〉를 바탕으로 하고 있다. 이 작품은 심청이라는 인물을 중심으로 심청의 희생과 환생, 심 봉사의 개안(開眼)이라는 내용 전개를 통해 유교적 관념인 '효(孝)'를 형상화하고 있다.

이 작품은 크게 현실 세계가 중심을 이루는 전반부와 환상의 세계가 중심을 이루는 후반부로 나눌 수 있다. 전반부는 심청이 자라서 눈먼 아버지를 봉양하고 공양미 삼백 석에 몸이 팔려 인당수 제물이 될 때까지로, 부모에 대한 효라는 윤리적인 가치가 중점적으로 드러난다. 후반부는 인당수에 빠졌다가 다시 살아난 심청이 황후가 되어 아버지를 만나고, 아버지가 눈을 떠서 행복하게 살게 되는 내용으로, 효에 대한 인과응보(因果應報)라는 주제 의식이 드러난다.

이 작품은 죽음과 재생이라는 화소를 통해 현실성과 초월성이라는 두 세계를 접합하면서 작품을 전개하고 있다. 그리고 심청이 황후가 되어 부귀영화를 누리게 되는 것은 가난하고 미천한 사람도 자기희생이나 효행에 대한 보상으로 고귀한 신분에까지 오를 수 있다는 민중들의 신분 상승 욕구를 반영하고 있다고 볼 수 있다.

전체 줄거리

발단	심학규라는 봉사의 아내인 곽씨 부인이 기이한 태몽을 꾸고 잉태하여 딸 심청을 낳고 7일 만에 죽는다. 심 봉사는 어린 딸을 동냥젖을 얻어 먹여 키우고, 심청은 자라서 심 봉사를 극진히 봉양한다.
전개	어느 날 심 봉사는 몽은사 중이 공양미 삼백 석을 시주하면 눈을 뜰 수 있다고 하자 그 말을 믿고 시주를 약속한다. 이 사실을 알게 된 심청은 남경 상인들의 인당수 제물로 자신의 몸을 팔아 공양미 삼백 석을 마련해 몽은사로 보내고 심 봉사와 이별한다.
위기	인당수에 이르러 몸을 던진 심청은 용왕에게 구출되어 어머니 곽씨 부인과 재회하고, 이후 연꽃 속에 들어가 다시 세상으로 환생한다.
절정	뱃사람들이 연꽃을 신기하게 여겨 황제에게 바치자 황제는 그 속에서 나온 심청을 아내로 맞이한다. 황후가 된 심청은 아버지 심 봉사를 그리워하여 맹인 잔치를 벌인다.
결말	맹인 잔치 소식을 듣고 상경한 심 봉사는 우여곡절 끝에 심청과 재회하여 눈을 뜨게 된다.

인물 관계도

곽씨 부인이 심청을 낳고 7일 만에 죽어서, 앞이 보이지 않는 심학규가 동냥젖으로 심청을 키움.

심학규 — 곽씨 부인

효성이 지극한 심청이 아버지의 눈을 뜨게 하려고 인당수의 제물로 팔려 감.

심청

작품 연구소

〈심청전〉에 드러난 심청의 상황과 대응 방식

상황	대응 방식
아버지의 눈을 뜨게 하기 위해서는 공양미 삼백 석이 필요함.	심청은 자신을 희생함으로써 문제 상황을 적극적으로 해결하고자 하는 의지를 보임.

키 포인트 체크

인물 심학규는 어린 딸을 □□□으로 키운, 딸에 대한 애정이 큰 인물이고, 심청은 그런 아버지를 극진히 봉양하는 □□이 지극한 인물이다.
배경 중국 송나라 말 황주의 도화동을 배경으로 □□ 세계와 □□의 세계를 오간다.
사건 아버지의 눈을 뜨게 하기 위해 □□□의 제물로 자신을 판 심청이 □□에게 구출되어 환생하고, 황후가 되어 아버지와 재회한다.

1 이 글에 대한 설명으로 적절하지 않은 것은?

① 사건이 사실적으로 서술되고 있다.
② 서술자의 직접적인 개입이 나타나고 있다.
③ 인물의 심리를 직접적으로 드러내고 있다.
④ 공간의 이동에 따라 장면이 전환되고 있다.
⑤ 시간의 흐름에 따라 사건이 진행되고 있다.

2 이 글의 심청과 〈보기〉의 평국의 공통점으로 적절한 것은?

| 보기 |

원수 크게 놀라 말하기를,
"천자를 구하러 가오니 소부 돌아오기를 기다리소서."
하고 말에 올라 천태령을 넘어갈새, 순식간에 한수 북편에 다다라 보니 십 리 사장(沙場)에 적병이 가득하고 항복하라 하는 소리 곳곳에 진동하거늘, 원수 이 소리를 듣고 투구를 다시 쓰고 우레같이 소리치며 말을 채쳐 달려가며 외치기를,
"적장은 나의 황상을 해치지 마라. 평국이 예 왔노라."
하니, 맹길이 황겁하여 말을 돌려 도망하거늘, 원수 다시 소리치거늘,
"네가 가면 어디로 가리오, 닫지 말고 내 칼을 받아라."
– 작자 미상, 〈홍계월전(洪桂月傳)〉

① 어려서 부모를 잃고 어렵게 자랐다.
② 뛰어난 능력으로 위기를 극복하고 있다.
③ 부모를 위기에 처하게 한 원수에게 복수한다.
④ 자신의 처지를 한탄하며 세상에 복수하고자 한다.
⑤ 어려움에 직면하여 이를 적극적으로 해결하고자 한다.

3 ㉠~㉤의 서사적 기능에 대한 설명으로 적절하지 않은 것은?

① ㉠: 심청이 황후가 될 것이라는 복선의 역할을 한다.
② ㉡: 아버지를 안심시키려는 심청이의 효심을 알 수 있다.
③ ㉢: 인신공희(人身供犧) 설화를 배경으로 하고 있음이 드러난다.
④ ㉣: 심 봉사가 큰 충격을 받았음을 독백을 통해 보여 준다.
⑤ ㉤: 선인들에 대한 심 봉사의 적대감과 분노가 드러난다.

4 (나)의 상황에서 〈보기〉와 같은 심청의 말이 의미하는 바를 쓰시오.

| 보기 |

"아버지, 이 일은 남의 탓이 아니오니 그리 마옵소서."

IV. 조선 후기

어휘 풀이

징험(徵驗)하다 어떤 징조를 경험하다.
족자(簇子) 그림이나 글씨 등을 벽에 걸거나 말아 둘 수 있도록 양 끝에 가름대를 대고 표구한 물건.
흘리젓다 배 등을 흘러가게 띄워서 젓다.
흠향(歆饗)하다 신명(神明)이 제물을 받아서 먹다.
수복강녕(壽福康寧) 오래 살고 복을 누리고 몸이 건강하고 마음이 편안함.
태평안락(泰平安樂) 마음에 아무 근심 걱정이 없고, 몸과 마음이 편안하고 즐거움.

Q 심청의 죽음의 의미는?

〈심청전〉의 내용은 심청의 죽음을 중심으로 전반부와 후반부로 나누어진다. 전반부는 심청이 눈먼 심 봉사를 위해 구걸하는 궁핍한 삶과 공양미 삼백 석을 마련하기 위해 인당수의 제물로 자신의 몸을 팔게 되는 상황이 나타난다. 그리고 후반부는 심청이 용궁에서 극진한 대접을 받은 후 황후가 되어 부귀영화를 누리는 내용이 전개된다. 즉, 전반부의 가난하고 비천한 삶에서 후반부의 고귀하고 부귀영화를 누리는 삶으로 옮겨 가는데, 그 사이에는 심청의 죽음이라는 통과 의례가 있다. 가난하고 비천한 신분에서 고귀한 신분으로 변모하기 위해 죽음이라는 필연적 고난을 감수해야 한다는 점에서 심청의 죽음은 통과 의례의 성격을 띤다고 볼 수 있다.

구절 풀이

❶ **하루는 글 족자에 물이 흐르고 ~ 물이 걷고 빛이 황홀해지니,** 심청이 남긴 족자의 변화를 통해 심청이 인당수에 빠져 죽은 것과 이내 용왕에게 구출되었음을 암시하고 있다.
❷ **"아아! 슬프다, ~ 흠향함을 바라노라."** 장 승상 댁 부인이 심청의 죽음을 애통해하는 장면으로 심청의 지극한 효심을 칭송하면서, 심청의 희생을 꽃이 지고 나비가 불에 뛰어드는 것에 비유하여 애도하고 있다.
❸ **뚜렷이 밝은 달도 ~ 가던 돛대 머무른다.** 심청의 죽음에 대한 안타까움과 슬픔을 배경 묘사와 대상물들을 통해 효과적으로 표현하고 있다.
❹ **너의 부친 너를 키워 ~ 너를 잃은 설움에다 비길쏘냐.** 심청의 모친은 심청을 만나 기뻐하는 가운데 인간 세상에 홀로 남은 심 봉사의 처지를 떠올리면서 안타까워하고 있다.
❺ **오늘날 나를 다시 ~ 즐길 날이 있으리라."** 심청과 그녀의 모친이 이별하는 장면으로, 심청이 다시 인간 세상에 나가 부친 심 봉사와 재회할 것임을 언급하는 동시에 심청이 인간계에서 천상계로 돌아와 모친과 재회할 것임을 암시하고 있다.

Q 수정궁(용궁)의 공간적 의미는?

수정궁은 아버지의 눈을 뜨게 하기 위해 인당수에 뛰어든 심청의 숭고한 행위에 대한 보상이 주어지는 공간이며, 심청이 다시 현실 세계로 돌아가 부친과 재회하고 고귀한 신분으로 탈바꿈하기 위한 예비 공간이기도 하다. 또한 어머니와의 만남을 가능하게 하는 매개 공간이 되기도 한다.

가 각설 이때 무릉촌 장 승상 댁 부인이 심 소저의 글을 벽에 걸어 두고 날마다 •징험하되 빛이 변하지 아니하더니, ㉠❶하루는 글 •족자에 물이 흐르고 빛이 변하여 검어지니, '심 소저가 물에 빠져 죽었는가?' 하여 무수히 슬퍼하고 탄식하더니, 이윽고 물이 걷고 빛이 황홀해지니, 부인이 괴이히 여겨 '누가 구하여 살아났는가?' 하며 십분 의혹하나 어찌 그러하기 쉬우리오.

(심청의 죽음을 암시 – 전기적 요소 ① / 심청이 용왕에게 구출됨을 암시 – 전기적 요소 ② / 편집자적 논평)

▶ 장 승상 댁 부인이 심청이 남긴 족자를 보며 심청을 생각함.

나 그날 밤에 장 승상 댁 부인이 제물을 갖추어 강가에 나아가 심 소저를 위하여 혼을 불러 위로하는 제사를 바치려 마음먹고 시비를 데리고 강가에 다다르니, 밤은 깊어 삼경(三更)인데 첩첩이 쌓인 안개 산골짜기에 잠겨 있고, 첩첩이 이는 연기 강물에 어리었다. 편주(片舟)를 •흘리저어 중류에 띄워 놓고, 배 안에서 제사상을 차리고 부인이 친히 잔을 부어 오열하며 소저를 불러 위로하니,

(심청에 대한 극진한 애정을 엿볼 수 있음. / 배경 묘사를 통해 장 승상 댁 부인의 슬픔을 부각하여 드러냄. / 작은 배)

❷"㉡아아! 슬프다, 심 소저야. 죽기를 싫어하고 살기를 즐거워함은 인정에 당연커늘 일편단심에 양육하신 부친의 은덕을 죽음으로써 갚으려 하고, 한 가닥 쇠잔한 목숨을 스스로 끊으니, 고운 꽃이 흩어지고 나는 나비 불에 드니 어찌 아니 슬플쏘냐. 한 잔 술로 위로하니 응당 소저의 혼이 아니면 없어지지 아니하리니 고이 와서 •흠향함을 바라노라."

(사람이면 모두 같거늘 / 심청이 자신의 목숨을 제물로 바치니 / 심청을 비유함.)

하며 ㉢눈물 뿌려 통곡하니 천지 미물인들 어찌 아니 감동하리. ❸뚜렷이 밝은 달도 구름 속에 숨어 있고, 사납게 불던 바람도 고요하고, 용왕이 도왔는지 강물도 고요하고, 백사장에 놀던 갈매기도 목을 길게 빼어 꾸루룩 소리 하며, ㉣심상한 어선들은 가던 돛대 머무른다. 뜻밖에 강 가운데로부터 한 줄 맑은 기운이 뱃머리에 어렸다가 잠시 뒤에 사라지며 날씨가 화창해지거늘, 부인이 반겨 일어서서 보니 가득히 부었던 잔이 반이나 없었으므로, 소저의 영혼을 못내 슬퍼하더라.

(편집자적 논평 / 심청이 재생했음을 배경 묘사를 통해 드러냄. – 복선의 역할)

▶ 장 승상 부인이 심청의 죽음을 애도함.

다 "내 딸 심청아!" / 하고 ㉤부르는 소리에 모친인 줄 알고 왈칵 뛰어 나서며,

"어머니 어머니, 나를 낳고 초칠일 안에 죽었으니 지금까지 십오 년을 얼굴도 모르오니 천지간 끝없이 깊은 한이 갤 날이 없었습니다. 오늘날 이곳에 와서야 어머니와 만날 줄을 알았더라면, 오던 날 부친 앞에서 이 말씀을 여쭈었더라면 날 보내고 설운 마음 적이 위로했을 것을……. 우리 모녀는 서로 만나 보니 좋지만은 외로우신 부친은 뉘를 보고 반기시리까. 부친 생각이 새롭습니다." / 부인이 울며 말하기를,

(자신을 인당수에 보내 놓고 슬퍼할 아버지를 생각하는 심청의 효심이 드러남. / 홀로 지낼 부친을 염려하는 심정)

"나는 죽어 귀히 되어 인간 생각 아득하다. ❹너의 부친 너를 키워 서로 의지하였다가 너조차 이별하니, 너 오던 날 그 모습이 오죽하랴. 내가 너를 보니 반가운 마음이야 너의 부친 너를 잃은 설움에다 비길쏘냐. 묻노라. 『너의 부친 가난에 절어 그 모습이 어떠하냐? 응당 많이 늙었으리라. 그간 십수 년에 홀아비나 면했으며, 뒷마을 귀덕 어미 네게 극진하지 않더냐?』 / 얼굴도 대어 보며, 수족도 만져 보며,

(인간 세상의 일을 잊었다는 말 / 인당수 제물이 된 심청과 이별하던 날의 심 봉사의 모습 / 심 봉사의 슬픔이 매우 클 것임을 강조하여 드러낸 말 / 『 』: 그간의 정황을 물어봄. 심 봉사에 대한 애틋한 마음을 엿볼 수 있음.)

"귀와 목이 희니 너의 부친 같기도 하다. 손과 발이 고운 것은 어찌 아니 내 딸이랴. 내 끼던 옥지환도 네가 지금 가졌으며, '•수복강녕', '•태평안락' 양편에 새긴 돈 붉은 줌치 청홍당사 벌매듭도 애고 네가 찼구나. 아비 이별하고 어미 다시 보니 다 갖추기 어려운 건 인간 고락이라. 그러나 ❺오늘날 나를 다시 이별하고 너의 부친을 다시 만날 줄을 네가 어찌 알겠느냐? 광한전 맡은 일이 직분이 허다하여 오래 비우기 어렵기로 도리어 이별하니 애통하고 딱하나 내 맘대로 못 하나니 한탄한들 어이할쏘냐. 후에 다시 만나 즐길 날이 있으리라."

(모녀지간임을 확인해 주는 매개 / 주머니의 옛말 / 인간 세상에서는 어머니가, 용궁에서는 아버지가 없는 상황임. / 심청이 다시 인간 세상에 나가 심 봉사와 재회할 것임을 암시함.)

하고 떨치고 일어서니, 소저 만류하지 못하고 따를 길이 없어 울며 하직하고 ⓐ수정궁에 머물더라.

▶ 심청이 모친과 재회하고 이별함.

• 중심 내용 인당수에 제물로 바쳐졌다가 용궁에서 극진한 대접을 받으며 어머니와 재회한 심청 • 구성 단계 위기

작품 연구소

〈심청전〉의 구성

	전반부	전환점	후반부
공간	현실적, 세속적 공간	심청이 인당수로 투신함. (죽음 – 통과 의례적 성격)	환상적, 초월적 공간
내용	• 심청이 가난한 집에서 출생함. • 심 봉사를 봉양하며 고되게 삶. • 심 봉사의 눈을 뜨게 하기 위해 공양미 삼백 석에 몸을 팔아 인당수 제물이 됨.		• 인당수에 빠진 심청이 용왕에게 구출됨. • 환생한 심청이 황후가 되어 아버지를 찾기 위해 맹인 잔치를 베풂. • 심 봉사와 재회하여 행복한 삶을 살다가 천상계로 복귀함.
심청의 삶	가난하고 비천하게 살다가 부친과 생이별하는 불행한 삶		고귀한 신분으로 살며 부친과 상봉하는 행복한 삶

〈심청전〉의 사상적 배경

유교 사상	아버지의 눈을 뜨게 하기 위해 자신을 희생하는 심청의 효를 강조함.
불교 사상	부처님의 신통력으로 심 봉사가 눈을 뜨게 하기 위해 공양미 삼백 석을 바침.
도교 사상	옥황상제와 선녀, 용왕이 등장함.
민간 신앙	뱃길의 안전을 기원하기 위해 사람을 제물로 바침.

〈심청전〉의 갈등 구조

고전 소설의 일반적 특징 중 하나는 주동 인물과 반동 인물의 '선–악' 갈등이 나타난다는 것이다. 그러나 〈심청전〉에는 주인공 심청과 대립하는 적대적 인물이 등장하지 않는다. 〈심청전〉은 첨예한 인물 간의 갈등 구조 대신 절대적 궁핍이라는 현실의 가혹함과 그 극복 과정을 보여 줌으로써 독자들의 흥미를 유발하고 있다. 인당수에 몸을 던지기 전까지 심청은 어머니를 잃고 눈먼 아버지와 험난한 생활을 묵묵하게 살아갈 뿐이었다. 이렇듯 문전걸식과 품팔이 등으로 연명하는 심청 부녀의 비참한 삶은 경제적으로 궁핍했던 당대 민중의 일상적인 삶의 모습이라고 할 수 있다. 또한 자기희생의 보상 차원에서 얻은 경제적 풍요와 신분의 상승은 궁핍의 극복으로 볼 수 있다는 점에서 민중의 꿈을 대변해 준다고 할 수 있다.

〈심청전〉의 발전 과정

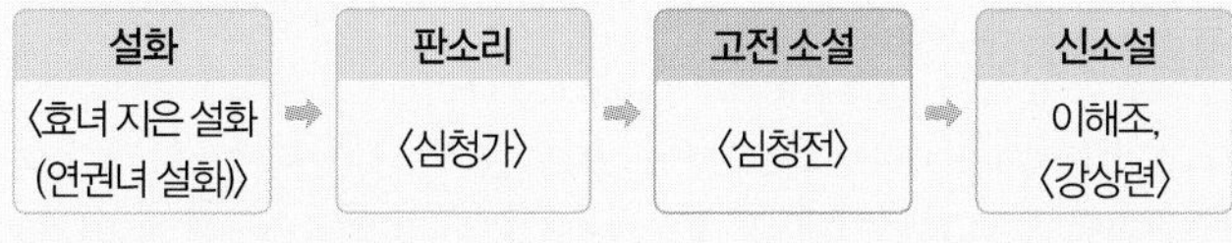

함께 읽으면 좋은 작품

〈심청가(沈淸歌)〉, 작자 미상 / 〈심청전〉의 토대가 된 판소리 사설

조선 시대 때 관객들 앞에서 구연(口演)되었으며, 광대들의 입에서 입으로 구전되어 전해지는 판소리 사설이다. 여러 계층의 생활 방식이나 가치관이 복합적으로 드러나는 적층 문학의 성격을 지닌 작품으로 고전 소설 〈심청전〉으로 정착되었다. Link 본책 294쪽

5 이 글의 표현상 특징으로 적절하지 않은 것은?

① 비유적 표현을 통해 인물이 처한 상황을 표현하고 있다.
② 전기적(傳奇的) 요소에 의해 비현실성이 드러나고 있다.
③ 배경 묘사를 통해 인물의 심정을 부각하여 드러내고 있다.
④ 시간의 역전적 구성을 통해 사건을 입체적으로 그리고 있다.
⑤ 특정 소재를 활용하여 앞으로 전개될 사건을 암시하고 있다.

6 (가)~(다)에 대한 설명으로 적절하지 않은 것은?

① (가)에는 (나)에서 제사를 지내는 이유가 드러나 있다.
② (나)에서는 복선을 통해 글의 내용이 반전될 것임을 암시하고 있다.
③ (다)에서는 등장인물의 대화를 통해 사건이 전환될 것임을 넌지시 알리고 있다.
④ (나)의 추모 행위가 원인이 되어 (다)의 모녀 상봉이라는 결과를 낳고 있다.
⑤ (가), (나)는 현실 세계에서, (다)는 비현실 세계에서 일어나는 사건을 다루고 있다.

내신 적중 多빈출

7 ㉠~㉤ 중, 〈보기〉의 설명에 해당하는 것은?

보기

'편집자적 논평'이란 흔히 고전 소설에서 서술자가 개입하여 전개되는 사건에 대해 자신의 견해를 직접 드러내는 것을 말한다.

① ㉠ ② ㉡ ③ ㉢ ④ ㉣ ⑤ ㉤

내신 적중 高난도

8 (다)의 ⓐ와 〈보기〉의 ⓑ에 대한 설명으로 가장 적절한 것은?

보기

임이여, ⓑ물을 건너지 마오.
임은 그예 물을 건너시네.
물에 빠져 돌아가시니,
가신 임을 어찌할꼬.

– 백수 광부의 아내, 〈공무도하가(公無渡河歌)〉

① ⓐ와 ⓑ는 모두 희생의 의미가 담긴 공간이다.
② ⓐ는 죽음의 이미지, ⓑ는 부활의 이미지를 포함하고 있다.
③ ⓐ는 유교적 이념, ⓑ는 불교적 이념을 바탕으로 하고 있다.
④ ⓐ는 이별과 만남의 공간이고, ⓑ는 이별만 존재하는 공간이다.
⑤ ⓐ는 스스로 선택한 공간이지만, ⓑ는 타인의 강압에 의해 선택된 공간이다.

9 이 글에서 (다)의 옥지환의 기능을 〈조건〉에 맞게 쓰시오.

조건

1. 사건 전개 과정을 고려하여 쓸 것
2. 30자 이내의 완결된 한 문장으로 쓸 것

057 흥보전(興甫傳) | 작자 미상

키워드 체크 #판소리계 소설 #우애 #권선징악 #비극을 해학적으로 극복

문학 미래엔, 신사고
국어 비상(박영), 신사고

핵심 정리

갈래 국문 소설, 설화 소설, 판소리계 소설
성격 교훈적, 해학적, 풍자적
시점 전지적 작가 시점
배경 ① 시간 – 조선 후기
② 공간 – 경상도와 전라도의 경계
제재 제비의 박씨
주제 ① 형제간의 우애와 권선징악(勸善懲惡)
② 빈부 간의 갈등
특징 과장된 표현, 익살, 해학 등을 통해 골계미를 드러냄.
의의 ① 〈춘향전〉, 〈심청전〉과 더불어 3대 판소리계 소설에 해당함.
② '〈박타령(흥보가)〉 – 〈흥보전〉 – 〈연의 각〉' 등으로 끊임없이 재생산됨.

Q 매품 맞는 상황을 통해 알 수 있는 시대상은?

매품은 가족들의 양식을 구하기 위해 다른 사람 대신 매를 맞아 돈을 버는 행위이다. 이를 통해 극도로 가난한 흥보의 처지를 구체적으로 보여 준다. 또한 돈과 권력을 가진 자는 죄에 대한 처벌까지도 돈으로 해결할 수 있는 반면에, 흥보와 같은 가난한 백성은 일을 하려고 해도 할 수 있는 일이 없는 사회적 상황을 알 수 있다.

어휘 풀이

볼기 뒤쪽 허리 아래, 허벅다리 위의 양쪽으로 살이 불룩한 부분.
사복시(司僕寺) 고려·조선 시대에, 궁중의 말과 가마에 관한 일을 맡아보던 관청.
향사당(鄕社堂) 고려·조선 시대에, 지방의 수령을 보좌하던 자문 기관.
부담마(負擔馬) 부담롱(말에 실어 운반하는 작은 농)을 싣고, 사람도 함께 타는 말.
모초의(毛稍衣) 모초로 만든 옷. 모초는 중국에서 나는 비단.
당팔사(唐八絲) 예전에 중국에서 만든 매우 가는 노끈. 여덟 가닥으로 꼬아져 있었음.
대송방(大松房) 예전에 주로 서울에서 개성 사람이 주단, 포목 등을 팔던 큰 가게.

구절 풀이

❶ **흥보 큰아들 나앉으며 ~ 돌 거울 넣어다 주오."** 흥보의 아들들은 흥보가 병영에 간다고 하자 온갖 물건들을 사 달라 한다. 이를 본 흥보 큰아들은 동생들을 꾸짖더니 오히려 동생들보다 더 좋은 물건들을 사 달라고 보챈다. 이 장면은 철없는 자식들의 모습을 통해 흥보가 처한 비극적 상황을 극대화하고 있다.

❷ **"도로는 끝없는데 ~ 몇 밤 자고 가잔 말가."** 흥보가 병영까지 걸어 가야 하는 자신의 처지를 한탄하는 대목으로, 매품팔이를 위해 받은 마삯(말을 부린 데 대한 돈)을 가족들을 위해 쓰고 걸어가는 흥보의 비참한 처지가 드러난다.

가 "애기 어멈, 게 있는가. 문을 열고 이것 보시오. 대장부 한 걸음에 삼십 냥이 들어가네."
모처럼 돈을 가지고 집으로 들어가는 흥보의 자부심이 반영된 표현
흥보 아내 이른 말이, / "그 돈은 웬 돈이며 삼십 냥은 웬 돈이오?"
모처럼 돈을 가지고 집에 온 흥보를 보고 놀라서 묻는 아내
흥보 이른 말이, / "천기누설(天機漏洩)이라, 말부터 앞세우면 일이 이루어질 수 없으니, 그 돈으로 양식 팔아 배불리 질끈 먹고."
중대한 비밀이 새어 나감을 이르는 말
흥보 아내 이른 말이, / "먹으니 좋소만 그 돈은 어디서 났소?" / 흥보 이른 말이,
"본읍 좌수 대신으로 병영 가서 곤장 맞기로 삼십 냥에 결단하고 마삯 돈 닷 냥 받아 왔네."
매품을 판 후에 삼십 냥을 받기로 하고 일단 닷 냥을 받아 옴.
▶ 흥보가 매품을 팔기로 하고 집으로 돌아옴.

나 흥보 아내 이 말 듣고 기가 막혀 이른 말이, / "그 놈의 죄상(罪狀)도 모르고 병영으로 올라갔다가 저 모습 저 몰골에 곤장 열을 맞으면 곤장 아래 혼백 될 것이니 제발 덕분 가지 마오." / 흥보 이른 말이, / ㉠"볼기의 구실이 있나니." / "볼기가 구실이 있단 말이오?"
범죄의 구체적인 사실 / *죽게 될 것이 뻔하니*

[A] "그렇지. 볼기 구실 들어 보소. 이내 몸이 정승 되어 평교자(平轎子)에 앉아 볼까, 육판서 하였으면 초헌(軺軒) 위에 앉아 볼까, 사복시(司僕寺) 관리 하였으면 임금 타는 말에 앉아 볼까, 팔도 감사(監司) 하여 선화당(宣化堂)에 앉아 볼까, 각 읍 수령 하여 좋은 가마에 앉아 볼까, 좌수 별감(別監) 하여 향사당(鄕社堂)에 앉아 볼까, 이방 호장 하여 작청(作廳) 좋은 자리에 앉아 볼까, 소리 명창 되어 크고 넓은 좋은 집 양반 앞에 앉아 볼까, 풍류 호걸 되어 기생집에 앉아 볼까, 서울 이름난 기생 되어 가마 안에 앉아 볼까, 많은 돈 벌어 부담마(負擔馬)에 앉아 볼까, 쓸데없는 이내 볼기 놀려 무엇 한단 말인가. 매품이나 팔아 먹세."
판소리계 소설임을 알 수 있는 대목 – 장황한 사설이 이어짐. / *종1품 이상의 벼슬아치가 타던 가마* / *종2품 이상의 벼슬아치가 타던 수레* / *각 도의 관찰사가 사무를 보던 정당(正堂)* / *군아(君衙)에서 구실아치가 일을 보던 곳* / *자신의 볼기는 쓸 곳이 없으니 매품을 파는 데 써야 한다는 생각을 드러냄.*
▶ 매품을 파는 것이 볼기의 구실이라며 흥보가 아내를 설득함.

다 흥보 자식들이 벌 떼같이 나앉으며, / "아버지 말씀을 들으니 호사(豪奢)가 큼직하오. 그래 아버지 병영 가신다 하니, 날 오동철병(烏銅鐵甁) 하나 사다 주오."
호화롭게 사치하는 것 / *검붉은 빛이 나는 구리로 만든 병*
흥보 이른 말이, / "고의 벗은 놈이 어디다 차게야?"
남자의 여름 홑바지
"귀밑머리에 차도 찰 터이옵고 생갈비를 뚫고 차도 찰 터이오니 사 오기만 사 오오."
불가능한 곳에라도 찰 테니 무조건 사 오라는 의지의 표현 – 해학적 표현
또 한 놈 나앉으며, / "나는 남수주(藍水紬) 비단으로 만든 큰 창옷 한 벌 사다 주오."
남색으로 된 품질이 좋은 비단의 하나 / *두루마기와 같은데 소매가 좁은 웃옷*
"고의 벗은 놈이 어디다 입게야?"
❶흥보 큰아들 나앉으며 제 동생들을 꾸짖는데 옳게 꾸짖는 게 아니라 하늘에 사무칠 듯 꾸짖어, / ㉡"에라 심하구나, 후레아들 놈들. 아버지 그렇잖소. 나는 담비 가죽 탕평채(蕩平菜)에 모초의(毛稍衣) 한 놈과, 한포단 허리띠 비단 주머니 당팔사(唐八絲) 끈 꿰어, 쇠거울 돌 거울 넣어다 주오."
내용상 음식인 탕평채는 잘못 끼어든 것에 해당 / *한포로 된 비단. 한포는 파초(芭蕉)의 섬유로 짠, 날이 굵은 베*
흥보 이른 말이, / "네 아무것도 안 찾을 듯이 하더니 단계를 높여 하는구나. 너희 놈들이 내 마른 볼기를 대송방(大松房)으로 아는 놈들이로구나."
자식들에 대한 흥보의 야속한 마음이 드러남.
▶ 흥보 자식이 병영에 가는 흥보에게 온갖 물건을 사 달라고 보챔.

라 흥보 병영 내려갈 제 탄식하고 내려간다.
❷"도로는 끝없는데 병영 성중 어드메요. 조자룡이 강을 넘던 청총마(靑驄馬)나 있으면 이제 잠깐 가련마는, 몸이 고생스러우니 조그마한 내 다리로 오늘 가다 어디서 자며 내일 가다 어디서 잘꼬. 제갈공명 쓰던 축지법을 배웠으면 이제로 가련마는 몇 밤 자고 가잔 말가."
갈기와 꼬리가 파르스름한 백마 / *병영까지 가는 길이 고됨.*
여러 날 만에 병영을 당도하니 영문(營門)도 엄숙하다. 쳐다보니 대장이 지휘하는 깃발이요 내려다보니 순시하는 깃발이로다.
병영의 문
▶ 흥보가 매품을 팔기 위해 병영에 당도함.

· 중심 내용 매품을 팔아 가족들을 부양하려는 흥보와 온갖 물건을 사 달라고 보채는 자식들 · 구성 단계 전개

이해와 감상

〈흥보전〉은 판소리 〈흥보가〉가 문자로 정착된 판소리계 소설로, 〈방이 설화〉, 〈박 타는 처녀〉 등을 배경 설화로 하고 있다.

이 작품은 형제간의 우애라는 도덕적 관념을 표면적 주제로 강조하면서도, 조선 후기에 몰락하기 시작한 양반의 모습과 비참한 서민의 생활을 통해, 신분제의 변동에 따라 나타난 유랑 농민과 신흥 부농(富農)의 갈등을 이면적 주제로 다루고 있다.

이 작품은 전래의 설화에서 차용한 모방담(模倣談)이라는 구조적 특징을 보인다. 한편, 판소리계 소설답게 다분히 서민적이면서 해학적인 문체를 구사하여 인물이나 사건을 그려 나가고 있다. 특히 해학적인 문체는 비참하게 살아가는 서민의 절박함이나 비극적 상황을 특유의 웃음으로써 극복하려는 의식에서 나온 것이다.

전체 줄거리

발단	전라도와 경상도 접경에 심술 고약한 형 놀보와 순하고 착한 아우 흥보가 살았는데, 놀보는 부모의 유산을 독차지하고 흥보를 내쫓는다.
전개	흥보가 놀보의 집으로 쌀을 구하러 갔으나 매만 맞고 돌아온다. 여러 가지 품팔이를 해 보지만 흥보는 가난을 벗어나지 못한다.
위기	어느 봄날, 흥보는 다리가 부러진 제비 새끼를 치료해 준다. 이듬해 그 제비가 흥보의 은혜에 보답하고자 박씨 하나를 물어다 준다.
절정	제비가 물어다 준 박씨를 심어 수확한 박에서 금은보화가 나와 흥보는 큰 부자가 된다. 그 소문을 듣고 놀보는 제비 다리를 일부러 부러뜨리고 고쳐 준다. 제비는 놀보에게도 박씨를 물어다 주었으나, 놀보의 박에서는 괴인, 괴물이 쏟아져 나와 놀보는 패가망신한다.
결말	놀보가 패가망신했다는 소식을 들은 흥보는 놀보에게 재물을 나누어 주어 살게 한다. 그 뒤 놀보는 개과천선하여 형제가 화목하게 살았다.

인물 관계도

놀보는 형제인 흥보를 외면하고 부모님의 유산을 독차지함.

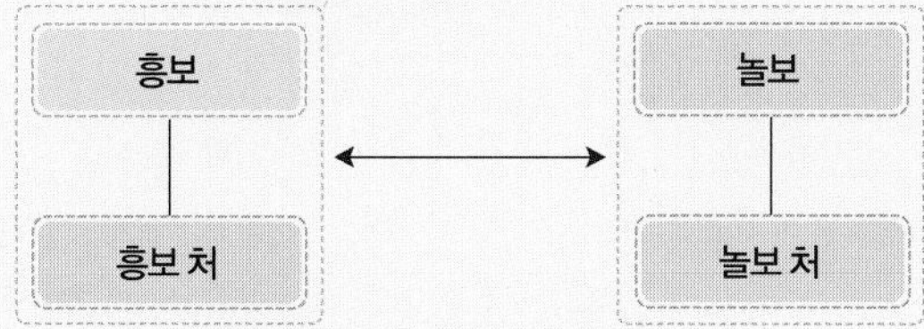

놀보 처도 놀보와 같이 인정이 없어서 쌀을 구하러 온 흥보를 내쫓음.

작품 연구소

〈흥보전〉에 드러난 주제의 양면성

판소리계 소설은 표면적으로는 유교적 가치를 권장하나, 이면에 지배층에 대한 피지배층의 비판 정신을 담고 있는 경우가 많다.

표면적 주제	형제간의 우애와 권선징악, 인과응보
이면적 주제	지배층의 허위와 탐욕 비판, 몰락 양반의 기존 관념 비판, 빈부 격차에 따른 갈등, 상위 계층과 하위 계층의 갈등

이 작품의 주제가 도덕적인 문제에 국한되지 않고 사회·경제적인 문제로 확대된 것은 현실 모순에 대한 자각과 근대적 민중 의식이 반영된 결과이다. 조선 후기 신분제의 변동 속에서 천부(賤富, 신분이 낮은 부자)가 대두하면서 영락한 양반과 기존 관념에 문제를 제기하는 평민적 현실주의를 담고 있는 것이다.

키 포인트 체크

인물 흥보는 가난한 몰락 양반이지만 선량하고 정직한 인물이고, 놀보는 부모의 유산을 독차지할 정도로 ☐☐스러운 인물이다.

배경 경상도와 전라도의 접경을 배경으로, 몰락하는 양반과 ☐를 축적하는 서민이 늘어나 ☐☐☐가 변동하는 조선 후기의 모습을 보여 준다.

사건 착한 흥보는 ☐☐의 보은으로 부자가 되고, 이를 따라하여 ☐☐☐☐한 형 놀보까지 거두어 화목하게 살았다.

1 이 글에 대한 설명으로 적절하지 않은 것은?

① 판소리가 문자로 정착된 판소리계 소설이다.
② 서민적이면서 해학적인 문체를 구사하고 있다.
③ 운율이 느껴지는 어투를 빈번하게 사용하고 있다.
④ 인물의 가난한 처지를 통해 비장미를 부각하고 있다.
⑤ 평민 계층의 언어와 양반 계층의 언어가 혼재되어 있다.

2 이 글과 〈보기〉의 공통점으로 가장 적절한 것은?

보기

집 안에 값나가는 물건이라곤 《맹자(孟子)》 일곱 권뿐인데 오랜 굶주림을 견디다 못해 이백 전에 팔아 그 돈으로 밥을 지어 실컷 먹었소. 희희낙락 영재(泠齋, 유득공)에게 가서 한껏 자랑을 늘어놓았더니 영재도 굶주린 지 오래라, 내 말을 듣자마자 즉각 《좌씨전(左氏傳)》을 팔아 쌀을 사고, 남은 돈으로 술을 받아 마시게 하였소. 이야말로 맹자(孟子) 씨가 직접 밥을 지어 나를 먹이고, 좌구명(左丘明)이 손수 술을 따라 내게 권한 것이나 다를 바 없지요. 그래서 나는 맹자와 좌구명, 두 분을 천 번이고 만 번이고 찬송하였다오.
– 이덕무, 〈이서구에게 보내는 편지〉

① 가난의 고통을 극적으로 강조하고자 한다.
② 가난의 고통을 웃음으로 해소하고자 한다.
③ 가난의 고통을 역설적으로 표현하고자 한다.
④ 가난의 고통을 통해 현실 개혁 의지를 드러내고자 한다.
⑤ 가난의 고통을 사실적이고 객관적으로 전달하고자 한다.

3 [A]에 드러난 말하기 방식에 대한 설명으로 적절하지 않은 것은?

① 시선의 빠른 이동을 통해 긴장감을 조성하고 있다.
② 동일한 구조의 문장을 중첩하여 리듬감을 살리고 있다.
③ 불가능한 일들을 열거하여 궁한 신세를 드러내고 있다.
④ 신체 부위를 소재로 하여 해학적인 효과를 거두고 있다.
⑤ 간단하게 할 수 있는 말을 장황하게 늘여서 표현하고 있다.

내신 적중 多빈출

4 ㉠과 ㉡에서 두드러지는 이 글의 표현상 특징을 〈조건〉에 맞게 쓰시오.

조건

1. 상황의 공통적인 성격을 제시한 뒤 그것의 표현상 특징을 밝힐 것
2. 40자 이내의 완결된 한 문장으로 쓸 것

어휘 풀이

장자(長者) 큰 부자를 점잖게 이르는 말.
삼순구식(三旬九食) 삼십 일 동안 아홉 끼니밖에 먹지 못한다는 뜻으로, 몹시 가난함을 이르는 말.
가래톳 넙다리 윗부분의 림프샘이 부어 생긴 멍울.
목득 목두기, 곧 이름이 무엇인지 모르는 귀신의 이름.
게정 불평을 품고 떠드는 말과 행동.
만경창파(萬頃蒼波) 만 이랑의 푸른 물결이라는 뜻으로, 한없이 넓고 넓은 바다를 이르는 말.

Q 가난을 다투는 대목의 효과는?

<흥보전>에서 흥보는 매우 가난한 인물로 묘사되어 있다. 그럼에도 매품을 팔러 병영에 모인 사람들이 흥보를 '큰 부자'라고 부르는데, 이러한 상황 제시를 통해 다음과 같은 효과를 주고 있다.
- 흥보 같은 가난은 가난하다고 할 수 없는 당대 사회의 극심한 가난을 드러낸다.
- 서로 매를 맞기 위해 자신이 더 가난하다고 다투는 상황에서 과장된 표현을 통해 가난으로 고통받는 처지를 강조한다.
- 매품팔이를 자처하는 이들의 처지를 희화화함으로써 비극을 웃음으로 극복하려는 판소리의 해학적 특성을 드러낸다.

구절 풀이

❶ **내 가난 남과 달라 ~ 석 달 되었소.** 사발은 음식을 담는 그릇인데, 그 사발이 선반에서 내려오지 못한 지 8년이라는 것은 8년 동안 가난이 극에 달했음을 비유적으로 드러낸 것이다. 그리고 부엌의 쥐가 밥알을 못 줍고 하도 돌아다녀서 드러누웠다는 상황은 극심한 가난을 보여 주는 한편 웃음을 유발하고 있다.

❷ **조그마한 한 칸 초막 ~ 삼 년째 되었소.** 집이 너무 작아 방 안에 누워 있는 사람의 상투와 궁둥이가 집 밖으로 나가는 데다 집에서 불을 땐 지가 3년이 지났다고 하여 앞서 말한 사람보다 자신이 훨씬 더 가난으로 고통받고 있음을 강조하고 있다.

❸ **아무 목득의 아들놈도 못 팔아 갈 것이니."** 자신 외에 어떤 사람도 매품을 팔지 못할 것이라는 뜻으로, 목득은 목두기, 곧 이름이 무엇인지 모르는 귀신의 이름이다.

❹ **"우정 가장(家長) 애중 ~ 이내 설움 어디다 하소연할꼬."** 이 장면의 중국 고사(故事)에 등장하는 인물들은 원통한 일을 당하고 죽었다는 공통점이 있다. 흥보 아내가 자신의 설움을 고사에 등장하는 인물들의 설움에 비김으로써 자신의 설움을 강조하고 있다.

Q 이 부분에서 암시되는 것은?

흥보가 아내를 달래며 '마음만 옳게 먹고 의롭지 않은 일 아니하면 장래 한때 볼 것이니'라고 말한 것은, 착하게 살면 장래에는 복을 받고 잘살게 되리라는 고전 소설의 일반적인 주제인 권선징악(勸善懲惡)을 드러내는 것이다. 이는 앞으로 흥보에게 좋은 일이 생길 것임을 암시한다.

「 」: 매품을 팔기 위해 모여 있는 사람들 – 당대의 비참한 사회상

가 「"거기 뉘라 하오?" / "나 말씀이오? 조선 제일 가난 흥보를 모르시오." / 한 놈 나서며, ㉠"장자(長者)가 무엇하러 와 계시오?" / 흥보 가슴이 끔쩍하여, "거기는 무엇하러 왔소?" / "평안도 사방동 동팔풍촌서 사는 솔봉 애비 모르시오. 이십오대 가난으로 매품 팔러 왔소." / 또 한 놈 나앉으며, / "경상도 문경 땅의 제일 가난으로 사십육대 호적 없이 남의 곁방살이로 내려오는 김딱직이란 말 듣도 못하였소."」

(자신의 처지를 과장하여 드러냄. / 흥보 정도는 가난한 축에도 못 낀다는 말 / 25대가 이어지는 동안 계속 가난했다는 뜻 – 과장된 표현 / 자신이 제일 가난하다는 의미 – 과장된 표현)

▶ 가난한 사람들이 매품을 팔기 위해 모임.

나 흥보 이른 말이, / "그리 말고 서로 가난 자랑하여 아무라도 제일 가난한 사람이 팔아 갑세." / 그 말이 옳다 하고, / "저분 가난 어떠하오?"

"내 가난 들어 보오. 집이라고 들어가면 사방 어디로도 들어갈 작은 곳이 없어 닫는 벼룩 쪼그려 앉을 데 없고 삼순구식(三旬九食) 먹어 본 내 아들 없소." / 한 놈 나앉으며,

(벼룩이 앉을 데가 없을 정도로 집이 작다는 말)

"㉡족히 먹고살 수는 있겠소. 저분 가난 어떠하오?"

(앞의 가난은 가난도 아니라는 말)

"내 가난 들어 보오. ❶내 가난 남과 달라 이 대째 내려오는 광주산(廣州産) 사발 하나 선반에 얹은 지가 팔 년이로되, 여러 날 내려오지 못하고 아침저녁으로 눈물만 뚝뚝 짓고, ㉢부엌의 노랑 쥐가 밥알을 주우려고 다니다가 다리에 가래톳 서서 종기 터뜨리고 드러 누운 지가 석 달 되었소. 좌우 들으신 바 내 신세 어떠하오?" / 김딱직이 썩 나앉으며,

"거기는 참으로 장자라 할 수 있소. 내 가난 들어 보오. ❷조그마한 한 칸 초막 발 뻗을 길 전혀 없어, 우리 아내와 나와 둘이 안고 누워 있으면 내 상투는 울 밖으로 우뚝 나가고, 우리 아내 궁둥이는 담 밖으로 알궁둥이 보이니, ㉣동네에서 숨바꼭질하는 아이들이 우리 아내 궁둥이 치는 소리 사월 팔일 관등(觀燈) 다는 소리 같고, 집에 연기 나지 않은 지가 삼 년째 되었소. 좌우 들으신 바 내 신세 어떠하오? ❸아무 목득의 아들놈도 못 팔아 갈 것이니." / 이놈 아주 거기서 게정을 먹더니라.

(자신 외에 어떤 사람도 매품을 팔지는 못할 것이라는 뜻)

▶ 사람들이 누가 더 가난한지를 다툼.

다 흥보 숨숨 생각하니, 자기에게는 어느 시절에 차례가 돌아올 줄 몰라,

"동무님 내 매품이나 잘 팔아 가지고 가오. 나는 돌아가오."

(자신의 처지는 가난한 처지도 아니라는 생각에 매품 파는 것을 포기함.)

하직하고 돌아오며, 탄식하고 집에 들어가니, 흥보 아내 거동 보소. 왈칵 뛰어 달려들어 흥보 소매 검쳐 잡고 듣기 싫을 정도로 크고 섧게 울며,

(흥보가 살아 돌아온 것에 대한 반가움을 과장적으로 묘사함.)

"하늘이 사람들을 세상에 나게 할 때 반드시 자기 할 일을 주었으니, 생기는 대로 먹고 살지 남 대신으로 맞을까. 애고애고, 설움이야." / 이렇듯 섧게 우니 흥보 이른 말이,

"애기 어멈 울지 마소. 애기 어멈 울지 마소. 영문에 들어가니 세상의 가난한 놈은 거기 모두 모여 내 가난은 거기다 비교하니 장자라 일컬을 수 있어, 매도 못 맞고 돌아왔네."

흥보 아내 이말 듣고, / ㉤"얼씨구나 즐겁도다. 우리 낭군 병영 내려갔다 매 아니 맞고 돌아오니, 이런 영화 또 있을까."

(매품을 팔러 나간 흥보를 걱정했기 때문에 흥보가 그냥 돌아온 것을 매우 기뻐함.)

▶ 매품 팔기를 포기하고 돌아온 흥보

라 흥보 아내 우는 말이, / ❹"우정 가장(家長) 애중 자식 배 곯리고 못 입히는 내 설움 의논컨대, 피눈물이 반죽되면 아황 여영 설움이요, 홍곡가를 지어 내던 왕소군의 설움이요, 장신 궁중 꽃이 피니 반첩여의 설움이요, 옥으로 장식한 장막 속에서 죽으니 우미인의 설움이요, 목을 잘라 절사하니 하씨 열녀 설움이요, 만경창파(萬頃蒼波) 너른 물을 말 말이 다되인들 끝없는 이내 설움 어디다 하소연할꼬." / 흥보 역시 슬퍼, 샘물같이 솟아 나오는 눈물 가랑비같이 흩뿌리며 목이 막혀 기절하더니 다시 살아나서, 들릴 듯 말 듯한 말로 겨우 내어 기운 없이 가는 목소리를 처량하게 슬피 울며 만류하여 이른 말이,

(사랑하고 소중하게 여기는 / 슬픔이 매우 지극함을 드러낸 표현 – 과장된 표현)

「"마음만 옳게 먹고 의롭지 않은 일 아니하면 장래 한때 볼 것이니」 서러워 말고 살아나세." / 부부 앉아 탄식할 제, 청산은 높이 솟아 있고 온갖 꽃이 화려하고 찬란하게 피어 있는 때 접동 두견 꾀꼬리는 때를 찾아 슬피 우니 뉘 아니 슬퍼하리.

(장래에 좋은 일이 생길 것이니 – 복선의 역할 / 편집자적 논평과 새들에게 감정을 이입한 표현 방법을 사용하고 있음.)

▶ 흥보 아내와 흥보가 가난을 서러워함.

- **중심 내용** 매품을 팔러 가서 누가 더 가난한지 다투다가 매품 팔기를 포기하고 돌아오는 흥보
- **구성 단계** 전개

작품 연구소

장황한 사설을 통한 장면 확대의 효과

특정한 상황을 장황하게 서술하는 것은 판소리계 소설의 특징으로, 의도적으로 장면을 확대하는 것이다. 이러한 장면의 확대가 나타나는 이유는 판소리를 공연하는 광대가 핵심적인 이야기를 중심으로 흥미로운 내용을 첨가하고 부연하기 때문이다. 장면의 확대는 웃음을 유발하는 해학적인 효과가 있다.

〈흥보전〉에서 가난 자랑 장면의 특징

인물	가난	특징
첫 번째 인물의 가난	집이 작아 벼룩이 쪼그려 앉을 데 없고 삼순구식 먹어 본 내 아들 없음.	가난한 정도가 심화되는 구조
두 번째 인물의 가난	사발에 음식을 담은 지가 팔 년이고, 부엌 쥐가 먹을 것이 없어 드러누운 지 석 달이 됨.	
세 번째 인물(김딱직)의 가난	집에서 누우면 상투나 궁둥이가 집 밖으로 삐져나오고, 집에 연기 나지 않은 지 삼 년째 됨.	

〈흥보전〉에 나타난 해학미

〈흥보전〉은 다른 고전 소설 작품에 비해 토속적인 어휘와 과장된 표현 등에서 드러나는 해학성이 두드러지는 작품이다. 이러한 해학적인 표현은 특히 흥보의 초년 고생이나, 놀보의 몰락 과정을 묘사한 부분에서 찾을 수 있다. 또한 놀보에게 내쫓긴 흥보가 자신의 신세를 한탄하는 장면에서도 탐욕스러운 놀보와 순종적인 흥보의 심성을 극명하게 대조·과장함으로써 해학성을 드러내고 있다. 이처럼 이 작품에서는 심각하거나 비극적인 상황을 서민 특유의 건강한 웃음으로 희화화하고 있는데, 이러한 해학미는 비극적인 상황을 웃음으로 극복하는 데서 나타난다.

〈흥보전〉의 발전 과정

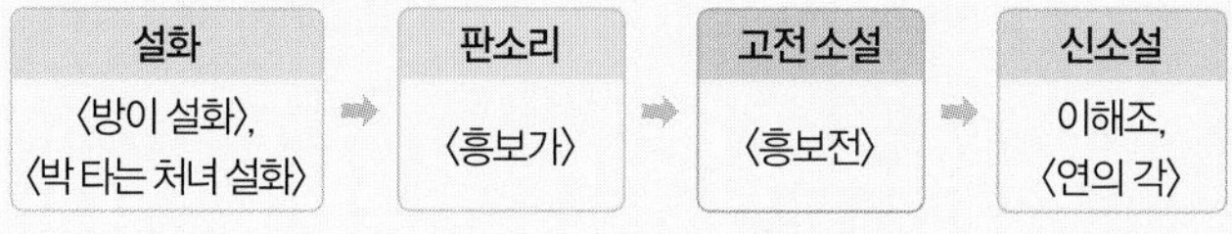

함께 읽으면 좋은 작품

〈박 타는 처녀〉, 작자 미상 / 〈흥보전〉과 내용이 비슷한 몽골의 설화

몽골의 설화로, 〈흥보전〉과 그 내용이 비슷하다. 한 처녀가 다리 다친 제비를 치료해 주었더니 제비가 박씨를 물어다 주어 부자가 되었다. 이웃의 다른 처녀가 이를 모방하여 제비 다리를 부러뜨린 다음 치료해 주고 박씨를 얻었지만 그 박에서 뱀이 나와 처녀를 물어 죽였다.

〈옹고집전(壅固執傳)〉, 작자 미상 / 부자이면서 인색한 인물이 등장하는 작품

조선 후기의 판소리계 소설로, 부자이면서 인색하고 불효자인 옹고집이 승려의 조화로 가짜 옹고집에게 쫓겨나 갖은 고생을 하게 되면서 자신의 잘못을 뉘우치고 착한 사람이 된다는 이야기이다. 이 작품에서는 옹고집의 성격 변화가 극적으로 제시되어 있는 반면, 〈흥보전〉에서 놀보의 성격 변화는 단순히 흥보의 용서와 화해로 나타나게 된다는 점에서 차이점을 보인다.

5 〈보기〉를 참고하여 이 글을 이해한 내용으로 적절한 것은?

보기

경제의 변동과 신분제의 동요 속에서 사족 중심의 향촌 질서도 변화했다. 평민과 천민 중에 재산을 모아 부농층으로 등장하는 사람도 있었으며, 양반 중에는 토지를 잃고 몰락하여 •전호가 되거나 심한 경우에는 •임노동자로 전락하는 경우도 있었다. 따라서 향촌 사회 내부에서 양반이 지녔던 권위도 점차 약해졌다.

- **전호(佃戶)** 지주의 땅을 빌려서 농사를 지은 후에 소작료를 치르던 농민.
- **임노동자(賃勞動者)** 임금을 받고 일하는 노동자.

① 과장된 표현으로 임노동자의 애환을 그리고 있다.
② 양반의 권위가 추락한 상황을 해학적으로 그리고 있다.
③ 전락한 양반의 권위를 다시 세우기 위한 노력을 그리고 있다.
④ 신분제의 동요 속에서 신분 상승을 꿈꾸는 인물을 그리고 있다.
⑤ 양반의 권위가 경제적 능력보다 더 중요해진 상황을 그리고 있다.

6 (라)에 대한 설명으로 적절하지 않은 것은?

① 비유를 사용하여 상황을 사실적으로 드러내고 있다.
② 서술자가 개입하여 인물의 정서에 대해 논평하고 있다.
③ 시간적 배경과 인물의 처지를 대조적으로 제시하고 있다.
④ 중국의 고사를 활용하여 인물의 정서를 효과적으로 드러내고 있다.
⑤ 복선을 활용하여 주인공에게 앞으로 좋은 일이 생길 것임을 암시하고 있다.

7 ㉠~㉤에 대한 설명으로 적절하지 않은 것은?

① ㉠: 흥보가 부자라고 일컬어질 정도로 다른 사람의 가난이 극심함을 알 수 있다.
② ㉡: 앞에서 말한 가난은 가난도 아니라는 의미이다.
③ ㉢: 쥐가 먹을 것을 얻을 수 없을 정도로 가난하다는 것을 강조하고 있다.
④ ㉣: 가난 때문에 다른 사람에게 괴롭힘을 받는 처지라는 것을 드러내고 있다.
⑤ ㉤: 흥보 아내는 흥보가 매품을 팔지 않았다는 것을 알고 좋아하고 있다.

8 (나)의 인물들의 말하기에 공통적으로 드러난 표현 방식과 그 효과를 쓰시오.

보기

- 첫 번째 인물: "집이라고 들어가면 사방 어디로도 들어갈 작은 곳이 없어 닫는 벼룩 쪼그려 앉을 데 없고……."
- 두 번째 인물: "내 가난 남과 달라 이 대째 내려오는 광주산(廣州産) 사발 하나 선반에 얹은 지가 팔 년이로되, ……."
- 김딱직: "조그마한 한 칸 초막 발 뻗을 길 전혀 없어, 우리 아내와 나와 둘이 안고 누워 있으면 내 상투는 울 밖으로 우뚝 나가고, ……."

058 토끼전 | 작자 미상

키워드 체크 #우화 소설 #판소리계 소설 #인간 사회 풍자 #토끼의 간

핵심 정리

갈래 우화 소설, 판소리계 소설
성격 교훈적, 우화적, 풍자적, 해학적
시점 전지적 작가 시점
배경 ① 시간 - 옛날 옛적(막연한 시간적 배경)
② 공간 - 용궁(수궁), 바닷가, 육지(산속)
제재 용왕의 병과 토끼의 간
주제 ① 위기 극복의 지혜와 허욕에 대한 경계
② 임금에 대한 충성(표면적 주제)
③ 무능한 집권층에 대한 비판(이면적 주제)
특징 ① 우화적 기법으로 인간 사회를 풍자함.
② 고사성어, 속담, 한자어, 과장과 대구, 비유적 표현 등이 많이 사용됨.

Q 〈토끼전〉에 어려운 한자어가 많이 사용된 이유는?

이 작품은 판소리 사설이 소설로 정착된 판소리계 소설이다. 판소리는 양반과 평민이 함께 즐겼던 문학 양식으로, 상층(양반)이 사용하는 한자어와 하층(평민)이 사용하는 비속어가 공존했다. 이 작품의 토끼의 말에도 많은 한자어와 고사가 인용되고 있는데, 이는 판소리가 소설로 정착하는 과정에서 양반 문화와 평민 문화가 함께 수용된 결과라고 할 수 있다.

어휘 풀이

백이숙제(伯夷叔齊) 군주에 대한 충성을 끝까지 지킨 중국 은(殷)나라 말기의 형제. 주(周)나라 무왕이 은나라 주왕을 멸하자, 주나라의 곡식을 먹기를 거부하고 수양산에 들어가 굶어 죽음.

소부(巢父) 허유(許有) 중국 고대의 은사(隱士). 허유는 요임금이 자기에게 보위를 물려주려 하자 귀가 더럽혀졌다고 영천(潁川)에서 귀를 씻었고, 소부는 그 물을 소에게 먹일 수 없다며 몰고 온 소를 다시 끌고 갔음.

개자추(介子推) 춘추 시대의 선비로, 면산에 숨은 그를 찾기 위해 진문공(晉文公)이 불을 질렀으나 나가지 않고 타 죽음.

상산사호(商山四皓) 중국 진시황 때 상산(商山)에 은거했던 동원공(東園公), 기리계(綺里季), 하황공(夏黃公), 각리 선생(角里先生). 모두 눈썹이 하얗기에 사호라 칭했음.

동방삭(東方朔) 중국 한(漢)나라 무제(武帝) 때의 사람. 서왕모(西王母)의 신선 복숭아를 훔쳐 먹어 죽지 않고 장수했으므로 '삼천갑자 동방삭'이라고 부름.

팽조(彭祖) 요임금의 신하로 은나라 말까지 7백여 년을 살았다는 신선.

구절 풀이

❶ **대객(待客)의 초인사로 ~ 싸리순이 제격이라.** 토끼가 손님인 자라에게 격식을 갖추지 않고 무성의하게 접대하고 있음을 보여 주는 대목으로, 토끼가 자라를 은근히 업신여기고 있음을 알 수 있다.

❷ **"세상에 나서 사해를 ~ 노여워하지 말으시기 바랍니다."** 토끼가 자라를 놀리며 농담을 던지는 대목으로, 경박스럽고 잘난 척하기 좋아하는 토끼의 성격을 엿볼 수 있다.

가 토끼 저를 대접하여 청함을 듣고 가장 점잖은 체하며 대답하되,

「"그 뉘라서 나를 찾는고. 산이 높고 골이 깊은 이 강산 경개 좋은데, 날 찾는 이 그 뉘신고. 수양산(首陽山)의 •백이숙제(伯夷叔齊)가 고비 캐자 날 찾는가, •소부(巢父) 허유(許有)가 영천수(潁川水)에 귀 씻자고 날 찾는가, 부춘산(富春山) 엄자릉(嚴子陵)이 밭 갈자고 날 찾는가, 면산(綿山)의 불탄 잔디 •개자추(介子推)가 날 찾는가, 한 천자의 스승 장량(張良)이가 퉁소 불자 날 찾는가, •상산사호(商山四皓) 벗님네가 바둑 두자 날 찾는가, 굴원(屈原)이가 물에 빠져 건져 달라 날 찾는가, 시중천자(詩中天子) 이태백(李太白)이 글 짓자고 날 찾는가.」[중략]

(「 」: 자신을 찾는 이유를 중국의 고사를 활용하여 장황하게 늘어놓음. / 고비: 고사리 / 엄자릉: 후한(後漢) 때 광무제가 벼슬을 주자 부춘산에 들어가 농사를 지었다 함. / 장량: 중국 전한(前漢)의 공신 장자방(張子房) / 굴원: 중국 전국 시대 초(楚)나라 사람으로 자신의 간언이 받아들여지지 않자 멱라수에서 투신함.)

두 귀를 쫑그리고 사족을 자주 놀려 가만히 와서 보니, 둥글넙적 거뭇편편하거늘 고이히 여겨 주저할 즈음에 자라가 연하여 가까이 오라 부르거늘, 아모커나 그리하라 하고 곁에 가서 서로 절하고 잘 앉은 후에, ❶대객(待客)의 초인사로 당수복(唐壽福) 백통(白筒)대와 양초(兩草) 일초(日草) 금강초(金剛草)며 지권연(紙卷煙) 여송연(呂宋煙)과 금패 밀화 금강석 물부리는 다 던져 두고 도토리통에 싸리순이 제격이라. ▶ 토끼와 자라가 만남.

(둥글넙적 거뭇편편하거늘: 자라의 외양 / 고이히: 괴이하게 / 연하여: 계속 / 백통대: 담뱃대의 종류 / 양초 일초 금강초: 담배의 종류 / 지권연: 지궐련 / 여송연: 엽궐연 / 물부리: 담뱃대나 궐련을 끼어 입에 무는 부분)

나 ❷"세상에 나서 사해를 편답(遍踏)하며 인물 구경도 많이 하였으되 그대 같은 박색은 보던 바 처음이로다. 「담구멍을 뚫다가 학치뼈가 빠졌는가 발은 어이 뭉뚝하며, 양반 보고 욕하다가 상투를 잡혔던가 목은 어이 기다라며, 색주가에 다니다가 한량패에 밟혔던지 등이 어이 넓적하고, 사면으로 돌아보니 나무 접시 모양이로다.」 그러나 성함은 뉘댁이라 하시오? 아까 한 말은 다 농담이니 거기 대하여 너무 노여워하지 말으시기 바랍니다."

(사해: 온세상 / 편답하며: 널리 돌아다니며 / 그대 같은 박색은 보던 바 처음이로다: 자라를 무시하는 말 / 학치뼈: 정강이뼈 / 「 」: 자라의 외양을 다른 사물에 빗대어 표현함.)

하거늘, 자라가 그 말을 듣고 마음에 불쾌는 하지마는 마음을 흠뻑 돌려 누진누진이 참고 대답하되,

(누진누진이: 성질이 누긋하고 끈끈하게 / 자라가 화를 내지 않는 이유 - 토끼를 수궁으로 데려가야 하기 때문에)

"내 성은 별이요, 호는 주부로다. 「등이 넓기는 물에 다녀도 가라앉지 아니함이요, 발이 짧은 것은 육지에 다녀도 넘어지지 아니함이요, 목이 긴 것은 먼 데를 살펴봄이요, 몸이 둥근 것은 행세를 둥글게 함이라. 그러하므로 수중에 영웅이요, 수족(水族)에 어른이라. 세상에 문무겸전(文武兼全)하기는 나뿐인가 하노라.」" ▶ 토끼와 자라가 서로 인사를 나눔.

(별주부: 별(자라) + 주부(문서와 부적을 관리하던 조선 시대의 관직) - 의인화된 표현 / 「 」: 자신의 외양에 대한 변명과 자신에 대한 자랑 / 문무겸전: 문식(文識)과 무략(武略)을 겸하여 갖춤.)

다 토끼 가로되,

"내가 세상에 나서 만고풍상(萬古風霜)을 다 겪다시피 하였으되 그대 같은 호걸은 이제 처음 보는도다."

(만고풍상: 이주 오랜 세월 동안 겪어 온 많은 고생 / 그대 같은 호걸은 이제 처음 보는도다: 비꼬는 말투)

자라 가로되,

"그대 연세가 얼마나 되관대 그다지 경력이 많다 하느뇨?"

토끼 가로되,

[A] 「"내 연기(年紀)를 알 양이면 육갑을 몇 번이나 지내였는지 모를 터이오. 소년 시절에 월궁에 가 계수나무 밑에서 약방아 찧다가 유궁후예(有窮後羿)의 부인이 불로초(不老草)를 얻으려 왔기로 내가 얻어 주었으니 이로 보면 삼천갑자 •동방삭(東方朔)은 내게 시생(侍生)이오, •팽조(彭祖)의 많은 나이 내게 대하면 구상유취(口尙乳臭)요, 종과 상전이라. 이러한즉 내가 그대에게 몇십 갑절 할아비 치는 존장(尊長)이 아니신가.」"

(「 」: 자신의 나이가 많음을 달에 관한 전설과 중국 고사의 인물들을 인용하여 제시 - 토끼의 허장성세를 엿볼 수 있음. / 연기: 대강의 나이 / 유궁후예: 중국 하(夏)나라의 임금으로 활 솜씨가 뛰어났으며, 신선 세계에 올라가 불사약과 불로초를 구했다고 함. / 구상유취: 입에서 젖내가 난다는 뜻으로, 언어와 행동이 유치함을 뜻함. / 존장: 나이가 많은 어른)

▶ 토끼가 자라에게 나이가 많음을 과시함.

• 중심 내용 자라를 희롱하면서 자신의 나이가 많음을 허풍스럽게 과시하는 토끼 • 구성 단계 전개

이해와 감상

〈토끼전〉은 구전 설화가 판소리 사설을 거쳐 조선 후기에 이르러 소설로 정착된 판소리계 소설로, 서민 의식을 바탕으로 한 날카로운 풍자와 해학이 잘 드러나 있다.

또한 동물을 의인화하여 현실을 풍자한 우화 소설로, 지배층에 대한 직접적인 비판과 도전이 가져오는 위험 요소를 완화하는 장치로써 우화적 기법을 사용하여 서민 계층의 비판적 의식을 드러내고, 지배 계층의 부패상을 풍자하고 있다.

이 작품의 배경은 용왕을 정점으로 한 자라 및 수궁 대신들의 용궁 세계와 토끼를 중심으로 한 여러 짐승들의 육지 세계로 나눌 수 있다. 용궁 세계는 지배 계층의 귀족 사회를, 육지 세계는 피지배 계층의 서민 사회를 반영한 공간으로, 이 두 공간이 대립적으로 설정되어 있다. 또한 작품의 공간이 '수궁 → 육지 → 수궁 → 육지'로 이동하고, 공간의 이동에 따른 위기와 그것을 극복하는 기지가 반복되어 흥미 유발과 함께 극적 효과를 증대하고 있다.

전체 줄거리

발단	병이 든 동해 용왕은 토끼의 생간이 약이 된다는 말에 토끼를 찾으러 자라를 육지로 보낸다.
전개	자라는 토끼를 만나 감언이설로 유혹하고, 자라의 말에 속은 토끼는 수궁으로 따라간다.
절정	용왕은 간을 육지에 두고 왔다는 토끼의 거짓말을 믿고 자라를 시켜 토끼를 육지에 데려다 준다.
결말	육지에 도착한 토끼는 숲속으로 달아나고 자라는 토끼에게 속았음을 탄식하며 수궁으로 돌아간다. 한편 토끼는 독수리에게 붙잡혀 또다시 위기에 처하지만 다시 꾀를 내어 위기를 모면한다.

인물 관계도

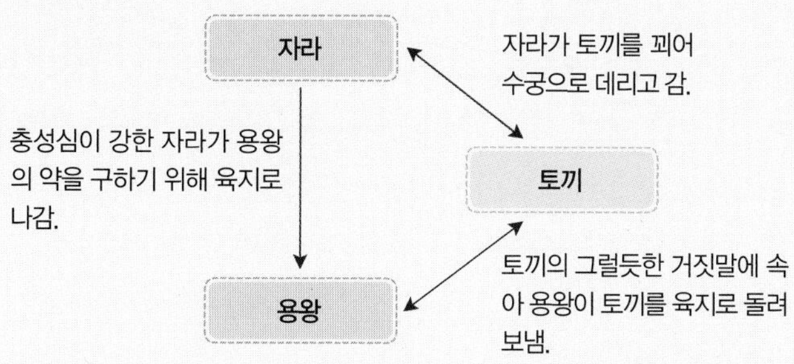

작품 연구소

〈토끼전〉의 배경에 따른 인물의 태도와 사건 양상

	용궁(수궁)	육지(산속)
배경의 상징	지배 관료층의 세계 (귀족 사회)	피지배 서민층의 세계 (서민 사회)
인물의 태도	• 자라(거만함.) → 우세 • 토끼(공손함.) → 열세	• 자라(풀이 죽음.) → 열세 • 토끼(의기양양함.) → 우세
사건의 양상	토끼는 살아남기 위해 온갖 꾀를 생각해 내어 용왕을 설득함.	위기를 벗어난 토끼는 자라를 준엄하게 꾸짖으며 의기양양해함.

키포인트 체크

인물 용왕은 자신의 병을 고치기 위해 수단과 방법을 가리지 않는 인물로 부당한 권력을 상징하고, 자라는 우직하며 충성심이 강한 인물로 □□ 계급을 상징하고, 토끼는 지혜롭고 능청스러우며 침착한 인물로 피지배층 □□□을 상징한다.

배경 용궁과 육지를 오가며 인간 사회의 모습을 □□하고 있다.

사건 자라의 꾐에 넘어가 수궁으로 간 토끼가 □을 육지에 두고 왔다는 거짓말로 위기를 모면한다.

1 이 글에 대한 설명으로 적절하지 않은 것은?

① 풍자적이고 설득적인 성격을 띠고 있다.
② 구토지설(龜兎之說)을 근원 설화로 한다.
③ 인간의 본성과 세태를 동물에 빗댄 우화 소설이다.
④ 지배 계층의 부패와 무능에 대한 서민들의 불만이 드러나고 있다.
⑤ 판소리 〈수궁가〉가 문자로 정착되면서 탄생한 판소리계 소설이다.

2 이 글의 서술상 특징으로 가장 적절한 것은?

① 서술자가 등장인물에 대해 일정한 거리를 두고 있다.
② 배경이 되는 시대 상황이 구체적으로 서술되어 있다.
③ 비유적인 표현으로 사회 제도 개혁을 주장하고 있다.
④ 인간 사회의 계층적 관점에서 동물을 의인화하고 있다.
⑤ 인물과 사건을 객관적인 입장에서 관찰하여 서술하고 있다.

내신 적중 多빈출

3 [A]에 나타난 토끼의 성격을 드러내기에 알맞은 한자 성어는?

① 안하무인(眼下無人)　② 교언영색(巧言令色)
③ 허장성세(虛張聲勢)　④ 표리부동(表裏不同)
⑤ 정저지와(井底之蛙)

4 이 글이 평민이 즐겼던 문학 갈래임에도 어려운 한자어가 많이 사용된 이유를 〈조건〉에 맞게 쓰시오.

조건
1. 글의 갈래와 향유 계층을 관련지을 것
2. 40자 이내의 완결된 한 문장으로 쓸 것

5 〈보기〉를 참고하여 이 글의 배경인 용궁과 육지의 상징적 의미를 〈조건〉에 맞게 쓰시오.

보기
용왕이 토끼에게 가로되,
"과인(寡人)은 수궁의 으뜸인 임금이요, 너는 산중(山中)의 조그마한 짐승이라. 과인이 우연히 병을 얻어 고생한 지 오래되었도다. 네 간이 약이 된다는 말을 듣고 특별히 자라를 보내어 너를 데려왔으니, 너는 죽는 것을 한스럽게 여기지 마라."

조건
1. 배경의 계층적 성격을 바탕으로 쓸 것
2. '용궁은 ~, 육지는 ~' 형태의 완결된 한 문장으로 쓸 것

어휘 풀이

만경창파(萬頃蒼波) 만 이랑의 푸른 물결이라는 뜻으로, 한없이 넓고 넓은 바다를 이름.
회정(回程)하다 돌아오는 길에 오르다.
창황망조(蒼黃罔措) 너무 급하여 어찌할 바를 모름.
토진(吐盡)하다 실정을 숨김없이 다 털어놓음.
납제(臘祭) 납일(臘日)에 한 해 동안 지은 농사 형편과 그 밖의 일들을 여러 신에게 고하는 제사.
만배 짐승이 새끼를 낳거나 까는 첫째 번. 또는 그 새끼.

가 ⓐ밤에 즐겁게 놀고, 이튿날 왕께 하직하고 별주부의 등에 올라 *만경창파 큰 바다를 순식간에 건너 와서, 육지에 내려 자라에게 하는 말이, (용왕을 속인 토끼가 무사히 육지로 돌아옴.)

❶"내 한 번 속은 것도 생각하면 진저리가 나거든 하물며 두 번까지 속을소냐. 내 너를 다리뼈를 추려 보낼 것이로되 십분 용서하노니 너의 용왕에게 내 말로 이리 전하여라. 세상 만물이 어찌 간을 임의로 꺼내었다 넣었다 하리오. 신출귀몰한 꾀에 너의 미련한 용왕이 잘 속았다 하여라." (자라에 대한 분노) (신출귀몰한 꾀 ↔ 미련한 용왕: 대조)

하니, ㉠자라가 하릴없어 뒤통수 툭툭 치고 무료히 *회정(回程)하여 들어가니, ⓑ용왕의 병세와 자라의 소식을 다시 전하여 알 일이 없더라. (하릴없어: 어쩔 수 없이)

ⓒ토끼 자라를 보내고 희희낙락하며 평원 광야 너른 들에 이리 뛰며 흥에 겨워 하는 말이, (편집자적 논평)

"어화 인제 살았구나. 수궁에 들어가서 배 째일 뻔하였더니, 요 내 한 꾀로 살아와서 『예전 보던 만산풍경 다시 볼 줄 그 뉘 알며, 옛적 먹던 산 실과며 나무 열매 다시 먹을 줄 뉘 알소냐.』 좋은 마음 그지없네." (용궁에서 살아 돌아온 기쁨을 행동으로 표현함.) (『 』: 대구법) (만산풍경: 온 산에 가득한 풍경) (실과: 과일)

▶ 꾀를 내어 용궁을 빠져나온 토끼가 자라를 꾸짖어 돌려보내고 흥에 겨워함.

나 작은 우자를 크게 부려 한참 이리 노닐 적에, 난데없는 독수리가 살 쏘듯이 달려들어 사족을 훔쳐들고 반공에 높이 나니, 토끼 정신이 또한 위급하도다. / 토끼 스스로 생각하되, (살 쏘듯이: 화살 쏘는 것처럼 빠르게) (독수리: 토끼를 위협하는 존재) (사족: 사지(四肢))

'간을 달라 하던 용왕은 좋은 말로 달랬거니와, 미련하고 배고픈 이 독수리야 무슨 수로 달래리오.'

하며 ⓓ*창황망조(蒼黃罔措)하는 중 문득 한 꾀를 얻고 이르되,

"여보 수리 아주머니! 내 말을 잠깐 들어 보오. 아주머니 올 줄 알고 몇몇 달 경영하여 모은 양식 쓸 데 없어 한이러니, 오늘로서 만남이 늦었으니 어서 바삐 가사이다."

수리 하는 말이, / ❷"무슨 음식 있노라 감언이설로 날 속이려 하느냐? 내가 수궁 용왕 아니어든 내 어찌 너한테 속을손가?" (토끼에게 속은 미련한 용왕처럼 속지 않겠다는 의미)

▶ 독수리에게 붙잡힌 토끼가 위기에 처함.

다 토끼 하는 말이,

"여보 아주머니, *토진(吐盡)하는 정담을 들어 보시오. 사돈도 이리할 사돈이 있고 저리할 사돈이 있다 함과 같이 수부의 왕은 아무리 속여도 다시 못 볼 터이어니와, 우리 터에는 종종 서로 만날 터이어늘 어찌 감히 일호라도 속이리오. 건너 말 이동지가 *납제(臘祭) 사냥하느라고 나를 심히 놀래기로 그 원수 갚기를 생각더니, 금년 정이월에 그 집 *만배 병아리 사십여 수를 둘만 남기고 다 잡아 오고, 제일 긴한 것은 용궁에 있던 ㉡의사 주머니가 내게 있으니, 아주머니는 생후에 듣도 보도 못한 물건이오니 가지기만 하면 전후 조화가 다 있지마는, 내게는 다 부당한 물건이요 아주머니한테는 모두 긴요할 것이라. 나와 같이 어서 갑시다. 음식 도적은 매일 잔치를 한대도 다 못 먹을 것이오, 의사 주머니는 가만히 앉았어도 평생을 잘 견디는 것이니, 이 좋은 보배를 가지고 자손에게까지 전하여 누리면 그 아니 좋을손가?"/ 한즉, 이 미련한 수리가 마음에 솔깃하여, (수부의 왕: 용왕) (우리 터에는 ~ 터이어늘: 육지에서 살고 있기 때문에) (일호: 아주 작은 정도를 나타냄.) (말: 마을) (긴한: 긴요한, 꼭 필요한) (의사 주머니: 토끼가 용궁의 보배라고 말하지만 사실은 토끼의 임기응변적인 꾀주머니를 말함.)

"아무려나 가 보자."

하고 토끼 처소로 찾아가니, ⓔ토끼가 바위 아래로 들어가며 조금만 놓아 달라 하니 수리가 가로되,

"조금 놓아 주다가 아주 들어가면 어찌하게?"

토끼 말이, / "그리하면 조금만 늦춰 주오."

하니 수리 생각에 / '조금 늦춰 주는 데야 어떠하랴?'

하고 한 발로 반만 쥐고 있더니, 토끼가 점점 들어가며 조금 하다가 톡 채치며 하는 말이,

"요것이 의사 주머니지."

▶ 토끼가 꾀를 내어 독수리를 속이고 위기를 모면함.

• 중심 내용 독수리에게 붙잡혔다가 또다시 기지를 발휘하여 위기를 모면한 토끼 • 구성 단계 결말

구절 풀이

❶ **"내 한 번 속은 것도 ~ 잘 속았다 하여라."** 허황된 탐욕으로 자라에게 속아 수궁에 들어갔다가 죽을 뻔한 토끼가 꾀를 내어 육지로 돌아왔을 때 자라에게 한 말이다. 이 장면에서 토끼는 용왕의 어리석음을 한껏 비웃고 조롱하는데, 이는 연약한 피지배 계층을 대변하는 토끼가 지배 계층으로 대변되는 용왕과의 대결에서 승리했음을 확인해 주는 것으로 독자로 하여금 통쾌함을 느끼게 한다.

❷ **"무슨 음식 있노라 ~ 너한테 속을손가?"** 토끼는 기지를 발휘해 용궁에서 빠져나왔지만 다시 독수리에게 붙잡히는 신세가 된다. 토끼가 위기를 벗어나기 위해 다시 꾀를 내자, 모든 것을 알고 있는 독수리는 용왕과는 달리 자신을 속일 수는 없을 것이라고 이야기하고 있다. 토끼의 입장에서는 설상가상인 격이지만, 독자들에게는 토끼가 이번에도 어떤 기지를 발휘하여 이 고난을 무사하게 넘길지 궁금증을 유발한다.

Q "요것이 의사 주머니지."에 담긴 의미는?

토끼는 '의사 주머니'를 '용궁의 보배'라고 말하지만 이는 실은 토끼의 '꾀주머니'를 뜻한다. 용왕과 마찬가지로 약자인 토끼를 괴롭히는 강자인 독수리마저 토끼의 꾀에 속아 넘어가는데, 이를 통해 용왕이나 독수리 같은 강자들의 어리석음을 폭로하고 있다. 이는 〈토끼전〉에서 가장 극적이고 해학적인 부분으로, 약자에게 속아 넘어가는 강자의 어리석은 행위가 반복되어 해학성이 배가되는 대목이라 할 수 있다.

작품 연구소

〈토끼전〉의 주제 의식

〈토끼전〉에서는 토끼와 자라의 갈등, 토끼와 용왕의 갈등이 중심을 이룬다. 전자의 갈등, 즉 자라가 용왕에게 충성하기 위해 토끼를 속이는 것은 표면적으로 작가의 충성심을 강조하면서 한편으로는 현실의 권력의 무능함을 독자로 하여금 깨닫게 하는 것이다. 후자의 경우에는 토끼가 용왕과 자라를 속이는 가운데, 위기에서 벗어나는 지혜와 헛된 욕망에 대한 경계가 표면적 주제이지만, 그 속에서 세속적인 부귀 영화를 추구하는 토끼의 속물성을 비판하고 있다.

표면적 주제	자라의 충성심, 토끼의 위기 극복의 지혜, 허욕에 대한 경계
이면적 주제	서로 속이는 인간 세태의 풍자, 분수 넘치는 행위에 대한 경계, 권력을 얻는 데에만 혈안이 된 무능한 지배 계급에 대한 고발 및 풍자

〈토끼전〉의 작가 의식과 사회적 배경

〈토끼전〉의 형성 시기로 추정되는 17, 18세기는 지배 관료 계층의 부패와 무능으로 서민들의 사회적 불만이 커 가던 시기였다. 그러나 서민들은 지적 능력의 결여와 사회적 신분의 제약으로 인해 불만을 표출할 방법이 없었다. 다만 민란(民亂)이라는 폭력적 수단을 사용하거나 민속극·판소리·민요 등 서민 예술을 통해 간접적으로 표출할 수밖에 없었다. 이러한 상황에서 우화적 기법을 사용한 〈토끼전〉은 서민들의 사회적 불만을 표현하는 좋은 수단이었다.

〈토끼전〉에서 주색에 빠져 병들고 어리석게도 토끼의 꾀에 속아 넘어가는 용왕과 어전에서 싸움만 하고 있는 수궁 대신들은 당시의 부패하고 무능한 지배 계층의 인물들을 투영한 것이다. 이와 반대로 토끼는 서민의 입장을 반영한 인물로, 수궁에서 호의호식(好衣好食)하고 높은 벼슬을 할 수 있다는 자라의 말에 속아 죽을 위기에 처하지만, 끝내 용왕을 속이고 자라를 우롱하면서 최후의 승리를 얻는다. 이러한 작품의 귀결은 토끼가 작가의 집단을 대변하는 존재임을 잘 보여 준다.

〈토끼전〉의 발전 과정

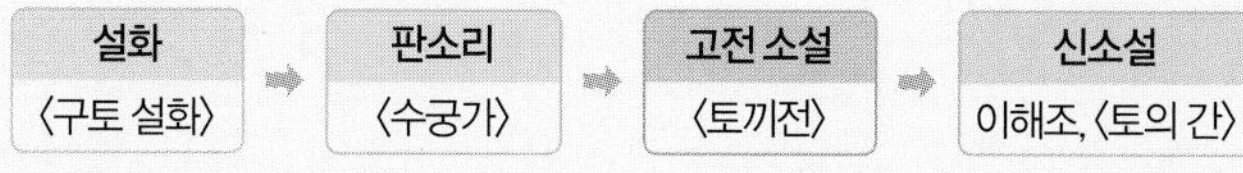

자료실

판소리계 소설의 특징

- 판소리의 사설을 소설화한 것이기 때문에 작가를 알 수 없으며, 구전(口傳)되어 이본이 많다.
- 주로 평민층이 향유하면서 평민 계층의 발랄함과 진취성을 바탕으로 전승, 재창작, 개작되었으며, 그 과정에서 평민층의 삶의 체험과 소망 의식을 투영하게 되었다. 주인공은 세속적 범인형으로 현실적 경험을 생동감 있게 표현했다.
- 판소리계 소설은 판소리가 지닌 개방적 면모와 향유층들의 다양한 관심사, 해학과 풍자를 기본으로 하는 평민 계층의 문화적 역동성 등을 잘 보여 준다.

함께 읽으면 좋은 작품

〈장끼전〉, 작자 미상 / 유교 이념을 풍자한 판소리계 소설

판소리로 가창되다가 후에 정착된 판소리계 소설로, 꿩을 의인화하여 남존여비(男尊女卑)와 개가 금지(改嫁禁止)라는 당대의 유교 이념을 비판하고 풍자한 작품이다. 〈장끼전〉은 양반 사회의 위선을 풍자하고 여권 신장과 인간의 본능적 욕구를 중요하게 다루어 조선 후기의 서민 의식을 잘 반영한 작품이라는 점에서 〈토끼전〉과 유사하다.

Link 본책 190쪽

6 ㉠에서 자라가 처한 상황을 나타내기에 적절한 것은?

① 모난 돌이 정 맞는다.
② 소 잃고 외양간 고친다.
③ 닭 쫓던 개 지붕 쳐다본다.
④ 쥐구멍에도 볕 들 날 있다.
⑤ 혹 떼러 갔다가 혹 붙여 온다.

7 ㉡에 대한 설명으로 적절하지 <u>않은</u> 것은?

① 독수리와 토끼에게 모두 이익을 가져다 준다.
② 독수리와 토끼의 서로 다른 욕망을 드러낸다.
③ 토끼가 임기응변으로 꾸며 낸 꾀에 해당한다.
④ 토끼에 대한 독수리의 관심을 돌리는 수단이 된다.
⑤ 토끼가 위기 상황을 모면하는 데 중요한 역할을 한다.

8 ⓐ~ⓔ 중, 〈보기〉에 드러난 서술상 특징과 유사한 것은?

> **보기**
> 온갖 장난을 다하고 보니, 이런 장관이 또 있으랴! 이팔(二八) 이팔 둘이 만나 맺힌 마음, 세월 가는 줄 모르던가 보더라. – 작자 미상, 〈춘향전(春香傳)〉

① ⓐ　② ⓑ　③ ⓒ　④ ⓓ　⑤ ⓔ

9 이 글의 토끼와 〈보기〉의 김춘추의 공통점을 〈조건〉에 맞게 쓰시오.

> **보기**
> 고구려 왕은 전날 김춘추의 맹세를 들었고, 또한 첩자의 말을 들은지라 그 이상 만류하지 못하고 후한 예로 대우하여 김춘추를 귀국케 하였다. 고구려 국경을 벗어나자 김춘추가 전송하러 나온 자에게 말했다.
> "내가 백제에 원수를 갚기 위하여 고구려에 와서 군사를 요청하였으나, 대왕은 이를 허락하지 않고 도리어 땅을 요구하였다. 그러나 이것은 신하가 마음대로 할 수 있는 일이 아니다. 이전에 대왕에게 보낸 글은 죽음을 모면하려는 것이었을 뿐이다." – 작자 미상, 〈구토 설화(龜兎說話)〉

> **조건**
> 1. 처세적인 측면에서 쓸 것
> 2. 30자 이내의 완결된 한 문장으로 쓸 것

10 이 글의 등장인물에 대한 평가 중 적절하지 <u>않은</u> 내용을 찾고, 그 이유를 쓰시오.

등장인물	긍정적		부정적
자라	충(忠)을 실현함.	⟷	부당한 권력을 행사함.
토끼	꾀가 많고 말주변이 좋음.		허욕이 있음.

Ⅳ. 조선 후기

장끼전 | 작자 미상

키워드 체크 #우화 소설 #판소리계 소설 #남존여비 #개가 금지 #남성 중심의 유교 윤리 풍자

문학 신사고, 창비

핵심 정리

갈래 국문 소설, 우화 소설, 판소리계 소설
성격 우화적, 풍자적, 해학적, 현실 비판적
시점 전지적 작가 시점
제재 장끼와 까투리
주제 남존여비(男尊女卑) 사상과 여성의 개가(改嫁) 금지에 대한 비판과 풍자
특징 ① 의인화된 동물에 의해 사건이 전개됨.
② 중국의 고사가 많이 인용됨.
③ 당대의 서민 의식이 반영됨.

어휘 풀이

화용월태(花容月態) 아름다운 여인의 얼굴과 맵시를 이르는 말.
조리돌리다 죄를 지은 사람을 벌하기 위해 끌고 돌아다니면서 망신을 시키다.
치도곤(治盜棍) 죄인을 치던 나무 형구 중 길고 넓고 두꺼운 곤장.
난장(亂杖) 신체의 부위를 가리지 아니하고 마구 매로 치던 고문.

Q 장끼와 까투리의 말하기에 나타난 성격은?

장끼	까투리
아내의 말을 무시하고 아전인수(我田引水) 식으로 해석함.	타당한 이유를 들어 논리적으로 설득함.
⬇	⬇
경망스러우면서도 권위적인 성격	신중하고 지혜로운 성격

구절 풀이

❶ **장자방(張子房)의 지혜 염치 사병벽곡(謝病辟穀)하였으니** 한나라 재상인 장량(장자방)은 한 고조가 한신을 죽이는 것을 보고 벼슬을 오래 하면 화를 입으리라 생각하여, 병을 핑계로 벼슬에서 물러나 밥을 먹지 않고 사는 이른바 신선술을 배웠다고 한다.

❷ **호타하 보리밥** 광무제가 왕랑의 난을 맞아 도망가다가 남궁현에 이르렀을 때, 풍이(馮夷)가 광무제에게 토끼 고기와 함께 바쳤던 보리밥을 일컫는다.

❸ **잔디 찰방수망(察訪首望)으로 황천부사(黃泉府使) 제수(除授)하여** 잔디 찰방은 무덤의 잔디를 지킨다는 뜻으로 죽음을 달리 말한 것이고, 수망은 벼슬아치를 뽑을 때 세 사람을 추천하는데 그중 첫째 후보자를 의미한다. 황천부사는 저승인 황천을 한 고을에 비유하여 그곳을 다스리는 원이라는 뜻이다.

❹ **초패왕의 어린 고집 ~ 자문이사(自刎而死)하여 있고,** 범증이 초패왕 항우에게 한의 유방을 먼저 칠 것을 역설했으나, 항우는 유방의 술책에 넘어가서 범증의 말을 따르지 않았다. 뒤에 초패왕은 한고조에게 많은 군사를 잃고 도주하다가 고향인 강동으로 건너갈 낯이 없어 자결했다.

가 까투리 하는 말이,

"계명시(鷄鳴時)에 꿈을 꾸니 색저고리 색치마를 이내 몸에 단장하고 청산녹수 노닐다가 『난데없는 청삽사리 입살을 악물고 와락 뛰어 달려들어 발톱으로 허위치니 경황실색(驚惶失色) 갈 데 없이 삼밭으로 달아날 제, 잔 삼대 쓰러지고 굵은 삼대 춤을 추며, 짧은 허리 가는 몸에 휘휘친친 감겨 뵈니』 이내 몸 과부 되어 상복 입을 꿈이오니 제발 덕분 먹지 마소. 부디 그 콩 먹지 마소."

(닭이 울 때 / '입술'의 방언 / 놀라고 두려워 얼굴색이 달라짐. / 『 』: 불길한 꿈 제시 – 까투리가 장끼를 설득하는 이유)

장끼란 놈 대로(大怒)하여 두 발로 이리 차고 저리 차며 하는 말이,

『"●화용월태(花容月態) 저년 기둥서방 마다하고 타인 남자 즐기다가 참바 올바 주황사로 뒤죽지 결박하여 이 거리 저 거리 북 치며 ●조리돌리고 삼모장과 ●치도곤(治盜棍)으로 ●난장(亂杖) 맞을 꿈이로다. 그런 꿈 말 다시 마라. 앞 정갱이 꺾어 놀라."』

(장끼에 대한 작가의 부정적인 태도가 반영됨. / 죄인을 묶던 포승줄 / 『 』: 까투리의 꿈에 대한 극단적 해석, 까투리의 인격을 모멸하는 언사 / 죄인을 치는 세모진 방망이 / 볏짚, 삼이나 피륙으로 꼰 굵은 줄 / 정강이. 무릎 아래에서 앞뼈가 있는 부분)

▶ 까투리의 불길한 꿈 이야기를 듣고 장끼가 화를 냄.

나 까투리 하는 말이,

『"기러기 북국에 울며 날 제 갈대를 물어 나름은 장부의 조심이요, 봉(鳳)이 천 길을 떠오르되 좁쌀을 찍어 먹지 아니함은 군자의 염치로다. 그대 비록 미물이나 군자의 본(本)을 받아 염치를 알 것이니 백이숙제(伯夷叔齊)의 충열 염치(忠烈廉恥) 주속(周粟)을 아니 먹고, ❶장자방(張子房)의 지혜 염치 사병벽곡((謝病辟穀)하였으니 그대도 이런 것을 본을 받아 조심을 하려 하면 부디 그 콩 먹지 마소."』/ 장끼란 놈 이른 말이,

(『 』: 까투리의 설득 방법 – 중국 고사의 내용을 인용하여 군자의 염치를 강조함. / 수양산에 들어가 고사리를 뜯어 먹으며 지내다가 굶어 죽은 은나라 백이숙제 형제의 충절과 염치 / 주나라 곡식 / 건강을 이유로 벼슬을 사양하고 곡식을 끊음.)

"네 말이 무식하다. 예절을 모르거든 염치를 내 알쏘냐. 안자(顔子) 님 도학(道學) 염치로도 삼십밖에 더 못 살고, 백이숙제의 충절 염치로도 수양산(首陽山)에 굶어 죽고, 장량(張良)의 사병벽곡으로 적송자(赤松子)를 따라갔으니 염치도 부질없고 먹는 것이 으뜸이라. ❷호타하 보리밥을 문숙(文叔)이 달게 먹고 중흥 천자(中興天子) 되어 있고, 표모(漂母)의 식은 밥은 한신(韓信)이 달게 먹고 한국 대장(漢國大將) 되었으니, 나도 이 콩 먹고 크게 될 줄 뉘 알쏘냐."

(공자의 수제자 안회 / 장자방 / 신농씨 때에, 비를 다스렸다는 신선의 이름 / 장끼가 변명하는 말의 핵심 내용 / 후한 광무제 유수 / 빨래하는 나이 든 여자)

▶ 까투리가 콩을 먹지 말라고 만류하지만 장끼가 콩을 먹겠다고 고집을 부림.

다 까투리 하는 말이,

"그 콩 먹고 잘된다면 말은 내 먼저 말하오리다. 『❸잔디 찰방수망(察訪首望)으로 황천부사(黃泉府使) 제수(除授)하여 청산을 영이별(永離別)하오리니 내 원망은 부디 마소.』 고서(古書)를 볼 양이면 고집불통 과하다가 패가망신 몇몇인고. 『천고 진시황의 몹쓸 고집 부소(扶蘇)의 말 듣지 않고 민심소동(民心騷動) 사십 년에 이세(二世) 때에 실국(失國)하고, ❹초패왕의 어린 고집 범증(范增)의 말 듣지 않다가 팔천 제자 다 죽이고 무면도강동(無面渡江東)하여 자문이사(自刎而死)하여 있고, 굴삼려(屈三閭)의 옳은 말도 고집불청하다가 진무관(秦武關)에 굳이 갇혀 가련 공산(可憐空山) 삼혼(三魂)되어 강상에 우는 새 어복 충혼(魚腹忠魂) 부끄럽다.』 그대 고집 오신명(誤身命)하오리다."

(『 』: 장끼가 죽게 될 것이라는 말 – 해학적 표현 / 추천을 받지 않고 임금이 바로 벼슬을 줌. / 진시황의 장자로 분서갱유의 부당성을 끝까지 간함. / 『 』: 남의 말을 듣지 않고 잘된 사람이 없다는 것을 고사를 인용하여 설득함. / 진시황의 아들 호해 때 나라가 멸망함. / 항우 / 어리석은 / 일에 실패하여 고향에 돌아갈 형편이나 면목이 없음. / 자살 / 초나라 굴원 / 사람의 넋 / 물고기 뱃속에 들어간 혼 – 굴원 / 몸을 그르침.)

장끼란 놈 하는 말이,

"콩 먹고 다 죽을까? 고서를 볼작시면 콩 태(太) 자 든 이마다 오래 살고 귀히 되니라. 『태고적 천황씨(天皇氏)는 일만 팔천 세를 살아 있고, 태호 복희씨(太昊伏義氏)는 풍성이 상승하여 십오 대를 전해 있고, 한 태조(漢太祖), 당 태종(唐太宗)은 풍진 세계 창업지주(創業之主) 되었으니, 오곡 백곡 잡곡 중에 콩 태자가 제일이라.』"

(『 』: 콩 태(太) 자와 관련하여 오래 산 사람들을 열거하면서 자기주장을 합리화함.)

▶ 까투리의 만류에도 장끼가 계속 고집을 부림.

• **중심 내용** 콩을 먹지 말라고 만류하는 까투리와 고집을 꺾지 않는 장끼 • **구성 단계** 위기

이해와 감상

〈장끼전〉은 원래 판소리 열두 마당 중의 하나인 〈장끼 타령〉으로 불리다가 그 전승이 끊어지면서 대본인 가사만 남아 소설로 정착된 판소리계 소설이다. 또한 인격화된 꿩에 의해 사건이 진행되며 현실 세계에 대한 우의적(寓意的) 기능을 한다는 점에서 우화 소설에 해당한다.

이 작품은 모두 세 장면으로 구성되어 있고, 각각의 장면을 통해 주제 의식을 전달하고 있다. 첫째는 장끼 부부가 먹음직한 콩을 발견하고 먹을 것인가에 대한 논쟁을 벌이는 장면이다. 이를 통해 남성의 권위주의와 우월 의식을 비판적으로 드러내고 있다. 둘째는 덫에 치여 죽어 가는 장끼의 행동이 해학적으로 그려진 장면이다. 장끼는 죽어 가면서도 가부장적 권위를 지키려 하고 있는데, 이는 남성 우월 의식에 대한 비판을 담고 있다. 셋째는 까투리의 개가(改嫁) 장면이다. 까투리는 수절을 명분으로 구혼을 거절하다가, 홀아비 장끼가 문상 오자 수절을 팽개치고 유유상종(類類相從)이라는 명분으로 개가한다. 이는 남존여비(男尊女卑)와 개가 금지(改嫁禁止)라는 당시의 유교 윤리를 비판하고 풍자한 것으로 볼 수 있다.

이렇게 볼 때, 〈장끼전〉은 당대 남성의 권위주의적 의식과 가부장적 권위에 대한 비판, 여권 신장, 인간의 본능적 욕구의 중시라는 조선 후기의 서민 의식을 잘 반영하고 있는 작품이라고 할 수 있다.

전체 줄거리

발단	굶주린 장끼와 까투리가 자식들을 거느리고 먹이를 찾아 산기슭으로 간다.
전개	먹이를 찾아 헤매던 장끼는 붉은 콩 하나를 발견하고 기뻐한다.
위기	까투리가 불길한 꿈 내용과 중국의 고사를 들어 콩 먹기를 만류하지만 장끼는 고집을 꺾지 않고 콩을 먹으려다 덫에 걸린다.
절정	장끼는 까투리에게 수절하여 정렬부인이 되어 줄 것을 유언으로 남긴 채 죽고, 까투리는 장끼의 깃털 하나를 주워다가 장례를 치른다.
결말	유언에 따라 수절하던 까투리는 홀아비 장끼를 본 후 유유상종이라는 명분을 내세우며 개가하고, 자식들을 모두 혼인시킨 뒤 물에 들어가 조개가 된다.

 인물 관계도

장끼 ←→ 까투리

콩을 먹지 말라는 까투리의 계속된 만류에도 불구하고 장끼는 콩을 먹겠다고 고집을 부림.

작품 연구소

〈장끼전〉의 주요 인물과 주제 의식

장끼	까투리
• 여자의 말을 무시함. • 아전인수(我田引水) 식으로 해석함. • 자신의 죽음을 까투리 때문이라고 말함.	• 죽어 가는 장끼로부터 수절을 강요당함. • 장끼가 죽고 곧바로 개가함.
• 남존여비(男尊女卑) 사상 비판 • 남성 우월 의식 비판 • 가부장적 권위주의 비판	• 여성의 개가 금지(改嫁禁止) 비판 • 봉건적 유교 윤리 비판·풍자 • 인간의 본능적 욕구 및 여성의 자아 실현이라는 진보적 의식 반영

봉건적 유교 윤리 비판·풍자

키 포인트 체크

인물 장끼는 신중하지 못하며 고집 센 □□□□ 인물이고, 까투리는 조심성 있고 지혜로운 인물이다.

배경 □□□□ 사상이 팽배한 당시의 사회를 비판적으로 바라보는 조선 후기이다.

사건 까투리의 만류에도 □을 먹겠다고 고집을 부리던 장끼가 덫에 걸려 죽고, 까투리는 □□한다.

1 이 글의 서술상 특징으로 적절하지 않은 것은?

① 대화를 통해 인물의 성격을 보여 주고 있다.
② 인격화된 동물에 의해 사건이 전개되고 있다.
③ 어려운 한자어와 중국의 고사를 많이 인용하고 있다.
④ 운문적 요소를 배제하고 산문 중심으로 서술하고 있다.
⑤ 대립적인 인물 제시를 통해 작가의 생각을 드러내고 있다.

2 이 글과 〈보기〉의 인물을 비교하여 감상한 내용으로 적절하지 않은 것은?

보기

계집 다람쥐가 이 말을 듣고 크게 꾸짖어 가로되,
"낭군의 말이 그르도다. 천하 만물이 세상에 나매 신의를 으뜸으로 삼나니, 서대주는 본래 우리와 더불어 항렬이 남과 다름이 없고, 하물며 내외를 상통함도 없으되 다만 일면 교분을 생각하고 다소간 양미(糧米, 양식)를 쾌히 허급하여 청하는 바를 좇았으니, 서대주가 낭군 대접함이 옛날 주공이 일반(一飯, 한 번 밥 먹음.)의 삼토포(三吐哺, 세 번 내뱉음.)하고 일목(一沐)에 삼악발(三握髮, 세 번 머리를 감음.)보다 더하거나 늘 한 번도 치하함이 없다가 무슨 면목으로 또 구활함을 청하매 허락하지 아니하였다고 오히려 노하는 것이 신의가 없는 일이어늘, 하물며 포악한 마음을 발하여 은혜 갚을 생각은 아니하고 관청에 송사를 이르고자 하니, 이는 이른바 적반하장(賊反荷杖)이요 은반위수(恩反爲讐)라."

– 작자 미상, 〈서동지전(鼠同知傳)〉

① 까투리와 계집 다람쥐 둘 다 고사를 인용하고 있다.
② 계집 다람쥐가 까투리보다 남편에게 더 기세당당하다.
③ 까투리는 남편에게 순종적이고, 계집 다람쥐는 포용적이다.
④ 까투리와 계집 다람쥐 둘 다 이치에 맞고 사려 깊은 말을 한다.
⑤ 까투리는 남편의 안전을 중시하고, 계집 다람쥐는 사회적 관계를 중시한다.

3 까투리와 장끼의 말하기 방식을 통해 알 수 있는 서로에 대한 태도를 쓰시오.

4 이 글을 읽고 〈보기〉와 같은 반응을 보였다고 할 때, 빈칸에 들어갈 말로 가장 적절한 것은?

보기

콩을 먹지 말라고 만류하는 까투리의 말을 자기 식대로 해석하는 장끼의 모습은 ______(이)라 할 수 있어.

① 견강부회(牽强附會) ② 연목구어(緣木求魚)
③ 호가호위(狐假虎威) ④ 목불식정(目不識丁)
⑤ 식자우환(識字憂患)

Ⅳ. 조선 후기

어휘 풀이

고패 서서히 열을 주어 구부린 나무.
자락머리 채 길지 않은 짧은 머리.
붕성지통(崩城之痛) 성이 무너질 만큼 큰 슬픔이라는 뜻으로, 남편이 죽은 슬픔을 이르는 말.
차위 짐승을 꾀어 잡는 기구. '덫'의 방언.
도화살(桃花煞) 여자가 한 남자의 아내로 살지 못하고 사별하거나 뭇 남자와 상관하도록 지워진 살.
상부(喪夫) 남편이 죽음을 당함.
봉물(封物) 시골에서 서울 벼슬아치들에게 바치던 선물.
폐백(幣帛) 신부가 처음으로 시부모를 뵐 때 큰절을 하고 올리는 물건. 또는 그런 일.
건치(乾雉) 신부가 시부모를 처음 뵐 때 폐백으로 쓰는 말린 꿩고기.

Q 〈장끼전〉에 나타난 해학성은?

장끼가 아내의 만류에도 불구하고 콩을 먹다 죽는 장면은 까투리의 통곡에서도 드러나듯 그 자체가 비극적 사건이다. 하지만 이러한 비극적인 상황을 해학적으로 처리하여 웃음을 유발하고 있는데, 이는 판소리의 특징을 잘 보여 주는 것이라 할 수 있다.

구절 풀이

❶ **박랑사중(博浪沙中)에 ~ 수레 마치는 듯** 박랑사중은 장량이 창해 역사(力士)로 하여금 진시황을 죽이고자 저격하던 곳으로, 진시황은 맞히지 못하고 그다음 수레를 맞히어 실패한다.
❷ **"공산야월(空山夜月) 두견성(杜鵑聲)** 적막하고 쓸쓸한 산중 달밤의 두견새 울음소리를 말하는 것으로, 까투리의 서글픈 심정을 고조시키는 분위기를 조성한다.
❸ **양약(良藥)이 고구(苦口)나 ~ 역이(逆耳)나 이어행(利於行)이라** 좋은 약은 입에 쓰나 몸에 이롭고, 충언은 귀에 거슬리나 행하기에는 이롭다는 말로, 콩을 먹지 말라는 자신의 충고를 듣지 않다가 죽은 장끼에 대한 까투리의 원망 섞인 한탄이다.
❹ **내 얼굴 못 보아 ~ 정렬부인(貞烈夫人) 되옵소서.** 장끼가 죽으면서도 까투리에게 정렬부인(정조와 지조를 굳게 지킨 부인)이 되라고 당부하는 말로, 여기에는 당시의 개가 금지라는 유교 윤리에 대한 작가의 비판 의식과 풍자 의식이 담겨 있다.

Q 장끼의 발언과 수절 요구에 나타난 당대 의식은?

장끼는 자신의 죽음을 자신의 판단 착오 때문이 아니라, 남편과 사별을 자주 한 까투리 집안 때문이라고 책임을 전가하고 있다. 이것은 죽는 순간까지도 가부장의 권위를 지키려는 태도로 비판의 대상이 된다. 또한 장끼는 까투리에게 정렬부인이 되라고 수절을 요구하는데, 이는 당시의 봉건적 윤리 의식과 가부장의 권위주의적 태도가 반영된 것이다.

가 까투리 홀로 경황없이 물러서니, 장끼란 놈 거동 보소. 콩 먹으러 들어갈 제 열두 장목 펼쳐 들고 꾸벅꾸벅 고개 조아 조츰조츰 들어가서 반달 같은 혀뿌리로 들입다 꽉 찍으니 「두 •고패 둥그레지며 머리 위에 치는 소리 ❶박랑사중(博浪沙中)에 저격시황(狙擊始皇)하다가 버금 수레 마치는 듯 와지끈 뚝딱 푸드득 변통없이 치었구나.」/ 까투리 하는 말이,

(편집자적 논평 / 차츰차츰, 조금씩 조금씩 / 「」: 장끼가 덫에 걸렸음을 나타낸 표현 / 어찌해 볼 수 없이, 꼼짝없이)

"저런 광경 당할 줄 몰랐던가, 남자라고 여자의 말 잘 들어도 패가(敗家)하고, 계집의 말 안 들어도 망신(亡身)하네."

(장끼가 자신의 말을 듣지 않아 죽게 되었음을 드러낸 말)

까투리 거동 볼작시면, 「상하평전 자갈밭에 •자락머리 풀어 놓고 당굴당굴 뒹굴면서 가슴 치고 일어앉아 잔디 풀을 쥐어뜯어 애통하며 두 발로 땅땅 구르면서 •붕성지통(崩城之痛) 극진하니,」 아홉 아들 열두 딸과 친구 벗님네들도 불쌍타 의논하며 조문(弔問) 애곡(哀哭)하니 가련 공산 낙목천(落木天)에 울음소리뿐이로다.

(「」: 까투리의 행동을 통해 비극적 심정을 효과적으로 표현함.)

까투리 슬픈 중에 하는 말이,

❷"공산야월(空山夜月) 두견성(杜鵑聲)은 슬픈 회포 더욱 섧다. 《통감(通鑑)》에 이르기를, ❸양약(良藥)이 고구(苦口)나 이어병(利於病)이요, 충언(忠言)이 역이(逆耳)나 이어행(利於行)이라 하였으니 자네도 내 말 들었으면 저런 변 당할쏜가, 답답하고 불쌍하다. 우리 양주 좋은 금실 누구더러 말할쏘냐. 슬피 서서 통곡하니 눈물은 못이 되고 한숨은 폭우된다. 가슴에 불이 붙네. 이내 평생 어이할꼬." ▶ 까투리가 장끼가 덫에 걸려 죽게 된 것을 애통해함.

(사마광이 쓴 《자치통감》 / 대구법, 과장법)

나 장끼 거동 볼작시면 •차위 밑에 엎드려서,

「"예라 이년 요란하다. 후환을 미리 알면 산에 갈 이 뉘 있으리. 선(先)미련 후실기(後失期)라. 죽은 놈이 탈 없이 죽으랴. 사람도 죽기를 맥으로 안다 하니 나도 죽지 않겠나 맥이나 짚어 보소."」/ 까투리 대답하고 이르는 말이,

(「」: 비극적 상황을 해학적으로 표현 – 판소리계 소설의 특징 / 미련한 짓이 앞서면 그것을 바로잡으려 해도 때는 늦었다는 뜻)

「"비위맥(脾胃脈)은 끊어지고 간맥(肝脈)은 서늘하고, 태충맥(太沖脈)은 걷어 가고 명맥(命脈)은 떨어지네.」 애고 이게 웬일이오. 원수로다, 원수로다, 고집불통 원수로다." ▶ 죽어 가는 장끼의 모습

(지라와 위의 기운 / 「」: 장끼가 죽어 가고 있음을 구체적으로 드러냄. / 장끼의 성격을 엿볼 수 있음.)

다 "이제는 속절없네. 저편 눈에 동자 부처 첫새벽에 떠나가고 이편 눈에 동자 부처 지금에 떠나려고 파랑보에 봇짐 싸고 곰방대 붙여 물고 길목 버선 감발하네. 애고 애고 이내 팔자 이다지 기박(奇薄)한가. 「상부(喪夫)도 자주 한다. 첫째 낭군 얻었다가 보라매에 채여 가고, 둘째 낭군 얻었다가 사냥개에 물려 가고, 셋째 낭군 얻었다가 살림도 채 못 하고 포수에게 맞아 죽고, 이번 낭군 얻어서는 금실도 좋거니와 아홉 아들 열두 딸을 낳아 놓고 남혼여가(男婚女嫁) 채 못 하여 구복(口腹)이 원수로 콩 하나 먹으려다 저 차위에 덜컥 치었으니 속절없이 영 이별하겠고나.」 •도화살을 가졌는가, 이내 팔자 험악하다. 불쌍토다 우리 낭군 나이 많아 죽었는가, 병이 들어 죽었는가, 망신살을 가졌던가, 고집살을 가졌던가, 어찌하면 살려 낼꼬. 앞뒤에 섰는 자녀 뉘라서 혼취(婚娶)하며, 복중(腹中)에 든 유복자는 해산구원(解産救援) 뉘라 할까. [중략] 미망(未亡)일세, 미망일세, 이 몸이 미망일세." ▶ 까투리가 과부가 될 자신의 신세를 한탄함.

(단념할 수밖에 달리 어찌할 도리가 없음. / 발에 발감개를 하다. / 「」: 까투리가 이미 여러 번 결혼했음을 드러낸 말 – 당시 유교 사상을 따르지 않는 까투리의 모습을 통해 주제 의식을 강조함. / 자녀의 혼인 / 먹고 사는 것이 원수라는 말 / 혼인 / 아기를 낳을 때 돕는 일 / 과부)

라 한참 통곡하니 장끼란 놈 반눈 뜨고, / "자네 너무 설워 마소. •상부(喪夫) 잦은 네 가문에 장가 가기 내 실수라. 이 말 저 말 마라. 사자(死者)는 불가부생(不可復生)이라 다시 보기 어려우니 나를 굳이 보려거든 명일 조반 일찍 먹고 「차위 임자 따라가면 김천(金泉)장에 걸렸거나 그렇지 아니하면 감영도(監營道)나 병영도(兵營道)나 수령도(守令都)의 관청 고에 걸리든지 •봉물(封物) 짐에 앉혔든지 사또 밥상 오르든지 그렇지 아니하면 혼인집 •폐백 •건치(乾雉) 되리로다.」 ❹내 얼굴 못 보아 설워 말고 ㉠자네 몸 수절하여 정렬부인(貞烈夫人) 되옵소서. 불쌍하다 이내 신세, 우지 마라 우지 마라, 내 까투리 우지 마라. 장부 간장 다 녹는다. 네 아무리 설워하나 죽는 나만 불쌍하다." ▶ 장끼가 죽으면서 까투리에게 수절을 요구함.

(장끼의 책임 전가식 발언 / 다시 살아날 수 없음. / 내일 / 「」: 자신이 죽어 장차 사람들에 의해 쓰일 것임을 드러낸 말 / 감영을 둔 곳 / 병마절도사나 병영이 있던 고을 / 수령이 있는 고을 / 장끼가 까투리의 수절을 요구함. – 유교 윤리 / 죽어 가면서까지 이기적인 모습을 드러냄.)

• **중심 내용** 장끼의 죽음으로 인한 까투리의 신세 한탄과 장끼의 수절 요구 • **구성 단계** 절정

작품 연구소

〈장끼전〉의 표현상 특징

판소리에서 발달한 〈장끼전〉에는 판소리의 사설적 요소가 많이 남아 있다. 장끼와 까투리가 논쟁하는 부분에서는 한자어와 고사가 많이 인용되어 있는데, 이것은 판소리를 향유하는 계층이 양반 계층으로 확대되면서 그들의 기호를 수용했기 때문이다. 그 밖에도 평민들의 발랄한 속어나 재담, 육담을 진솔하게 사용한 점, 운문과 산문이 혼용된 문체를 사용한 점, 삶의 고통을 구수한 해학과 신랄한 풍자로 풀어낸 점 등은 〈장끼전〉이 판소리의 영향을 많이 받았음을 드러낸다.

〈장끼전〉의 풍자성

장끼와 까투리가 콩을 두고 논쟁을 벌이는 과정에서 까투리는 당당히 자신의 의견을 말함으로써 가부장적 권위에 도전한다. 특히 이 장면에서 까투리는 신중한 모습을 보이지만 장끼는 경솔하고 경망스러운 모습을 보이고 있다. 이를 통해 남성 우월 의식과 가부장의 권위 의식을 조롱하고 풍자하고 있음을 알 수 있다.

또한 까투리는 수절하라는 장끼의 유언을 듣지 않고 개가를 하는데, 이처럼 까투리가 자신의 본능적 욕구에 따라 개가하는 행위는 개가를 금지하는 봉건적 윤리와 남성 중심적 사회 제도에 대한 풍자를 드러낸 것이라 할 수 있다.

〈장끼전〉의 발전 과정

〈장끼전〉은 〈장끼 타령〉이라는 판소리로 불리다가 그 전승이 끊어지고 가사만 남아 소설화된 것이다. 〈장끼 타령〉은 판소리 열두 마당에는 포함되어 있으나, 고종 때 신재효가 판소리 사설을 여섯 마당으로 정리할 때 빠진 것으로 보아 그 이전에 판소리로서의 생명을 잃었을 것으로 추정된다.

그러나 〈장끼전〉은 전체가 낭독에 적합한 3(4)·4조의 운문체로 되어 있고, 해학적 표현이 전편에 나타나 있어 판소리계 소설임을 확연히 알 수 있다.

판소리		판소리 대본		판소리계 소설
〈장끼 타령〉	➡	〈자치가(雌稚歌)〉	➡	〈장끼전〉

자료실

〈장끼전〉의 사회적 배경 – 여성의 개가 금지 풍속

조선 시대에는 '열녀불경이부(烈女不更二夫)'라는 유교적 예의를 준수하여 여성의 개가(改嫁)를 금지하는 사회적 풍속이 양반 사회뿐만 아니라 평민층에 이르기까지 사회 전반에 걸쳐서 지켜지고 있었다. 〈장끼전〉에서 장끼는 죽기 전에 까투리에게 수절하여 정렬부인이 되기를 요구하는데, 이 유언 내용에는 여성의 수절을 중시하고 개가를 금지하는 당시의 봉건적 유교 윤리가 나타난다.

함께 읽으면 좋은 작품

〈호질(虎叱)〉, 박지원 / 동물을 의인화하여 당대의 유교 윤리를 비판한 작품

위선적 인물을 대표하는 북곽 선생과 동리자를 내세워 당시의 양반 계급의 허위적인 도덕관을 비판하고 풍자한 박지원의 대표작이다. 유학자의 위선과 인간의 탐욕스러움을 호랑이라는 동물의 입을 빌려 질책하고 있다는 점에서 꿩을 의인화하여 당대의 유교 윤리를 비판하고 풍자한 〈장끼전〉과 유사하다.

Link 본책 210쪽

5 이 글에 대한 설명으로 적절하지 않은 것은?

① 평민들의 발랄한 재담과 육담이 사용되고 있다.
② 경제적 능력을 앞세워 여권 신장을 추구하고 있다.
③ 기성 사회가 지닌 문제점을 우의적으로 풍자하고 있다.
④ 민중 의식의 성장을 바탕으로 한 비판 정신이 드러나 있다.
⑤ 타인의 충고를 수용하고 과욕을 부리지 말라는 교훈을 담고 있다.

6 (나)와 〈보기〉를 비교하여 설명한 내용으로 적절하지 않은 것은?

보기

방 안이 넓든지 말든지 양주(兩主)가 드러누워 기지개 켜면 발은 마당으로 가고, 대고리는 뒤꼍으로 맹자 아래 대문하고, 엉덩이는 울타리 밖으로 나가니, 동리 사람이 출입하다가 '이 엉덩이 불러들이소.' 하는 소리, 흥보가 듣고 깜짝 놀라 대성통곡 우는 소리, – 작자 미상, 〈흥보전(興甫傳)〉

① (나)와 〈보기〉 모두 비극적 사실을 해학적으로 그리고 있다.
② (나)와 〈보기〉 모두 운문체를 사용하여 리듬감을 형성하고 있다.
③ (나)와 〈보기〉 모두 판소리로 불리다가 한문 소설로 정착되는 과정에서 한자어가 삽입되었다.
④ (나)는 등장인물의 대화를 통해, 〈보기〉는 묘사를 통해 내용을 전개하고 있다.
⑤ (나)와 달리 〈보기〉는 과장된 표현을 통해 인물의 어려운 처지를 강조하고 있다.

7 ㉠에 대해 〈보기〉의 서술자가 보일 반응으로 적절한 것은?

보기

우리나라 법전에 "개가(改嫁) 자손은 정직(正職, 문무의 관직)에 임명하지 않는다."라는 규정이 있다. 이 법이 어찌 모든 서민(庶民)을 위해 만든 것이겠는가. 그러나 우리 왕조가 들어선 4백 년 이래 백성들이 오랫동안의 교화(敎化)에 젖어 여자들이 귀천을 막론하고 반명(班名, 양반)을 하건 못하건 너나없이 수절을 해서 드디어 하나의 풍속이 되고 말았다. – 박지원, 〈열녀함양박씨전(烈女咸陽朴氏傳)〉

① 수절을 한다고 정렬부인이 된다는 보장이 있나요?
② 과부의 수절이 과연 가문이나 자식을 위한 것인가요?
③ 자손이 벼슬할 일도 없는데 굳이 수절할 필요가 있을까요?
④ 법이 만들어진 이상 무조건 지켜야 한다는 것도 모르나요?
⑤ 수절에 대한 규정을 왜 모든 여자가 지켜야 하는 건가요?

8 이 글에서 장끼와 까투리를 통해 비판하고자 한 것을 〈조건〉에 맞게 쓰시오.

조건

1. '장끼를 통해 ~, 까투리를 통해 ~ 비판하고 있다.' 형태로 쓸 것
2. 50자 이내의 완결된 한 문장으로 쓸 것

광문자전(廣文者傳) | 박지원

키워드 체크 #한문 소설 #풍자 소설 #새로운 인간형 제시

문학 동아

핵심 정리

갈래 한문 소설, 단편 소설, 풍자 소설
성격 풍자적, 사실적
시점 전지적 작가 시점
배경 ① 시간 – 조선 후기
② 공간 – 한양의 종루 저잣거리
제재 비렁뱅이 광문의 삶
주제 ① 정직하고 신의 있는 삶에 대한 예찬
② 권모술수가 판을 치는 사회에 대한 풍자
특징 ① 주인공의 일화를 삽화 형식으로 나열하여 조선 후기 사회의 모습을 사실적으로 묘사함.
② 거지인 주인공의 인품을 예찬함으로써 상대적으로 양반 사회에 대한 풍자 효과를 높임.
의의 양반 계층에 대한 부정적 인식에서 표출된 새로운 인간형을 제시함.
출전 《연암집(燕巖集)》 중 〈방경각외전(放璚閣外傳)〉

Q 작가가 거지를 주인공으로 설정한 이유는?

고전 소설의 주인공은 대개 재자가인형(才子佳人型) 인물로 유형화되어 있다. 그런데 이 작품에서는 미천한 신분의 못생긴 거지인 광문이 주인공이다. 이는 작가가 가문적 배경, 권력, 부(富)와 같은 조건들을 별로 중요하게 생각하지 않았음을 뜻한다. 작가는 다가올 새 시대에는 기존의 신분 중심 사회에서 벗어나 성실하고 신의 있고 인정이 많은 근대적 인물이 필요함을 인식하고 광문과 같은 거지를 주인공으로 설정한 것이다.

어휘 풀이

저잣거리 가게가 죽 늘어서 있는 거리.
거적 짚을 두툼하게 엮거나, 새끼로 날을 하여 짚으로 쳐서 자리처럼 만든 물건.
수표교(手標橋) 조선 세종 때에, 서울 청계천에 놓은 다리. 이 다리 교각에 표를 해서 청계천의 수위를 측정한 데서 붙여진 이름임.
천거(薦擧)하다 어떤 일을 맡아 할 수 있는 사람을 그 자리에 쓰도록 소개하거나 추천하다.
장자(長者) 덕망이 뛰어나고 경험이 많아 세상일에 익숙한 어른.
공경(公卿) 삼공(三公)과 구경(九卿)을 아울러 이르는 말. 여기서는 높은 벼슬아치라는 의미임.
문하(門下) 문객이 드나드는 권세가 있는 집.

구절 풀이

❶ **말이 몹시 순박하므로 ~ 새벽녘에 풀어 주었다.** 광문의 인품을 짐작할 수 있는 구절로, 언행에 가식이 없고 진실성이 엿보이므로 집주인의 마음을 움직였다고 할 수 있다.
❷ **집주인이 내심 광문을 ~ 후히 대우하였다.** 죽은 아이를 묻어 주는 광문의 행동을 목격한 집주인이 오해를 풀고 그의 의로운 행위를 높이 샀음을 알 수 있다. 따라서 집주인은 광문의 신분보다 인간됨을 중시하는 인물로 볼 수 있다.

가 광문(廣文)이라는 자는 거지였다. 일찍이 종루(鐘樓)(현재 종로 네거리에 있는 종각을 말함.)의 •저잣거리에서 빌어먹고 다녔는데, 거지 아이들이 광문을 추대하여 패거리의 우두머리로 삼고, 소굴을 지키게 한 적이 있었다.(뒤에 이어지는 사건의 복선 역할) / 하루는 날이 몹시 차고 눈이 내리는데, 거지 아이들이 다 함께 빌러 나가고 그중 한 아이만이 병이 들어 따라가지 못했다. 조금 뒤 그 아이가 추위에 떨며 숨을 몰아쉬는데 그 소리가 몹시 처량하였다. ㉠광문이 너무도 불쌍하여 몸소 나가 밥을 빌어 왔는데,(우두머리라는 체면보다 사람의 목숨을 중히 여기는 광문의 따뜻한 마음씨를 엿볼 수 있음.) 병든 아이를 먹이려고 보니 아이는 벌써 죽어 있었다. 거지 아이들이 돌아와서는 광문이 그 애를 죽였다고 의심하여 다 함께 광문을 두들겨 쫓아내니, 광문이 밤에 엉금엉금 기어서 마을의 어느 집으로 들어가다가 그 집 개를 놀라게 하였다. 집주인이 광문을 잡아다 꽁꽁 묶으니, 광문이 외치며 하는 말이,

"나는 날 죽이려는 사람들을 피해 온 것이지 감히 도적질을 하러 온 것이 아닙니다. 영감님이 믿지 못하신다면 내일 아침에 저자에 나가 알아보십시오."

하는데, ❶말이 몹시 순박하므로(광문의 진실함) 집주인이 내심 광문이 도적이 아닌 것을 알고서 새벽녘에 풀어 주었다. ㉡광문이 고맙다는 인사를 하고는, 떨어진 •거적을 달라 하여 가지고 떠났다.(병든 아이의 시체를 묻어 주기 위해 거적을 얻어 감.) 집주인이 끝내 몹시 이상히 여겨 그 뒤를 밟아 멀찍이서 바라보니, 거지 아이들이 시체 하나를 끌고 •수표교(水標橋)에 와서 그 시체를 다리 밑으로 던져 버리는데,(동료들의 비정한 모습) 광문이 다리 속에 숨어 있다가 떨어진 거적으로 그 시체를 싸서 가만히 짊어지고 가, ㉢서쪽 교외 공동묘지에 다 묻고서 울다가 중얼거리다가 하는 것이었다. / 이에 집주인이(광문의 인간됨을 알아보는 안목의 소유자) 광문을 붙들고 사유를 물으니, 광문이 그제야 그전에 한 일과 어제 그렇게 된 상황을 낱낱이 고하였다. ㉣❷집주인이 내심 광문을 의롭게 여겨, 데리고 집에 돌아와 의복을 주며 후히 대우하였다.(다른 거지들이 던져 버린 시체를 묻어 주고 애도하는 모습에 감동함.) 그리고 마침내 광문을 약국을 운영하는 어느 부자에게 •천거하여 고용인으로 삼게 하였다.

▶ 누명을 쓰고 쫓겨난 광문이 그를 의롭게 여긴 집주인을 만나 부자에게 천거됨.

나 [A] 오랜 후 『어느 날 그 부자가 문을 나서다 말고 자주자주 뒤를 돌아보다, 도로 다시 방으로 들어가서 자물쇠가 걸렸나 안 걸렸나를 살펴본 다음 문을 나서는데, 마음이 몹시 미심쩍은 눈치였다.』(『』: 광문에 대한 의심 – 광문이 미천한 신분의 거지였기 때문에) 얼마 후 돌아와 깜짝 놀라며, 광문을 물끄러미 살펴보면서 무슨 말을 하고자 하다가, 안색이 달라지면서 그만두었다.(약국 부자의 신중한 면모가 드러남.) 광문은 실로 무슨 영문인지 몰라서 날마다 아무 말도 못하고 지냈는데,(자신에 대한 부자의 심기가 불편하다고 생각해서) 그렇다고 그만두겠다고 말할 수도 없었다.

그 후 며칠이 지나, 부자의 처조카가 돈을 가지고 와 부자에게 돌려주며,

『"얼마 전 제가 아저씨께 돈을 빌리러 왔다가, 마침 아저씨가 계시지 않아서 제멋대로 방에 들어가 가져갔는데, 아마도 아저씨는 모르셨을 것입니다."』(『』: 약국 부자가 광문에 대한 오해를 풀게 되는 계기)

하는 것이었다. 이에 부자는 광문에게 너무도 부끄러워서 그에게,

"나는 소인이다.(광문을 의심한 자신 ↔ 신의 있는 광문) •장자(長者)의 마음에 상처를 주었으니 나는 앞으로 너를 볼 낯이 없다."

하고 사죄하였다. 그러고는 알고 지내는 여러 사람들과 다른 부자나 큰 장사치들에게 광문을 의로운 사람이라고 두루 칭찬을 하고, 또 여러 종실(宗室)(임금의 친족)의 빈객들과 •공경(公卿) •문하(門下)(귀한 손님)의 측근들에게도 지나치리만큼 칭찬을 해 대니, 공경 문하의 측근들과 종실의 빈객들이 모두 이야깃거리를 만들어 밤이 되면 자기 주인에게 들려주었다.(사람들 입에 광문의 이야기가 오르내림.) ㉤그래서 두어 달이 지나는 사이에 사대부까지도 모두 광문이 옛날의 훌륭한 사람들과 같다는 이야기를 듣게 되었다.

▶ 신의 있는 광문의 행위가 부자에 의해 널리 알려짐.

• **중심 내용** 오해를 받아 도망치던 중 우연히 들어가게 된 집주인의 도움으로 의로운 행위가 널리 알려지게 된 광문
• **구성 단계** (가) 발단 / (나) 전개

이해와 감상

〈광문자전〉은 실학의 대가 연암 박지원의 한문 소설로, 기존의 재자가인형(才子佳人型) 주인공이 아닌, 신분이 미천하고 외모가 추한 거지 광문을 주인공으로 하고 있다. 거지인 광문은 사람으로서의 도리를 알고 마음씨가 따뜻하며 욕심 없고 소탈한 성품을 지닌 인물로, 연암에 의해 창조된 새로운 인간형이라 할 수 있다. 이러한 인물 설정은 인간성을 중시하고 남녀 귀천에 관계없이 인간은 모두 평등하다고 생각한 연암의 근대적인 가치관이 반영된 것이라 할 수 있다.

연암은 이러한 광문의 인간적인 모습을 통해 권모술수(權謀術數)가 판치는 당대의 위선적인 양반 사회를 풍자하면서, 사람의 가치를 평가할 때 가문, 권력, 지위, 부, 외모보다는 신의와 따뜻한 인간애가 더 중시되어야 한다는 인식을 보여 주고 있다.

전체 줄거리

발단	• 광문이 누명을 쓰고 동료들에게 쫓겨 도망치다 어떤 집에 들어간다. • 집주인이 광문의 덕행을 보고 의롭게 여겨 그를 약국의 부자에게 천거한다.
전개	• 약국의 부자가 어느 날 돈이 사라지자 광문을 의심한다. • 광문의 무고함이 밝혀지자 의심했던 일을 사죄하고 그의 의로움을 널리 알린다.
결말	광문의 신의 있고 진실한 면모를 보고 많은 사람이 그를 좋아하게 된다.

인물 관계도

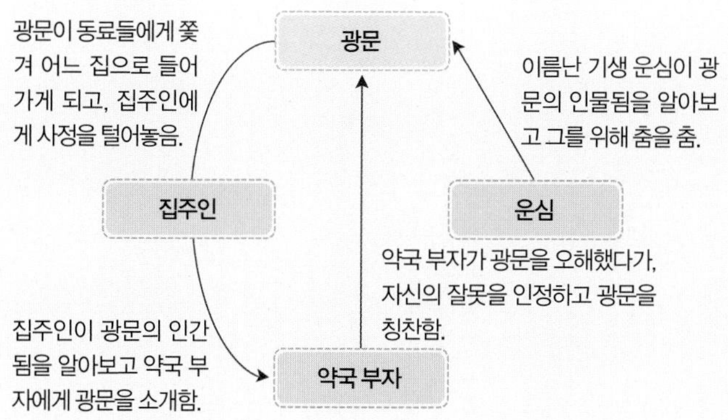

작품 연구소

일화를 통해 드러난 광문의 인물됨

일화	인물됨
누명을 쓴 뒤에도 버려진 거지 아이의 시신을 묻어 줌.	인정을 지니고 있으며 의리를 지킴.
돈을 훔쳤다는 의심을 받고도 자신의 일을 묵묵히 함.	의연하며 성실함.
광문이 빚보증을 서 준 사람에게는 담보를 따지지 않고 돈을 빌려 줌.	사람에 대한 신의를 중시함.
사내가 잘생긴 얼굴을 좋아하는 것처럼 여자도 그럴 것이라고 말함.	남녀가 대등한 권리를 갖고 있다고 생각함.
집을 가지라고 권하면 필요 없다며 사양함.	물질에 욕심이 없으며, 자유분방함.

키 포인트 체크

인물 광문은 신분이 천한 □□이지만 정직하고 □□가 있는 인물로, 타인의 어려움을 돌보는 따뜻한 심성을 가지고 있다.

배경 한양의 종루 저잣거리에서 □□□□가 판을 치는 조선 후기 사회의 모습을 담고 있다.

사건 걸인 광문은 인물됨이 훌륭하여, □□을 쓰고도 의연한 태도로 묵묵히 자신의 일을 하여 훗날 그 신의 있는 행위가 널리 알려졌다.

1 이 글에 대한 설명으로 적절하지 않은 것은?

① 인물과 관련된 일화를 중심으로 서술하고 있다.
② 동일한 사건을 다양한 시각으로 바라보고 있다.
③ 주로 요약적 제시에 의해 사건이 진행되고 있다.
④ 특정 인물의 인품에 서술의 초점을 맞추고 있다.
⑤ 인물이 처한 상황을 사실적으로 형상화하고 있다.

2 이 글의 사건 전개를 〈보기〉와 같이 이해할 때, 적절하지 않은 것은?

보기

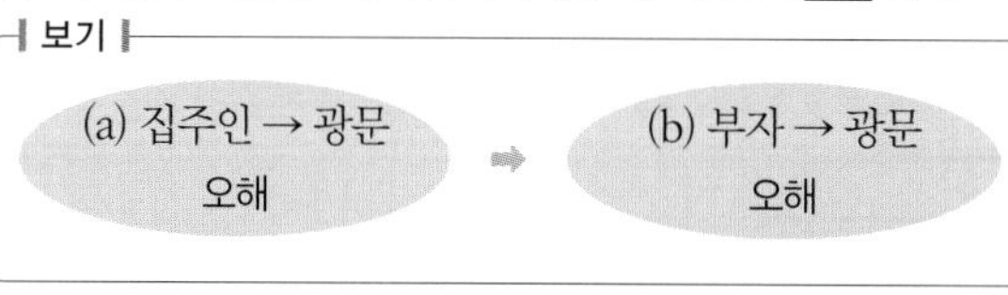

① (a)의 상황은 광문의 다급한 처지에서 비롯한다.
② (a)의 결과가 계기가 되어 (b)의 부자와 연결된다.
③ (b)에서는 (a)와 달리 광문이 적극적으로 해명한다.
④ (b)에서 광문이 썼던 누명은 제삼자에 의해 해소된다.
⑤ (a)와 (b)에서 광문은 결국 긍정적 평가를 받게 된다.

3 〈보기〉를 참고하여 [A]를 이해한 내용으로 적절하지 않은 것은?

보기

소설 속 인물들은 특정한 상황에 놓이게 되면 그 상황을 자신의 성격과 처지를 바탕으로 인식하고 그에 따른 대응 방식을 보여 준다.

① 광문이 처한 위기 상황이 드러나는군.
② 부자의 달라진 태도에 광문은 마음이 무거웠겠군.
③ 광문은 다시 거지로 돌아가는 것이 싫어 약국을 그만두겠다는 말을 못했겠군.
④ 신중한 성격의 부자는 광문을 의심하면서도 특별한 증거가 없어 추궁하지 않는군.
⑤ 광문은 부자의 속마음을 정확히 몰라 평소대로 지내는 것으로 상황에 대응하고 있군.

4 ㉠~㉤에 대한 설명으로 적절하지 않은 것은?

① ㉠: 광문의 따뜻한 마음씨를 짐작할 수 있다.
② ㉡: 집주인은 광문의 요구가 이상하다고 생각하고 있다.
③ ㉢: 광문이 거지라는 이유로 도둑 취급을 당하는 자신의 처지를 생각하며 서글퍼하고 있다.
④ ㉣: 광문에 대한 집주인의 인식이 달라졌음을 보여 준다.
⑤ ㉤: 광문에 대한 긍정적 평가가 끊임없이 재생산된 것이다.

5 이 글의 작가가 광문을 주인공으로 제시한 의도를 〈조건〉에 맞게 쓰시오.

조건

당시의 가치관과 광문의 인물형을 포함하여 쓸 것

IV. 조선 후기

Q 광문의 외모의 역할은?

추악하며 입이 커서 주먹이 드나들 정도라고 묘사된 외모와 달리, 광문은 바람직한 가치관을 지닌 인물이다. 따라서 광문의 외모는 광문의 성품을 더욱 부각하는 역할을 하고 있다.

어휘 풀이

전장(田庄) 밭과 그 근처에 농사짓는 데 편리하도록 간단하게 지은 집.
만석희(曼碩戱) 개성 지방에서 음력 4월 8일에 연희되던 무언 인형극.
철괴무(鐵拐舞) 중국 전설상의 팔선(八仙) 중의 하나인 이철괴의 모습을 흉내 내어 추는 춤.
명기(名妓) 이름난 기생.
우림아(羽林兒) 궁궐의 호위를 맡은 친위(親衛) 부대 중의 하나인 우림위(羽林衛) 소속의 군인들을 말함.
청(廳)지기 양반집에서 잡일을 맡아보거나 시중을 들던 사람.
좌상(座上) 여러 사람이 모인 자리.

Q 남녀에 대한 광문의 가치관은?

광문은 당시의 성차별적 가치관과 달리 남자나 여자나 잘생긴 사람을 원하기는 마찬가지이므로 못생긴 자신을 원할 이가 없다고 말하는데, 이 말에서 성평등의 가치관을 엿볼 수 있다. 이러한 사고방식은 유교적 관습이 팽배한 남성 중심의 사회에서는 획기적인 것으로, 성평등에 대한 작가의 진보적 인식이 반영된 것이라 할 수 있다.

구절 풀이

❶ **광문이 빚보증을 ~ 내주곤 하였다.** 사람들이 광문의 인품을 믿고 신뢰하는 모습을 보여 주어 광문이 신의 있는 인물임을 부각하고 있다.
❷ **"잘생긴 얼굴은 ~ 생각을 하지 않는다."** 자신의 추한 용모를 잘 알고 있는 광문이 남자가 예쁜 여자를 좋아하듯 여자 역시 잘생긴 남자를 좋아한다고 말하고 있는데, 이를 통해 상대방의 입장을 고려하는 역지사지(易地思之)의 가치관을 엿볼 수 있다.
❸ **"나는 부모도 형제도 ~ 다 못 자게 된다."** 걸인으로 살아가는 현실에 만족하며 물질적 욕망에 집착하지 않고 마음의 자유를 누리며 살고자 하는 광문의 성격을 보여 주고 있다.
❹ **광문이 비록 ~ 의기가 양양하였다.** 천인인 광문이 부귀와 권세를 누리던 사람들 앞에서도 주눅 들지 않고 당당한 모습을 보이는 것을 통해, 신분이나 지위보다는 인품이나 당당한 태도가 중요하다는 점을 부각하고 있다.

작가 소개

박지원(朴趾源, 1737~1805) 조선 후기의 실학자이자 소설가로 호는 연암이다. 박제가·홍대용 등과 함께 북학파의 영수로서 청나라의 문물을 받아들일 것을 주장했고, 문학을 통해 양반 계층의 공리공론(空理空論)을 배격하는 한편, 독창적인 사실적 문체와 비판적인 문학을 확립했다. 저서에 《열하일기(熱河日記)》, 《연암집(燕巖集)》 등이 있다.

「」: 당시 경제 상황의 단면을 엿볼 수 있음.

가 「이때 돈놀이하는 자들이 대체로 머리꽂이, 옥비취, 의복, 가재도구 및 가옥·전장(田庄)·노복 등의 문서를 저당잡고서 본값의 십 분의 삼이나 십 분의 오를 쳐서 돈을 내주기 마련이었다.」 그러나 ❶광문이 빚보증을 서 주는 경우에는 담보를 따지지 아니하고 천금(千金)이라도 당장에 내주곤 하였다.

(사채업자 / 옥과 비취로, 보석으로 여기는 것 / 사내종 / 광문의 신용을 드러냄.)

▶ 사람들이 광문의 인품을 믿고 신뢰함.

나 광문은 외모가 극히 추악하고, 말솜씨도 남을 감동시킬 만하지 못하며, 입은 커서 두 주먹이 들락날락하고, 만석희(曼碩戱)를 잘하고 철괴무(鐵拐舞)를 잘 추었다. 우리나라 아이들이 서로 욕을 할 때면, "니 형은 달문(達文)이다."라고 놀려 댔는데, 달문은 광문의 또 다른 이름이었다.

(광문의 추악한 외모를 빗대어 상대방을 욕하는 말)

광문이 길을 가다가 싸우는 사람을 만나면 그도 역시 「옷을 홀랑 벗고 싸움판에 뛰어들어, 뭐라고 시부렁대면서 땅에 금을 그어 마치 누가 바르고 누가 틀리다는 것을 판정이라도 하는 듯한 시늉을 하니,」 온 저자 사람들이 다 웃어 대고 싸우던 자도 웃음이 터져, 어느새 싸움을 풀고 가 버렸다.

(「」: 광문의 기지와 재치 – 해학적 방법으로 사람들의 싸움을 말림.)

▶ 광문은 외모와 말솜씨가 부족하지만 기지가 뛰어남.

다 광문은 나이 마흔이 넘어서도 머리를 땋고 다녔다. 남들이 장가가라고 권하면, 하는 말이,

(광문이 미혼임을 드러냄.)

[A] ❷"잘생긴 얼굴은 누구나 좋아하는 법이다. 그러나 사내만 그런 것이 아니라 비록 여자라도 역시 마찬가지다. 그러기에 나는 본래 못생겨서 아예 용모를 꾸밀 생각을 하지 않는다."

하였다. 남들이 집을 가지라고 권하면,

[B] ❸"나는 부모도 형제도 처자도 없는데 집을 가져 무엇하리. 더구나 나는 아침이면 소리 높여 노래를 부르며 저자에 들어갔다가, 저물면 부귀한 집 문간에서 자는 게 보통인데, 서울 안에 집 호수가 자그만치 팔만 호다. 내가 날마다 자리를 바꾼다 해도 내 평생에는 다 못 자게 된다."

(일정한 거처가 없이 떠돌아다니며 지내는 광문의 삶 / 욕심 없는 광문의 삶의 태도)

고 사양하였다.

▶ 광문은 결혼과 재물에 욕심이 없음.

라 「서울 안에 명기(名妓)들이 아무리 곱고 아름다워도, 광문이 성원해 주지 않으면 그 값이 한 푼어치도 못 나갔다.」

(「」: 광문이 사심이 없고 사람을 보는 안목이 있음을 드러냄. / 인정하지 않으면)

예전에 궁중의 우림아(羽林兒), 각 전(殿)의 별감(別監), 부마도위(駙馬都尉)의 청지기들이 옷소매를 늘어뜨리고 운심(雲心)의 집을 찾아간 적이 있다. 운심은 유명한 기생이었다. 대청에서 술자리를 벌이고 거문고를 타면서 운심더러 춤을 추라고 재촉해도, 운심은 일부러 늑장을 부리며 선뜻 추지를 않았다. 광문이 밤에 그 집으로 가서 대청 아래에서 어슬렁거리다가, 마침내 자리에 들어가 스스로 상좌(上坐)에 앉았다. ❹광문이 비록 해진 옷을 입었으나 행동에는 조금의 거리낌도 없이 의기가 양양하였다. 「눈가는 짓무르고 눈꼽이 끼었으며 취한 척 구역질을 해 대고, 헝클어진 머리로 북상투[北髻]를 튼 채였다.」 온 좌상이 실색하여 광문에게 눈짓을 하며 쫓아내려고 하였다. 광문이 더욱 앞으로 나아가 무릎을 치며 곡조에 맞춰 높으락낮으락 콧노래를 부르자, 운심이 곧바로 일어나 옷을 바꿔 입고 광문을 위하여 칼춤을 한바탕 추었다. 그리하여 온 좌상이 모두 즐겁게 놀았을 뿐 아니라, 또한 광문과 벗을 맺고 헤어졌다.

(각종 행사 및 차비에 참여하고 임금이나 세자가 행차할 때 호위하는 일을 맡아보던 하인 / 임금의 사위에게 주던 칭호 / 윗사람이 앉는 자리 / 광문의 당당한 태도 / 「」: 외모에 개의치 않는 광문의 성격을 엿볼 수 있음. / 뒤통수에 상투처럼 묶은 머리 모양 / 모인 사람들이 놀라 얼굴빛이 달라져서 / 소탈한 광문의 인간됨에 감동한 모습)

▶ 광문이 기생 운심의 마음을 움직여 모두 함께 어울려 놀게 함.

• **중심 내용** 돈놀이하는 사람부터 기생에 이르기까지 많은 사람의 마음을 얻은 광문의 진실한 면모 • **구성 단계** 결말

작품 연구소

작가가 광문을 주인공으로 제시한 의도

연암은 자서(自序)에서 광문의 모습을 통해 당시 사회의 의롭지 못한 사람들에게 교훈을 주기 위해 〈광문자전〉을 썼다고 밝히고 있다. '광문은 걸인으로서 그 이름이 실상에서 지나친 점이 없지 않으나 그는 세상의 명성을 좋아하는 사람이 아니었다. 그럼에도 불구하고 형벌을 면할 수 없었다. 하물며 도둑질로 명성을 훔치고, 돈으로 산 가짜 명성을 가지고 다툴 일인가.'라고 하여 양반 신분을 사고파는 어지러운 세태를 비판하는 한편, 걸인 신분의 광문의 일화를 통해 인정 많고 정직하며, 분수를 지키는 새로운 인간상을 부각하고자 한 것이다.

〈광문자전〉의 근대적 성격

계몽성	광문은 의(義)를 중시하면서 참된 삶을 살아가는 인물로, 자신의 불우한 생활을 비관하지 않고 성실하게 사는 지혜를 가졌다. 이를 통해 작가는 미천한 신분의 사람을 멸시하고 가식적인 생활을 하는 속된 인간들에게 깨달음을 주고 있다.
현실성	비천한 신분이었지만 결국 여러 사람들에게 의로움을 인정받고 추앙받던 광문을 사회 실정에서 벗어남이 없이 끝까지 신분대로 살게 한 것은 현실적이라 할 수 있다.
서민성	광문의 순진한 인간성과 욕심 없는 삶을 표현한 데서 당시 사회에서 볼 수 없는 새로운 인간형을 제시했다. 작가는 도덕적인 생활을 강조하는 양반들의 이면에는 허욕, 방탕, 오만이 가득 차 있다고 보고, 서민을 주인공으로 삼아 새로운 인간형을 제시하고 있다.

〈광문자전〉에 드러난 작가의 인식

천한 신분의 긍정	거지 신분의 주인공은 전형적인 재자가인(才子佳人)과는 거리가 먼 새로운 인간형이라고 할 수 있다. 연암은 이를 통해 중요한 것은 신분이나 지위가 아니라 품성과 인격이라는 점을 부각하고, 천한 신분인 광문을 긍정하고 있다.
현실성	광문이 의리 있는 행동을 하여 부자에게 천거되는 것을 통해 인물의 출신이나 외모는 중요한 조건이 아니라는 것을 보여 주고 있다. 또한 광문이 빚보증을 서는 장면에서 광문의 인품과 신의 있는 삶을 강조하고 있다. 즉, 권위주의적인 신분 질서보다는 신의를 바탕으로 하는 평등한 인간관계를 드러낸 것이다.
인간을 존중하는 평등 의식	광문은 남들이 장가들기를 권하자 자신의 생각뿐만 아니라 상대 여자의 입장도 중요하다는 생각을 드러낸다. 남성에게 무조건적으로 복종하던 것이 미덕이던 시대에 여성의 감정을 중시하는 광문의 말은 남녀가 인간으로서 대등한 권리를 지닌다고 본 연암의 성평등 의식을 보여 준다.
세태 풍자와 비판 의식	거지인 광문의 삶을 양반들의 삶보다 진실하고 신의 있게 그림으로써 가식적이고 권위적인 양반 사회를 풍자하고 있다.

함께 읽으면 좋은 작품

〈예덕선생전(穢德先生傳)〉, 박지원 / 천한 신분인 인물의 삶을 예찬하는 작품

〈광문자전〉과 마찬가지로 천한 신분의 인물인 엄 행수의 의롭고 분수를 지키는 삶을 예찬하면서 예덕 선생으로 존경하며, 그와 대비하여 잇속과 아첨을 일삼는 세상 사람들의 사귐을 비판하고 있다.

Link 본책 202쪽

6 이 글의 내용을 통해 알 수 있는 것은?

① 서울의 기녀들은 모두 광문에게 인정받기를 바랐다.
② 사람들은 광문의 인간성을 이용하여 돈놀이를 했다.
③ 권세 있는 사람들도 처음부터 광문을 허물없이 대했다.
④ 광문은 얼굴은 못생겼지만 뛰어난 말재주를 지니고 있었다.
⑤ 광문이 결혼을 미루는 것은 그에게 가족이 없기 때문이다.

7 이 글을 〈보기〉에 비추어 이해한 내용으로 적절하지 않은 것은?

보기

〈광문자전〉은 '전(傳)'의 형식을 갖추었다. '전'은 한 ⓐ인물의 행적을 짤막하게 서술한 글쓰기 양식으로, 대개 ⓑ'인물 소개 – 주요 행적 – 인물평'의 순서로 구성된다. ⓒ서술 대상은 주로 충신, 효자 등 ⓓ모범적인 덕목을 지닌 인물로, 여기에 ⓔ세상에 대한 작가의 판단이 덧붙기도 한다.

① ⓐ에는 기생 운심과의 일화도 포함된다.
② 광문의 외모에 대한 언급은 ⓑ에서 '인물 소개'에 해당한다.
③ 광문이 ⓒ가 된 것은 ⓓ를 지녔기 때문이다.
④ 신분적 한계를 극복하려는 광문의 노력에서 ⓓ를 엿볼 수 있다.
⑤ ⓔ를 분명히 드러내지 않으면서도 간접적으로 세태를 풍자하고 있다.

8 [A]와 [B]에 대한 이해로 적절하지 않은 것은?

① [A]에서 광문은 여성의 입장에서 생각하고 있다.
② [A]에서 광문은 '잘생긴 얼굴을 좋아하는' 인간의 심리를 인정하고 있다.
③ [B]에서 광문은 세상의 인심을 비판하고 있다.
④ [B]에서 광문은 소유에 대한 인식을 드러내고 있다.
⑤ [B]에서 광문은 '팔만 호'가 모두 자신의 집과 같다는 호탕한 생각을 드러내고 있다.

9 〈보기〉를 참고하여 이 글을 감상한 내용으로 적절하지 않은 것은?

보기

작가 박지원은 서문에서 '광문은 궁한 걸인으로서 그 명성이 실상보다 훨씬 더 컸다. 즉, 실제 모습(실상)은 더럽고 추하여 보잘것없었지만, 그의 성품과 행적으로 나타난 모습(명성)은 참으로 대단한 것이었다. 그리고 그는 원래 세상에서 명성 얻기를 좋아하지도 않았다. 그러나 형벌을 면하지 못하였다. 하물며 도둑질로 명성을 훔치고, 돈으로 산 가짜 명성을 가지고 다툴 일인가.'라며 〈광문자전〉을 쓴 동기를 밝혔다.

① 광문이 운심을 찾아갔을 때 '온 좌상이 실색하여' 광문을 쫓아내려고 한 것은 광문의 외양 때문이었군.
② 비주류의 인물인 광문을 주인공으로 하여 세상의 명성이 얼마나 잘못 알려질 수 있는지 경계하고 있군.
③ 걸인이지만 훌륭한 인품을 가진 광문을 예찬함으로써 양반들의 허례허식과 부정부패를 비판하고 있군.
④ 광문은 신의를 중시하고 남녀를 평등하게 대하며 욕심을 부리지 않는 성품과 행적으로 명성을 얻게 되었군.
⑤ 광문이 빚보증을 서 주는 경우 담보를 따지지 않고 돈을 빌려 주었다는 것은 광문의 명성을 단적으로 보여 주는군.

061 양반전(兩班傳) | 박지원

키워드 체크 #풍자 소설 #양반 계층 비판 #경제적 무능과 허례허식

국어 천재(이)

핵심 정리

갈래 한문 소설, 단편 소설, 풍자 소설
성격 풍자적, 비판적, 사실적
시점 전지적 작가 시점
배경 ① 시간 – 조선 후기
② 공간 – 강원도 정선
제재 양반 신분의 매매
주제 ① 양반들의 무능과 위선적인 태도, 허례허식 풍자
② 맹목적인 신분 상승에 대한 욕구 비판
특징 ① 몰락하는 양반들의 위선적인 모습을 풍자함.
② 조선 후기 사회상을 사실적으로 보여 줌.
출전 《연암집(燕巖集)》 중 〈방경각외전(放璚閣外傳)〉

Q 부자가 양반 지위를 사려는 이유와 그 의미는?

부자는 양반은 아무리 가난해도 존경받지만 자신은 평민이라서 아무리 부유해도 천대받는다고 한탄하며 '양반'을 사겠다고 말한다. 이는 양반에게 무시당하거나 수모를 당하지 않겠다는 뜻에서 한 말이며, 자신의 경제력에 걸맞은 신분 상승 욕구가 반영된 말이기도 하다. 이러한 부자의 모습에서 조선 후기의 부유한 평민 계층의 등장과 신분 질서의 동요라는 사회상을 엿볼 수 있다.

어휘 풀이

환자(還子) 조선 시대에 곡식을 사창(社倉)에 저장했다가 봄에 꾸어 백성들에게 주고 가을에 이자를 붙여 거두던 일. 또는 그 곡식. 환곡(還穀).
벙거지 모자를 속되게 부르는 말.
잠방이 가랑이가 무릎까지 내려오도록 짧게 만든 홑바지.
사사(私事) 개인의 사사로운 일.

Q 군수의 역할은?

표면적으로는 양반과 부자의 신분 매매를 공정하게 처리하는 것처럼 보이나 결과적으로는 부자가 양반 신분을 얻는 것을 포기하게 한다.

구절 풀이

❶ **양반 역시 밤낮 ~ 방도를 차리지 못했다.** 현실의 문제를 해결할 능력이 없어 속수무책의 상황에 놓인 양반의 무능력한 모습을 보여 준다.
❷ **내가 장차 그의 양반을 사서 가져 보겠다."** 부(富)를 바탕으로 신분 상승에 대한 욕망을 성취하려는 부자의 의지를 보여 주고 있다. 또한 양반을 사겠다는 말을 통해 당시에 신분 매매가 공공연하게 이루어졌음을 짐작할 수 있다.
❸ **비천한 것을 싫어하고 ~ 지혜로운 일이다.** 군수는 부자가 양반 신분을 산 것을 지혜롭다고 칭찬하고 있다. 그러나 이러한 칭찬의 이면에는 양반의 특권 의식에 대한 비판과 양반이 되어 특권을 누리고 싶어 하는 부자에 대한 비판이 동시에 담겨 있다.

가 양반이란 사족(士族)들을 높여서 부르는 말이다.

(사족: 선비나 무인(武人)의 집안. 또는 그 자손)

정선군(旌善郡)에 한 양반이 살았다. 이 양반은 어질고 글 읽기를 좋아하여 매양 군수가 새로 부임하면 으레 몸소 그 집을 찾아가서 인사를 드렸다. 그런데 이 양반은 집이 가난하여 해마다 고을의 •환자(還子)를 타다 먹은 것이 쌓여서 천 석에 이르렀다.

(정선군: 공간적 배경 / 이 양반은 ~ 인사를 드렸다: 인품이 어질고 학문이 깊어 주변 사람들의 존경을 받는 양반의 모습 / 모순된 상황 / 그런데 ~ 이르렀다: 경제적으로 무능한 양반의 모습 – 사회상 반영)

강원도 감사(監使)가 군읍(郡邑)을 순시하다가 정선에 들러 환곡(還穀)의 장부를 열람하고는 대로(大怒)해서

(순시하다가: 돌아다니며 사정을 보살피다가)

"어떤 놈의 양반이 이처럼 군량(軍糧)을 축냈단 말이냐?"

(군량: 군대의 양식)

하고, 곧 명해서 그 양반을 잡아 가두게 했다. 군수는 그 양반이 가난해서 갚을 힘이 없는 것을 딱하게 여기고 차마 가두지 못했지만 무슨 도리도 없었다.

(군수는 ~ 여기고: 같은 양반으로서 양반의 처지를 동정함.)

❶양반 역시 밤낮 울기만 하고 해결할 방도를 차리지 못했다. 그 부인이 역정을 냈다.

(그 부인: 작가 의식을 대변하는 인물)

"㉠당신은 평생 글 읽기만 좋아하더니 고을의 환곡을 갚는 데는 아무런 도움이 안 되는군요. 쯧쯧. 양반, 양반이란 한 푼어치도 안 되는걸."

(양반이란 ~ 안 되는걸: 양반의 비생산성 비판)

▶ 양반이 환곡을 갚지 못해 곤란한 상황에 놓임.

나 그 마을에 사는 한 부자가 가족들과 의논하기를,

(부자: 평민으로 부를 축적한 신흥 부유층 – 양반 신분을 동경함.)

「"양반은 아무리 가난해도 늘 존귀하게 대접받고 나는 아무리 부자라도 항상 비천(卑賤)하지 않느냐. 말도 못하고, 양반만 보면 굽신굽신 두려워해야 하고, 엉금엉금 가서 정하배(庭下拜)를 하는데 코를 땅에 대고 무릎으로 기는 등 우리는 노상 이런 수모를 받는단 말이다.」 이제 동네 양반이 가난해서 타 먹은 환자를 갚지 못하고 시방 아주 난처한 판이니 그 형편이 도저히 양반을 지키지 못할 것이다. ❷내가 장차 그의 양반을 사서 가져 보겠다."

(「 」: 양반 매매의 주요 계기 / 비천: 지위나 신분이 낮고 천함. / 정하배: 뜰아래에서 절을 올리는 것 / 노상: 항상)

▶ 부자가 양반의 환곡을 대신 갚고 양반을 사기로 함.

다 군수는 양반이 환곡을 모두 갚은 것을 놀랍게 생각했다. 군수가 몸소 찾아가서 양반을 위로하고 또 환자를 갚게 된 사정을 물어보려고 했다. 「그런데 뜻밖에 양반이 •벙거지를 쓰고 짧은 •잠방이를 입고 길에 엎드려 '소인'이라고 자칭하며 감히 쳐다보지도 못하고 있지 않는가.」 군수가 깜짝 놀라 내려가서 부축하고,

(벙거지 ~ 잠방이: 평민의 차림새 / 「 」: 신분을 팔고 평민으로 전락한 양반의 모습을 희화화함.)

"귀하는 어찌 이다지 스스로 낮추어 욕되게 하시는가요?"

(양반 신분의 매매가 이루어졌음을 모르는 군수가 이전과 달라진 양반의 태도를 보고 당혹해함.)

하고 말했다. 양반은 더욱 황공해서 머리를 땅에 조아리고 엎드려 아뢴다.

(양반 신분을 팔아 평민이 되었다고 생각한 양반의 행동)

"황송하오이다. 소인이 감히 욕됨을 자청하는 것이 아니오라, 이미 제 양반을 팔아서 환곡을 갚았습지요. 동리의 부자 사람이 양반이올습니다. 소인이 이제 다시 어떻게 전의 양반을 모칭(冒稱)해서 양반 행세를 하겠습니까?"

(모칭: 이름을 거짓으로 꾸며 댐.)

▶ 군수가 양반이 자신의 신분을 판 사실을 알게 됨.

라 군수는 감탄해서 말했다.

"군자로구나 부자여! 양반이로구나 부자여! 부자이면서도 인색하지 않으니 의로운 일이요, 남의 어려움을 도와주니 어진 일이요, ⓐ❸비천한 것을 싫어하고 존귀한 것을 사모하니 지혜로운 일이다. 이야말로 진짜 양반이로구나. 「그러나 •사사로 팔고 사고서 증서를 해 두지 않으면 송사(訟事)의 꼬투리가 될 수 있다.」 내가 너와 약속을 해서 군민(郡民)으로 증인을 삼고 증서를 만들어 미덥게 하되 본관이 마땅히 거기에 서명할 것이다."

(비천한 것: 천한 신분 / 존귀한 것: 양반 신분 / 「 」: 군수가 매매 증서를 작성하려는 이유)

▶ 군수가 양반 매매 증서 작성을 제의함.

- 중심 내용 가난하여 환곡을 갚지 못하는 양반과 그 환곡을 갚아 주고 양반 신분을 산 부자
- 구성 단계 (가)~(나) 발단 / (다)~(라) 전개

이해와 감상

〈양반전〉은 조선 후기 양반 사회를 신랄하게 풍자한 단편 소설로, 연암 박지원의 작가 의식을 잘 드러낸 그의 대표적인 작품이다.

작가는 양반 신분을 팔고 사는 과정이 드러난 이 작품을 통해 무능력하게 무위도식(無爲徒食)하면서 평민들에게 횡포를 부리는 양반을 통렬하게 비판·풍자하고 있다. 그리고 이와 더불어 양반의 특권 의식을 선망하여 신분 상승을 노리는 평민 계급에 대한 비판 의식도 드러내고 있다.

작가의 이러한 비판에는 양반 계층이 몰락하고 신분 질서가 흔들리던 당시 사회상을 적나라하게 보여 주고자 하는 투철한 실학 정신과, 양반의 참모습을 찾고자 하는 절박한 심정이 담겨 있다.

전체 줄거리

발단	한 가난한 양반이 환자가 천 석에 달하도록 갚지 못하자 감사가 노하여 양반을 잡아들이라 한다. 환곡을 갚을 도리가 없는 양반은 밤낮 울기만 한다.
전개	신분이 천한 것을 한탄하던 부자가 양반의 환곡을 대신 갚아 주고 양반 신분을 산다. 이 사실을 안 군수는 부자에게 양반 매매 증서를 써 주겠다고 한다.
위기	군수는 양반이 지켜야 할 사항을 적은 매매 증서를 작성하고, 부자는 자신의 기대와 다른 내용에 불만을 표한다.
절정	군수는 양반의 권리를 열거한 매매 증서를 다시 작성한다.
결말	부자는 양반의 삶이 도둑의 모습과 다르지 않다고 하면서 양반이 되기를 포기한다.

인물 관계도

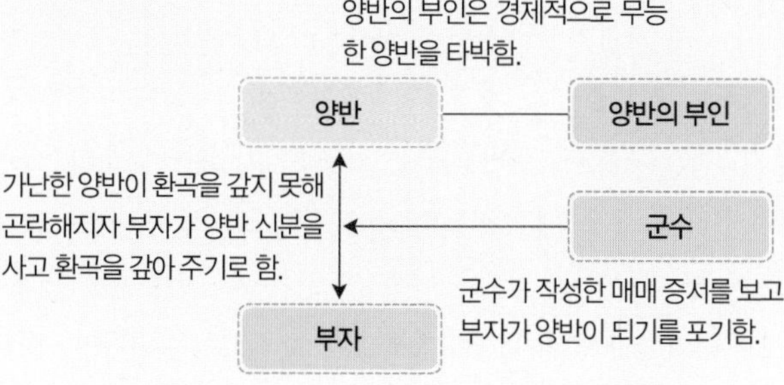

작품 연구소

〈양반전〉의 시대적·사회적 배경

〈양반전〉은 조선 후기 신분제의 동요와 새로운 평민 계층의 등장이라는 사회상을 반영하고 있다. 농업 기술과 상공업의 발달에 따라 새롭게 부를 축적한 부농층, 신흥 상공인 계층이 등장하게 된다. 이들은 경제적으로 높은 지위를 차지하게 되자, 점차 신분 상승을 꾀하게 되었다. 평민 계층의 성장과 달리 양반 계층은 임진왜란과 병자호란을 거치면서 점차 경제적으로 몰락하는 경우가 발생하게 되었다. 이런 과정에서 나라에서는 부족한 국가 재정을 마련하기 위해 새롭게 성장한 신흥 부자인 평민들에게 돈을 받고서 신분을 양반으로 올려 주기도 했다. 이 작품은 이러한 신분제의 동요와 양반의 몰락이라는 사회 현실을 통해 양반층의 허례허식과 부패상을 풍자하면서, 현실을 개혁하고자 하는 작가의 생각을 반영한 것이라 할 수 있다.

키 포인트 체크

인물 양반은 학식과 인품을 갖추었으나 □□□ 능력을 상실한 인물로, 부자는 신분이 천하지만 경제력을 바탕으로 □□ 상승을 꾀하는 인물로 그려진다.

배경 □□ 계층이 몰락하고 신흥 부유층이 등장하여 신분 질서가 흔들리던 조선 후기 사회의 모습을 보여 준다.

사건 부자가 가난한 양반의 □□을 대신 갚아 주고 그의 양반 신분을 사려고 하는데, 군수의 □□ □□를 보고 양반이 되기를 포기한다.

1 이 글에 대한 설명으로 적절하지 않은 것은?

① 현실에서 소재를 취하여 사실적으로 그려 내고 있다.
② 조선 후기에 등장한 신흥 세력의 허위와 위선을 비판하고 있다.
③ 조선 후기의 사회적 신분 변동이라는 역사적 상황을 배경으로 하고 있다.
④ 현실에 대한 날카로운 풍자와 익살스러운 표현을 통해 높은 문학적 가치를 인정받고 있다.
⑤ 조선 후기의 시대상을 반영하여 평민 부자로 대표되는 새로운 계층의 인물을 제시하고 있다.

2 이 글에서 알 수 있는 내용으로 적절하지 않은 것은?

① 신분에 따라 요구되는 복장, 호칭, 예법 등이 달랐다.
② 양반은 가난해도 평민들로부터 존귀한 대접을 받았다.
③ 관리가 증서를 발급하며 책임을 회피한 경우도 있었다.
④ 나라에서 가난한 백성을 구제하기 위한 제도를 시행했다.
⑤ 문서와 장부 및 물품을 맡아보고 감독하던 관리가 있었다.

3 ㉠과 〈보기〉에 공통적으로 드러난 작가의 인식으로 가장 적절한 것은?

> **보기**
>
> "당신은 평생 과거(科擧)를 보지 않으니, 글을 읽어 무엇 합니까?" [중략] / 처는 왈칵 성을 내며 소리쳤다.
> "밤낮으로 글을 읽더니 기껏 '어떻게 하겠소?' 소리만 배웠단 말씀이오? 장인바치 일도 못 한다. 장사도 못 한다면, 도둑질이라도 못 하시나요?" – 박지원, 〈허생전(許生傳)〉

① 책만 읽고 생활 능력이 없는 양반을 비판하고 있다.
② 남편이 무능력하다고 비웃는 아내들을 풍자하고 있다.
③ 노력하지 않고 남의 덕으로 사는 사람을 비판하고 있다.
④ 해결책을 내지 못하는 우유부단한 양반을 비난하고 있다.
⑤ 양반들이 벼슬을 하여 생산적인 일을 하기를 촉구하고 있다.

4 ⓐ에 대한 기자와 작가의 가상 인터뷰를 보고, 빈칸에 공통적으로 들어갈 적절한 말을 2어절로 쓰시오.

> 기자: 군수가 돈으로 신분을 산 부자를 높이 평가하고 있는 점이 의외였습니다.
> 작가: 군수는 겉으로는 부자가 양반의 신분을 산 것을 칭찬하고 있지만 그 이면에는 (   ) 의식을 비판하고, (   )을/를 누리고 싶어서 돈으로 양반 신분을 산 부자를 비판하고 있는 것입니다.

Ⅳ. 조선 후기

어휘 풀이

공형(公兄) 조선 시대에 각 고을의 세 구실아치. 호장, 이방, 수형리를 이름. 삼공형.
동래박의(東萊博議) 1168년에 중국 남송의 동래(東萊) 여조겸이 《춘추좌씨전(春秋左氏傳)》에 대해 논평하고 주석한 책.
변정(辨正)하다 옳고 그른 것을 따지어 바로잡다.
화압(花押) 수결(手決) 또는 서명(署名)을 이르는 말.
홍패(紅牌) 문과의 회시(會試)에 급제한 사람에게 주던 증서. 붉은색 종이에 성적, 등급, 성명을 먹으로 적었음.

구절 풀이

❶ **부자는 향소(鄕所)의 ~ 아래에 섰다.** 양반 신분을 산 부자는 좌수, 별감과 나란히 선 반면에 양반 신분을 판 양반은 평민의 위치에 서 있음을 나타낸 부분이다. 신분을 매매하여 서로의 자리가 바뀌었음을 보여 준다.
❷ **야비한 일을 딱 끊고 ~ 놀음을 말 것이다.** 1차 매매 증서에 열거된 내용으로, 주로 양반이 지켜야 할 엄격하고 형식적인 규범에 해당한다. 이를 통해 허례허식에 얽매인 생활 태도를 중시하는 양반의 삶을 폭로하며 풍자하고 있다.
❸ **이와 같은 모든 품행이 ~ 관(官)에 나와서 변정할 것이다.** 부자가 앞에 열거한 양반이 지켜야 할 규범을 어길 경우 양반의 권리를 빼앗길 수 있다는 의미이다. 양반의 의무가 무척 까다로우며 강제성 또한 심하다는 것을 알 수 있다.
❹ **문과의 홍패(紅牌)는 ~ 돈 자루인 것이다.** 벼슬이 있으면 쉽게 돈을 벌 수 있음을 밝히고 있다. 양반들이 권력을 이용해서 부당한 방법으로 재물을 축적한 것을 우회적으로 비판하고 있다.
❺ **진사가 나이 서른에 ~ 감히 원망하지 못할 것이다."** 양반들의 권력 세습과 무위도식(無爲徒食)하는 모습을 드러낸 것으로, 이를 통해 백성을 수탈하는 양반의 횡포를 고발하고 있다.

Q '도둑놈'이라는 말에 담긴 작가 의식은?

부자는 2차 매매 증서에 담긴 양반의 횡포를 듣고 양반 되기를 포기하면서 '도둑놈'이라고 직설적으로 비난하고 있다. 이것은 양반 노릇이 인간으로서 차마 할 수 없는 일이라는 부자의 깨달음이면서, 작가의 의식이 반영된 말이기도 하다. 작가는 부자의 입을 통해 양반이 지니는 특권을 비판하면서 백성들을 함부로 괴롭히는 양반을 신랄하게 풍자하고 있는 것이다.

작가 소개

박지원(본책 196쪽 참고)

가 그리고 군수는 관부(官府)로 돌아가서 고을 안의 사족(士族) 및 농공상(農工商)들을 모두 불러 관정(官庭)(관아의 뜰)에 모았다. ㉠ ❶부자는 향소(鄕所)(좌수, 별감)의 오른쪽에 서고 양반은 •공형(公兄)의 아래에 섰다.(양반과 부자의 서는 위치가 바뀜. → 양반 매매 이후 신분이 바뀜.) / 그리고 증서를 만들었다.

▶ 군수가 양반 매매 증서를 작성함.

나 건륭(乾隆)(청나라 고종의 연호로 영조 21년(1745)에 해당함.) 10년 9월 ○일

위에 명문(증명서)은 양반을 팔아서 환곡을 갚은 것으로 그 값은 천 석이다.

오직 이 양반은 여러 가지로 일컬어지나니, 글을 읽으면 가리켜 사(士)라 하고, 정치에 나아가면 대부(大夫)(벼슬의 품계에 붙이는 칭호)가 되고, 덕이 있으면 군자(君子)이다. 무반(武班)은 서쪽에 늘어서고 문반(文班)은 동쪽에 늘어서는데, 이것이 '양반'이니 너 좋을 대로 따를 것이다.

「❷야비한 일을 딱 끊고 옛을 본받고 뜻을 고상하게 할 것이며, 늘 오경(五更)(새벽 3~5시)만 되면 일어나 황(黃)에다 불을 당겨 등잔을 켜고 눈은 가만히 코끝을 보고 발꿈치를 궁둥이에 모으고 앉아 《•동래박의(東萊博議)》를 얼음 위에 박 밀듯 왼다. [중략] 그리고 《고문진보(古文眞寶)》(송나라 황건이 지은 시집), 《당시품휘(唐詩品彙)》(명나라 고병이 지은 당나라 시인들의 선집)를 깨알같이 베껴 쓰되(막힘없이 유창하게) 한 줄에 백 자를 쓰며, 손에 돈을 만지지 말고, 쌀값을 묻지 말고, 더워도 버선을 벗지 말고, 밥을 먹을 때 맨상투로 밥상에 앉지 말고, 국을 먼저 훌쩍 떠먹지 말고, 무엇을 후루룩 마시지 말고, 젓가락으로 방아를 찧지 말고, 생파를 먹지 말고, 막걸리를 들이켠 다음 수염을 쭈욱 빨지 말고, 담배를 피울 때 볼에 우물이 파이게 하지 말고, 화난다고 처를 두들기지 말고, 성내서 그릇을 내던지지 말고, 아이들에게 주먹질을 말고, 노복(奴僕)(종과 심부름꾼)들을 야단쳐 죽이지 말고, 마소를 꾸짖되 그 판 주인까지 욕하지 말고, 아파도 무당을 부르지 말고, 제사 지낼 때 중을 청해다 재(齋)(성대한 불공이나 죽은 이를 천도하는 법회)를 드리지 말고, 추워도 화로에 불을 쬐지 말고, 말할 때 이 사이로 침을 흘리지 말고, 소 잡는 일을 말고, 돈을 가지고 놀음을 말 것이다.」(「 」: 공허한 관념과 겉치레에 얽매인 양반의 행동 나열) ㉡ ❸이와 같은 모든 품행이 양반에 어긋남이 있으면, 이 증서를 가지고 관(官)에 나와서 •변정할 것이다.

성주(城主) 정선군수(旌善郡守) •화압(花押). 좌수(座首) 별감(別監) 증서(證書).

▶ 양반의 의무를 중심으로 1차 매매 증서를 작성함.

다 부자는 호장(戶長)이 증서를 읽는 것을 쭉 듣고 한참 멍하니 있다가 말했다.

㉢"양반이라는 게 이것뿐입니까? 나는 양반이 신선 같다고 들었는데 정말 이렇다면 너무 재미가 없는 걸요.(양반이 되어 신선놀음을 하며 지내고 싶은 부자의 소망 – 부자가 양반을 산 궁극적 목적) 원하옵건대 무어 이익이 있도록 문서를 바꾸어 주옵소서."

그래서 다시 문서를 작성했다.

▶ 부자가 증서 내용에 불만을 나타냄.

라 「"하늘이 민(民)을 낳을 때 민을 넷으로 구분했다. 사민(四民)(사농공상(士農工商)의 네 계층을 의미함.) 가운데 가장 높은 것이 사(士)이니 이것이 곧 양반이다.(양반의 특권적인 위치) 양반의 이익은 막대하니 농사도 안 짓고 장사도 않고 약간 문사(文史)를 섭렵해 가지고 크게는 문과(文科) 급제요, 작게는 진사(進士)가 되는 것이다. ❹문과의 •홍패(紅牌)는 길이 2자 남짓한 것이지만 백물(온갖 물건)이 구비되어 있어 그야말로 돈 자루인 것이다. ❺진사가 나이 서른에 처음 관직에 나가더라도 오히려 이름 있는 음관(蔭官)(과거를 거치지 않고 조상의 공덕에 의해 맡은 벼슬. 또는 그런 벼슬아치)이 되고, 잘 되면 남행(南行)(음관)으로 큰 고을을 맡게 되어, ㉣귀밑이 일산(日傘)의 바람에 희어지고, 배가 요령 소리에 커지며, 방에는 기생이 귀고리로 치장하고, 뜰에 곡식으로 학(鶴)을 기른다.(양반들이 무위도식하며 향락에 젖어 백성들의 삶을 외면하는 모습) 궁한 양반이 시골에 묻혀 있어도 무단(武斷)(무력이나 억압을 써서 강제로 행함.)을 하여 ㉤이웃의 소를 끌어다 먼저 자기 땅을 갈고 마을의 일꾼을 잡아다 자기 논의 김을 맨들 누가 감히 나를 괄시하랴. 너희들 코에 잿물을 들이붓고 머리 끄덩을 희희 돌리고 수염을 낚아채더라도 누구 감히 원망하지 못할 것이다."」(「 」: 양반들의 횡포와 부도덕성이 드러남. – 양반을 비판하려는 의도)

▶ 양반의 권리를 중심으로 2차 매매 증서를 작성함.

마 부자는 증서를 중지시키고 혀를 내두르며,

"그만두시오, 그만두어. 맹랑하구먼. 장차 나를 도둑놈으로 만들 작정인가."(양반에 대한 직접적인 비난 – 작가 의식 반영)

하고 머리를 흔들고 가 버렸다.

부자는 평생 다시 양반 말을 입에 올리지 않았다 한다.

▶ 부자가 양반 신분을 포기함.

- 중심 내용 양반의 특권이 담긴 증서를 보고 자신을 도둑놈으로 만들 작정이냐며 양반 되기를 포기하는 부자
- 구성 단계 (가)~(다) 위기 / (라) 절정 / (마) 결말

작품 연구소

〈양반전〉의 주된 풍자 내용과 비판 대상

〈양반전〉의 주된 풍자 대상은 양반으로, 이러한 풍자 의식이 잘 드러나 있는 것이 바로 양반 매매 증서이다. 1차 매매 증서에는 양반이 지켜야 할 덕목과 의무를 나열하고 있는데, 이를 통해 양반의 무위도식하는 비생산성과 위선적인 허례허식을 비판하고 있다. 그리고 2차 매매 증서에는 양반이 누릴 수 있는 특권을 나열하여 양반의 권리를 강조하고 있는데, 이를 통해서는 양반의 수탈과 횡포를 풍자·비판하고 있다.

1차 매매 증서	양반이 지켜야 할 덕목과 의무	양반의 비생산성과 허례허식 비판
2차 매매 증서	양반이 누릴 수 있는 특권	백성에 대한 양반의 수탈, 횡포 비판

〈양반전〉에 나타난 근대적 성격

신분제의 동요	돈으로 신분을 사고파는 세태를 보여 줌으로써 신분제가 점차 붕괴되는 현상이 일반화되고 있음을 드러내고 있다.
지배층의 허위에 대한 비판	관념적이고 허례허식에 얽매인 양반 계층의 삶을 비판하고 있다.
새로운 계층의 등장	평민 부자를 통해 시민 계급의 대두라는 사회 구조의 변화 가능성을 시사하고 있다.

〈양반전〉을 통해 본 박지원의 선비 정신

박지원은 〈양반전〉을 통해 양반의 행동 규범이 얼마나 형식적이고 무용(無用)한 것인지를 보여 주고, 양반의 부정부패와 부당한 특권을 드러냄으로써 당시의 신분 질서를 비판하고 사회 개혁의 필요성을 제시했다. 그는 '하늘과 땅이 아무리 오래되었다 해도 끊임없이 새롭게 생성하고, 해와 달이 아무리 오래되었다 해도 그 빛은 날마다 새롭다.'라고 하여 과거의 권위보다 현실 인식을 중시했다. 따라서 〈양반전〉은 양반에 대한 비판적 시각과 더불어, 양반들이 이익만 추구하는 삶의 자세를 버리고 밝은 세상을 이룩할 수 있는 선비 정신을 가져야 한다는 생각을 반영한 것이라 볼 수 있다.

자료실

〈양반전〉의 창작 동기

"선비란 것은 곧 천작(天爵, 하늘에서 받은 벼슬)이므로, 선비의 마음은 곧 지(志) 자가 되는 것이다. 그러면 그 뜻이란 어떠한 것인가. 첫째 세리(勢利)를 꾀하지 말 것이니, 선비는 몸이 비록 현달하더라도 선비에서 떠나지 않아야 할 것이며, 몸이 비록 곤궁하더라도 선비의 본분을 잃어서는 아니 될 것이다. 지금 소위 선비들은 명절(名節, 명분과 절의)을 닦기에는 힘쓰지 않고 부질없이 문벌(門閥)만을 기화(奇貨)로 여겨 그의 세덕(世德, 대대로 쌓아 내려오는 미덕)을 팔고 사게 되니, 이야말로 저 장사치에 비해서 무엇이 낫겠는가. 이에 나는 이 〈양반전〉을 써 보았노라."

– 〈방경각외전〉 자서(自序)

함께 읽으면 좋은 작품

〈배비장전(裵裨將傳)〉, 작자 미상 / 양반의 무능과 부패를 풍자한 작품

배비장이 여자를 가까이하지 않는다는 조건을 내세워 방자와 내기를 하고, 방자에게 속아 망신당하는 과정에서 드러나는 배비장의 위선과 교만을 풍자한 소설이다. 당대 지배층인 양반의 무능과 부패를 풍자하고 있다는 점에서 〈양반전〉과 관련지을 수 있다.

내신 적중 多빈출

5 이 글의 내용을 〈보기〉와 같이 정리할 때, (A)~(D)에 대한 설명으로 적절하지 않은 것은?

보기

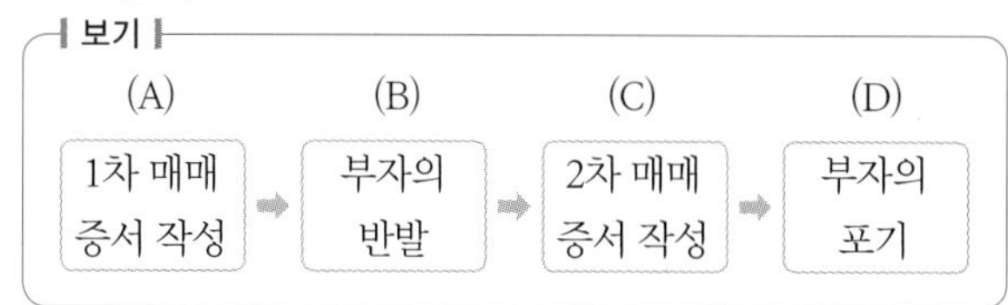

① (A)에는 양반이 도리상 해야 할 일에 대한 내용이 담겨 있다.
② (B)에는 자신의 기대에 어긋나 실망하는 부자의 모습이 드러나 있다.
③ (C)를 통해 작가는 양반들의 무위도식과 횡포를 고발하고 있다.
④ (D)에서 부자는 '도둑놈'이라는 말로 양반들을 직접적으로 비난하고 있다.
⑤ (A)와 (C)는 부자에게 현실적 한계를 느끼게 하면서 절망감을 주고 있다.

6 〈보기〉를 바탕으로 이 글을 감상할 때, 적절하지 않은 것은?

보기

〈양반전〉은 조선 후기의 신분 질서 변동과 밀접한 관련이 있다. 노동 생산력이 증가하고 상공업이 발달함에 따라 새롭게 부를 축적한 부농층, 신흥 상공인 계층이 등장하게 되었고, 이들이 경제적으로 높은 지위를 차지하게 됨에 따라 점차 사회 신분의 상승을 꾀하게 되었다.

① 부자는 양반이 누리는 특권 때문에 신분 상승을 꾀했군.
② 매매를 통해 양반 신분을 얻은 부자는 새로운 정치적 세력으로 부상했겠군.
③ 양반의 환곡을 대신 갚아 준 부자는 부를 축적한 새로운 계층에 해당하는군.
④ 양반과 부자의 신분 매매는 당시 사회의 신분 질서 변동의 단면을 보여 주는군.
⑤ 양반이 자신의 신분을 포기한 것은 경제적 능력의 중요성을 인정한 것으로 볼 수 있겠군.

7 ㉠~㉤에 대한 이해로 적절하지 않은 것은?

① ㉠: 양반 매매를 통해 부자와 양반의 신분이 바뀌었음을 보여 준다.
② ㉡: 제시된 규범을 어길 경우 양반 신분을 뺏길 수 있음을 의미한다.
③ ㉢: 부자가 양반 신분을 사게 된 궁극적 의도가 드러난다.
④ ㉣: 속세를 떠나 풍류를 즐기는 양반의 한가한 삶을 보여 준다.
⑤ ㉤: 백성에 대한 양반의 횡포를 구체적으로 보여 준다.

8 부자가 (나)의 내용에 불만을 제기한 이유를 〈조건〉에 맞게 쓰시오.

조건

1. 부자가 원한 내용과 (나)의 내용을 바탕으로 쓸 것
2. 40자 이내의 완결된 한 문장으로 쓸 것

IV. 조선 후기

062 예덕선생전(穢德先生傳) | 박지원

키워드 체크 #풍자 소설 #바람직한 교우의 도 #바람직한 인간상 제시

문학 비상, 창비　　독서 신사고

핵심 정리

갈래 한문 소설, 단편 소설, 풍자 소설
성격 풍자적, 비판적, 교훈적
시점 전지적 작가 시점
배경 ① 시간 – 조선 후기
② 공간 – 한양
제재 양반의 허위
주제 바람직한 벗의 사귐과 참된 인간상
특징 ① 대화를 중심으로 사건을 전개함.
② 특정 인물에 대한 상반된 평가로 갈등이 발생함.
의의 ① 소외된 하층민의 삶을 조명하여 바람직한 인간상을 제시함.
② 계급 타파 의식과 평등사상을 나타냄.
출전 《연암집(燕巖集)》 중 〈방경각외전(放璚閣外傳)〉

Q 자목의 가치관은?

자목은 스승이 '마을의 상놈이라 하류에 처한 역부'인 엄 행수를 선생이라 부르며 벗하는 것을 부끄럽게 여겨 문하를 떠나려 한다. 그리고 스승의 가르침에 대해서도 '시정배나 겸복 따위의 일로 가르치는' 것이라 하여 들으려고 하지 않는다. 이를 통해 자목이 양반이라는 우월 의식을 가지고 있으면서 인물의 내면보다 명분에 집착하고, 체면과 외양을 중시하는 고루한 가치관을 지니고 있음을 알 수 있다.

어휘 풀이

예덕 선생(穢德先生) 예(穢)는 '더럽다'라는 의미로, 더럽고 미천한 일을 하지만 덕(德)이 있다는 의미로 붙인 이름. 엄 행수가 더러운 일을 하면서도 본받을 만한 삶을 살아가는 인물임을 드러내기 위해 붙인 호칭임.
종본탑(宗本塔) 현재 서울 종로의 탑골 공원 안에 있는 원각사지(圓覺寺址)의 석탑을 가리킴.
종유(從遊)하다 학식이나 덕행이 높은 사람을 좇아 함께 지내다.

구절 풀이

❶ **저 엄 행수는 ~ 하직할까 합니다."** 사람을 사귀는 데 상대방의 내면적인 성품보다 신분과 직업 등 외면적인 조건을 중시하는 자목의 그릇된 가치관을 엿볼 수 있다.
❷ **'의원이 자기 병 못 고치고 무당이 제 굿 못한다.'** 자신의 허물은 자기 자신이 바로잡기 어렵다는 의미로, 자목의 잘못된 생각을 깨닫게 해 주겠다는 선귤자의 의도를 담고 있다.
❸ **등을 만져 주되 ~ 침노해서는 안 된다.** 세속적인 사귐의 요령으로, 상대방을 칭찬하거나 단점을 지적할 경우 일정한 선을 넘지 말아야 한다는 뜻이다.
❹ **"그러면 네가 ~ 있는 것이 아니로구나.** '여기'는 신분이 미천하지만 덕이 있는 사람과의 사귐을 의미하고, '저기'는 시정잡배나 하인들의 세속적인 사귐을 의미한다. 이는 엄 행수와 선귤자의 사귐을 부끄러워하는 자목의 잘못된 생각을 지적하고 있는 말이다.

가 선귤자(蟬橘子)에게 •예덕 선생(穢德先生)(연암의 제자인 실학자 이덕무를 모델로 함.)이라는 친구가 있었다. 그 친구는 •종본탑(宗本塔) 동편에 살면서 매일 마을의 똥을 져 나르는 것을 업으로 하고 있었다(엄 행수의 직업으로, 가장 천한 일에 해당함.). 그래서 마을 사람들이 모두 그를 불러 '엄 행수(嚴行首)'라고 했다. '행수'란 역부(役夫)(막일꾼)의 우두머리에 대한 호칭이었고, '엄'은 그의 성(姓)이다.

▶ 예덕 선생은 분뇨를 거두는 역부임.

나 자목(子牧)(선귤자의 제자. 양반 의식을 대변하는 인물)이 선귤자에게 따져 물었다.

"전에 선생님께서 ㉠'친구란 함께 살지 않는 처(妻)이고 동기가 아닌 형제라.'라고 말하시었지요. 친구는 이처럼 중한 것이 아닙니까. 세상의 이름 있는 사대부(士大夫)들이 선생님과 •종유해서 아랫바람(문하(門下))에 놀기를 청하는 분들이 많습니다. 선생님은 이런 분들과 사귀지 않으시고,(양반에 대한 선귤자의 비판적 태도를 엿볼 수 있음.) ❶저 엄 행수는 마을의 상놈이라 하류(下流)에 처한 역부로 치욕스런 일을 하는 자 아닙니까. 그런데 선생님은 곧잘 이자의 덕을 칭찬하여 '선생'이라 부르고 바로 친교를 맺어 벗을 청하려고 하니 저희는 이것이 부끄러워서 이만 문하(門下)를 하직할까 합니다."

▶ 자목이 선귤자와 예덕 선생의 사귐을 비판함.

다 선귤자는 웃으며 말했다. / "거기 앉아라. 내가 너에게 친구란 것에 대해서 이야기해 주마.(교우(交友)의 도에 대한 가르침을 주려고 함.) 상말에 ㉡❷'의원이 자기 병 못 고치고 무당이 제 굿 못한다.'는 격으로, 사람들이 누구나 자기가 잘한 일을 남들이 알아주지 않으면 안타깝게 여긴다. 『자기 허물을 충고해 주길 바랄 경우에 마냥 칭찬만 하면 아첨에 가까워서 맛이 없고 단처만 자꾸 지적하면 들추어내는 것 같아서 인정이 아닐 것이다.(대인 관계에서 과도한 칭찬이나 지나친 지적을 피하는 것을 중요하게 여긴다는 의미) 이에 그의 잘못을 띄워 놓고 말해 변죽만 울리고(그릇이나 세간, 과녁 등의 가장자리) 꼭 꼬집지 않으면 비록 크게 책망하더라도 노하지 않을 것이다. 왜고 하면 자기의 정말 거리끼는 곳을 건드리지 않았기 때문이다. 우연히 자기가 잘한 일이라고 생각하는 일에 언급하되 무엇에 비유해서 숨겨진 일을 딱 맞추면 마음속에 감동하여 마치 가려운 곳을 긁어 주는 것 같을 것이다. 긁는 데도 방법이 있으니 ㉢❸등을 만져 주되 겨드랑이까지 닿아서는 안 되고 가슴을 쓰다듬어 주되 목을 침노해서는 안 된다. 공중에 띄워 놓고 하는 말이 나중에 자기를 칭찬하는 말로 귀결되고 보면 뛸 듯이 기뻐 '나를 알아준다.'라고 하겠지. 이와 같은 것을 친구라 할 수 있겠느냐."』(『 』: 세속적인 벗의 사귐에 대한 선귤자의 언급)

자목은 귀를 틀어막고 달아나며 / ㉣"이야말로 선생님이 나를 시정배(市井輩)나 겸복(傔僕)(하인) 따위의 일로 가르치는 것입니다." / 라고 했다.

▶ 선귤자가 세속적인 사귐을 비판함.

라 선귤자가 다시 말했다.

❹"그러면 네가 수치로 여기는 것은 여기에 있는 것이지 저기에 있는 것이 아니로구나. 무릇 시교(市交)는 이해(利害)로 사귀는 것이고, 면교(面交)는 아첨으로 사귀는 것이다.(시장에서는 이해관계로 사람을 사귀고 면전에서는 아첨으로 사람을 사귄다는 의미 – 당대 양반의 교우에 대한 비판) 그러므로 아무리 좋은 사이라도 세 번 손을 내밀면 사이가 벌어지지 않을 수 없고, 또 ㉤아무리 묵은 원한이 있더라도 세 번 도와주면 친해지지 않을 수 없는 법이다. 이해로 사귀면 지속될 수 없고 아첨으로 사귀면 오래갈 수 없다. 대체 『큰 사귐은 안면을 보고 사귀는 것이 아니며 ⓐ훌륭한 친구는 친소가 문제가 아니고, 다만 마음으로 사귀고 덕을 벗하는 것이다.(참된 교우의 방식) 이것을 이른바 도의지교(道義之交)라고 하는데 위로 천고(千古)를 벗해도 요원하다 아니하고 서로 만리(萬里)를 떨어져 있어도 소원하다 할 수 없는 것이다."』(『 』: 주제 의식이 드러남.)(훌륭한 사귐은 이해관계에 따른 것이 아니라는 의미)

▶ 선귤자가 참된 사귐에 대한 가르침을 전함.

• 중심 내용 자목이 천한 엄 행수를 벗으로 삼은 스승 선귤자에게 못마땅함을 드러내자, 자목에게 올바른 교우의 도를 깨우쳐 준 선귤자

이해와 감상

〈예덕선생전〉은 자기의 분수를 알고 그 속에서 삶의 즐거움을 찾는 엄 행수(예덕 선생)를 통해, 진실된 사귐의 의미와 참다운 인간상을 제시한 작품이다.

이 작품은 박지원의 다른 소설들과 달리 선귤자와 자목의 대화를 중심으로 한 문답 형식을 통해 주제를 구현하고 있다. 제자 자목은 스승 선귤자가 비천한 신분인 엄 행수와 사귀는 것을 못마땅하게 여기면서 이를 비판하는 물음을 던진다. 이에 선귤자는 엄 행수가 비록 신분과 직업이 미천하지만 분수를 알아 안분지족(安分知足)하고 근검절약하는 아름다운 덕을 갖추고 있어서 존경하는 마음으로 '예덕 선생'이라 부르고 그와 벗한다고 대답하며, 자목에게 이해나 아첨에 의해 맺어지는 인간관계가 아닌 올바른 교우(交友)의 도를 가르치고 있다.

이러한 문답 형식은 작가의 의식을 효과적으로 드러내는 역할을 하는데, 자목의 물음을 통해서는 당시 양반들의 허례허식과 위선에 대한 비판과 풍자를, 선귤자의 대답을 통해서는 사회적으로 성장하고 있던 서민 의식과 바람직한 인간상을 드러내고 있다.

전체 줄거리

인물 소개	선귤자에게는 예덕 선생이라는 벗이 있는데, 그는 분뇨를 거두는 역부의 우두머리 엄 행수이다.
자목의 비판	자목은 스승인 선귤자가 사대부와 교우하지 않고 비천한 엄 행수와 벗하는 것을 못마땅하게 여겨 불만을 표시한다.
스승의 반문	선귤자는 이해와 아첨으로 사귄 벗을 친구라 할 수 있는지 반문하며 교우에서 중요한 것은 진실된 마음이라고 가르친다.
스승의 부연	엄 행수는 어리석은 듯하고 직업은 비천하지만 가식이 없으며, 남의 것을 탐하지 않고 근면 성실하게 자신의 삶에 만족하며 사는 덕이 높은 사람이다.
스승의 깨우침	엄 행수야말로 진정한 군자이므로 예덕 선생이라 부르며 도의의 교를 나누지 않을 수 없다.

인물 관계도

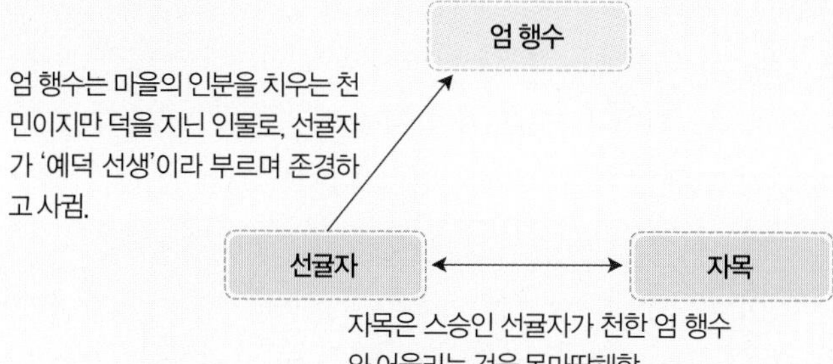

작품 연구소

〈예덕선생전〉에 나타난 우도(友道, 친구를 사귀는 도리)

자목은 스승인 선귤자가 인분을 나르는 일을 하는 천한 이와 사귀는 것을 못마땅하게 여기나, 선귤자는 사람들이 비천하다고 하는 엄 행수를 예덕 선생이라 칭하며 친밀하게 지내면서 우도를 지킨다. 그리고 이를 통해 진정한 우도가 무엇인가를 자목에게 깨우쳐 주고 있다. 군자는 군자끼리 어울려 벗을 사귀되 변치 않는 진실된 사귐이 가능하지만, 소인은 소인끼리 어울려 벗을 사귀며 이해관계에 따라 신의를 저버리므로 참된 사귐은 있을 수 없다는 생각을 드러내고 있는 것이다.

키 포인트 체크

- **인물** 선귤자는 당대의 □□□□적인 사귐을 비판하는 인물로, 천민인 엄 행수와 교우하며 참된 벗과의 진실된 사귐을 중요하게 생각하고, 자목은 당대 지배층을 상징하는 인물로 □□이라는 우월 의식을 가지고 있으면서 새로운 사회의 흐름을 인식하지 못한다.
- **배경** □□적 가치관에 사로잡힌 조선 후기를 배경으로 한다.
- **사건** 자목은 스승인 선귤자가 □□를 거두는 역부 엄 행수와 교우하는 것에 불만을 표시하지만, 선귤자는 엄 행수의 덕을 높이 평가하며 참된 사귐에 대한 □□□을 주었다.

1 이 글에 대한 설명으로 적절하지 않은 것은?

① 비유적 표현을 사용하여 상대방의 이해를 돕고 있다.
② 공간의 이동을 통해 인물 간의 갈등이 고조되고 있다.
③ 대화를 통해 인물의 성격을 간접적으로 드러내고 있다.
④ 같은 인물에 대한 상반된 시각의 차이를 부각하고 있다.
⑤ 요약적 서술을 통해 대상에 대한 정보를 제공하고 있다.

2 이 글의 내용을 통해 알 수 없는 것은?

① 자목은 선귤자에게 실망하여 그를 떠나려 하고 있다.
② 자목은 선귤자가 천민과 사귀는 것을 의아해하고 있다.
③ 선귤자는 엄 행수를 마음으로 사귄다고 자부하고 있다.
④ 선귤자는 자목의 생각에 문제가 있다고 판단하고 있다.
⑤ 엄 행수는 모든 사람들에게 '예덕 선생'이라고 불리고 있다.

3 ㉠~㉤에 대한 설명으로 적절하지 않은 것은?

① ㉠: 벗이 매우 가깝고 소중한 존재라는 의미를 담고 있다.
② ㉡: 자신의 문제점을 스스로 고치기 어려움을 밝히고 있다.
③ ㉢: 적절하게 선을 지키는 세속적 사귐에 대해 설명하고 있다.
④ ㉣: 상대의 의도를 파악하지 못하고 반감을 드러내고 있다.
⑤ ㉤: 주변 사람들과 원한을 해소하고 지낼 것을 권하고 있다.

4 ⓐ에 해당하는 인물로 가장 적절한 것은?

① 신분 혹은 지위가 높은 사람
② 자신의 장점을 알아주는 사람
③ 타인의 비판에 무신경한 사람
④ 자신보다 능력이 뛰어난 사람
⑤ 진실한 마음과 덕을 갖춘 사람

5 자목이 선귤자에게 문하를 하직하겠다고 말한 이유를 〈조건〉에 맞게 쓰시오.

> 조건
> 1. 당대의 일반적인 사귐의 형태를 밝힐 것
> 2. 1을 토대로 선귤자의 사귐이 어떠한지 비교할 것

6 (라)의 저기의 의미가 〈보기〉와 같다고 할 때, 여기의 의미를 쓰시오.

> 보기
> 저기: 시정잡배나 하인의 세속적인 사귐

Q 엄 행수의 삶을 통해 드러나는 가치관은?

엄 행수는 사치를 즐기지도 않고 남의 것을 탐하지도 않으면서 자신의 분수에 만족하며 성실하게 살아가는 인물로, 소박하고 검소한 삶의 태도를 보이고 있다. 이러한 태도는 당시 양반들의 삶의 태도와는 대조적인 것으로, 작가는 이를 통해 무위도식하는 양반들을 간접적으로 비판하고 있다. 또한 자신의 분수에 맞게 진실된 삶을 살며, 허례허식에 빠지지 않는 무실역행(務實力行), 실천궁행(實踐躬行)의 가치관을 드러내고 있다.

어휘 풀이

이엉 초가집의 지붕이나 담을 이기 위해 짚이나 새 등으로 엮은 물건.
바지게 발채(짐을 싣기 위해 얹는 소쿠리 모양의 물건)를 얹은 지게.
살곶이 현재 서울 성동구에 있는 뚝섬의 옛 이름 중 하나.
석교(石郊) 서대문 밖 일대를 가리키는 듯.
염교 채소의 일종. 백합과의 다년생초. 부추와 비슷하게 생김.
상상전(上上田) 토지의 질에 따라 차등적으로 세금을 부과하기 위해 토지를 상중하로 나누고, 각각을 다시 상중하로 나누어 모두 9등급을 둠. 상상전은 최상급의 토지를 말함.
갈포(葛布) 거친 칡베로 지은 도포.
만종(萬鍾) 아주 두터운 봉록(俸祿).

구절 풀이

❶ **그가 밥 먹는 것은 ~ 뒷간을 치는 것이다.** 묵묵히 자신의 일에 최선을 다하며 욕심 없이 소박하게 사는 엄 행수의 삶을 통해 건전하고 성실한 삶에 대한 긍정적인 인식이 나타난다.

❷ **아침이면 한 대접 ~ 골목을 돌아다닌다.** 욕심을 부리지 않으면서 검소하고 소박하며 격식에 얽매이지 않으면서도 예의에 어긋나지 않는 엄 행수의 삶을 보여 주고 있다.

❸ **엄 행수야말로 이른바 ~ 숨은 사람일 것이다.** 엄 행수를 자신의 덕을 감추고 사는 참된 선비라고 칭송함으로써 신분과 직업의 귀천보다는 사람의 됨됨이를 중시하는 작가의 가치관을 보여 준다.

❹ **대저 하늘이 만물을 ~ 만족할 수 있는 사람이었겠는가.** 분수란 하늘이 정해 주는 것이어서 사람마다 다른 것임에도, 사람들의 욕망은 끝이 없어서 이러한 이기심이 세상을 어지럽게 한다는 의미이다. 엄 행수처럼 본분에 충실한 삶을 강조하고자 하는 작가의 의도를 반영하고 있다.

❺ **이것을 확대해 ~ 이를 것이다.** 자신의 분수와 처지를 알고 남의 것을 탐하지 않으며 욕심 없이 살아가는 엄 행수의 삶은 성인의 삶과 비견할 수 있을 정도로 바람직함을 강조하며 이를 예찬하고 있다.

작가 소개

박지원(본책 196쪽 참고)

가 "저 엄 행수란 사람은 일찍이 나에게 알아주기를 구하는 일이 없었으되 나는 그를 칭찬하고 싶은 마음이 간절하구나. ❶그가 밥 먹는 것은 계걸스럽고, 나다니는 것은 부지런하고, 잠은 아주 쿨쿨 자고, 웃음은 껄껄 웃겠다. 또한 그가 사는 모양은 어리석은 듯이 보인다. 흙으로 벽을 쌓고 짚으로 *이엉을 하고 구멍 문을 뚫은 집에 새우등을 하고 들어가서 개처럼 머리를 박고 잠을 자고, 아침이면 기쁜 마음으로 일어나서 *바지게를 지고 마을을 돌아다니며 뒷간을 치는 것이다. [중략] 『손바닥에 침을 탁탁 뱉고서 가래를 휘둘러 허리를 꾸부정하고 일하는 모습이 마치 금조(禽鳥)가 무엇을 쪼는 형상이란다. 그는 볼 만한 글이 있어도 보려고 않고 종고(鐘鼓)의 풍악에도 귀를 기울이지 않는다.』 대저 부귀라는 것은 사람들이 다 같이 원하는 바이지만 원해서 꼭 얻어질 것이 아니기 때문에 부러워하지 않는다.

(세속적인 사람들의 모습과 대비되는 엄 행수의 태도 / 자신의 직분에 충실한 삶 / 『 』: 엄 행수의 무실역행(務實力行), 실천궁행(實踐躬行) / 날짐승 / 종과 북을 통틀어 이르는 말 / 남의 것을 탐하지 않는 엄 행수의 삶)

▶ 근면 성실하며 가식 없는 엄 행수의 삶을 예찬함.

나 왕십리에서 무, *살곶이 다리[箭橋]에서 순무, *석교(石郊)에서 가지·오이·수박, 연희궁(延禧宮)에서 고추·마늘·부추·*염교, 청파(靑坡)에서 미나리, 이태인(利泰仁)에서 토란 같은 것들이 나오는데 밭은 *상상전(上上田)에 심고 모두 엄씨의 똥을 써서 잘 가꾸어 내는 것이다. 그래서 엄 행수는 매년 육천 전(錢)을 벌기에 이른다. 『[A] [❷아침이면 한 대접 밥을 먹어 치우고 만족한 기분으로 하루 동안 다니다가 저녁이면 또 한 대접 밥을 먹는다. 누가 고기를 먹어야 한다고 권하면 '목구멍을 내려가면 소채나 고기나 배부르기는 매일반인데 맛을 취할 것이 있겠느냐.'라고 사양한다.』 『또 누가 좋은 옷을 입으라고 권하면 '소매 넓은 옷을 입으면 몸이 활발치 못하고 새 옷을 입으면 똥을 지고 다니지 못할 것이라.'라고 거절한다.]』 해마다 정월 초하룻날 아침이면 비로소 벙거지에 띠를 두르고 의복에 신발을 갖춘 뒤 인근에 두루 세배를 다닌다. 그러고는 돌아와서 다시 전의 그 옷으로 갈아입고 다시 바지게를 짊어지고 골목을 돌아다닌다.

(서울 용산구 청파동 일대 / 지금의 이태원 / 『 』: 검소하고 소박한 엄 행수의 삶 / 『 』: 격식보다 실용성을 중시하는 사고방식 / 천하지만 예의를 아는 엄 행수의 모습)

▶ 검소하고 소박한 엄 행수의 삶을 예찬함.

다 ❸엄 행수야말로 이른바 더러움 속에 자기의 덕행을 파묻어 세상에 크게 숨은 사람일 것이다. 논어(論語)에 '소부귀(素富貴)하면 행호부귀(行乎富貴)하고 소빈천(素貧賤)하면 행호빈천(行乎貧賤)'이라 했는데 여기서 소(素)의 의미는 정할 정(定) 자의 뜻이다. 시경(詩經)에는 '숙야재공(夙夜在公)은 식명부동(寔命不同)이기 때문이라.' 하였는데 여기서 명(命)의 의미는 분수라는 뜻이다. ❹대저 하늘이 만물을 낳을 때 저마다 정해진 분수가 있어 명을 타고난 것이니 원망할 무엇이 있겠는가. 새우젓을 먹으면서 달걀이 생각나고 *갈포(葛布) 옷을 입고서 모시옷을 부러워하면 천하가 이때부터 대란(大亂)에 이를 것이고, 농민이 땅에서 들고 일어나면 농토가 황폐해질 것이다. 진승(陳勝)·오광(吳廣)·항적(項籍)과 같은 무리들은 그 뜻이 어찌 농사일에 만족할 수 있는 사람이었겠는가. 주역(周易)에 '부차승(負且乘)이면 치구지(致寇至)'라고 한 것도 이를 두고 말한 것이다. 그러므로 ㉠ 의로운 것이 아니면 *만종(萬鍾)의 녹봉도 불결한 것이며 정당한 노력이 없이 치부한 것이라면 비록 큰 부자가 되더라도 그 이름이 더러운 것이다.

(자기의 형편에 맞게 살아간다는 뜻 – 분수에 만족하며 사는 삶 / 아침저녁 공무를 같이 보는데도 문복이 저마다 다르다는 뜻 / 끊임없는 욕망은 화를 부른다는 의미 / 중국의 농민 반란을 주도했던 인물들 – 자신의 분수를 모르고 욕심과 야망을 지녔던 인물 / 짐 질 것도 있고 탈 것도 있어서 도적을 불러들일 것이다. – 자신의 분수를 어기면 화를 당한다는 뜻 / 의로움과 정당한 노력이 필요함을 드러냄.)

▶ 엄 행수는 분수에 만족하는 삶의 의미를 아는 인물임.

라 『참으로 마음속에 도둑질할 뜻이 없는 사람이라면 엄 행수를 생각하지 않을 수 없을 것이다. ❺이것을 확대해 나간다면 가히 성인의 경지에도 이를 것이다.』 대저 선비가 궁한 생활이 얼굴에 드러나면 부끄러운 일이고 뜻을 얻어 출세하매 온몸에 표가 나는 것도 부끄러운 일이다.

(『 』: 엄 행수를 '예덕 선생'이라고 칭송하며 존경하는 이유)

저 엄 행수를 보고 얼굴을 붉히지 않을 사람이 얼마나 될까. 그래서 나는 엄 행수를 선생이라 부르는 것이다. 어찌 감히 벗이라 하겠느냐. 그래서 나는 엄 행수에 대해서 감히 이름을 부르지 못하고 '예덕 선생(穢德先生)'이란 칭호를 바친 것이다."

(엄 행수에 대한 예찬의 태도를 드러냄.)

▶ 엄 행수를 '예덕 선생'이라고 부르는 이유를 밝힘.

• 중심 내용 엄 행수의 근면 성실하고 검소하며 소박한 생활 태도와 그의 덕을 예찬하는 이유

작품 연구소

〈예덕선생전〉에서 선귤자와 엄 행수의 교우에 드러난 작가 의식

뭇 양반들이 교우 관계를 맺고 싶어 하는 최고의 학자인 선귤자가 최하층 신분인 엄 행수와 교우한다는 이 작품의 설정에는, 당시 봉건 사회의 엄격한 신분 체제에 대한 부정적 인식이 드러나 있다. 또한 선귤자는 신분의 귀천에 상관없이 참되고 건강한 삶을 사는 엄 행수의 인간성을 긍정적으로 파악하여 그와 교우 관계를 맺는데, 이러한 내용은 평등한 사회를 꿈꾸는 작가의 의지를 반영한 것이라고 할 수 있다. 한편 이를 서민 의식의 발달에 따른 근대적인 가치관과 관련지어 보면, 도의지교(道義之交, 도덕적 의리를 중시한 만남)가 무너져 가는 세태를 통해 당시 양반층을 비판하면서 서민 사회에서 좀 더 인간다운 삶의 가치가 영위되고 있음을 역설한 것이라고도 볼 수 있다.

선귤자가 엄 행수를 '예덕 선생'이라고 부르는 이유

엄 행수
분뇨를 수거하는 더러운 일을 하는 하층민의 전형을 보여 주는 인물

'예덕 선생'이라고 부르며 존중함.

엄 행수가 자기 분수를 지키면서 욕심내지 않고 자신의 삶을 열심히 살아가는 인물이기 때문에

엄 행수의 인간형	엄 행수의 모습은 소외된 천민 계층의 인물에게서 청렴한 인격을 발견하여 드러낸 것으로, 이는 사대부만의 청렴을 논하던 전근대적인 관념에서 벗어난 것이라 할 수 있다. 즉, 작가는 허례허식이 없고 생산적인 삶을 사는 엄 행수를 진정한 삶을 사는 이상적인 인간형으로 제시한 것이다.

〈예덕선생전〉에 드러난 풍자 의식과 작가의 의도

엄 행수의 삶	양반 계층의 삶
• 스스로 노동을 하면서 생활함. • 미천한 자신의 처지를 앎.(분수에 맞는 삶) • 남의 것을 탐하지 않음. • 화려하거나 쾌락적인 삶을 추구하지 않음.	• 노동보다는 명분에 집착함. • 높은 자리에 오르려고 노력함.(분수에 맞지 않는 삶) • 권력으로 남의 것을 탐하려 함. • 화려하고 쾌락적인 삶을 추구함.

작가의 의도
허례허식에 얽매이고 위선적인 삶을 살아가던 당대의 양반 계층을 풍자·비판함.

함께 읽으면 좋은 작품

〈마장전(馬駔傳)〉, 박지원 / 양반을 비판·풍자하는 작품

권세와 이익을 추구하는 선비를 풍자한 한문 소설이다. 송욱, 장덕홍, 조탑타라는 참된 우정을 나누는 세 사람과 달리 양반들의 사귐은 마치 말 거간꾼이 흥정을 붙이는 것처럼 상대를 속이고 진심을 은폐하고 있다고 신랄하게 비판하고 있다. 교우의 도를 강조한 〈예덕선생전〉의 내용을 생각해 보게 하는 작품이다.

〈황만근은 이렇게 말했다〉, 성석제 / 사회의 문제점을 다룬 작품

유복자로 태어나 홀어머니를 모시고 살면서 바보 취급을 당하지만, 성실하게 살면서 자신의 분수에 만족하고 이웃을 돌볼 줄 아는 순진무구한 인물인 황만근을 통해 이기주의로 가득 찬 사회의 문제를 드러내고 있다. 사람들에게 무시당하는 한 인물의 우직한 삶을 예찬하며 당시의 세태를 비판하고 있는 점에서 〈예덕선생전〉과 통하는 면이 있다.

내신 적중

7 〈보기〉를 참고할 때, 이 글을 통해 작가가 비판하고자 한 바로 알맞은 것은?

> **보기**
> 〈예덕선생전〉은 박지원의 실학사상이 반영된 소설이다. 박지원은 이 작품에서 소외되기 쉬운 하층민을 주요 인물로 등장시키고 그들의 삶을 조명함으로써 새로운 인간의 모습을 보여 주고자 했다. 엄 행수를 예찬하는 선귤자를 통해 벗을 사귀는 데 신분의 차이는 고려 대상이 되지 않으며 진실한 마음으로 교우해야 한다는 바람직한 우도(友道)를 제시한 것이다.

① 무능한 양반 계층
② 봉건 사회의 신분 질서
③ 양반 계층의 농업 천시 풍토
④ 양반 계층과 하층민 사이의 빈부 격차
⑤ 당파 싸움으로 뛰어난 인재를 등용하지 못하는 풍토

8 [A]에 나타난 삶의 태도와 가장 유사한 주제가 나타난 작품은?

① 노래 삼긴 사름 시름도 하도 할샤. / 닐러 다 못 닐러 불러나 푸돗든가. / 진실로 플릴 거시면은 나도 불러 보리라.
② 나모도 아닌 거시 플도 아닌 거시, / 곳기는 뉘 시기며, 속은 어이 뷔연는다. / 뎌러코 사시(四時)예 프르니 그를 됴하노라.
③ 고인(古人)도 날 몯 보고 나도 고인(古人) 몯 뵈. / 고인(古人)을 몯 뵈도 녀던 길 알픠 잇닉, / 녀던 길 알픠 잇거든 아니 녀고 엇뎔고.
④ 추강(秋江)에 밤이 드니 물결이 차노매라 / 낚시 드리우니 고기 아니 무노매라 / 무심(無心)한 달빛만 싣고 빈 배 저어 오노라
⑤ 장부로 삼겨 나셔 입신양명(立身揚名)을 못홀지면 / 출하로 다 떨치고 일 업시 늘그리라. / 이 밧긔 녹록(碌碌)흔 영위(營爲)에 거리낄 줄 이시랴.

9 ㉠과 〈보기〉에서 공통적으로 비판하고 있는 것이 무엇인지 쓰시오.

> **보기**
> "하늘이 민(民)을 낳을 때 민을 넷으로 구분했다. 사민(四民) 가운데 가장 높은 것이 사(士)인 이것이 곧 양반이다. 양반의 이익은 막대하니 농사도 안 짓고 장사도 않고 약간 문사(文史)를 섭렵해 가지고 크게는 문과(文科) 급제요, 작게는 진사(進士)가 되는 것이다. 문과의 홍패(紅牌)는 길이 2자 남짓한 것이지만 백물이 구비되어 있어 그야말로 돈 자루인 것이다. [중략] 궁한 양반이 시골에 묻혀 있어도 무단(武斷)을 하여 이웃의 소를 끌어다 먼저 자기 땅을 갈고 마을의 일꾼을 잡아다 자기 논의 김을 맨들 누가 감히 나를 괄시하랴. 너희들 코에 잿물을 들이붓고 머리 끄덩을 희희 돌리고 수염을 낚아채더라도 누구 감히 원망하지 못할 것이다."
> 부자는 증서를 중지시키고 혀를 내두르며,
> "그만두시오, 그만두어. 맹랑하구먼. 장차 나를 도둑놈으로 만들 작정인가."
> – 박지원, 〈양반전(兩班傳)〉

063 허생전(許生傳) | 박지원

키워드 체크 #매점매석 #사대부의 무능과 허례허식 #사회 개혁 촉구

문학 지학사
국어 천재(박), 비상(박안), 지학사

핵심 정리

갈래 한문 소설, 풍자 소설
성격 풍자적, 비판적
시점 전지적 작가 시점
배경 ① 시간 – 조선 효종 때(17세기 중반)
② 공간 – 국내(서울, 안성, 제주, 변산 등)와 국외(장기도, 빈 섬 등)
제재 허생의 이인적(異人的) 삶
주제 ① 지배층인 사대부의 무능과 허례허식 비판
② 지배층의 각성 촉구
특징 ① 실학사상을 바탕으로 당대 사회의 모순을 풍자함.
② 빈 섬을 통해 이상향의 구체적 모습을 제시함.
③ 허생이라는 영웅적 인물의 행적을 중심으로 사건을 전개함.
의의 당시 사회의 모순을 비판·풍자하고 근대 의식을 고취한 실학 문학의 대표작임.
출전 《열하일기(熱河日記)》 중 〈옥갑야화(玉匣夜話)〉

Q 허생의 상(商)행위에 담긴 의미는?

허생은 변 부자에게서 빌린 만 냥으로 과일과 말총을 사는데, 과일은 주로 제사를 지낼 때 쓰고 말총은 양반들이 머리를 싸맬 때 사용하는 양반의 전유물이다. 허생이 과일과 말총을 매점매석함으로써 많은 돈을 벌 수 있었던 것은 양반들이 제사 같은 예도나 의관을 중요시하여 그에 필요한 물품값이 열 배로 뛰어올라도 그 값을 주고 사갔기 때문이다. 허생의 이러한 상행위는 비록 비정상적인 것이지만, 허생의 말대로 겨우 만 냥으로 나라 안의 과일과 망건 값을 좌우했다는 것은 당시 경제 구조의 취약성과 양반들의 겉치레에 치중하는 허례허식을 보여 주는 것이다.

어휘 풀이

말총 말의 갈기나 꼬리의 털.
망건(網巾) 상투를 튼 사람이 머리카락을 걷어 올려 흘러내리지 않도록 머리에 두르는 그물처럼 생긴 물건.

구절 풀이

❶ **변산(邊山)에 수천의 ~ 잡히지 않았고,** 도둑의 무리가 우글거리는 당대의 어지러운 현실을 드러내면서, 선량한 백성이 도둑이 될 수밖에 없었던 원인을 지배층의 무능과 연결하여 당시의 사회 구조를 비판하고 있다.

❷ **다들 배에 싣고 그 빈 섬으로 들어갔다.** 빈섬은 허생이 생각하는 이상적인 국가의 건설을 시험하게 되는 공간이다. 허생은 가난 때문에 도적이 된 사람들에게 도적질을 하지 않아도 먹고 살 수 있는 최소한의 조건을 마련해 주고, 이를 바탕으로 부를 축적할 수 있도록 하는 이용후생(利用厚生)의 실학사상을 실현하면서 이상국 건설을 시도하고 있다.

가 허생은 만 냥을 입수하자, 다시 자기 집에 들르지도 않고 바로 안성(安城)으로 내려갔다. 안성은 경기도, 충청도 사람들이 마주치는 곳이요, 삼남(三南)의 길목이기 때문이다. 거기서 대추, 밤, 감, 배며 석류, 귤, 유자 등속의 과일을 모조리 두 배의 값으로 사들였다. 허생이 과일을 몽땅 쓸었기 때문에 온 나라가 잔치나 제사를 못 지낼 형편에 이르렀다. 얼마 안 가서, 허생에게 두 배의 값으로 과일을 팔았던 상인들이 도리어 열 배의 값을 주고 사 가게 되었다. 허생은 길게 한숨을 내쉬었다.

(삼남: 충청도, 전라도, 경상도 세 지방을 통틀어 이르는 말 / 등속: 나열한 사물과 같은 종류의 것들을 몰아서 이르는 말 / 모조리 두 배의 값으로 사들였다: 매점(買占) 행위를 나타냄. / 온 나라가 ~ 이르렀다: 경제 구조의 취약함과 잔치, 제사에 몰두하는 양반들의 허례허식을 비판함. / 길게 한숨을 내쉬었다: 조선의 경제 구조가 취약함에 대한 탄식)

㉠"만 냥으로 온갖 과일의 값을 좌우했으니, 우리나라의 형편을 알 만하구나."

그는 다시 칼, 호미, 포목 따위를 가지고 제주도(濟州島)에 건너가서 •말총을 죄다 사들이면서 말했다.

(칼, 호미, 포목: 생활용품에 해당함. → 망건)

㉡"몇 해 지나면 나라 안의 사람들이 머리를 싸매지 못할 것이다."

(양반들의 치장에 필요한 말총을 매점매석함으로써 이들의 허례허식을 비판함.)

허생이 이렇게 말하고 얼마 안 가서 과연 •망건값이 열 배로 뛰어올랐다.

(매점매석이 가능한 당시 유통 구조의 취약함을 보여 줌. ▶ 허생이 매점매석으로 큰돈을 벎.)

나 이때, ❶변산(邊山)에 수천의 군도(群盜)들이 우글거리고 있었다. 각 지방에서 군사를 징발하여 수색을 벌였으나 좀처럼 잡히지 않았고, 군도들도 감히 나가 활동을 못해서 배고프고 곤란한 판이었다. 허생이 군도의 산채를 찾아가서 우두머리를 달래었다.

(군도: 떼를 지어 도둑질을 하는 무리 / 각 지방에서 ~ 징발하여: 군도를 구제의 대상으로 보기보다는 토벌의 대상으로 여기는 지배층의 인식이 엿보임. / 산채: 산적들의 소굴)

"천 명이 천 냥을 빼앗아 와서 나누면 하나 앞에 얼마씩 돌아가지요?" / "일 인당 한 냥이지요." / "모두 아내가 있소?" / "없소." / "논밭은 있소?" / ㉢군도들이 어이없어 웃었다.

(자신들의 처지를 이해하지 못한다고 생각하는 데서 오는 웃음)

"땅이 있고 처자식이 있는 놈이 무엇 때문에 괴롭게 도둑이 된단 말이오?"

(군도가 사회의 모순 때문에 생긴 것임을 암시함.)

"정말 그렇다면, 왜 아내를 얻고, 집을 짓고, 소를 사서 논밭을 갈고 지내려 하지 않는가? 그럼 도둑놈 소리를 안 듣고 살면서, 집에는 부부의 낙(樂)이 있을 것이요, 돌아다녀도 잡힐까 걱정을 않고 길이 의식의 요족(饒足)을 누릴 텐데……."

(요족: 살림이 넉넉함.)

"아니, 왜 바라지 않겠소? 다만 돈이 없어 못 할 뿐이지요."/ 허생은 웃으며 말했다.

"도둑질을 하면서 어찌 돈을 걱정할까? 내가 능히 당신들을 위해서 마련할 수 있소. 내일 바다에 나와 보오. 붉은 깃발을 단 것이 모두 돈을 실은 배이니, 마음대로 가져가구려."

허생이 군도와 언약하고 내려가자, 군도들은 모두 그를 미친놈이라고 비웃었다.

이튿날, 군도들이 바닷가에 나가 보았더니, 과연 허생이 삼십만 냥의 돈을 싣고 온 것이었다. 모두들 대경해서 허생 앞에 줄지어 절했다. / ㉣"오직 장군의 명령을 따르겠소이다."

(대경해서: 크게 놀라 / 허생의 능력을 확인한 뒤 허생을 대하는 행동이 달라짐.)

"너희들, 힘껏 짊어지고 가거라."

이에, 군도들이 다투어 돈을 짊어졌으나, 한 사람이 백 냥 이상을 지지 못했다.

"너희들, 힘이 한껏 백 냥도 못 지면서 무슨 도둑질을 하겠느냐? 인제 너희들이 양민이 되려고 해도, 이름이 도둑의 장부에 올랐으니, 갈 곳이 없다. 내가 여기서 너희들을 기다릴 것이니, 한 사람이 백 냥씩 가지고 가서 여자 하나, 소 한 필을 거느리고 오너라."

(양민: 선량한 백성 / 여자 하나, 소 한 필: 가정을 이루고, 농사를 짓기 위한 최소한의 조건)

허생의 말에 군도들은 모두 좋다고 흩어져 갔다.

허생은 몸소 이천 명이 1년 먹을 양식을 준비하고 기다렸다. 군도들이 빠짐없이 모두 돌아왔다. 드디어 ❷다들 배에 싣고 그 ⓐ빈 섬으로 들어갔다. ㉤허생이 도둑을 몽땅 쓸어 가서 나라 안에 시끄러운 일이 없었다.

(무능력한 지배층과 달리 문제를 해결한 허생 – 허생의 영웅적 면모 ▶ 허생이 군도를 이끌고 빈 섬으로 들어가 이상국 건설을 시도함.)

- **중심 내용** 매점매석으로 양반의 허례허식을 비판하고 도적들을 빈 섬으로 이끌어 이상국을 건설하는 허생
- **구성 단계** 전개

이해와 감상

〈허생전〉은 허생이라는 영웅적 면모를 지닌 인물을 통해 당대 사회의 경제적·사회적 제도의 취약점과 모순, 지배 계층인 사대부의 무능과 허례허식을 풍자한 소설이다. 이 작품에서 허생의 행위는 크게 세 가지로 나누어 볼 수 있다. 우선 허생은 매점매석을 통해 많은 돈을 버는데, 이러한 상행위를 통해 작가는 그 당시의 취약한 경제 구조뿐만 아니라 허례허식에 치우친 양반들을 풍자하고 있다. 두 번째는 허생이 군도를 이끌고 빈 섬으로 들어가는 행위이다. 이를 통해 지배층의 무능으로 말미암아 양민이 도둑이 될 수밖에 없는 사회 현실을 비판하면서, 빈민을 구제하기 위한 이용후생(利用厚生)의 실천을 강조하고 있다. 그리고 마지막은 이완 대장과 만나 대화하는 것이다. 허생은 이완에게 부국강병(富國强兵)을 위한 인재 등용, 치욕을 씻기 위한 명나라 후예와의 결탁, 유학과 무역이라는 시사 삼책을 제시하지만, 양반 지배 계층을 대변하는 이완은 그것을 받아들이지 않는다. 이를 통해 작가는 의미 없는 북벌론만을 내세우는 무능한 양반 계층을 비판하고 있다.

이렇게 볼 때, 이 작품은 작가가 허생이라는 대리인을 내세워 현실 인식과 그에 대한 비판 의식을 드러내고 있음을 알 수 있다.

전체 줄거리

발단	가난하고 무능한 선비 허생이 처의 질책에 독서를 중단하고 집을 나선다.
전개	• 허생이 변 부자에게 빌린 돈으로 매점매석하여 큰돈을 벌고, 빈 섬에 이상 사회 건설을 시도한다. • 집으로 돌아온 허생은 변 부자와 친분을 맺고, 조선의 취약한 경제 구조와 인재 등용의 불합리성을 비판한다.
위기	허생이 이완에게 세 가지 계책을 제안하나, 이완이 거절한다.
절정	허생이 명분만 중시하는 집권층의 행태에 격분하여 이완을 크게 꾸짖는다.
결말	허생이 종적을 감춘다.

인물 관계도

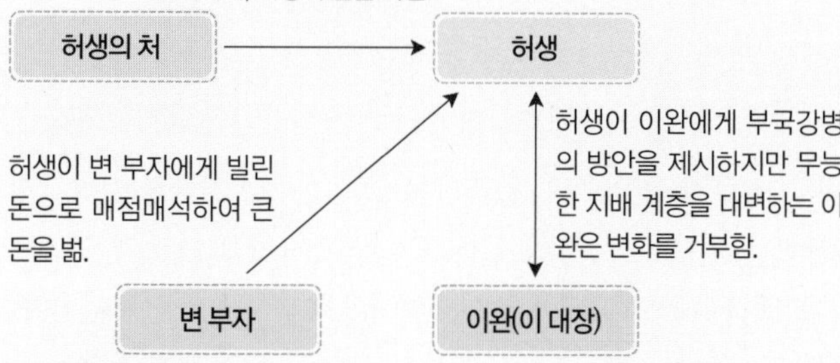

작품 연구소

허생의 행위에 따른 작가의 현실 인식

허생의 행위	작가의 현실 인식
집에서 글만 읽으며 경제적으로는 무능력한 서생의 삶	사대부의 허위적인 삶 비판
변 부자에게 빌린 돈으로 매점매석하여 돈을 벎.	• 취약한 경제 구조 지적 • 양반의 허례허식 비판
도둑이 된 양민들(군도)을 데리고 빈 섬으로 감.	• 무능력한 지배층 비판 • 이용후생의 정책 부재 비판
이완에게 시사 삼책을 제시함.	• 북벌론의 허구성 비판 • 집권층의 무능력과 허례허식 비판

키 포인트 체크

인물 비범한 풍모를 지닌 가난한 선비로 지배층에 대해 비판적인 태도를 보이는 허생은 이용후생의 □□□□을 실천하는 인물이다.

배경 실학사상이 대두하여 당대 사회의 모순을 □□하는 움직임이 일던 조선 후기를 배경으로 한다.

사건 가난한 선비 허생은 □□□에게서 빌린 돈으로 큰돈을 벌고 도적들을 데리고 빈 섬으로 간다. □□이 시사 삼책을 거절하자 허생은 종적을 감춘다.

1 이 글을 통해 알 수 있는 당시의 시대상과 거리가 먼 것은?

① 양반들은 조상을 받드는 제사와 겉치레를 중요하게 생각했다.
② 안성은 각 지방에서 올라오는 물건들이 모이는 물류의 집산지였다.
③ 당시 도둑들의 세력이 백성의 생활을 위협할 정도로 치안이 허술했다.
④ 양민의 삶을 외면하는 지배층에 대한 백성들의 불만이 커지고 있었다.
⑤ 궁핍한 생활을 견디지 못해 도둑이 될 수밖에 없는 백성이 많이 있었다.

2 (나)에 나타난 허생의 인물됨을 평가한 말로 적절하지 않은 것은?

① 군도들의 산채를 찾아간 것으로 보아 대담한 사람이야.
② 군도들과의 약속을 지킨 것으로 보아 신의 있는 사람이야.
③ 재력을 내세워서 군도들의 환심을 사는 계산적인 인물이야.
④ 구체적인 계획을 가지고 군도들을 이끄는 치밀한 사람이야.
⑤ 군도 문제를 잘 해결한 것을 보면 실행력이 있는 사람이야.

3 ㉠~㉤에 대한 설명으로 적절하지 않은 것은?

① ㉠: 경제 구조가 취약한 나라의 현실에 대해 탄식하고 있다.
② ㉡: 겉치레를 중시하는 양반의 모습을 비판하고 있다.
③ ㉢: 허생이 힘 있는 관리가 아닌 것을 알고 얕잡아 보고 있다.
④ ㉣: 허생을 미친놈이라고 비웃던 것과는 달라진 태도를 보이고 있다.
⑤ ㉤: 허생의 영웅적 면모가 부각되고 있다.

4 ⓐ의 의미로 가장 적절한 것은?

① 해외 무역을 위한 거점
② 현실에서 도피하는 공간
③ 이상국을 건설하는 무대
④ 국토 확장을 위한 개척지
⑤ 범죄자를 격리하는 수용소

5 〈보기〉를 참고하여 허생이 사들인 과일과 말총이 비싼 값에도 팔린 이유를 쓰시오.

보기

사람들이 상품을 구입할 때 가장 중요하게 여기는 것은 상품의 가격이다. 보통 가격이 오르면 전보다 그 상품을 적게 구입하려 하고, 반면에 가격이 떨어지면 전보다 더 많이 구입하고자 한다. 그러나 가격 외의 요인이 작용하면 가격이 오른다 하더라도 그 물건을 비싼 가격에 구입하게 된다.

가 ㉠이 대장이 방에 들어와도 허생은 자리에서 일어서지도 않았다. 이 대장은 몸 둘 곳을 몰라 하며 나라에서 어진 인재를 구하는 뜻을 설명하자, 허생은 손을 저으며 막았다.

"밤은 짧은데 말이 길어서 듣기에 지루하다. 너는 지금 무슨 벼슬에 있느냐?"

"대장이오." / "그렇다면 너는 나라의 신임받는 신하로군. ❶내가 와룡 선생(臥龍先生) 같은 이를 천거하겠으니, 네가 임금께 아뢰어서 •삼고초려(三顧草廬)를 하게 할 수 있겠느냐?" / 이 대장은 고개를 숙이고 한참 생각하더니,

(와룡 선생: 삼국 시대 촉한의 정치가인 제갈량을 일컬음. 훌륭한 인재를 상징함. / 삼고초려를 하게 할 수 있겠느냐: 인재 등용을 위한 노력이 필요함을 강조함.)

"어렵습니다. 제이(第二)의 계책을 듣고자 하옵니다." / 했다. ▶ 허생이 시사 일책을 제시함.

나 ㉡"나는 원래 '제이'라는 것은 모른다."

하고 허생은 외면하다가, 이 대장의 간청에 못 이겨 말을 이었다. / ❷"명(明)나라 장졸들이 조선은 옛 은혜가 있다고 하여, 그 자손들이 많이 우리나라로 망명해 와서 정처 없이 떠돌고 있으니, 너는 조정에 청하여 종실(宗室)의 딸들을 내어 모두 그들에게 시집보내고, •훈척(勳戚) •권귀(權貴)의 집을 빼앗아서 그들에게 나누어 주게 할 수 있겠느냐?"

(종실: 임금의 친척 / 명나라 유민을 대우할 것을 주장함으로써 청나라에 대한 반감으로 대두되고 있던 북벌론의 진정성을 확인하고자 함.)

㉢이 대장은 또 머리를 숙이고 한참을 생각하더니, / "어렵습니다." / 했다.
▶ 허생이 시사 이책을 제시함.

다 "이것도 어렵다, 저것도 어렵다 하면 도대체 무슨 일을 하겠느냐? 가장 쉬운 일이 있는데, 네가 능히 할 수 있겠느냐?" / "말씀을 듣고자 하옵니다."

"무릇, 천하에 대의(大義)를 외치려면 먼저 천하의 호걸들과 접촉하여 결탁하지 않고는 안 되고, 남의 나라를 치려면 먼저 첩자를 보내지 않고는 성공할 수 없는 법이다. 지금 만주 정부가 갑자기 천하의 주인이 되어서 중국 민족과는 친근해지지 못하는 판에, 조선이 다른 나라보다 먼저 섬기게 되어 저들이 우리를 가장 믿는 터이다. 진실로 당(唐) 나라, 원(元)나라 때처럼 우리 자제들이 유학 가서 벼슬까지 하도록 허용해 줄 것과 상인의 출입을 금하지 말도록 할 것을 간청하면, 저들도 반드시 자기네에게 친근해지려 함을 보고 기뻐 승낙할 것이다. ❸국중의 자제들을 가려 뽑아 머리를 깎고 되놈의 옷을 입혀서, 그중 선비는 가서 빈공과(賓貢科)에 응시하고, 또 서민은 멀리 강남(江南)에 건너가서 장사를 하면서, 저 나라의 실정을 정탐하는 한편, 저 땅의 호걸들과 결탁한다면 한번 천하를 뒤집고 국치(國恥)를 씻을 수 있을 것이다." [중략]

(남의 나라를 ~ 법이다: 지피지기 백전불태(知彼知己 百戰不殆) / 만주 정부: 청나라 / 우리 자제들이 ~ 것: 인적 교류 / 상인의 출입을 ~ 것: 자유 무역 / 빈공과: 중국 당나라 때에, 외국인을 대상으로 한 과거(科擧) / 국치: 병자호란의 치욕)

이 대장은 힘없이 말했다. / ㉣"사대부들이 모두 조심스럽게 예법(禮法)을 지키는데, 누가 •변발(辨髮)을 하고 •호복(胡服)을 입으려 하겠습니까?" ▶ 허생이 시사 삼책을 제시함.

(변발, 호복: 청나라의 차림새 – 청나라의 문물 제도를 의미함.)

라 허생은 크게 꾸짖어 말했다. / "소위 사대부란 것들이 무엇이란 말이냐? 오랑캐 땅에서 태어나 자칭 사대부라 뽐내다니 이런 어리석을 데가 있느냐? 의복은 흰 옷을 입으니 그것이야말로 •상인(喪人)이나 입는 것이고, 머리털을 한데 묶어 송곳같이 만드는 것은 남쪽 오랑캐의 습속에 지나지 못한데, 대체 무엇을 가지고 예법이라 한단 말인가? 「번오기(樊於期)는 원수를 갚기 위해서 자신의 머리를 아끼지 않았고, 무령왕(武靈王)은 나라를 강성하게 만들기 위해서 되놈의 옷을 부끄럽게 여기지 않았다.」 이제 대명(大明)을 위해 원수를 갚겠다 하면서, 그까짓 머리털 하나를 아끼고, 또 장차 말을 달리고 칼을 쓰고 창을 던지며 활을 당기고 돌을 던져야 할 판국에 넓은 소매의 옷을 고쳐 입지 않고 딴에 예법이라고 한단 말이냐?」 내가 세 가지를 들어 말하였는데, 너는 한 가지도 행하지 못한다면서 그래도 신임받는 신하라 하겠는가? ㉤신임받는 신하라는 게 참으로 이렇단 말이냐? 너 같은 자는 칼로 목을 잘라야 할 것이다." / 하고 좌우를 돌아보며 칼을 찾아서 찌르려 했다. 이 대장은 놀라서 일어나 급히 뒷문으로 뛰쳐나가 도망쳐서 돌아갔다.

(소위 사대부란 것들이 무엇이란 말이냐: 사대부에 대한 비판 의식이 드러남. / 번오기: 중국 진(秦)나라의 장수 / 무령왕: 중국 전국 시대 조(趙)나라의 왕 / 「 」: 목표를 이루기 위해 노력했던 역사적 인물들의 사례를 들어 허례허식에 얽매이는 지배층의 태도 비판 / 「 」: 조선의 지배층이 내세우던 북벌론이 실상 명분뿐인 허위임을 지적함. / 세 가지: 인재 등용, 명나라 후손에 대한 배려, 청나라와의 교류 – 조선의 부국강병(富國强兵)을 위한 작가의 생각이 반영됨. / 신임받는 신하라는 게 참으로 이렇단 말이냐: 위정자의 무능 비판)

마 이튿날, 다시 찾아가 보았더니, 집이 텅 비어 있고, 허생은 간 곳이 없었다.
▶ 허생이 사대부를 질타하고 잠적함.

• 중심 내용 허생의 시사 삼책과 사대부의 위선에 대한 비판 • 구성 단계 (가)~(라) 절정 / (마) 결말

어휘 풀이

삼고초려(三顧草廬) 인재를 맞아들이기 위해 참을성 있게 노력함. 중국 삼국 시대에, 촉한의 유비가 난양(南陽)에 은거하고 있던 제갈량의 초옥으로 세 번이나 찾아갔다는 데서 유래함.
훈척(勳戚) 나라를 위해 드러나게 세운 공로가 있는 임금의 친척.
권귀(權貴) 지위가 높고 권세가 있음.
변발(辨髮) 몽골인이나 만주인의 풍습으로, 남자의 머리를 뒷부분만 남기고 나머지 부분을 깎아 뒤로 길게 땋아 늘임. 또는 그런 머리.
호복(胡服) 만주인의 옷.
상인(喪人) 부모나 조부모가 세상을 떠나서 거상 중에 있는 사람.

Q 이완을 등장시킨 이유는?

이완은 임금의 신임을 받는 신하로, 집권층의 태도와 관점을 대변하고 있는 인물이다. 그런 만큼 집권층의 입장을 고려해야 했으므로 허생이 제시한 시사 삼책을 받아들이기 어려웠을 것이다. 작가는 이완이라는 인물을 설정해 명분만 앞세우는 당시 집권층의 무능과 북벌론의 허구를 비판하고자 한 것이다. 한편 이완은 역사적인 실존 인물로, 실존 인물을 작품에 끌어와 작품의 현실성을 높이고자 한 작가의 의도를 엿볼 수 있다.

구절 풀이

❶ **내가 와룡 선생(臥龍先生) 같은 ~ 삼고초려(三顧草廬)를 하게 할 수 있겠느냐?"** 허생이 제시한 시사 일책으로, 불합리한 인재 등용의 현실을 비판하면서 인재를 얻기 위해서는 삼고초려의 노력이 필요함을 역설하고 있다.
❷ **"명(明)나라 장졸들이 ~ 나누어 주게 할 수 있겠느냐?"** 허생이 제시한 시사 이책으로, 지배층이 명나라의 은혜를 갚기 위해 청나라를 쳐야 한다고 북벌론을 주장하면서도 정작 명나라 유민은 돌보지 않는 태도를 비판하고, 이를 통해 명분만 내세우는 북벌론의 허구성을 지적하고 있다.
❸ **국중의 자제들을 ~ 씻을 수 있을 것이다."** 허생이 제시한 시사 삼책으로, 지배층이 청나라와 실질적으로 교류하여 그들을 파악해야 비로소 국치를 씻을 수 있음을 언급하고 있다.

Q 허생이 사라진 이유는?

당대 현실에 대해 비판적인 시각을 가지고 있었던 허생은 현실을 개혁하고자 이완 대장에게 세 가지 계책을 제안한다. 그러나 대의명분을 중시하는 이완이 제안을 거절하자 허생은 이튿날 종적을 감춘다. 이는 당시의 상황에서는 허생의 주장이 현실적으로 수용되기 어려운 급진적인 것이었음을 암시한다. 한편, 일반적인 고전 소설과는 다른 중심인물의 잠적이라는 미완의 결말 구조는 암시와 여운을 주어 허생의 이인(異人)다운 풍모를 강조하는 효과를 거두고 있다.

작가 소개

박지원(본책 196쪽 참고)

작품 연구소

〈허생전〉에 반영된 당대 현실

정치	이완과 같은 집권층에서 허구적인 북벌론을 내세우며 친명배청 정책을 펼침.
경제	• 만 냥으로 과일과 말총을 매점매석할 수 있을 정도로 경제 구조가 취약함. • 상업을 천시하고 교통 여건을 갖추지 못하여 경제가 발전하지 못함.
사회·문화	• 양반들은 아무리 비싸도 제사에 쓰이는 과일과 의관을 갖추는 데 필요한 망건을 사는 등 허례허식에 얽매여 있음. • 나라에 군도가 들끓고 백성들의 삶이 피폐함. • 인재 등용이 올바르게 이루어지지 않음.

〈허생전〉에서 허생과 이완의 갈등 양상

허생	↔	이완(이 대장)
실리 중시		명분 중시

허생은 실리적 측면에서 당시 집권층이 주장하던 북벌론을 실천하기 위한 시사 삼책을 제안하나 이완은 이를 받아들이기 어렵다고 말해 허생의 분노를 유발하고 있다. 허생과 이완 사이의 갈등은 작가가 집권층이 주장하는 북벌론이 결국 겉으로는 명분을 내세우지만 속으로는 전시 체제의 긴장감을 조성해 정권을 유지하려는 불순한 의도와 관련이 있음을 간파하여 형상화한 소설적 장치로 볼 수 있다.

〈허생전〉에 드러난 허생의 삶에 대한 평가

긍정적 평가	• 군도를 이끌고 빈 섬에 들어가 이상국 건설을 시도함. → 자신의 이상을 실천해 성과를 얻는 동시에 어려운 처지의 백성들을 구제함. • 이완에게 시사 삼책을 제시함. → 당대의 문제점을 인식하고 이를 극복하기 위한 해결책을 제시함.
부정적 평가	• 변 부자에게 자신을 장사치로 보느냐고 역정을 냄. → 사농공상의 전통적인 계급 의식을 지닌 것으로 보아 양반이라는 계급적 한계를 완전히 극복하지는 못함. • 시사 삼책이 받아들여지지 않자 사라짐. → 해결책을 실행하기 위한 노력을 하지 않음.

자료실

연암 박지원의 사상적 배경

박지원의 사상은 실학 중에서도 북학파(北學派)에 속한다. 박지원은 그와 교우하던 홍대용, 이덕무, 박제가 등과 함께 북학파로 불리운 이용후생 학파(利用厚生學派)의 대표적 인물이다. 명분을 내세우는 유학의 이론에 반기를 들고 낙후된 조선의 현실을 극복하기 위해 벽돌의 사용, 수레의 통용, 적극적 통상 등을 제시하여 부국강병을 이루고 백성의 궁핍한 삶을 개선하고자 노력했다. 이러한 그의 북학 사상은 〈허생전〉에도 잘 드러나 있는데, 집권층의 현실성 없는 북벌론을 비판하며 진정한 북벌은 뚜렷한 주체 의식으로 청나라의 선진 문물과 제도를 도입하여 이루어져야 함을 역설하는 내용 등이 이에 해당한다고 할 수 있다.

함께 읽으면 좋은 작품

〈허생전을 배우는 시간〉, 최시한 / 〈허생전〉을 현대적으로 해석한 작품

일기 형식의 성장 소설로, 전국교직원노동조합 투쟁이 한창이던 1990년대의 교육 현장을 배경으로 하여 현실적 모순에 대한 비판적 인식과 실천적 행동을 촉구한 작품이다. 이 작품에서는 허생이란 인물을 분석하고 있는데, 〈허생전〉의 현대적 해석이라는 점에서 함께 읽으면 도움이 된다.

6 이 글에서 허생이 제시한 시사 삼책을 〈보기〉와 같이 나타낼 때, 이를 이해한 내용으로 가장 적절한 것은?

보기

ⓐ 시사 일책 ➡ ⓑ 시사 이책 ➡ ⓒ 시사 삼책

① 허생은 ⓒ가 ⓐ나 ⓑ에 비해 실천 가능성이 높다고 판단하고 있다.
② 해결의 시급함과 관련하여 'ⓒ → ⓑ → ⓐ'의 순서로 해결할 필요가 있다.
③ ⓐ, ⓑ에 대해서는 회의적인 반응을, ⓒ에 대해서는 긍정적인 반응을 이끌어 내고 있다.
④ ⓐ, ⓑ, ⓒ는 앞 단계가 해결돼야 다음 단계로 나아갈 수 있는 점층적 구조를 내포하고 있다.
⑤ ⓐ는 임금이 해야 할 역할, ⓑ는 신하가 해야 할 역할, ⓒ는 백성이 해야 할 역할로 볼 수 있다.

내신 적중 高난도

7 〈보기〉의 선생님의 입장에서 허생을 비판한 내용으로 적절한 것은?

보기

선생님은 동철이가 서 있는 걸 그대로 둔 채 천천히 말씀하셨다.

"허생이 졌다는 말은, 허생의 행동 전체를 놓고 독자인 우리가 평가하느라고 쓴 말입니다. 허생은 확고한 이상과 탁월한 능력을 지녔지만 그걸 다 실현하지 못했고, 그러니 불만스런 현실과 그 현실을 지배하는 사람들한테 졌다고 본 겁니다. 도피했다고 볼 수도 있겠죠."

– 최시한, 〈허생전을 배우는 시간〉

① 현실적으로 수용되기 어려운 대책을 제시했다.
② 관념적인 공리공론을 일삼는 지식 계층에 불과하다.
③ 양반이라는 계급적 한계를 완전히 극복하지 못했다.
④ 해결책을 제시했지만 실행을 위한 노력은 하지 않았다.
⑤ 명분을 중시하며 실리를 위해 구체적인 실천을 하지 않았다.

8 ㉠~㉤에 대한 설명으로 적절하지 않은 것은?

① ㉠: 허생이 지배층에 반감을 지니고 있음을 보여 주고 있다.
② ㉡: 허생은 이완이 자신의 말을 가볍게 무시한 것에 불만을 표현하고 있다.
③ ㉢: 시사 이책을 실행에 옮길 수 있는지 깊이 생각하고 있다.
④ ㉣: 시사 삼책의 실행이 불가능한 현실적인 이유를 들고 있다.
⑤ ㉤: 무능한 신하들에 대한 불만을 노골적으로 드러내어 비판하고 있다.

9 이 글에서 이완이 허생의 제안을 받아들이지 못하는 이유를 그의 계층적 성격과 관련지어 쓰시오.

10 이 글의 작가가 (마)와 같은 결말을 취한 이유를 〈조건〉에 맞게 쓰시오.

조건

1. 표현 면과 내용 면의 효과를 각각 제시할 것
2. 40자 이내의 완결된 한 문장으로 쓸 것

IV. 조선 후기

064 호질(虎叱) | 박지원

키워드 체크 #우의적 #대화 형식 #양반의 위선적인 태도 #실학사상

문학 미래엔, 해냄

핵심 정리

갈래 한문 소설, 우화 소설, 풍자 소설
성격 풍자적, 비판적, 우의적
시점 전지적 작가 시점
배경 ① 시간 – 정(鄭)나라 ② 공간 – 어느 고을
제재 양반의 위선과 허세
주제 양반의 위선적인 삶과 인간 사회의 부도덕성 비판
특징 ① 우의적 수법을 사용함. ② 인물의 행위를 희화화하여 제시함. ③ 실학사상을 바탕으로 인간의 부정적인 삶을 비판함.
연대 영·정조 때(18세기 후반)
출전 《열하일기(熱河日記)》 중 〈관내정사(關內程史)〉

Q 인물을 통해 드러난 풍자 의식은?

북곽 선생은 학식 있고 고매한 인품의 유학자(儒學者)이고, 동리자는 열녀로 추앙받는 미모의 과부이다. 이들은 유교적 질서 내에서 이상적인 인간형으로 칭송받는다. 하지만 그 이면에는 표리부동(表裏不同)한 모습을 지니고 있는데, 북곽 선생이 동리자와 밀회를 즐기는 것이나, 동리자가 성이 다른 다섯 아들을 두고 있는 것이 그런 모습이다. 작가는 이렇듯 겉과 속이 다른 두 인물을 제시하여 당대 지배층의 위선과 부도덕성을 풍자하고 있다.

어휘 풀이

육경(六經) 중국 춘추 시대의 여섯 가지 경서(經書). 《역경》, 《서경》, 《시경》, 《춘추》, 《예기》, 《악기》를 이르는데 《악기》 대신 《주례》를 넣기도 한다.
제후(諸侯) 봉건 시대에 일정한 영토를 가지고 그 영내의 백성을 지배하는 권력을 가지던 사람.
봉(封)하다 임금이 그 신하에게 일정 정도의 영지를 내려 주고 영주(領主)로 삼다.
흥(興) 비유적인 다른 사물의 표현으로 분위기를 일으킨 후에 말하려고 하는 본뜻을 나타내면서 시를 짓는 방법이다.
예기(禮記) 의례에 대한 해설과 음악·정치·학문 등 여러 방면에 걸쳐 예의 근본 정신에 대해 서술한 중국의 고전.

구절 풀이

❶ **정(鄭)나라 어느 고을에 ~ '북곽 선생(北郭先生)'이었다.** 북곽 선생을 벼슬이나 명예를 멀리하는 학자로 소개하고 있는데, 이는 북곽 선생의 위선적인 모습을 부각하기 위한 반어적 장치에 해당한다.
❷ **"오랫동안 선생님의 ~ 듣고자 하옵니다."** 동리자가 북곽 선생을 유혹하는 말로, 덕을 사모해 글 읽는 소리를 듣고자 한다는 그럴듯한 이유를 들고 있다. 이를 통해 수절 과부 동리자의 이중성을 엿볼 수 있다.
❸ **사람들이 자기를 ~ 구덩이 속에 빠져 버렸다.** 자신의 위선적인 모습이 세상에 알려질까 두려워 우스꽝스러운 모습으로 달아나는 북곽 선생의 모습을 희화화하면서 풍자하고 있다.

가 ❶정(鄭)나라 어느 고을에 벼슬을 탐탁하게 여기지 않는 학자가 살았으니 '북곽 선생(北郭先生)'이었다. 「그는 나이 마흔에 손수 교정(校正)해 낸 책이 만 권이었고, 또 •육경(六經)의 뜻을 부연해서 다시 저술한 책이 일만 오천 권이었다. 천자(天子)가 그의 행의(行義)를 가상히 여기고 •제후(諸侯)가 그 명망을 존경하고 있었다.」

(「 」: 북곽 선생의 훌륭함을 언급해 그의 위선적 모습을 부각하려는 의도가 담김. / 행의: 행동과 뜻)

▶ 북곽 선생은 명망 높은 유학자임.

나 그 고장 동쪽에는 동리자(東里子)라는 미모의 과부가 있었다. 「천자가 그 절개를 가상히 여기고 제후가 그 현숙함을 사모하여, 그 마을의 둘레를 •봉(封)해서 '동리과부지려(東里寡婦之閭)'라고 정표(旌表)해 주기도 했다. 이처럼 동리자가 수절을 잘하는 부인이라 했는데 실은 슬하의 다섯 아들이 저마다 성(姓)을 달리하고 있었다.」

(「 」: 동리자의 인물됨 제시 – 표리부동(表裏不同) / 동리과부지려: 동리라는 과부가 사는 마을 / 동리자의 위선적 모습 – 아버지가 다른 다섯 명의 아들이 있다는 것은 결국 동리자의 수절이 거짓임을 드러냄.)

▶ 동리자는 열녀임.

다 어느 날 밤, 다섯 놈의 아들들이 서로 지껄이기를,

"강 건너 마을에서 닭이 울고 강 저편 하늘에 샛별이 반짝이는데, 방 안에서 흘러나오는 말소리는 어찌도 그리 북곽 선생의 목청을 닮았을까."

(새벽이 가까워 오는 시각으로 깊은 밤을 의미함.)

하고, 다섯 놈이 차례로 문틈으로 들여다보았다. 동리자가 북곽 선생에게,

❷"오랫동안 선생님의 덕을 사모했사온데 오늘 밤은 선생님 글 읽는 소리를 듣고자 하옵니다."

라고 간청하매, 북곽 선생은 옷깃을 바로잡고 점잖게 앉아서 시(詩)를 읊는 것이 아닌가.

(자신의 욕정을 숨긴 채 고상한 척하기 위한 수단)

"원앙새는 병풍에 그려 있고,
반딧불이 흐르는데 잠 못 이루어
저기 저 가마솥 세 발 솥은
무엇을 본떠서 만들었나.
이는 •흥(興)이로다."

(성이 다른 동리자의 다섯 아들을 비유적으로 표현함.)

▶ 북곽 선생과 동리자의 실제 모습은 부도덕함.

라 다섯 놈이 서로 소근대기를,

"《•예기(禮記)》에 이르기를 '과부의 문에는 함부로 들지 않는다.' 하였는데, 북곽 선생과 같은 점잖은 어른이 과부의 방에 들어올 리가 있겠나. 우리 고을의 성문이 무너진 데에 여우가 사는 굴이 있다더라. 여우란 놈은 천 년을 묵으면 사람 모양으로 둔갑할 수가 있다더라. 저건 틀림없이 그 여우란 놈이 북곽 선생으로 둔갑한 것이다."

(북곽 선생을 여우라고 생각하는 어리석음 – 당대인의 허례허식을 희화화하여 드러냄.)

하고 함께 의논했다.

「"들으니 여우의 머리를 얻으면 큰 부자가 될 수 있고, 여우의 발을 얻으면 대낮에 그림자를 감출 수 있고, 여우의 꼬리를 얻으면 애교를 잘 부려서 남에게 예쁘게 보일 수 있다더라.」 우리 저놈의 여우를 때려잡아서 나누어 갖도록 하자."

(「 」: 여우를 잡음으로써 얻을 수 있는 이로운 점 – 본질은 보지 못하고 허상만 생각하는 아들들의 어리석음을 드러냄.)

▶ 동리자의 다섯 아들이 북곽 선생을 여우로 생각함.

마 다섯 놈이 방을 둘러싸고 우르르 쳐들어갔다. 북곽 선생은 크게 당황하여 도망쳤다. ❸사람들이 자기를 알아볼까 겁이 나서 ㉠모가지를 두 다리 사이로 쑤셔 박고 귀신처럼 춤추고 낄낄거리며 문을 나가서 내닫다가 그만 들판의 구덩이 속에 빠져 버렸다. 그 구덩이에는 똥이 가득 차 있었다. 간신히 기어올라 머리를 들고 바라보니 뜻밖에 범이 길목에 앉아 있는 것이 아닌가.

(㉠: 북곽 선생의 비굴한 모습 – 희화화 / 북곽 선생의 위선을 풍자하기 위한 장치)

▶ 달아나던 북곽 선생이 범과 만남.

- **중심 내용** 도학자인 북곽 선생과 열녀인 동리자의 위선적 모습
- **구성 단계** (가)~(나) 발단 / (다)~(라) 전개 / (마) 위기

이해와 감상

〈호질〉은 북곽 선생과 동리자의 이중적 행동을 의인화된 인물인 범을 통해 직접적으로 비판하고, 당시 양반 계층의 부패한 도덕관념과 위선적 삶, 짐승만도 못한 인간의 부도덕성을 풍자한 작품이다.

작가는 명망 높은 유학자로 존경받는 북곽 선생과 열녀로 추앙받는 동리자의 표리부동하고 위선적인 행동을 통해 사대부 계층의 부패한 도덕성을 신랄하게 비판하고 있다. 또한 범 앞에서 보이는 북곽 선생의 비굴한 행동과 범이 사라지고 난 뒤 농부 앞에서 보이는 위선적인 모습을 통해 끝까지 위선과 허세를 버리지 못하는 이중성도 풍자하고 있다.

한편 이 작품에서는 범이라는 의인화된 대상을 내세워 북곽 선생을 꾸짖고 있다. 여기서 범은 성리학적 이념만을 중시하는 사대부의 관념성과 부도덕성을 비판해 온 박지원의 의식을 대변하고 있다고 할 수 있다.

전체 줄거리

발단	어느 고을에 학자로 존경받는 북곽 선생이라는 선비와 수절하는 부인이라 하나 성이 다른 다섯 아들을 둔 과부 동리자가 있었다.
전개	북곽 선생이 동리자의 방에 들어가 밀회를 즐기고 있는데, 과부의 아들들이 북곽 선생을 천 년 묵은 여우로 의심하여 방으로 쳐들어온다.
위기	북곽 선생은 도망치다가 똥구덩이에 빠진다.
절정	때마침 먹잇감을 찾아 마을에 내려온 범은 북곽 선생의 위선적인 모습과 인간들의 파렴치한 행동 등 부정적인 모습을 신랄하게 꾸짖고 사라진다.
결말	북곽 선생은 범에게 머리를 조아리며 비굴한 모습으로 목숨을 애걸하다가 새벽에 일하러 나온 농부와 만나게 된다. 북곽 선생은 범이 사라진 것을 알고 또다시 위선적인 모습으로 돌아와 자기변명을 한다.

인물 관계도

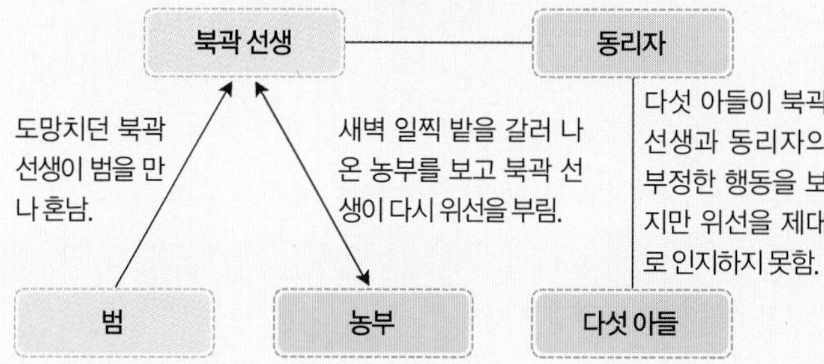

작품 연구소

〈호질〉의 우화적 성격

우화의 가장 큰 특징은 의인화된 부정적 인물이 등장하며 그 인물의 본질을 풍자적인 조소와 해학으로 폭로한다는 것이다. 그러나 〈호질〉은 우화의 기법을 사용하고 있으면서도, 오히려 의인화된 인물인 범이 부정적 인물인 북곽 선생의 위선과 허세를 풍자하고 인간 사회의 부정적 속성을 고발하고 있다는 점에서 일반적인 우화와 차이를 보인다. 이렇게 인간의 속성이 부여된 범을 통한 우회적인 비판은 직접적인 비판보다 풍자의 효과가 크다.

키 포인트 체크

인물 북곽 선생과 동리자는 각각 인품이 훌륭한 선비와 수절 열녀로 알려져 있지만 위선적이고 □□□□한 인물들이다.

배경 □□□□이 등장한 조선 후기를 배경으로, 인간 사회의 부도덕성을 우회적으로 비판한다.

사건 존경받는 선비 북곽 선생이 열녀 동리자와 정을 통하다가 남에게 들킬 뻔했는데, 도망치던 북곽 선생이 □을 만나 □□□을 듣는다.

1 이 글에 대한 설명으로 적절한 것은?

① 북곽 선생은 이상적인 선비의 모습을 보여 주고 있다.
② 동리자는 수절 강요라는 시대적 억압에 저항하고 있다.
③ 동리자의 아들들은 사태의 본질을 꿰뚫지 못하고 있다.
④ 동리자의 아들들은 동리자의 개가를 원하지 않고 있다.
⑤ 북곽 선생과 동리자의 대화는 철학적 의미를 담고 있다.

내신 적중 多빈출

2 북곽 선생과 동리자의 행동을 통해 작가가 비판하고자 하는 것으로 알맞은 것은?

① 수절을 강요하는 반인륜적 사회
② 겉치레를 중시하는 양반들의 허례허식
③ 당대 지배층의 위선적 삶과 부패한 도덕성
④ 남녀 간의 자유연애를 금지하는 당시의 전근대성
⑤ 남자는 높고 귀하며, 여자는 낮고 천하게 여기는 사회 풍토

3 이 글의 북곽 선생과 동리자의 행동에 대한 반응으로 적절한 것은?

① 기다려 온 만남이 이루어졌으니 지성감천(至誠感天)이로군.
② 소문과 행실이 다른 양두구육(羊頭狗肉)과 같은 인물들이군.
③ 서로에 대한 마음을 천의무봉(天衣無縫)하게 드러내고 있군.
④ 대화를 주고받는 모습이 천생연분(天生緣分)이라 할 만하군.
⑤ 상대방의 처지를 이해하는 동병상련(同病相憐)이 엿보이는군.

4 ㉠에 담긴 북곽 선생의 심리로 가장 적절한 것은?

① 괴상한 행동을 해서 다른 사람에게 책임을 돌려야지.
② 동리자의 아들들을 위협해서 쫓아오지 못하게 해야지.
③ 사실대로 말할 상황이 아니니 다음 기회를 기다려야지.
④ 관심을 다른 곳으로 돌려 사건이 커지지 않도록 해야지.
⑤ 내 정체가 드러나지 않도록 하면서 재빨리 빠져나가야지.

5 동리자의 아들들이 북곽 선생을 여우로 판단한 근거를 〈조건〉에 맞게 쓰시오.

조건
(라)의 아들들의 대사에서 근거를 찾을 것

6 (마)에서 북곽 선생이 똥구덩이에 빠지는 장면을 설정한 작가의 의도를 추측하여 쓰시오.

어휘 풀이

유자(儒者) 유학(儒學)을 공부하는 선비.

하토(下土) 농사짓기에 아주 나쁜 땅. 여기서는 인간 세상, 속세를 가리킴.

천신(賤臣) 천한 신하라는 뜻으로, 신하가 임금을 상대하여 자기를 낮추어 이르는 일인칭 대명사.

오륜(五倫) 유학에서 사람이 지켜야 할 다섯 가지 도리. 부자유친, 군신유의, 부부유별, 장유유서, 붕우유신을 이름.

권면(勸勉)하다 알아듣도록 권하고 격려하여 힘쓰게 하다.

사강(四綱) 예의염치(禮義廉恥)를 이르는 말.

자자(刺字) 얼굴이나 팔뚝의 살을 따고 홈을 내어 먹물로 죄명을 찍어 넣던 벌.

먹실 먹물을 묻히거나 칠한 실. 죄인의 이마나 팔뚝 등에 먹줄로 죄명을 써넣던 묵형(墨刑)이라는 형벌이 있었음.

Q 이 작품에서 범의 역할은?

범은 선비로 대표되는 인간을 비판·풍자하는 주동적 인물이며, 한국인들의 의식 속에 자리 잡고 있는 영적 동물로서 작가 의식을 대변해 준다. 작가가 범의 입을 빌려 당대 지배층을 꾸짖는 것은 사회에 대한 직접적인 비판이 당시 유교 사회에서는 받아들여질 수 없었기 때문이다. 작가는 범을 통해 자신의 생각을 우회적으로 드러내어 당대 지배층의 위선과 비도덕적인 모습을 신랄하게 비판하고 작품의 묘미와 흥미를 더하고 있다.

구절 풀이

❶ **"어허, 유자(儒者)여! 더럽다."** 표면적으로는 똥구덩이에서 나온 북곽 선생의 모습을 가리키는 말이지만, 이면적으로는 북곽 선생의 겉과 속이 다른 양반의 위선을 비웃는 말이다.

❷ **내 듣건대 ~ 과연 그렇구나.** 유(儒)는 '선비'를 의미하고, 유(諛)는 '아첨하는 말'을 의미한다. 동음이의어를 활용한 언어유희로 선비를 자처하는 양반들을 아첨꾼으로 비하하고 있다.

❸ **너희가 떠드는 ~ 내내 사강(四綱)에 머물러 있다.** 인간들이 겉으로는 오륜과 사강을 말하지만 실천하지 않고 있음을 드러내면서 인간의 부도덕함을 비판하고 있다.

❹ **너희가 밤낮으로 ~ 논할 수 없다.** 서로의 재물을 빼앗고 황금만능주의에 빠져 돈을 우상화하고 나아가 부귀공명(富貴功名)을 위해 인륜을 외면하는 인간들의 잘못된 행실을 비판하고 있다.

❺ **"성현(聖賢)의 말씀에 ~ 하셨느니라."** 지금껏 범에게 목숨을 구걸하던 북곽 선생이 옛글을 인용하여 자신의 부끄러운 행동을 그럴듯하게 합리화하고 있다. 이 모습을 통해 북곽 선생의 허위와 위선적인 면모가 부각되고 있다. 또한 눈앞의 현실을 그대로 받아들이지 못하는 농부의 어리석음을 풍자하고 있기도 하다.

Q 이 작품에서 농부의 역할은?

위선과 아첨에 젖어 있는 도학자(북곽 선생)와 부지런히 노동을 하며 건실하게 살아가는 서민(농부)을 극명하게 대비하여 무능하고 부패한 사대부층에 엄중하게 경고하고 자기 혁신을 촉구하는 작가의 의도를 드러낸다.

작가 소개

박지원(본책 196쪽 참고)

가 범은 북곽 선생을 보고 오만상을 찌푸리고 구역질을 하며 코를 싸쥐고 외면을 했다.

㉠ ❶"어허, 유자(儒者)여! 더럽다."

북곽 선생은 머리를 조아리고 범 앞으로 기어가서 세 번 절하고 꿇어앉아 우러러 아뢴다.
(범에게 목숨을 구걸하는 북곽 선생의 모습 – 인물의 희화화를 통한 풍자)

『"호랑님의 덕은 지극하시지요. 대인(大人)은 그 변화를 본받고, 제왕(帝王)은 그 걸음을 배우며, 자식된 자는 그 효성을 본받고, 장수는 그 위엄을 취하며, 거룩하신 이름은 신령스러운 용(龍)의 짝이 되는지라, ㉡풍운의 조화를 부리시매 하토(下土)의 천신(賤臣)은 감히 아랫바람에 서옵나이다."』
(『 』: 북곽 선생이 살아남기 위해 범에게 아첨하는 말 / 대인: 군자 / 풍운: 좌청룡, 우백호 / 아랫바람: 하풍(下風), 사람이나 사물의 질이 낮음.)

▶ 북곽 선생이 살아남기 위해 범에게 아첨함.

나 범은 북곽 선생을 여지없이 꾸짖었다. / "내 앞에 가까이 오지 마라. ❷내 듣건대 유(儒)는 유(諛)라 하더니 과연 그렇구나. 네가 평소에 천하의 악명을 죄다 나에게 덮어씌우더니, 이제 사정이 급해지자 면전에서 아첨을 떠니 누가 곧이듣겠느냐. 천하의 원리는 하나뿐이다. 범의 본성(本性)이 악한 것이라면 인간의 본성도 악할 것이요, 인간의 본성이 선한 것이라면 범의 본성도 선할 것이다. ㉢❸너희가 떠드는 천 소리 만 소리는 오륜(五倫)에서 벗어난 것이 아니고, 경계하고 권면하는 말은 내내 사강(四綱)에 머물러 있다. 『그런데 도회지에 코 베이고, 발꿈치 짤리고, 얼굴에다 자자(刺字)질하고 다니는 것들은 다 오륜을 지키지 못한 자들이 아니냐.』 포승줄과 먹실, 도끼, 톱 같은 형구(刑具)를 매일 쓰기에 바빠 겨를이 나지 않는데도 죄악을 중지시키지 못하는구나. 『범의 세계에서는 원래 그런 형벌이 없으니 이로 보면 범의 본성이 인간의 본성보다 어질지 않느냐?』"
(꾸짖었다: 제목인 '호질(虎叱)'에 해당함. / 유(儒)는 유(諛)라: 동음이의어를 활용한 풍자 / 코 베이고: 의형(劓刑), 발꿈치 짤리고: 월형(刖刑), 자자질: 경형(黥刑) / 『 』: 인간의 부도덕함을 비판함. – 윤리 규범을 어겨 형벌을 받은 사람이 많음을 드러냄. / 『 』: 인간의 본성이 짐승보다 못하다는 말 – 인간의 도덕성에 대한 신랄한 비판)

▶ 범이 북곽 선생의 위선과 인간 세상의 부도덕을 꾸짖음.

다 "대체 제 것이 아닌데 취하는 것을 도(盜)라 하고, 생(生)을 빼앗고 물(物)을 해치는 것을 적(賊)이라 하나니, ❹너희가 밤낮으로 쏘다니며 팔을 걷어붙이고 눈을 부릅뜨고 노략질하면서 부끄러운 줄 모르고, ㉣심한 놈은 돈을 불러 형님이라 부르고, 장수가 되기 위해서 제 아내를 살해하였은즉 다시 윤리 도덕을 논할 수 없다. 뿐만 아니라 메뚜기에게서 먹이를 빼앗아 먹고, 누에에게서 옷을 빼앗아 입고, 벌을 막고 꿀을 따며, 심한 놈은 개미 새끼를 젓 담아서 조상에게 바치니 잔인무도한 것이 무엇이 너희보다 더하겠느냐? 『너희가 이(理)를 말하고 성(性)을 논할 적에 걸핏하면 하늘을 들먹이지만, 하늘의 소명(召命)으로 보자면 범이나 사람이나 다 같이 만물 중의 하나이다.』 천지가 만물을 낳은 인(仁)으로 논하자면 범과 메뚜기·누에·벌·개미 및 사람이 다 같이 땅에서 길러지는 것으로 서로 해칠 수 없는 것이다. 그 선악을 분별해 보자면 벌과 개미의 집을 공공연히 노략질하는 것은 홀로 천지간의 거대한 도둑이 되지 않겠는가? 메뚜기와 누에의 밑천을 약탈하는 것은 홀로 인의(仁義)의 대적(大賊)이 아니겠는가?"
(심한 놈은 돈을 불러 형님이라 부르고: 예로부터 엽전은 공방형(孔方兄), 가형(家兄)이라 함. – 배금주의 / 장수가 되기 위해서 제 아내를 살해: 춘추 시대 오기(吳起)가 출세하기 위해 아내를 죽인 고사 / 『 』: 만물은 평등하기 때문에 누구도 상대방을 해칠 수 없음을 강조한 표현 / 천지간의 거대한 도둑: 인간에 대한 비판 ① / 인의(仁義)의 대적(大賊): 인간에 대한 비판 ②)

▶ 범이 인간의 탐욕을 꾸짖음.

라 『북곽 선생은 자리를 옮겨 부복(俯伏)해서 머리를 재삼 조아리고 아뢰었다.
"《맹자(孟子)》에 일렀으되, '비록 악인이라도 목욕재계하면 상제(上帝)를 섬길 수 있다.' 하였습니다. 하토의 천신은 감히 아랫바람에 서옵니다."』
(부복: 고개를 숙이고 엎드림. / 상제: 옥황상제 / 『 』: 범에게 아부하고 목숨을 구하려는 비굴한 태도)

북곽 선생이 숨을 죽이고 명령을 기다렸으나 오랫동안 아무 동정이 없기에 참으로 황공해서 절하고 조아리다가 머리를 들어 우러러보니, 이미 먼동이 터 주위가 밝아 오는데 범은 간 곳이 없었다. 그때 새벽 일찍 밭을 갈러 나온 농부가 있었다.
(농부: 북곽 선생의 위선과 대조되는 모습)

"선생님, 이른 새벽에 들판에서 무슨 기도를 드리고 계십니까?" / 북곽 선생은,

㉤❺"성현(聖賢)의 말씀에 '하늘이 높다 해도 머리를 아니 굽힐 수 없고, 땅이 두껍다 해도 조심스럽게 딛지 않을 수 없다.' 하셨느니라."

라고 엄숙히 말했다.

▶ 범이 사라진 후 북곽 선생이 다시 위선을 부림.

- **중심 내용** 북곽 선생의 위선을 비판하고 나아가 인간들의 부도덕성과 탐욕을 꾸짖는 범
- **구성 단계** (가)~(다) 절정 / (라) 결말

작품 연구소

〈호질〉의 풍자 대상

북곽 선생과 동리자 (일차적 풍자 대상)	겉으로는 도덕적인 선비와 열녀로 추앙받는 수절 과부이지만, 함부로 과부의 방에 들어가고 성이 다른 자식을 두고 있다는 점에서 겉과 속이 다른 인물들이다. 주된 풍자의 대상은 북곽 선생으로, 범은 북곽 선생을 향해 '더럽다', '유(儒)는 유(諛)'라고 하며 직접적으로 비판하고 있다.
양반 사회와 인간 사회 (풍자 대상의 확대)	작품의 후반부에서 풍자 대상이 개별적 인간에 머물지 않고 선비 계층과 인간 사회 전체로 확대되고 있다. 북곽 선생이라는 인물에서 나아가 유학자들의 위선, 이중성, 속물근성이 비판의 대상이 되고 있으며, 이를 확장하여 인간 사회 전반에 걸쳐 인간의 부도덕성, 악덕에 대해 비판하고 있다.
동리자의 아들들과 농부 (부차적인 풍자 대상)	동리자의 아들들은 북곽 선생과 동리자의 위선적인 모습을 목격했음에도 자신들의 어머니는 여전히 열녀이고 눈앞의 북곽 선생은 천 년 묵은 여우의 화신으로 이해하는 등 허상에 빠져 있다는 점에서 풍자의 대상이 된다. 본질을 보지 못한다는 점은 농부도 마찬가지이다. 똥을 뒤집어쓴 채 엎드려 있는 북곽 선생을 발견하고도 북곽 선생에 대한 고정 관념 때문에 눈앞의 현실을 그대로 받아들이지 못하는 어리석은 모습을 보인다.

〈호질〉에서 범의 역할과 그 활용 의의

역할	범은 작가 의식을 대변하는 의인화된 인물로, 비현실 세계의 존재로 나타나면서 풍자의 주체가 되어 현실 사회의 본질과 모순을 꿰뚫어 보고 있다. 또한 객관적 관찰자로서 인물의 부도덕성을 객관적으로 보여 주고 있으며, 동시에 인간과 사회의 심판자로서 양반 지배 계층의 위선적 속성을 폭로하고 풍자하고 있다. 작가는 범을 통해 북곽 선생으로 대표되는 당대의 위선적이고 부도덕한 선비 계층을 신랄하게 비판하면서, 한편으로 동물보다 못한 인간의 부도덕한 악행을 꼬집고 있는 것이다.
활용 의의	당시 유교 사회에서는 직접적인 현실 비판이 받아들여질 수 없었기 때문에 작가는 범을 통해 우회적으로 당대 지배층의 위선과 부도덕한 모습을 풍자함으로써 유교 사회의 지탄도 받지 않고 작품의 묘미와 흥미까지 더하면서 신랄한 현실 비판의 목적도 달성하고 있다.

자료실

연암 박지원의 한문 소설

작품	주제
허생전(許生傳)	양반들의 무능에 대한 비판과 각성 촉구
양반전(兩班傳)	양반들의 허례허식과 횡포 고발
광문자전(廣文者傳)	정직하고 신의 있는 삶에 대한 예찬
예덕선생전(穢德先生傳)	바람직한 벗의 사귐과 참된 인간상 제시
민옹전(閔翁傳)	시정 세태에 대한 비판과 풍자
김신선전(金神仙傳)	신선 사상의 허무맹랑함 풍자
마장전(馬駔傳)	선비들의 벗 사귐에 대한 풍자
열녀함양박씨전(烈女咸陽朴氏傳)	조선 시대의 개가 금지 풍속 비판

함께 읽으면 좋은 작품

〈금수회의록(禽獸會議錄)〉, 안국선 / 우화 형식으로 인간사를 풍자한 작품

연설회의 형식과 우회적인 기법을 통해 개화기의 타락한 인간상을 고발하고 자신의 이익을 추구하는 인간사를 비판한 신소설이다. 우화 형식을 빌려 인간의 부도덕한 행위를 풍자하고 있다는 점에서 〈호질〉과 비교하며 읽어 볼 만하다.

7 이 글의 표현상 특징으로 적절하지 않은 것은?

① 동음이의어를 활용하여 대상을 풍자하고 있다.
② 설의적 표현을 활용하여 의미를 강조하고 있다.
③ 의인화를 통해 현실을 우회적으로 비판하고 있다.
④ 대상 간의 속성을 대조하여 문제점을 지적하고 있다.
⑤ 함축적 표현을 사용하여 사건의 내용을 암시하고 있다.

내신 적중

8 이 글의 범에 대한 설명으로 적절하지 않은 것은?

① 비현실 세계의 존재로 풍자의 대상이다.
② 작가의 의식을 대변하는 의인화된 인물이다.
③ 현실 사회의 본질과 모순을 꿰뚫어 보는 존재이다.
④ 선비로 대표되는 인간을 비판하는 주동적 인물이다.
⑤ 객관적 관찰자로서 인간 사회의 부정적 속성을 고발한다.

9 이 글의 북곽 선생과 〈보기〉의 두터비를 바르게 비교한 것은?

보기

> 두터비 ᄑᆞ리를 물고 두험 우희 치ᄃᆞ라 안자
> 것넌 산(山) ᄇᆞ라보니 백송골(白松骨)이 써 잇거ᄂᆞᆯ 가슴이 금즉ᄒᆞ여 풀덕 뛰여 내ᄃᆞᆺ다가 두험 아래 쟛바지거고
> 모쳐라, ᄂᆞᆯ낸 낼ᄉᆡᆨ만졍 에헐질 번ᄒᆞ괘라.

① 둘 다 위기를 지혜롭게 극복하는 모습을 보인다.
② 둘 다 강자 앞에서는 비굴하고 약자 앞에서는 위엄을 보인다.
③ 북곽 선생은 인간의 위선을, 두터비는 인간의 탐욕을 드러낸다.
④ 북곽 선생은 작가가 비판하는 대상인 데 비해 두터비는 예찬하는 대상이다.
⑤ 북곽 선생은 작가 의식을 대변하는 인물이고, 두터비는 풍자의 대상이 되는 인물이다.

10 ㉠~㉤에 대한 설명으로 적절하지 않은 것은?

① ㉠: 북곽 선생의 위선을 은연중에 비난하고 있다.
② ㉡: 범을 흠모하는 북곽 선생의 마음을 드러내고 있다.
③ ㉢: 말로만 윤리와 도덕을 떠드는 세태를 비판하고 있다.
④ ㉣: 물질 만능주의와 출세 지향적 태도를 풍자하고 있다.
⑤ ㉤: 상황이 바뀌자 비굴함을 숨기고 위선을 부리고 있다.

11 이 글의 등장인물의 특징을 다음과 같이 정리할 때, 빈칸에 들어갈 적절한 말을 쓰시오.

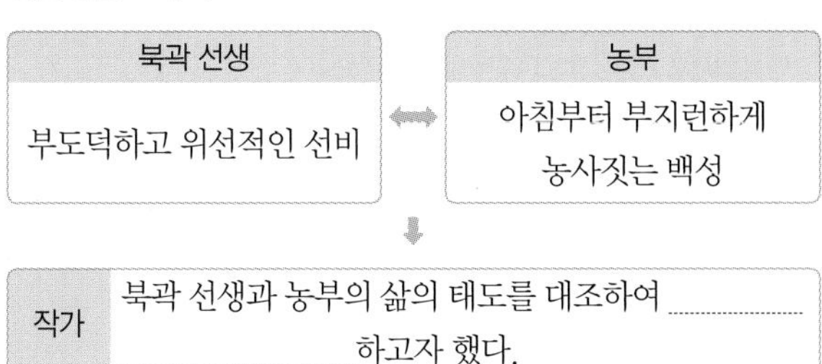

065 이춘풍전(李春風傳) | 작자 미상

키워드 체크 #판소리계 소설 #풍자적 #해학적 #남장(男裝) 화소 #가부장적 생활상 비판 #편집자적 논평

문학 신사고

핵심 정리

갈래 풍자 소설, 판소리계 소설
성격 풍자적, 해학적, 교훈적
배경 ① 시간 – 조선 후기
② 공간 – 서울, 평양
시점 전지적 작가 시점
제재 이춘풍의 방탕한 행적과 이춘풍 아내의 활약
주제 허위적인 남성 중심의 사회 비판
특징 ① 두 인물의 갈등 과정을 통해 주제 의식을 드러냄.
② 서술자의 편집자적 논평이 자주 드러남.
③ 판소리의 영향으로 운문체와 산문체가 혼합되어 있음.
의의 조선 후기 여성 의식의 성장을 보여 줌.

Q 이춘풍과 비장의 대화에서 알 수 있는 이춘풍의 상황은?

이춘풍은 가산을 탕진한 뒤에 나랏돈을 빌려 평양으로 장사를 하러 왔다가 기생 추월에게 홀려 돈을 모두 탕진하고 추월의 사환 노릇을 하고 있다. 그러다가 비장 앞에서 자신의 죄를 고(告)하며 곤장을 맞고 있다.

어휘 풀이

비장(裨將) 조선 시대에, 감사(監司)·유수(留守)·병사(兵使)·수사(水使)·견외 사신(使臣)을 따라다니며 일을 돕던 무관 벼슬.
수작(酬酌)하다 서로 말을 주고받다.
만반진수(滿盤珍羞) 상 위에 가득히 차린 귀하고 맛있는 음식.
사환(使喚) 관청이나 회사, 가게 등에서 잔심부름을 시키기 위하여 고용한 사람.
호조(戶曹) 조선 시대에, 육조 가운데 호구(戶口), 공부(貢賦), 전량(田糧), 식화(食貨)에 관한 일을 맡아보던 관아.
여담절각(汝-折角) 너의 집 담이 아니었으면 내 소의 뿔이 부러졌겠느냐는 뜻으로, 남에게 책임을 지우려고 억지를 쓰는 말.
수렴(收斂) 돈이나 물건 등을 거두어들임.
만첩청산(萬疊靑山) 겹겹이 둘러싸인 푸른 산.

구절 풀이

❶ **"소인도 서울 사람으로서 ~ 은덕 감사무지하여이다."** 자신의 아내가 비장으로 변장한 사실을 모르는 이춘풍은 아내에게 '나리님', '잡수시던'과 같이 높임말을 사용하고 있는데, 이를 통해 이춘풍의 가부장적 태도를 풍자하는 효과를 거두고 있다. 또한 비장이 이춘풍에게 차담상을 내어 주는 것은 이춘풍의 아내가 훗날 서울에서 다시 비장으로 변장하여 이춘풍 앞에 나타났을 때 그에게 평양에서의 일을 되새기게 하는 계기가 된다.

❷ **"소인이 호조 돈을 ~ 살리거나 하옵소서."** 이춘풍은 호조 돈을 빌려 평양으로 장사를 하러 왔지만, 추월에게 홀려 돈을 탕진하고 추월의 사환으로 일하고 있다. 이 때문에 이춘풍이 추월을 '내 집 주인'으로 부르고 있는 것이다.

가 하루는 비장이 추월의 집을 찾아갈 제, 사또께 아뢰고 천천히 찾아가니 춘풍의 거동이 기구하고 볼만하다. 봉두난발 덥수룩한데 얼굴조차 안 씻어 더러운 때가 덕지덕지, 십 년이나 안 빤 옷을 도롱도롱 누비어서 그렁저렁 얽어 입었으니, 「그 추한 형상에 뉘가 아니 침을 뱉으리오. ㉠춘풍은 제 아내인 줄 꿈에나 알랴마는 비장이야 모를쏜가.」

(이춘풍의 아내 김씨가 비장으로 변장함. / 봉두난발: 머리털이 쑥대강이같이 헙수룩하게 마구 흐트러짐. 또는 그 머리털 / □: 음성 상징어 / 외양 묘사를 통해 이춘풍의 기구한 처지를 드러냄. / 「」: 편집자적 논평)

분한 마음 감추고 추월의 방에 들어가니, 간사한 추월이는 회계 비장 호리려고 마음먹어 회계 비장 엿보면서 교태하여 수작타가 각별히 차담상을 차려 만반진수(滿盤珍羞) 들이거늘, 비장이 약간 먹고 사환하는 걸인 놈에게 상째로 내어 주며 하는 말이,

(이춘풍의 행태를 보고 김씨가 분한 마음을 느낌. / 호리다: 매력으로 남을 유혹하여 정신을 흐리게 하려고 / 교태: 아름답고 아양 부리는 자태 / 차담상: 손님 대접을 위해 내놓은 다과 등을 차린 상 / 이춘풍이 추월의 사환 노릇을 하고 있었음.)

"불쌍하다, 저 걸인 놈아. 네가 본디 걸인이냐? 어이 그리 추물이냐?"

(비장으로 변장한 김씨가 일부러 이춘풍을 꾸짖고 있음.)

춘풍이 엎드려 여쭈되,

❶"소인도 서울 사람으로서 그리되었으니 사정이야 어찌 다 말씀드리리까마는, 나리님 잡수시던 차담상을 소인 같은 천한 놈에게 ㉡상째로 물려주시니 태산 같은 높은 은덕 감사무지하여이다."

(비장이 자신의 아내인 줄 모르는 이춘풍이 비장을 높임. / 감사무지: 고마운 마음을 이루 다 표현할 길이 없음.)

▶ 이춘풍의 아내 김씨가 비장으로 변장하여 이춘풍을 만남.

나 비장이 미소하고 처소로 돌아와서 수일 후에 분부하여, 춘풍이를 잡아들여 형틀 위에 올려 메고,

"이놈, 너 들어라. 네가 춘풍이냐? 너는 웬 놈으로 막중한 나랏돈 호조 돈을 빌려 쓰고 평양 장사 내려와서 사오 년이 지나가되 일 푼 상납 아니하기로, 호조에서 공문을 내려 '너를 잡아 죽이라.' 하였으니 너는 죽기를 사양치 말라." / 하고 사령에게 호령하여,

(이춘풍이 추월에게 홀려 장사 밑천을 모두 탕진함. / 사령: 조선 시대에 각 관아에서 심부름하던 사람)

"각별히 매우 쳐라."

하니, 사령이 매를 들고 십여 대를 중장하니, 춘풍의 약한 다리에서 유혈이 낭자한지라, 비장이 내려다보고 또 치려 하다가 혼잣말로 "차마 못 치겠다." 하고 사령을 불러,

(나랏돈을 탕진하고, 자신을 홀대했던 이춘풍을 벌함. / 중장: 몹시 치던 장형(杖刑) / 유혈: 피를 흘림. 또는 흘러나오는 피 / 남편인 이춘풍을 불쌍하게 생각함.)

"너 매 잡아라. 춘풍아 너 들어라. 그 돈을 다 어찌하였느냐? 투전을 하였느냐? 돈 쓴 곳을 바로 아뢰어라." / 춘풍이 형틀 위에서 울면서 여쭈되, / ❷"소인이 호조 돈을 내어 쓰고 ⓐ평양에 내려와서 내 집 주인 추월이와 일 년을 함께 놀고 나니 한 푼도 없어지고 이 지경이 되었으니, 나리님 분부대로 죽이거나 살리거나 하옵소서."

(매질을 멈추게 하고 이춘풍을 추궁함. / 투전: 노름 / 내어 쓰다: 빌려 쓰고 / 이춘풍이 자포자기하고 있음.)

▶ 나랏돈을 탕진한 이춘풍이 곤장을 맞음.

다 호령을 서리같이 하는 말이, / "네 죄를 네가 아느냐?"

(김씨가 날카롭고 차가운 말투로 추월을 추궁함.)

추월이 여쭈되, / "춘풍이 가져온 돈, 소녀가 어찌 아오리까?"

(이춘풍의 돈이 나랏돈이라는 것을 몰랐다고 말하는 추월)

비장이 이 말 듣고 성을 내어 분부하되,

"여담절각이라 하는 말을 네 아느냐? 불 같은 호조 돈을 영문(營門)이 물어 주랴, 본관(本官)에서 물어 주랴, 백성에게 수렴하랴? 네 이 지경에 무슨 잔말 하랴?"

(영문: 관찰사가 직무를 보던 관아 / 본관: 감사(監司)나 병사(兵使)가 있는 곳의 목사, 판관, 부윤을 이르던 말)

군뢰 등이 두 눈을 부릅뜨고 형장(刑杖)을 높이 들어, ㉢백일청천(白日靑天)에 벼락 치듯 만첩청산(萬疊靑山) 울리듯 금장(禁仗) 소리 호통치며 하는 말이,

(군뢰: 조선 시대에, 군대에서 죄인을 다루는 일을 맡아보던 병졸 / 백일청천: 해가 비치고 맑게 갠 푸른 하늘 / 형장: 죄인을 치거나 찌르는 데에 쓰던, 창처럼 생긴 형구)

"네가 모두 발명치 못할까? 너를 우선 죽이리라."

(발명: 죄나 잘못이 없음을 말하여 밝힘.)

하고 주장(朱杖)으로 지르면서 오십 대 중장하고, / "바삐 다짐 못 할쏘냐?"

(주장: 주릿대·무기 등으로 쓰는 붉은 칠을 한 몽둥이)

㉣서리같이 호령하니, 추월이 기가 막혀 혼백이 달아난 듯 혼미 중에 겁내어 죽기를 면하려고 애걸하여 여쭈되, / "국법(國法)도 엄숙하고 관령(官令)도 지엄하고 나리님 분부도 엄하오니, ㉤춘풍이 가져온 돈을 영문 분부대로 소녀가 바치리다."

(혼미: 정신이 헛갈리고 흐리멍덩함. 또는 그런 상태 / 국법: 나라의 법률이나 법규 / 관령: 관청의 명령)

▶ 비장이 추월을 추궁하여, 이춘풍의 돈을 돌려주게 함.

• 중심 내용 비장으로 변장하여 이춘풍과 추월을 추궁하는 이춘풍의 아내 김씨 • 구성 단계 위기

이해와 감상

<이춘풍전>은 방탕한 생활을 하다가 재물을 탕진하고 가세가 기울게 한 이춘풍을 주인공으로 하여, 조선 후기 남성 중심 사회의 부정적 세태를 풍자적으로 그린 판소리계 소설이다. 실제 판소리로 불리지는 않았지만 해학적인 표현으로 양반의 모습을 풍자하거나 편집자적 논평으로 인물의 모습을 평가하는 것, 판소리 특유의 문체와 말하기 방식 등을 볼 때 판소리계 소설로 분류할 수 있다. 이춘풍은 가정을 돌보지 않고 방탕하게 생활하며, 가정 내에서는 권위를 내세우며 거만하게 생활하면서도 밖에서는 기생에 빠져 결국 가산을 탕진한 무능한 인물이다. 반면 이춘풍의 아내는 비장의 모습으로 변장하여 이춘풍과 추월을 혼내 주고, 이춘풍을 위기에서 구출하고 있다. 이처럼 무능하고 방탕한 남편이 초래한 위기를 슬기로운 아내의 활약으로 극복해 나가는 이야기를 통해 가부장적인 남성 권력이 지닌 횡포를 풍자하고 여성의 능력을 부각하고 있으며, 이 과정에서 여성의 지위와 역할에 대한 당대의 새로운 인식을 엿볼 수 있다.

전체 줄거리

발단	서울 다락골에 살던 이춘풍은 방탕하게 살다가 가산을 탕진하는데, 아내 김씨 덕분에 가산을 회복한다.
전개	이춘풍은 호조(戶曹)로부터 돈 이천 냥을 빌려 평양으로 장사를 하러 떠나지만, 기생 추월에게 빠져 돈을 몽땅 빼앗긴다. 이 소식을 들은 아내 김씨는 비장 차림으로 변장을 하고 평안 감사를 따라 평양으로 향한다.
위기	김씨는 이춘풍에게 곤장을 친 다음, 추월을 추궁하여 돈을 되찾아 이춘풍에게 되돌려 준다.
절정	돈을 되찾은 이춘풍은 서울 집으로 돌아와 거만한 태도를 보이는데, 이에 김씨는 다시 비장으로 변장하고 나타나 이춘풍을 직접적으로 비판한다.
결말	김씨가 비장의 옷을 벗어 자신의 정체를 드러내자, 이춘풍은 모든 사실을 깨닫고 지난날을 반성한다. 이후 이춘풍은 호조에서 빌린 돈을 모두 갚고 아내와 행복하게 살게 된다.

인물 관계도

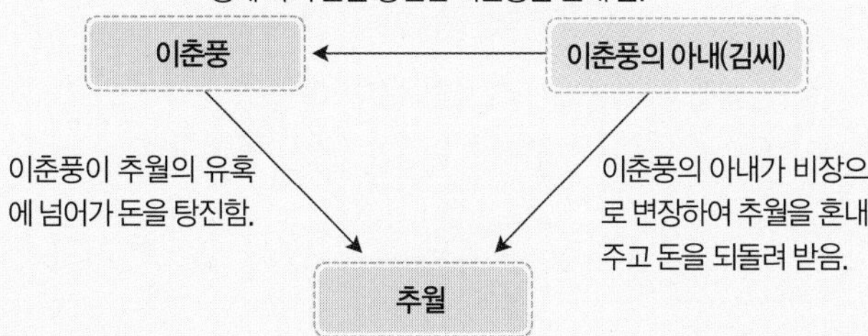

자료실

남장(男裝) 화소

고전 소설에서 여성 주인공이 남장(男裝)하는 장면이 자주 나타나는데 <이춘풍전>에서도 이춘풍의 아내 김씨가 비장의 모습으로 남장하여 이춘풍을 위기에서 구출하고 있다. 이러한 장면은 남성 중심적이고 가부장적인 사회의 허위를 풍자하기 위한 하나의 장치로 볼 수 있다. 위기에 처한 남성 주인공을 남장 여성이 구함으로써 여성도 남성과 동등한 능력을 지녔음을 강조하며 적극적인 여성상을 보여 주는 것이다.

키 포인트 체크

- 인물: 이춘풍은 □□□□ 면모를 지녔으며 무능한 인물이다.
- 배경: □□ 중심적이고 가부장적인 조선 후기 사회를 배경으로 여성 의식의 성장을 보여 준다.
- 사건: 이춘풍의 아내 김씨가 □□으로 변장하여, 추월에게 빠져 돈을 탕진한 이춘풍을 꾸짖고 추월을 추궁해 돈을 되돌려 받는다.

1 이 글의 특징에 대한 설명으로 적절하지 않은 것은?

① 외양 묘사를 통해 인물이 처한 상황을 드러내고 있다.
② 인물의 말투를 통해 등장인물 간의 관계를 알 수 있다.
③ 과거와 현재를 교차하여 인물 간의 갈등을 드러내고 있다.
④ 인물의 대화 내용에 과거 사건이 요약적으로 제시되어 있다.
⑤ 인물 간의 대화를 통해 인물의 심리와 정서를 드러내고 있다.

내신 적중 多빈출

2 이 글의 내용에 대한 반응으로 적절하지 않은 것은?

① 이춘풍은 나랏돈을 빌렸는데 제대로 갚지 못했구나.
② 이춘풍은 장사를 하기 위해 서울에서 평양으로 왔구나.
③ 이춘풍은 자신의 억울함을 비장에게 하소연하고 있구나.
④ 비장은 추월이 이춘풍의 돈을 가져간 사실을 알고 있구나.
⑤ 비장은 이춘풍에게 벌을 주면서도 불쌍하게 생각하고 있구나.

3 ㉠~㉤ 중, <보기>의 설명에 해당하는 것은?

> 보기
>
> 서술자가 작품에 개입하여 인물이나 상황에 대해 직접적으로 논평을 하고 있다.

① ㉠ ② ㉡ ③ ㉢ ④ ㉣ ⑤ ㉤

4 ⓐ에 대한 설명으로 적절한 것은?

① 추월이 이춘풍의 지시를 수용하는 공간이다.
② 비장이 불합리하게 이춘풍과 추월을 억압하는 공간이다.
③ 추월이 자신의 지위를 이춘풍으로부터 인정받는 공간이다.
④ 이춘풍이 호조로부터 돈을 빌린 목적을 달성하는 공간이다.
⑤ 이춘풍의 아내가 비장의 모습을 하고 이춘풍 앞에 나타난 공간이다.

5 이춘풍이 사환의 역할을 하게 된 직접적 원인을 쓰시오.

어휘 풀이

황혼(黃昏) 해가 지고 어스름해질 때. 또는 그때의 어스름한 빛.
묵묵부답(默默不答)하다 잠자코 아무 대답도 하지 않다.
무가내하(無可奈何) 달리 어찌할 수 없음.
원앙금침(鴛鴦衾枕) 부부가 함께 덮는 이불과 베는 베개.
유자생녀(有子生女)하다 아들도 두고 딸도 낳다.
대저 대체로 보아서.
수쇄(收刷)하다 흩어진 재산이나 물건을 거두어 정돈하다.
효칙(效則)하다 본받아 법으로 삼다.

Q 이춘풍의 아내가 다시 비장으로 변장한 이유는?

이춘풍의 아내는 비장으로 변장하여 이춘풍을 혼내 주고, 추월로부터 돈을 되찾아 주었다. 하지만 집으로 돌아온 이춘풍이 여전히 가부장적이고 거만한 태도를 보이자, 다시 비장으로 변장하여 이춘풍을 꾸짖고 있다.

구절 풀이

❶ **"평양에 왔던 일을 ~ 문안을 여쭈되,** 평양에서 곤장을 맞은 뒤 비장 덕분에 돈을 되찾은 이춘풍은 집으로 돌아오자 평양에서의 일을 잊고 또다시 거만하게 생활한다. 그러다가 다시 비장을 보자 문밖으로 뛰어내려 문안을 여쭙는데, 이러한 모습에서 이춘풍의 가부장적 태도가 희화화되고 있다.
❷ **"어찌 감히 아프다 하오리까? 소인에게는 상(賞)이로소이다."** 집에서 거만한 태도를 보이던 이춘풍이 비장으로 변신한 아내에게 비굴하게 구는 모습을 통해 웃음을 유발하고 있다.
❸ **회계 비장이 ~ 다 먹어라!"** 가부장적인 태도를 보이던 이춘풍이 직접 죽을 쑤는 모습을 통해 해학적인 효과를 거두고 있다. 또한 비장이 흰죽을 조금 먹는 체하다가 이춘풍에게 주는 장면에서 일부러 평양에서의 일을 언급하는 것은 이춘풍이 과거 기억을 떠올려 반성하도록 유도하기 위함이다.
❹ **'이런 거동 볼작시면, ~ 보기 아깝도다.'** 이춘풍이 집안에서의 권위와 체면을 의식하여 여기저기 눈치를 보며 죽을 먹는 모습에서 남성 중심 사회의 허위가 드러나고 있다. 그리고 이춘풍의 모습을 보며 속으로 우스워하는 아내의 모습을 통해 가부장적 권위만 내세우던 남성들에 대한 비판 의식이 직접 드러나고 있다.
❺ **대저 여자로서 ~ 효칙(效則)하옵소서.** 이춘풍과 그의 아내에 대한 사연을 요약적으로 제시하고, 이러한 사연을 후세 사람에게 전하여 본받고 법으로 만들 것을 권유하며 서술자가 독자에게 작품의 주제 의식을 직접 전달하고 있다.

가 온갖 교만 다할 적에, 춘풍 아내 춘풍을 속이려고 •황혼을 기다려서 여자 의복 벗어 놓고 비장 의복 다시 입고 흐늘거리며 들어오니, 춘풍이 의아하여 방안에 주저주저하는지라. 비장이 호령하되,
(저녁이 되어 어두워지면 얼굴을 알아보기 어려워 이춘풍을 속이기 더 쉽기 때문에 / 힘없이 늘어져 느리게 자꾸 흔들리며)

❶"평양에 왔던 일을 생각하라! 네 집에 왔다한들 그다지 거만하냐?"
(추월에게 홀려 돈을 탕진하고 비장으로부터 곤장을 맞았던 일)

춘풍이 그제야 자세히 본즉, 과연 평양에서 돈 받아 주던 회계 비장이라. 깜짝 놀라면서 문밖에 뛰어내려 문안을 여쭈되, 회계 비장 하는 말이,
(집으로 돌아와서 거만하게 생활하다가 비장을 다시 만나자 예의를 차림.)

"평양에서 맞던 매가 얼마나 아프더냐?"

춘풍이 여쭈되,

❷"어찌 감히 아프다 하오리까? 소인에게는 상(賞)이로소이다."

회계 비장 하는 말이,

"평양에서 떠날 적에 너더러 이르기를, 돈을 싣고 서울로 올라오거든 댁에 문안하라 하였더니, 소식이 없기로 매일 기다리다가 아까 마침 남산 밑의 박 승지 댁에 가 먹고 대취하여 종일 놀다가, 홀연히 네가 왔단 말을 듣고 네 집에 왔으니 흰죽이나 쑤어 달라!"
(웃어른께 안부를 여쭘. / 술에 잔뜩 취함. / 뜻하지 아니하게 갑자기 / 흰죽을 소재로 하여 이춘풍을 꾸짖으려 함.)

하니, 「춘풍이 제 지어미를 아무리 찾은들 있을쏜가. 제가 손수 죽을 쑤려고 죽쌀을 내어 들고 부엌으로 나가거늘,」 비장이 호령하되,
(자신의 아내가 비장으로 변장한 것을 모르고 있음. / 「 」: 이춘풍의 가부장적 행태를 풍자함.)

"네 지어미는 어디 가고, 나에게 내외(內外)를 하느냐?"
(남의 남녀 사이에 서로 얼굴을 마주 대하지 않고 피함.)

춘풍이 •묵묵부답하고 혼잣말로 심중에 헤아리되,
(마음속)

'그립던 차에 가솔을 만났으니 우리 둘이 잠이나 잘 자 볼까 하였더니, 아내는 간데없고 비장은 이처럼 호령하니 진실로 민망하나 •무가내하(無可奈何)라.'
(한집안에 딸린 구성원 / 설상가상(雪上加霜))

▶ 김씨가 다시 비장으로 변장하고 이춘풍을 꾸짖음.

나 ❸회계 비장이 내다보니, 춘풍의 죽 쑤는 모양이 우습고도 볼만하다. 그제야 죽상을 들이거늘, 비장이 먹기 싫은 죽을 조금 먹는 체하다가 춘풍에게 상째로 주며 하는 말이,
(이춘풍의 모습을 통해 웃음을 유발함. – 거만하게 굴던 이춘풍의 권위가 추락함.)

㉠"네가 평양 감영 추월의 집에 사환으로 있을 때에 다 깨진 헌 사발에 누룽지에 국을 부어서 숟가락 없이 뜰아래 서서 되는대로 먹던 일을 생각하며 다 먹어라!"
(김씨가 비장으로 변장하고 추월의 집에서 이춘풍을 만나던 상황이 연상됨. / 비장이 이춘풍에게 흰죽을 가져오라고 한 의도가 드러남.)

하니, 그제야 춘풍이 아내가 어디서 죽 먹는 양을 볼까 하여 여기저기 살펴보며 얼른얼른 먹는지라. 그제야 춘풍 아내 혼잣말로,
(가정 내에서 자신의 권위가 무너질까 눈치를 보는 모습을 해학적으로 드러냄.)

❹'이런 거동 볼작시면, 누가 아니 웃고 볼까 하는 행실 저러하니 어디 가서 사람으로 보일런가? 아무튼 속이기를 더 하자니 차마 우스워 못 하겠다. 이런 꼴을 볼작시면, 나 혼자 보기 아깝도다.'
(□: 자신의 아내가 비장으로 변장한 것을 눈치채지 못하고 비굴하게 구는 모습)

이런 거동 저런 거동 다 본 연후에, 회계 비장 의복 벗어 놓고 여자 의복 다시 입고 웃으면서,
(김씨가 이춘풍에게 자신의 존재를 드러냄.)

"이 멍청아!" / 하며 춘풍의 등을 밀치면서 하는 말이,
(남편인 이춘풍을 직접적으로 풍자함.)

"안목이 그다지 무도한가?" / 하니 춘풍이 어이없어 하는 말이,
(사물을 보고 분별하는 견식이 그렇게 없는가? / 무엇을 하고자 하는 생각)

"이왕에 자네인 줄 알았으나, 의사(意思)를 보려고 그리했지."
(변명과 자기 합리화를 하며 허세를 부리고 있음.)

하고, 그날 밤에 부부 둘이 •원앙금침 펼쳐 덮고 누웠으니 아주 그만 제법이로구나.
(편집자적 논평)

그렁저렁 자고 나서 그 이튿날 호조 돈을 다 바치고, 상급한 수만 냥 재산으로 노비 전답 다시 장만하니, 의식이 풍족하고 •유자생녀하여 화목하게 평생 화락이 좋을시고. 그른 것 없이 지냈구나.
(상으로 받은 / 논과 밭 / 화평하고 즐거움. / 편집자적 논평)

▶ 김씨가 자신의 존재를 드러내고 이춘풍과 화목하게 지냄.

다 ❺•대저 여자로서 손수 남복하고 회계 비장으로 내려가서, 추월도 다스리고 춘풍 같은 낭군도 데려오고 호조 돈도 •수쇄하여 부부 둘이 종신토록 살았으니, 만고에 해로운 일인고로 대강 기록하여 후세 사람에게 전하노니, 만일 여자 되거든 이런 일 •효칙(效則)하옵소서.
(남자의 옷차림을 하고 / 평생 동안 / 아주 오랜 세월)

▶ 이춘풍의 이야기를 후세에 전해 본받기를 권유함.

• **중심 내용** 비장의 정체를 알게 된 뒤 아내와 백년해로한 이춘풍 • **구성 단계** (가)~(나) 절정 / (다) 결말

작품 연구소

〈이춘풍전〉에 나타난 문제 상황과 해결 ①

문제 상황		해결
이춘풍이 선대로부터 물려받은 가산을 방탕한 생활로 탕진함.	➡	이춘풍의 아내 김씨가 품팔이를 하여 가세를 회복함.

⬇

무능한 이춘풍의 모습을 통해 남성 중심 사회의 허위를 풍자함.

〈이춘풍전〉에 나타난 문제 상황과 해결 ②

문제 상황		해결
이춘풍이 기생 추월에게 홀려 나랏돈을 탕진함.	➡	김씨가 비장의 모습으로 남장을 하여 이춘풍을 꾸짖고 추월로부터 돈을 되찾아 줌.

⬇

방탕하고 무능한 이춘풍을 고발하고
이춘풍의 아내 김씨의 적극적인 면모를 강조함.

〈이춘풍전〉에 나타난 문제 상황과 해결 ③

문제 상황		해결
이춘풍이 서울로 돌아온 후에 여전히 거만한 태도로 허세를 부리며 아내를 핍박함.	➡	이춘풍의 아내가 다시 비장으로 변장하여 이춘풍을 꾸짖음.

⬇

방탕한 남편을 꾸짖어 개과천선하게 한다는 점에서
여성의 주인 의식을 강조하며 새로운 여성상을 보여 줌.

자료실

〈이춘풍전〉에 나타난 판소리계 소설의 특징

판소리계 소설은 판소리 사설을 바탕으로 형성되었거나 판소리적 성격이 강한 고전 소설을 말한다. 〈춘향전〉, 〈심청전〉 등과 같이 판소리 사설에서 비롯된 소설이 일반적이며, 〈숙영낭자전〉과 같이 판소리 사설에서 비롯된 소설은 아니지만 소설을 기반으로 판소리 작품이 형성된 작품도 있고, 〈이춘풍전〉과 같이 판소리로 불리는 것은 아니지만 판소리적 성격이 강한 작품도 넓은 의미에서 판소리계 소설로 보는 것이 일반적이다. 〈이춘풍전〉에는 운문체와 산문체의 혼합, 인물에 대한 해학적 묘사, 편집자적 논평 등 판소리계 소설의 특징이 나타난다.

함께 읽으면 좋은 작품

〈장끼전〉, 작자 미상 / 가부장적 세태를 다룬 작품

암꿩과 수꿩을 통해 가부장적 세태를 비판하는 우화 소설이다. 장끼는 아내를 무시하고 허세를 부리는 등 가부장적인 모습을 보이고, 장끼의 아내인 까투리는 생활고에 시달리며 가정의 안위를 걱정한다. 장끼는 까투리의 충고와 만류에도 자신의 생각을 꺾지 않고 고집을 부리다가 덫에 걸려 죽음을 맞이한다. 남성 주인공이 허세를 부리며 가부장적 면모를 보이고 아내의 만류를 듣지 않는 점, 작품을 통해 가부장적 세태를 비판하는 점이 〈이춘풍전〉과 유사하다. 〈장끼전〉은 남성 주인공이 죽음을 맞이한 다음 여성 주인공이 개가(改嫁)함으로써 남성 중심적 사회를 풍자하는 반면, 〈이춘풍전〉은 남성 주인공이 자신의 잘못을 반성하고 여성 주인공과 행복한 결말을 맞이한다는 점에서 차이가 있다.

Link 본책 190쪽

6 이 글의 내용과 일치하지 않는 것은?

① 이춘풍은 서울 집으로 돌아온 뒤 거만하게 행동하고 있다.
② 이춘풍의 아내는 이춘풍을 속이기 위해 황혼을 기다리고 있다.
③ 이춘풍의 아내는 옷을 갈아입음으로써 자신의 정체를 드러냈다.
④ 이춘풍의 아내가 이춘풍을 직접적으로 풍자하는 부분도 나타난다.
⑤ 이춘풍이 아내에게 자신의 잘못을 인정하고 진심으로 용서를 구하고 있다.

내신 적중 高난도

7 〈보기〉는 판소리계 소설에 대한 설명이다. (가), (나)에서 확인할 수 있는 내용이 아닌 것은?

| 보기 |

〈이춘풍전〉은 여러 면에서 판소리의 영향을 받아 창작된 판소리계 소설로 볼 수 있는 작품이다. 판소리계 소설의 특징으로는 ⓐ의성어나 의태어를 반복하여 운율감을 높이거나, ⓑ4(3)·4조의 율격으로 된 운문체와 산문체가 함께 나타나는 경우가 있다. 또한 ⓒ인물의 행동을 해학적으로 그려 웃음을 유발하기도 하고, ⓓ서술자가 작품에 직접 개입하여 인물이나 사건에 대해 논평을 하기도 한다. 그리고 ⓔ양반들이 구사하는 한자어와 평민층의 비속어가 함께 나타나 문체의 이중성이 드러나기도 한다.

① ⓐ ② ⓑ ③ ⓒ ④ ⓓ ⑤ ⓔ

내신 적중 多빈출

8 (나)에 나타난 이춘풍의 모습에 대해 〈보기〉와 같이 반응했다고 할 때, 빈칸에 들어갈 표현으로 가장 적절한 것은?

| 보기 |

자신이 죽을 먹는 모습을 다른 사람이 볼까 봐 애를 태우고 있어. (   )하는 모습을 보이고 있군.

① 전전긍긍(戰戰兢兢) ② 호가호위(狐假虎威)
③ 마이동풍(馬耳東風) ④ 아연실색(啞然失色)
⑤ 호각지세(互角之勢)

9 이춘풍의 아내가 ㉠과 같이 말한 의도로 알맞은 것은?

① 평양에서 이춘풍을 구해 준 사실을 칭찬받기 위해서이다.
② 끼니를 제대로 챙기지 못한 이춘풍을 도와주기 위해서이다.
③ 자신이 비장과 같은 권세를 지니고 있음을 과시하기 위해서이다.
④ 평양에서 이춘풍을 속였던 일에 대해 용서를 구하기 위해서이다.
⑤ 이춘풍에게 과거의 일을 떠올리게 하여 잘못을 뉘우치게 하기 위해서이다.

10 작가가 작품의 마지막 부분에 (다)와 같은 내용을 배치한 의도를 쓰시오.

옥루몽(玉樓夢) | 남영로

키워드 체크 #영웅 소설 #몽자류 소설 #환몽 구조 #여성 영웅

문학 지학사

핵심 정리

갈래 한문 소설, 염정 소설, 영웅 소설, 군담 소설
성격 전기적, 비판적
시점 전지적 작가 시점
배경 중국 명나라
제재 영웅적 인물들의 활약상
주제 양창곡의 영웅적 활약상과 부패한 현실에 대한 비판
특징 ① 여성 인물들의 성격을 특징 있게 묘사하여 그들의 영웅적 활약상을 보여 줌.
② 천상계와 지상계라는 이원적 공간 구조가 드러남.
③ 환몽 구조를 통해 서사를 전개함.
의의 ① 조선 후기에 가장 많은 인기를 모은 소설 중 하나임.
② 구성이 치밀하고 규모가 방대하며 표현력이 빼어남.
③ 여성들의 성격이 개성 있게 창조되어 있어, 고전 소설의 백미(白眉)임.
연대 1840년(헌종 6년)

어휘 풀이

합 칼이나 창으로 싸울 때, 칼이나 창이 서로 마주치는 횟수를 세는 단위.
지기지심(知己知心) 서로 마음이 통하여 지극하고 참되게 알아줌. 또는 그 마음.
만리절역(萬里絶域) 만 리나 될 만큼 멀리 떨어져 있는 지역.
낭랑(朗朗)하다 소리가 맑고 또랑또랑하다.
천첩(賤妾) 종이나 기생으로서 남의 첩이 된 여자.
수하(手下) 부하. 직책상 자기보다 더 낮은 자리에 있는 사람.
퇴각(退却) 뒤로 물러감.

Q 양창곡이 오늘 만난 강남홍에게 보이는 태도는?

양창곡은 오늘 싸움터에서 만난 사람이 진짜 강남홍이라면 다행한 일이라고 생각하면서도 한편으로는 자결한 강남홍이 평생의 원한을 하소연하기 위해 원혼이 되어 나타난 것이라고 생각하며 반신반의(半信半疑)하고 있다.

구절 풀이

❶ **그러나 일 합을 ~ 양창곡의 모습을 몰라보겠는가.** 강남홍은 자신과 대적하는 상대가 누구인지 금세 알아차렸다.
❷ **그러나 지기지심을 가진 ~ 어찌 생각이나 했겠는가.** 양창곡은 강남홍이 죽었다고 생각했기 때문에 눈앞의 장수가 강남홍이라는 사실을 전혀 짐작하지 못하고 있다.
❸ **"오늘 명나라 원수를 ~ 다시 싸워야겠습니다."** 강남홍이 명나라 원수인 양창곡을 공격하지 않은 이유를 몸이 불편하다는 핑계를 대어 거짓으로 보고하고 있다.
❹ **그러나 우리 홍랑이 ~ 흩어지지 못한 것이리라.** 양창곡은 강남홍이 물에 빠져 죽은 것으로 알고 있기 때문에 오늘 싸움터에서 만난 사람은 강남홍의 원혼(冤魂)이라 생각하고 있다.

가 강남홍은 원수가 나오는 것을 보고 말을 돌려 칼을 휘두르며 그를 맞아 싸웠다. ❶그러나 일 합을 맞붙기 전에 강남홍의 총명으로 어찌 양창곡(양창곡)의 모습을 몰라보겠는가. (서술자의 개입 ① – 편집자적 논평) 너무 기뻐 눈물이 먼저 흐르며 정신이 황홀하여 어찌 할 바를 몰랐다. ❷그러나 지기지심(知己知心)을 가진 양창곡이라도 한밤중 황천으로 영원히 떠난 강남홍이 지금 만리절역(萬里絶域)에서 자기와 싸우는 오랑캐 장수가 되었으리라고 어찌 생각이나 했겠는가. (서술자의 개입 ② – 편집자적 논평) 양창곡이 창을 들어 강남홍을 찌르니, 그녀는 머리를 숙여 피하면서 쌍검을 던지고 땅에 떨어지며 (양창곡과 대적하지 않으려고 일부러 한 행동임.) 낭랑하게 외쳤다.

"소장이 실수로 칼을 놓쳤습니다. 원수는 잠시 창을 멈추고 칼을 줍도록 해 주시오."

양창곡은 그 목소리가 귀에 익어서 창을 거두고 그 모습을 살폈다. (양창곡도 상대가 강남홍이라는 사실을 짐작함.) 강남홍은 칼을 거두어 말에 오르더니 양창곡을 돌아보며 말했다.

"천첩 강남홍을 어찌 잊으실 수 있습니까? 첩은 당연히 상공을 따라야 하나, 제 수하의 노졸이 오랑캐의 진영에 있사오니, (강남홍이 오랑캐의 장수이므로) 오늘밤 삼경에 (하룻밤을 오경(五更)으로 나눈 셋째 부분. 밤 열한 시에서 새벽 한 시 사이) 군중에서 만나 뵙기를 기약하겠습니다."

말을 마치고 채찍질을 하여 오랑캐의 본진을 향하여 훌쩍 돌아갔다. 양창곡이 창을 짚고 조각상처럼 서서 오래도록 그쪽을 바라보다가 본진으로 돌아왔다. (강남홍과 뜻밖의 만남이 믿기지 않아서 보이는 행동임.)

▶ 강남홍과 양창곡이 대결 과정에서 서로의 정체를 확인하고 만남을 기약함.

나 한편, 강남홍은 만왕을 보고는 말했다.

❸"오늘 명나라 원수를 거의 사로잡을 뻔했는데, 몸이 불편하여 진을 퇴각시켰습니다. (양창곡을 공격하지 않은 이유를 왕에게 거짓으로 둘러댐.) 내일 다시 싸워야겠습니다."

나탁이 깜짝 놀라며 말했다.

"장군께서 불편하시다면 과인이 마땅히 옆에서 시중을 들면서 직접 간병을 하겠습니다." (강남홍이 만왕의 신임을 받는 중요한 인물임을 짐작할 수 있음.)

"대왕께서는 염려 마시고 조용히 요양하도록 해 주시오."

나탁은 즉시 가장 여유롭고 외진 곳으로 객실을 옮겨 주었다. 그날 밤, 강남홍이 손삼랑에게 말했다.

"아까 양 공자님을 싸움터에서 만나, 오늘 밤 삼경에 명나라 진영에서 서로 만나기로 약속을 했소."

손삼랑이 크게 기뻐하며 짐을 챙겨서 삼경이 되기만을 기다렸다.

▶ 강남홍이 싸움터에서 양창곡과 만난 사실을 손삼랑에게 전해 줌.

다 양창곡은 본진으로 돌아가서 군막(예전에, 지휘를 하는 본부가 있던 군영) 안에 누워 생각하였다.

'㉠오늘 싸움터에서 만난 사람이 진짜 강남홍이라면 끊어진 인연을 다시 이을 수 있을 뿐만 아니라 나라를 위하여 남쪽 오랑캐 지역을 평정하는 것 역시 쉬우리라. 이 어찌 다행이 아니겠는가. ❹그러나 우리 홍랑이 세상에 살아 있어 여기서 만난 것은 꿈에서도 예기치 못한 일이라. 이는 필시 홍랑의 원혼이 흩어지지 못한 것이리라. (양창곡은 강남홍이 물에 빠져 자살했다고 알고 있음.) 『남방에는 예부터 물에 빠져 죽은 충신 열녀가 많은 곳이라, 초강(楚江)의 백마(白馬)와 소상강(瀟湘江) 반죽(斑竹)에 외로운 혼이 여전히 있어서 오가며 서성거리다가, 내가 이곳에 온 걸 알고 평생의 원한을 하소연이나 해 보고 싶어서 그런 게 아닐까?』 (『 』: 양창곡은 죽은 강남홍이 자신의 원한을 풀어 달라고 자기 앞에 나타난 것으로 생각함.) 오늘 밤 우리 진영 안에서 만나기로 약속을 했으니 그 시간을 기다려 보면 알게 되겠지.'

▶ 양창곡이 강남홍이 살아 있다는 사실에 반신반의하며 만남을 기다림.

• 중심 내용 전쟁터에서 서로의 정체를 알아본 강남홍과 양창곡의 재회와 기약 • 구성 단계 위기

이해와 감상

〈옥루몽〉은 조선 후기에 남영로가 지은 몽자류(夢字類) 소설로, 64회에 이르는 장편 회장체(回章體) 소설이다. 구성이 치밀하고 표현력이 빼어날 뿐 아니라 여성 인물들의 성격이 개성 있게 창조되어 많은 인기를 얻었다. 부패한 정치 현실, 문란한 조세 제도, 타락한 민간의 윤리 의식 등 19세기 조선 사회가 지닌 모순을 첨예하게 드러내고 있으며, 기존의 질서가 붕괴되고 새로운 가치관이 형성되는 19세기 중엽의 사상적 배경을 엿볼 수 있다.

전체 줄거리

발단	천상계의 선관인 문창성은 지상계를 그리워하는 시를 짓고 선녀들을 희롱한 벌로 인간계에서 양창곡으로 태어나게 된다.
전개	양창곡은 과거에 응시하러 상경하던 길에 강남홍을 만난다. 장원 급제한 양창곡은 윤 소저, 기생 벽성선, 황 소저와 인연을 맺는다. 한편 위기에 처한 강남홍은 강물에 투신했다가 윤 소저의 도움으로 남쪽 탈탈국으로 가게 된다.
위기	이때 남만이 명나라를 침공하여 양창곡이 대원수로 출정한다. 남만의 지휘관으로 출정한 강남홍은 상대편 장수가 양창곡임을 알고 명나라 진영으로 도망하여 명군의 부원수가 된다.
절정	적국인 축융국의 공주 일지련은 강남홍에게 생포되었다가 양창곡에게 연모의 정을 품고 부왕을 움직여 명나라에 항복하게 한다. 천자는 양창곡을 연왕(燕王)에, 강남홍을 만성후에 봉한다.
결말	양창곡은 두 부인(윤 부인, 황 부인), 세 첩(강남홍, 벽성선, 일지련)과 함께 부귀영화를 누리다가 천상계로 돌아가 다시 선관이 된다.

인물 관계도

양창곡이 명나라의 대원수로 출정했다가 적국의 지휘관으로 출정한 강남홍을 만남.

양창곡(문창성) — 강남홍(홍란성)

강남홍의 꿈에 보살이 나타나 강남홍이 자신의 정체를 자각하도록 도와줌.

보살 → 강남홍(홍란성)

작품 연구소

여성 주인공을 통해 나타난 진취적인 여성상

강남홍은 기녀이자 첩의 신분이지만 집안에서는 물론 전쟁터에서도 주도적으로 활약했으며, 조정에서도 그 능력을 인정받는다. 이처럼 여성 주인공이 사건의 중심에 서서 방대한 서사를 이끌고 있다는 점에서 이 작품이 당대의 진보적인 세계관을 반영하고 있음을 알 수 있다.

〈옥루몽〉의 다양한 서사 양식

〈옥루몽〉은 몽자류 소설의 구성을 취하면서도 다양한 소설 양식을 두루 수용하고, 한시와 국문 시가 등 인접한 문학 갈래까지 차용하여 기존 소설의 양식적 단일성을 넘어서는 모습을 보여 준다. 이와 같은 다양성은 근대 소설이 호황기를 누릴 때까지도 〈옥루몽〉이 계속 인기를 누릴 수 있었던 요인이 되었다.

적강 소설	천상계와 인간계의 공존
환몽 구조	'현실-꿈-현실'의 구조
영웅 소설	양창곡의 입신출세와 부귀영화
군담 소설	반란 진압과 전쟁의 승리
여걸 소설	강남홍의 영웅적 활약
염정 소설	남녀 간의 애정

키 포인트 체크

인물 강남홍은 출중한 무예 실력과 비범한 능력을 갖춘 □□□ 인물로, 보살의 도움으로 자신이 천상계에서 적강한 □□□임을 자각한다.

배경 기존의 질서가 붕괴되고 새로운 가치관이 형성되던 19세기 □□□□의 사회 모습과 정치적 상황이 드러난다.

사건 명나라와 싸우기 위해 출정한 강남홍은 전쟁터에서 □□□을 극적으로 만나게 되고, 보살은 강남홍의 □에 나타나 그녀를 천상계인 □□□로 인도한다.

내신 적중 多빈출

1 이 글의 내용을 바르게 이해한 것은?

① 강남홍은 싸우기 전부터 양창곡의 정체를 알고 있었다.
② 강남홍은 양창곡에게 삼경에 만나 재대결할 것을 제안했다.
③ 강남홍은 손삼랑에게 미리 명나라 진영으로 잠입하도록 지시했다.
④ 강남홍은 나탁을 속이기 위해 퇴각한 이유를 거짓으로 보고했다.
⑤ 양창곡은 본진으로 돌아와 적의 습격에 대비하라는 명령을 내렸다.

2 (가)의 서술상 특징으로 가장 적절한 것은?

① 서술자가 개입하여 직접 인물을 평가하고 있다.
② 내적 독백을 통해 극적 긴장감을 고조시키고 있다.
③ 공간의 이동을 통해 장면이 전환되었음을 드러내고 있다.
④ 구체적 시대 상황을 설정하여 내용의 사실성을 높이고 있다.
⑤ 인물의 외양 묘사를 통해 인물의 혼란스러운 심리 상태를 드러내고 있다.

3 ㉠의 상황에 대해 독자들이 할 수 있는 말로 가장 적절한 것은?

① 동분서주(東奔西走)하겠군.
② 와신상담(臥薪嘗膽)하는군.
③ 설상가상(雪上加霜)이로군.
④ 일거양득(一擧兩得)이겠군.
⑤ 점입가경(漸入佳境)이로군.

4 양창곡이 강남홍을 만난 뒤에도 그 정체에 대해 확신을 갖지 못하는 이유를 〈조건〉에 맞게 쓰시오.

조건
1. (다)의 내용을 바탕으로 서술할 것
2. '~기 때문이다.' 형태의 완결된 한 문장으로 쓸 것

Q 이 글에서 꿈의 역할은?

꿈은 강남홍에게 자신의 정체를 알아차리게 해 주는 서사적 장치이다. 또한 사건 전개의 방향을 전환하는 역할을 한다.

Q 이 글에서 보살의 역할은?

보살은 남해 수월암의 관세음보살로 부처의 명을 받아 강남홍이 천상계의 인물임을 자각하도록 도와주는 조력자이다.

가 그날 밤 강남홍이 취하여 취봉루로 달아가 옷도 벗지 못하고 책상에 기대서 깜빡 잠이 들었다. ❶갑자기 정신이 황홀하고 몸이 가볍게 떠오르면서 어떤 명산(名山)에 당도하였다. 봉우리는 높고 바위 빛은 험준하여 마치 한 송이 연꽃이 평지에 피어 있는 듯하였다. 그녀가 가운데 봉우리에 이르니, 웬 보살 한 분이 푸른 눈썹에 옥 같은 얼굴을 하고 몸에는 비단 •가사를 걸치고 •석장(錫杖)을 짚고 있다가 웃으며 맞이하였다.

(천상계의 충만성이 적강한 인물 / 입몽(入夢) 장면 → 강남홍이 인간계에서 천상계로 이동함. / 강남홍을 천상계로 인도하는 인물 / 보살의 외양 묘사)

"강남홍 낭자는 인간 세상의 즐거움이 어떻소?"

(지상계, 속세)

강남홍이 멍하니 깨닫지 못하고 말했다.

"존사(尊師)께서는 누구시며, 인간의 즐거움이란 것은 무엇을 말씀하시는 겁니까?"

('도사(道士)'를 높여 이르는 말)

보살이 웃으며 손에 들고 있던 석장을 공중에 던졌다. 그러자 홀연 한 줄기 무지개가 만들어지면서 하늘과 이어졌다. 보살이 강남홍을 안내하여 무지개를 밟고 허공으로 올라갔다. 앞에는 대문이 있는데 오색구름에 싸여 있었다. 강남홍이 물었다.

(보살이 도술을 부림. – 비범한 인물의 면모, 비현실적인 장면)

"이것은 무슨 문입니까?"

보살이 말했다.

"남천문(南天門)입니다. 그대는 저 문에 올라가서 한번 보시오."

▶ 강남홍이 꿈에서 보살을 만나 천상계로 이동함.

나 그녀는 보살을 따라 문 위로 올라가 한곳을 바라보았다. ❷해와 달이 밝게 비치고 광채가 휘황한데 그 가운데 누각 하나가 허공에 높이 솟아 있었고 백옥 난간과 유리 기둥이 영롱하게 빛나서 눈이 어질어질하였다. 누각 아래로는 푸른 난새와 붉은 봉황이 쌍쌍이 배회하고 있었으며, 몇 명의 선동(仙童)과 서너 명의 시녀가 하의(霞衣)와 •예상(霓裳)을 입고 난간머리에 서 있었다. 누각 위를 바라보니 한 선선이 다섯 선녀와 이리저리 뒤엉켜 난간에 기대 취하여 잠이 들어 있었다. 그녀는 보살에게 물었다.

(백옥루, 인간 세상과 대조되는 공간 / 선경(仙境)에 살면서 신선의 시중을 든다는 아이 / 문창성 / 제방옥녀, 천요성, 홍란성, 제천선녀, 도화성)

"이곳은 웬 곳이며, 저 사람들은 웬 신선입니까?"

보살이 미소를 지으며 말했다.

❸"이곳은 백옥루(白玉樓)고, 저 신선은 문창성(文昌星)입니다. 그 옆에 누워 있는 사람들은 상제를 모시는 옥녀[帝傍玉女], 천요성(天妖星), 홍란성(紅鸞星), 제천선녀(諸天仙女), 도화선(桃花仙)입니다. 홍란성은 바로 그대의 전신(前身)이지요."

(취봉루와 대조되는 공간, 천상계 / 지상계에서 양창곡으로 태어남.)

▶ 강남홍이 천상계의 사람임을 보살이 알려 줌.

다 강남홍이 말했다.

❹"그렇다면 저도 천상의 별이라는 것인데, 이미 이곳에 왔으니 다시 인간 세상으로 돌아가고 싶지 않습니다."

(강남홍이 자신의 정체를 자각함. / 천상의 세계)

그러자 보살이 웃으며 말했다.

"하늘이 정한 인연은 인간의 힘으로는 미칠 수 없는 것이오. 그대는 인간 세상에서의 잠깐 동안의 인연을 마치지 못했습니다. ❺얼른 돌아갔다가 40년 뒤에 다시 와서 옥황상제께 조회를 하고 천상의 즐거움을 누리도록 하시오."

(운명론적 세계관이 드러남. / 인간 세상에서의 시간이 아직 40년이나 남아 있음.)

강남홍이 물었다.

"보살은 누구십니까?"

(강남홍이 보살의 정체를 알고 싶어 함.)

보살이 웃으며 말했다.

"•빈도(貧道)는 남해(南海) 수월암(水月庵)의 관세음보살(觀世音菩薩)이오. 부처님의 명을 받들어 그대를 안내하여 이곳에 온 것입니다."

(강남홍이 깨달음에 이를 수 있도록 의도한 존재가 부처임을 알 수 있음.)

보살이 이야기를 마치고 석장을 들어 공중에 던지자 갑자기 오색 무지개가 일어나는 것이었다. ❻홀연 천둥이 한 번 치면서 깜짝 놀라 깨어나니 한바탕 꿈이었다. 취봉루 책상 앞에 예전처럼 누워 있는 것이었다.

(보살이 도술을 부리는 장면으로, 전기적 요소가 나타남. / 일장춘몽(一場春夢))

▶ 강남홍이 꿈에서 깨어나 인간 세상으로 돌아옴.

• 중심 내용 꿈속의 보살을 따라 천상계인 백옥루로 가서 자신의 정체를 깨달은 강남홍 • 구성 단계 결말

어휘 풀이

가사(袈裟) 승려가 장삼 위에, 왼쪽 어깨에서 오른쪽 겨드랑이 밑으로 걸쳐 입는 법의(法衣).
석장(錫杖) 승려가 짚고 다니는 지팡이.
예상(霓裳) 무지개와 같이 아름다운 치마라는 뜻으로, 신선의 옷을 이르는 말.
빈도(貧道) 덕(德)이 적다는 뜻으로, 승려나 도사가 자기를 낮추어 이르는 일인칭 대명사.

구절 풀이

❶ **갑자기 정신이 황홀하고 ~ 명산(名山)에 당도하였다.** 꿈을 매개로 강남홍이 인간 세상에서 천상의 세계로 이동하고 있음을 보여 준다. 전기적 요소가 드러나는 부분이다.

❷ **해와 달이 밝게 비치고 ~ 난간머리에 서 있었다.** 천상계인 백옥루와 그 주변을 상세하게 묘사하여 신비롭고 환상적인 분위기를 형성하고 있다.

❸ **"이곳은 백옥루(白玉樓)고, ~ 그대의 전신(前身)이지요."** 보살이 꿈을 통해 강남홍이 본래 천상계의 인물이었음을 알려 주는 장면이다.

❹ **"그렇다면 저도 천상의 ~ 돌아가고 싶지 않습니다."** 보살의 도움으로 자신이 천상계의 인물이었음을 자각한 강남홍이 인간 세상으로 돌아가지 않고 천상계에 남겠다는 의지를 보여 주고 있다.

❺ **얼른 돌아갔다가 ~ 즐거움을 누리도록 하시오."** 강남홍이 인간 세상에 돌아가지 않겠다고 보살에게 말하자 보살은 인간계에서 천상계로 돌아오는 것은 하늘이 정한 40년이라는 인간 세상의 인연을 모두 마쳐야 가능하다는 사실을 말해 주고 있다.

❻ **홀연 천둥이 한 번 치면서 ~ 예전처럼 누워 있는 것이었다.** 각몽(覺夢)의 장면으로, 강남홍이 천상계에서 인간 세상으로 돌아오는 장면이다. 꿈속으로 들어갈 때와 같은 방법으로 꿈에서 깨고 있다.

작가 소개

남영로(1810~1857)
조선 후기의 문인. 호는 담초(潭樵). 문장과 서화에 능했고, 〈옥루몽〉과 〈옥련몽〉을 지은 것으로 알려져 있다.

작품 연구소

〈옥루몽〉과 〈구운몽〉 비교

	옥루몽	구운몽
공통점	입신양명과 자유연애에 대한 욕망을 꿈의 형식으로 드러냄.	
차이점	• 각몽 부분이 뚜렷하게 나타나지 않음. • 유불선 사상을 바탕으로 하여 현실 세계의 삶을 긍정적으로 묘사함. • 영웅적 인물들의 활약상을 제재로 삼음. • 양창곡의 영웅적 활약상과 부패한 현실 비판이 주제임. • 여성 인물들의 성격이 특징 있게 묘사됨.	• 입몽에서 각몽에 이르는 완벽한 환몽 구조를 지님. • 유불선 사상이 나타나지만 주로 불교 사상을 바탕으로 하여 현실 세계의 삶을 부정적으로 묘사함. • 꿈을 통한 성진의 득도(得道) 과정을 제재로 삼음. • 인생무상(人生無常)의 깨달음을 통한 허무의 극복이 주제임.

〈옥루몽〉의 공간적 배경의 의미

이 작품에는 양창곡, 강남홍과 갈등 관계에 있는 간신들의 죄상이 낱낱이 제시되어 있다. 이에는 당대 통치자들의 부조리와 불합리한 사회 현실을 드러내고 비판하고자 하는 작가의 의도가 담겨 있다고 볼 수 있다. 이 작품의 배경을 중국으로 설정한 것도 조선 조정의 병폐를 중국의 이야기인 듯이 제시하여 조선 사회를 간접적으로 비판하기 위한 것이다.

자료실

환몽(幻夢) 구조

환몽 구조의 소설은 '현실-꿈-현실'의 구조로 이루어져 있다. 주인공은 입몽(入夢) 과정을 거쳐 꿈속에서 새로운 삶을 체험한 다음, 각몽(覺夢) 과정을 거쳐 깨달음을 얻고 현실로 돌아온다.

몽자류 소설

고전 소설 가운데, 제목에 몽(夢) 자가 들어가는 소설을 뜻한다. 주로 주인공이 꿈속에서 현실과 다른 존재로 태어나 현실과 전혀 다른 일생을 겪은 다음 꿈에서 깨어나 깨달음을 얻는다는 이야기를 담고 있다. 우리나라의 전통적인 문학 작품의 한 유형으로 '현실-입몽-각몽'의 구조로 이루어진다. 〈구운몽(九雲夢)〉, 〈옥린몽(玉麟夢)〉, 〈옥루몽(玉樓夢)〉, 〈유화기몽(柳花奇夢)〉, 〈이화몽(梨花夢)〉 등의 작품이 이에 속하며, 그중 〈구운몽〉이 대표작이고 나머지는 〈구운몽〉의 아류작이다.

함께 읽으면 좋은 작품

〈구운몽(九雲夢)〉, 김만중 / 환몽 구조가 나타나는 작품

환몽 구조를 바탕으로 하여 천상의 선관이 인간으로 태어나 입신양명(立身揚名)하고 부귀영화(富貴榮華)를 누리는 내용을 그리고 있다는 점에서 〈옥루몽〉과 유사하다. Link 본책 134쪽

〈조웅전(趙雄傳)〉, 작자 미상 / 조선 시대 영웅을 주인공으로 하는 작품

국문으로 창작된 영웅 소설이며 군담 소설로, 진충보국(盡忠報國)과 자유연애를 주제로 하고 있다. 유불선 사상을 바탕으로 하여 주인공 조웅의 영웅적 무용담과 결연담(結緣談)을 결합해 구성한 조선 시대의 대표적인 영웅 소설이다. Link 본책 170쪽

〈홍계월전(洪桂月傳)〉, 작자 미상 / 여성 영웅이 등장하는 작품

명나라를 배경으로 여성 주인공 홍계월의 고행담과 무용담을 엮은 조선 후기의 대표적인 여성 영웅 소설이다. 남성의 전유물로 여겨지던 권위를 여성에게 부여하여 봉건적 가치관에 맞서는 여성 의식을 보여 주고 있다. Link 본책 150쪽

5 이 글의 서술상 특징을 〈보기〉에서 골라 바르게 묶은 것은?

보기

ㄱ. 장면 전환을 통해 환상적인 분위기를 보여 준다.
ㄴ. 외양 및 행동 묘사를 통해 인물의 비범함을 드러낸다.
ㄷ. 대립적인 인물을 등장시켜 갈등이 심화되고 있음을 보여 준다.
ㄹ. 인물 간의 대화를 통해 시련을 극복하려는 인물의 의지를 보여 준다.

① ㄱ, ㄴ ② ㄱ, ㄷ ③ ㄴ, ㄷ ④ ㄴ, ㄹ ⑤ ㄷ, ㄹ

내신 적중 高난도

6 〈보기〉를 바탕으로 하여 이 글을 감상한 내용으로 적절하지 않은 것은?

보기

〈옥루몽〉은 환몽 구조를 지닌 작품이며, 천상계와 지상계가 인과응보의 원리에 의해 연결되어 있다. 천상계에서 죄를 지으면 꿈을 통해 지상계로 내려오는 벌을 받게 되고, 그 과정에서 다시 꿈을 꾸어 천상계를 경험하게 된다. 이때 신이한 존재에 의해 자신들의 정체를 깨달으며 꿈에서 깨어난다. 꿈에서 깨어난 인물들은 지상계로 돌아와 속세에서 남은 과제를 수행해야만 천상계로 복귀할 수 있다.

① 강남홍이 꿈을 꾸는 취봉루는 천상계에서 쫓겨 내려온 공간으로 볼 수 있군.
② 강남홍은 꿈속의 꿈을 통해 천상계인 백옥루에 올라 자신의 정체를 깨닫게 되는군.
③ 강남홍이 꿈을 통해 자신의 존재를 자각하게 되면 천상계인 백옥루로 복귀할 수 있겠군.
④ 보살은 지상계로 내려온 강남홍에게 천상계를 경험하게 해 준 신이한 존재로 볼 수 있군.
⑤ 강남홍을 비롯한 천상계의 인물들은 하늘이 정해 놓은 인연대로 살아갈 수밖에 없는 존재들이군.

7 이 글에 대한 이해로 적절하지 않은 것은?

① 강남홍이 잠들었던 취봉루는 입몽과 각몽의 공간이다.
② 보살은 부처의 명을 받아 강남홍을 천상계로 인도한다.
③ 강남홍은 자신의 의지와는 상관없이 백옥루를 방문하게 된다.
④ 강남홍은 보살을 만나는 순간 천상계의 기억을 떠올리게 된다.
⑤ 강남홍은 백옥루를 구경한 뒤 속세로 돌아가지 않겠다는 태도를 보인다.

8 이 글에서 (가)의 석장의 기능을 쓰시오.

067 채봉감별곡(彩鳳感別曲) | 작자 미상

키워드 체크 #염정 소설 #순결하고 진실한 사랑 #근대적 가치관

문학 해냄

핵심 정리

갈래 애정 소설, 염정 소설
성격 사실적, 비판적, 진취적
시점 전지적 작가 시점
배경 ① 시간 – 조선 말기
② 공간 – 평양과 서울
제재 채봉의 사랑 쟁취
주제 권세에 굴하지 않는 순결하고 진실한 사랑
특징 ① 주체적으로 자신의 운명을 결정해 나가는 근대적 여성이 등장함.
② 매관매직이 성행했던 당시의 부패상을 사실적으로 드러냄.
의의 근대 전환기의 가치관을 사실적으로 표현한 독창적인 작품임.

어휘 풀이

어음 돈을 주기로 약속한 표 쪽. 채권자와 채무자가 지급을 약속한 표시를 가운데에 적고, 한 옆에 날짜와 채무자의 이름을 적어 수결이나 도장을 지르고 두 쪽으로 나누어 가졌음.
돈표 현금으로 바꿀 수 있는 표. 수표, 어음 등이 있다.
문갑(文匣) 문서나 문구 등을 넣어 두는 방세간. 서랍이 여러 개 달려 있거나 문짝이 달려 있고, 흔히 두 짝을 포개어 놓게 되어 있음.
위인(爲人) 됨됨이로 본 그 사람.
상노(床奴) 밥상을 나르거나 잔심부름을 하는 어린아이.
정혼(定婚)하다 혼인을 정하다.
세도(勢道) 정치상의 권세. 또는 그 권세를 마구 휘두르는 일.
여염집 일반 백성의 살림집.

Q 이 부분에서 알 수 있는 채봉의 인물됨은?

채봉은 권세에 눈이 멀어 자신을 허 판서의 첩으로 보내려는 부모에게 닭의 입이 될지언정 소의 뒤 되기는 바라는 바가 아니라고 단호하게 자신의 의사를 밝힌다. 이는 장필성과의 신의를 지키고자 하는 것으로, 자신의 애정을 적극적으로 지키고자 하는 인물의 주체적인 면모가 드러난다.

구절 풀이

❶ **그런데 아까 ~ 무어라고 했나?"** 허 판서가 김 진사의 딸을 첩으로 들이고자 하는 속셈을 드러내는 부분이다. 김 진사가 한 말을 이미 알고 있으면서 모르는 척 질문하며 사위 이야기를 이끌어 내려는 탐욕스럽고 음흉한 허 판서의 인물됨이 드러난다.
❷ **김 진사 혀를 ~ 이 나라에서 제일이지."** 얌전한 사위를 보고자 했던 김 진사가 벼슬에 대한 욕심이 생기자 첩이라도 딸을 세도가에 보내는 것이 좋다는 쪽으로 태도가 바뀐 것을 보여 주는 부분이다. 속물적이고 권세를 추구하는 김 진사의 모습이 드러난다.

가 "그러면 오천 냥 가진 표는 나를 주고, 오천 냥은 °어음만 써 놓았다가 나중에 들여놓게 그려."
(매관매직이 성행했던 당시의 상황을 알 수 있음.)

김 진사는 오천 냥 어음을 써 놓고, 또 오천 냥은 °돈표를 써 놓으니, 허 판서가 받아 °문갑 서랍에 넣고 웃는 낯으로 김 진사를 쳐다본다. / "내일이면 과천 현감을 할 터이니, 이제는 김 과천이라 하지. 김 과천, 허허!" / "황송합니다."
(오천 냥은 지금 주고 나머지 오천 냥은 이후에 준다는 증서를 씀. / 돈을 받고 관직을 판 것에 대한 만족감)

"내일이면 할 터인데 무슨 관계가 있나. ❶그런데 아까 우리 집 심부름하는 아이를 보고 무어라고 했나?" / "°위인이 하도 얌전하기에 칭찬하였습니다."
(김 진사가 허 판서의 시중을 드는 소년을 보고 저런 사위를 얻고 싶다고 혼잣말한 일을 언급함.)

"글쎄, 칭찬한 줄은 아네. 그런데 사위 삼았으면 좋겠다고 그러지 않았나?"

허 판서는 음흉한 생각이 있어서 묻는 말이지만 김 진사가 어찌 그런 속을 알겠는가. 조금도 의심하지 않을 뿐 아니라 도리어 황공하여 대답한다. [중략]
(김 진사의 딸을 첩으로 삼고자 함.)

"여보게 김 과천, 나는 그 °상노 놈과 비교해서 어떤가?" / "황송합니다."
(김 진사 딸(채봉)의 사윗감으로 자신이 어떤지 물음.)

"황송하다고 할 것이 아니라, 내가 김 과천에게 청할 말이 있으니 부담 없이 들을 텐가?"
(딸을 첩으로 달라는 말)

"대감의 분부라면 죽더라도 따르겠사옵니다. 어찌 안 듣겠습니까?"

"다른 청이 아니라, 내가 자네 사위가 되면 어떻겠는가?" ▶ 허 판서가 김 진사에게 딸을 첩으로 달라고 청함.

나 "그런 것이 아니라, 대동문 밖에 사는 장 선천 부사의 아들과 °정혼하였다오."
(장필성)

"아니, 장 선천 부사 아들과 정혼했어? 그 거지 다 된 것하고? 흥, 내 참 기가 막혀서……. 서울에서 기막힌 사위를 정하고 내려왔으니, 채봉이를 데리고 우리 서울로 올라가서 삽시다."
(재력을 중시하는 김 진사의 물질 만능주의적 가치관이 드러남. / 재력과 권력을 지닌 인물인 허 판서)

부인이 이 소리를 듣고 눈이 휘둥그레져서, / "기막힌 사위라니 어떤 사람이란 말이오?" 하고 물으니, ❷김 진사 혀를 휘휘 내두르며 허풍을 떤다.

"누군지 알면 뒤로 자빠질 것이오. 누구인고 하니, 사직골 허 판서 댁이오. °세도가 이 나라에서 제일이지."

부인이 이 말을 듣고 한편으론 끔찍하고 한편으로는 기가 막혀서 다시 묻는다.
(김 진사가 정한 혼처에 대한 부정적 인식)

"허 판서면 첫째 부인이요, 둘째 부인이요?" / "첫째 부인도, 둘째 부인도 아니오. 첩이라오." / "나는 못 하겠소. 허 판서 아니라 허 정승이라도……." / "왜 못 해!"
(아무리 세도가 있는 사람이라도 딸을 첩으로 보내고 싶지 않음.)
▶ 김 진사의 부인이 허 판서와의 혼사를 반대함.

다 "아가, 너는 재상의 첩이 좋으냐, °여염집의 부인이 좋으냐? 아비, 어미가 있는데 부끄러울 게 뭐냐. 네 생각을 말해 보아라."
(권세와 재력을 중시하는 김 진사의 가치관)

채봉이 예사 여염집 처녀 같았으면 부모의 말이라 뭐라고 대꾸하지 않았을 터이지만, 원래 학식도 있을 뿐 아니라 장필성과의 일을 잠시도 잊지 않고 있는지라. 게다가 부모가 하는 얘기를 다 들은 터라 조금도 서슴지 않고 얼굴을 바로 하고 대답한다.
(장필성에 대한 애정과 신의를 지니고 있음. / 자신을 허 판서의 첩으로 보내려는 것을 이미 알고 마음의 준비를 하고 있었음.)

㉠"차라리 닭의 입이 될지언정 소의 뒤 되기는 바라는 바가 아닙니다."
(계구우후(鷄口牛後). 큰 단체의 졸개보다는 작은 단체의 우두머리가 나음. → 재상가라 해도 첩이 되고 싶지 않음.)

"허허, 그 녀석. 네가 첩 구경을 못해서 그런 소리를 하는구나! 재상의 첩이야 세상에 그 같은 호강이 또 없느니라."
(물질적인 것만 중시하는 김 진사)

부인이 말을 가로막고 김 진사를 쳐다보며,

"영감은 자식에게 별말씀을 다 하시는구려. 계집애 자식이란 것은 으레 부모가 하는 대로 좇아가는 법이랍니다."
(자식은 부모의 뜻을 따라야 한다는 봉건적 가치관이 드러남.)
▶ 김 진사 내외가 채봉의 반대에도 불구하고 허 판서와의 혼인을 강행함.

• 중심 내용 벼슬에 대한 욕심으로 딸 채봉을 허 판서의 첩으로 보내려는 김 진사와 이에 불복하는 채봉 • 구성 단계 전개

이해와 감상

〈채봉감별곡〉은 채봉이라는 여성이 출세욕에 눈이 먼 부모 때문에 고초를 겪으면서도 끝내 자신의 사랑을 이루는 과정을 그리고 있는 작품이다. 남녀 간의 애정과 혼사 과정에서 생기는 장애를 극복하고 사랑을 성취하는 전형적인 애정 소설의 구성을 지니고 있다. 그러나 사건의 상당 부분을 우연성에 의존하는 다른 고전 소설과 달리 현실적 차원에서 이루어지는 사건 전개, 사실에 가까운 표현법 등은 근대적 성격을 드러낸다고 볼 수 있다.

이 작품은 근대로 전환되는 조선 말기를 배경으로 당시 무너져 가는 봉건 제도의 일면을 드러내는 한편 새로운 가치관이 자리 잡는 상황을 반영하고 있다. 김 진사가 돈을 주고 관직을 사는 행위 등에서 매관매직이 성행했던 조선 말기의 타락한 세태와 사윗감의 조건으로 재력을 중시하는 것에서 물질을 중시하는 당시 가치관의 일면을 찾아볼 수 있다. 또한 자신의 혼사에 적극적으로 의견을 제시하고 부모를 거역하면서까지 애정을 추구하는 채봉의 모습에서 근대적 여성의 모습이 드러난다. 더불어 기생이 된 채봉을 아내로 맞으려 하며 그를 위해 신분의 전락까지 감수하는 필성의 모습에서도 기존 질서에 도전하는 인물의 면모가 돋보인다.

전체 줄거리

발단	평양에 사는 김 진사의 딸 채봉은 장필성과 시를 주고받으며 서로의 마음을 확인하고 혼인을 약속한다.
전개	김 진사는 허 판서에게 만 냥을 주고 벼슬을 사며 딸 채봉을 허 판서의 첩으로 주기로 약속한다. 채봉은 허 판서와의 혼인에 불복하나 김 진사 부부는 서울로 가기 위해 재산을 모두 처분한다.
위기	서울로 가는 길에 몰래 빠져나온 채봉은 평양으로 돌아오고 김 진사 부부는 도적을 만나 재산을 모두 빼앗긴다. 허 판서가 대노하여 김 진사를 가두자 채봉은 기생 송이가 되어 아버지를 구하려 한다.
절정	이 감사가 채봉의 글재주를 보고 서신과 문서를 처리하는 일을 맡긴다. 장필성은 채봉을 만나기 위해 이방으로 자원하고 이를 알게 된 이 감사가 둘을 만나게 해 준다.
결말	허 판서가 역모죄로 파멸하게 되어 김 진사와 부인이 돌아오고 채봉과 장필성은 혼인을 한다.

인물 관계도

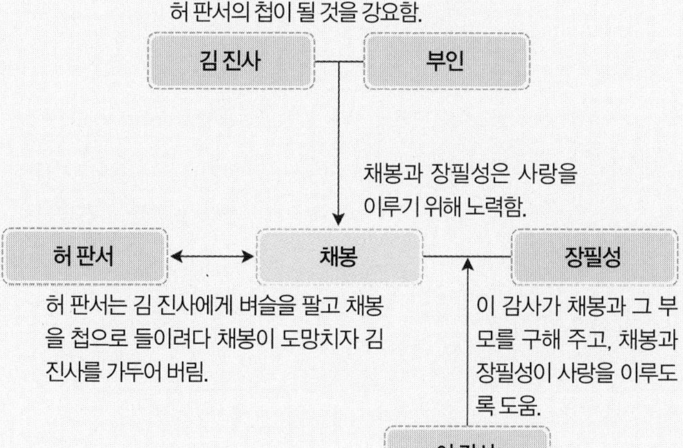

키 포인트 체크

인물 채봉은 자신의 □□에 적극적으로 의견을 제시하고, 부모를 구출하고 사랑을 쟁취하는 근대적 성격의 인물이다.

배경 조선 말기를 배경으로 □□적 가치가 무너져 가고 새로운 가치관이 자리 잡는 근대 □□□의 가치관을 사실적으로 보여 준다.

사건 채봉은 타락한 관리와 부모의 속물적인 욕심 때문에 온갖 고난을 겪지만, 결국 장필성과의 진실된 □□을 쟁취한다.

1 이 글의 내용과 일치하지 않는 것은?

① 김 진사는 돈을 주고 벼슬자리를 샀다.
② 채봉은 이미 혼인을 약속한 정혼자가 있었다.
③ 부인은 처음에 채봉을 첩으로 보내는 것을 반대했다.
④ 김 진사는 장필성의 집안이 변변치 않은 것이 못마땅했다.
⑤ 채봉의 반대에 김 진사 부부는 허 판서와의 혼인을 재고했다.

2 이 글의 등장인물에 대한 평가로 적절하지 않은 것은?

① 허 판서는 욕심이 많고 음흉한 인물이야.
② 김 진사는 권세와 재력을 추구하는 인물이군.
③ 김 진사의 부인은 봉건적인 가치관을 지니고 있어.
④ 채봉은 자신의 의지대로 행동하는 주체적인 인물이야.
⑤ 김 진사는 다른 사람의 말을 잘 믿고 세상 물정을 모르는군.

내신 적중

3 이 글을 통해 알 수 있는 당시의 시대상과 거리가 먼 것은?

① 매관매직이 성행하고 있었다.
② 여러 부인과 첩을 둘 수 있었다.
③ 출세를 위해 서울로 가는 사람이 많았다.
④ 부모가 자녀의 혼사를 정하는 경우가 대부분이었다.
⑤ 자녀는 부모의 뜻에 따라야 한다는 생각이 지배적이었다.

4 〈보기〉를 참고할 때, 이 글에 드러난 근대성의 모습으로 적절한 것은?

보기

문학에서 '근대성'은 인물이 타인 또는 사회와 개별적으로 관계를 만들어 가는 모습으로 흔히 나타나며 사회적 관습이나 지배적 이념에서 벗어나 개인의 생각과 판단을 바탕으로 한 자율적인 의사 결정의 과정에서도 나타난다.

① 벼슬을 사고파는 행위에서 신분제의 균열이 드러난다.
② 스스로 선택한 사랑을 이루려는 채봉을 통해 주체적 인물상을 제시하고 있다.
③ 허 판서를 따르는 김 진사의 모습을 통해 믿음과 소통의 중요성을 강조하고 있다.
④ 사회적 관습에 따라 딸의 혼처를 정한 김 진사의 모습을 통해 가부장적 사회가 부각되고 있다.
⑤ 부인이 의사 결정 과정에서 남편의 의견을 수용하는 모습을 통해 타인과 맺는 인간관계의 중요성을 보여 주고 있다.

5 채봉이 ㉠을 통해 말하고자 하는 바를 〈조건〉에 맞게 쓰시오.

조건

1. ㉠의 사전적 의미와 문맥적 의미를 모두 밝힐 것
2. (다)에 쓰인 단어를 활용하여 완결된 한 문장으로 쓸 것

어휘 풀이

원성(怨聲) 원망하는 소리.
추스르다 몸을 가누어 움직이다.
후원(後園) 집 뒤에 있는 정원이나 작은 동산.
문안(問安) 웃어른께 안부를 여쭘.
별당(別堂) 몸채의 곁이나 뒤에 따로 지은 집이나 방.
천생배필(天生配匹) 하늘에서 미리 정해 준 배필이라는 뜻으로, 나무랄 데 없이 신통히 꼭 알맞은 한 쌍의 부부를 이르는 말.
은덕(恩德) 은혜와 덕. 또는 은혜로운 덕.

Q 이 작품에서 〈추풍감별곡〉의 역할은?

〈추풍감별곡〉은 사랑하는 임을 간절히 그리워하는 마음을 담은 노래로 조선 말기에 널리 불렸다. 이 노래의 삽입은 장필성을 그리워하는 채봉(송이)의 심리를 효과적으로 드러내는 역할을 한다. 또한 이를 본 이 감사가 채봉의 사정을 알게 되어 채봉과 장필성의 사랑이 이루어지도록 도와주는 계기가 되므로 갈등을 해소하는 데 큰 역할을 한다고 볼 수 있다.

구절 풀이

❶ **이 감사는 나이가 ~ 이루지 못하고 누웠는데** 이 감사의 인물됨을 짐작할 수 있는 부분이다. 백성과 나라에 대한 걱정으로 잠을 이루지 못하는 이 감사의 모습은 송이(채봉)의 괴로움을 해결해 주는 조력자로서의 면모와 함께 이상적이고 바람직한 목민관의 면모도 지니고 있음을 보여 준다.

❷ **처음 후원에서 ~ 이야기를 한다.** 송이(채봉)가 자신의 사정을 이 감사에게 털어놓는 내용으로 지금까지의 이야기를 요약적으로 정리하고 있다. 채봉과 장필성이 겪었던 '만남 → 헤어짐과 수난 → 재회'의 과정이 제시되어 있다.

❸ **송이는 별당으로 ~ 그 곤경이 어떠할까.** 이 감사의 도움으로 채봉과 장필성이 예상치 못한 재회를 한 상황에서 두 사람의 심리에 대한 서술자의 평가가 드러난 부분이다. 이 감사의 앞이라 그리워하던 임을 만났음에도 감정을 드러내지 못하는 채봉과 장필성의 마음을 이야기하고 있다.

Q 장필성이 사랑을 쟁취하기 위해 기울인 노력은?

장필성은 기생이 된 채봉을 만나 마음을 확인한 뒤 채봉을 본처로 맞을 것을 약속한다. 또한 채봉이 평양 감사의 서기로 들어가자 채봉을 만나기 위해 주로 중인 계층이 하는 이방이 된다. 이처럼 장필성은 신분에 구애받지 않고 애정을 추구하는 모습을 보인다. 즉, 채봉과 마찬가지로 근대적이고 주체적인 인물이라 평가할 수 있다.

가 ❶이 감사는 나이가 여든일 뿐 아니라, 한 지방의 수령이 되어 밤이나 낮이나 어떻게 하면 백성의 원성이 없을까, 어떻게 하면 나라의 은혜에 보답할까, 잠을 이루지 못하고 누웠는데 갑자기 송이의 방에서 흐느끼는 소리가 들리니, 깜짝 놀라 속으로 짐작하길,
(가까운 곳에 있으면서도 장필성과 만나지 못하는 안타까움과 슬픔)

'지금 송이의 나이 열여덟이니 분명 무슨 사정이 있으리라.'
(송이(채봉)가 이성 문제 등으로 인한 여러 고민이 있을 만한 나이임.)

하고 가만히 송이의 방에 들어간다. 창은 열려 있고 송이는 책상머리에 엎드려 누웠는데, 불 켜진 책상 위에 종이가 펼쳐져 있다. 종이를 집어 보니 '추풍감별곡(秋風感別曲)' 다섯 자가 눈에 들어온다. 대강 보고 손으로 송이를 흔들어 깨우니, 송이가 깜짝 놀라 눈을 뜬다. 송이는 눈앞에 서 있는 감사를 보고 어찌할 줄 몰라 급히 일어서는데, 이 감사가 종이를 말아 들고,
(송이(채봉)의 사정을 알아보기 위해서)

"송이야, 놀라지 마라. 비록 위아래가 있으나 내가 너를 친딸이나 다름없이 아끼니, 무슨 사정이 있거든 나에게 말을 해라. 마음속에 맺힌 것이 있으면 다 말하여라. 나는 너를 딸같이 사랑하는데 너는 나를 아비같이 생각지 않고, 무슨 괴로움이 있어 말 아니하고 이러고 있단 말이냐."
(이 감사와 송이(채봉)는 감사와 기생으로 신분 차이가 있음. / 송이(채봉)를 대하는 이 감사의 태도를 알 수 있음. / 송이(채봉)의 괴로움과 고민을 알고자 함.)

송이는 당황하여 어찌 줄을 모르다가 겨우 입을 열어, / "소녀의 죄가 큽니다."
(이방인 장필성과의 관계를 숨기고 있었으므로)

이 감사가 허허 웃고, / "너의 사정을 듣고자 하는 것이니, 마음에 있는 대로 다 말하여라."

송이는 어찌 줄을 몰라 식은땀이 나고 몸이 떨려 말을 못하고 섰는데, 이 감사가 또 말을 재촉한다. / "이처럼 물어보시니 어찌 거짓을 말하겠습니까?"

눈물을 닦고 몸을 추슬러 단정히 한 다음, ❷처음 후원에서 장필성과 글을 주고받았던 일에서부터 모친이 장필성을 불러 혼약한 일을 말한 뒤, 김 진사가 서울로 올라가서 벼슬을 구하려고 허 판서와 관계한 일이며, 허 판서의 첩 자리를 마다하고 장필성과의 약속을 지키기 위해 만리교에서 도망하였다가 몸을 팔아 부친을 구한 일, 기생이 된 후에도 장필성을 잊지 아니하고 있다가 글을 통해 장필성을 만난 이야기를 한다.
(만 냥을 주고 과천 현감 자리를 얻은 일 / 사랑을 쟁취하기 위한 채봉의 적극적인 행동 / 허 판서가 김 진사를 가두자 기생이 되어 그 몸값으로 김 진사를 구하고자 함. / 기생이 된 후 장필성과 주고받던 글을 제시하여 이를 본 장필성이 찾아옴.) ▶ **이 감사가 송이(채봉)에게서 그동안의 사정을 들음.**

나 이튿날 이른 아침에 감사가 장필성을 부르니 필성이 속으로,
(송이(채봉)와 장필성을 만나게 해 주려 함.)

'사또께서 일찍이 부르시는 일이 없더니 무슨 일로 이같이 부르시나?'

이상하게 생각하며 감사께 문안을 올린다. 감사가 빙그레 웃으며 별당으로 들어오라 하기에, 필성이 더욱 이상히 여기고 따라 들어간다. 감사는 필성을 방으로 불러들여 앉히더니 송이를 부른다. ❸송이는 별당으로 들어오다가 필성과 눈이 마주치자 깜짝 놀라 꿀 먹은 벙어리처럼 앉았는데, 「그 두 남녀의 마음을 누가 알겠는가. 감사의 앞이라 감히 반가운 기색을 못하니 그 곤경이 어떠할까.」 감사는 껄껄 웃더니 장필성을 보며,
(별당은 주로 아녀자들이 머무는 곳으로 외간 남자를 들이지 않는 곳이므로 / 장필성을 만나게 될 줄 예상하지 못함. / 반갑고 애틋함. / 「」: 편집자적 논평)

"필성아, 네가 송이를 보기 위해 이방이라는 천한 일을 자원하고 들어온 지 예닐곱 달이 되었구나. 여태 못 만나 보다가 오늘에야 서로 만나니 기분이 어떠하냐?"

장필성이 더욱 놀라 어찌 줄을 모르다가 일어서서 절하며 말한다. / "황공하오이다."
(감사가 둘 사이를 알 것이라고 예상하지 못함.)

"내가 이제 네 사정을 알았으니 안심해라. 너희 둘을 앉히고 보니 과연 천생배필이로구나. 네가 송이의 수건에 써 준 글처럼, 신랑 각시가 되어 신방에 든다는 언약이 깊었으니 혼인을 아니 시킬 수 없구나. 송이의 부모를 내려오게 한 뒤, 내가 중매하여 혼인을 꾸밀 것이니 그리 알아라. 오랫동안 서로 그리던 마음이 깊을 터이니, 송이를 데리고 건넌방으로 가거라."
(송이(채봉)를 만나기 위해 이방이 되어 감영에 들어옴. / 송이(채봉)와 장필성이 처음 만났을 때의 일 / 이 감사가 송이(채봉)와 장필성의 사랑이 이루어지도록 도와줌.)

㉠두 사람은 서로 반가운 생각이 가슴에 사무쳐 그리워하던 마음은 오히려 없어지고, 감사의 은덕에 감동하여 놀랍고 반가운 이야기만 한다. ▶ **이 감사가 송이(채봉)와 장필성을 만나게 함.**

- **중심 내용** 송이(채봉)에게서 그동안의 사정과 장필성과의 사연을 듣고 두 사람을 만나게 해 주는 이 감사
- **구성 단계** 절정

작품 연구소

〈채봉감별곡〉에 반영된 시대적 상황

이 작품은 근대로 전환되는 조선 말기를 배경으로 하여 당시 봉건 제도의 모순과 부패를 고발하고 개화의 물결 속에서 새로운 가치관이 퍼져 나가는 상황을 잘 반영하고 있다.

작품 내용	작품에 드러난 시대상
허 판서가 김 진사에게 돈을 받고 벼슬을 팔고 딸을 첩으로 줄 것을 요구함.	매관매직이 성행했으며 신분 제도가 혼란스러워짐.
김 진사 내외가 채봉에게 허 판서의 첩이 될 것을 강요함.	가부장적 권위와 봉건적 가치관이 남아 있음.
김 진사는 장필성의 집안이 가난하다는 것을 이유로 장필성을 못마땅해함.	자본주의적 가치관이 드러남.

〈채봉감별곡〉의 등장인물의 특성

이 작품의 등장인물들은 다른 고전 소설과 달리 파격적인 모습을 보인다. 채봉과 장필성이 자신들의 사랑을 성취하기 위해 겪는 장애를 극복하는 과정에서 지배 계층과 기존 질서에 도전하는 모습을 보이는 데서 이 작품의 근대적인 성격을 엿볼 수 있다.

채봉	허 판서의 첩이 되라는 부모의 명을 거역하고 적극적으로 자신의 사랑을 쟁취하고자 함.	➡ 부패한 지배층의 횡포와 그릇된 가부장적 권위에 맞서 주체적으로 삶을 개척함.
필성	기생이 된 채봉을 아내로 맞으려 하며 이를 위해 이방에 자원하여 신분의 전락까지 감수함.	

〈채봉감별곡〉에 〈추풍감별곡〉을 삽입한 효과

〈추풍감별곡〉은 이별의 슬픔과 임에 대한 그리움을 노래하고 있는 작품으로 이 작품에는 〈추풍감별곡〉 전편이 그대로 실려 있다. 고전 소설에서 주인공들이 한시를 주고받는 설정은 흔히 찾아볼 수 있지만 192행이나 되는 가사를 그대로 실은 것은 이 작품만의 특징이라 할 수 있다.

〈추풍감별곡〉은 당시 많은 인기를 끌며 유행했던 노래로 이를 통해 대중성을 확보하려는 것으로 추측된다. 또한 주인공의 정서를 극대화하여 전달하고 갈등이 낭만적으로 해결될 수 있도록 하는 역할도 하고 있다.

자료실

조선 말기의 매관매직 상황

이 작품의 시대적 배경인 조선 말기에는 돈으로 관직을 사고파는 매관매직이 성행했다. 주한 일본 외교관의 기록에 따르면 1866년의 시세로 감사는 2만~5만 냥, 부사는 2천~5천 냥, 군수와 현령은 1천~2천 냥에 거래되었다고 한다. 매관매직은 수요에 비해 공급이 턱없이 부족했기 때문에 공정한 거래가 이루어질 수 없었다. 먼저 돈을 내더라도 돈을 더 내는 사람이 있으면 그 사람을 관직에 제수하는 경우도 있어 부임하던 중간에 돌아오거나 부임한 달에 바로 해임되는 진풍경이 벌어지기도 했다.

함께 읽으면 좋은 작품

〈부용상사곡(芙蓉相思曲)〉, 작자 미상 / 가사를 삽입하여 제목으로 삼은 작품

평양 기생 부용과 서울 선비 김유성이 갖은 역경을 거쳐 혼인하게 되는 이야기를 담은 애정 소설이다. 김유성과 헤어지면서 부용이 지은 〈상사별곡〉이 그대로 작품명이 되었다는 점에서 〈채봉감별곡〉과 유사점이 있다.

6 이 글에 대한 설명으로 적절한 것은?

① 두 남녀 사이의 갈등이 두드러지고 있다.
② 비극적인 상황을 해학적으로 표현하고 있다.
③ 비현실적인 요소를 통해 사건이 전개되고 있다.
④ 조선 말기의 혼란한 사회상이 잘 반영되어 있다.
⑤ 조력자의 도움으로 고난을 극복하는 영웅 소설의 구조를 취하고 있다.

7 이 감사에 대한 설명으로 적절하지 않은 것은?

① 송이(채봉)를 아끼고 사랑한다.
② 백성을 위해 노력하는 관리이다.
③ 어질고 온후한 성품을 지니고 있다.
④ 기존의 신분 질서에 저항하는 인물이다.
⑤ 송이(채봉)와 장필성의 애정이 이루어질 수 있도록 돕는다.

8 〈보기〉를 참고하여 이 글을 감상한 내용으로 적절하지 않은 것은?

보기

〈혼사 장애 소설의 일반적인 구조〉

[결연] → [장애로 인한 이별] → [극복] → [재결연]
A B C D

① 송이(채봉)와 장필성이 후원에서 주고받은 글을 통해 A가 이루어지게 되었군.
② 송이(채봉)가 김 진사의 강요에 서울로 올라가다 도망쳐 기생이 되기까지가 B에 해당해.
③ B의 장애는 송이(채봉)가 도망쳤다가 부친을 구하기 위해 기생이 된 일이라고 할 수 있지.
④ C가 이루어진 데에는 이 감사의 영향이 크다고 할 수 있어.
⑤ 송이(채봉)와 장필성이 혼인함으로써 D가 이루어지게 되는 거야.

9 ㉠에 드러난 송이(채봉)와 장필성의 심리와 어울리지 않는 것은?

① 백골난망(白骨難忘) ② 감개무량(感慨無量)
③ 결초보은(結草報恩) ④ 난망지은(難忘之恩)
⑤ 각주구검(刻舟求劍)

10 〈보기〉의 내용을 통해 알 수 있는 이 감사의 인물됨을 〈조건〉에 맞게 쓰시오.

보기

이 감사는 나이가 여든일 뿐 아니라, 한 지방의 수령이 되어 밤이나 낮이나 어떻게 하면 백성의 원성이 없을까, 어떻게 하면 나라의 은혜에 보답할까, 잠을 이루지 못하고 누웠는데 [중략] / "나는 너를 딸같이 사랑하는데 너는 나를 아비같이 생각지 않고, 무슨 괴로움이 있어 말 아니하고 이러고 있단 말이냐."

조건

1. 제시된 내용의 앞부분과 뒷부분에서 드러나는 면모를 각각 밝힐 것
2. 50자 내외의 완결된 한 문장으로 쓸 것

Ⅳ. 조선 후기

068 옥단춘전(玉丹春傳) | 작자 미상

키워드 체크 #신의 #교훈적 #일대기적 서술 방식 탈피

가 이때 아직 신분을 밝히지 않은 암행어사 이혈룡이 사공들에게 묶여서 배에 실려 오를 적에 탄식하고 하는 말이, / "붕우유신(朋友有信) 쓸데없고, 결의형제 쓸데없구나. 전에는 너와 내가 생사를 같이 하자고 태산처럼 맺었더니, 살리기는 고사하고 죄 없이 죽이기를 일삼으니 그럴 법이 어디 있나. 오륜(五倫)을 박대하면 앙화(殃禍)가 자손에까지 미치리라." / 하고, 대동강의 맑은 물을 바라보며 한탄을 계속하니라.

(〈춘향전〉의 이몽룡이 어사 신분을 감추고 등장하는 것과 유사함. / 앙화: 지은 죄의 앙갚음으로 받는 재앙 / 김진희에 대한 저주의 말 – 김진희에 대한 원한이 깊음.)

"대동강 맑은 물아, 너와 내가 무슨 원수로, 한 번 죽기도 억울한데, 두 번이나 죽이려고 이 모양을 시키느냐. 정말로 죽게 되면 가련하고 원통하다."

(이전에 김진희가 이혈룡을 죽이려 했던 일을 떠올림.)

▶ 이혈룡이 신의를 저버린 김진희를 비난함.

나 이때 옥단춘이 이혈룡의 손을 부여잡고 만경창파(萬頃蒼波) 바라보며 기절할 듯이, "원통하고 가련하다. 무죄한 우리 목숨 천명을 못다 살고 어복중(魚腹中)의 원혼되니, 청천(靑天)은 감동하사 무죄한 이 인생을 제발 살려 주소서." [중략]

(만경창파: 만 이랑의 푸른 물결. 한없이 넓고 넓은 바다를 이름. / 어복중: 물에 빠져 죽음을 비유한 말)

"어서 물에 들어가소. 일시라도 지체하면 우리 목숨 죽을 테니 어서 물로 들어가소." 하고 성화같이 재촉하니 옥단춘이 넋을 잃고,

"여보 사공님들 들어 보소. 당신들도 사람이면 무죄한 이 인생을 왜 그리 죽이려 하오? 나만은 자결할 테니, 우리 낭군 살려 주소."

(옥단춘의 이혈룡에 대한 사랑을 엿볼 수 있음.)

▶ 옥단춘과 이혈룡이 김진희의 명으로 죽음에 이르게 됨.

다 "얘들, 서리 역졸들아!" / 하고 부르는 소리 천지를 진동하니, 난데없는 역졸들이 벌 떼처럼 달려들며, 우레 같은 고함 소리와 함께,

(서리: 관아에 속하여 말단 행정 실무에 종사하던 구실아치 / 어사출두를 위해 부름.)

"암행어사 출도하옵시오!" / 하는 소리가 연광정과 대동강을 뒤엎을 듯하니라.

"저기 가는 뱃사공아, 거기 타신 어사또님 놀라시지 않도록 고이 고이 잘 모셔라!"

이때 암행어사 이혈룡이 비로소 배 안에서 일어서면서 사공에게 호령하기를,

"이 배를 빨리 연광정으로 돌려 대라!"

(어사또의 본모습으로 돌아와 이전과 다른 태도를 보임.)

사공들이 귀신에 홀린 듯이 어찌할 바를 모르고 허둥지둥 배를 몰아 연광정 밑으로 대니, 옥단춘이 그때야 정신을 차리고 원망스러운 듯이,

"임아 임아, 암행어사 서방님아, 이것이 꿈이런가, 만일에 꿈이라면 깰까 봐 걱정이오." / 어사또 옥단춘을 위로하며, / "사람은 죽을 지경에 빠진 후에도 살아나는 법인데, 너 어떤 재미 보았느냐." / 하고 여유 있게 말하니, 옥단춘이 비로소 마음 턱 놓고 재담으로 대꾸하니라. / "구중궁궐(九重宮闕) 아녀자가 어디 가서 보오리까."

(구중궁궐: 겹겹이 문으로 막은 깊은 궁궐. 임금이 있는 대궐 안)

▶ 이혈룡이 암행어사 신분을 밝히고 옥단춘을 구출함.

라 어사또 출도하여 연광정에 좌정(坐定)하고 사방을 살펴보니, 오는 놈 가는 놈이 모두 넋을 잃고, 역졸에게 맞은 놈은 유혈이 낭자하다. 눈 빠진 놈, 코 깨진 놈, 머리 깨진 놈이 오락가락 무수하다. 그중에서 각 읍의 수령들은 불의의 변을 당하고 겁낸 거동 가관이다. 칼집 쥐고 오줌 싸고, 안장 없는 말을 타고, 개울로 빠져들고, 말을 거꾸로 타기도 하고, 동서를 분별하지 못하여 이리저리 갈팡질팡 도망친다. 오다가 혼을 잃고 가다가 넋을 잃고 수라장(修羅場)으로 요란할 제, 평안 감사 김진희의 거동이 가장 볼 만하니라.

(각 읍 수령들의 모습을 희화화하여 풍자함. / 혼비백산(魂飛魄散) / 편집자적 논평)

▶ 암행어사의 등장에 김진희와 수령들이 혼비백산함.

키포인트 체크

인물 김진희는 이혈룡과의 [ ][ ]를 저버리지만, 옥단춘은 변함없는 모습을 보인다.

배경 조선 후기 [ ][ ]을 배경으로 한다.

사건 어려움에 처한 이혈룡이 옥단춘의 도움으로 구출되고, [ ][ ][ ][ ]가 되어 신의를 저버린 김진희를 벌한다.

답 신의, 평양, 암행어사

핵심 정리

갈래 국문 소설, 애정 소설
성격 교훈적, 경세적(警世的)
시점 전지적 작가 시점
배경 ① 시간 – 조선 숙종 때
② 공간 – 평양
주제 ① 신의를 저버린 삶에 대한 경계
② 기녀와의 사랑
특징 ① 〈춘향전〉과 인물 설정과 내용 구성이 유사함.
② 주인공의 일대기적 서술 방식을 탈피함.

이해와 감상

〈옥단춘전〉은 친구 사이의 우정과 배신, 그리고 이혈룡을 향한 평양 기생 옥단춘의 변함없는 신의와 애정을 다룬 작품이다. 이 작품은 어린 시절의 약속을 어긴 김진희의 배신과 이혈룡에 대한 옥단춘의 헌신이라는 신의(信義)와 관련된 두 축으로 이야기가 전개된다. 전자는 김진희가 이혈룡과의 신의를 깨뜨렸다는 점에서, 후자는 옥단춘이 자신의 목숨을 걸고 이혈룡에 대한 믿음을 지켰다는 점에서 그러하다. 이 작품은 인물 간의 신의 문제를 조망함으로써 사람들에게 신의의 중요성을 일깨운다. 한편 이 작품은 〈춘향전〉의 인물 설정과 구조를 차용하고 있다. 각 등장인물은 이몽룡, 성춘향, 변학도에 대응되며 암행어사 화소를 차용했다. 또한 천한 신분의 옥단춘이 정덕부인이 되는 과정도 두 작품의 연관성이 매우 높다는 것을 보여 준다.

전체 줄거리

이혈룡과 김진희는 어린 시절 함께 공부하며 출세하면 서로 돕기로 맹세한다. 이후 이혈룡의 집안은 몰락하고 김진희는 과거에 급제하여 평안 감사가 된다. 이혈룡은 김진희에게 도움을 청하려 하지만 관리들의 저지로 만나지 못한다. 이혈룡은 김진희를 직접 찾아가 도움을 청하지만 김진희는 이혈룡을 죽이려고 한다. 이때 기생 옥단춘이 이혈룡을 구출하여 연분을 맺는다. 이후 암행어사가 된 이혈룡은 걸인 행색으로 김진희를 찾아간다. 김진희가 이혈룡과 옥단춘을 죽이려 하자 이혈룡은 암행어사 신분을 밝히며 어사출두하고, 김진희는 이혈룡에게 치죄를 받는 과정에서 벼락을 맞아 죽는다. 이혈룡은 우의정에 오르고, 옥단춘은 정덕부인에 봉해져 부귀를 누린다.

작품 연구소

〈옥단춘전〉과 〈춘향전〉의 비교

	옥단춘전	춘향전	유사점
시대 배경	조선 숙종 때		동일한 시대적 배경
공간 배경	한양, 평양	한양, 남원	한양을 중심으로 이원화된 공간 배경
등장 인물	이혈룡 옥단춘 김진희	이몽룡 성춘향 변학도	• 등장인물의 신분 • 과거 급제 • 암행어사 화소
결말	부귀공명		• 부귀공명을 누리는 행복한 결말 • 여성 주인공의 신분 상승
문체	운문체		리듬이 있는 문체

069 전우치전(田禹治傳) | 작자 미상

키워드 체크 #문헌 #설화 바탕 #빈민 구제

가 상이 탄식하며 말하기를, 『"과인이 박덕(薄德)하여 곳곳에 도적이 일어나니 어찌 한심치 아니하리오."』 / 하고 금부와 포청으로 잡으라 하시니, 오래지 않아 적당을 잡았거늘, 상이 친히 신문하는데 그중에 한 놈이,

덕이 적어 / 『 』: 올바르게 정사를 다스리지 못한 것에 대한 한탄 / 도적의 무리

"선전관 전우치 재주 과인(過人)하기로 신 등이 우치로 임금을 삼아 만민을 평안케 하려 하더니, 하늘이 돕지 않아 발각되었으니 죄사무석(罪死無惜)이로소이다."

능력, 재주, 지식, 덕망 등이 보통 사람보다 뛰어남. / 전우치가 역적으로 몰리게 되는 계기 - 전우치에 대한 백성들의 신뢰가 높음을 드러냄. / 죽어도 아깝지 않을 만큼 죄가 큼.

하더라. 이때 우치 문사낭청(問事郎廳)으로 있더니, 뜻밖에 이름이 역도(逆徒)의 진술에 나오는지라.

죄인을 신문할 때의 기록과 낭독을 맡은 임시 벼슬 / 역적의 무리

▶ 임금이 조정에 잡혀 온 도적에게 전우치의 역모 사실을 듣게 됨.

나 상이 대로하사, / "우치 역모함을 짐작하되 나중을 보려 하였더니, 이제 발각되었으니 빨리 잡아 오라." / 하시니, 나졸이 명을 받들어 일시에 달려들어 관대를 벗기고 옥계 하에 꿇리니, 상이 진노하사 형틀에 올려 매고 죄를 추궁하여 왈,

대궐 안의 돌층계

"네 전일 나라를 속이고 도처마다 장난함도 용서치 못할 일이거늘, 이제 또 역적죄에 들었으니 변명한들 어찌 면하리오."

대화를 통해 전우치의 과거 행적을 제시함.

하시고, 나졸을 호령하사 한 매에 죽이라 하시니, 집장과 나졸이 힘껏 치나 능히 또 매를 들지 못하고 팔이 아파 치지 못하거늘, 우치 아뢰되,

전우치의 신이한 능력이 드러남.

"신의 전일 죄상은 죽어 마땅하오나, 금일 이 일은 만만 애매하오니 용서하옵소서."

자신은 역모와 무관하다며 결백을 주장함.

하고, 심중에 생각하되, '주상이 필경 용서치 아니시리라.' 하고 다시 아뢰기를,

『"신이 이제 죽사올진대, 평생에 배운 재주를 세상에 전하지 못할지라. 지하에 돌아가오나 원혼이 되리니, 엎드려 바라건대 성상은 원을 풀게 하옵소서."』

『 』: 전우치가 위급한 상황에서 벗어나고자 생각해 낸 말(임기응변)

▶ 조정에 잡혀 온 전우치가 임금에게 자신의 원을 풀어 주기를 부탁함.

다 상이 헤아리시되, '이놈이 재주 능하다 하니 시험하여 보리라.' 하시고 가라사대,

"네 무슨 능함이 있어 이리 보채느뇨?" / 우치 아뢰기를,

『"신이 본대 그림 그리기를 잘하니 나무를 그리면 나무가 점점 자라고 짐승을 그리면 짐승이 걸어가고 산을 그리면 초목이 나서 자라니 이러므로 명화라 하오니, 이런 그림을 전하지 못하고 죽사오면 어찌 원통치 아니리오."』

『 』: 전우치의 신이한 능력

상이 가만히 생각하되, '이놈을 죽이면 원혼이 되어 괴로움이 있을까' 하여 즉시 맨 것을 끌러 주시고 지필(紙筆)을 내리사 원을 풀라 하시니, 우치 지필을 받자와 산수를 그리니 천봉만학과 만장폭포가 산 위로부터 산 밖으로 흐르게 그리고 시냇가에 버들을 그려 가지가지 늘어지게 그리고 그 밑에 안장 지은 나귀를 그리고, 붓을 던진 후 사은(謝恩)하매, 상이 묻기를,

왕의 소심한 성격을 드러내어 왕의 권위에 대한 비판 의식을 함축하고 있음. / 종이와 붓 / 수많은 골짜기와 산봉우리 / 매우 높은 데서 떨어지는 폭포 / 받은 은혜에 대해 감사히 여겨 사례하며

"너는 방금 죽을 놈이라, 이제 사은함은 무슨 뜻이뇨?" / 우치 아뢰기를,

"신이 이제 폐하를 하직하옵고 산림에 들어 여년을 마치고자 하와 아뢰나이다."

앞으로 남은 인생

하고, 나귀 등에 올라 산 동구에 들어가더니 이윽고 간 데 없거늘, 상이 대경하사 왈,

우치가 그린 그림의 역할 - 전우치를 다른 공간으로 이동하게 하는 통로이자 전우치의 능력을 보여 주는 수단

"내 이놈의 꾀에 또 속았으니, 이를 어찌하리오."

▶ 전우치가 도술을 부려 위기를 모면함.

키 포인트 체크

인물 신기한 재주를 지닌 전우치는 왕권과 지배 질서에 저항하며 □□을 돕는 인물이다.

배경 □□의 부조리한 사회 제도와 현실을 보여 준다.

사건 전우치가 역적으로 몰려 잡혀 오지만 도술을 부려 □□ 속으로 사라지며 위기를 모면한다.

답 빈민, 조선, 그림

핵심 정리

갈래 영웅 소설, 군담 소설, 사회 소설

성격 전기적, 영웅적, 비판적

배경 ① 시간 - 조선 전기
② 공간 - 송도, 한양

제재 전우치의 의로운 행적

주제 전우치의 빈민 구제와 의로운 행동

특징 ① 실존 인물의 생애를 소재로 쓴 전기 소설이자 영웅 소설임.
② 문헌 설화를 바탕으로 하여 사회 현실의 모순된 상황을 반영함.

이해와 감상

〈전우치전〉은 조선 시대에 실재했던 전우치라는 인물의 생애를 소재로 쓴 소설이다. 전우치는 초인적 능력을 지닌 비현실적 인물로, 이러한 설정은 조선 왕조의 지배 질서에 저항하는 영웅의 모습을 그리기 위한 것이다. 특히 전우치가 천상 선관으로 가장하여 임금에게 황금 들보를 바치도록 하는 사건은 왕조의 권위를 풍자한 대목이다. 이때 전우치가 사용한 도술은 사회적인 규제와 규범에 반기를 들며 그 가치를 역전시키기 위한 역할을 하고 있다.

전체 줄거리

송도에 사는 전우치는 도술에 능한 재주를 숨기고 살다가 빈민의 처참한 처지를 보고 그들을 구제하기로 한다. 전우치는 천상 선관으로 가장하여 임금에게 황금 들보를 바치게 한 뒤 그것으로 곡식을 장만하여 빈민에게 나누어 준다. 조정에서는 전우치의 이러한 소행을 알고 잡아들였으나, 전우치는 탈출하여 횡포한 무리를 징벌하고 억울하거나 가난한 사람들을 도와준다. 자수하여 무관 말직을 얻어 도둑의 반란을 평정하는 공을 세우지만 역적의 혐의를 받자 다시 도망쳐 도술로 세상을 희롱하고 다닌다. 후에 서화담에게 굴복하여 서화담과 함께 산중에 들어가 도를 닦는다.

작품 연구소

〈전우치전〉과 〈홍길동전〉의 유사점과 차이점

〈전우치전〉은 사회 현실의 모순을 비판하고 의로운 인물을 등장시켜 사회 혁명 사상을 고취하려고 했다는 점에서 〈홍길동전〉과 유사하다. 하지만 〈홍길동전〉은 한 인물의 일대기를 기술한 형식인 반면, 〈전우치전〉은 여러 에피소드가 나열되어 있어 〈홍길동전〉에 비해 구성이 미숙하다. 그리고 〈홍길동전〉에는 부조리한 사회 제도와 현실을 개조하기 위한 인물의 의지와 행동이 나타나지만, 〈전우치전〉은 기존 질서와 왕권에 대한 저항은 있으나 개인적 욕구나 재미를 위한 도술 행위가 나타날 뿐, 현실에 대한 치열한 대결이 결여되어 있다.

전우치의 도술이 지니는 이중적 의미

민중을 위한 영웅적 행위	• 임금을 속여 얻은 황금 들보로 가난한 백성을 도움. • 불의에 대항하여 약자를 도와줌. • 조정에 들어가 벼슬아치들의 비행을 징벌함.
개인의 욕망을 위한 소인적 행위	• 대의명분도 없이 거만한 한량과 기생을 혼내 줌. • 자신에게 피해를 준 자에게 복수함. • 수절 과부의 절개를 깨뜨리려 함.

070 숙영낭자전(淑英娘子傳) | 작자 미상

키워드 체크 #애정 소설 #신선 사상 #비현실적 사건

가 남편인 아들이 집을 비우고 없는 이 마당에 며느리 방에서 웬 남자의 목소리가 들리다니 백공은 기절초풍을 면치 못할 지경이었다. 한편으로는 귀를 의심하면서도 한편으로는 해괴한 생각을 금할 수가 없었다.

(남자의 목소리: 아들 선군의 목소리 / 한편으로는 ~ 없었다: 며느리의 됨됨이를 믿으면서도 의심할 수밖에 없는 복잡한 심경에 놓임.)

나 속으로 불길한 생각을 가지며, 가만가만 별당 앞으로 다가가서 귀를 기울이고 방 안에서 들려오는 목소리를 엿들어 보았다. 그때 숙영이 소리를 낮추어 말하는 것이었다.

"시아버님께서 문 밖에 와 계신 듯하니, 당신은 이불 속에 몸을 깊이 숨기십시오."

하고는, 잠에서 깨어나는 아이를 달래면서 하는 말이,

"아가 아가 착한 아가, 어서 어서 자려므나. 아빠께서 장원급제하여 영화롭게 돌아오신다. 우리 아가, 착한 아가, 어서 어서 자려므나."

(남편이 집에 왔다는 사실을 시아버지 백공이 눈치채지 못하게 하기 위한 의도)

백공은 마침내 크게 의심하였으나 며느리의 방 안을 뒤져서 외간 남자를 적발해 낼 수도 없고 하여 그냥 꾹 참고 돌아왔다.

(크게 의심하였으나: 외간 남자가 며느리 방에 있다고 생각함.)

▶ 백공은 며느리 숙영이 외간 남자와 정을 통하는 것으로 의심함.

다 숙영이 크게 놀라 안색이 변하였으나 이내 곧 마음을 가라앉히고 태연하게 말하였다.

「"밤이 되면 늘 잠을 설치는 춘앵이와 동춘이 남매를 데리고 매월이와 얘기를 나누며 지내었사오나, 외간 남자가 어찌 제 방에 와서 이야기를 하겠나이까? 저로서는 정말 천만 뜻밖의 말씀이옵니다."」

(「 」: 남편을 위해 거짓말을 하는 숙영. 매월과 숙영의 진술이 어긋나 숙영이 위기에 처하게 됨.)

백공은 더 이상 물을 수가 없어서 며느리를 돌려 보내고, 시녀 매월이를 불러 엄하게 문초했다. / "너는 어제 그제 이틀 밤에 아씨 방에서 시중을 들었느냐?"

(문초: 잘못을 따져 묻거나 심문함.)

"소녀의 몸이 약간 불편하여 이틀 동안은 밤중에 가 뵙지 못하였사옵니다."

(숙영의 말이 거짓임이 탄로남.)

매월의 대답을 듣고 보니 백공의 마음은 더욱 더 의심이 짙어졌다.

"그게 사실이렸다? 요즈음 해괴한 일이 있어서 아씨에게 물은즉 밤으로는 너와 함께 자고 있었다 하거늘 너는 또한 아씨에게 간 적이 없다 하니, 말이 서로 같지 않으니 아씨가 외간 남자와 정을 통한 게 분명하다. 너는 앞으로 아씨의 동정을 비밀리에 잘 엿보아 아씨 방에 드나드는 놈을 붙잡아 대령하라. 만약 이 말이 아씨에게 누설된다면 너는 살지 못하리라." / 하고는 비밀리에 엄명을 내렸다.

(아씨가 ~ 분명하다: 의심이 확신으로 변함. / 동정: 일이나 현상이 벌어지고 있는 낌새)

▶ 백공이 매월에게 숙영을 감시하도록 지시함.

라 매월은 목숨이 아까와서 밤낮으로 아씨 방을 지켰으나, 외간 남자는 씨도 안 보이니, 없는 도적을 어떻게 잡을 수가 있겠는가? 백공의 엄명은 괜히 매월이로 하여금 간계를 꾸미게 하는 기회를 만들어 주었다.

(외간 남자는 ~ 있겠는가?: 백공이 외간 남자로 오인한 사람은 바로 선군이었으므로 / 간계: 간사한 꾀)

매월은 늘 숙영낭자에 대하여 심한 질투를 느끼고 있었다. 숙영낭자가 선군을 만나 이 집에 정식 부인으로 오기 전까지만 해도, 꿈속의 숙영을 잊지 못하여 괴로워하는 선군의 정회를 풀기 위하여 임시종첩으로 사랑하였으나, 「숙영낭자가 정식 부인으로 들어온 다음부터는 종첩 신세에서 하락되어 단순한 시비로서 소박을 당한 몸이 된 것이다.」 이렇게 쌓인 몇 년 동안의 질투를 풀 수 있는 절호의 기회가 매월에게 주어진 것이다.

(「 」: 매월이 숙영을 모함하게 되는 계기 / 이렇게 ~ 것이다: 매월의 모함으로 숙영이 억울한 누명을 쓰게 될 것임을 예고함.)

▶ 매월이 선군과 결혼한 숙영에게 심한 질투를 느낌.

키 포인트 체크

인물 숙영은 애정을 추구하는 인물로, 시아버지 □□, 시비 □□과 갈등을 겪는다.

배경 조선 시대의 □□ 가문을 배경으로 유교적 가치관을 비판한다.

사건 백공은 숙영이 □□ □□와 정을 통한다고 의심하고 시비 매월이 숙영을 □□한다.

답 백공, 매월, 양반, 외간 남자, 모함

핵심 정리

갈래 국문 소설, 판소리계 소설, 애정 소설
성격 염정적, 전기적, 비현실적
제재 숙영과 선군의 사랑 이야기
주제 현실을 초월한 절대적 애정의 승리
특징 ① 애정 지상주의에 근간을 두어 유교적 가치관에 대한 비판적 태도를 드러냄.
② 신선 사상에 바탕을 둔 비현실적 애정담이 전개됨.

이해와 감상

〈숙영낭자전〉의 전체적인 사건은 '만남(인간과 선녀의 만남) → 이별(숙영의 억울한 누명과 죽음) → 재생과 재회'의 구조로 이루어져 있다. 〈숙영낭자전〉은 애정 지상주의를 내세워 유교적 가치관에 대한 도전과 탈피를 꾀하고 있는 작품이기도 하다. 효는 유교 도덕에 바탕을 둔 봉건적·전통적 가치관이고, 애정의 추구는 인간의 본능적 욕구를 긍정하는 새로운 가치관으로, 양자의 갈등은 시대적인 중요성을 지닌다. 그런데 〈숙영낭자전〉에서 후자가 전자를 극복하는 방향으로 사건이 진행되었다는 것은 조선 후기 사회의 가치관이 변모한 것을 보여 주는 것이라 할 수 있다.

숙영·선군		백공
애정 지상주의적 가치관	⟷	봉건적·유교적 가치관

전체 줄거리

숙영은 천상에서 죄를 짓고 인간 세상에 내려온 선녀로, 백상군의 외아들 선군은 꿈을 통해 숙영이 자신의 연분임을 알게 된다. 그러나 하늘이 정한 기간인 3년을 기다리지 못하고 숙영과 선군은 혼인한다. 과거를 보러 떠난 선군이 숙영을 그리워하여 두 번이나 밤중에 집으로 되돌아와 아내 숙영과 자고 가는데, 이때 백상군은 선군을 외간 남자로 오인한다. 시비 매월의 농간으로 누명을 쓰게 된 숙영은 분함을 못 이겨 자결한다. 과거에 급제한 선군은 꿈을 통해 사건의 진상을 알게 되고 매월을 죽인다. 숙영은 옥황상제의 은덕으로 재생하여 선군과 연분을 잇게 되고, 선군으로 하여금 자신과의 약혼 때문에 정절을 지키고 있는 임 소저를 둘째 부인으로 맞이하게 하여 세 사람이 부귀영화를 누리다가 같은 날 함께 하늘로 올라간다.

작품 연구소

꿈의 역할

〈숙영낭자전〉에서 꿈은 옥황상제의 뜻을 현실 세계에 전하는 복선의 역할을 한다. 선군은 꿈을 통해 자신의 배필을 알게 되며, 숙영이 억울하게 죽은 이유도 알게 된다. 이처럼 꿈은 초현실적 세계와 현실 세계를 이어 주어 사건 해결의 실마리를 제공하고 선악(善惡)의 질서를 바로잡는 구실을 한다.

숙영의 죽음과 재생의 의미

숙영의 죽음은 하늘이 정한 3년의 기한을 어긴 죄를 용서받는 절차이며, 비극적 사랑을 축복받는 사랑으로 승화시키는 계기가 된다. 그리고 숙영의 재생은 통과 의례를 거쳐 새로운 모습으로 태어나는 것을 상징한다.

071 민옹전(閔翁傳) | 박지원

키워드 체크 #실존 인물의 일대기 #일화 나열 #비판과 풍자

가 "나는 특히 먹는 것을 싫어하고 밤에 잠을 이루지 못합니다. 그것이 병이 되었나 봅니다."

그러자 민옹이 일어나 내게 축하를 하였다. 나는 놀라서 물었다.
일반인이 생각할 수 없는 엉뚱한 행동을 취함.

"영감님, 무엇을 축하한단 말씀입니까?"

「"당신은 집이 가난한데 다행히 먹는 것을 싫어하니 재산이 늘지 않겠소? 게다가 잠을 자지 않아 밤을 낮과 겸할 수 있으니 두 배를 사는 셈이지요. 재산이 늘고 두 배를 사니 수(壽)와 부(富)가 함께 늘어나는 것이 아니겠소?"」
「」: 민옹이 남다른 시각을 가진 인물임을 알 수 있음. / 수(壽): 수명
▶ 민옹이 '나'의 병에 대한 새로운 견해를 제시함.

나 한 사람이 민옹을 궁색하게 만들려고 말을 붙였다.
궁색하게: 말의 이유나 근거 등이 부족하게

"영감님, 귀신을 본 적이 있는지요?" / "보았지."

"귀신이 어디에 있습니까?"
질문을 통한 일화 ①

민옹은 눈을 부릅뜨고 사람들을 똑바로 바라보았다. 이때 한 손님이 등불 뒤에 앉아 있었는데, 민옹은 그를 가리키며 큰 소리로 외쳤다.

"귀신이 저기 있다." / 그 손님이 화가 나서 따지자 민옹이 말하기를,

"무릇 밝은 곳에 있는 것이 사람이고 어두운 곳에 있는 것이 귀신일세. 지금 자네는 어두운 곳에서 밝은 곳을 바라보고 있네. 형체를 숨긴 채 사람을 엿보니, 어찌 귀신이라 아니할 수 있으리?" / 자리에 앉은 모든 사람이 웃었다.
'손'에 대한 민옹의 대답

다 "그럼 영감님은 나이가 아주 많은 사람도 보았겠군요?"
질문을 통한 일화 ②

"보았지. 오늘 아침에 내가 숲 속에 들어갔더니 두꺼비와 토끼가 서로 아주 오래 살았다고 다투더군. 토끼가 두꺼비에게 말하기를, 「'나는 팽조(彭祖)와 동년배(同年輩)이니 너는 만생(晩生)이야.'」라고 하자 두꺼비가 머리를 숙이고 울기 시작하더군. 토끼가 놀라서, '너는 왜 그리 슬퍼하느냐?' 하고 묻자 두꺼비가 말하길, '나는 동쪽에 있던 이웃집 아이와 동갑이었지. 「그 아이는 다섯 살에 벌써 책을 읽을 줄 알았고, 또 그는 목덕(木德)에 나가 섭제(攝提)에 역사(歷史)를 시작하고 많은 왕(王)을 보내고 제(帝)를 거쳐서 주(周)나라 때 왕의 법통이 끊어지자 달력이 이루어졌고, 진(秦)나라에 이르러 윤달이 들었다네. 한나라와 당나라를 거쳐 아침에는 송나라 저녁에는 명나라가 되었는데, 온갖 변란을 겪고 나니 기쁘기도 하고 놀랍기도 하구나. 죽은 이를 슬퍼하며 가고자 하는 이와 이별하며 오늘에 이른 것이지. 그러나 귀와 눈은 더욱 총명해지고 이빨과 털은 나날이 자라더군. 나이가 많은 자 중에서 누가 그 아이를 당하겠는가.」 그런데 팽조는 겨우 팔백 년밖에 살지 못해 겪은 일도 많지 않고 일을 경험한 것도 얼마 되지 않으니 나는 이를 슬퍼하는 것일세.'라고 하더군. 그러자 토끼가 두 번 절하고 달아나면서, '당신은 나에게 할아버지뻘입니다.'라고 말했지. 이로 미루어 본다면 글을 가장 많이 읽은 자가 가장 오래 산 사람이 아니겠는가!"
두꺼비와 토끼가 서로 아주 오래 살았다고 다투더군: 민간 설화를 활용함. / 팽조(彭祖): 800년이나 살았다고 하는 중국 전설 속의 인물 / 만생(晩生): 늦게 태어남. / 「」: 토끼가 팽조만큼 오래 살아 두꺼비보다 나이가 더 많다는 의미 / 「」: 나이가 많은 아이의 일생을 예로 들어 자신이 나이가 많음을 드러냄. / 두꺼비가 팽조보다 더 오래 살아서 나이가 팽조보다 많다는 의미 – 결국 토끼보다 자신이 나이가 많다는 뜻 / 부정적 세태에 대한 풍자적 태도를 드러냄. – 부귀영화를 추구하고 오래 장수하는 것만이 능사가 아니라는 뜻
▶ 민옹이 사람들의 어려운 질문에 재치 있게 답변함.

키 포인트 체크

인물 '나'가 전해 주는 언제나 기지가 번뜩이는 말로 주변을 놀라게 하는 □□□의 이야기이다.

배경 조선 시대의 □□ 인물을 대상으로 하여 시정 세태를 비판적으로 보여 준다.

사건 민옹이 '나'의 병에 대한 처방을 주고 사람들의 □□에 재치 있게 □□한다.

답 민유신, 실존, 질문, 답변

핵심 정리

갈래 한문 소설, 풍자 소설
성격 비판적, 풍자적
제재 민옹(민유신)의 언행
주제 시정 세태에 대한 비판과 풍자
특징 ① 질문과 답변의 형식으로 이야기기 전개됨.
② 몇 가지 사건을 나열함으로써 민옹의 일대기를 서술함.
출전 《연암집(燕巖集)》 중 〈방경각외전(放璚閣外傳)〉
작가 박지원(본책 196쪽 참고)

이해와 감상

〈민옹전〉은 박지원이 1757년에 쓴 한문 소설로, 실존 인물인 민유신을 대상으로 한 전기이다. 민유신은 성품이 곧고 정직하며 낙천적인 인물로, 《주역》에 밝고 노자의 글을 좋아했다고 전해진다. 박지원은 이와 같이 뛰어난 인물이 불우하게 살다 간 것을 안타깝게 여겨 그를 기리기 위해 이 글을 썼다고 한다.

이 작품에서는 민유신의 행적을 일인칭 서술 방식으로 서술하면서, 유능한 재주와 포부를 가지고 있으면서도 자신의 능력을 펼 수 없었던 조선 말기의 무관(武官) 계통의 모습을 통해 사회 현실을 풍자하고 있다.

전체 줄거리

남양에 사는 민유신은 이인좌의 난에 종군한 공으로 첨사(僉使)를 제수받았으나, 집으로 돌아온 후로는 벼슬살이를 하지 않았다. '나'가 18세 때 병으로 누워 음악, 서화, 골동 등을 가까이하며 마음을 위안하고자 했으나, 우울한 증세는 풀 길이 없었다. 마침 민옹을 천거하는 이가 있어 '나'는 그를 초대했는데, 민옹은 기발한 방법으로 환자의 입맛을 돋우어 주고 잠을 잘 수 있게 해 주었다. 그 뒤에도 민옹은 언제 어디서나 막힘이 없고 기지가 번뜩이는 말로 주위 사람들을 놀라게 했다. 어느 날은 '나'가 민옹의 이름을 파자(破字)하여 그를 놀렸는데, 민옹은 그 말도 곧 칭찬하는 말로 바꾸어 버리고, 그 다음 해에 세상을 떠난다.

작품 연구소

〈민옹전〉에 나타난 병렬적 구성

〈민옹전〉은 한 인물의 생애를 기반으로 일대기적 구성의 틀을 따르면서, 세부적으로는 서술자인 '나'가 민옹과 관련된 일화를 나열하는 방식으로 작품을 구성하고 있다.

민옹의 이력 ➡ '나'가 경험한 민옹의 일화 ➡ 민옹의 죽음

작가의 대변자로서의 민옹

작품의 말미에서 서술자는 '나는 그와 더불어 나누었던 은어(隱語), 해학(諧謔), 풍자(諷刺) 등을 모아서 이 〈민옹전〉을 지었다. 때는 정축년(1757) 가을이다.'라는 구절로 뚜렷한 작가 의식을 드러내고 있다. 즉, 이 작품의 서술자는 민옹의 이야기를 듣고 그 가운데 가치 있다고 여겨지는 것들을 추려 내어 전달하는 역할을 수행하고 있는 것이다. 이처럼 이 작품의 내용 형성에서 민옹의 이야기가 중요한 비중을 차지하는 것을 보았을 때 민옹은 작가가 지닌 문제의식, 즉 시정 세태에 대한 비판 의식을 대변하는 인물로 볼 수 있다.

072 심생전(沈生傳) | 이옥

키워드 체크 #신분 차이 #비극적 사랑 #혼사 장애 화소

가 마침내 심생은 산사에 가서 공부에 전념하라는 분부를 받았다. 심생은 불만스러웠으나 집에서 다그치고 친구들이 이끌자 책을 싸 짊어 메고 북한산성으로 올라갔다.

적극적으로 대응하지 못함. ▶ 심생이 북한산으로 가게 됨.

나 선방에 머문 지 한 달이 가까워 올 즈음, 어떤 이가 찾아와 소녀가 쓴 한글 편지를 전했다. 뜨어 보니 이별을 알리는 유서였다. 소녀는 이미 죽었던 것이다. 그 편지 내용은 대략 다음과 같았다.

참선하는 방 / 소녀의 한을 통해 당시 신분제 사회를 우회적으로 비판함. / 심생과 소녀의 비극적인 사랑의 결말

봄추위가 매서운데 산사에서 공부는 잘 되시는지요? 저는 낭군을 잊을 날이 없답니다. 낭군이 가신 뒤 우연히 병을 얻었습니다. 병이 깊어져 약을 먹어도 소용이 없으니, 이제 곧 죽게 될 듯하옵니다. 저처럼 박명한 사람이 살아 무엇하겠는지요. 다만 세 가지 큰 한이 남아 있어 죽어도 눈을 감지 못할 것 같사옵니다.

복이 없고 팔자가 사나운

저는 무남독녀인지라, 부모님의 사랑을 한껏 받으며 자라났지요. 부모님은 장차 데릴사위를 얻어 늘그막에 의지하려는 생각을 가지셨어요. 하온데 뜻하지 않게 좋은 일에 마가 끼어 천한 제가 지체 높은 낭군과 만났으니, 같은 신분의 사위를 얻어 오순도순 살리라던 꿈은 모두 어그러지게 되었습니다. 이 일로 인하여 소녀는 시름을 얻어 끝내 병들어 죽기에 이르러 늙으신 부모님은 이제 영영 기댈 곳이 없어졌으니, 이것이 첫째 한이옵니다.

아들이 없는 집안의 외동딸 / 처가에서 데리고 사는 사위 / 호사다마(好事多魔) / 중인 계층인 소녀 / 양반가 자제인 심생 / 중인층의 데릴사위를 얻고자 한 부모의 꿈 / 늙은 부모님을 모시지 못하는 것에 대한 한(恨) – 소녀의 효심을 엿볼 수 있음.

여자가 시집을 가면 계집종이라도 남편과 시부모가 계시지요. 세상에 시부모가 알지 못하는 며느리는 없는 법이랍니다. 하오나 저는 몇 달이 지나도록 낭군 댁의 늙은 여종 한 사람 본 일이 없사옵니다. 살아서는 부정한 자취요, 죽어서는 돌아갈 곳 없는 혼백이 되리니, 이것이 둘째 한이옵니다.

신분 차이 때문에 심생 집안의 며느리로 인정받지 못한 것에 대한 한(恨)

아내가 남편을 섬기는 일이란, 음식을 잘해 드리고 옷을 잘 지어 드리는 일일 것입니다. 낭군과 함께 보낸 시간이 짧다고 할 수 없고, 제가 손수 지어 드린 옷도 적다고 할 수 없겠지요. 하오나 낭군의 집에서 낭군께 밥 한 그릇 대접한 일이 없고 옷 한 벌 입혀 드릴 기회가 없었으니, 이것이 셋째 한이옵니다.

심생과 부부로서 함께 살지 못한 것에 대한 한(恨)

인연을 맺은 지 오래지 않아 급작스레 이별을 하고 병들어 누워 죽음이 가까워 오건만, 낭군을 뵙고 마지막 작별 인사도 할 수가 없사옵니다. 이런 아녀자의 슬픔이야 말해 무엇하겠사옵니까. [중략]

낭군께서는 미천한 저 때문에 마음 쓰지 마시고 학업에 정진하시어 하루빨리 벼슬길에 오르시기를 바라옵니다. 부디 안녕히 계십시오. 부디 안녕히 계십시오.

심생을 염려하는 말 ▶ 소녀가 보낸 유서를 받음.

다 편지를 본 심생은 울음이 터져 나오는 것을 참을 수 없었다. 그러나 소리 내어 통곡해 본들 이미 어쩔 수 없는 일이었다.

그 뒤 심생은 붓을 던지고 무과에 나아가 벼슬이 금오랑에 이르렀으나 그 또한 일찍 죽고 말았다.

조선 시대에 의금부에 속한 도사(都事)를 이르던 말 ▶ 심생이 무인으로 살다 요절함.

키 포인트 체크

인물 심생은 □□□의 자제로, 중인 계층인 소녀와 □□을 초월하여 사랑을 나눈다.

배경 □□□□ 사상, 신분 질서 동요 등이 나타난 조선 후기의 사회상이 드러난다.

사건 사랑에 빠진 심생과 소녀가 신분의 벽을 넘지 못하고 □□□ 결말을 맞는다.

답 양반가, 신분, 자유연애, 비극적

핵심 정리

갈래 애정 소설, 전(傳)
성격 비극적
시점 전지적 작가 시점
배경 ① 시간 – 조선 시대
② 공간 – 종로
제재 신분이 다른 두 남녀의 사랑
주제 신분제의 속박으로 인한 남녀의 비극적 사랑
특징 ① 이야기에 대한 작가의 논평이 덧붙음.
② 혼사 장애 화소가 나타남.
연대 정조 때
출전 《담정총서(潭庭叢書)》 중 〈매화외사(梅花外史)〉
작가 이옥(李鈺, 1760~1815년)
조선 후기의 문신으로, 문체 반정에 연루되어서 잘못된 글을 짓는다는 낙인이 찍히자 과거를 포기하고 낙향하여 생을 보냈다.

이해와 감상

〈심생전〉은 양반가 자제인 심생과 중인 계층인 소녀, 즉 신분이 다른 두 남녀의 비극적인 사랑을 다룬 작품이다. 이 작품은 크게 심생과 소녀의 비극적인 사랑을 다룬 부분과 심생의 사랑에 대한 작가의 평이 담긴 부분으로 나눌 수 있다. 제시된 부분에서는 심생과 소녀가 신분의 벽을 넘지 못한 데서 오는 이별, 이에 따른 두 남녀의 비극적인 결말을 보여 줌으로써 당시 신분 제도에 대한 비판 의식을 드러낸다. 그리고 작가의 평에서는 심생의 태도를 '사랑의 성취'라는 적극적인 행동에 초점을 맞추어, 어떤 일이든지 노력이 있으면 성취할 수 있을 것이라고 이야기하고 있다.

전체 줄거리

심생이 소녀를 보고 한눈에 반해 이웃 노파에게 물어 소녀의 신상을 알아낸다. 심생은 매일 밤 소녀의 방 밖에서 밤을 새우고 새벽에야 돌아간다. 20일째 되던 날 소녀는 거짓말로 심생을 단념시키려 하지만 심생은 변함없이 소녀를 찾아오고, 30일째 되는 날 소녀는 부모님을 설득해 허락을 받고 심생과 부부의 인연을 맺는다. 심생은 가족들 몰래 소녀를 만났으나 결국 가족들의 의심으로 북한산성으로 가게 되고, 이에 병에 걸린 소녀가 유서를 남기고 죽자 실의에 빠진 심생은 문과를 포기하고 무인으로 살다 일찍 죽는다. 심생의 이야기를 적어 정사(情史)에 빠진 것을 보충한다는 작가의 평이 실려 있다.

작품 연구소

〈심생전〉의 등장인물을 통해 본 사회상

자유연애 사상	심생과 소녀가 자기 의지에 따라 사랑하는 모습을 통해 자유연애 사상이 나타나기 시작했음을 알 수 있음.
여성 의식 성장	소녀가 자신의 의도를 부모에게 정확히 말하는 장면과 언문 소설을 읽는 모습을 통해 여성 의식의 성장을 엿볼 수 있음.
신분 질서 동요	양반가 자제인 심생이 소녀가 중인층임을 알고도 사랑을 하는 것과 신분 차이 때문에 혼사 장애가 발생했다는 것에서 당시에 신분 질서가 동요하고 있었음을 알 수 있음.
중인층의 성장	소녀의 아버지가 중인으로서 많은 부를 축적한 사실을 통해 경제력이 뛰어난 중인층이 성장하고 있었음을 알 수 있음.

073 창선감의록(彰善感義錄) | 조성기

키워드 체크 #일부다처제 #충효 #우애 #권선징악

가 화춘(심씨의 아들)이 놀라 급히 내당(안주인이 거처하는 방)에 들어가니 심씨(화욱의 첫째 부인) 바야흐로 계향으로 하여금 빙선 소저(화욱의 둘째 부인인 요 부인 소생의 딸)를 매질하고 취선(요 부인의 유모)은 이미 6, 70대를 맞고 다 죽어 가는지라. 심씨 화춘이 오자 손뼉 치고 펄쩍펄쩍 뛰면서 소저와 취선의 말을 더욱 꾸며서 화춘을 격노케(몹시 분하고 노여운 감정이 북받쳐 오르게) 하니, 화춘이 이르기를,

"소자 이미 진(화욱의 둘째 아들. 화진)이 남매가 이 같은 마음을 품었음을 알고 있었으나, 둘이 고모(화욱의 누나. 성 부인)와 합심하였으니 형세로는 지금 당장 제거하지 못하옵고, 아까 유생(빙선의 약혼자)이 이미 이 변을 알고는 얼굴빛이 좋지 않았나이다. 또 고모께서 머지않아 돌아오시면 반드시 크게 꾸짖으실 것이니 이번은 의당(사리에 따라 마땅히) 참고 때를 기다리소서." / 심씨가 땅을 두드리며 발악하기를,

"성씨 집 늙은 과부가 내 집에 웅거하여(일정한 지역을 차지하고 굳게 막아 지켜) 생각이 음흉하니 반드시 우리 모자를 죽일지라. 내 비록 힘이 모자라나 그 늙은이(성 부인)와 한판 붙어 보리라. 또 유생은 남의 집 자식이라, 어찌 우리 집안의 일을 알리오. 필시(아마도 틀림없이) 진이 유생에게 알려 나의 부덕함을 누설하였으리니 내가 응당 네 앞에서 결단하리라."

(아전인수(我田引水) 격으로 자신에게 이롭도록 일을 해석하고 있음.)

하니, 화춘이 부득이 화진 공자를 붙들어 와 가혹한 매를 가하니, 공자가 이미 그 모친과 형을 어찌할 수 없음을 알고 한마디 변명도 없이 20여 장(杖)(곤장, 태장, 형장 등을 세는 단위)에 혼절(昏絶)(정신이 아찔하여 까무러침.)하는지라.

▶ 심씨가 악행을 저지름.

나 조씨 여자(화춘의 첩실)는 임 소저(화춘의 정실)를 몰아내고자 하여 주야로 춘에게 참소하니, 춘이 마침내 말하기를, / "임씨의 죄는 족히 내가 짐작하되, 형옥(화진의 자(字))이 필경 말을 할 것이요, 또 임씨의 성품이 강정하니(굳세고 바르니), 무슨 괴변이 생길까 두려워하노라." / 조녀가 박장대소하며(손뼉을 치고 크게 웃으며) 말하기를

"상공은 형이요, 한림(화진)은 아우라. 형이 그 아내를 내치는데 아우가 어찌 감히 간섭하며 또 설혹 임녀가 스스로 죽는다 하더라도 상공께 해됨이 없거늘, 상공이 한 추부(얼굴이 못생긴 여자)를 저어하여(두려워하여) 장중(움켜쥔 손아귀의 안)에 있는 일(쉽게 처리할 수 있는 일)을 결단치 못하니, 첩은 그윽히 상공을 위하여 애석히 여기나이다." / 화춘이 오히려 머뭇거리기를 마지아니하더니, 하루는 범한과 장평과 더불어 서로 의논하여 꾀를 결단한 후, 「죽우당에 이르러 《사기》 한 권을 빼어 보는 체하다가 책을 덮고 한림 더러 묻기를,

"옛적에 한나라 무제는 진 황후의 투기함을 능히 알고 폐하였으니, 그 임군의 일이 어떠하뇨?"」/ 한림은 형의 흉계를 알지 못하고, 바른 대로 대답하여 말하기를,

(「」: 역사적 사건에 대한 견해를 물어 임씨를 내쫓고자 하는 구실을 마련하려는 계략)

"남자는 양덕이요 여자는 음덕인고로 양덕이 음덕을 이긴 연후에야 가도가 정해지니, 한무제는 본디 호색지심(여색을 좋아하는 마음)으로 그 결발지처(본처(本妻)를 달리 이르는 말)를 폐한 것이지마는 여자의 투기는 칠거지악(예전에 아내를 내쫓을 수 있는 이유가 되었던 일곱 가지 허물)이기에 이로써 내쳤나이다." / 춘이 대희하여(크게 기뻐하여) 뛰어 들어가서 심씨에게 말하기를,

"임녀의 죄악은 소자가 이미 절통히(뼈에 사무치도록 원통하게) 알고 있는 바로되, 지금까지 참고 내치지 아니함은 성 고모의 총애하심이 너무도 편벽되고(한쪽으로 치우쳐 공평하지 못하고), 또 형옥이 임녀의 편당(같은 편의 무리)인 연고러니, 이제 형옥의 말이 여차하고(이와 같고) 또 성 고모는 복건에 가고 없으니, 이때를 타서 임녀를 내치고 조녀로 정실을 삼으려 하나이다."

▶ 화춘이 정실 임씨를 내치려는 계략을 세움.

키 포인트 체크

- **인물** 심씨, 요씨, 정씨 등 화욱의 □와 □을 중심으로 갈등이 드러난다.
- **배경** 조선 후기 일부다처제의 □□□ 가문을 배경으로 한다.
- **사건** 심씨와 화춘의 모함으로 귀양을 간 화진은 해적을 토벌하고 남방의 어지러움을 평정하여 큰 공을 세우고, 심씨와 화춘도 □□□□한다.

답 처, 첩, 사대부, 개과천선

핵심 정리

갈래 가정 소설, 도덕 소설
성격 교훈적, 유교적
시점 전지적 작가 시점
배경 중국 명나라 때
제재 일부다처(一夫多妻)의 대가족 제도 아래에서 일어나는 가정의 풍파
주제 충효(忠孝) 사상의 고취와 권선징악(勸善懲惡)
특징 ① 교훈적 주제 의식을 지님.
② 인물의 개성을 부각하고 치밀하게 구성하여 소설적 흥미가 풍부함.
연대 숙종 때
작가 조성기(趙聖期, 1638~1689년)
조선 후기의 학자로, 어려서부터 성리학을 깊이 연구하여 사마시에도 여러 번 합격했으나 몸에 고질이 생겨 벼슬을 하지 않고 학문에만 전심했다. 문집으로 《졸수재집(拙修齋集)》이 있다.

이해와 감상

〈창선감의록〉은 사대부 가문에서 일어나는 갈등과 모함을 다룬 가정 소설이다. 악한 처와 착한 첩 사이의 갈등을 전면에 내세우면서도, 한 사대부 집안의 가장의 삶과 가문의 운명에 초점을 맞추어 충효와 형제간의 우애라는 유교적 이념과 권선징악(勸善懲惡)이라는 교훈적 의미를 강조하고 있다. 이 작품의 제목에서 '창선(彰善)'은 다른 사람의 착한 행실을 세상에 드러낸다는 뜻이며, '감의(感義)'는 의리에 감복한다는 뜻이다. 따라서 이 작품의 제목은 '착한 행실을 세상에 알리고 의로운 일에 감동받는 이야기'라는 뜻으로, 사람의 성품은 본래 선하다는 작가의 관점이 반영되어 있다. 이 작품에서 반동적 인물 심씨와 그녀의 아들 화춘은 한때 악행을 저지르지만 나중에는 잘못을 스스로 뉘우친다. 이는 주동 인물(주인공)은 승리하고 반동 인물은 패망한다는 고전 소설의 일반적 구성과는 달리, 반동 인물도 끝내는 개과천선(改過遷善)하여 구제된다는 점에서 주목할 만하다.

전체 줄거리

병부상서 화욱은 심씨, 요씨, 정씨 세 명의 부인을 둔다. 요씨는 딸 빙선을 낳고 일찍 죽었고, 정씨는 아들 진(珍)이 장성하기 전에 죽는다. 심씨가 낳은 아들 춘(瑃)은 이복형제 가운데서도 가장 맏이였으나 화욱은 진을 편애하여 심씨와 춘의 불만을 산다. 화욱은 조정에 간신이 득세하는 것을 보고 벼슬자리에서 물러나 고향으로 돌아온다. 화욱이 죽은 뒤 심씨와 화춘은 갖은 방법으로 화진과 그의 아내를 학대한다. 화춘은 화진을 모함하여 귀양을 가게 하고, 그의 아내도 내쫓는다. 화진은 유배지에서 남공 부부와 곽선공을 만나고, 돌아오는 길에 은진인을 만나 병서를 논한다. 이때 해적인 서산해(徐山海)가 변방을 소란스럽게 하고 노략질을 일삼는다. 이에 화진은 백의종군하여 해적을 토벌하여 공을 세운다. 화진의 능력을 인정한 조정에서는 그를 정남대원수(征南大元帥)에 봉하여 남방의 어지러움을 모두 평정하게 한다. 화진이 남방을 평정하고 개선하자, 천자는 그에게 진국공(晋國公)의 봉작을 내린다. 한편 심씨와 화춘도 개과천선(改過遷善)하여 착한 사람이 되었으며, 내쫓겨 종적을 감추었던 화진의 아내도 돌아와 심씨를 지성으로 섬겨 가정의 화목을 이룬다.

074 규중칠우쟁론기(閨中七友爭論記) | 작자 미상

키워드 체크 #내간체 수필 #우화적 #세태 풍자

독서 비상

핵심 정리

갈래 국문 수필, 내간체 수필
성격 우화적, 논쟁적, 풍자적, 교훈적
제재 바느질 도구들의 공치사와 불평
주제 ① 공치사만 일삼는 이기적인 세태 풍자
② 역할과 직분에 따른 성실한 삶 추구
특징 ① 사물을 의인화하여 세태를 풍자함.
② 3인칭 시점에서 객관적으로 관찰하여 서술함.
의의 봉건적 질서 속에서 변화해 가는 여성 의식을 반영한 내간체 작품임.
출전 《망로각수기(忘老却愁記)》

Q 규중 칠우의 공치사에 담긴 작가의 의도는?

규중 칠우가 서로 자신의 역할을 구체적으로 설명하며 공치사를 하는 부분이다. 이 부분은 단순히 규중 칠우의 공치사만을 드러내는 것이 아니라 서로 자신의 공을 더 내세우려고 하는 세태를 풍자하려는 작가의 의도가 반영된 것이다.

어휘 풀이

침선(針線) 바늘에 실을 꿰어 옷 등을 짓거나 꿰매는 일.
소세(梳洗) 머리를 빗고 낯을 씻음.
세명지 세명주(細明紬). 가늘게 무늬 없이 짠 명주.
마련하다 마름질하다. 옷감이나 재목 등을 치수에 맞도록 재거나 자르다.
장단 광협(長短廣狹) 길고 짧으며, 넓고 좁음.
작의지공(作衣之功) 옷을 짓는 공.
양각(兩脚) 양쪽 다리.
혼솔 홈질로 꿰맨 옷의 솔기.

구절 풀이

❶ **글하는 선배는 ~ 어찌 벗이 없으리오.** 선비들이 글을 가까이하는 까닭에 문방사우를 벗으로 삼는 것처럼, 살림을 하는 여자들도 마땅히 살림하는 데 필요한 도구를 가까이하여 벗으로 삼고 있다는 의미이다.

❷ **바늘로 세요 각시(細腰閣氏)라 ~ 감토 할미라 하여,** 바느질 도구 일곱 가지를 생김새와 쓰임에 맞게 각각 이름을 붙여 의인화하고 있다.

❸ **청홍 각시 얼골이 붉으락프르락하야 노왈,** 실과 함께 해야만 제대로 기능을 발휘할 수 있는 바늘이 자기 공만 내세우자 청홍 각시가 화를 내는 부분으로, 화난 모습을 붉으락푸르락하다고 표현함으로써 실의 색깔과 인물의 심리가 절묘하게 연결되는 표현의 묘미를 느낄 수 있다.

❹ **닭의 입이 될지언정 소 뒤는 되지 말라 하였으니,** 훌륭한 자의 뒤꽁무니를 쫓아다니는 것보다는 차라리 작고 보잘것없는 데에서 우두머리가 되는 것이 낫다는 뜻이다.

가 이른바 규중 칠우(閨中七友)[부녀자가 거처하는 곳]는 부인네 방 가온데 일곱 벗이니 ❶글하는 선배[선비]는 필묵(筆墨)[붓과 먹]과 조희[종이] 벼루로 문방사우(文房四友)를 삼았나니 규중 녀잰들[여자인들] 홀로 어찌 벗이 없으리오.

이러므로 *침선(針線)의 돕는 유를 각각 명호를 정하여 벗을 삼을새,[바느질 도구들에 이름을 붙임. – 부인이 바느질 도구를 중요하게 여겼음을 알 수 있음.] ❷바늘로 세요 각시(細腰閣氏)라 하고, 침척을[바느질을 할 때 쓰는 자] 척 부인(尺夫人)이라 하고, 가위로 교두 각시(交頭閣氏)라 하고, 인도로[인두] 인화 부인(引火夫人)이라 하고, 달우리로[다리미] 울 랑자(熨娘子)라 하고, 실로 청홍흑백 각시(靑紅黑白閣氏)라 하며, 골모로 감토 할미라 하여, 칠우를 삼아 규중 부인네 아침 *소세를 마치매 칠위 일제히 모혀 종시하기를 한가지로 의논하여 각각 소임을 일워 내는지라.[부인이 아침 세수를 한 뒤 칠우를 가지고 집안일하는 것을 드러낸 표현]

▶ 규중 부인과 칠우를 소개함.

나 일일(一日)은 칠위 모혀 침선의 공을 의논하더니 척 부인이 긴 허리를 자히며[자의 모양새를 드러낸 표현 / 재며] 이르되,

「"제우(諸友)[여러 벗들]는 들으라. 나는 *세명지 굵은 명지 백저포(白紵布)[흰 모시] 세승포(細升布)[가는 베]와, 청홍녹라(靑紅綠羅) 자라(紫羅) 홍단(紅緞)[비단을 일컬음.]을 다 내어 펼쳐 놓고 남녀의(男女衣)를 *마련할새, *장단 광협(長短廣狹)이며 수품 제도(手品制度)[솜씨와 격식]를 나 곧 아니면 어찌 일우리오. 이러므로 *작의지공(作衣之功)이 내 으뜸 되리라."」[「 」: 척 부인의 자기 자랑]

교두 각시 *양각(兩脚)을 빨리 놀려 내달아 이르되,[가위가 자기 공을 내세우려고 빠르게 달려 나오는 모습을 풍자적으로 표현]

「"척 부인아, 그대 아모리 마련을 잘한들 버혀[베어] 내지 아니하면 모양 제되 되겠느냐. 내 공과 내 덕이니 네 공만 자랑 마라."」[「 」: 교두 각시의 자기 자랑]

세요 각시 가는 허리 구붓기며 날랜 부리 두루혀[돌려] 이르되,

[A] 「"양우(兩友)의 말이 불가하다. 진주(眞珠) 열 그릇이나 꿴 후에 구슬이라 할 것이니,[아무리 좋은 것이라도 쓸모 있게 되어야만 가치가 있다는 뜻으로, 속담을 인용하여 공을 내세우고 있음.] 재단(裁斷)에 능대능소(能大能小)[모든 일에 두루 능함.]하다 하나 나 곧 아니면 작의(作衣)를 어찌하리오. 세누비[누빈 줄이 촘촘하고 고운 누비] 미누비[중간 누비] 저른[짧은] 솔 긴 옷을 일우미 나의 날래고 빠름이 아니면 잘게 뜨며 굵게 박아 마음대로 하리오. 척 부인의 자혀 내고 교두 각시 버혀 내다 하나 내 아니면 공이 없으려든 두 벗이 무삼 공이라 자랑하나뇨."」[「 」: 세요 각시의 자기 자랑 / 척 부인과 교두 각시의 공을 폄하함.]

❸청홍 각시 얼골이 붉으락프르락하야[몹시 화를 내는 모습을 표현함.] 노왈,

「"세요야, 네 공이 내 공이라. 자랑 마라. 네 아모리 착한 체하나 한 솔 반 솔인들 내 아니면 네 어찌 성공하리오."」[「 」: 청홍 각시의 자기 자랑]

감토 할미 웃고 이르되,

"각시님네, 위연만[어지간히] 자랑 마소. 「이 늙은이 수말 적기로[처음과 끝의 적당한 시기, 즉, 바늘을 꽂을 때와 뺄 때의 적절한 시기] 아가시네 손부리 아프지 아니하게 바느질 도와 드리나니[감토 할미의 역할을 드러냄.] 고어에 운(云),[이르기를] ❹닭의 입이 될지언정 소 뒤는 되지 말라 하였으니, 청홍 각시는 세요의 뒤를 따라다니며 무삼 말 하시나뇨. 실로 얼골이 아까왜라. 나는 매양 세요의 귀에 질리었으되 낯가족이 두꺼워 견댈 만하고 아모 말도 아니하노라."」[「 」: 감토 할미의 자기 자랑]

인화 낭재 이르되,

「"그대네는 다토지 말라. 나도 잠간 공을 말하리라. 미누비 세누비 눌로 하여 저가락같이 고으며, *혼솔이 나 곧 아니면 어찌 풀로 붙인 듯이 고으리요. 침재(針才) 용속한 재[바느질하는 솜씨가 서툰 사람이] 들락날락 바르지 못한 것도 내의 손바닥을 한 번 씻으면[인두로 한 번 다리면] 잘못한 흔적이 감초여 세요의 공이 날로 하여 광채 나나니라."」[「 」: 인화 부인의 자기 자랑]

▶ 칠우가 서로 자신의 공을 내세우며 다툼.

- 중심 내용 규중 칠우의 소개와, 옷을 짓는 데 자신의 공이 큼을 내세우며 다투는 규중 칠우의 공치사
- 구성 단계 (가) 기 / (나) 승

이해와 감상

〈규중칠우쟁론기〉는 규방 부인이 바느질에 사용하는 '바늘, 자, 가위, 인두, 다리미, 실, 골무'를 의인화하여 인간 심리의 변화, 이해관계에 따라 변하는 세태를 우화적으로 풍자한 작품으로, 바느질 도구를 각시, 부인, 낭자, 할미 등 구체적인 인물로 설정하여 생김새와 쓰임새를 생동감 있게 그려 내고 있다.

이 작품은 구성상 크게 규중 칠우가 공을 다투는 전반부와 인간에 대한 원망을 하소연하는 후반부로 나누어진다. 전반부에서는 자신들의 공치사를 내세우면서 서로를 비난하고 헐뜯는 관계에 있지만, 후반부에서는 인간에 대한 원망을 드러내면서 서로 같은 입장이 되어 탄식하고 동정하는 관계로 변모한다. 즉, 전반부의 규중 칠우는 풍자의 대상으로 이기적이고 남을 깎아내리기 좋아하는 인간들의 모습 자체를 나타내고, 후반부의 규중 칠우는 실제 인간을 비판하고 풍자하는 주체적인 역할을 한다. 이와 같이 두 가지 방향의 풍자를 활용해 자신의 처지를 망각하고 자랑만 하거나 또는 불평하고 원망하지 말고, 자신의 역할과 직분에 따라 성실하게 살아가야 한다는 주제를 드러내고 있다.

한편 이 작품의 작가가 여성이라고 추측할 때, 규중 칠우가 공을 다투거나 원망을 토로하는 장면은 여성들이 당당하게 자기주장을 펼치는 모습으로 볼 수 있는데, 이는 가부장적 질서에 갇혀 있던 봉건 시대 여성들의 자기 인식을 반영한 것이라 할 수 있다.

작품 연구소

〈규중칠우쟁론기〉의 구성과 주제 의식

〈규중칠우쟁론기〉는 규중 부인의 등장을 기점으로 규중 칠우가 공을 다투는 부분과 인간에 대한 원망을 하소연하는 부분으로 나눌 수 있다. 처음에 칠우는 서로를 비난하고 헐뜯는 경쟁 관계에 있다가, 인간을 비난하는 대목에서는 서로 같은 입장이 되어 탄식하고 동정하는 관계로 변모한다.

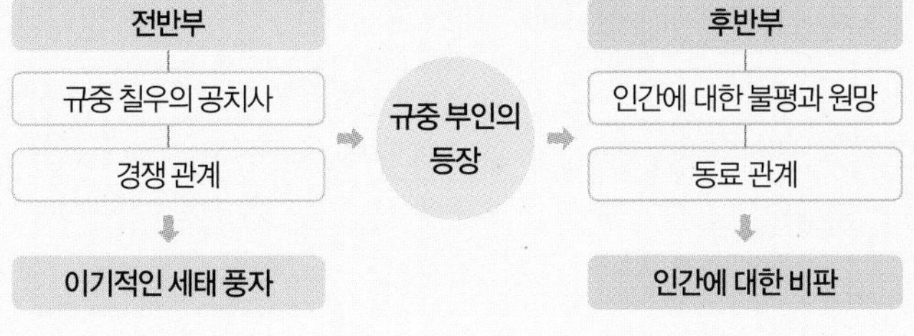

규중 칠우의 별명의 근거

규중 칠우	별명	별명의 근거	속성
자	척 부인	한자 '척(尺)' 자와 발음이 같음.	발음
가위	교두 각시	가윗날(머리)이 교차하는 모습	생김새
바늘	세요 각시	허리가 가는(세요) 모습	생김새
실	청홍 흑백 각시	실의 다양한 색깔	생김새
골무	감토 할미	감투와 비슷한 생김새와 주름	생김새
인두	인화 부인	불에 달구어 사용함.	쓰임새
다리미	울 랑자	'울'은 한자 '다릴 울(熨)'에서 따온 것임. 또한 '울'은 '울다'의 어간과 같으므로 다리미에서 수증기가 올라오는 모습을 연상해서 붙인 것임.	쓰임새

키 포인트 체크

제재 바느질 도구들의 □□□와 □□

관점 공치사만 일삼는 인간의 이기적인 세태를 풍자하고 □□에 따른 성실한 삶을 추구한다.

표현 바느질에 사용하는 '자, 바늘, 가위, 실, 골무, 인두, 다리미'를 □□□하여 세태를 우화적으로 풍자한다.

1 이 글에 대한 설명으로 적절하지 않은 것은?

① 주로 여성들이 향유한 한글 수필이다.
② 자신의 공을 치켜세우는 세태를 풍자하고 있다.
③ 인물의 일대기를 시간의 흐름에 따라 서술하고 있다.
④ 주로 대화와 행동 중심의 보여주기 방식으로 서술하고 있다.
⑤ 사물의 별명을 통해 사물의 본래 명칭이나 특성을 암시하고 있다.

2 〈보기〉의 관점에서 이 글의 '규중 칠우'에게 충고할 내용으로 적절하지 않은 것은?

보기

오케스트라와 같이 하모니를 목적으로 하는 조직체에서는 한 멤버가 된다는 것만도 참으로 행복한 일이다. 그리고 각자의 맡은 바 기능이 전체 효과에 종합적으로 기여된다는 것은 의의 깊은 일이다. 서로 없어서는 안 된다는 신뢰감이 거기에 있고, 칭찬이거나 혹평이거나, '내'가 아니요 '우리'가 받는다는 것은 마음 든든한 일이다.

– 피천득, 〈플루트 연주자〉

① 옷 만드는 과정에 참여한다는 것 자체를 행복하게 여겨야 해.
② 옷을 만든 공로는 각 개인이 아니라 모두에게 있다는 것을 알아야 해.
③ 옷에 문제가 생겼을 때에는 실수를 저지른 이가 전적으로 책임져야 해.
④ 각자 맡은 역할이 종합적으로 어우러져 옷이 만들어진다는 점을 잊지 말아야 해.
⑤ 하나라도 빠지면 옷을 잘 지을 수 없다는 점을 기억하며 서로를 소중히 여겨야 해.

3 규중 칠우의 별명과 그 별명을 짓게 된 근거가 바르게 짝지어진 것은?

① 자: 척 부인, 생김새
② 인두: 울 랑자, 쓰임새
③ 골무: 감토 할미, 생김새
④ 가위: 교두 각시, 쓰임새
⑤ 다리미: 인화 부인, 쓰임새

4 [A]에 나타난 말하기 방식을 〈조건〉에 맞게 쓰시오.

조건

1. 척 부인과 교두 각시를 언급한 것에 중점을 둘 것
2. 20자 내외의 완결된 한 문장으로 쓸 것

어휘 풀이

토심(吐心) 좋지 않은 기색이나 말로 남을 대할 때 상대편이 느끼는 불쾌하고 아니꼬운 마음.
집탈(執頉)하다 남의 잘못을 집어내어 트집을 잡다.
고면(顧眄)하다 잊을 수가 없어 돌이켜 보다.
수험(搜驗)하다 금제품(禁制品) 등을 수색하여 검사하다.
요악지성(妖惡之聲) 요망하고 간악한 말.
각골통한(刻骨痛恨) 뼈에 사무칠 만큼 원통하고 한스러움.
척연(惕然) 근심하고 두려워하는 모양.
고두 사왈(叩頭謝曰) 머리를 조아리며 사죄하여 말하기를.

구절 풀이

❶ **규중 부인이 이르되 ~ 잠을 깊이 드니** 규중 칠우의 공치사가 이어지자 규중 부인이 개입하여 그 공은 칠우의 공이 아니라 사람의 공이라고 말한다. 규중 부인의 개입으로 내용이 전환되어 규중 칠우의 대화가 인간에 대한 원망으로 바뀌게 된다.
❷ **"매야할사 사람이오 공 모르는 것은 녀재로다.** 매정한 것은 사람이고, 공을 모르는 것은 일반 부녀자라는 뜻이다. 척 부인(자)의 탄식으로, 자기의 공을 알아주지 않는 사람을 대구법을 이용하여 원망하고 있다.
❸ **마음 맞지 아니면 ~ 통원하지 아니리오.** 바느질하는 사람이 손에 맞지 않는다고 바늘을 부러뜨려 화로에 집어넣는 경우를 들어 자신의 비참한 최후에 대해 하소연하고 있다.
❹ **내 손부리 ~ 서로 떠나지 아니하리라."** 부인은 자신의 손을 보호해 주는 골무의 공을 가장 높게 평가하고 있다.

(가) ❶규중 부인이 이르되,

㉠"칠우의 공으로 의복을 다스리나 그 공이 사람의 쓰기에 있나니 어찌 칠우의 공이라 하리오."

하고 언필에 칠우를 밀치고 베개를 돋오고 ㉡잠을 깊이 드니 척 부인이 탄식고 이르되,

❷"매야할사(말을 마침.) 사람이오 공 모르는 것은 녀재로다.(대구법) 의복 마를(마름질할) 제는 몬저 찾고 일워 내면(일을 완성하면) 자기 공이라 하고, 게으른 종 잠 깨오는 막대는(자를 들고 잠자는 사람을 깨우는 데 사용함.) 나 곧 아니면 못 칠 줄로 알고 내 허리 브러짐도 모르니 어찌 야속하고 노흡지(노엽지) 아니리오."

교두 각시 이어 가로대,

"그대 말이 가하다.(옳다) 옷 말라 버힐 때는 나 아니면 못 하련마는 드나니 아니 드나니 하고 내어 던지며 양각을 각각 잡아 흔들 제는 •토심적고(불쾌하고) 노흡기 어찌 측량하리오.(헤아리리오) 세요 각시 잠깐이나 쉬랴 하고 다라나면 매양 내 탓만 너겨 내게 •집탈하니 마치 내가 감촌 듯이 문고리에 거꾸로 달아 놓고 좌우로 •고면하며 전후로 •수험하야 얻어 내기 몇 번인 동(줄) 알리오. 그 공을 모르니 어찌 애원하지(슬프고 원망스럽지) 아니리오."

세요 각시 한숨짓고 이르되,

"너는커니와 내 일즉 무삼 일 사람의 손에 보채이며 •요악지성(妖惡之聲)을 듣는고.(바늘에 찔린 원망의 소리를 듣는 것을 가리킴.) •각골통한(刻骨痛恨)하며, 더욱 나의 약한 허리 휘드르며 날랜 부리 두루혀 힘껏 침선을 돕는 줄은 모르고 ❸마음 맞지 아니면 나의 허리를 브르질러(부러뜨려) 화로에 넣으니 어찌 통원하지 아니리오. 사람과는 극한 원수라. 갚을 길 없어 이따감 손톱 밑을 질러 피를 내어 설한(雪恨)(한을 풂.)하면 조곰 시원하나, 간흉한 감토 할미 밀어 만류하니(부인을 바늘로 찔러 복수하려는 것을 골무가 방해함.) 더욱 애달프고 못 견디리로다."

인홰 눈물지어 이르되,

"그대는 데아라 아야라(아프다 어떻다) 하는도다. 나는 무삼 죄로 포락지형(炮烙之刑)(불에 달군 쇠기둥을 맨발로 건너가게 하는 형벌)을 입어 붉은 가온데 낯을 지지며 굳은 것 깨치기는 날을 다 시키니(호두같이 단단한 것을 깰 때도 인두를 사용함.) 섧고 괴롭기 측량하지 못할레라."

울 랑재 •척연 왈,

"그대와 소임(所任)이 같고 욕되기 한가지라. 제 옷을 문지르고 멱을 잡아 들까부르며,(다리미의 손잡이를 들고 흔드는 모습) 우겨 누르니(힘주어 누르니) 황천(黃泉)(저승)이 덮치는 듯 심신이 아득하야 내의 목이 따로 날 적이 몇 번이나(손잡이가 따로 떨어질 뻔한 적) 한 동 알리오."

▶ 칠우가 사람에 대한 불평을 토로함.

(나) 칠우 이렇듯 담논하며 회포를 이르더니(이야기를 나누며 맺힌 마음을 푸니) 자던 여재 ㉢문득 깨쳐 칠우다려 왈,

"칠우는 내 허믈을 그대도록 하느냐."

감토 할미 •고두 사왈(叩頭謝曰),

"젊은것들이 망녕도이 혬(헤아림, 생각)이 없는지라 족하지(만족하지) 못하리로다. 저희 등이 재죄(재주) 있으나 공이 많음을 자랑하야 원언(怨言)(원망하는 말)을 지으니 마땅히 결곤(決棍)(곤장을 침.)하얌 즉하되, 평일 깊은 정과 저희 조고만 공을 생각하야 용서하심이 옳을가 하나이다."

여재 답 왈,

"할미 말을 좇아 물시(勿施)(하려던 일을 그만둠.)하리니, ❹내 손부리 성하미 할미 공이라. 꿰어 차고 다니며 은혜를 잊지 아니하리니 금낭(錦囊)(비단으로 만든 주머니)을 지어 그 가온데 넣어 몸에 진혀 서로 떠나지 아니하리라."

하니 할미는 고두 배사(叩頭拜謝)(머리를 조아려 사례함.)하고 제붕(諸朋)(여러 벗)은 참안(慙顔)(부끄러워)하야 물러나니라.

▶ 감토 할미가 사죄하자 규중 부인이 용서함.

Q 감토 할미의 태도에서 드러나는 교훈은?

규중 부인이 감토 할미를 대하는 태도에서 은연중에 드러나듯이 칠우 중 특히 감토 할미가 규중 부인의 총애를 받고 있다. 이러한 규중 부인의 총애는 세상의 처세술에 대한 은근한 교훈을 제시해 준다.
감토 할미는 칠우가 공치사하는 장면에서 인내심을 강조하고, 규중 부인의 질책에 즉시 반성하며 용서를 구하고 있다. 규중 부인에게 용서를 구하되 자신을 포함한 모두의 잘못에 대해 용서를 구했는데, 이는 공동체 생활에서 필요한 자세이다. 한편 이러한 감토 할미의 태도는 여러 사람이 함께 잘못을 하고도 아첨을 통해 자신만 곤경에서 벗어나고자 하는 사람의 모습을, 규중 부인의 태도는 자신에게 아첨하는 자에게만 호의를 베푸는 사회 지배층의 잘못된 모습을 풍자하는 것으로 볼 수도 있다.

• 중심 내용 규중 칠우의 원망과 이를 들은 부인의 질책 및 용서 • 구성 단계 (가) 전 / (나) 결

작품 연구소

〈규중칠우쟁론기〉의 구성상 특징

부인의 첫 번째 잠	규중 칠우가 다투어 자신의 공을 자랑함.
부인이 잠을 깸.	부인이 공을 자랑하는 규중 칠우를 꾸짖음으로써 그들의 불평을 유발함.
부인의 두 번째 잠	규중 칠우가 평소 부인에 대하여 갖고 있던 불만을 토로함.
부인이 다시 잠을 깸.	부인이 규중 칠우를 꾸짖고, 부인에게 사과하는 감토 할미를 총애함.

〈규중칠우쟁론기〉에서는 글의 효과적인 구성을 위한 작가의 의도적인 배치가 눈에 띈다. 위에서 알 수 있듯이 부인의 첫 번째 잠과 두 번째 잠은 단순히 시간의 순서에 따라 진행된 사건이 아니라 논리에 맞추기 위해 계산된 배치라고 할 수 있다.

규중 칠우는 부인이 잠을 자는 동안 앞다투어 자신의 공을 자랑하다가, 부인이 잠에서 깨어나 공을 자랑하는 규중 칠우를 꾸짖자 부인에 대해 불평하기 시작한다. 즉, 규중 부인이 개입하면서 규중 칠우의 공치사가 끝나고 인간에 대한 원망을 하소연하는 부분으로 내용이 전환되는 것이다. 이와 같이 내용이 전환되는 부분에는 부인이 깊이 잠드는 장면이 등장하는데, 이러한 구성은 규중 칠우가 인간에 대한 불평을 자유롭게 늘어놓을 수 있는 분위기를 조성함으로써 극적 효과를 노린 구성 방식이라고 할 수 있다.

〈규중칠우쟁론기〉에 나타난 여성들의 새로운 인식

〈규중칠우쟁론기〉에서 규중 칠우가 공을 다투거나 원망을 토로하는 장면을 보면 어느 누구도 자신의 생각을 드러내는 데 망설이거나 주저하지 않는다. 이 장면에서 의인화된 규중 칠우를 조선 시대의 실제 규방 여성들로 본다면, 시대적 배경을 고려할 때 이들의 당당한 자기주장은 예사롭지 않다. 조선 시대의 가부장적 질서 속에 갇혔던 여성들의 세계에서 이처럼 각자가 해 낸 역할을 내세우고 당당하게 보상을 요구하는 모습은 이전의 문학에서는 생소한 장면이기 때문이다. 이는 조선 시대 여성들에게 조금씩 의식의 변화가 일어나고 있음을 보여 주는 것이며, 당시 조선의 봉건 체제에서 남성들에게 철저히 억압당했던 여성들의 비판 의식이 반영된 것으로 볼 수 있다.

자료실

내간체(內簡體)

한글의 고전 문체로 순 한글로 된 편지인 내간(內簡)에서 주로 나타나기 때문에 '내간체'라 하고 이러한 문체로 쓰인 작품을 '내간 문학'이라고 한다. 내간 문학은 일상어에 세련된 수사적 표현을 사용한 것으로 다음과 같은 특징이 있다.

① 글을 쓴 주체가 부녀자이다.
② 순 한글로 쓰였다.
③ 일상어에 수사적 표현을 사용하여 세련미를 보인다.

이러한 내간체가 쓰인 작품에는 궁중 여성들의 기록인 〈한중록〉, 〈계축일기〉, 〈인현왕후전〉 등과 민간 여성들의 작품인 〈조침문〉, 〈의유당관북유람일기〉, 〈규중칠우쟁론기〉 등이 있다.

함께 읽으면 좋은 작품

〈조침문(弔針文)〉, 유씨 부인 / 여성의 섬세한 정서가 드러난 작품

부러진 바늘에 대한 애통한 심정을 바늘을 의인화하여 제문(祭文) 형식으로 쓴 글이다. 섬세한 정서를 드러내며 뛰어난 우리말 표현을 보여 준다는 점에서 〈규중칠우쟁론기〉와 유사하다. Link 본책 274쪽

5 〈보기〉는 이 글을 바탕으로 규중 부인의 모습을 재구성한 것이다. 글의 내용으로 보아 적절하지 않은 것은?

보기
① 부인은 옷감을 마름질하기 위해 자를 꺼내 치수를 잰 뒤, 그에 맞춰 가위질을 시작했다. ② 그러나 옷감이 잘 잘리지 않자 가위를 이리저리 살피더니 문고리에 거꾸로 매달아 놓았다. ③ 그 후 부인은 바느질을 시작했으나 이 또한 마음먹은 대로 되지 않자 바늘을 부러뜨려 화로에 넣었다. ④ 그리고 다른 바늘을 꺼내 바느질을 하다가 손톱 밑을 찔릴 뻔했으나 골무 덕분에 피가 나는 것은 면했다. ⑤ 부인은 바느질을 하면서 틈틈이 호두를 먹었는데, 인두를 사용하여 호두 껍질을 부수었다.

6 ㉠의 규중 부인과 가장 유사한 행동을 하는 인물은?

① 자리를 양보하지 않는다며 젊은이들을 비난하는 노인
② 아이의 생각을 묻지 않고 잘못한 행동만 야단치는 부모
③ 팽팽하게 맞서고 있는 두 의견이 모두 옳다고 보는 양시론자
④ 학생들 의견을 무시하고 일방적으로 학급을 운영하는 교사
⑤ 부하들이 제시한 좋은 의견을 자기 보고서에 슬쩍 사용하는 상사

내신 적중

7 이 글의 내용 전개에 ㉡과 ㉢이 미친 영향으로 적절한 것은?

① ㉡ 이후 대화가 중단되고 ㉢으로 인해 대화가 재개된다.
② ㉡ 이후 대화의 쟁점이 전환되고 ㉢으로 인해 대화가 종료된다.
③ ㉡ 이후 대화의 쟁점이 전환되고 ㉢으로 인해 대화의 쟁점이 심화된다.
④ ㉡ 이후 이전 대화의 쟁점이 반박되고 ㉢으로 인해 대화의 합의점이 도출된다.
⑤ ㉡ 이후 대화에서 쟁점이 해소되고 ㉢으로 인해 대화의 새로운 쟁점이 제시된다.

8 (나)의 '감토 할미'에게 〈보기〉와 같이 편지를 쓴다고 할 때, 빈칸에 들어갈 적절한 말을 쓰시오.

보기
감토 할미님께 안녕하세요. 저는 감토 할미님에게 깊은 인상을 받은 학생이에요. 규중 부인에게 꾸중을 들었을 때 이를 인정하고 바로 용서를 구하는 모습에서 ______________ 해야 한다는 점을 알 수 있었어요. 그렇지만 이러한 행동이 곤경을 벗어나려는 아첨으로 보일 수도 있다는 점은 아쉬웠어요. 감토 할미님을 총애하는 규중 부인에게서 아첨하는 자의 말에 쉽게 넘어가는 지배층의 모습이 보이기도 했거든요. 그래도 다른 분들과 다른 태도를 보인 점은 참 인상적이었어요. 그럼 안녕히 계세요. – 독자 ○○○ 올림

075 원이 엄마의 한글 편지(이응태 부인 *언간) | 이응태의 부인

키워드 체크 #언문 편지 #비탄적 #애상적 #죽은 남편에 대한 그리움

국어 천재(박), 천재(이), 금성

핵심 정리

갈래 국문 수필, 편지
성격 사실적, 비탄적, 애상적, 여성적
제재 남편과의 사별
주제 남편과 사별한 슬픔
특징 사별의 슬픔을 섬세하고 자세하게 서술함.
의의 ① 아내가 남편에게 보내는 한글 편지임.
② 16세기 후반 국어의 모습을 보여 주는 중요한 자료임.
연대 1586년(선조 19년)

어휘 풀이

언간(諺簡) '언문 편지'라는 뜻으로, 한글로 쓴 편지를 낮잡아 이르는 말.

구절 풀이

❶ **"둘이 머리 희어지도록 살다가 함께 죽자."** 부부가 되어 한평생을 사이좋게 지내다가 함께 죽자는 것으로, 백년해로(百年偕老)를 뜻한다.
❷ **다른 사람들도 ~ 우리 같을까요?"** '다른 사람도 우리같이 서로 어여삐 여겨서 사랑할까요?'라는 뜻으로, 그만큼 부부간에 진정으로 사랑했다는 확실한 믿음이 담겨 있다.
❸ **당신 내 뱃속의 자식 ~ 그렇게 가시니,** 뱃속에 있는 아이(유복자)를 두고 일찍 세상을 떠난 남편에 대한 안타까움과 서러운 마음을 드러내고 있다.

원이 아버지께

가 당신 언제나 나에게 ㉠❶"둘이 머리 희어지도록 살다가 함께 죽자."라고 하셨지요. 그런데 어찌 나를 두고 당신 먼저 가십니까? 나와 어린아이는 누구의 말을 듣고 어떻게 살라고 다 버리고 당신 먼저 가십니까? ▶ 백년해로하자던 약속을 지키지 못하고 먼저 떠난 남편을 원망함.

나 당신 나에게 마음을 어떻게 가져왔고, 또 나는 당신에게 마음을 어떻게 가져왔었나요? (서로에 대한 마음을 확인하는 부분으로, '나'와 당신이 진심으로 사랑했음을 짐작할 수 있음.) 함께 누우면 언제나 나는 당신에게 말하곤 했지요.

"여보, ㉡❷다른 사람들도 우리처럼 서로 어여삐 여기고 사랑할까요? 남들도 정말 우리 같을까요?" 어찌 그런 일들(사랑의 말을 나누었던 일들) 생각하지도 않고 나를 버리고 먼저 가시는가요.

당신을 여의고는 아무리 해도 나는 살 수 없어요. ㉢빨리 당신께 가고 싶어요. 나를 데려가 주세요. 당신을 향한 마음을 이승에서 잊을 수가 없고 서러운 뜻 한이 없습니다. 『내 마음 어디에 두고 자식 데리고 당신을 그리워하며 살 수 있을까 생각합니다.』 (『 』: 당신에 대한 그리움이 매우 커서 살기 어렵다는 말) ▶ 남편을 여읜 슬픔과 남편에 대한 그리움이 큼.

다 이내 편지 보시고 내 꿈에 와서 자세히 말해 주세요. 『꿈속에서 당신 말을 자세히 듣고 싶어서 이렇게 글을 써서 넣어 드립니다.』 (『 』: 꿈속에서라도 남편을 보고 싶은 그리움 표출) 자세히 보시고 나에게 말해 주세요. ▶ 꿈에서라도 남편의 답장을 받고 싶음.

라 ㉣❸당신 내 뱃속의 자식 낳으면 보고 말할 것 있다 하고 그렇게 가시니, ⓐ뱃속의 자식 낳으면 누구를 아버지라 하라시는 거지요? 아무리 한들 내 마음 같겠습니까? 이런 슬픈 일이 하늘 아래 또 있겠습니까? ㉤당신은 한갓 그곳(저승)에 가 계실 뿐이지만, 아무리 한들 내 마음같이 서럽겠습니까?

한도 없고 끝도 없어 다 못 쓰고 대강만 적습니다. 이 편지 자세히 보시고 내 꿈에 와서 당신 모습 자세히 보여 주시고 또 말해 주세요. 나는 꿈에는 당신을 볼 수 있다고 믿고 있습니다. 몰래 와서 보여 주세요. ▶ 유복자를 걱정하고 꿈속에서 남편과 재회하기를 소망함.

마 하고 싶은 말, 끝이 없어 이만 적습니다.

병술년 유월 초하룻날(편지를 쓴 날짜) 집에서 ▶ 끝인사

• 중심 내용 남편과 사별한 슬픔과 남편에 대한 그리움

이해와 감상

〈원이 엄마의 한글 편지〉는 1998년 안동시의 택지 개발 지구 현장에서 무덤을 이장하는 작업 중에 발견된 것으로, 1586년 유월 초하룻날 안동에 살던 고성 이씨(固城李氏) 가문의 이응태라는 양반이 31세의 나이로 숨을 거두자, 그의 아내가 죽은 남편에게 쓴 한글 편지이다.

이 편지는 남편의 장례 전까지의 짧은 시간 동안 쓴 것으로, 꿈속에서라도 다시 보고 싶은 죽은 남편에 대한 절절한 그리움이 담겨 있다. 한편 이응태의 무덤에서는 이 편지 외에도 작가가 자신의 머리카락으로 삼은 미투리 한 켤레가 발견되어 이 편지처럼 남편에 대한 아내의 절실한 사랑을 드러냈다.

작품 연구소

〈원이 엄마의 한글 편지〉의 형식과 내용

발신인	이응태의 부인
수신인	원이 아버지(이응태)
편지의 내용	• 사랑하는 남편을 잃은 슬픔과 서러운 마음을 드러냄. • 죽은 남편에 대한 그리움을 드러냄. • 죽은 남편을 꿈속에서라도 다시 보기를 바람.

남편에 대한 아내의 마음을 알 수 있는 표현

과거	'둘이 머리 희어지도록 살다가 함께 죽자.'라며 백년해로를 약속할 만큼 애정이 깊었음.
현재	남편의 곁으로 가고 싶으니 데려가 달라는 표현에서 남편을 잃고 살 수 없다고 생각할 만큼 상실감이 컸음을 알 수 있음.
미래	꿈속에서라도 보고 이야기를 나누고 싶다고 말함으로써 죽은 남편에 대한 그리움을 나타냄.

자료실

한글 편지 – 언간(諺簡)의 의의

조선 시대 한글 편지(언간)는 일상의 사적인 감정을 전하는 가장 보편적인 수단으로, 위로는 왕에서 아래로는 하층민에 이르기까지 폭넓게 썼다. 한글 편지는 당대의 구어를 반영하는 자료인 동시에 그만의 고유한 격식을 지닌 글로서, 생략 표현, 관용 표현, 상황에 따른 다양한 인사말과 덕담, 비유법·반복법·생략법 등의 전통적 수사법이 나타난다.

한글 편지는 16세기부터 19세기까지 시대별 국어의 특징을 반영하는 자료로서 음운, 표기, 어휘, 통사적 변화를 살펴보는 데 활용할 수 있을 뿐만 아니라, 조선 시대 문자 생활의 양상과 변화를 살펴보는 자료로서도 유용하다. 즉, 국어의 변화와 연속성을 이해하는 데 중요한 자료인 셈이다. 그리고 조선 시대 한글 편지는 일상의 기록이라는 점에서 기존의 공식적인 역사에서는 드러나지 않았던 개인의 삶, 일상생활의 모습을 보여 주는 자료로서 중요한 의의를 지닌다.

함께 읽으면 좋은 작품

〈현풍 곽씨 언간〉, 곽주 / 무덤에서 나온 한글 편지

무덤에서 출토된 한글 편지로, 자식의 한글 공부를 챙기고 집안을 걱정하는 가장의 모습과, 17세기 초 경북 달성군과 그 주변 지역에 살았던 사람들의 모습이 잘 묘사되어 있다.

〈한글 편지〉, 인선 왕후 / 궁중과 사대부가의 일을 다룬 한글 편지

70건의 한글 편지로, 편지의 내용은 대부분 일상생활의 안부에 관한 것이지만 궁중과 사대부가에서 일어난 일을 다루고 있어 궁중 풍속, 정치적인 사건 등도 담고 있다.

키 포인트 체크

제재 남편과의 □□

관점 죽은 남편을 □속에서라도 다시 보기를 바랄 정도로 남편에 대한 애정이 깊다.

표현 사별한 남편에 대한 □□과 그리움을 과거의 일, 현재의 상태, 미래에도 이어질 그리움으로 섬세하게 서술했다.

1 ⓐ가 자란 후 이 글을 읽었을 때 보일 반응으로 적절하지 않은 것은?

① 어머니는 아버지를 존중하며 높임말을 쓰셨구나.
② 어머니와 아버지는 평소 서로의 속마음을 잘 드러내지 않으셨구나.
③ 아버지는 내가 태어난 이후 나에게 뭔가 해 주실 말씀이 있으셨나 보구나.
④ 어머니는 아버지를 향한 절절한 감정을 표출하려고 이 편지를 쓰셨던 거구나.
⑤ 어머니는 당시 뱃속에 있던 내가 태어난 이후 아버지 없는 삶을 살아갈 것을 염려하셨구나.

내신 적중 高난도

2 이 글과 〈보기〉의 공통점으로 적절하지 않은 것은?

보기

눈물 아롱아롱 / 피리 불고 가신 임의 밟으신 길은 / 진달래 꽃비 오는 서역(西域) 삼만 리. / 흰 옷깃 여며 여며 가옵신 임의 / 다시 오진 못하는 파촉(巴蜀) 삼만 리. // [중략] // 초롱에 불빛, 지친 밤하늘 / 굽이굽이 은핫물 목이 젖은 새, / 차마 아니 솟는 가락 눈이 감겨서 / 제 피에 취한 새가 귀촉도 운다. / 그대 하늘 끝 호올로 가신 임아.

– 서정주, 〈귀촉도(歸蜀途)〉

① 임에 대한 사무친 정한(情恨)이 나타나고 있다.
② 화자의 정서를 대변하는 사물을 제시하고 있다.
③ 여성의 목소리로 비통한 심정을 표현하고 있다.
④ 사별한 임에 대한 그리움의 정서를 드러내고 있다.
⑤ 임의 부재라는 우리 문학의 전통과 맥을 잇고 있다.

3 ㉠~㉤에 대한 설명으로 적절하지 않은 것은?

① ㉠: '백년해로(百年偕老)'를 뜻하는 말이다.
② ㉡: 금슬이 좋았던 것에 대한 강한 믿음이 담겨 있다.
③ ㉢: 남편에 대한 사랑이 매우 깊었음을 드러낸다.
④ ㉣: 일찍 세상을 떠난 남편에 대한 안타까움이 담겨 있다.
⑤ ㉤: 이심전심(以心傳心)의 부부애가 담겨 있다.

4 이 글의 글쓴이와 〈보기〉의 화자가 임과의 이별에서 공통적으로 인식하고 있는 문제 해결 방법을 쓰시오.

보기

그리워라 만날 길은 꿈길밖에 없는데
내가 임 찾아 떠났을 때 임은 나를 찾아왔네.
바라거니, 언제일까 다음날 밤 꿈에는
같이 떠나 오가는 길에서 만나기를.

– 황진이, 〈상사몽(相思夢)〉

076 산성일기(山城日記) | 어느 궁녀

키워드 체크 #일기체 수필 #병자호란 #남한산성 #피란

핵심 정리

갈래 국문 수필, 일기체 수필, 궁정 수필
성격 사실적, 객관적, 체험적
제재 병자호란으로 피란하여 겪은 일
주제 병자호란의 치욕과 남한산성에서의 항쟁
특징 ① 간결하면서도 정중하고 무게가 있는 궁중 용어를 사용함.
② 객관적인 태도로 사실을 기록함.
의의 ① 병자호란 당시의 역사적 사실을 한글로 기록한 유일한 작품임.
② 객관적인 자세를 견지한 대표적인 한글 수필임.
③ 〈계축일기〉와 국문학사상 쌍벽을 이루는 일기체 작품임.

어휘 풀이

성첩(城堞) 성 위에 낮게 쌓은 담.
감읍(感泣)하다 감격하여 목메어 울다.
화친(和親) 나라 간에 다툼 없이 가까이 지냄.
은합(銀盒) 은으로 만든 합.
봉화(烽火) 나라에 병란이나 사변이 있을 때 신호로 올리던 불.
비장(裨將) 조선 시대에, 감사(監司)·유수(留守)·병사(兵使)·수사(水使)·견외 사신(使臣)을 따라다니며 일을 돕던 무관 벼슬.
환도(環刀) 예전에, 군복에 갖추어 차던 군도(軍刀).

Q 일기로서 〈산성일기〉의 특성은?

이 글은 일기 형식으로 작성되어 있지만 그 내용은 당시의 역사적 기록과 일치하는 부분이 많다. 또한 작가의 주관적인 감정보다는 그날그날 있었던 사건과 인상 깊은 일을 객관적으로 기록하는 네 초점을 두었기 때문에 역사적 성격을 지니고 있다고 할 수 있다.

구절 풀이

❶ **"오늘날 이에 이르기는 ~ 원컨대 만민을 살리소서."** 상황이 좋아지기를 하늘에 기원하는 임금과 세자의 모습을 기록하여 백성을 위하는 임금의 마음을 드러내고 있다.
❷ **이제 또 사신을 보내면 욕될 줄 안다.** 1627년 정묘호란 때 조선은 후금(후일의 청)과 형제지국(兄弟之國)의 맹약을 맺게 되나 이후 후금은 군신지의(君臣之義)를 요구한다. 조선이 후금을 오랑캐로 여겨 이를 거부하자 병자호란이 발발한다. 이런 상황에서 사신을 보내 화친을 청하는 것은 명분이 없는 일임을 의미한다.
❸ **"(우리) 군영은 ~ 쓰는 것이 옳으리라."** 조선의 화친 시도를 거절하며 산성 안의 비참한 상황을 비꼬고 있다. 청군은 약탈을 일삼아 풍족하게 지내고 있지만 조선군은 성안에 고립된 채 물자가 부족하여 어려운 상황에 놓여 있었음을 알 수 있다.
❹ **김류가 그것을 ~ 내려가지 않았다.** 청군의 계략을 파악하지 못한 김류의 어리석음을 드러내어 패배의 원인이 김류에게 있다는 작가의 주관적 판단을 보여 주고 있다.

가 24일에 큰비가 내리니 *성첩을 지키던 군사가 모두 옷을 적시어 얼어 죽은 사람이 많았다. (비가 내려 더욱 상황이 악화됨.) 그러자 임금께서 세자와 함께 뜰 가운데 서서 이렇게 하늘에 비셨다.

❶"오늘날 이에 이르기는 우리 부자(父子)가 죄를 지음이요, 성안의 군사와 백성에게 무슨 죄가 있겠습니까? (전쟁으로 인한 고통을 자신들의 탓으로 돌림.) 하느님은 우리 부자에게 죄를 내리시고 원컨대 만민을 살리소서." (백성을 사랑하는 임금의 마음이 드러남.)

여러 신하들이 들어가시기를 청했으나 허락하지 않으셨다. 얼마 후에 비가 그치고 기후가 차지 않으니 (하늘이 임금의 마음에 감동하여 날씨가 좋아진 것으로 여김.) 성안의 사람들 중 *감읍(感泣)하지 않은 사람이 없었다.

▶ 임금과 세자가 비가 그치기를 기원함.

나 25일에 날씨가 매우 추웠다. 조정에서 적진에 사신을 보내기를 청하니 (현재의 상황을 타개해 나갈 방도를 찾고자 함.) 임금이 말씀하였다.

"우리나라가 늘 *화친으로 저들에게 속았으니 ❷이제 또 사신을 보내면 욕될 줄 안다. 그렇지만 모든 의논이 이러하니, (청에게 화친을 청하는 것이 치욕스러운 일이지만 현실의 상황을 고려할 때 그렇게 하지 않을 수 없음.) 지금이 세시이므로 (설. 새해의 처음) 술과 고기를 보내고, *은합에 과일을 담아서 두터운 정을 보인 후에, (청군에게 정성을 표시함.) 이로 말미암아 만나서 이야기하여 기색을 살피리라."

▶ 청군에 사신을 보내기로 함.

다 26일에 이경직(李景稷)과 김신국(金藎國)이 술과 고기를 은합에 넣어 적진에 갔다. 그러자 적장이 말하였다.

❸"(우리) 군영은 날마다 소를 잡고 보물이 산같이 쌓였는데 이것을 무엇에 쓰리오? 너희 나라 군신이 돌구멍에서 굶은 지가 오래니 가히 스스로 쓰는 것이 옳으리라." (남한산성에 고립되어 물자가 부족한 상황을 의미함.)

그리고 결국 받지 않고 도로 보냈다. (화친에 실패함.)

▶ 청군과의 화친에 실패함.

라 27일에 날마다 성안에서 구원하러 오는 군사를 바랐으나 한 사람도 오는 이가 없었다. (성안의 절망적인 상황이 드러남.) 『강원 감사 조정호(趙廷虎)가 본 도(道)의 군사가 다 모이지 못했으므로 양근에 퇴진하여 뒤에 오는 군사를 기다리고,』 (『 』: 남한산성에 있는 사람들을 구하러 가는 일이 여의치 않았음.) 먼저 영장(營將) (각 진영의 으뜸 장수) 권정길에게 군사를 거느리게 하여 검단 산성(黔丹山城)에 이르러 *봉화를 들어 서로 응하였다. (서로 연락을 주고받음.)

▶ 구원병이 오지 못하는 상황

마 28일에 체찰사 김류가 친히 장사(將士)를 거느리고 북성에 가서 싸움을 재촉하였다. 이때에 도적이 포 쏘는 소리를 듣고는 거짓으로 물러나며 군사와 말과 소만을 놓고 가니, 이는 우리 군사를 유인하는 꾀였다. (남한산성은 공략하기 어려운 곳이므로 군사들이 나오도록 유인하는 전략을 취함.) ❹김류가 그것을 헤아리지 못하고 군사를 독촉하여 내려가서 치라고 했다. 그러나 산 위에 있는 군사들은 그 꾀를 알고 내려가지 않았다. 이에 김류가 병방(兵房) *비장(裨將) 유호에게 *환도(環刀)를 주어 내려가지 않는 이를 어지럽게 마구 찌르도록 하였다. (막무가내로 군사들을 모는 행동) 그러자 군사들은 내려가도 죽고 내려가지 않아도 죽겠으므로 (내려가지 않으면 비장의 환도에 찔려 죽고 내려가면 적들의 공격에 죽음.) 내려가 적진에 있는 말과 소들을 잡았다. 적들은 이 모습을 본 체도 않으며 군사들이 모두 내려오기를 기다렸다. 그러더니 한순간 복병이 사방에서 내닫고, 물러갔던 적병이 몰려나와서 잠깐 사이 우리 군사를 다 죽였다. 당시 접전할 때, 김류가 화약을 빼앗아 두었다가 많이 주지 않았으며 (물자가 넉넉하지 않은 상황임을 알 수 있음.) 겨우 달라기를 기다려서 주었었다. 그런데 일이 이렇게 급해지자 군사들은 화약을 미처 청하지도 못한 채, 조총으로 서로 치다가 결국 당하지를 못하였다. 패한 군사들은 산길로 오르기 시작했다. 그러나 산길이 급하여 오르기가 어려웠으므로 모두 죽기에 이르렀다. (청군에 완패함.)

▶ 김류가 이끄는 군대가 전투에서 완패함.

· 중심 내용 1636년 12월 16일 청군이 남한산성에 도착하여 진을 친 후 청군에 의해 고립된 산성 안의 절망적인 상황
· 구성 단계 중심부

이해와 감상

〈산성일기〉는 병자호란 당시 남한산성 내부의 정황을 서술한 어느 궁녀의 실기(實記)이자 수필이다. 작가와 연대는 정확히 알려져 있지 않지만, 남한산성에서의 일을 꼼꼼히 기록한 것으로 보아 인조를 모시던 궁녀가 썼을 것이라 추정하고 있다.

이 작품은 남한산성이 포위되어 청나라 군에게 항복하기까지 약 50여 일간의 사실이 일기 형태로 서술되어 있다. 남한산성에서의 처절한 항전 및 굴욕적인 외교의 일면과 암울했던 역사의 이면(裏面)을 생생히 기록하고 있어, 당시의 처절했던 정황과 우리 민족사의 어두운 면을 되새겨 보게 하는 작품이라 할 수 있다.

이 작품은 일기이지만 객관적이고 서사적이기 때문에 역사적 상황을 잘 보여 줄 뿐만 아니라, 병자호란 당시의 사실을 한글로 기록한 유일한 작품이라는 점에서 사료적 가치를 지닌다. 또한 시대적 상황이 유려한 필체로 박진감 있게 표현되고 있어 문학적 가치도 높다.

작품 연구소

〈산성일기〉의 전체 구성

도입부	청 태조 누르하치가 명나라로부터 '용호 장군(龍虎將軍)'의 관직을 얻고, 인조가 남한산성으로 피란 가는 과정을 설명함.
중심부	1636년(병자년) 12월 14일의 전쟁에서부터 시작하여 1637년(정축년) 1월 30일 임금이 세자와 함께 삼전도에서 청나라에게 치욕적으로 항복하기까지의 일을 기록함.
종결부	그 이후 3년 간의 일을 짧게 요약함.

〈산성일기〉의 사료적 가치와 문학적 가치

〈산성일기〉는 병자호란의 체험을 기록한 일기이지만 야담보다 사실적·구체적으로 서술되어 사료로서의 가치가 두드러진다. 더불어 이 작품에는 병자호란이라는 국란을 맞아 이에 대응하는 다양한 사람들의 모습과 거기에서 벌어지는 갈등이 그려져 있으며, 이를 읽은 독자에게 굴욕적 역사에 대한 울분을 느끼게 하는 등 문학적인 가치도 지니고 있다.

자료실

병자호란(丙子胡亂)의 전개

1636년(인조 14년)에 청나라가 사신을 보내 군신(君臣)의 관계를 강요했으나, 인조가 이를 거절하자 청나라 대군이 쳐들어왔다. 이 사건이 바로 병자호란이다.

청군은 인조가 피란 간 남한산성을 포위하고 항복을 권하는 글을 보냈으나 인조는 이를 거부했다. 조정에서는 척화파와 주화파가 팽팽히 맞서 대립하다가 강화도가 함락되어 상황이 악화되자 결국 주화파의 의견을 좇아 삼전도에서 항복했다. 한 달여의 짧은 기간 동안 임진왜란에 버금가는 큰 피해를 입었으며 민족의 자존심에도 큰 상처를 입은 굴욕적인 전쟁이었다.

함께 읽으면 좋은 작품

〈남한산성〉, 김훈 / 병자호란을 배경으로 한 작품

이 작품은 병자호란을 다룬 역사 소설로, 청나라의 침입과 남한산성에서의 저항, 삼전도에서의 굴욕적인 항복 등을 문학적으로 재구성하여 보여 주고 있다. 〈산성일기〉가 객관적인 사실에 가깝게 쓰인 일기인 반면, 〈남한산성〉은 역사적 사실을 바탕으로 한 허구의 이야기라는 점에서 차이가 있다.

Link 〈현대 소설〉 344쪽

키 포인트 체크

- 제재 □□□□으로 피란하여 겪은 일
- 관점 주관적인 감정보다는 그날그날의 사건을 □□□으로 서술했다.
- 표현 남한산성으로 □□하여 겪은 일을 사실적이고 간결하게 □□ 형식으로 기록했다.

1 이 글에 대한 설명으로 적절하지 않은 것은?

① 한글로 기록된 글이다.
② 일기 형식으로 이루어져 있다.
③ 당시의 시대적 상황이 잘 드러나 있다.
④ 실존 인물들의 이름을 직접 밝혀 서술하고 있다.
⑤ 사건에 대한 작가의 주관적 감상을 주로 전달하고 있다.

2 이 글에서 알 수 있는 내용이 아닌 것은?

① 구원병이 남한산성에 오기가 쉽지 않은 상황이었다.
② 청군 적장은 성안 사람들의 처지에 연민을 느끼고 있었다.
③ 날씨가 산성 안의 상황을 어렵게 하는 원인으로 작용했다.
④ 조정에서는 화친이 현재 상황을 벗어날 길이라고 판단했다.
⑤ 김류가 청군의 전략을 파악하지 못해 전투에서 패배했다.

3 (가)를 쓴 작가의 의도로 보기에 알맞은 것은?

① 백성을 사랑하는 임금의 마음을 드러내야지.
② 성안 군사들의 비참한 상황을 세세히 전달해야지.
③ 임금과 신하들이 서로 대립하고 있음을 암시해야지.
④ 성안 사람들이 고립된 처지에 지쳤음을 보여 줘야지.
⑤ 전쟁이 임금의 잘못으로 인해 일어났음을 알려 줘야지.

내신 적중 多빈출

4 〈보기〉를 참고하여 이 글을 이해한 내용으로 알맞지 않은 것은?

보기

〈산성일기〉는 병자호란 때 어느 궁녀가 쓴 일기체 수필로 인조가 남한산성으로 피란했을 때의 일을 적은 글이다. 남한산성에서의 항전 및 굴욕적인 외교를 생생히 기록하고 있어 당시의 처절했던 정황과 우리 민족사의 어두운 면을 되새겨 볼 수 있다.

① 작가가 궁녀이기 때문에 임금의 행동을 지켜보고 서술할 수 있었겠군.
② 어쩔 수 없이 사신을 보내는 것에서 굴욕적인 외교의 일면을 엿볼 수 있군.
③ 같은 사건에 대한 성 안과 밖의 시각을 대비해서 서술하여 생생히 전달하고 있군.
④ 추위에 얼어 죽거나 전투에서 죽은 군사들의 모습은 당시의 처절한 상황을 보여 주는군.
⑤ 이 글의 배경이 된 병자호란이 치욕적인 항복으로 끝맺기 때문에 민족사의 어두운 면을 다룬 글이라 할 수 있겠군.

5 이 글이 역사적 사료로서 가치를 지니는 이유를 〈조건〉에 맞게 쓰시오.

조건

이 글의 형식과 서술상 특징을 포함하여 완결된 한 문장으로 쓸 것

077 서포만필(西浦漫筆) | 김만중

키워드 체크 #비평문 #국문 존중 의식 #문화적 자주 의식

문학 동아, 지학사
국어 비상(박안)

핵심 정리

갈래 국문 수필, 문학 비평문(평론)
성격 비판적, 비평적, 주관적
제재 송강 정철의 가사 작품
주제 진정한 국문 문학의 가치
특징 ① 문화적 자주 의식이 드러남.
② 예시를 통해 논거를 제시함.
출전 《서포만필(西浦漫筆)》

Q 가락(절주, 節奏)의 가치는?

가락(절주)은 운율이나 5언, 7언 등의 외형미가 아니라, 일종의 '개성률'이다. 오랜 역사와 함께 언어에 배어 있는 민중의 호흡, 맥박, 체취와 같은 것으로, 모든 나라의 시가에는 개성률이 담겨 있다. 이러한 개성률이 담긴 시가를 다른 나라 말로 옮긴다면, 뜻은 전할 수 있어도 그 시가가 가지고 있는 맛과 향기까지는 옮길 수 없다.

어휘 풀이

이소(離騷) 중국 초나라의 굴원이 지은 부(賦). 조정에서 쫓겨난 후의 시름을 노래한 것으로 《초사》 가운데에서 으뜸으로 꼽힘.
구마라습(鳩摩羅什) 인도의 승려(344~413). 중국 전진에 잡혀가 수많은 불전을 한역(漢譯)하여 중국 불교계에 큰 영향을 끼침.
문채(文彩) 문조(文藻). 문장의 멋.
시부(詩賦) 시(詩)와 부(賦). '부(賦)'는 감상을 자유롭게 적은 산문시 또는 그 양식.
천기(天機) 선천적으로 타고난 기지 또는 성질.

구절 풀이

❶ **어떤 사람이 ~ 될 수가 없었다.** 국문으로 쓴 〈관동별곡〉을 한문으로 번역하면 그 내용은 전달되지만, 원작의 맛이나 묘미가 살아나지 않으므로 아름답게 될 수가 없다는 말이다.
❷ **사람의 마음이 ~ 시가문부(詩歌文賦)이다.** 문학을 재도지기(載道之器, 도를 표현하는 수단)로 보던 당시의 일반적인 관점과는 달리, 작가는 문학이 인간의 성정(性情)을 표현한 언어 예술이라는 점을 인식하고 있다.
❸ **앵무새가 사람의 말을 하는 것이다.** 아무 멋도, 맛도, 뜻도 모르고 그저 기계적으로 재잘거리는 것에 지나지 않는다는 뜻이다.
❹ **여염집 골목길에서 ~ 논할 수는 없다.** 서민들의 노래에 담긴 진솔한 감정이 사대부들의 시부보다 훨씬 가치 있다는 뜻으로, 작가의 문학론과 국어를 존중하는 인식이 드러난다.

작가 소개

김만중(본책 136쪽 참고)

가 송강(松江)의 〈관동별곡(關東別曲)〉, 〈전후사미인곡(前後思美人曲)〉(〈사미인곡〉, 〈속미인곡〉)은 우리나라의 •이소(離騷)(한문 시가인 〈이소〉에 비길 만한 훌륭한 작품이지만)이나, 그것은 문자(文字)(한문(한자))로써는 쓸 수가 없기 때문에 오직 악인(樂人)(노래하는 사람)들이 구전(口傳)(말로 전하여)하여 서로 이어받아 전해지고 혹은 한글로 써서 전해질 뿐이다. ㉠❶어떤 사람이 칠언시로써 〈관동별곡〉을 번역하였지만, 아름답게 될 수가 없었다. 혹은 택당(澤堂)(조선 인조 대의 학자 이식의 호)이 소시(少時)에 지은 작품이라고 하지만 옳지 않다.
▶ 송강의 가사는 매우 뛰어난 작품임.

나 •구마라습(鳩摩羅什)이 말하기를, "천축인(天竺人)(인도 사람)의 풍속은 가장 •문채(文彩)를 숭상하여 그들의 찬불사(讚佛詞)(부처님을 찬양하는 노래)는 극히 아름답다. 『이제 이를 중국어로 번역하면 단지 그 뜻만 알 수 있지, 그 말씨는 알 수 없다.』(『 』: 내용만 전달되고, 글이 지니는 묘미는 알 수 없음.)" 하였다. 이치가 정녕 그럴 것이다.
▶ 번역으로 문체가 손상됨.

다 ❷사람의 마음이 입으로 표현된 것이 말이요, 말의 가락(말에서 느껴지는 감정 등의 색깔)이 있는 것이 시가문부(詩歌文賦)(문학(文學))이다. 사방의 말이 비록 같지는 않더라도 진실로 말할 수 있는 사람이 각각 그 말에 따라서 가락을 맞춘다면(글의 내용과 형식이 조화롭게 결합된 것을 의미함.), 다같이 천지를 감동시키고 귀신을 통할 수가 있는 것은(문학은 내용과 형식이 조화롭게 결합되었을 때 감동을 줄 수 있음. – 문학은 감동을 주는 것이라는 문학관이 드러남.) 유독 중국만이 그런 것은 아니다. 지금 우리나라의 시문은 자기 말을 버려두고 다른 나라 말을 배워서 표현한 것이니, 설사 아주 비슷하다 하더라도 이는 단지 ❸앵무새가 사람의 말을 하는 것이다. ❹여염집 골목길에서 나무꾼이나 물 긷는 아낙네들(일반 서민)이 '에야디야' 하며 서로 주고받는 노래가 비록 저속하다(속되고 촌스럽다) 하여도 그 진가(眞價)를 따진다면, 정녕 학사(學士) 대부(大夫)들의 이른바 •시부(詩賦)라고 하는 것과 같은 입장에서 논할 수는 없다.
▶ 문학 작품을 자국어로 표현해야 하는 이유

라 하물며 이 삼별곡(三別曲)(〈관동별곡〉, 〈사미인곡〉, 〈속미인곡〉)은 •천기(天機)의 자발(自發)(자연스럽게 흘러나옴.)함이 있고, 이속(夷俗)(오랑캐의 풍속)의 비리(鄙俚)(말이나 행동이 속되고 품위가 없음.)함도 없으니, 자고로 좌해(左海)의 진문장(眞文章)은 이 세 편뿐이다. 그러나 세 편을 가지고 논한다면, 〈후미인곡〉(〈속미인곡〉)이 가장 높고 〈관동별곡〉과 〈전미인곡〉(〈사미인곡〉)은 그래도 한자어를 빌려서 수식을 했다.
▶ 송강의 가사를 높이 평가하는 이유

자료실

《서포만필(西浦漫筆)》
김만중이 쓴 수필 · 시화(詩話) 평론집이다. 중국 제자백가(諸子百家, 춘추 전국 시대의 여러 학파)의 학설 중에서 의문시되는 내용을 번역 · 해명하고, 불가(佛家), 유가(儒家), 도가(道家), 산수(算數), 율려(律呂), 천문(天文), 지리(地理) 등 구류(九流)의 학(學)에 대한 견해를 밝히고 있다. 또한 신라 이후 조선 시대에 이르기까지 우리나라의 유명한 문인들과 그들의 작품을 평했다. 특히 송강 정철의 가사 작품을 평가하면서 국문학의 우수성을 주장했다.

- 중심 내용 송강의 가사에 대한 평가와 문학 작품을 국문으로 표현해야 하는 이유
- 구성 단계 (가) 기 / (나) 승 / (다) 전 / (라) 결

이해와 감상

〈서포만필〉은 작가가 송강 정철의 가사를 우리나라의 진정한 문학으로 극찬하면서, 국문 문학의 당위성을 논한 시화(詩話, 한문학에서 작품에 대한 비평, 해설, 고증을 기록한 것)이다. 제시된 지문은 《서포만필》에 실린 글 중에서 작가의 문학관이 가장 뚜렷하게 드러난 부분으로, 작가는 좋은 문학의 기본 요소를 사람의 입으로 표현된 말에 있다고 보고 있다. 이것은 국문 문학의 가치를 내세우는 근거로, 작가는 내용 전달에 치중하는 한문학으로는 우리 고유의 정서와 우리말의 가락을 표현할 수 없으므로 한글 문학이 진정한 문학이라고 주장했다. 이로써 한문학만을 문학으로 인정하던 당시의 지배적인 가치관에서 벗어나 국문 문학의 가치를 인식함으로써 자주적인 문화 의식을 드러내고 있다.

작품 연구소

〈서포만필〉의 구성과 내용

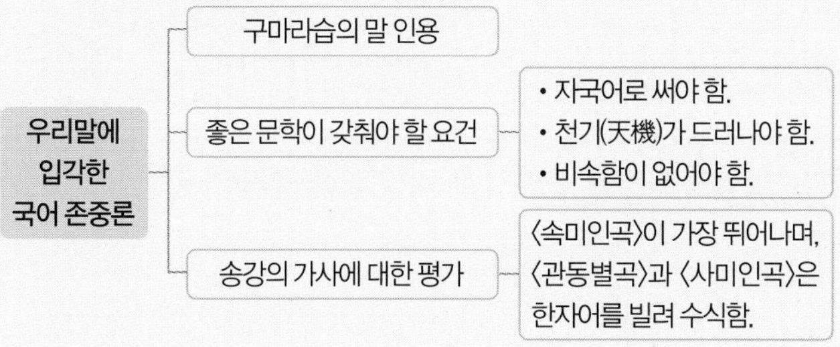

〈서포만필〉에서 알 수 있는 김만중의 문학관

김만중은 김시습과 허균의 뒤를 이어 소설 문학의 거장으로 등장하여 두 편의 한글 소설 〈구운몽〉과 〈사씨남정기〉를 남겼다. 이것은 소설을 천시한 당대 분위기와는 달리 국문 소설의 가치를 인식했음을 보여 주는 것으로, 이후 국문 소설의 황금 시대를 여는 데 기여했다.

특히 김만중은 〈서포만필〉에서 우리말을 절묘한 리듬으로 살려 낸 정철의 가사 작품인 〈관동별곡〉, 〈사미인곡〉, 〈속미인곡〉을 '동방의 이소(離騷)'라 하여 우리나라의 참된 문장, 가장 뛰어난 작품으로 평가했고, 그중에서도 〈속미인곡〉이 우리말을 잘 살렸기 때문에 가장 뛰어나다고 덧붙이고 있다. 이러한 그의 문학관은 한자를 일상적으로 사용하던 시대에 국어의 가치를 인식했다는 점에서 높이 평가할 만하다. 또 문학을 도(道)를 전하는 도구가 아니라 감동을 주는 것으로 보고, 문학의 진정한 가치는 꾸밈보다 진실에 있음을 강조했다는 점에서 선구적인 비평 문학이라 할 수 있다.

자료실

조선 후기의 비평 문학

비평 문학의 흐름은 임진왜란·병자호란 양란을 거치면서 새롭게 등장하기 시작한 실학사상(實學思想)과 더불어 변화된 모습을 보이기 시작한다. 그중 하나는 표현의 사실성과 자율성을 존중하며 문학의 개성적 성격을 강조하는 탈재도적(脫載道的) 문학관이다. 또 다른 하나는 국문 시가 가치에 대한 새로운 인식이며, 서포 김만중에게서 비롯되었다.

함께 읽으면 좋은 작품

《순오지(旬五志)》, 홍만종 / 조선 시대의 대표적인 문학 평론집

조선 인조 때의 문학 평론집으로, 15일 만에 탈고하여서 《순오지》라고 이름 붙였다고 한다. 이 책에 실린 시화는 약 20여 항목으로 정철·송순 등의 시가와 중국 소설 〈서유기〉에 대한 평론, 130여 종의 속담 등이 실려 있다.

포인트 체크

제재 송강 □□의 가사 작품

관점 □□□로 된 작품의 가치를 높이 평가하여 국문 존중 의식이 뚜렷하게 드러난다.

표현 구마라습의 말을 □□하고 좋은 문학이 갖춰야 할 요건을 들어서 송강의 가사를 평가했다.

내신 적중

1 이 글에서 알 수 있는 작가의 생각으로 적절하지 않은 것은?

① 문학은 사람들에게 감동을 주는 힘을 지니고 있다.
② 각 나라의 말에는 모두 각각의 장단과 가락이 있다.
③ 자기 나라 말의 가락을 맞추면 좋은 시가 될 수 있다.
④ 좋은 문학에는 서민들의 진솔한 감정이 담겨야 한다.
⑤ 진정한 우리 문학을 이루기 위해 주체적 자각이 필요하다.

2 이 글과 〈보기〉의 견해를 비교한 내용으로 가장 적절한 것은?

보기

우리 동쪽 나라 사람들이 지은 가곡은 순전히 방언을 사용하고 어쩌다 한문자를 섞었는데다 언문으로 유포되었다. 방언의 사용은 그 나라의 습관이 그렇게 만드는 것이다. 그 가곡이 중국의 악보와 나란히 견줄 수는 없다 하더라도 들을 만한 것들은 있다. – 홍만종, 〈순오지(旬五志)〉

① 이 글과 〈보기〉 모두 서민의 일상적인 모습을 중시했다.
② 이 글과 〈보기〉 모두 우리말로 쓴 문학 작품을 중시했다.
③ 이 글은 중국 문학을, 〈보기〉는 우리 문학을 우위에 두었다.
④ 이 글은 문학 작품의 진실성을, 〈보기〉는 흥미를 중시했다.
⑤ 이 글은 문학 작품의 효용성을, 〈보기〉는 표현을 중시했다.

3 다음 ⓐ~ⓓ 중, ㉠의 이유로 적절한 것끼리 바르게 묶은 것은?

보기

ⓐ 뜻을 얻을 뿐 그 말의 가락을 얻지 못했기 때문이다.
ⓑ 번역하는 과정에서 원작의 주제가 사라졌기 때문이다.
ⓒ 한문이 국어의 묘미를 제대로 살려 내지 못했기 때문이다.
ⓓ 내용이 방대하여 칠언시로 다 담아내지 못했기 때문이다.

① ⓐ, ⓑ ② ⓐ, ⓒ ③ ⓑ, ⓒ
④ ⓑ, ⓓ ⑤ ⓒ, ⓓ

4 이 글의 작가가 〈보기〉를 극찬했다고 할 때 그 이유로 적절한 것은?

보기

출하리 믈ᄀᆞ의 가 ᄇᆡ 길히나 보쟈 ᄒᆞ니 ᄇᆞ람이야 믈결이야 어둥정 된뎌이고. 샤공은 어ᄃᆡ 가고 빈 ᄇᆡ만 걸렷ᄂᆞ고. 강텬(江天)의 혼쟈 셔셔 디ᄂᆞᆫ ᄒᆡᄅᆞᆯ 구버보니 님다히 쇼식(消息)이 더옥 아득ᄒᆞᆫ뎌이고. – 정철, 〈속미인곡(續美人曲)〉

① 임에 대한 그리운 마음을 말의 가락으로 표현했다.
② 자연물을 활용해서 유교적 가치관을 충실히 구현했다.
③ 한자어를 활용해서 품격 있고 세련된 표현을 구사했다.
④ 임의 소식을 알고 싶어 하는 감정을 우리말로 진솔하게 표현했다.
⑤ 중국어로 번역할 가치가 있을 만큼 인류의 보편적인 가치를 노래했다.

078 요로원야화기(要路院夜話記) | 박두세

키워드 체크 #희곡적 수필 #양반 사회의 허위와 불합리함 #세태 묘사 #언어 사용의 실상

핵심 정리

갈래 희곡적 수필
성격 풍자적, 해학적, 비판적
배경 ① 시간 – 조선 후기
② 공간 – 요로원의 주막
제재 시골 양반과 서울 양반의 대화
주제 양반 사회의 허위와 불합리함 비판
특징 ① 이야기 방식을 활용하여 세태를 풍자함.
② 사회에 대한 비판 의식이 드러남.
의의 뛰어난 세태 묘사로 당대의 사회사 연구 재료로 활용됨.
연대 숙종 때
출전 《요로원야화기(要路院夜話記)》

Q 양반과 상민의 말에 차이가 나는 이유는?

이 글이 쓰인 조선 시대에는 신분의 차이가 존재했으며 계층에 따라 사용하는 언어가 달랐다. 이러한 봉건적 신분 질서는 언어에도 그대로 반영되었기 때문에 신분이 다른 양반과 상민의 말에 차이가 났던 것이다. 신분에 따라 언어를 철저하게 구별한 것은 사용하는 언어로 그 사람의 신분을 판단하고 봉건적 사회 구조를 계속 유지하기 위한 중요한 방편이었다고 할 수 있다.

어휘 풀이

솔가지 꺾어서 말린 소나무의 가지. 불이 잘 붙으므로 예전에는 여기에 불을 붙여 등불 대신 이용했음.
행찬(行饌) 여행이나 소풍을 갈 때 집에서 마련하여 가지고 가는 음식.
행차(行次) 웃어른이 차리고 나서서 길을 감. 또는 그때 이루는 대열. 여기서는 길을 가는 웃어른을 가리킴.

구절 풀이

❶ **내 짐짓 / "솔가지 불 켜 올리라."** '나'가 객을 골릴 심산으로 일부러 무식하고 가난한 체하기 위해 촛불 대신 솔가지 불을 가져오라고 한 것이다.
❷ **제 구(求)하는 데는 ~ 만나지 못하였나이다."** 상대방과 '나'가 서로 배우자의 취향이 맞지 않아 지금까지 자신과 어울리는 짝을 만나 혼인을 성사하지 못했다는 뜻이다.
❸ **"어린것이 하릴없다. 희롱을 하다가 욕을 보도다."** '나'를 어리석은 사람으로 알았으나 사실은 '나'의 말이 조금도 틀린 말이 아님을 알고, '나'를 희롱하려다가 오히려 자신이 당하여 욕을 보게 되었다는 뜻이다.

작가 소개

박두세(朴斗世, 1650~1733)
조선 후기의 문인이자 학자이다. 문장에 능했고, 한자의 음운을 연구하는 운학(韻學)에도 조예가 깊었다. 저서로 《삼운보유(三韻補遺)》와 《증보삼운통고(增補三韻通考)》가 있다.

가 이윽고 진지를 고(告)하거늘(알리거늘) ❶내 짐짓(일부러) / "솔가지 불 켜 올리라."
한대, / "상등(上等)(높은 등급) 양반이면 촉(燭)(초)을 아니 가져왔느냐?"
내 답하되, / "진실(眞實)로 가져왔으되, 어제 다 진(盡)하였노라(써서 없노라)."
객 왈, / "솔불이 내워(연기의 기운으로 눈이나 목구멍에 쓰라린 느낌이 있어) 괴로운지라 내 행중(行中)의 촉을 내어 켜라."
한대, 납촉(蠟燭)(밀랍으로 만든 초)을 밝히니 빛이 황홀하더라. ▶ 객이 '나'의 솔가지 불을 보고 자신의 촛불로 거드름을 피움.

나 내 길 난(떠난) 지 오랜지라 자취가 가매(假賣)(초췌하고)하고 ●행찬(行饌)을 내어놓으니 마른 장(醬)과 청어(靑魚) 반 꼬리라. 저(箸)(젓가락)를 들어 장차 먹으려 두루 보며 부끄러워하는 체한대 객이 보고 잠소(潛笑)(가만히 웃음.) 왈, / "상등 양반이 반찬이 좋지 아니하도다."
내 가로되,
"향곡(鄕曲)(시골 구석) 양반이 비록 상등 양반이나 어찌 감(敢)히 성중(城中)(한양(서울)) 사대부(士大夫)를 비기리오."
객이 내 말을 옳이 여기더라. 밥 먹기를 반은 하여서 내 짐짓 종을 불러 가로되,
"물 가져오라." / 한대, 객 왈,
"그대를 상등 양반의 밥 먹기를 가르치리라. 종이 진지를 고하거든 '올리라'(상민의 말) 말고 '들이라'(양반의 말) 하고, 숙랭(熟冷)(숭늉)을 먹으려 하거든 '가져오라'(상민의 말) 말고 '진지(進支)하라'(양반의 말) 하느니라."
「내 대답하되, / "●행차(行次) 말씀이 지당하시니 일로부터 배웠나이다."」
「」: '나'가 일부러 '객'을 높여 주는 체하고 있음. ▶ 객이 상등 양반의 말하기 방식을 가르치며 거드름을 피움.

다 객이 가로되, / "그대 나이 몇이며, 장가를 들었는가."
내 대하되(대답하되), / "나이는 스물아홉 살이요, 장가 못 들었나이다."
객 왈, / "그대 상등 양반이면 지금 장가를 못 들었느뇨?" / 내 탄(嘆)하여(탄식하여) 가로되,
"상등 양반인들 장가들기가 어려워 ❷제 구(求)하는 데는 내 즐기지 아니하고, 내 구하는 데는 제 즐겨 아니하니, 좋은 바람이 불지 아니하여(남녀가 서로 인연이 닿지 않아) 지금 날과 같은 이(자신과 어울리는 짝)를 만나지 못하였나이다."
객 왈, /「"그대 몸이 단단하여 자라지 못한 듯하고 턱이 판판하여 수염이 없으니 장래 장가들 길 없으리오."」
「」: 객이 외모 때문에 혼인하기 어렵다고 '나'를 놀리고 있음.
내 답 왈, / "행차는 웃지 마소서.「옛말에 일렀으되 불효 중 무후(無後)(후손이 없음.)가 크다 하니」 삼십에 입장(入丈)(장가를 듦.)을 못하였으니 어찌 민망하지 아니하리이까?"
「」: 자식이 없는 것을 불효로 여기는 당대의 사회상을 알 수 있음.

라 내 거짓 곧이듣는 체하고 기꺼하는 사색(辭色)(기뻐하는 말과 얼굴빛으로)으로 대 왈,
"그지없사이다(이루 다 말할 수 없습니다.). 아니 행차 문중(門中)(가까운 집안)에 아기씨(시집갈 나이의 처녀) 두어 계시니이까?" → 표면적으로는 감사하고 있으나 그 이면에 조롱의 뜻이 담겨 있음.
객이 부답(不答)(대답하지 않고)하고 혼자 말하여 왈,
㉠ ❸"어린것이 하릴없다. 희롱을 하다가 욕을 보도다."
하고, 이에 가로되, /「"내 문중에는 아기씨 없으니 다른 데 구하여 지휘하리라(지시해 중매를 하도록 시키리라)."」
「」: '나'를 결혼시켜 주겠다던 객의 말이 진심이 아님을 알 수 있음.
내 짐짓 감사하며 왈, / "덕분이 가이없어이다(끝이 없다.)."
객이 이르되,
"그대 비록 가관(加冠)(지난날 관례(冠禮)를 치른 이에게 갓을 씌우던 일)을 하였어도 입장을 못하였으면 이는 노도령(老道令)(노총각)이라."
하고, 이후는 노 도령이라고도 하고 그대라고도 하더라. ▶ '나'가 '나'의 장가들지 못함을 놀리는 객을 희롱함.

- **중심 내용** 초라한 행색의 시골 양반인 '나'와 '나'를 멸시하며 거드름을 피우는 서울 양반 객의 대화
- **구성 단계** (가)~(라) 승

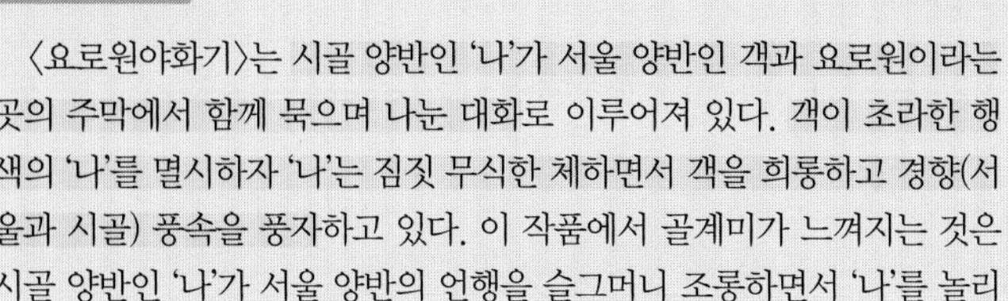

이해와 감상

〈요로원야화기〉는 시골 양반인 '나'가 서울 양반인 객과 요로원이라는 곳의 주막에서 함께 묵으며 나눈 대화로 이루어져 있다. 객이 초라한 행색의 '나'를 멸시하자 '나'는 짐짓 무식한 체하면서 객을 희롱하고 경향(서울과 시골) 풍속을 풍자하고 있다. 이 작품에서 골계미가 느껴지는 것은 시골 양반인 '나'가 서울 양반의 언행을 슬그머니 조롱하면서 '나'를 놀리던 서울 양반을 풍자의 대상으로 삼고 있기 때문이다.

두 사람의 대화로 이루어진 이 작품은 야담(野談)의 성격이 있어서 소설적 요소와 수필적 요소가 동시에 드러난다. 그러나 작가의 대리인인 '나'의 이야기가 중심이 되고 있으므로 작가의 생각이 독자에게 직접적으로 전달된다고 할 수 있다.

한편 이 작품은 양반의 말과 상민의 말이 잘 구별되어 있어 당시 언어 사용의 실상과 당대의 풍속을 알 수 있는 자료이기도 하다.

전체 줄거리

기	과거에 낙방하여 귀향하던 시골 양반 '나'와 '나'의 초라한 행색을 보고 멸시하는 서울 양반 객(客)이 주막에서 하룻밤을 함께 지내게 된다.
승	'나'는 거드름 피우는 양반을 골려 주려고 무식한 시골뜨기인 체하면서 객을 속이며 세태를 풍자한다. 나중에서야 객은 자신이 속은 것을 깨닫는다.
전	'나'와 객은 시 여러 편을 주고받으며 낙방한 선비로서 느끼는 과거 제도와 정치에 대한 불만을 토로한다.
결	날이 밝자 '나'와 객은 서로의 성명도 모른 채 헤어진다.

인물 관계도

'나'(시골 양반) ←→ 객(서울 양반)

객이 '나'의 행색만 보고 무시하자, '나'가 무식한 시골뜨기인 척하며 세태를 풍자함.

작품 연구소

'나'와 객의 관계를 통해 알 수 있는 작가의 의도

'나'(시골 양반) ← 고단하고 초라한 행색을 보고 멸시함. ― 객(서울 양반)

'나'(시골 양반) ― 어수룩한 체하면서 희롱하고 풍자함. → 객(서울 양반)

- 시골 양반의 실태와 서울 양반의 교만함을 드러낸다.
- 양반층의 허례허식을 폭로하여 이들에 대한 비판 의식을 보여 준다.
- 양반층의 횡포와 사회·정치적 문제를 보여 준다.

함께 읽으면 좋은 작품

《어우야담(於于野談)》, 유몽인 / 풍자적·해학적 성격의 야담집

양반에서 상인, 천민, 기녀에 이르는 당대의 다양한 인물의 삶과 시문에 얽힌 사연, 꿈, 풍속에 관한 이야기를 생동감 있게 기록한 야담집이다. 여러 인사들과 관련된 기이하고 골계적인 일화, 거리나 항간에 떠도는 이야기들을 중심으로 엮었으며, 그 내용이 〈요로원야화기〉의 풍자적·해학적 성격과 유사하다.

키 포인트 체크

제재 □□ 양반과 서울 양반의 대화

관점 당대의 세태를 풍자하고 □□ □□에 대한 불만을 토로했다.

표현 두 사람의 □□로 이루어져 있으며, 당시의 언어 사용의 실상과 풍속이 잘 드러난다.

1 이 글에 대한 설명으로 적절하지 않은 것은?

① '나'를 통해 작가의 생각을 드러내고 있다.
② 당대의 사회 현실을 객관적으로 비판하고 있다.
③ 당대의 풍속을 연구하는 자료로 활용할 수 있다.
④ 당시 양반 사회의 풍속 및 행태를 풍자하고 있다.
⑤ 두 사람의 대화를 통해 사건을 순차적으로 전개하고 있다.

2 이 글을 읽은 사람이 〈보기〉를 읽고 보인 반응으로 적절하지 않은 것은?

보기

"저 농부 여보시오. 검은 소로 밭을 가니 컴컴하지 아니한가?" / 농부가 대답하대, / "그렇기에 볕 달았지요."
"볕 달았으면 응당 더우려니?"
"덥기에 성엣장 달았지요."
"성엣장 달았으면 응당 차지?"
"차기에 소에게 양지머리 있지요."
이렇듯 수작할 때, 다른 농부 달려들며 말하기를,
"우스운 자식 다 보겠다! 언어먹는 비렁뱅이 녀석이 반말 짓거리가 웬일인고? 저런 녀석은 근기를 알게 혀를 뿌리째 빼까 보다." / 또 다른 농부가 달려들며 말하기를,
"아서라. 애, 그런 말 말아라! 그분을 곰곰이 뜯어보니 주제는 비록 허술하나 손길을 보아 하니 양반임이 확실하다."
– 작자 미상, 〈춘향전(春香傳)〉

① 이 글과 같이 당대 사회의 언어생활을 엿볼 수 있군.
② 이 글에서처럼 양반과 상민의 말하기 방식이 다르군.
③ 이 글과 달리 언어유희를 통해 웃음을 유발하고 있군.
④ '객'과 '다른 농부'는 인물을 그의 행색으로 판단하는군.
⑤ '객'과 '또 다른 농부'는 말투를 듣고 인물을 판단하는군.

3 ㉠과 뜻이 통하는 속담으로 가장 적절한 것은?

① 제 논에 물 대기
② 제 꾀에 제가 넘어간다.
③ 제 나락 주고 제 떡 사 먹기
④ 제 논에 모가 큰 것은 모른다.
⑤ 제 놈이 제갈량이면 용납이 있나.

4 〈보기〉는 이 글의 언어 사용 양상을 정리한 판서 내용이다. 빈칸에 들어갈 적절한 말을 쓰시오.

보기

〈요로원야화기〉에서 신분에 따라 언어를 구별하여 사용한 것의 의미
① 당대의 신분 제도가 엄격했음.
② 사용하는 언어로 그 사람의 신분을 판단하고 (   ) 위한 중요한 방편이었음.

079 낙치설(落齒說) | 김창흡

키워드 체크 #설 #앞니가 빠진 일 #반성적 #성찰적

문학 천재(김)

핵심 정리

갈래 한문 수필, 설(說)
성격 체험적, 반성적, 성찰적
제재 나이가 들어 이가 빠진 일
주제 늙어서 이가 빠진 경험에서 얻은 늙음에 대한 긍정적 수용과 인생에 대한 낙천적 인식
특징 ① '체험-성찰'이라는 설(說)의 체계를 따르고 있음.
② 선인들의 예법, 권위 있는 성현(주자)의 사례를 인용하여 설득력을 높임.
의의 자신에게 닥친 좋지 않은 일을 긍정적으로 바꾸어 수용하는 지혜가 드러나 있음.
연대 1719년(숙종 45년)

어휘 풀이

칠음(七音) 음계를 이루는 일곱 가지 소리.
팔풍(八風) 팔음. 악기를 만드는 재료에 따라 나눈, 아악(雅樂)에서 쓰는 여덟 가지 악기. 또는 그 각각의 소리.
예기(禮記) 유학 오경(五經)의 하나로, 의례의 해설 및 음악·정치·학문에 걸쳐 예의 근본정신에 대해 서술한 책.
주자(朱子) 주희(朱熹, 1130~1200)를 높여 이르는 말. 중국 송나라의 유학자로, 도학(道學)과 이학(理學)을 합친 이른바 송학(宋學)을 집대성함.
전심(專心)하다 마음을 오로지 한곳에만 기울이다.
수복(壽福) 오래 살고 복을 누리는 일.

Q 신체 변화에 따른 작가의 생각 변화는?

이가 빠지기 전 자신이 노쇠했다고 생각하지 않고 언제나 의욕적인 태도를 보이던 작가는 이가 빠지고 난 후 자신이 늙었음을 긍정적으로 받아들여 분수에 맞는 삶을 살아가기로 한다. 즉, 작가는 신체 변화에 따른 성찰을 통해 삶에 대한 태도와 인식을 성숙시키고 있는 것이다.

구절 풀이

❶ **이것이 이가 ~ 슬프게 하는 것이다.** 앞니 하나가 빠져 책을 제대로 읽을 수 없었던 경험은 학문을 통해 인간의 근본을 찾으려 한 작가의 계획을 허사로 만들었다. 작가는 이러한 자신의 처지를 슬퍼하고 있다.
❷ **결국 빠진 이가 ~ 적지 않다 하겠다.** 자신이 늙었다는 사실을 망각하고 무리하게 활동했다면 몸이 쇠약해져서 더 큰 화를 당할 수도 있었음을 깨달았다는 의미이다.
❸ **옛날 성리학의 ~ 한탄했다고 한다.** 성리학의 대가인 주자의 일을 사례로 들어 설득력을 높이고 자신의 생각이 타당함을 뒷받침하고 있다.

작가 소개

김창흡(金昌翕, 1653~1722)
조선 후기의 학자이자 문인으로 학문과 문장이 모두 뛰어났다. 명문 출신임에도 평생 벼슬하지 않고 성리학 연구에 전념했다. 저서에 《삼연집(三淵集)》, 《심양일기(瀋陽日記)》 등이 있다.

가 나는 어릴 때부터 책 읽기를 좋아했다. 그런데도 아직까지 입에 올리지 못한 책이 수두룩하다. 이제부터라도 아침저녁으로 시골 풍경을 바라보면서 책이나 흥얼거리는 것으로 말년을 보내려 했다. 그리하여 캄캄한 밤에 촛불로 길을 비추듯, 인간의 근본에서 벗어나지 않기를 바랐던 것이다.
(말년: 일생의 마지막 무렵 / 촛불: 원관념: 책)

이렇게 마음먹고 책을 펴서 읽기 시작했다. 『그러자 이가 빠진 입술 사이로 흘러나오는 소리가 마치 깨진 종소리 같아서, 빠르고 느림이 마디지지 못하고, 맑고 탁한 소리가 조화를 잃고, *칠음(七音)의 높낮이도 분간할 수 없으며 *팔풍(八風)도 이해할 수 없었다.』 처음에는 낭랑한 목소리를 내 보려고 안간힘을 써 보았으나 끝내 소리가 말려 들어가고 말았다. 나는 내 모양이 슬퍼서 책 읽는 일을 그만두어 버렸다. 그러고 나니 마음은 더욱 게을러져 갔다. 결국 인간의 근본을 찾으려 했던, 최초의 마음을 그대로 유지할 수 없다는 것을 알게 되었다. ❶이것이 이가 빠지고 난 뒤에 나의 마음을 가장 슬프게 하는 것이다.
(『 』: 이가 빠져 발음이 정확하지 않아 그 소리에 실망한 자신의 심정을 깨진 종소리와 음악이 제대로 연주되지 못하는 것에 비유함.)
▶ 이가 빠진 것이 독서에 힘쓰며 말년을 보내려 했던 결심을 흩뜨리게 하는 원인이 됨.

나 『이미 노쇠한 것도 잊고 오히려 건장하다고 잘못 생각하고는, 어떤 일을 당해도 겁내지 않고 달려들어 처리했으며, 신바람이 나면 아무리 먼 길이라도 달려갔다가 반드시 녹초가 되어서야 돌아오곤 하였다.』
(『 』: 자신의 건강을 과신했던 것을 돌이켜 생각하며 지나온 삶을 성찰하기 시작함. / 녹초: 맥이 풀어져 힘을 못 쓰는 상태)

그리고 벌여 놓은 일이 너무 많아서 수습할 수 없게 되면 스스로 타이르기를, 이 뒤로는 시골에 몸을 숨겨 다시는 문밖에도 나가지 않겠다고 마음먹고는 했다. 그러나 이러한 일은 마치 버릇처럼 되어서, 저녁이면 후회하면서도 아침이면 그런 일을 되풀이하곤 했다. 이는 아마도 나이에 따라 분명히 체력의 한계가 있는데도 그것을 모르고 겁 없이 살아온 데 그 원인이 있을 것이다.
▶ 나이에 맞지 않게 생활했던 지난날을 반성함.

다 그런데 지금 얼굴이 일그러져 추한 모습으로 갑자기 사람들 앞에 나타나면 모두 놀라고 또 슬퍼하지 않는 사람이 없을 것이니, 내가 아무리 늙었음을 잠깐만이라도 잊으려 한다 해도 가능한 일이겠는가? 그러니 이제부터라도 나는 노인으로서의 분수를 지켜야겠다.
(건강해 보이던 사람이 갑자기 이가 빠진 모습으로 나타나면 사람들이 슬퍼할 것임.)

옛날 선인들의 예법에, 사람이 예순 살이 되면 마을에서 지팡이를 짚고 다니고, 군대에 나가지 않으며, 또 학문을 하려고 덤비지 말아야 한다고 했다. 나는 일찍이 《*예기》를 읽었으나 이와 같은 예법에는 동의하지 않고, 계속해서 잘못을 저지르곤 했는데, 지금에 와서야 그동안 내가 한 행동이 잘못되었음을 크게 깨달았다. 앞으로는 조용한 가운데 휴식을 찾아야 할까 보다. ❷결국 ㉠빠진 이가 나에게 경고해 준 바가 참으로 적지 않다 하겠다.
(노인이 되면 물러나 노년을 지내야 한다는 뜻으로, 작가는 선인들의 예법을 근거로 노인으로서의 분수를 지키기로 다짐함. / 노인으로서의 분수를 지키지 않고 무리하게 활동해 왔음.)
▶ 이가 빠짐으로써 노인으로서의 분수를 알게 됨.

라 ㉡❸옛날 성리학의 대가인 *주자(朱子)도 눈이 어두워진 것이 계기가 되어, 본심을 잃지 않고 타고난 착한 성품을 기르는 데 *전심하게 되었으며, 그렇게 되자 더 일찍 눈이 어두워지지 않은 것을 한탄했다고 한다. 그렇다면 나의 이가 빠진 것도 또한 너무 늦었다고 해야 하지 않을까. 『얼굴이 일그러졌으니 조용히 들어앉아 있어야 하고, 말소리가 새니 침묵을 지키는 것이 좋고, 고기를 씹기 어려우니 부드러운 음식을 먹어야 하고, 글 읽는 소리가 낭랑하지 못하니 그냥 마음속으로나 읽어야 할 것 같다.』 / 조용히 들어앉아 있으면 정신이 안정되고, 말을 함부로 하지 않으면 허물이 적을 것이며, 부드러운 음식만 먹으면 *수복(壽福)을 온전히 누릴 것이다. 그리고 마음속으로 글을 읽으면 조용한 가운데 인생의 도를 터득할 수 있을 터이니, 그 손익을 따져 본다면 그 이로움이 도리어 많지 않겠는가?
(조금 더 일찍 깨달음을 얻었으면 좋았을 것이라는 아쉬움을 드러냄. / 『 』: 이가 빠진 경험을 통한 작가의 인식의 전환을 보여 줌.)
▶ 본심을 잃지 않고 인생을 즐겁게 살겠다고 결심함.

• 중심 내용 이가 빠지고 난 뒤 겪은 불편함과 그로 인해 깨달은 바

이해와 감상

〈낙치설〉은 작가가 예순여섯이 되던 해에 이가 빠진 일을 계기로 지난날 자신의 삶을 반성하고 새로운 자세로 살아야겠다고 다짐하는 내용의 수필이다. 작가는 앞니 하나가 빠져 변해 버린 자신의 얼굴을 보고 충격을 받고 마음을 다잡는 한편 음식을 먹거나 책을 읽을 때 많은 불편을 겪는다. 이 경험을 통해 자신의 지난 삶을 되돌아보며 나이에 맞지 않게 생활해 왔던 자신의 모습을 반성하고, 노인으로서 분수를 지키며 살아야겠다는 결심을 하게 된다. 그 근거로 선인들의 예법과 주자의 삶을 제시하면서 네 가지의 불편함(조용히 들어앉아 있어야 하고, 침묵을 지켜야 하고, 부드러운 음식을 먹어야 하고, 글을 마음속으로 읽어야 하는 것)을 긍정적으로 수용하는 모습을 보이고 있다.

작품 연구소

〈낙치설〉의 구성

전반부	이가 빠지고 난 뒤 생긴 변화 때문에 슬퍼진 작가는 나이에 맞지 않게 생활했던 지난날을 반성한다.
후반부	이가 빠짐으로써 노인으로서의 분수를 비로소 알게 되고, 본심을 잃지 않고 인생을 즐겁게 살겠다고 결심한다.

〈낙치설〉에 나타난 설(說)의 구조적 특징

체험	앞니가 빠져서 낭랑한 목소리로 책을 읽을 수 없게 됨.
반성	그동안 노인으로서의 분수를 지키지 못했음.
깨달음	본심을 잃지 않고 타고난 착한 성품을 기르는 데 전념하는 것이 참된 인생임.

〈낙치설〉에 나타난 작가의 인식 전환

작가는 이가 빠진 것을 계기로 인식을 전환하여 자신이 나이가 들었음을 인정하고 현실을 수용하기로 한다. 늙었다는 사실을 알지 못하면 노망(老妄)이라 하고, 늙었음을 자꾸 한탄하면 천박한 법이니, 세월이 흐르고 이에 따라 늙고 병드는 것은 자연스러운 일이다. 이 당연한 이치를 안다면 늙었다고 근심할 이유가 없으므로 작가는 늙는다는 것을 편안하게 받아들이기로 한다.

〈낙치설〉의 창작 동기와 신변 소사의 문학화

작가는 앞니가 빠진 일의 충격과 슬픔을 묘사한 뒤 그를 통해 깨닫게 된 세상의 이치와 삶의 태도를 다채롭게 전개한다. 이가 빠지는 지극히 개인적인 체험에서 세계를 바라보는 인식의 전환에까지 이르는 과정을 인상적으로 작품화한 것이다. 만약 이가 빠지는 체험과 그로 인한 상심에 대한 묘사 없이 뒷부분의 논술만 전개되었다면 공감의 폭은 훨씬 줄어들었을 것이다. 체험의 진정성과 구체성, 그로 인한 정서적 교감을 통해 이 작품은 더 큰 설득력을 지니게 되었다

함께 읽으면 좋은 작품

《갈역잡영(葛驛雜詠)》, 김창흡 / 세상의 조화에 대한 깨달음이 드러난 작품

이가 빠진 사건이 일어난 해에 김창흡은 인제의 갈역이라는 곳에 머무르며 392수에 이르는 연작시 《갈역잡영》을 지었다. 그중 제9수는 〈낙치설〉에 드러난 세상의 조화에 대한 깨달음을 바탕으로, 자신의 마음에 따라 자유롭게 사는 삶을 그리고 있다. Link 〈고전 운문〉 304쪽

키 포인트 체크

제재 나이가 들어 □가 빠진 일

관점 늙음을 긍정적으로 □□하여 지금까지의 태도를 반성하고 앞으로의 삶의 계획을 결심한다.

표현 체험을 통해 □□□을 얻는 '설(說)'의 체계를 따르며, 선인의 예를 □□하여 설득력을 높였다.

1 이 글에 대한 설명으로 적절한 것은?

① 우연한 일을 계기로 자신의 태도를 성찰하고 있다.
② 모순된 사회 현실에 대한 비판 의식을 드러내고 있다.
③ 인간관계에서 오는 갈등을 극복하려는 의지가 나타나 있다.
④ 일반적인 생각에서 벗어나 새로운 발상을 떠올리고 있다.
⑤ 개인의 체험에서 깨달은 바를 일반화하여 인간사 전반에 적용하고 있다.

2 이 글을 〈보기〉와 같이 이해할 때, 빈칸에 들어갈 말로 가장 적절한 것은?

보기
작가는 자신의 이가 빠진 것을 통해 다양한 생각을 하게 되고 그 일을 ______________의 계기로 삼고 있다.

① 견리사의(見利思義)
② 결자해지(結者解之)
③ 기사회생(起死回生)
④ 전화위복(轉禍爲福)
⑤ 절차탁마(切磋琢磨)

내신 적중 多빈출

3 ㉠의 내용으로 가장 적절한 것은?

① 노인이 되었음을 인정하고 나이에 걸맞게 살아야겠다.
② 일에만 힘쓰기보다 적절히 휴식을 취하며 살아야 한다.
③ 신체의 변화는 단지 외모에만 영향을 줄 뿐 인간의 본질은 정신에 있다.
④ 나이가 드는 것은 손익을 따져 보면 이로움이 많으므로 아쉬워할 일이 아니다.
⑤ 이가 빠졌다는 사실을 잊지 말고 부드러운 음식을 먹으며 소리 내지 않고 글을 읽어야겠다.

4 ㉡의 사례가 지닌 역할로 가장 적절한 것은?

① 작가의 부정적인 생각을 바꾸는 계기를 제공한다.
② 작가의 깨달음을 확신하고 발전적으로 수용하게 한다.
③ 작가가 학자로서 본받아야 할 학문의 자세를 부각한다.
④ 작가가 미처 깨닫지 못한 새로운 진리를 떠오르게 한다.
⑤ 작가에게 더 이상 다른 사람의 눈을 의식하지 않고 살 수 있도록 용기를 준다.

내신 적중

5 이 글의 작가와 〈보기〉의 화자가 지닌 '늙음'에 대한 태도를 비교하여 완결된 한 문장으로 쓰시오.

보기
ᄒᆞᆫ 손에 가시를 들고 또 ᄒᆞᆫ 손에 막ᄃᆡ 들고
늙는 길 가시로 막고 오는 백발(白髮) 막ᄃᆡ로 치랴터니
백발이 제 몬져 알고 즈럼길로 오더라. - 우탁

의산문답(醫山問答) | 홍대용

키워드 체크 #수필 #문답 형식 #인간 중심주의 배척 #상대적 가치관 #실학사상

문학 신사고

핵심 정리

갈래 한문 수필
성격 철학적, 사색적
제재 만물의 가치 판단 기준
주제 인간 중심적 사고에 대한 비판
특징 ① 실옹과 허자가 질문하고 대답하는 형식으로 이야기가 전개됨.
② 인간과 사물이 동등하다는 상대적 가치관이 잘 드러남.
연대 1766년(영조 42년)
출전 《담헌서(湛軒書)》

Q 실옹과 허자가 지닌 태도의 차이는?

실옹은 인간과 만물이 차이가 없으며 동등하다는 상대주의적 가치관을 드러내고 있는 반면, 허자는 인간과 만물이 다르며 오직 인간만이 귀하다는 인간 중심적 가치관을 드러내고 있다.

어휘 풀이

하수(河水) 강이나 시내의 물.
태(胎) 태반이나 탯줄과 같이 태아를 둘러싸고 있는 여러 조직을 일상적으로 이르는 말.
오륜(五倫) 유학에서, 사람이 지켜야 할 다섯 가지 도리. 부자유친, 군신유의, 부부유별, 장유유서, 붕우유신을 이른다.
오사(五事) 외모, 말, 보는 것, 듣는 것, 생각하는 것을 이른다. 외모는 공손해야 하고, 말은 조리 있어야 하며, 보는 것은 밝아야 하고, 듣는 것은 분명해야 하며, 생각하는 것은 지혜로워야 한다는 것이다.
시초(蓍草) 국화과의 여러해살이풀
울금초(鬱金草) 울금, 강황.
미혹(迷惑)하다 무엇에 홀려 정신을 차리지 못하다.
문채(文彩) 옷감이나 조각품 등을 장식하기 위한 여러 가지 모양.

구절 풀이

❶ **대저 털과 살로 된 ~ 다를 것이 있겠는가?** 허자가 사람과 만물의 차이로 제시한 체질이나 정혈의 교감에 대해 실옹은 실은 사람이나 초목, 금수가 다를 바가 없다고 하며 사람과 만물이 차이가 없음을 주장하고 있다.

❷ **그런데 너는 어찌해서 ~ 사람의 입장에서 만물을 보느냐?"** 실옹이 허자의 문제점을 직접적으로 지적한 부분이다. 허자의 인간 중심적 사고와 인본주의 가치관이 잘못되었음을 비판하고 만물을 동등하게 바라보아야 한다고 주장하고 있다.

작가 소개

홍대용(1731~1783)
조선 영조 때의 실학자이며, 호는 담헌(湛軒)·홍지(洪之)이다. 북학파의 대표적 인물로, 천문과 율력에 뛰어나 혼천의를 만들고 지구의 자전설을 제창하는 등 조선 후기의 과학 사상 발달에 중요한 역할을 했다. 저서에 《담헌집(澹軒集)》, 《주해수용(籌解需用)》 등이 있다.

가 실옹이 허자에게 묻기를, / "사람의 몸이 만물(萬物)과 다른 점이 무엇이냐?"
(실옹과 허자의 대화로 내용이 전개됨. / 실옹의 질문 ① – 사람과 만물의 차이에 대한 허자의 의견을 물음.)

"「사람의 머리가 둥근 것은 하늘을, 발이 모난 것은 땅을, 살과 머리털은 산과 숲을, 피는 •하수(河水)나 바다를, 양쪽 눈은 해와 달을, 숨 쉬는 것은 바람과 구름을 각각 상징합니다. 그렇기 때문에 사람의 몸을 일러 소천지(小天地)라고 합니다.」 사람이 태어날 때 아비의 정(精)과 어미의 혈(血)이 교감하여 •태(胎)를 이루고 달이 차면 나옵니다. 나이가 더해짐에 따라 지혜가 진보하고 일곱 구멍이 모두 밝아지며 다섯 성품이 함께 갖추어지게 됩니다. 이것이, 곧 사람의 몸이 여느 만물과 다른 점이 아닙니까?"
(「」: 사람의 몸에 천지가 담겨 있음. – 사람을 중요한 존재로 생각하는 태도가 드러남. / 사람은 나이가 들며 지혜와 도리를 갖추게 된다고 생각함. / 사람의 몸은 소천지와 같음, 정혈의 교감으로 태어남, 지혜와 예법을 지님.)
▶ 허자가 사람의 몸과 만물이 차이가 있다고 함.

나 "아! 너의 말과 같다면 사람이 만물과 다른 점이란 거의 없나니, ❶대저 털과 살로 된 체질과, 정혈(精血)의 교감은 초목이나 사람이나 같거늘, 하물며 금수와 다를 것이 있겠는가? 내가 너에게 다시 묻겠다. 생물의 종류는 셋이 있으니, 사람, 금수, 초목이 그것이다. [중략] 이 세 가지 생물이 한없이 얽히어 혼란을 일으키는 바, 서로 망하게 또는 흥하게 하는데, 귀하고 천함에 등급이 있는가?" / "천지간 생물 중에 오직 사람이 귀합니다. 저 금수와 초목은 지혜나 깨달음도 없으며, 예법이나 의리도 없습니다. 그러므로 사람이 금수보다 귀하고 초목이 금수보다 천한 것입니다."
(허자의 생각이 잘못되었음을 지적함. – 사람과 만물은 차이가 없음. / 생물을 사람, 금수, 초목으로 나눔. / 실옹의 질문 ② – 귀천의 등급에 대한 허자의 생각을 물음. / 인간 중심적 사고방식 / □: 금수, 초목과 달리 인간만이 지니고 있는 고귀한 것)
▶ 허자가 생물 중에 사람만이 귀하다고 함.

다 실옹이 고개를 젖히고 웃으면서 말하기를,

"너는 진실로 사람이로구나. 「•오륜(五倫)과 •오사(五事)는 사람의 예의(禮義)이고, 떼를 지어 다니면서 서로 불러 먹이는 것은 금수의 예의이며, 떨기로 나서 무성한 것은 초목의 예의이다.」 사람으로서 만물을 보면 사람이 귀하고 만물이 천하지만 만물로서 사람을 보면 만물이 귀하고 사람이 천하다. 하늘이 보면 사람이나 만물이 마찬가지이다. 대저 만물은 지혜가 없는 까닭에 속임이 없고, 깨달음이 없는 까닭에 거짓도 없다. 그렇다면 만물이 사람보다 훨씬 귀하다. [중략] 「사람이 사람을 귀하게 여기고 만물을 천하게 여기는 것은 자랑하는 마음을 가졌기 때문이다.」"
(허자가 철저히 사람 중심으로 생각함. / 「」: 형태는 다르지만 사람, 금수, 초목 모두 각각의 예의가 있음. / 관점을 달리하면 귀천의 판단이 달라질 수 있음. / 사람과 만물이 동등하다는 태도가 드러남. / 「」: 사람 중심으로 생각하는 교만한 태도를 경계함.)
▶ 실옹이 사람만이 귀하다는 허자의 생각을 비판함.

라 "봉황이 날고 용이 난다 하지만 금수에서 벗어나지 못하고, •시초와 •울금초와 소나무와 잣나무는 초목에서 벗어날 수 없습니다. 「또 그들은 백성에게 혜택을 입힐 인(仁)이 없고, 세상을 다스릴 지(知)가 없으며, 복식이나 의장, 예악(禮樂)이나 병형(兵刑)도 없거늘 어찌하여 사람과 마찬가지라 할 수 있습니까?」"
(아무리 신령하고 고귀한 것이라 해도 금수와 초목의 한계를 벗어나지 못함. / 「」: 윤리[仁], 지식[知], 제도(복식, 의장, 예악, 병형 등)가 인간을 금수, 초목과 구별되게 한다고 생각함.)
▶ 허자가 실옹의 의견을 반박함.

마 "너는 너무도 •미혹하구나. 「물고기를 놀라게 하지 않음은 백성을 위한 용의 혜택이며, 참새를 겁나게 하지 않음은 봉황의 세상 다스림이다. 다섯 가지 채색 구름은 용의 의장이요, 온몸에 두른 •문채는 봉황의 복식이며, 바람과 우레가 떨치는 것은 용의 병형이고, 높은 언덕에서 화한 울음을 우는 것은 봉황의 예악이다. 시초와 울금초는 종묘 제사에 귀하게 쓰이며, 소나무와 잣나무는 대들보로 얹을 귀중한 재목이다.」 「옛사람이 백성에게 혜택을 입히고 세상을 다스릴 때, 만물에 도움받지 않은 것이 없었다. 군신(君臣)간의 의리는 벌에게서, 병진(兵陣)의 법은 개미에게서, 예절(禮節)의 제도는 박쥐에게서, 그물 치는 법은 거미에게서 각각 취해 온 것이다.」 그런 까닭에 '성인(聖人)은 만물(萬物)을 스승으로 삼는다.' 하였다. ❷그런데 너는 어찌해서 하늘의 입장에서 만물을 보지 않고 오히려 사람의 입장에서 만물을 보느냐?" / 이에 허자가 큰 깨달음을 얻더라.
(「」: 금수, 초목이 윤리[仁], 지식[知], 제도(복식, 의장, 예악, 병형 등)를 갖추고 있음. / 「」: 사람은 다른 생물에게서 많은 것을 배워 왔음. / 만물의 도움 없이는 사람이 현재의 윤리와 도리, 제도를 이루지 못했을 것임.)
▶ 실옹이 허자의 잘못된 생각을 깨우쳐 줌.

• 중심 내용 허자에게 인간과 만물이 동등하다는 깨우침을 전달한 실옹

이해와 감상

〈의산문답〉은 중국과 만주의 경계에 있는 의무려산(醫巫閭山)을 배경으로 가상의 인물인 실옹과 허자가 서로 묻고 답하는 대화 형식으로 쓴 고전 수필이다. 서양 과학을 받아들여 새로운 학문을 터득한 실옹과 성리학에 매몰되어 있던 허자가 인류의 기원, 국가의 형성, 법률, 제도, 천문, 과학 등 다양한 주제로 나누는 대화에서 작가 홍대용의 사상을 드러내고 있다. 실옹과 대화하며 주자 성리학의 오류를 깨닫는 허자의 모습을 통해 당시 조선 유학의 문제점을 비판하는 한편, 유연한 자세로 학문을 대해야 한다는 관점을 드러내고 있다. 또한 사람과 만물이 동등하다는 사상, 서양의 자연 과학 이론을 적극적으로 받아들일 필요성 등 홍대용의 사상을 집대성하여 보여 주고 있다.

작품 연구소

만물을 대하는 실옹과 허자의 태도

실옹	↔	허자
• 사람의 몸이 만물과 다른 점이 거의 없음. • 사람, 금수, 초목의 귀천에 등급이 없음. • 사람의 '인(仁), 지(知), 복식, 의장, 예의, 병형'은 모두 만물에게 도움 받은 것임.		• 사람의 몸과 만물이 체질, 정혈의 교감, 지혜와 윤리에서 다름. • 사람, 금수, 초목 중 오직 사람만이 귀함. • '인(仁), 지(知), 복식, 의장, 예의, 병형'이 없는 금수, 초목은 사람과 같다고 할 수 없음.
사람과 만물을 동등하게 대함.		사람 중심의 관점에서 만물을 대함.

〈의산문답〉이 오늘날의 우리에게 주는 의미

인간 중심주의를 비판하고 만물이 동등하다는 가치관을 드러냄.

↓

• 자연과 환경을 대하는 우리의 태도를 성찰하게 함.
• 상생과 공존의 태도를 일깨워 줌.

자료실

〈의산문답〉의 창작 배경

〈의산문답〉은 홍대용이 1765년 연행사의 서장관으로 임명된 작은아버지를 따라 중국 북경을 다녀온 뒤 쓴 고전 수필이다. 홍대용은 북경에서 중국 학자들 및 서양 선교사들과 만나면서 서양 과학에 깊은 감명을 받았다. 홍대용은 이를 통해 새로운 학문의 필요성을 깨닫고, 당시 조선의 지식인층이 지니고 있던 경직된 사상과 태도를 비판하고자 했다. 〈의산문답〉은 실학사상을 잘 드러내는 작품으로 평가되며 후에 박지원의 〈호질〉, 〈허생전〉 등 실학파 소설에 영향을 주기도 했다.

함께 읽으면 좋은 작품

〈슬견설(蝨犬說)〉, 이규보 / 사물을 바라보는 시각에 관한 교훈을 주는 수필

개와 이의 죽음에 대한 손과 '나'의 대화를 통해 편견을 버리고 사물을 바라보아야 함을 일깨우는 수필이다. 대화 형식으로 깨우침을 준다는 점이나 만물을 인간과 동등하게 바라보아야 한다는 교훈을 준다는 점에서 〈의산문답〉과 비교하며 읽어 볼 만하다. Link 본책 80쪽

키 포인트 체크

제재 만물의 □□ 판단 기준

관점 사람과 만물이 동등하다고 생각하는 실옹을 통해 □□ □□□ 사고방식을 비판한다.

표현 실옹과 허자가 □□를 나누는 형식으로 이루어져 있다.

1 이 글에 대한 설명으로 적절하지 않은 것은?

① 두 인물이 문답하는 형식으로 내용이 전개되고 있다.
② 역사적 실존 인물이 등장하여 사실감을 높이고 있다.
③ 인간과 만물이 동등하다는 작가의 생각이 반영되어 있다.
④ 만물을 대하는 올바른 태도에 대한 깨달음을 전하고 있다.
⑤ 가치관이 대비되는 두 인물을 통해 주제 의식을 제시하고 있다.

2 다음 중 허자의 생각으로 보기 어려운 것은?

① 사람은 만물과 달리 정혈의 교감으로 태를 이루고 태어난다.
② 사람은 지혜와 깨달음, 예법과 의리가 있으므로 귀한 존재이다.
③ 사람의 몸은 만물과 다르며 사람의 가치 또한 금수, 초목과 차이가 있다.
④ 봉황과 용, 시초와 울금초는 금수와 초목 중에서 예외적으로 귀한 것이다.
⑤ 복식이나 의장, 예악, 병형은 금수, 초목에게는 없고 사람만이 지닌 것이다.

3 실옹의 말하기 방식과 거리가 먼 것은?

① 설의적 질문을 통해 전달하고자 하는 바를 강조하고 있다.
② 허자의 말에 부분적으로 공감해 주면서 허자를 설득하려 하고 있다.
③ 예로부터 전해 오는 말을 인용하여 자신의 생각을 뒷받침하고 있다.
④ 질문을 던져 허자의 생각을 이끌어 내고 잘못된 점을 일깨우고 있다.
⑤ 금수와 초목의 구체적인 사례를 바탕으로 허자의 생각을 반박하고 있다.

4 이 글을 통해 작가가 전달하고자 한 생각을 가장 잘 드러낸 것은?

① 인간은 만물의 영장이다.
② 인간만이 사고할 수 있는 유일한 존재이다.
③ 식물은 동물을 위해, 동물은 인간을 위해 존재한다.
④ 인간은 자연의 지배자가 아니라 하나의 구성원이다.
⑤ 자연은 인간에게 순종하고 정복되어야 하는 대상이다.

내신 적중 多빈출

5 이 글을 바탕으로 만물에 관한 실옹과 허자의 태도를 정리하여 〈조건〉에 맞게 쓰시오.

조건
1. 사람과 만물을 대하는 태도를 드러낼 것
2. 대조의 방법을 활용하여 완결된 한 문장으로 쓸 것

081 동명일기(東溟日記) | 의유당

키워드 체크 #기행 수필 #동해의 월출과 일출 #사실적인 묘사

문학 천재(김), 지학사 언매 미래엔

핵심 정리

갈래 국문 수필, 기행 수필
성격 사실적, 묘사적, 비유적, 예찬적
제재 동해의 월출과 일출
주제 귀경대에서 본 월출과 일출의 장관
특징 ① 순우리말의 섬세한 표현이 드러남.
② 월출과 일출 광경을 비유적 표현을 통해 사실적으로 묘사함.
연대 1772년(영조 48년)
출전 《의유당관북유람일기(意幽堂關北遊覽日記)》

Q 이 부분에 나타난 표현상의 특징은?

달이 솟아오르는 순간과 달빛이 넓고 큰 바다에 비치는 모습을 직유법을 사용하여 사실적으로 묘사한 부분이다. 달이 솟아오를 때의 모습을 얼레빗 잔등과 폐백반에 비유하고, 달이 솟아오를 때의 붉은빛을 도홍빛에, 달이 비치어 바다의 푸른 빛이 흰빛으로 변한 것을 은과 옥에 비유하고 있다.

어휘 풀이

기절(奇絶) 아주 신기하고 기이함.
모운(暮雲) 날이 저물 무렵의 구름.
사면연운(四面煙雲) 사방의 안개와 구름.
통랑(通朗)하다 속까지 비치어 환하다.
얼레빗 빗살이 굵고 성긴 큰 빗.
폐백반(幣帛盤) 폐백을 담는 예반.
사군(使君) 명을 받들고 사신으로 가는 사람. 여기서는 작가의 남편을 가리킴.
세록지신(世祿之臣) 대대로 나라에서 녹봉을 받는 신하.
급창(及唱) 조선 시대에, 군아에 속하여 원의 명령을 간접으로 받아 큰 소리로 전달하는 일을 맡아 보던 사내종.
감관(監官) 조선 시대에, 각 관아나 궁방(宮房)에서 금전·곡식의 출납을 맡아보거나 중앙 정부를 대신하여 특정 업무의 진행을 감독하고 관리하던 벼슬아치.
날치다 자기 세상인 것처럼 날뛰며 기세를 올리다.

Q 이 부분에 드러난 작가의 심리는?

작가는 해가 뜰 시간이 멀었지만 기생과 비복을 재촉하여 간식(떡국)도 먹지 않고 귀경대에 오른다. 이러한 작가의 행동에서 해돋이를 빨리 보고 싶은 조급한 마음과 기대감을 읽을 수 있다.

구절 풀이

❶ **바다 푸른빛이 ~ 은혜 아닌 것이 있으리오.** 만경창파에 달빛이 비쳐 옥이나 은처럼 희고 맑게 비치는 것을 보기가 쉽지 않지만 다행히 볼 수 있었던 것이 임금의 은혜임을 강조하고 있다.
❷ **그도 장관으로 ~ 심히 서운하더라.** 그만하면 월출 광경이 장관이라고 생각했는데, 다들 그렇게 여기지 않는 듯하여 몹시 서운한 생각이 들었다는 뜻이다.

(가) 구월 기러기 어지러이 울고 한풍(寒風)(차가운 바람)이 끼치는데, 바다에 말도 같고 사슴도 같은 것이 물 위로 다니기를 말달리듯 하니, 날 기운이 이미 침침하니 자세치 아니하되(날이 저물어 이미 어둑어둑하여 자세하지는 않지만), 또 •기절(奇絶)이 보암직하니, 일생 보던 기생들이 연성(連聲)하여(연달아 소리 질러) 괴이함을 부를 제, 내 마음에 신기하기 어떠하리요. 혹 해구(海狗)라 하고 고래라 하니 모를러라(혹은 물개라고 하고 혹은 고래라고 하지만 잘 모르겠다). ▶ 바다 위를 달리는 신기한 동물을 봄.

(나) 해 완전히 다 지고 어두운 빛이 일어나니, 달 돋을 데를 바라본즉 진애(塵埃)(티끌과 먼지) 사면으로 끼고 •모운(暮雲)이 창창하여(가득하여) 아마도 달 보기 황당(荒唐)하니(가망이 없으니), 별러 별러 와서 내 마음 가없기는 이르지 말고(계속 기다렸는데 월출을 못 볼 것 같아 아쉬움이 이루 말할 수 없고), 차섬이, 이랑이, 보배(속기생(屬妓生), 관기(官妓)) 다 마누라님, 월출을 보지 못하시게 하였다(기생들이 작가에게 하는 말) 하고 소리하여 한하니(큰 소리로 한탄하니), 그 정이 또 고맙더라.

달 돋을 때 미치지 못하고 어둡기 심하니(아직 달이 돋을 시간이 되지 않아서 사방이 어두우니), 좌우로 초롱(등불)을 켜고 매화가 춘매로 하여금 대상(귀경대 위)에서 ㉠관동별곡(선조 때 정철이 지은 가사)을 시키니, 소리 높고 맑아 집에 앉아 듣는 것보다 더욱 신기롭더라. ▶ 월출을 보지 못할 것 같아서 아쉬워함.

(다) 물(파도) 치는 소리 장하매(크고 성대하매), 청풍이 슬슬이 일어나며, 다행히 •사면연운(四面煙雲)이 잠깐 걷고, 물 밑이 일시에 •통랑하며, 게 드린 도홍(桃紅)빛(바다에 드리운 붉은 복숭아 빛) 같은 것이, •[얼레빗 잔등] 같은 것이 약간 비치더니 차차 내미는데(주체 – 달), 둥근 빛 붉은 •[폐백반(幣帛盤)]만 한 것이 길게 홍쳐(흥청거리며) 올라붙으며, 차차 붉은 기운이 없고 온 바다가 일시에 희어지니, ❶바다 푸른빛이 희고 희어 은 같고 맑고 좋아 옥 같으니, 창파 만 리에 달 비치는 장관을 어찌 능히 볼지리요마는, •사군이(작가의 남편) •세록지신(世祿之臣)으로 천은(天恩)이 망극하여(임금님의 은혜가 끝이 없어) 연하여 외방에 작재(作宰)하여(계속하여 지방의 수령이 되어) 나랏것을 마음껏 먹고(국록을 받아 누리고), 나는 또한 사군의 덕으로 이런 장관을 하니(이처럼 멋진 월출 장관을 보게 되니), ㉡도무지 어느 것이 성주(聖主)의 은혜(덕이 뛰어난 임금님의 은혜) 아닌 것이 있으리오.

[ ]: 달을 비유한 표현

밤이 들어오니(깊으니) 바람이 차고 물 치는 소리 요란한데 한랭하니(몹시 추우니), 성이로 더욱 민망하여(성이가 추워하는 것이 더욱 딱하여) 숙소로 돌아오니, 기생들이 월출 관광이 쾌치 아닌 줄 애달파하더니(기생들은 월출 광경이 시원스럽지 못한 줄 알고 안타깝게 여기니), 나는 ❷그도 장관으로 아는데 그리들 하니 심히 서운하더라. ▶ 월출 장관을 보고 임금님의 은혜라고 생각함.

(라) 행여(혹시) 일출을 보지 못할까 노심초사하여(몹시 마음을 쓰며 애를 태워) 새도록 자지 못하고 가끔 영재(작가의 시중을 드는 하인)를 불러 사공더러 물으라 하니, 내일은 일출을 쾌히 보시리라(주체 – 작가) 한다(주체 – 사공) 하되, 마음에 미덥지 아니하여 초초하더니, 먼 데 닭이 울며 연하여 잦으니, 기생과 비복(계집종과 사내종)을 마구 흔들어 어서 일어나라 하니, 밖에 •급창(及唱)이 와, 관청 •감관이 다 아직 너무 일찍 하니(아직 일출을 보기에 너무 이르니) 떠나지 못하시리라(주체 – 작가) 한다(주체 – 급창 / 주체 – 관청 감관) 하되, 곧이 아니 듣고(주체 – 작가) 발발이 재촉하여 떡국을 쑤었으되 아니 먹고 바삐 귀경대(함경남도 함흥에 있는 대(臺)의 이름)에 오르니, 『달빛이 사면에 조요하니(밝게 비쳐서 빛나니) 바다가 어젯밤보다 희기 더하고 광풍이 대작하여(크게 일어나) 사람의 뼈에 사무치고 물결치는 소리 산악이 움직이며 별빛이 말똥말똥하여 동편에 차례로 있어 새기는((날이)) 멀었고, 자는 아이(하인)를 급히 깨워 왔기 추워 •날치며, 기생과 비복이 다 이를 두드려 떠니,』 사군이 소리하여 혼동하여(마구 꾸짖어) 가로되,

『 』: 밤바다의 고요한 모습과 추위를 참으며 해가 뜨기를 기다리는 사람들의 모습이 사실적으로 제시됨.

"상(常) 없이(분별없이) 일찍이 와 아이와 실내(室內)(남의 아내를 일컫는 말, 여기서는 자기 아내(작가)를 간접적으로 지칭한 말) 다 큰 병이 나게 하였다."

하고 소리하여 걱정하니, 내 마음이 불안하여 한 소리를 하지 못하고, 감히 추워하는 눈치를 하지 못하고 죽은 듯이 앉았으되, 날이 샐 가망이 없으니 연하여 영재를 불러, 동이 트느냐 물으니, 아직 멀기로 연하여 대답하고(날이 새기는 아직 멀었다고 계속 대답하고), 물 치는 소리 천지 진동하여 한풍(寒風) 끼치기 더욱 심하고, 좌우 시인(侍人)(시중 드는 사람)이 고개를 기울여 입을 가슴에 박고 추워하더니. ▶ 초조한 마음으로 귀경대에 올라서 동이 트기를 기다림.

• **중심 내용** 월출 장관을 보게 된 감회와 일출에 대한 기다림 • **구성 단계** (가)~(라) 기

이해와 감상

〈동명일기〉는 작가가 함흥 판관으로 부임해 가는 남편을 따라가 그곳의 명승고적을 둘러보고 느낀 바를 쓴 기행 수필로, 가치섬 일대에서의 뱃놀이 풍류, 귀경대에서 본 월출과 일출 광경, 이성계의 본궁(本宮) 관람 등으로 구성되어 있다. 《의유당관북유람일기》 중 가장 우수한 글로 평가받는 이 작품은 순우리말을 사용하여 표현의 운치를 드높이고, 예리한 관찰력과 섬세한 표현으로 문학적 우수성을 인정받고 있다.

이 작품은 월출과 일출 장면을 제재로 삼았다는 점에서 정철의 〈관동별곡〉과 비교되는데, 종래의 유교적 이념이나 관념의 틀에서 벗어난 자유분방하고 사실적인 묘사는 이 작품만의 특징이다. 작가는 시간의 흐름에 따라 월출과 일출의 변화 과정을 표현하고, 이를 시각적 이미지와 직유법을 사용하여 생동감 있게 묘사하고 있다. 또한 월출과 일출을 보지 못할까 봐 초조해하는 마음과, 월출과 일출을 본 뒤의 감흥을 자세하게 표출하고 있어서, 심리적 추이도 잘 드러나고 있다. 이러한 표현상의 우수성으로 인해 이 글은 고전 수필의 백미(白眉)로 평가받고 있다.

작품 연구소

〈동명일기〉와 정철의 〈관동별곡〉에 나타난 월출과 일출의 비교

〈관동별곡〉의 달맞이

져근덧 밤이 드러 풍낭(風浪)이 뎡(定)ᄒᆞ거늘, 부상(扶桑) 지쳑(咫尺)의 명월(明月)을 기ᄃᆞ리니, 셔광(瑞光) 쳔댱(千丈)이 뵈ᄂᆞᆫ ᄃᆺ 숨ᄂᆞᆫ고야. 쥬렴(珠簾)을 고텨 것고 옥계(玉階)ᄅᆞᆯ 다시 쓸며, 계명셩(啓明星) 돗도록 곳초 안자 ᄇᆞ라보니, ᄇᆡᆨ년화(白蓮花) ᄒᆞᆫ 가지ᄅᆞᆯ 뉘라셔 보내신고. 일이 됴흔 셰계(世界) ᄂᆞᆷ대되 다 뵈고져.

〈관동별곡〉의 해돋이

낙산(洛山) 동반(東畔)으로 의샹ᄃᆡ(義相臺)예 올라 안자, 일출(日出)을 보리라 밤듕만 니러ᄒᆞ니, 샹운(祥雲)이 집피ᄂᆞᆫ 동 뉵뇽(六龍)이 바퇴ᄂᆞᆫ 동, 바다ᄒᆡ 떠날 제ᄂᆞᆫ 만국(萬國)이 일위더니, 텬듕(天中)의 티뜨니 호발(毫髮)을 혜리로다. 아마도 녈구름 근쳐의 머믈셰라.

작품	〈동명일기〉	〈관동별곡〉
표현상 특징	직유법으로 섬세하면서도 사실적으로 묘사함.	굵은 선으로 스케치하듯 묘사함.
유교적 통치 이념	유교적 통치 이념이 잘 드러나지 않음.	'일이 됴흔 셰계(世界) ᄂᆞᆷ대되 다 뵈고져.', '아마도 녈구름 근쳐의 머믈셰라.' 등에 유교적 통치 이념이 투영되어 있음.

〈동명일기(東溟日記)〉의 작가의 개성적 성격

〈동명일기〉의 작가 의유당은 기존 사대부가의 여성과 달리 개성이 아주 강한 작가이다. 의유당은 동명(동해)의 해돋이를 보기 위해 지속적으로 남편을 졸라 마침내 자신의 소원을 성취하는 적극적이고 집념이 강한 사람이다. 또, 밤늦게까지 풍악을 즐기며 놀았다는 〈북산루〉의 기록을 볼 때, 자유분방하고 낭만적이며 개방적인 성격임을 알 수 있다. 그리고 눈앞에 펼쳐지는 사물과 풍경을 차분하고 섬세하게 묘사하는 것으로 보아, <u>여유가 있고 관조적이며 사물에 대한 격조 높은 안목을 지녔음</u>도 알 수 있다. 이러한 성격과 안목이 반영된 〈동명일기〉는 개성 있는 탁월한 표현력으로 그 가치를 높이 평가받고 있다.

키 포인트 체크

제재 동해의 월출과 □□

관점 자유분방하며 낭만적인 사대부가 여인이 여유롭고 □□적인 눈으로 사물과 풍경을 관찰했다.

표현 순우리말로 기행의 운치를 섬세하게 표현했으며, 보고 느낀 바를 □□□을 활용하여 사실적으로 묘사했다.

1 이 글에 대한 설명으로 적절하지 <u>않은</u> 것은?

① 예리한 관찰력과 섬세한 필치가 돋보인다.
② 눈앞에 전개되는 광경을 생동감 있게 묘사했다.
③ 묻고 답하는 대화체 구성으로 내용을 전개하고 있다.
④ 시간에 따른 심리적 추이를 구체적으로 드러내고 있다.
⑤ 순우리말을 많이 사용하여 표현의 운치를 드높이고 있다.

내신 적중 多빈출

2 이 글과 ㉠의 일부분인 〈보기〉를 비교하여 설명한 내용이 적절하지 <u>않은</u> 것은?

보기

져근덧 밤이 드러 풍낭(風浪)이 뎡(定)ᄒᆞ거늘, 부상(扶桑) 지쳑(咫尺)의 명월(明月)을 기ᄃᆞ리니, 셔광(瑞光) 쳔댱(千丈)이 뵈ᄂᆞᆫ ᄃᆺ 숨ᄂᆞᆫ고야. 쥬렴(珠簾)을 고텨 것고 옥계(玉階)ᄅᆞᆯ 다시 쓸며, 계명셩(啓明星) 돗도록 곳초 안자 ᄇᆞ라보니, ᄇᆡᆨ년화(白蓮花) ᄒᆞᆫ 가지ᄅᆞᆯ 뉘라셔 보내신고. 일이 됴흔 셰계(世界) ᄂᆞᆷ대되 다 뵈고져.

– 정철, 〈관동별곡(關東別曲)〉

① 이 글과 〈보기〉 모두 대상에 대한 감흥이 나타나 있다.
② 이 글과 〈보기〉 모두 달을 보며 임금을 생각하고 있다.
③ 이 글을 통해 〈보기〉가 노래로 불렸던 갈래임을 알 수 있다.
④ 이 글에서는 달을 폐백반에, 〈보기〉에서는 흰 연꽃에 빗대고 있다.
⑤ 이 글의 작가는 여러 사람과 함께, 〈보기〉의 작가는 혼자서 달맞이를 하고 있다.

3 다음 중 ㉡에 나타난 것과 가장 유사한 태도를 드러내고 있는 것은?

① 연하(煙霞)로 집을 삼고 풍월로 벗을 삼아 / 태평성대(太平聖代)에 병으로 늙거 가네. / 이 중에 바라는 일은 허믈이나 업고쟈. – 이황, 〈도산십이곡〉
② 슬프나 즐거오나 옳다 하나 외다 하나 / 내 몸의 해올 일만 닦고 닦을 뿐이언정 / 그 밧긔 여남은 일이야 분별(分別)할 줄 이시랴. – 윤선도, 〈견회요〉
③ 빙자옥질(氷姿玉質)이여 눈 속에 네로구나. / 가만히 향기 놓아 황혼월을 기약하니 / 아마도 아치고절(雅致高節)은 너뿐인가 하노라. – 안민영, 〈매화사〉
④ 강호(江湖)에 여름이 드니 초당(草堂)에 일이 없다 / 유신(有信)한 강파(江波)는 보내느니 바람이로다 / 이 몸이 서늘하옴도 역군은(亦君恩)이샷다 – 맹사성, 〈강호사시가〉
⑤ 이 듕에 시름 업스니 어부(漁父)의 생애이로다. / 일엽편주(一葉扁舟)를 만경파(萬頃波)에 띄워 두고 / 인세(人世)를 다 니젯거니 날 가는 줄를 안가. – 이현보, 〈어부가〉

Q 이 부분에 제시된 소재들의 특징은?

작가는 일출 전의 광경을 당시 여성들의 가사 생활과 관련된 소재들을 이용하여 비유적으로 표현하고 있다. 즉, 진홍대단(眞紅大緞), 홍전(紅氈), 홍옥(紅玉) 등의 소재를 통해 동트는 모습을 섬세한 필치로 드러내고 있다.

어휘 풀이

진홍대단(眞紅大緞) 중국에서 나는 붉은 빛깔의 비단.
만경창파(萬頃蒼波) 만 이랑의 푸른 물결이라는 뜻으로, 한없이 넓고 넓은 바다를 이르는 말.
홍전(紅氈) 붉은 빛깔의 모직물.
회오리밤 밤송이 속에 외톨로 들어앉아 있는, 동그랗게 생긴 밤.
호박(琥珀) 주로 장신구에 쓰이는 누런색 광물.

구절 풀이

❶ **매우 시간이 지난 후 ~ 홍색이 분명하니,** 시간의 경과를 나타낸 표현으로, 동쪽의 별자리가 보이지 않고 달빛도 엷어져 일출 전의 바다가 붉게 물들었음을 묘사하고 있다.
❷ **"이제는 해 다 돋아 ~ 돌아가려 하니,** 해가 이미 다 뜬 것으로 잘못 알고 안타까워하는 기생들의 말을 들은 뒤에 해돋이를 보지 못한 '나'의 상실감이 드러나 있다.
❸ **짐작에, 처음 백지 ~ 헛기운인 듯싶더라.** 일출의 장관이 도무지 믿을 수 없을 정도로 환상적이라는 뜻으로, '나'의 주관적인 감상이 드러나 있다.

Q (다)에 나타난 표현상의 특징은?

해가 수평선에 떠오르는 순간의 모습을 예리하게 관찰하여 섬세하고 사실적으로 묘사한 부분이다. 해가 떠오르기 전 붉은빛의 배경과 솟아오른 해의 모습을 직유법으로 묘사하고 있다. 또한 해돋이 과정에 있는 해를 보이는 크기에 따라 '회오리밤 → 큰 쟁반 → 수레바퀴'에 비유한 것이 특징적이다.

작가 소개

의유당(意幽堂, 1727~1823)
조선 영조~순조 때의 문인이다. 신대손(申大孫)의 부인 의령 남씨(宜寧南氏)로, '의유당'은 그의 당호(堂號)이다. 한문과 국문에 모두 능하여 《의유당유고》라는 문집을 남겼다. 특히 그의 한글 문집 《의유당관북유람일기》는 우리나라 수필 문학사에서 독특한 경지를 개척했다는 평가를 받고 있다.

가 ❶매우 시간이 지난 후 동편의 성수(星宿)(별자리)가 드물어 월색(달빛)이 차차 엷어지며 홍색이 분명하니, 소리하여 시원함을 부르고 가마 밖에 나서니, 좌우 비복과 기생들이 옹위하여(빙 둘러서서) 보기를(일출) 졸이더니, 이윽고 날이 밝으며 붉은 기운이 동편 길게 뻗쳤으니, [진홍대단(眞紅大緞)] 여러 필을 물 위에 펼친 듯, 만경창파가 일시에 붉어 하늘에 자욱하고, 노하는 물결 소리 더욱 장하며, [홍전(紅氈)] 같은 물빛이 황홀하여 수색이 조요하니, 차마 끔찍하더라(밝게 비쳐서 빛나니 매우 놀랍고 대단하더라).

(□: 일출 광경을 나타낸 표현)

붉은빛이 더욱 붉으니, 마주 선 사람의 낯과 옷이 다 붉더라. 물이 굽이쳐 올려 치니, 밤에 물 치는 굽이는 옥같이 희더니, 지금은 물굽이는 붉기 [홍옥(紅玉)](루비) 같아서 하늘에 닿았으니, 장관을 이를 것이 없더라.

▶ 일출 전의 바다에서 동트는 모습을 봄.

나 붉은 기운이 퍼져 하늘과 물이 다 조요하되 해 아니 나니, 기생들이 손을 두드려 소리하여 애달파 가로되,

❷"이제는 해 다 돋아 저 속에 들었으니, 저 붉은 기운이 다 푸르러 구름이 되리라."

혼공하니(떠들썩하게 소란을 피우니), 낙막(落寞)(마음이 쓸쓸하여)하여 그저 돌아가려 하니, 사군과 숙씨(시아주버님)가,

"그렇지 않아, 이제 보리라(일출을)." / 하시되, 이랑이, 차섬이(기생들) 냉소하여(쌀쌀한 태도로 비웃어) 이르되,

"소인 등이 이번뿐 아니라 자주 보았사오니, 어찌 모르리이까? 마누라님(마나님 – 작가) 큰 병환 나실 것이니 어서 가압사이다." / 하거늘, 가마 속에 들어앉으니, 봉의 어미(하인) 악써 가로되,

"하인들이 다 말하되, 이제 해 나오리라 하는데, 어찌 가시려 하시오. 기생 아이들은 철모르고 지레 이렇게 구는 것이외다."

이랑이 박장하여(두 손바닥을 마주 치며) 가로되,

"그것들은 전혀 모르고 한 말이니 곧이듣지 말라." / 하거늘,

"돌아 사공더러 물으라." / 하니 사공이, / "오늘 일출이 유명하리란다(일출을 잘 볼 수 있다고 합니다)."

하거늘 내 도로 나서니(가마 밖으로), 차섬이, 보배는 내 가마에 드는 상(相) 보고 먼저 가고 계집종 셋이 먼저 갔더라.

▶ 일출 여부를 둘러싸고 논쟁함.

다 홍색이 거룩하여(아름답고 훌륭하여) 붉은 기운이 하늘을 뛰놀더니, 이랑이 소리를 높이 하여 나를 불러, 저기 물 밑을 보라 외치거늘 급히 눈을 들어 보니, 물 밑 홍운(紅雲)(붉은 구름 – 붉게 물든 바다)을 헤치고 [큰 실오라기] 같은 줄이 붉기 더욱 기이하며, 기운이 진홍 같은 것이 차차 나 [손바닥 너비] 같은 것이 그믐밤에 보는 [숯불 빛] 같더라. 차차 나오더니, 그 위로 작은 회오리밤 같은 것이 붉기가 [호박(琥珀)] 구슬 같고, 맑고 통랑(通朗)하기는 호박보다 더 곱더라.

(□: 해 주변의 붉은 기운 / △: 떠오르는 해를 비유한 표현)

그 붉은 위로 흘흘(훌훌) 움직여 도는데, 처음 났던 붉은 기운이 [백지 반 장] 너비만큼 반듯이(반듯하게) 비치며, 밤 같던 기운이 해 되어 차차 커 가며, 큰 쟁반만 하여 불긋불긋 번듯번듯 뛰놀며, 적색이 온 바다에 끼치며, 먼저 붉은 기운이 차차 가시며, 해 흔들며 뛰놀기 더욱 자주 하며(의태어) [항아리] 같고 [독](덮치는 듯이 확 밀려오며) 같은 것이 좌우로 뛰놀며, 황홀히 번득여 양목(兩目)(두 눈)이 어질하며, 붉은 기운이 명랑하여(밝고 환하여) 첫 홍색을 헤치고 천중(天中)(하늘 가운데)에 쟁반 같은 것이 수레바퀴 같아서 물속으로 치밀어 받치듯이 올라붙으며, 항독 같은 기운이 스러지고, 처음 붉어 겉을 비추던 것은 모여 [소의 혀]처럼 드리워 물속에 풍덩 빠지는 듯싶더라. 일색(日色)이 조요하며 물결의 붉은 기운이 차차 가시며 일광(햇빛)이 청랑하니(맑고 명랑하니), 만고천하에 그런 장관은 대두(對頭)할(견줄(비교할)) 데 없을 듯하더라.

▶ 일출이 천하의 장관임.

라 ❸짐작에, 처음 백지 반 장만큼 붉은 기운은 그 속에서 해 장차 나려 하고 물이 우러나서 그리 붉고, 그 회오리밤 같은 것은 짐짓(진짜, 참으로) 일색을 빻아 내니 우린 기운이 차차 가시며, 독 같고 항아리 같은 것은 일색이 모질게(몹시) 고운고로, 보는 사람의 안력(眼力)(시력)이 황홀하여 도무지 헛기운인(환상) 듯싶더라.

▶ 일출이 환상적으로 아름다움.

• **중심 내용** 굉장히 황홀하여 도무지 믿을 수 없을 정도로 아름다운 해돋이의 장관과 감상
• **구성 단계** (가)~(나) 승 / (다) 전 / (라) 결

작품 연구소

〈동명일기〉에 나타난 이미지 분석

	달	바다	해
빛	희다	어둡다, 희다, 붉다	붉다
촉감	–	시리다, 차갑다	뜨겁다
운동감	흥쳐 올라붙다	굽이쳐 올려 치다	치밀어 올라붙다
비유	얼레빗 잔등, 폐백반	은, 옥, 진홍대단, 홍옥	회오리밤, 쟁반, 수레바퀴
시간	밤	밤, 새벽	새벽

〈동명일기〉에 나타난 월출 과정

안개와 구름이 잠깐 걷고 도홍빛 같고 얼레빗 잔등 같은 것이 약간 비친다.
↓
붉은 폐백반(幣帛盤)만 한 것이 길게 흥쳐 올라붙는다.
↓
차차 붉은 기운이 사라지고 온 바다가 일시에 희어진다.

〈동명일기〉에 나타난 일출 과정

월색(月色)이 사라지면서 홍색(紅色)이 나타난다.
↓
바다가 진홍대단(眞紅大緞)을 펼친 듯하다.
↓
마주 선 사람조차 붉고 물굽이는 홍옥(紅玉) 같다.
↓
붉은 기운만 퍼진 채 해는 나타나지 않는다.
↓
붉은 기운이 뛰놀더니 그믐밤의 숯불 빛 같고 호박 구슬보다 곱다.
↓
회오리밤 같던 해가 큰 쟁반만 하더니 수레바퀴같이 치밀어 올라붙었다.
↓
항아리, 독 같은 붉은 기운이 스러지고 소 혀처럼 물속에 빠지는 듯하다.
↓
몹시 고와서 헛기운 같다.

자료실

《의유당관북유람일기》의 내용 구성

낙민루(樂民樓)	함흥의 유명한 낙민루 일대의 경관 묘사
북산루(北山樓)	북산 누각을 찾아 풍류를 즐기던 일의 기록
동명일기(東溟日記)	귀경대에서의 달맞이와 해돋이 장관의 사실적 묘사
춘일소흥(春日笑興)	김득신, 남호곡, 정인홍, 이번 등의 전기문
영명사 득월루 상량문(永明寺得月樓上樑文)	대동강 북쪽에 세워진 득월루의 상량문 번역

함께 읽으면 좋은 작품

〈관동별곡(關東別曲)〉, 정철 / 월출과 일출을 묘사한 기행문

강원도 관찰사로 부임한 작가가 금강산과 관동 지방, 동해 일대의 절경과 그에 대한 자신의 심경을 노래한 기행 가사이다. 기행문으로 월출과 일출 장면을 묘사한 점이 〈동명일기〉와 유사하며, 〈동명일기〉에 〈관동별곡〉이 언급되어 있기도 하다. Link 〈고전 운문〉 166쪽

4 이 글의 작가 '갑'과 〈보기〉의 작가 '을'이 대화를 나눈다고 할 때, 그 내용으로 적절하지 않은 것은?

보기

아깝다 바늘이여, 어여쁘다 바늘이여, 너는 미묘한 품질(品質)과 특별한 재치(才致)를 가졌으니, 물중(物中)의 명물(名物)이요, 철중(鐵中)의 쟁쟁(錚錚)이라. 민첩하고 날래기는 백대(百代)의 협객이요, 굳세고 곧기는 만고(萬古)의 충절(忠節)이라. 추호(秋毫) 같은 부리는 말하는 듯하고, 뚜렷한 귀는 소리를 듣는 듯한지라. 능라(綾羅)와 비단에 난봉(鸞鳳)과 공작을 수놓을 제, 그 민첩하고 신기함은 귀신이 돕는 듯하니, 어찌 인력(人力)의 미칠 바리요.

– 유씨 부인, 〈조침문(弔針文)〉

① 갑: 당신은 대상에 인격을 부여하여 친밀하게 표현했군요.
② 을: 당신은 대상을 마치 살아 있는 것처럼 표현했네요.
③ 갑: 당신의 글을 보면 대상에 대한 애틋함이 느껴져요.
④ 을: 우리는 대상을 비유적으로 묘사한 공통점이 있네요.
⑤ 갑: 그렇지요. 대상의 신묘한 재주를 칭송한 점도 비슷하네요.

5 해돋이 과정에서의 '해'의 모습을 크기에 따라 비유한 표현을 바르게 나열한 것은?

① 백지 반 장 → 큰 쟁반 → 소의 혀
② 회오리밤 → 큰 쟁반 → 수레바퀴
③ 백지 반 장 → 회오리밤 → 독, 항아리
④ 손바닥 너비 → 백지 반 장 → 소의 혀
⑤ 큰 실오라기 → 백지 반 장 → 수레바퀴

6 이 글을 영화로 제작하기 위한 회의 내용으로 적절하지 않은 것은?

① 은수: 시대 배경을 고려해 배우들의 의상은 조선 후기에 맞게 준비해야 해.
② 영철: 의상대나 정동진처럼 일출이 잘 보이는 동해 바닷가를 촬영지로 정해야겠지?
③ 정민: 날씨가 맑아야 일출의 장관을 촬영할 수 있으니까 일기 예보에도 신경을 써야겠어.
④ 민호: 해 뜨기 직전부터 해가 완전히 뜬 모습까지 모두 담을 수 있게 카메라 앵글을 잡아야 해.
⑤ 재희: 여인의 시선에서 바라보는 일출에 어울리도록 슬프고 애절한 배경 음악이 필요할 것 같아.

7 (다)와 〈보기〉의 표현상의 공통점을 30자 이내의 완결된 한 문장으로 쓰시오.

보기

길은 지금 긴 산허리에 걸려 있다. 밤중을 지난 무렵인지 죽은 듯이 고요한 속에서 짐승 같은 달의 숨소리가 손에 잡힐 듯이 들리며, 콩 포기와 옥수수 잎새가 한층 달에 푸르게 젖었다. 산허리는 온통 메밀밭이어서 피기 시작한 꽃이 소금을 뿌린 듯이 흐뭇한 달빛에 숨이 막힐 지경이다. 붉은 대궁이 향기같이 애잔하고, 나귀들의 걸음도 시원하다.

길이 좁은 까닭에 세 사람은 나귀를 타고 외줄로 늘어섰다. 방울 소리가 시원스럽게 딸랑딸랑 메밀밭께로 흘러간다.

– 이효석, 〈메밀꽃 필 무렵〉

082 이름 없는 꽃 | 신경준

키워드 체크 #설 #교훈적 #이름의 용도 #무명 #사물의 이름과 실질

문학 동아　국어 지학사

핵심 정리

갈래 한문 수필, 설(說)
성격 사색적, 교훈적, 체험적
제재 이름 없는 꽃
주제 이름 없는 꽃의 아름다움을 통해 이끌어 낸 본질의 중요성
특징 ① 다양한 사례로 주장을 뒷받침함.
② 자연물에서 발견한 이치를 통해 깨달음을 이끌어 냄.
③ 반대 의견을 반박하여 주장을 강화함.
④ 중국의 고사를 활용하여 주제를 강조함.
출전 《여암유고(旅菴遺稿)》

Q 작가가 생각하는 이름의 용도는?
이 글의 작가는 이름이 사물을 구별하기 위한 용도로 쓰인다고 생각하고 있다.

어휘 풀이

순원 작가의 고향인 순창에 있는 정원.
배향하다 학덕이 있는 사람의 신주를 문묘나 사당, 서원 등에 모시다.
대부 중국에서 벼슬아치를 세 등급으로 나눈 품계의 하나.
무방하다 거리낄 것이 없이 괜찮다.
애초 맨 처음.
유독 많은 것 가운데 홀로 두드러지게.

구절 풀이

❶ **꽃이 아직 ~ 이름을 붙여야만 하겠는가?** 꽃에 이름을 붙이는 것에 대해 작가가 문제를 제기하며 독자의 관심을 이끌어 내고 있다.
❷ **정말 좋아할 만한 것이 ~ 이름을 붙일 필요는 없다.** 작가는 사물을 좋아하는 것이 그 사물의 이름 때문이 아님을 강조하고 있다.
❸ **이름이 없어서 ~ 치장하려고 하겠는가?** 이름은 사물을 구별하기 위한 용도로 쓰이는 것이므로, 이름이 없는 것들을 구별하기 위해 무명(無名)이라고 부른다면 무명 역시 하나의 이름이 될 수 있음을 강조하고 있다.
❹ **그런데도 대부 굴원의 ~ 어찌 그 이름 때문이겠는가?** 아름다운 이름을 가진 굴원과 아무런 이름도 가지지 못한 어부를 대조하여 이름이 반드시 아름다워야하거나 꼭 필요한 것은 아님을 강조하고 있다.
❺ **하물며 모르는 것에 꼭 이름을 붙이려고 할 필요가 있겠는가?** 작가는 명분(형식)보다 실질(내용)이 중요함을 강조하기 위해 모르는 것에 굳이 이름을 붙일 필요가 없다고 말한 것이다.

작가 소개

신경준(申景濬, 1712~1781)
조선 후기의 문신이자 실학자이며, 호는 여암(旅菴)이다. 실생활에 필요한 학문을 연구했으며 특히 지리학과 문자학, 성운학(聲韻學)에 조예가 깊었다. 주요 저서로 국토 지리를 다룬 《강계고(疆界考)》, 한글의 작용·조직·기원을 논한 《훈민정음운해(訓民正音韻解)》 등이 있다.

가 °순원(淳園)의 꽃 중에는 이름이 없는 것이 많다. 대개 사물은 스스로 이름을 붙일 수 없고, 사람이 그 이름을 붙인다.(사물의 이름은 사람이 인위적으로 붙인 것임.) ❶꽃이 아직 이름이 없다면 내가 이름을 붙이는 것이 좋을 수도 있지만 또 어찌 꼭 이름을 붙여야만 하겠는가?(화제 제시)
▶ 이름 없는 꽃에 이름을 붙이는 것에 대해 문제를 제기함.

나 사람이 사물을 대함에 있어 그 이름만을 좋아하는 것은 아니다.(형식, 명분) 좋아하는 것은 이름 너머에 있다.(사물의 실질이나 본질, 사물 그 자체) 「사람이 음식을 좋아하지만 어찌 음식의 이름 때문에 좋아하겠는가? 사람이 옷을 좋아하지만 어찌 옷의 이름 때문에 좋아하겠는가? 여기에 맛난 회와 구이가 있다면 그저 먹기만 하면 된다. 먹어 배가 부르면 그뿐, 무슨 생선의 살인지 모른다 하여 문제가 있겠는가? 여기 가벼운 가죽옷이 있다면 입기만 하면 된다. 입어 따뜻하면 그뿐, 무슨 짐승의 가죽인지 모른다 하여 문제가 있겠는가? 내가 좋아할 만한 꽃을 구하였다면 꽃의 이름을 알지 못한다 하여 무슨 문제가 있겠는가?」(「」: 예시, 열거, 설의적 표현을 사용해 사물의 이름이 꼭 필요한 것이 아님을 강조함.) ❷정말 좋아할 만한 것이(사물의 실질이나 가치) 없다면 굳이 이름을 붙일 이유가 없고, 좋아할 만한 것이 있어 정말 그것을 구하였다면 또 꼭 이름을 붙일 필요는 없다.

이름은 구별하고자 하는 데서 나오는 것이다.(이름의 용도, 이름이 필요한 이유) 구별하고자 한다면 이름이 없을 수 없다. 형체를 가지고 본다면 '장(長)·단(短)·대(大)·소(小)'라는 말을 이름이 아니라 할 수 없으며,(사물을 구별하는 이름 ① – 형체(장·단·대·소)) 색깔을 가지고 본다면 '청(靑)·황(黃)·적(赤)·백(白)'이라는 말도 이름이 아니라 할 수 없다.(사물을 구별하는 이름 ② – 색깔(청·황·적·백)) 땅을 가지고서 본다면 '동(東)·서(西)·남(南)·북(北)'이라는 말도 이름이 아니라 할 수 없다.(사물을 구별하는 이름 ③ – 땅의 방향(동·서·남·북)) 가까이 있으면 '여기'라 하는데 이 역시 이름이라 할 수 있고, 멀리 있으면 '저기'라고 하는데 그 또한 이름이라 할 수 있다.(사물을 구별하는 이름 ④ – 가깝고 먼 것(여기·저기)) ❸이름이 없어서 '무명(無名)'이라 한다면 '무명' 역시 이름이다.(사물을 구별하는 이름 ⑤ – 이름이 없는 것[無名]) 어찌 다시 이름을 지어다 붙여서 아름답게 치장하려고 하겠는가?
▶ 이름은 구별하기 위해 필요한 것으로, 다시 이름을 지어 붙여 치장할 필요가 없음.

다 「예전 초나라에 어부가 있었는데 초나라 사람이 그를 사랑하여 사당을 짓고 대부 굴원(屈原)과 함께 °배향하였다.」(「」: 중국의 고사를 인용하여 이름의 불필요성을 강조함.) 어부의 이름은 과연 무엇이었던가? °대부 굴원은 《초사(楚辭)》를 지어 스스로 제 이름을 찬양하여 정칙(正則)이니 영균(靈均)이니 하였으니,(굴원은 자신의 이름을 아름답게 하려는 의도에서 이름을 지음.) 이로써 대부 굴원의 이름이 정말 아름답게 되었다. 그러나 어부는 이름이 없고 단지 고기 잡는 사람이라 어부라고만 하였으니 이는 천한 명칭이다.(어부라는 직업 명칭만 있을 뿐 어부 자신의 이름이 없음.) ❹그런데도 대부 굴원의 이름과 나란하게 백대의 먼 후세까지 전해지게 되었으니,(유방백세(流芳百世), 꽃다운 이름이 후세에 길이 전함.) 이것이 어찌 그 이름 때문이겠는가?(이름보다 실질(내용)이 중요함을 강조함.) 이름은 정말 아름답게 붙이는 것이 좋겠지만 천하게 붙여도 °무방하다. 있어도 되고 없어도 된다. 아름답게 해 주어도 되고 천하게 해 주어도 된다. 아름다워도 되고 천해도 된다면 꼭 아름답기를 생각할 필요가 있겠는가?(이름이 반드시 아름다워야 할 필요는 없음을 강조함.) 있어도 되고 없어도 된다면 없는 것도 정말 괜찮은 것이다.
▶ 이름이 꼭 아름다워야 하는 것은 아니며, 없어도 됨.

라 어떤 이가 말하였다.

[A] "꽃은 °애초에 이름이 없었던 적이 없는데 당신이 °유독 모른다고 하여 이름이 없다고 하면 되겠는가?"(작가의 주장(이름이 꼭 필요한 것이 아님.)에 대한 어떤 이의 반대 의견) / 내가 말하였다.

[B] "없어서 없는 것도 없는 것이요, 몰라서 없는 것 역시 없는 것이다.(이름이 있고 없음이 중요한 것이 아님.) 어부가 또한 평소 이름이 없었던 것은 아니요, 어부가 초나라 사람이니 초나라 사람이라면 그 이름을 당연히 알고 있었을 것이다. 그런데도 초나라 사람들이 어부에 대해 그 좋아함이 이름에 있지 않았기에 그 좋아할 만한 것만 전하고 그 이름은 전하지 않은 것이다.(대상의 실질(내용)을 중시하여 그 이름은 전하지 않음.) 이름을 정말 알고 있는데도 오히려 마음에 두지 않는데, ❺하물며 모르는 것에 꼭 이름을 붙이려고 할 필요가 있겠는가?"
▶ 모르는 대상에 굳이 이름을 붙일 필요가 없음.

• 중심 내용 이름이 있고 없음보다 중요한 사물의 본질

이해와 감상

〈이름 없는 꽃〉은 작가가 자신의 고향에 있는 정원에서 이름 없는 꽃을 보며 깨달은 바를 적은 글로, 사물의 이름보다 본질이 중요함을 강조한 고전 수필이다. 작가는 사물의 이름이 있는지, 이름이 아름다운지는 중요한 것이 아니며, 중요한 것은 사물이 가진 본질이라는 점을 강조하고 있다. 이러한 작가의 생각은 명분에 휩쓸리지 말고 실질에 힘써야 한다는 실학적 사고와 맞닿아 있다. 이 작품은 '기 – 승 – 전 – 결'의 4단으로 구성되어 있다. '기'에서 글의 화제를 제시하고 '승'에서 자신의 생각을 전개하며, '전'에서 논의의 흐름을 전환한 뒤 다시 한번 자신의 주장을 전개하고, '결'에서는 논의한 내용을 종합하고 있다. 이러한 구성을 통해 작가는 일상의 경험에서 발견한 삶의 이치를 독자들에게 효과적으로 전달하고 있다.

작품 연구소

〈이름 없는 꽃〉의 구성

기	이름 없는 꽃에 이름을 붙여야 하는지에 대해 문제를 제기함.
승	사물을 좋아하는 것은 이름 때문이 아니며, 이름은 대상을 구별하기 위한 것에 불과함.
전	이름이 꼭 아름다워야 하는 것은 아니며, 없어도 됨.
결	모르는 것에 굳이 이름을 붙일 필요가 없음.

〈이름 없는 꽃〉에 나타난 어부와 굴원 이야기

굴원이 추방되어 시를 읊으며 세상을 한탄하는 모습을 보고 한 어부가 굴원의 처세를 비판한 이야기이다. 어부가 굴원에게 방랑하는 이유를 묻자 굴원은 '온 세상 모두가 다 흐려 있는데 나 혼자 맑고 깨끗했으며, 모든 사람들이 다 함께 취해 있는데 나 혼자만 맑게 깨어 있어서 이것 때문에 추방되었소[擧世皆濁我獨淸, 衆人皆醉我獨醒, 是以見放].'라고 대답했다. 어부가 다시 어째서 세상 사람들이 하는 대로 따르지 않고 홀로 고상하게 살려 하느냐고 묻자, 굴원은 결백한 몸으로 더러운 것을 받아들일 수 없다고 답했다. 이에 어부는 '창랑의 물이 맑으면 갓끈을 씻고, 창랑의 물이 흐리면 발을 씻겠네[滄浪之水淸兮, 可以濯吾纓. 滄浪之水濁兮, 可以濯吾足].'라고 노래하며 가 버렸다. 여기에는 강물이 더럽다거나 깨끗하다는 것은 마음의 작용일 뿐이며, 세상사 또한 이와 같다는 뜻이 담겨 있다.

함께 읽으면 좋은 작품

〈차마설(借馬說)〉, 이곡 / 소유에 대해 성찰한 작품

말을 빌려 탄 개인적 체험을 바탕으로 인간의 삶에 대한 올바른 자세를 깨우치고 있는 수필이다. 그릇된 소유 관념을 비판하고, 이를 바로잡고자 하는 교훈적 내용을 전하고 있다. 주제는 다르지만 일상적 소재나 경험에서 발견한 삶의 이치를 형상화한 수필이라는 점에서 〈이름 없는 꽃〉과 유사하다.

Link 본책 78쪽

〈한 삼태기의 흙〉, 성현 / 농사와 학문의 유사성에서 주장을 드러낸 작품

부지런한 농부와 게으른 농부의 이야기를 통해 뜻한 바를 이룰 때까지 학문을 중도에서 포기하지 말라는 교훈을 제시하는 작품이다. 사물의 이치를 풀이하고 자기 의견을 덧붙여 설명하는 '설(說)'의 특징을 잘 보여 주고 있으며, 사실(예화)과 의견(주제)의 2단 구성을 취하고 있다는 점에서 〈이름 없는 꽃〉과 유사하다.

키 포인트 체크

제재 고향의 정원에 핀 이름 없는 ☐

관점 작가는 모르는 대상에 ☐☐을 굳이 붙일 필요가 없으며, 중요한 것은 사물의 ☐☐임을 강조한다.

표현 주장을 뒷받침하기 위해 다양한 ☐☐를 제시하고 있으며, 중국의 고사를 활용하여 주제를 강조한다.

1 두 학생의 대화에서 ㉠에 들어갈 내용으로 알맞은 것은?

보기

학생 1: 이 글의 창작 의도가 무엇일까?
학생 2: 이 글은 (㉠) 위한 목적으로 썼어.

① 자연을 통해 알게 된 삶의 이치를 전달하기
② 자연이 인간에게 끼친 긍정적 영향을 소개하기
③ 인간의 삶과 대비되는 자연의 아름다움을 예찬하기
④ 자연을 즐기지 못하는 세속적 인간의 삶을 비판하기
⑤ 자연이 주는 시련을 극복해야 행복할 수 있음을 강조하기

내신 적중 다빈출

2 이 글의 표현상 특징으로 가장 적절한 것은?

① 자연물을 의인화하여 세태를 비판하고 있다.
② 음성 상징어를 사용하여 생동감을 부여하고 있다.
③ 사례를 활용하여 말하고자 하는 바를 강화하고 있다.
④ 계절감이 나타나는 어휘를 사용해 정서를 드러내고 있다.
⑤ 설의적 표현을 사용해 대상에 대한 경외감을 표출하고 있다.

3 [A]와 [B]에 대한 설명으로 적절한 것은?

① [A]에는 상대를 비하하려는 의도가, [B]에는 상대를 칭송하려는 의도가 담겨 있다.
② [A]에는 상대를 회유하려는 의도가, [B]에는 상대의 의견에 동조하려는 의도가 담겨 있다.
③ [A]에는 상대의 의견을 수용하려는 의도가, [B]에는 상대를 비판하려는 의도가 담겨 있다.
④ [A]에는 상대의 의견을 반박하려는 의도가, [B]에는 상대를 설득하려는 의도가 담겨 있다.
⑤ [A]에는 상대에게서 동정심을 유발하려는 의도가, [B]에는 상대에게 동의를 구하려는 의도가 담겨 있다.

4 이 글에서 초나라 어부와 굴원의 고사를 통해 작가가 말하고자 하는 바를 〈조건〉에 맞게 쓰시오.

조건

이름에 대한 작가의 생각을 중심으로 쓸 것

083 옛사람의 독서 일기 | 유만주

키워드 체크 #한문 수필 #일기 #책을 대하는 자세 #올바른 독서 방법

[독서] 미래엔

핵심 정리

갈래 한문 수필, 일기
성격 주관적, 논리적, 계몽적
제재 책을 대하는 자세와 올바른 독서 방법
주제 책을 대하는 올바른 자세와 올바른 독서 방법
특징 ① 단정적 어조로 독서에 대한 작가의 가치관을 드러냄.
② 대조적 인식을 바탕으로 작가의 생각을 드러냄.
연대 18세기 후반

어휘 풀이

장정(裝幀)하다 책의 겉장이나 면지(面紙), 도안, 색채, 싸개 등의 겉모양을 꾸미다.
책갑(冊匣) 책을 넣어 둘 수 있게 책의 크기에 맞추어 만든 작은 상자나 집.
장서인(藏書印) 개인, 공공 단체, 문고 등에서 간직하는 책에 찍어서 그 소유를 밝히는 도장.
아속(雅俗) 고상한 것과 속된 것을 아울러 이르는 말.
제발문(題跋文) 책이나 그림 등에 내용을 간추리거나 평하여 써 두는 글.
자(字) 본이름 외에 부르는 이름.
증여(贈與)하다 물품 등을 선물로 주다.
암송(暗誦)하다 글을 보지 아니하고 입으로 외다.

Q 책에 장서인을 찍는 것을 바라보는 작가의 관점은?

책에 장서인을 찍는 것은 책이 자신의 소유임을 표시하고 그 책을 소장하기 위한 것이 아니라, 책에 대해 누구로부터 전해졌고 누가 평비하며 읽었는지 알려 주어 이후에 그 책을 보게 될 사람들에게 자신의 생각을 전하기 위한 것으로 보고 있다.

구절 풀이

❶ **사용하지 않는 물건은 ~ 말 것이다.** 훌륭한 서화나 멋진 책을 소장하고 있더라도 혼자서만 향유하기 위해 근심하고 걱정하며 시간을 보낸다면 그러한 물건들에 예속된 채로 노비처럼 살아가는 것이라는 작가의 비판적 의식이 드러나 있다.
❷ **사사로운 마음으로 ~ 저속함이 갈린다.** 책을 소장하는 것이 목적인 사람들은 책을 팔기 위해 장서인을 지우면서 안타까워하는 반면, 책을 유통하는 것이 목적인 사람들은 제발문과 같은 장서인을 그대로 남겨 두고 아무렇지 않게 여긴다. 이에 대해 작가는 전자를 고상한 것으로 후자를 저속한 것으로 인식하고 있다.

작가 소개

유만주(兪晩柱, 1755~1788)
조선 영조 때의 선비이자 작가이다. 서른세 살에 요절하기까지 특별한 관직에 오르지 않고, 다양한 책을 읽으며 글을 쓰며 생활했다. 특히 1775년부터 1787년까지 13년간 《흠영(欽英)》이라는 제목의 일기를 썼다.

가 1780년 6월 21일. 퍽 더웠다.
(글을 쓴 날의 일시와 날씨 - 글의 종류가 일기임을 알 수 있음.)

책이 있으면서 남에게 빌려주지 않으면 책 바보다. 자신에게 없는 책을 무슨 수를 써서든 소장하려고 드는 것도 책 바보다. (책을 제대로 향유하지 못하는 사람 / 책을 소장하기만 하려는 태도를 경계함.) 오직 책을 엮고 인쇄하여 마음이 통하는 고상한 사람에게 주고 뜻이 있는 시골 선비들과도 나누어야지만 책 바보가 아니다. (책을 읽은 뒤 다른 사람과 나누고 소통하는 것이 중요함.) 비록 ㉠만 권의 책을 쌓아 두고 있다 할지라도 문장과 학문에 뜻이 없다면 한 글자도 제대로 읽어 낼 수가 없으리니, 그저 좀벌레들 좋은 일만 시킬 따름이다. (문장과 학문에 뜻이 없이 책을 소유하기만 하는 것은 무용지물임.) 비록 집에 책 한 질 없어도 ㉡글을 읽고자 하는 정성이 있다면 상아 책갈피가 꽂혀 있고 옥색 비단으로 •장정된 멋진 책들이 절로 눈앞에 올 것이다. (훌륭한 내용이 담긴 소중한 책을 비유적으로 표현함.)

책을 소장할 적에 오직 내 것이길 고집한다면 이는 사사로운 행동이다. (책을 혼자서만 소장하려 하는 것은 개인적 탐욕에 불과함.) 책을 쌓아 두고 내 것이라 하지 않아야 공정한 행위이다. 공정한 행위는 상쾌한 결과를 맺고, 사사로운 행동은 째째한 탐욕으로 귀결된다. 이걸 보면 무엇을 따라야 할지 알 수 있다. (책을 다른 사람과 함께 나누는 것의 중요성을 다시 한번 강조함.)

❶사용하지 않는 물건은 본디 없는 물건이나 마찬가지다. 「훌륭한 서화를 소장하고 있으면서 더 깊은 곳에 숨겨 두어야 하지 않을까 걱정하는 것과 멋진 책을 쌓아 두고 있으면서 더러운 것이 묻지나 않을까 근심하는 것, 서화를 늘어놓고는 문을 닫아걸고 혼자 구경하는 것, 책꽂이를 맴돌며 먼지를 떨고 •책갑이나 정돈하는 것」 등은 모두 똑같이 어리석은 행동이다. (「」: 사소한 물건의 노비가 되는 사례들을 나열함.) 아마도 이런 무리는 죽을 때까지 이 사소한 물건의 노비가 되고 말 것이다. (물건에 얽매이고 예속되는 것을 노비가 되는 것에 비유함.)

내 것이라는 이름표를 달지 않은 채 만 권의 책을 소장해도 좋고, 집에 책이 한 권도 없어도 좋고, (책의 실제 소유 여부는 중요하지 않음. - 책은 여러 사람과 함께 향유하는 것이 중요함.) 아침에 모은 책을 저녁에 다 흩어 버려도 좋고, 옛 책을 보내고 새 책을 맞이해도 좋다. 선비는 하루라도 책이 없을 수 없겠으나, 이 또한 살아 있을 때의 일일 뿐이다.
▶ 책을 다른 사람과 함께 나누어야 함.

나 1781년 2월 19일. / ⓐ책에 •장서인을 찍는 방법으로 말하자면, 우리나라와 중국은 공사와 •아속의 측면에서 현저히 다르다. (공공의 일과 사사로운 일) 중국인들은 책을 수집하더라도 유통하는 것을 근본으로 삼는다. (중국인들이 책을 수집하는 목적 - 유통) 그러므로 그들이 장서인을 찍는 것은 나중에 그 책을 소유할 사람에게 이 책이 누구로부터 전해졌고 누가 평비하며 읽었는지 알려 주려 해서이다. 비유하자면 서화에 •제발문을 쓰는 것과 같으니 어찌 공정하고 고상하다 하지 않겠는가? (책 또는 글에 자신의 평가와 견해를 붙이는 일 / 장서인을 찍는 것은 책에 대한 생각을 덧붙이는 것과 같음.) 우리나라 사람들은 책을 모을 때 소장하는 것을 근본으로 삼는다. (우리나라 사람들이 책을 수집하는 목적 - 소장(중국인들과 차이가 있음.)) 그래서 반드시 본관과 성명, •자와 호 등 서너 가지 장서인을 무슨 관청의 장부와 같이 거듭거듭 찍는다. (본명이나 자(字) 이외에 쓰는 이름. 당호, 별호) 그 책이 남의 것이 될까 근심하는 듯하니, 어찌 사사롭고 저속하다 하지 않겠는가? (사사로운 마음으로 책을 소장하려는 것에 대한 비판적인 시각이 드러남.)

❷사사로운 마음으로 책을 대하기 때문에 간혹 책을 팔아 치우게 되면 반드시 장서인을 찍은 것을 없애면서 무언가 잃은 양 한탄스러워하는 것이고, (책 소유를 중요하게 여기는 사람들의 생각) 공정한 마음으로 책을 대하기 때문에 간혹 책을 기증하게 되어도 장서인 찍은 것을 그대로 남겨 두어 마치 •증여하지 않은 것처럼 아무렇지도 않게 여긴다. (책 유통을 중요하게 여기는 사람들의 생각) 한탄스러워하는 것과 아무렇지도 않게 여기는 것의 사이에서 고상함과 저속함이 갈린다.
▶ 사사로운 마음으로 책을 소장하는 것은 저속함.

다 1784년 10월 22일. / 아침에 또 안개가 흐릿하게 끼어 서늘하고 어둑했다. 비가 올 모양이다. / 아이에게 《맹자》를 과제로 내주었다. 사흘에 한 번 •암송하기로 했다. (《맹자》를 천천히 읽으며 생각할 시간을 주려는 의도가 드러남.) 대체로 요즘 어린애들은 글공부를 할 때 많이 하려 욕심을 내고 빨리 읽으려 노력하는데, 이는 세상에 널리 퍼진 폐해다. (글공부를 많이 하려는 것과 글을 빨리 읽으려 하는 것에 대한 비판적인 시각이 드러남.)
▶ 책을 빠르게 많이 읽으려는 것을 비판함.

• 중심 내용 책을 소장하고 읽는 것에 대한 인식과 평가

이해와 감상

〈옛사람의 독서 일기〉는 조선 영조 때의 선비 유만주가 지은 24권의 일기에 실린 작품이다. 유만주는 30여 년의 생애 대부분을 집에서 책을 읽고 글을 쓰며 세월을 보낸 인물이다. 특별한 사회적 역할을 하지는 않았지만 1775년부터 1787년까지 13년간 쓴 일기 《흠영(欽英)》을 남겼다. 24권으로 이뤄진 《흠영》은 유만주의 일상과 독서관뿐만 아니라 조선 영조 때의 사회 풍속 및 남대문 주변의 생활상 등을 보여 주는 중요한 자료로 평가받고 있다.

《흠영》에는 유만주의 독서관이 잘 나타나 있는데, 선비로서의 삶을 제대로 살기 위해서는 훌륭한 서책을 많이 읽어야 한다고 강조했다. 특히 책을 많이 읽기만 하고 내용에 대해 생각하지 않는 것을 경계했으며, 책을 읽고 다른 사람과 소통하는 것을 중요하게 생각한다.

작품 연구소

독서에 관하여 작가가 경계하는 태도

책 바보		사사로운 행동		사소한 물건의 노비
• 책이 있으면서 남에게 빌려주지 않음. • 무슨 수를 써서라도 책을 소장하려고 함.	=	책을 쌓아 두고 내 것이기를 고집함.	=	훌륭한 서화나 책을 혼자서만 보기 위해 근심하고 걱정함.

《흠영》에 나타난 작가의 독서관

삶의 대부분을 별다른 직분 없이 책을 읽고 글을 쓰는 데 힘을 쏟은 유만주는 선비로서의 품격을 갖추기 위해서는 반드시 독서를 해야 한다고 생각했다. 13년간의 일기를 모은 책의 이름을 '꽃송이와 같은 아름다운 정신을 흠모한다.'라는 뜻의 '흠영(欽英)'이라고 지은 것도 책을 통해 아름다운 정신을 가다듬어 나가는 일의 중요성을 강조한 것이라 할 수 있다. 그는 《흠영》에서 선인들의 훌륭한 서책에서 터득한 지혜의 중요성을 강조하며, 독서를 수단화해서는 안 되고 독서를 통해 이치를 터득하는 것이 중요하다고 했다. 또한 책의 내용을 혼자서만 답습하는 것을 경계하며, 책을 다른 사람들과 함께 나누기를 강조하는 등 책을 대하는 올바른 자세와 올바른 독서 방법을 제시하고 있다.

자료실

작가의 독서관이 드러나는 한시

만사를 헤아려 봐도 연연할 것 없는데	萬事思量無係戀
오직 독서벽(癖) 한 가지만 남아 있네.	惟有牙籤一癖餘
어찌하면 일 년 같은 긴 하루를 얻어	安得一日如一年
아직 보지 못한 천하의 책들 다 읽겠는가?	讀盡天下未見書

이 작품은 작가가 부친 유한준을 대신하여 집안 대소사를 직접 처리하느라 책을 읽을 여유가 없던 시기에 쓴 칠언 절구 한시이다. 독서에 많은 시간을 쏟을 수 없는 상황에서 아무 걱정 없이 마음껏 책을 읽을 수 있는 여유가 생기기를 소망하는 그의 생각이 드러난다.

함께 읽으면 좋은 작품

〈술회(述懷) – 독서유감〉, 서경덕 / 글을 읽는 올바른 자세를 노래한 한시

과거에 급제했지만 벼슬길에 나가지 않고 학문 수양에 힘썼던 작가의 삶이 드러나는 칠언 율시로, 독서의 즐거움과 안빈낙도(安貧樂道)하는 삶을 노래하고 있다. 특히 글을 읽을 때는 가난에 굴하지 않고 큰 뜻을 품어야 한다는 점을 강조하며 글과 학문을 대하는 올바른 자세를 제시했다.

키 포인트 체크

제재 책을 대하는 자세와 올바른 □□ 방법

관점 책을 여러 사람과 나누지 않고 소장하기만 하거나 빠르게 많이 읽으려는 행동을 □□하는 관점이 드러난다.

표현 책을 다른 사람과 나누지 않으며 사사로이 소장하려고 하는 행동을 □□□, 사사로운 행동, 사소한 물건의 □□ 등으로 표현하여 반복적으로 비판하고 있다.

1 이 글에 대한 설명으로 적절하지 않은 것은?

① 대상에 대해 사색한 내용을 소재로 서술하고 있다.
② 대조적 인식을 바탕으로 작가의 생각을 전개하고 있다.
③ 단정적 어조로 독서에 대한 작가의 생각을 밝히고 있다.
④ 의문형 문장을 통해 자기주장의 타당성을 강조하고 있다.
⑤ 다른 책의 내용을 인용하며 내용의 사실성을 높이고 있다.

2 작가의 생각과 일치하지 않는 것은?

① 책을 혼자서만 소장하려는 것은 어리석은 행동이다.
② 선비는 반드시 양서를 수집하고 정성으로 보관해야 한다.
③ 우리나라 사람들과 중국인은 책에 장서인을 찍는 의도가 서로 다르다.
④ 글을 많이 읽기 위해 빨리 읽으려 하는 것은 적절하지 않은 방법이다.
⑤ 훌륭한 물건을 숨겨 두고 그것이 상할까 봐 근심만 하는 것은 그 물건에 예속되는 것이다.

3 이 글의 작가가 〈보기〉의 '나'에게 해 줄 만한 충고로 가장 적절한 것은?

보기
나는 이번 방학 동안 동서양 고전을 많이 읽기 위해 하루에 1권씩 속독(速讀)을 했고, 다 읽은 책을 동생에게 물려주었다.

① 수준에 맞는 책을 읽는 것이 중요해.
② 상황에 따라 다양한 읽기 방법을 선택해야 해.
③ 자신이 관심이 있는 분야의 책을 집중적으로 읽어야 해.
④ 책을 빠르게 읽기보다는 천천히 내용을 생각하며 읽는 것이 중요해.
⑤ 책의 내용을 그대로 수용하기보다는 비판적으로 이해하며 읽어야 해.

4 ㉠과 ㉡에 대한 설명으로 적절한 것은?

① ㉠은 ㉡을 위한 필수 요소라 할 수 있다.
② ㉡이 없으면 ㉠은 무용지물이라 할 수 있다.
③ ㉡이 있으면 ㉠을 얻기 쉬워진다고 할 수 있다.
④ ㉠과 ㉡은 동시에 갖기 힘든 것이라 할 수 있다.
⑤ ㉡은 ㉠을 소유하기 위한 전제 조건이라 할 수 있다.

5 우리나라 사람들과 중국인들이 ⓐ와 같은 행동을 하는 의도를 비교하여 쓰시오.

084 통곡할 만한 자리[好哭場論] | 박지원

키워드 체크 #기행 수필 #요동 벌판 #문답 구성 #창의적 발상

국어 금성, 미래엔 화작 천재

핵심 정리

갈래 한문 수필, 중수필, 기행 수필
성격 체험적, 논리적, 설득적, 사색적, 교훈적
제재 광활한 요동 벌판
주제 ① 광활한 요동 벌판을 보며 느낀 감회
② 새로운 세계를 만나는 기쁨
특징 ① 묻고 답하는 구성 방식을 취함.
② 작가의 창의적 발상이 돋보임.
③ 적절한 비유와 구체적인 예시로 대상을 실감 나게 표현하여 설득력을 높임.
출전 《열하일기(熱河日記)》

어휘 풀이

정사(正使) 사신 가운데 우두머리가 되는 사람.
백탑(白塔) 중국 요나라와 금나라의 전탑(塼塔)을 이르는 말.
현신(現身)하다 다른 사람에게 자신을 보이다. 흔히 아랫사람이 윗사람에게 예를 갖추어 자신을 보이는 일을 이른다.
선실(宣室) 전한(前漢)의 황제인 문제(文帝)가 거처하던 미앙궁의 궁실.

Q (나)에 나타난 작가의 발상은?
작가는 울음이 반드시 슬픔의 감정에서만 나오는 것이 아니라 칠정(七情)이라는 인간의 감정이 극에 달하면 저절로 우러나오며, 울적한 마음을 시원하게 풀어 주는 것이라고 말한다. 여기서 '울음'에 대한 정 진사의 생각이 상식적이고 관습적인 데 반해, 작가의 발상은 독창적임을 알 수 있다.

구절 풀이

❶ **산기슭을 벗어나자 ~ 오르락내리락하여 현란했다.** 요동 벌판을 보고 그 광활함에 현기증이 날 듯했다고 말하고 있는데, 이는 작가의 심리적 충격이 매우 컸음을 드러낸 것이다.
❷ **"좋은 울음터로다. 한바탕 울어 볼 만하구나!"** 작가가 천하의 장관을 눈앞에 두고 보통 사람들의 보편적인 생각과는 다른 말을 하고 있다. 이 부분에서 작가의 창의적 발상이 돋보인다.
❸ **"이 천지간에 ~ 그 무슨 말씀이오?"** 정 진사가 울고 싶다는 '나'의 말뜻을 헤아리지 못했음을 드러낸다. 정 진사는 보통 사람들처럼 천하의 장관을 보면 감탄하게 된다는 보편적인 생각에 머무르고 있다.
❹ **가의(賈誼)는 자기의 ~ 큰 소리로 울부짖었으니,** 가의는 전한(前漢) 문제 때의 문인으로 나라의 앞날을 걱정하여 상소문을 올려 천하사세(天下事勢)를 위해 통곡할 만한 것이 한 가지, 눈물을 흘릴 만한 것이 두 가지, 크게 탄식할 만한 것이 여섯 가지라 하여 내용을 조목조목 서술했다. 이 고사에 연유해 가의가 자신의 울음터를 얻지 못하다가 상소문으로 한나라 정권을 향해 울었음을 말하고 있다.

가 『초팔일 갑신(甲申), 맑다.』 「」: 일기체 형식임을 알 수 있음.
(1780년(정조 4년) 7월 8일)

*정사 박명원(朴明源)과 같은 가마를 타고 삼류하(三流河)를 건너 냉정(冷井)에서 아침밥을 먹었다. 십여 리 남짓 가서 한 줄기 산기슭을 돌아 나서니 태복(泰卜)이 국궁(鞠躬)을 하고 말 앞으로 달려 나와 땅에 머리를 조아리고 큰 소리로,
(정사: 북경 사절단의 대표로 박지원의 팔촌 형 / 삼류하~아침밥을 먹었다: 기행문의 요소인 여정이 드러난 부분 / 국궁: 윗사람이나 위패 앞에서 존경하는 뜻으로 몸을 굽힘.)

"*백탑(白塔)이 *현신(現身)함을 아뢰오."
(백탑을 의인화하여 백탑에 가까이 왔음을 말함.)

한다.

태복이란 자는 정 진사(鄭進士)의 말을 맡은 하인이다. 산기슭이 아직도 가리어 백탑은 보이지 않았다. 말을 채찍질하여 수십 보를 채 못 가서 겨우 ❶산기슭을 벗어나자 눈앞이 아찔해지며 눈에 헛것이 오르락내리락하여 현란했다. 『나는 오늘에서야 비로소 사람이란 본디 어디고 붙어 의지하는 데가 없이 다만 하늘을 이고 땅을 밟은 채 다니는 존재임을 알았다.』
(「」: 자연의 광활함을 보고 사람이 왜소한 존재라고 여김. 그만큼 감동이 매우 큼을 드러냄.)

말을 멈추고 사방을 돌아보다가 나도 모르게 손을 이마에 대고 말했다.

❷"좋은 울음터로다. ㉠한바탕 울어 볼 만하구나!" ▶ 광활한 요동 벌판을 보고 한바탕 울어 볼 만하다고 말함.
(작가가 요동 벌판을 바라보고 느낀 감정 – 작가의 창의적 생각이 돋보임.)

나 정 진사가,

❸"이 천지간에 이런 넓은 안계(眼界)를 만나 홀연 울고 싶다니 그 무슨 말씀이오?"
(안계: 눈으로 바라볼 수 있는 범위)

하기에 나는,

"참 그렇겠네. 그러나 아니거든! 『천고의 영웅은 잘 울고 미인은 눈물이 많다지만 불과 두어 줄기 소리 없는 눈물이 그저 옷깃을 적셨을 뿐이요.』 아직까지 그 울음소리가 쇠나 돌에서 짜 나온 듯하여 천지에 가득 찼다는 소리를 들어 보진 못했소이다. 사람들은 다만 안다는 것이 희로애락애오욕(喜怒哀樂愛惡欲) 칠정(七情) 중에서 '슬픈 감정[哀]'만 이 울음을 자아내는 줄 알았지, 칠정이 모두 울음을 자아내는 줄은 모를 겝니다. 『기쁨[喜]이 극에 달하면 울게 되고, 노여움[怒]이 사무치면 울게 되고, 즐거움[樂]이 극에 달하면 울게 되고, 사랑[愛]이 사무치면 울게 되고, 미움[惡]이 극에 달하여도 울게 되고, 욕심[欲]이 사무치면 울게 되니,』 답답하고 울적한 감정을 확 풀어 버리는 것으로 소리쳐 우는 것보다 더 빠른 방법은 없소이다. 울음이란 천지간에 있어서 뇌성벽력에 비할 수 있는 게요. 복받쳐 나오는 감정이 이치에 맞아 터지는 것이 웃음과 뭐 다르리오?
(「」: 울음에 대한 보편적인 생각 / 일반인의 상식적 사고 / 작가의 창의적 사고 / 「」: 칠정을 울음과 연계하여 정 진사를 이해시킴. / 감정을 정화하는 울음의 기능 / 울음이 그만큼 대단한 가치가 있는 것임을 드러내 주는 말)

『사람들의 보통 감정은 이러한 지극한 감정을 겪어 보지도 못한 채 교묘하게 칠정을 늘어놓고 '슬픈 감정[哀]'에다 울음을 짜 맞춘 것이오. 이러므로 사람이 죽어 초상을 치를 때 이내 억지로라도 "아이고", "어이"라고 부르짖는 것이지요.』 그러나 정말 칠정에서 우러나오는 지극하고 참다운 소리는 참고 억눌리어 천지 사이에 쌓이고 맺혀서 감히 터져 나올 수 없소이다. 저 한(漢)나라의 ❹가의(賈誼)는 자기의 울음터를 얻지 못하고 참다 못하여 필경은 *선실(宣室)을 향하여 한번 큰 소리로 울부짖었으니, 어찌 사람들을 놀라게 하지 않을 수 있었으리오."
(「」: 보통 사람들의 감정에 대한 관념적인 인식)

▶ 요동 벌판을 좋은 울음터라고 말한 이유를 밝힘.

• 중심 내용 광활한 요동 벌판을 본 감회와 '울음'에 대한 생각 • 구성 단계 (가) 기 / (나) 승

이해와 감상

〈통곡할 만한 자리〉는 연암 박지원이 청나라를 여행한 뒤 쓴 기행문 《열하일기》 중의 한 편으로, 만주의 광야를 묘사한 여행기로는 최고작으로 손꼽힐 만큼 참신한 발상과 비유적 표현이 뛰어난 작품이다. 새로운 문물과 사상에 깊은 관심을 가졌던 그는 요동 벌판에 이르러 드넓은 세계를 만난 기쁨을 적절한 비유와 구체적인 예를 통해 실감 나게 표현했다. 특히 천하의 장관인 광야를 보고 '통곡하기 좋은 울음터'라고 말하면서 그 까닭을 그 나름의 독특한 논리로 설명하고 있어서 〈호곡장론(好哭場論)〉이라는 제목으로도 불린다.

이 작품에서 작가는 울음을 기존의 관념에 얽매이지 않고 새롭게 해석하면서, 울음이 지닌 본질에 접근하는 방식으로 자신의 주장을 펼치고 있다. 따라서 이 작품에서는 경치에 대한 묘사보다는 작가의 주장이 주를 이룬다고 할 수 있다. 작가의 주장은 '기 – 승 – 전 – 결'의 4단 구성과, 정 진사의 물음에 작가가 답변하는 문답 구조를 통해 효과적으로 전달되고 있다.

따라서 이 작품은 장관을 보고 통곡하겠다고 하는 발상의 전환, 대상에 대한 치밀한 분석과 적절한 비유를 통한 작가의 참신함이 돋보이는 작품이라 할 수 있다.

작품 연구소

〈통곡할 만한 자리〉의 구성

구분		내용
기		작가가 요동 벌판을 보고 '좋은 울음터'라고 말함.
승	문	정 진사가 작가에게 울고 싶어 하는 까닭을 물음.
	답	사람은 '희로애락애오욕(喜怒哀樂愛惡欲)'의 칠정(七情)이 극에 달하면 울게 된다고 답함.
전	문	정 진사가 칠정 가운데 어느 정을 골라 울어야 하느냐고 물음.
	답	갓난아이가 세상에 나와 정신이 시원하여 터뜨리는 울음과 같이 넓은 곳에 처한 기쁨과 즐거움으로 울면 된다고 답함.
결		요동의 광활한 풍경을 묘사하고, 통곡할 만한 자리임을 다시 한 번 확인함.

자료실

연암 박지원의 문학관

박지원은 '문장은 사의(寫意)에 그쳐야지, 망상이나 가식이 스며들어서는 안 된다.'라는 사실 위주의 문장론을 전개했다. 따라서 박지원의 글에는 자기반성이 나타나는 한편 그릇된 사회를 해학과 기지로 조롱하고 풍자하는 태도가 드러난다. 이는 모순된 사회를 고발하고 비판하는 그의 치열한 문학 정신을 보여 주는 일면이다.
박지원은 고문(古文)을 반박하면서 참다운 문학의 길은 이미 화석화되어 버린 옛말과 경험을 답습하는 데 있지 않고, 그 진정한 의미를 음미하면서 자신의 시대와 경험에 충실하는 데 있을 따름이라고 주장했다. 따라서 박지원에게 풍자는 중세적 봉건 사회가 무너져 가고 그 속에서 새로운 사회의 움직임이 싹트기 시작하는 역사적 변화의 시대를 살아가면서 그 모든 추이를 직시했던 비판적 태도로 나타난다. 또한 그는 서민들의 삶으로 새로운 의식 세계를 확장하면서 당대 평민층의 삶과 모습을 생생하게 포착하는 사실주의적 기법을 통해 뛰어난 문학적 성과를 이룩하기도 했다.

키 포인트 체크

제재 광활한 ☐☐ 벌판

관점 ☐☐은 슬플 때 나오는 것이라는 보편적인 인식에서 벗어나, 모든 감정이 극에 달하면 울음이 나온다고 생각한다.

표현 ☐☐의 구성 방식을 취하며, '울음'에 대한 새로운 ☐☐을 적절한 비유와 구체적인 예를 들어 제시하고 있다.

1 이 글에 대한 설명으로 적절하지 않은 것은?

① 자연과 대비하여 인간사의 무상함을 드러내고 있다.
② 작가는 기존의 관념을 뒤엎고 울음을 새롭게 해석했다.
③ 작가는 요동 벌판을 바라보며 그 광활함에 충격을 받았다.
④ 작가는 천하의 장관을 보면서 기존의 인식과 다른 발상을 보여 주고 있다.
⑤ 지명과 작가 일행이 이동하고 있다는 내용에서 이 글이 여행기임을 알 수 있다.

2 〈보기〉의 내용을 고려할 때, ㉠에 대해 토론한 내용으로 적절하지 않은 것은?

보기

연암 박지원의 《열하일기》는 중국 청나라를 방문한 여정과 견문, 감상을 기록한 기행문으로, 공리공론을 떠나 정확한 고증을 바탕으로 하는 실사구시(實事求是)의 태도로 청나라의 신학문과 실학사상을 소개했다. 또한 연암은 이 책에서 사실주의적 기법으로 조선의 모순된 사회 현실을 고발하는 등 그의 치열한 문학 정신을 담아내기도 했다.

① 자신의 사상에 영향을 준 청나라에 온 기쁨이 드러나는군.
② 공리공론에 집착한 당시 조선의 현실이 고루하기만 했겠지.
③ 그렇게 본다면 이는 모순된 현실에 대한 통곡일 수도 있겠어.
④ 기쁨이든 슬픔이든 극에 달하면 울음을 자아낸다는 점에서는 동일해.
⑤ 작가는 그 감정을 청나라에서만 느낄 수 있다는 점 때문에 슬퍼하는 거야.

3 작가가 울음과 웃음이 같다고 한 이유를 40자 이내의 완결된 한 문장으로 쓰시오.

4 이 글에서 작가가 (1) 〈보기〉의 '카타르시스'의 의미로 사용한 단어를 찾아 쓰고, (2) 두 단어의 공통점을 쓰시오.

보기

카타르시스(catharsis): 무의식적으로 억압받고 있는 감정, 갈등, 욕구 등이 수용적, 공감적인 환경에서 자유롭게 표출되는 것으로서 심적 긴장을 완화하는 방법

Q 이 부분에 나타난 정 진사의 심리는?

정 진사는 울음이 칠정(七情)이라는 인간의 모든 감정과 관련 있다는 작가의 말을 듣고, 그렇다면 광활한 요동의 벌판을 보고 울고 싶은 감정은 칠정 중 어떤 감정과 관련 있는지를 작가에게 묻고 있다. 이를 통해 정 진사가 작가가 울고 싶어 하는 이유를 듣고 작가의 생각에 어느 정도 공감하고 있음을 알 수 있다.

어휘 풀이

조문(弔問) 남의 죽음에 대해 슬퍼하는 뜻을 드러내어 상주(喪主)를 위문함.
요동(遼東) 중국 랴오닝성(遼東省)의 남해안에서 서남 방향으로 튀어나온 반도.
산해관(山海關) 산하이관. 발해만 연안에 있는 만리장성의 동쪽 끝 관문으로, 예로부터 군사 요충지였다.
어간(於間) 시간이나 공간의 일정한 사이.
창망(蒼茫)하다 넓고 멀어서 아득하다.

Q 요동 벌판을 바라보는 작가의 기상은?

작가는 요동 벌판에 이르러 전망이 탁 트인 넓은 세계를 만난 기쁨을 '한바탕 통곡할 만한 자리'라고 표현하고 있는데, 이러한 모습에서 작가의 호연지기(浩然之氣)를 엿볼 수 있다. 당시 40세로 장년의 나이였던 작가는 새로운 문물과 사상에 깊은 관심을 가지고 있었고, 이루고자 하는 포부 또한 웅대했을 터인데, 막힘 없이 드넓게 펼쳐진 벌판은 바로 이러한 작가의 웅장한 기상을 용솟음치게 하여 '한바탕 통곡'으로 쏟을 수 있게 작용한 것이다.

구절 풀이

❶ **아이가 어미 태 속에 ~ 본받아야 하리이다.** 작가가 요동 벌판에서 울고 싶다고 생각한 이유를 설명하고 있다. 작가는 갓난아이가 세상에 처음 나올 때 기쁨과 즐거움으로 울음을 터뜨리는 것처럼 자신도 새로운 세상을 바라보는 기쁨을 울음으로 표현한 것이라고 설명하고 있다. 여기서 갓난아이는 작가 자신을 비유하고 있다고 할 수 있으며, '어미 태 속'은 비좁고 폐쇄된 곳, 즉 작가의 처지로 이해할 때 조선을 비유하는 것으로 볼 수 있고, '탁 트인 넓은 곳'은 청나라의 새로운 문물과 넓은 땅을 비유하는 것으로 볼 수 있다.

❷ **황해도 장연(長淵)의 ~ '자리'를 얻으리니,** 이덕무가 황해도 장연에 있을 때 금사산(金沙山)에 올랐는데, 바다가 드넓고 아득하여 앞 바다에 떠 있는 섬이 탄환만큼 작아 보여서 그 섬에 사는 백성들의 안위를 걱정했다는 것과 관련이 있다.

❸ **오늘 요동 벌판에 이르러 ~ 창망(蒼茫)할 뿐이니,** 작가가 격한 감정을 어느 정도 추스르고 진정된 상태에서 요동 벌판의 광활한 모습을 비유하여 묘사하고 있다.

작가 소개

박지원(본책 196쪽 참고)

가 "그래, 지금 울 만한 자리가 저토록 넓으니 ㉠나도 당신을 따라 한바탕 통곡을 할 터인데 칠정 가운데 어느 '정'을 골라 울어야 하겠소?"

"갓난아이에게 물어보게나. 아이가 처음 배 밖으로 나오며 느끼는 '정'이란 무엇이오? 처음에는 광명을 볼 것이요, 다음에는 부모 친척들이 눈앞에 가득히 차 있음을 보리니 기쁘고 즐겁지 않을 수 없을 것이오. 이 같은 기쁨과 즐거움은 늙을 때까지 두 번 다시 없을 일인데 슬프고 성이 날 까닭이 있으랴? 그 '정'인즉 응당 즐겁고 웃을 정이련만 도리어 분하고 서러운 생각에 복받쳐서 하염없이 울부짖는다. 혹 누가 말하기를 「인생은 잘나나 못나나 죽기는 일반이요, 그 중간에 허물·환란·근심·걱정을 백방으로 겪을 터이니 갓난아이는 세상에 태어난 것을 후회하여 먼저 울어서 제 •조문(弔問)을 제가 하는 것」이라고 한다면 이것은 결코 갓난아이의 본정이 아닐 겝니다. ❶아이가 ㉡어미 태 속에 자리 잡고 있을 때에는 어둡고 갑갑하고 얽매이고 비좁게 지내다가 하루아침에 ⓐ탁 트인 넓은 곳으로 빠져나오자 팔을 펴고 다리를 뻗어 정신이 시원하게 될 터이니, ㉢어찌 한번 감정이 다하도록 참된 소리를 질러 보지 않을 수 있으랴! 그러므로 갓난아이의 울음소리에는 거짓이 없다는 것을 마땅히 본받아야 하리이다.

(정 진사의 물음에 답해 주기 위해 작가가 의도적으로 설정한 내용 / 작가는 희(喜)와 락(樂)을 어린아이의 '정'으로 생각함. / 「 」: 갓난아이가 세상에 태어날 때의 울음에 대해 사람들이 갖는 견해 / 본정: 본심 / 갓난아이의 울음소리: 기쁨과 즐거운 감정의 원초적 표현)

▶ 갓난아이가 세상에 나왔을 때의 기쁨과 즐거움으로 울어야 함.

나 비로봉(毘盧峰) 꼭대기에서 동해 바다를 굽어보는 곳에 한바탕 통곡할 '자리'를 잡을 것이요, ❷황해도 장연(長淵)의 금사(金沙) 바닷가에 가면 한바탕 통곡할 '자리'를 얻으리니, ❸오늘 •요동 벌판에 이르러 이로부터 •산해관(山海關) 일천이백 리까지의 •어간(於間)은 사방에 도무지 한 점 산을 볼 수 없고 하늘가와 땅끝이 풀로 붙인 듯, 실로 꿰맨 듯, 고금에 오고 간 비바람만이 이 속에서 •창망(蒼茫)할 뿐이니, 이 역시 한번 통곡할 만한 '자리'가 아니겠소."

(하늘가와 ~ 꿰맨 듯: 요동 벌판의 모습을 비유적으로 묘사함. / 고금: 고우금운(古雨今雲))

▶ 비로봉 꼭대기, 장연의 금사 바닷가, 요동 벌판 등은 통곡할 만한 자리임.

자료실

박지원의 《열하일기》

《열하일기》는 박지원이 1780년(정조 4년) 5월 25일 청나라 건륭제의 칠순 잔치에 참석하기 위해 떠나는 정사 박명원의 자제군관으로 압록강을 건너 요동 및 북경을 거쳐 건륭제의 피서지인 열하를 여행하고, 10월 27일 서울에 도착하기까지 약 5개월 동안의 체험을 적은 기행 문체의 수필집이다. 중국과 만주 지방에 대한 견문과 중국 문인들과의 교유 등을 통해 느끼고 생각한 바를 날짜 순서에 따라 항목별로 정리하여, 1~7권은 여행 경로를, 8~26권은 보고 들은 것을 한 가지씩 자세히 기록했다. 발표 당시 고문파들로부터 많은 비난을 받기도 했으나, 중국의 신문물을 서술하고 그 곳의 실학사상을 자세히 소개했다는 점에서 의의가 크다.

문체 반정

문체 반정이란 한문의 문장 체제를 순정고문(醇正古文)으로 회복하자는 주장을 말한다. 정조 당시 유행하기 시작한 박지원의 《열하일기》와 같은 참신한 문장에 대하여 그것이 소품 소설이나 의고문체(擬古文體)에서 나온 잡문체라 규정하여 정통적 고문(古文)을 모범으로 삼게 했다. 이를 위해 규장각을 설치하고, 패관 소설과 잡서 등의 수입을 금했으며, 주자의 시문(詩文)을 비롯하여 당·송 8대가의 문(文) 등을 발행했다. 이와 같은 관권의 개입은 모처럼 싹트려 하던 문학의 발전을 저해했다.

- **중심 내용** 요동 벌판을 보며 새로운 세상을 보는 기쁨으로 통곡할 만하다고 여기는 작가의 기상
- **구성 단계** (가) 전 / (나) 결

작품 연구소

'통곡할 만한 자리'에 드러난 대상을 바라보는 관점

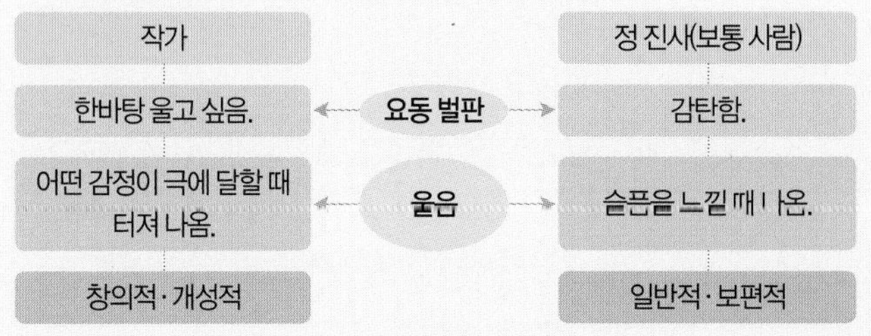

'고금에 오고 간 비바람[고우금운(古雨今雲)]'의 함축적 의미

작가는 사방을 둘러보아도 산 한 점 없는 중국의 진짜 '대야(大野)'에 직면하여 한바탕 통곡하고자 하는데, 이는 이 세상에 갓 태어난 아이처럼 드디어 좁은 땅에서 벗어나 광활한 세계 문명의 중심지로 나아가게 된 해방의 기쁨이 극에 달했기 때문이다. 그러나 통곡으로밖에 표출할 수 없는 이 같은 기쁨은 자신의 원대한 포부를 펴기에는 너무나 옹색하고 고루하기 짝이 없는 현실에 대한 비애의 다른 표현이기도 하다. 이 작품의 마지막 문장의 '고금에 오고 간 비바람[고우금운(古雨今雲)]'은 연암이 요동 벌판이라는 거대한 공간에서 느꼈던 이러한 착잡한 심경을 운치 있게 표현한 것이라 볼 수 있다.

〈통곡할 만한 자리〉의 독특한 발상과 참신한 표현

작가는 천하의 장관을 보고 한바탕 울어 볼 만하다고 표현하면서 기존의 인식과 다른 발상을 보여 주고 있다. 울음은 보통 슬플 때 나오는 것인데 작가는 드넓은 요동의 장관을 보고 울어 볼 만하다고 표현하여 주변 사람에게 의문을 사고 있다. 그러나 작가는 인간은 희로애락애오욕(喜怒哀樂愛惡欲)의 모든 감정이 극에 달하면 울음이 나오는 것이니, 복받쳐 나오는 감정이 이치에 맞아 터지는 것은 웃음과 다를 바가 없다는 논리를 제시하여 이러한 의문을 해소하고 있다. 이처럼 작가는 기존의 관념을 뒤엎고 새롭게 해석함으로써 독자에게 신선한 충격을 주며 공감을 불러일으키고 있다.

구분	내용
독특한 발상	일반적인 통념을 깨뜨리고 울음에 대해 새롭게 해석한 발상의 전환이 드러남.
	• 요동 벌판을 보고 보통 사람들과 다르게 감탄하지 않고 통곡하겠다고 함. • 갓난아이가 우는 이유를 넓은 세상에 나온 기쁨과 즐거움 때문이라고 함.
참신한 표현	• 발상의 전환, 대상의 치밀한 분석, 적절한 비유를 통한 표현 • 독자에게 신선한 충격을 주면 동시에 공감을 일으킴.

함께 읽으면 좋은 작품

〈연행가(燕行歌)〉, 홍순학 / 청나라에서의 견문과 감상을 적은 기행 가사

고종 때 홍순학이 주청사의 서장관으로 청나라의 연경(북경)에 가서 4개월 동안 보고 들은 것과 감상을 적은 기행 가사이다. 여정의 다양한 내용을 특색 있는 묘사, 적절한 비유, 대구법 등으로 생동감 있게 표현하고, 뛰어난 관찰력으로 그곳의 풍속을 사실적으로 그려 냈다.

Link 〈고전 운문〉 258쪽

5 이 글의 내용과 일치하지 않는 것은?

① 정 진사는 작가의 의견에 보조를 맞추고 있다.
② 요동 벌판은 통곡할 만한 자리로 최고의 장소이다.
③ 요동 벌판이 울 만한 곳인 이유는 그 넓이 때문이다.
④ 갓난아이의 울음에 담긴 의미가 곡해되는 때가 있다.
⑤ 작가가 요동 벌판에서 느끼는 정은 갓난아이가 처음 광명을 보았을 때와 같다.

6 ㉠에 대한 작가의 답으로 가장 적절한 것은?

① 희(喜)와 락(樂) ② 애(哀)와 오(惡)
③ 애오욕(愛惡欲) ④ 희로애락(喜怒哀樂)
⑤ 희로애락애오욕(喜怒哀樂愛惡欲)

7 〈보기〉를 참고할 때, ㉡의 의미를 바르게 해석한 것은?

> 보기
> 박지원은 북학파로서 성리학(性理學)의 문제점을 신랄하게 비판했고 자연 과학의 도입, 중소 상공업의 육성, 기술 혁신, 해외 통상 증진 등에 관심을 가졌다.

① 조선 사회의 폐쇄성 ② 성리학의 반민중성
③ 서구 열강의 침략성 ④ 중국의 자기중심성
⑤ 양반의 권력 지향성

내신 적중

8 ㉢에서 엿볼 수 있는 작가의 기질을 나타내기에 가장 적절한 것은?

① 기고만장(氣高萬丈) ② 안하무인(眼下無人)
③ 유아독존(唯我獨尊) ④ 천방지축(天方地軸)
⑤ 호연지기(浩然之氣)

9 (가)의 '갓난아이'가 작가 자신이라고 할 때, ⓐ가 의미하는 바를 쓰시오.

10 다음은 이 글의 내용을 정리한 것이다. 빈칸에 들어갈 내용을 쓰시오.

구분	내용
기	요동 벌판을 보고 좋은 울음터라고 말함.
승	문: 왜 울고 싶은지 그 까닭을 물음. 답: 넓은 세상을 보고 감정이 극에 달했기 때문임.
전	문: (　　　　　　　　　　　　　　　　　　) 답: 갓난아이가 세상에 나와 울 듯, 넓은 세상에 처한 기쁨과 즐거움으로 울면 됨.
결	풍경을 살피며 통곡할 만한 자리임을 다시 확인함.

085 일야구도하기(一夜九渡河記) | 박지원

키워드 체크 #기행 수필 #강을 건넌 경험 #마음가짐 #본질적인 것 추구

문학 천재(정) 국어 미래엔

핵심 정리

갈래 한문 수필, 기행 수필
성격 체험적, 사색적, 분석적, 교훈적
제재 하룻밤에 아홉 번 강을 건넌 경험
주제 ① 외물(外物)에 현혹되지 않는 삶의 자세
② 이목(耳目)에 구애됨이 없는 초연한 마음
③ 마음을 다스리는 일의 중요성
특징 ① 구체적인 경험을 바탕으로 자연스럽게 결론을 이끌어 냄.
② 치밀하고 예리한 관찰력으로 사물의 본질을 꿰뚫어 봄.
출전 《열하일기(熱河日記)》 중 〈심세편(審勢篇)〉

Q 이 부분의 표현상 특징은?
자연의 풍경이나 예술 작품 등에 자신의 감정을 불어넣거나, 대상으로부터 느낌을 직접 받아들여 대상과 자기가 통한다고 느끼는 일을 감정 이입이라고 한다. 이 부분에도 감정 이입이 사용되고 있는데, 작가는 이러한 표현 방법을 통해 듣는 이의 마음가짐에 따라 강물 소리가 달라짐을 표현하고 있다.

어휘 풀이

만승(萬乘) 만대의 병거(兵車)라는 뜻으로, 천자 또는 천자의 자리를 이르는 말. 중국 주나라 때에 천자가 병거 일만 채를 즈리[直隷] 지방에서 출동시켰던 데서 유래함.
전기(戰騎) 전쟁에 참가하는 기병.
교리(蛟螭) 이무기. 용이 되려다 못 되고 물속에 산다는 여러 해 묵은 큰 구렁이.
거기(車騎) 전차와 기마.
문무(文武) 문무화(文武火)에서 온 말로, 뭉근하게 타는 불과 세차게 타는 불.
새외(塞外) 요새의 바깥. 만리장성 바깥.
묵도(默禱)하다 눈을 감고 말없이 마음속으로 빌다.

Q 낮에 강물을 건너는 사람들이 하늘을 보는 이유는?
낮에 강물을 건널 때 사람들은 강물을 보지 않으려고 하늘을 쳐다보며 강을 건너는데, 이는 사람들이 거세게 흐르는 강물을 바라보면 현기증이 나서 물에 빠질까 봐 두려워하기 때문이다.

구절 풀이

❶ **그 놀란 파도와 ~ 깨뜨릴 형세가 있어,** 놀란 듯 성난 듯 노한 듯 구슬픈 듯 구불구불하게 넘실거리는 물굽이와, 큰 소리로 부르짖으며 원망이 가득 찬 듯한 힘찬 물살은 견고한 만리장성도 쓸어 버릴 정도로 세찬 힘이 있음을 역동적으로 묘사하고 있다.

❷ **좌우의 교리(蛟螭)가 붙들려고 애쓰는 듯싶었다.** 물결의 모습이 마치 여기저기서 이무기들이 사람을 붙들고 할퀴려고 애를 쓰는 형상과 같다는 것으로, 직유법과 과장법을 사용하여 물결이 매우 사나움을 드러내고 있다.

가 하수[강물]는 두 산 틈에서 나와 돌과 부딪쳐 싸우며 『❶그 놀란 파도와 성난 물머리와 우는 여울과 노한 물결과 슬픈 곡조와 원망하는 소리가 굽이쳐 돌면서, 우는 듯, 소리치는 듯, 바쁘게 호령하는 듯, 항상 장성[만리장성]을 깨뜨릴 형세가 있어,』[『 』: 의인법, 직유법 사용, 시각적·청각적·역동적 이미지 활용] 전차(戰車)[병거(兵車)] •만승(萬乘)과 •전기(戰騎) 만 대(萬隊)[수많은 기마대]나 전포(戰砲)[대포] 만 가(萬架)[만 대]와 전고(戰鼓) 만 좌(萬座)[전쟁터에서 사용하는 수많은 북]로서는 그 무너뜨리고 내뿜는 소리를 족히 형용할 수 없을 것이다. 모래 위에 큰 돌은 흘연(屹然)[높게 우뚝 솟은 모양]히 떨어져 섰고, 강 언덕에 버드나무는 어둡고 컴컴하여 물 지킴과 하수 귀신[황하강 물귀신]이 다투어 나와서 사람을 놀리는 듯한데 ❷좌우의 •교리(蛟螭)[원관념 – 큰 강물]가 붙들려고 애쓰는 듯싶었다. 혹은 말하기를,

"여기는 옛 전쟁터이므로 강물이 저같이 우는 거야."

하지만 이는 그런 것이 아니니, 강물 소리는 듣기 여하에 달렸을 것이다.

[A] 산중의 내 집 문 앞에는 큰 시내가 있어 매양 여름철이 되어 큰비가 지나가면, 시냇물이 갑자기 불어서 항상 •거기(車騎)와 포고(砲鼓)의 소리[앞서 언급한 전차, 전기, 전포, 전고의 소리를 말함.]를 듣게 되어 드디어 귀에 젖어 버렸다. 내가 일찍이 문을 닫고 누워서 소리 종류를 비교해 보니, 깊은 소나무가 퉁소 소리를 내는 것은 듣는 이가 청아한[속된 티가 없이 맑고 아름다운] 탓이요, 산이 찢어지고 언덕이 무너지는 듯한 것은 듣는 이가 분노한 탓이요, 뭇 개구리가 다투어 우는 듯한 것은 듣는 이가 교만한 탓이요, 대피리가 수없이 우는 듯한 것은 듣는 이가 노한 탓이요, 천둥과 우레가 급한 듯한 것은 듣는 이가 놀란 탓이요, 찻물이 끓는 듯이 •문무(文武)가 겸한 듯한 것은 듣는 이가 취미로운[몹시 좋아하거나 흥미를 느끼는 데가 있는] 탓이요, 거문고가 궁(宮)과 우(羽)[동양 음악 오음계 중 첫째 음과 마지막 음]에 맞는 듯한 것은 듣는 이가 의심나는 탓이니, 모두 바르게 듣지 못하고 특히 흉중[마음속]에 먹은 뜻을 가지고 귀에 들리는 대로 소리를 만든 것이다.

▶ 듣는 이의 마음가짐에 따라 강물 소리가 다르게 들림.

나 지금 나는 밤중에 한 강을 아홉 번 건넜다. 강은 •새외(塞外)로부터 나와서 장성을 뚫고 유하(楡河)와 조하(潮河)·황화(黃花)·진천(鎭川) 등 모든 물과 합쳐 밀운성[열하성의 경조윤에 있는 지명] 밑을 거쳐 백하(白河)가 되었다. 나는 어제 두 번째 배로 백하를 건넜는데, 이것은 하류(下流)[발해만으로 흐르는 강]였다.

내가 아직 요동[중국 랴오닝성의 남해안에서 서남 방향으로 튀어나온 반도]에 들어오지 못했을 때 바야흐로 한여름이라, 뜨거운 볕 밑을 가노라니 홀연 큰 강이 앞에 당하는데 붉은 물결[홍수로 인한 황톳빛 물결]이 산같이 일어나[직유법, 과장법] 끝을 볼 수 없으니, 이것은 대개 천 리 밖에서 폭우(暴雨)가 온 것이다.[작가의 추측 ①] 물을 건널 때는 사람들이 모두 머리를 우러러 하늘을 보는데, 나는 생각하기에 사람들이 머리를 들고 쳐다보는 것은 하늘에 •묵도(默禱)하는 것인 줄 알았더니,[작가의 추측 ②] 나중에 알고 보니 물을 건너는 사람들이 물이 돌아 탕탕히[거세게] 흐르는 것을 보면, 자기 몸은 물을 거슬러 올라가는 것 같고, 눈은 강물과 함께 따라 내려가는 것 같아서 갑자기 현기가 나면서 물에 빠지는 것이기 때문에 그들이 머리를 우러러보는 것은 하늘에 비는 것이 아니라, 물을 피하여 보지 않으려 함이다. 또한 어느 겨를에 ㉠잠깐 동안의 목숨을 위하여 기도할 수 있으랴.[기도할 수 없다 – 설의법]

▶ 낮에는 눈에 보이는 위험을 피하기 위해 하늘을 보며 물을 건넘.

• **중심 내용** 마음가짐에 따라 달리 들리는 강물 소리와 사람들이 낮에 하늘을 보며 강물을 건너는 이유
• **구성 단계** (가) 기 / (나) 승

이해와 감상

〈일야구도하기〉는 연암 박지원이 청나라에 다녀온 경험을 쓴 《열하일기(熱河日記)》에 실려 있는 작품로, 여정과 견문을 기록한 기행 수필이다. 이 작품에서 작가는 단순히 여행의 경험을 기록하는 것을 넘어 여행의 체험을 통해 사색하고 깨달은 바를 기록했다. 함께 여행한 이들과 같은 것을 보고 같은 체험을 했음에도 작가만이 새로운 것을 깨달을 수 있는 이유는 작가의 독특하고 개성적인 사고 때문이다.

이 작품은 힘이 있는 문체, 산만해 보이지만 내적 질서가 정연한 구성, 물의 흐름이나 소리를 생생하게 표현한 것이 특징적이다. 구체적인 경험에서 얻은 추상적인 깨달음을 전하고 있어 깨달음이 없이 구체적인 경험이나 묘사만 있는 허식적인 글, 구체적인 경험 없이 깨달음만을 전하는 관념적인 글에 비해 교훈적이며 설득력이 강하다.

이 작품에는 큰 강물을 건너면서 겁을 먹게 되는 것은 강물의 흐름이나 소리만을 염두에 두기 때문임을 깨닫는 과정이 잘 그려져 있다. 그리고 '어떻게 살아가야 진실한 삶을 살 수 있는가?'라는 본질적인 질문에 대한 작가 나름의 답도 구하고 있다. 사물에 대한 정확한 인식에 도달하기 위해서는 눈과 귀를 통해 지각된 외물(外物)에 영향을 받지 말아야 하며, 사물을 이성적으로 바라보아야 한다는 깨달음이 그것이다. 작가는 이를 통해 외물에 흔들리지 않고 살아가는 자세가 필요하다고 역설하고 있다.

작품 연구소

〈일야구도하기〉의 전체 구성

구성	내용	의미
기	강물이 산과 산 사이로 흘러나와 급한 경사와 바위 등의 굴곡에 의해 부딪혀 울부짖는 듯하고 전차 만 대가 굴러가는 것처럼 큰 소리를 낸다. 사람들은 이곳이 옛날에 전쟁터였기 때문에 그런 소리가 난다고 하지만, 소리는 듣는 이의 마음가짐에 따라 얼마든지 다르게 들릴 수 있다.	듣는 이의 마음가짐에 따라 강물 소리가 달라짐.
승	낮에 요하(遼河)를 건널 때 물소리가 들리지 않는 것은 눈에 보이는 거친 파도 때문에 소리가 귀에 들어오지 않기 때문이다. 밤에 요하를 건널 때 소리가 크게 들리는 것은 눈에 거친 파도가 보이지 않아 귀로 위협적인 소리만 듣기 때문이다.	외물(外物)에 현혹되기 쉬운 인간들
전	외물에 현혹되지 않고 마음을 평정하면 사나운 강물에도 익숙해짐을 깨닫게 된다.	작가가 깨달은 진리
결	우리의 감각 기관은 외물에 영향을 받으며, 그러한 상태에서는 사물의 정확한 실체를 살필 수가 없다. 그러한 인식의 허상에서 벗어나기 위해서는 감각 기관과 그것에 의해 움직이는 감정에 휩쓸리지 말아야 한다.	인생의 바른 태도와 세인(世人)들에 대한 경계

〈일야구도하기〉에서 보여 주는 바람직한 인간상

〈일야구도하기〉에는 서로 상반되는 인간의 모습이 나타난다. 첫 번째 인간형은 외물(外物)에 매인 사람이다. 이들은 외적인 것에 이끌려 본질적인 것을 알지 못하는 유형으로, '몸 가지는 데 교묘하고 스스로 총명한 것을 자신하는 자'이다. 이들과 대조를 이루는 두 번째 인간형은 외물에 초연한 사람이다. 여기에 해당하는 인물은 외물에 구애받지 않고 본질적인 것을 추구하는 우(禹)와 같은 사람으로, 작가가 추구하는 바람직한 인간상이라고 할 수 있다.

키 포인트 체크

- 제재: 하룻밤에 아홉 번 □을 건넌 경험
- 관점: 작가는 강물을 건널 때 겁을 먹게 되는 것은 강물의 □□이나 □□만을 염두에 두기 때문이라는 것을 깨닫고, 사물을 이성적으로 바라보아야 한다고 생각한다.
- 표현: 흐르는 강물에 인격적인 요소를 부여하고 감각적 이미지를 활용하여 □□적인 모습을 묘사했다.

1 이 글의 표현상 특징으로 적절하지 않은 것은?

① 대상의 모습을 역동적인 표현으로 묘사하고 있다.
② 대상에 인격적인 요소를 부여하여 표현하고 있다.
③ 감각적 이미지를 활용하여 생생함을 더하고 있다.
④ 대상들을 직접 연결어로 결합하여 비유하고 있다.
⑤ 대상의 속성을 점점 강하거나 크게 표현하고 있다.

2 이 글의 작가와 〈보기〉의 주옹이 대화를 나눈다고 할 때, 그 내용으로 적절하지 않은 것은?

> 보기
>
> "지극히 험한 데서 위태로움을 무릅쓰는 일이거늘, 그대는 도리어 이를 즐겨 오래오래 물에 떠가기만 하고 돌아오지 않으니 무슨 재미인가?" / 하니 / 주옹이 말하기를, "아아, 손은 생각하지 못하는가? 대개 사람의 마음이란 다잡기와 느슨해짐이 무상(無常)하니, 평탄한 땅을 디디면 태연하여 느긋해지고, 험한 지경에 처하면 두려워 서두르는 법이다. 두려워 서두르면 조심하여 든든하게 살지만, 태연하여 느긋하면 반드시 흐트러져 위태로이 죽나니, 내 차라리 위험을 딛고서 항상 조심할지언정, 편안한 데 살아 스스로 쓸모없게 되지 않으려 한다."
>
> – 권근, 〈주옹설(舟翁說)〉

① 작가: 우리는 둘 다 물과 관련된 직접적인 경험이 있군요.
② 주옹: 마음가짐을 중요하게 생각하는 점도 비슷하고요.
③ 작가: 전 요란한 물소리가 익숙하지 않아 두려워요.
④ 주옹: 두려워하는 태도 때문에 오히려 안전할 수 있어요.
⑤ 작가: 물소리는 마음먹기에 따라 다르게 들리는 법이지요.

3 [A]를 〈보기〉와 같이 구조화할 때, ㉮에 들어갈 내용으로 적절한 것은?

> 보기
>
> • 시냇물 소리 비교: 물소리에서 다양한 느낌이 연상됨.
> → 이유: 연상하는 주체가 품은 감정이 소리에 투영됨.
> → 결론: (　　㉮　　)은 어리석은 일임.

① 물소리를 듣는 주체가 누구인지 알지 못하는 것
② 여러 종류의 물소리에서 비슷한 감정을 느끼는 것
③ 물소리에 투영된 감정을 물소리의 본질이라 믿는 것
④ 물소리를 들을 때 떠올린 느낌을 표현하지 못하는 것
⑤ 물소리에서 연상된 느낌을 다른 사람에게 설명하는 것

4 ㉠의 문맥적 의미에 해당하는 한자 성어로 가장 적절한 것은?

① 명재경각(命在頃刻)　② 미인박명(美人薄命)
③ 절치부심(切齒腐心)　④ 사면초가(四面楚歌)
⑤ 고립무원(孤立無援)

IV. 조선 후기

Q 낮과 밤에 물소리가 각각 다르게 들리는 이유는?

낮에는 듣는 것보다 보는 것에 신경을 쏟으므로 물소리가 잘 들리지 않고, 밤에는 앞이 잘 보이지 않아 듣는 것에 신경을 쏟으므로 물소리가 잘 들린다. 따라서 사람들은 낮에는 보이는 물의 모습에 두려움을 느끼고 밤에는 들리는 물소리에 무서움을 느끼는 것이다.

어휘 풀이

성정(性情) 성질과 심정. 또는 타고난 본성.
좌와(坐臥) 앉는 것과 눕는 것.
기거(起居) 일정한 곳에서 먹고 자고 하는 등의 일상적인 생활을 함. 또는 그 생활.
우(禹) 중국 고대 전설상의 임금. 곤(鯀)의 아들로 치수(治水)에 공적이 있어서 순(舜)으로부터 왕위를 물려받아 하(夏)나라를 세웠다고 함.
외물(外物) 바깥 세계의 사물. 또는 마음에 접촉되는 객관적 세계의 모든 대상.
증험(證驗)하다 실지로 사실을 경험하다. 또는 증거로 삼을 만한 경험을 하다.
교묘(巧妙)하다 솜씨나 재주 등이 재치 있게 약삭빠르고 묘하다.

Q 이 부분에 나타난 작가의 태도는?

자신이 경험한 사실에서 얻은 깨달음을 다시금 증명하고자 하는 것으로, 사실에 토대를 두어 진리를 탐구하려는 실사구시(實事求是)의 태도를 엿볼 수 있다. 실사구시는 공리공론을 떠나서 정확한 고증을 바탕으로 하는 과학적이고 객관적인 학문 태도를 말한다.

구절 풀이

❶ **위험은 오로지 ~ 못하는 것이다.** 밤에 물을 건널 때에는 오직 귀에만 신경을 쏟기 때문에 귀로만 위험한 느낌이 쏠려서 귀로 듣는 것이 무서워서 견딜 수 없다는 것이다.
❷ **마음이 어두운 자는 귀와 눈이 누(累)가 되지 않고,** 마음을 고요하게 가라앉히는 자는 눈으로 보고 귀로 듣는 것, 즉 외물에 감정이 휩쓸리지 않는다는 뜻이다.
❸ **강이나 물로 ~ 성정을 삼으니,** 물과 '나'를 분리하여 생각하지 않고 물과 '나'를 하나로 생각한다는 의미이다. 이는 곧 물아일체(物我一體)의 경지이다.
❹ **용이거나 지렁이이거나 ~ 관계될 바 없었다.** 사물을 대하는 태도는 그 사람이 어떻게 마음먹느냐에 달렸다는 뜻이다.
❺ **소리와 빛은 ~ 잃게 하는 것** 소리와 빛과 같은 외계(外界)의 현상이 사람의 귀와 눈을 현혹하여 참소리와 참모습을 가려내지 못하게 하는 것을 의미한다.

작가 소개

박지원(본책 196쪽 참고)

가 그 위험함이 이와 같으니, 물소리도 듣지 못하고 모두 말하기를,
(물에 빠질지도 모르는 위태로운 상황에서 강을 건너니)
"요동 들은 평평하고 넓기 때문에 물소리가 크게 울지 않는 거야."
(잘못된 판단. 낮에는 눈에 모든 신경이 집중되므로 물소리가 들리지 않는다고 생각한 것임.)
하지만 이것은 물을 알지 못하는 것이다. 요하(遼河)(랴오허강. 중국 만주 지방의 남부 평야를 흐르는 강)가 일찍이 울지 않는 것이 아니라 특히 밤에 건너 보지 않은 때문이니, 낮에는 눈으로 물을 볼 수 있으므로 눈이 오로지 위험한 데만 보느라고 도리어 눈이 있는 것을 걱정하는 판인데, 다시 들리는 소리가 있을 것인가. 지금 나는 밤중에 물을 건너는지라 눈으로는 위험한 것을 볼 수 없으니, ❶위험은 오로지 듣는 데만 있어 바야흐로 귀가 무서워하여 걱정을 이기지 못하는 것이다.
(낮에 강을 건널 때와 달리 물소리가 들리는 이유)

▶ 밤에는 눈에 보이는 것이 없어 물소리가 들림.

나 나는 이제야 도(道)를 알았도다. ❷마음이 어두운 자(자신의 마음을 고요하게 가라 앉히는 사람)는 귀와 눈이 누(累)가 되지 않고, 귀와 눈만을 믿는 자는 보고 듣는 것이 더욱 밝혀져서 병이 되는 것이다. 이제 내 마부가 발을 말굽에 밟혀서 뒤차에 실리었으므로, 나는 드디어 혼자 고삐를 늦추어 강에 띄우고 무릎을 구부려 발을 모으고 안장 위에 앉았으니, 한번 말에서 떨어지면 곧 물인 것이다. 거기로 떨어지는 경우에는 ❸강이나 물로 땅을 삼고, 물로 옷을 삼으며, 물로 몸을 삼고, 물로 •성정을 삼으니, ('나'가 강을 태연히 건널 수 있었던 이유) 이제야 내 마음은 한번 떨어질 것을 판단한 터이므로 내 귓속에 강물 소리가 없어지고 무릇 아홉 번 건너는데도 걱정이 없어 의자 위에서 •좌와(坐臥)하고 •기거(起居)하는 것 같았다.

▶ 물을 건너는 자세를 통해 진리를 깨달음.

다 옛날 •우(禹)는 강을 건너는데, 황룡(黃龍)이 배를 등으로 떠받치니 지극히 위험했으나 사생의 판단이 먼저 마음속에 밝고(평정한 마음 상태) 보니, ❹용이거나 지렁이이거나 크거나 작거나가 족히 관계될 바 없었다. ❺소리와 빛은 •외물(外物)이니 외물이 항상 이목에 누가 되어(소리와 빛이 사람을 현혹함.) 사람으로 하여금 똑바로 보고 듣는 것을 잃게 하는 것이 이 같거늘, 하물며 인생이 세상을 지나는 데 그 험하고 위태로운 것이 강물보다 심하고, 보고 듣는 것이 문득 병이 되는 것임에랴(병이 되는 것이라는 뜻 – 설의법).

나는 또 우리 산중으로 돌아가 다시 앞 시냇물 소리를 들으면서 이것을 •증험해 보고 몸 가지는 데 •교묘하고 스스로 총명한 것을 자신하는 자에게 경고하는 바이다.

▶ 인생의 바른 태도와 세인(世人)에 대한 경계를 전함.

• 중심 내용 내가 깨달은 진리와 세인에 대한 경계 • 구성 단계 (가) 승 / (나) 전 / (다) 결

작품 연구소

《열하일기》의 전체 구성

《열하일기》는 총 26편으로 구성되어 있으며 각 편은 다시 수많은 작품으로 구성된다. '압록강 → 북경 → 열하 → 북경'의 여정을 일기체 형태로 썼지만, 북경에서 머무른 시기에 견문한 것은 잡록(雜錄)의 형식을 빌리는 등 파격적인 모습을 보인다. 이는 일기 형식의 기록은 그날그날의 행적을 적는 데는 적합하지만, 한 가지 주제를 집중적으로 부각하기는 어렵기 때문이다.

이처럼 《열하일기》는 주제별로 견문기, 기행문, 사상적 단상(斷想), 수필, 소설 등 다양한 형식으로 구성되어 있다.

서문(序文)	풍습과 관습이 치란(治亂)에 관계되고, 성곽, 건물, 경작과 목축, 도기를 만드는 일과 쇠를 주조하는 일 등 이용후생에 관계되는 일체의 방법을 거짓 없이 기록함.	
본문(本文)	① 도강록(渡江錄): 압록강에서 요양까지 15일간의 여정으로, 건축 제도를 중심으로 이용후생에 관심을 보임. 〈통곡할 만한 자리〉를 수록함.	여정에 따라 견문과 감상을 기록함.
	② 성경잡지(盛京雜識): 십리하(十里河)에서 소흑산까지 5일간의 여정으로, 개인적으로 만난 평민들의 이야기를 중심으로 기록함.	
	③ 일신수필(馹迅隨筆): 신광녕에서 산해관에 이르는 9일간의 여정으로, 중국의 여러 제도에 관해 기록함.	
	④ 관내정사(關內程史): 산해관에서 연경까지 11일간의 여정으로, 백이(伯夷)·숙제(叔齊) 이야기와 한문 소설 〈호질(虎叱)〉을 수록함.	
	⑤ 막북행정록(漠北行程錄): 연경에서 열하까지 5일간의 여정으로, 피서 간 황제를 쫓아 열하로 가는 동안 겪은 고생을 기술함.	
	⑥ 태학유관록(太學留館錄): 열하의 태학에 머물면서 학자들과 문물 제도, 지전설(地轉說) 등에 관해 토론한 내용을 기록함.	
	⑦ 환연도중록(還燕道中錄): 열하에서 다시 연경으로 돌아오는 6일간의 여정으로, 특히 교량·도로 등 교통 제도에 관해 서술함.	

'낮'과 '밤'의 강물에 대한 인식과 깨달음

	'낮'의 강물	'밤'의 강물
인식 방법	시각	청각
결과	강물을 보고 두려워하느라 소리가 들리지 않음.	앞이 보이지 않아 듣는 것에 신경이 쓰여 강물 소리가 두려움.

↓

낮의 강물과 밤의 강물은 같은 것인데, 눈과 귀에 의존한다면 보고 듣는 것에 현혹되어 사물을 제대로 인식할 수 없게 됨.

함께 읽으면 좋은 작품

〈을병연행록(乙丙燕行錄)〉, 홍대용 / 청나라를 다녀와 적은 한글 기행문

1765년(영조 41년, 을유년) 11월부터 이듬해(병술년) 4월까지 청나라의 연경(북경)을 다녀오면서 견문한 바를 날짜별로 적은 일기체의 한글 기행문이다. 을유년과 병술년 두 해에 걸쳐서 다녀왔다고 해서 〈을병연행록〉이라고 한다. 보고 듣고 느낀 바를 자세하고 사실적으로 나타냈다는 점에서 〈일야구도하기〉와 유사하다.

5 이 글에 대한 설명으로 적절하지 않은 것은?

① 추상적 개념을 논리적 태도로 해석하고 있다.
② 체험을 통해 사색하게 된 것을 서술하고 있다.
③ 치밀한 관찰로 사물의 본질을 꿰뚫어 보고 있다.
④ 독자가 이해하기 쉽도록 구체적인 예를 제시하고 있다.
⑤ 개인적 깨달음에서 나아가 독자를 일깨우려 하고 있다.

중요 기출

6 (가), (나)의 내용을 〈보기〉와 같이 정리했다. 글의 흐름으로 보아 적절하지 않은 것은?

보기

I. 편견: 지형 때문에 강물이 울어 대지 않는다.
↓
II. 체험
1) 낮 – 물소리가 들리지 않는다. – 시각(눈)에 의존
2) 밤 – 물소리가 무섭게 들린다. – 청각(귀)에 의존
↓
III. 깨달음: 감각(귀와 눈)에 의존하지 않으면 두려움이 없어진다.
↓
IV–1. 태도 변화: 큰 소리를 내며 흐르는 강물을 좋아하게 되었다.
IV–2. 심정 변화: 소리에 대한 두려움이 없어지고 평정한 마음 상태를 유지했다.

① I ② II ③ III ④ IV–1 ⑤ IV–2

7 다음 중 이 글에서 얻을 수 있는 교훈을 실천한 사례인 것은?

① 책이 두껍다고 겁먹지 않고 묵묵히 책을 읽어 나간다.
② 청소할 때에는 친구들과 구역을 균등하게 나누어서 한다.
③ 약속 시간에 자꾸 늦는 친구에게 잘못을 따끔하게 지적한다.
④ 등산하기 전에 산세를 미리 파악하여 험난한 경로를 피한다.
⑤ 여러 종류의 음악을 듣기보다는 좋아하는 음악만 집중적으로 듣는다.

8 〈보기〉의 빈칸에 들어갈 알맞은 말을 〈조건〉에 맞게 쓰시오.

보기

이 글에는 '마음이 어두운 자'와 '귀와 눈만을 믿는 자'가 나오는데, 두 사람의 차이점은 (   ) 이다.

조건

1. 두 사람의 삶의 태도를 대비하여 쓸 것
2. 이 글의 주제어를 활용할 것

086 상기(象記) | 박지원

키워드 체크 #고전수필 #열하일기 #비유적 #고정 관념 #코끼리의 엄니

문학 천재(김) 국어 신사고

핵심 정리

갈래 한문 수필, 기(記)
성격 철학적, 비유적, 묘사적
제재 코끼리를 본 경험
주제 획일적인 생각으로 세상을 바라보는 고정 관념에 대한 경계
특징 ① 통념을 깨는 철학적 진리를 전달함.
② 비유와 묘사를 통해 개성적으로 표현함.
출전 《열하일기(熱河日記)》

어휘 풀이

열하(熱河) 러허. 청더(承德)의 옛 이름. 청나라 때 황제의 여름 별장이 있었음.
행궁 임금이 나들이 때에 머물던 별궁.

구절 풀이

❶ **파도 위에 말이 ~ 숨어 버렸었다.** 작가가 동해에서 본 것이 무엇인지는 확실하게 제시되지 않았다. 다만 코끼리를 보고 과거의 경험을 떠올린 것으로 보아 작가에게 경이롭다고 인식되었던 대상이라 할 수 있다.
❷ **코끼리는 소의 몸뚱이에 ~ 눈은 초승달 같았다.** 코끼리의 외양을 대구와 비유를 활용하여 실감 나게 묘사하고 있다.
❸ **대개 코끼리 눈은 ~ 눈에서 드러난다.** 코끼리에 대한 사람들의 보편적인 인식과 작가의 새로운 인식을 대조적으로 제시한 부분이다. 작가는 사람들의 인식이 성급한 일반화의 오류에 해당한다고 비판하고 있다.
❹ **"뿔이 있는 ~ 잘못된 생각이다.** 이빨은 음식을 섭취할 때 필요한 것이기에 이빨이 없는 짐승은 결함이 있는 것으로 볼 수 있다. 작가는 이와 같은 결함을 하늘의 의도인 것처럼 생각하는 당시의 통념을 비판적으로 바라보고 있다.
❺ **"그대들이 말하는 이치는 소, 말, 닭, 개에게나 해당할 따름이다.** 사람들이 말하는 이치는 소, 말 등에는 해당되나 코끼리에는 해당되지 않는다고 말하고 있다. 즉, 작가는 이처럼 하나의 고정된 이치로 모든 사물을 인식하는 태도는 옳지 않다고 비판하고 있는 것이다.

Q 작가가 사람들이 재반박에 제대로 대응하지 못할 것이라고 생각하는 이유는?

당대 사람들의 통념에서 코끼리의 엄니는 하늘의 의도를 반영하여 만들어진 것이다. 하지만 작가의 재반박에 따르면 엄니는 아무런 쓸모가 없고, 오히려 음식을 먹는 데 방해만 된다. 그러므로 작가는 엄니를 없애고 코를 짧게 하는 것이 더 낫다는 자신의 주장에 사람들이 반박하지 못할 것이라고 생각하고 있다.

작가 소개

박지원(본책 196쪽 참고)

가 내가 북경에서 본 코끼리 열여섯 마리는 모두 발이 쇠사슬로 묶여 있었기에 움직이는 모습까지는 보지 못하였었다.(코끼리를 본 첫 번째 경험) 이번에 *열하(熱河) *행궁 서쪽에서도 코끼리 두 마리를 보았는데, 온 몸뚱이를 꿈틀거리며 움직이는 것이 바람이 불고 비가 오는 듯 굉장하였다.(코끼리를 본 두 번째 경험 / 거대하고 세참.)
▶ 움직이는 코끼리를 보고 경이로움을 느낌.

나 내가 언젠가 새벽에 동해에 나갔던 적이 있다.(움직이는 코끼리를 본 경험과 비교하기 위해 과거의 경험 제시) ❶파도 위에 말이 서 있는 듯한 모습을 수없이 보았는데, 두 집채같이 커서 그게 물고기인지 산짐승인지 알지 못했다.(경이로움을 느꼈던 과거의 경험) 해가 뜨기를 기다려 제대로 보려고 했는데 해가 막 수면 위로 솟아오르자 물결 위에 말처럼 섰던 것들은 바닷속으로 이미 숨어 버렸었다. / 이번에 코끼리를 열 걸음 밖(가까운 거리)에서 보았는데 ㉠그때 동해에서의 일을 떠올리게 하였다. ❷코끼리는 소의 몸뚱이에 당나귀 꼬리요, 낙타의 무릎에 호랑이 발굽이요, 털은 짧고 잿빛이었다. 어질어 보이는 외모에 슬픈 소리를 냈으며, 귀는 드리워진 구름 같았고, 눈은 초승달 같았다.
▶ 코끼리를 보고 과거의 경험을 떠올림.

다 『어떤 이는 코를 주둥이로 생각하여 코끼리 코가 있는 곳을 다시 찾아보기도 하는데, 코가 이렇게 생겼으리라고는 생각지 못해서이다. 어떤 이는 코끼리의 다리가 다섯이라고 하고, 어떤 이는 코끼리의 눈이 쥐 같다고도 하는데,』(『 』: 코끼리에 대한 사람들의 일반적인 오해) 대부분 코끼리의 코와 엄니 사이에 정신을 빼앗겨서 그런 것이다. ㉡코끼리 전체 몸뚱이에서 가장 작은 것을 가지고 보면 이렇게 엉터리 비교가 나오게 된다. ❸대개 코끼리 눈은 매우 가늘어서 마치 간사한 사람이 아양을 떨며 눈부터 먼저 웃는 것처럼 보일 수 있으나,(사람들의 보편적 인식(부정적 관점)) 코끼리의 어질어 보이는 성품은 바로 눈에서 드러난다.(코끼리의 눈에 대한 새로운 인식(긍정적 관점)) [중략] / 그런데도 말하기 좋아하는 사람은 ❹"뿔이 있는 놈에게는 이빨을 주지 않았다."라고 하여 하늘이 만물을 만들 때 결함을 갖도록 의도한 것처럼 생각한다.(하늘이 사물을 만들 때 특정한 의도를 갖고 만든다는 생각) 이것은 잘못된 생각이다.(만물이 하늘의 의도에 따라 만들어졌다는 생각을 부정함.)

감히 묻는다. "이빨을 준 자는 누구인가?" / 사람들은 말할 것이다. "하늘이 주었다." / 다시 묻는다.(문답법으로 자신의 주장이 타당함을 입증하려 함.) "하늘이 이빨을 준 까닭은 무엇 때문인가?" / 사람들은 답할 것이다. "하늘이 이빨로 물건을 씹게 한 것이다." / 또다시 묻겠다. "이빨로 물건을 씹게 함은 무엇 때문인가?"

사람들은 대답할 것이다. "이는 하늘이 낸 이치이다. 날짐승과 산짐승은 손이 없으므로 반드시 부리와 주둥이를 땅에 닿도록 숙여 먹이를 구하는 것이다.(손이 없는 짐승이 부리와 주둥이를 숙여 먹이를 구하는 것) 그러므로 학 다리가 이미 높고 보니 학의 목이 길 수밖에 없었던 것인데 그래도 혹시 땅에 닿지 않을까 염려하여 또 부리가 길어진 것이다. 만약 닭의 다리가 학의 다리를 본떠 길었다면 닭은 마당에서 굶어 죽었을 것이다." / 나는 크게 웃으며 말했다. ❺"그대들이 말하는 이치는 소, 말, 닭, 개에게나 해당할 따름이다.(작가는 모든 사물에 동일한 이치를 적용할 수 없다고 생각함.) 만약 하늘이 이빨을 준 것이 반드시 구부려 먹이를 씹게 하기 위해서라고 가정해 보자.(사람들의 주장) 지금 저 코끼리는 쓸데없는 엄니가 곧추세워져 있어서 입을 땅에 대려고 하면 엄니가 먼저 땅에 부딪힐 것이니 물건을 씹는 데는 도리어 방해가 되지 않을까?"(사람들의 주장에 대한 작가의 반박) / 어떤 사람은 말할 것이다. "코를 활용하면 된다."(작가의 반박에 대한 사람들의 반박)

나는 "엄니가 길어 코를 활용하는 것보다는 차라리 엄니를 없애고 코를 짧게 하는 것이 낫지 않을까?"(사람들의 반박에 대한 작가의 재반박)라고 답하겠다. / 이에 말하던 자는 처음의 주장을 더 내세우지 못하고 자신이 배웠던 내용을 조금 누그러뜨릴 것이다.
▶ 모든 사물에 하늘의 의도가 반영되어 있다는 주장을 반박함.

라 코끼리가 호랑이를 만나면 코로 때려눕히니, 그 코야말로 천하무적이라 할 것이다. 그런데 코끼리가 쥐를 만나면 코를 댈 자리도 없어,(맹수의 왕인 호랑이를 때려눕히므로 / 쥐가 너무 작아 코로 공격할 수 없으므로) 하늘을 쳐다본 채 서 있을 뿐이라 한다. 그렇다고 쥐가 호랑이보다 무섭다고 말하는 것은 앞서 말한 하늘이 낸 이치에 맞지 않는다.
▶ 고정 관념으로 사물을 인식하는 태도를 비판함.

• **중심 내용** 코끼리의 외양에 대한 사람들의 생각과 하나의 고정된 시각으로 세상을 인식하는 태도 경계

이해와 감상

〈상기〉는 작가가 중국의 열하에서 코끼리를 본 경험을 바탕으로 대상을 어떻게 인식해야 하는가에 대한 깨달음을 전하는 고전 수필이다. 작가는 초반부에서 거대한 코끼리를 보고 느낀 경이로움을 드러내며, 비유와 묘사를 통해 코끼리의 외양을 상세하게 나타낸다. 그리고 코끼리에 관한 사람들의 보편적인 인식을 반박하며 철학적인 주장을 펼친다. 이를 통해 작가는 모든 사물의 근거를 하늘에서 찾는 사람들의 통념을 비판하며, 고정된 시각에서 벗어나야 함을 주장하고 있다. 또한 문답법을 활용함으로써 독자의 흥미를 유발하며 주장의 타당성을 설득력 있게 밝히고 있다.

작품 연구소

작가의 경험과 정서

경험		정서
열하 행궁 서쪽에서 움직이는 코끼리 두 마리를 봄.	➡	• 거대한 코끼리의 움직임을 보고 경이로움을 느낌. • 동해에서 파도 위에 말처럼 서 있는 물체를 보았던 것처럼 기이함을 느낌.

당대 사람들의 통념에 대한 작가의 반박

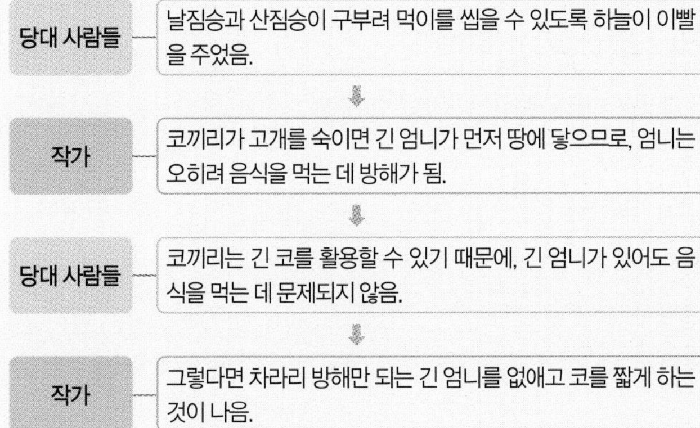

고정된 관점으로 대상을 판단할 때의 오류

작가는 코끼리가 호랑이와 쥐를 만났을 때의 상황을 대비하면서 고정된 관점으로 대상을 인식하는 것은 불합리하다는 주장을 펼치고 있다.

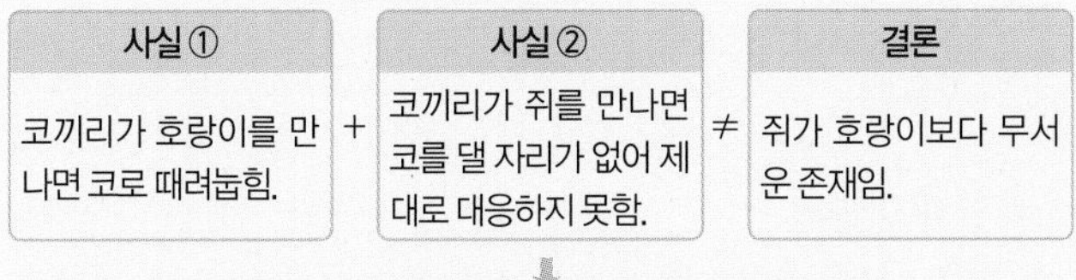

자료실

코끼리와 관련 있는 '상상(想像)'의 어원

실제로 경험하지 않은 현상이나 사물을 마음속으로 그려 본다는 뜻을 가진 상상(想像)이라는 단어는 코끼리[象]를 생각[想]한다는 의미의 한자어이다. 중국 사람들이 인도에서 코끼리를 보고 돌아와 사람들에게 설명했는데, 사람들이 믿어 주지 않아 코끼리의 뼈를 가져와 보여 주며 코끼리의 형상을 상상하게 했다는 유래가 전해지고 있다. 이렇듯 중국에서조차 코끼리를 보는 것은 쉬운 일이 아니었다.

키 포인트 체크

제재 중국의 열하에서 움직이는 □□□를 본 경험

관점 세상의 모든 것에 □□의 의도가 반영된 것으로 보는 관점을 비판하고 있다.

표현 □□□을 활용해 독자들의 흥미를 유발하고 주장을 설득력 있게 전달하고 있다.

내신 적중 多빈출

1 작가가 이 글을 쓰게 된 경험으로 적절한 것은?

① 움직이는 코끼리 두 마리를 본 경험
② 사람들과 코끼리에 대해 서로 대화한 경험
③ 코끼리가 코로 호랑이를 죽이는 것을 본 경험
④ 동해에서 파도 위에 말이 서 있는 것을 본 경험
⑤ 코끼리가 엄니 때문에 식사에 곤란을 겪는 것을 본 경험

2 이 글의 서술상 특징으로 적절하지 않은 것은?

① 구체적인 지명을 제시하여 사실성을 높이고 있다.
② 문답법을 사용하여 말하고자 하는 바를 강조하고 있다.
③ 사람들의 통념을 비판하면서 논리적으로 반박하고 있다.
④ 비유와 대구를 활용하여 대상의 모습을 생생하게 묘사하고 있다.
⑤ 전기적인 요소를 활용하여 대상이 지닌 환상성을 부각하고 있다.

3 〈보기〉를 참고할 때 이 글을 통해 작가가 비판하고자 한 내용으로 적절한 것은?

보기

〈상기(象記)〉가 창작되었던 당시의 사회에서는 하늘의 이치를 절대화하여 인간의 행동 양식과 자연 현상을 모두 하늘의 이치와 결부시켰다. 모든 것이 하늘의 이치로부터 비롯된 이(理)의 작용 아래 움직인다고 보았던 것이다.

① 낯선 대상에 대한 편견과 배타적인 사고방식
② 체면과 허위에 치우친 양반들의 위선적인 태도
③ 중국의 문물을 무조건 숭상하는 사대주의적 태도
④ 실용성을 중시하는 과학적 사고에 대한 억압적 태도
⑤ 모든 것이 하늘의 이치라고 생각하는 획일적인 사고방식

4 ㉠의 이유로 적절한 것은?

① 난생처음 코끼리를 보아 충격이 컸기 때문에
② 우리나라도 동해에 가면 코끼리를 볼 수 있었기 때문에
③ 열하 행궁에서 코끼리를 볼 때와 날씨가 비슷했기 때문에
④ 동해에서도 이와 흡사하게 기이함을 느낀 일이 있었기 때문에
⑤ 과거에 코끼리와 비슷하게 생긴 물고기를 본 적이 있었기 때문에

5 ㉡을 참고하여 〈보기〉에 나타난 문제점을 쓰시오.

보기

코끼리를 본 적 없는 사람들이 저마다 코끼리의 다른 부분을 만져 보고서는, 자기가 알고 있는 일부분의 모양이 코끼리의 모습이라고 우기고 있다.

IV. 조선 후기

087 수오재기(守吾齋記) | 정약용

키워드 체크 #기(記) #수오재라는 이름의 의미 #현상적 자아 #본질적 자아 #반성과 성찰

문학 비상 국어 천재(박)
독서 동아

핵심 정리

갈래 한문 수필, 기(記)
성격 반성적, 회고적, 교훈적, 자경적(自警的)
제재 '수오재'라는 집의 이름
주제 본질적 자아를 지키는 것의 중요성
특징 ① 관념적인 '나의 마음'을 구체화하여 그것과 대화하는 방식(자문자답)으로 글을 구성함.
② 자신의 과거를 반성적으로 돌아보고 그 과정에서 얻은 깨달음을 전함.
③ 의문에서 출발하여 깨달음을 얻는 과정을 드러냄으로써 독자의 공감을 유도함.
출전 《여유당전서(與猶堂全書)》

어휘 풀이

장기(長鬐) 경상북도 포항시 장기면. 정약용은 신유박해로 인해 그해 3월에서 10월까지 장기에서 유배 생활을 했음.
사모관대(紗帽冠帶) 예전에, 벼슬아치가 입던 옷과 모자.
도포(道袍) 예전에, 통상예복으로 입던 남자 겉옷.
새재 문경새재. 경상북도 문경시와 충청북도 괴산군 사이에 있는 고개.

Q '수오(守吾)'의 의미는?

작가는 과거 시험을 통해 관직에 오른 후 자신을 돌아보지 못하고 '미친 듯이' 다니다 보니 어느새 자신의 본질적인 '나'는 사라지고 귀양을 가는 처지에 이르렀음을 이야기하고 있다. 이러한 과거는 결국 현상적인 자아에 매몰되어 본질적인 자아를 잃어버린 모습이라고 할 수 있다. 따라서 '나를 지킨다.'라는 말은 나의 본성을 온전한 상태로 유지함을 의미하는 것이라 할 수 있다.

구절 풀이

❶ **나는 '나'를 잘못 간직했다가 ~ 새재를 넘게 되었다.** 본질을 망각한 채 권력에 취해 있었던 자신에 대한 반성으로, 관직 생활에 대한 후회와 자기 자신을 지키지 못한 것에 대한 자책이 드러나 있다.
❷ **친척과 선영을 ~ 멈추게 되었다.** 홀로 귀양 온 자신의 처지를 표현하고 있다. 이는 '나'를 지키지 못한 결과로, '바닷가의 대나무 숲'은 작가가 자신의 삶을 반성하는 곳이자 작가가 처한 상황을 공간적으로 형상화한 표현이다.

작가 소개

정약용(丁若鏞, 1762~1836) 조선 후기의 학자로 호는 다산(茶山), 여유당(與猶堂)이다. 실학사상을 집대성하여 발전시켰고, 민족의 현실을 사실적으로 그려 낸 작품을 남겼다. 한국의 역사·지리 등에도 관심을 보여 주체적 사관을 제시했으며, 서학을 통해 서양의 과학 지식을 도입했다. 주요 저서로 《목민심서(牧民心書)》, 《흠흠신서(欽欽新書)》, 《경세유표(經世遺表)》 등이 있다.

가 수오재(守吾齋)라는 이름은 큰형님이 자신의 집에다 붙인 이름이다. 나는 처음에 이 이름을 듣고 이상하게 생각하였다. 『나와 굳게 맺어져 있어 서로 떨어질 수 없는 가운데 '나'보다 더 절실한 것은 없다. 그러니 굳이 지키지 않더라도 어디로 가겠는가? 이상한 이름이다.』

(수오재: '나를 지키는 집'이라는 뜻 / 큰형님: 정약용의 큰형인 약현(若鉉)을 가리킴. / 의문 제기 – 독자의 관심을 유도하고, 글의 초점을 분명하게 함. / 『』: 일상적이고 상식적인 차원의 생각을 드러냄.)

▶ '수오재'라는 명칭에 대해 의문을 가짐.

나 내가 •장기로 귀양 온 뒤에 혼자 지내면서 생각해 보다가, 하루는 갑자기 이 의문점에 대해 해답을 얻게 되었다. 나는 벌떡 일어나 이렇게 스스로 말하였다.

(장기: 작가의 처지 / 이 의문점: '나'를 지킨다는 것의 의미)

"천하 만물 가운데 지킬 것은 하나도 없지만, 오직 '나'만은 지켜야 한다. 『내 밭을 지고 달아날 자가 있는가. 밭은 지킬 필요가 없다. 내 집을 지고 달아날 자가 있는가. 집도 지킬 필요가 없다. 내 정원의 여러 가지 꽃나무와 과일나무들을 뽑아 갈 자가 있는가. 그 뿌리는 땅속 깊이 박혔다. 내 책을 훔쳐 없앨 자가 있는가. 성현의 경전이 세상에 퍼져 물이나 불처럼 흔한데, 누가 능히 없앨 수가 있겠는가.』 [중략] 그러니 천하 만물은 모두 지킬 필요가 없다. / 그런데 오직 '나'라는 것만은 잘 달아나서, 드나드는 데 일정한 법칙이 없다. 아주 친밀하게 붙어 있어서 서로 배반하지 못할 것 같다가도, 잠시 살피지 않으면 어디든지 못 가는 곳이 없다. [중략] 한번 가면 돌아올 줄을 몰라서, 붙잡아 만류할 수가 없다. 그러니 천하에 나보다 더 잃어버리기 쉬운 것은 없다. 어찌 실과 끈으로 매고 빗장과 자물쇠로 잠가서 '나'를 굳게 지켜야 하지 않으리오."

(오직 '나'만은 지켜야 한다: 주장 제시, 뒤에 이유를 제시함. / 성현: 성인과 현인을 아울러 이르는 말 / 『』: 자문자답하는 형식으로 천하 만물을 지키지 않아도 되는 이유를 제시함. / 천하 만물은 모두 지킬 필요가 없다: 자문자답 형식의 논리를 통해 얻어 낸 결론 / 드나드는 데 일정한 법칙이 없다: 사람의 마음은 쉽게 바뀌거나 유혹에 잘 넘어간다는 것을 드러냄. / 아주 친밀하게 ~ 같다가도: 현상적 자아와 본질적 자아가 서로 떨어지지 못해 하나인 것 같다가도 / 천하에 나보다 더 잃어버리기 쉬운 것은 없다: '나'를 지켜야 하는 이유 / 실과 끈으로 ~ 자물쇠로 잠가서: 철저하게 수양하여 '나'를 굳게 지켜야 함을 비유적 표현으로 드러냄.)

▶ '나'를 지킨다는 것의 의미를 깨달음.

다 ❶나는 '나'를 잘못 간직했다가 잃어버렸던 자다. 어렸을 때에 과거(科擧)가 좋게 보여서, 십 년 동안이나 과거 공부에 빠져들었다. 그러다가 결국 처지가 바뀌어 조정에 나아가 검은 •사모관대에 비단 •도포를 입고, 십이 년 동안이나 미친 듯이 대낮에 커다란 길을 뛰어다녔다. 그러다가 또 처지가 바뀌어 한강을 건너고 •새재를 넘게 되었다. ❷친척과 선영을 버리고 곧바로 아득한 바닷가의 대나무 숲에 달려와서야 멈추게 되었다. 이때에는 나도 땀이 흐르고 두려워서 숨도 쉬지 못하면서, 나의 발뒤꿈치를 따라 이곳까지 함께 오게 되었다.

(검은 사모관대에 비단 도포를 입고: 벼슬길에 나섬. – 대유법 / 커다란 길: 벼슬길 / 한강을 건너고 새재를 넘게 되었다: 벼슬에서 쫓겨나 귀양길에 오름. / 선영: 조상의 무덤 또는 무덤이 있는 곳 / 나도 땀이 ~ 못하면서: 귀양살이에 대한 두려운 심정을 드러냄.)

▶ '나'를 지키지 못한 삶을 회고함.

라 내가 '나'에게 물었다.

"너는 무엇 때문에 여기까지 왔느냐? 여우나 도깨비에 홀려서 끌려왔느냐? 아니면 바다 귀신이 불러서 왔느냐. 네 가정과 고향이 모두 초천에 있는데, 왜 그 본바닥으로 돌아가지 않느냐?"

(초천: 현재의 경기도 남양주시 조안면 능내리, 정약용의 생가가 있는 곳 / 본바닥: 고향)

그러나 '나'는 끝내 멍하니 움직이지 않으며 돌아갈 줄을 몰랐다. 그 얼굴빛을 보니 마치 얽매인 곳에 있어서 돌아가고 싶어도 돌아가지 못하는 것 같았다. 그래서 결국 붙잡아 이곳에 함께 머물렀다. 이때 둘째 형님 좌랑공도 '나'를 잃고 나를 쫓아 남해 지방으로 왔는데, 역시 '나'를 붙잡아서 그곳에 함께 머물렀다.

(얽매인 곳: 벼슬길 / 결국 붙잡아 이곳에 함께 머물렀다: 귀양지에 와서야 본질적 자아를 지킬 수 있게 됨. / 둘째 형님 좌랑공: 정약용의 둘째 형인 약전(若銓)을 가리킴.)

▶ 귀양지에서 비로소 '나'를 찾음.

마 오직 나의 큰형님만이 '나'를 잃지 않고 편안히 단정하게 수오재에 앉아 계시니, 본디부터 지키는 것이 있어서 '나'를 잃지 않았기 때문이 아니겠는가. 이것이 바로 큰형님이 그 거실에 '수오재'라고 이름 붙인 까닭일 것이다. [중략]

(오직 나의 큰형님만이 '나'를 잃지 않고: '나'와 둘째 형님과는 대비된 삶을 삶. / 본디부터 지키는 것: 본질적인 '나')

『맹자가 "무엇을 지키는 것이 큰가? 몸을 지키는 것이 가장 크다."라고 하였으니, 이 말씀이 진실하다.』 내가 스스로 말한 내용을 써서 큰형님께 보이고, 수오재의 기(記)로 삼는다.

(『』: 성현인 맹자의 말을 인용하여 자신의 주장에 대한 근거로 삼아 설득력을 높이고 있음.)

▶ '나'를 지키는 삶을 다짐함.

• **중심 내용** '나'를 지키는 것의 의미와 '수오(守吾)'의 삶에 대한 다짐

이해와 감상

〈수오재기〉는 '나를 지키는 집'이라는 당호(堂號)에 의문을 제기하여 작가 자신의 삶을 되돌아보고 깨달음을 얻는 과정을 담아낸 작품이다.

작가는 이러한 깨달음을 얻기 위해 '나'와 '또 하나의 나'를 구분하여 현상적 자아에 대비되는 본질적 자아의 모습을 그려 내고 있다. 본질적 자아라고 할 수 있는 '나'는 간직하고 지켜 내야 할 자아의 내면이고, 내가 세상의 바람에 흔들리고 미혹에 빠지려고 할 때 중심을 잡아 줄 수 있는 든든한 기둥과 같은 것이다. 작가는 본질적 자아, 즉 내면적 자아를 유지할 때 비로소 세상의 바람에 흔들리거나 유혹당하지 않게 된다는 깨달음을 통해 큰형님이 '수오재'라는 이름을 지은 속뜻을 알게 되었음을 드러내고 있다. 작가가 귀양지에서 '나'와 대화를 나누고 '나'의 모습을 살펴본다는 내용은 반성과 성찰의 행위를 보여 주는 이 글의 특징이라 할 수 있다.

작품 연구소

깨달음의 과정을 통해 본 〈수오재기〉의 구성

	주요 내용	구성상 특징	
기	'수오재'라는 이름에 대한 의문	• 상식적 수준의 의문 제기 • 화제 제시와 독자의 관심 유도	
승	'나'를 지켜야 하는 이유 – 환경과 여건에 따른 현상적 자아의 변화	의문의 해소	
전	본질적 자아를 소홀히 한 채 살았던 삶에 대한 반성	자기 삶에의 적용	벼슬길에서의 '나' – 본질적 자아를 지키지 못함. ↓ 귀양지에서의 '나' – 본질적 자아를 지킬 수 있게 됨.
결	〈수오재기〉를 쓰게 된 이유	깨달음의 기록	

〈수오재기〉의 주제 형상화 방식

〈수오재기〉는 '나를 지키는 것의 중요성'을 전하는 작품이다. 이러한 주제를 구현하기 위해 작가는 '나를 지킨다'는 말의 의미를 깨닫지 못했다는 데에서 이야기를 시작한다. 이것은 독자와 자신이 유사한 상황에 있음을 제시하는 공감의 기법을 사용한 것이다. 이러한 의문 제기 뒤에 자신의 과거를 돌아보면서 '나'를 지킨다는 말의 의미를 이해하게 되었음을 밝히고, 자신을 지키는 것이 얼마나 중요한지를 강조함으로써 자연스럽게 주제를 드러내어 독자를 효과적으로 이해시키고 있다.

〈수오재기〉의 양식적 특징

〈수오재기〉는 전통적인 한문 문학 양식의 하나인 '기(記)'에 해당한다. 기(記)란 어떤 사건이나 경험을 하게 된 과정을 기록하는 것으로, 독자의 공감을 불러일으켜 교훈이나 깨달음을 제시하려는 목적을 지니고 있다. 이 작품 역시 '수오재'라는 이름에 대한 사연을 적고, 그에 따른 자신의 깨달음을 기록하고 있다는 점에서 '기(記)'라고 할 수 있다.

함께 읽으면 좋은 작품

〈염재기(念齋記)〉, 박지원 / 집에 붙인 이름을 소재로 한 작품

미치광이 선비 송욱의 삶을 통해 자의식을 잃어버린 지식인의 비애를 드러내는 한문 수필이다. 선비로서 자기 정체성을 잊지 말고 국가에 봉사하되, 세속적 욕망은 멀리하라는 가르침을 담고 있다. 집에 붙인 이름에 대한 기록이라는 점에서 〈수오재기〉와 유사하다.

키 포인트 체크

제재 '□□□'라는 집의 이름
관점 참된 '□'를 지켜 내는 일이 가장 중요하다.
표현 현상적 자아와 □□□ 자아의 모습을 대비하고, '나'가 '나의 마음'과 □□하는 형식으로 내용을 전개한다.

1 이 글에 대한 설명으로 적절하지 않은 것은?
① 독자에게 교훈을 전달하는 글이다.
② 한문 문학 양식 중 하나인 기(記)에 해당한다.
③ 지난날에 대한 반성과 자기 성찰이 담겨 있다.
④ 경험을 통해 얻게 된 깨달음을 드러내고 있다.
⑤ 작가의 주변 인물의 삶에 초점을 맞추고 있다.

2 이 글의 표현상 특징으로 알맞은 것은?
① 작가의 심리가 변화하는 양상을 제시하고 있다.
② 자문자답하는 방식을 통해 내용을 전개하고 있다.
③ 대화를 나누면서 주장을 구체화하여 드러내고 있다.
④ 작가의 깨달음을 공간적 배경에 투영하여 제시하고 있다.
⑤ 역순행적 구성에 따라 내용을 전개하여 색다른 느낌을 주고 있다.

내신 적중

3 〈보기〉의 밑줄 친 주인이 이 글에서 말하는 '나를 잃은 자'라고 할 때 그 이유로 가장 적절한 것은?

보기
광해군의 난정(亂政) 때 깨끗한 선비들은 나가서 벼슬하지 않았다. / 어떤 선비들이 모여 바둑과 정담(情談)으로 소일(消日)하는데, 그 집주인은 *적빈(赤貧)이 여세(如洗)라, 그 부인이 남편의 친구를 위하여 점심에는 수제비국이라도 끓여 드리려 하니 땔나무가 없었다. 궤짝을 뜯어 도마 위에 놓고 식칼로 쪼개다가 잘못되어 다치고 말았다. / 바둑 두던 선비들은 갑자기 안에서 나는 비명을 들었다. 주인이 들어갔다가 나와서 사실 얘기를 하고 초연(愀然)히 하는 말이 가난이 죄라고 탄식하였다. [중략] 몇 해 뒤에 그 주인은 첫 뜻을 바꾸어 나아가 벼슬하다가 반정(反正) 때 몰리어 죽게 되었다. – 조지훈, 〈지조론(志操論)〉
• 적빈(赤貧) 매우 가난함.

① 가난을 핑계로 친구 대접에 소홀했기 때문에
② 벼슬을 하다가 반역을 저질러 죽게 되었기 때문에
③ 순간의 괴로움을 참지 못하고 지조를 버렸기 때문에
④ 속세의 현실과 관계없는 이상적 이야기만 했기 때문에
⑤ 학문에 정진하지 않고 바둑 등으로 소일하며 지냈기 때문에

4 이 글에서 작가가 말하는 '나'의 두 가지 의미와 이를 통해 궁극적으로 전달하려는 바를 다음과 같이 정리할 때, ㉠, ㉡에 들어갈 적절한 내용을 쓰시오.

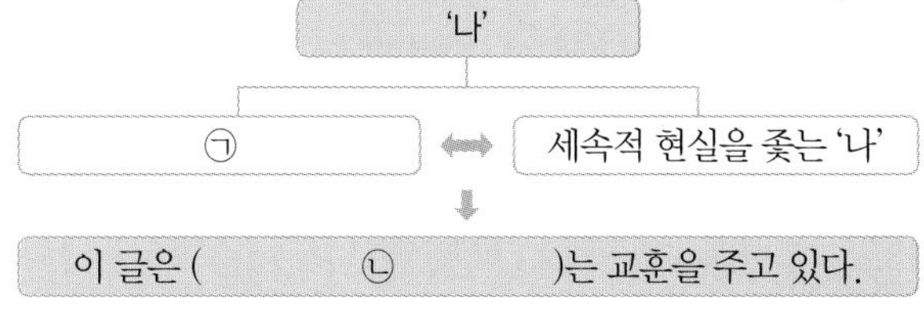

088 포화옥기(匏花屋記) | 이학규

키워드 체크 #기(記) #여관집의 노비 #인생관 #운명에 순응 #만족하는 삶

핵심 정리

갈래 한문 수필, 기(記), 소품문(小品文)
성격 교훈적, 경세적, 성찰적, 설득적, 예시적
제재 어느 여관집 노비의 인생관
주제 주어진 삶에 만족하며 살아가는 삶
특징 체험과 깨달음의 구조로 이루어짐.
연대 조선 순조 때
출전 《포화옥집(匏花屋集)》

어휘 풀이

길 길이의 단위. 한 길은 여덟 자 또는 열 자로 약 2.4미터 또는 3미터에 해당함.
자 길이의 단위. 한 자는 약 30.3센티미터에 해당함.
박 박과의 한해살이 덩굴풀. 전체가 잔털로 덮여 있고 줄기가 변한 덩굴손이 있어서 다른 물건을 감고 올라감.
서식(棲息)하다 생물 등이 일정한 곳에 자리를 잡고 살다.
소갈증(消渴症) 갈증으로 물을 많이 마시고 음식을 많이 먹으나 몸은 여위고 오줌의 양이 많아지는 병.
역정(驛亭) 예전에, 역참에 마련되어 있는 정자를 이르던 말.
궁벽(窮僻)하다 매우 후미지고 으슥하다.
아전(衙前) 조선 시대에 중앙과 지방의 관아에 속한 구실아치.
역졸(役卒) 예전에, 관원이 부리던 하인.
일자무식(一字無識)하다 글자를 한 자도 모를 정도로 무식하다.

구절 풀이

❶ **자기가 사는 곳을 여관으로 생각하며** 자기가 사는 곳을 잠깐 머물다가 가는 여관으로 생각한다는 것은 이 세상 자체를 잠시 몸을 의탁하는 여관과 같이 생각한다는 의미이다.

Q '여관 중의 여관'의 의미는?

나그네는 여관에서 일하는 노비의 삶의 태도를 예로 들어 '나'를 깨우친다. 이 세상이 잠시 머무는 하나의 여관이라면, '나'가 세상살이와 동떨어져 사는 이곳은 그야말로 여관 중의 여관에 불과하다는 의미이다. 이 세상을 여관으로 보는 관점은 이백(李白)의 〈춘야연도리원서(春夜宴桃李園序)〉에서도 찾아볼 수 있다. 여기서 이백은 '무릇 천지는 만물의 여관이요, 세월은 영원한 나그네이다. 덧없는 인생은 꿈과 같으니 인생을 즐긴다 하여도 그 얼마나 되겠는가?'라고 했다.

작가 소개

이학규(李學逵, 1770~1835)
19세기 전반기의 문인이자 실학자로, 호는 낙하생(落下生)이다. 이용휴, 이가환, 정약용 등 남인계 문인 학자들의 영향을 받았다. 1801년 신유박해에 연루되어 경상도 김해 지방에서 24년 동안 유배 생활을 했다. 문집으로 《인수옥집(因樹屋集)》이 있다.

가 「내가 사는 집은 높이가 한 •길이 못 되고, 너비는 아홉 •자가 못 된다. 인사를 하려고 하면 갓이 천장에 닿고, 잠을 자려고 하면 무릎을 구부려야 한다.」 한여름에 햇볕이 내리쬐면 창문이 뜨겁게 달아오른다. 그래서 둘러친 담장 밑에 •박을 10여 개 심었더니, 넝쿨이 자라 집을 가려 주었다. 그러자 「우거진 그늘 때문에 모기와 파리 떼들이 어두운 곳에서 •서식하고, 뱀들이 서늘한 곳에 웅크리고 있었다.」 어두운 밤에 자주 일어나 등촉을 들고 마당을 살펴보았다. 가만히 있으면 가려움 때문에 긁느라 지치고, 이리저리 움직이면 쏘아 대는 것이 두렵다. 이를 걱정하고 신경 쓰느라 병이 생겼으니, •소갈증이 심해지고 가슴도 막힌 듯 답답했다.

(「 」: 집이 매우 협소함을 구체적 수치와 상황으로 드러냄. / 아홉 자: 약 2.7미터 / 박: '포화옥(匏花屋)'을 나타냄. / 「 」: 햇볕을 피하기 위해 심은 박 때문에 '나'가 살기 더 어려워짐. / 등촉: 등불과 촛불 / 병: 신경 쇠약증)

▶ 열악한 주거 환경으로 병이 생김.

나 서울에서 온 어떤 나그네가 내 말을 듣고 위로를 하였다. 그리고 자신이 예전에 몸소 겪었던 일을 말해 주었다. / "저는 어려서 집이 가난하여 장사를 했습지요. 영남 땅의 나루터, 정자, •역정(驛亭), 여관 그리고 •궁벽한 고을의 작은 주막들에 이르기까지 제 발길이 닿지 않는 곳이 없었답니다. 무더운 여름철에 여행객과 나그네들이 한곳에 모이게 된답니다. 「수령과 보좌 관원이 먼저 내실을 차지한 채 서늘하게 지내고, 바람 부는 결채와 시원한 평상은 •아전과 •역졸(役卒)들이 차지하지요.」

(몸소 겪었던 일: '나'에게 깨달음을 주는 일화 / 내실: 주인이 기거하는 방 / 「 」: 계층이 높을수록 시원하고 좋은 자리를 차지함.)

▶ 여관집은 계층에 따라 차등적으로 자리가 정해짐.

다 그런데 여관집의 노비를 보면 이와 다릅지요. 「때가 잔뜩 낀 지저분한 얼굴을 하고 부지런히 소나 말처럼 분주히 오가며 일을 하지요. 지나다니는 사람들에게 빌붙어 아침저녁을 해결하니,」 「버려진 음식도 달게 먹는답니다. 그 사람은 취하여 배부르면 눕자마자 잠이 들지요. 우리네들이 예전에 견디지 못하는 것을 그 사람은 편안하게 여기니,」 마치 쌀쌀한 날씨 속에 선선한 방에서 잠자듯 한답니다. 「그의 모습을 살펴보면 옷은 다 해지고 여기저기 꿰매었지만 살결은 튼실하고, 특별한 재앙을 겪지 않고 천수를 누리고 있지요.」

이것은 다른 이유 때문이 아니랍니다. 그 사람은 ❶자기가 사는 곳을 여관으로 생각하며, 지금의 삶을 본래 정해진 운명이라고 여깁니다. 온갖 걱정과 근심으로 자기 마음을 상하게 하는 일도 없고, 끙끙거리며 탄식하느라 기운을 허하게 하는 일도 없지요.

(노비: '나'에게 깨달음을 주는 존재 / 「 」: 여관집 노비의 열악한 삶 / 「 」: 열악한 삶을 불평하지 않고 만족하며 사는 노비의 모습 / 마치 ~ 한답니다: 비유적 표현(직유법) / 「 」: 호강하지 못하고 천하게 살지만, 건강하게 장수를 누림. / 지금의 ~ 여깁니다: 주어진 삶에 만족하며 살아가는 삶의 자세)

▶ 여관집 노비는 자신의 삶에 만족하여 천수를 누림.

라 또 이런 말도 있습지요. 지금 이 세상은 살아 있는 사람을 봉양하고 죽은 사람을 장사 지내는 여관 같은 곳입니다. 그리고 이 여관은 하룻밤이나 이틀을 묵고 가는 곳입니다. 지금 그대는 이러한 여관에 몸을 기탁해 사는 데다가, 다시 또 멀리 떠나와 궁벽한 골짜기에 몸을 숨기고 있습니다. 이것은 여관 중의 여관에 머물고 있는 셈이지요.

(지금 이 세상은 ~ 곳입니다: 나그네의 인생관 / 하룻밤이나 ~ 곳입니다: 이 세상에서 영원히 살 수 없음을 비유적으로 나타냄. / 궁벽한 골짜기: 세상살이와 동떨어진 삶)

▶ 세상과 인생은 여관과 같음.

마 저 여관집의 노비는 •일자무식한 사람입니다. 다만 「그는 여관을 여관으로 여기면서, 음식도 잘 먹고 하루하루를 지내니, 추위와 더위도 그를 해치지 못하고 질병도 해를 입히지 못한답니다.」 그런데 그대는 도를 지키고 운명에 순종하며, 소박하고 솔직한 태도로 행하는 분입니다. 그런데 여관 중의 여관에서 지내면서도 여관을 여관으로 생각하지 않으십니다. 자기 스스로 화를 돋우고 들볶아 원기를 손상시키니, 병이 생겨 거의 죽을 지경에 이르렀습니다. 그대가 배우기를 바라는 것은 옛날 성현의 말씀인데도, 오히려 여관집의 노비가 하는 것처럼도 못하는구려."

이에 그 말을 서술하여 벽에 적고 〈포화옥기(匏花屋記)〉라 하였다.

(일자무식한 사람: 서술자의 상황과 대비되는 노비의 상황 / 여관을: 지시적 의미 / 여관으로: 비유적 의미 / 「 」: 운명에 순응하고 주어진 것에 만족하며 사는 노비의 삶의 태도. 서울 나그네가 '나'에게 전하고자 하는 깨달음의 내용)

▶ 나그네의 깨우침을 듣고 '나'도 깨달음을 얻음.

• **중심 내용** 인생을 여관으로 여기며 살아가는 어떤 노비의 이야기를 통한 깨달음

이해와 감상

〈포화옥기〉는 서울에서 온 나그네가 작가에게 들려준 어떤 노비에 관한 이야기를 주된 내용으로 하는 체험적 수필이다. 어떤 형식을 갖추지 않고 자유로운 필치로 일상생활에서 보고 느낀 것을 간단하게 적은 소품문으로 작가가 유배지에서 보낸 생활을 엿볼 수 있으며, 생활에 대한 새로운 발견과 인식의 전환이 담겨 있다.

이 작품에서 '나'는 자신이 사는 곳의 풍토와 환경에 제대로 적응하지 못해 병까지 얻는다. 이때 이러한 사정을 안 나그네가 '나'에게 여관집 노비의 삶에 대해 들려주면서 '나'에게 깨달음을 얻게 한다. 여관집 노비는 무사태평하게 그날그날을 살아가는 인물로, 의식주가 부족한 열악한 환경에서 주인에게 구속된 존재이지만 '자기가 사는 곳을 여관으로 생각하고, 지금의 삶을 정해진 운명'이라고 여기며 주어진 삶에 만족하며 살아가는 인물이다. '나'는 자신과 대조적인 태도를 지닌 여관집 노비를 통해 현실의 견디기 힘든 상황을 견디는 태도를 깨닫게 된다. 즉, 현실의 고통을 너그럽게 바라보려는 인식의 변화를 얻게 된 것이다.

작품 연구소

〈포화옥기〉의 구성

기	'나'는 찾아오는 손님들에게 집에 대한 불만을 하소연함.	체험
승	나그네는 여관에서 잠을 이루지 못하는 사람들에 대해 이야기해 줌.	체험
전	나그네가 여관에서 천수를 누리는 노비에 대해 이야기함.	체험
결	나그네가 스스로 병을 만드는 '나'에게 깨달음을 줌.	깨달음

〈포화옥기〉에 드러난 '나'의 깨달음과 주제

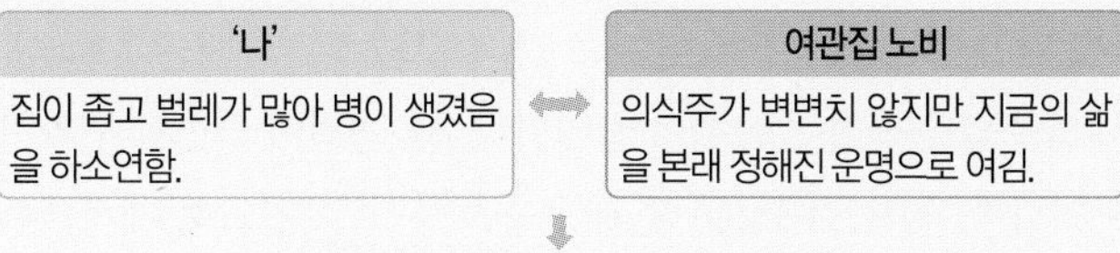

'나'	⟷	여관집 노비
집이 좁고 벌레가 많아 병이 생겼음을 하소연함.		의식주가 변변치 않지만 지금의 삶을 본래 정해진 운명으로 여김.

↓

운명에 순응하며 만족하는 삶이 중요함.

〈포화옥기〉와 이학규의 생애

유복자로 태어나 외가에서 성장한 이학규는 18세기를 대표하는 문인인 외조부 이용휴와 외숙 이가환의 훈도를 받아 10대 때부터 문인으로서 두각을 나타냈다. 그러나 신유박해로 남인 세력이 대거 몰락했을 때, 그는 축출당한 인사들과 맺었던 관계 때문에 경상도 김해로 유배를 가서 무려 24년 동안이나 억류되었다. 그리고 그 기간 동안 두 자식, 아내, 노모가 죽었으나 장례에 참석하지도 못했다. 〈포화옥기〉는 바로 이러한 상심과 우울, 한적함과 비탄의 정서가 스며 있는 유배지에서의 생활 체험을 나타낸 것이다.

함께 읽으면 좋은 작품

〈누항사(陋巷詞)〉, 박인로 / 안빈낙도(安貧樂道)를 노래한 작품

작가 박인로가 경기도 용진에 은거하고 있을 때, 이덕형이 찾아와 사는 형편을 묻자 이에 화답하는 뜻으로 지은 가사이다. 자연을 벗 삼아 안빈낙도하는 심경을 노래하고 있어 제재 면에서 〈포화옥기〉와 유사하다.

Link 〈고전 운문〉 246쪽

키 포인트 체크

제재 어느 여관집 □□의 인생관

관점 인생은 잠시 머물다 가는 □□ 같은 것이므로 주어진 상황에 만족하는 삶이 중요하다.

표현 자신이 사는 곳을 여관으로 생각하고 주어진 삶에 □□하며 살아가는 노비의 이야기를 예로 들어 자신의 생각을 전달한다.

1 이 글에 대한 설명으로 적절한 것은?

① 다른 사람의 삶을 통해 깨달음을 얻고 있다.
② 당시의 시대 현실을 집중적으로 묘사하고 있다.
③ 권위 있는 견해를 바탕으로 주장을 펼치고 있다.
④ 작가의 깊은 사색에서 교훈을 이끌어 내고 있다.
⑤ 주변 사물에 대한 개성적인 관점을 드러내고 있다.

2 이 글의 노비와 〈보기〉의 '나'의 공통된 현실 인식으로 적절한 것은?

보기

나 하늘로 돌아가리라 / 새벽빛 와 닿으면 스러지는 / 이슬 더불어 손에 손을 잡고 //
나 하늘로 돌아가리라 / 노을빛 함께 단둘이서 / 기슭에서 놀다가 구름 손짓하면은 //
나 하늘로 돌아가리라 / 아름다운 이 세상 소풍 끝내는 날 / 가서 아름다웠더라고 말하리라 - 천상병, 〈귀천(歸天)〉

① 이 땅은 잠깐 머물다가 떠나게 되는 공간이다.
② 이 땅에서 살아가려면 큰 고통을 감수해야 한다.
③ 이 땅과 저승에서의 삶은 본래 하나로 이어져 있다.
④ 이 땅에서 행복하다면 저승에서도 행복하게 살 수 있다.
⑤ 이 땅에서 삶에 대해 근심하는 것은 피할 수 없는 일이다.

3 나그네가 '나'에게 하고자 한 말로 적절한 것은?

① 건강은 타고난 기질에 좌우되는 것이니 환경을 탓해서는 안 됩니다.
② 주어진 것에 만족하면 걱정 없이 살게 되며 병도 모두 나을 것입니다.
③ 주인에게 얽매여 살아가는 노비와 비교하면 당신의 삶은 행복한 것입니다.
④ 가끔은 집을 떠나 여관에 묵으면서 자신의 삶에 대해 생각해 보길 바랍니다.
⑤ 자신보다 형편이 안 좋은 사람들을 생각하며 항상 겸손하게 행동해야 합니다.

4 〈보기〉를 참고하여 카네기는 노비의 삶의 태도에 대해 어떻게 평가할지 쓰시오.

보기

스코틀랜드 이민자 출신이었던 앤드류 카네기는 가난한 집안 형편 때문에 초등학교밖에 졸업하지 못한 채 돈을 벌기 위해 나섰다. 면직물 공장 공원, 전보 배달원, 전신 기사 등을 전전하며 근면함과 성실함으로 자신의 입지를 다져 나갔다. 이후 철강 회사를 설립하여 철강왕으로 불리며, 미국에서 손꼽히는 부자가 되었다.

한중록(閑中錄) | 혜경궁 홍씨

키워드 체크 #궁정 수필 #자전적 회고 #사도 세자의 참변 #임오옥

문학 신사고

핵심 정리

갈래 국문 수필, 궁정 수필, 회고록
성격 사실적, 체험적, 회고적, 비극적
문체 내간체, 우유체
제재 사도 세자의 죽음(임오옥)
주제 사도 세자의 참변을 중심으로 한 파란만장한 인생 회고
특징 ① 우아하고 품위 있는 궁중 용어를 사용함.
② 자전적 회고의 성격을 지님.
③ 간곡하면서도 적절하게 상황을 묘사함.
의의 ① 〈계축일기(癸丑日記)〉, 〈인현왕후전(仁顯王后傳)〉과 함께 3대 궁정 수필로 일컬어짐.
② 한글로 된 궁정 문학의 백미(白眉)임.

Q 이 부분에 드러난 선희궁의 의도는?

사도 세자의 생모인 선희궁은 사도 세자가 반란을 일으키려 한다는 고변과 함께 사도 세자의 광증에 대한 소문을 듣고, 아들인 사도 세자를 죽이라고 임금인 영조에게 고하는 것이 종사를 위하고 손자(훗날 정조)와 며느리(혜경궁 홍씨)를 살리는 길이라고 생각하고 있다. 그러나 영조가 사도 세자에게 대처분을 내릴 결심을 한 것을 알고는 큰 슬픔에 빠지고 만다.

가 선희궁께서 13일 내게 편지하시되
"어젯밤 소문은 더욱 무서우니, 일이 이왕 이리된 바에는 내가 죽어 모르거나, 살면 •종사를 붙들어야 옳고, 세손을 구하는 일이 옳으니, 내 살아 빈궁을 다시 볼 줄 모르겠노라."
라고만 하시니, 내 그 편지를 붙들고 눈물을 흘리니라. 하지만 그날 큰 변이 날 줄 어이 알았으리오.

(사도 세자의 생모 / 혜경궁 홍씨 / 사도 세자가 반란을 일으키려 한다는 나경언의 고변과 관련된 소문 / 나라를 보전해야 / 아들인 사도 세자가 죽더라도 손자(훗날 정조)를 살리는 일 / 죽음을 각오한 비장함이 담겨 있음. / 사도 세자가 뒤주에 갇힌 사건)

▶ 선희궁이 자신의 결심을 밝힘.

나 그날 아침에 영조께서 무슨 일로 자리에 좌정하려 하시며 경희궁에 있는 경현당 •관광청(觀光廳)에 계시니, 선희궁께서 가서 울며 고하시되
"•동궁의 병이 점점 깊어 바랄 것이 없으니, 소인이 차마 이 말씀을 드리는 것이 •정리에 못 할 일이나, 옥체를 보호하고 세손을 건져 종사를 평안히 하는 일이 옳사오니, 대처분을 하소서."
하시니라. 또
"설사 그리하신다 해도 부자의 정이 있고 병으로 그리된 것이니 병을 어찌 꾸짖으리이까. ❶처분은 하시나 은혜를 끼치시고 세손 모자를 평안하게 하소서."
하시니, 내 차마 그 아내로 이 일을 옳다고는 못 하나 어쩔 수 없는 일이라. 그저 나도 •경모궁을 따라 죽어 모르는 것이 옳되, 세손 때문에 차마 결단치 못하니라. 내 겪은 일이 기구하고 흉독함을 서러워할 뿐이라.

(1762년(영조 38년) 음력 윤5월 13일, 양력 7월 4일(한여름) / 묘호 '영조' 사용 – 영조 사후에 작성된 글임을 짐작할 수 있음. / 당시 영조의 거처 / 사도 세자 / 광증(狂症)이 심해져 / 선희궁 자신 / 아들을 죽이더라도 손자를 살려 달라는 내용 / 부자유친(父子有親) / 광증 / 베푸시고 / 자포자기의 심정 / 사도 세자 / 병(광증)을 이유로 부모가 아들을 죽이는 일이 옳지 않으나 / 남편을 따라 자결을 결심함. / 자신의 아들(훗날 정조))

▶ 선희궁이 영조에게 세자를 대처분할 것을 고함.

다 영조께서 선희궁의 말을 들으시고, 조금도 주저하며 지체하심이 없이 ❷창덕궁 •거둥령을 급히 내린지라. 선희궁께서는 모자의 인정을 어려이 끊고 대의를 잡아 말씀을 아뢰시고 바로 가슴을 치며 혼절하시니라. 그리고 당신 계신 양덕당에 오셔서 식음을 끊고 눈물 흘리며 누워 계시니, 만고에 이런 일이 어디 있으리오.

(영조의 아버지인 숙종의 어진이 있는 창덕궁 선원전에 가기 위함. / 아들인 사도 세자를 살리는 것보다 종사를 보전하는 것이 옳다고 생각함. / 아들의 죽음을 목전에 두어 큰 슬픔에 빠짐. / 선희궁 / 어미로서 아들의 죽음을 지켜봐야 하는 비통함 / 부모가 자식을 죽이는 일)

▶ 영조가 창덕궁으로 향하고 선희궁이 혼절함.

라 경모궁께서 나가신 후 즉시 영조의 엄노하신 음성이 들리니라. •휘령전이 덕성합과 멀지 않으니, 담 밑으로 사람을 보내니라. 경모궁께서는 벌써 곤룡포를 벗고 엎드려 계시더라 하니라. ㉠대처분이신 줄 알고, 천지 망극하고 가슴이 찢어지니라.

(사도 세자를 벌 주는 장소 / 사도 세자의 거처 / 사람을 대신 보내 상황이 어떻게 전개되는지 알아봄. / 죄인의 몸이 됨. / 지극히 슬프고)

▶ 경모궁이 영조의 결정을 기다림.

거기 있어 부질없으신 세손 계신 데로 와서, 서로 붙들고 어찌할 줄을 모르더라. 오후 세 시 즈음에 내관이 들어와 •밧소주방의 쌀 담는 뒤주를 내라 하신다 하니, 이 어찌 된 말인고. •황황하여 •궤를 내지는 못하고, 세손이 망극한 일이 벌어질 줄 알고 휘령전으로 들어가
"아비를 살려 주소서."
하니, 영조께서
"나가라."
명하시니라.

(휘령전, 사도 세자가 벌 받는 곳 / 주체 – 내관 / 영조와 사도 세자 간의 인륜(부자지간)을 끊는 매개체 / 주체 – 영조 / 사도 세자가 뒤주에 갇혀 죽는 일 / 단호한 결의가 담긴 간결한 명령)

▶ 영조가 아비를 살려 달라는 세손을 물리침.

• **중심 내용** 사도 세자를 대처분하라고 고하는 선희궁과 사도 세자를 벌하기 위해 뒤주를 대령하라 명령한 영조

어휘 풀이

종사(宗社) 종묘와 사직이라는 뜻으로, 나라를 이르는 말.
관광청(觀光廳) 공연이나 행사를 지켜볼 수 있도록 만든 집.
동궁(東宮) '황태자'나 '왕세자'를 달리 이르던 말.
정리(情理) 인정과 도리를 아울러 이르는 말.
경모궁(景慕宮) 사도 세자.
거둥령[擧動令] 임금의 나들이를 알리는 명령.
휘령전(徽寧殿) 영조의 정비였던 정성 왕후의 신위를 모시던 전각
밧소주방(-燒廚房) 조선 시대에, 대전(大殿) 밖에 있던 소주방으로 대궐 안의 음식을 만들던 곳.
황황(遑遑)하다 갈팡질팡 어쩔 줄 모르게 급하다.
궤(櫃) 물건을 넣도록 나무로 네모나게 만든 그릇. 여기서는 뒤주를 가리킴.

구절 풀이

❶ **처분은 하시나 은혜를 끼치시고 세손 모자를 평안하게 하소서."** 아들인 사도 세자를 죽이더라도 은혜를 베풀어 세손과 혜경궁 홍씨를 살려 달라는 의미이다.
❷ **창덕궁 거둥령을 급히 내린지라.** 창덕궁 선원전 뒤편에 영조의 아버지 숙종의 어진이 있었는데, 영조는 큰 결심을 할 때마다 숙종의 어진을 찾았다. 영조가 사도 세자를 죽이기로 결심했음을 보여 주는 구절이다.

이해와 감상

〈한중록〉은 정조의 어머니이며 사도 세자의 빈(嬪)인 혜경궁 홍씨가 쓴 궁정 수필이다. 임오옥(壬午獄)이라는 역사적 사실과 자신의 기박한 운명을 회상하여 자서전 형식으로 기록했다.

이 작품은 문장과 표현이 고상하고 우아할 뿐만 아니라 전아(典雅)하고 품위 있는 궁중 용어를 사용하여, 한글로 된 궁정 문학의 백미(白眉)로 손꼽히고 있다.

수록된 부분은 사도 세자의 생모인 선희궁이 종사를 안정하고 세손 모자를 살리기 위해 영조에게 사도 세자의 광증에 대해 고하고, 영조가 사도 세자를 뒤주에 가두라는 명령을 내리는 과정을 사실적으로 묘사하여 긴박한 분위기를 자아내고 있다. 특히 그 과정에서 아비를 살려 달라 애원하는 세손을 물리치는 영조의 단호한 모습과 죽음을 앞둔 남편이 있는 궁을 떠나는 혜경궁 홍씨의 통한의 슬픔을 절실하게 드러내고 있다.

인물 관계도

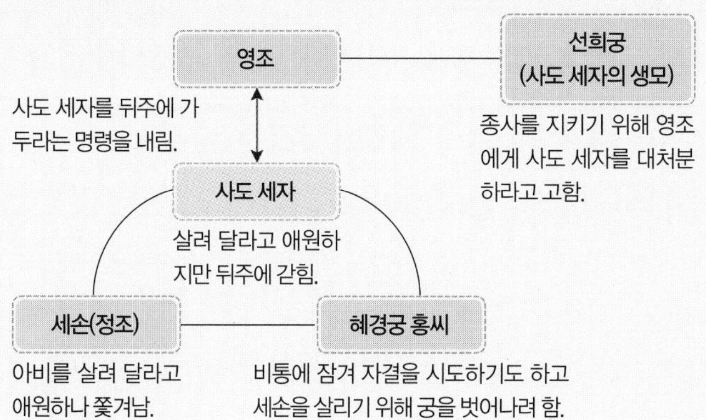

작품 연구소

〈한중록〉의 구성

1편	정조 19년 혜경궁 홍씨의 회갑 때 친정 조카 홍수영의 소청으로 쓴 순수한 회고록으로, 혜경궁 홍씨의 어린 시절과 세자빈이 된 이후 50년간 궁궐에서 지낸 이야기를 담고 있는데, 사도 세자의 비극은 언급하지 않았다.
2편	순조 원년 혜경궁 홍씨가 67세 때 기록한 것으로, 친정의 몰락에 대한 자탄(自嘆)과 억울함을 담고 있다.
3편	순조 2년 혜경궁 홍씨가 68세 때 어린 손자 순조에게 보이기 위해 쓴 것으로, 사도 세자의 죽음과 관련되어 친정이 입었던 화(禍)는 모두 무고(誣告)에 의한 것임을 주장하고 있다.
4편	순조 5년 혜경궁 홍씨가 71세 때 며느리 가순궁(嘉順宮, 순조의 생모 수빈 박씨)의 요청으로, 사도 세자의 참변의 진상을 순조에게 알리고 친정의 억울함을 밝히려는 동기에서 쓴 것이다.

자료실

궁정 문학(宮庭文學, 궁중 문학)

궁정 문학이란 궁궐 안에서 일어난 사건이나 생활을 소재로 하거나 궁중의 귀인(貴人)이 지은 문학 작품을 가리키는 말이다. 이러한 궁정 문학은 역사적 자료로서 그 가치를 인정받을 뿐만 아니라, 고상하고 품위 있는 용어 및 표현을 구사하여 민간의 문학과는 뚜렷이 구별되는 특징을 지닌다. 특히 객관적인 역사적 기록 속에 인간적인 정감이 짙게 배어 있어 미묘한 울림을 전해 주기도 한다. 우리나라 궁정 문학의 대표작으로는 조선 시대 혜경궁 홍씨의 〈한중록〉을 비롯하여 〈계축일기(癸丑日記)〉, 〈인현왕후전(仁顯王后傳)〉 등이 있다.

키 포인트 체크

제재 □□ □□의 죽음(임오옥)

관점 □□□ □□가 남편 사도 세자가 죽을 위기에 처하자 비통함에 잠겨 □□하려 하다가도 □□의 목숨을 보전하기 위해 출궁을 결심하기까지의 과정을 개인적인 관점에서 그려 내고 있다.

표현 우아하고 품위 있는 □□ 용어를 사용하여, 궁중의 비극적 사건을 극적이고 서사적으로 그려 낸 □□□ 문장의 전형을 보여 준다.

1 이 글에 대한 설명으로 적절하지 않은 것은?

① 자전적 회고록의 성격을 띠고 있다.
② 시간의 흐름에 따라 사건이 전개되고 있다.
③ 전아하고 품위 있는 궁중 용어를 사용하고 있다.
④ 상황이 전개됨에 따라 서술자의 정서가 심화되고 있다.
⑤ 역사적 사건의 책임을 중립적인 입장에서 밝히고 있다.

내신 적중 多빈출

2 (가)의 편지 내용에서 드러난 분위기로 알맞은 것은?

① 장중함 ② 비장함 ③ 음침함
④ 삼엄함 ⑤ 어수선함

3 이 글에서 미루어 알 수 있는 내용으로 적절하지 않은 것은?

① 선희궁은 부모 자식 간의 정보다는 대의를 중시했다.
② 영조는 중요한 결정을 내리기 전 창덕궁 거둥령을 내렸다.
③ 영조는 경모궁을 가둘 목적으로 뒤주를 대령하라고 명했다.
④ 선희궁은 무슨 일이 생기더라도 세손은 살려야 한다고 판단했다.
⑤ '나'는 선희궁이 영조에게 사도 세자를 대처분하라고 고한 것을 옳다고 생각했다.

4 이 글에서 경모궁이 폐위되었음을 우회적으로 표현한 곳을 찾아 2어절로 쓰시오.

5 〈보기〉를 참고하여 ㉠에서 짐작할 수 있는 역사적 상황을 25자 이내의 완결된 한 문장으로 쓰시오.

보기

여러 사람이 세자를 무고하거나 비방하고 세자가 자꾸 기이한 행동을 벌이자 영조와 세자 사이에 불신의 골이 깊어졌다. 급기야 1762년(영조 38년) 한여름, 영조는 세자를 폐위하고 세자를 뒤주에 가두었다. 그러나 8일 후 세자가 죽자 영조는 곧바로 이를 후회하여 세자에게 '사도(思悼, 생각하니 슬프다)'라는 시호를 내렸다. 많은 역사가는 당시 노론과 소론의 정쟁이 영조와 세자 간의 불신을 부추겼고, 그 때문에 사도 세자가 희생당한 것이라고 생각해 왔다.

가 ❶세손께서 나와서 휘령전에 딸린 왕자의 •재실(齋室)에 앉아 계시니, 그 정경이야 고금 천지간에 다시 없더라. 세손을 내보낸 후 하늘이 무너지고 해와 달이 빛을 잃으니, 내 어찌 한때나마 세상에 머물 마음이 있으리오.

(사도 세자가 사용하던 곳 / 절망적 상황 / 자결을 결심했음을 우회적으로 표현함.)

칼을 들어 목숨을 끊으려 하나, 곁에 있는 사람이 앗음으로써 뜻을 이루지 못하고, 다시 죽고자 하되 한 토막 쇳조각이 없으니 하지 못하니라. ▶ 자결하려다 뜻을 이루지 못함.

(곁에 있는 사람이 칼을 빼앗아 목숨을 끊지 못하고)

나 •숭문당에서 휘령전으로 나가는 건복문 밑으로 가니, 아무것도 보이지 않고, 다만 영조께서 칼 두드리시는 소리와 경모궁께서

(사도 세자가 처한 상황을 살피기 위해 / 위압적인 분위기)

「"아버님, 아버님, 잘못하였으니, 이제는 하라 하시는 대로 하고, 글도 읽고 말씀도 들을 것이니, 이리 마소서."」

(「」: 죽음을 모면하고자 애원함. / 평소 영조가 사도 세자에게 바라던 일)

애원하시는 소리가 들리더라. 그 소리를 들으니 간장이 마디마디 끊어지고 눈앞이 막막하니, 가슴을 두드려 아무리 한들 어찌하리오. ▶ 경모궁이 영조에게 살려달라고 애원함.

(남편의 죽음을 목전에 둔 작가의 비통한 심정)

다 「당신 •용력(勇力)과 장한 기운으로 뒤주에 들라 하신들 아무쪼록 아니 드시지, 어찌 마침내 들어가시던고.」 처음은 뛰어나가려 하시다가 이기지 못하여 그 지경이 되시니, 하늘이 어찌 이토록 하신고. 만고에 없는 설움뿐이라. ❷내 문 밑에서 울부짖되 경모궁께서는 응하심이 없더라. ▶ 경모궁이 영조의 명으로 뒤주에 갇힘.

(사도 세자 / 영조의 명령 / 주체 - 영조 / 주체 - 사도 세자 / 「」: 뒤주에 들어간 세자의 행동에 대한 원망이 엿보임. / 뒤주에 갇힘. / 운명으로 돌림. / 사도 세자에게서 가까운 곳)

라 세자가 벌서 •폐위되었으니 그 처자가 편안히 대궐에 있지 못할 것이요, 세손을 그냥 밖에 두었으니 어찌 될까 두렵고 조마조마하여, 그 문에 앉아 영조께 글을 올리니라.

((죄를 지어) 세자의 자격을 잃었으니 / 작가 자신과 아들(세손, 훗날의 정조) / 죄인의 아들이므로 / 사도 세자가 벌 받고 있는 휘령전으로 통하는 건복문)

"처분이 이러하시니 죄인의 처자가 편안히 대궐에 있기도 황송하옵고, 세손을 오래 밖에 두기는 귀중한 몸이 어찌 될지 두렵사오니, 이제 •본집으로 나가게 하여 주소서."

(사도 세자 / 대궐에 시집오기 전의 신분(평민)으로 살아가게)

그 끝에

"•천은(天恩)으로 세손을 보전하여 주시길 바라나이다."

(하늘(=임금)의 은혜. 하늘은 영조를 가리킴.)

하고 써 가까스로 내관을 찾아 드리라 하였더라. ▶ 영조에게 본집으로 나가게 해 달라는 글을 올림.

(주체: 서술자 / 내관 / 서술자)

마 오래지 아니하여 오빠가 들어오셔서

(작가(혜경궁 홍씨)의 오빠 = 홍낙인)

"동궁을 폐위하여 •서인으로 만드셨다 하니, 빈궁도 더 이상 대궐에 있지 못할 것이라. 위에서 본집으로 나가라 하시니 가마가 들어오면 나가시고, 세손은 •남여(藍輿)를 들여오라 하였으니 그것을 타고 나가시리이다."

(혜경궁 홍씨 / 영조 / 혜경궁 홍씨의 친정 / 가마를 타고 ↗)

하시니, 서로 붙들고 •망극 통곡하니라. ▶ 오빠가 본집으로 나가라는 명을 전함.

바 나는 업혀서 청휘문에서 저승전 앞문으로 가 거기서 가마를 타니, 윤 상궁이란 내인이 가마 안에 함께 타니라. •별감들이 가마를 메고, 허다한 상하 내인이 다 뒤를 따르며 통곡하니, 만고 천지간에 이런 •경상(景狀)이 어디 있으리오. 나는 가마에 들 제 기운이 막혀 •인사를 모르니, 윤 상궁이 주물러 겨우 명(命)은 붙었으나 오죽하리오. ▶ 대궐을 나가려고 가마에 오름.

(걸어 나가기 어려울 정도로 슬픔. / 뒤주에 갇힌 사도 세자와 친정으로 떠나는 혜경궁 홍씨의 처지를 안타까워함. / 기가 막혀서, 정신이 없어서 / 겨우 숨만 쉬고 있을 뿐 살아 있는 상태라고 할 수 없음을 나타냄.)

• 중심 내용 사도 세자가 영조의 명령으로 뒤주에 갇힌 뒤 세손과 함께 대궐을 떠나는 혜경궁 홍씨

Q 혜경궁 홍씨의 심리는?

혜경궁 홍씨는 남편 사도 세자가 폐위되어 뒤주에 갇힌 것을 비통해하며, 자신 또한 남편을 따라 자결하려고 하고 있다. 그러면서도 한편으로는 아들인 세손(정조)의 안위를 염려하여 영조에게 세손을 보전해 달라는 글을 올리는 간절한 모정을 드러내고 있다.

어휘 풀이

재실(齋室) 무덤이나 사당 옆에 제사를 지내기 위하여 지은 집. 여기서는 세도 세자의 공부방을 가리킴.
숭문당(崇文堂) 조선 시대에, 창경궁의 명정전 서쪽에 두어 학문을 숭상하고 글을 배우고 닦도록 한 곳.
용력(勇力) 씩씩한 힘. 또는 뛰어난 역량.
폐위(廢位)되다 왕이나 왕비 등의 자리가 폐하여지다.
본집(本-) 본가(本家). 여자의 친정집.
천은(天恩) 임금의 은덕.
서인(庶人) 아무 벼슬이나 신분적 특권을 갖지 못한 일반 사람.
남여(藍輿) 의자와 비슷하고 뚜껑이 없는 작은 가마.
망극(罔極) 어버이나 임금에게 상서롭지 못한 일이 생겨 지극히 슬픔.
별감(別監) 궁중의 각종 행사 및 차비(差備)에 참여하고 임금이나 세자가 행차할 때 호위하는 일을 맡아보던 하인.
경상(景狀) 효상(爻象). 좋지 못한 몰골.
인사(人事) 사람의 일. 또는 사람으로서 해야 할 일.

구절 풀이

❶ **세손께서 나와서 휘령전에 딸린 왕자의 재실(齋室)에 앉아 계시니,** 세손(정조)이 아버지 사도 세자를 구하기 위해 휘령전에 갔다가 영조의 단호한 명령으로 쫓겨난 뒤, 평소 사도 세자가 사용하던 재실에 앉는 있는 모습을 통해 사도 세자를 향한 효심을 보여 주고 있다.

❷ **내 문 밑에서 울부짖되 경모궁께서는 응하심이 없더라.** 혜경궁 홍씨는 남편 사도 세자가 벌을 받고 있는 휘령전 가까운 곳에서 울부짖고 있는데, 그럼에도 사도 세자가 아내(혜경궁 홍씨)의 울음소리에 응답하지 않은 것은 자신을 향한 영조의 노여움이 아내에게까지 미치지 않기를 바란 것이라고 할 수 있다.

작가 소개

혜경궁 홍씨(惠慶宮 洪氏, 1735~1815)
조선 제21대 임금 영조의 아들인 사도 세자의 빈(嬪)이며 조선 제22대 임금 정조의 어머니이다. 사도 세자의 참사와 한 많은 자신의 일생을 〈한중록(閑中錄)〉이라는 기록으로 남겼다.

작품 연구소

〈한중록〉의 제목에 담긴 의미

〈한중만록(閑中漫錄)〉 또는 〈한중록(閑中錄)〉	〈한중록(恨中錄)〉	한역본 〈읍혈록(泣血錄)〉
'한가함[閑]' 강조	처절한 '한(恨)' 강조	'피눈물[泣血]' 강조

↓

임오옥이 끝난 한참 뒤 한가해진[閑] 시간에 지난날의 한(恨)과 비통함[泣血]을 되새겨 보는 기록

〈한중록〉의 의의

역사적 의의	비빈(妃嬪)이라는 높은 신분의 궁중 인물이 쓴 글이라는 점과 궁궐 내부에서 일어난 역사적 사실을 알려 주고 있다는 점에서 야사(野史)로서의 가치를 지님.
궁정 문학으로서의 의의	뛰어난 성격 묘사, 생동감 넘치는 갈등의 재현, 생생한 분위기 묘사, 절실하고도 간곡한 상황 묘사, 박진감 넘치는 문체, 기구한 인물의 삶을 담아낸 입체적 구성 등으로 한 편의 소설에 견줄 만하며, 유려하고 전아한 문체, 고상하고도 우아한 어휘, 당대 궁중의 풍속과 용어를 잘 나타내고 있어서 궁정 문학의 효시로서의 가치가 큼.
여성 문학으로서의 의의	작가의 비극적 체험과 한(恨)의 정서를 내면화했다는 점, 19세기 이후에 규방 가사가 널리 창작되고 필수적인 교양물로 읽힐 때 국문 문학의 저변이 크게 확대될 수 있도록 했다는 점에서 여성 문학으로서의 가치를 지님.

↓

한글로 기록된 궁정 문학의 백미

〈한중록〉의 역사적 배경

사도 세자는 영조와 영빈 이씨(선희궁) 사이에서 태어나, 10세에 혜경궁 홍씨를 세자빈으로 맞이했다. 사도 세자는 매우 총명하여 15세에 영조를 도와 국사를 보살폈다. 이때 권세를 누리던 노론은 사도 세자를 중심으로 소론을 물리치고자 했으나, 세자가 이를 들어주지 않았다. 이에 노론은 갖가지 음모를 꾸며 세자를 못살게 굴었다. 또 세자의 장인 홍봉한이 위세를 떨치자 이를 못마땅하게 여긴 김한구(영조의 계비 정순 왕후의 부친) 등이 세자를 폐위할 계략을 꾸몄다. 여기에 세자의 비행(非行)이 자꾸 드러나자, 노론은 영조 38년 5월 나경언으로 하여금 사도 세자가 역모를 꾀했다고 고변하게 하였다. 영조는 세자를 폐위하고 뒤주에 가두어 죽였다. 28세에 홀로 된 혜경궁 홍씨는 세손(정조)을 키우며 영조의 뜻을 받들어 생명을 이어갔다.

함께 읽으면 좋은 작품

〈계축일기(癸丑日記)〉, 작자 미상 / 인목 대비 폐비 사건을 다룬 궁녀의 일기

인목 대비를 모시던 궁녀가 쓴 일기 형식의 수필로, 〈서궁록(西宮錄)〉이라고도 한다. 광해군이 반정이 일어날 것을 두려워하여 이복동생인 영창 대군을 강화로 내쫓아 죽이고, 인목 대비를 폐위해 서궁에 유폐한 비극적인 사건을 다루고 있다.

〈인현왕후전(仁顯王后傳)〉, 작자 미상 / 인현 왕후 폐위 사건을 다룬 궁정 수필

숙종이 인현 왕후를 폐위한 사건과, 장 희빈을 둘러싼 역사적 사실을 기록한 수필이다. 인현 왕후는 혼인 후 6년이 지나도록 태기가 없으므로 스스로 장 희빈을 천거했는데, 장 희빈은 아들 경종을 낳고 권세를 부리고 인현 왕후를 모함하여 폐위시킨 뒤 왕비가 되었다. 그러나 이후 장 희빈은 부정이 발각되어 사사(賜死)되고 인현 왕후는 복위된다.

6 이 글의 문학사적 의의로 적절하지 않은 것은?

① 조선 시대 일기체 수필의 대표작이다.
② 궁정 문학의 효시로서의 가치가 크다.
③ 한 편의 소설에 견줄 만큼 문학성이 뛰어나다.
④ 생생한 묘사로 역사적 기록으로서의 가치를 지닌다.
⑤ 여성 독자층까지 국문 문학의 저변이 확대되도록 했다.

내신 적중 多빈출

7 이 글과 〈보기〉의 차이점을 설명한 내용으로 적절하지 않은 것은?

보기

임금이 세자에게 명하여 땅에 엎드려 관(冠)을 벗게 하고, 맨발로 머리를 땅에 조아리게 하고 이어서 차마 들을 수 없는 전교(傳敎)를 내려 자결할 것을 재촉하니, 세자가 조아린 이마에서 피가 나왔다. 신만과 좌의정 홍봉한, 판부사 정휘량, 도승지 이이장, 승지 한광조 등이 들어왔으나 미처 진언(陳言)하지 못했다. 임금이 세 대신 및 한광조 네 사람의 파직을 명하니, 모두 물러갔다. 세손이 들어와 관과 포(袍)를 벗고 세자의 뒤에 엎드리니, 임금이 안아다가 시강원으로 보내고 김성응 부자에게 수위(守衛)하여 다시는 들어오지 못하게 하라고 명했다. 임금이 칼을 들고 연달아 차마 들을 수 없는 전교를 내려 동궁의 자결을 재촉하니, 세자가 자결하고자 하였는데 춘방(春坊)의 여러 신하들이 말렸다. 임금이 이어서 폐하여 서인을 삼는다는 명을 내렸다. [중략] 임금의 전교는 더욱 엄해지고 영빈(映嬪)이 고한 바를 대략 진술했는데, 영빈은 바로 세자의 탄생모(誕生母) 이씨로서 임금에게 밀고한 자였다. －《조선왕조실록》

① 이 글과 달리 〈보기〉는 대화 내용을 인용하지 않고 있군.
② 이 글과 달리 〈보기〉는 객관적인 시각으로 서술하고 있군.
③ 이 글과 달리 〈보기〉에는 구체적인 인명이 제시되어 있군.
④ 이 글과 〈보기〉 모두 사도 세자가 폐위된 과정을 다루고 있군.
⑤ 이 글과 달리 〈보기〉는 사도 세자의 적극적인 자결 시도가 나타나고 있군.

8 이 글에서 알 수 있는 '나'의 심리로 적절하지 않은 것은?

① 죽음을 앞둔 남편의 처지를 운명으로 받아들이고 있다.
② 자신과 아들의 앞날에 불행이 닥치지 않을까 걱정하고 있다.
③ 자신의 처지를 이해해 주는 이가 없어 외로움을 느끼고 있다.
④ 남편의 죽음을 앞두고 아무것도 할 수 없다는 무력감을 느끼고 있다.
⑤ 끝까지 버티며 거부하지 않고 뒤주에 들어간 남편의 행동을 원망하고 있다.

9 (바)에서 '나'가 처한 상황을 나타내는 한자 성어로 가장 적절한 것은?

① 은인자중(隱忍自重)　② 대경실색(大驚失色)
③ 풍전등화(風前燈火)　④ 진퇴양난(進退兩難)
⑤ 불생불멸(不生不滅)

내신 적중 多빈출

10 이 글에서 '나'가 본집으로 나가려 하는 궁극적인 이유를 쓰시오.

Ⅳ. 조선 후기

조침문(弔針文) | 유씨 부인

키워드 체크 #제문 형식 #애통한 심정 #부러진 바늘 #의인화

문학 해냄

핵심 정리

갈래 국문 수필
성격 추모적, 고백적
제재 부러진 바늘
주제 부러진 바늘에 대한 애도
특징 ① 제문 형식을 차용하여 바늘에 대한 추도의 정을 표현함.
② 바늘을 의인화하여 대화하듯이 표현함.
③ 의성어, 의태어를 사용하여 감각적으로 표현함.
④ 섬세한 정서와 뛰어난 우리말 표현이 드러남.
연대 순조 때

Q '조침문'의 형식상 특징은?

작품의 첫 부분에 '유세차'라는 말을 쓴 후 날짜를 밝힌 것이나 '영결', '오호 통재라' 등의 표현이 사용된 것에서 이 글이 제문 형식으로 쓰여졌음을 알 수 있다. 이러한 제문의 형식은 부러진 바늘에 대한 작가의 안타까움과 비통함을 효과적으로 부각한다.

어휘 풀이

동지상사(冬至上使) 조선 시대에, 중국으로 보내던 동지사(해마다 동짓달에 중국으로 보내던 사신)의 우두머리.
낙점(落點) 여러 후보가 있을 때 그중에 마땅한 대상을 고름.
해포 한 해가 조금 넘는 동안. 여기서는 여러 해 동안을 의미함.
쟁쟁(錚錚) 여러 사람 가운데서 매우 뛰어남.
추호(秋毫) 매우 적거나 조금인 것을 비유적으로 이르는 말.
능라(綾羅) 두꺼운 비단과 얇은 비단.
난봉(鸞鳳) 난조(鸞鳥)와 봉황을 아울러 이르는 말.

구절 풀이

❶ **너를 얻어 손 가운데 지닌 지 우금(于今) 이십칠 년이라.** 시삼촌에게 얻은 바늘을 27년 동안 사용했다는 것으로, 작가가 조심성 있고 알뜰함을 짐작할 수 있다.
❷ **너의 행장(行狀)과 ~ 영결(永訣)하노라.** 제문을 쓰는 취지와 제문의 중심 내용을 밝힌 구절로, 바늘과의 인연과 그에 대한 슬픔을 말하겠다는 의미이다.
❸ **나의 신세 박명(薄命)하여 ~ 도움이 적지 아니하더니,** 작가의 외로운 처지를 직접적으로 제시하면서, 바늘에게 그동안 많은 도움을 받았음을 밝히고 있다. 이러한 표현은 바늘을 잃은 슬픔을 강조하기 위한 것이다.

가 유세차(維歲次) 모년(某年) 모월(某月) 모일(某日)에, 미망인(未亡人) 모씨(某氏)는 두어 자 글로써 침자(針者)에게 고하노니, 인간 부녀(人間婦女)의 손 가운데 중요한 것이 바늘이로대, 세상 사람이 귀히 아니 여기는 것은 도처에 흔한 바이로다. 이 바늘은 한낱 작은 물건이나, 이렇듯이 슬퍼함은 나의 정회(情懷)가 남과 다름이라. 오호 통재(痛哉)라, 아깝고 불쌍하다. ❶너를 얻어 손 가운데 지닌 지 ⓐ우금(于今) 이십칠 년이라. 어이 인정(人情)이 그렇지 아니하리오. 슬프다. 눈물을 잠깐 거두고 심신을 겨우 진정하여, ❷너의 행장(行狀)과 나의 회포(懷抱)를 총총히 적어 영결(永訣)하노라.

- 유세차: '이해의 차례는'이라는 뜻으로, 제문(祭文)의 첫머리에 관용적으로 쓰는 말
- 미망인: 남편을 여윈 여자를 이르는 말로 작가의 처지를 단적으로 드러냄.
- 세상 사람이 ~ 바이로다: 바늘을 의인화한 표현 / 너무 일상적으로 사용되므로 귀한 줄 모른다는 말
- 나의 정회가 남과 다름이라: 작가와 바늘의 관계가 각별했음을 드러냄.
- 오호 통재라: '아, 비통하다.'라는 뜻으로, 슬플 때나 탄식할 때 하는 말
- 우금: 지금에 이르기까지
- 불쌍하다: 아깝고 불쌍하지
- 행장: 죽은 사람이 평생 살아온 일을 적은 글

▶ 긴 세월을 함께한 바늘이 부러져 제문을 지음.

나 연전(年前)에 우리 시삼촌께옵서 •동지상사 •낙점(落點)을 ⓑ무르와, 북경을 다녀오신 후에, 바늘 여러 쌈을 주시거늘, 친정과 원근 일가(一家)에게 보내고, 비복(婢僕)들도 쌈쌈이 나누어 주고, 그중에 너를 택하여 손에 익히고 익히어 지금까지 ⓒ•해포 되었더니, 슬프다, 「연분이 비상(非常)하여, 너희를 무수히 잃고 부러뜨렸으되, 오직 너 하나를 연구(年久)히 보전하니,」 비록 무심한 물건이나 어찌 사랑스럽고 ⓓ미혹(迷惑)하지 아니하리오. 아깝고 불쌍하며, 또한 섭섭하도다.

- 연전: 몇 해 전
- 무르와: 임금의 명을 받들어
- 쌈: 바늘을 묶어 세는 단위. 한 쌈은 24개
- 비복: 계집종과 사내 종을 아울러 이르는 말
- 해포 되었더니: 여러 해가 되었더니
- 비상하여: 인연이 평범하지 않아서
- 연구히: 오래도록
- 「 」: 작가와 바늘의 특별한 인연을 알 수 있음.

▶ 중국에 다녀온 시삼촌으로부터 바늘을 얻음.

다 ❸나의 신세 박명(薄命)하여 슬하에 한 자녀(子女) 없고, 인명(人命)이 ⓔ흉완(凶頑)하여 일찍 죽지 못하고, 가산(家産)이 빈궁하여 침선(針線)에 마음을 붙여, 널로 하여 생애를 도움이 적지 아니하더니, 오늘날 너를 영결(永訣)하니, 오호 통재라, 이는 귀신이 시기하고 하늘이 미워하심이로다.

- 나의 신세 ~ 흉완하여: 작가의 처지를 한마디로 정리함.
- 흉완하여: 흉악하고 모질어
- 침선: 바늘과 실을 아울러 이르는 말. 또는 바느질
- 생애를 도움이 적지 아니하더니: 바늘의 효용
- 귀신이 시기하고 하늘이 미워하심이로다: 슬픔을 강조하여 표현함.

▶ 박명하고 곤궁한 처지에 바느질로 삶을 연명함.

라 「아깝다 바늘이여, 어여쁘다 바늘이여, 너는 미묘한 품질(品質)과 특별한 재치(才致)를 가졌으니, 물중(物中)의 명물(名物)이요, ㉠철중(鐵中)의 •쟁쟁(錚錚)이라. 민첩하고 날래기는 백대(百代)의 협객이요, 굳세고 곧기는 만고(萬古)의 충절(忠節)이라. •추호(秋毫) 같은 부리는 말하는 듯하고, 뚜렷한 귀는 소리를 듣는 듯한지라. •능라(綾羅)와 비단에 •난봉(鸞鳳)과 공작을 수놓을 제, 그 민첩하고 신기함은 귀신이 돕는 듯하니, 어찌 인력(人力)이 미칠 바리오.」

- 아깝다 바늘이여, 어여쁘다 바늘이여: 바늘이 부러진 것을 슬퍼하는 심정이 단적으로 드러남.
- 철중의 쟁쟁이라: 바늘의 뛰어난 품질을 예찬하여 드러냄.
- 민첩하고 날래기는: 바늘의 빠른 움직임
- 추호 같은 부리는 ~ 듣는 듯한지라: 바늘의 생김새를 비유적으로 표현함. 의사소통이 가능한 대상으로 여겨 감정 이입이 가능함을 나타냄.
- 「 」: 추모의 감정이 고조됨. – 외형률을 지닌 운문체와 비유적 표현을 통해 애절한 심정을 효과적으로 표현함.

▶ 품질이 좋고 재주가 뛰어난 바늘이 부러진 것을 안타까워함.

- **중심 내용** 남편과 사별하고 자식도 없이 곤궁하게 살아가다 품질이 좋은 바늘을 얻어 동고동락(同苦同樂)했던 것에 대한 감상
- **구성 단계** (가) 서사 / (나)~(라) 본사

이해와 감상

〈조침문〉은 조선 순조 때 유씨 부인이 지은 국문 고전 수필로, 부러진 바늘에 대한 애통한 심정을 제문(祭文)의 형식으로 쓴 것이다. 이 작품에서 작가는 바늘을 의인화하여 부러진 바늘에 대한 안타까운 심정을 표현하면서, 바늘에 대한 애정, 바늘의 쓰임새, 바늘이 부러진 데 대한 안타까움과 슬픔 등을 드러내고 있다.

이 작품은 바늘을 의인화했다는 측면에서 고려 시대 가전 문학과 통하는 면이 있으며, 작가의 애절한 마음을 뛰어난 문장력으로 표현한 국문 제문이라는 점에서 문학사적 의의가 높다. 또한 섬세한 정서와 함께 뛰어난 우리말 표현과 감각적 표현을 보여 주고 있어 작자 미상인 〈규중칠우쟁론기〉, 의유당의 〈동명일기〉와 함께 우리나라 여류 수필의 백미로 꼽힌다.

작품 연구소

〈조침문〉의 구성

	구분	내용
서사	제문을 쓰는 심회와 취지	오랜 시간 함께한 바늘에 대한 남다른 마음을 간곡하게 적어 부러진 바늘을 영결하고자 함.
본사	바늘을 얻은 내력	시삼촌이 중국에 다녀와 바늘을 주심.
	바늘과 함께한 생활	• 다른 바늘보다 오랫동안 자주 써 손에 익었음. • 자식 없이 살면서 바느질로 연명했음. • 도움이 적지 않아 매우 사랑했음.
	바늘이 부러진 경위	시월 초십일에 관대 깃을 달다가 부러짐.
결사	바늘에 대한 애도	슬퍼하며 후세에 다시 만나 함께하기를 바람.

〈조침문〉의 주제의 이중성

표면적 주제	부러진 바늘에 대한 애도의 정
이면적 주제	죽은 남편에 대한 그리움과 한(恨)

⬇

남편의 죽음으로 홀로 남겨진 애통함을 바늘을 통해 우회적으로 표현함.
→ 바늘에 대한 과장된 슬픔의 정서는 사별한 남편에 대한 애절한 그리움과 추모의 정으로 해석할 수 있음.

〈조침문〉의 표현상 특징

의인법	대상(바늘)에 인격을 부여하여 그에 대한 제문 형식으로 씀.
비유법	• ~ 백대(百代)의 협객이요, ~ 만고(萬古)의 충절(忠節)이라. • ~ 말하는 듯하고, ~ 듣는 듯한지라. • ~ 귀신이 돕는 듯하니,
열거법	• 물중(物中)의 명물(名物)이요, ~ 돕는 듯하니, • 누비며, 호며, 감치며, 박으며, 공그릴 때에,
영탄법	오호 통재(痛哉)라, 오호 애재(哀哉)라,
대구법	• 물중(物中)의 명물(名物)이요, 철중(鐵中)의 쟁쟁(錚錚)이라. • 만첩하고 날래기는 백대(百代)의 협객이요, 굳세고 곧기는 만고(萬古)의 충절(忠節)이라. • 추호(秋毫) 같은 부리는 말하는 듯하고, 뚜렷한 귀는 소리를 듣는 듯한지라. • 자식이 귀하나 손에서 놓일 때도 있고, 비복이 순하나 명(命)을 거스를 때 있나니,

키 포인트 체크

제재 부러진 □□
관점 부러진 바늘에 대한 지극한 마음과 □□한 심정이 드러난다.
표현 바늘을 □□□하여, 바늘이 부러진 슬픔을 □□의 형식으로 표현했다.

1 이 글의 표현상 특징으로 적절하지 않은 것은?

① 대상을 의인화하여 대상과의 심리적 거리를 가깝게 하고 있다.
② 영탄적 어조를 사용하여 작가의 심정을 직접적으로 노출하고 있다.
③ 제문의 형식을 취함으로써 내용과 형식을 유기적으로 연관하고 있다.
④ 산문이면서 작가의 감정이 고조되는 부분에서는 운문적 특징도 드러난다.
⑤ 문답하는 형식의 구성을 취함으로써 대상에 대한 작가의 애정을 강조하고 있다.

2 이 글의 작가에 대해 파악한 내용이 바르지 않은 것은?

① '미망인'으로 외롭게 지내고 있어.
② '가산이 빈궁하여' 바느질로 생계를 이어 가고 있어.
③ '침자'의 재주를 칭찬하며 남다른 애정을 드러내고 있어.
④ 귀중한 바늘을 '세상 사람이 귀히 아니 여기는 것'을 비판하고 있어.
⑤ '연분이 비상하여' 특정 바늘을 오랫동안 사용하며 느꼈던 감정을 제문으로 표현하고 있어.

3 ㉠과 의미가 통하는 한자 성어로 가장 적절한 것은?

① 계란유골(鷄卵有骨) ② 군계일학(群鷄一鶴)
③ 아치고절(雅致高節) ④ 천의무봉(天衣無縫)
⑤ 화룡점정(畵龍點睛)

4 ⓐ~ⓔ의 뜻풀이로 적절하지 않은 것은?

① ⓐ: 지금에 이르기까지
② ⓑ: 물러 나와
③ ⓒ: 여러 해가 되었더니
④ ⓓ: 마음이 끌리지
⑤ ⓔ: 흉악하고 모질어

5 이 글의 작가가 〈보기〉와 같은 일기를 썼다고 가정할 때, 빈칸에 들어갈 알맞은 내용을 쓰시오.

> 보기
>
> 모년(某年) 모월(某月) 모일(某日)
>
> 오늘 바늘이 부러졌다. 바늘이 도처에서 흔하게 볼 수 있는 물건이기는 하지만, 부러진 바늘은 나와 오랫동안 함께 한 물건이었기에 그 슬픈 마음은 말로 표현할 수가 없다. 그리하여 (   ) 마음을 담아 제문을 써서 바늘과 영결하고자 한다.

IV. 조선 후기

가 오호 통재라, 「자식이 귀하나 손에서 놓일 때도 있고, 비복이 순하나 명(命)을 거스를 때 있나니,」 너의 미묘한 재질(才質)이 나의 전후(前後)에 수응(酬應)함을 생각하면, 자식에게 지나고 비복에게 지나는지라. •천은(天銀)으로 집을 하고, 오색(五色)으로 •파란을 놓아 곁고름에 채였으니, 부녀의 노리개라. 「밥 먹을 적 만져 보고 잠잘 적 만져 보아, 너로 더불어 벗이 되어, 여름 낮에 주렴(珠簾)이며, 겨울밤에 등잔을 상대하여, 」「누비며, 호며, 감치며, 박으며, 공그릴 때에, 」겹실을 꿰었으니 봉미(鳳尾)를 두르는 듯, 땀땀이 떠 갈 적에, 수미(首尾)가 상응하고, 솔솔이 붙여 내매 조화(造化)가 무궁하다. 이생에 백 년 동거(百年同居)하렸더니, 오호 애재(哀哉)라, 바늘이여.

「」: 대구법 / 요구에 응함. / 작가와 바늘이 호흡이 잘 맞았음을 드러냄. / 바늘이 자식이나 비복보다 낫다는 의미 / 바늘에 대한 정성 / 항상 지니고 다님. / 바늘의 또 다른 용도 / 「」: 각별한 애정을 갖고 바늘과 항상 함께했던 시간을 회고함. / 구슬 등을 꿰어 만든 발 / 「」: 바느질하는 모습을 묘사함. / 봉황의 꼬리 / 바늘과 실을 의미함. / 바늘에 대한 애정이 크고 또 그만큼 슬픔이 큼을 드러냄. / 아아, 슬프도다.

▶ 바늘과의 각별한 인연으로 동고동락함.

나 금년 시월 초십일 술시(戌時)에, 희미한 등잔 아래서 관대 깃을 달다가, 무심중간(無心中間)에 자끈동 부러지니 깜짝 놀라와라. 아야 아야 바늘이여, 두 동강이 났구나. ❶정신이 아득하고 혼백(魂魄)이 산란하여, 마음을 빻아 내는 듯, 두골(頭骨)을 깨쳐 내는 듯, 이윽토록 기색혼절(氣塞昏絕) 하였다가 겨우 정신을 차려, 만져 보고 이어 본들 속절없고 하릴없다. •편작의 신술(神術)로도 장생불사(長生不死) 못 하였네. 동네 장인(匠人)에게 때이련들 어찌 능히 때일손가. 한 팔을 베어 낸 듯, 한 다리를 베어 낸 듯, 아깝다 바늘이여, 옷섶을 만져보니, 꽂혔던 자리 없네. 오호 통재라, 내 삼가지 못한 탓이로다.

오후 7시~9시 사이 / 벼슬아치의 공복(公服) / 의태어 / 숨이 막혀 까무러침. / 달리 어떻게 할 도리가 없다. / 슬프지만 바늘의 죽음을 수용하는 모습을 드러냄. / 바늘을 잃은 슬픔을 절실하게 표현 / 바늘이 부러진 것에 대한 자책

▶ 바늘이 부러진 것에 대해 자책하며 안타까워함.

다 무죄(無罪)한 너를 마치니, •백인(伯仁)이 유아이사(由我而死)라, 뉘를 한(恨)하며 뉘를 원(怨)하리오. •능란(能爛)한 성품(性品)과 •공교(工巧)한 재질을 나의 힘으로 어찌 다시 바라리오. 절묘한 •의형(儀形)은 눈 속에 삼삼하고, ❷특별한 •품재(稟才)는 심회(心懷)가 삭막(索寞)하다. 네 비록 물건이나 무심하지 아니하면, ❸후세에 다시 만나 평생 동거지정(同居之情)을 다시 이어, 백년고락(百年苦樂)과 •일시생사(一時生死)를 한가지로 하기를 바라노라. 오호 애재라, 바늘이여.

부러뜨리니 / 바늘이 부러진 것이 자신의 책임이라는 것을 드러내기 위해 제시한 고사 / 수원수구(誰怨誰咎) / 한집에서 사는 친한 정

▶ 바늘을 애도하며 후세에 다시 만날 것을 기약함.

어휘 풀이

천은(天銀) 품질이 가장 뛰어난 은.
파란 법랑(琺瑯). 광물을 원료로 하여 만든 유약(釉藥).
편작(扁鵲) 중국 전국 시대의 유명한 의사.
백인(伯仁)이 유아이사(由我而死) '백인이 나로 말미암아 죽다.'라는 뜻. 주로 남이 아닌 자신을 탓할 때 사용하는 말.
능란(能爛)하다 익숙하고 솜씨가 있다.
공교(工巧)하다 솜씨나 꾀 등이 재치가 있고 교묘하다.
의형(儀形) 몸을 가지는 태도. 또는 차린 모습.
품재(稟才) 타고난 재주.
일시생사(一時生死) 한때의 죽고 사는 일.

Q 이 부분의 표현 방법과 그 효과는?

이 부분에는 바늘이 부러졌을 때의 상황과 작가의 심정 및 반응이 드러나 있는데, 심정과 반응을 드러내면서 '마음을 빻아 내는 듯, 두골(頭骨)을 깨쳐 내는 듯, 이윽토록 기색혼절(氣塞昏絕)하였다'라고 하여 과장되게 표현하고 있다. 이렇듯 바늘이 부러진 것에 대한 정서적 반응을 과장되게 표현하여 작가의 심리적 충격과 애통한 심정을 효과적으로 드러내고 있다.

Q 이 글의 작가에 대한 두 가지 관점은?

제문의 형식을 정확히 알고 있고 고사를 인용하고 있으며 문장 실력이 빼어난 점으로 보아 이 글의 작가는 글공부를 한 사대부 집안의 아녀자라고 짐작할 수 있다. 그러나 작가는 가산이 빈궁하여 바느질을 전문으로 하는 침모(針母)로서의 모습도 보이고 있는데, 식자층인 양반집 아녀자가 직업적인 침모의 모습을 드러낸 것은 정황상 바늘에 대한 애도를 효과적으로 드러내기 위한 작가의 의도가 반영된 것이라 추측할 수 있다.

자료실

'백인(伯仁) 유아이사(由我而死)'에 얽힌 고사

'백인(伯仁)이 나로 말미암아 죽었다.'라는 뜻으로, 자기 때문에 다른 사람이 화(禍)를 받은 것을 한탄하여 이르는 말이다. 중국의 진(晉)나라에 백인과 그의 친구 왕도가 있었다. 왕도의 사촌인 왕돈이 반란을 일으켜 왕도가 곤경에 처했을 때 백인이 황제에게 왕도의 충성심에 대해 고하였고, 그 덕분에 왕도는 목숨을 건지게 되었다. 훗날 왕돈이 다시 정권을 잡게 되면서 적들을 처단하기 시작했을 때 백인에 대하여 왕도에게 물었다. 백인이 자신을 변호한 사실을 몰랐던 왕도는 그에 대해 아무 말도 하지 않았다. 이에 왕돈은 백인을 죽였다. 백인이 죽은 다음 우연히 백인이 자기를 위해 변호했던 사실을 알고 나서야 왕도는 크게 뉘우쳐 깨닫고 피눈물을 흘리며 이렇게 한탄했다고 한다.
"아, 내가 백인을 죽인 것은 아니지만, 결국 나로 말미암아 죽었구나[噫, 我雖不殺伯仁, 伯仁由我而死]!"

- 중심 내용 바늘을 부러뜨린 비통하고 허전한 마음과 후세에 다시 만나고자 하는 기약
- 구성 단계 (가)~(나) 본사 / (다) 결사

구절 풀이

❶ **정신이 아득하고 ~ 속절없고 하릴없다.** 바늘이 부러진 사건으로 작가가 받은 심리적 충격과 안타까움을 과장하여 표현했다.
❷ **특별한 품재(稟才)는 심회(心懷)가 삭막(索寞)하다.** 부러진 바늘이 지닌 특별한 재주를 생각하니 마음이 안타깝고 쓸쓸하다는 의미이다.
❸ **후세에 다시 만나 ~ 한가지로 하기를 바라노라.** 부부 사이를 표현하는 한자 성어를 활용하여 후세에 다시 만나자는 의도를 드러내고 있다. 이를 통해 이 작품을 남편과 사별한 한(恨)을 바늘에 의탁하여 표현한 것으로 보기도 한다.

작가 소개

유씨 부인
조선 순조(재위 1800~1834년) 때의 여성 문인이다. 글을 잘하고 재주가 뛰어나 명문가에 출가했으나, 남편과 일찍 사별하고 바느질과 글로 여생을 보냈다. 작품으로 〈조침문〉을 남겼다.

작품 연구소

〈조침문〉의 형식 – 제문(祭文)

제문(祭文)은 천지신명(天地神明)이나 죽은 사람에게 제사 지낼 때 쓰는 글로, 죽은 사람을 추모하는 내용을 담는다. 제문은 대개 다음과 같이 세 부분으로 이루어진다.

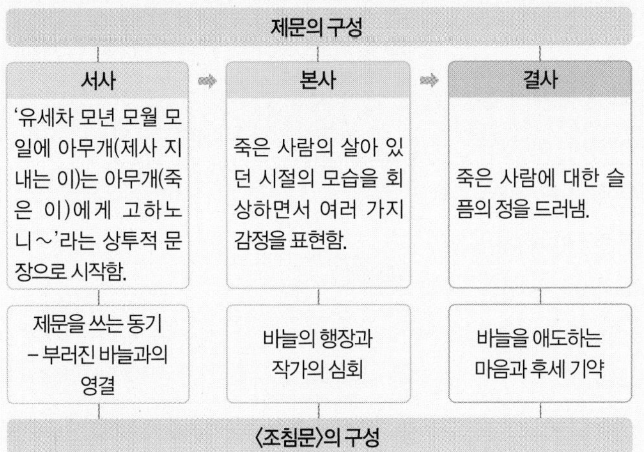

〈조침문〉에 사용된 과장된 표현의 효과

표현	효과
• 물중(物中)의 명물(名物)이요, 철중(鐵中)의 쟁쟁(錚錚)이라. ~ 굳세고 곧기는 만고(萬古)의 충절(忠節)이라. • 그 민첩하고 신기함은 귀신이 돕는 듯하니, 어찌 인력(人力)이 미칠 바리오.	• 바늘의 재주를 칭찬함. • 바늘에 대한 작가의 애착이 나타남.
• 귀신이 시기하고 하늘이 미워하심이로다. • 정신이 아득하고 혼백(魂魄)이 산란하여, ~ 이윽토록 기색혼절(氣塞昏絶) 하였다가	• 바늘을 잃은 슬픔을 극대화함.

〈조침문〉과 가전 문학의 공통점과 차이점

	〈조침문〉	가전 문학
공통점	사물을 의인화한 글	
차이점	국문 문학	한문 문학
	여성 작가	남성 작가
	제문(祭文) 형식	전기적(傳記的) 형식
	'나'가 개입함.	'나'가 개입하지 않음.
	섬세한 감각과 정서가 두드러진 문학	계세징인(戒世懲人, 세상 사람들을 경계하고 징벌함.)의 풍자 문학

함께 읽으면 좋은 작품

〈동명일기(東溟日記)〉, 의유당 / 일상 체험을 심미적으로 표현한 작품

의유당이 함흥 판관으로 부임하는 남편을 따라가 그곳의 명승고적을 살피고 느낀 바를 적은 기행 수필이다. 해돋이의 장관을 주위에서 쉽게 볼 수 있는 일상적 소재에 빗대어 생동감 있게 묘사했다는 점에서 일상적 용품인 바늘을 소재로 작가의 감정을 생생하게 드러낸 〈조침문〉과 유사하다. Link 본책 248쪽

6 이 글에 대한 설명으로 적절하지 않은 것은?

① 일상생활의 친숙한 소재를 취하고 있다.
② 표현 기법 면에서 가전체와 통하는 점이 있다.
③ 과거 회상을 통해 탈속적 분위기를 조성하고 있다.
④ 섬세하고 다정다감한 문체로 애통함을 드러내고 있다.
⑤ 의태어를 사용하여 상황을 감각적으로 표현하고 있다.

7 이 글을 바탕으로 드라마를 구상할 때, 연출자의 지시 내용이 글의 내용과 일치하지 않는 것은?

① 바늘이 부러지는 장면을 촬영할 때는 등잔만 밝히고, 주인공은 피곤한 표정으로 바느질하는 연기를 해 주세요.
② 주인공이 부러진 바늘을 보관하고 있던 바늘집을 촬영할 예정이니, 원문에 있는 대로 바늘집을 제작해 주세요.
③ 주인공이 부러진 바늘의 제문을 읽는 장면을 추가할 때 주인공의 의상은 화려하지 않은 것으로 준비해 주세요.
④ 바늘의 재주를 드러내기 위해 다양한 바느질 방법을 보여 줄 때 바늘의 모습이 잘 드러나도록 클로즈업해 주세요.
⑤ 주인공이 동네 장인(匠人)을 찾아가 부러진 바늘을 땜질하려다가 실망하게 되는 장면을 촬영할 장소를 섭외해 주세요.

내신 적중 高난도

8 이 글에 드러난 작가의 심리 상태와 가장 유사한 정서를 드러내는 것은?

① ᄆᆞ음이 어린 후(後)ㅣ니 ᄒᆞᄂᆞᆫ 일이 다 어리다. / 만중운산(萬重雲山)에 어ᄂᆡ 님 오리마ᄂᆞᆫ / 지ᄂᆞᆫ 닙 부ᄂᆞᆫ ᄇᆞ람에 힝혀귄가 ᄒᆞ노라. – 서경덕
② 꿈에 뵈는 님이 신의(信義) 업다 하것마난 / 탐탐(貪貪)이 그리올 졔 꿈 아니면 어이 보리. / 져 님아 꿈이라 말고 자로자로 뵈시쇼. – 명옥
③ 청초(靑草) 우거진 골에 자ᄂᆞᆫ다 누엇ᄂᆞᆫ다 / 홍안(紅顔)을 어듸 두고 백골(白骨)만 무쳣ᄂᆞᆫ이. / 잔(盞) 자바 권(勸)ᄒᆞ리 업스니 그를 슬허ᄒᆞ노라. – 임제
④ 국화야, 너난 어이 삼월동풍(三月東風) 다 지내고 / 낙목한천(落木寒天)에 네 홀로 피엿나니. / 아마도 오상고절(傲霜孤節)은 너뿐인가 하노라. – 이성보
⑤ 청석령(靑石嶺) 디나거냐 초하구(草河溝)ㅣ 어드매오. / 호풍(胡風)도 차도 찰샤 구즌 비는 므스일고. / 뉘라셔 내 행색(行色) 그려 내야 님 겨신 듸 드릴고. – 봉림 대군

9 이 글에서 '바늘'을 의인화하여 표현함으로써 얻는 효과를 〈조건〉에 맞게 쓰시오.

조건
1. 작가가 드러내고자 하는 정서에 초점을 둘 것
2. 50자 내외의 완결된 한 문장으로 쓸 것

더 읽을 작품

091 통곡헌기(慟哭軒記) | 허균

키워드 체크 #기(記) #통곡헌의 내력 #고정 관념 #비판적

종이, 비단 등에 그림을 그리거나 글씨를 써서 방 안이나 문 위에 걸어 놓는 액자

가 내 조카 허친(許親)이 집을 짓고서는 통곡헌(慟哭軒)이란 이름의 편액(扁額)을 내다 걸었다. 그러자 모든 사람들이 크게 비웃으며 말했다. [중략]

고정 관념을 깬 집 이름 / 고정 관념을 지닌 사람들

그러자 허친이 이렇게 대꾸하였다. / 『"저는 이 시대가 즐기는 것과 등지고, 세상이 좋아하는 것을 거부합니다. 이 시대가 환락을 즐기므로 저는 비애를 좋아하며, 이 세상이 우쭐대고 기분 내기를 좋아하므로 저는 울적하게 지내렵니다. 세상에서 좋아하는 부귀나 영예를 저는 더러운 물건인 양 버립니다. 오직 비천함과 가난, 곤궁과 궁핍이 존재하는 곳을 찾아가 살고 싶고, 하는 일마다 반드시 이 세상과 배치되고자 합니다.』 세상에서 제일 미워하는 것은 언제나 곡하는 행위입니다. 이것을 능가하는 일은 없습니다. 그래서 저는 곡이란 이름을 내세워 제 집의 이름으로 삼았습니다."

『 』: 현실에 대한 비판 의식을 드러냄. / 서로 반대로 되어 어그러지거나 어긋남.

▶ 조카가 집의 이름을 '통곡헌(慟哭軒)'이라고 지은 이유를 들음.

나 그 사연을 듣고서 나는 조카를 비웃은 많은 사람들을 준엄하게 꾸짖었다.

"곡하는 것에도 도(道)가 있다. 인간의 일곱 가지 정[七情] 가운데 슬픔보다 감동을 일으키기 쉬운 것은 없다. 슬픔이 이르면 반드시 곡을 하기 마련인데, 그 슬픔을 자아내는 사연도 복잡다단하다. 그렇기 때문에 시사(時事)가 어떻게 해 볼 도리가 없이 진행되는 것을 가슴 아프게 생각하여 통곡한 가의가 있었고, 하얀 비단실이 본바탕을 잃고 다른 색깔로 변하는 것을 슬퍼하여 통곡한 묵적이 있었으며, 갈림길이 동쪽·서쪽으로 나있는 것을 싫어하여 통곡한 양주가 있었다. 또 막다른 길에 봉착하게 되어 통곡한 완적이 있었으며, 좋은 시대와 좋은 운명을 만나지 못해 스스로 인간 세상 밖에 버려진 신세가 되어, 통곡하는 행위로써 자신의 뜻을 드러내 보인 당구가 있었다. 저 여러 군자들은 모두가 깊은 생각이 있어서 통곡했을 뿐, 이별에 마음이 상해서 남에게 굴욕을 느껴 가슴을 부여안은 채, 아녀자가 하는 통곡을 좀스럽게 흉내 내지 않았다.

기쁨[喜]·노여움[怒]·슬픔[哀]·즐거움[樂]·사랑[愛]·미움[惡]·욕심[欲] – 칠정 / 여러 가지 사회적 사건 / 사람의 선한 바탕 / 악한 것에 물드는 것 / 다른 것을 선택하지 못하는 아쉬움 / 부정적인 상황에 대한 안타까움

▶ 군자들은 시대의 아픔을 맞아 절실하게 통곡했음.

다 저 여러 군자들이 처한 시대와 비교할 때, 오늘날은 훨씬 더 말세에 가깝다. 국가의 일은 날이 갈수록 그릇되어 가고, 선비의 행실은 날이 갈수록 허위에 젖어들며, 친구들끼리 등을 돌리고 저만의 이익을 추구하는 배신행위는 길이 갈라져 분리됨보다 훨씬 심하다. 또 현명한 선비들이 곤액(困厄)을 당하는 상황이 막다른 길에 봉착한 처지보다 심하다. 그러므로 모두들 인간 세상 밖으로 숨어 버리려는 계획을 짜낸다. 만약 저 여러 군자들이 이 시대를 직접 본다면 어떠한 생각을 품을지 모르겠다. 아무래도 통곡할 겨를도 없이, 모두들 팽함이나 굴원이 그랬듯 바위를 가슴에 안고 물에 몸을 던지려 하지나 않을까? / 허친이, 통곡한다는 이름의 편액을 내건 까닭이 여기에 있을 것이다. 그러니 너희들은 통곡이란 편액을 비웃지 않는 게 좋을 것이다."

현실 세태에 대한 부정적 인식을 드러냄. / 몹시 딱하고 어려운 사정과 재앙이 겹친 불운 / 현실에 회의를 느끼고 자연 속으로 귀의하는 방식의 현실 도피 / 현실적 세태가 '곡'할 정도를 넘어선 부정적인 세태임을 강조하여 드러냄. / 조카 허친이 '통곡헌'이라는 이름을 지은 이유

내 말을 듣고 비웃던 자들이 "잘 알았습니다." 하며 물러났다. 오간 대화를 정리하여 글로 써서, 뭇 사람들이 의아하게 생각하는 심정을 풀어 주고자 한다.

〈통곡헌기(慟哭軒記)〉

▶ 과거보다 불우한 시대에 '통곡헌'이라는 이름이 적절함.

키 포인트 체크

제재 '□□□'의 의미

관점 작가와 허친은 당대의 사회가 과거보다 □□하다고 인식한다.

표현 구체적인 □□를 다양하게 제시하여 작가의 주장을 전달한다.

답 통곡헌, 불우, 사례

핵심 정리

갈래 기(記)

성격 교훈적, 논리적, 성찰적

제재 '통곡헌'의 의미

주제 '통곡헌'의 내력과 시대에 대한 비판

특징 ① 문답을 통해 고정 관념을 깨는 새로운 인식을 드러냄.
② 중국의 고사에 나오는 인물들의 사적을 인용해 자신의 주장을 강화함.

작가 허균(본책 124쪽 참고)

이해와 감상

〈통곡헌기〉는 작가가 조카 허친이 집 이름을 '통곡헌'이라고 짓게 된 내력을 소개하고 그에 대한 자신의 생각을 담은 작품으로, 고정 관념에 사로잡힌 사람들을 깨우치고자 하는 의도와 함께 현실에 대한 비판적 인식을 드러내고 있다. 작가는 불우한 시대를 맞아 비극적인 삶을 산 '가의, 묵적, 양주, 완적, 당구' 등의 예를 들어 이들이 곡하는 것은 일반 아녀자들의 곡과는 다르게 시대의 아픔에 대한 깊은 생각이 담겨 있는 곡이라 하면서, 오늘날의 세태를 본다면 이들조차도 곡을 하지 못할 것이라며 현실을 신랄하게 비판하고 있다. 이를 통해 작가는 자신이 사는 시대가 매우 불우한 시대이며, 이러한 불우한 시대를 맞아 집에 '통곡헌'이라는 이름을 붙이는 것은 오히려 가장 적절하다는 인식을 드러내고 있다.

작품 연구소

〈통곡헌기〉에서 대비되는 대상의 의미 비교

세상 사람들이 추구하는 것	↔	허친이 추구하는 것
환락		비애
우쭐대고 기분 내기		울적하게 지내기
부귀와 영예		비천함과 가난, 곤궁과 궁핍

'가의, 묵적, 양주, 완적, 당구'의 통곡	↔	아녀자의 통곡
세상이 잘못된 것에 대한 깊은 생각을 품은 비판과 통한의 표현		이별이나 굴욕 등 소소한 감정의 표현

허친과 작가의 현실 인식

현실의 모습	• 과거와 비교할 때 오늘날은 말세에 가까움. • 국가의 일은 그릇되어 가고, 선비의 행실은 허위에 젖어들며, 친구끼리 제 이익만 추구하는 배신이 늘어남. • 현명한 선비들의 상황이 어렵고 불운이 겹치는 일이 많음.

↓

현실에 대해 취하는 태도	이 시대가 즐기고 세상이 좋아하는 것을 거부하며, 세상 사람들이 생각하고 행동하는 것과 반대로 행하여 현실에 대한 비판 의식을 드러냄.

092 내간(內簡) | 선조 외

키워드 체크 #한글 편지 #안부 #일상적인 체험과 느낌

가 선조의 내간

『 』: 아버지로서 선조의 인간적인 정이 드러남.

『그리 간 후의 안부 몰라 ᄒᆞ노라. 엇디들 인는다.』 / 셔울 각별ᄒᆞᆫ 긔별 업고, 도적은 믈러가니 깃거ᄒᆞ노라. 나도 무ᄉᆞ이 인노라. 다시곰 됴히 잇거라.

(그리: 피난처 / 엇디들 인는다: 어떻게들 있느냐? / 셔울: 서울, 한양 / 각별ᄒᆞᆫ: 특별한 / 도적: 왜적 / 깃거ᄒᆞ노라: 기뻐하노라 / 됴히: 좋게 / 정유: 선조 30년(1597))

정유(丁酉) 구월(九月) 이십일(二十日)

▶ 선조가 셋째 딸 정숙 옹주의 안부를 묻고 자신의 근황을 전함.

나 혜경궁 홍씨의 내간

쥬샹(主上)이 지통(至痛) 즁 ᄃᆞᆯ포 심녀(心慮)로 디내ᄋᆞᆸ시고 ᄌᆞ로 미령(靡寧)ᄒᆞ옵셔, 셩톄(聖體) 손샹(損傷)ᄒᆞ옵시기 니ᄅᆞ올 거시 업ᄉᆞ온ᄃᆡ, 츌현궁(出玄宮) ᄒᆞ오시ᄂᆞᆫ 일 ᄒᆞ옵고 지통을 겸ᄒᆞ와 병이 이리 위즁ᄒᆞ올 분 아니오라, 셩궁(聖宮) 위ᄒᆞ옵ᄂᆞᆫ 념녀가 ᄀᆞᆫ졀ᄒᆞ와 븟드옵고 못 가시게 ᄒᆞ오니, 이제 즉시 가려 ᄒᆞ옵시니, 지졍(至情)을 ᄉᆡᆼ각ᄒᆞ셔 동가(動駕) 젼(前)의 셩빈(成殯)ᄒᆞ옵고 알외게 하옵쇼셔.

(쥬샹: 여기서는 정조 / 지통: 고통이 매우 심함. / ᄃᆞᆯ포: 한 달 남짓 / 심녀: 근심 / ᄌᆞ로 미령ᄒᆞ옵셔: 자주 병환이 생기셔서 / 셩톄: 임금의 몸 / 니ᄅᆞ올 거시: 이를 것이, 말할 것이 / 츌현궁 ᄒᆞ오시ᄂᆞᆫ 일: 정조가 아버지인 사도 세자의 묘를 화성으로 이장하는 일 / 겸ᄒᆞ와: 겸하여 / 셩궁: 성스러운 관, 여기서는 사도 세자의 관 / 념녀가: 염려가 / 븟드옵고 못 가시게: 주체 – 작가(혜경궁 홍씨) / 즉시 가려 ᄒᆞ옵시니: 주체 – 정조 / 지졍: 지극한 정성 / 동가: 임금이 탄 수레가 대궐 밖으로 나감. / 셩빈ᄒᆞ옵고 알외게 하옵쇼셔: 주체 – 편지 수신인(채제공))

▶ 아들 정조에 대한 염려와 채제공에 대한 당부의 말을 전함.

다 어떤 부인의 내간

『 』: 이웃 부인에게 안부를 물음.

『지쳑의 잇ᄉᆞ와도 ᄒᆞᆫ번 연신 못ᄒᆞᄋᆞᆸ고 쟝 일캇ᄌᆞᆸ고만 지ᄂᆡ여ᄉᆞ오며 ᄉᆞ랑의셔ᄂᆞᆫ 거긔 샤랑의 친ᄌᆞ(ᄒᆞ)오셔 졍의 돗타오시고 한 형졔나 다름 업ᄉᆞ오신고로 ᄌᆞ연 ᄃᆡᆨ 셩식을 익이 듯ᄉᆞ와 지ᄂᆡ여ᄉᆞ오며 요ᄉᆞ가 일긔 ᄃᆡ단 부죠ᄒᆞ온ᄃᆡ 긔운 평안ᄒᆞ오시고 아기네도 잘 잇ᄉᆞᆸᄂᆞ니잇가』 향념 간졀이오며 『이 곳즌 아희들 ᄒᆞ고 쟝 골몰이 지ᄂᆡ오며 요ᄉᆞ이ᄂᆞᆫ 젹이 틈 업ᄉᆞ오나 긴긴밤의 ᄎᆡᆨ이나 보고져 ᄒᆞ오ᄃᆡ ᄂᆡ훈이라 ᄒᆞᄂᆞᆫ ᄎᆡᆨ은 오륜ᄒᆡᆼ실의 잇ᄉᆞ오니 보와 더 신긔ᄒᆞᆫ 것 업ᄉᆞ오며 진ᄃᆡ방젼이라 ᄒᆞᄋᆞᆸᄂᆞᆫ ᄎᆡᆨ은 ᄃᆡ방 슈죄ᄒᆞ온 말이 너모 호번만 ᄒᆞᄋᆞᆸ고 별노 신긔ᄒᆞ온 ᄎᆡᆨ 어더 볼 슈 업ᄉᆞ오니 ᄃᆡᆨ의 무ᄉᆞᆫ ᄎᆡᆨ 잇ᄉᆞᆸ거든 빌이시ᄋᆞᆸ쇼셔 밋ᄉᆞᆸᄂᆞ이다 일후 연ᄒᆞ와 연신도 ᄒᆞᄋᆞᆸ고 혹 무엇 빌이라 ᄒᆞ오시면 잇ᄂᆞᆫ 거슨 그리 ᄒᆞ오리이다.』 총총다못 그치ᄋᆞᆸᄂᆞ이다.

(연신: 소식, 소식을 끊이지 않고 주고받음. / ᄉᆞ랑: 집의 안채와 떨어져 있는 바깥주인이 거처하며 손님을 접대하는 곳으로, 여기서는 '남편'을 이름. / 부죠ᄒᆞ온ᄃᆡ: 날씨나 건강의 상태가 고르지 못함. / 익이: 익숙하게 / 일긔: 날씨 / 골몰이: 바쁘게 / 향념: 마음을 기울임, 또는 그 마음 / 『 』: 자신의 근황을 전하고 책을 빌려 줄 것을 요청함. / ᄂᆡ훈: 성종의 어머니인 소혜 왕후가 부녀자의 훈육을 위해 지은 책 / 진ᄃᆡ방젼: 작자 미상의 고전 소설 – 어버이에게 불효를 하다가 개과천선하여 효도를 한다는 내용 / ᄃᆡᆨ의 무ᄉᆞᆫ ᄎᆡᆨ 잇ᄉᆞᆸ거든 빌이시ᄋᆞᆸ쇼셔: 편지를 쓴 목적 ① / 혹 무엇 빌이라 ᄒᆞ오시면 잇ᄂᆞᆫ 거슨 그리 ᄒᆞ오리이다: 편지를 쓴 목적 ② / 총총다못 그치ᄋᆞᆸᄂᆞ이다: 끝인사 – 편지 말미에 쓰는 관습적 표현)

▶ 어떤 부인이 이웃 부인의 안부를 묻고 책을 빌려 달라고 요청함.

현대어 풀이

(가) 그리(피란처)로 간 후에 안부를 모르겠구나. 어찌들 지내느냐? 서울에는 별다른 일이 없고, 도적(왜구)은 물러가니 기뻐할 따름이다. 나도 무사히 지내고 있다. 다시 연락할 때까지 잘 있거라.

(나) 주상(정조)께서 몹시 애통한 가운데에 한 달 남짓 근심으로 지내시고, 자주 병환이 나서 육체를 손상하심이 말할 수 없는데, 출현궁 하시고 지극한 애통을 겸하여 병이 되어 위중할 뿐만 아니라, 성궁을 위하는 염려가 간절하여 붙들고 못 가시게 하나, 이제 곧 가려 하시니, 지극한 정성을 생각하여 주상께서 거동하시기 전에 성빈(빈소를 차림.)하고 아뢰게 하십시오.

(다) 가까이 살고 있어도 한번 소식을 전하지 못하고 그저 말만 하고 지냈습니다. 남편께서는 댁의 남편과 정이 두터우시고 한 형제나 다름없는 까닭에 자연스레 소식을 익히 듣고 지냈습니다. 요사이 날씨가 대단히 고르지 못한데, 기운이 평안하시고 아기들도 잘 있습니까? 보고 싶은 마음이 간절합니다. 이곳은 아이들과 정신없이 지내고 있습니다. 요사이는 조금이라도 틈이 없사오나, 긴긴 밤에 책이라도 읽으려 하되, 《내훈(內訓)》이라 하는 책은 오륜(五倫) 행실이 있사오니 더 신기한 내용이 없으며, 《진대방전》이라는 책은 진대방의 죄를 묻는 말만 너무 번잡하게 많고 별로 신기한 책을 얻어 볼 수 없습니다. 댁에 무슨 책이 있거든 빌려 주십시오. 이후 계속하여 소식도 전하고, 혹시 무엇을 빌리려 하신다면 있는 것은 빌려 드리겠습니다. 이만 글을 그치겠습니다.

키 포인트 체크

- **제재** (가) 피란처에 있는 정숙 옹주의 안부 / (나) □□의 근황 / (다) 이웃의 안부와 책 이야기
- **관점** 가족과 이웃을 대하는 따뜻한 마음과 □□가 드러난다.
- **표현** 일상적인 □□과 □□을 진솔하게 표현했다.

답 정조, 예의, 체험, 느낌

핵심 정리

(가) 갈래 내간, 서간문
제재 피란처에 있는 정숙 옹주의 안부
주제 자식의 안부를 묻는 아버지로서의 정
출전 《친필언간총람(親筆諺簡總覽)》
작가 선조
조선 제14대 왕(재위 1567~1608년)이다. 재위 후반에 정치인들의 분열로 당파가 나타나 당쟁 속에 정치 기강이 무너져 혼란을 겪었으며, 왜군의 침입(임진왜란)과 여진족의 침입도 받았다.

(나) 갈래 내간, 서간문
제재 정조의 근황
주제 성빈(成殯)을 끝내고 알려 줄 것을 당부함.
출전 《신한첩(宸翰帖)》
작가 혜경궁 홍씨(본책 272쪽 참고)

(다) 갈래 내간, 서간문
제재 이웃의 안부와 책 이야기
주제 이웃에 대한 인사와 책을 빌려 달라는 요청
출전 《증보언간독(增補諺簡牘)》

이해와 감상

(가) 〈선조의 내간〉은 선조가 정유재란 중인 1597년에 셋째 딸 정숙 옹주에게 보낸 안부 편지로, 전란이라는 급박한 상황에서 피란처에 있는 딸의 안부를 걱정하고 자신의 근황을 전하고 있다. 선조의 인간적인 면모와 부정(父情)이 잘 드러난 이 편지는 '안부 묻기(서두) – 자신의 근황 알리기(본문) – 잘 지내기를 당부하기(결미)'로 이어지는 일반적인 안부 편지 형식을 따르고 있다.

(나) 〈혜경궁 홍씨의 내간〉은 정조의 어머니 혜경궁 홍씨가 영의정 채제공에게 보낸 편지이다. 정조의 건강을 염려한 혜경궁 홍씨가 정조가 가기 전에 빈소를 만들고 그 결과를 알려 달라고 요청하는 용건이 드러난다. 법도에 맞고 아담한 어휘와 문체를 통해 정조의 효성과 혜경궁 홍씨의 모성애가 잘 드러난다.

(다) '어떤 부인의 내간'은 어떤 부인이 이웃의 부인에게 안부를 물으면서 책을 빌려 줄 것을 요청한 편지로, 자주 연락할 것과 필요한 것이 있으면 자기에게 부탁할 것을 당부하는 내용도 전하고 있다. 공손한 겸양의 말투와 격식을 갖춘 편지로 한글 편지를 통한 당대 여성들의 의사소통 양상을 알 수 있게 해 준다.

자료실

내간체 문학

내간은 조선 시대에 주로 여성을 중심으로 주고받은 한글 편지를 말한다. 내간체는 15세기 중엽 한글이 창제된 후 사대부 여성들을 중심으로 내간이 보급되면서 이루어진 문체이다. 한문으로 창작된 문학 작품과 달리 관념성이나 규범성이 없고, 일상적인 체험과 느낌을 진솔하게 표현하며, 섬세한 관찰력과 세련된 표현으로 산문 문학의 독특한 경지를 보여 주었다.

093 요술에 대하여 | 박지원

문학 금성

키워드 체크 #한문 수필 #요술에 속는 이유 #맹인의 세상 인식 #표리부동

가 내가 조광련에게 말하였다.

"눈이 능히 시비를 판단치 못하고 진위를 살피지 못할진대, 비록 눈이 없다고 해도
옳음과 그름 / 참과 거짓 또는 진짜와 가짜를 통틀어 이르는 말
괜찮으리이다. 그러나 항상 요술하는 자에게 속게 되는 것은 이 눈이 일찍이 망령되
눈으로 보는 것 자체가 문제가 되는 것은 아님.
지 않은 것은 아니나, 분명하게 본다는 것이 도리어 탈이 되는 것입니다그려."
눈으로 보이는 것에 현혹되어 대상의 진면목을 제대로 바라보지 못하므로
조광련이 말했다. / "비록 요술을 잘하는 자가 있다 해도 맹인은 속이기가 어려울 터
이니, 눈이란 과연 항상 믿을 만한 것일까요?"

▶ 요술에 대해 이야기를 나눔.

나 내가 말했다. / "우리나라에 서화담(徐花潭) 선생이란 분이 있었지요. 밖에 나갔다
조선 명종 때의 학자인 서경덕
가 길에서 울고 있는 자를 만났더랍니다. '너는 왜 우느냐' 물으니 이렇게 대답했답니
갑자기 눈이 뜨여 앞이 보이게 된 맹인
다. '저는 세 살에 눈이 멀어 지금에 사십 년이올시다. 전일에 길을 갈 때는 발에다 보
는 것을 맡기고, 물건을 잡을 때는 손에다 보는 것을 맡기고, 소리를 듣고서 누구인
지를 분간할 때는 귀에다 보는 것을 맡기고, 냄새를 맡고서 무슨 물건인가를 살필 때
는 코에다 보는 것을 맡겼습지요. 사람에게는 두 눈이 있으되, 저에게는 손과 발과
맹인은 눈이 보이지 않기 때문에 손, 발, 코, 귀가 눈의 역할을 대신해 옴.
코와 귀가 눈 아님이 없었습니다. 또한 어찌 다만 손과 발, 코와 귀뿐이겠습니까? 해
가 뜨고 해가 지는 것은 낮에 피곤함으로 미루어 보았고, 물건의 모습과 빛깔은 밤에
꿈으로 보았지요. 장애가 될 것도 없고 의심과 혼란도 없었지요. 이제 길을 가는 도
중에 두 눈이 갑자기 밝아지고 백태가 끼었던 눈이 저절로 열리고 보니, 천지는 드넓
눈이 멀었던 맹인이 갑작스럽게 눈이 뜨여 앞을 보게 됨.
고 산천은 뒤섞이어 만물이 눈을 가리고 온갖 의심이 마음을 막아서 손과 발, 코와
눈에 보이는 것이 오히려 세상 인식에 혼란을 일으킴.
귀가 뒤죽박죽 착각을 일으켜 온통 예전의 일상을 잃게 되었습니다. 집이 어디인지
까마득히 잃어버려 스스로 돌아갈 길이 없는지라 그래서 울고 있습니다.' 화담 선생
이 말했습니다. '네가 네 지팡이에게 물어본다면 지팡이가 응당 절로 알지 않겠느냐.'
눈이 멀었을 때 지팡이에 의지해 다녔으므로
그가 말하기를, '제 눈이 이미 밝아졌으니 지팡이를 어디에다 쓰겠습니까' 하니 선생
이 말했습니다. '그렇다면 도로 눈을 감아라. 바로 거기에 네 집이 있으리라.' 이로써
눈을 감으면 맹인이었을 때와 같은 상황이 되므로
논한다면, 눈이란 그 밝은 것을 자랑할 것이 못 됩니다. 오늘 요술을 보니, 요술쟁이
가 능히 속인 것이 아니라 사실은 구경하는 사람이 스스로 속은 것일 뿐이라오."
눈에 보이는 것을 맹신(盲信)하여 자기 스스로가 요술에 속게 된다는 뜻

▶ 서화담과 맹인의 이야기에서 깨달음을 얻음.

다 조광련이 말했다.

"[중략] 요술의 술법은 비록 천변만화를 하더라도 족히 두려울 게 없습니다. 그러나
끝없이 변화함.
천하에 가히 두려워할 만한 요술이 있으니, 그것은 아주 간사한 자가 충성스러운 체
하는 것과 향원(鄕愿)이면서도 덕행이 있는 체하는 것일 겁니다."
겸손하고 삼가는 척하여 남들에게 인정받으면서 자신의 영달 추구에만 몰두하는 시골 선비
내가 말했다. / "호광(胡廣) 같은 정승은 중용(中庸)으로 요술을 하고, 풍도(馮道)와
중국 후한(後漢) 때의 재상 / 당나라 말기부터 다섯 왕조를 거치면서 재상을 한 정치가
같은 이는 오대(五代)에 걸쳐 정승을 살면서 명철(明哲)한 것으로 요술을 부렸으니,
웃음 속에 칼이 있는 것이 입속으로 칼을 삼키는 것보다 더 혹독하지 않을까요."
겉과 속이 같지 않은 사람들의 행태 / 요술쟁이가 부린 요술 중의 하나
그러고는 서로 크게 웃으면서 일어났다.

▶ 겉과 속이 다른 세상 사람들의 요술이 더 혹독함.

키 포인트 체크

- 제재: □□을 본 경험
- 관점: 눈에 보이는 것을 그대로 믿지 않고 대상을 □□적으로 인식해야 한다는 관점이 드러난다.
- 표현: 중국의 실제 역사적 □□들의 예를 제시하여 글의 설득력을 높였다.

답 요술, 총체(종합), 인물

핵심 정리

- **갈래** 한문 수필, 중수필, 기행 수필
- **성격** 체험적, 논리적, 설득적, 교훈적
- **제재** 요술을 본 경험
- **주제** 세상 사람들의 이중성에 대한 비판
- **특징** 요술과 세상 사람들의 이중성이 갖는 유사점을 포착하여 참신하게 글을 전개함.
- **출전** 《열하일기(熱河日記)》
- **작가** 박지원(본책 196쪽 참고)

이해와 감상

〈요술에 대하여〉는 연암 박지원이 쓴 《열하일기》에 실린 작품으로, 〈환희기후지(幻戱記後識)〉라는 제목으로 전한다. 이 작품에서 작가는 요술을 본 경험을 통해 눈에 보이는 것을 그대로 믿는 것을 경계하고 있다. 작가는 사람들이 요술에 속는 것은 눈에 의지해서만 바라보기 때문임을 이야기하며, 이를 세상사로 확장해서 세상 사람들이 간사한 자, 향원, 호광, 풍도에게 속는 것은 그들이 겉으로 보여 주는 모습만 보기 때문이라고 서술하고 있다. 작가는 이에 대한 해결책으로서 맹인이 받은 해결책처럼 눈을 감기를 제시한다. 이때 눈을 감는다는 것은 눈에 보이는 것을 무조건 믿지 않는 것이 아니라, 모든 감각을 이용해서 눈에 보이지 않는 것까지 총체적으로 이해하라는 뜻이다. 그래야만 숨겨진 진실을 제대로 볼 수 있기 때문이다.

〈요술에 대하여〉의 구성

처음	조광련과 함께 요술을 구경하고 요술에 대해 나눈 이야기
중간	서화담과 맹인이 나눈 이야기
끝	구경거리로서의 요술보다 더 혹독한 세상 사람들의 요술

작품 연구소

〈요술에 대하여〉에 드러난 요술의 의미

눈에 보이는 것	↔	진실
입속으로 칼을 삼킴.		칼을 삼키지 않음.

↓

사람들이 요술에 속는 이유는 눈에 보이는 것이 진실이라고 생각하기 때문임.

서화담과 맹인이 나눈 이야기의 의미

맹인은 거의 평생 동안 눈이 아닌 손, 발, 코, 귀를 이용해 세상을 인식해 왔는데 갑자기 눈이 보이게 되자 감각에 혼란을 일으켜 세상을 제대로 인식하지 못하게 된다. 작가는 이 이야기를 통해 눈에 보이는 것이 오히려 세상을 제대로 인식하는 데 방해가 될 수 있음을 강조하고 있다.

094 임술기 | 황상

국어 금성

키워드 체크 #한문 수필 #액자식 구성 #공부의 자세 #임술년을 맞이한 감회

가 먼 옛날의 임술년(1082년)에는 동파 거사(중국 북송의 문장가 동파 소식(1037~1101))가 시월 보름날 적벽강에서 뱃놀이를 했었고(소동파의 〈적벽부〉에 담긴 내용을 제시하며 장구한 자연에 견주어 짧은 인생을 한탄함.), 가까운 옛날의 임술년(1802년, '나'(황상)의 15살 소년 시절)에는 내가 시월 열흘에 열수(洌水) 정약용(丁若鏞) 선생께 배움을 청했었다(열수: 정약용의 호의 하나). 고금(古今)에 한 일이 다르건만(동파가 적벽강에서 뱃놀이한 일과 '나'가 정약용 선생께 배움을 청한 일) 어쩌면 이렇게도 해와 달과 날이 우연히 딱 맞아떨어지고(임술년 시월로 해와 달이 일치하고), 이처럼 서로 비슷한 것일까(날이 보름날(15일)과 열흘(10일)로 비슷한 것)?

그런데 올해(1862년, '나'의 75살 노년) 또 임술년을 맞이하게 되었다. 이미 흘러간 옛날('나'의 과거)을 되돌아보며(회고하며) 때와 날짜를 두루 헤아려 보노라니(임술년 시월 보름날과 열흘로 해와 달이 일치하고, 날이 비슷함을 확인함.) 만감이 교차한다. ▶ 임술년을 맞이한 감회를 밝힘.

나 내가 스승님께 배움을 청한 지 이레가 되던 날(1802년 당시 정약용은 죄인으로 강진에 유배된 상태였음.), 스승님은 문사(文史)(문장(文章)과 역사(歷史))를 공부하라는 글을 내려 주셨다. 그 글의 내용은 이렇다.

내가 산석(황상의 아명(兒名, 아이 때의 이름))에게 '문사를 공부하도록 하라.'라고 말했더니 산석이 머뭇머뭇 부끄러워하는 기색으로 핑계를 대면서 이렇게 말하는 것이었다(내가: 정약용).

"저한테는(소년 황상) 병이(공부를 방해하는) 세 가지가 있어서요. 첫째는 둔하고(이해력이 부족함.), 둘째는 꽉 막혔고(기억력이 나쁘고), 셋째는 미욱합니다(글재주가 없고)." / 그 말을 듣고서 나는(정약용) 이렇게 말해 주었다.

"공부하는 자들은 큰 병을(공부하는 데 방해가 되는 것) 세 가지나 가지고 있는데 너는 하나도 가지고 있지 않구나(황상에게 공부의 자신감을 불어넣은 정약용의 진단)! 첫째는 기억력이 뛰어난 것(공부를 방해하는 병 ①)으로 이는 공부를 소홀히 하는 폐단을 낳고, 둘째는 글 짓는 재주가 좋은 것(공부를 방해하는 병 ②)으로 이는 허황한 데 흐르는(현실과 괴리된 공리공담(空理空談)에 빠짐.) 폐단을 낳으며, 셋째는 이해력이 빠른 것(공부를 방해하는 병 ③)으로 이는 거친 데 흐르는(꼼꼼하고 세밀하게 살피지 못하여 구체성이 결여됨.) 폐단을 낳는단다. 둔하지만 공부에 파고드는 자는('둔함'을 장점으로 승화하는 방법) 식견이 넓어질 것이고, 막혔지만 잘 뚫는 자는('꽉 막혔음'을 장점으로 승화하는 방법) 흐름이 거세질 것이며, 미욱하지만 잘 닦는 자는('미욱함'을 장점으로 승화하는 방법) 빛이 날 것이다(학문적 성취를 이룰 것). 『파고드는 방법은 무엇이냐. 근면함이다. 뚫는 방법은 무엇이냐. 근면함이다. 닦는 방법은 무엇이냐. 근면함이다. 그렇다면 근면함을 어떻게 지속하느냐. 마음가짐을 확고히 하는 데 있다.』(『 』: 문답법을 활용하여, 공부하는 자세의 핵심을 강조함.) - 〈삼근계(三勤戒)〉(세 가지 근면함에 대한 가르침.)

이때 스승님은 동천 여사(東泉旅舍)(정약용이 강진에 유배 왔을 때 처음 머무르던 곳)에 머무르고 계셨다. 나는(황상) 나이 15세 소년으로(1802년) 아직 관례(冠禮)도 올리지 않았다(성인이 되는 의식을 치르지 않았다.). 선생님의 말씀을 마음에 새기고 뼈에 새겨(명심누골(銘心鏤骨)) 감히 잃어버릴까 두려워했다. ▶ 60년 전 임술년에 스승 정약용이 '나'에게 글을 써 줌.

다 그로부터 지금까지 61년의 세월이 흘렀다. 그사이 책을 놓고 쟁기를 잡을 때도 있었지만(주경야독(晝耕夜讀)) 그 말씀만은(공부하는 데 '근면함'이 중요하다는 가르침) 늘 마음속에 간직하였다. 지금은 손에서 책을 놓지 않고 먹과 벼루에 젖어 있다(언제나 책을 읽고 글을 씀.). 비록 이뤄 놓은 것은(학문적으로 이룬 것) 없다고 할지라도, 『공부에 파고들고 막힌 것을 뚫으며 닦으라는 가르침(〈삼근계(三勤戒)〉의 핵심)을 삼가 지켰다고 말하기에는 넉넉하며, 마음가짐을 확고히 하라는 당부를 받들어 실천했다고 할 수 있다.』(『 』: 60년 동안 스승의 가르침을 지켜온 자신의 삶에 대한 지부심) ▶ 스승의 말씀을 실천해 옴.

라 그러나 올해 내 나이 75세다. 이제 내게 남은 날짜가 많지 않으니(나의 여생이 얼마 남지 않았으니) 어찌 함부로 내달리고 망령된 말을 할 수 있으랴? 『지금 이후로 스승님께 받은 가르침('근면함'으로 공부하라는 스승의 가르침, 문사(文史)를 공부할 수 있다는 스승의 기대)을 잃지 않을 것이 분명하고, 제자로서 스승님을 저버리지 않는 삶을 살아갈 것이다.』(『 』: 앞으로도 스승의 가르침을 실천하겠다는 다짐을 밝힘.) 이에 〈임술기〉를 짓는다. ▶ 앞으로도 스승의 가르침을 실천하고자 함.

키 포인트 체크

- 제재 과거 ☐☐☐에 스승에게 가르침을 받았던 경험
- 관점 스승에 대한 그리움과 ☐☐☐으로 공부하려는 삶의 자세가 드러난다.
- 표현 60년 전 공부의 자세에 대한 스승의 가르침을 ☐☐☐ 구성으로 제시하고 있다.

답 임술년, 근면함, 액자식

핵심 정리

- **갈래** 교훈적 수필, 한문 수필
- **성격** 회고적, 교훈적, 의지적
- **구성** '기-승-전-결'의 액자식 구성
- **제재** 스승의 가르침
- **주제** 스승의 가르침을 실천하려는 삶의 자세
- **특징** 자신의 체험을 근거로 근면한 태도의 중요성을 일깨우고 있음.

이해와 감상

〈임술기〉는 황상이 임술년을 맞이하여, 60년 전 스승 정약용으로부터 가르침을 받았던 지난날을 회고하며 그동안 스승의 가르침을 실천해 왔듯이 앞으로도 실천해 가겠다고 다짐하기 위해 쓴 글이다. 1802년, 황상이 15살 소년이었을 때 스승 정약용이 써 준 면학문 〈삼근계〉를 제시하고, 그 앞뒤에 스승의 말씀을 추억하는 이유와 스승의 말씀을 인생의 지침으로 삼아 살아온 자신의 삶을 배치하는 액자식 구성을 취하고 있다. 특히 공부의 자세로 '근면함'과 '확고한 마음가짐'을 강조한 정약용의 글과 함께 60년 동안 그것을 실천해 온 황상의 고백은 독자에게 깊은 감동과 여운을 남기고 있다.

작품 연구소

〈임술기〉의 구성상 특징

기	임술년에 얽힌 우연과 임술년을 맞이한 감회
승	60년 전 공부의 자세로 근면함과 확고한 마음가짐을 가르쳐 준 스승의 〈삼근계〉
전	스승의 말씀을 실천한 지난 60년의 삶
결	〈임술기〉를 지어 앞으로도 스승의 가르침을 저버리지 않을 것을 다짐함.

임술년을 맞이한 감회

먼 옛날의 임술년 (1082년)	• 소동파가 적벽강에서 뱃놀이를 함. • 소동파가 〈적벽부〉를 씀. • 소동파는 장구한 자연에 견주어 인생의 짧음을 한탄함.
가까운 옛날의 임술년 (1802년)	• 15세 소년이었을 때 스승 정약용으로부터 가르침을 받음. • 정약용이 〈삼근계〉를 씀.
올해 임술년 (1862년)	• 60년 동안 지켜온 삶의 자세를 밝히지 않을 수 없음. • '나(황상)'는 〈임술기〉를 씀.

↓

• '나'가 지난날을 추억하며 만감이 교차함.
• 스승에 대한 그리움과 자신의 삶의 자세를 다짐음.

스승 정약용의 가르침

황상의 병	• 둔함. • 꽉 막혔음. • 미욱함.
스승의 반박	• 뛰어난 기억력 → 공부를 소홀히 함. • 좋은 글재주 → 허황한 데 흐름. • 빠른 이해력 → 거친 데 흐름.
스승의 처방	• 근면함 → 둔하지만 공부에 파고듦. • 근면함 → 막혔지만 잘 뚫음. • 근면함 → 미욱하지만 잘 닦음.

흥보가(興甫歌) | 작자 미상

키워드 체크 #판소리 사설 #형제간의 우애 #인과응보 #권선징악 #빈부 갈등

문학 천재(김), 천재(정), 금성, 동아, 지학사, 창비, 해냄

핵심 정리

갈래 판소리 사설
성격 풍자적, 해학적, 교훈적, 서민적
배경 ① 시간 – 조선 후기(조선 고종 때)
② 공간 – 전라도 운봉과 경상도 함양 부근
제재 제비의 박씨
주제 ① 형제간의 우애와 인과응보에 따른 권선징악
② 빈부 간의 갈등
특징 ① 3·4조, 4·4조의 운문과 산문이 혼합됨.
② 양반층의 한자어와 평민의 비속어가 같이 쓰임.
③ 일상적 구어와 현재형 시제를 사용하여 사실적으로 표현함.
④ 서민 취향이 강한 작품으로 조선 후기 농민층의 분화를 보여 줌.

Q 서술자가 작중 인물을 대하는 태도는?

놀보 부인이 놀보보다 더 심술궂음을 드러내고 있다. 가난한 동생을 박대하는 놀보와 그의 아내에 대한 비판적·풍자적인 시각이 드러난다.

어휘 풀이

천록방(天祿房) '하늘이 준 복록이 담긴 방'이라는 뜻으로, 곳간에 붙인 이름.
중치(重治) 엄중히 다스림.
능지(陵遲) '능지처참(陵遲處斬)'의 준말. 지난날, 대역(大逆) 죄인에게 내리던 형벌로 머리, 몸, 팔, 다리를 토막치는 극형.

Q 한문 어구를 사용하여 얻는 효과는?

서민들이 사용하는 일상어와 달리 한문 어구는 낯선 느낌을 준다. 그러나 한문 어구는 인물의 처지나 태도를 효과적으로 드러내고, 판소리가 신분의 상하층을 구분하지 않고 널리 향유되었음을 보여 준다.

구절 풀이

❶ **네 이놈 흥보 놈아 ~ 내 모른다.** 삶에 대한 놀보의 태도를 드러내는 부분이다. 인생의 수복(壽福)은 하늘에 달려 있으니 흥보를 도와주어도 아무런 차이가 없다는 운명론적 태도를 통해 자신의 행동을 합리화하고 있다.
❷ **형님한테 맞던 것은 ~ 툭 꺼지난 듯,** 흥보의 비참한 정황이 극대화되는 대목이다. 놀보에게 매를 맞는 것도 모자라 형수에게까지 매를 맞는 흥보의 기막힌 처지가 드러나 있다.
❸ **가빈(家貧)에는 ~ 사양상(思良相)이라,** 《사기(史記)》의 〈위세가〉에 나오는 구절이다. '집안이 가난할 때에는 어진 아내가 생각나고, 나라가 어지러울 때에는 어진 재상이 생각난다.'라는 뜻으로, 집안에서는 아내의 역할이 중요하고, 나라에서는 재상의 역할이 중요하다는 의미이다. 흥보의 아내는 자신이 아무 힘이 되어 주지 못하는 못난 아내라서 일이 이 지경에 이르렀다고 한탄하면서 이 구절을 인용하고 있다.

가 [자진모리]

놀보 놈의 거동 봐라.(서술자의 개입) 지리산 몽둥이를 눈 위에 번듯(번쩍) 들고, [A] [❶네 이놈 흥보 놈아 잘살기 내 복이요 못살기도 니 팔자. 굶고 먹고 내 모른다. 볏섬 주자헌들 마당에 뒤주 안에 다 물다물(물건이 무더기 무더기 쌓인 모양) 들었으니 너 주자고 뒤주 헐며, 전곡(錢穀)(돈과 곡식)간 주자헌들 •천록방(天祿房) 금궤 안에 가득가득 환을 지어 떼돈이 들었으니 너 주자고 궤돈 헐며, 『찌깅이 주자헌들 구진방(舊陳房)(돼지막) 우리 안에 떼 돼야지(돼지)가 들었으니 너 주자고 돝 굶기며, 싸래기 주자헌들 황계(黃鷄) 백계(白鷄) 수백 마리가 턱턱 하고 꼭꾜 우니 너 주자고 닭 굶기랴.』(『 』: 짐승보다 흥보를 하찮게 여기는 태도가 드러남.) 『몽둥이를 들어 메고 네 이놈 강도 놈. 좁은 골 벼락치듯 강짜('강샘'의 속어, 질투, 투기) 싸움에 기집 치듯 담에 걸친 구렁이 치듯 후다닥 철퍽. 아이구 박(머리) 터졌소. 이놈. 후닥닥 아이구 다리 부러졌소, 형님. 흥보가 기가 맥혀 몽둥이를 피하느라고 올라갔다가 내려왔다가, 대문을 걸어 놓니 날도 뛰도 못하고 그저 퍽퍽 맞는데, 안으로 쫓겨 들어가며 아이구 형수씨 날 좀 살려 주오. 아이구 형수씨 사람 좀 살려 주오.』(『 』: 놀보에게 매 맞는 장면을 해학적으로 드러내어 흥보의 비참한 상황을 부각함.)

▶ 놀보가 쌀을 얻으러 온 흥보를 마구 때림.

나 [아니리](창을 하는 중간중간에 가락을 붙이지 않고 이야기하듯 엮어 나가는 사설)

이러고 들어가거든 놀보 기집이라도 후해서 전곡간에 주었으면 좋으련마는, 놀보 기집은 놀보보다 심술보 하나가 더 있것다. 밥 푸던 주걱 자루를 들고 중문(사랑채에서 안채로 통하는 문)에 딱 붙어 섰다가,

"㉠여보. 아주벰이고 도마뱀이고 세상이 다 귀찮허요.('아주벰'은 '아주버니'의 사투리로, '벰'과 '뱀'의 발음이 유사한 데서 착안한 언어유희) 언제 전곡을 갖다 맽겼던가. 아나 밥, 아나 돈, 아나 쌀." 하고 뺨을 때려 놓니 ❷형님한테 맞던 것은 여반장(如反掌)('손바닥을 뒤집는 것 같다'는 뜻으로, 일이 매우 쉬움을 이르는 말)이오. 형수한테 뺨을 맞어 놓니 하늘이 빙빙 돌고 땅이 툭 꺼지난 듯,(놀보 아내가 놀보보다 더 독하게 매를 때리고 있음.)

㉡[진양조](가장 느리며 전개가 느슨하고 애절한 대목에 쓰이는 장단)

여보 형수씨! 여보, 여보, 아주머니. 형수가 시아재(시동생) 뺨 치는 법은 고금천지 어디 가 보았소. 나를 이리 치지 말고 살지(殺之) •중치(重治) •능지(陵遲)하여(죽을 만큼 엄하고 무거운 벌로 다스려서) 아주 박살(撲殺)(단번에 때려 죽임.) 죽여 주오. 아이구 하느님, 박흥보를 벼락을 때려 주면 염라국(염라대왕이 지옥에 떨어진 인간을 심판하여 벌을 준다는 곳)을 들어가서 부모님을 뵈옵는 날은 세세원정(細細冤情)(일어난 일의 사정을 본래대로 세세하게 하소연하는 것)을 아뢰련마는 어이허여 못 죽는거나. 매운 것 먹은 사람처럼 후후 불며 저의 집으로 건너간다.

▶ 흥보가 놀보 아내에게 매를 맞음.

다 [아니리]

흥보 마누라가 막내둥이를 받어 안고 흥보 오는 곳을 바라보니 건너산 비탈길에서 작지(작대기, 긴 막대기)를 짚고 절뚝절뚝 하고 오는 모양이 돈과 쌀을 많이 가지고 오는 듯하거늘(흥보가 오는 모양을 보고, 돈과 쌀을 많이 얻어 오는 것으로 착각함.) 흥보가 당도하니,

"여보 영감 얼마나 가져왔소 어디 좀 봅시다." / "날 건드리지 마오."

"아니 또 맞었구료." / "그런 것이 아니라. 내 말을 들어 보오. 『형님 댁을 건너갔더니 형님 양주분(바깥주인과 안주인이라는 뜻으로 부부를 이름.)이 어찌 후하던지 전곡을 많이 주시기에 짊어지고 오다가 요 너머 강정 모퉁이에서 도적놈에게 다 빼앗기고 매만 실컷 맞고 왔네.』"(『 』: 식량을 가지고 오다가 도둑에게 빼앗기고 맞았다면서 형님 내외를 옹호함.)

흥보 마누라가 이 말을 듣더니 물끄러미 바라보며,(흥보의 심정을 이미 꿰뚫어 보고 있음.)

[중모리]

그런대도 내가 알고 저런대도 내가 아요. ❸가빈(家貧)(집안이 가난함.)에는 사현처(思賢妻)요 국난(國難)에는 사양상(思良相)이라, 내가 얼마나 우준(愚蠢)(생각이나 행동 등이 어리석고 굼뜨면)하면 중한 가장(家長) 못 먹이고 어린 자식을 벗기겠소. 차라리 내가 죽을라요.

▶ 흥보의 사정을 짐작한 흥보 아내가 슬퍼함.

• **중심 내용** 놀보에게 매를 맞고 돌아온 흥보와 이를 본 흥보 아내의 슬픔 • **구성 단계** 전개

이해와 감상

〈흥보가〉는 오늘날까지 전해지는 판소리 다섯 마당의 하나로 〈박타령〉이라고도 불린다. 이 작품은 〈방이 설화〉, 〈박 타는 처녀 설화〉, 〈동물 보은 설화〉 등에서 차용한 모방담(模倣談)을 바탕으로 하고 있으며 비속어, 서민적인 재담, 의성어, 의태어 등을 활용하여 사실감을 높이고 있다.

표면적으로는 형제간의 우애를 강조한 윤리적 성격을 지니고 있으며, 인과응보(因果應報)에 따른 권선징악(勸善懲惡)의 주제를 나타내고 있다. 그러나 이러한 윤리적 주제의 이면에는 당대 몰락한 양반 계층과 신흥 부유층 간의 빈부 갈등을 비판적으로 바라보는 시선이 담겨 있다. 즉, 몰락한 양반으로서 생활력이 없는 흥보와 물질 만능주의의 전형을 보여 주는 놀보에 대한 당대 서민들의 비판과 이들 사이에 새롭게 발생한 갈등 양상을 이면에 담고 있는 것이다.

전체 줄거리

발단	놀보가 부모의 유산을 독차지하고 흥보를 내쫓는다.
전개	흥보가 놀보의 집에 쌀을 구하러 갔으나 매만 맞고 돌아오고, 가족의 생계를 위해 품팔이와 매품팔이를 한다.
위기	흥보가 다리 부러진 제비를 치료해 주자, 제비가 박씨를 물어 온다.
절정	박 속에서 금은보화가 나와 흥보는 부자가 되고, 이를 따라 한 놀보는 패가망신한다.
결말	흥보가 놀보에게 재물을 나누어 주고, 형제가 화목하게 산다.

인물 관계도

흥보 ↔ 놀보

욕심이 많은 놀보가 부모의 유산을 독차지하고, 가난하지만 순박한 동생 흥보를 내쫓음.

작품 연구소

〈흥보가〉의 해학성

흥보가 양식을 구하러 놀보를 찾아갔다가 놀보와 형수에게 매를 맞는 대목은 비극적인 상황이 재미있게 묘사되고 있다. 이렇게 슬픔을 웃음으로 이겨 내려고 하는 해학성(諧謔性)은 판소리의 특징이다. 흥보가 매품을 팔지 못하고 돌아오는 대목이나 흥보 자식들이 음식 타령을 늘어놓는 대목 등에서도 해학성이 나타난다. 그러나 청자가 웃음뿐만 아니라 제시된 상황의 본질적인 면모인 비장미도 느끼게 함으로써 그 웃음이 결코 현실을 무시한 것이 아님을 드러낸다.

판소리의 구성 요소

외적 구성 요소	소리판에서 노래하는 '광대' 혹은 '창자'와 북장단을 치는 '고수'가 있다.
내적 구성 요소	창자는 곡조가 있는 노래인 '창'과 해설에 해당하는 '아니리'를 적절하게 교체·반복하며 공연한다. 이때 창자는 자신이 서술하는 부분의 내용을 몸으로 연기하여 표현하기도 하는데, 이를 '너름새'라고 한다. 또한 고수는 창자의 흥을 돋우기 위해 탄성을 내는데, 이를 '추임새'라고 한다.

키 포인트 체크

인물 흥보는 □□간의 우애를 중시하지만, 놀보는 자신의 이익만을 중시한다.

배경 조선 후기 양반층과 평민의 삶을 배경으로 형제의 우애와 □□□□이 드러난다.

사건 흥보가 놀보의 집에 쌀을 구하러 갔다 매 맞고 돌아오고, 굶주리는 가족을 위해 탄 박 속에서 □□□□가 쏟아져 기뻐한다.

1 이 글의 내용과 일치하지 않는 것은?

① 놀보는 흥보를 돈이나 동물보다도 하찮게 여겼다.
② 흥보는 놀보에게 매를 맞고 형수에게 도움을 청했다.
③ 흥보는 형수에게 매를 맞고 마누라에게 하소연했다.
④ 놀보의 아내는 놀보와 마찬가지로 흥보를 도와주지 않았다.
⑤ 흥보의 아내는 자신이 어리석고 둔하여 가족을 돌보지 못한다고 생각했다.

2 [A]의 놀보의 말을 요약한 것으로 적절한 것은?

① 과거에 너도 나를 돕지 않았는데 이제 와서 나보고 도와달라고 하면 어떡하니?
② 도와주고 싶지만 내 코가 석자라 그럴 수가 없는 상황을 이해해 주었으면 좋겠다.
③ 잘살고 못살기는 하늘에 달린 일이니 내게 재산이 많다고 해도 너에게 줄 수가 없다.
④ 너를 돕지 않는 것은 네 스스로 살 능력을 키우라는 형의 깊은 뜻이니 너무 원망하지 말아라.
⑤ 너를 도와줄 능력이 있는 사람이 도처에 널렸으니 나에게 부탁하지 말고 그 사람들에게 가 봐라.

3 ㉠과 같은 표현이 웃음을 유발하는 이유로 적절한 것은?

① 과장된 표현　② 열등한 인물
③ 비논리적인 표현　④ 발음을 활용한 언어유희
⑤ 인물의 행동을 비꼬는 말투

4 ㉡의 특성과 그 효과를 내용 전개와 연관 지어 〈조건〉에 맞게 쓰시오.

조건
1. 진양조의 특성을 참고할 것
2. 흥보의 심정이 어떠한지 함께 서술할 것

5 〈보기〉의 밑줄 친 부분과 같이 장면이 바뀔 때 창과 아니리가 어떤 기능을 하는지 청자의 반응을 고려하여 쓰시오.

보기

판소리는 창(唱)과 아니리가 연속되는 서사시이다. '창'은 곡조가 있는 노래로, 판소리 장단을 통해 인물들의 처지나 심정을 상황에 맞게 생동감 있게 드러낸다. '아니리'는 이야기의 줄거리나 진행을 설명하는 부분으로, 사건의 변화나 주인공의 심리 묘사, 작중 인물의 대화 등을 전달한다. 판소리에서는 이러한 창과 아니리를 교차함으로써 청자로 하여금 긴장과 이완을 느끼게 한다. 예를 들어, <u>흥보가 놀보에게 쫓겨나는 장면을 빠른 4박 자진모리장단의 창으로 부른 다음, 이어지는 장면은 아니리로 부른다.</u>

어휘 풀이

고대광실(高臺廣室) 매우 크고 좋은 집.
호가사(好家舍) 화려하게 잘 지은 집.
부황(浮黃) 오래 굶주려서 살가죽이 들떠서 붓고 누렇게 되는 병.
구완 아픈 사람이나 해산한 사람을 간호함.
조상궤(祖上櫃) 조상의 유품 등을 넣도록 나무로 네모나게 만든 상자.
너럭지 '자배기'의 방언. 둥글넓적하고 아가리가 넓게 벌어진 질그릇.
개탁(開坼) 봉한 편지나 서류 등을 뜯어 보라는 뜻으로, 주로 손아랫사람에게 보내는 편지의 겉봉에 쓰는 말.
생살지권(生殺之權) 살리고 죽일 수 있는 권리.
기민(飢民) 굶주린 백성.

Q 서민들의 삶을 통해 본 '박'의 기능은?

'밤낮으로 벌었어도 삼순구식을 헐 수가 없고, 가장은 부황이 나고, 자식들은 아사지경이 되니'라는 부분으로 보아, 당시 서민들은 기본적인 의식주 문제를 해결하기도 어려웠음을 알 수 있다. 흥보 부부가 박을 내려 타니 그 안에서 돈궤와 쌀궤가 나오는 설정은 가진 것이 없어 사람대접을 받지 못하며 먹고살기조차 비참했던 현실을 역설적으로 그려 내고 있다. 동시에 이러한 현실에서 벗어나기를 원하는 서민들의 소망을 상상 속에서나마 실현시키고 있는 것이다.

구절 풀이

❶ **"가난이야, 가난이야, ~ 내가 죽을라네."** 흥보 마누라의 가난 타령으로, 가난에서 벗어날 수 없는 현실을 조상의 탓, 타고난 운명의 탓으로 돌려 원망하면서 빈부의 갈등이라는 현실 문제를 간접적으로 드러내고 있다.
❷ **"날 보고 열어 보랬지? ~ 그렇고 말고."** 박 속에서 나온 궤짝을 열어 보는 흥보의 자문자답이다. 조심성 많은 흥보의 모습이 나타나며 자문자답하는 모습에서 해학적 분위기가 드러나고 있다.
❸ **흥보 마누래 ~ 떨어 붓겄다.** 흥보 부부가 돈궤와 쌀궤를 들고 쏟아 부으면서 기뻐하는 장면이다. 인물들이 기쁨에 들뜬 상황을 판소리 장단 가운데 가장 빠른 휘모리장단과 연결하여 기쁜 심정을 효과적으로 표현하고 있다.
❹ **"얼씨고나 좋을씨고, ~ 이제 오느냐?** 흥보가 엄청난 돈을 보고 흥분을 감추지 못하는 상황을 표현한 장면이다.

Q '돈'에 대한 흥보의 인식은?

못난 사람도 잘난 사람도 모두 '잘난 돈'을 갖고 싶어 하며 세상을 살아가는 데 생살지권(生殺之權)을 가지고 있고 부귀공명이 달렸다고 하는 데서 돈의 위력에 대해 냉소적이고 비판적인 시각을 지니고 있음을 알 수 있다.

가 [진양조]

❶"가난이야, 가난이야, 원수년으 가난이야. 잘살고 못살기는 묘 쓰기으 매였는가? 북두칠성 님이 집자리으 떨어칠 적에 명과 수복을 점지허는거나? 어떤 사람 팔자 좋아 •고대광실 높은 집에 •호가사(好家舍)로 잘사는듸, 이년의 신세는 어찌허여 밤낮으로 벌었어도 삼순구식(三旬九食)을 헐 수가 없고, 가장은 •부황이 나고, 자식들은 아사지경(餓死之境)이 되니, 이것이 모두 다 웬일이냐? 차라리 ㉠ 내가 죽을라네."

(흥보 아내가 가난을 사람에 빗대어 탄식함. / 잘사는 것이 조상의 은덕과 관계있음을 드러낸 말 / 가난의 원인을 운명의 탓으로 돌림. / 삼십 일 동안 아홉 끼니밖에 먹지 못한다는 뜻으로 몹시 가난함을 이르는 말 / 흥보 / 굶어 죽게 된 지경)

이렇닷이 울음을 우니 자식들도 모두 따라서 우는구나.

▶ 흥보 아내가 궁핍한 현실을 탄식함.

나 [자진모리]

흥보가 들오온다. 박흥보가 들어와.

"여보소, 마누라. 여보소, 이 사람아. 자네 이게 웬일인가? 마누라가 이리 설리 울면 집안으 무슨 재주가 있으며, 동네 사람으 남이 부끄럽다. 우지 말고 이리 오소. 이리 오라면 이리 와. 배가 정 고프거든 지붕에 올라가서 『박을 한 통 내려다가, 박속은 끓여 먹고, 바가지는 팔어다 양식 팔고 나무를 사서 어린 자식을 •구완을 허세.』"

(박의 안에 씨가 박혀 있는 하얀 부분)

『 』: 과거에 박이 백성들의 배고픔을 해결하는 데 쓰였음을 짐작할 수 있음. ▶ 흥보가 굶주리는 가족을 위해 박을 탐.

다 [아니리]

한편을 가만히 들여다보니 웬 궤 두 짝이 쑥 불거지거늘,

"아, 이거 보게여. 어느 놈이 박 속을 다 긁어 가고 염치가 없으니깐 •조상궤(祖上櫃)를 갖다 넣어 놨네여. 이거 갖다 내버려라. 이거." / 흥보 마누라가 가만히 보더니마는,

"여보, 영감. 죄 없으면 괜찮습니다. 좀 열어 봅시다."

(흥보 처의 적극적 성품)

"아, 요새 여편네들이 통이 •너럭지만이나 크다니까. 이 사람아, 이 궤를 만일 열어 봐서 좋은 것이 나오면 좋으되, 만일 낫인 것이 나오면 내뺄 터인듸, 자네 내 걸음 따라오겄는가? 『자식들 데리고 저 사립 밖에 가 서소, 그래 갖고, 내가 이 궤를 열어 봐서, 좋은 것이 나오면 손을 안으로 칠 터이니 들어오고, 만일에 낫은 것이 나오면 손을 밖으로 내칠 터이니 내빼소 내빼.』"

(나쁜 것 / 『 』: 가족의 안위를 걱정하는 흥보의 모습)

흥보가 궤 자물쇠를 가만히 보니, '박흥보 씨 •개탁(開坼)'이라 딱 새겼지. 흥보가 자문자답으로 궤를 열것다.

❷"날 보고 열어 보랬지? 암은, 그렇지. 열어 봐도 관계찮다지? 암은, 그렇고 말고."

궤를 찰칵찰칵, 번쩍 떠들러 놓고 보니 어백미(御白米) 쌀이 한 궤가 수북. 또 한 궤를 찰칵찰칵, 번쩍 떠들러 놓고 보니 돈이 한 궤가 수북. 탁 비워 놓고 본께 도로 하나 수북. 돈과 쌀을 비워 놓고 보니까 도로 수북. ❸흥보 마누래 쌀을 들고 흥보는 돈을 한번 떨어 붓어 보는듸, 휘모리로 바짝 몰아 놓고 떨어 붓것다.

(임금에게 바치는 흰쌀을 이르던 말 / 등장인물의 상황과 판소리 장단을 일치시켜 표현함.)

▶ 흥보가 탄 박 속에서 돈과 쌀이 나옴.

라 [자진모리]

『❹"얼씨고나 좋을씨고, 얼씨고나 좋을씨고, 얼씨고 절씨고 지화자 좋구나, 얼씨고나 좋을씨고.』 돈 봐라, 돈 봐라, 얼씨고나 돈 봐라. 잘난 사람은 더 잘난 돈, 못난 사람도 잘난 돈. •생살지권(生殺之權)을 가진 돈, 부귀공명이 붙은 돈. 이놈의 돈아, 아나 돈아, 어디를 갔다가 이제 오느냐? 얼씨고나 돈 봐라. 야, 이 자식들아, 춤춰라. 어따, 이놈들, 춤을 추어라. 이런 경사가 어디가 있느냐? 얼씨고나 좋을씨고. 둘째 놈아 말 듣거라. 건넌말 건너가서 너그 백부(伯父)님을 오시래라. 경사를 보아도 형제 볼란다. 얼씨고나 좋을씨고. 지화자 좋을시고. 불쌍허고 가련한 사람들, 박흥보를 찾어오오. 나도 내일부터 •기민을 줄란다. 얼씨고나 좋을씨고. 여보시오 부자들, 부자라고 좌세 말고 가난타고 한을 마소."

(『 』: 동일한 어구를 반복하여 리듬감을 형성함. / 큰아버지 = 놀보 / 우애를 중시하는 흥보의 태도 / 굶주리는 사람들을 돕겠다는 뜻)

▶ 흥보가 박에서 나온 돈을 보고 기뻐함.

• **중심 내용** 굶주린 아이들을 위해 지붕 위의 박을 탔다가 금은보화를 얻은 흥보 부부 • **구성 단계** 절정

작품 연구소

〈흥보가〉에 나타난 사회상과 민중 의식

〈흥보가〉는 세속적, 물질적 가치관이 팽배해지고 화폐 경제가 자리 잡아 가던 조선 후기의 사회상을 배경으로 한다. 흥보는 실제 생활은 하층민으로 전락했으나 신분과 유교 사상에 얽매이는 몰락한 양반을, 놀보는 조선 후기에 출현한 서민 부자의 현실을 반영한다. 또한 착한 흥보의 바람은 부자가 되기를 바라는 당대 서민들의 바람이라고 볼 수 있으며, 〈흥보가〉에 두드러지는 해학성은 어렵고 힘든 현실을 웃음으로 극복하려고 하는 당대 서민들의 의식과 태도의 발현이라고도 볼 수 있다.

〈흥보가〉의 이중적(二重的) 구조

〈흥보가〉는 흥보와 놀보의 대립으로 인물의 양면이 잘 부각되는 작품이다. 흥보와 놀보의 인간상을 통해 무력한 서민(庶民)과 교활한 부농(富農)을 대립시켜 작품의 주제인 권선징악(勸善懲惡)을 이끌어 내고 있다. 하지만 웃음을 창출하고 흥미를 지향하는 판소리의 특성상 두 인물 모두 열등한 존재로 묘사되고 있다. 또한 흥보가 보은(報恩)을 받는 과정과 함께 놀보의 개과천선(改過遷善)이 함께 드러난다는 점에서 이 작품은 선과 악을 동시에 가지고 있는 인간의 본질을 드러내기도 한다.

〈흥보가〉에 나타난 표현상 특징

〈흥보가〉는 판소리로 구연되던 것으로, 생생한 구어를 사용하고 전라도 사투리를 구사하여 현장감이 높은 것이 특징이다. 동일한 어구의 반복과 대구 등을 통해 리듬감을 조성하는 4·4조의 운문이 중심이나 부분적으로 산문도 보인다. 현재형 시제를 사용하여 극 중 세계의 사실감을 높이고 있으며, 과장을 통한 해학적 표현으로 희극미가 드러난다. 또한 일상 언어를 사용하여 조선 후기의 몰락 양반과 서민들의 생활상을 사실적으로 제시하고 있다.

〈흥보가〉의 모방담 구조

모방담 구조란 선한 인물이 우연한 선행을 통해 행운의 결과를 얻고, 악한 인물이 선한 인물의 행위를 모방하다 불행한 결과를 맞이하는 구조이다. 〈흥보가〉에서도 이러한 모방담의 구조가 드러난다. 놀보에게 쫓겨난 흥보는 온갖 고생을 하다가 제비 다리를 고쳐 주는 선행을 베풀고 제비에게 보은의 박씨를 받아 부자가 된다. 놀보가 이를 모방하지만 제비가 보수(報讐, 앙갚음)의 박씨로 보복하여 패가망신하게 된다.

〈흥보가〉의 발전 과정

함께 읽으면 좋은 작품

〈태평천하〉, 채만식 / 풍자적 태도가 드러난 작품

윤 직원 영감을 중심으로 부정적 인물들이 구한말부터 일제 강점기에 이르는 시대 변화에 대응하는 방식을 풍자하고 있다. 이러한 풍자는 반어와 인물의 희화화를 통해 구현되고 있으며, 특히 판소리의 문체를 계승하고 있다는 점에서 주목할 만하다. Link 〈현대 소설〉 112쪽

〈봄·봄〉, 김유정 / 풍자의 대상이 드러난 작품

교활한 장인이 딸을 미끼로 3년이 넘도록 데릴사위인 '나'의 노동력을 착취하는 모습을 해학적으로 그린 소설이다. 이 작품에서 장인인 봉필은 풍자의 대상이며 그의 의뭉스러운 행동과 '나'의 어수룩한 모습은 웃음을 유발한다. Link 〈현대 소설〉 80쪽

6 이 글에 대한 설명으로 적절하지 않은 것은?

① 운문체와 산문체가 혼합되어 있다.
② 비속어와 한문체를 혼용하여 사용한다.
③ 사투리를 사용하여 현장감을 높이고 있다.
④ 해학적인 표현을 통해 웃음을 유발하고 있다.
⑤ 과거 시제로 지난 일을 고백하는 형식을 띠고 있다.

내신 적중

7 이 글에 나타난 흥보와 흥보 아내의 성격을 평가한 내용으로 적절하지 않은 것은?

① 흥보는 굶주림에 지쳐 우는 아내를 위로하는 것으로 보아 마음이 따뜻한 사람이야.
② 흥보는 궤짝을 열 때 가족들을 멀리 있게 하는 것으로 보아 가족을 위하는 사람이야.
③ 흥보는 돈과 쌀이 생기자 형 놀보를 불러오라고 하는 것으로 보아 우애가 깊은 인물이야.
④ 흥보의 아내는 박에서 돈이 나오자 춤을 추며 좋아하는 것으로 보아 황금만능주의적인 인물이야.
⑤ 흥보의 아내는 흥보에게 죄 없으면 박을 열어 보자고 권유하는 것으로 보아 적극적인 성격을 지닌 인물이야.

내신 적중 高난도

8 〈보기〉의 화자가 ㉠에게 위로의 말을 건넨다고 할 때 적절한 것은?

보기

흥부 부부(夫婦)가 박 덩이를 사이하고
가르기 전에 건넨 웃음살을 헤아려 보라.
금(金)이 문제리,
황금(黃金) 벼 이삭이 문제리,
웃음의 물살이 반짝이며 정갈하던
그것이 확실히 문제다. //
없는 떡방아 소리도
있는 듯이 들어 내고
손발 닳은 처지끼리
같이 웃어 비추던 거울 면(面)들아.

– 박재삼, 〈흥부 부부상〉에서

① 돈과 쌀이 곧 생길 테니 힘을 내세요.
② 가난은 운명에 달려 있으니 현실에 순응하세요.
③ 당신 탓이 아닙니다. 이 세상이 잘못된 것이지요.
④ 사랑과 웃음이 있다면 어려움을 이겨 낼 수 있습니다.
⑤ 자식을 생각해서라도 마음을 굳게 다잡으셔야 합니다.

9 〈보기〉의 대사에 나타난 돈에 대한 흥보의 서로 다른 두 가지 시각을 쓰시오.

보기

잘난 사람은 더 잘난 돈, 못난 사람도 잘난 돈. 생살지권(生殺之權)을 가진 돈, 부귀공명이 붙은 돈.

적벽가(赤壁歌) | 작자 미상

키워드 체크 #판소리 사설 #적벽전 #나라에 대한 충성심 #지배층을 향한 비판

문학 미래엔

핵심 정리

갈래 판소리 사설
성격 풍자적, 해학적, 희화적
시점 전지적 작가 시점
배경 ① 시간 – 중국 후한 말기
② 공간 – 양쯔강 적벽 일대
제재 적벽전
주제 적벽전 영웅들의 활약상과 전쟁으로 인한 하층민의 고통
특징 ① 〈삼국지연의(三國志演義)〉의 '적벽전'을 바탕으로 함.
② 조조로 표상되는 당대 지배층에 대한 민중의 신랄한 저항 정신을 표출함.
③ 군사들을 통해 전쟁의 참혹함과 서민들의 고통을 드러냄.
의의 ① 외래문화를 주체적으로 수용함.
② 판소리 특유의 평민적 시각을 구현함.

Q 〈적벽가〉에서 등장인물의 성격과 그 의미는?

〈적벽가〉의 실제 주인공은 부모, 가족과 이별하고 전장에 나온 이름 없는 병사들이다. 이들은 영웅적 면모보다는 전쟁을 부정하면서 고향으로 돌아가기를 갈망하는 서민의 모습을 보여 주고 있다. 이를 통해 명분 없는 전쟁에 참여한 민중의 아픔과 이들을 전쟁으로 내모는 지배층에 대한 비판 의식을 드러내고 있다.

어휘 풀이

병노즉장위불행(兵老則將爲不幸) 내용을 고려하면, '병루즉장위불행(兵淚則將爲不幸)'으로 해석하는 것이 자연스러움. '병사가 눈물을 흘리면 장차 불행한 일이 생긴다.'라는 뜻.
고당상학발양친(高堂上鶴髮兩親) 학처럼 머리가 센 부모님. 고당은 부모님이 계신 집을 이름.
호천망극(昊天罔極) 어버이의 은혜가 넓고 하늘과 같이 다함이 없음을 이르는 말.
출문망(出門望) 문밖에 나와 바라봄.
의려지망(倚閭之望) 자녀나 배우자가 돌아오기를 초조하게 기다리는 마음.
엄토(掩土) 겨우 흙이나 덮어 간신히 장사를 지냄. 또는 그 장사.
골폭사장(骨曝沙場) 모래밭에 뼈가 노출되어 있음.

구절 풀이

❶ **고당상학발양친(高堂上鶴髮兩親) ~ 호천망극(昊天罔極)이로구나.** 전장에 나온 군사가 고향에 계신 부모님을 그리워하는 심정을 《시경(詩經)》의 구절을 인용하여 표현하고 있다.
❷ **서산에 해는 기울어지니 ~ 수심에 맺혔구나.** 부모와 처자가 전쟁터에 나온 자신을 기다리고 있을 것을 생각하며 소식을 전할 길이 없는 상황에 대한 안타까운 심정을 드러내고 있다.
❸ **불화병 외는 소리 ~ 아니 올 수 있든가.** 갑작스러운 전쟁으로 나라에서 군사를 모집하고 참전을 독려하여 어쩔 수 없이 전쟁에 나서야 했던 사정을 설명하고 있다.

가 [중모리]

「노래 불러 춤추는 놈, 서럽게 곡하는 놈, 이야기로 히히 하하 웃는 놈, 투전(鬪錢)하다 다투는 놈, 반취(半醉) 중에 욕하는 놈, 잠에 지쳐 서서 자다 창 끝에다가 턱 꿰인 놈,」 처처(處處) 많은 군병 중에 •병노즉장위불행(兵老則將爲不幸)이라. 장하(帳下)의 한 군사 전립(戰笠) 벗어 또루루루 말아 베고 누워 봇물 터진 듯이 울음을 운다. 아이고, 아이고, 아이고, 울음을 우니,

(「」: 각양각색의 군사들의 모습을 열거함. / 투전: 여러 가지 문양·문자가 표시된 패를 뽑아 승부를 겨루는 놀이 / 반취: 술에 반쯤 취함. / 처처: 곳곳에 / 병노즉장위불행~: 서술자의 개입 – 조조가 전쟁에서 패할 것을 암시함. / 장하: 장막 아래 / 전립: 무관이 쓰던 모자의 하나)

▶ 각양각색인 조조군 중 한 군사가 울음을 욺.

나 [아니리]

한 군사 내달으며,

"아나 이 애, 승상(丞相)은 지금 대군을 거나리고 천 리 전쟁을 나오시어 승부를 미결(未決)하야 천하 대사를 바라는데, 이놈 요망스럽게 왜 울음을 우느냐. 우지 말고 이리 오너라. 술이나 먹고 놀자." / 저 군사 연하여 왈,

"네 설움 제쳐 놓고 내 설움 들어 보아라.

(승상: 조조를 가리킴. / 미결: 아직 결정되지 않음. / 연하여: 끊이지 않고 이어서 / 내 설움: 부모님이 그리워 느끼는 설움)

[진양조]

ⓐ ❶•고당상학발양친(高堂上鶴髮兩親) 배별(拜別)한 지가 몇 날이나 되며 부혜(父兮)여 생아(生我)하시고 모혜(母兮)여 육아(育我)하시니, 욕보지은덕(欲報之恩德)인데 ⓑ•호천망극(昊天罔極)이로구나. 화목하던 전대권당(全大眷黨), 규중의 홍안처자(紅顔妻子) 천 리 전장 나를 보내고, 오늘이나 소식 올까 내일이나 기별이 올꺼나 기다리고 바라다가, ❷서산에 해는 기울어지니 ⓒ•출문망(出門望)이 몇 번이며, 바람 불고 비 죽죽 오는데 •의려지망(倚閭之望)이 몇 번이나 되며, 서중(書中)의 홍안거래(鴻雁去來) 편지를 뉘 전하며, 상사곡(相思曲) 단장해(斷腸解)는 주야 수심에 맺혔구나. 조총(鳥銃), 환도(環刀)를 둘러메고 육전, 수전을 섞어 할 제 ⓓ 생사가 조석(朝夕)이로구나. 만일 객사를 하게 되면 게 뉘라서 •엄토를 하며 •골폭사장(骨曝沙場)에 흩어져서 오연(烏鳶)의 밥이 된들, 뉘라 손뼉을 두다리며 후여쳐 날려 줄 이 뉘 있드란 말이냐. ㉠일일사친 십이시(一日思親十二時)로구나."

(욕보지은덕: 부모님의 은덕을 갚고자 하나 / 전대권당: 일가친척 / 홍안처자: 젊은 아내와 자식 / 홍안거래: 한나라 소무(蘇武)가 흉노에게 잡혀 귀양 갔을 때, 기러기 발에 편지를 묶어 소식을 전한 고사에서 나온 말 / 단장해: 창자가 끊어질 듯한 그리움 / 조총, 환도: 화승의 불로 터지게 만든 구식 총, 군복에 갖추어 차던 군도 등 전쟁에 쓰이는 무기 / 엄토: 문맥상 '묻어 주며' / 골폭사장: 모래밭에서 참혹하게 죽음. / 오연: 까마귀와 솔개 / 일일사친 십이시: 하루에도 열두 번이나 부모 생각을 함.)

▶ 군사가 부모와 처자를 그리워함.

다 [중모리]

"이내 설움 들어 봐라. 나는 부모 일찍 조실(早失)하고 일가친척 바이 없어 혈혈단신(孑孑單身) 이내 몸이 이성지합(二姓之合) 우리 아내 얼굴도 어여쁘고 행실도 조촐하야 종가대사(宗家大事) 탁신안정(托身安定) 떠날 뜻이 바이 없어 철 가는 줄 모를 적에, ❸불화병 외는 소리 '위국 땅 백성들아, 적벽으로 싸움 가자.' 외는 소리 나를 끌어내니 아니 올 수 있든가. 군복 입고 전립(戰笠) 쓰고 창을 끌고 나올 적에, 우리 아내 내 거동을 보더니 「버선발로 우루루루 달려들어 나를 안고 엎더지며, '날 죽이고 가오, 살려 두고는 못 가리다. 이팔 홍안 젊은 년을 나 혼자만 떼어 놓고 전장을 가랴시오.'」 내 마음이 어찌 되겠느냐. 우리 마누라를 달래랼 제, 「'허허 마누라 우지 마오. 장부가 세상을 태어나서 ⓔ전장출세(戰場出世)를 못하고 죽으면 장부 절개가 아니라고 하니 우지 말라면 우지 마오.'」 달래어도 아니 듣고 화를 내도 아니 듣더구나. 잡았던 손길을 에후리쳐 떨치고 전장을 나왔으나, 일부지 전장 불식이라."

(이내 설움: 아내가 그리워 느끼는 설움 / 바이: 전혀 / 혈혈단신: 의지할 곳이 없는 외로운 홀몸 / 이성지합: 서로 다른 두 성이 합하였다는 뜻으로, 남녀의 혼인을 이르는 말 / 탁신안정: 몸을 붙여 편안히 머무름. / 위국 땅~: 참전을 독려하는 소리 / 첫 「」: 전장에 나서는 것을 말리는 아내의 애절한 모습 / 둘째 「」: 우는 아내를 말리는 남편 / 일부지 전장 불식: 날이 거듭되어도 전쟁이 끝날 줄 모름.)

▶ 군사가 고향의 아내를 그리워함.

• **중심 내용** 전쟁을 앞두고 고향의 부모와 처자를 그리워하는 군사들의 하소연 • **구성 단계** 전개

이해와 감상

〈적벽가〉는 〈삼국지연의(三國志演義)〉 중 적벽전의 이야기를 바탕으로 한 판소리 사설이다. 재창조 과정에서 원작을 새롭게 해석하여 인물의 성격을 변용하거나 원작에 없는 내용을 덧붙이는 등 우리 실정에 맞게 주체적·창조적으로 재구성하여 우리 민족의 주체성과 감각을 살리고 있는 작품이다.

원작 〈삼국지연의〉는 영웅을 중심으로 한 이야기인 데 비해, 〈적벽가〉는 이름 없는 군사들의 이야기를 첨가하여 해학적인 희극미를 형상화하고 있다. 원작에는 없는 '군사 설움'과 '군사 점고' 대목을 통해 지배자의 야망을 실현하는 도구로 전쟁에 강제 동원된 병사들의 설움과 고통을 표현하고 있는 것이다.

한편, 〈삼국지연의〉에서 영웅적 인물이었던 조조를 〈적벽가〉에서는 졸장부로 희화화하여 허세와 위선으로 가득 찬 기성 권위와 폭력적인 권력을 비판·풍자하고 있다.

전체 줄거리

발단	유비가 관우, 장비와 더불어 삼고초려 끝에 제갈공명을 데려온다.
전개	조조는 백만 대군을 이끌고 남벌길에 오르게 되고, 군사들은 제각각 자신의 설움을 늘어놓는다.
위기	조조는 제갈공명의 지략에 당해 패하고, 이어서 장판교에서도 장비에게 패한다.
절정	제갈공명은 손권과 주유의 마음을 움직여 조조와 적벽전을 벌여 크게 승리한다.
결말	조조는 화용도에서 관우에게 또다시 패한 후, 겨우 살아 돌아간다.

인물 관계도

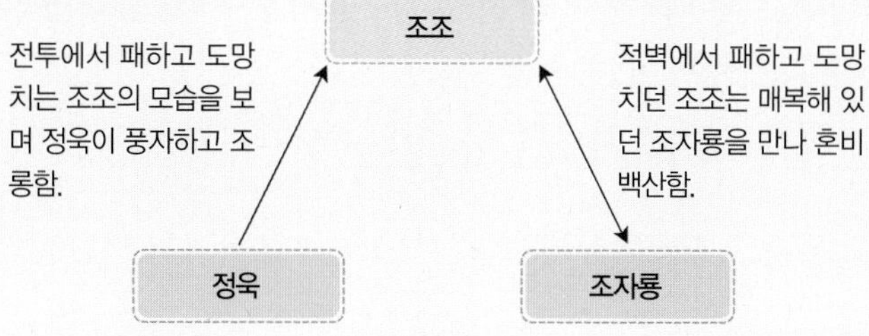

작품 연구소

〈적벽가〉의 '군사 설움' 대목에 나타난 민중 의식

'군사 설움' 대목은 적벽전이 일어나기 전날 밤에 조조의 군사들이 제각기 고향의 부모와 처자를 이별한 설움과 애틋한 사연들을 늘어놓은 부분이다. 〈적벽가〉는 이 대목에서 볼 수 있듯이 민중의 한과 이에 대한 저항과 풍자를 통해 지배층에 대한 비판적인 태도를 드러냈다.

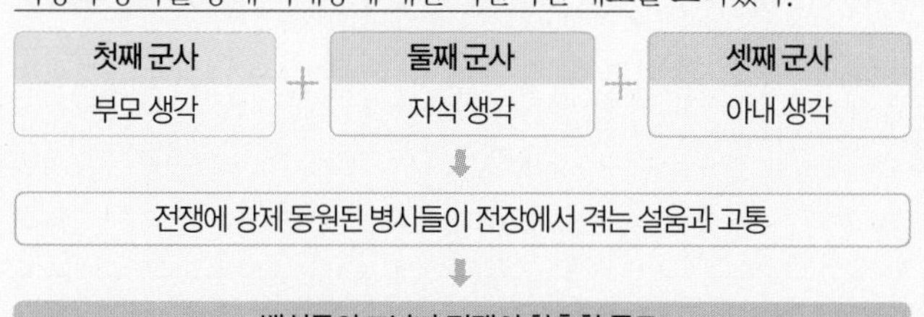

키 포인트 체크

- 인물 조조는 어리석고 비굴한 반면, 조자룡은 ☐☐하고 충직하다.
- 배경 중국 후한 말 적벽전을 배경으로 영웅들의 활약상과 전쟁으로 인한 민중들의 ☐☐을 드러낸다.
- 사건 조조는 전쟁에서 패하고 도망치다가 조자룡을 만나 ☐☐☐☐한다.

1 이 글에 대한 설명으로 적절하지 않은 것은?

① 인물의 심리를 구체적으로 드러내고 있다.
② 대화와 서술을 반복적으로 교차시키고 있다.
③ 유사한 장면을 열거하여 리듬감을 살리고 있다.
④ 서술자가 직접 개입하여 생각을 드러내고 있다.
⑤ 시선의 이동을 빠르게 하여 긴장감을 조성하고 있다.

2 이 글의 군사들에 대한 설명으로 적절하지 않은 것은?

① 서로 자신의 설움을 토로하고 있다.
② 전쟁 상황에서 저마다 다른 소망을 드러낸다.
③ 영웅적 면모와 거리가 먼 이름 없는 병사들이다.
④ 각양각색의 우스꽝스러운 모습으로 웃음을 유발한다.
⑤ 명분 없는 전쟁에 휘말린 민중의 고통을 드러내고 있다.

내신 적중 多빈출

3 ㉠에 나타난 군사의 심리를 가장 잘 형상화한 것은?

① 뫼흔 길고 길고 물은 멀고 멀고. / 어버이 그린 뜻은 많고 많고 하고 하고. / 어디서 외기러기는 울고 울고 가느니.
② 간밤의 부던 ᄇᆞ람에 눈서리 치단말가. / 낙락장송(落落長松)이 다 기우러 가노ᄆᆡ라. / ᄒᆞ믈며 못다 픤 곳이야 닐러 므슴 ᄒᆞ리오.
③ ᄆᆞ음이 어린 후(後)ㅣ니 ᄒᆞᄂᆞᆫ 일이 다 어리다. / 만중운산(萬重雲山)에 어ᄂᆡ 님 오리마ᄂᆞᆫ / 지ᄂᆞᆫ 닙 부ᄂᆞᆫ ᄇᆞ람에 ᄒᆡᆼ여 귄가 ᄒᆞ노라.
④ 방(房) 안에 혓는 촛(燭)불 눌과 이별(離別)ᄒᆞ엿관ᄃᆡ / 것츠로 눈물 디고 속 타는 쥴 모로는고 / 뎌 촛불 날과 갓트여 속 타는 쥴 모로도다
⑤ 가노라 삼각산(三角山)아 다시 보자 한강수(漢江水)야 / 고국 산천(故國山川)을 떠나고쟈 하랴마ᄂᆞᆫ / 시절(時節)이 하 수상(殊常)하니 올동 말동 ᄒᆞ여라.

4 ⓐ~ⓔ의 의미로 적절하지 않은 것은?

① ⓐ: 머리가 센 부모님을 이별한 지
② ⓑ: 어버이의 은혜가 하늘과 같이 다함이 없음.
③ ⓒ: 문밖으로 나가 집을 떠남.
④ ⓓ: 아침에 죽을지 저녁에 죽을지 모름.
⑤ ⓔ: 전쟁을 출세의 기회로 여김.

5 (나)의 '군사'가 〈보기〉와 같이 부모님께 편지를 쓴다고 할 때, 빈칸에 들어갈 알맞은 내용을 쓰시오.

> **보기**
>
> 하루에도 열두 번 부모님을 생각하지만 소식조차 전할 길이 없어 창자가 끊어질 듯합니다.
>
> 저는 (   )을/를 손꼽아 기다리고 있습니다. 그때까지 부디 평안하십시오.

IV. 조선 후기

Q (가)에서 그려지는 조조의 모습은?

이 장면에서 조조는 정욱과의 대화를 통해 역사적 영웅의 면모보다는 위엄을 상실하고 희화화된 인물로 그려지고 있어 골계미가 나타난다. 쫓기는 과정에서 자신의 목숨만을 걱정하며 지위에 어울리지 않게 행동하고, 위험한 상황에서 술안주 타령이나 하는 경박한 언행을 보이고 있다. 이와 같은 조조의 희화화는 당대 지배층에 대한 반감을 형상화한 것으로 볼 수 있다.

가 [아니리]

❶•창황분주 도망을 갈 제 새만 푸루루루 날아나도 복병인가 의심하고, 낙엽만 퍼뜩 떨어져도 •추병인가 의심하여, 엎어지고 자빠지며 오림산 험한 산을 •반생반사 도망을 간다.
(겁이 많고 소심한 조조의 성격 / 조조가 구사일생(九死一生)으로 도망가고 있음.)

[아니리]

조조(曹操) 가다 목을 움쑥움쑥하니 정욱(鄭昱)이 여짜오되,
(조조의 모습 희화화 ① – 작은 소리에도 놀람.)

"승상님 무게 많은 중에, 말 허리에 목을 어찌 그리 움치시나이까?"

"야야, 화살이 귀에서 앵앵하며 칼날이 눈에서 번뜻번뜻하는구나."
(조조의 모습 희화화 ② – 겁이 많음.)

"이제는 아무것도 없사오니 목을 늘여 사면을 살펴보옵소서."

"야야, 진정으로 조용하냐?" / 조조가 목을 막 늘여 좌우 산천을 살펴보려 할 제, 의외에 말 굽통 머리에서 메추리 표루루루 하고 날아 나니 조조 감짝 놀라,
(조조의 모습 희화화 ③ – 겁이 많고 소심함.)

"아이고 정욱아. ㉠내 목 떨어졌다. 목 있나 봐라."
(조조의 모습 희화화 ④)

"눈치 밝소. 조그만한 메추리를 보고 놀랄진대 큰 장끼를 보았으면 기절할 뻔하였소그려." / 조조 속없이,
(주변 인물인 정욱을 통해 조조의 소심한 성격을 조롱함.)

"야 그게 메추리냐? ❷그놈 비록 자그마한 놈이지만 냄비에다 물 붓고 갖은 양념하여 보글보글 볶아 놓으면 술안주 몇 점 참 맛있느니라만."
(조조의 모습 희화화 ⑤ – 위태로운 상황에서도 술안주를 떠올릴 만큼 경망스러움.)

㉡"입맛은 이 통에라도 안 변하였소그려." / 조조가 좌우 산천을 살펴보니,
(조조에 대한 조롱의 말)

▶ 조조와 정욱이 급하게 도망침.

나 [중모리] → 새타령 – 새의 모습과 울음소리를 표현하여 조조에 대한 비판과 군사들의 심정을 드러낸 부분

[A] ❸산천은 험준하고 수목은 총잡한데, 골짜기 눈 쌓이고 봉우리 바람 칠 제, 화초 목실없었으니 앵무 원앙이 그쳤는데 새가 어이 울랴마는, 적벽 싸움에 죽은 군사 •원조(怨鳥)라는 새가 되어 조 승상을 원망하여 지지거려 우더니라. 나무 나무 끝끝트리 앉아 우는 각새 소리. •도탄에 싸인 군사, 고향 이별이 몇 해련고. •귀촉도 귀촉도 불여귀라, 슬피 우는 저 초혼조. 여산 군량이 소진하여 촌비 노략 한때로구나, 소텡 소텡 저 흉년새. 백만 군사를 자랑터니 금일 패전이 어인 일고, 입삐쭉 입삐쭉 저 삐쭉새. 자칭 영웅 간곳없고 도망할 길을 꾀로만 낸다, 꾀꼬리 수리루리루 저 꾀꼬리. 들판 대로를 마다하고 심산 숲속에 고리각 까옥 저 까마귀. 가련타 주린 장졸 냉병인들 아니 들랴, 병에 좋다고 쑥국 쑥쑥국.
[중략] 처량하구나 각 새 소리. 조조가 듣더니 탄식한다.
(나무가 무더기로 자라서 빽빽함. / 나무 열매 / 서술자의 개입 – 적벽전에서 죽은 군사가 새가 되어 원망하며 운다고 서술하여 조조의 부정적인 면모를 드러냄. / 고향에 돌아가고 싶은 심정을 새소리에 의탁함. / 점점 졸어들어 다 없어짐. 또는 다 써서 없앰. / 소쩍새의 울음 / 조조를 가리킴.)

"울지를 말아라. ㉢너희가 모두 다 내 제장 죽은 원귀가 나를 원망하여서 우는구나."
(조조가 군사들의 죽음을 자신의 탓으로 생각하면서 하는 말)

▶ 조조가 새소리를 듣고 탄식함.

다 [아니리]

탄식하던 끝에 '히히히, 해해해' 대소하니 정욱이 기가 막혀,

㉣"여보시오 승상님, •근근도생 창황 중에 슬픈 신세 생각지 않고 무슨 일로 웃나이까?"

조조 대답하되, / ❹"내 웃는 게 다름 아니라 주유(周瑜)는 꾀가 없고 공명(孔明)은 슬기 없음을 생각하여 웃노라."
(주유와 공명이 매복하거나 자신을 추적하지 않는다고 생각함.)

[엇모리]

이 말이 지듯 마듯 오림산곡 양편에서 고성 화광이 충천, 한 장수가 나온다. 얼굴은 •형산백옥 같고 눈은 소상강 물결이라. 이리 허리 곰의 팔, 녹포엄신 갑옷, 팔척 장창 비껴들고 당당위풍 일 포성, 큰 소리로 호령하되, / "네 이놈 조조야. 상산 명장 조자룡(趙子龍)을 아는다 모르는다? 조조는 닫지 말고 창 받으라!"
(조자룡의 생김새에 대한 관습적 표현 / 몸을 가리는 녹색 도포)

말 놓아 달려들어 ㉤동에 얼른 서를 쳐, 남에서 얼른 북을 쳐, •생문으로 내리닫아 •사문에와 번뜻! 장졸의 머리가 추풍낙엽이라.

▶ 주유와 공명을 비웃던 조조가 조자룡의 습격을 받음.

• 중심 내용 적벽에서 크게 패하고 급히 도망가다가 조자룡의 등장으로 다시 위기에 처한 조조 • 구성 단계 절정

어휘 풀이

창황분주(蒼黃奔走) 마음이 너무 급하여 이리저리 바쁘고 수선스러움.
추병(追兵) 추격하는 군사.
반생반사(半生半死) 거의 죽게 되어 죽을지 살지 모를 지경에 이름.
원조(怨鳥) 원통하게 죽은 사람의 귀신이 변하여 된 새.
도탄(塗炭) 진구렁에 빠지고 숯불에 탄다는 뜻으로, 몹시 곤궁하여 고통스러운 지경을 이르는 말.
귀촉도(歸蜀道) 두견과의 새.
근근도생(僅僅圖生) 생활이 곤궁하여 겨우겨우 살기를 꾀함.
형산백옥(荊山白玉) 중국 형산에서 나는 백옥이라는 뜻으로, 보물로 전해 오는 흰 옥돌을 이르는 말.
생문(生門) 점술에서 팔문(八門)의 하나. 구궁(九宮)의 팔백(八白)이 본자리가 되는 길(吉)한 문임.
사문(死門) 점술에서, 팔문(八門)의 하나. 구궁(九宮)의 서남쪽에 있는 토성이 본자리가 되는 흉(凶)한 문(門)으로 저승의 문.

구절 풀이

❶ **창황분주 도망을 갈 제 ~ 반생반사 도망을 간다.** 조조가 적벽에서 패하여 정신없이 도망가는 상황으로, 새소리와 낙엽 소리에도 놀라는 소심하고 나약한 모습을 보여 주며 조조를 풍자하고 있다.
❷ **그놈 비록 자그마한 ~ 참 맛있느니라만."** 목숨이 위태로운 상황에서도 술안주를 떠올리는 조조의 경망스러운 모습을 부각하여 조조를 희화화하고 있다.
❸ **산천은 험준하고 ~ 지지거려 우더니라.** 새들의 울음소리를 곧 적벽에서 죽은 군사들의 원한에 사무친 소리라고 하여 군사들의 고통과 전쟁의 참혹함을 형상화하고 있다.
❹ **"내 웃는 게 다름 아니라 ~ 없음을 생각하여 웃노라."** 조조가 자신을 추적하는 병사가 없다고 여겨 안심하며 허세를 부리고 있다. 그러나 이후 조자룡이 등장하면서 조조의 어리석음이 부각된다.

작품 연구소

〈적벽가〉와 〈삼국지연의〉 비교

	〈적벽가〉	〈삼국지연의〉
갈래	판소리 사설	소설
등장인물	무명의 하층 군사들 중심	유비, 관우, 장비, 제갈공명 등 영웅 중심
내용의 초점	민중 의식과 지배층에 대한 비판 의식	영웅의 이야기와 웅장한 전쟁 장면
중심 내용	적벽전 중심	삼국의 흥망성쇠 중심
조조의 모습	희극적, 풍자적	영웅적
미의식	비장미, 골계미	비장미, 숭고미

〈적벽가〉 주제의 이중성

표면적 주제	행복한 결혼 생활을 포기하고 아내의 만류를 뿌리친 채 '불화병 외는 소리 위국 땅 백성들아, 적벽으로 싸움 가자.'라는 소리에 전쟁터에 나온 군사의 모습 등에서 나라에 대한 충성심이 드러나고 있다.
이면적 주제	조조의 개인적인 욕심 때문에 전쟁터에 끌려 나온 군사들의 설움은 울음 타령으로 끝없이 이어지고 있다. 힘없는 백성이 겪는 고통과 이를 외면하는 지배층의 모습을 통해 권력의 부정적인 면을 비판하는 주제 의식을 드러내고 있다.

〈적벽가〉에 나타난 비장미

비장미는 골계미, 숭고미, 우아미와 더불어 문학 작품에 나타나는 미적 범주의 하나이다. 비장미는 어떤 인물의 실현 의지가 현실적 여건 때문에 좌절될 때 나타난다.

〈적벽가〉에 드러나는 비장미는 부모와 아내, 자식들과 이별하여 언제 돌아갈지, 목숨을 부지할 수 있을지 알 수 없는 일반 군사들이 설움을 표현하는 장면에서 잘 드러난다. 이는 영웅으로서 느끼는 비장미가 아니라 평범한 사람들이 일상적 삶에서 기대하는 정상적인 생활이 실현될 수 없는 상황에 부딪혀 발생하는 비장미라고 할 수 있다.

자료실

판소리 주요 용어

- 광대: 창자(唱者). 노래 부르는 사람
- 고수(鼓手): 북장단을 맞추는 사람
- 더늠: 어떤 광대가 창작하여 삽입한 마디
- 발림: 창하면서 하는 동작
- 아니리: 광대가 창을 하면서 사이사이에 극적인 줄거리를 엮어 나가는 사설
- 너름새: '발림'과 같은 의미이나 가사, 소리, 몸짓이 일체가 되었을 때를 가리키는 말
- 추임새: 고수 또는 청중이 내는 탄성으로 흥을 돋우는 소리. '얼씨구', '좋다', '그렇고 말고', '어허' 등

함께 읽으면 좋은 작품

〈삼국지연의(三國志演義)〉, 나관중 / 〈적벽가〉의 원전(原典)

위(魏)·촉(蜀)·오(吳) 3국의 역사를 바탕으로 전승되어 온 이야기를 회장체(回章體) 형식의 소설로 재구성한 작품이다. 유비·관우·장비 등 영웅들의 무용담과 제갈량의 지략을 중심으로 서술하고 있는 이 작품은 〈적벽가〉의 원작에 해당한다. Link 본책 342쪽

〈화용도(華容道)〉, 작자 미상 / 적벽전을 중심으로 한 고전 소설

〈삼국지연의(三國志演義)〉 중 적벽전을 중심으로 그 앞뒤 사건들을 담은 고전 소설이다. 우리 문학과 민속 등 여러 부분에 큰 영향을 주었으며, 일제 강점기에 특히 애독되었다는 점을 고려할 때 잃어버린 나라의 회복을 염원한 당시 독자들의 한이 반영된 것으로도 볼 수 있다.

6 이 글에 대한 설명으로 적절하지 않은 것은?

① 인물 간의 대화에서 골계미가 드러나고 있다.
② 하나의 사건을 다양한 시각으로 그리고 있다.
③ 시간의 흐름에 따라서 사건이 진행되고 있다.
④ 상황의 반전을 통해 긴장감을 부여하고 있다.
⑤ 특정 소재를 중심으로 인물의 정서를 부각하고 있다.

중요 기출

7 〈보기〉를 참고하여 [A]를 감상한 의견으로 적절하지 않은 것은?

보기

'새타령'은 〈적벽가〉에서도 절창으로 꼽힌다. 새 모습 묘사와 새소리 표현에 생동감이 넘쳐, 이름난 광대가 이 대목을 부르면 새가 날아들 정도였다고 한다. 흥미로운 것은 새의 울음을 표현한 말소리들이 서사적 상황과 절묘하게 연결되면서 전쟁 상황에 얽힌 의미를 표출한다는 사실이다. 예컨대, '도탄에 싸인 군사, 고향 이별이 몇 해런고.'에 이어지는 '귀촉도 귀촉도'라는 울음소리는 '귀촉'의 뜻인 '고국으로 돌아감.'과 연결되어 고향에 돌아가기를 원하는 군사들의 심정을 드러내고 있다.

① 흉년새가 '소텡 소텡' 하고 우는 것은 '소댕(솥뚜껑)'이나 '솥이 텅 빈 것'과 연결되어, 식량 문제로 고생하는 군대의 모습을 나타낸 것으로 볼 수 있겠어.
② 삐쭉새가 '입삐쭉 입삐쭉' 하고 우는 것에는 '삐쭉대다'와 연결되어, 대군을 잃고 한심한 처지가 된 조조를 비웃는 의미를 담아냈다고 할 수 있겠네.
③ '꾀꼬리 수리루리루'라는 울음소리는 '꾀'라는 말과 연결되어, 도망갈 궁리를 짜내기에 분주한 조조를 희화화한 것이라고 볼 수 있겠군.
④ 까마귀가 '고리각 까옥' 하고 우는 것은 까마귀가 '효조(孝鳥)'라는 사실과 연결되어, 군사들이 부모를 그리는 상황을 나타낸 것이라고 할 수 있겠어.
⑤ '쑥국 쑥쑥국'이라는 울음소리는 '쑥'의 약효와 연결되어, 병에 시달리는 군사들의 고통이 치유되기를 바라는 마음을 표현했다고 할 수 있겠군.

8 ㉠~㉤에 대한 설명으로 적절하지 않은 것은?

① ㉠: 해학적 표현으로 인물의 경박한 면모를 부각한다.
② ㉡: 상대방의 의견에 적극 동조하면서 공감을 드러낸다.
③ ㉢: 자신의 심정을 바탕으로 대상을 주관적으로 인식한다.
④ ㉣: 상대방의 태도가 변화한 것에 대한 궁금증을 드러낸다.
⑤ ㉤: 대구와 반복을 통해 운율적 효과와 생동감을 살려 낸다.

9 이 글에 나타난 정욱의 역할을 〈조건〉에 맞게 쓰시오.

조건

1. 인물의 역할과 관련된 미의식을 언급할 것
2. 30자 이내의 완결된 한 문장으로 쓸 것

097 춘향가(春香歌) | 작자 미상

키워드 체크 #판소리 사설 #신분을 초월한 사랑 #변함없는 정절 #불의한 지배층에 대한 항거

문학 동아, 창비

핵심 정리

갈래 판소리 사설
성격 해학적, 풍자적, 평민적
배경 ① 시간 – 조선 후기(숙종)
② 공간 – 전라도 남원
제재 춘향의 정절
주제 ① 신분을 초월한 남녀 간의 사랑
② 불의한 지배 계층에 대한 서민의 항거
③ 신분적 갈등의 극복을 통한 인간 해방
특징 ① 해학과 풍자에 의한 골계미가 나타남.
② 언어유희의 말하기 방식이 두드러짐.
③ 춘향과 변학도를 중심으로 한 갈등 양상이 뚜렷하게 나타남.
의의 현대에도 가장 많은 사랑을 받고 있는 판소리 사설로서 영화나 뮤지컬, 문학 작품 등으로 꾸준히 재구성되고 있음.

Q 춘향과 변학도의 말에 나타나는 공통적인 말하기 방식은?

춘향과 변학도는 각자 자신의 입장을 뒷받침할 수 있는 내용의 고사를 인용하여 자기주장의 근거로 삼고 있다. 이는 판소리 사설을 양반들의 취향에 맞추려 노력했던 흔적이라고도 볼 수 있다.

어휘 풀이

옥안종고다신루(玉顔從古多身累) 예부터 미인에게는 허물이 많다는 말.
재초부(再醮婦) 다시 시집간 여자.
반첩여(班婕妤) 중국 한나라의 여류 시인. 성제의 후궁.
이비(二妃) 순임금의 두 아내인 아황과 여영.
반죽지 반죽 가지. '반죽'은 순임금이 죽자 아황과 여영이 흘린 눈물이 뿌려져 생겼다는 얼룩무늬 대나무.
불사이군(不事二君) 두 임금을 섬기지 않음.
열녀불경이부절(烈女不更二夫節) 열녀는 절개를 지켜 두 남편을 맞이하지 않음.
삼충사(三忠祠) 백제의 충신인 성충, 흥수, 계백의 충절을 기리기 위해 세운 사당.
통인(通引) 조선 시대에, 수령의 잔심부름을 하던 사람.
사령(使令) 조선 시대에, 각 관아에서 심부름하던 사람.

구절 풀이

❶ **옛날에 예양(豫讓)이는 재초부(再醮婦)의 수절이라.** 예양은 전국 시대 진나라 사람으로서 처음 섬기던 사람이 아니라 나중에 섬긴 사람을 위해 절개를 지켰다. 그러므로 춘향도 이몽룡이 아니라 변학도 자신을 위해 수절하라는 회유의 말이다.
❷ **옥창형영 지키다가,** '옥창형영'은 '옥창 앞에 비치는 반딧불'이라는 뜻으로 그 앞을 지킨다는 것은 절개를 지킨다는 의미이다.

가 [아니리]

"허허허허, 그거 얼굴을 보고 말 들으니 안과 밖이 다 미인이로구나. •옥안종고다신루(玉顔從古多身累)는 구양공의 글짝이라. 인물 좋은 여인들이 정절이 없다건만, 저 얼굴 옥 같은데 마음마저 미인이로다. 네 마음 기특하나, 이 도령 어린아이 귀한 집에 장가들고, 대과 급제하게 되면 천 리 타향의 잠시 장난이지, 네 생각할 리가 있느냐? 너 또한 옛 책을 읽었다니 《사기》로 이르리라. ❶옛날에 예양(豫讓)이는 •재초부(再醮婦)의 수절이라. 너도 나를 위해 수절하게 되면 예양과 일반이 아니겠느냐? 오늘부터 몸단장 곱게 하고 수청 들게 하여라."

(구양공: 중국 송나라 때의 문장가 / 일반: 한모양이나 마찬가지의 상태 / 오늘부터 ~ 하여라: 춘향의 의사와 상관없이 자신의 뜻을 일방적으로 전함.)
▶ 변학도가 춘향에게 수청을 명함.

[중모리]

"여보 사또님, 들으시오. 춘향의 먹은 마음 사또님과 다르오이다. 올라가신 도련님이 신의(信義) 없어 안 찾으면 •반첩여의 본을 받아 ❷옥창형영 지키다가, 이 몸이 죽사오면 황릉묘를 찾아가서 •이비 혼령 모시옵고, •반죽지의 저문 날에 놀아 볼까 하옵는데, 재초 수절하란 분부 소녀에게는 당치 않소."

나 [아니리]

이렇듯 말을 하니, 기특다 칭찬하고 그만 내보냈으면 관청과 동네에 아무 일이 없어 좋을 것을, 사또 속으로 괘씸하여 얼러 보면 될 줄 알고 '절' 자로 한번 어르는데,

(서술자의 개입이 드러남.)

『"허, 이런 시절 보소! 기생의 자식이 수절이라니 뉘 아니 요절할꼬? 대부인께서 들으시면 아주 기절을 하겠구나. 너만 한 년이 자칭 정절이라, 분부 거절키는 샛서방 생각 간절하여, 별 수절을 다 하니, 네 죄가 애절하고 절절하구나. 형장 아래 기절하면, 네 청춘이 속절없지. 기생에게 충효가 무엇이며, 정절이 다 무엇이냐?"』

(대부인: 남의 어머니를 높여 이르는 말 / 요절: 허리가 부러진다는 뜻으로, 몹시 우스워 허리가 아플 정도로 웃는 것을 이르는 말 / 분부 ~ 간절하여: 수청을 거부하는 것은 다른 애인이 있기 때문일 것이라고 말함. / 형장 ~ 속절없지: 수청을 계속 거부하면 엄벌을 내릴 것이라 협박함. / 『 』: '절' 자로 끝나는 2음절 단어를 반복하는 언어유희를 통해 해학성을 더하고 있음.)

춘향도 그 말에 분이 받쳐 죽기를 무릅쓰고 대답한다.

[중모리]

[A] "여보 사또님, 들으시오, 여보 사또님, 들으시오. 충신은 •불사이군(不事二君)이요, •열녀불경이부절(烈女不更二夫節)을 사또는 어이 모르시오? 기생에게 충절이 없다 하니 낱낱이 아뢰리다. 청주 기생 매월이는 •삼충사에 올라 있고, 안동 기생 일지홍이는 살아 열녀문 세워 있고, 선천 기생은 아이로되 사서삼경 알았으니, 기생에게 충이 없소 열녀가 없소? 대부인 수절이나 소녀 춘향 수절이나 수절은 일반인데, 수절에도 위아래가 있소? 사또도 국운이 불행하여 도적이 강성하면, 적 아래 무릎을 꿇어 두 임금을 섬기려오? 마오, 그리 마오. 기생 자식이라고 그리 마오."

(열녀문: 열녀의 행적을 기리기 위해 세운 정문(旌門) / 대부인 ~ 있소?: 수절하는 것에는 신분의 위아래가 없다고 말하면서 신분 차별과 자유 의지의 억압에 항변함. / 사또도 ~ 섬기려오?: 정절을 지키는 것은 신하가 한 임금에게 충성하는 것과 같음.)

[아니리]

사또님이 이 말을 들어 놓으니, 오장이 벌컥 뒤집혀서, 미처 •통인(通引)을 못 부르고, ㉠"•사령아, 이년 잡아 내려라."

(오장이 벌컥 뒤집혀서: 분통이 터져 견딜 수가 없어서)
▶ 춘향이 수청을 요구하는 변학도에게 항변함.

• 중심 내용 춘향에게 수청을 명하는 변학도와 이에 항변하는 춘향 • 구성 단계 위기

이해와 감상

〈춘향가〉는 판소리 다섯 마당 가운데 하나이며 후에 판소리계 소설로 정착되었다고 보고 있다. 사설의 서사적 구조나 서술이 판소리 사설 중에서도 가장 예술성이 높고, 청중들의 사랑을 가장 많이 받아 온 작품이다. 이 작품의 표면적 주제는 이몽룡과 춘향의 신분을 뛰어넘는 사랑이지만, 이면에 감추어진 주제는 신분의 제약을 벗어난 인간 해방과 불의한 지배 계층에 대한 서민들의 항거이다.

이 작품에서는 춘향의 숭고한 사랑을 극적으로 형상화하기 위해 두 가지 장애 요소를 두고 있다. 그중 하나는 춘향과 이몽룡의 신분적 격차이다. 이것은 두 사람을 좌절하게 만들지만, 역설적으로 서로 강인하게 만들기도 한다. 그리고 다른 하나는 변학도의 수청 강요인데, 이에 대한 춘향의 항거는 이몽룡과의 재회나 신분 상승의 극적 효과를 증대시킨다. 이러한 극적 구성은 해학적 표현, 토속적 어조와 어울려 청자들에게 흥미와 쾌감을 더해 준다.

전체 줄거리

발단	남원 부사의 아들 이몽룡이 광한루에 구경을 나왔다가 그네를 타는 춘향을 만나 서로 사랑에 빠져 백년가약을 맺는다.
전개	이몽룡의 아버지가 서울로 가게 되면서 두 사람은 이별한다.
위기	후임 사또인 변학도가 춘향에게 수청을 강요하고 이를 거절한 춘향은 옥에 갇혀 고초를 겪는다.
절정	장원 급제를 한 이몽룡이 전라도 어사를 제수받아 남원으로 내려오고, 어사출두하여 변학도를 처벌하고 춘향이 극적으로 회생한다.
결말	춘향은 열녀 표창을 받고, 이몽룡과 함께 백년해로한다.

인물 관계도

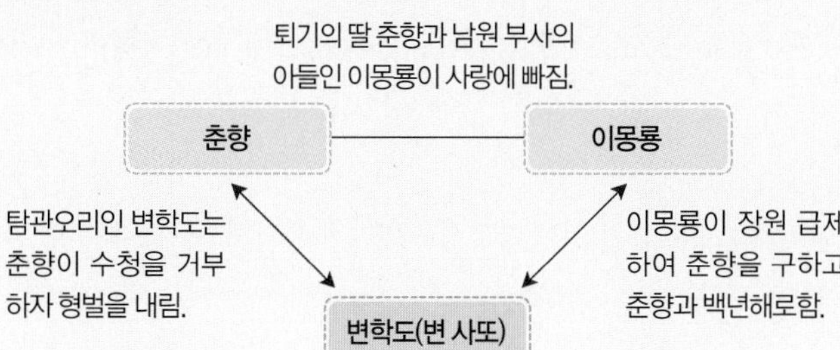

작품 연구소

〈춘향가〉의 갈등 구조

갈등 구조	내용
춘향과 변학도	이몽룡에 대한 절개를 지키려는 춘향과 권력을 이용하여 춘향을 수청 들게 하려는 변학도 간의 갈등 → '탐관오리에 대한 저항'이라는 주제 의식과 관련되며 핵심 갈등임.
이몽룡과 변학도	탐관오리를 응징하려는 이몽룡과 권력형 부조리의 표상인 변학도 간의 갈등 → 이몽룡의 승리로 끝남으로써 권선징악적 주제 의식과 연결됨.
춘향과 사회	기생의 딸이라는 신분적 제약을 벗어나려는 춘향의 대 사회적(對社會的) 갈등 → 이몽룡과의 사랑을 성취하고 신분이 상승하여 여성의 인간적 해방이라는 주제 의식으로 승화됨.

키 포인트 체크

인물 춘향은 지조와 정조를 지키는 인물이고, 변학도는 □□□□의 전형적 인물이다.

배경 인간 평등사상, 사회 개혁 사상, □□□□ 사상, 열녀불경이부 사상 등 조선 후기의 사상을 배경으로 한다.

사건 춘향이 이몽룡에 대한 □□를 지키고자 변학도의 수청 요구를 거부하고 곤장을 맞는다.

1 이 글에서 알 수 있는 인물의 심리로 적절하지 않은 것은?

① 변학도는 기생에게 수절은 어울리지 않는다고 여기고 있다.
② 변학도는 춘향의 고집스러운 태도를 못마땅하게 여기고 있다.
③ 춘향은 자신의 행동이 의로운 기생들보다 우월하다고 여기고 있다.
④ 춘향은 자신의 태도가 충신이 임금을 섬기는 것과 유사하다고 생각하고 있다.
⑤ 춘향은 이몽룡이 자신을 찾지 않더라도 신의를 지키다 죽을 각오를 하고 있다.

내신 적중 高난도

2 [A]에 나타난 춘향의 말하기 방식으로 적절하지 않은 것은?

① 설의적 표현을 사용하여 상대의 이해와 각성을 촉구하고 있다.
② 과거의 사례를 활용하여 자신의 행동이 정당함을 주장하고 있다.
③ 앞으로 일어날 수 있는 상황을 가정하여 상대에게 대응하고 있다.
④ 적절한 비유를 사용하여 자신의 입장을 효과적으로 전달하고 있다.
⑤ 관용어를 사용하여 전하고자 하는 핵심을 압축적으로 드러내고 있다.

3 이 글에서 ㉠이 갖는 효과로 가장 적절한 것은?

① 춘향의 정절 의식을 약화시킨다.
② 독자에게 심리적 쾌감을 느끼게 한다.
③ 긴장되었던 분위기를 서서히 이완시킨다.
④ 구성의 긴밀성을 높이는 복선의 역할을 한다.
⑤ 변학도의 포악한 성격을 드러내며 위기감을 조성한다.

4 〈보기〉의 내용에 해당하는 부분을 (나)에서 찾아 쓰시오.

보기

판소리 사설에서는 창자(서술자)가 작품에 직접 개입하여 청자의 심정을 대변하거나 인물을 평하며 작품에 대한 설명을 덧붙이기도 한다.

IV. 조선 후기

💡 어휘 풀이

집장사령(執杖使令) 장형(杖刑)을 집행하는 일을 맡아 하던 사람.
번연히 어떤 일의 결과나 상태 등이 훤하게 들여다보이듯이 분명하게.
바이없다 어찌할 도리나 방법이 전혀 없다.
무가내(無可奈) 막무가내. 달리 어찌할 수 없음.
삼치형문(三治刑問) 세 차례 매질하여 신문하던 일.
삼생가약(三生佳約) 삼생을 두고 끊어지지 않을 아름다운 언약이라는 뜻으로, '약혼'을 달리 이르는 말.
오륜(五倫) 유학에서, 사람이 지켜야 할 다섯 가지 도리. 부자유친, 군신유의, 부부유별, 장유유서, 붕우유신을 이름.
오상(五常) 오륜.
오매불망(寤寐不忘) 자나 깨나 잊지 못함.
청령(廳令) 관청의 명령.
급창(及唱) 조선 시대에, 군아에 속하여 원의 명령을 간접으로 받아 큰 소리로 전달하는 일을 맡아보던 사내종.

Q 〈십장가〉 대목의 특징은?

'십장가'는 판소리 〈춘향가〉의 사설 가운데 춘향이 집장사령에게 매질을 당하는 부분의 노래이다. 춘향이 겪는 수난을 극적으로 형상화한 대목으로, 매를 한 대씩 맞을 때마다 그 숫자에 맞추어 춘향이 자신의 절개를 읊는다. 여기에는 이몽룡을 향한 변함없는 사랑의 맹세와 정절을 지키고자 하는 강한 의지, 부당한 폭압에 굴하지 않겠다는 저항 의지가 담겨 있다.

구절 풀이

❶ **사또 보시는 데는 ~ 뼈 부러질라."** 집장사령이 춘향이의 처지를 동정하여 인정을 베푸는 장면이다. 이는 권력자인 변학도의 횡포에 맞서는 서민으로서의 연대감을 표시하는 것으로 볼 수 있다.
❷ **일개 형장 치옵시니 ~ 가망이 전혀 없소."** 춘향이 매를 맞을 때마다 '일, 이, 삼……'의 숫자와 같은 음운을 반복하는 언어유희를 통해 항변하는 부분으로 억울하게 매를 맞는 춘향의 비극적인 상황에 해학적인 효과를 더하고 있다.
❸ **일편단심(一片丹心) 먹은 마음 ~ 가망 없고 무가내(無可奈)요."** '일편단심'은 '한 조각의 붉은 마음'이라는 뜻으로 변치 않는 마음을 뜻한다. 춘향이 이몽룡을 향한 자신의 마음이 변할 가망이 없고 어찌할 도리가 없다는 굳은 결심을 드러내는 표현이다.
❹ **이제라도 나가서 ~ 노릇을 못 하겠네."** 밥을 구걸하고 살지언정 죄 없는 사람에게 매질하는 일은 못하겠다는 뜻으로, 변학도의 명령에 따라 어쩔 수 없이 춘향을 매질하고 있지만 심리적으로는 변학도에게 저항하며 춘향을 동정하고 있음이 드러난다.

가 [진양조]

•집장사령(執杖使令) 거동을 보아라. 형장 한 아름을 안아다, 형틀 밑에 좌르르르르 펼쳐 놓고 형장을 앗아서 고른다. 이놈 골라 이리 놓고, 저놈 골라 저리 놓더니마는 그중의 등심 좋고 손잡이 좋은 놈 골라 쥐더니마는,

(형장: 예전에, 죄인을 신문할 때 쓰던 몽둥이)

"삼가 아뢰오."

"각별히 매우 쳐라."

"예이."

[A] ❶사또 보시는 데는 •번연히 치듯 하고 춘향을 보면서 속말로 말을 한다.
"여봐라, 춘향아, 말 듣거라. 어쩔 수가 •바이없다. 한두 대만 견디어라. 셋째 번부터는 사정을 두마. 꿈쩍꿈쩍 마라. 뼈 부러질라."

(어쩔 수가 바이없다: 춘향이 기생 신분이라 어쩔 수가 없음.)

"매우 치라."

"예이."

딱. 찌끈 피르르르 부러진 형장 가지는 산등으로 덩긋 달아나서 상방(上房) 대뜰 앞에 가 떨어지고, 춘향이는 정신이 아찔, 온몸에 소름이 쫙, 끼쳐서 아픈 매를 억지로 참느라고 고개만 빙빙 돌리면서,

(상방: 예전에, 관아의 우두머리가 거처하던 방)

"음, 소녀가 무슨 죄요? 곡식 도둑질하였소? 부모 불효하였소? 음란한 죄, 지은 죄 없이 이 매질이 웬일이오? ❷일개 형장 치옵시니 '일' 자로 아뢰리다. ❸일편단심(一片丹心) 먹은 마음 일시 일각(一時一刻)에 변하리까? 가망 없고 •무가내(無可奈)요."

둘째 낱을 붙여 놓으니,

"'이' 자로 아뢰리다. 이부불경(二夫不更) 이내 마음 이 도령만 생각하니 이제 때려 죽이셔도 가망 없고 안 되지요."

(이부불경: 두 지아비를 섬기지 않음.)

셋째 낱을 딱, 때려 놓으니,

"•삼치형문(三治刑問) 치옵신다 •삼생가약(三生佳約) 변하리까."

넷째 낱을 붙여 놓으니,

"사대부 사또님은 사필귀정(事必歸正) 모르시오. 사지를 찢어서 사대문에 걸더라도 가망 없고 안 되지요."

(사필귀정: 모든 일은 반드시 바른길로 돌아감.)

㉠다섯째를 딱 치니,

"오장 썩어 피가 된들 •오륜(五倫)으로 생긴 인생, •오상(五常)을 생각하면 •오매불망 우리 낭군 잊을 가망이 전혀 없소."

▶ 춘향이 형벌을 받으며 억울함을 호소함.

나 [중모리]

스물 치고 짐작할까. 삼십 대를 매우 치니, 백옥 같은 두 다리에 검은 피만 주루루루루. 엎드린 형리도 눈물짓고, 이방, 호방도, 눈물짓고, 계단 위의 •청령(廳令) •급창도 발 툭툭 혀를 찰 때, 매질하던 집장사령도 매를 놓고 돌아서며,

"못 보겠네. 못 보겠네. 사람 눈으로는 볼 수가 없네. ❹이제라도 나가서 밥을 빌어서 먹더라도 집장사령 노릇을 못 하겠네."

수십 명이 구경을 하다가, 오입쟁이 하나가 나서더니,

"모지도다, 모지도다. 우리 사또가 모지도다. 저런 매질이 또 있느냐. 집장사령 놈을 눈익혀 두었다 삼문 밖을 나면 급살(急煞)을 내리라. 저런 매질이 또 있느냐? 나 돌아간다, 내가 돌아간다. 떨떨거리고 나는 간다."

(우리 사또가 모지도다: 개인적인 욕심을 채우기 위해 형을 집행하는 변학도에 대한 분노가 드러남. / 급살: 갑자기 닥쳐오는 재액)

▶ 구경꾼들이 춘향을 동정함.

• 중심 내용 변학도의 수청 요구를 거부하고 곤장을 맞는 춘향과 이를 보며 슬퍼하는 구경꾼들 • 구성 단계 위기

작품 연구소

〈춘향가〉의 표면적 주제와 이면적 주제

	표면적 주제	이면적 주제
내용	춘향과 이몽룡의 연애담 → 춘향이 수청을 강요하는 변학도에 맞서 정절을 지킴.	춘향과 이몽룡의 결연 → 춘향이 사대부와 혼인하여 신분적 제약에서 벗어남.
주제	여성의 굳은 정절	신분적 제약을 벗어난 인간 해방

'십장가' 대목의 언어유희

〈춘향가〉의 '십장가' 대목에서는 춘향이 매를 맞을 때마다 숫자를 두운으로 사용한 언어유희적 표현이 나타난다. 이는 비극적이고 비장한 상황에서 재미를 이끌어 냄으로써 해학성을 느끼게 한다.

일개 형장 치옵시니	➡	'일' 자로 아뢰리다. 일편단심(一片丹心) 먹은 마음 일시일각(一時一刻)에 변하리까?
둘째 낱을 붙여 놓으니,	➡	'이' 자로 아뢰리다. 이부불경(二夫不更) 이내 마음 이 도령만 생각하니 이제 때려 죽이셔도 …….
셋째 낱을 딱, 때려 놓으니,	➡	삼치형문(三治刑問) 치옵신다 삼생가약(三生佳約) 변하리까.
넷째 낱을 붙여 놓으니,	➡	사대부 사또님은 사필귀정(事必歸正) 모르시오. 사지를 찢어서 사대문에 걸더라도 …….

〈춘향가〉의 배경 사상

인도주의를 바탕으로 한 계급 타파	➡	인간 평등사상
탐관오리의 횡포에 대한 저항	➡	사회 개혁 사상
남녀 간의 자유 의지에 의한 연애	➡	자유연애 사상
지조와 정절을 지킴.	➡	열녀불경이부(烈女不更二夫) 사상

〈춘향가〉의 발전 과정

설화		판소리		고전 소설		신소설		영화·드라마
〈열녀 설화〉, 〈신원 설화〉 등	➡	〈춘향가〉	➡	〈춘향전〉	➡	〈옥중화〉	➡	〈춘향뎐〉, 〈방자전〉, 〈쾌걸 춘향〉

〈춘향가〉의 근원 설화

염정(艶情) 설화	양반 자제와 기생의 사랑 이야기 예 〈성세창 설화〉
열녀(烈女) 설화	여자가 고난과 시련을 이겨 내고 정절을 지킨 이야기 예 〈지리산녀 설화〉
관탈 민녀(官奪民女) 설화	벼슬아치가 민간의 여자를 빼앗는 이야기 예 〈도미 설화〉, 〈우렁 각시 설화〉
암행어사 설화	암행어사가 권력자나 부자의 횡포를 징벌하고 약자의 한을 풀어 주는 이야기 예 〈박문수 설화〉, 〈성이성 설화〉, 〈노진 설화〉

5 이 글에 대한 설명으로 적절하지 않은 것은?

① 신분이 다른 남녀 간의 사랑이 제재이다.
② 평민적이며 해학적이고 풍자적인 성격을 지닌다.
③ 4·4조의 운율을 지닌 운문체와 산문체가 섞여 있다.
④ 춘향의 정절을 기려 백성을 계도하려는 의도로 창작됐다.
⑤ 근원 설화로부터 판소리를 거쳐 고전 소설로도 발전했다.

6 이 글에 드러난 춘향의 태도와 가장 가까운 것은?

① 어져 내 일이야 그릴 줄을 모로ᄃᆞ냐. / 이시라 ᄒᆞ더면 가랴마ᄂᆞᆫ 제 구ᄐᆡ야 / 보내고 그리는 정(情)은 나도 몰라 ᄒᆞ노라
② 간밤의 부던 ᄇᆞ람에 눈서리 치단말가. / 낙락장송(落落長松)이 다 기우러 가노ᄆᆡ라. / ᄒᆞ믈며 못다 핀 곳이야 닐러 므슴 ᄒᆞ리오.
③ 천만 리(千萬里) 머나먼 길히 고은 님 여희옵고 / ᄂᆡ ᄆᆞ음 둘 ᄃᆡ 업서 냇ᄀᆞ에 안쟈시니, / 져 믈도 내 ᄋᆞᆫ ᄀᆞᆺᄒᆞ여 우러 밤길 녜놋다.
④ 이 몸이 주거 주거 일백 번(一百番) 고쳐 주거 / 백골(白骨)이 진토(塵土)되여 넉시라도 잇고 업고 / 님 향ᄒᆞᆫ 일편단심(一片丹心)이야 가싈 줄이 이시랴
⑤ 말 업슨 청산(靑山)이오 태(態) 업슨 유수(流水)로다 / 갑 업슨 청풍(淸風)이오 님ᄌᆞ 업슨 명월(明月)이로다 / 이 중에 병(病) 업슨 이 몸이 분별(分別) 업시 늘그리라.

내신 적중 多빈출

7 〈보기〉의 설명을 참고할 때, 표현 방법이 ㉠과 가장 유사한 것은?

보기

언어유희는 말이나 글자를 소재로 하여 말을 재미있게 꾸며 표현하는 방법이다. 언어유희의 종류에는 동음이의어를 이용한 것, 유사 음운을 반복한 것, 언어 도치를 이용한 것, 발음의 유사성을 이용한 것 등이 있다.

① 추워라, 문 들어온다, 바람 닫아라. 물 마른다, 목 들여라.
② 어이구, 그만 정신이 없다 보니 말이 빠져서 이가 헛나와 버렸네.
③ 올라간 이 도령인지 삼 도령인지, 그놈의 자식은 일거 후 무소식하니.
④ 아, 이 양반이 허리 꺾어 절반인지, 개다리소반인지, 꾸레미전에 백반인지.
⑤ 덥기에 성엣장 달았지요. / 성엣장 달았으면 응당 차지? / 차기에 소에게 양지머리 있지요.

8 [A]를 참고하여 집장사령이 춘향을 대하는 태도가 어떠한지 쓰시오.

조건

1. 춘향의 신분을 고려할 것
2. 30자 이내의 완결된 한 문장으로 쓸 것

Ⅳ. 조선 후기

더 읽을 작품

098 심청가(沈淸歌) | 작자 미상

키워드 체크 #판소리 사설 #적층 문학 #효 #인과응보

가 [아니리]

별궁으 들어가, / "심 맹인 대령허였소."

심 황후 살펴볼 제 백수풍신(白首風神) 늙은 형용 슬픈 근심 가득헌 게 부친 얼굴이 은은하나 심 봉사가 딸을 보낸 후 어찌 울었든지 눈갓이 희여지고 피골이 상접허고 산호 주렴이 가리어 자세히 보이지 않으니, / "그 봉사 거주를 묻고 처자가 있나 물어보아라." / 심 봉사가 처자 말을 듣더니마는 먼 눈에서 눈물이 뚝뚝뚝 떨어지며,

- 머리가 센 늙은이의 점잖고 위엄 있는 풍채
- 딸에 대한 죄책감과 살기를 포기하고 체념한 심 봉사의 심리
- 고달픈 삶을 살아온 심 봉사의 내력이 외양 묘사를 통해 드러남.
- 구슬 등을 꿰어 만든 발
- 심청이 아버지가 맞는지 확실히 알아보고자 함.

[중모리]

예 소맹이 아뢰리다. 소맹이 사옵기는 황주 도화동이 고토(故土)옵고 성명은 심학규요. 을축년 정월달에 산후경(産後痙)으로 상처허고 어미 잃은 딸자식을 강보에다 싸서 안고 이 집 저 집을 다니면서 동냥젖 얻어 먹여 겨우 겨우 길러 내어 십오 세가 되었는디 효성이 출천허여 애비 눈을 띄인다고 남경 장사 선인들게 삼백 석으 몸이 팔려 임당수 제수로 죽은 지가 우금(于今) 삼 년이요. 눈도 뜨지를 못허고 자식만 죽었으니 자식 팔아먹은 놈을 살려 주어 쓸데 있소 당장으 목을 끊어 주오.

- 맹인(盲人)이 자신을 낮추어 이르는 일인칭 대명사
- 고향 땅
- 아이를 낳은 후에 생긴 병
- 아내의 죽음을 당함.
- 포대기, 주로 어린아이를 업을 때 쓰는 작은 이불
- 하늘이 냄.
- 인당수
- 제물
- 지금에 이르기까지
- 죽기로 마음먹은 심 봉사의 심리가 직접적으로 제시됨.

▶ 심청이 황후인 줄 모르고 심 봉사가 그동안의 삶을 이야기함.

나 [자진모리]

심 황후 기가 막혀 산호 주렴 거처 버리고 보선발로 우루루루 부친으 목을 안고 아이고 아버지. 심 봉사 깜짝 놀래 아니 뉘가 날다려 아버지여. 나는 아들도 없고 딸도 없소. 무남독녀 내 딸 청이 물으 빠져 죽은 지가 우금 수삼 년이 되었는디 누가 날다려 아버지여. 아이고 아버지 여태 눈을 못 뜨셨소. 임당수 깊은 물에 빠져 죽은 청이가 살어서 여기 왔소. 아버지 눈을 뜨셔 저를 급히 보옵소서. 심 봉사가 이 말을 듣더니 어쩔 줄을 모르는구나. 에이 아니 청이라니 청이라니 이것이 웬일이냐 내가 지금 죽어 수궁을 들어왔느냐 내가 지금 꿈을 꾸느냐 죽고 없는 내 딸 청이 이곳이 어데라고 살어오다니 웬 말이냐. 내 딸이면 어디 보자. 아이고 내가 눈이 있어야 내 딸을 보지. 아이고 답답하여라. 어디 어디 어디 내 딸 좀 보자. 두 눈을 끔적 끔적 끔적허더니 부처님의 도술로 두 눈을 번쩍 떴구나.

- 아버지를 찾은 기쁨과 반가움. 그동안의 이별에 대한 슬픔이 구체적인 행동 묘사를 통해 간접적으로 드러남.
- 딸이 황후가 됐으리라고는 전혀 예상치 못하여 깜짝 놀란 심 봉사
- 심청이 죽지 않고 살아 있다는 사실을 믿을 수 없는 심 봉사

▶ 부녀가 극적으로 재회하고 심 봉사가 눈을 뜸.

[아니리] / 심 봉사 눈 뜬 훈짐에 모도 따라서 눈을 뜨는디,

[자진모리] / 만좌 맹인이 눈을 뜬다. 전라도 순창(淳昌) 담양(潭陽) 새갈모 떼는 소리라. 짝 짝 짝 허드니 모도 눈을 떠 버리는구나. 석 달 동안 큰 잔치으 먼저 와서 참예허고 나려간 맹인들도 저희 집에서 눈을 뜨고 미처 당도 못헌 맹인 중로에서 눈을 뜨고 가다 뜨고 오다 뜨고 서서 뜨고 앉어 뜨고 실없이 뜨고 어이없이 뜨고 화내다 뜨고 울다 뜨고 웃다 뜨고 떠 보느라고 뜨고 시원이 뜨고 일허다 뜨고 눈을 비벼 보다 뜨고 지어비금주수(至於飛禽走獸)라도 눈먼 짐생까지도 모도 다 눈을 떠서 광명 천지가 되었구나.

- 훈김. 어떤 일의 여파나 영향
- 베를 짜기 위하여 칡덩굴을 가늘게 찢어 실처럼 만들어 놓은 것
- 심청의 효심에 감동하여 세상 모든 맹인이 눈을 뜨게 된다는 뜻으로, 작품의 주제인 효(孝)의 의미와 가치를 강조하는 효과를 거둠.
- 오가는 길의 중간
- 날짐승과 길짐승에 이르기까지
- 사람뿐만 아니라 짐승들까지 눈을 뜸. – 차별이 없는 상생의 정신을 보여 줌.

▶ 다른 맹인들과 짐승들도 모두 눈을 뜸.

키 포인트 체크

- 인물 심청은 아버지 심 봉사에게 지극한 ☐☐을 지닌 인물이다.
- 배경 송나라 말년 중국을 배경으로 ☐☐ 덕목의 가치를 중시하는 사회상을 보여 준다.
- 사건 공양미 삼백 석에 팔려갔다가 황후가 된 심청과 ☐☐한 심 봉사가 반가움에 눈을 뜬다.

답 효심, 유교, 재회

핵심 정리

갈래 판소리 사설
성격 교훈적, 비현실적, 우연적
배경 ① 시간 – 송나라 말년
② 공간 – 황주 도화동, 중국 황성
주제 ① 부모에 대한 지극한 효심
② 인과응보(因果應報)
특징 ① 당시 서민들의 생활상과 가치관이 반영됨.
② 인물의 심리 및 행동이 사실적으로 묘사됨.
③ 여러 사람의 입을 통해 전해지며 수정된 구비 문학이기 때문에 적층 문학의 성격을 띰.

이해와 감상

〈심청가〉는 작가·연대 미상의 판소리 사설로, 판소리 다섯 마당 중 하나이다. 이 작품은 해학미와 풍자가 주를 이루는 다른 판소리 사설과 달리 비장미와 해학미가 공존하고 있는 점이 특징이다. 즉, 심청이 심 봉사의 눈을 뜨게 하기 위해 공양미 삼백 석에 몸을 팔아 인당수 제수로 가는 장면에서는 비장미가, 뺑덕이네의 등장과 심 봉사가 눈을 뜨는 장면에서는 해학미가 잘 드러나는데, 이를 통해 심각하게 전개되던 이야기의 긴장감을 이완시키고 작품에 재미와 흥미를 부여한다. 한편 이 작품은 유교의 효(孝) 사상이 불교의 인과응보 사상에 의해 달성되고 있다. 즉, 심청이 아버지를 위해 자신을 희생하지만 이 때문에 황후가 되어 부귀영화를 누리고, 아버지도 눈을 뜨게 되는 일련의 과정은 불교의 인과응보 사상에 따른 것이라고 볼 수 있다.

전체 줄거리

심청의 어머니가 죽은 뒤 심 봉사는 젖을 동냥하여 심청을 키우고, 심청이 자란 후에는 밥을 동냥하면서 아버지를 봉양한다. 심 봉사는 부처님께 쌀 삼백 석을 공양하면 눈을 뜰 수 있다는 말을 듣고 공양미 시주를 약속하고, 심청은 공양미 삼백 석을 마련하기 위해 남경 상인에게 몸을 팔아 인당수의 제물이 되기로 한다. 상제의 도움으로 황후가 된 심청은 맹인 잔치를 열어 심 봉사와 만나고, 심 봉사는 그 반가움에 눈을 떠 심청과 함께 부귀영화를 누린다.

작품 연구소

〈심청가〉의 근원 설화

설화	내용		연관
〈효녀 지은 설화〉	신라 때 연권의 딸인 지은이 어머니를 봉양하기 위해 부잣집에 몸을 팔아 어머니를 봉양했다는 내용	➡	심청이 홀로 아버지를 모시고 살다가 아버지를 위해 희생하는 모습과 연관됨.
〈관음사 연기 설화〉	인신 공희(人身供犧) 설화로, 눈먼 아버지를 위해 딸이 신에게 바치는 제물이 된다는 내용	➡	아버지를 위해 인당수의 제물이 되는 것, 황후가 되고 심 봉사가 눈을 뜨는 것 등과 연관됨.
〈거타지 설화〉	신라 때, 거타지가 서해신의 딸을 요괴로부터 구하고 꽃으로 변한 딸을 다시 여자로 변하게 하여 결혼했다는 내용	➡	심청이 꽃으로 변하는 장면과 연관됨.

099 수궁가(水宮歌) | 작자 미상

키워드 체크 #판소리 사설 #맹목적 충성 #무능한 집권층 비판 #속물근성 #우화적 수법

가 용왕이 들어본즉 이치가 그렇거든, 저런 줄을 알았더면 약 가르친 선관에게 물어나 보았을 텐데, 회지막급(悔之莫及)되었구나. 용왕이 또 물어,

선관: 선경(仙境)에서 벼슬살이를 하는 신선
회지막급: 용왕의 후회막급한 심정

"네가 손도 없는 것이 뱃속에 있는 간을 어디로 집어내고 임의 출입한단 말가."

"소토의 밑구멍에 간 나오는 굵이 있어 배에다 힘만 주면 그 굵으로 나오옵고, 입으로 삼키오면 도로 들어가옵지요." / "간 나오는 그 구멍이 정녕 따로 있단 말가."

굵: '구멍'의 옛말
간 나오는 그 구멍이 정녕 따로 있단 말가: 토끼의 거짓말을 믿기 시작하는 용왕

"소토의 볼기짝에 구멍이 셋이오니, 똥 누고 오줌 누고 간 누고 하옵지요."

▶ 토끼가 용왕을 속임.

나 별주부가 옆에 엎디어 시종을 들어 보니, [중략] 뱃속에 간 없단 말 암만해도 헛말이니, 배 가르고 보는 수다. / 용왕전 여짜오되,

시종: 처음과 끝
뱃속에 간 없단 말 암만해도 헛말이니: 토끼의 말이 거짓이라고 의심하는 별주부

"토간 출입한단 말이 《사기(史記)》에도 없사옵고 이치에도 부당하니, 배를 갈라 간 없으면 신이 양계 또 나가서 망전 토끼 잡아올께, 배 가르고 보옵소서."

망전: 보름까지 뱃속에 간이 있다는 토끼의 말 때문에

토끼가 들어 보니 두 수 없이 죽겠구나. 주부가 말 못하게 막아야 쓰겠거든 주부를 돌아보며,

"아까 네 말씀을 용왕전에 하자 하되, 만 리 동고정(同苦情)이 있어 개구치 마잤더니, 네놈의 하는 거동 갈수록 방정이다. [중략] 내가 수궁 벼슬하자 너를 따라갔단 말이 온 산중 훤자(喧藉)하였으니, 나는 다시 안 나가고 너 혼자 또 나가면 산중 우리 동무들이 날 데려다 얻다 두고, 눌 두르러 또 왔는다. 토끼 잡기 고사하고 네 목숨이 어찌 되며, 너 죽기로 네 죄로되 대왕 환후 어찌 되리. 의사(意思)는 전혀 없고 억담을 저리 하니, 아나 옜다. 충신 좋제, 나라 망할 망신(亡臣)이제. 내 목숨 죽는 것은 조금도 한이 없다. 독수리 사냥개에게 구차히 죽지 말고, 수정궁 용왕 앞에 백관을 벌려 세고 칠척장검 드는 칼로 이 배를 갈랐으면 그런 영화 있겠느냐. 아나 옜다, 배 갈라라. 배 갈라라."

훤자: 여러 사람의 입으로 퍼져서 왁자하게 됨.
훤자(喧藉): 억지의 말
눌 두르러 또 왔는다: 그럴듯하게 남을 속이려 왔는가?
독수리 사냥개: 육지의 위협적인 존재
아나 옜다, 배 갈라라. 배 갈라라: 토끼의 과장된 언행

▶ 토끼가 별주부의 잘못을 지적함.

다 왈칵왈칵 배 내미니 주부는 할 말 없이 두 눈만 까막까막, 용왕은 들어 본즉 그리 될 일이어든 만조를 돌아보아, / "저 일을 어찌 할꼬." / 형부상서 준어 여짜오되,

"죄의(罪疑)란 종경이요, 유형지휼재(惟刑之恤哉)온데, 하물며 저 토끼는 죄 없는 짐승으로 복중에 간 유무가 암만해도 의심이나, 경선히 배를 갈라 간이 만일 없사오면 종경흠휼(從輕欽恤) 못 되오니 가르지 마옵소서." / 병부상서 수어 여짜오되,

경선히: 차례를 건너뛰어 앞지름.
종경흠휼: 죄인을 대하여서는 신중히 심의해야 함.

"이왕 아니 죽이시면 향이지하(香餌之下) 필유사어(必有死魚), 토끼 제 마음을 감동하게 하옵소서." / 용왕이 좋다 하고 회진작소(回瞋作笑)하여, 별주부를 꾸짖는데 토끼를 존칭하여, / "토 선생의 하는 말씀 똑 그리 되리다. 첫번 통정 안 한 것이 네가 매우 미련하다. 이 내력을 하였더면 양편지방 좋을 것을, 왕사는 물론하고 토 선생 부액(扶腋)하여 전상으로 모셔 오라."

향이지하 필유사어: 향기로운 미끼에는 반드시 물리는 고기가 있다는 뜻
회진작소: 성을 내었다가 슬쩍 돌리어 짐짓 웃음을 지음.
토 선생의 하는 말씀: 용왕의 변화된 태도를 엿볼 수 있는 말
첫번 통정 안 한 것이 네가 매우 미련하다: 오히려 우직한 별주부를 꾸짖음.
부액: 부축

▶ 토끼의 말을 믿은 용왕의 태도가 달라짐.

키 포인트 체크

인물 용왕과 별주부는 지배층, 토끼는 □□□□을 상징한다.

배경 원나라 순제 때 수궁과 산중을 배경으로 □□□ 수법을 통해 인간 사회를 보여 준다.

사건 별주부를 따라 수궁에 온 토끼가 간을 □에 두고 왔다고 용왕을 속인다.

답 피지배층, 우화적, 산

핵심 정리

갈래 판소리 사설
성격 우화적, 해학적, 교훈적
배경 ① 시간 - 원나라 순제
② 공간 - 수궁(水宮)과 산중(山中)
제재 토끼의 간
주제 ① 토끼의 기지와 자라의 충성심
② 무능한 집권층에 대한 비판과 풍자
특징 ① 우화적 수법으로 인간 사회를 풍자함.
② 등장인물의 행동과 언어를 통한 해학성이 드러남.
③ 지배층의 언어인 고사성어, 한문 투의 문장과 서민들의 일상적인 어투가 혼재된 적층 문학의 성격을 보임.

이해와 감상

〈수궁가〉는 〈구토지설〉을 바탕으로 신재효가 개작하여 정착시킨 판소리 사설로, 〈토끼 타령〉, 〈별주부 타령〉, 〈토별가〉라고도 부른다. 이 작품은 우의적(寓意的) 수법을 통해 우직하고 충직한 별주부와 영악하고 지혜로운 토끼의 행위를 대비시키면서 인간 사회의 세태를 비판·풍자한다. 특히 인물에 대한 관점에 따라 주제와 풍자의 속성이 달라지는데, 별주부의 유혹에 넘어가는 토끼의 태도를 통해 세속적인 명리(名利)를 추구하는 인간의 속물적인 근성을 풍자하고, 토끼의 달변에 쉽게 넘어가는 용왕을 통해서는 지배층의 무능을 풍자한다. 그리고 어리석은 용왕에게 맹목적으로 충성하는 별주부를 통해서는 인간의 어리석음을 풍자한다. 또한 토끼와 별주부를 통해 재주가 뛰어나더라도 분수에 만족하는 태도를 지녀야 하며 군주에 대한 충성심도 올바른 방향으로 추구할 때 의미 있는 것이라는 새로운 가치를 제시한다.

전체 줄거리

남해 용왕이 자신의 병을 치료하기 위해 토끼의 간을 구하고자 한다. 별주부가 자원하여 토끼를 잡아가기 위해 육지로 나온다. 별주부는 온갖 감언이설로 토끼를 속여 수궁으로 데리고 온다. 자신의 간을 빼앗으려 한다는 사실을 알게 된 토끼가 기지를 발휘해서 용왕을 속여 육지로 나간다. 육지로 나온 토끼는 별주부와 용왕을 꾸짖고 조롱하며 달아난다.

작품 연구소

〈수궁가〉의 주제 의식

	표면적 주제		이면적 주제
수궁 세계 별주부 (지배층)	왕에 대한 신하의 우직한 충성심	➡	어리석은 군주에게 맹목적으로 충성하는 관료 풍자
지상 세계 토끼 (피지배층)	허욕에 대한 경계	➡	세속적인 명리(名利)를 추구하는 인간의 속물근성 풍자
수궁 세계 용왕 (지배층)	토끼의 달변에 쉽게 속는 왕의 무능함	➡	조선 후기 집권층의 횡포와 무능 풍자

100 봉산(鳳山) 탈춤 | 작자 미상

키워드 체크 #가면극 #풍자적 #해학적 #양반을 향한 조롱 #양반의 무지와 허세 비판

문학 천재(정), 미래엔, 비상, 신사고, 지학사, 창비
국어 천재(박), 천재(이)

핵심 정리

갈래 민속극, 가면극(탈춤) 대본
성격 풍자적, 해학적, 서민적, 비판적
배경 ① 시간 – 조선 후기(18세기 무렵)
② 공간 – 황해도 봉산
제재 양반 소개와 숙소 정하기
주제 양반에 대한 풍자와 조롱
특징 ① 각 과장이 독립적임.
② 언어유희, 열거, 대구, 익살, 과장 등을 통해 양반을 풍자하고 비판함.
③ 서민 계층의 언어와 양반 계층의 언어가 함께 사용됨.
④ 무대와 객석, 배우와 관객이 엄격하게 구분되지 않음.
의의 대표적인 민속극으로, 봉건 사회에 대한 비판과 풍자가 강하고 근대 서민 의식이 엿보임.

Q '쉬이'와 '춤'의 역할 및 기능은?

'쉬이'의 역할 및 기능	'춤'의 역할 및 기능
• 재담의 시작 • 춤과 대사의 경계 • 관객의 주의 환기, 관심 유도 • 새로운 사건의 시작 예고	• 재담의 마무리 • 장면의 구분 • 갈등의 일시적 해소 • 극의 신명과 분위기 고조

어휘 풀이

개잘량 털이 붙어 있는 채로 무두질하여 다룬 개의 가죽. 흔히 방석처럼 깔고 앉는 데에 씀.
개다리소반(小盤) 상다리 모양이 개의 다리처럼 휜 자그마한 밥상.
발가웃 한 발하고도 반 정도의 길이. 한 발은 두 팔을 양옆으로 펴서 벌렸을 때 한쪽 손끝에서 다른 쪽 손끝까지의 길이.

구절 풀이

❶ **짤따란 곰방대로 ~ 걸어 놓고 잡수시오.** 말뚝이는 구경꾼들(상민들)을 '양반들'이라며 양반 삼 형제와 은근히 동격으로 칭하고, 담배 역시 화려하게 구색을 갖추어 피울 것을 권하고 있다. 이는 양반의 권위를 무시하고 조롱하는 행위이다.

❷ **오음 육률(五音六律) ~ 좀 쳐 주오.** '오음 육률'은 중국 음악의 다섯 가지 음과 여섯 가지 율을 이르는 말로, 예법을 갖춘 격조 있는 음악을 연주할 때 사용된다. 그런데 말뚝이는 이러한 격조 있는 음률을 버리고 천민들이 즐기는 버들피리(홀뚜기)를 불고 바가지장단을 치라고 함으로써 양반의 권위를 무시하고 있다.

❸ **양반을 찾으려고 ~ 놈도 없습디다.** 말뚝이는 자신이 타고 다니는 짐승인 노새를 '노생원님(늙은 생원님)'과 발음이 비슷한 '노새 원님'으로 표현하고, 자신에게도 '님'을 붙여 존칭함으로써 자신과 양반의 신분 관계를 역전시키며 조롱하고 있다. 또한 아무리 찾아도 양반 비슷한 놈도 없다는 말은 양반다운 위엄을 갖춘 자를 찾아보기 어렵다는 뜻으로 해석할 수 있다.

가 **제6과장 양반춤** (가면극의 전개 단위 / 각 과장마다 특성화된 인물을 등장시켜 사회의 모순을 날카롭게 풍자함. / 현대극의 막과 달리 각 과장 사이에 인과 관계가 없고, 각 과장이 독립적으로 구성됨.)

말뚝이: (벙거지를 쓰고 채찍을 들었다. 굿거리장단에 맞추어 양반 삼 형제를 인도하여 등장)
(벙거지: 주로 병졸이나 하인이 쓰던 모자 / 굿거리장단: 풍물놀이에 쓰이는 느린 네 박자의 장단)

양반 삼 형제: (말뚝이 뒤를 따라 굿거리장단에 맞추어 점잔을 피우나, 어색하게 춤을 추며 등장. [중략] 「샌님과 서방님은 언청이이며 — 샌님은 언청이 두 줄, 서방님은 한 줄이다. — 부채와 장죽을 가지고 있고, 도련님은 입이 삐뚤어졌고 부채만 가졌다. 도련님은 일절 대사는 없으며, 형들과 동작을 같이하면서 형들의 면상을 부채로 때리며 방정맞게 군다.」)
(언청이: 윗입술이 세로로 찢어진 사람을 낮잡아 이르는 말 / 「」: 우스꽝스러운 외모와 행동을 통해 양반 삼 형제가 어리석고 못난 인물임을 암시함.)

▶ 말뚝이와 양반 삼 형제가 등장함.

나 말뚝이: (가운데쯤에 나와서) 쉬이. (음악과 춤 멈춘다.) 양반 나오신다아! 양반이라고 하니까 노론(老論), 소론(少論), 호조(戶曹), 병조(兵曹), 옥당(玉堂)을 다 지내고 삼정승(三政丞), 육판서(六判書)를 다 지낸 퇴로 재상(退老宰相)으로 계신 양반인 줄 아지 마시오. ㉠ •개잘량이라는 '양' 자에 •개다리소반이라는 '반' 자 쓰는 양반이 나오신단 말이오.
(옥당: 조선 시대에 궁중의 문서를 관리하고 임금의 자문에 응하는 일을 맡아보던 홍문관의 별칭 / 조선 시대 양반들의 당파성을 풍자하기 위한 의도가 내포됨. / 퇴로: 늙어서 벼슬에서 물러남. / ㉠: 동음이의어를 활용한 언어유희로 양반을 조롱하며 풍자함.)

양반들: 야아, 이놈, 뭐야아!

말뚝이: 『아, 이 양반들 어찌 듣는지 모르갔소. 노론, 소론, 호조, 병조, 옥당을 다 지내고 삼정승, 육판서 다 지내고 퇴로 재상으로 계신 이 생원네 삼 형제분이 나오신다고 그리하였소.』
(『』: 양반들이 잘못 들었다고 탓하기 위해 양반의 권위를 일시적으로 인정하는 말을 함.)

양반들: (합창) 『이 생원이라네. (굿거리장단으로 모두 춤을 춘다. 도령은 때때로 형들의 면상을 치며 논다. 끝까지 그런 행동을 한다.)』
(『』: 근엄하고 똑똑한 척하지만 말뚝이의 변명에 쉽게 넘어가는 모습을 통해 양반의 우매함을 폭로함.)

▶ '양반'의 뜻풀이를 함.

다 말뚝이: 쉬이. (반주 그친다.) ⓐ여보, 구경하시는 양반들, 말씀 좀 들어 보시오. ❶짤따란 곰방대로 잡숫지 말고 저 연죽전(煙竹廛)으로 가서 돈이 없으면 내게 기별이래도 해서 양칠간죽(洋漆竿竹), 자문죽(自紋竹)을 한 •발가웃씩 되는 것을 사다가 육모깍지 희자죽(喜子竹), 오동수복(烏銅壽福) 연변죽을 사다가 이리저리 맞추어 가지고 저 재령(載寧) 나무리 거이 낚시걸 듯 죽 걸어 놓고 잡수시오. / 양반들: 뭐야아!
(ⓐ: 민속극의 특징 – 관객 참여 유도 / 연죽전: 담뱃대를 파는 가게 / 양칠간죽: 빨강, 파랑, 노랑의 빛깔로 알록지게 칠한 담배설대 / 자문죽: 아롱진 무늬가 있는 중국산 대나무로 만든 담뱃대 / 게를 낚을 때 낚시를 줄줄이 걸어 놓는 모양처럼 모두 담배를 마음껏 피우라는 뜻)

말뚝이: 아, 이 양반들, 어찌 듣소. 양반 나오시는데 담배와 훤화(喧譁)를 금하라 그리하였소.
(훤화: 시끄럽게 지껄이며 떠듦.)

양반들: (합창) 훤화를 금하였다네. (굿거리장단으로 모두 춤을 춘다.) ▶ '담배'를 소재로 양반을 조롱함.

라 말뚝이: 쉬이. (춤과 반주가 그친다.) ⓑ여보, 악공들 말씀 들으시오. ❷오음 육률(五音六律) 다 버리고 저 버드나무 홀뚜기 뽑아다 불고 바가지장단 좀 쳐 주오.
(ⓑ: 민속극의 특징 – 배우가 악공과 대화를 나누기도 함. / 홀뚜기: 호드기의 방언. 버드나무 껍질로 만든 피리)

양반들: 야아, 이놈, 뭐야!

말뚝이: 아, 이 양반들, 어찌 듣소. 용두 해금(奚琴), 북, 장고, 피리, 젓대 한 가락도 뽑지 말고 건건드러지게 치라고 그리하였소.
(용두 해금: 용머리가 새겨진 해금 / 젓대: 대금 / 뽑지 말고: 빼놓지 말고 / 건건드러지게: 아름다우며 멋드러지게)

양반들: (합창) 건건드러지게 치라네. (굿거리장단으로 춤을 춘다.) ▶ '장단'을 소재로 양반을 조롱함.

마 생원: 쉬이. (춤과 장단 그친다.) 말뚝아. / 말뚝이: 예에.

생원: 이놈, 너도 양반을 모시지 않고 어디로 그리 다니느냐?
(양반이 말뚝이에게 상전 대접을 받지 못하고 있음.)

말뚝이: 예에, ❸양반을 찾으려고 찬밥 국 말어 일조식(日早食)하고, 마구간에 들어가 노새 원님을 끌어다가 등에 솔질을 솰솰하여 말뚝이님 내가 타고 서양(西洋) 영미(英美) 법덕(法德), 동양 삼국 무른 메주 밟듯 하고, 『동은 여울이요, 서는 구월이라, 동여울 서구월 남드리 북향산 방방곡곡(坊坊曲曲) 면면촌촌(面面村村)이, 바위 틈틈이, 모래 쨈쨈이, 참나무 결결이』 다 찾아다녀도 샌님 비뚝한 놈도 없습디다.
(일조식: 아침 일찍 식사하고 / 노새 원님: 노생원(老生員)님과의 음의 유사성을 이용한 언어유희 / 법덕: 법국(프랑스)과 덕국(독일)을 아울러 이르던 말 / 『』: 대구와 유사 음운의 반복, 유성음의 사용으로 리듬감을 느끼게 함. / 비뚝한: '비슷한'의 방언 / 놈: 공손하지 못한 표현)

▶ '양반 찾기'를 소재로 양반을 조롱함.

• 중심 내용 말뚝이와 양반 삼 형제의 재담을 통한 양반 조롱

이해와 감상

〈봉산 탈춤〉은 약 200년 전부터 해서(황해도) 일대의 주요 읍이나 장터인 황주, 봉산, 서흥, 평산 등지에서 성행하다가 황해도 전 지역으로 퍼진 민속극이다.

양반춤 과장은 〈봉산 탈춤〉의 전체 일곱 과장 중 여섯 번째 과장으로, 양반을 모시고 다니는 말뚝이가 관객, 악공과 한패가 되어 문자를 써 가면서 양반의 권위를 실추시키거나 무시함으로써 그들을 희롱하는 것이 주된 내용이다. 이 과장에서 말뚝이는 익살과 과장, 열거와 대조, 양반의 어법을 흉내 내며 뜻을 뒤집는 반어 등을 자유롭게 구사하여 양반을 신랄하게 풍자하고 있다. 이러한 재담은 다섯 개로 구성되어 있으며, 이는 굿거리장단으로 춤을 추는 대목(춤대목)을 경계로 나누어진다. 각각의 재담은 서로 인과 관계가 없이 독립적이어서 순서가 바뀌거나 삭제되어도 전체 의미는 손상되지 않는다. 이러한 옴니버스식 구성은 〈봉산 탈춤〉의 다른 과장에서도 동일하게 나타난다.

작품 연구소

〈봉산 탈춤〉의 전체 구성과 내용

제1과장	사상좌춤	사방신(四方神)에게 배례하는 의식무
제2과장	팔목중춤	팔목중의 파계와 법고놀이 장면 – 중을 희화화함.
제3과장	사당춤	사당과 거사들이 흥겹게 노는 내용
제4과장	노장춤	노장이 유혹에 넘어가 파계했다가 취발이에게 욕을 봄.
제5과장	사자춤	사자가 파계승을 혼내고 화해의 춤을 춤. – 놀이판 정비
제6과장	양반춤	양반집 하인 말뚝이가 양반을 희롱하는 내용 – 양반의 허세를 희화화하고 공격함.
제7과장	미얄춤	영감, 미얄, 첩의 삼각관계와 미얄의 죽음 – 서민의 생활상과 남성의 횡포를 표현함.

〈봉산 탈춤〉의 양반춤 과장 속 인물들의 특징

말뚝이		양반 삼 형제
양반 계층에 대한 서민들의 비판 의식을 대변하는 인물로, 재치 있는 언행으로 양반을 조롱하고 비판함.		양반 계층의 어리석음과 무능함을 상징함. 우스꽝스러운 외모와 언행으로 어리석음을 스스로 폭로함.

〈봉산 탈춤〉의 양반춤 과장에 나타난 재담 구조

〈봉산 탈춤〉의 제6과장 양반춤은 양반 뜻풀이 재담, 담배를 소재로 한 재담, 장단을 소재로 한 재담, 조기를 소재로 한 재담, 새처를 소재로 한 재담 등으로 구성되어 있다. 각 재담별로 '양반의 위엄 → 말뚝이의 조롱 → 양반의 호통 → 말뚝이의 변명 → 양반의 안심'이라는 유사한 구조가 반복된다.

양반의 위엄	양반과 하인 말뚝이의 정상적인 관계를 나타냄.
말뚝이의 조롱	말뚝이의 도전으로 양반의 위엄이 급격히 파괴됨.
양반의 호통	양반은 민감한 반응을 보이면서 제재를 가해 말뚝이의 조롱을 부정하고 양반의 위엄을 세우려 함.
말뚝이의 변명	말뚝이는 부득이 표면적으로는 조롱을 부정하고 양반의 위엄과 호통을 긍정하는 척함.
양반의 안심	양반은 말뚝이의 표면적인 변명만 받아들여 말뚝이의 조롱이 부정되고 양반의 위엄과 호통이 긍정되었다고 기분 좋게 생각하나, 객관적으로는 양반의 위엄과 말뚝이의 변명이 부정되고 말뚝이의 조롱이 긍정됨.

키 포인트 체크

- 인물 말뚝이가 재치 있는 언어로 양반을 조롱하고 □□한다.
- 배경 조선 후기 봉건 사회에 대한 비판과 □□가 드러난다.
- 사건 말뚝이와 양반 삼 형제의 재담과 양반들의 엉터리 글자 놀이로 양반의 □□와 허세를 조롱하고 비판한다.

1 〈보기〉를 참고할 때, 이 글의 주제로 가장 적절한 것은?

┨ 보기 ┠

돈을 주고 양반 신분을 산 양반 삼 형제는 무식을 드러내며 스스로를 희화화하고, 말뚝이는 이를 조롱한다. 양반 삼 형제는 말뚝이를 시켜 나랏돈을 횡령한 취발이를 잡아 오지만, 취발이에게 돈을 받고 그를 풀어 준다.

– 〈봉산(鳳山) 탈춤〉 중 양반춤 과장 줄거리

① 파계승에 대한 풍자
② 남성의 횡포에 대한 비판
③ 대가족 제도의 모순 비판
④ 서민들의 삶에 대한 연민
⑤ 양반의 무능과 부패에 대한 비판

2 〈보기〉는 (나)~(라)의 재담 구조를 나타낸 것이다. Ⓐ, Ⓑ에 들어갈 말이 바르게 짝지어진 것은?

┨ 보기 ┠

양반의 위엄 → (Ⓐ) → 양반의 호통 → (Ⓑ) → 양반의 안심 → 말뚝이와 양반의 일시적 화해

① Ⓐ: 말뚝이의 변명, Ⓑ: 말뚝이의 조롱
② Ⓐ: 말뚝이의 변명, Ⓑ: 말뚝이의 사과
③ Ⓐ: 말뚝이의 조롱, Ⓑ: 말뚝이의 변명
④ Ⓐ: 말뚝이의 조롱, Ⓑ: 말뚝이의 처벌
⑤ Ⓐ: 말뚝이의 조롱, Ⓑ: 말뚝이의 사과

내신 적중 高난도

3 ㉠과 같은 표현 방법이 사용된 것은?

① 쇠털 같은 담배를 꿀물에다 축여 놨다 그리하였소.
② 말뚝을 빵빵 돌려서 박고 띠를 두르고 문은 하늘로 냈다.
③ 내 몸의 지은 죄 뫼같이 쌓였으니 하늘이라 원망하며 사람이라 허물하랴.
④ 시아지비 뾰중새요 남편 하나 미련새요, / 자식 하난 우는 새요 나 하나만 썩는 샐세.
⑤ 이부(二夫)를 섬기고 어찌 열녀라 할고? / 두 이(二) 자가 아니고 오얏 이(李) 자 이부(李夫)로소이다.

4 ⓐ, ⓑ에서 알 수 있는 가면극의 특징을 쓰시오.

Q 〈봉산 탈춤〉의 어휘 사용의 특징은?

〈봉산 탈춤〉에는 서민의 언어인 비속어와 양반의 언어인 한자어가 혼합되어 나타난다. 또한 서민인 말뚝이가 한자어를 사용하면서 자신의 지식을 뽐내고 있는 것은 양반보다 지적인 능력이 뛰어남을 드러내어 양반들을 비하하는 효과를 가져다 준다. 또한 양반들이 자신의 지식을 과시하는 듯하면서 스스로 무식을 드러내는 모습은 신분 질서의 허구성을 나타내며 양반들의 무식함을 폭로하는 역할을 한다.

어휘 풀이

새처 '사처'의 방언. 손님이 길을 가다가 묵음. 또는 묵고 있는 그 집.
자좌오향(子坐午向) 묏자리나 집터 등이 정북 방향을 등지고 정남향을 바라보는 방향.
오량각(五樑閣) 다섯 개의 도리로 짠 지붕틀로 지은 집.
부벽서(付壁書) 종이 등에 써서 벽에 붙이는 글이나 글씨.
담박녕정(澹泊寧靜) 욕심이 없어 마음이 깨끗하고 고요함.
백인당중유태화(百忍堂中有泰和) 많이 참는 집에는 태평과 화목이 깃든다는 말.
효제충신(孝悌忠信) 어버이에 대한 효도, 임금에 대한 충성과 벗 사이의 믿음을 통틀어 이르는 말.
운자(韻字) 한시에서 각 구의 끝을 맞춘 글자.
벽자(僻字) 흔히 쓰이지 않는 까다로운 글자.
앞총 짚신의 맨 앞 양편으로 굵게 박은 낱낱의 울.
거멀못 세간이나 나무 그릇의 금 간 데나 떨어질 염려가 있는 모퉁이에 걸쳐 대는 못.
파자(破字) 한자의 자획을 풀어 나눔.
살피 '살포'의 방언. '살포'는 논에 물꼬를 트거나 막을 때 쓰는 농기구.

Q (나) ~ (라)에 묘사된 양반의 모습은?

(나) ~ (라)에는 양반들의 시조 읊기, 글짓기, 파자 놀이가 제시되어 있는데, 이것이 모두 엉터리인 데서 양반 계층의 무지함이 폭로되며, 특히 말뚝이가 양반들과 함께 시조를 읊는 부분에서는 양반들의 허위를 조롱하는 모습이 드러난다.

구절 풀이

❶ **이마만큼 터를 잡고 ~ 새처를 잡아 놨습니다.** 말뚝이가 묘사한 새처의 모습은 마구간과 같다. 즉, 말뚝이는 양반 삼 형제를 짐승 취급하며 조롱하고 있는 것이다.
❷ **"울룩줄룩 작대산(作大山)허니, ~ 잘 지었습니다.** 생원이 지은 엉터리 문장을 서방이 잘 지었다고 칭찬하며 함께 웃는 장면으로, 양반들의 학식과 교양이 허구적임을 폭로하고 있다.
❸ **그러면 이번엔 파자(破字)나 ~ 하는 자가 아닙니까?** 파자 놀이는 한자의 획수를 가지고 내는 수수께끼로, 예를 들어 '목자(木子)씨가 왕(王)이 된다.'에서 목자씨를 목(木)과 자(子)를 합한 이(李)씨로 풀이하는 것이다. 그런데 양반 형제는 한자의 획수와 관계없는, 단순한 수수께끼를 하고 있다. 이를 통해 이들의 학식과 교양이 형편없음을 드러내고 있다.

가 생원: 네 이놈, 양반을 모시고 나왔으면 •새처를 정하는 것이 아니고 어디로 이리 돌아다니느냐? / 말뚝이: (채찍을 가지고 원을 그으며 한 바퀴 돌면서) 예에, ❶이마만큼 터를 잡고 참나무 울장을 드문드문 꽂고, 깃을 푸근푸근히 두고, 문을 하늘로 낸 새처를 잡아 놨습니다. / 생원: 이놈, 뭐야!

(공연 장소와 극 중 장소가 일치된 가면극의 특성이 나타남. / 깃: 외양간, 마구간, 닭둥우리 등에 깔아 주는 짚이나 마른풀)

말뚝이: 아, 이 양반, 어찌 듣소. •자좌오향(子坐午向)에 터를 잡고, 난간 팔자(八字)로 •오량각(五樑閣)과 입 구(口) 자로 집을 짓되, 호박 주초(琥珀柱礎)에 산호(珊瑚) 기둥에 비취 연목(翡翠椽木)에 금파(金波) 도리를 걸고 입구 자로 풀어 짓고, 쳐다보니 천판자(天板子)요, 내려다보니 장판방(壯版房)이라. 『화문석(花紋席) 칫다 펴고 •부벽서(付壁書)를 바라보니 동편에 붙은 것이 •담박녕정(澹泊寧靜) 네 글자가 분명하고, 서편을 바라보니 •백인당중유태화(百忍堂中有泰和)가 완연히 붙어 있고, 남편을 바라보니 인의예지(仁義禮智)가, 북편을 바라보니 •효제충신(孝悌忠信)이 분명하니,』 이는 가위 양반의 새처방이 될 만하고, 문방제구(文房諸具) 볼작시면 용장봉장, 궤(櫃), 두지, 자개 함롱(函籠), 반닫이, 샛별 같은 놋요강, 놋대야 바쳐 요기 놓고, 양칠간죽 자문죽을 이리저리 맞춰 놓고, 삼털 같은 칼담배를 저 평양 동푸루 선창에 돼지 똥물에다 축축 축여 놨습니다.

(주초: 주추, 기둥 밑에 괴는 돌 등의 물건 / 연목: 서까래 / 금파: 금물결 / 도리: 서까래를 받치기 위해 기둥 위에 건너지르는 나무 / 장판방: 장판지로 바닥을 바른 방 / 『 』: 유교적 관념과 겉치레를 중시하는 양반의 모습 / 가위: 옷을 넣는, 큰 함처럼 생긴 농 / 용장봉장: 용과 봉황의 모양을 새겨 꾸민 옷장 / 두지: '뒤주'를 한자를 빌려서 쓴 말 / 반닫이: 아래로 젖혀 여닫게 된, 궤 모양의 가구 / 양반의 호통에 비위를 맞추는 듯하다가 다시 조롱함.)

생원: 이놈, 뭐야!

말뚝이: 아, 이 양반, 어찌 듣소. 쇠털 같은 담배를 꿀물에다 축여 놨다 그리하였소.

양반들: (합창) 꿀물에다 축여 놨다네. (굿거리장단에 맞춰 일제히 춤춘다. 한참 추다가 춤과 음악이 끝나고 새처 방으로 들어간 양을 한다.) ▶ '새처'를 소재로 양반을 조롱함.

나 생원: 쉬이. (음악과 춤을 멈춘다.) 여보게, 동생. 우리가 본시 양반이라, 이런 데 가만히 있자니 갑갑도 하네. 우리 시조(時調) 한 수씩 불러 보세. / 서방: 형님, 그거 좋은 말씀입니다.

(유식함을 과시하려는 의도이나 오히려 무지함이 드러나게 됨.)

양반들: (시조를 읊는다.) "…… 반 남아 늙었으니 다시 젊지는 못하리라……." 하하. (하고 웃는다. 양반 시조 다음에 말뚝이가 자청하여 소리를 한다.)

말뚝이: "낙양성 십 리허에, 높고 낮은 저 무덤에……." ▶ 양반의 시조에 대항하여 말뚝이가 민요창을 함.

(삶의 무상함을 노래한 〈성주풀이(잡가)〉로 양반의 시조창에 대한 답가 – 양반들의 시조창 놀이를 비웃음.)

다 생원: 다음은 글이나 한 수씩 지어 보세. / 서방: 그럼, 형님이 먼저 지어 보시오.

생원: 그러면 동생이 •운자(韻字)를 내게.

서방: 예, 제가 한번 내 드리겠습니다. '산' 자, '영' 잡니다.

생원: 아, 그것 어렵다. 여보게, 동생. 되고 안 되고 내가 부를 터이니 들어 보게. (영시 조로) ❷"울룩줄룩 작대산(作大山)허니, 황천(黃川) 풍산(豊山)에 동선령(洞仙嶺)이라."

(영시 조로: 시조를 읊는 어조로 / 무의미하고 내용이 없는 문장)

서방: 하하. (형제, 같이 웃는다.) 거 형님, 잘 지었습니다. / 생원: 동생 한 귀 지어 보세.

(양반들의 허위가 드러난 말)

서방: 그럼 형님이 운자를 하나 내십시오. / 생원: '총' 자, '못' 잘세.

서방: 아, 그 운자 •벽자(僻字)로군. (한참 낑낑거리다가) 형님, 한마디 들어 보십시오. (영시 조로) "짚세기 •앞총은 헝겊총하니, 나막신 뒤축에 •거멀못이라."

(짚세기: 신발의 앞부분에 대는 헝겊 / 무의미하고 내용이 없는 문장) ▶ 양반들이 엉터리 운자 놀이를 함.

라 생원: ❸그러면 이번엔 •파자(破字)나 하여 보자. 주둥이는 하얗고 몸뚱이는 알락달락한 자가 무슨 자냐?

서방: (한참 생각하다가) 네에, 거 운고옥편(韻考玉篇)에도 없는 자인데, 그것 참 어렵습니다. 그 피마자(蓖麻子)라고 하는 자가 아닙니까?

(운고옥편: 한자의 운자(韻字)를 분류하여 풀어 놓은 사전)

생원: 아, 거 동생 참 용할세. / 서방: 형님, 내가 그럼 한 자 부르라우?

(용할세: 아주끼리 / 생원의 무식함이 드러남.)

생원: 부르게. / 서방: 논두렁에 •살피 짚고 섰는 자가 무슨 잡니까?

생원: (한참 생각하다가) 아, 그것 참 어려운 잘세. 그것은 논 임자가 아닌가?

(서민들의 수수께끼에 지나지 않음. 양반들의 학식과 교양이 저급함을 풍자함.)

서방: 하하, 그것 형님 참 잘 맞혔습니다. ▶ 양반들이 엉터리 파자 놀이를 함.

• 중심 내용 새처를 소재로 하는 말뚝이의 양반 조롱과, 엉터리 글자 놀이를 통한 양반의 무지와 허세 비판

작품 연구소

〈봉산 탈춤〉의 주제 의식과 반영된 사회상

파계승의 말과 행동	불교의 관념적 초월주의 비판
양반의 허위와 권위 의식	양반의 무지함과 허위 조롱
여성의 억울한 죽음	가부장적 사회의 모순 고발

↓

조선 후기의 신분제 변동, 양반 계층의 몰락, 서민 의식의 성장을 반영함.

양반춤 과장에 나타나는 해학과 풍자

양반춤 과장에서는 익살과 과장, 열거와 대조, 언어유희 등을 통해 해학성과 풍자성을 드러내고 있다. 이는 특히 말뚝이의 대사에서 잘 나타나는데, 말뚝이는 양반을 희화화하여 웃음을 유발하는 동시에 양반의 어리석음과 무능함을 폭로한다. 또한 〈봉산 탈춤〉의 다른 과장에서도 기존의 사회 현상에 대한 비판 정신이 해학과 풍자를 통해 드러나는데, 이는 탈춤이 평민들을 중심으로 유희되던 놀이라는 데에서 비롯한 특징이다.

〈봉산 탈춤〉의 표현상 특징

- 양반을 조롱하는 재담과 언어유희가 돋보인다.
- 비속어와 한자어가 동시에 사용되어 언어 사용의 양면성을 보인다.
- 서민적인 체취가 풍기는 언어를 구사하여 당시의 생활상을 반영한다.
- 근대적인 서민 의식을 바탕으로 반어 및 익살, 과장 등을 사용하여 고도의 풍자성을 이루어 낸다.

관객과 악공의 역할

관객	양반에 대한 말뚝이의 조롱이 성공적으로 이루어지도록 말뚝이와 한편이 되어 극 중 현실에 참여하고 개입함.
악공	• 놀이판의 배경 음악을 제공함. • 등장인물의 물음에 대답하고 장단을 맞춤. • 양반에 대한 말뚝이의 조롱이 성공적으로 이루어지도록 말뚝이와 한편이 되어 극에 참여함.

자료실

가면극(탈춤)과 서양 연극의 차이

	가면극(탈춤)	서양 연극
공연 장소	• 극 중 장소 = 공연 장소 • 무대 장치와 소품 불필요	• 극 중 장소 ≠ 공연 장소 • 무대 장치와 소품 필요
관객과의 관계	관객이 극에 참여 가능(능동적 참여자)	극 중 현실에 몰입, 대부분 관객 참여 불가능(수동적 참여자)
구성	서로 인과 관계가 없는 옴니버스식 구성	처음부터 끝까지 유기적인 구성

가면극에서 탈의 기능

가면극에 사용되는 탈의 특징은 외양이 과장되었다는 것이다. 이는 인물의 성격을 극적으로 표현하면서, 극에 대한 관객의 몰입도와 이해도를 높여 준다. 또한 상류 계층인 양반에 대한 조롱과 비판을 주된 내용으로 하는 가면극의 특성상, 익명성을 보장하여 양반에 대한 풍자의 자유를 보장하는 기능을 하기도 한다.

함께 읽으면 좋은 작품

〈양주 별산대(楊州別山臺)놀이〉, 작자 미상 / 내용이 유사한 산대도감극의 한 갈래

〈봉산 탈춤〉과 같은 산대도감극의 하나로, 그 내용도 비슷하다. 다만 표현 면에서 〈봉산 탈춤〉의 대사가 운문적이라면 〈양주 별산대놀이〉는 평범한 일상 대화를 사용하며, 민속 가면극 중 가장 분화·발전된 형태의 춤이 나타난다.

Link 본책 302쪽

5 이 글에 대한 설명으로 적절하지 않은 것은?

① 과장된 표현을 통해 해학과 풍자를 드러낸다.
② 엉터리 놀이를 통해 양반들의 허위를 풍자한다.
③ 비속어와 한자어가 혼용되고 언어 사용이 자유롭다.
④ 장면 전환이 자유로운 대신 관객의 개입은 불가능하다.
⑤ 신분 질서가 동요되던 당시 사회의 현실을 반영하고 있다.

6 이 글을 심화 학습하기 위한 주제로 적절하지 않은 것은?

① 극의 개방성에 관해 현대 연극과 비교해 봐야겠어.
② 이 글이 불러온 시대적 갈등과 분열을 조사해 봐야겠어.
③ 서민 의식이 나타난 다른 예술 작품을 조사해 봐야겠어.
④ 탈의 생김새와 인물의 성격을 관련지어 생각해 봐야겠어.
⑤ 하인인 말뚝이가 양반을 조롱하는 이유를 생각해 봐야겠어.

내신 적중 多빈출

7 이 글에서 알 수 있는 가면극(탈춤)의 성격으로 적절하지 않은 것은?

① 몸짓, 재담, 노래 등으로 이루어져 있다.
② 장면 간의 연결이 유기적인 관계를 지닌다.
③ 인물의 행동과 대사를 통해 사건이 진행된다.
④ 춤과 음악을 활용하여 긴장과 갈등을 해소한다.
⑤ 희극적이고 해학적인 내용과 표현이 주를 이룬다.

8 〈보기〉와 관련지어 이 글을 이해한 내용으로 적절하지 않은 것은?

보기

풍자는 대개 도덕적, 지적으로 열등한 존재를 우스꽝스럽게 표현하고 깎아내리는 과정에서 웃음을 유발한다. 풍자의 방법에는 대상을 직접 공격하거나 부정적으로 묘사하기, 패러디하기 등이 있다. 이는 독자가 쉽게 수용할 수 있는 범위 내에서 이루어지므로 풍자의 의도나 근거는 작품 속에서 따로 설명되지는 않는다. 풍자의 궁극적인 목적은 단순히 대상을 비판하는 것을 넘어 대상을 올바르게 교정함으로써 우리 사회를 바람직한 방향으로 개선하는 데에 있다.

① 양반을 열등한 존재로 그린 것은 그들의 잘못을 바로잡으려는 의도겠군.
② 양반들을 열등한 모습으로 그린 근거에 대해 따로 설명하지 않은 것은 당시의 관객들이 그 이유를 쉽게 수용하고 있었기 때문이겠군.
③ (가)는 양반을 직접 공격하는 방식으로, (다)와 (라)는 양반을 부정적으로 묘사하는 방식으로 풍자하고 있군.
④ (나)에서 양반의 시조에 말뚝이가 답가로 민요를 부르는 것은 양반의 놀이 문화를 교정하기 위함이군.
⑤ (다)와 (라)에서 양반들의 무지함이 밝혀지면서 자연스레 웃음이 유발되는군.

9 이 글의 내용과 갈래의 특성을 고려하여 배우들이 쓰는 탈의 기능을 〈조건〉에 맞게 쓰시오.

조건

1. 이 글의 비판 대상과 관련지을 것
2. 40자 이내의 완결된 한 문장으로 쓸 것

101 강령(康翎) 탈춤 | 작자 미상

키워드 체크 #가면극 #풍자적 #해학적 #일부대처첩의 가정 파탄 #처첩 간의 갈등 #이중적인 언어관

핵심 정리

갈래 민속극, 가면극(탈춤) 대본
성격 해학적, 풍자적, 서민적
제재 할멈의 영감 찾기
주제 처첩 간의 갈등과 가부장적 폭력에 따른 여성의 희생
특징 ① 처첩 간의 갈등과 같은 봉건적 가족 관계의 갈등 양상이 두루 나타남.
② 언어유희, 재담, 비속어 등 서민적 언어 표현과 한문 투 표현이 함께 쓰이는 이중적인 언어관을 엿볼 수 있음.
③ 등장인물과 관객이 적극적으로 소통하는 개방성을 지님.
④ 놀이의 반주를 하는 악공이 극에 개입하여 할멈과 영감의 재회를 매개함.

Q 장구잽이와 할멈의 대화에서 알 수 있는 악공의 역할은?

악공인 장구잽이는 반주를 하는 악사로서의 역할뿐만 아니라 할멈과 영감의 재회를 매개하는 기능을 한다. 판소리의 고수와 비슷하면서도, 직접 극에 개입하여 등장인물과 대화를 나누는 등 적극적인 역할이 두드러진다. 또한 할멈에게 노래를 권하며 극에 음악성을 부여하는 역할도 하고 있다.

어휘 풀이

마모색 생김새를 일컫는 말.
난간이마 정수리가 넓고 툭 불거져 나온 이마.
우멍눈 움푹 들어간 눈.
진양조 판소리 장단 중의 하나로 가장 느리며 극의 전개가 느슨하고 서정적인 장면에서 쓰임.
역로(驛路) 역마(驛馬)를 바꿔 타는 곳과 통하는 길.
중머리 중모리장단. 담담하게 서술하거나 서정적인 장면에서 쓰임.
야삼경(夜三更) 하룻밤을 오경(五更)으로 나눈 셋째 부분. 밤 11시에서 새벽 1시 사이를 일컬음.
구년치수 '구년지수(九年之水)'의 착오. 중국 요나라 때 9년 동안이나 계속되었다는 큰 홍수에서 유래한 말로, 오랫동안 계속되는 큰 홍수를 의미함.
영산도드리 보통 빠르기의 6박자 장단.

구절 풀이

❶ **마모색은 말새끼지.** 영감의 모습을 말해 달라는 악공의 요청에 할멈은 발음의 유사성을 이용한 언어유희를 사용해 표현하고 있다. 이는 서민 취향의 익살스런 표현으로 극의 해학성을 높인다.

❷ **전송춘(餞送春)에 낙화(落花) 이별 강수원함정(江樹遠含情)** '봄을 보내니 떨어지는 꽃과 이별하게 되어 강물과 강가의 나무도 안타까워한다.'라는 뜻으로, 당나라 송지문의 시 〈별두심언(別杜審言)〉의 한 구절이다. 서민인 할멈이 한문 투의 표현을 쓰는 것은 탈춤의 언어적 이중성을 보여 준다.

❸ **보고지고 보고지고 ~ 햇빛같이 보고지고.** 영감과 재회하고 싶은 할멈의 소망을 흥겨운 감탄사와 과장된 비유, 비슷한 구절의 반복을 통해 표현하고 있다.

제7과장 영감·할미광대춤

장구잽이: 영감의 *마모색을 말헙소.

할멈: ❶마모색은 말새끼지.
(발음의 유사성과 비속어를 활용하여 극의 해학성을 높임.)

장구잽이: 소모색은.

할멈: 소모색은 소새끼지.

장구잽이: 인물걸이를 말헙소.

할멈: 인물걸이 참 잘생겨 자빠라졌지. ㉠ *난간이마에 *우멍눈, 삼동코에 술을 한 반 잔쯤 먹었는지 얼굴이 불그레하고 오뉴월에도 개가죽관을 면치 못하는 영감일세.
(반복과 과장을 통해 인물을 해학적으로 묘사하여 관객의 웃음을 유발함.)
▶ 할멈이 영감의 외양을 희극적으로 묘사함.

장구잽이: 그런 영감 고대 저쪽으로 갔습네.

할멈: (깜짝 놀라며 부채를 펴고 찾는 척한다.) 아! 어데도 없는데 어떡허면 찾을고.

장구잽이: 이별가를 한마디 하 봅소.
(장구잽이가 할멈에게 노래하기를 권하여 탈춤의 음악성을 실현함.)

할멈: 아 이별을 하였는데도 이별가를 해.

장구잽이: 그런 게 아니라 첫대에 이별허던 대로 이별가를 잘하면 찾을 수 있지.

할멈: 이별가를 하면 꼭 찾일까?

장구잽이: 꼭 찾지.

할멈: (*진양조로) 이별이라 이별이라 ❷전송춘(餞送春)에 낙화(落花) 이별 강수원함정(江樹遠含情) 허니 *역로(驛路)에 형제 이별 다 설대도 우리 영감 이별 제일로 설소. 이별 별자 내신 양반 날과 평생 원수로다 (말로) 이별가를 해도 못 찾습네.
(길을 떠나는 형제간의 이별보다 영감과의 이별이 더 서럽다며 비교법을 써서 표현하고 있음.)

장구잽이: 그러면 ⓐ보고지고 타령을 한마디 하여 봅소.
(음악적 요소가 서사적 진행만큼 중요함.)

할멈: 내가 인물 고으니께 날 놀리는가(희롱인가)? 보고지고 타령을 하면 꼭 찾일까?

장구잽이: 꼭 찾지.

할멈: (느린 *중머리 조) ❸보고지고 보고지고 우리 영감 보고지고 「어둡침침 *야삼경(夜三更)에 불현듯이 보고지고 대한 칠 년 왕가뭄에 빗발같이 보고지고 *구년치수 흐린 날에 햇빛같이 보고지고.」 (말로) 암만 해도 못 찾겠습네.
(대한: 크게 일어난 가뭄)
(「」: 어두운 밤에 보고 싶거나, 대가뭄에 내리는 비처럼 보고 싶거나, 흐린 날의 햇빛처럼 보고 싶다는 표현을 통해 그리움을 과장되면서도 절실하게 표현함.)
▶ 할멈이 노래를 불러 영감을 찾으려 함.

장구잽이: 그럼 불러 봅소.

할멈: (강아지를 부르는 시늉을 한다.) 애야…… 애야…….
(영감을 부르라는 말을 강아지를 부르라는 뜻으로 오인하며 해학성이 드러남.)

장구잽이: 누가 강아지를 부르랬어.

할멈: 난 부르라니까 강아지를 부르라는 줄 알았지.

장구잽이: 영감을 찾아보란 말이야.

할멈: 영감. (짧게 한다.)
(영감을 부르는 장면을 반복하여 극의 재미를 극대화함.)

장구잽이: 그건 너무 짧아.

할멈: 영감 찾는 데도 고하(高下)가 있나?

장구잽이: 고하가 있지. / 할멈: 그럼 어찌 부르란 말야?

장구잽이: *영산도드리로 한번 잘 불러 봅소.
(악공은 극을 진행할 뿐만 아니라 극의 음악성을 확보하는 적극적인 역할을 함.)

할멈: 영감. (길게 한다.)

ⓑ(자진 굿거리로 추면서 퇴장)

▶ 영감을 찾는 할멈의 모습이 장면의 극대화를 통해 희화화됨.

• 중심 내용 영감을 찾아다니다 악공인 장구잽이를 만나 대화를 나눈 할멈

이해와 감상

〈강령 탈춤〉은 황해도 강령 지방에 전승되어 오던 해서(海西) 탈춤, 즉 황해도 일대의 탈춤의 하나이다. 〈봉산 탈춤〉과 더불어 해서 탈춤의 쌍벽을 이루는, 문학사적 가치가 높은 가면극이다. 전체 놀이는 파계승에 대한 조롱, 양반 계급에 대한 모욕, 일부대처첩(一夫對妻妾)의 가정 파탄과 서민 생활의 폭로 등을 그린 여덟 마당으로 구성되며, 각 과장의 주제 의식에 통일성은 없다. 제시된 부분은 제7과장인 영감·할미광대춤으로 일부대처첩(一夫對妻妾)의 삼각관계와 서민 생활상을 다루고 있으며, 본처와 첩의 갈등으로 인한 비극과 이를 통해 드러나는 서민 생활상을 주제로 하고 있다.

작품 연구소

〈강령 탈춤〉의 전체 구성

제1과장 사자춤	사자와 원숭이가 함께 춤을 춤.
제2과장 말뚝이춤	말뚝이 1, 2가 등장해 춤을 춤.
제3과장 목중춤	목중 둘이 차례로 나와 춤을 추고 놀이를 시작한다는 뜻의 대사를 함.
제4과장 상좌춤	상좌 1, 2가 나와 춤을 춤.
제5과장 양반춤	양반 셋이 나와 양반의 근본에 대해 이야기하고, 말뚝이 1, 2가 양반들을 골려 줌.
제6과장 목중춤	목중 한 명이 나와 춤을 춤.
제7과장 영감·할미광대춤	영감과 할미, 첩 용산삼개집이 삼각관계로 대립함.
제8과장 노승춤	팔목중이 나와 춤을 추고 재담을 하며, 취발이가 등장하여 노승의 여자를 빼앗고 그 여자가 아이를 낳음.

〈강령 탈춤〉에 나타난 언어적 특징

언어유희	'영감의 마모색을 말헙소.' / '마모색은 말새끼지.' → 발음의 유사성을 활용하는 언어유희로 해학성을 높임.
서민 취향의 익살스런 표현	'난간이마에 우멍눈, 삼동코에 술을 한 반 잔쯤 먹었는지 얼굴이 불그레하고' → 과장되고 해학적인 묘사로 관객의 흥미를 유발함.
종합 예술로서의 성격	'이별가를 한마디 하봅소.' → 노래를 통해 극의 흥미를 높이고 관객의 집중을 이끎.
한문 투 표현	'전송춘(餞送春)에 낙화(落花) 이별 강수원함정(江樹遠含情)' → 관습적인 한문 투를 활용하여 양반의 취향을 반영함. 탈춤의 이중적인 언어관이 드러남.

〈강령 탈춤〉의 작중 인물 묘사

장구잽이가 할멈에게 영감의 모습을 말해 보라고 하자, 할멈은 "마모색은 말새끼지."라고 말하고, '난간이마에 우멍눈, 삼동코에 술을 한 반 잔쯤 먹었는지 얼굴이 불그레하고'라고 묘사하는 등 영감의 모습을 과장되고 해학적으로 표현하여 극의 재미를 살리고 있다.

키 포인트 체크

인물 할멈은 직접 갈등을 해결하고자 하는 □□□인 성격을 지녔다.
배경 조선 후기 봉건적 가족 관계의 □□이 드러난다.
사건 할멈이 영감을 찾아다니다 □□인 장구잽이를 만나 그의 권유로 노래를 불러 영감을 찾으려 한다.

1 이 글에 대한 설명으로 적절하지 않은 것은?

① 대사의 반복과 대구를 활용하여 리듬감을 살리고 있다.
② 악공은 극의 반주를 할 뿐만 아니라 진행에도 개입한다.
③ 순우리말 위주의 서민들이 자주 쓰는 표현이 두드러진다.
④ 음악적 요소를 활용하여 종합 예술로서의 성격을 보인다.
⑤ 시구를 인용하여 인물의 심리를 효과적으로 표출하고 있다.

2 〈보기〉는 이 글의 다른 부분이다. 이에 대한 설명으로 적절한 것은?

보기
장구잽이: 할멈의 마모색을 어드릅세.
영감: 마모색은 말새끼지.
장구잽이: 소모색은? / 영감: 소모색은 소새끼지.
장구잽이: 관계(기) 모색을 말헙소.
영감: 우리 할멈 참 잘생겨 자빠졌지. 난간이마 주게턱에 개발코 우멍눈에 쌍통은 시퍼러덩덕궁한 게 왼손에 방울 들고 바른손에 부채 들고 점치러 다니는 할멈일세.

① 인물에 대한 정보를 감추어 극의 신비감을 높이고 있다.
② 앞으로 벌어질 일을 암시하여 극의 긴장감을 높이고 있다.
③ 등장인물이 사용하는 언어의 차이로 신분 차이를 드러내고 있다.
④ 유사한 대화 구조를 반복하여 구비 전승의 효율성을 높이고 있다.
⑤ 대사의 산문성을 부각하여 관객이 인물에 몰입하도록 유도하고 있다.

내신 적중 多빈출

3 〈보기〉와 이 글의 ㉠에 나타난 서술상의 공통점으로 알맞은 것은?

보기
배꽃 같은 요내 얼굴 호박꽃이 다 되었네.
삼단 같은 요내 머리 비사리춤이 다 되었네.
백옥 같던 요내 손길 오리발이 다 되었네.
– 작자 미상, 〈시집살이 노래〉

① 과장된 표현으로 웃음을 주고 있다.
② 비유를 통해 내적 갈등을 드러내고 있다.
③ 인물의 모습을 객관적으로 묘사하고 있다.
④ 유사 어구를 반복하여 리듬감을 살리고 있다.
⑤ 과거와 현재를 비교하여 외양을 표현하고 있다.

4 〈보기〉를 참고할 때, ⓐ와 ⓑ에서 알 수 있는 탈춤의 특성을 쓰시오.

보기
탈춤은 갈등을 중심으로 서사가 진행된다는 점에서 다른 극 장르와 공통적이지만, 그 형식은 특이하다. 이는 우리가 잘 아는 뮤지컬과 비교해 볼 수 있다.

Ⅳ. 조선 후기

102 양주 별산대(楊州別山臺)놀이 | 작자 미상

키워드 체크 #가면극 #풍자적 #해학적 #양반의 횡포와 무능에 대한 비판 #지배 계층에 대한 서민들의 비판 의식

문학 천재(김)

핵심 정리

갈래 민속극, 가면극(탈춤) 대본
성격 풍자적, 해학적, 골계적
문체 구어체, 대화체
제재 양반의 숙소 정하기
주제 무능한 양반에 대한 풍자와 조롱
특징 ① 전체 여덟 과장으로, 각 과장은 다른 과장과 관련 없이 독립적임.
② 익살스럽고 과장된 표현을 많이 사용함.
③ 비어가 섞인 일상적인 대사가 주를 이룸.
④ 무대 장치 없이 공간을 자유롭게 설정하고 있음.
출전 양종승 채록본

Q 말뚝이와 쇠뚝이의 차이는?

말뚝이는 전통 민속극에서 양반을 조롱하고 풍자하며 서민의 정서를 대변하는 전형적인 인물이고, 쇠뚝이는 양반을 직접적으로 비하하는 공격적인 인물이다. 양반의 거처를 돼지우리로 정하거나 양반을 희롱하는 장면은 양반에 대한 쇠뚝이의 비판적인 태도를 잘 보여 주는 것이다. 다소 우회적인 방식으로 비판 의식을 드러내는 말뚝이와 달리 쇠뚝이는 직접적이고 공격적으로 양반에 대한 적개심을 표출한다고 볼 수 있다.

어휘 풀이

샌님 '생원님'의 준말. '생원(生員)'은 조선 시대에 소과(小科)인 생원과에 합격한 사람, 또는 예전에 나이 많은 선비를 대접하여 이르는 말.
노장(老丈) 노장중. 늙은 승려를 높여 이르는 말.
산대(山臺)굿 산대놀음에서 하는 굿. 산대놀음이란 탈을 쓰고 큰길가나 빈터에 만든 무대에서 하는 복합적인 구성의 탈놀음임.
삼현(三絃) 음악 반주 소리. 원래는 거문고, 가야금, 향비파(鄕琵琶)의 세 가지 현악기.
까끼걸음 까끼춤. 양주 별산대놀이 춤사위의 하나. 서울 지방의 대표적인 춤으로 날카롭고 깊이 있는 격식의 멋을 부림.
겸노(兼奴) 종은 아니나 가난하여 종이 해야 할 일까지 다 겸하여 하던 일. 또는 그런 사람.
청편지(請片紙) 청질로 하는 편지. 또는 남의 청질을 맡아서 대신 내는 편지. '청질'은 어떤 일을 하는 데에 권세 있는 사람에게 부탁하여 그 힘을 빌리는 일을 말함.

구절 풀이

❶ **혹시 그놈들이 ~ 분명해야 하지 않겠느냐!** 담배를 필 때에도 신분 질서를 엄격하게 따지는 양반의 모습을 풍자하고 있는 장면이다.
❷ **그래서 말뚝을 빵빵 ~ 문은 하늘로 냈다.** 샌님 일행이 하룻밤 묵어야 할 의막을 묘사하고 있는 부분으로, '말뚝', '문은 하늘로' 등의 표현에서 의막의 모습이 돼지우리와 같음을 알 수 있다. 즉, 말뚝이와 쇠뚝이는 샌님을 돼지와 같은 부류로 비하하며 조롱하고 있다.

가 제7과장 샌님춤

제1경 의막 사령(依幕使令) 놀이 [임시로 거처하게 될 곳을 마련할 심부름꾼]

(㉠앞 과장에서 노장(老丈)을 조롱하고 소무(小巫)를 빼앗았던 취발이가 쇠뚝이라는 이름으로 장내에 앉아 있다. [탈춤에서 노장, 취발이, 양반의 상대역으로 나오는 젊은 여자] 샌님 일행은 말뚝이란 하인을 데리고 과거 시험을 보러 가는데, ㉡산대(山臺)굿을 구경하다가 날이 저무는 줄 몰랐다. [산대굿을 하는 공연 장소와 극이 진행되는 극 중 장소가 일치함을 보여 줌.] 그래서 숙소를 정하지 못하고 쩔쩔매는데, 샌님의 분부를 들은 말뚝이가 친구 쇠뚝이를 만나 숙소를 정해 달라고 한다.)

▶ 등장인물 소개 및 상황 설명

나 쇠뚝이: 얘, 얘, 농담은 그만 두고 대관절 너 옹색한 일이나 있느냐? [막혀서 통하지 않는, 곤란한 일이라는 뜻]

말뚝이: 너 여기서 만나 보기를 천만다행이다.

쇠뚝이: 그래, 요사이 옹색한 일이 있구나?

말뚝이: 내가 다름 아니라 우리 댁 샌님, 서방님, 도련님을 모시고 과거를 보러 가는데 산대굿 구경을 하다가 해 가는 줄 모르고 있다가 의막(依幕)을 못 정했다우. [임시 거처]

▶ 말뚝이가 의막을 정하지 못해 곤란해함.

다 쇠뚝이: 염려 마라, 정해 주마. (㉢삼현(三絃)을 청하여 까끼걸음으로 ㉣장내를 돌다가 의막을 정하여 놓고서 말뚝이의 얼굴을 탁 친다. 삼현 중지.) [음악을 통해 장면이나 상황 전환을 자연스럽게 알림.] 얘! 의막을 정해 놓고 왔다. ❶혹시 그놈들이 담배질을 하더라도 아래윗간은 분명해야 하지 않겠느냐! [여기서 '그놈들'은 양반으로, 평민인 쇠뚝이가 양반을 비하하고 있음.]

말뚝이: 영락없지! [당연하다.]

쇠뚝이: ❷그래서 ⓐ말뚝을 빵빵 돌려서 박고 띠를 두르고 문은 하늘로 냈다.

말뚝이: 그것 고래당 같은 기와집이로구나. [말뚝이의 능청스러운 맞장구로, 돼지우리를 고래등 같은 기와집으로 치켜세움. – 반어법]

쇠뚝이: 영락없지.

말뚝이: 그 집을 들어가자면 물구나무를 서야겠구나. / 쇠뚝이: 영락없지. [두 손을 땅에 붙이고 돼지처럼 기어서 들어가야 함. – 양반을 돼지와 같은 존재로 비하함.]

말뚝이: 얘! 너하고 나하고 사귄 것이 불찰이지. 우리 댁 샌님을 들어 모시자.

▶ 돼지우리를 의막으로 정함.

라 쇠뚝이: 내야 무슨 상관있느냐. 대관절 너는 그 댁에 무어냐? [쇠뚝이는 샌님 댁 하인이 아님을 알 수 있음.]

말뚝이: 나는 그 댁에 청직(廳直)일세. [청지기. 양반집에서 잡일을 맡아보거나 시중을 들던 사람]

쇠뚝이: 청직이면 팽양이 갓을 써? [패랭이 갓. 신분이 낮은 사람이 쓰는 갓]

말뚝이: 청직이가 아니라 겸노(兼奴)일세. [청직과 겸노는 같은 말로, 반복을 통한 언어유희에 해당함.]

쇠뚝이: 옳겠다. 그러면 그 양반들이 어데 있느냐?

말뚝이: 저기들 있으니 들어 모시자. (㉤타령조. 까끼걸음으로 샌님 일행을 돼지 몰아넣듯 채찍질을 하면서 "두두." 한다. 삼현 중지.) [양반을 돼지 취급함. – 양반에 대한 조롱]

▶ 양반을 돼지우리 의막으로 데려감.

마 샌님: 말뚝아! / 말뚝이: 네-이!

샌님: 이 의막을 누가 정했느냐?

말뚝이: 아는 친구 쇠뚝이가 정해 주었소. (쇠뚝이 앞에 가서) 얘! 우리 댁 샌님이 이 의막을 누가 정했느냐 하기에 네가 정해 주었다고 했다. 그러하니 우리 댁 샌님을 한번 뵈어라.

쇠뚝이: 내가 그러한 양반을 왜 뵈느냐?

말뚝이: 너 그렇지 않다. 이다음 우리 댁 샌님이 벼슬하면, 너 괜찮다! 혹시 청편지(請片紙) 한 장 쓰더라도 괜찮다. [양반들의 부패상을 반영함.(권력의 남용)]

쇠뚝이: 그러면 네 말대로 뵙고 오마. 쳐라! (양반 일행을 뵈러 간다. 까끼걸음으로 샌님 일행의 앞뒤를 보고서 말뚝이 앞에 와서 얼굴을 탁 친다. 삼현 중지.)

▶ 말뚝이가 쇠뚝이에게 샌님을 뵙고 오라고 청함.

• 중심 내용 샌님 일행의 의막을 돼지우리로 정한 말뚝이와 쇠뚝이

이해와 감상

〈양주 별산대놀이〉는 서울을 중심으로 경기 지방에서 연희(演戲)되어 온 전통 가면극으로, 산대도감극(山臺都監劇)의 한 분파이다. 약 200년 전부터 양주 지방에서 행해졌으며, 1964년 12월 7일 중요 무형 문화재 제2호로 지정되었다. 이 놀이는 초파일(음력 4월 8일), 단오(음력 5월 5일), 추석(음력 8월 15일) 등 크고 작은 명절과 기우제 등 중요 행사에서 공연되었다. 전체 여덟 과장으로 이루어져 있으며 넓은 마당에서 별다른 무대 장치 없이 공연되는데, 내용 전개에 따라 가상의 작품 공간이 신축성 있게 변형되어 제시된다.

제7과장인 샌님춤 과장에서는 말뚝이가 샌님(양반)을 데리고 나와 친구 쇠뚝이와 함께 양반의 횡포와 무능을 폭로하며 양반을 풍자하고 있다. 돼지우리를 의막으로 정하여 양반들을 돼지와 같은 존재로 비하해 야유하고 조롱하거나, '한량의 자식들', '바닥의 아들놈'으로 표현한 것이 바로 양반에 대한 비판 의식을 드러낸 것이라 할 수 있다. 이처럼 쇠뚝이와 말뚝이는 샌님을 돼지 취급하거나 허접한 의관을 문제 삼아 그 권위를 조롱하는데, 이는 지배층에 대한 서민들의 비판 의식이 표출된 것으로 조선 후기 서민 의식의 성장을 보여 주는 한 단면이라 할 수 있다.

작품 연구소

〈양주 별산대놀이〉의 전체 구성

제1과장	상좌춤	벽사(辟邪)의 의식 무용(儀式舞踊)으로 상좌 2명이 나와 탈판의 안녕을 빌며 춤을 춤.
제2과장	옴중과 상좌	옴중과 상좌의 재담으로 구성되어 있음. 옴에 걸려 가려워하는 중이 자신을 조종하는 상좌를 몰아내고 춤을 춤.
제3과장	옴중과 목중	목중이 옴중의 얼굴에 대해 묻자 옴중은 둘러대는 재담을 함. 옴중은 옴벙거지로 자신의 지체를 높이려 하나 결국 옴이 오른 중임이 발각된다는 내용으로, 파계승에 대한 풍자를 보여 줌.
제4과장	연잎과 눈끔적이	초월적 능력을 가진 고승 연잎과 보좌승인 눈끔적이가 나타나 파계승 옴중과 목중을 벌함.
제5과장	팔목중 놀이	• 제1경 염불 놀이: 팔목중이 염불을 희화화함으로써 그들이 타락한 중임을 보여 줌. • 제2경 침 놀이: 말뚝이 가족의 이야기로, 자식, 손자, 증손자가 죽게 되자 친구 완보의 소개로 신주부를 불러 침을 놓아 모두 살아남. • 제3경 애사당 북놀이: 목중들이 애사당을 희롱하며 법고를 치면서 재담함.
제6과장	노장	• 제1경 파계승 놀이: 노장의 파계 과정을 춤과 동작으로 보여 줌. • 제2경 신 장수 놀이: 노장이 두 소무와 살림을 차린 뒤 신 장수에게서 두 소무의 신발을 외상으로 사고, 외상값을 받으러 간 원숭이는 소무를 희롱하고 그냥 옴. • 제3경 취발이 놀이: 취발이가 노장에게서 소무 한 명을 빼앗아 살림을 차린 뒤 아이를 얻고 글을 가르침.
제7과장	샌님춤	• 제1경 의막 사령 놀이: 하인 말뚝이가 샌님, 서방님, 도련님을 모시고 나와 친구 쇠뚝이와 함께 위선적이고 권위주의적인 양반들을 모욕하고 신랄하게 풍자함. • 제2경 포도부장 놀이: 샌님이 자기의 첩 소무를 평민인 젊은 포도부장에게 빼앗김.
제8과장	신할아비와 미얄할미	신할아비가 부인 미얄할미와 다투다가 미얄이 죽자 아들딸을 불러 장사를 지내는데, 이때 딸이 무당이 되어 지노귀굿을 함. 남성과 여성의 갈등 및 서민의 생활상과 굿의 흔적을 보여 줌.

키 포인트 체크

인물 말뚝이는 양반을 □□□으로 비판하고, 쇠뚝이는 양반을 □□□으로 비하한다.

배경 조선 후기 무능한 양반에 대한 비판 의식과 □□ 의식의 성장이 드러난다.

사건 말뚝이와 쇠뚝이가 샌님 일행을 □□하고 샌님은 권위 대신 돈을 선택한다.

1 이 글에 대한 설명으로 적절하지 않은 것은?

① 조선 후기의 시대적 상황을 반영하고 있다.
② 춤과 노래와 재담이 적절히 어우러지고 있다.
③ 양반에 대한 풍자와 조롱이 주를 이루고 있다.
④ 비속어가 섞인 일상적인 표현이 사용되고 있다.
⑤ 인물의 내면 심리를 직접적으로 묘사하고 있다.

2 〈보기〉를 고려할 때, 일반 연극과 다른 이 글의 특징을 가장 잘 보여 주는 장면은?

보기
> 객석이 무대의 정면에 위치하는 오늘날의 일반 연극과 달리, 탈춤의 공연은 일반적으로 널찍한 마당에서 아무런 무대 장치 없이 공연된다. 그래서 사건의 전개에 따라 가상적인 작품 공간이 신축성 있게 처리된다.

① 쇠뚝이가 샌님을 위해 의막을 정해 주는 장면
② 말뚝이와 쇠뚝이가 언어유희를 주고받는 장면
③ 쇠뚝이가 의막을 정하는 듯한 흉내를 내는 장면
④ 샌님 일행이 우스꽝스럽게 무대에 등장하는 장면
⑤ 앞 과장에서 등장했던 취발이가 쇠뚝이라는 이름으로 등장한 장면

3 (마)의 청편지(請片紙)를 통해 드러내고자 한 작가의 의도를 〈조건〉에 맞게 쓰시오.

조건
> 1. 청편지의 의미를 고려할 것
> 2. 시대상을 반영하여 제시할 것

4 ㉠~㉤에 대한 설명으로 적절하지 않은 것은?

① ㉠: 각 과장의 내용이 서로 연결되어 있음을 알 수 있다.
② ㉡: 공연 장소와 극 중 장소가 연결되어 있음을 알 수 있다.
③ ㉢: 악공이 극의 진행에 참여할 수 있음을 알 수 있다.
④ ㉣: 특별한 무대 장치 없이 극이 전개됨을 짐작할 수 있다.
⑤ ㉤: 음악과 춤이 결합된 종합 예술적 성격의 극임을 알 수 있다.

5 ⓐ에 내포된 의미로 가장 적절한 것은?

① 양반의 무능함에 어울리는 거처를 구했다.
② 양반의 생각을 반영한 거처를 직접 지었다.
③ 양반의 권위에 걸맞은 화려한 거처를 구했다.
④ 양반의 횡포에서 벗어날 수 있는 거처를 구했다.
⑤ 양반의 안전을 위해 보안이 철저한 거처를 구했다.

Ⅳ. 조선 후기

어휘 풀이

한량(閑良) 일정한 벼슬 없이 놀고먹던 말단 양반 계층. 오늘날에는 '돈 잘 쓰고 잘 노는 사람'을 이르는 말.
전대(纏帶) 돈이나 물건을 넣어 허리에 매거나 어깨에 두르기 편하도록 만든 자루.
화선(花扇) 꽃무늬가 있는 부채.
빈난(貧難) 가난하여 살기가 어려움.
세물전(貰物廛) 예전에, 일정한 삯을 받고 혼인이나 장사 때에 쓰는 물건을 빌려주던 가게.
구색(具色) 여러 가지 물건을 고루 갖춤. 또는 그런 모양새.
자리개미 조선 시대에, 포도청에서 죄인의 목을 졸라 죽이던 일.
헐장(歇杖) 장형(杖刑)을 행할 때, 아프지 않도록 헐하게 매를 치던 일.
봉치 혼인 전에 신랑 집에서 신부 집으로 비단과 혼서를 보내는 일. 또는 그 비단과 혼서.
납채(納采) 신랑 집에서 신부 집에 혼인을 구함. 또는 그 의례.

Q 쇠뚝이가 양반을 대하는 태도는?
- 자신의 주체성을 당당히 드러냄.
- 자신의 이름을 '아버지'와 발음이 유사한 '아번'이라 하여 양반으로 하여금 자신을 아버지로 부르게 하며 희롱함.
- 양반을 돈으로 유혹하여 양반이 스스로 자신의 권위를 무너뜨리게 함.

구절 풀이

❶ **내가 뵈니 ~ 바닥의 아들놈이지.** 양반의 옷차림을 희극적으로 묘사하면서 양반을 비하하고 있다. 양반 계층이 의관을 제대로 갖추지 못하고 하층민의 옷을 섞어 입은 모습을 통해 당시 양반들의 겉과 속이 다른 모습, 시대 상황에 적응하지 못하는 모습을 보여 주고 있다.
❷ **그 댁이 빈난(貧難)해서 ~ 맞지 않아 그러하다!** 말뚝이의 변명에 해당하는 것으로, 조선 후기 신분제의 동요와 함께 몰락한 양반의 구차한 모습을 보여 주고 있다.
❸ **봉치 받어 놓은 지가 ~ 납채(納采)를 못 들였다.** 형편이 어려워 혼사를 치르지 못했다는 뜻이다. 이 역시 당시의 몰락한 양반의 모습을 보여 준다.

Q 샌님의 태도에서 알 수 있는 것은?
곤장을 약하게 치면 대신 돈을 주겠다는 말뚝이의 말을 듣고 샌님은 그 돈을 탐내어 처벌을 없던 일로 한다. 그리고 그 돈으로 샌님네 종손의 혼사를 치르려고 하는데, 결과적으로 양반이 하인의 돈으로 혼사를 치르게 되는 셈이다. 이러한 상황은 권위 대신 하인의 돈을 탐낼 정도로 몰락한 양반의 구차한 모습을 보여 준다.

가 말뚝이: 뵙고 왔느냐?

쇠뚝이: 내가 샌님 일행을 뵈니 그게 무슨 양반의 자식들이냐, •한량의 자식들이지. (양반에 대한 비판·야유 ①)

말뚝이: 그렇지 않다. 분명한 양반이시다.

쇠뚝이: ❶내가 뵈니 샌님이란 작자는 도포는 입었으나 •전대(纏帶)띠를 매고 두부 보자기를 쓰고 •화선(花扇)을 들었으니 그게 무슨 양반의 자식이냐? 바닥의 아들놈이지. (양반과 어울리지 않는 것을 걸치고 있으며 구색도 맞지 않음. / 양반에 대한 비판·야유 ②)

말뚝이: 애! 그렇지 않다. ㉠❷그 댁이 •빈난(貧難)해서 •세물전(貰物廛)에서 의복을 세를 내 얻어 입고 와서 •구색이 맞지 않아 그러하다! ▶ 샌님을 보고 온 쇠뚝이가 샌님의 의관을 조롱함.

나 샌님: 여봐라! 이놈.

쇠뚝이: 누가 나를 보고 이놈이라고 해? 나도 이름이 분명한데. (양반 앞에서도 당당하게 자신의 주체성을 드러냄.)

샌님: 그래, 네 이름이 있으면 무어란 말이냐?

쇠뚝이: 샌님이 부르시기에 적당하오. / 샌님: 적당하면 뭐란 말이냐?

쇠뚝이: ㉡아당 아 자(字), 번개 번 자요. / 샌님: 그놈의 이름이 괭괭하구나. (자신의 이름을 '아버지'와 발음이 유사한 '아번'이라고 함.)

쇠뚝이: 한번 불러 봐요. / 샌님: 아 자 번 자야! (샌님의 무식함을 드러냄.)

쇠뚝이: 아 자 번 자가 세상에 어디 있소. 샌님도 글을 배우셨으니 붙여서 불러 보시오. 하늘 천(天) 따 지(地) 그러질 말고서 '천지현황(天地玄黃)' 하고 붙여서 불러 보시오.

샌님: 아! 아! 아! 아! / 쇠뚝이: 샌님도 지랄하네. 누가 •자리개미를 물었소? 어서 불러 봐요. (샌님의 무식함을 드러냄. / 목이 졸려 발음을 못하느냐고 비꼼.)

샌님: (할 수 없이 불러 본다.) 아-번! / 말뚝이: 오! 잘 있었더냐? (양반이 평민을 아버지라 부르며 공경하는 상황이 연출된 것에 즐거워하며 맞장구를 침.) ▶ 쇠뚝이가 샌님에게 자신을 아버지라 부르게 하며 희롱함.

다 샌님: 으흐흑. (쓴웃음) ㉢남의 종 쇠뚝이는 허(許)하고 사(赦)하고 내 종 말뚝이를 잡아들여라! (실제로 샌님을 희롱한 것은 쇠뚝이인데, 그 분풀이를 자신의 하인인 말뚝이에게 하고 있음.)

쇠뚝이: (신이 나서 말뚝이를 잡으러 간다. 말뚝이의 팽양이 갓을 빼앗는다.) 애! 팽양이 갓을 벗어라. 너를 잡아들이랍신다. 어서 들어가자. / 말뚝이: 너! 미쳤느냐?

쇠뚝이: 이놈이 양반 댁 다닌다고 세도를 부리더니 잘 걸렸다. 들어가자! (말뚝이를 잡아 가지고 샌님 앞으로 간다.)

쇠뚝이: 말뚝이를 대령했소.

샌님: 그놈을 엎어 놓고 대매에 물고(物故)를 올려라! (매로 엄하게 다스리라는 양반의 횡포 – 단 한 번 때리는 매로 죄인을 죽이라는 뜻임.)

쇠뚝이: 네이! 지당한 분부요. (양반의 권위가 아직 남아 있음.) ▶ 샌님이 쇠뚝이에게 희롱당한 분풀이로 말뚝이를 때리려 함.

라 쇠뚝이는 곤장을 들고 볼기를 치려고 하는데, 말뚝이는 두 손가락으로 돈 열 냥을 줄 터이니 가만히 때리라고 신호를 한다. 샌님이 이것을 보고서, (뇌물이 횡행하던 시대상을 간접적으로 보여 줌.)

샌님: 이놈들아! 너희들이 무슨 공론(公論)을 하느냐? (여럿이 의논함.)

쇠뚝이: 말뚝이가 샌님 앞에서 매를 맞으면 죽을까 봐 •헐장(歇杖)해 달라고 하오.

샌님: 아니다.

쇠뚝이: 이것 큰일 났네! ㉣(샌님의 얼굴을 탁 치면서) 저놈이 가장집매(家藏什賣)해서라도 열 냥을 더해서 스무 냥 주마 하오. (집에 간직한 물건을 팖.)

샌님: 스무 냥? / 쇠뚝이: 그건 구수하오.

샌님: (돈 스무 냥 준다는 말을 듣고) 애, 이놈들아! 저기 끝에 계신 종갓집 도령님이 ❸•봉치 받어 놓은 지가 석 삼 년 열아홉 해다. 댁이 간구(艱苟)하여 •납채(納采)를 못 들였다. 그러하니 ㉤그 돈 열아홉 냥 구 돈 오 푼을 댁으로 봉사(奉仕)하고 그 나머지 오 푼은 술 한 동이를 사다가 물 한 동이를 타서 휘! 휘! 저어 가지고 너도 먹고 죽고 너도 먹고 죽어라. (삼 년과 십구 년 – 과장된 표현 / 가난하고 구차하여)

쇠뚝이: 지당한 분부요. / 샌님: 쳐라!

양반 일행은 퇴장하고, 말뚝이와 쇠뚝이 양인(兩人)은 맞춤을 춘다. (두 사람) ▶ 샌님은 양반의 권위 대신 돈을 택함.

- **중심 내용** 쇠뚝이의 조롱에도 양반의 권위 대신 돈을 택한 샌님 풍자

작품 연구소

〈양주 별산대놀이〉의 등장인물의 성격

인물	성격
샌님	양반 삼 형제의 맏형. 허세가 강하고 권위를 내세우려 하나 말뚝이와 쇠뚝이에 의해 번번이 웃음거리가 되는 무능한 인물임
말뚝이	샌님을 모시는 하인. 양반의 허세적 위엄 앞에 굴복하는 체하면서 양반을 희화화하고 양반의 무능함을 폭로, 풍자함.
쇠뚝이	양반을 우회적으로 조롱하는 말뚝이와 다르게 양반의 거처를 돼지우리로 정하는 등 양반을 적극적으로 공격함.

조롱·풍자 / 조롱·풍자 / 친구

〈양주 별산대놀이〉에 담긴 의식

지배 계층에 대한 비판과 풍자	몰락한 양반과 파계승을 희화화함으로써 무능력하고 부조리하던 당시 지배 계층에 대한 민중들의 비판 의식을 드러냄.
서민 의식의 성장	• 말뚝이와 쇠뚝이는 서민을 대표하는 전형적인 인물로, 무능한 양반들을 비하하고 조롱함으로써 양반에 대한 비판적·저항적 의지를 적극적으로 드러냄. • 처첩 갈등과 여성에 대한 남성의 부당한 횡포 등 가부장제의 문제점을 고발함.
벽사(辟邪) 의식	노장 마당과 취발이 마당에서 노장과 대결하는 취발이의 가면은 벽사(辟邪, 귀신을 물리침.)를 뜻하는 붉은색이며, 귀룽나무의 가지로 노장 귀신을 쫓듯이 물리치는 것 등에서 집단 무속의 성격이 나타남.

〈양주 별산대놀이〉의 종합 예술적인 성격과 〈봉산 탈춤〉과의 비교

〈양주 별산대놀이〉는 다른 가면극과 마찬가지로 음악 반주에 따르는 춤이 주가 되며, 여기에 몸짓과 동작, 덕담과 재담이라고 하는 사설, 노래가 곁들여져 가무(歌舞)와 연극이 합쳐진 종합 예술이다.

〈양주 별산대놀이〉는 〈봉산 탈춤〉과 그 내용이 대동소이하지만, 표현에서 차이를 보인다. 〈봉산 탈춤〉이 비교적 운문적(韻文的)인 데 비해, 〈양주 별산대놀이〉는 일상적인 대화에서 나타나는 비속어를 사용한다. 특히 취발이와 말뚝이의 대사는 민중의 심정을 대변하는 것으로 관객의 흥미를 유발한다.

자료실

〈양주 별산대놀이〉의 유래

산대(山臺)란 산의 형상을 본떠 만든 무대로 여러 개의 좁은 무대가 수직으로 배치되어 있으며, 기암괴석과 동굴, 절벽 등이 첩첩한 산의 형상을 보여 준다. 이러한 산대를 이용하여 공연을 펼치는 산대놀이는 본래 궁정의 공연물로, 17세기 말 궁정의 공연 문화가 쇠퇴하자 전문 놀이패가 한양의 시정을 중심으로 연희하기 시작한 데서 비롯한다. 당시 양주 지방에서는 본산대놀이패 중 사직골 놀이패를 초청하여 놀이판을 벌였는데, 놀이패가 지방 공연으로 약속을 어기는 일이 잦아지자 양주 주민들 스스로 가면을 만들어 산대놀이를 했으며, 이를 〈양주 별산대놀이〉라 부르게 되었다. 이후 본산대놀이는 전승이 끊기고 〈양주 별산대놀이〉만 전승되고 있다.

함께 읽으면 좋은 작품

〈딸깍발이〉, 이희승 / 양반을 긍정적으로 보는 현대 수필

늘 나막신을 신고 다녀 남산골 딸깍발이로 불린 샌님을 소재로 한 현대 수필이다. 〈양주 별산대놀이〉와 같이 몰락한 양반 계층을 대상으로 하고 있지만, 이 글에서는 궁핍한 삶 속에서도 의지와 지조를 지키는 참된 지식인의 모습을 발견하고 있다는 점에서 차이가 있다.

내신 적중

6 이 글에 나타난 시대상에 대한 설명으로 적절하지 않은 것은?

① 양반의 권위가 남아 있던 시기이다.
② 서민들의 의식이 각성되던 시기이다.
③ 부유한 농민과 상공인층이 등장하던 시기이다.
④ 경제적으로 몰락한 양반이 늘어나던 시기이다.
⑤ 사람의 태도가 재물에 좌지우지되던 시기이다.

7 〈보기〉의 내용을 이 글과 연관 지어 해석할 때, 적절하지 않은 것은?

보기
• 샌님탈: 연분홍색 얼굴. 눈꼬리가 위로 솟아 짝짝이이다. 입은 코와 붙어 있으며, 치아는 고르지 않고 뻐드렁니가 있다.
• 말뚝이탈: 자줏빛(팥빛) 얼굴. 이마에는 굵은 주름이 있고 아랫입술이 나와 있으며 코와 이마에 금종이가 붙어 있다.

① 샌님탈의 색이 옅은 것은 양반이 일을 하지 않는 계층임을 나타낸다.
② 샌님탈의 모양이 우스꽝스러운 것은 양반을 조롱하기 위한 목적 때문일 것이다.
③ 말뚝이탈의 짙은 색과 굵은 주름은 그가 바깥에서 일을 하는 하인임을 나타낸다.
④ 말뚝이탈의 아랫입술이 나와 있는 것은 그가 현실에 불만이 많은 성격임을 드러낸다.
⑤ 말뚝이탈에 붙어 있는 금종이는 그가 지배 계층에 맞서 승리할 인물이라는 것을 보여 준다.

내신 적중 多빈출

8 이 글의 쇠뚝이에 대한 설명으로 적절하지 않은 것은?

① 신분 상승에 대한 욕망을 가지고 있다.
② 활달하고 도전적인 성격을 지니고 있다.
③ 조선 후기의 서민 의식을 반영하고 있다.
④ 양반의 모습을 직접적으로 조롱하고 있다.
⑤ 샌님에 대해 비판적인 태도를 보이고 있다.

9 ㉠~㉤에 대한 설명으로 적절하지 않은 것은?

① ㉠: 양반이 몰락하여 구차해졌음을 나타내고 있다.
② ㉡: 자신을 아버지로 부르게 하여 놀리려는 것이다.
③ ㉢: 쇠뚝이에게 화가 난 것을 말뚝이에게 풀고 있다.
④ ㉣: 권위적인 샌님을 돈으로 유혹하며 조롱하고 있다.
⑤ ㉤: 쇠뚝이와 말뚝이를 아무 조건 없이 용서하고 있다.

10 이 글의 향유 계층을 고려하여 빈칸에 들어갈 내용을 쓰시오.

보기
서민 문학에는 비속어와 일상어가 많이 쓰이고 양반 문학에는 한자어가 많이 쓰이는데, 〈양주 별산대놀이〉는 양반을 풍자하는 비속어가 많이 쓰이는 것으로 보아 서민 문학에 속함을 알 수 있다. 그런데 '가장집매(家藏什賣)', '간구(艱苟)', '납채(納采)'와 같은 어려운 한자어도 쓰이고 있어, (   )을/를 알 수 있다.

Ⅳ. 조선 후기

103 하회 별신(河回別神)굿 탈놀이 | 작자 미상

키워드 체크 #가면극 #풍자적 #해학적 #양반의 이중성 비판 #지배 계층에 대한 비판 의식 #서민들의 삶의 애환

문학 금성, 해냄

핵심 정리

갈래 민속극, 가면극(탈춤) 대본
성격 풍자적, 해학적, 서민적, 비판적
제재 서민과 양반의 생활
주제 양반의 이중성에 대한 풍자
특징 ① 대표적인 농촌형 탈춤임.
② 원초적이고 소박한 내용을 담음.
③ 언어유희와 외설적인 표현이 많음.

Q 중과 각시가 도망간 행위에 대한 등장인물들의 반응은?

초랭이와 이매, 양반과 선비는 중과 각시가 눈이 맞아 도망간 것에 대해 각기 다른 반응을 보인다. 초랭이와 이매는 호기심을 드러내며 이를 우스운 일로 여기는 반면, 명분을 중시하는 양반과 선비는 망측하다고 개탄하거나 고약하다며 신경질적인 반응을 보이고 있다. 이후 전개되는 사건과 연관 지어 볼 때, 이러한 양반과 선비의 반응은 인간 본연의 감정에 솔직한 서민 계층과 달리 위선적인 양반 계층의 모습을 적나라하게 보여 주는 것이라 할 수 있다.

어휘 풀이

국추단풍(菊秋丹楓) 국화꽃이 피고, 단풍이 드는 가을. 음력 9월을 뜻함.
기체후만강(氣體候萬康) '기체후일향만강'의 준말. '기력과 신체가 모두 편안하십니까?'라는 뜻으로 어른에게 올리는 편지에서 문안을 드릴 때 쓰는 높임말.
감환(感患) '감기'의 높임말.
요부(妖婦) 요사스러운 여자.

구절 풀이

❶ **(요사스럽게 춤을 추며 ~ 뒤로 가다가 그만둔다.)** 요사스럽게 춤을 추는가 하면, 초랭이가 자신을 함부로 대하는 것을 대수롭지 않게 생각하는 부네의 모습에서 부네가 언행이 자유로운 낮은 신분의 여성임을 짐작할 수 있다. 이러한 부네의 모습은 양반과 선비에게 반말로 응대하고 그들과 공공연한 장소에서 어울려 노는 것을 통해서도 드러난다.

❷ **양반 내 여기 왔잖나. ~ 자동양반 문안드리오.** 신분이 낮은 부네가 양반에게 반말을 하고 양반이 오히려 공대를 하는 것은 젊고 아름다운 여성의 환심을 사려는 양반의 비굴함이 드러나는 해학적인 상황이라 할 수 있다. 또한 이러한 양반의 모습은 이전에 중과 각시가 함께 도망간 사실을 듣고 보인 반응과는 다른 태도로, 양반의 위선을 극명히 드러낸다.

❸ **아니, 저놈의 선비가? ~ 목욕을 하고 있네.** 양반과 선비가 부네를 독차지하기 위해 서로의 관심을 다른 쪽으로 돌리려고 하는 말로, 겉으로는 점잖은 체하지만 사실은 여색을 밝히는 양반과 선비의 위선적인 모습이 드러난다. 부네를 차지하기 위해 양반과 선비로서의 위엄을 버린 이러한 행동은 관객의 웃음을 자아내면서 이들에 대한 비판 의식을 이끌어 낸다.

가 **제5과장 양반 선비 마당**

초랭이: (무안하여 어쩔 줄 모르다가) 양반요! 각시하고 중하고 춤추다가 도망갔어요. (제4과장 파계승 마당의 내용)

양반: 뭣이라고? 허허 망측한 세상이로다. (주위를 빙빙 돌며 세상을 개탄하듯 부채질을 한다.) (이성에 대한 관심을 못마땅하게 여기는 모습)

선비: (이매를 앞세우고 나온다.) / 초랭이: 이매야, 이노마야. (비속어 사용)

이매: (비실비실 바보스런 걸음걸이로 초랭이 쪽으로 걸어오며) 왜 이노마야. (선비의 하인 역. 바보탈이라고도 함. / 극 중 이매의 면모를 엿볼 수 있게 하는 모습)

초랭이: (귓속말로) 아까 중하고 각시하고 춤추다가 도망갔대이.

이매: 허허, 우습다, 우스워. (비실비실 선비에게 가서) 선비 어른요, 아까 중하고 각시하고 춤추다가 도망갔다 그래요.

선비: (신경질적으로) 뭣이라고. 에이 고약한지고. (담뱃대 재를 땅바닥에 탁탁 턴다.) (이성에 대한 관심을 부정적으로 여기는 모습)

초랭이: (이매에게 가서 꽃신을 가지고 이매와 주고받다가 껴안으며 수작한다.) (젊고 아름다운 이성에 대한 호기심을 솔직하게 드러냄.)

양반: (그 광경을 보고 못마땅스러운 듯 부채를 집어 벙거지를 때리며) 이놈! 거기서 그러지 말고 부네나 불러오너라.

▶ 중과 각시가 도망간 것에 대해 양반과 선비가 부정적인 반응을 보임.

나 [A]

초랭이: (바쁜 제자리 걸음으로 뛰어나가 부네를 데리고 나온다.) (아름다운 여인. 다른 가면극의 '소무'에 해당함.)

부네: ❶(요사스럽게 춤을 추며 몸을 비비 꼬아대면서 나온다.) (음탕하고 요사스러운 부네의 면모를 드러냄.)

초랭이: (부네의 엉덩이를 만지면서 냄새를 맡는다.) (이성에 대한 솔직한 관심을 드러냄.)

부네: (초랭이를 때리려고 하지만 손이 뒤로 가다가 그만둔다.)

초랭이: (조작조작 뛰어와서) 양반요, 부네 왔니더. / 양반: (부채질을 하다가) 어디 어디? (걸음 폭을 짧게 하여 조금 빠르게 자꾸 걷는 모양 / 부네에 대한 관심의 표현. 위선적인 모습을 드러냄.)

부네: ❷양반 내 여기 왔잖나.

양반: 『부네야. •국추단풍(菊秋丹楓)에 •기체후만강(氣體候萬康)하시며 보동댁이 •감환(感患)이 들어 자동양반 문안드리오.』 (「」: 한자어를 사용하여 학식과 점잖음을 자랑함. – 양반의 허위)

부네: 그 문안 감사하오나 감자 한 쌍은 왜 왔소?

▶ 부네가 등장하자 양반이 수작을 부림.

다

양반: 허허, 애, 부네야. (양반, 부네 어울려 춤춘다.)

선비: (그 광경을 보고 못마땅하여) 에끼! 고약한지고. 에헴 에헴. (부네의 관심을 끌려는 모습)

부네: (양반과 춤추다가 선비의 기침 소리를 듣고 선비에게 간다.) 선비 어른 내 여기 왔잖나?

선비: 오냐 오냐, 부네야. (부네를 안 듯이 춤춘다.) (부네의 관심 표명에 즐거워하는 모습. 위선적인 모습을 드러냄.)

양반: (기분이 좋아서 혼자서 춤추다가 그 광경을 보고 어쩔 줄 모르며) 아니? 저런 망할 년의 •요부(妖婦)가? 어흠어흠. (선비와 부네가 어울려 춤추는 광경 / 화가 나자 비속어를 쓰는 위선적인 모습을 보임.)

부네: (양반의 기침 소리에 다시 양반에게 간다.) 양반 내 여기 있잖나.

양반: (좋아서 어쩔 줄 모르는 듯이) 오냐 오냐.

부네: (양반과 어울려 춤을 추다가 선비를 본다.)

선비: (부네와 눈길이 마주치자) 아니, 저런 요망한 계집년 봤나? 에헴 에헴. (비속어 사용)

부네: (다시 선비에게 간다.)

양반: (그 광경을 보고) ❸아니, 저놈의 선비가? 옳거니 여보게 선비, 이리 좀 오게. 저길 보면 좋은 구경이 있네. (선비에게 마을 쪽을 가리키고 나서 부네에게 간다.) (선비를 따돌릴 목적으로 거짓말을 함.)

선비: (양반이 가리킨 쪽을 바라보다가 아무것도 없자 돌아서서 놀라며) 아니 저놈의 양반이? (양반에게 간다.) 여보게 양반, 이리 오게. 저기에서 각시들이 목욕을 하고 있네. (겉으로는 점잖은 체하나 실제로는 여색을 밝히고 음탕함. – 양반의 위선)

▶ 부네를 두고 양반과 선비가 다툼.

• **중심 내용** 인물들의 등장과 부네를 차지하기 위한 양반과 선비의 다툼

이해와 감상

〈하회 별신굿 탈놀이〉는 경상북도 안동 하회 마을에서 약 500년 전부터 음력 정초마다 마을 사람들의 무병과 안녕을 위해 마을의 서낭신에게 제사 지낸 동제로, 중요 무형 문화재 제69호로 지정되었다. 농촌형 탈춤의 대표 놀이로, 춤사위에 인위적인 동작이 없고 정적인 점, 의상이 화려하지 않은 평상복 차림인 점, 대사가 직설적이고 외설적인 점이 특징이며, 백정 마당이 있고 탈을 태우는 뒤풀이가 없다.

이 탈놀이는 마을의 안녕과 풍농(豐農)을 기원하는 별신굿을 할 때 성황신을 즐겁게 하기 위한 종교적인 목적으로 행해졌으나, 이러한 종교적인 의미 외에도 서민들의 삶의 애환과 지배층에 대한 비판 의식도 담고 있다.

그중에서 제5과장은 양반과 선비가 미모의 여인 부네를 차지하려고 다투는 장면과 백정이 들고 나온 우랑(牛囊, 소의 불알)을 차지하기 위해 다투는 장면으로 이루어져, 지배 계층의 허위와 표리부동(表裏不同)한 태도를 해학적으로 비판하고 있다.

작품 연구소

〈하회 별신굿 탈놀이〉의 전체 구성

구성		내용
강신(降神)		음력 정월 초이튿날 아침 성황당에 올라가 성황신이 내린 서낭대를 가지고 마을로 내려옴.
무동 마당		성황신의 대역인 각시광대는 무동을 타고 구경꾼들 앞을 돌면서 걸립(乞粒, 동네의 경비를 마련하기 위해 패를 짜 돌아다니며 풍악을 울리는 일)을 함.
제1과장	주지 마당	주지(사자를 뜻함.)는 벽사(辟邪)의 의식 무용을 통해 잡귀와 사악한 것을 물리치고 탈판을 정화함.
제2과장	백정 마당	백정이 춤을 추다가 소를 죽여 우랑을 꺼내 구경꾼들을 희롱하고 이를 구경꾼들에게 팖.
제3과장	할미 마당	15세에 청상과부가 되어 한평생 궁핍한 생활을 한 할미가 〈베틀가〉로 신세타령을 하고는 쪽박을 들고 걸립함.
제4과장	파계승 마당	부네가 치마를 들고 소변을 보는 모습을 본 중이 욕정을 참지 못하고 부네를 옆구리에 끼고 도망감.
제5과장	양반 선비 마당	양반과 선비가 부네를 차지하려고 다투고, 백정이 양기에 좋다는 우랑을 내보이자 서로 사려고 다툼.
혼례 마당		성황당에서 내려와 마을 입구 밭에 자리와 멍석을 깔고 혼례식을 올린 다음, 신방의 초야 과정을 보여 줌.
신방 마당		총각과 각시가 초야를 치르는 장면으로, 신방의 분위기를 살리기 위해 삼경(밤 11시~새벽 1시)에 행함.

양반과 선비의 대립에서 드러나는 이중성

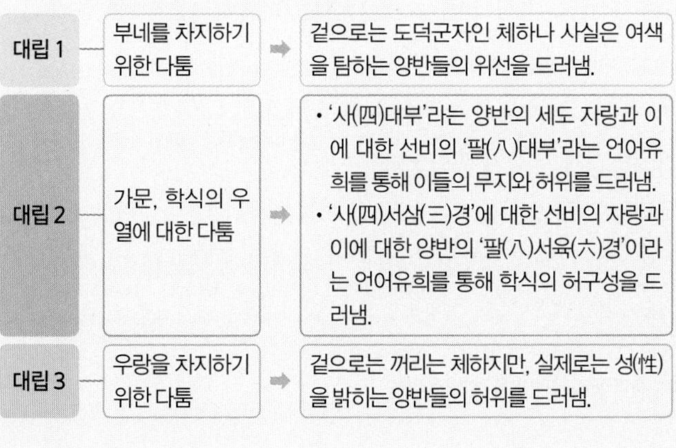

키 포인트 체크

인물 양반과 선비는 위선적이고 □□□□한 태도를 보이는 인물이다.

배경 조선 후기 지배 계층에 대한 비판 의식을 배경으로 하여 계층 간의 □□로운 삶을 영위하고자 한 의도가 드러난다.

사건 양반과 선비가 미모의 여인을 차지하려고 다투는 과정에서 서로의 □□와 위선이 드러난다.

1 이 글에 대한 설명으로 적절하지 않은 것은?

① 마을 제의(祭儀)와 함께 연희되었다.
② 별신굿 계통의 농촌형 탈춤에 해당한다.
③ 한 마을에서 양반과 서민이 함께 공연했다.
④ 지배 계층에 대한 비판 의식이 나타나 있다.
⑤ 원초적이고 소박한 내용을 담고 있으며 외설적 표현이 많다.

2 〈보기〉는 [A]를 고쳐 쓴 것이다. 이에 대한 감상으로 적절하지 않은 것은?

> 보기
> 초랭이: 부네야. 양반께서 부르신대이. 어서 가재이.
> 부네: 양반이 내를 왜 부르더냐?
> 초랭이: 아이고, 부네! 궁딩이도 이쁘대이.
> 부네: 어딜? 그 손 저리 치우지 몬하나?

① [A]에 비해 〈보기〉에서 전달하려는 내용이 명확해지는군.
② 〈보기〉와 달리 [A]를 이해하는 정도는 독자에 따라 다르겠군.
③ 〈보기〉에 비해 [A]를 이해하려면 적극적인 감상이 필요하겠군.
④ 〈보기〉에 비해 [A]에서 등장인물의 부정적인 모습이 부각되는군.
⑤ 〈보기〉에 비해 [A]는 행동을 통해 부네의 면모가 더 잘 드러나는군.

내신 적중 多빈출

3 이 글에서 알 수 있는 양반과 선비의 성격으로 가장 적절한 것은?

① 눈앞의 작은 이익에만 급급해한다.
② 명분보다 실리를 추구하며 행동한다.
③ 가문의 명예를 무엇보다 중요하게 생각한다.
④ 겉으로는 점잖은 체하지만 욕정에 정신을 쏟는다.
⑤ 인간 본연의 감정에 충실하여 솔직하게 반응하고 있다.

4 (다)의 부네의 행동을 드러내기에 가장 적절한 속담은?

① 가는 날이 장날
② 돼지에 진주 목걸이
③ 간에 붙었다 쓸개에 붙었다 한다.
④ 비단 올이 춤을 추니 베올도 춤을 춘다.
⑤ 가랑잎이 솔잎더러 바스락거린다고 한다.

5 이 글의 내용을 고려하여 부네의 사회적 지위를 〈조건〉에 맞게 쓰시오.

> 조건
> 1. 부네의 대사와 행동을 참고하여 쓸 것
> 2. '~일 것이다.' 형태의 완결된 한 문장으로 쓸 것

IV. 조선 후기

어휘 풀이

사서삼경(四書三經) 사서와 삼경을 아울러 이르는 말. 《논어》, 《맹자》, 《중용》, 《대학》의 네 경전과 《시경》, 《서경》, 《주역》의 세 경서를 이름.

바래경 팔양경(八陽經), 천음지양(天陰止揚)의 여덟 가지 양(陽)을 이르며, 혼인, 해산(解産), 장사(葬事) 등에 관한 미신을 없애려는 내용의 불경.

길경(桔梗/吉更) 도라지.

쇄경 새경. 머슴이 주인에게서 한 해 동안 일한 대가로 받는 돈이나 물건.

백정(白丁) 소나 개, 돼지 등을 잡는 일을 직업으로 하는 사람.

양기(陽氣) 몸 안에 있는 양의 기운. 또는 남자 몸 안의 정기(精氣).

Q 초랭이, 할미, 백정의 극적 기능은?

- 초랭이: 육경의 의미를 엉터리로 제시하는 언어유희를 통해 웃음을 유발한다. 그리고 이러한 언어유희에 양반의 동조를 유도함으로써, 세 사람이 신분은 달라도 본질적으로는 차이가 없는 인간임을 드러내어 신분 질서 사회의 허구성을 비판하는 기능을 한다.
- 할미: 도덕군자인 체하는 양반들 역시 젊고 아름다운 여자에 대한 욕심과 성적(性的)인 관심이 많은 존재라는 것을 폭로하고 조롱하는 역할을 한다.
- 백정: 극 중 상황을 희극적으로 만들고 양반과 선비가 대립하게 되는 원인을 제공하는 인물로, 성(性)에 집착하는 양반들의 위선적인 태도를 풍자하는 역할을 한다.

구절 풀이

❶ **이것들도 아는 육경을 선비라는 자가 몰라?** 초랭이가 엉터리로 나열한 육경을 맞다고 하는 모습에서 양반의 낮은 학식과 무지함이 드러난다.

❷ **아니? 이놈의 늙은 할망구가? 예끼, 이 할미야!** 할미를 박대하는 이 장면은 여색을 밝히는 양반과 선비의 허위를 폭로하는 부분으로 볼 수 있다. 한편 늙고 병든 여성보다 젊고 건강한 여성이 선호되는 것은 전통 가면극의 중요한 특징인데, 이는 생산(生産)이 중요한 농경 사회의 문화가 반영된 것이다. 〈봉산 탈춤〉의 미얄춤 과장에서 늙은 미얄이 젊은 첩 덜머리집과 비교당하여 죽게 되는 것도 이와 같은 맥락에서 이해할 수 있다.

❸ **이것은 내 불알이야.** '내가 살 우랑(牛囊)'이라는 의미와 '양반 자신의 신체 부위'를 가리키는 두 가지의 의미로 해석되는 중의적 표현이다. 양반 스스로 자신을 희화화하는 역할을 한다.

가 선비: 지체가 높으면 제일인가?

양반: 그러면 또 무엇이 있단 말인가?

선비: 첫째, 학식이 있어야지. 나는 •사서삼경(四書三經)을 다 읽었네.
(학식이 높음을 드러내기 위한 소재)

양반: ㉠뭣이, 사서삼경? 나는 팔서육경(八書六經)을 다 읽었네.
(사서삼경의 배수인 팔서육경을 읽었다고 함으로써 자신의 학식이 더 높음을 강조함. – 언어유희)

선비: 도대체 팔서육경은 어디 있으며 대관절 육경은 또 뭐야?

초랭이: (방정맞게 양반과 선비 사이로 뛰어들며) 헤헤헤, 나는 아는 육경 그것도 모르니껴? 팔만대장경, 중의 •바래경, 봉사의 안경, 약국의 •길경, 처녀의 월경, 머슴의 •쇄경.
(언어유희를 통해 양반과 선비의 낮은 학식을 비아냥거림.)

이매: 그거 다 맞어.

양반: (흐뭇한 표정으로) ㉡❶이것들도 아는 육경을 선비라는 자가 몰라?
(하인 초랭이와 이매의 말을 근거로 삼음으로써 스스로 무식함을 폭로함.)

선비: (혀를 차면서) 우리 싸워야 피장파장이니 그러지 말고 부네나 불러 노세.

양반: 암, 좋지. 얘, 부네야 우-욱.

부네: (양반과 선비가 자기 때문에 싸우는 모양을 지켜보다가 호들갑스런 춤을 추며 나온다.)

양반, 선비, 부네 어울려 춤을 춘다. 『양반이 부네와 춤을 추면 선비가 양반을 밀치고 부네를 껴안듯이 자기 쪽으로 데리고 가서 춤을 추고, 양반도 그와 같은 행동을 한다.』
(『 』: 서로 부네를 차지하려는 양반과 선비)

▶ 초랭이가 양반과 선비를 희화화함.

나 할미: (양반, 선비, 부네가 춤추고 노는 게 흥에 겨워 나온다. 양반과 선비 사이를 번갈아 보다가 부네와 선비가 어울려서 춤추는 사이에 양반과 짝이 되어 춤춘다.)

양반: (흥에 겨운 어깨춤으로 빙빙 돌다가 부네가 없고, 할미를 보자 화가 나서) ❷아니? 이놈의 늙은 할망구가? 예끼, 이 할미야! (할미를 밀어 버린다.)
(노인을 공경하지 않고 젊은 여성만을 밝히는 양반의 이중성이 나타남.)

할미: (뒤로 나가자빠질 뻔하다가 화가 나서) 이놈, 양반아! 너도 나처럼 늙어 봐. (선비에게 간다. 부네가 옆에서 춤추는 줄 알고, 선비는 팔을 들어 도포 자락을 늘이고 춤을 춘다.)

선비: (양반과 마찬가지로) 아니, 이 요망한 할망구가? 예끼, 이 할망구야. (할미를 밀어제치고 부네에게 간다. 양반과 부네 사이에 끼어들어 부네와 마주 보며 끌어안듯이 춤을 춘다.)

할미: 예끼 이놈, 너도 똑같은 놈이구만. 에이고 나가야지.
(양반 계층인 선비에게 비속어를 사용하며 양반들의 위선적인 태도를 비판함.)

초랭이: (쿵쿵 바쁜 걸음으로 뛰어나오다가 할미를 본다.) 할매요! 어디 가노? 내하고 춤추고 노시더.
(사회적 약자끼리의 연대 의식을 보임.)

할미: 그래, 그래, 초랭이가 제일이지?

(양반, 선비, 초랭이, 이매 춤을 추고 있다.)

▶ 양반과 선비가 할미를 괄시함.

다 •백정: (심술궂은 걸음걸이로 배꼽을 보이고, 가슴을 앞으로 쑥 내밀고, 뒤에 허리 받침의 오른손에는 쇠불알을 들었다.) 헤헤헤, 꼴들 참 좋다! (춤추는 광대들을 바라보다가 양반과 선비 사이로 뛰어들면서) 샌님! 알 사이소!
(양반들의 꼴사나운 모습을 보고 일부러 취한 행동임.)

양반: (깜짝 놀라며) 이놈! 한참 신나게 노는데 알이라니?

백정: 알도 모르니껴?

초랭이: (양반과 선비 사이로 뛰어나오면서) 달걀, 눈알, 새알, 대감 통불알.
(같은 음으로 끝나는 말을 열거함. – 언어유희)

백정: (호탕하게 웃으며) 맞았다 맞어. 불알이야 불알. (쇠불알을 흔들흔들거린다.)
(외설적인 언어의 특징을 드러냄.)

선비: 이놈! 불알이라니? / 백정: 쇠불알도 모르니껴?
(지배층에서 금기시하는 어휘를 사용한 것을 나무람.)

양반: 이놈! 쌍스럽게 쇠불알은 어짠 소리냐. 안 살 테니 썩 물러가거라.

백정: 쇠불알을 먹으면 •양기(陽氣)에 억시기 좋다는데…….
(억시기: 매우)

『선비: 뭣이 양기에 좋다? 그럼 내가 사지.
(『 』: 양반과 선비의 위선적인 태도 – 겉으로는 도덕군자인 체하지만 실은 성(性)적 욕망에 집착함을 알 수 있음.)

양반: (부네와 수작을 하다가 황급히 나서며) 야가 나한테 먼저 사라고 했으니, ❸이것은 내 불알이야. (백정이 쥔 쇠불알을 잡는다.)』

▶ 쇠불알을 차지하기 위해 양반과 선비가 다툼.

• 중심 내용 양반과 선비의 무식 탄로, 할미 괄시, 쇠불알을 둘러싼 다툼

작품 연구소

〈하회 별신굿 탈놀이〉의 사회적 기능

〈하회 별신굿 탈놀이〉에는 직설적이고 외설적인 언어와 재담이 자유롭게 나타나고, 서민들의 삶의 애환에 대한 토로나 양반에 대한 거침없는 조롱과 풍자가 나타난다. 이처럼 지배층을 노골적으로 비판·풍자하고 희화화하는 내용의 탈놀이가 유서 깊은 양반 마을인 하회 마을에서 양반들의 묵인 아래 양반의 경제적 지원을 바탕으로 연희되었다는 점은 매우 역설적이다. 그러나 이것은 양반들이 일상에서 지배층에 대한 서민들의 불만을 탈놀이라는 형식을 통해 해소시킴으로써 서민과의 조화로운 삶을 영위하고자 했기 때문에 가능한 것이었다. 이렇게 보면 〈하회 별신굿 탈놀이〉는 공동체에 내재한 계급 간의 모순과 문제점을 해소하고 공동체 질서를 더욱 강화하는 기능을 수행했다고 할 수 있다.

하회 별신굿 탈놀이

피지배층		지배층
지배층에 대한 불만 해소	↔	피지배층의 불만 수용

↓

계층 간의 조화로운 삶, 기존 공동체 체계의 강화

〈하회 별신굿 탈놀이〉에 나타난 계층별 언어 사용의 특징과 효과

	지배층(양반, 선비)	피지배층(부네, 할미, 초랭이, 백정)
언어 사용의 특징	피지배층이 이해하기 어려운 한자어와 격식을 갖춘 문어체를 구사하여 학식과 권위를 내세우려 함.	상스럽다는 이유로 금기시되는 단어를 사용하고 격식을 차리지 않는 직설적인 어법을 구사함.
대사의 예	• 선비: 나는 사서삼경(四書三經)을 다 읽었네. • 양반: 뭣이, 사서삼경? 나는 팔서육경(八書六經)을 다 읽었네.	• 부네: 양반 내 여기 왔잖나. • 초랭이: 헤헤헤, 나는 아는 육경 그것도 모르니껴? • 할미: 이놈, 양반아! 너도 나처럼 늙어 봐. • 백정: 헤헤헤, 꼴들 참 좋다!
효과	단어의 정확한 의미를 모른 채 사용함으로써 스스로 부족한 학식을 드러내는 기능을 함.	양반 계층을 조롱하고 비판하는 기능을 함.

가면극에서의 양반 풍자 방식

가면을 통한 풍자	양반의 가면은 이지러져 있거나 기형적인 모습으로, 양반의 내면 또한 어리석고 못나다는 것을 암시한다.
언행을 통한 풍자	양반은 겉과 속이 다른 말과 행동을 하거나 스스로 무지를 드러냄으로써 자신의 권위와 체통을 무너뜨리고 희화화한다.
제3의 인물을 통한 풍자	초랭이, 할미, 백정, 말뚝이 등 민중들이 등장하여 양반이 스스로 자신의 위선과 어리석음을 드러내도록 사건을 일으키고 이를 비판하는 역할을 한다.

함께 읽으면 좋은 작품

〈고성 오광대(固城五廣大)〉, 작자 미상 / 양반을 비판하고 조롱하는 가면극

경상남도 고성 지방에서 전해 내려오는 가면극으로, 양반 사회의 비리와 모순을 풍자하고 폭로하고 있다. 당대 양반들의 모습과 행실을 신랄하게 비판하고 조롱한다는 점에서 〈하회 별신굿 탈놀이〉와 유사하다.

Link 본책 314쪽

6 이 글의 의의와 기능으로 적절하지 않은 것은?

① 가면을 통해 극적 표현을 가능하게 했다.
② 하나의 놀이로서 오락적 기능을 수행했다.
③ 민중의 의식과 예술적 능력을 성장시켰다.
④ 지배 계층을 비판하면서 갈등을 초래했다.
⑤ 서민 계층의 풍자와 저항 의식을 드러냈다.

7 이 글에 등장하는 인물에 대해 토론한 내용으로 적절하지 않은 것은?

① 하영: 선비와 양반은 어려운 한자어를 구사하지만 유식한 것 같지는 않아.
② 주희: 그들의 학식은 하인인 초랭이와 다를 바가 없는 것 같아.
③ 수진: 그래서 초랭이는 신분 질서의 허구성을 드러내는 역할을 하지.
④ 세빈: 또, 선비와 양반은 점잖은 체하면서 젊고 예쁜 부네에게 집착하는 위선적인 모습을 보이기도 해.
⑤ 정윤: 그래도 부네는 양반들의 학식과 인품을 존경하고 있는 것 같아.

8 (다)에 나타난 양반과 선비의 태도를 나타내기에 적절한 한자 성어는?

① 교언영색(巧言令色)　② 구밀복검(口蜜腹劍)
③ 표리부동(表裏不同)　④ 근묵자흑(近墨者黑)
⑤ 우유부단(優柔不斷)

내신 적중 多빈출

9 다음 중 ㉠과 말하기 방식이 가장 유사한 것은?

① 게 뉘랄게, 게 뉘랄게. 날 찾는 게 뉘랄게.
② 너의 서방인지 남방인지 걸인 하나가 내려왔다.
③ 빽덕어미 행실을 볼라치면 양식 주고 떡 사 먹기, 정자 밑에 낮잠 자기, 동인더러 욕질하기, 초군들과 쌈 싸우기
④ 동짓달 기나긴 밤을 한 허리를 베어 내어 / 춘풍 이불 아래 서리서리 넣었다가 / 어론 님 오신 날 밤이어든 굽이굽이 펴리라.
⑤ 아, 이놈 말뚝아. 이게 무슨 냄새냐? / 예, 이놈이 피신을 하여 다니기 때문에, 양치를 못 하여서 그렇게 냄새가 나는 모양이외다. / 그러면 이놈의 모가지를 뽑아서 밑구녕에다 갖다 박아라.

10 이 글의 ㉡과 〈보기〉에서 공통적으로 비판하는 것이 무엇인지 쓰시오.

보기

서방: 그럼 형님이 운자를 하나 내십시오.
생원: '총' 자, '못' 잘세.
서방: 아, 그 운자 벽자(僻字)로군. (한참 낑낑거리다가) 형님, 한마디 들어 보십시오. (영시 조로) "짚세기 앞총은 헝겊총하니, 나막신 뒤축에 거멀못이라."

– 작자 미상, 〈봉산(鳳山) 탈춤〉

104 꼭두각시놀음 | 작자 미상

키워드 체크 #인형극 #탐관오리에 대한 풍자 #서민들의 삶의 애환 #비판 의식

핵심 정리

갈래 민속극, 인형극 대본
성격 희극적, 풍자적
제재 양반의 횡포
주제 지배 계급의 횡포와 그에 대한 풍자
특징 ① 막과 막 사이에 줄거리의 연관성이 없음.
② 무대 밖의 악사나 관객이 등장인물과 수시로 대화할 수 있음.
③ 사투리, 비속어, 언어유희 등 해학적인 표현이 자주 나타남.
의의 현재까지 전래된 유일한 민속 인형극임.
출전 심우성 채록본(1970년)

Q 박첨지와 홍동지의 이름의 유래는?

박첨지는 인형을 바가지로 만들었다 하여 성이 박(朴)이 되었다. 또, 홍동지는 천하장사로 붉은색 몸을 드러내 벌거벗고 다닌다 하여 붉다는 의미의 홍(紅)과 동음인 홍(洪)을 성으로 갖게 되었다.

어휘 풀이

첨지(僉知) 나이 많은 남자를 낮잡아 이르는 말. 본래 조선 시대에 중추원에 속한 정삼품 무관의 벼슬을 가리키는 말이나, 이후 관직에서 물러난 옛 관료나 나이 많은 선비를 부르는 말로 통용됨.
치도(治道) 길을 고쳐 닦는 일.
볼기 뒤쪽 허리 아래, 허벅다리 위의 양쪽으로 살이 불룩한 부분.

Q 산받이의 역할은?

산받이는 모든 인형과 대화를 나누는 존재이다. 주로 박첨지와 대화하면서 극을 이끌어 가는 역할을 하며, 보통 포장막 밖에서 반주를 하고 있는 악사들 중 한 명이 산받이 역할을 맡는다. 또한 산받이는 극 중에서 인형극 전체에 대한 연출자 혹은 해설자 역할을 하거나 경우에 따라서는 관객의 입장에서 극의 비판자 노릇을 하는 등 다양한 역할을 한다.

구절 풀이

❶ **너 저놈 엎어 놓고 ~ 죄다 부러졌느냐?** 홍동지의 치도에 대한 평안 감사의 부정적 평가가 드러난다. 평안 감사는 이를 약점으로 잡아 홍동지를 매사냥의 몰이꾼으로 사들이게 된다.
❷ **평안 감사께서 ~ 직사하고 말았다네.** 평안 감사의 죽음의 원인을 설명하고 있는 부분으로, 백성에게 피해만 주던 평안 감사가 우스꽝스러운 원인으로 죽은 것으로 설정함으로써 백성들에게 횡포를 부린 평안 감사를 풍자하는 효과를 얻고 있다.

가 평안 감사 마당 / 첫째 매사냥 거리

평안 감사: 네가 박가냐. / 박첨지: 네, ㉠박간지 망간지 됩니다. (동음(同音)을 연속시킨 언어유희)

평안 감사: 너 박가거든 들어라. 길 치도를 어느 놈이 했는가? 썩 잡아들여라.

박첨지: 예이. 여보게, 큰일 났네.

산받이: 왜 그려? / 박첨지: 길 치도한 놈 잡아들이라니 큰일 났네.

산받이: 아, 잡아들여야지. 거 내게 맡기게. / 박 첨지: 그러게. / 산받이: 야, 진둥아. (홍동지)

홍동지: (안에서) 밥 먹는다. / 산받이: 밥이고 뭐고 흉제 났다. 빨리 오너라.

홍동지: (뒤통수부터 나온다.) 왜 그려. / 산받이: 이놈아, 거꾸로 나왔다. (웃음을 유발하는 해학적인 설정)

홍동지: (돌아서며) 어쩐지 앞이 캄캄하더라. (웃음을 유발하는 해학적인 대사) 그래, 왜 불렀나?

산받이: 너 길 치도 잘했다고 평안 감사께서 상금을 준단다. 빨리 가 봐라. (거짓 정보로 홍동지가 평안 감사에게 가도록 함.)

홍동지: 그래, 가 봐야지. (가까이 가서) 네, 대령했습니다.

평안 감사: 네가 길 닦은 놈이냐? / 홍동지: 예이. / 평안 감사: 사령. / 사령: 네이.

평안 감사: ❶너 저놈 엎어 놓고 볼기를 때려라. 너 이놈 길 치도를 어떻게 했길래 말 다리가 죄다 부러졌느냐? (사령이 볼기를 때리려 대든다.)

홍동지: 네 네 잘못했습니다. 그저 그저 하라는 대로 하겠습니다.

평안 감사: 이번만은 그럼 용서하겠다. 썩 물러가거라. (홍동지 방귀를 뀌며 들어가고 평안 감사 퇴장하는 듯했다가 다시 돌아온다.) (웃음을 유발하는 해학적인 설정)

▶ 평안 감사가 치도를 잘못한 죄를 묻기 위해 홍동지를 부름.

나

평안 감사: 박가야. / 박첨지: 누가 또 찾나.

산받이: 평안 감사께서 몰이꾼을 잘 사서 상금 준다니 빨리 가 봐라.

박첨지: 예 박간지 망간지 갑니다.

평안 감사: 박가면 말 들어라. 네가 몰이꾼을 사 주어서 꿩은 잘 잡았다만 내려갈 노비가 없으니 빨리 꿩 한 마리를 팔아 들여라. (상은커녕 박첨지에게 또 다른 요구를 하는 평안 감사)

박첨지: 네 벌써 환전 백쉰 냥 푸기기전으로 부쳤으니 어린 동생 앞세우고 살짝 넘어가시오.

▶ 평안 감사가 박첨지에게 또 다른 요구를 함.

다 평안 감사 마당 / 둘째 평안 감사 상여 거리

박첨지: 쉬이, 여보게 큰일 났네. / 산받이: 뭐가 큰일 나.

박첨지: ❷평안 감사께서 꿩을 잡아 내려가시다가 저 황주 동설령 고개에서 낮잠을 주무시다가 개미란 놈에게 불알 땡금줄을 물려 직사하고 말았다네.

산받이: 그럼 상여가 나오겠군. / 박첨지: 그려.

(상여 소리) 어허 어허이야 어허 어허이야 어이나 어허 어허이야. (상여가 나오자 박첨지도 따라 나와)

박첨지: 아이고, 아이고, 아이고. / 산받이: 여보 영감. / 박첨지: 엉.

산받이: 그게 누구 상연데 그렇게 우는 거여. / 박첨지: 아니 이거 우리 상여 아닌가.

산받이: 망할 영감, 그게 평안 감사댁 상여여.

박첨지: ㉡아 난 우리 상연 줄 알았지, 그러기에 암만 울어도 눈물도 안 나오고 어쩐지 싱겁더라. (평안 감사의 죽음조차도 슬퍼하지 않고 익살을 부리는 박첨지)

▶ 평안 감사가 홍동지와 사냥을 하다가 사고로 죽고 박첨지가 곡을 함.

• 중심 내용 홍동지를 몰이꾼으로 사들여 사냥에 나섰다가 사고로 죽은 평안 감사 • 구성 단계 6, 7막

이해와 감상

〈꼭두각시놀음〉은 남사당패라는 유랑 연예인 집단에 의해 서민층을 중심으로 연행되던 민속 인형극이다. 오락에 대한 대중의 욕구를 충족시켜 주었으며 조선 후기의 사회상과 민중적인 정서가 잘 드러난 작품이다.

〈꼭두각시놀음〉은 사람이 인형을 조종하고 목소리를 냄으로써 극이 진행되며 무대는 옥외 놀이판을 활용한다. 또한 서구의 연극과는 달리 막과 막 사이에 줄거리의 연관성이 없으며 각 막의 내용은 독자적으로 진행된다. 또한 무대 밖의 악사나 관객이 무대 안의 인물들과 수시로 대화하기 때문에 배우와 관객 사이의 거리가 가깝다.

〈꼭두각시놀음〉이라는 명칭 외에도 〈박첨지놀음〉, 〈홍동지놀음〉, 〈덜미〉 등 여러 가지 이름으로 불린다.

작품 연구소

〈꼭두각시놀음〉의 전체 구성(2마당 8막)

박첨지 마당	제1막	곡예장 거리	박첨지의 유랑 이야기와 자기소개
	제2막	뒷절 거리	박첨지의 두 조카딸(피조리)이 뒤 절 상좌 중과 놀아나다 쫓겨남.
	제3막	최영로의 집 거리	홍동지가 이무기를 잡아 박첨지를 구해 줌.
	제4막	동방 노인 거리	눈을 감고 등장한 동방 노인의 세상 풍자
	제5막	표 생원 거리	표 생원의 처(꼭두각시)와 첩(덜머리집)의 다툼
평안 감사 마당	제6막	매사냥 거리	새로 부임한 평안 감사의 매사냥
	제7막	평안 감사 상여 거리	평안 감사가 사고로 죽고, 박첨지가 평안 감사의 상여를 멤.
	제8막	건사(建寺) 거리	박첨지가 좋은 터에 절을 지으려 하는데, 상좌 둘이 절을 짓고 바로 허물어 버림.

〈꼭두각시놀음〉의 내용상 특징

- 박첨지 일가를 통해 가부장적이고 봉건적인 가족 제도를 비판함.
- 이시미(이무기)를 통해 민중과 대립적 위치에 있는 대상들을 희화적(戲畵的)으로 응징함으로써 적극적 성격을 띰.
- 벌거벗은 홍동지를 등장시켜 봉건적 지배층을 비판하면서 반면에 그를 우스갯거리로도 보이게 하여 지배층의 공세를 피함.
- 절을 지었다가 다시 헐어 내는 모습을 통해 외래 종교에 대한 부정적 태도를 취함.

〈꼭두각시놀음〉에서 박첨지의 역할

박첨지는 1막에서부터 등장하여 장면이 바뀔 때마다 산받이와 대화를 나누고 해설자 역할을 하기도 하며 때로는 관객을 자처하기도 한다. 〈꼭두각시놀음〉은 서구의 연극과 다르게 각 막 사이의 줄거리가 연속성 없이 독립되어 있는데, <u>박첨지의 계속된 등장이 각각의 장면을 모아 주는 구실</u>을 한다고 볼 수 있다.

키 포인트 체크

인물 평안 감사는 탐관오리의 ☐☐를 드러내는 인물이다.
배경 조선 후기 사회상과 민중의 ☐☐, 정서 등이 잘 드러난다.
사건 평안 감사가 ☐☐를 잘못한 홍동지를 몰이꾼으로 데리고 사냥을 나갔다가 사고로 목숨을 잃는다.

1 이 글에 대한 설명으로 적절하지 <u>않은</u> 것은?

① 현전하는 유일한 민속 인형극이다.
② 각 막 사이의 줄거리에 연속성이 없다.
③ 무대 밖의 악사가 무대 안의 인물들과 대화할 수 있다.
④ 주로 궁중에서 연희되거나, 상류층을 위해 공연되었다.
⑤ 〈꼭두각시놀음〉이라는 명칭 외에 〈박첨지놀음〉, 〈홍동지놀음〉 등으로도 불린다.

2 이 글에 드러난 표현상의 특징으로 적절한 것은?

① 한자어의 사용이 두드러진다.
② 감각적인 표현이 주를 이룬다.
③ 비속하고 해학적인 표현이 드러난다.
④ 고도의 상징과 비유를 사용하고 있다.
⑤ 관념적이고 추상적인 어휘가 사용되었다.

3 (가)~(다)에서 풍자하고 있는 대상으로 알맞은 것은?

① 중의 파계 행위　② 문란한 성 풍조
③ 탐관오리의 횡포　④ 양반의 허례허식
⑤ 가부장제와 남성의 횡포

4 ㉠의 표현 방식과 가장 유사한 것은?

① 철령 높은 봉을 쉬어 넘는 저 구름아
② 귀또리 저 귀또리 어엿부다 저 귀또리
③ 살어리 살어리랏다 청산에 살어리랏다
④ 거리 노중이냐 보리 망중이냐 7월 백중이냐
⑤ 상통이 무르익은 대초빛 같고, 울룩줄룩 배미 잔등 같은 놈

5 ㉡에 나타난 박첨지의 언행을 비판하기에 가장 적절한 속담은?

① 핑계 없는 무덤이 없다.
② 혹 떼러 갔다 혹 붙여 온다.
③ 모로 가도 서울만 가면 된다.
④ 남의 소 들고 뛰는 건 구경거리.
⑤ 양반은 얼어 죽어도 겻불은 안 쬔다.

더 읽을 작품

105 통영 오광대(統營五廣大) | 작자 미상

키워드 체크 #가면극 #풍자적 #해학적 #양반 사회의 비리와 허위 풍자

제2과장 풍자탈

원양반: 이미 나온 김에 말뚝이나 한번 불러 봐야지. (수염을 쓰다듬으며 긴 목소리로) 이놈 말뚝아—. / 좌편에서 험상궂은 안면에 평량립을 쓰고 오른손에 말채찍(마편)을 들고 등장, 풍악 다시 흘러 가락에 맞추어 말뚝이 무대 주위를 선회하면서 춤을 춘다. 우뚝 원양반 앞에 바른 자세로 서면, 동시에 풍악 중지.

(평량립: 조선 시대에 신분이 낮은 사람이 쓰던 갓 / 말채찍(마편): 말뚝이의 본래 직분이 마부임을 알림. / 우뚝 ~ 서면: 양반 앞에서도 위풍당당한 말뚝이의 모습)

▶ 원양반과 말뚝이가 등장함.

말뚝이: 예—, 옳소. 화지근본은 수인씨라어든 생원님께서 말뚝이를 부르시오니 말뚝이 문안이오.

원양반: (교만할 정도로 점잖은 체하며 재담 조로) 소년당상 애기 도령님은 좌우로 벌려 서서 소 잡아 북 메고, 말 잡아 장고 메고, 개 잡아 소고 메고, 안성맞춤 깽수 치고, 운봉내기 징 치고, 술 거르고, 떡 치고, 홍문연 높은 잔치, 항장이 칼춤 출 때, 이내 몸은 흔글한글하여 석탑에 비겨 앉아 고금사를 곰곰 생각할 때, 이런 제 할미 붙고 홍각대명을 우쭌우쭌 갈 놈들이 양반의 칠룡 뒤에 응모갱갱 하는 소리 양반이 잠을 이루지 못하여 이미 금란차로 나온 김에 말뚝이나 불러 보자. 이놈 말뚝아, 말뚝아—. (원양반, 말뚝이 춤. 풍악 계속하다 그침.)

(안성맞춤 깽수: 안성에 주문하여 만든 꽹과리 / 운봉내기 징: 전북 남원 운봉에서 만들어진 징 / 홍문연 ~ 출 때: 상황과 관계없는 고사를 인용하여 허세를 부림. / 고금사: 옛날과 오늘날의 세상살이 / 금란차로: 시끄럽게 떠드는 것을 금하려고)

말뚝이: (공손히 읍하고 일어서며) 예—이—이, 예— 옳소. (재담 조로) 「동정은 가을하고 천봉만학은 그림을 그려 있고, 양류천만계 각유춘풍 자랑하고, 탐화봉접은 춘풍에 하늘하늘 별유천지요 비인간이라.」 어디서 말뚝이를 부르고 계시는지 말뚝이 문안이오. 「문안 아홉 가지, 평안 아홉 가지, 이구 십팔 열여덟 가지 문안을 잘못 받으면 생원님의 혀가 쑥 빠질 것이오.」 (원양반, 말뚝이 춤이 시작되므로 풍악 당분간 계속하다가 그침.)

(동정은 가을하고: 호수가 광활하고 / 천봉만학: 수많은 산봉우리와 골짜기 / 「 」: 고상한 어구를 사용하여 학식을 뽐내는 양반의 말투를 흉내 냄. / 별유천지요 비인간이라: 별천지가 따로 있어 인간 세상이 아니구나(이백의 시 〈산중문답(山中問答)〉의 결구) / 「 」: 말뚝이가 양반에게 문안 인사를 드리는 이유 – 양반을 골탕 먹이려는 의도가 나타남.)

▶ 말뚝이가 등장하여 원양반에게 문안 인사를 올림.

원양반: (재담 조로) 이때는 어느 때뇨. 놀기 좋은 춘삼월 호시로다. 석양은 재를 넘고 강마 슬피 울 제, 초당에 노신 양반 고연코 노시기를 가장을 불러 훈장을 단속 모모 친구 통기하여 일배주 담화차로 홍겨워 나려가서 한 잔 먹고 두 잔 먹고 삼석 잔 거듭 먹고 일배일배 부일배라. 주인은 누구누구 모였던고? 「영양공주, 란양공주, 진채봉, 계섬월, 백릉파, 심요연, 가춘운, 적경홍 모두 모였는데 월태화용 고운 태도 양반이 눈을 들어 씨익 쳐다보니 양반의 마음이 흔글한글하여 춤이나 추고 놀아 보세.」 이놈 말뚝아—. (풍악 요란하고, 원양반, 말뚝이 각각 반대 방향에서 무대 주위를 돌며 춤을 추다 중앙에서 정지.)

(고연코: 공연히, 괜히 / 단속: 다잡아 보살핌. / 모모 친구 통기하여: 아무아무 친구에게 기별하여 / 일배일배 부일배라: 한 잔 한 잔 또 한 잔이로구나 / 영양공주 ~ 적경홍: 〈구운몽〉에 나오는 여덟 낭자로, 고사를 인용하여 자신의 학식을 뽐내며 허세를 부림. / 월태화용: 아름다운 여인의 얼굴과 맵시 / 「 」: 놀고먹기를 좋아하며 체통과 권위를 상실한 양반들의 모습이 드러남.)

▶ 양반이 풍류를 자랑함.

말뚝이: (재담 조로) 예—옳소. 날씨가 덥덥무려하니 「양반의 자손들이 연당못에 줄남생이 새끼 모이듯이, 손골목에 개 새끼 모이듯이, 논두름에 무자수 새끼 모이듯이,」 「때때로 모아 서서 말뚝인지, 개뚝인지, 소뚝인지 하삼사월 초팔일에 장안만호 등 달 듯이, 과거 장중에 제 의부애비 부르듯이 그저 말뚝아 말뚝아,」 (풍악, 춤 계속하여 무대 중앙을 한 바퀴 돌다 중지하고 재담 계속.)

(「 」: 비속어를 사용하여 양반을 비하함. / 무자수: '무자치'의 방언. 뱀과의 파충류 / 「 」: 말뚝이가 자신을 아무 이유 없이 그저 부르는 것에 대한 반감을 드러냄.)

▶ 말뚝이가 양반을 비하함.

키 포인트 체크

- **인물** 원양반은 양반의 ☐☐를 드러내는 인물이고, 말뚝이는 양반을 비판하는 인물이다.
- **배경** 조선 후기 양반과 서민들의 삶을 배경으로 하여 양반 사회의 ☐☐와 허위를 ☐☐한다.
- **사건** 원양반이 자신의 학식과 풍류를 자랑하지만 말뚝이는 그런 양반의 ☐☐를 비하하고 조롱한다.

답 허위, 비리, 풍자, 허세

핵심 정리

갈래 민속극, 가면극(탈춤) 대본
성격 풍자적, 해학적, 민중적, 비판적
재제 양반과 서민들의 삶
주제 양반 사회의 비리와 허위 풍자
특징 ① 산대도감 계통의 대표적인 도시형 탈춤임.
② 전체 다섯 과장으로, 각 과장은 독립적이고 완결된 구조를 지님.
③ 오락적, 연희적인 성격이 강함.
④ 이속(吏屬)이 창작에 개입하여 한자어가 많음.

이해와 감상

〈통영 오광대〉는 경상남도 통영시에 전해 내려오는 민속 가면극으로, 조선 후기에 도시의 성장을 배경으로 형성되어 발전된 대표적인 도시형 탈놀이이다. '오광대'라는 명칭은 다섯 광대가 오방(五方)의 잡귀를 물리친다는 뜻에서 나온 것으로 추측되지만, 통영에서는 다섯 과장으로 이루어져 있어 오광대라 하는 것으로 보기도 한다. 그 내용은 주로 양반을 신랄하게 풍자하거나 서민의 생활을 해학적으로 표현한 것이다.
제2과장 풍자탈 마당은 다른 지방 가면극의 양반 마당에 해당하는 것으로, 양반을 조롱하는 내용이다. 다른 탈놀음에 비해 양반에 대한 풍자와 조롱이 강도 높게 표현되는 것이 특징이다.

전체 줄거리

제2과장 풍자탈 마당
하인 말뚝이가 첫째 양반은 선대에 기생이 여덟 있고, 둘째 양반은 종의 자식으로 서출(庶出)이고, 셋째 양반은 홍(洪)가와 백(白)가 두 아비가 만들었고, 넷째 양반은 어미가 부정을 타서 온 몸이 새까맣게 되었고, 다섯째 양반은 어미가 부정하여 손님마마[天然痘疫神]가 흔적을 내었고, 여섯째 양반은 중풍기가 심하여 전신이 비틀어졌고, 일곱째 양반은 보살인 어미가 서방질하여 낳았다고 양반들의 근본을 폭로하며, 자기야말로 대대손손 당상 벼슬을 지낸 집안의 양반이라고 호통친다. 말뚝이는 양반들의 행실이 능지처참할 일이지만 용서해 줄 테니 돌아가서 서민들을 사랑하고 농민들을 도우라고 한다. 양반들은 목숨을 부지한 것에 고마워하며 퇴장한다.

작품 연구소

탈의 모습과 인물의 성격

- 원양반: 다소 희화화된 얼굴 표정과 수염을 지니고 있어서 양반 계층의 권위와 위엄이 느껴지지 않음.
- 말뚝이: 둥그런 눈, 헤벌린 입과 두꺼운 입술, 그 속에 드러난 치아, 볼에 붙어 있는 혹 때문에 희극적이고 희화적으로 느껴지나, 양반탈과 달리 친밀감과 친숙함을 느끼게 함.

〈통영 오광대〉 속 풍자의 세계

풍자의 주체	말뚝이
풍자의 대상	일곱 양반
풍자적 어법과 그 미적 효과	말뚝이는 교묘한 말장난으로 양반들의 권위를 추락시키고, 이를 지켜보는 평민 관객에게 웃음을 선사한다. 조선 후기 문란했던 양반 사회를 말뚝이라는 대리인을 내세워 신랄하게 비판한 풍자적인 어법은 이를 바라보는 관객에게 골계미를 느끼게 한다.

106 송파 산대(松坡山臺)놀이 | 작자 미상

키워드 체크 #가면극 #비판적 #전근대적인 사회 모순 비판

제6과장 샌님

제1경 의막 사령(依幕使令) 놀이

가 말뚝이: 여보게. 이리 좀 와 보게. (쇠뚝이를 끌어 상전을 가리키며) 저 건너편의 저것들을 좀 보게. 저것들이 우리 집 상전일세. 저기 윗입술이 쭉 째진 게 우리 집 샌님이고 (샌님이 못마땅하다는 듯이 부채를 몹시 흔든다.) 그 다음 물건이 서방님이고, 끝에서 깝쭉깝쭉 까부는 게 우리 집 도련님일세. (역시 도련님이 부채질한다.) 그런데 저것들이 송파 산대놀이 구경을 왔다가 날은 저물고 의지할 곳이 없어 사처를 하나 정하랍시는데, 내가 이 근처에서 다정한 친구라야 자네밖에 더 있나?

(상전: 예전에, 종이 그 주인을 이르던 말 / 윗입술이 쭉 째진 게 우리 집 샌님: 양반들 – 비하적 표현 ① / 언청이. 양반의 외모를 희화화함. / 물건: 양반 – 비하적 표현 ② / 깝쭉깝쭉 까부는 게: 양반 – 비하적 표현 ③ / 송파 산대놀이: 탈춤의 현장성 – 실제 탈춤이 벌어지는 장소와 극 중 장소가 일치함. / 사처: 손님이 길을 가다가 묵는 집)

쇠뚝이: 그야 그렇지!

말뚝이: 그러니 사처를 하나 정해 주게.

▶ 말뚝이가 쇠뚝이에게 사처를 정해 달라고 부탁함.

나 말뚝이: 쉬—이! 그래 사처를 정했느냐?

쇠뚝이: 암, 정했지. / 말뚝이: 어따 정했느냐?

쇠뚝이: 저 고개 너머 양지 바른 곳에 자좌오향(子坐午向)으로 좌청룡(左靑龍) 우백호(右白虎)한 명당자리가 있어 터를 널찍이 잡아 놓고…… 여보게, 잠깐만. (한쪽으로 데리고 가서 귀에 대고 소근거리며 말뚝 박는 시늉, 깃 넣는 시늉, 문 여는 시늉을 하니 말뚝이도 따라서 한다. 이때 도련님은 샌님, 서방님을 건들며 수염도 잡아당기고 장난을 치다가 부채로 얻어맞는다.)

(자좌오향~우백호: 명당의 조건 / 깃: 외양간, 마구간, 닭둥우리 등에 깔아 주는 짚이나 마른풀 / 말뚝 박는 시늉~문 여는 시늉: 돼지우리를 양반의 사처로 정했음을 알 수 있음. / 도련님은~얻어맞는다: 도련님의 방정맞은 모습)

▶ 쇠뚝이가 돼지우리를 사처로 정함.

다 샌님: 야, 이놈 말뚝아! 말뚝아! 말뚝아!

말뚝이: (서서히 다가가서) 예—잇! (장단 멈춘다.) 말뚝이 대령이오. (고개를 숙였다 쳐든다.)

샌님: 사처를 정했느냐? / 말뚝이: 예—잇. 사처를 정했소. / 샌님: 어따 정했느냐?

말뚝이: 저기 (가리키며) 저 고개 너머 양지 바른 곳에 자좌오향으로 좌청룡 우백호한 명당자리가 있어 『터를 널찍이 잡아 놓고, 토담을 뚜르르르 둘러 놓고 (손을 한 바퀴 둘러 보이며) 나무로 깎아 만든 말뚝을 여기도 박고 (샌님 가랑이 밑에 박으며 깜짝 놀라 물러난다.) 여기도 박고 (서방님 옆에 박는다.) 저기도 박고 (도련님 옆에 박는다.) 듬성듬성 박아 놓고, 우리 양반님들 오뉴월 삼복지경에도 얼어 뒈지실까 봐 깃을 두둑이 갖다 놓고 (들어 넣은 시늉), 문은…… 문은…… (문을 잡고 열려는 시늉을 하다가, 옆에서 거들어 주는 쇠뚝이를 힐끗 쳐다보며 서로 고개를 끄덕끄덕한 다음) 하늘로 내었소!』(양손을 위로 펴 올린다.)

(『 』: 돼지우리를 묘사함. – 양반을 돼지로 취급하여 희롱하고 있음. / 오뉴월: 여름 한철을 이르는 말 / 삼복지경: 삼복 기간 동안)

샌님: 예끼 이놈. 그럼 돼지우리가 아니냐!

말뚝이: 영락없이 돼지우리죠! (장단이 나오면 모두 춤을 춘다. 한참 추다가 채찍을 들어 양반을 치며) 양반 돼지 나가신다. 두우! 두우! (하며 돼지 모는 흉내를 내며 퇴장한다.)

(양반 돼지 나가신다. 두우! 두우!: 양반을 돼지 취급함. – 양반에 대한 조롱)

▶ 말뚝이가 돼지우리를 사처로 정해 양반을 골탕 먹임.

키 포인트 체크

인물 말뚝이는 양반을 조롱하고 □□□하여 그들의 무능을 폭로하고 풍자하는 인물이다.

배경 조선 후기 양반의 모습을 배경으로 하여 당시 사회의 □□이 풍자적으로 드러난다.

사건 말뚝이가 샌님, 서방님, 도련님을 모시고 나와 쇠뚝이에게 사처를 정해 달라고 부탁했는데, 쇠뚝이가 돼지우리를 사처로 정하며 양반을 □□ 먹인다.

답 희화화, 모순, 골탕

핵심 정리

갈래 민속극, 가면극(탈춤) 대본

성격 민중적, 비판적

제재 서민과 양반의 생활

주제 전근대적인 사회 모순 비판

특징 ① 서제 일곱 과장의 옴니버스식 구성으로 이루어짐.
② 지배층에 대한 조롱과 풍자가 나타남.
③ 당시 사회의 모순된 면모를 반영하여 적나라하게 비판함.

이해와 감상

〈송파 산대놀이〉는 서울 송파 지역에서 전승된 가면극의 하나이다. 송파 나루는 조선 후기 전국에서 가장 큰 15개의 향시 가운데 하나인 송파장이 서던 곳으로, 산대놀이가 유지될 수 있는 경제적 여건이 갖추어진 곳이었다.

이 작품은 당시 사회의 구조적인 면모를 적나라하게 반영하면서, 모순된 사회 현실에 대한 비판 의식을 보여 주고 있다. 즉, 평등한 사회를 추구하는 현실주의에 입각한 산대놀이는 신분적 특권을 유지하기 위해 안간힘을 쓰는 유교적 가치관과 초월적 면모를 부각하고 현실의 모순에 무관심한 불교를 동시에 비판하고 있다.

또한, 이 작품은 여성에게 가해지는 남성의 부당한 횡포를 고발하면서 각성된 여성 의식도 보여 주고 있다.

작품 연구소

〈송파 산대놀이〉의 전체 구성

과장	내용
제1과장 상좌춤	상좌 둘이 희장무, 곱사위춤 등을 춤.
제2과장 옴중과 먹중	옴중이 뛰어나와 상좌를 물리치면 먹중이 등장하여 옴중의 의관과 용모를 대상으로 재담을 하고, 대무를 춘 뒤 퇴장함.
제3과장 연잎과 눈끔적이	연잎과 눈끔적이가 부채로 얼굴을 가리고 나타나면 팔먹중들이 등장하여 함께 춤을 춤.
제4과장 팔먹중	제1경 〈북놀이〉, 제2경 〈곤장 놀이(염불 놀이)〉, 제3경 〈침 놀이〉로 구성되어 있음.
제5과장 노장	제1경 〈파계승 놀이〉, 제2경 〈신 장수 놀이〉, 제3경 〈취발이 놀이〉로 구성되어 있음.
제6과장 샌님	제1경 〈의막 사령 놀이〉에서 말뚝이가 샌님, 서방님, 도련님을 모시고 나와 사처를 정하려는데 쇠뚝이가 돼지우리로 의막을 정해 양반을 골탕 먹임.
	제2경 〈샌님과 미얄할미〉에서 샌님이 소첩(소무)과 함께 춤을 추는데, 본처인 미얄할미가 나와 소첩과 싸우다가 샌님의 나무람을 듣고 퇴장함.
	제3경 〈샌님과 포도부장〉에서는 샌님과 소첩이 굿거리장단에 맞춰 멋지게 놀다가 포도부장에게 소첩을 빼앗김.
제7과장 신할아비와 신할미	신할아비의 구박에 신할미가 죽어 버리고, 놀란 신할아비는 아들인 도끼를 시켜 도끼누이를 불러오게 하여 셋이서 무당을 불러 지노귀굿을 함.

107 고성 오광대(固城五廣大) | 작자 미상

키워드 체크 #가면극 #풍자적 #비판적 #양반 사회의 비리와 모순 풍자

제2과장 오광대놀이

(제1과장이 끝나면 마당에 둥글게 앉아 있던 젓광대들이 덧뵈기 장단에 맞추어 마당 안으로 모여들어 모두 군무를 춘다. 원양반(원양반을 중심으로 한 곁다리 양반(광대)들)과 말뚝이가 번갈아 원 안에서 개인무를 춘다. 말뚝이가 퇴장하고 원양반이 들어온다.)

원양반: 쉬이. (마당판을 둥글게 돌면서 지팡이로 젓는다. 이때 음악과 춤을 멈춘다.) [중략] 어데서 응막 꽹꽹 하는 소리 양반이 잠을 이루지 못하야 나온 김에 말뚝이나 한번 불러 볼까. 이놈, 말뚝아! / 젓광대들: (따라서) 말뚝아! 말뚝아!

원양반: 네 이놈들, 시끄럽다. 이놈, 말뚝아! ▶ 원양반이 등장하여 말뚝이를 부름.

말뚝이: 예에. 동정(洞庭)(중국 호남성 동북쪽에 있는 호수)은 광활하고 천봉만학(千峯萬壑)(수많은 산봉우리와 산골짜기)은 그림을 그려 있고 수상부용(水上芙蓉)(물 위의 연꽃)은 지당에 범범한데(꼼꼼하지 않고 데면데면한데) 양유천만사(楊柳千萬絲)는 화류춘광(花柳春光)('양유천만사 계류춘풍'의 착오 – '버드나무의 수많은 가지가 봄바람을 붙잡는다.'라는 뜻) 자랑하니 별유천지 비인간(別有天地非人間)(별천지가 따로 있어 인간 세상이 아님. – 이백의 시 〈산중문답〉의 한 구절)이라. 어데서 말뚝이를 부르는지 나는 몰라요. (말채로 젓광대들 앞면을 빙 돌며 훑어 나가면서)

원양반: 이놈, 말뚝아! 잔소리 말고 저만큼 물러서서 인사 탱탱 꼬나 올려라.

말뚝이: 누구시옵나이까? 평안 감사 갔던 청보 생원님이시옵니까? ▶ 말뚝이가 등장함.

원양반: 평안 감사 갔던 청보 생원님이시다. 그리고 저기 선 저 양반을 보아라. 「한쪽은 수원 백 서방이 만들었고, 한쪽은 남양 홍 서방이 만들어서 접으로 접으로 된 양반(아버지가 둘이라는 내용을 빗대어 표현한 말)이시다.」(「」: 비정상적인 출생을 제시하여 양반의 비도덕성을 드러냄.) 그리고 저 밑에 선 저 도령님을 보아라. 남 뵈기에는 빨아 놓은 김치 가닥 같고, 밑구녕에 빠진 촌충이 같아도(도련님의 외양 묘사를 통해 무능한 양반의 모습을 희화화하여 드러냄.) 내가 평안 감사 갔을 때 만든 도련님이시다. 인사나 탱탱 꼬나 올려라. (덧뵈기 장단에 한바탕 춤을 어울려 춘다.)

도령: 「(양반이 저 밑에 선 도령님 할 적에 점잖게 양반다리로 앉아서 수염을 쓰다듬는 행세를 하고, 옆구리에서 거울을 빼어 들고 보다가 콧구멍 털을 뽑으며 가려워 재채기를 하고 일어선다.)」(「」: 겉으로는 점잖은 체하나 실제 하는 행동은 그렇지 못함.) / 말뚝이: 응마 캥캥. (양손으로 돋움을 준다.) ▶ 양반의 근본과 행실을 풍자함.

원양반: 쉬이. (음악과 춤을 멈춘다.) 이때가 어느 때냐. 춘삼월 호시절이라. 석양은 재를 넘고 까마귀 슬피 울 제 한 곳을 점점 내려가 마하(摩訶)에 내려서니 영양 공주, 난양 공주, 진채봉, 계섬월, 백능파, 심호연, 적제홍, 가춘홍(〈구운몽〉에 나오는 여덟 낭자를 인용하며 자신의 학식을 뽐내고 허세를 부림.) 모도 모도 모여 서서 나를 보고 반가하니 이내 마음 홍컬 방컬 철 철.(마음이 즐거움.) (굿거리장단에 맞추어 한바탕 춤을 어울려 춘다.)

말뚝이: 쉬이. (말채로 젓광대들 앞면을 훑어 나가면서 장단과 춤을 멈춘다.) 날이 덥더부리 하니 양반의 자식들이 혼터(빈터)(말채찍)에 강아지 새끼 모이듯이, 연당못에 줄남생이 모인 듯이, 물길 밑에 송사리 새끼 모인 듯이,(비속어를 사용하여 양반을 비하함.) 모도 모도 모여 서서 말뚝인지 개뚝인지 과거 장중에 들어서서 제 의붓애비 부르듯이 말뚝아, 말뚝아 부르니 아니꼬와 못 듣겠네. (말채로 '못 듣겠네.'에 땅을 친다.) ▶ 말뚝이가 양반을 비하함.

키 포인트 체크

- 인물 원양반은 양반의 비도덕성을 □□하는 인물이고, 말뚝이는 양반 사회의 모순을 비하하는 인물이다.
- 배경 조선 후기 양반과 서민들의 삶을 배경으로 하여 양반 사회의 □□와 모순에 대한 풍자가 드러난다.
- 사건 원양반이 양반들을 □□□하여 소개하고, 말뚝이는 양반의 □□□□인 모습을 비판한다.

답 풍자, 비리, 희화화, 비도덕적

핵심 정리

갈래 민속극, 가면극(탈춤) 대본
성격 비판적, 풍자적, 해학적, 서민적
제재 양반과 서민들의 삶
주제 양반 사회의 비리와 모순에 대한 풍자와 폭로
특징 종교적인 의식 없이 오락적인 놀이로 연희됨.

이해와 감상

〈고성 오광대〉는 경상남도 고성 지방에서 전해 내려오는 가면극이다. 총 다섯 과장으로 구성되어 있으며, 덧뵈기춤이 대표적인 춤이다. 덧뵈기춤은 경상도 지방의 가면극에서 굿거리장단에 맞추어 추는 흥겨운 춤으로, 고대에 귀신을 즐겁게 하거나 위협하려는 의도를 가진 '덧보이기 위한 춤'의 의미를 가지고 있다. 제시된 내용은 〈고성 오광대〉 전체 다섯 과장 중 제2과장으로, 당대 양반들의 모습과 행실을 비판하고 풍자하는 내용이다. 말뚝이라는 민중의 대변자가 등장하여 양반들의 비도덕적인 모습을 신랄하게 비판하고 조롱한다. 특히 양반이라는 신분과 그들의 혈통이 매우 비정상적인 관계 속에서 유지되었음을 풍자하고 있다.

작품 연구소

〈고성 오광대〉의 전체 구성

제1과장 문둥북춤	불구의 문둥광대가 굿거리장단에 문둥탈을 쓰고 등장하여 자신의 신세를 한탄하며 통곡한다. 처음에는 모든 것을 포기한 듯 병마의 고통을 춤으로 표현하다가 후반부에는 고통을 극복하며 일어나 새 희망에 대한 불씨를 춤으로 나타낸다.
제2과장 오광대놀이	문둥광대가 퇴장하면 공연 마당에 앉아 있던 양반광대들이 덧뵈기 장단에 맞추어 마당 안으로 뛰어들어 군무를 춘다. 말뚝이와 원양반이 번갈아 원 안에서 배김새(원양반과 말뚝이가 하는 춤사위)를 하고, 원양반과 말뚝이가 개인무를 추고 재담을 나누며 놀다가 비비가 등장하여 양반들을 몰아낸다.
제3과장 비비과장	비비가 양반 하나를 붙들어 마음대로 놀려대며 혼을 낸다. 갖은 횡포로 평민을 괴롭히는 양반을 비비가 위협하고 조롱하면서 평민들의 심정을 대변해 준다.
제4과장 승무과장	제자 각시가 요염한 춤으로 중을 유혹하면 중이 춤을 추면서 접근하여 같이 어울려 퇴장한다. 처음부터 끝까지 대사가 없으나 그 내용은 파계승을 풍자하는 것이다.
제5과장 제밀주 과장	첩을 얻어 나간 영감을 찾아 헤매던 큰어미가 영감과 만나게 된다. 이때 작은어미가 아들을 순산하는데, 큰어미와 작은어미가 아이를 두고 쟁탈을 벌이다 결국 아이가 죽고, 이에 작은어미가 큰어미를 죽인다. 춤 보다는 연극적인 내용이 강하며, 인간은 평 등하다는 의식을 엿볼 수 있다.

108 수영(水營) 들놀음 | 작자 미상

키워드 체크 #가면극 #비판적 #양반 계급의 무능과 허세 비판 #일부다처제의 모순 비판

제3과장 할미·영감

조라한 흰옷 차림에 죽장을 짚고 피로한 기색이 보이는 할미가 등장하여 털썩 주저앉는다. 할미는 면경 파편(面鏡破片)을 앞에 놓고 노근으로 털을 밀며 화장한 연후에 일어난다.
(죽장: 대나무로 만든 지팡이 / 면경 파편: 깨진 거울 조각)

할미: (창 조로) 영감이여— 영감이여—. (영감이 뒤따라 등장하는데 전에는 양반의 가면 중 아무것이나 썼다고 한다.)

영감: (창 조로) 할머닌가, 할머닌가. (서로 영감, 할미를 부르면서 장내를 빙빙 돌다가 할미는 영감을 자세히 들여다보고)

할미: (창 조로) 영감, 애얼레 망건(網巾), 쥐꼬리 당줄, 대모관자(玳瑁貫子), 호박풍잠(琥珀風簪), 통영갓은 어데 두고 파립파관(破笠破冠)이 웬일이오.
(애얼레 망건: '외올망건'의 착오. 외올로 뜬 질이 좋은 망건 / 쥐꼬리 당줄: 쥐꼬리처럼 생긴 당줄 / 대모관자: 대모로 만든 관자. 대모란 바다거북과의 하나임. / 호박풍잠: 호박으로 만든, 망건의 당 앞쪽에 꾸미는 물건 / 통영갓: 통영에서 만든 갓. 또는 그런 양식으로 만든 갓 / 파립파관: 몰락한 양반의 모습을 드러냄.)

영감: (창 조로) 그것도 내 팔자라, 팔자 소관을 어이하리. (영감이 퇴장해 버린다.)

할미: (할미가 악사 앞에 와서 한참 춤을 추다가 악사에게) 여보시오, 우리 영감 못 보았소?
(극 장소의 개방성 - 극 중에 악사를 참여시킴.)

악사: 당신 영감이 어떻게 생겼소?

할미: 우리 영감이 훌륭하고 깨끗하고 이마가 툭 터지고 사모(紗帽) 꼴 나고 점잔하고 양반답고 말소리도 알곰살곰하오. / 악사: 방금 그런 양반 이리로 지나갔소.
(사모: 사(紗)로 짠 벼슬아치의 모자)

할미: (창 조로) 영감이여— 영감이여—. (부르며 퇴장한다.)

▶ 할미가 영감을 찾으러 다님.

(영감과 소실인 제대각시가 등장하여 긴 장단에 맞춤을 추고 놀 때, 할미가 다시 등장하여 멀리서 그 모양을 자세히 살피다가 영감과 눈총이 마주치면 영감이 할미의 앞을 가린다. 이 틈을 타서 제대각시는 피신하듯 퇴장한다. 할미가 질투해서 시비를 건다.)

할미: 그년이 어떤 년이고?

영감: 아무 년이면 어때……. (시비가 설왕설래 한참을 다투다가)

▶ 영감이 소실과 놀아나는 것을 보고 할미가 질투함.

영감: 그래 내가 집을 나올 때 삼존당(三尊堂)이며 돈 한 돈 팔 푼이며 자식 삼 형제를 다 살게 마련해 주고 혈혈단신(孑孑單身) 나온 나를 왜 추접게 이리고 쫓아다니는고.
(삼존당: 불교에서 모시는 삼존(三尊)을 모신 당(삼존은 미타 삼존, 석가 삼존, 약사 삼존을 가리킴.) / 혈혈단신: 의지할 곳이 없는 외로운 홀몸)

할미: (할미가 기가 막혀 손바닥을 치며) 으휴, 아이고 그래. 그 돈 한 돈 팔 푼은 이핀(당신) 떠날 적에 하도 섭섭해서 청이(어) 한 뭇 사서 당신 한 마리 나 아홉 마리 안 먹었능기요. / 영감: 너 아홉 마리, 나 한 마리를! 그래 자식 셋은 다 어쨌노?
(뭇: 생선을 세는 단위. 한 뭇은 열 마리임.)

할미: (후유, 탄식하며 가슴팍을 치고 눈물을 닦은 후에)「큰놈은 나무하러 가서 정자나무 밑에서 자다가 솔방구(솔방울)에 맞아 죽고, 둘째 놈은 앞 도랑에서 미꼬라지 잡다가 물에 빠져 죽고, 셋째 놈은 하도 좋아서 어르다가 놀라 정기로 청(경)풍에 죽었소.」
(「」: 자식의 죽음을 과장되게 표현하여 해학성을 드러냄.)

(할미는 엉엉 통곡한다. 통곡하는 할미를 영감이 화가 나서 발길로 차니, 할미가 실성하여 졸도한다.)
(여성에 대한 폭력 - 가부장적 권위 의식을 드러냄.)

영감: (당황한 영감은 악사에게) 요보, 요보, 의원을 좀 불러 주소.

▶ 할미가 그동안의 이야기를 한 뒤 영감의 발길질에 졸도함.

키 포인트 체크

인물 할미는 처첩 간의 갈등을 겪는 인물이고, 영감은 □□□□ 권위 의식을 지닌 인물이다.

배경 조선 후기 양반 계층의 무능, □□□□□의 모순 등 당대 사회상이 드러난다.

사건 영감을 찾아다니던 할미가 영감과 첩의 관계를 □□하고 탄식하며 영감에게 그동안의 이야기를 한 뒤 영감의 발길에 차여 졸도한다.

답 가부장적, 일부다처제, 질투

핵심 정리

갈래 민속극, 가면극(탈춤) 대본

제재 양반의 무능, 처첩 간의 갈등

주제 ① 양반 계급의 무능과 허세를 조롱함.
② 일부다처제의 모순을 비판함.

특징 ① 탈놀음 중 가장 짧은 네 과장으로 구성됨.
② 연희 의식 절차에 가면체나 가면 소각 절차, 가면 신성 사상, 부락 수호신에 대한 고사 등 원시 민족 사회의 풍속과 유사한 점이 남아 있음.

이해와 감상

들놀음은 경남 내륙에서 연행되던 오광대놀이가 수영, 동래 등에 전해진 것으로, 〈수영 들놀음〉은 부산의 수영 지역에 전승된 것이다. 오광대놀이처럼 전문적인 연극인에 의해 전승된 것이 아니라 마을 사람들에 의해 토착화된 것이며, 전승 계층과 무관하게 조선 후기 서민의 정서나 사회상, 민중 의식의 각성 등을 보편적으로 담고 있다. 그중 할미·영감 과장은 가난과 이산(離散), 처첩 간의 갈등, 자식의 죽음 등과 같은 민중의 삶을 재현하고 있다. 여기서 할미의 죽음은 표면적으로 민중의 좌절을 나타내지만, 신명 나는 춤과 해학적인 대사가 어우러짐으로써 고난을 넘어서고자 하는 민중의 의지와 신명을 드러내기도 한다.

작품 연구소

〈수영 들놀음〉의 전체 구성

과장	내용
제1과장 양반	무식한 하인 말뚝이의 독설과 신랄한 풍자로 양반 계층의 무능과 허세를 조롱하고 계급 타파와 인권의 해방을 절규함.
제2과장 영노	양반 과장에서의 조롱과 야유에도 만족하지 못한 울분의 표시로 괴물 영노가 양반을 잡아먹음.
제3과장 할미·영감	봉건 사회의 일부다처제에 따른 가정 불화를 주제로 하여 처첩 간의 갈등에 따른 가정의 비극과 곤궁상을 드러냄.
제4과장 사자무	사자가 등장하여 춤을 추고 있을 때 범(혹은 담비)이 개입하여 싸움이 일어나 사자가 범을 잡아먹음. 사자무를 마치면 고사를 지내면서 가면을 소각하고 제액과 만사형통을 축원함.

자료실

민속극에 나타난 해학과 풍자

민속극에는 양반 계급의 위선을 신랄하게 풍자하는 내용이 자주 나타나고 민중들의 모습 역시 해학적으로 그려진다. 이는 민속극의 민중 오락적 성격과 관련이 깊다. 민속극들은 지역과 기원을 달리해도 한결같이 현실의 문제를 비판하지만, 궁극적으로는 화해와 결속으로 내용이 마무리되는 특징을 지닌다. 이는 민속극이 민중의 소망과 애환을 담아내면서도 계급 갈등이나 남녀 갈등을 심화하는 것이 아니라 조화와 화해를 강조하는 데에 초점을 맞추고 있음을 의미한다.

이야기 주머니

| 작자 미상

키워드 체크 #설화 #구어체 #이야기의소통적본질 #의인화

문학 창비

핵심 정리

갈래 설화, 민담
성격 구술적, 교훈적, 서사적
문체 구어체
제재 이야기 주머니
주제 이야기의 소통적 본질
특징 ① 민담을 구연(口演)한 것을 그대로 옮겨 적음.
② 이야기 자체를 소재로 삼아 의인화함.

어휘 풀이

독선생(獨先生) 한 집의 아이만을 맡아서 가르치는 선생.
대들보 지붕에서 전달되는 하중을 받기 위해 건물의 기둥과 기둥 사이를 연결한 구조물.
영(嶺) 길이 나 있어서 넘어 다닐 수 있는, 높은 산의 고개.
찌우 겨우.
가매바리 가마채. 가마와 짐.

Q 이야기들이 도령을 해치려는 이유는?

주머니 속 이야기들은 주머니에 자신들을 가두고 풀어 놓지 않는 도령을 원망하면서, 장가가는 도령에게 돌배를 먹여 죽이려 하고 있다. 이야기들이 이러한 태도를 보이는 이유는 도령이 이야기의 본질적 속성인 소통을 가로막았기 때문이다. 작가는 이와 같은 내용을 통해 이야기의 본질은 '소통'에 있음을 암시적으로 드러내고 있다.

구절 풀이

❶ **지금 잘사는 ~ 시키는 것과 한가지야.** 청자가 이해하기 쉽도록 이야기 속 상황을 그와 유사한 현실 사례(과외 공부)와 비교하여 설명하고 있다.
❷ **그전에 참 ~ 떡 시키는데** 앞서 이야기한 내용을 반복한 것으로, 구연 상황에서 이미 한 말을 자꾸 되풀이하는 것은 흔히 일어나는 일이다.
❸ **적어선, 하룻제녁에 ~ 꽉 찼어요.** 이야기의 존재 이유는 소통에 있는데, 도령은 이야기를 주머니에 가두어 소통을 방해하고 있다. 앞으로 전개될 사건의 발단이 되는 부분이다.
❹ **"이놈의 새끼가 ~ 안 풀어 놓는다."** 주머니 속 이야기들이 자신들을 감금한 도령에게 불만을 품고 있음이 드러나는 장면이다. 돌고 돌아야 할 이야기의 소통적 본질을 막으면 화를 입게 되리라는 것을, 이야기를 의인화하여 예고하고 있다.
❺ **아, 요걸 ~ 결심을 먹었거든.** 위기를 설정함과 동시에 종을 주체로 삼아 주어진 위기를 해결할 수 있는 장치를 제시하고 있다.

가 ㉠그전 옛날에 이제 대갓집이서 •독선생을 앉히구 인제 공불 시켰어요.[세력 있는 양반 가문을 일컫는 말] ❶지금 잘사는 집이서 선생님 모셔 놓구 과외 공불 시키는 것과 한가지야.[구어체의 특성 ① – 주어 생략 / 서술자의 개입] ❷그전에 참 대갓집이서 독선생을 앉혀 놓구 아들 공불 떡 시키는데[구어체의 특성 ② – 즉흥적 표현] 이놈이 공불 않어. 허재며는 자기 아버지하구 그 이웃 노인네하구 앉아서 옛날 얘기를 하는데,[구어체의 특성 ③ – 잉여적 표현] 이놈이 공불 하면서도[(공부를) 하자고 하면] 이 얘기하는 것을 다 적는 거야.[이야기의 속성 – 듣는 이의 호기심을 자극함.] ❸적어선, 하룻제녁에[하룻저녁] 한 마디 들으면 하날 적어서 요걸 꼭 종이에다 적어 가주곤 요놈에 걸 봉해 가주군 주머닐 하나 맨들어서 거기다가 처넣구, 처넣구 한 게 삼 년 동안을 그래다 보니깐 주머니 세 개가 꽉 찼어요.[삼 년 동안 들은 이야기가 상당히 많음을 의미함.] 그러니깐 자기 방 •대들보에다 딱 달아 놨지. 요놈의 걸.[구어체의 특성 ④ – 어순의 도치] 얘기 주머니를 보니깐 삼 년 동안을 저녁마다 한 개씩 집어넣으니깐 얘기 주머니가 엄청나게 많이 들어간 거예요. 주머니가 세 개 찼으니깐. ▶ 대갓집 도령이 들은 이야기를 주머니에 모아 놓음.

나 사 년째 되던 해에 장가를 가게 됐어요.[구어체의 특성 ⑤ – 구어체 종결 어미] 이런 동네서 살 거 같음 저기 홍천쯤으로 장가를 가게 됐어요.[구어체의 특성 ⑥ – 청자의 이해를 돕는 표현(구연하는 장소와의 공간적 거리를 설명함.)] 이런 •영(嶺)을 하나 넘어가야 하는데 그전엔 왜 가마에다 이렇게 가야 되잖아요.[구어체의 특성 ⑦ – 청자를 실제로 대면한 상황임이 드러남.] 그런데 낼쯤 출발하게 되면 오늘쯤 자기 아버지가, 이제 하인들이 있으니깐, 하인더러 명령을 하는 거야.

㉡"너는 내일 누구누구 가말 모시구, 누구는 손님 접대를 해라."

이렇게 참 정해 줬단 말야.[구어체의 특성 ⑧ – 생략적인 문체] ▶ 도령이 장가를 가게 됨.

다 그런데[구어체의 특성 ② – 즉흥적 표현] ㉢그 가마 모시구 그 샌님 도령을 모시구 영 넘어갈 그 종이, 참 동짓달인데 허깨눈이 밤에 깜짝시레[갑작스레] 이렇게 와서 눈을 씰러[쓸러] 그 도련님 방 문턱엘 이렇게 돌려 씰재니까,[눈의 일종(방언) / 쓸자니까][구어체의 특성 ③ – 잉여적 표현(같은 말의 반복)] 그 방은 도련님은 없구 빈방인데, 『얘깃소리가 중중중중 나더란 얘기예요.』[말소리를 나타내는 의성어(중얼중얼) / 「」: 독자의 흥미 유발] 그전 공부하던 방인데, '하 도련님이 여긴 안 기시는데[계시는데] 여기서 무슨 얘깃소리가 이렇게 나는가?' 말여.[구어체의 특성 ② – 즉흥적 표현] 게서 귀를 이렇게 •찌우 들으니깐,[구어체의 특성 ⑨ – 동작을 수반하는 표현] 아주 여러 사람이 떠드는 게,

❹"이놈의 새끼가[대갓집 도령] 우릴 주머닐 넣어 가두고 안 풀어 놓는다."[이야기를 적은 종이를 의인화한 표현]

라는 얘기야.

"그래니깐 이 새끼가 낼 저 고개 넘어 장갤 간다니까 우리가 잡아야 된다."

이거지.

"우리 여레 이걸 잡아야 되는데……."

㉣그래니깐 이런 토론이 많이 나오겠지.[구어체의 특성 ⑥ – 청자의 이해를 돕는 표현] 응 귀신찌리래두.[귀신끼리라도]

"그럼 그걸 어떻게 잡아야 되느냐?"

그래니깐,

『"내 말 들어라. 동지섣달에[음력 11월, 12월에 해당하는 한겨울] 이 고개 마루에다가 난데없는 돌배를 크다 만 걸 하나를,[구어적 표현] ㉤이렇게 잎이 피어 늘어지게 하고 돌배가 이렇게 매달리고 허먼,[구어체의 특성 ⑨ – 동작을 수반하는 표현] 하 그걸 먹을라고 애쓸 거다. 그러니깐 그놈의 걸 이렇게 떡 맨들어 놓으면 새신랑이 오다 그거만 처먹으면 죽을 테니깐 걸 해 놓자."』[「」: 자신들을 주머니에 가둔 도령을 죽일 음모를 꾸밈.]

❺아, 요걸 그 •가매바리 모시구 갈 그 종놈이 들었단 얘기야. '도련님은 내가 살려야겠다.'라는 결심을 먹었거든.[구어체의 특성 ② – 즉흥적 표현] ▶ 하인이 이야기들의 모의를 듣고 도령을 구하기로 마음먹음.

• 중심 내용 도령을 죽이려는 주머니 속 이야기들의 음모 • 구성 단계 (가) 기 / (나)~(다) 승

이해와 감상

〈이야기 주머니〉는 1980년 강원도 춘성군 북산면에서 구연자(口演者)로부터 직접 들은 이야기를 옮겨 적은 것으로, 이야기의 본질적 속성인 '소통'에 대해 우의적으로 표현한 설화이다.

이 설화에서는 '이야기'를 의인화하여 이야기 자체에 대한 이야기를 하고 있는데, 대갓집 도령이 이야기 주머니를 풀어 놓지 않아 결국 주머니 속 이야기들이 도령을 죽이려는 음모를 꾸미게 된다는 내용이다. 이러한 내용은 본래 이야기는 다른 사람들에게 전달되는 데서 그 존재 의미를 지닌다는, 이야기의 소통적 본질을 드러내기 위한 것이라 할 수 있다. 즉, 소통되지 않는 이야기는 소용이 없다는 주제 의식을 드러낸 것이다. 이를 확대해 보면, 모든 문학은 소통이 되어야만 문학 자체로서 존재 의미를 지니게 된다는 것을 알 수 있다.

전체 줄거리

기	대갓집 도령이 들은 이야기를 기록해 주머니 속에 가둔다.
승	이야기들이 도령을 죽이려고 모의하는 것을 하인이 듣게 된다.
전	하인은 이야기들이 매달아 놓은 돌배를 도령이 먹지 못하게 한다.
결	하인이 도령에게 사정을 이야기하여 주머니 속의 이야기들을 풀어 준다.

작품 연구소

〈이야기 주머니〉의 표현상 특징

〈이야기 주머니〉에는 '-요'와 같은 구어체 종결 어미, '허먼'과 같은 구어체 표현과 '그전엔', '왜'와 같은 즉흥적 표현이 나타난다. 또 '이렇게'라고 하여 청중 앞에서 동작을 활용하여 직접 시범을 보이며 설명하거나, '이걸루 끝납니다.'처럼 청자를 대면하고 있음을 알 수 있는 표현이 사용되고 있다. 이러한 표현상 특징은 〈이야기 주머니〉가 구연자가 청자에게 말한 내용을 채록한 글임을 알게 해 준다.

문학 소통의 기본 형식

민담 〈이야기 주머니〉를 청중 앞에서 구연하는 소통 과정을 도식화하면 '화자 → 작품 → 청자'가 된다. 이처럼 모든 이야기는 '창작자(화자) → 이야기(작품) → 수용자(청자)'라는 기본 형식을 통해 소통된다. 이를 소설에 적용하면 '작가 → 소설 → 독자'의 관계가 된다. 이처럼 문학은 화자가 이야기하거나 작가가 작품을 쓰는 표현 활동과 청자가 이야기를 듣거나 독자가 작품을 읽는 수용 활동으로써 소통된다.

	일반적인 의사소통	문학적인 의사소통
발신자	의사소통 내용인 언어 발화의 주체 – 단순 전달자	문학적 구조물의 창작자
의미 내용	언어 발화의 목적인 실제 내용	텍스트, 주제 등을 포괄하는 문학적 구조물
수신자	언어 발화를 받아들이는 대상적 존재	문학적 구조물의 내용을 받아들이는 존재(독자)

함께 읽으면 좋은 작품

〈아랑은 왜〉, 김영하 / 소설에 관한 소설

경남 밀양에 전해지는 〈아랑 전설〉을 소재로 삼아 이야기의 발생과 확산, 기능과 맹점을 따져 묻는 작품이다. 〈아랑 전설〉을 바탕으로 소설을 쓰려는 인물이 작품 속의 서술자로 등장하여 소설화 과정을 보고하는 형식을 취함으로써 '소설에 관한 소설'의 외양을 띠고 있다.

키 포인트 체크

인물 도령은 이야기의 소통을 ☐☐하는 인물이다.
배경 구전되던 이야기를 옮겨 적은 것으로, 이야기의 ☐☐적 본질을 드러내고 있다.
사건 도령이 이야기를 ☐☐☐에 모아만 두자 이야기들이 도령을 죽일 음모를 꾸미고, 이를 알아챈 하인이 그를 살려야겠다고 결심한다.

1 이 글에 대한 설명으로 적절하지 않은 것은?

① 이야기 자체를 소재로 삼은 민담이다.
② 이야기를 의인화하여 표현하고 있다.
③ 예스러운 문체가 고전적인 느낌을 준다.
④ 청자를 대면하는 상황을 전제하여 전개된다.
⑤ 화자가 창작한 내용이 아닌 기존 이야기를 전승한 것이다.

2 이야기들이 도령에게 불만을 품은 이유로 가장 적절한 것은?

① 도령이 이야기를 옮겨 적었기 때문에
② 도령이 이야기를 몰래 엿들었기 때문에
③ 도령이 이야기를 너무 많이 들었기 때문에
④ 도령이 이야기를 버리고 장가를 가기 때문에
⑤ 도령이 이야기를 가두어 소통을 막았기 때문에

3 다음 중 이 글의 주제와 관계 깊은 표현은?

① 돈은 돌고 돈다고 해서 돈이다.
② 말 한마디에 천 냥 빚도 갚는다.
③ 부뚜막의 소금도 집어넣어야 짜다.
④ 낮말은 새가 듣고 밤말은 쥐가 듣는다.
⑤ 물에 빠진 놈 건져 놓으니까 내 봇짐 내라 한다.

4 ㉠~㉤에 나타난 구술 문학의 특징으로 적절하지 않은 것은?

① ㉠: 여러 화자를 대상으로 하기 때문에 경어를 사용한다.
② ㉡: 경우에 따라 생략적인 문체를 사용한다.
③ ㉢: 동일한 의미의 말이 불필요하게 반복된다.
④ ㉣: 청자의 이해를 돕는 서술자의 개입이 나타난다.
⑤ ㉤: 동작을 나타내는 표현이 함께 쓰인다.

5 이 글의 화자가 화자인 동시에 청자이기도 한 이유를 〈조건〉에 맞게 쓰시오.

조건
1. 이야기가 소통되는 과정을 반영할 것
2. 30자 이내의 완결된 한 문장으로 쓸 것

110 용소와 며느리바위 | 작자 미상

키워드 체크 #지명 유래담 #이야기의 증거 #권선징악 #금기 구어체

문학 천재(정), 미래엔

핵심 정리

갈래 설화, 지명 전설
성격 교훈적, 서사적, 비현실적
배경 ① 시간 – 옛날 옛적
② 공간 – 황해도 장연읍
제재 용소가 만들어진 유래
주제 권선징악, 탐욕에 대한 경계
특징 ① 구어체를 활용하여 화자가 청자에게 직접 이야기를 들려주는 형식임.
② 방언의 사용이 두드러짐.
③ 용소와 며느리바위가 생겨난 이유를 밝힘.

Q 〈용소와 며느리바위〉에 드러난 구비 문학의 특징은?

이 작품은 사람들 사이에서 구전되어 전하는 구비 문학이다. '~라 그래, ~이라네, ~라구' 등 직접 이야기를 건네는 듯한 구어체 표현이나 '인지'와 같은 불필요한 군말을 사용하는 것, 같은 말을 반복하는 것, 문장의 경계가 모호하고 문장의 길이가 대체로 긴 것 등에서 입에서 입으로 이야기를 전달한 구비 문학의 특징을 확인할 수 있다.

어휘 풀이

용소(龍沼) 폭포수가 떨어지는 바로 밑에 있는 깊은 웅덩이.
장재 장자. 큰 부자를 점잖게 이르는 말.
첨지(僉知) 나이 많은 남자를 낮잡아 이르는 말.
불농불사 '불농불상(不農不商)'의 잘못. 농사도 짓지 않고 장사도 하지 않으며 놀고 지냄.
독경(讀經) 불경을 소리 내어 읽거나 욈.
바랑 승려가 등에 지고 다니는 자루 모양의 큰 주머니.
천생(天生) 하늘로부터 타고남. 또는 그런 바탕.
뇌성벽력(雷聲霹靂) 천둥소리와 벼락을 아울러 이르는 말.
비슥하다 '비슷하다'의 방언.

구절 풀이

❶ **바로 길 옆에 ~ 그 전설이 어떻게 됐냐 할 거 같으면,** 용소가 만들어진 내력에 관한 이야기가 이어질 것임을 드러내며, 지명 전설이라는 작품의 성격을 뚜렷이 보여 준다.
❷ **소리를 질러두 ~ 독경(讀經)을 하구 있으니까,** 도승은 장재 첨지의 악행을 알고 이를 벌하기 위해 일부러 찾아온 것으로 장재 첨지의 반응을 예상하여 태연하게 반응하고 있다.
❸ **이 여인이 가는데 ~ 그만 화석이 됐어.** 며느리가 도승이 알려 준 금기를 지키지 못해 재앙을 피하지 못했음이 드러난다. 선행을 베푼 며느리까지도 재앙을 당하는 것은 인간의 한계를 드러내는 것으로 볼 수 있다. 또한 용소가 생성되는 것은 인간이 보아서는 안 되는 천상의 기밀로 금기를 어긴 며느리가 화석이 된 것은 천기누설을 막기 위한 것으로 보기도 한다.

가 용소는 장연읍(황해도 장연군에 있는 읍)에서 한 이십 리 되는 거리에 있는데, 장연읍에서 그 서도 민요로 유명한 몽금포 타령이 있는 데거든(이야기에 신빙성을 부여하는 증거물). 그 몽금포 가는 길 옆에 그 인지 ❶바로 길 옆에 그 용소라는 것(구체적인 공간적 배경)이 있는데 그 전설이 어떻게 됐냐 할 거 같으면, 그렇게 옛날 옛적 얘기지(앞말에 상투적으로 붙는 군말의 반복). ㉠옛날에 그 지금 용소 있는 자리가 장재(長者) 첨지네 집터 자리라 그래(장재 첨지의 집이 용소로 변함). 장재 첨지네 집터 자린데, 『거게서 그 영감이 수천 석 하는 부자루 아주 잘살구 거기다 좋은 집을 짓구서 있었는데, 그 영감이 아주 깍쟁이가 돼서, 뭐 다른 사람 도무지 뭐 도와두 주지 않구, 돈만 모으던 그런 유명한 영감이래서』(『 』: 장재 첨지의 됨됨이 – 부유하지만 인색하고 인정이 없음.(벌을 받게 되는 이유)) ㉡거기 사람들이 말하자면, '돼지, 돼지' 하는 그런 영감이라네(욕심 많은 장재 첨지를 빗댄 표현).
▶ 용소가 있는 자리에 인색한 장재 첨지가 살았음.

나 어느 여름철에 거기서 인지 그 용소 있는 데서 한 이십 리 가면 불타산이라는 산이 있는데 그 불타산은 절이 많기 때문에 불타산이라는 그런 절이 있는데(초월적, 이상적 세계), 거게서 그 도승이, 그 영감이 아주 나쁘다는 소리를 듣구서(장재 첨지를 심판하는 인물), 우정('일부러'의 방언) 인지 그 집을 찾어가서 목탁을 치면서 시주를 해 달라고(인색한 장재 첨지를 벌하기 위해 찾아옴.), 그러니까 이 영감이 뛰어나가면서,
"이놈, ㉢너이 중놈들이란 것은 불농불사하구, 댕기면서 얻어만 먹구 그러는데(중들이 일을 하지 않고 무위도식(無爲徒食)한다며 비난함.) 우리 집에서는 절대루 쌀 한 톨이라두 줄 수가 없으니까 가라구."
❷소리를 질러두 그대루 그 중이 이제 가지를 않구섬날 독경(讀經)을 하구 있으니까, 이 영감이 성이 나서 지금은 대개 삽이라는 게 있지마는 옛날에는 저 그것을 뭐이라구 하나, 부삽이라구 하나. 그거 있는데 그걸루 두엄 더미에서 쇠똥을 퍼가주구서는,
『"우리 집에 쌀은 줄 거 없으니까 이거나 가져가라."
하구서는 바랑에다가 쇠똥을 옇단 말야.』(『 』: 시주를 거부하며 도승에게 못된 행동을 함. – 집터가 용소가 되는 재앙을 받는 원인)
▶ 장재 첨지가 시주를 청하는 도승에게 악독한 행동을 함.

다 장재 첨지의 며느리가 인제 쌀을 씻구 있다가, 그 광경을 보구서, 그 중 보구서는 얘기하는 말이,
"우리 아버지 천생이 고약해서 그런 일이 있으니까. 조금두 나쁘게 생각하지 말라구."
그러면서 쌀, 씻든 쌀을 바가지에다 한 바가지 퍼섬낭, 그 바랑에다 여 줬단 말야(봉변을 당한 도승을 위로함.). 그러니께 그 중이 며느리 보고 하는 말이(선하고 인정 많은 며느리의 선행 – 며느리가 재앙을 피할 방도를 알게 되는 계기), / "당신 집에 인제 조금 있다가 큰 재앙이 내릴 테니까(집터가 물에 잠김.), 당신 빨리 집으루 들어가서(며느리가 재앙을 피할 수 있도록 배려함.), 평소에 제일 귀중하게 생각하는 것이 무어 있는지, 두세 가지만 가지구서 빨리 나와서는, 저 불타산을 향해서 빨리 도망질하라구."
(며느리는 아들, 명주 짜는 도구, 기르던 개를 데리고 도망침.)
▶ 도승이 선행을 베푼 며느리에게 재앙을 피하는 방법을 알려 줌.

라 "당신, ㉣가다가서 뒤에서 아무런 소리가 나두 절대루 뒤를 돌아보면 안 된다(도망칠 때 해서는 안 되는 행동 – 금기)."는 거를 부탁을 했는데, ❸이 여인이 가는데 갑자기 뇌성벽력을 하면서 그 벼락 치는 소리가 나니까, 깜짝 놀래서 뒤를 돌아봤단 말야(금기를 어김.). 그러니까 그 자리에서 그만 화석이 됐어. 그 사람이 그만 화석이 되구 말았다는 게야(금기를 어긴 결과). 개두 그렇게 화석이 돼서 그 자리에 서 있다고 하는데, 『그 지금두 그 불타산 아래서 얼마 내려오다가서 그 비슥하니 거기 사람들은 이것이 며느리가 화석 된 게라고 하는 바위가 있는데, 역시 사람 모양 하고, 뭐 머리에 뭐 인 거 겉은 거 하구, 그 아래 개 모양 겉은, 그런 화석이 아직도 있단 말야(아들을 업고 명주 짜는 기구를 이고 개와 함께 도망치던 모습 그대로 화석이 됨.).』(『 』: 이야기의 증거물이 존재함. – 전설의 특성) 한데 그때 그 이 벼락을 치면서 그 장재 첨지네 그 집이 전부 없어지면서 그만 거기에 몇백 길이 되는지 모르는 이제 큰 소(沼)가 됐단 말야(장재 첨지가 악행으로 재앙을 받음.). 『한데 그 소가 어느만침 넓으냐 하면, 여기 어린이 놀이터보담두 더 넓은데, [중략] ㉤사람들이 그게 얼마나 깊으냐 볼라구 명지실을 갖다가, 돌을 넣어서는 재니까 명지실 몇을 넣어도 도무지 끝을 몰른다는, 그만침 깊은 소가 됐단 말야.』(『 』: 용소의 물의 양과 깊이를 과장하여 표현함.)
▶ 며느리는 금기를 어겨 화석이 되고 장재 첨지의 집은 용소가 됨.

• **중심 내용** 인색함 때문에 벌을 받아 집터가 용소가 된 장재 첨지와 금기를 어겨서 화석이 된 며느리

이해와 감상

〈용소와 며느리바위〉는 황해도 장연읍에 있는 용소와 며느리바위가 생겨난 내력과 관련한 설화를 채록한 내용으로, 〈장자못 전설〉이라 하여 전국적으로 널리 퍼져 있는 지명 전설이다. 장재 첨지의 집터가 용소가 되고 장재 첨지의 며느리가 바위가 된 유래를 밝히고 있다. 구어체를 활용하고 불필요한 군말이 자주 드러나는 등 화자가 청자에게 직접 이야기를 들려주는 형식으로 되어 있다. 장연읍이라는 구체적인 장소를 배경으로 하고, 용소와 며느리바위라는 이야기의 증거물을 제시하여 전설의 특성을 뚜렷이 드러내고 있다. 악인으로 제시되는 장재 첨지가 벌을 받는 것을 통해 권선징악의 교훈을 전달하는 한편, 장재 첨지의 며느리가 금기를 어겨 벌을 받는 비극적인 결말을 통해 인간의 존재에 대한 인식을 드러내기도 한다.

인물 관계도

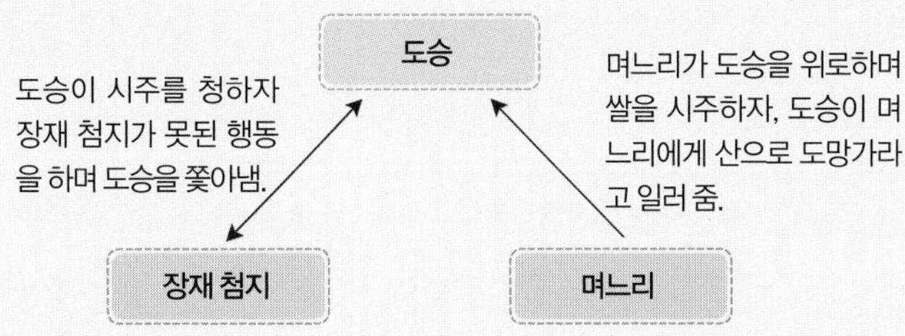

작품 연구소

〈용소와 며느리바위〉의 전설로서의 특징

인색하고 욕심이 많은 장재 첨지가 도승에게 쇠똥을 줌. → 장재 첨지의 집터가 소(沼)가 됨.

장재 첨지의 며느리가 금기를 지키지 않음. → 며느리가 화석이 됨.

→ 장연읍에 있는 용소와 며느리바위의 내력

→ 증거물이 남아 있어 사람들에게 신빙성을 느끼게 함.

〈용소와 며느리바위〉에 담긴 주제 의식

장재 첨지의 측면	인색하며 욕심이 많은 장재 첨지가 악행을 저지르다 벌을 받음.	➡ 탐욕에 대한 경계
며느리의 측면	선한 인물이지만 금기를 지키지 못해 벌을 받음.	➡ 인간 세계에 대한 미련과 금기에 대한 호기심을 이기지 못한 인간의 한계

자료실

금기(禁忌, taboo)

관습이나 종교적인 이유로 마음에 꺼려서 하지 않거나 피하는 일을 의미하는 말로, 상(喪)을 당한 사람은 혼례에 참석하지 않는 것 등을 예로 들 수 있다. 문학 작품에서 금기는 사건 전개에 중요한 역할을 하는데, 특히 전설에서는 주인공이 금기를 어김으로써 비극적 결말을 맞는 경우가 많다. 예컨대 〈나무꾼과 선녀〉에서는 나무꾼이 선녀가 아이 셋을 낳을 때까지 날개옷을 돌려주지 말라는 금기를 어겨 선녀와 헤어지게 된다. 이러한 '금기'는 세계에 대한 인간의 패배를 보여 주어 작품에서 비장미를 느끼게 한다.

키 포인트 체크

인물 □□ □□는 인색한 인물이지만, 며느리는 선한 성품을 지닌 인물이다.

배경 옛날에 장연읍에 있는 □□와 □□□□□가 생겨난 유래를 이야기하고 있다.

사건 재앙이 덮쳐 장재의 □□는 용소가 되고 며느리는 □□이 된다.

1 이 글의 표현상 특징으로 적절하지 않은 것은?

① 구어체를 활용하여 현장감을 느낄 수 있다.
② 방언을 그대로 사용하여 향토색이 드러난다.
③ '인지' 등의 불필요한 군말이 많이 사용되고 있다.
④ 해학적인 표현을 통해 대상을 효과적으로 풍자하고 있다.
⑤ 화자가 직접 이야기를 들려주는 듯한 형식을 취하고 있다.

내신 적중 高난도

2 〈보기〉를 참고하여 이 글을 감상한 내용으로 적절하지 않은 것은?

보기

전설은 구체적인 시간과 장소를 배경으로 하며 개별적인 증거물이 제시된다. 이러한 특성은 전설의 전승자에게 이야기의 진실성을 뒷받침해 주는 역할을 한다. 또한 전설은 비범한 인간이 주인공으로 등장하지만 비극적인 결말을 맞는 경우가 많으며 지역을 범위로 하여 이야기가 전승된다.

① 이 이야기는 용소와 며느리바위가 있는 장연읍 주변에서 전해졌겠지.
② 수천 석 부자였던 장재 첨지는 전설의 주인공에 어울리는 비범한 인물이라고 할 수 있어.
③ 인정이 있는 며느리가 결국 바위가 되고 마는 것은 이 이야기의 비극적인 요소가 아닐까?
④ 이 글을 읽는 사람들은 용소와 며느리바위를 보고 전설의 내용이 사실이라고 생각했겠구나.
⑤ 시간적 배경은 막연하지만 장연읍이라는 구체적인 장소를 배경으로 한다는 점에서 전설의 특성이 드러나는군.

3 ㉠~㉤ 중, 〈보기〉의 밑줄 친 부분과 유사한 역할을 하는 것은?

보기

환웅이 신령한 쑥 한 심지와 마늘 스무 개를 주면서 말했다. "너희들이 이것을 먹고 백 일 동안 햇빛을 보지 않으면 곧 사람이 될 것이다." – 작자 미상, 〈단군 신화(檀君神話)〉

① ㉠ ② ㉡ ③ ㉢ ④ ㉣ ⑤ ㉤

내신 적중 多빈출

4 이 글에 제시된 사건을 다음과 같이 정리할 때, 빈칸에 들어갈 내용을 각각 쓰시오.

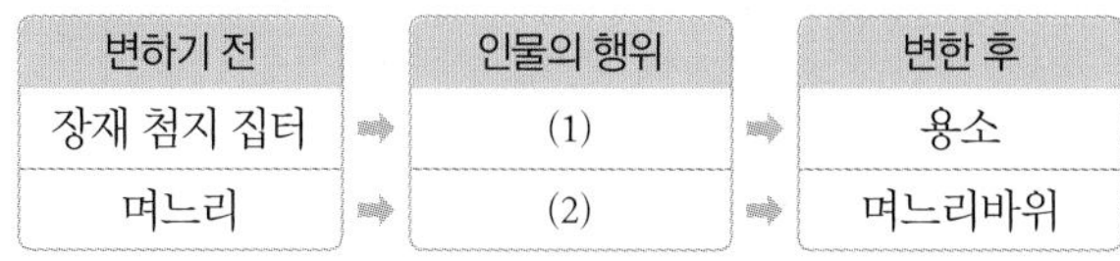

변하기 전		인물의 행위		변한 후
장재 첨지 집터	➡	(1)	➡	용소
며느리	➡	(2)	➡	며느리바위

Ⅳ. 조선 후기

111 나무꾼과 선녀 | 작자 미상

키워드 체크 #설화 #교훈적 #토끼의 보은 #금기의 위반 #비극적 결말

문학 천재(김)

핵심 정리

갈래 설화, 민담
성격 교훈적, 비극적, 상징적
제재 나무꾼과 선녀의 사랑
주제 나무꾼과 선녀의 비극적 사랑
특징 ① 천상계와 지상계라는 대비되는 공간을 중심으로 사건이 전개됨.
② 동물 보은, 통과 제의, 금기 등 다양한 화소가 활용됨.
③ 군말과 사투리 등 구비 문학의 표현상 특징이 두드러짐.

Q 처남이 나무꾼에게 어려운 과제를 부여한 이유는?

처남은 지상에서 천상계로 올라온 나무꾼을 곤경에 빠뜨려서 죽게 하기 위해 인간의 능력으로는 해결하기 어려운 과제를 부여한다. 지상계의 인물이 천상계에 머무는 것을 용납할 수 없다고 생각했기 때문이다.

어휘 풀이

둠벙 '웅덩이'의 방언.
식전 아침밥을 먹기 전이란 뜻으로, 이른 아침을 이르는 말.
비루먹다 개, 말, 나귀 따위의 피부가 헐어서 털이 빠지고, 이런 현상이 차차 온몸에 번지는 병에 걸리다.

구절 풀이

❶ **예전에 한 삼십 ~ 펄쩍펄쩍 뛰어오더니,** 장소가 산으로, 주인공이 삼십 먹은 총각으로 제시된 것에서 구체성이 부족하고 증거물이 없는 민담의 특징을 확인할 수 있다. 또 '~는디'와 같은 말투(어미)에서 구비 전승 문학으로서의 특징도 엿볼 수 있다.

❷ **"저 산에 가면은 ~ 절대 돌려주지 말어유."** 토끼가 나무꾼에게 은혜를 갚는 장면이다. 토끼는 나무꾼에게 선녀가 목욕하는 장소를 알려 주고 나무꾼이 허리띠를 훔쳐 선녀를 아내로 맞이하도록 돕는다. 이 부분에서는 동물 보은과 금기 화소가 드러난다.

❸ **그러면 내일 ~ 찾아와야 합니다."** 처남은 천상계의 인물로, 지상계의 인물인 나무꾼을 매형으로 받아들일지 여부를 결정하기 위해 여러 과제를 제시한다. 즉, 나무꾼은 천상계에서 선녀와의 결연(재결합)을 인정받기 위해 일종의 통과 제의(通過祭儀)의 절차를 거치게 된다.

❹ **결국 총각은 ~ 그냥 세상 버리더래유.** 호박나물을 먹어서는 안 된다는 금기를 어겨서 나무꾼은 결국 천상계로 돌아가지 못하고 죽고 만다. 이렇게 천상계의 선녀와 영원히 이별함으로써 비극적 결말을 맞이하게 된다.

가 ❶예전에 한 삼십 먹은 총각님 하나가 산으로 나무를 하러 갔는디, 큰 소나무 밑에 가서 나무를 득득 긁는디 토끼란 놈이 펄쩍펄쩍 뛰어오더니,
(민담 속의 주인공. 일상적인 인물 / 특정 어미(-는디)를 사용함. – 구비 문학의 특징)

"총각님, 총각님, 나 좀 꼭 감춰 줘유. 포수들이 와유."
(총각에게 살려 달라고 애원하는 토끼 / 토끼의 생명을 위협하는 존재)

그래 인저 나무 속에다 토끼를 쑥 처넣구서 인저 나무를 다시 득득 긁는디, 포수들이 오더니, / "여기 토끼 못 봤수?" / "아이, 못 봤소."
(군말과 사투리의 사용 – 구비 문학의 특징 / 토끼의 생명을 구해 주기 위해 선의의 거짓말을 하는 나무꾼)

"아이, 금방 여기로 왔는디."

"아, 저기로 가던데, 얼핏 본 게 토끼였던 게구먼, 난 몰르것소."

그러니께 인저 참 그냥 가더래유. 그래 인저 참, 토끼가 펄쩍 나오더니,

"총각님, 참 고맙습니다. 이 은혜를 어떻게 갚지유? 장가는 들었시유?" / "못 들었다."
(생명의 은인인 나무꾼에게 은혜를 갚으려는 토끼)

❷"저 산에 가면은 큰 •둠벙이 있는디 하늘에서 색시 세 명이 내려와서 몸을 씻고 갈 게유. 몸을 씻고 올러갈 적에 세 번째 올라가는 색시 허리띠를 뺏어유. 그러구서 그 허리띠는 아들 사 형제 낳기 전에는 절대 돌려주지 말어유." ▶ 토끼가 자신을 구해 준 나무꾼에게 보은하려고 함.
(천상계 / 나무꾼이 지켜야 할 금기 ①)

나 그래 인저 가 보니께 두 마리가 척척 드러누워 있었더래유. 그래 인저,

"우리 처남, 처남의 댁은 뭐가 모자라서 개가 됐나?"
(처남이 제시한 1차 과제 해결 – 개로 변신한 처남 부부 찾기)

그러니께 처남이 / "아, 참 용하다. ❸그러면 내일 •식전에는 우리가 활을 쏠 테니까 그 화살을 찾아와야 합니다."
(나무꾼이 해결해야 할 2차 과제)

그래 총각이 또 밤새 끙끙 앓는 거여. 그것을 못 찾으면 죽는 판이여. 그러니께 인저, 밤새 앓았더래야. 앓으니께 색시가 하는 말이,
(나무꾼 스스로 과제를 해결할 수 있는 능력이 부족함을 알 수 있음.)

「"이러저러한 데를 줄곧 가면은 어떤 집 색시가 죽네 사네 하고, 뭐, 사람이 들락날락할 테니까 그 집에 가서 색시 배를 죽죽 세 번 밀면 활촉이 세 개 쭈욱 박혔을 테니 그놈을 빼 가지고 오시오. 그놈을 가지고 오다가 끌러 보면 까치한테 빼앗길 테니 절대로 끌러 보지 말고 가지고 와야 허유."」
(「 」: 나무꾼이 2차 과제를 해결할 수 있도록 천상계의 인물인 선녀가 도와줌. / 과제를 해결할 수 있는 방법을 알려 줌. / 나무꾼이 지켜야 할 금기 ②)

인저 갔더랴 게를. 말한 대로. 가니께 아주 뭐 색시가 금방 죽는다구 야단났더랴.

총각이 고쳐 주마구 들어가서 죽죽 세 번을 미니까 활촉이 쭈욱 빠지더랴. 고놈 세 개를 빼 갖고 오는데, / '아, 이게 어떻게 그렇게 재주가 좋게 박혔나?'
(나무꾼이 2차 과제를 성공적으로 수행함.)

허구 끌러 보다가 빼앗겼더랴 까치한테. 그래 인저 그냥 왔지. 와서 까치한테 뺏겼다는 얘기까지 하니까 처남이, / "용하기는 용하다. 매형 인저 누나하고 살어유."
(호기심 때문에 금기 ②를 위반함. / 나무꾼은 2차 과제 수행을 실패했지만 처남으로부터 천상계의 일원으로 인정을 받게 됨.) ▶ 나무꾼이 처남에게서 선녀와의 혼인을 허락받음.

다 그냥 인저 하늘에서 가족들이랑 살면서 총각이 항상 콧노래를 불러. 왜 그러냐구 하니께,
(나무꾼은 천상계에서 살면서도 떠나온 지상계를 그리워하면서 지냄.)

"고향 땅에를 내려가 보고 싶어. 어떻게들 하고 사나. 내려갔다 와서 죽어도 한이 없겠어."
(나무꾼은 지상계에 대한 그리움으로 고향에 다녀오고 싶다는 소망을 아내에게 말함.)

그러니께 마누라가 •비루먹은 말을 하나 주면서,
(지상계로 내려갈 수 있는 수단이면서 천상계로 돌아갈 수 있는 수단)

"이놈을 타고서 땅엘 내려가요. 내려가서 호박나물을 먹으면 그 비루먹은 말이 죽어서 당신 못 올라와. 그러니까 호박나물을 절대 먹지 말아요." / 그러더래유.
(나무꾼이 지켜야 할 금기 ③)

그래서 땅을 내려가니께 아 호박나물이 정말 흔터래유. 그걸 어떻게 하다가 수저를 한 번 대서 한 숟갈 떠먹구서 깜짝 놀라 나가 보니께 아 참, 말이 픽 쓰러져 버렸거든. ❹결국 총각은 하늘에 영원히 못 올라가 보구 고향에서 그냥 세상 버리더래유.
(금기를 위반하여 천상계로 돌아갈 수단을 잃게 됨.) ▶ 나무꾼이 금기를 어겨 선녀와 비극적으로 이별함.

• **중심 내용** 토끼의 보은으로 선녀를 만나지만 금기를 어겨 비극적으로 이별하게 된 나무꾼
• **구성 단계** (가) 발단 / (나) 절정 / (다) 결말

이해와 감상

〈나무꾼과 선녀〉는 사냥꾼에게 쫓긴 토끼를 도와준 대가로 선녀와 결혼한 나무꾼의 이야기이다. 이 작품에는 나무꾼의 욕망, 토끼의 보은, 천상계와 지상계의 모습, 천상계의 이주민으로서 나무꾼의 삶, 나무꾼의 금기 위반과 교훈 등 다채로운 화소가 나타나서 독자들에게 흥미를 더해 준다. 특히 작품에 드러난 지상 세계의 모습과 천상 세계의 모습을 통해 인간과 세계에 대한 우리 선조들의 이해와 인식을 엿볼 수 있다.

전체 줄거리

발단	토끼를 구해 준 나무꾼과, 토끼의 1차 보은
전개	나무꾼과 선녀의 1차 결연(지상계)
위기	나무꾼과 선녀의 1차 결별(금기의 위반)과 토끼의 2차 보은
절정	나무꾼과 선녀의 2차 결연(천상계)과 나무꾼에 대한 처남의 시험
결말	나무꾼과 선녀의 2차 결별(금기의 위반)과 비극적 결말

인물 관계도

선녀는 나무꾼이 과제를 해결할 수 있도록 돕지만, 나무꾼이 금기를 위반하여 선녀와 이별하게 됨.

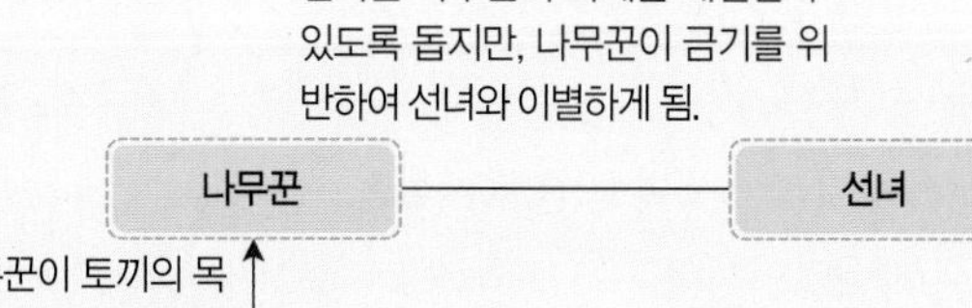

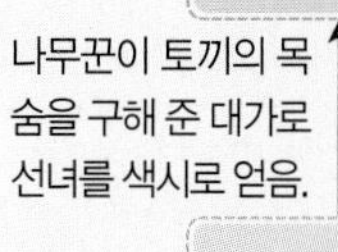

토끼 ←→ 포수

포수에게 쫓기던 토끼가 나무꾼에게 구원받음.

작품 연구소

금기 위반 화소

어떤 일을 해서는 안 된다는 금기(禁忌)를 어기는 이야기 요소로, 금기에 대한 위반은 호기심, 경계를 넘어서고자 하는 욕망, 억압된 충동의 발산, 자유 의지에 대한 열망 등 지극히 인간적인 욕망에서 비롯된다고 볼 수 있다. 또한 금기와 금기 위반 화소를 통해 이야기의 극적 긴장감과 흥미가 높아지는 효과도 있다.

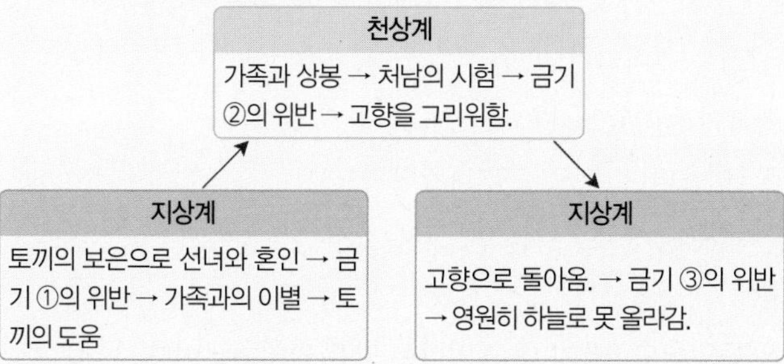

함께 읽으면 좋은 작품

〈달팽이 각시〉, 작자 미상 / 평범한 남자와 고귀한 여자의 결합을 다룬 작품

우렁 각시 유형에 속하며 전국적으로 전승되는 대표적인 민담이다. 이 작품에는 사람으로 변한 동물, 평범한 남자와 고귀한 여자의 결합, 지배자의 서민 침탈, 서민의 극적인 신분 상승 등의 화소들이 서로 결합되어, 서민들의 행복한 삶에 대한 기대와 그 성취라는 주제를 형상화하고 있다. 평범한 남자와 고귀한 여자의 결연을 다루고 있다는 점에서 〈나무꾼과 선녀〉와 유사하다. Link 본책 338쪽

키 포인트 체크

인물 □□□은 토끼를 구해 주는 마음씨 착한 인물이지만 본능적으로 행동하고 □□□이 많은 어리석은 인물이다.

배경 지상계와 □□계가 배경으로 인간과 세계를 대하는 우리 선조들의 인식이 드러난다.

사건 토끼의 보은으로 선녀를 만나 천상계로 갔던 나무꾼이 고향으로 돌아왔다가, □□를 위반하여 선녀와 영원히 이별한다.

1 이 글에 대한 설명으로 적절한 것은?

① 화자의 체험을 독백 형식으로 서술하고 있다.
② 청자에게 들려주는 어투로 서사를 진행하고 있다.
③ 의인화된 사물을 활용하여 이야기를 전개하고 있다.
④ 배경 묘사를 통해 인물의 성격 변화를 표출하고 있다.
⑤ 이야기의 배경이 되는 구체적인 시대 상황을 서술하고 있다.

내신 적중

2 이 글에 대한 이해로 적절하지 않은 것은?

① 나무꾼은 토끼의 부탁을 외면하지 않았다.
② 토끼의 보은으로 나무꾼은 총각 신세를 면했다.
③ 선녀의 남동생은 나무꾼에게 어려운 과제를 제시했다.
④ 선녀는 지켜야 할 금기를 위반한 나무꾼을 못마땅하게 여겼다.
⑤ 나무꾼은 천상계에 살면서도 지상계의 고향을 무척 그리워했다.

3 이 글을 영상물로 제작하기 위한 토의 내용으로 적절하지 않은 것은?

① 토끼가 나무꾼에게 도와 달라고 애원하는 모습을 보여 주면 좋겠어.
② 토끼의 행방을 묻는 포수들에게 나무꾼이 화를 내는 모습을 보여 주자.
③ 목숨을 구한 토끼가 나무꾼에게 연신 고맙다고 인사하는 모습을 보여 주자.
④ 처남으로부터 과제를 받고 난 후 밤새 잠 못 이루는 나무꾼의 모습을 보여 주자.
⑤ 가족들과 천상계에 살면서도 고향이 그리워 콧노래를 부르는 나무꾼의 모습을 보여 주자.

4 이 글에서 [허리띠]와 [비루먹은 말]의 공통적 기능을 쓰시오.

112 바리데기 신화 | 작자 미상

키워드 체크 #서사 무가 #신화적 #영웅 서사 구조 #지극한 효심 #남성 우월 의식 비판

문학 금성

핵심 정리

갈래 서사 무가, 구비 서사시, 무조(巫祖) 신화
성격 신화적, 서사적, 무속적, 교훈적
제재 바리공주의 일생
주제 바리공주의 고난 극복과 희생을 통한 구원의 성취
특징 ① 죽은 이의 소원이나 원혼을 풀어 주고 극락 천도를 기원하는 오구굿에서 가창됨.
② 죽음을 관장하는 무조신(巫祖神)의 유래를 밝힌 본풀이임.
③ 한국 서사 문학의 전형 가운데 하나인 영웅의 일대기 구조를 지님.

어휘 풀이

거동 시위(擧動侍衛) 임금의 거동을 곁에서 모시고 호위함.
구수덩 구슬덩. 오색 구슬발로 화려하게 꾸민 가마.
싸덩 사(紗)덩. 비단으로 장식한 가마.
인산거동(因山擧動) 왕과 왕비 등의 장례를 일컫는 말.
월출동령(月出東嶺) 동쪽 산마루에 달이 떠오름.
석가세존(釋迦世尊) 석가모니를 높여 이른 말.
지장보살(地藏菩薩) 미륵불이 올 때까지 속세에 머물면서 중생을 제도(濟度)하는 보살.
아미타불(阿彌陀佛) 극락세계에 머물면서 설법하는 부처.

Q 이 글에서 석가세존의 역할은?
신비하고 초월적인 능력을 지닌 석가세존은 부모에게 버림받은 바리공주를 보호해 준 구원자인 동시에 약려수를 구하러 가는 바리공주에게 라화(羅花)를 주어 대해(大海)를 무사히 건널 수 있도록 도와주는 조력자이다. 즉 영웅의 일대기 구조에서 위기에 처한 주인공을 돕는 구출·양육자의 역할을 하고 있는 것이다.

구절 풀이

❶ **여섯 형님이여, ~ 인산거동(因山擧動) 내지 마라.** 반드시 약수를 구해 오겠다는 다짐의 표현인 동시에 대왕 부부의 죽음을 암시하고 있는 구절이다.
❷ **우여! 슬프다, ~ 가시는 날이로성이다.** 바리공주를 따라가면 극락세계에 이를 수 있다는 의미이다. 서술자인 무당이 직접 개입한 구비 문학적 성격이 잘 드러나는 구절이다.
❸ **가다가 죽사와도 가겠나이다.** 죽음을 불사하고서라도 부모를 구하겠다는 바리공주의 의지와 지극한 효심이 드러나는 구절이다. 일반적으로 이와 같은 언급은 무가에서 죽음을 강조하는 분위기를 조성한다.

가 ⓐ칠 공주 불러내어, 부모 소양 가려느냐? / 국가에 은혜와 신세는 안 졌지만은
(일곱 번째 공주인 바리공주 / 봉양. 문맥상 약수를 구해 오는 것을 뜻함. / 남아 선호 사상 때문에 버려졌음을 의미함.)
어마마마 배 안에 열 달 들어 있던 공으로 / 소녀 가오리다.
(낳아 준 은혜에 보답하려는 바리공주의 지극한 효성이 드러남.)
*거동 시위로 하여 주랴, *구수덩 *싸덩을 주랴?
(혼자 한 필의 말을 탐.)
필마단기(匹馬單騎)로 가겠나이다.
(무명 및 삼베의 종류)
『사승포(四升布) 고의적삼, 오승포(五升布) 두루마기 짓고
(「」: 약수를 구하러 가는 험난한 여정에 대비하여 남장을 한 바리공주의 모습)
쌍상토 짜고, 세 패래이 닷죽 무쇠 주랑[鐵杖] 짚으시고
(상투 / 패랭이. 신분이 낮은 사람이 쓰는 갓 / 지팡이)
은지게에 금줄 걸어 메이시고 / ⓑ양전마마 수결(手決) 받아, 바지 끈에 매이시고,』
(왕과 왕비 / 서명(署名))
❶여섯 형님이여, ⓒ삼천 궁녀들아 / 대왕 양 마마님께서 한날한시에 승하하실지라도
(임금이 세상을 떠나는 것)
나 돌아올 때까지 기다려서 *인산거동(因山擧動) 내지 마라.
(임금이 죽어 상여가 나가는 것)
양전마마께 하직하고, 여섯 형님께 하직하고
궐문 밖을 내달으니, 갈 바를 알지 못할러라.
(바리공주의 막막한 심정이 드러남.)
❷우여! 슬프다, 선후망의 아모 망재
(먼저 죽은 사람이나 나중에 죽은 사람이나 아무 망자(亡者)나)
칠 공주 뒤를 좇으면은 / 서방 정토 극락세계 후세발원(後世發願)
(다음 세상에 소원을 빌.)
남자 되어 연화대(蓮花臺)로 가시는 날이로성이다. ▶ 바리공주가 부모를 위해 약려수를 구하러 떠남.
(극락세계에 있다고 하는 대)

나 『아기가 주랑을 / 한 번 휘둘러 짚으시니, 한 천 리[一千里]를 가나이다.
(「」: 바리공주의 신이한 능력 – 전기성, 비현실성)
두 번을 휘둘러 짚으시니, 두 천 리[二千里]를 가나이다.
세 번을 휘둘러 짚으시니, 세 천 리[三千里]를 가나이다.』
이때가 어느 때냐, 춘삼월(春三月) 호시절(好時節)이라.
(계절적 배경 – 봄)
이화 도화(梨花桃花) 만발하고 향화 방초(香花芳草) 흩날리고
(배꽃과 복숭아꽃 / 향기로운 꽃과 싱그러운 풀)
누런 꾀꼬리[黃鶯]는 양류 간에 날아들고 / 앵무 공작 깃 다듬는다, 뻐꾹새는 벗 부르며
(버드나무 사이)
서산에 해는 지고 *월출동령(月出東嶺) 달이 솟네.
(어둑어둑한 큰 바위에)
앉아서 멀리 바라보니, 어렁성 금바위에
반송(盤松)이 덮였는데, ⓓ*석가세존(釋迦世尊)님이 ⓔ*지장보살(地藏菩薩)님과
(소나무는 우거졌는데)
*아미타불님과 설법(說法)을 하시는구나.
아기가 가까이 가서 / 삼배나삼배[三拜又三拜] 삼삼구배(三三九拜)를 드리니,
(삼배 또 삼배. 삼배는 불교에서 세 번 무릎을 꿇고 배례하는 것 / 아홉 번 절함.)
네가 사람이냐 귀신이냐? 『날짐승 길버러지도
(날짐승과 기는 벌레)
못 들어오는 곳이거든, 어찌하여 들어왔느냐?』
(「」: 인간이 올 수 없는 곳 – 바리공주의 초인적 능력을 엿볼 수 있음.)
아기 하는 말이 / 국왕의 세자이옵더니, 부모 소양 나왔다가
(남장을 하고 세자인 듯 행세함.)
길을 잃었사오니, 부처님 은덕(恩德)으로 / 길을 인도하옵소서.
석가세존님 하시는 말씀이,
국왕에 칠 공주 있다는 말은 들었어도 / 세자 대군 있다는 말은 금시초문이다.
(남은 목숨)
너를 대양 서촌(大洋西村)에 버렸을 때에 / 너의 잔명(殘命)을 구해 주었거든
(남자가 아니라는 이유로 버림받았던 바리공주를 석가세존이 구해 줌. 바리공주의 정체를 알고 있음이 드러남.)
그도 그러하려니와 / 평지 삼천 리는 왔지마는 / 험로(險路) 삼천 리를 어찌 가려느냐?
(험한 길)
❸가다가 죽사와도 가겠나이다. / 라화(羅花)를 줄 것이니, 이것을 가지고 가다가
(비단으로 만든 꽃)
큰 바다가 있을 테니, 이것을 흔들면은 / 대해(大海)가 육지가 되나니라.
▶ 석가세존을 만나 라화를 받음.

• **중심 내용** 약려수를 구하러 가는 도중에 석가세존의 도움을 받게 된 바리공주 • **구성 단계** 전개

해설 406쪽

이해와 감상

〈바리데기 신화〉는 바리공주가 죽은 혼령을 편안하게 인도해 주는 무당의 조상신[巫祖神]이 된 내력을 풀이(본풀이)한 작품이다. 서사적인 성격을 지닌 서사 무가(敍事巫歌)로, 49재 때 지내는 오구굿에서 가창되는 구비 문학 작품에 해당한다. 죽은 사람의 영혼을 저승으로 인도하고자 행해지는 오구굿의 성격을 고려할 때, 〈바리데기 신화〉에는 한국 민중의 전통적인 내세관(來世觀)이 반영되어 있다고 볼 수 있다. 또한 〈바리데기 신화〉는 구선되기 때문에 지역과 구연자에 따라 내용이 조금씩 다르게 전해지는 특성도 보인다.

바리공주의 일대기에는 고대 건국 신화는 물론 조선 후기 소설에서도 발견되는 영웅 서사 구조로서의 한국 서사 문학의 특질이 잘 나타난다. 한편, 버림받았던 바리공주가 죽지 않고 성장하여 부모를 살리는 구원자가 되는 과정을 통해 죽지 않고 영원히 살고자 하는 당대 민중들의 소망과 초월적 세계에 대한 인식을 엿볼 수 있다.

전체 줄거리

발단	불라국의 오구대왕과 길대 부인은 일곱 번째 딸을 낳자 '바리데기'라고 이름 짓고 산에 버린다.
전개	세월이 흘러 오구대왕과 길대 부인이 큰 병에 걸리고 이를 고치기 위해 서역국에 있는 약려수가 필요하게 된다. 꿈에 계시를 받은 부인이 바리공주를 찾고 이에 바리공주는 약려수를 구하러 떠난다.
위기	우여곡절 끝에 서역국에 당도한 바리공주는 무상 신선을 위해 9년 동안 일하고 자식도 낳아 준 끝에 비로소 약려수를 얻는다.
절정	약려수를 구해 돌아오는 길에 오구대왕과 길대 부인의 상여를 만나 부모의 입에 약려수를 흘려 넣자 왕과 부인이 다시 살아난다.
결말	바리공주는 그 공적으로 죽은 사람을 저승으로 인도하는 무조신이 되고 남편인 무상 신선과 아들들도 신이 된다.

인물 관계도

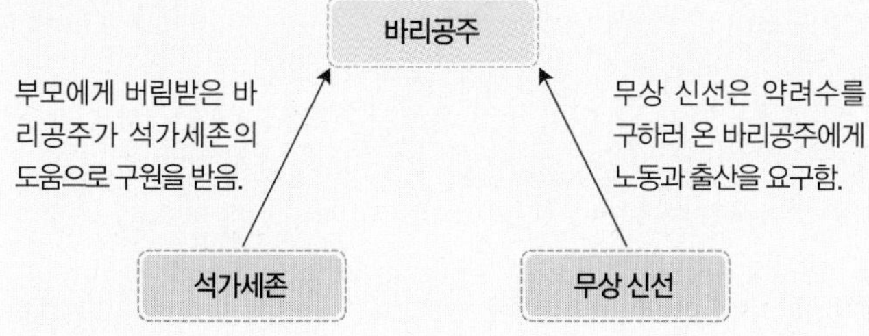

작품 연구소

〈바리데기 신화〉에 나타난 영웅의 일대기 구조

영웅의 일대기 구조	〈바리데기 신화〉의 내용
고귀한 혈통	공주의 신분으로 태어남.
비정상적 출생	신령님께 치성을 드린 결과로 태어남.
어려서 버려짐.	딸이라는 이유로 버려짐. → 남아 선호 사상에 따른 수난
조력자의 도움	석가세존의 도움으로 무사히 지냄.
비범한 능력	지팡이를 한 번 휘둘러 짚으면 천 리를 감.
고난	약려수를 구하기 위해 이승과 저승을 오감.
고난의 극복	• 고난을 극복하고 약수를 구함. • 약려수로 부모를 회생시킴. → 바리공주의 영웅적 면모와 주술적 능력
영웅이 됨.	죽은 영혼을 천도하는 무조신의 자리에 오름.

키 포인트 체크

인물 바리공주는 ☐☐이 지극한 인물로, 석가세존은 바리공주에게 도움을 주지만 무상 신선은 바리공주에게 ☐☐가 된다.

배경 전통 사회에서의 ☐☐ 우월 의식에 대한 비판을 바탕으로 하여 당대 여성들의 정체성 발견과 소망을 드러내고 있다.

사건 부모를 위해 약려수를 구하러 떠난 바리공주가 ☐☐ ☐☐을 만나 9년간 일을 해 주고 일곱 명의 자식을 낳아 준 뒤 약려수를 얻어 부모에게 돌아간다.

1 이 글에 대한 설명으로 가장 적절한 것은?

① 인간과 귀신의 대립을 주제로 삼고 있다.
② 작품이 창작된 이후 구전되어 불려 왔다.
③ 혼령을 위로하려는 의도를 지닌 구비 문학이다.
④ 여성이 사회를 주도하던 시대에 출현한 무가이다.
⑤ 구전 지역이나 구연자와 무관하게 내용이 동일하다.

2 이 글의 내용을 영웅의 일대기 구조에 대응시킬 때, (나)에 드러나지 않는 것은?

① 고귀한 혈통 ② 비범한 능력
③ 비정상적 출생 ④ 조력자의 도움
⑤ 어려서 버려짐.

내신 적중 多빈출

3 ⓐ~ⓔ 중, 〈보기〉의 밑줄 친 부분과 유사한 역할을 하는 것은?

| 보기 |

주몽은 오이(烏伊) 등 세 사람을 벗으로 삼아 엄수(淹水)에 이르러 물을 보고 말했다. "나는 천제의 아들이요, 하백의 손자이다. 오늘 도망해 가는데 뒤쫓는 자들이 거의 따라오게 되었으니 어찌하면 좋겠느냐." 말을 마치니 <u>물고기와 자라가 다리를 만들어 주어</u> 건너게 하고, 모두 건너자 이내 풀어 버려 뒤쫓아 오던 기병(騎兵)은 건너지 못했다.

– 작자 미상, 〈주몽 신화(朱蒙神話)〉

① ⓐ ② ⓑ ③ ⓒ ④ ⓓ ⑤ ⓔ

4 〈보기〉를 참고하여 이 글과 일반적인 영웅 소설의 차이점을 쓰시오.

| 보기 |

이 글의 주제
바리공주의 고난 극복과 희생을 통한 구원의 성취

바리공주의 고난
• 딸이라는 이유로 부당하게 버려짐.
• 약려수를 구하기 위해 이승과 저승을 오감.
• 무상 신선을 위해 9년 동안 일하고 자식을 낳아 줌.

어휘 풀이

가시성 가시나무 울타리로 둘러쳐진 성.

앙마구리 악머구리. '왕머구리'에서 온 말. '왕'은 크다는 뜻이고, '머구리'는 개구리의 옛말임.

십왕(十王) 저승에서 죽은 사람을 재판하는 열 명의 대왕.

정렬문(貞烈門) 여성의 올바른 행실과 곧은 지조를 기리기 위해 세운 문.

차일(遮日) 햇볕을 가리기 위해 치는 포장.

초경(初更) 하룻밤을 오경(五更)으로 나눈 첫째 부분. 저녁 7시에서 9시 사이.

은바리 은으로 만든 밥그릇.

금장군 금으로 만든 장군. '장군'은 물, 술, 간장 등의 액체를 담아서 옮길 때에 쓰는 그릇.

여필종부(女必從夫) 아내는 반드시 남편을 따라야 한다는 말.

구절 풀이

❶ 억만귀졸(億萬鬼卒)이 앙마구리 끌 듯하는구나. '악머구리 끌 듯하다.'는 직역하면 '왕개구리가 한데 모여서 시끄럽게 우는 듯하다.'이며, 여러 사람이 매우 시끄럽게 구는 상황을 비유한 속담이다. 따라서 이 구절은 수많은 귀신이 마구 울부짖으며 소란스럽게 군다는 뜻이다.

❷ 초경에 꿈을 꾸니, ~ 승하하옵신 게 분명하오. 은바리가 깨어진 꿈은 모친의 죽음을, 은수저가 부러진 꿈은 부친의 죽음을 암시하는 것이다. 자나 깨나 부모를 생각하고 걱정하는 바리공주의 지극한 효심이 나타나 있다.

❸ 그대 뒤를 좇으면은 ~ 아홉 몸이 돌아가오. 바리공주에게 노동과 출산을 요구하던 무상 신선이 바리공주를 따라나서겠다고 말하고 있다. 둘 사이의 관계가 뒤바뀌어 바리공주가 주도적인 위치에 서게 되었음을 알 수 있다.

가 『㉠ 가시성[荊城] 철성(鐵城)이 하늘에 닿은 듯하니
(「」: 바리공주가 겪은 험난한 여정을 느러냄.)
부처님 말씀을 생각하고, 라화를 흔드니 / 팔 없는 귀신, 다리 없는 귀신,
눈 없는 귀신, ❶억만귀졸(億萬鬼卒)이 앙마구리 끌 듯하는구나.』
(헤아릴 수 없이 많은 자질구레한 온갖 귀신)
칼산 지옥 불산 지옥문과 / 팔만 사천 제 지옥문을 열어
(제: 온갖)
십왕(十王) 갈 이 십왕으로 / 지옥(地獄) 갈 이 지옥으로 보낼 때,
『우여! 슬프다, 선후망의 아모 망재 / 썩은 귀 썩은 입에 자세히 들었다가
(「」: 서술자인 무당의 개입. 진혼(鎭魂)의 특성이 드러남.)
제 보살님께 외오시면 / 바리공주 뒤를 따라 / 서방 정토 극락세계로 가시는 날이로성이다.』
아기가 한곳을 바라보니 / 동에는 청유리(青琉璃) 장문(墻門)이 서 있고
(장문: 담의 문)
서에는 백유리(白琉璃) 장문이 서 있고 / 남에는 홍유리(紅琉璃) 장문이 서 있고
북에는 흑유리(黑琉璃) 장문이 서 있고 / 한가운데는 정렬문(貞烈門)이 서 있는데
무상 신선(無上神仙)이 서 계시다. ▶ 바리공주가 무상 신선을 만나게 됨.
(신적 존재인 약수지기. 바리공주에게 장애물의 의미를 지님.)

나 『㉡ 키는 하늘에 닿은 듯하고 / 얼굴은 쟁반만 하고, 눈은 등잔만 하고
(「」: 무상 신선의 우락부락한 외양을 과장되게 묘사함으로써 위압적인 분위기를 조성함.)
코는 줄병 매달린 것 같고 / 손은 소댕[釜蓋]만 하고, 발은 석 자 세 치라.』
(줄병: 절편, 소댕: 솥뚜껑)
하도 무서웁고 끔찍하여 물러나 삼배를 드리니 / 무상 신선 하는 말이,
그대가 사람이뇨 귀신이뇨?
날짐승 길버러지도 못 들어오는 곳에 / 어떻게 들어왔으며 어데서 왔느뇨?
나는 국왕마마의 세자로서, 부모 봉양 왔나이다.
부모 봉양 왔으면은, 물값 가지고 왔소? / 나뭇값 가지고 왔소? / 총망 길에 잊었나이다.
(총망 길: 급히 오는 길)
㉢ 물 삼 년 길어 주소. 불 삼 년 때어 주소. / 나무 삼 년 베어 주소.
(당대 여성의 과중한 가사 노동을 상징함.)
석 삼 년 아홉 해를 살고 나니, 무상 신선 하는 말이,
그대가 앞으로 보면, 여자의 몸이 되어 보이고
뒤로 보면 국왕의 몸이 되어 보이니 / 그대하고 나하고 백년가약을 맺어
일곱 아들 산전 받아 주고 가면 어떠하뇨? / 그도 부모 봉양할 수 있다면은 그리하성이다.
(일곱 아들 낳아 주고 / 부모를 살리고자 하는 바리공주의 의지와 효심이 드러남.)
천지(天地)로 장막(帳幕)을 삼고, 등칙으로 베개 삼고 / 잔디로 요를 삼고, 떼구름으로 차일을 삼고 / 샛별로 등촉(燈燭)을 삼아, 초경(初更)에 허락하고
(등칙: 등나무)
이경(二更)에 머무시고, 삼경(三更)에 사경 오경에 근연 맺고,
(이경: 오후 9시~11시 사이, 근연: 인연, 연분)
일곱 아들 산전 받아 준 연후에, 아기 하는 말씀이
아무리 부부 정(情)도 중하거니와 / 부모 소양 늦어 가네.
(부모가 돌아가신 것에 대한 안타까움)
㉣ ❷초경에 꿈을 꾸니, 은바리가 깨어져 보입디다. / 이경에 꿈을 꾸니, 은수저가 부러져 보입디다. / 양전마마 한날한시에 승하하옵신 게 분명하오. / 부모 봉양 늦어가오.
그대 깃던 물 약려수이니 / 금장군에 지고 가오.
(깃던: 길어 오던)
그대 베던 나무는 살살이 뼈살이니 가지고 가오. ▶ 무상 신선의 요구를 들어주고 약을 얻음.
(베던: 베어 오던, 살살이 뼈살이: 살과 뼈를 살리는 나무)

다 『앞바다 물 구경하고 가오. / 물 구경도 경이 없소.
(경이 없소: 경황이 없소, 겨를이 없소)
뒷동산의 꽃 구경하고 가오. / 꽃구경도 경이 없소.』
(「」: 물 구경, 꽃구경하고 가라는 것은 바리공주와 헤어지기 싫은 무상 신선의 마음을 대변함.)
전에는 혼자 홀아비로 살아왔거니와 / 이제는 여덟 홀아비가 되어, 어찌 살라오?
(여덟 홀아비: 무상 신선과 일곱 아들)
일곱 아기 데리고 가오. / 그도 부모 소양이면 그리하여이다.
큰 아기는 걷게 하고, 어린 아기는 업으시고 / 무상 신선 하시는 말씀이,
㉤ ❸그대 뒤를 좇으면은 어떠하오? / 여필종부(女必從夫)라 하였으니
그도 부모 소양이면, 그리하여이다. / 한 몸이 와서 아홉 몸이 돌아가오.
▶ 무상 신선과 일곱 아들을 데리고 부모에게 돌아감.

• 중심 내용 무상 신선의 요구를 들어주고 약려수를 얻어 부모에게 돌아가는 바리공주 • 구성 단계 위기

Q 무상 신선이 바리공주에게 요구한 노동과 출산의 의미는?

무상 신선의 요구	노동과 출산의 의미
• 삼 년 동안은 물을 길어다 주고, 삼 년 동안은 불을 때어 주며, 삼 년 동안은 나무를 베어다 줄 것을 요구함. • 일곱 명의 자식을 출산해 줄 것을 요구함.	9년간의 노동은 당대 여성의 과중한 가사 노동의 고통을 상징하고, 일곱 명의 자식을 출산하는 것은 당대 여성의 다산(多産)의 고통을 상징함.

⬇

• 바리공주의 희생을 통한 부모의 구원을 암시함.
• 전통 사회에서의 남성 우월 의식을 비판하는 의도가 드러남.

작품 연구소

바리공주의 희생과 구원의 의미

희생	• 일곱 번째 딸이라는 이유로 부당하게 버림받음. • 부모를 위해 자신을 희생하며 시련을 감내함.	➡	당대 여성들의 수난
구원	• 비극적인 운명을 인내로 극복하고 죽은 부모를 회생시킴. • 저승에 안착하지 못하는 영혼을 천도함.	➡	당대 여성들의 정체성 발견과 소망

〈바리데기 신화〉에 나타난 '여성의 수난과 극복'의 화소

〈바리데기 신화〉는 버려진 여성이 시련을 이겨 내고 업적을 성취한다는 점에서 '여성의 수난과 극복'이라는 한국 문학의 전통적인 화소를 따르고 있다. 여성이 고난을 겪으면서 무엇인가를 이루어 낸다는 내용은 〈단군 신화〉의 웅녀와 〈주몽 신화〉의 유화의 이야기에서 찾아볼 수 있다. 또한 아버지에게 쫓겨난 공주가 훌륭한 업적을 남기게 된다는 내용은 〈온달 설화〉와 〈서동 설화〉 등에서 발견되며, 부모를 위해 희생하는 내용도 〈효녀 지은 설화〉와 〈심청전〉 등에서 나타난다. 이처럼 〈바리데기 신화〉에 나타난 여성의 수난과 극복 화소는 다른 서사 문학에서도 두루 확인할 수 있는 한국 문학의 특질이다.

〈바리데기 신화〉의 주술적 성격

〈바리데기 신화〉에는 바리공주가 온갖 어려움을 겪고 신이 되는 과정이 담겨 있다. 무당은 이러한 바리공주의 삶의 과정을 읊음으로써 바리공주가 전능한 능력을 가진 유래가 깊은 신(神)임을 강조하여, 망자(亡者)의 가족들에게 바리공주가 망자를 저승으로 무사히 인도할 것이라는 믿음을 심어 준다. 이러한 무당의 행위를 통해 망자의 한을 다스리고, 이승에 있는 사람은 편안한 마음으로 죽은 이를 저승으로 보낼 수 있게 되는 것이다.

〈바리데기 신화〉의 성취

개인적인 것에서 사회적, 인류적으로 확장되는 바리공주의 성취를 통해 〈바리데기 신화〉는 문학 작품으로서 보편성을 얻게 된다.

개인적		사회적		인류적
부모를 살려 냄.	➡	국왕을 부활시켜 국가의 기틀을 공고히 함.	➡	죽음을 관장하는 신이 됨.

〈바리데기 신화〉와 다른 작품과의 연관성

〈숙향전〉, 〈적성의전〉	기아(棄兒), 재생(再生), 효행(孝行) 화소의 혼합
〈온달전〉, 〈서동 설화〉	집에서 쫓겨난 딸이 훗날 부모에게 효도하는 내용
〈조웅전〉, 〈옥루몽〉	집안의 위기를 극복함으로써 세상의 구원자가 된 성취담
영웅의 일생을 다룬 설화	시련 극복 및 위업 달성이라는 영웅의 일대기 구조

⬇

〈바리데기 신화〉가 다른 문학 작품과 밀접한 관련을 맺고 오랫동안 전승되었음을 짐작하게 함.

함께 읽으면 좋은 작품

〈효녀 지은(孝女知恩) 설화〉, 작자 미상 / 효의 실천을 다룬 설화

신라 시대의 효녀 지은에 관한 설화이다. 지은은 어려서 아버지를 여의고 32세가 되도록 출가하지 않고 홀어머니를 모시면서 효도했으나, 가난을 이기지 못하고 스스로 남의 집 종이 된다. 이를 알게 된 효공왕(孝恭王)이 모녀에게 곡식과 집을 하사한다. 부모를 위해 희생하는 내용을 담은 효행(孝行) 설화로서 〈바리데기 신화〉와 상통하는 면이 있다.

5 이 글의 문체상 특징으로 적절하지 않은 것은?

① 종교적인 용어와 한자어를 사용하고 있다.
② 대화와 묘사와 서술을 골고루 보여 주고 있다.
③ 4·4조의 율격을 통해 음악성을 구현하고 있다.
④ 비속어를 사용하여 서민의 감정을 드러내고 있다.
⑤ 구연(口演)의 편의를 위한 구어적 표현이 두드러진다.

6 이 글의 바리공주에 대한 평가로 적절하지 않은 것은?

① 부모를 끔찍이 생각하는 효성이 지극한 인물이다.
② 목적을 달성하기 위해 꾸준히 노력하는 인물이다.
③ 대의를 위해 손해를 감수하는 희생적인 인물이다.
④ 어려운 일도 망설임 없이 결단을 내리는 인물이다.
⑤ 낯선 대상을 두려워하지 않는 용기 있는 인물이다.

내신 적중 高난도

7 〈보기〉를 참고할 때, 이 글과 같은 화소가 드러나 있지 않은 것은?

보기

〈바리데기 신화〉는 버려진 여성이 시련을 이겨 내고 위업을 성취한다는 점에서 여성의 수난과 극복이라는 한국 문학의 전통적인 화소를 따르고 있다.

① 〈사씨남정기〉의 사씨는 첩 교씨의 모략으로 쫓겨나지만, 고생 끝에 남편의 사랑과 정실의 자리를 되찾는다.
② 〈박씨전〉의 박씨 부인은 얼굴이 추하다고 가족의 박대를 받았으나, 후에 능력을 발휘하여 나라를 구한다.
③ 〈서동 설화〉의 선화 공주는 궁궐에서 쫓겨났으나, 서동과 결혼하여 부자가 되고 백제의 왕비 자리에 오른다.
④ 〈심청전〉의 심청은 부친의 눈을 뜨게 하기 위해 자신을 희생하지만, 환생하여 황후가 되고 부친도 눈을 뜬다.
⑤ 〈구운몽〉의 난양 공주는 양소유에게 약혼자가 있어 어려움을 겪지만, 스스로 두 번째 부인이 됨으로써 양소유와 혼인한다.

8 ㉠~㉤에 대한 설명으로 적절하지 않은 것은?

① ㉠: 영웅의 일대기 구조 중 고난에 해당한다.
② ㉡: 과장된 묘사로 위압적인 분위기를 조성한다.
③ ㉢: 당대 여성의 과중한 가사 노동을 상징적으로 보여 준다.
④ ㉣: 부모를 구하기 위해서 극복해야 하는 시련이다.
⑤ ㉤: 바리공주와 무상 신선의 관계가 역전되었음을 알 수 있다.

9 이 글에 반영되어 있는 민중의 바람을 〈조건〉에 맞게 쓰시오.

조건

1. 바리공주의 성취 내용을 고려할 것
2. 30자 이내의 완결된 한 문장으로 쓸 것

113 천지왕 본(天地王本)풀이

| 작자 미상

키워드 체크 #창세 신화 #대별왕과 소별왕 #해와 달의 조정 #이승과 저승의 신

문학 천재(김)

핵심 정리

갈래 서사 무가, 본풀이, 창세 신화

성격 신화적, 서사적, 무속적, 교훈적

제재 대별왕과 소별왕의 과업 달성 과정

주제 인간 세상을 구원하고 각각 저승과 이승의 신이 된 대별왕과 소별왕

특징 ① 천체와 세상이 만들어진 유래, 세상의 질서가 정리되어 가는 과정을 설명함.
② 제주도 큰굿의 첫째 굿거리인 '초감제'에서 불림.

Q 대별과 소별이 활로 해와 달을 쏘는 것의 의미는?

대별과 소별이 해와 달을 하나씩 쏘아 떨어뜨리는 것은 해와 달을 조절하여 세상을 현재와 같이 만드는 과정을 의미한다. 창세 신화의 성격이 잘 드러나는 것으로 이처럼 활로 태양을 쏘아 떨어뜨리는 이야기는 세계적으로 여러 신화에서 찾아볼 수 있다. 또한 인간으로 태어난 대별과 소별이 해와 달을 부순다는 점에서 진취적인 태도와 개척 정신을 찾아볼 수도 있다.

어휘 풀이

본(本)풀이 본(本)을 푼다는 뜻으로, 신의 일대기나 근본에 대한 풀이를 이르는 말. 굿에서 제의(祭儀)를 받는 신에 대한 해설인 동시에 신이 내리기를 비는 노래이기도 하다.

중천(中天) 하늘의 한가운데.

엄습(掩襲)하다 뜻하지 아니하는 사이에 습격하다.

지략(智略) 어떤 일이나 문제든지 명철하게 포착하고 분석·평가하며 해결 대책을 능숙하게 세우는 뛰어난 슬기와 계략.

위계(位階) 지위나 계층 등의 등급.

구절 풀이

❶ **해와 달이 하나씩 ~ 살 만한 곳이 되었다.** 세상의 환경이 현재와 같이 만들어진 과정을 보여 주는 한편, 대별과 소별이 세상을 구원하는 영웅적인 면모를 지니고 있음을 드러낸다.

❷ **이제 이 세상에 새로운 죄악이 퍼질 터이니** 공정하게 경쟁에 임한 대별이 아니라 속임수로 경쟁에서 이긴 소별이 이승을 다스리게 되어서 이승에 온갖 문제가 생겨날 것임을 암시한다.

❸ **소별왕은 위계를 엄격히 ~ 알 수가 없었다.** 소별왕이 이승을 엄히 다스렸지만, 이전보다 훨씬 좋아졌다고 할 수 없는 상황임이 드러나 있다. 저승에 비해 이승이 혼란스러운 것은 현실 세계에 대한 민중들의 부정적인 인식이 반영된 결과라고 볼 수 있다.

가 "너희들은 어디서 온 누구냐?" / "우리는 인간 세상에서 왔습니다. 대별과 소별입니다."

(대별과 소별) "대왕님께서 우리 부친이 되신다고 들었습니다."

(천지왕이 악행을 일삼는 수명장자를 징벌하러 땅에 내려왔다가 총명 아기와 인연을 맺어 대별과 소별이 태어남.)

천지왕은 그 말을 들은 듯 만 듯 신하를 시켜 무쇠 활과 화살을 내오게 하였다. 화살은 모두 두 개였다. / "너희들이 내 자식이라면 증명해 보여라."

(대별과 소별에게 주어진 과제 – 천지왕의 아들임을 증명해야 함.) ▶ 천지왕이 대별과 소별에게 친자임을 증명하라고 함.

활과 화살을 받아 든 형제는 말없이 물러 나와 다시 인간 세상으로 내려왔다. 그들은 서로 눈빛을 주고받고 나서 어딘가를 향해 걷기 시작했다. (자신들이 해야 할 일을 알고 있음. – 해와 달의 조정) 그들이 향한 곳은 이 땅의 동쪽 끝, 동해 바다였다. 그들이 바닷가 언덕에 이르렀을 때 막 어둠이 걷히고 동이 터 오고 있었다.

「검푸르던 바닷물이 점차 불그스름해지더니 수레바퀴 같은 붉은 태양이 솟아오르기 시작했다. 하늘과 바다가 피처럼 붉은 빛으로 물들었다.」(「」: 일출 광경 묘사) 「그 해가 바다에서 떠올라 •중천으로 갈 무렵 또 하나의 태양이 떠올랐다. 다시 바닷물이 붉게 물들며 뜨거운 기운이 •엄습하기 시작했다.」(「」: 당시에는 해와 달이 두 개씩 떠서 사람들이 고통받고 있었음.) 그 두 번째 태양이 동쪽 하늘 위로 떠오르자 대별은 활시위에 화살을 재더니 눈을 부릅뜨고 태양을 겨누었다. 그의 활을 떠난 화살은 넓은 하늘을 너울너울 가로질러 태양의 한복판을 꿰뚫었다. 「순간 태양은 수만 개 조각으로 산산이 부서져 흩뿌려졌다. 동쪽 하늘에 수많은 별들이 생겨나는 순간이었다. / 다음은 소별의 차례였다. 장소는 서해 바다. 소별이 날린 화살에 달 하나가 속절없이 부서졌다. 서쪽 하늘에 수천 개의 별들이 생겨났다.」(「」: 해와 달이 하나씩 남게 된 이유와 하늘에 수천 개의 별들이 생긴 유래를 보여 줌.)

그렇게 ❶해와 달이 하나씩 부서져 사라지자 세상은 사람들이 깃들어 살 만한 곳이 되었다.

▶ 대별과 소별이 해와 달을 활로 하나씩 쏘아 사라지게 함.

나 천지왕은 자신의 두 아들에게 새로운 과제를 주었다. 각기 이승과 저승을 맡아서 법도를 세우라는 크나큰 과업이었다. (천지왕이 아들들에게 준 과제 – 대별과 소별의 경쟁으로 이어짐.) 이승과 저승을 나누는 판가름은 꽃을 가지고 하게 되었다. 천지왕은 대별과 소별에게 은대야에 심은 꽃나무를 내어 주고서 꽃을 훌륭히 피운 사람이 이승을 맡고 그리 못한 사람은 저승을 맡으라 했다. (꽃 피우기 경쟁을 통해 다스릴 지역을 차지하게 됨. 저승보다 이승을 높게 평가함.) 생명을 키우는 시합. 용맹도 •지략도 아니고 섬세한 정성과 사랑이 있어야 이길 수 있는 시합이었다.

(백성들을 다스리기 위해서는 정성과 사랑이 필요하다는 의식이 반영됨.) ▶ 꽃 기르기를 통해 이승과 저승을 나누어 맡는 판가름을 함.

지상에 내려온 대별과 소별은 공을 들여 꽃을 기르기 시작했다. 그 시합은 대별에게 유리하게 흘러갔다. 소별의 꽃나무가 시들시들 맥이 없는 데 비해 대별의 꽃나무에는 생기가 흘러넘쳤다. (소별보다 대별이 뛰어남을 보여 줌.) 바야흐로 꽃이 피어나 승부가 판가름 나는 순간, 갑자기 승부가 뒤집히고 말았다. (대별에게 유리하던 형세가 완전히 달라짐.) 시들하던 소별의 꽃나무에 원색의 아름다운 꽃이 피어났는데 대별의 꽃은 제대로 피지도 못한 채 누렇게 색이 바래고 말았다. 자랑스럽게 웃으면서 이승은 자신의 차지라고 말하는 소별. (소별이 이승을 다스리고 싶어 했음을 알 수 있음.) 그 순간 대별은 간밤에 어떤 일이 일어났는지를 직감했다.

"꽃을 바꿔치기했구나. 신성한 시합을 이렇게 짓밟다니!" / 그러나 소별은 막무가내였다. (소별이 속임수를 씀.) 자신이 이겼으니 이승을 넘기고 어서 저승으로 건너가라는 것이다.

(이승을 다스릴 욕심에 이기적으로 행동하는 소별)

"오냐. 정히 그렇다면 가마. ❷이제 이 세상에 새로운 죄악이 퍼질 터이니 걱정이구나. (여러 죄악으로 이승이 혼란스러울 것임.) 부디 자애로써 세상을 돌보거라."

(세상을 다스리는 대별의 태도)

"그 일은 내게 맡기고 형님은 저승의 법도를 엄하게 세우구려."

(세상을 다스리는 소별의 태도) ▶ 소별이 꽃을 바꿔치기하여 이승을 차지함.

다 ❸소별왕은 •위계를 엄격히 세우고 선악을 분별하여 죄를 지은 자를 무서운 형벌로 다스렸다. (혼란스러운 이승을 바로잡기 위해 엄격히 다스리는 소별 – 정성과 사랑으로 세상을 돌보지 않음.) 세상에는 점차 법도가 서기 시작했다. 그러나 눈을 피해 악행을 저지르는 자들이 끊이지 않았으니 이전보다 얼마나 더 좋아진 것인지는 알 수가 없었다. (이승에서 악행이 완전히 사라지지 않았음. – 이상적인 모습은 아님.)

▶ 소별왕이 이승을 엄하게 다스림.

• **중심 내용** 해와 달을 조정하여 세상을 구원하고 각각 이승과 저승을 다스리게 된 소별과 대별

이해와 감상

〈천지왕본풀이〉는 제주도에 전해 내려오는 서사 무가로, 무당이 굿의 처음 부분에서 굿을 행하는 장소를 설명하기 위해 천지가 생겨난 과정을 이야기할 때 불린다. 세계의 창조, 우주의 기원을 설명하는 창세 신화의 성격을 지녀, 맞붙어 있던 천지가 분리되면서 세상이 만들어지고 해와 달, 별이 생겨나면서 자연의 질서가 잡히는 과정 등 자연 현상 및 국토의 형성에 관한 내용을 담고 있다. 제목은 〈천지왕본풀이〉이지만 천지왕의 업적뿐 아니라, 그 아들인 대별왕과 소별왕의 업적과 그들이 경쟁을 통해 각각 저승과 이승의 신이 되는 과정도 비중 있게 다루고 있다. 창작과 전승의 과정에서 다수의 민중이 참여하여 작품 곳곳에서 전승 집단의 의식을 찾아볼 수 있다.

전체 줄거리

천지 개벽	거구의 신이 혼합되어 있던 천지에 생긴 작은 틈을 벌리면서 천지가 분리되고 세상 만물이 생겨나게 됨.
천지왕의 업적	인간 세상에서 수명장자가 사람들을 핍박하자 천지왕이 이를 징벌하기 위해 지상으로 내려오고, 총명 아기와 인연을 맺음.
대별왕과 소별왕의 공적	아버지를 찾아 하늘로 올라간 대별과 소별이 해와 달을 하나씩 활로 쏘아 떨어뜨리고, 경쟁을 하여 각각 저승과 이승을 다스리는 신이 됨.

작품 연구소

〈천지왕본풀이〉에 담긴 전승 집단의 의식

내용	전승 집단의 의식
이승을 악행이 끊이지 않는 혼란스러운 곳으로, 저승을 이상적인 곳으로 그림.	부정적인 현실에 대한 비판과 구원에 대한 기대
사람들을 핍박한 수명장자가 벌을 받고, 속임수를 써서 이승을 차지한 소별왕 때문에 이승에 악행이 넘침.	욕심을 부리지 않고 남을 배려해야 한다는 의식
대별과 소별이 인간 세계인 이승을 다스리고 싶어 하고, 인간의 특성을 지닌 대별과 소별이 저승과 이승을 다스리는 신이 됨.	인간 존재를 긍정적으로 보고 인간의 능력을 높이 평가하는 인간 중심적 사고

대별과 소별의 특성

대별	소별
• 소별에게 자애로 세상을 돌볼 것을 당부함. • 공명정대한 법으로 저승을 다스림.	• 이승을 차지하려는 욕심에 속임수를 씀. • 이승의 법도를 세우기 위해 엄하게 다스림.

⬇

대별이 아닌 소별이 이승을 다스리게 된 사실을 통해 현실 세계의 모순과 혼란을 설명하는 한편, 이상 사회에 대한 희망을 지니게 됨.

자료실

세상의 기원을 설명하는 신화

세상의 기원을 설명하는 창세 신화로는 함경도 지역에 전승되는 서사 무가인 〈창세가〉가 대표적이다. 〈창세가〉에서는 미륵이 천지가 분리된 뒤 각각 두 개씩 나타난 해와 달을 하나씩 떼어 조정하고, 미륵과 석가가 인간 세상을 차지하기 위해 꽃 피우는 경쟁을 하는 등 〈천지왕본풀이〉와 유사한 이야기를 찾아볼 수 있다. 해와 달의 기원을 설명하는 일월 신화로는 호랑이에게 쫓기던 오누이가 하늘로 올라가 해와 달이 되었다는 〈해와 달이 된 오누이〉가 대표적이다.

키 포인트 체크

인물 대별은 □□를 지닌 인물이지만, 소별은 욕심만 지닌 인물이다.
배경 해와 달, 별이 생기고 자연의 □□가 잡히며 세상이 생겨난 내력을 담고 있다.
사건 대별과 소별이 천지왕이 준 과제로 해와 달을 조정하여 세상을 구원하고 각각 □□과 □□을 다스리게 된다.

1 이 글에 대한 설명으로 적절하지 않은 것은?

① 세계의 창조, 자연 현상의 기원에 관해 설명하고 있다.
② 무속 신앙과 밀접하게 결합되어 무속 의례에서 불린다.
③ 건국 과정에 신성성을 부여하여 애국심을 고취하고 있다.
④ 신의 일대기와 업적을 다루고 있어 신화의 성격을 지닌다.
⑤ 창작과 전승에 다수의 민중이 참여한 구비 문학에 해당한다.

2 이 글의 내용을 바르게 이해하지 못한 것은?

① 생명을 키우는 능력은 소별보다 대별이 더 뛰어났다.
② 소별은 속임수를 써 대별과의 경쟁에서 이기고자 했다.
③ 해와 달이 두 개씩 떠서 지상의 사람들은 고통을 받았다.
④ 천지왕은 대별과 소별의 능력을 믿지 못해 계속 시험하였다.
⑤ 천지왕은 정성과 사랑을 지닌 인물이 이승을 다스리기를 바랐다.

내신 적중

3 (가)에 드러난 과제와 그 해결 과정을 바르게 정리하지 못한 것은?

①	과제	해와 달을 하나씩 떨어뜨리는 것
②	주체	대별, 소별
③	계기	천지왕이 형제간의 경쟁을 부추김.
④	도구	무쇠 활과 화살
⑤	결과	사람이 살 만한 세상이 됨.

4 〈보기〉를 참고하여 이 글을 감상한 내용으로 적절하지 않은 것은?

보기
설화는 민중의 생각이나 사상이 가장 잘 드러나는 갈래이다. 민중 사이에서 구전되어 전해지는 과정에서 다수의 민중이 설화 창작에 참여하게 되기 때문이다.

① 이승에 악행이 끊이지 않았다는 것으로 보아 당시 사람들은 현실을 긍정적으로 생각하지 않았군.
② 소별이 꽃을 바꿔치기해서 차지한 이승이 혼란스러운 것으로 보아 당시 사람들은 욕심부리는 것을 경계했군.
③ 소별이 쏜 화살에 별들이 생겨났다는 것으로 보아 당시 사람들은 자연 현상의 기원을 이야기를 통해 설명하려고 했군.
④ 대별과 소별이 해와 달을 조정한 뒤 사이가 멀어지는 것으로 보아 당시 사람들은 자연에 도전하는 것을 금기시했군.
⑤ 꽃 피우는 것을 통해 어느 곳을 다스릴지 결정하는 것으로 보아 당시 사람들은 지배자에게 필요한 것이 정성과 사랑이라고 생각했군.

5 세상을 다스리는 대별과 소별의 태도를 대조하여 한 문장으로 쓰시오.

114 제석본(帝釋本)풀이 | 작자 미상

키워드 체크 #서사 무가 #신화적 #영웅 서사 구조 #당금애기의 일생 #무병장수와 자손의 번창

핵심 정리

갈래 서사 무가, 구비 서사시, 본풀이
성격 신화적, 서사적, 무속적, 주술적
제재 당금애기의 일생
주제 고난 끝에 삼신이 된 당금애기의 일생
특징 ① 무녀의 구연과 악사의 반주로 진행됨.
② 말과 창(唱)으로 이루어짐.
③ 신성성과 오락성을 동시에 지님.
출전 김성대 채록본

어휘 풀이

개명경 개문경(開門經)의 잘못된 표기. 잠긴 문을 열리게 하는 경문.
고방문(庫房門) 온갖 물건들을 넣어 두는 고방의 문.
한 바릿대 바리때에 한가득. '바리때'는 승려의 밥그릇.
장고잽이 장고로 악기 반주를 하는 무녀의 대화 상대역.
체이 곡식 등을 까불러 쭉정이나 티끌을 골라내는 도구. 키.
까불다 키를 위아래로 흔들어 곡식의 티나 검불 등을 날려 버리다.

Q 서사 무가와 판소리의 구연 방식을 비교하면?

서사 무가는 말과 창(唱)을 교체하면서 진행되는데 이러한 구연 방식은 기본적으로 판소리와 같다. 이는 판소리가 서사 무가에서 유래했다는 설의 중요한 근거 가운데 하나이다. 서사 무가는 잽이(악사)의 악기 반주에 맞추어 부르는데, 이 점도 판소리가 고수(鼓手)의 북장단에 맞추어 진행되는 것과 같다. 또한 잽이가 중간중간에 탄성을 지르는 것은 판소리에서 고수가 추임새를 하는 것에 해당한다.

구절 풀이

❶ **쟁깄던 문이 ~ 동냥이나 좀 주시요** 이전 장면에서 당금애기가 고방문이 잠겨 동냥을 줄 수 없다고 말한 것에 대해, 스님이 이제는 고방문을 열어 놓았으니 동냥을 달라고 말하고 있다. 스님이 평범한 인물이 아님을 알 수 있다.
❷ **부처님 도술(道術)로 ~ 맨들아 놓고** 쌀독의 쌀을 마치 청룡이 굽이치고 있는 것처럼 만들어 놓았다는 뜻이다. 스님이 신묘한 조화를 부리는 대목이다.
❸ **돌아서서 자리 밑구녕으로 타주 놓고** 스님이 동냥을 얻으러 갈 때 갖고 다니는 자루(바랑)의 아래쪽을 일부러 찢어 놓았다는 뜻이다. 이렇게 되면 자루에 곡식을 부어도 모두 아래로 흘러내리게 되어 시간을 끌 수 있게 된다.
❹ **우로는 받는 척 ~ 다 흘렀다** 쌀을 받는 척했지만, 자루 밑을 찢어 놓았기 때문에 실제로는 쌀이 다 흘러내렸다는 뜻이다. 자신의 목적을 이루기 위한 의도적인 행동이다.

가 [말로]

무녀: 이렇게 •개명경[開門經]으로 치니 / 아홉방 •고방문(庫房門)이
❶쟁깄던(잠겼던) 문이 다 ~ 열리집니다 / 열어 났으니 / 아기씨요 동냥이나 좀 주시요
옥단춘아(당금애기의 몸종) 아버님 잡숫던 쌀독에 쌀 •한 바릿대 떠다 드려라 /『아버님 쌀독에 쌀 뜨러 가니
ⓐ ❷부처님 도술(道術)로 청룡(青龍)이 구부로 치도로(굽이치도록) 맨들아 놓고
(『 』: 스님의 의도적인 행동)

잽이: 야

무녀: 어머님 쌀독에는 항룡[黃龍](황룡)이 구부로 치도로 맨들아 놓고
아홉 성제 오라버니(아홉 형제. 당금애기의 오빠들) 쌀독에는 청학(青鶴) 백학(白鶴)이 알을 품도록 맨들아 놓고

잽이: 야

무녀: 또 ⓑ당금애기 쌀독에는 납짝거무가(납작한 거미) 줄을 살~짝 쳐 났구나』
쌀 뜨러 갔는 사람 눈에 / 아이고 아기씨요 무섭어서 못 뜨겠십니더
대리 왔다 하이 스님이 한다는 말이 아기씨요 그리 말고(돌아왔다고 하자 스님이 한다는 말이 '아가씨 그러지 말고')
아기씨 잡숫던 쌀독에 / 납짝거무가 줄을 쳤이니 이리 밀치고 저리 밀치고
한 바릿대마 떠다 주모 소승(小僧)은 돌아가겠십니다.

잽이: 야

무녀: 옥당추이 매상금이(당금애기의 몸종인 옥단춘, 매상금) / 참 당금애기 데리고 서이서(셋이서) 쌀 뜨러 갔는 새에
참 이 스님에 거동 보소(서술자의 개입이 드러남.) / 오날 해로 어찌 지울꼬?(오늘 해가 질 때까지 어찌 시간을 보낼까? - 스님의 속마음) / 어른들은 없다 소리 듣고
지나 진진 해에(길고 긴 날에) / 삼한 세존을 태이러 왔는데(삼한 세존을 태어나게 하러 왔는데 - 스님이 온 목적) ㉠어찌하여 해를 지우겠노?(해가 질 때까지 시간을 끌어야 함.)

잽이: 야

▶ 스님이 삼한 세존을 태어나게 하려고 옴.

나 무녀: ⓒ❸돌아서서 자리 밑구녕으로 타주 놓고
(•장고잽이가 잠깐 장고를 두드리다가 이내 멈춘다. 장고잽이가 장고 반주 없이 사설을 받아 무녀의 흥(興)을 돋운다.)

[말로]

무녀: ❹우로는 받는 척 / ⓓ밑으로는 대문천에 다 흘렀다

잽이: 야

무녀: 옥당추이 하는 말이
아이고 스님요
동냥으로 맹길라거덩 자리나(자루) 성한 거로(온전한 것으로) 가지고 댕기지
밑 빠진 자리를 가지고 / 어찌 동냥으로 댕깁니까?
(장고잽이가 잠깐 장고를 두드리다가 이내 멈춘다.)

[말로]

무녀:『앞문에 옥당춘아 ⓔ비 가지 오너라 씰어 넣어 디리자 / •체이 가져오너라 •까불어 넣어 디리자』/ 우리 절에(없어야 할 대목으로 구연 과정에서의 실수에 해당함.) / 스님이 한다는 말이 / 아이고 아기씨요
(『 』: 당금애기가 두 몸종에게 한 말. 스님의 의도를 알아차리지 못함.)
(장고잽이가 잠깐 장고를 두드리다가 이내 멈춘다. 장고잽이가 장고 반주 없이 사설을 받아 무녀의 흥(興)을 돋운다.)

▶ 스님이 시간을 지체하고자 자루에 구멍을 내어 시주를 받음.

• 중심 내용 스님의 신기한 도술과 해 질 때까지 시간을 끌기 위한 행동 • 구성 단계 전개

이해와 감상

〈제석본풀이〉는 아이의 출생 및 성장을 주관하는 삼신의 내력을 밝힌 서사 무가로, 〈당금애기〉라고도 불린다. 주인공인 당금애기가 삼신이 되는 과정이 주된 내용이며, 전국적으로 널리 불렸다.

이 무가는 무속의 생산신 신화로서, 그 내용을 볼 때 우리나라의 고대 건국 신화에서 보이는 천부지모형(天父地母型) 신화의 성격을 지닌다. 또한 당금애기라는 영웅적 면모를 지닌 여성의 일대기를 그려 고대 건국 신화의 영웅의 일대기 구조를 보인다. 이렇게 보면 이 무가는 천신계의 남성인 도승(석가모니의 변신)과 지신계의 여성인 당금애기가 결합하여 새로운 제석신을 생산하는 과정을 담은 신화로, 고대 건국 신화와 같은 뿌리에서 형성되었으나 그 전승 과정에서 불교의 영향을 받아 변모된 무속 신화로 볼 수 있다.

한편 이 무가의 후반부에서 당금애기가 낳은 세 아들이 아버지를 찾아가는 내용은 고구려의 건국 신화인 〈주몽 신화〉에서 유리가 아버지 주몽을 찾아가는 내용과 유사한 구조를 보인다.

전체 줄거리

발단	옛날에 아들만 아홉이 있는 부부가 딸을 갖기를 원해 치성을 드려 당금애기를 낳게 된다.
전개	당금애기의 가족들이 집을 비운 사이 한 스님이 집에 찾아와 하룻밤 묵게 해 줄 것을 청한다.
위기	그날 밤 당금애기는 붉은 구슬 세 개가 치마폭에 떨어져 안기는 꿈을 꾸고, 스님은 이 꿈이 아들 셋을 낳을 꿈이라고 한다.
절정	당금애기는 임신을 하게 되고, 이를 안 오빠들에게 죽임을 당할 뻔하다가 겨우 목숨을 건져 뒷산의 바위 굴 속에 갇힌다.
결말	당금애기는 학의 도움으로 아들들을 낳아 기르고, 스님이 준 박씨를 심는다. 박의 줄기를 따라가 스님을 만나 당금애기는 출산을 관장하는 삼신이 되고, 아들들은 제석신이 된다.

인물 관계도

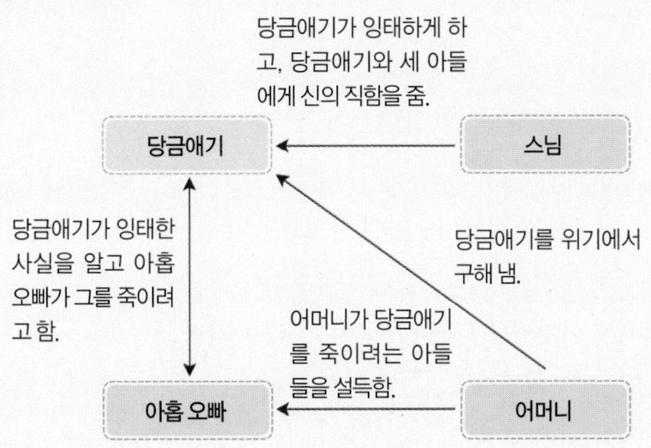

작품 연구소

〈제석본풀이〉의 신화로서의 성격

〈제석본풀이〉에는 천부지모형(天父地母型) 신화로서의 성격이 나타난다. 남성 주인공, 즉 석가모니가 화한 스님은 천신으로서의 성격을 보이며, 여성 주인공인 당금애기는 인간으로서의 면모와 더불어 지역을 수호하는 생산신의 성격을 지니고 있다. 즉, 〈제석본풀이〉는 부계 신인 천신과 모계 신인 지신의 결합을 통해 새로운 생명, 곧 제석신(帝釋神)이 탄생하는 과정을 보여 주는 신화적 요소를 지닌 무가라 할 수 있다.

키 포인트 체크

- 인물: 당금애기는 당차고 □□한 성격을 지닌 인물이다.
- 배경: 천부지모형 신화의 성격이 드러나며, 출산을 관장하는 □□의 내력을 밝히고 있다.
- 사건: 스님이 당금애기를 찾아와 시주 □을 받으며 시간을 끌다가 해가 지자 하룻밤을 묵어가겠다고 우긴다.

1 이 글에 대한 설명으로 적절하지 않은 것은?

① 신성성과 함께 오락성을 갖추고 있다.
② 우리나라의 고대 신화에서 영향을 받았다.
③ 구연 과정에서의 실수도 그대로 채록하고 있다.
④ 무녀는 작품에 개입하지 않고 내용을 전달한다.
⑤ 장구잽이의 반주와 무녀의 구연으로 전개되고 있다.

2 이 글의 앞에 일어난 사건으로 가장 적절한 것은?

① 당금애기가 스님을 시험하기 위해 고방문을 잠근다.
② 당금애기가 스님에게 신기한 능력을 보여 달라고 한다.
③ 스님이 당금애기에게 하룻밤 묵게 해 줄 것을 요구한다.
④ 당금애기의 오빠들이 스님에게 고방문 여는 법을 알려 준다.
⑤ 당금애기가 스님에게 고방문이 잠겨 동냥을 줄 수 없다고 한다.

3 ⓐ~ⓔ 중, ㉠을 위한 행동이 아닌 것은?

① ⓐ ② ⓑ ③ ⓒ ④ ⓓ ⑤ ⓔ

4 이 글의 갈래상 특징을 〈보기〉와 같이 설명하려 할 때, 이 글에서 확인할 수 없는 내용은?

> **보기**
>
> 서사 무가는 제사를 받는 신의 내력을 노래한 것으로 신령의 본을 풀이하기 때문에 '본풀이'라고도 한다. ㉮무녀가 신적 존재에 대한 줄거리를 노래한다는 점에서 구비 서사시이기도 하다. 또한 전국적으로 널리 불렸기 때문에 ㉯지역 방언의 모습을 잘 찾아볼 수 있다.
>
> 공연 방식은 ㉰악사의 악기 반주에 맞추어 노래를 하는데, ㉱악사가 작품에 개입하여 무녀의 생각을 해설해 주기도 한다. 뿐만 아니라 ㉲악사가 공연 중간에 탄성을 지르기도 하는데, 이러한 점은 판소리에서 고수가 추임새를 하는 것과 유사하다.

① ㉮ ② ㉯ ③ ㉰ ④ ㉱ ⑤ ㉲

5 스님이 당금애기의 집에 온 이유가 직접적으로 드러난 부분을 (가)에서 찾아 4어절로 쓰시오.

IV. 조선 후기

어휘 풀이

쑤시내 수수에서 나는 냄새. 빗자루를 수숫대와 줄기로 만들기 때문에 이렇게 말함.
일라서산 일락서산(日落西山)의 잘못된 표기. 해가 서쪽 산으로 진다는 뜻.
유(留)하다 어떤 곳에 머물러 묵다.
후면 후원(後園). 집 뒤에 있는 정원이나 작은 동산.
빌당 별당(別堂). 몸채의 곁이나 뒤에 따로 지은 집이나 방.
일모(日暮) 날이 저묾.

Q 스님의 정체는?

이 글에 등장하는 스님은 도술을 부리는 비범한 능력을 지닌 인물로, 제목과 연관 지어 볼 때 제석, 즉 석가모니를 일컫는 것으로 이해할 수 있다. 그런데 본문에 드러나는 스님의 모습은 신적인 석가모니의 면모보다는 인간적인 파계승의 면모가 두드러진다. 아름다운 당금애기에게 사랑을 느끼고, 일부러 바랑의 밑을 찢어 당금애기의 집에 머물고, 그녀를 잉태시키는 행동 등은 신적인 존재가 아닌, 지극히 평범한 인간으로서의 모습에 가깝다. 하지만 당금애기와 아들들에게 신직을 주는 것에서는 신적 존재로서의 위치를 엿볼 수 있다. 이는 스님이 본래 불교와 관계없는 천신이었다가 불교의 전래·확산과 함께 불교적인 외피를 입은 도승으로 변형되었음을 짐작하게 해 준다.

구절 풀이

❶ **비 가지고 쓸모 ~ 버들내가 나서 못 받십니다** 스님이 자신의 뜻을 이루기 위해, 흩어진 쌀을 빗자루로 쓸어 담아 키로 까불어서 주겠다는 당금애기의 말을 듣고 그렇게 할 수 없다는 뜻으로 한 말이다.
❷ **임불로 곰불로 하낙씩 집어넣어야 댑니다 한다** '임'은 앞을, '곰'은 뒤를 뜻하므로, '앞에서 뒤에서 하나씩 집어넣어야 됩니다.'라고 말했다는 뜻이다. 해가 질 때까지 시간을 끌고자 하는 스님의 의도가 드러난 부분이다.
❸ **대문천에 이래 ~ 해가 질끼 아이가?** 서술자의 개입이 드러나는 부분으로, 해가 질 때까지 시간을 끌기 위해서는 대문간에 흩어진 쌀을 젓가락으로 하나씩 집어야 한다고 설명해 주는 부분이다.
❹ **얼마만침 / 집어넣더라니 ~ 다 넘어갔네** 어느 정도 집어넣었더니 해가 저물어 서쪽 산으로 다 넘어갔다는 뜻이다. 스님의 의도대로 시간이 많이 경과했음을 의미한다.
❺ **매르 가라오** '뫼[山]로 가라고 합니까?'라는 뜻으로, 해가 졌는데 이만 가라고 하는 것은 도리에 맞는 일이 아니라는 말이다.
❻ **남자들도야 / 몬 오는 곳인데** 구연 과정에서의 실수이며, 문맥상 '여자들도 못 오는 곳인데'라는 말을 하려던 것으로 보인다.

가 [말로]

무녀: ㉠우리 절에 고양[供養](공양)올릴 백미(白米)쌀으노
❶비 가지고 쓸모 •쑤시내가 나서 못 받고 체이 가지고 까불모 버들내가 나서 못 받십니다

잽이: 야

무녀: ㉡그럼 어찌하잔 말이요? / ㉢딧동산(뒷동산) 올라가서 깨똥나무로 꺾어다가
❷임불로 곰불로 하낙씩 집어넣어야 댑니다 한다 / 그러이께
(장고잽이가 잠깐 장고를 두드리다가 이내 멈춘다.)

[말로]

무녀: 세사 지나 진진(길고 긴) 해를 어찌 지우겠노?
그러이 / 쌀을 밑구녕 / 다 자리 밑구녕으로 타주 놓고
❸대문천에 이래 흘리나여 저(箸)(젓가락)로 갖다 집어너야 더디여 살~ / 해가 질끼 아이가?
(장고잽이가 잠깐 장고를 두드리다가 이내 멈춘다.)

[말로]

무녀: 그래 놓이께네 세사 ㉣절[箸]로 집어넣자 칸다
그러니 또 옥단추이 또 딧동산에 깨똥나무로 꺾으러 간다
(장고잽이가 장고 반주를 시작한다. 장고잽이는 장고 반주를 계속하면서 동시에 여음을 받기도 하고 탄성을 지르기도 해서 무녀의 흥(興)을 돋운다.)

[唱(창)으로]

무녀: 딧동산으로 올라가서 / 깨똥나~무로 꺾어 와서

잽이: 아~디야

무녀: 절루 하여서~(깨똥나무를 젓가락으로 사용하여) 집어넣네 / 옥단추이도 / 집어넣고 / 매상금도 집어넣고

잽이: 아~디야

무녀: 스님도 집어넣고 / 당금애기 집어넣고 / ❹얼마만침 / 집어넣더라니
동(東)에 동산(東山) 돋은 해가 / •일라서산[日落西山]을 다 넘어갔네

잽이: 아~디야

▶ 젓가락으로 쌀을 집어넣다가 해가 짐.

나 무녀: 아이고 당금애기 / 하는 말이

[말로]

잽이: 좋다~

[唱(창)으로]

무녀: 스님요 스님요 / 어서 가시요 / 해가 졌으니 / 어서 가시요

잽이: 아~디야

무녀: 스님이 하는 말이 / 아기씨요(당금애기) 아기씨요 / 집을 두고서 / ❺매르 가라오
㉤유수(流水)같이 / 흐르는 밤~에 / 하릿밤만 / •유(留)해 갑시다(하룻밤만 묵어갑시다. – 스님의 의도가 드러남.)

잽이: 아~디야

무녀: 그 소리를 치니야 당금애기가
•후면[後園] •빌당[別堂] 안이라 / 하는 곳으는
❻남자들도야 / 몬 오는 곳인데 / 어찌 남정네가 와서 / 자고 가잔 말입니까
아이구~ / 아기씨요 / 이 말 왔다가 / 해가 져서 •일모(日暮) 댔는데
어디로 가랍니까 / 하릿밤만 유(留)해 갑시다

▶ 해가 지자 스님이 하룻밤만 묵겠다고 우김.

• 중심 내용 해가 질 때까지 시간을 끌다가 하룻밤을 묵고 가겠다고 우기는 스님 • 구성 단계 전개

작품 연구소

〈제석본풀이〉에 나타난 영웅의 일대기 구조

영웅의 일대기 구조	〈제석본풀이〉의 내용
고귀한 혈통	• 아버지와 어머니가 고귀한 신분으로 설정되어 있음. • 이본에 따라서는 신으로 설정된 경우도 있음.
비정상적 출생	아들만 아홉을 낳고 딸을 낳고 싶어서 산천에 간절히 기도 드린 결과로 태어나게 됨.
비범한 능력	모든 이본에서 당금애기는 인물도 좋고 재주가 있다고 표현됨. 당금애기가 비범한 능력을 타고났음을 의미함.
버려짐.	부모와 오빠들이 일제히 집을 비움으로써 당금애기는 혼자 버림받은 상황이 됨.
조력자의 도움	스님이 당금애기의 구출자 역할을 했다고 볼 수 있음. 구출자 혹은 양육자로서의 성격은 다른 서사 작품들과는 약간의 차이를 보임.
고난	임신한 당금애기가 오빠들에 의해 죽을 고비에 처함.
고난의 극복, 위업을 달성함.	• 어머니의 도움으로 목숨을 건지고, 바위 굴 속에서 세 아들을 낳아 잘 기르는 과업을 성취함. • 삼신의 직분을 받아 무속신이 됨.

자료실

〈제석본풀이〉의 제목에 담긴 의미

〈제석본풀이〉는 '제석(帝釋)'과 '본(本)풀이'라는 단어가 결합하여 이루어진 제목이다. 제석은 석가모니를 불교에서 달리 일컫는 말로, 이 작품에서는 남성 주인공인 스님을 가리키는 것으로 이해된다. 결국 〈제석본풀이〉의 '제석(帝釋)'은 남성 주인공의 성격에서 유래한 것으로 이해할 수 있다.

'본(本)풀이'라는 용어는 '신의 일대기나 근본에 대한 풀이'라는 뜻으로, 신화의 성격을 잘 보여 주는 말이다. 이렇게 보면, 〈제석본풀이〉는 '제석신의 근본 내력을 말로 풀어낸 것'이라는 뜻이 된다. 그런데 〈제석본풀이〉의 '제석'이 남성 주인공인 스님을 가리키는 것으로 이해되면서도 정작 이 〈제석본풀이〉의 주인공은 스님이 아니라 당금애기라는 점에 의문을 가질 수 있다. 서사적 맥락에서 본 이 작품 전체의 주인공은 분명히 당금애기로, 많은 지역에서 〈제석본풀이〉를 〈당금애기〉라고 부르는 것도 이 때문이다. 여기서 원래 제목은 〈당금애기〉였는데, 이것이 남성 우월 의식의 확산과 함께 〈제석본풀이〉라는 남성 중심의 제목으로 바뀐 것으로 추정하기도 한다.

함께 읽으면 좋은 작품

〈심청굿〉, 작자 미상 / 〈심청가〉의 내용을 구연한 굿

판소리 〈심청가〉의 내용을 굿으로 구연한 것으로, 내용은 판소리와 같으나 '안질(眼疾)을 막고 눈을 밝게 하기 위해 심 봉사와 심청이의 넋을 불러 준다.'라는 설명이 덧붙어 있다.

〈손님굿〉, 작자 미상 / 천연두 신을 다룬 서사 무가

천연두 신(神)을 위해 부르는 서사 무가로, 제목의 '손님'은 천연두를 의미한다. 욕심 많고 심술궂은 부자 김 장자는 천연두 신의 권위를 인정하지 않다가 외아들을 천연두로 잃고 거지가 되고, 천연두 신을 극진히 대접한 노고할미는 복을 받아 행복하게 산다는 내용이다.

6 이 글에 대한 설명으로 적절하지 않은 것은?

① 굿을 하면서 부르는 노래이다.
② 무속 연행자에 의해 전승되어 왔다.
③ 전국적으로 널리 연행되는 무가이다.
④ 삼신할머니의 내력을 풀이한 것이다.
⑤ 평범한 인물의 고난 극복 과정을 다루었다.

7 이 글의 내용을 영웅의 일대기 구조와 연결한 것으로 적절하지 않은 것은?

	영웅의 일대기 구조	〈제석본풀이〉의 내용
①	고귀한 혈통	당금애기의 부모는 신분이 고귀하다.
②	비정상적 출생	당금애기는 부모가 딸을 원하지 않는 상황에서 태어난다.
③	비범한 능력	당금애기는 인물도 좋고 모든 일에 재주가 있다.
④	성장 후 고난	임신한 당금애기는 오빠들에 의해 죽을 고비에 처한다.
⑤	고난의 극복과 위업 달성	당금애기는 삼신의 직분을 받아 무속신이 된다.

8 ㉠~㉤ 중, 발화자가 나머지와 다른 하나는?

① ㉠ ② ㉡ ③ ㉢ ④ ㉣ ⑤ ㉤

9 이 글과 〈보기〉의 공통점을 〈조건〉에 맞게 쓰시오.

보기

이때, 곰 한 마리와 범 한 마리가 같은 굴에서 살고 있었는데, 그들은 항상 환웅에게 사람이 되기를 빌었다. 그러자 환웅이 신령한 쑥 한 심지와 마늘 스무 개를 주면서 말했다.

"너희들이 이것을 먹고 백 일 동안 햇빛을 보지 않으면 곧 사람이 될 것이다."

곰과 범이 이것을 받아서 먹고 조심한 지 삼칠일(21일) 만에 곰은 여자의 몸이 되었으나, 범은 조심을 잘못해서 사람이 되지 못했다. 웅녀(熊女)는 혼인할 상대가 없었으므로 항상 단수(壇樹) 밑에서 아이 배기를 축원했다. 환웅이 이에 임시로 변하여 그녀와 혼인했더니 이내 잉태해서 아들을 낳았다. – 작자 미상, 〈단군 신화(檀君神話)〉

조건

1. 등장인물의 결연에 초점을 맞출 것
2. 40자 이내의 완결된 한 문장으로 쓸 것

IV. 조선 후기

115 세경본(世經本)풀이 | 작자 미상

키워드 체크 #서사 무가 #신화적 #남장 화소 #자청비의 고난 #농경신

핵심 정리

갈래 서사 무가
성격 신화적, 서사적, 무속적, 토속적
배경 주년국(제주)에 위치한 한 마을
제재 자청비의 일생
주제 자청비의 고난과 성취
특징 ① 농사를 주관하는 무조신의 일대기를 밝힌 본풀이임.
② 한국 서사 문학의 전형 가운데 하나인 영웅 서사 구조를 지님.
③ 남장 화소를 활용함.

Q 자청비가 자청 도령이 된 이유는?
자청비는 문 도령에게 남동생을 소개해 주겠다고 한 뒤 남장을 하여 남동생 행세를 하며 자신을 자청 도령으로 소개하고 있다. 이러한 모습에는 여성을 차별하고 남성을 우월시한 당대의 인식이 반영되어 있다. 한편, 자청비는 자신을 주년국 땅 사람이라고 밝히고 있는데, 주년국은 설화에 등장하는 제주의 옛 이름이다. 이를 통해 〈세경본풀이〉가 제주의 내력을 전하는 설화임을 짐작할 수 있다.

어휘 풀이

삼천 서당(書堂) 제주특별자치도 제주시 건입동에 있었던 조선 후기의 서당.
왕대밭 왕대가 많이 자라나 있는 땅.
붕새 하루에 구만 리를 날아간다는 전설상의 큰 새. 북해(北海)에 살던 곤(鯤)이라는 물고기가 변해서 되었다고 한다.

구절 풀이

❶ **부모님의 허락을 ~ 남자 의복으로 갈아입는다.** 자청비가 남동생 행세를 하여 문 도령을 따라나서기 위해 남장을 하고 있는 장면이다. 공식적으로 여성에게 글공부를 시키지 않는 당시의 사회상을 엿볼 수 있다.
❷ **문 도령이 첫 번째 ~ 항복을 해 가는구나.** 오줌 내갈기기를 할 수 없는 자청비가 죽순을 이용하여 문 도령의 의심을 풀고 내기에서 이기는 모습으로, 자청비의 위기 대처 능력이 드러난다. 이를 통해 자청비가 지혜로운 여성임을 알 수 있다.
❸ **문 도령이 마당에 ~ 아버님에게서 온 편지로구나.** 문 도령은 본래 옥황의 아들인데 글공부를 하러 지상에 내려와 있다. 천상의 옥황이 지상에 있는 문 도령에게 보낸 편지는 천상과 지상을 연결하는 매개물로 볼 수 있다.

가 "도련님은 어딜 가시는 행차입니까?"

"나는 아래쪽의 거무 선생에게 글공부 가는 길입니다."

"도련님아, 우리 집에도 꼭 나 같은 남동생이 있는데, 우리 동생도 거무 선생에게 글공부 가려고 하지만 같이 갈 선비가 없어 오늘까지 있으니 함께 가는 것이 어떨까요?"
(자청비가 문 도령과 함께 글공부하러 가기 위해 거짓말을 함.)

❶부모님의 허락을 받고, 자기 방에 들어가서 여자 의복을 벗어 두고 남자 방에 들어가서 남자 의복으로 갈아입는다. [중략]

"나는 하늘 옥황 문왕성 문 도령이 됩니다."
(문 도령이 천상의 세계에 속한 인물임을 알 수 있음.)

"나는 주년국 땅 자청 도령이 됩니다. 아래쪽 거무 선생에게 글공부하러 간다니 저도 같이 가면 어떻겠습니까?" / "어서 그건 그렇게 하십시오." / 형제 삼고 가는구나.
▶ 자청비가 문 도령을 따라 글공부를 하러 감.

나 문 도령 눈치에 자청비가 여자의 몸이라는 것을 알 듯해 가니, 하루는 자청비가 꾀를 내어 은대야에 물을 떠다 옆에 두고 은젓가락 놋젓가락을 걸쳐 놓고 잠을 자니, 문 도령이 그걸 보고 말을 하되,
(자청비의 본모습이 들통날 위기 ①)
(문 도령이 자신을 여자로 의심하자 이를 모면하기 위한 꾀. 자청비가 학문에서 문 도령을 이기기 위한 방법이기도 함.)

[A] "너는 어떤 일로 은대야에 물을 떠다 놓고 은젓가락 놋젓가락을 걸쳐 놓고 잠을 자느냐?" / "그런 것이 아니라, 아버님이 글공부 올 때 하신 말씀이 '밤에 잠을 잘 때 은대야에다 물을 떠다 옆에 놓고 은젓가락 놋젓가락 걸쳐 두고 잠을 자되, 은젓가락 놋젓가락이 떨어지게 잠을 자면 글이 둔하다.'라고 하더라." / 그 말 들은 문 도령은,
(잠을 잘 때에도 틈틈이 은젓가락, 놋젓가락이 떨어지지 않게 잘 살펴야 함을 암시함. – 자신에 대한 관심을 다른 데로 돌리기 위한 꾀)

"그러면 나도 그렇게 해 보겠다."/ 문 도령도 은대야에 물을 떠다 은젓가락 놋젓가락 걸쳐 놓고 옆에 놓아 잠을 자는데, 「젓가락이 떨어질까 근심을 하는 것이 잠은 못 자고, 다음 날 아침 삼천 서당에 가면 글공부할 생각은 없고 앉아서 졸기만 해 간다.」 자청빈 떨어지든 말든 위아래로 옷을 다 벗어 두고, 동쪽으로 돌아누워 깊은 잠을 자고, 서쪽으로 돌아누워 깊은 잠을 자고, 남쪽으로 돌아누워 깊은 잠을 자고, 북쪽으로 돌아누워 깊은 잠을 자고 날이 밝을 때까지 자 놓으니, 다음 날 아침 •삼천 서당에 가 글을 읽어 가는 것이 삼천 선비 가운데 장원이 되고 급제가 되어 간다.
(자청 도령의 의도대로 진행되고 있음.)
(「 」: 은젓가락, 놋젓가락을 은대야에 걸쳐 놓고 잠을 자자 글공부에 방해가 됨.)
(이 글이 제주에서 전해지는 설화임을 알려 주는 단서)
▶ 자청비가 꾀를 내어 문 도령의 글재주를 능가하게 됨.

다 "그리 말고 우리 오줌 내갈기기를 해 보는 것이 어떻겠느냐?" / "어서 그것은 그리 하자."
(자청비의 본모습이 들통날 위기 ②)

❷문 도령이 첫 번째 내갈기는 것이 여섯 자 반을 내갈기니, 자청 도령은 여자의 몸이라 어찌할 수 없으니, 「미리 •왕대밭에 들어가서 왕대 죽순을 짤라다가 바짓굴에 담아 한 번 힘을 써 오줌을 내갈기니 열두 자 반이 나간다.」 문 도령은 그 재주마저 지고 보니 무엇이라 할 수 없고 항복을 해 가는구나.
(「 」: 자청비의 지혜로운 모습이 드러남.)
(바짓굴: 바지의 사타구니 부분)
▶ 자청비가 오줌 내갈기기 내기에서 문 도령을 이김.

라 그날 밤 자고 나니, 다음 날 ❸문 도령이 마당에 나와 세수를 하는데 하늘 옥황에서 날아온 •붕새 앞날개에서 편지 한 장이 떨어지는데, 문 도령이 주워 보니, 하늘 옥황 아버님에게서 온 편지로구나.

"문 도령아, 삼 년 글공부하였으니 그만하고 어서 돌아와 서수왕 아기에게 장가가라."

하였으니, 문 도령이 편지를 갖고 들어가,

"자청 도령아, 난 글공부 그만하고 집에 가야 하겠다. 아버님에게서 편지 왔다. 글공부 그만하고 돌아와 서수왕 아기에게 장가가라고 한다." / 자청비가 말을 하되,

"나도 그러면 글공부 그만하고 가겠다."
(애초에 글공부하러 온 목적이 문 도령에게 있음을 암시함.)
▶ 문 도령이 혼인을 위해 하늘로 올라오라는 명령을 받음.

• 중심 내용 남장을 하고 문 도령을 따라 글공부를 하는 자청비
• 구성 단계 (가)~(다) 전개 / (라) 위기

이해와 감상

〈세경본풀이〉는 제주도의 큰굿에서 연행되는 무가로, 농경신의 내력을 풀어내는 노래라는 뜻이다. 이 작품은 제주도에서 큰굿을 할 때 농사가 잘되고 가축이 번성하기를 기원하는 목적으로 구연하는데, 이 작품에 등장하는 자청비는 농경을 관장하는 신이고, 하인으로 나오는 정수남은 목축을 관장하는 신이다. 두 신은 모두 농업과 목축업을 하는 제주도의 지리적 환경과 관련된 존재들이라 할 수 있다.

이 무가에서 자청비는 온갖 시련을 극복하고 신이 되는데, 이러한 모습은 우리 서사 문학에서 볼 수 있는 전형적인 여성 영웅의 면모를 보여 주는 것이다.

전체 줄거리

발단	주년국의 김진국 대감과 조진국 부인은 늦도록 자식이 없어 부처님께 빌어 딸 자청비를 얻게 된다.
전개	자청비는 문 도령을 만나 남장을 하고 함께 글공부를 하러 간다.
위기	삼 년이 지나 장가가라는 옥황의 편지를 받고 문 도령이 떠나게 되자 자청비는 자신이 여자임을 밝힌다. 이에 서로의 사랑을 확인하고 문 도령은 자청비에게 증표를 남긴 채 하늘로 올라간다.
절정	자청비는 우여곡절 끝에 문 도령을 찾아 혼례를 올리지만 문 도령은 옥황의 선비들에게 죽임을 당한다. 자청비는 서천 꽃밭에서 환생 꽃을 얻어 문 도령을 살린다.
결말	자청비는 하늘에서 여러 가지 곡식 종자를 얻어 문 도령과 함께 땅으로 내려와 농경신이 된다.

작품 연구소

〈세경본풀이〉의 구성

문 도령과의 만남과 결연	• 자청비가 빨래하러 갔다가 글공부하러 가는 문 도령을 만남. • 자청비가 남장을 하고 문 도령을 따라 글공부를 하러 감. • 문 도령이 서수왕의 딸과 혼인하라는 옥황의 편지를 받음. • 자청비는 자신이 여자임을 밝히고 문 도령과 인연을 맺음.
문 도령과의 이별	문 도령이 하늘로 올라가면서 증표로 박씨를 주고, 상동나무 머리빗을 한 쪽씩 교환함.

〈세경본풀이〉에서 여성 신이 농경신으로 등장하는 이유

〈세경본풀이〉에서는 여성인 자청비가 농경신으로 등장하는데, 농경신이 여성 신인 것은 다른 나라의 신화에서도 나타나는 보편적인 현상이다. 이것은 여성이 가진 생산과 번식의 신비에서 연유했다고 볼 수 있다. 〈세경본풀이〉에는 농경신인 자청비가 여성이 한 달에 한 번 거쳐야 할 법지법(法之法)을 마련했다는 내용이 나오는데, 이것을 보아도 이 신화를 창조할 때 여성을 생산과 관련지어 생각했음을 알 수 있다. 결국 대부분의 농경 신화에서 여성 신이 주인공으로 나타나는 이유는 농경에서의 잉태·열매 맺음·번식이 자연 체계에서 여성이 가진 속성인 잉태·생산·번식 능력과 맞닿아 있기 때문이라고 할 수 있다.

함께 읽으면 좋은 작품

〈제석본(帝釋本)풀이〉, 작자 미상 / 제석신의 유래를 노래한 무가

〈제석본풀이〉는 제석신의 유래를 노래한, 서사 무가를 대표하는 작품이다. 당금애기가 아들 세쌍둥이를 낳아 자신은 삼신(삼신할머니)이 되고 아들들은 제석신이 된다는 이야기로, 영웅적 면모를 지닌 여성의 일대기라는 점에서 〈세경본풀이〉와 유사한 구조를 지니고 있다.

Link 본책 328쪽

키 포인트 체크

인물 자청비는 □를 내어 위기에서 벗어나는 지혜로운 인물이다.
배경 □□에 위치한 한 마을을 배경으로 하여 농경신의 내력을 밝히고 있다.
사건 자청비가 □□을 하고 옥황의 아들 문 도령과 삼 년간 함께 공부하던 중, 문 도령은 혼인을 위해 하늘로 오라는 옥황의 □□를 받는다.

1 이 글에 대한 설명으로 적절하지 않은 것은?

① 서사성이 강한 구비 문학으로 볼 수 있다.
② 지역 문학으로서의 가치를 지닌 작품이다.
③ 신에게 풍년을 기원하기 위한 목적이 있다.
④ 구연을 전제로 하며 구어체로 이루어져 있다.
⑤ 남성 중심 사회를 변화시키려는 저항이 드러난다.

2 이 글의 내용과 일치하지 않는 것은?

① 자청비는 위기 대처 능력이 뛰어나다.
② 자청 도령은 자청비가 남장한 인물이다.
③ 문 도령은 아버지의 말을 잘 따르는 인물이다.
④ 문 도령은 자청 도령이 여자임을 알고도 모른 체한다.
⑤ 자청비는 문 도령과 함께 있기 위해 글공부하러 온 것이다.

3 [A]와 〈보기〉를 비교한 내용으로 가장 적절한 것은?

보기

신라의 탈해왕은 호공(瓠公)의 집이 살 만한 곳임을 알고 그 집이 자기 조상이 살던 집이라고 거짓말을 한다. 관청에서 재판을 할 때 자기 집안이 본래 대장장이 일을 했다고 주장하고는 몰래 미리 묻어 두었던 숫돌과 숯을 증거로 삼아 그 집을 빼앗는다. 이에 남해왕은 탈해가 지혜로운 사람이라고 여겨 공주와 혼인시키고 탈해는 왕위에 오른다.

– 〈석탈해 신화(昔脫解神話)〉의 줄거리

① 자청비와 탈해왕은 꾀를 써서 일을 의도대로 이끈다.
② 자청비는 탈해왕과 달리 상대가 소유한 것을 빼앗는다.
③ 자청비는 탈해왕과 달리 상대를 이기려고 증거를 제시한다.
④ 탈해왕은 자청비와 달리 거짓말로써 자신의 능력을 인정받는다.
⑤ 탈해왕은 자청비와 달리 상대 외의 다른 인물은 속이지 않는다.

4 〈보기〉를 참고하여 상황 1에서 상황 2로 변화하는 계기에 대해 구체적인 소재를 포함하여 쓰시오.

보기

상황 1			상황 2	
천상	옥황	➡	천상	옥황, 문 도령
지상	문 도령, 자청비		지상	자청비

천상의 존재가 지상 세계에 오고 가는 구조는 우리 서사 문학에서 빈번하게 등장하는데, 천상의 존재가 지상에 내려왔다가 다시 천상으로 올라갈 때에는 항상 필연적인 계기가 나타난다.

116 은혜 갚은 꿩 | 작자 미상

국어 비상(박영)

키워드 체크 #전설 #비현실적 #여인으로 변신한 구렁이 #은혜 갚은 꿩 #상원사 #치악산

신분이 불분명한 인물

가 배가 고팠던 터에 갑자기 밥을 든든히 먹자 청년은 몸이 풀리면서 그대로 쓰러져 잠이 들었다. 얼마나 시간이 지났을까. 청년은 무언가 가슴을 조이는 듯한 느낌이 들어 자기도 모르게 눈을 번쩍 떴다. 정신을 차려 보니 커다란 구렁이가 청년의 몸을 칭칭 감고 혀를 날름거리고 있었다.

(여인의 계략으로 위기에 처한 청년 / 남편의 원수를 갚기 위해 여인으로 변신했던 구렁이)

"사람 살려!" / 청년이 비명을 지르며 몸을 빼려 하자 구렁이가 말했다.

"잘 만났다, 이 원수야. 네가 쏜 화살에 맞아 죽은 구렁이가 바로 내 남편이다."

(낮에 죽은 구렁이가 자신의 남편임을 밝힘. – 여인의 정체가 드러남.)

청년은 숨이 막혀 헉헉거리며 겨우 말했다.

(꿩의 어린 새끼)

"꺼병이들이 부, 불쌍해서 도와준 거, 것뿐이오. 제발 사, 살려 주시오."

(절체절명(絶體絶命)의 상황에서 목숨을 살려 달라고 애원하는 청년)

"이 원수 놈아, 네가 내 남편을 죽이고도 살기를 바라느냐!"

(청년이 처한 상황 – 자업자득(自業自得))

구렁이가 금세 청년을 죽일 듯 노려보았다.

▶ 청년이 낮에 죽인 구렁이 때문에 죽을 위기에 처함.

나 "네가 살아날 방법이 한 가지 있긴 하지만 그것은 불가능한 일일 것이다." / "그게 무, 무엇이오?" / "오늘 밤이 새기 전에 저 위의 절에서 종소리가 세 번 들리면 부처님이 너를 살려 주라는 뜻으로 알겠다."

(오늘 밤이 새기 전에 저 위의 절에서 세 번의 종소리가 울리는 것)

청년은 한숨을 내쉬었다. 이 깊은 밤에 절에서 종소리가 울릴 리 없었기 때문이다.

(구렁이가 말한 내용이 실현될 가능성이 없다고 판단했기 때문에)

구렁이는 청년의 몸을 칭칭 감은 채 밤이 새기를 기다렸다. 청년은 곧 죽을 듯 얼굴이 하얗게 질렸다.

그런데 동이 틀 무렵 갑자기 종소리가 뎅 하고 울리더니 이어 뎅, 뎅 두 번 더 이어졌다. 참으로 신기한 일이었다. 종소리가 세 번 울리자 청년을 감고 있던 구렁이는 스르르 몸을 풀더니 밖으로 기어 나갔다. 겨우 목숨을 구한 청년은 벌떡 일어나 그 집에서 뛰쳐나왔다. 저만치 달리다 문득 돌아보니 기와집은 온데간데없이 사라져 버렸다.

(청년이 죽게 될 상황 / 청년의 목숨을 구원해 주는 기능을 함. / 비현실성)

"그렇다면 그 여인이 바로……."

(구렁이의 실체를 알게 된 청년)

청년은 소름이 돋았다. 구렁이가 여인으로 변해 청년을 홀린 것이 분명했다. 청년은 다시 정신을 차리고 종소리가 난 곳으로 달려갔다. 산 위쪽에는 작은 절이 하나 있었고 종탑에 종이 매달려 있었다. 청년은 종 아래쪽에 죽어 있는 꿩을 보고 깜짝 놀랐다. 꿩은 이마와 부리가 심하게 깨져 있었다. 그 꿩은 바로 어제 청년이 살려 준 꺼병이들의 어미였다. / "네가 은혜를 갚으려고 목숨을 바쳐 날 살려 주었구나. 참으로 고맙다."

(청년의 은혜에 보답한 꿩의 희생 / 목숨을 구한 청년이 꿩의 보은에 고마움을 느낌.)

청년은 꿩을 양지바른 곳에 묻어 주었다. 그러고는 한양으로 이름을 날리러 가겠다는 꿈을 버리고 그 작은 절을 크게 고쳐 지었다. 이 절이 바로 지금의 원주 상원사이다. 그 뒤로 사람들은 상원사가 있는 적악산을 '붉을 적' 자 대신 '꿩 치' 자를 붙여 치악산으로 고쳐 불렀다.

(입신양명(立身揚名)의 꿈을 포기한 청년 / 사실성을 부여하는 구체적인 근거(장소) ① / 사실성을 부여하는 구체적인 근거(장소) ②)

▶ 꿩이 은혜에 보답하기 위해 목숨을 바쳐 청년을 구함.

키 포인트 체크

인물 청년은 꿩을 위기에서 구해 주고 ☐☐에 감사하는 등 인정 많은 성격을 지닌 인물이다.

배경 강원도 원주에 있는 상원사와 ☐☐☐ 등 구체적인 장소가 배경으로 제시된다.

사건 잠이 든 청년이 여인으로 변신한 구렁이 때문에 죽을 고비에 처하자 꿩이 ☐☐☐를 울려 청년을 구해 준다.

답 보은, 치악산, 종소리

핵심 정리

갈래 전설, 사찰 연기(寺刹緣起) 설화, 보은 설화

성격 교훈적, 서사적, 비현실적

제재 은혜 갚은 꿩

주제 은혜 갚은 꿩의 신의(信義)

특징 ① 실존하는 장소인 원주 상원사와 치악산에 얽힌 이야기임.
② 구체적인 배경을 제시하여 내용에 사실성을 부여함.

이해와 감상

〈은혜 갚은 꿩〉은 민간에 전해 내려오는 전설이다. 실존하는 장소인 강원도 원주의 상원사와 치악산에 얽힌 이야기로, 한 청년에게 은혜를 갚은 꿩의 신의를 다루고 있다. 인물, 사건, 배경이 잘 드러나 있어서 서사 갈래의 특징을 엿볼 수 있다.

전체 줄거리

강원도에 살던 한 청년이 한양으로 가던 중, 구렁이에게 잡아먹힐 처지에 놓인 꿩의 새끼들을 구해 준다. 날이 저물어 어느 집에서 하룻밤을 묵어가게 되는데, 집주인인 여인은 낮에 청년이 쏜 화살에 맞아 죽은 구렁이의 아내였고, 남편의 원수를 갚겠다며 청년을 죽이려다가 청년에게 살아날 방도 하나를 일러 준다. 밤이 새기 전에 절에서 종소리가 세 번 울리면 살려 주겠다는 것이다. 동이 틀 무렵 종소리가 세 번 울려 청년은 극적으로 살아나게 되고, 종소리가 난 곳으로 달려간 청년은 종을 울린 것이 낮에 자신이 구렁이로부터 살려 준 꿩 새끼들의 어미였음을 알게 된다. 청년은 한양에 가서 이루고자 하는 꿈을 포기하고 절을 크게 고쳐 짓는다.

작품 연구소

〈은혜 갚은 꿩〉에 나타난 꿩의 보은

보은 설화는 은혜에 보답하는 내용을 다룬 설화이다. 〈은혜 갚은 꿩〉에서는 꿩이 청년에게 은혜를 갚는 데서 보은 설화의 성격을 드러낸다.

한 청년이 구렁이에게 잡아먹힐 상황에 놓인 꿩의 새끼들을 구해 줌.
⬇
낮에 죽은 구렁이의 아내가 여인으로 변신하여 잠든 청년을 죽이려고 함.
⬇
꿩의 희생으로 청년이 죽음의 위기에서 살아남.

〈은혜 갚은 꿩〉과 사찰 연기(寺刹緣起) 설화

사찰 연기 설화는 사찰이나 암자 등의 창시 유래나 절터를 잡게 된 유래, 절 이름의 명명(命名) 유래 등에 관한 불교 설화이다. 〈은혜 갚은 꿩〉에서는 강원도 원주의 상원사가 제시되고 있다. 사찰 연기 설화는 불교의 포교와 불교 사상의 이해라는 종교적 목적에서 생성·전파되지만, 이것이 민간에 널리 전승되는 동안 종교적 색채는 탈락되어 가면서 한편으로는 문학적 상상력을 자극하고 확장하는 데 기여했으며, 후대 서사 문학의 발전에 깊은 영향을 미쳤다.

117 구렁덩덩 신 선비 | 작자 미상

문학 해냄 국어 금성

키워드 체크 #설화 #환상적 #구렁이와 인간의 사랑 #동물 변신 모티프

노파를 통해 인간 세상에 출현한 신적 존재

가 큰딸과 둘째 딸은 뒤주 속의 구렁이를 보고서 징그럽다며 낯을 찡그리고 돌아갔다. 그런데 막내딸은 구렁이를 보자 환한 미소를 짓는 것이었다.

큰딸과 둘째 딸은 구렁이의 모습을 한 신 선비를 알아보지 못했음.

"어머, 구렁덩덩 신 선비님을 낳으셨네요!"

막내딸은 구렁이의 정체를 알아봄.

막내딸이 돌아가자 구렁이가 그 처녀한테 장가를 가겠노라고 했다. 노파가 머뭇거리자 구렁이는 한 손에 칼 들고 한 손에 불 들고 어머니 배 속으로 다시 들어가겠다고 했다. 할 수 없이 장자한테로 가서 아들의 뜻을 전하자 장자는 세 딸을 불러서 노파의 아들한테 시집을 가겠느냐고 물었다. 위의 두 딸은 손사래를 쳤지만 막내딸은 선뜻 시집을 가겠노라고 했다.

자신의 정체를 알아본 막내딸을 아내로 삼으려 하고 있음. / 구렁이가 자신의 생각을 굽히지 않음. / 덕망이 뛰어나고 경험이 많아 세상일에 익숙한 어른. 큰 부자를 점잖게 이르는 말 / 어떤 말이나 사실을 부인하거나 남에게 조용히 하라고 할 때 손을 펴서 휘젓는 일

"그럼요. 구렁덩덩 신 선비님이신걸요!"

장자는 말없이 고개를 끄덕였다.

▶ 장자의 막내딸이 구렁이의 모습을 한 신 선비를 알아봄.

나 막내딸의 혼사가 치러지는 날, 구렁이는 바지랑대를 타고 담에 올라 빨랫줄을 타고서 초례청에 이르렀다. 혼례를 마친 첫날밤, 잿물에 목욕을 한 구렁이는 허물을 벗고서 사람이 되었다. 신선처럼 빛나는 멋진 선비였다. 신 선비는 아내에게 허물을 건네주면서 꼭꼭 잘 간직하라고 했다. 그 허물이 없어지면 자기가 돌아올 수 없다고 했다.

빨랫줄을 받치는 긴 막대기 / 초례를 치르는 장소 / 동물 신(神) 숭배에서 인간 신(神) 숭배로 변화한 사회상이 반영된 것으로 볼 수 있음. / 막내딸의 금기

『동생이 신선 같은 신랑을 얻자, 두 언니는 동생을 질투하기 시작했다. 신 선비가 길을 떠나고 없는 즈음에 두 언니는 동생을 속여 뱀 허물을 훔쳐다가 아궁이에 넣어서 태워 버렸다. 집으로 돌아오던 신 선비는 허물이 타는 냄새를 맡고서 오던 길을 돌아서서 멀리멀리 떠나가고 말았다.』

『 』: 막내딸과 신 선비에게 시련과 고난이 닥침. / 막내딸의 금기가 깨짐.

▶ 장자의 막내딸이 신 선비와 혼인하지만 언니들의 방해로 헤어짐.

다 반가운 상봉이었으나 한 가지 문제가 있었다. 신 선비가 다음 날 새 각시를 얻기로 돼 있는 것이었다. 신 선비는 두 사람이 시합을 해서 이기는 사람을 자기 각시로 인정하겠다고 했다. 시합은 모두 세 가지. 첫 번째 시합은 우물에서 물을 길어 오는 시합이었다. 새 각시는 가벼운 꽃동이에 꽃신발을 신었고 헌 각시는 무거운 가래 동이에 나막신을 신었으나 헌 각시가 이겼다. 다음은 수수께끼 시합. 새 중에 제일 큰 새가 무엇이며, 고개 중에 제일 넘기 어려운 고개가 무엇이냐고 했다. 답은 '먹새'와 '보릿고개'. 헌 각시가 맞혀서 이겼다. 세 번째 시합은 호랑이 눈썹을 구해서 망건 관자를 만드는 시합이었다. 새 각시는 고양이 눈썹을 빼 왔으나 헌 각시는 나막신을 신고 깊은 산속으로 들어가 호랑이 눈썹을 구했다. 허름한 오두막에 사는 호호백발 할머니가 호랑이 삼 형제의 눈썹을 뽑아서 각시에게 주었다. 각시가 호랑이 눈썹으로 만든 망건 관자를 전해 주자 신 선비가 선언했다. / "이 각시가 나의 진짜 각시요!"

막내딸이 고난을 극복하고 신 선비와 상봉함. / 막내딸이 신 선비와 완전한 재회를 이루기 위한 통과 의례 / 통과 의례 ① / 장자의 막내딸 / 통과 의례 ② / 눈에 대고 보면 대상의 전생, 본질이 보인다는 전설 속의 물건 / 통과 의례 ③ / 막내딸이 호랑이 눈썹을 구한 것은 숨겨진 가치, 본질을 알아보는 안목이 있음을 의미함. / 호호백발 할머니가 막내딸에게 신적 존재인 신 선비와 소통할 수 있는 권위를 부여함. / 망건에 달아 당줄을 꿰는 작은 단추 모양의 고리

그 후 장자의 막내딸은 신선 같은 남편과 함께 자식 많이 낳고서 오래오래 행복하게 잘 살았다고 한다.

막내딸이 여러 가지 시련과 시험을 극복하고 신 선비와 재결합함. / 막내딸과 신 선비가 재회하여 행복한 삶을 누림. → 신앙의 회복이 행복과 풍요를 가져온 것으로 해석할 수 있음.

▶ 막내딸이 시련을 극복하고 신 선비와 재회하여 행복한 삶을 누림.

키 포인트 체크

인물 장자네 막내딸은 자신에게 닥친 시련과 고난을 극복해 가는 ☐☐☐인 인물이다.

배경 ☐☐ 신 숭배 사회에서 ☐☐ 신 숭배 사회로 변화하고 있었던 당대의 인식이 드러나 있다.

사건 장자네 막내딸은 언니들의 방해로 신 선비와 헤어졌다가 여러 가지 ☐☐ ☐☐를 거친 뒤 재결합하여 행복한 삶을 누린다.

답 적극적, 동물, 인간, 통과 의례

핵심 정리

갈래 설화, 민담

성격 교훈적, 환상적

제재 구렁이로 변신한 신 선비와 장자네 막내딸의 재회

주제 장자네 막내딸과 신 선비의 사랑과 역경 극복

특징 동물 변신 모티프 등 다양한 비현실적 요소가 나타남.

이해와 감상

〈구렁덩덩 신 선비〉는 구렁이의 모습을 한 신 선비를 부르는 말로, 인간계의 여성이 구렁이와 혼인한 뒤 온갖 시련과 역경을 극복하고 완전한 사랑을 성취해 내는 과정을 담은 민담이다. 이 작품은 〈뱀 신랑 설화〉라고도 불리며 지역에 따라 조금씩 다른 내용으로 전해지는데, 우리 서사 문학의 변신담 중 가장 흔한 유형이다. 노파가 알을 주워 먹고 구렁이를 낳거나 구렁이가 허물을 벗고 선비로 변하는 등 다양한 비현실적 요소가 나타나며, 여성이 고난과 시련을 극복해 가는 서사 구조를 지니고 있는 것이 특징이다.

전체 줄거리

마을에서 홀로 가난하게 살던 노파가 이상한 알을 주워 먹고 구렁이를 낳자 구렁이의 정체를 알아본 장자네 막내딸이 구렁이와 혼인한다. 혼례를 마친 첫날밤 구렁이는 멋진 선비로 변하고 자신의 허물을 아내에게 건네주며 잘 간직하라고 당부한다. 하지만 막냇동생을 질투한 두 언니가 구렁이의 허물을 아궁이에 넣어 태워 버리고, 구렁이 남편은 집으로 돌아오지 못하게 된다. 아내는 남편을 찾기 위해 길을 나서는데 농부 대신 논을 갈아 주고, 까치에게 벌레를 잡아다 주고, 할머니의 빨래를 대신 해 준 끝에 남편이 있는 집을 찾아낸다. 그리고 신 선비의 새 각시와 우물에서 물을 길어 오는 시합, 수수께끼 시합, 호랑이 눈썹으로 망건 관자를 만드는 시합을 한 끝에 남편과 재결합에 성공하고 행복하게 살아가게 된다.

작품 연구소

〈구렁덩덩 신 선비〉의 주요 등장인물

신 선비	• 인간의 몸에서 구렁이의 형상으로 태어남. • 장자네 막내딸과 혼인한 뒤 멋진 선비로 변함. → 인간 세상에 나타난 신적 존재로 볼 수 있음.
막내딸	• 구렁이의 모습을 한 신 선비를 알아봄. • 신 선비를 다시 만나기 위해 고난과 역경을 헤쳐 나감. → 신적 존재를 알아보는 안목이 있으며, 신적 존재를 모시는 존재로서의 자질을 지님.

각시(장자네 막내딸)와 신 선비의 재결합 과정

신 선비를 찾아다님.	• 농부 대신 논을 갈아 줌. • 까치에게 벌레를 잡아 줌. • 할머니 빨래를 대신 해 줌.
새 각시와의 시합	• 우물에서 물 길어 오는 시합 • 수수께끼 시합 • 호랑이 눈썹으로 망건 관자를 만드는 시합

⬇

역경과 시련을 극복하고 재결합하여 행복한 삶을 누림.

더 읽을 작품

118 어미 말과 새끼 말 | 작자 미상

문학 지학사

키워드 체크 #구연 설화 #대국의 난제 해결 화소 #조력자 #기발한 착상

가 옛날 대국(황제(천자)의 나라, 중국) 천자가 조선에 인재가 있나 없나아, 이걸 알기 위해서 말을 두 마리를 보냈어. 말. 대국서 잉?(중심 소재를 반복하면서 청중의 반응을 살핌.) 조선 잉금게루(임금에게로) 보내면서,

"이 말이 어떤 눔이 새끼구 어떤 눔이 에밍가(어미인가) 이것을 골라내라아."(대국이 조선을 시험하기 위해 제시한 난제) 하구서…….

똑같은 눔여. 똑같어 그게 둘 다.(난제가 되기 위한 전제) 그러구서 보냈어. 조선에 인자가 있나 읎나. 인자(은자(隱者), 숨어 사는 인재)가 많었억거던? 조선에?(청중의 반응을 살피는 말투) 내력이루(예로부터). 자아 그러니 워트겨(어떻게 해) 이걸? ▶ 중국 천자가 난제를 제시함.

나 원 정승이라는 사람이 있어. 그래 아침 조회 때 들어가닝깨,

"이 원 정승 이눔 갖다가 이걸(말 두 마리) 골러내쇼오(어미와 새끼)." 말여. 보낸다능 게 원 정승에게다 보냈어.(원 정승이라면 난제를 해결할 것이라고 기대했음.) 응.(청중의 반응을 살피는 구연자) 인제 가서 골라내라능 기여.

원 정승이 갖다 놓구서, 이거 어떤 눔이구 똑같은 눔인디 말여, 색두 똑같구 워떵 게 에민지 워떵 게…… 똑같어어? 그저어?(해결하기 어려운 문제임을 강조함.)

"새끼가 워떵 겐지 에미가 워떵 겐지 그거 모른다." 그러닝깨, / "그려요?"(문제 해결에 골몰하는 원 정승의 혼잣말)

그러구 가마안히 생각해 보닝깨 도리(문제를 풀 방법)가 있으야지? 그래 앓구 두러눴네? 머리 싸매구 두러눴느라니까, 즈이 아들이, 어린 아들이, / "아버지 왜 그러십니까아?" 그러거든.

"야?(마침 잘됐다는 뜻을 담아 어린아이를 부르는 감탄사) 아무 날(불명확한 시간적 배경) 조회에 가닝까아, 이 말을 두 마리를 주면서 골르라구(어미와 새끼를 구분하라고) 허니이, 이 일을 어트가야(어떻게 해야) 옳은단(해결한다는) 말이냐아?"

"아이구, 아버지. 걱정 말구 긴지(진지) 잡수시라구. 내가 골라 디리께(드릴게요)." ▶ 원 정승의 어린 아들이 난제 해결을 자신함.

다 그래, 아침을 먹었어. 먹구서 그 이튿날 갔는디, 이넘이(이놈(어린 아들)) 콩을 잔뜩, 쌂어 가지구설랑은(삶아 가지고서는) 여물을 맨들어(만들어), 여물을. 여물을(주요 소재를 강조하기 위한 반복) 대애구(자꾸) 맨들어 놓는단 말여. 여물을 맨들어 가지구서는 갖다 항곳이다가(한곳(같은 곳)에다가) 떠억 놓거든. 준담 말여. 구유(가축들(소나 말)에게 먹이를 담아 주는 그릇)다가 여물을. 여물을 주닝깨, 잘 먹어어? 둘이 먹기를. 썩 잘 먹더니 주둥패기루(주둥아리로) 콩을 대애구 요롷게 제쳐(젖혀) 주거든? 옆있 눔을? 콩을 제쳐 줘. 저는(자기(어미 말)) 조놈만 먹구. 짚만 먹구(저놈 – 짚, '조놈'이 '짚'을 가리킴을 알 수 있음.) 인저(이제), 콩을 대애구 저쳐 준단 말여. / 새끼 주는 쇡(셈)이지 그러닝깨. 대애구 요롷게,(속(마음), 구연자가 어미 말의 행동을 흉내 내고 있음을 짐작할 수 있음.)

"아버지, 아버지. 이거 보시교. 이루 오시교." / "왜냐?"(왜 와서 이것을 보라고 하느냐?)

나가 보닝깨, / "요게 새낍니다. 요건 에미구. 포(표(표시))를 허시교."

포를 했어. / "음. 왜 그러냐?" 그러닝깨,

"아 이거 보시교. 콩을 골라서 대애구 에미라 새끼 귀해서 새끼를 주지 않습니까?(어미 말의 모성 본능을 이용하여 어미와 새끼를 구분함.) 새끼 귀헌 중 알구(귀한 줄 알고). 그래 콩 준 게(콩 준 것을 보면) 이게 새끼요오. 이건 에미구. 그렁께 그렇게 포를 해 각구설랑은 갖다 주시요." ▶ 어미의 모성을 이용하여 어미 말과 새끼 말을 구분함.

라 아, 그 이튿날 아닝 것두 아니라 가주 가서(원 정승이) 가지고), "이건 새끼구 이건 에미라."구. 그러닝깨, 그러구서는 대국으로 떠억 포해서 보냈단 말여. 그러닝깨.

"하하아, 한국에(구연 상황에서 '조선'을 '한국'으로 표현함.) 연대까장(여태까지) 조선에 인자가 연대 익구나아(여태 있구나)." 그러드랴. ▶ 중국이 조선의 인재(은자)를 인정함.

키 포인트 체크

인물 원 정승의 어린 아들은 새로운 □□과 기발한 착상으로 문제를 바라본다.

배경 대국의 부당한 간섭이 있던 □□ 사회를 배경으로 한다.

사건 대국이 조선에 □□가 있는지 시험하려고 똑같은 말 두 마리를 보냈는데, 어린아이가 어미 말의 □□을 고려하여 어미 말과 새끼 말을 구분해 낸다.

답 시각, 조선, 인재, 모성

핵심 정리

갈래 구연 설화, 민담
성격 구연적, 교훈적, 사실적, 향토적
제재 어미 말과 새끼 말의 구분
주제 기발한 착상으로 난제를 해결하는 지혜
특징 '대국-소국', '국가-백성', '어른-아이'의 차이를 극복하고 아이가 대국의 수수께끼를 기발한 착상으로 해결하는 과정을 극적으로 제시함.

이해와 감상

〈어미 말과 새끼 말〉은 '대국의 난제(수수께끼) 해결'이라는 화소를 중심으로 한 구연 설화(민담)이다. 지식이나 지혜를 갖추었으리라고 판단되는 어른은 낯선 문제를 해결하지 못하고, 사회적 약자의 위치에 있는 아이가 새로운 시각, 기발한 착상으로 문제를 해결하는 주인공으로 등장하고 있다. 어른이 해결하지 못한 문제를 아이가 해결함으로써, 어른 세계가 지닌 불완전성과 어른의 무능함을 폭로하고 있다고 할 수 있다. 한편 대국이 소국을 시험하기 위해 제시한 난제를 어린아이가 해결하는 구조를 통해서 대국의 부당한 횡포를 간접적으로 비판하고 있다고도 할 수 있다.

작품 연구소

〈어미 말과 새끼 말〉의 구조

문제 상황	• 중국이 조선에 인재가 있는지 알아보기 위해 똑같은 말 두 마리를 보냄. • 조선은 어미 말과 새끼 말을 구분해야 함.
해결 실패	• 원 정승에게 문제 해결을 명함. • 문제를 해결하지 못해 원 정승이 앓아누움.
조력자 등장	원 정승의 어린 아들이 어미 말의 모성을 이용하여 어미 말과 새끼 말을 구분함.
문제 해결	중국이 조선에 인재가 있음을 인정함.

〈어미 말과 새끼 말〉에 반영된 대립적 상황

대국	↔	소국
조선에 난제를 제시함.	↔	난제를 해결하려다가 원 정승이 앓아누움.
국가	↔	**백성**
대신들이 조회까지 열지만 문제를 해결하지 못함.	↔	원 정승의 아들이 문제 해결을 호언장담함.
어른	↔	**아이**
어른 세계의 시각에서는 문제를 해결하지 못함.	↔	새로운 시각, 기발한 착상으로 문제를 해결함.

〈어미 말과 새끼 말〉의 구연적 특징

구어체 사투리	• 일상생활의 진솔한 구어체를 사용함. • 충청·전라 방언을 사용하여 짙은 향토색을 드러냄.
구연 상황	잦은 반복, 청자의 반응 확인, 상황의 오류(한국-조선) 등에서 즉흥적 구연 상황이 확인됨.

⬇

민담이 구연되는 현장(충남 보령군 오천면)의 분위기가 생생하게 전달됨.

119 아기 장수 설화 | 작자 미상

키워드 체크 #전설 #전기적 #민중적 영웅의 비극적 죽음 #민중의 좌절감

옛날 영월군 수주면 도원리 손씨 집안에 남자아이가 태어났는데, 『갓난아이답지 않게 골격이 크고 당당하였으며, 겨드랑이에는 날개가 돋았다. 아이는 하루가 다르게 자라 3일이 지났을 때, 저 혼자 걸어 다니는 것은 물론 방안의 선반 위에 올라가는 등 마음대로 돌아다녔다.』

(전설의 특징 ① – 구체적인 공간적 배경을 제시함. / 「」: 비범한 인물임을 알 수 있음. / 새로운 세계를 지향하는 평민들의 꿈을 상징함. / 태어날 때부터 탁월한 능력을 지님.)

▶ 아기 장수의 비정상적인 탄생과 성장 과정

손씨 부부는 남자아이가 태어나 기쁘기 한량이 없었지만, 아이가 자라는 모습을 보고는 덜컥 겁이 나기 시작했다.

"여보, 아무래도 예사 아이가 아니어요. 우리같이 미천한 집안에 저런 아이가 태어나다니 어쩜 좋아요."

(미천한 신분의 집안에 아기 장수가 태어남.)

"글쎄 가뜩이나 나라 안이 어수선한데, 만약 우리 집안에 저런 장수 기질의 아이가 태어난 걸 알면 관가에서 가만있지 않을 것이오."

(장수가 태어나 나라를 뒤집으려 한다는 소문이 자자함. / 기존 질서의 장벽을 의미함.)

집안 식구들은 어쩔 줄 몰랐다. 그러는 사이에 이 소문이 마을에 퍼졌다. 마을의 지각 있는 노인들도 모두 근심스런 표정으로,

"그렇지 않아도 장수가 태어나 나라를 뒤집으려 한다는 소문이 자자한데, 장수 아기를 출산했으니 손씨 집에 앞으로 닥칠 일이 걱정되는군."

하며 수군거렸다.

손씨 집안에서는 눈물을 머금고 그 아이를 죽여 버려야 했다. 아기 장수가 역도(逆徒)가 되어 멸문지화(滅門之禍)를 당할까 두려웠기 때문이다.

(전설의 특징 ② – 주인공이 비극적 운명을 지님. / 반역의 무리 / 가문이 몰살당하는 재앙)

▶ 아기 장수가 화를 가져올 것을 두려워하여 죽임.

그런 지 3일 후 그 마을 동쪽의 후미진(구석진) 곳에 있는 깊은 못에서 우렁차게 말의 울음소리가 들려왔다. 이에 마을 사람들은 모두 아기 장수를 태울 용마가 났다고 말하였다.

(아기 장수가 죽자 등장하는, 시운의 불일치를 상징하는 소재)

그 용마는 아기 장수를 찾아 사방으로 날아다녔다. 하지만 아기 장수는 이미 죽었으니 어찌하랴. 결국 용마는 주인을 찾지 못하고, 수주면 무릉리 동북쪽 강 건넛마을의 벼랑에서 슬프게 울부짖다가 나왔던 곳으로 되돌아와 죽었다고 한다. 그래서 『용마가 나왔던 못을 용소(龍沼)라 하며, 그 옆에 용마의 무덤까지 있다고 한다. 또 무릉리의 강 건넛마을은 용마가 울부짖은 곳이라 하여 명마동(名馬洞)이라 부르고 있으며 지도에도 그렇게 표기되어 있다.』

(서술자의 개입 / 「」: 전설의 특징 ③ – 특정 증거물이 제시됨.)

▶ 용마의 출현과 지명의 유래

키 포인트 체크

인물 아기 장수는 비범한 능력을 지닌 인물로, □□의 영웅을 의미한다.

배경 기존 질서의 □□을 넘을 수 없는 조선 후기의 현실을 보여 준다.

사건 멸문지화를 두려워한 부모가 아기 장수를 죽이고, 주인을 찾지 못한 □□는 슬피 울다가 죽는다.

답 민중, 장벽, 용마

핵심 정리

갈래 설화, 전설

성격 전기적, 민중적

제재 아기 장수의 탄생과 죽음

주제 민중적 영웅의 비극적 죽음과 민중의 좌절감

특징 ① 구체적인 공간적 배경과 특정 증거물이 제시됨.
② 전국적으로 널리 분포된 이야기로 다양한 유형이 있음.

이해와 감상

〈아기 장수 설화〉는 우리나라 전역에 걸쳐 수집되는 이야기로, 민중의 비극적인 좌절이 담겨 있는 전설이다. 이와 관련된 유형은 100가지가 넘지만 미천한 혈통의 인물이 탁월한 능력을 발휘하다가 비참한 죽음을 맞이한다는 기본적인 줄거리는 모두 동일하다. 이처럼 좌절과 파국으로 끝나는 이 비극적 설화는 기존 질서의 장벽 때문에 패배할 수밖에 없는 민중의 비극적인 이야기라고 할 수 있다.

작품 연구소

〈아기 장수 설화〉에 나타난 이중적 민중 의식

아기 장수는 미래의 가능성을 가진 민중의 영웅을 상징한다. 이러한 아기 장수가 비극적인 죽음을 맞게 된 이유는 평민이 주도한 민란이 모두 패배로 귀결되었다는 역사적 체험과 관련지어 생각할 수 있다. 즉, 이러한 실패가 민중으로 하여금 기존 체제에 안주하려는 현실 추구 성향을 갖게 했기 때문이라는 것이다. 따라서 〈아기 장수 설화〉는 아기 장수의 죽음을 통해 새로운 영웅의 출현을 기대하면서도 미래에 대한 희망을 버리고 살아야만 했던 민중의 역설적인 심리를 드러낸 것으로 볼 수 있다.

〈아기 장수 설화〉의 전형적인 줄거리

한 평민이 아들을 낳았는데 아기는 힘이 센 장수였으며 태어나자마자 겨드랑이에 날개가 있어 이내 날아다녔다. 부모는 이 장수가 크면 장차 역적이 되어 집안을 망칠 것이라고 생각하여 돌로 눌러 죽인다. 아기 장수가 죽을 때 유언으로 콩 닷 섬과 팥 닷 섬을 같이 묻어 달라고 했는데, 얼마 후 관군이 아기 장수를 잡으러 왔다가 부모의 실토를 듣고 무덤에 가 보니 콩은 말이 되고 팥은 군사가 되어 막 일어나려 하고 있었다. 결국 아기 장수는 성공 직전에 관군에게 들켜서 다시 죽는다. 그런 뒤 아기 장수를 태울 용마가 나와서 주인을 찾아 울며 헤매다가 용소에 빠져 죽는다.

120 달팽이 각시 | 작자 미상

키워드 체크 #민담 #전기적 #동물 변신담 #서민들의 기대와 성취 #지배 계층과 피지배 계층의 대립

어떤 사람이, 논에 물을 보러 가니까, [중략]

거기 아무것도 없고 달팽이 한 마리만 주먹만 한 게 있어. 그걸 주워다가 물두멍에 다 놓더니 어디 갔다 오면 밥을 해 놓고 밥을 해 놓고…….

물두멍: 물을 많이 담아 두고 쓰는 큰 가마나 독

그래, 한 날은 (숨어서 모습을) 지키니까는 색시가 하나 나오더니 해를 이래 — 보더니 그만 밥을 해서 상을 차려 들어가려고 하는 놈을 꽉 붙드니까,

색시: 달팽이 각시(우렁 각시) / 해를 이래 — 보더니: 농부가 돌아올 시간을 가늠해 보더니

"아이, 사흘만 있으면 임자하고 백년해로(百年偕老)할 텐데, 그런 사흘을 못 참아서 이별 수(數)가 있다."고 하더라는 거여. / 그래, 인제 있는데, 참 얼마나 이쁜지 당체 나무도 못 하러 가고, 뭐 오금을 못 떼 놔. 나무를 하러 가도 곁에다 갖다 세워 놓고는 나무를 하고……. / 그래, 하도 그러니까는, 하루는 화상(畫像)을 그려 주며 가는 거여. 나무에다, 「화상 그려 준 걸 나무에다 걸고서는 나무를 좀 깎다 보니까 난데없는 회오리바람이 불면서, 아 그걸 훌떡 걷어 갔단 말여.」

수(數): 이미 정해져 있어 인간의 힘으로는 어쩔 수 없는 천운과 기수 / 그런 사흘을 못 참아서 이별 수(數)가 있다: 금기를 어겨 불행한 일이 닥칠 것을 암시함. / 화상: 사람의 얼굴을 그림으로 그린 형상 / 「 」: 농부와 달팽이 각시가 헤어지게 되는 사건의 복선 역할을 함.

▶ 농부가 달팽이 각시와 혼인함.

그래 가지곤 어느 나라에 갖다 던졌는지, 그 나라 임금이 그 화상을 주워 가지고,

"아 요 사람, 어서 가 찾아오라."고. / 그래, 사 — 방에 인제 광고를 했지. 그 화상 가지고 다니며 찾는데, 한 군데 가니까, 참, 집이 하나 외딴집이 있는데 조그맣게, 그래, 그 집에 새댁, 그 새댁이 똑 그 화상 같더래. 그래, 그만 데리고 왔지 응. 그래, 데리고 왔는데, 생전에 온 그날부터 그러니까 웃는, 그 임금의 아낙이 돼도 웃는 법을 못 보거든.

관탈 민녀 화소 – 지배 계층의 횡포

▶ 임금이 달팽이 각시를 침탈함.

임금이, / "아이, 당신은 대체 사람도 내 사람이요, 만물이 다 내거여. 그런데 무엇이 부족해서 생전에 웃는 걸 못 보겠느냐."고.

"나를 거지 잔치를 한 서너너덧 달 해 주면 그렇게 거시기할 거라."고.

거지 잔치: 남편을 찾기 위한 달팽이 각시의 계책

"아! 까짓 뭐, 거지 잔치 그까짓 것 뭐. 서너너덧 달 못 해 주겠느냐."고.

"일 년이라도 다 — 해 줄 수 있다."고.

▶ 달팽이 각시가 거지 잔치를 열어 줄 것을 요구함.

그래, 인제 거지 잔치를 했는데, 아이, 한 날 거지가 지나가도 그 남자가 안 와. 한 날 인제 맨 끄트머리 들어오는데, 쥐털 벙거지에 새털 날개에, 그래 입고서는 들어오는데, 그렇게 쥐털 벙거지에 새털 날개를 했는데, 아주 옷이 그만 다 떨어져서, 그만 그러니까, 그만 새털이 됐지 뭐, 새털. 그러니 아, 그걸 보고 (여자가) 아주 박장대소(拍掌大笑)를 하고 웃었어. / 이 임금이 앉았다가

벙거지: 털로 두껍고 검게 만든, 갓처럼 머리에 쓰는 물건 / 박장대소: 손뼉을 치며 한바탕 크게 웃음.

"야! 저, 저렇게 웃으니 내가 저걸 쓰고서는 한 번 더 할 거라."고.

"그걸 벗어 노라."고. / 그래서 그걸 입고서는 춤을 추고 돌아가니까, 깡통을 차고, 그 사람매루 깡통을 두드리고 돌아가니까, 그 여자, 한참 웃더니, 갑자기

그 사람매루: 그 사람처럼

"아, 저, 저놈 저기 잡아 내라."고. / 아 그래, 그래 그만 잡아 내라니, 그만 잡아 내라고 하니, 그만 쫓겨나고, 내쫓아 버리고. / 아, 그 남자 그, 그만 용상(龍床)에 그만 올라앉아 그만 임금님이 되고, 정작 임금은 떨려 나가 버리고…….

그 남자: 농부 / 용상: 임금이 정무를 볼 때 앉던 평상

▶ 부부가 재회하고 농부는 극적인 신분 상승을 함.

키 포인트 체크

인물 달팽이 각시는 서민들이 꿈꾸는 ☐☐이 반영된 인물이다.

배경 서민의 소박한 꿈까지 깨뜨리는 조선 후기 지배 계층의 ☐☐가 드러난다.

사건 평범한 농부가 ☐☐에게 달팽이 각시를 빼앗기지만 달팽이 각시의 지혜로 임금이 된다.

답 행복, 횡포, 임금

핵심 정리

갈래 민담

성격 전기적, 대중적, 토속적

제재 달팽이 각시

주제 ① 서민들의 행복한 삶에 대한 기대와 그 성취
② 지배 계층과 피지배 계층의 대립

특징 ① 동물 변신담에 속함.
② 현실에서 불가능한 서민들의 꿈을 환상적으로 처리함.

이해와 감상

〈달팽이 각시〉는 우렁 각시(우렁 색시) 유형에 해당하는 민담으로, 전국적으로 전승되는 대표적인 민담이다. 〈달팽이 각시〉에는 여러 가지 화소가 얽혀 있는데, 사람으로 변한 동물 변신담 화소, 평범한 남자와 고귀한 여자의 결합 화소, 지배자에 의한 서민 침탈 화소, 서민의 신분 상승 화소 등이 드러난다.

〈달팽이 각시〉는 서민들의 바람인 예쁜 아내를 맞아 행복하게 살고자 하는 꿈을 반영하면서도, 이러한 서민들의 꿈을 깨뜨리려는 지배 계층의 횡포를 나타냄으로써 지배 계층과 피지배 계층의 대립이라는 주제 의식을 드러낸다. 하지만 궁극적으로 행복한 결말을 맺고 있어 서민들에게 행복한 삶의 실현에 대한 기대감을 주고 있다.

작품 연구소

〈달팽이 각시〉의 화소 분석

화소		화소의 적용
사람으로 변한 동물(동물 변신담)	➡	달팽이가 인간으로 변함.
평범한 남자와 고귀한 여자의 결합	➡	평범한 농부가 달팽이 각시와 혼인함.
지배자에 의한 서민 침탈(관탈 민녀 화소)	➡	임금이 미모의 달팽이 각시를 빼앗음.
서민의 극적인 신분 상승	➡	농부가 달팽이 각시의 지혜로 임금이 됨.

121 코춘대길 | 작자 미상

국어 동아

키워드 체크 #설화 #바보 사위의 무식 #동음이의어 #언어 사용의 오해 #허례허식 비판

가 꽤나 유식하다는 어떤 양반이 사위를 하나 보았는데 사위가 영 어리석었다. 아내는 유식한 집에서 배운 것이 있어서 어떻게 해서든 남편을 기르쳐 보려고 애를 썼다. 봄이 되면 함께 친정에 인사차 가 보아야 할 텐데 그렇게 무식해서야 체면이 말이 아니었다. 하는 수 없이 '입춘대길(立春大吉)' 네 자라도 알아야 대문간에 붙어 있는 춘첩(春帖)이나 읽을 것 같아서 겨우내 가르쳐 주었지만 허사였다.

(바보 사위와 대조적인 인물 / 새 신랑이 예(禮)를 지켜야 하는 상황이 닥침. / 입춘을 맞이하여 길운을 기원하며 벽이나 문짝 등에 써 붙이는 글귀 / 입춘 날 대궐 안 기둥에 장식으로 써서 붙이는 글귀)

마지막까지 최선을 다하는 게 미덕인지라 친정으로 가는 길에도 신부는 계속 '입춘대길'을 외우게 하였다. 그러나 신랑은 곧잘 외우다가도 돌부리라도 걸릴라 치면 금세 까먹고는 했다. 그럭저럭 친정은 가까워 오고 사정이 다급해지자 아내는 꾀를 냈다.

(바보 사위의 무식한 면이 드러남.)

"서방님, 이러다가는 도저히 안 되겠어요. 제가 입을 가리키거들랑 '입춘대길'을 떠올리세요. 아시겠지요?"

(입춘대길의 첫 글자가 입이므로, 입을 가리켜 신랑이 입춘대길을 떠올리게 하려고 함.)

"아, 그래. 그렇게 하면 되는 것을 그걸 몰랐네."

▶ 신부가 바보 남편에게 춘첩을 읽을 수 있는 방법을 알려 줌.

나 그들이 도착해 보니 시집간 딸이 인사 온다는 기별을 듣고 식구들이 모두 문밖에 나와서 기다리고 있었다. 어리석은 사위가 장인 장모님께 인사하고 대문을 보니 춘첩이 걸려 있었다. 그래서 아까 아내가 가르쳐 준 말을 떠올려 보려고 애를 써 보았지만 전혀 떠오르지 않았다. 사위는 제 아내 한 번 보고 대문 한 번 보고 눈을 휘둥그렇게 뜨고 난처한 표정을 지었다. 그런데 그렇게 두리번대는 모습이 어찌나 우습던지 아내는 그만 저도 모르게 웃음이 나왔다. 그래 민망하여 입을 가린다고 손을 올린 것이 코까지 싸잡아 쥐고 말았다.

(바보 사위에게 닥친 시련 / 어리석은 사위가 입춘대길이라는 글자를 떠올리지 못해 바보 같은 행동을 함. / 사위가 입춘대길이 아니라 코춘대길이라고 말하는 원인이 됨.)

어리석은 사위는 그 모습을 보고 잊어버린 문자 속이 훤히 열렸다.

(사리를 분별할 수 있는 힘이나 정신)

"코춘대길."

▶ 바보 사위가 아내의 행동을 오해하여 춘첩을 잘못 읽음.

자료실

바보 설화의 다양한 유형

유형	내용
바보 행운담	바보짓을 하는 인물이 도리어 큰 행운을 얻는 이야기
바보 사위담	혼례나 상례 등에서 사위라는 역할을 제대로 수행하지 못하는 이야기
바보 양반담	신분상 상층에 속하는 인물이 펼치는 바보짓을 다룬 이야기
바보 음담	바보이기 때문에 성행위에 제약이 따르는 이야기

키 포인트 체크

인물 사위는 입춘대길조차도 제대로 읽지 못할 만큼 □□한 사람이다.

배경 사위가 처가에서 □□을 드러내고 예를 지켜야 했던 조선 시대 양반가를 배경으로 한다.

사건 아내의 도움을 받아 춘첩을 읽으려던 남편이 아내의 돌발적인 행동을 □□함으로써 잘못된 표현을 하고 만다.

답 무식, 학식, 오해

핵심 정리

갈래 설화, 민담

성격 해학적, 과장적

제재 어리석은 사위의 실수

주제 바보 사위의 무식(無識)

특징 ① 입춘대길(立春大吉)이라는 글귀를 '코춘대길'로 읽어 웃음을 유발함.
② 유식한 양반 집안 처가와 무식한 사위가 대조를 이룸.

이해와 감상

〈코춘대길〉은 웃음을 유발하는 바보 설화의 한 유형인 바보 사위담인데, 그중에서도 시키는 대로 하다가 바보짓을 한 사위의 이야기에 해당한다. 이 작품은 새 사위가 무식하여 입춘대길(立春大吉)을 코춘대길로 잘못 읽어 사람들 앞에서 망신을 당하는 모습을 통해 웃음을 유발한다. 하지만 이는 단지 웃음을 유발하는 것에서 그치지 않고 사람의 인성보다는 학식을 중시하는 사회 풍토, 지나치게 예(禮)를 강조하는 당시의 문화 풍습 등을 비판하는 것으로 볼 수 있다.

작품 연구소

〈코춘대길〉에 나타난 웃음의 층위

언어 구조	동음이의어	입[口]과 입(立)의 동음을 이용하여 남편을 가르치려 하나 실패함.
	언어 사용의 오해	웃음을 참기 위해 입을 가린 것을 코를 가리킨 것으로 착각함.
인물		유식한 장인과 아내 ↔ 바보 사위

〈코춘대길〉에 나타난 바보 사위담의 특징

일반적 특징		〈코춘대길〉의 내용
실패담	➡	사위가 처가에서 춘첩을 읽는 것을 실패함.
혼례 등과 같은 특정 상황 때문에 생기는 일	➡	사위가 일상이 아닌 처가를 방문하는 상황 때문에 실수를 함.
새 사위가 무식해서 생기는 이야기	➡	새 사위가 무식해 입춘대길도 읽지 못함.

바보 사위담에 담긴 사회적 의미

바보 사위담은 혼인 제도의 여러 문제를 바탕으로 하여 체면이나 허례에 치중하는 사회 풍토에 대한 반발심을 드러내는 것으로 볼 수 있다.

신부 측	형편없는 신랑이라도 감내해야 함.
신랑 측	환경이 전혀 다른 처가에서 뜻밖의 실수와 곤욕을 경험해야 함.

삼국지연의　돈키호테　외투　레 미제라블　전쟁과 평화　죄와 벌　해저 2만 리　별

V

세계 문학

122 삼국지연의(三國志演義) | 나관중

키워드 체크 #역사 소설 #영웅 호걸들의 활약 #역사에 허구 가미

핵심 정리

갈래 장편 소설, 역사 소설
성격 사실적, 묘사적, 영웅주의적
배경 ① 시간 – 후한 말기 삼국 시대
② 공간 – 중국
시점 전지적 작가 시점
주제 국가의 흥망성쇠와 영웅들의 활약
특징 ① 역사적 사실에 허구적인 내용을 더해 소설화함.
② 개성적이면서도 전형적인 인물의 형상화가 뛰어남.

이해와 감상

〈삼국지연의〉는 역사책 《삼국지》의 역사적 사실에 허구적 내용을 첨가한 작품으로, 후한 말기부터 위, 촉, 오의 삼국 시대를 거쳐 진이 중국을 통일할 때까지 여러 나라의 항쟁과 연합을 그리고 있다. 전반부는 유비, 관우, 장비 세 의형제의 무용담을, 후반부는 제갈공명의 지략을 중심으로 전개하고 있다. 이 작품은 중국 역사 소설의 대표작으로 평가되며 한국, 일본을 비롯한 한자 문화권에 많은 영향을 주었다. 작품에 등장하는 다양한 유형의 인물과 사건에 담긴 삶의 지혜, 교훈 등으로 독자들에게 꾸준한 사랑을 받고 있다.

전체 줄거리

한나라 황실의 후예인 유비는 관우, 장비와 의형제를 맺고 함께 황건적의 난을 평정하는 데 큰 공을 세우지만 별다른 보상을 받지는 못한다. 이후 제갈량을 참모로 삼은 유비는 적벽전을 비롯한 여러 전투에서 승리하면서 힘을 키워 나가고, 대륙은 조조의 위(魏), 유비의 촉(蜀), 손권의 오(吳) 삼국으로 정립된다. 그러나 세 나라 사이에는 싸움이 그치지 않고, 관우, 조조, 장비, 유비, 제갈량이 차례로 전투에서 죽는다. 결국 촉은 위에 의해, 오는 진(晉)에 의해 멸망하고, 진이 중국을 통일하게 된다.

자료실

〈삼국지연의〉와 〈적벽가〉 비교

	삼국지연의	적벽가
갈래	소설	판소리 사설
주요 등장인물	영웅호걸들	이름 없는 하층 군사
역사관	지배자 중심의 역사관	민중 중심의 역사관
조조의 모습	영웅화	풍자, 희화화
미의식	비장미, 숭고미	골계미

작가 소개

나관중(羅貫中, 1330~1400년경)
중국 원나라 말기, 명나라 초기의 소설가이자 극작가로, 본명은 본(本), 호는 호해산인(湖海散人)이며, 자(字)는 관중이다. 구어체의 장편 소설을 지은 선구자로, 주요 작품에는 〈수호전〉, 〈송태조용호풍운회〉 등이 있다.

가 조조는 칼을 들어 군사를 휘몰아 나간다.

두어 마장(거리의 단위. 오 리나 십 리가 못 되는 거리를 이름.) 더 나갔을 때, 조조는 홀연 마상에서 채찍을 번쩍 들고 깔깔거리며 웃어 댄다. 쫓겨 달아나면서(조조가 처한 상황) 세 번째 웃는 요망스러운 웃음소리다.(조조에 대한 작가의 비판적 시각이 드러남.) 모든 장수들은 조조의 웃음소리에 또 소름이 끼쳤다. 불길하다고 생각했다. / "승상께서는 왜 또 웃으십니까?"

"사람들이 말하기를 주유와 제갈량은 제법 꾀가 많다고 하지만 내가 보기에는 참말로 무능하기 짝이 없는 자들이다.(조조의 오만한 성격이 드러남.) 만약 이런 곳에 군사 몇백 명만 매복(상대편의 동태를 살피거나 불시에 공격하려고 일정한 곳에 몰래 숨음.)해 둔다면 우리들은 꼼짝없이 속수무책 결박을 당하고 말 것이다."

▶ 조조가 도망치면서도 오만함을 버리지 못함.

나 『조조의 말이 채 떨어지기 전에 일성 포향이 천지를 진동하면서 산골 양편에서는 오백 도부수(큰 칼과 큰 도끼로 무장한 군사)들이 칼과 창을 들고 쏟아져 오는데』(『 』: 관련 속담 – 말이 씨가 된다.) 위수 대장은 관운장이다.

『관운장은 청룡 언월도를 비껴들고 적토마 위에 높이 앉아 봉의 눈을 부릅뜨고 삼각수(두 뺨과 턱에 세 갈래로 난 수염)를 바람에 흩날리며 조조의 가는 길을 끊는다.』(『 』: 관운장의 영웅적인 면모)

"조 승상은 달아나지 말라. 한수정후 관운장이 여기서 기다린 지 오래다!"

조조의 군사는 담이 떨어지고 넋을 잃었다. 면면이 서로 얼굴을 쳐다보면서 어찌할 줄 모른다.(위기를 넘길 방법을 찾지 못하고 겁에 질림.) 조조는 벌벌 떠는 장수와 군사들한테 영을 내린다.

"이쯤 되었으니 한번 결사전을 하는 수밖에 도리가 없다!"(자포자기의 심정) / 모든 장수들이 대답한다.

"저희들은 겁날 것이 없습니다만 말은 벌써 기진맥진되었습니다. 어떻게 다시 싸우겠습니까?"

▶ 관운장의 매복으로 조조와 그의 군사들이 위기에 처함.

다 정욱(조조의 책사)이 조조 앞에 나와 말한다. / "저는 원래 관운장의 성격을 잘 짐작합니다. 『그는 윗사람한테 거만해도 아랫사람들한테는 부드럽고, 강한 자는 콧방귀같이 알지만 약한 사람은 붙들어 주고, 은원(은혜와 원한)이 분명하고 신의가 대단한 사람이올시다.』(『 』: 관우의 성격에 대한 직접적 제시) 승상께서는 전에 저 사람한테 은정을 많이 두셨으니 승상께서 친히 말씀하신다면 요행 어려운 고비를 넘길 수 있을 듯합니다." / 조조는 정욱의 말을 그럴듯하게 생각했다.

곧 말을 달려 관운장 앞으로 나아가 몸을 굽혀 말한다.(태도가 급변함. – 목적을 위해 수단을 가리지 않는 조조의 성격)

"장군께서는 별래무양(몸에 아무 탈이 없음.)하시오니까?" / 운장은 조조가 몸을 굽혀 예를 올리는 것을 보자 자기도 몸을 굽혀 마상에서 답례한다.(예의를 깍듯이 지킴.)

"아무 일 없소이다마는 오늘 관우는 군사(제갈량)의 장령(군사를 거느리는 장수의 명령)을 받들어 승상을 이곳에서 기다린 지 오랩니다." / "조조는 군사가 패하고 세궁역진(勢窮力盡)(기세가 꺾이고 힘이 다 빠져 꼼짝할 수 없게 됨.)하여 이 꼴이 되었습니다. 장군께서는 옛정을 생각하시어 조조의 목숨을 살려 주십시오."

조조는 눈물을 머금어 애걸한다.(동정심을 유발하기 위한 책략) 관운장은 의젓이 대답한다. / "관우가 비록 전에 승상의 후한 대접을 받았으나, 이미 안량과 문추를 베어 백마(白馬)의 위태로움을 풀어 드렸습니다.(관우가 조조의 휘하에 있을 때, 전투를 승리로 이끌었던 일) 오늘은 사사로운 일로 공도(公道)(조조를 치라는 군사의 명령)를 폐할 수 없소이다."

▶ 관우가 조조의 애걸을 거절함.

키 포인트 체크

인물 전쟁 중 도망치는 □□와 한때 조조에게 몸을 의탁했던 □□□이 대립한다.
배경 중국의 □, □, □ 세 나라 사이에 싸움이 그치지 않았던 후한 말기가 배경이다.
사건 열세에 몰려 도망치던 조조는 □□해 있던 관운장과 마주치게 되고, 눈물로 목숨을 구걸하지만 거절당한다.

답 조조, 관운장, 위, 촉, 오, 매복

123 돈키호테 | 세르반테스

키워드 체크 #풍자 소설 #희극적 #기사의 모험담 #시대착오

핵심 정리

갈래 장편 소설, 근대 소설, 풍자 소설
성격 희극적, 풍자적, 상징적
배경 ① 시간 – 17세기
② 공간 – 스페인
시점 전지적 작가 시점
주제 시대착오적 인물을 통한 현실 풍자
특징 ① 당시 유행하던 기사 소설을 풍자하기 위해 창작됨.
② 실감 나는 장면 묘사로 독자의 흥미를 자극함.
출전 《돈키호테》(1605)

이해와 감상

〈돈키호테〉는 기사도 정신을 추구하는 한 인물을 통해 변화하는 시대에 적응하지 못하고 이상과 현실 사이에서 충돌하는 인간의 모습을 풍자한 작품이다. 작가는 주인공 돈키호테를 때로는 서술자의 눈을 통해, 때로는 산초의 눈을 통해 계속해 풍자와 조롱의 대상으로 삼고 있다. 그리고 돈키호테의 시대착오적인 면모를 내세워 중세의 이상이 더 이상 통용될 수 없는 근대 사회로의 변화를 보여 주고 있다. 중세의 가치관을 부정하고, 새로운 인물형을 창조했다는 점에서 근대 소설의 대표작으로 평가받고 있다.

전체 줄거리

기사도 이야기를 탐독한 나머지 정신이 이상해진 알론소 키하노는 스스로를 기사 '돈키호테'로 임명하고 세상의 비리를 처단하기 위해 길을 나선다. 그는 망상에 사로잡힌 채 현실 세계와 충돌하여 우스꽝스러운 실패와 패배를 맛본다. 보다 못한 마을의 신부와 이발사가 그를 소달구지에 가두어 집으로 데리고 오고, 얼마 후 그는 제정신을 되찾는다.

작품 연구소

인물의 대립

돈키호테		산초
• 이상주의자 • 환상 중시 • 상상과 공상의 세계를 지향함.	⟷	• 현실주의자 • 사실 중시 • 물질적인 세계를 지향함.

돈키호테형 인물

예의 바르고 교양이 있으며 정의롭기는 하지만 현실에 적응하지 못하고 분별없이 제멋대로 행동하며 과대망상적인 이상을 실현하려는 인물을 말한다.

작가 소개

세르반테스(M. de Cervantes, 1547~1616)
스페인의 소설가로, 가난한 가정 형편으로 학교 교육을 거의 받지 못했고 해적에게 납치되는 등 소설 같은 삶을 살았다. 풍자와 유머가 넘치고 자유분방한 공상을 펼치는 것이 특징이다. 작품집으로 《모범소설집》, 《파르나소 여행》 등이 있다.

가 두 사람(돈키호테와 산초)은 들판에 있는 30~40개의 풍차를 발견했다. 돈키호테는 그것을 보자마자 종자(남에게 딸려 다니는 사람. 산초)에게 말했다.

"운명이 우리가 기대했던 것보다 훨씬 더 좋은 길로 인도하는구나. 저기를 보아라, 산초 판사야. 서른 명이 좀 넘는 거인들(풍차를 거인으로 착각함.)이 있지 않으냐. 나는 저놈들과 싸워 모두 없앨 생각이다. 전리품으로 슬슬 재물도 얻을 것 같구나.(돈키호테의 망상) 이것은 선한 싸움이다. 이 땅에서 악의 씨를 뽑아 버리는 것은 하나님을 극진히 섬기는 일이기도 하다." / "거인이라니요?"

"저쪽에 보이는 팔(풍차의 날개)이 긴 놈들이다. 어떤 놈들은 팔 길이가 2레구아(길이의 단위로, 2레구아는 약 11미터임.)나 되기도 하지."

▶ 돈키호테가 풍차를 거인으로 착각함.

나 "저, 주인님. 저기 보이는 것은 거인이 아니라 풍차인데요. 팔처럼 보이는 건 날개고요. 바람의 힘으로 돌아가면서 풍차의 맷돌을 움직이게 만들지요."(현실을 제대로 인식하고 있는 산초)

"그건 네가 이런 모험을 잘 몰라서 하는 소리다. 저놈들은 거인이야. 만약 무섭거든 저만큼 떨어져서 기도나 하고 있거라. 나는 저놈들과 유례가 없는 치열한 일전을 벌이러 갈 테니까."(산초의 말을 믿지 않고 싸움을 벌이려는 돈키호테) / 『돈키호테는 그가 지금 공격하려 하는 것은 풍차일 뿐 거인이 아니라고 소리치는 종자의 충고를 무시한 채 로시난테(돈키호테의 말라빠진 말)에게 박차를 가했다. 돈키호테는 그것들이 거인이라고 너무나도 굳게 믿었으므로 종자 산초의 목소리도 들리지 않았으며, 이미 풍차 가까이 다가갔음에도 불구하고 그것을 제대로 보려 하지 않았다.』(『 』: 환상의 세계를 현실과 혼동하는 과대망상에 빠져 상황 판단을 하지 못함. → 무분별하고 무모한 성격)

▶ 돈키호테가 산초의 만류에도 불구하고 풍차를 공격하러 다가감.

다 "네놈들(풍차)이 거인 브리아레오(그리스·로마 신화에 나오는 팔이 100개, 머리가 50개 달린 거인)보다 더 많은 팔을 가지고 있다 하더라도 내게 값을 치러야 할 것이다." / 그러고는 온 마음을 다하여 여인 둘시네아(돈키호테의 망상 속 귀부인이나, 사실은 동네 처녀임.)에게 자신을 맡기고, 위기에서 도와 달라고 간절히 기도했다. 방패로 잘 가리고 창을 창받이에 걸친 채 전속력으로 로시난테를 몰아 정면에 있는 첫 번째 풍차를 공격했다. 『풍차의 날개를 향해 창을 찌르는 순간 너무나도 세찬 바람에 풍차가 움직이면서 창들은 산산조각이 났고, 잇따라 말과 기사도 휩쓸려 들어가 높이 떠올랐다가 들판에 내동댕이쳐졌다.』(『 』: 돈키호테와 풍차의 싸움을 희극적으로 묘사함.)

▶ 돈키호테가 풍차를 공격함.

라 산초 판사가 그를 구하기 위해 당나귀를 타고 열심히 달려왔지만, 돈키호테는 이미 움직일 수조차 없는 상태였다. 로시난테와 함께 받은 충격이 그만큼 컸던 것이다.

『"맙소사. 제가 주인님께 말씀드리지 않았습니까? 제발 잘 좀 살펴보시라고요. 저게 풍차가 아니면 뭐란 말입니까? 머리가 이상한 사람이 아니고서야 어떻게 모를 수 있단 말입니까?"』(『 』: 돈키호테와 대비되는 산초의 상식적이고 현실적인 성격이 드러남.)

"입 다물어라, 산초. 전쟁터에서는 모든 것이 끊임없이 변화하게 마련이다. 내가 확신하건대, 아니 이건 사실이다만 내 서재와 장서들을 훔쳐 간 현자 프레스톤이 나의 영광을 앗아가고자 이 거인들을 풍차로 둔갑시켜 버린 것이다. 그 자가 나에게 품은 적대감이 그 정도지.(과대망상에 빠져 여전히 현실을 제대로 인식하지 못함.) 그러나 내 정의의 검 앞에서는 사악한 술책은 맥도 못 출 것이다."

▶ 돈키호테가 풍차와의 싸움에서 패배함.

키포인트 체크

인물 자신이 기사 □□□□라고 믿는 알론소 키하노와 그를 따르는 □□의 성격이 대비되어 드러난다.
배경 중세에서 근대 사회로 변화하던 17세기 □□□을 배경으로 인물의 모험담이 펼쳐진다.
사건 기사도 이야기를 탐독하다가 정신이 이상해진 알론소 키하노는 스스로 기사라고 믿으며, □□를 거인으로 착각하여 공격했다가 싸움에 □□한다.

답 돈키호테, 산초, 스페인, 풍차, 패배

V. 세계 문학

124 외투 | 고골

키워드 체크 #사실주의 소설 #비판적 #관료 사회의 경직성 #권위적인 태도 비판

독서 미래엔

핵심 정리

갈래 사실주의 소설
성격 풍자적, 비판적, 사실적
배경 ① 시간 – 19세기
② 공간 – 러시아
시점 전지적 작가 시점
제재 외투
주제 권위적이고 고압적인 관료 사회 비판
특징 외투라는 소재를 통해 당대의 시대적 상황을 상징적으로 드러냄.

이해와 감상

〈외투〉는 19세기 러시아를 배경으로 한 사실주의 소설이다. 주인공 아카키 아카키예비치는 관청의 하급 관리로 일하며 가난한 형편 때문에 초라한 행색을 하고 있다. 그는 착하고 성실하게 일하지만 사람들로부터 멸시를 받고, 어렵게 장만한 외투를 강도에게 빼앗긴 후 사회적 도움도 받지 못한 채 병에 걸려 세상을 떠나고 만다. 이 작품은 이러한 주인공의 모습과 신분적 사회를 상징적으로 보여 주는 외투라는 소재를 통해, 러시아 관료 사회의 권위 의식과 봉건적 사회 질서를 비판하고 있다.

전체 줄거리

관청 하급 관리인 아카키 아카키예비치는 성실하지만 처세 능력이 떨어져 동료들로부터 무시당한다. 외투가 너무 낡아 새로운 외투가 필요했던 아카키예비치는 돈을 모아 간신히 새 외투를 마련하지만, 강도에게 외투를 빼앗기고 만다. 아카키예비치는 경찰과 고위급 인사에게 찾아가 외투를 찾는 것을 도와 달라고 부탁하지만, 도움을 받지 못한 채 쫓겨나고 그 충격으로 병을 얻어 죽고 만다. 아카키예비치가 세상을 떠난 뒤 페테르부르크에는 유령이 나타나 외투를 찾아 달라고 호소하는 일이 벌어진다. 유령은 사람들의 외투를 빼앗고 다니다가, 고위급 인사의 외투를 빼앗은 뒤에야 더 이상 나타나지 않는다.

작품 연구소

외투의 상징적 의미와 기능

- 주인공이 추위를 피하기 위한 도구
- 당시 사회의 신분적 차이를 보여 주는 표상
- 인간의 본성을 왜곡하는 봉건적 신분 질서 상징

↓

- 19세기 러시아 관료 사회의 경직성을 비판함.
- 인간의 본성이나 본질보다 외형적인 것만을 주목하는 사회 부조리를 풍자함.

작가 소개

고골(N. V. Gogol, 1809～1852)
러시아 소설가로 사실주의 문학의 창시자이다. 사실주의적 묘사 기법과 풍자적 문체로 도스토옙스키를 포함한 후대 작가들에게 커다란 영향을 미쳤다.

가 고위층 인사는 자신의 사무실에서 오랫동안 못 만나다가 바로 얼마 전에 찾아온 어린 시절의 오랜 지기와 더없이 유쾌한 대화를 나누고 있었다. 이때 아카키 아카키예비치라는 사람이 찾아왔다는 보고가 들어왔다.
(아카키 아카키예비치는 강도에게 외투를 빼앗긴 뒤 도움을 청하기 위해 고위층 인사를 찾아왔음.)

그는 짤막하게 물었다. / "누구야?" / 그러자 "무슨 관리랍니다."라는 대답이었다.
(아카키 아카키예비치는 관청 하급 관리임.)

"아, 그래! 기다려야겠는데, 지금은 바쁘니까."
(친구와의 대화를 이유로 아카키 아카키예비치와의 만남을 거부하고 있음.)

고위층 인사가 말했다.

여기서 이 인사의 말이 거짓말임을 밝히지 않을 수 없다. 그는 이미 친구와 장시간 여러 가지 이야기를 나누었고, 이미 한참을 아무 말 없이 있다가 그저 서로의 넓적다리를 툭툭 치며, "그렇게 됐군, 이반 아브라모비치!" 혹은 "그러게, 스체판 바를라모비치."라고 입을 떼는 것이 고작이었다. 하지만 그럼에도 찾아온 관리를 기다리게 함으로써, 관직을 떠나 오랫동안 시골에 묻혀 있던 친구에게 자신을 만나러 온 관리를 얼마나 오래 현관에 세워 둘 수 있는가를 과시하고 싶었던 것이다. 마침내 잡담을 실컷 하고 흡족한 기분으로 한참 입을 다물고 있다가 등이 젖혀지는 안락한 의자에서 담배까지 피운 다음에야, 그는 마치 갑자기 생각나기라도 한 듯 문가에 보고서를 들고 서 있는 비서에게 말했다.
(고위층 인사는 실제로는 바쁜 상황이 아니었음. / 대화에 대한 관심이 떨어져 의미 없는 이야기만 하며 시간을 보내고 있음. / 어린 시절의 친구에게 자신의 권력을 과시하기 위해 아카키예비치를 현관에 세워 놓고 있음. / 고위층 인사의 높은 지위를 보여 주는 소재)

"그래, 거기 관리 하나가 기다리는 것 같은데, 들어와도 좋다고 하게."
▶ 아카키예비치가 고위층 인사를 찾아옴.

나 아카키 아카키예비치의 겸손해 보이는 외모와 낡은 제복을 발견한 고위층 인사는 느닷없이 그를 향해 고개를 돌리며 말했다. / "무슨 일인가?"
(가난한 아카키예비치의 상황이 드러남.)

현 직위와 장관직을 얻기 위해 일주일 전부터 방에서 혼자 거울을 보고 일부러 연습하여 익혀 놓은 딱딱 끊어지는 정확한 음성이었다. 아카키 아카키예비치는 미리 어느 정도 겁을 먹고 최선을 다해 언변이 닿는 대로 평소보다 더 자주 '저……'를 섞어 가며 완전히 『새것인 외투를 무지막지하게 강탈당하게 된 경위를 설명하였다. 총감이나 다른 누군가가 외투를 찾아 주도록 청원을 좀 해 주십사 찾아왔다고 말했다.』 장관은 왠지 모르게 그 같은 친숙한 태도가 버르장머리 없게 느껴졌다.
(자신의 직위와 권위를 과시하려 함. / 아카키예비치의 소심한 성격이 드러남. / 『 』: 아카키예비치가 고위층 인사(장관)를 찾아온 이유 / 자신에게 아카키예비치가 친숙한 태도를 보이는 것이 자신의 권위를 무시하는 행동이라 생각했기 때문임.)

"귀관, 도대체 뭐 하는 사람이오?" / 그는 띄엄띄엄 말을 이었다.
(상급자가 하급자를 높여 이르는 이인칭 대명사)

『"절차도 모르나? 어디에 들른 거요? 일을 어떻게 처리해야 하는지도 몰라? 그런 일이라면 먼저 관공서에 문서로 제출했어야지. 그러면 관공서에서 계장과 부장을 거쳐 비서에게 전달될 테고, 그다음 비서가 내게 보고할 텐데……."』
(『 』: 아무리 급한 상황이더라도 절차가 중요하다는 점을 강조함으로써 자신의 권위를 내세움.)

"하지만 각하……."

아카키 아카키예비치는 겨우 그나마 얼마 되지도 않은 정신을 수습하려고 애쓰며 말했다. 그때 그는 땀이 무섭게 흐르는 것을 느꼈다.
(고위층 인사의 고압적 태도에 아카키예비치가 긴장하고 있음.) ▶ 고위층 인사가 권위를 내세우며 아카키예비치를 고압적으로 대함.

키 포인트 체크

인물 아카키예비치는 ☐☐한 형편에 소심한 성격의 인물이고, 고위층 인사는 ☐☐를 강조하며 자신의 권위를 과시하는 인물이다.

배경 19세기 러시아의 ☐☐☐이고 권위적인 사회상을 보여 준다.

사건 아카키예비치는 자신의 ☐☐를 찾기 위해 고위층 인사에게 도움을 청하지만 별다른 도움을 받지 못한 채 쫓겨난다.

답 가난, 절차, 고압적, 외투

125 레 미제라블 | 빅토르 위고

키워드 체크 #민중의 고통스러운 삶 #민중의 봉기 #사회 개혁 #장 발장

국어 금성

핵심 정리

갈래 장편 소설
성격 교훈적, 비판적, 사실적
배경 ① 시간 – 19세기
② 공간 – 프랑스
시점 전지적 작가 시점
주제 민중들의 삶의 질 향상과 악의 세력에 대한 항거
특징 ① 프랑스 혁명기를 배경으로 가난한 사람들의 삶을 세밀하게 묘사함.
② 선과 악에 대한 뚜렷한 의식을 보여 줌.
출전 《레 미제라블》(1862)

이해와 감상

불쌍한 사람들이라는 뜻의 '레 미제라블'은 가난한 사람들뿐 아니라 돈이나 권력에 눈이 먼 사람들까지 아우르는 제목이다. 소설 〈레 미제라블〉은 불합리한 사회 제도 때문에 고통받는 민중들의 힘겨운 삶을 그리고 있다. 민중들이 행복해지기 위해 필요한 것은 사회의 개혁이며 이를 위해 인간의 올바른 정신과 의지가 필요한데, 이러한 인간상을 대표하는 인물로 장 발장을 보여 준다. 작가는 인물이 정의로운 신념을 지키며 살아가는 과정을 그림으로써 선과 악에 대한 확고한 의식을 보여 주고 있다.

전체 줄거리

장 발장은 빵을 훔쳤다가 19년 동안 투옥된다. 출옥 후 미리엘 주교를 만나 감화된 장 발장은 마들렌이라는 이름으로 새로운 삶을 살아가며 성공하여 시장까지 되지만, 자베르 경감은 끈질기게 그의 정체를 추적한다. 자기 대신 누명을 쓴 사람이 벌을 받게 되자, 장 발장은 자수하고 다시 감옥에 들어갔다가 공장 직공의 딸 코제트를 돕기 위해 탈옥한다. 그리고 그는 혁명의 과정에서 부상당한 코제트의 연인 마리우스를 구출하여 두 사람을 결혼시킨다. 그 후 장 발장은 숨을 거둔다.

자료실

〈레 미제라블〉과 매체 변환

〈레 미제라블〉은 19세기를 배경으로 하는 작품임에도 현대에 이르러 연극, 영화, 뮤지컬 등의 여러 형태로 소통되고 있다. 그중에서도 특히 뮤지컬 〈레 미제라블〉은 작품성이 뛰어나 세계 4대 뮤지컬의 하나로 손꼽히기도 한다. 이처럼 〈레 미제라블〉이 장르를 넘나들며 대중들의 사랑을 받는 이유는 삶의 본질적인 부분인 사랑, 정의, 선과 악이라는 문제에 대한 작품의 접근 방식이 시대와 지역을 초월하여 많은 사람의 공감을 얻었기 때문이다.

작가 소개

빅토르 위고(Victor Marie Hugo, 1802～1885)
프랑스의 소설가이자 시인 겸 극작가이다. 사회적 진보에 대한 믿음을 바탕으로 이상 사회를 추구하는 작품 활동을 전개했다. 주요 작품으로 소설 〈노트르담의 꼽추〉, 시집 《세기의 전설》 등이 있다.

가 "여러분," 앙졸라가 뒤를 이었다. "여기는 공화국이오. 보통 선거가 모든 것을 결정하오. 여러분 자신이 떠나야 할 사람을 지명하시오."
(민중의 뜻을 모아 의사를 결정함. – 왕정 체제에 저항하는 태도를 잘 드러냄.)

사람들은 그 말에 복종했다. 몇 분 뒤에 다섯 명이 전원일치로 지명되어 열 밖으로 나왔다. / "다섯 명이군!" / 마리우스가 외쳤다. / 군복은 네 벌밖에 없었다. / "그럼 한 사람 남아야겠군." / 다섯 명이 이구동성으로 말했다. / 이번에는 서로 남으려는 싸움이, 서로 다른 사람이 남아서는 안 될 이유를 끌어냈다. 고결한 싸움이 시작되었다.
(바리케이드가 고립되어 남은 사람들은 죽고 떠나는 사람이 살아남게 됨.)
(군복을 입고 병사들 속에 섞여야 고립된 바리케이드에서 빠져나갈 수 있음.)
(다섯 명 모두 자신이 남으려고 하는 같은 마음을 지니고 있음.)
(끝까지 바리케이드를 지키고자 하는 의지와 희생정신)

"자네에겐 자네를 사랑하는 아내가 있지 않은가." / "자네에겐 늙으신 어머니가 계셔."
(신념을 위해 목숨을 내놓고 자신보다 다른 사람을 살리고자 하기 때문에)
▶ 사람들이 서로 바리케이드를 떠나지 않으려고 함.

나 마리우스는 이제 아무것도 자신을 감동시키지 않을 것이라고 생각하고 있었다. 그러나 지금 죽어야 할 한 사람을 선택해야 한다고 생각하자 온몸의 피가 심장으로 역류했다. 그때까지도 창백해져 있던 마리우스는 더욱 새파랗게 질렸다. 마리우스는 자기에게 미소짓고 있는 다섯 사람 쪽으로 갔다. 그들은 모두 테르모필라이의 역사 이야기에서 볼 수 있었던 저 불꽃을 눈에 가득 담고 그에게 외쳐댔다. / "나를! 나를! 나를!"
(남을 사람을 결정하지 못한 사람들이 마리우스에게 선택해 줄 것을 부탁함.)
(그리스의 고개로 소규모 군대가 전원 전사하며 페르시아 군대의 진군을 지체시킨 곳)

마리우스는 어처구니없어 그들을 세어 봤다. 역시 다섯 명이었다. 이어서 그의 눈길은 네 벌의 군복 위에 떨어졌다. 그 순간 다섯 번째의 군복이 마치 하늘에서 떨어진 듯 다른 네 벌의 군복 위에 던져졌다. 다섯 번째 사나이는 구출된 것이다.
(바리케이드에 남을 사람을 고르지 못해 괴로워함.)
(장 발장이 자신이 입고 있던 군복을 벗어 줌.)
▶ 장 발장이 바리케이드에 들어와 군복을 벗어 줌.

다 "벗들이여, 우리가 살고 있는 이 시대, 내가 여러분에게 이야기하고 있는 이 시대는 암흑의 시대인 것이오. 그러나 이것이야말로 미래를 획득하기 위해 우리가 지불해야 할 당연한 보상금이오. 혁명은 하나의 세금이오. 오오! 이리하여 인류는 해방되고 훌륭하게 위로받을 것이오! 우리들은 이 바리케이드 위에서 그것을 인류에게 단언하오. 사랑의 외침 소리는 높은 희생정신이 아니면 어디서 나올 수 있겠소?
(민중이 고통스러운 삶을 살고 있음을 드러냄.)
(더 나은 삶을 위해 혁명의 고통과 희생은 피할 수 없음.)

형제들이여, 여기는 생각하는 자와 괴로워하는 자가 서로 결합되는 곳이오. 『이 바리케이드는 포석이나 대들보나 쇠 부스러기로 만들어진 것이 아니오. 사상(思想)의 무더기와 고통의 무더기인 두 퇴적물로 되어 있는 것이오.』 이곳에서 비참함과 이상(理想)이 서로 만날 것이고, 낮은 여기서 밤을 포옹하며 이렇게 말할 것이오, '나는 그대와 함께 죽고, 그대는 나와 함께 재생하는 것이오.'라고. 온갖 고통을 끌어안는 데서 굳은 신념이 솟구쳐 나오는 거요. 괴로움이 여기에 굳은 고통을 가져왔고, 사상은 그 불멸의 역사를 실어 오고 있소. 그 고통과 불멸은 융합되어서 머지않아 우리들의 죽음을 이룩해 줄 것이오. 형제들이여, 이곳에서 죽는 자는 미래의 광명 속에서 죽는 것이오. 우리들은 새벽에 떠오르는 태양 빛으로 가득 찬 무덤 속으로 들어가는 것이라오."
(사회의 문제에 대해 고민하는 사람과 이로 인해 고통받는 사람이 함께 혁명에 참여하고 있음.)
(『 』: 불합리한 사회 제도로 인해 쌓여 온 문제들이 저항과 봉기를 불러왔음.)
(죽음을 각오하고 있음.)
(자신들의 죽음이 좋은 결과를 가져올 것을 확신함.)

앙졸라는 입을 다물었다기보다는 말을 멈추었다. 그의 입술은 아직도 자기 자신에게 무언가 말을 계속하는 듯 소리 없이 움직이고 있었다. ▶ 앙졸라가 신념을 지키기 위해 죽음을 각오함.

키 포인트 체크

인물 바리케이드의 사람들은 ☐☐을 지키기 위해 죽음도 두려워하지 않고 자신을 ☐☐하려 한다.
배경 19세기 ☐☐☐에서 시민 ☐☐이 벌어지던 시기를 배경으로 한다.
사건 마지막을 준비하는 사람들 앞에 장 발장이 나타나 ☐☐을 벗어 주고, 앙졸라는 신념을 지키기 위해 죽음을 각오한다.

답 신념, 희생, 프랑스, 혁명, 군복

V. 세계 문학

126 전쟁과 평화 | 톨스토이

키워드 체크 #대하소설 #자유주의 #전쟁 #고통과 죽음 #희망과 사랑

핵심 정리

갈래 장편 소설, 대하소설, 가정 소설
성격 역사적, 사실적, 비판적
배경 ① 시간 – 1805~1820년
② 공간 – 러시아
시점 전지적 작가 시점
주제 전쟁과 평화의 본질
특징 ① 사람들의 생애나 가족의 역사 등을 사회적 배경 속에서 포괄적으로 다룬 대하소설의 성격을 띰.
② 다양한 인물의 심리를 분석하여 제시함.
출전 《러시아 통보》(1864~1869)

이해와 감상

〈전쟁과 평화〉는 톨스토이가 6년에 걸쳐 완성한 대작이다. 러시아와 프랑스 사이의 전쟁을 사실적으로 묘사하고 있고, 알렉산드르 1세와 나폴레옹을 비롯한 역사 속 실존 인물을 재창조하여 러시아 최고의 역사 소설로 평가받고 있다. 전쟁 상황과 평화로운 삶의 모습을 함께 보여 주면서 고통과 죽음, 희망과 사랑 등 삶의 다양한 모습을 그리고 있으며, 이를 통해 등장인물들이 삶의 참다운 의미를 깨달아 가는 모습을 드러내고 있다.

전체 줄거리

1805년 프랑스와 오스트리아 사이에 전쟁이 발발하고, 러시아 귀족인 안드레이는 임신 중인 아내를 가족들에게 맡기고 전쟁에 나간다. 러시아군은 오스트리아군과 연합하여 나폴레옹과의 전쟁을 준비한다. 그러던 중 쿠투조프가 이끌던 러시아군이 습격을 받아 안드레이는 큰 부상을 당한다. 집으로 돌아온 안드레이는 아내가 아이를 낳다가 죽은 사실을 알고 삶에 회의감을 느껴 시골로 간다. 그곳에서 백작의 딸 나타샤를 만나 사랑에 빠지지만 이들의 사랑은 이루어지지 못한다. 1812년 프랑스가 다시 러시아를 침략하고 안드레이의 친구 피에르는 안드레이를 따라 전쟁터에 간다. 전투에서 중상을 입은 안드레이가 죽고, 부대에서 이탈된 피에르는 프랑스군의 포로가 된다.

Q 안드레이가 하늘을 보면서 깨달은 점은?

안드레이는 하늘을 보면서 '우리가 달리고 외치고 서로 잡고 싸운 것과는 전혀 다르다.'라고 생각하고 있다. 하늘은 전쟁과 상관없이 평화와 평안의 속성을 지니고 있음을 발견하고 전쟁의 허무함을 깨닫게 된 것이다.

작가 소개

톨스토이(L. N. Tolstoy, 1828~1910)
러시아의 소설가이자 사상가로 19세기 러시아 문학을 대표하는 세계적 문호로 인정받고 있다. 젊은 시절 사실주의 문학을 추구했고, 중년기에 종교 사상에 관심을 가졌다. 주요 작품으로 〈안나 카레니나〉, 〈이반 일리치의 죽음〉, 〈부활〉 등이 있다.

가 안드레이 공작은 인파를 헤치고 그의 곁으로 다가갔다.

"부상하셨습니까?" / 그는 아래턱이 떨리는 것을 간신히 억제하면서 물었다.

"부상은 여기가 아니야. 저기다!"

(부상을 당했지만 평정심을 잃지 않고 상황을 판단하는 쿠투조프) 쿠투조프는 상처를 입은 볼을 손수건에 대고, 달아나는 장병을 가리키면서 말했다.

(러시아군의 총지휘관) "그들을 멈추게 해야 한다." / 그는 외쳤다. 그리고 그와 동시에, 그들을 정지시키기란 불가능하다는 것을 확신했는지 말에 박차를 가해 오른쪽으로 달려갔다.

새로 밀어닥친 패주자의 무리는 쿠투조프를 싸고 뒤로 밀고 갔다.

부대는 밀집된 무리를(싸움에 져서 달아나는 사람) 이루어 패주하고 있었으므로, 일단 이 무리 속에 말려들면 거기서 벗어나기는 쉬운 일이 아니었다. ▶ 쿠투조프가 부상을 당하고 러시아 병사들이 도망치기 시작함.

나 '마침내 왔군!' / 안드레이는 무거운 군기를 잡고, 분명히 자기를 겨누고 있는 듯한 탄환(탄알)의 울림을 즐겁게 들으면서 생각했다. 수 명의 병사가 쓰러졌다. / "우와!"

안드레이는 무거운 군기를 두 손으로 간신히 받치면서 외쳤다. 그리고 모든 대대가 자기를 뒤따라올 것이라는 확신을 하고 앞으로 뛰어나갔다. / 그러나 사실 그가 뛰어간 것은 겨우 몇 발짝이었다. 한 사람 또 한 사람, 병사가 움직이기 시작하여, 대대 전체가 "우와!" 소리를 지르며 앞으로 달려 나와 곧 그를 앞질러 갔다.(진격하는 우군) 대대의 하사관이 달려와 안드레이의 손에서 후들거리는 무거운 군기를 받아들었으나 곧 총에 맞아 죽고 말았다. 안드레이는 다시 군기를 잡고 깃대를 질질 끌면서 대대와 함께 뛰었다. [중략] 머리 위에서는 끊임없이 총알 소리가 들리고, 좌우에서는 끊임없이 병사가 소리 지르며 쓰러졌다.(전쟁의 참상) ▶ 안드레이가 군기를 잡고 적군을 향해 달려감.

다 '뭐야, 이건? 나는 쓰러져 있는 것인가? 다리가 후들거린다.'

그는(부상을 당한 안드레이) 생각했다. 그리고 뒤로 쓰러졌다. 『프랑스병과 포병과의 싸움이 어떤 결말이 되었는지, 빨간 머리의 포병이 죽었는가 죽지 않았는가, 대포를 빼앗겼는가 빼앗기지 않았는가를 보기 위해 눈을 떴다.』 그러나 아무것도 보이지 않았다. 머리 위에는 하늘 외에 아무것도 없었다. — 맑지는 않았지만 그래도 한없이 드높고, 그 아래를 회색 구름이 조용히 흐르고 있는 높은 하늘이었다.(아비규환의 전쟁 상황과 대조적인 평화로운 하늘의 모습) / '어쩌면 이렇게도 조용하고 평온하고 엄숙할까? 내가 달리고 있었던 때와 판이하다.' / 안드레이는 생각하였다.

(『 』: 부상을 당했지만 여전히 전쟁 상황을 파악하려는 책임감 있는 모습을 보임.)

'우리가 달리고 외치고 서로 잡고 싸운 것과는 전혀 다르다. — 구름이 이 드높고 끝없는 하늘을 흘러가는 모습은 전혀 다르다. 왜 나는 전에 이 높은 하늘을 보지 못했을까? 그렇다! 모든 것은 공허다. 이 끝없는 하늘 이외에는 모든 것이 거짓이다. 아무것도, 아무것도 없다. 아니, 이 하늘 외에는 그것조차도 없다. 정적과 평안 이외에는 아무것도 없다. 고맙게도!' ▶ 안드레이가 부상을 입고 전장에서 하늘을 보며 평안과 평화를 생각함.

키포인트 체크

인물 안드레이는 명예욕이 강하며 현실적인 귀족으로, □□에 참여한 후 허무감에 사로잡힌다.
배경 1805년 □□□□ 전쟁 직전부터 자유주의적 사회 기운이 팽배하기 시작한 1820년까지의 □□□를 배경으로 한다.
사건 안드레이는 전쟁에 나갔다가 부상을 입고 아내마저 잃어 삶에 □□□을 느끼고, 다시 프랑스와의 전쟁에 참여했다가 중상을 입고 죽는다.

답 전쟁, 나폴레옹, 러시아, 회의감

127 죄와 벌 | 도스토옙스키

키워드 체크 #심리 소설 #이성 중심주의 #윤리 문제

핵심 정리

갈래 장편 소설, 심리 소설
성격 송교석, 사색석
배경 ① 시간 – 19세기
② 공간 – 러시아 페테르부르크(현재의 상트페테르부르크), 시베리아 유형소
시점 전지적 작가 시점과 작가 관찰자 시점의 혼합 시점
주제 인간의 양심과 구원
특징 ① 탁월한 심리 묘사를 통해 살인을 저지른 주인공의 심리 변화를 그려 냄.
② 우연에 의한 사건 전개가 이루어짐.
출전 《러시아 통보》(1866)

이해와 감상

〈죄와 벌〉은 사회의 도덕률을 넘어서는 강인한 인간의 존재를 믿고 전당포 노파를 살해한 주인공과, 그러한 그를 사랑을 통해 정신적 구원으로 이끄는 여주인공을 중심으로 내용이 전개된다. 인간 존재의 근본에 대해 깊이 있는 질문을 던지는 작품으로, 비윤리적인 현실과 그 현실을 타개하기 위한 또 다른 비윤리적 행위의 중첩 속에서 무엇을 죄라고 할 수 있으며, 그러한 죄를 어떻게 벌해야 하는가에 대한 근본적인 윤리 문제를 제기하고 있다.

전체 줄거리

페테르부르크에 살고 있는 가난한 대학생 라스콜니코프는 생활이 곤란하여 고리대금업자인 전당포 노파를 찾아가 시계를 주며 돈을 빌리고, 자신의 신념을 실현하기 위해 돈만 아는 전당포 노파를 살해한다. 그는 자신의 비겁함에 괴로워하다가 술집에서 만났던 퇴역 군인 마르멜라도프가 비참하게 죽었다는 소식에 그의 가족을 도우면서 소냐와 가까워진다. 결국 그녀에게 자신의 죄를 고백하게 된 라스콜니코프는 소냐의 권유로 자수하고 시베리아 유형을 떠난다. 소냐는 그를 따라가 유형 생활을 도우면서, 지극한 사랑으로 라스콜니코프를 새로운 사람으로 부활하게 한다.

작품 연구소

19세기 후반 페테르부르크의 시대상

〈죄와 벌〉의 배경이 되는 19세기 후반 러시아의 페테르부르크는 갑작스러운 인구 팽창으로 많은 문제를 겪고 있었다. 1861년 농노 해방이 이루어짐에 따라 수많은 농민들의 이주로 실업 문제와 주거 문제, 범죄와 알코올 중독, 고리대금업 등이 심각한 사회 문제로 대두했다. 〈죄와 벌〉은 이러한 사회적 배경 속에서 주인공 라스콜니코프가 살인을 합리화하며 범죄를 저지르는 과정을 설득력 있게 보여 주고 있다.

작가 소개

도스토옙스키(F. M. Dostoevsky, 1821～1881)
러시아의 소설가로, 19세기 러시아 문학을 대표하는 세계적인 문호이다. 인간의 본성에 대한 탐구와 시대 상황의 본질을 작품에 담아냈다. 주요 작품으로 〈가난한 사람들〉, 〈악령〉, 〈카라마조프가의 형제들〉 등이 있다.

가 라스콜니코프는 몸을 부르르 떨었다. 이 얼마나 이상한 일인가!
(라스콜니코프가 우연히 한 대학생과 젊은 장교의 대화를 듣고 이를 매우 이상하게 받아들이게 됨.)
"잠깐, 내가 심각한 질문을 하나 던져 볼게!" / 다시 대학생은 흥분하기 시작했다.
(이성 중심주의 논리를 가진 인물)
"물론, 내가 한 말은 농담이었지만, 생각을 해 봐. 한편으로는 어리석고, 의미 없고, 하찮고, 못됐고, 아무짝에도 쓸모없는, 아니 오히려 모든 사람에게 해만 끼치는 그런 병든 노파가 있어. (인간을 그 쓸모에 따라 판단함. → 인간의 존엄성을 고려하지 않음.) 그 노파는 자기가 왜 사는지도 모르고, 또 그렇지 않아도 얼마 안 있으면 저절로 죽게 될 거야. 알았어? 알아듣겠어?"
"그래, 알았어." / 장교는 흥분해 있는 친구를 주의 깊게 보면서 대답했다.
「"더 들어 봐. 다른 한편으로는, 도움을 받지 못하면 좌절하고 말 싱싱한 젊은이가 있단 말이야. 그런 젊은이는 도처에 (가는 곳마다) 있어! 그리고 수도원으로 가게 될 노파의 돈으로 이루어지고 고쳐질 수 있는 수백, 수천 가지의 선한 사업과 계획들이 있단 말이야! 어쩌면 수백, 수천의 사람들이 올바른 길로 갈 수도 있고, 수십 가정들이 극빈과 분열, 파멸, 타락, 성병 치료원으로부터 구원을 받을 수도 있어. 이 모든 일들이 노파의 돈으로 이루어질 수 있단 말이야. 그래서 빼앗은 돈의 도움을 받아 훗날 전 인류와 공공의 사업을 위해 자신을 헌신하겠다는 결심을 가지고, 노파를 죽이고 돈을 빼앗는다면, 너는 어떻게 생각하니? 그 작은 범죄 하나가 수천 가지의 선한 일로 보상될 수는 없는 걸까? (목적이 수단(범죄)을 정당화할 수 있다는 논리) 한 사람의 생명 덕분에 수천 명의 삶이 파멸과 분열로부터 구원을 얻게 되고, 한 사람의 죽음과 수백 명의 생명이 교환되는 셈인데, (다수를 위해서는 소수가 희생되는 것이 정당하다는 논리) 이건 간단한 계산 아닌가! 그 허약하고 어리석고 사악한 노파의 삶이 사회 전체의 무게에 비해 얼마만큼의 가치를 지닐 수 있을까? 그 노파의 삶은 바퀴벌레와 이의 (사람의 몸에 기생하면서 피를 빨아 먹는 곤충) 삶보다 더 나을 것이 없고, 어쩌면 그보다 더 못하다고도 할 수 있어. 왜냐하면 그 노파는 해로운 존재니까. 그 노파는 다른 사람의 인생을 갉아먹고 있잖아. 그 여자는 바로 얼마 전까지만 해도 홧김에 리자베타의 손을 깨물어서 거의 잘라 낼 뻔했다고!"」
(「 」: 쓸모없는 존재인 노인을 죽여 그 돈으로 수많은 사람을 돕는 것이 가능하다면 그렇게 하는 것이 정당하다고 말하는 대학생 → 이성 중심주의 논리가 드러남.)
"물론, 노파는 살 가치가 없어. 하지만 자연법칙이라는 것이 있잖아?"
▶ 라스콜니코프가 노파를 살해하는 문제에 대한 장교와 대학생의 대화를 듣게 됨.

나 라스콜니코프는 극도로 흥분해 있었다. 물론, 이런 말들은 형식이나 주제가 다르기는 하지만, 한두 번 들어 본 것도 아닌, 지극히 평범하고 흔한 젊은이들의 논쟁거리이자 의견이었다. (대학생이 제시한 의견이 당시 러시아 사회의 젊은이들 사이에서 널리 퍼져 있었음.) 그런데 왜 바로 지금과 같은 순간에 이런 논쟁과 의견을 듣게 된 것일까? (우연적인 전개) 이제 막 그의 머릿속에 '똑같은 생각'(다른 사람에게 해를 끼치는 쓸모없는 사람은 죽여도 된다는 것)이 떠오르고 있는 바로 그 순간에……. 방금 그 노파로부터 그런 생각의 맹아(사물의 기초가 되는 것)를 가지고 나오게 된 이때 하필 왜 그는 노파에 관한 이야기를 듣게 된 것일까……? 그에게는 이러한 우연의 일치가 언제나 이상하게 여겨졌다. 술집에서의 이 하찮은 논쟁은 장차 사건을 발전시키는 데 있어 그에게(라스콜니코프) 심대한 영향을 미쳤다. (이후에 노파를 살인하는 것으로 이어지게 됨.) 마치 그 속에 어떤 숙명(날 때부터 타고난 정해진 운명. 또는 피할 수 없는 운명)과 계시라도 있었던 것처럼…….
▶ 라스콜니코프가 자신과 생각이 같은 대학생의 말을 듣고 흥분함.

키 포인트 체크

인물 라스콜니코프는 병적인 사색의 결과, 선택된 ☐☐는 인류를 위하여 사회의 도덕률을 딛고 넘어설 권리가 있다는 결론에 도달하여 실천에 옮기는 인물이다.
배경 19세기 러시아 사회가 직면한 ☐☐ 중심주의에 대해 문제를 제기한다.
사건 라스콜니코프는 자신의 신념을 실현하기 위해 살인을 하고, ☐☐☐에 사로잡혀 괴로워한다.

답 강자, 이성, 죄의식

128 해저 2만 리 | 쥘 베른

키워드 체크 #공상 과학 소설 #잠수함 #해저 여행 #노틸러스호와 네모 선장

핵심 정리

갈래 공상 과학 소설, 모험 소설
성격 공상적, 환상적
배경 ① 시간 – 19세기
② 공간 – 전 세계의 해양
시점 1인칭 주인공 시점
주제 바다 세계의 진기한 모험
특징 ① 대상에 대한 구체적이고 세부적인 묘사를 통해 현실감을 부여함.
② 다양하고 풍부한 상상력이 드러남.
출전 《해저 2만 리》(1869)

이해와 감상

〈해저 2만 리〉는 작가의 과학적 상상력으로 만들어 낸 잠수함 노틸러스호를 타고 등장인물들이 바닷속 세계를 탐험하는 내용이 담긴 공상 과학 소설이다. 우연히 네모 선장이 지휘하는 잠수함 노틸러스호에 탑승하게 된 '나'가 그와 함께 전 세계의 바다를 항해하는 내용을 담고 있다. 해저 깊은 곳에 감추어져 있는 신비하고 환상적인 이야기를 들려주어 정확한 과학적 지식과 공상이 조화를 이룬 해양 모험 소설의 대표작으로 손꼽힌다.

전체 줄거리

세계 각지의 바다에서 정체불명의 거대한 괴물이 출몰하고 있다는 소문이 돈다. 군함이 파견되어 그 괴물을 처치하려 하지만 계획은 무산되고, 선박 사고를 조사하던 박물학자인 아로낙스 박사와 그 일행들은 그들이 괴물이라고 착각했던 잠수함 노틸러스호에 우연히 탑승하게 된다. 네모 선장과 함께 해저를 항해하고 나서 노틸러스호는 거대한 소용돌이 속으로 휘말려 들어가고, 아로낙스와 동료 두 사람만이 탈출하여 이 이야기를 세상에 전한다.

자료실

쥘 베른의 상상력과 그 영향

쥘 베른의 소설에는 그 당시에는 전혀 존재하지 않았던 소재들이 등장한다. 작가의 뛰어난 상상력은 그가 여행을 다니면서 넓힌 견문과 다양한 자료 조사를 통해 얻은 지식과 어우러져 독자들에게 설득력 있게 전달된다. 쥘 베른이 상상했던 잠수함 노틸러스호는 1954년 미국이 개발한 최초의 원자력 잠수함으로 실현되었으며, 그 이름도 SSN-571 노틸러스호로 지어졌다. 작가의 상상력이 미래의 기술 발전을 예측하게 했으며, 새로운 과학 기술의 개발에 자극을 준 것이다.

작가 소개

쥘 베른(Jules Verne, 1828~1905)
19세기 프랑스의 소설가로 근대 SF(공상 과학 소설)의 선구자이다. 주요 작품으로 〈20세기 파리〉, 〈80일간의 세계 일주〉 등이 있다.

가 "이 배에는 강력하고 민감하고 쓰기 편한, 게다가 온갖 종류의 일에 적합한 원동력이 있습니다. 말하자면 이 배를 지배하는 최고 권력 같은 존재지요. 모든 일은 그것에 의해 이루어지고 있습니다. 그것은 열과 빛을 공급해 주는, 내 기계들의 영혼입니다. 그 원동력은 바로 전기입니다." / "전기라고요?" / 나는 놀라서 소리쳤다.

(이 배를 지배하는 최고 권력 같은 존재: 가장 핵심적이고 중요함을 강조하는 표현 / 전기: 노틸러스호의 동력원 / 놀라서 소리쳤다: 바다에서 전기를 생산한다는 것에 놀라는 '나')

"그렇습니다. 박사." / "하지만 이 배의 빠른 기동력은 전기의 힘과는 거의 관계가 없는 것 같은데요. 지금까지 전기의 동력 생산 능력은 지극히 제한되어 있어서, 작은 힘밖에는 만들어 낼 수 없습니다." / "아로낙스 박사, 내 전기는 세간에서 흔히 쓰이는 전기가 아니에요. 그 문제에 대해서는 더 이상 말하고 싶지 않군요."

▶ 노틸러스호를 움직이는 원동력이 전기임.

나 『"그렇다면 굳이 캐묻지는 않겠지만, 정말 놀랍군요. 한 가지만 묻겠습니다. 주제넘은 질문으로 생각되면 대답하지 않으셔도 좋습니다. 그 놀라운 동력을 생산하기 위해 어떤 원료를 사용하고 있는지는 모르지만, 그 원료는 금방 소모될 게 뻔합니다. 예를 들면 아연이 그렇지요. 육지와는 완전히 관계를 끊었다면, 원료는 어떻게 보충합니까?"
"대답하지요. 물론 해저에는 아연, 철, 금, 은 따위가 무진장으로 매장되어 있어서, 마음만 먹으면 얼마든지 채굴할 수 있습니다. 하지만 나는 지구의 금속에 전혀 신세를 지지 않고, 바다 자체에서 전기를 생산하는 방법을 찾아내기로 결심했지요."』

(『 』: 질문과 대답의 형식을 통해 독자들이 궁금해할 만한 점을 자연스럽게 해소함. / 채굴: 땅을 파고 땅속에 묻혀 있는 광물 등을 캐냄.)

"바다에서?" / "그렇습니다. 박사. 방법은 얼마든지 있었어요. 예를 들면 서로 다른 깊이에 전선을 가라앉히고, 그 사이에 회로를 만들 수도 있었을 겁니다. 그러면 수온 차이로 전기를 얻을 수 있었겠지요. 하지만 나는 좀 더 실용적인 방법을 쓰기로 결정했습니다."
"어떤 방법인데요?" / 「"바닷물의 성분은 당신도 알고 있을 겁니다. [중략] 내가 바닷물에서 추출하는 것은 이 나트륨입니다." / "나트륨이라고요?"
"그렇습니다. 나트륨을 수은과 섞으면 분젠 전지의 아연을 대신할 수 있는 아말감이 생깁니다. 수은은 절대로 소모되지 않습니다. 나트륨만 소모되지요. 나트륨은 바다가 얼마든지 공급해 줍니다. 나트륨 전지는 가장 많은 에너지를 만들어 내는 것으로 인정받아야 합니다. 나트륨 전지의 동력은 아연 전지의 두 배니까요."」

(「 」: 정확한 과학적 지식을 바탕으로 함. / 나트륨: 노틸러스호를 움직이는 전기를 생산하는 원료 / 분젠 전지: 독일의 화학자 분젠이 발명한 전지 / 아말감: 수은과 다른 금속과의 합금 / 나트륨 전지의 동력은 아연 전지의 두 배니까요: 노틸러스호가 동력을 얻을 수 있는 이유)

"현재 상황에서 나트륨이 가장 적당하다는 것은 충분히 알겠습니다. 나트륨은 바다에서 얼마든지 찾을 수 있으니까요. 거기까지는 좋습니다. 하지만 나트륨 전지를 만들려면 우선 나트륨을 만들어야 합니다. 좀 더 정확히 말하면 바닷물에서 나트륨을 추출해야 합니다. 그건 어떻게 하십니까? 물론 전지를 쓸 수도 있겠지만, 내가 잘못 생각한 게 아니라면 전기 장치가 필요로 하는 나트륨은 바닷물에서 추출되는 양보다 훨씬 많을 겁니다. 따라서 생산량보다 소비량이 훨씬 많을 텐데요."

(물론 전지를 쓸 수도 ~ 훨씬 많을 텐데요: 상식 수준에서 해결되지 않는 점을 반론의 형태로 제기하고 있으며, 이는 독자들이 가질 법한 의문을 예상하여 제시하는 형태로 볼 수 있음.)

▶ 노틸러스호는 바닷물에서 나트륨을 추출해 동력을 얻음.

키 포인트 체크

인물 네모 선장은 □□□ 노틸러스호를 타고 해저를 누비는 인물이다.
배경 잠수함이나 잠수복이 없던 시대에 바닷속이라는 미지의 영역을 □□하여 쓴 공상 과학 소설이다.
사건 아로낙스 박사는 우연히 잠수함 노틸러스호에 타게 되고, 네모 선장과 함께 □□를 탐험한다.

답 잠수함, 상상, 해저

129 별 | 알퐁스 도데

키워드 체크 #목가적 배경 #목동과 아가씨의 사랑 #순수함 #낭만적인 서정

독서 지학사

핵심 정리

갈래 단편 소설
성격 목가적, 낭만적
배경 ① 시간 – 19세기
② 공간 – 프랑스 프로방스
시점 1인칭 주인공 시점
제재 순박한 목동의 사랑 이야기
주제 성스럽고 순결한 사랑
특징 아름답고 평화로운 배경 묘사를 통해 서정적인 분위기를 조성하고 주제를 효과적으로 드러냄.
출전 《풍차 방앗간 편지》(1869)

이해와 감상

〈별〉은 순박한 젊은 목동의 순수한 사랑을 그린 소설로, 주인공인 목동이 젊은 시절을 회상하는 방식으로 서술되고 있다. 목동과 아가씨가 밤을 지새우며 바라보는 별의 고결함과 신비로움을 통해 청순한 세계를 형상화함으로써 인간의 순수한 감정을 드러내고 있다. 사실적이고 낭만적인 표현을 통해 순수한 사랑의 의미를 보여 준다.

전체 줄거리

'나'는 뤼브롱산에서 홀로 양을 치면서 외롭게 지낸다. 어느 일요일에 스테파네트 아가씨가 식량을 싣고 오자 '나'는 놀라 어찌할 바를 모른다. 아가씨가 떠난 뒤 아쉬움을 느끼고 있던 '나' 앞에 불어난 강물 때문에 물에 빠질 뻔한 아가씨가 나타난다. '나'는 불안해하는 아가씨를 위로하고 잠을 이루지 못하는 아가씨와 나란히 앉아 별을 보며 별에 대한 이야기를 나눈다. 아가씨는 '나'의 어깨에 기대 잠이 들고 '나'는 성스러운 마음으로 아침까지 잠든 아가씨를 지켜본다.

작품 연구소

목가적인 배경의 역할

• 낭만적인 밤의 산속의 정경 • 별이 가득한 하늘의 모습	신비롭고 서정적

⬇

순수한 사랑이라는 주제를 드러내는 데 효과적임.

마지막 구절의 의미

신비롭고 아름다운 존재인 별
= 스테파네트 아가씨

⬇

• 아가씨에 대한 '나'의 경건하고 성스러운 태도를 드러냄.
• '나'의 순수한 사랑을 강조함.

작가 소개

알퐁스 도데(Alphonse Daudet, 1840~1897)
19세기 프랑스의 소설가로, 자연주의에 가까우나 밝고 감미로운 시정과 정묘한 풍자로 호평을 받았다. 주요 작품으로 〈마지막 수업〉이 있다.

가 나의 열정은 피가 끓듯이 뜨거웠지만, 하늘에 맹세코 추호도 나쁜 마음은 품지 않았다. 단지 신기한 눈초리로 아가씨를 쳐다보고 있는 양 떼들 바로 옆에서, 세상의 어느 양보다도 소중하고 순결한 아가씨가 내 보호를 받으며 편히 쉬고 있다고 생각하니 마음이 뿌듯할 뿐이었다. 밤하늘이 이렇게 깊고, 별들이 이토록 아름답게 빛나 보이기는 처음이었다.

(아가씨에 대한 목동의 순수한 마음)
('나'의 행복한 마음을 자연 현상에 빗대어 나타냄.)

그때 갑자기 작은 울타리의 문이 열리더니 아름다운 스테파네트 아가씨가 밖으로 나왔다. 아마도 잠이 오지 않는 모양이었다. 양들이 움직일 때마다 들리는 짚단 부스럭대는 소리하며, 이따금 "메에……!" 하고 울기까지 했으니 말이다. 그래서 아가씨는 모닥불 곁으로 오는 편이 낫다고 생각한 것이다. / 나는 아가씨의 어깨에 양 모피를 덮어 주고 불이 활활 더 잘 타오르게 했다. 그리고 아무 말도 하지 않고 나란히 앉아 있었다.

(목장에서 밤을 보내게 된 것에 대한 불안함과 양들의 소리 때문에)
(아가씨를 정성껏 보살피는 모습)

▶ '나'는 잠을 이루지 못하는 아가씨를 정성껏 보살핌.

나 만약 당신이 산속에서 밤을 지새워 본 적이 있다면, 모두들 잠들어 있을 때 어떤 신비로운 세계가 고요함 속에서 가만히 눈뜨는 것을 느낄 수 있을 것이다. 『샘물은 더욱 명랑하게 노래하고, 작은 불빛들은 연못 위에서 반짝이며 춤을 추었다. 산의 요정들도 마음껏 날개를 펼치고, 나뭇잎 스치는 소리와 풀잎 자라는 소리 같은 들릴 듯 말 듯한 작은 소리들이 메아리처럼 느껴졌다.』 / 낮이 살아 있는 것들의 세상이라면, 밤은 죽은 것들의 세상이다. 밤은 그것에 익숙하지 않은 사람에게는 무서운 법이다. 그래서 아가씨는 조금이라도 무슨 소리가 나면 몸을 바들바들 떨며 내게로 바싹 다가왔다. 그때 아래쪽 반짝이는 연못으로부터 길고 구슬픈 소리가 물결치면서 우리들 쪽으로 메아리쳐 왔다. 바로 그 순간, 아름다운 별똥별 하나가 우리의 머리 위로 스쳐 지나갔다. 마치 저 길고 구슬픈 소리가 하나의 빛을 끌고 가는 듯했다.

(『 』: 밤의 산속의 모습을 낭만적으로 묘사함. – 신비로운 분위기를 조성하여 순수한 서정을 느끼게 함.)
(아가씨와 '나'가 별에 대한 이야기를 나누는 계기가 됨.)

▶ 아름답고 신비로운 산속의 밤

다 『"하지만 모든 별들 중에서 제일 아름다운 별은 뭐니 뭐니 해도 우리들의 별, '목동의 별'이에요. 새벽녘에 양 떼들을 몰고 나올 때, 그리고 저녁나절 양 떼들을 몰고 들어올 때도 저 별은 우리들 위에서 반짝반짝 빛나고 있죠. 우리들은 저 별을 '마그론느'라고도 불러요. 아름다운 '마그론느'는 '피에르 드 프로방스(토성)'의 뒤를 쫓아가 7년마다 한 번씩 '피에르'와 결혼을 하죠."』 / "어머! 별들도 결혼을 해?"

(『 』: 아가씨에게 별에 대한 여러 이야기를 들려줌. – 낭만적인 분위기를 느끼게 함.)
(별들의 결혼 이야기 – 아가씨에 대한 '나'의 애정을 간접적으로 표현함.)

"그럼요!" / 하고, 별들의 결혼에 대해 이야기하려 했을 때, 어깨 위에 무언가 부드러운 것이 가볍게 누르는 듯한 느낌이 들었다. 그것은 잠이 들어 무거워진 아가씨의 머리였다. 아가씨는 리본과 레이스, 꼬불꼬불한 머리를 사랑스럽게 내 어깨에 기대어 별들이 아침 햇살을 받아 사라질 때까지 잠들어 있었다. 나는 가슴이 좀 두근거렸지만, 아름다운 생각만을 보내 준 이 맑은 밤의 성스러움 속에서 잠든 아가씨의 모습을 가만히 지켜보았다. 우리를 둘러싸고 있는 별들은 양 떼와 같이 얌전하고 조용한 걸음을 재촉했다.

('나'의 순수하고 경건한 태도)

나는 생각했다. 이 별들 중에서 가장 예쁘고, 아름답게 빛나는 별 하나가 길을 잃고 내 어깨에 기대어 잠들어 있다고…….

(스테파네트 아가씨를 별에 빗댐. – 아가씨에 대한 '나'의 성스러운 태도를 드러냄.)

▶ '나'는 자신의 어깨에 기대어 잠든 아가씨를 경건하게 지켜봄.

키포인트 체크

인물 □□인 '나'는 주인집 스테파네트 아가씨에 대한 □□□ 사랑을 지니고 있다.
배경 19세기 프로방스 지방의 한 □□을 배경으로 한다.
사건 '나'는 잠들지 못하는 아가씨와 밤을 지새우며 □에 관해 이야기를 나눈다.

답 목동, 순수한, 목장, 별

V. 세계 문학

정답과 해설

정답과 해설

I. 상고 시대

1 | 설화

001 단군 신화_ 작자 미상 024~025쪽

키포인트 체크 삼대, 홍익인간, 고조선, 건국

1 ⑤ 2 ⑤ 3 ③

1 환웅과 곰, 범이 모두 인간 지향성을 띠고 있기는 하지만, 이것이 당대 인들이 인간 세계를 우월하게 인식했다는 증거가 되는 것은 아니다. 오히려 단군이 하늘에서 내려온 환웅의 아들임을 강조하는 이유는 천상 세계가 인간 세계보다 우월한 세계라고 생각했기 때문이다.

오답 뜯어보기 ① 곰과 범에게 주어진 '쑥과 마늘을 먹어야 한다.', '백 일 동안 햇빛을 보아서는 안 된다.'라는 금기는 동물에서 인간으로 변신하기 위한 일종의 통과 의례로 볼 수 있다.

② 풍백(風伯)·우사(雨師)·운사(雲師)는 각각 '바람·비·구름'을 주관하는 존재로, 모두 농경과 관련된다. 환웅이 하늘에서 내려올 때 이들을 거느리고 왔다는 것은 농경을 중시했음을 의미한다.

③ 고조선을 건국한 단군이 산신이 된 것은 단군의 신성성을 보여 주는 근거가 된다.

④ 천부인 세 개는 신의 위력과 영험함의 표상으로, 환웅이 신성한 권능을 지녔음을 말해 주는 소재이다.

2 〈단군 신화〉는 고조선 건국 과정을 보여 주는 건국 신화이지만 주인공이 역경을 극복하는 내용은 드러나지 않는다.

오답 뜯어보기 ① 단군은 하느님(환인)의 후손이다.

② 단군의 아버지는 천신의 아들이며, 어머니는 곰에서 인간으로 변한 웅녀로, 혈통이 평범하지 않다.

③ 1천9백8세에 산신이 되는 초월적 능력을 보인다.

④ 나라의 도읍을 평양성으로 정한다.

지식+

• 〈단군 신화〉의 신성성
- 천상적 혈통: 단군은 환인의 손자로서 천상적 혈통을 지닌 고귀한 존재임.
- 초월적 능력: 단군의 아버지 환웅은 자연 현상을 주관하며 인간을 교화하는 초월적 능력을 지님.
- 신이한 출생: 단군은 천상적 혈통인 환웅과, 곰에서 인간으로 변한 웅녀 사이에서 태어남.
- 국가의 시조: 단군은 평양성에 도읍을 정하고 우리 민족 최초의 국가인 고조선을 건국함.

3 범이 인간이 되는 것에 실패하고 웅녀가 환웅과 결혼하는 것은 곰을 숭배하는 부족이 범을 숭배하는 부족을 이겼음을 상징하는 것으로 볼 수 있다. 범이 웅녀와 환웅의 결혼을 방해했다고 보기는 어렵다.

오답 뜯어보기 ①, ② 천상계의 존재인 환웅이 지상으로 내려와 곰이 인간으로 변한 웅녀와 결혼하여 단군을 낳았다는 점에서 단군의 탄생에 신성성을 부여하고 있다.

④ 단군이 나라를 세우고 지도자의 위치에 오르는 것을 통해 건국 신화의 특성을 드러내고 있다.

⑤ 단군이 긴 수명을 누리고 산신이 되는 기이한 행적을 제시하고 있다.

002 주몽 신화_ 작자 미상 026~027쪽

키포인트 체크 기이, 비범, 일대기, 고구려

1 ① 2 ② 3 ③ 4 주몽은 자신을 죽이려는 왕자들에게 잡힐 위기에 처하지만, 물고기와 자라의 도움을 받아 위기를 벗어난다. 5 주몽이 세력을 키워 부여의 왕이 되는 것

1 오이 등 세 친구가 주몽의 조력자이기는 하나, 친구들이 있었다는 것만으로 주몽의 영웅적 면모가 드러난다고 볼 수는 없다.

오답 뜯어보기 ② 주몽의 신이한 탄생과 관련된 내용이다.

③ 주몽이 고귀한 혈통을 지녔음을 보여 준다.

④ 물고기와 자라의 도움은 신의 도움을 의미하며 주몽의 영웅적 면모를 부각한다.

⑤ 영웅으로서 주몽이 지닌 비범한 능력에 해당한다.

2 〈주몽 신화〉에서 유화는 신성한 존재인 물의 신 하백의 딸인 반면, 〈단군 신화〉의 곰은 후에 웅녀로 변하여 단군을 낳기는 하지만 고귀한 혈통을 지닌 존재는 아니다.

오답 뜯어보기 ① 이 글에서 해모수는 천제의 아들로 주몽의 아버지이고, 〈단군 신화〉에서 환웅은 환인의 아들로 단군의 아버지이다. 주몽과 단군이 신성한 혈통을 지닌 인물임을 보여 준다.

③ 이 글의 유화는 주몽을 낳기까지 방에 가둬지고 알을 빼앗기는 고난을 겪고, 〈단군 신화〉의 곰은 사람이 되기 위해 쑥과 마늘만 먹고 살면서 백 일 동안 햇빛을 보지 못하는 고난을 겪는다.

④ 이 글은 고구려를 세운 주몽에 관한 이야기이고, 〈단군 신화〉는 고조선을 세운 단군에 관한 이야기이다.

⑤ 이 글과 〈단군 신화〉 모두 '아버지－아들－손자'로 이어지는 삼대기 구조를 보인다.

지식+

• 삼대기(三代記) 구조

'삼대기'란 아버지, 아들, 손자의 삼대에 걸친 인물 구조를 가지고 있는 이야기를 의미한다. 이러한 구조는 〈단군 신화〉와 같은 다른 건국 신화에서도 나타나며, 후대의 다른 서사 문학에서도 나타난다. 신화에서 이러한 삼대기 구조를 사용하는 것은 신화에 등장하는 주인공들의 혈통을 강조하려는 의도가 반영된 결과라고 볼 수 있다. 선대로부터 이어 내려온 혈통을 보여 줌으로써 주인공의 비범함과 신성성을 부각할 수 있는 것이다.

3 〈보기〉는 〈주몽 신화〉의 신성 관념에 대한 내용으로, 천제의 아들인 해모수와 하백의 딸인 유화 사이에서 주몽이 태어난 것은 하늘과 물에 대한 신성 관념이 반영된 내용이라 할 수 있다.

오답 뜯어보기 ① 이 글이 국가의 시조 탄생에 관한 이야기라는 점은 사실이나, 그것 자체가 신성 관념을 보여 주는 것은 아니다.

② 주몽이 시련을 겪고 왕이 된 것은 사실이나, 이것이 신성 관념을 반영하지는 않는다.

④ 해모수와 유화가 혼례를 행하지 않고 주몽을 낳은 것은 신성 관념과는 관련이 없으며 부모의 허락이나 중매 없이 결혼하는 것을 법도에 어긋나는 것으로 여겼던 당대의 문화를 보여 주는 내용이다.

⑤ 〈주몽 신화〉의 사회·문화적 배경에 대한 설명이다.

4 탁월한 능력을 보이는 주몽을 시기해서 왕자 대소와 여러 신하들이 주몽을 죽이려고 보낸 군사에게 쫓겨 위험에 처하게 된 것은 ㉠에 해당하고, 물고기와 자라가 나타나 다리를 만들어 주어 주몽이 위기에서 벗어

나는 것은 ⓛ에 해당한다.

5 금와왕의 장자 대소는 주몽의 능력이 뛰어난 것을 시기하고, 주몽이 비범한 능력을 바탕으로 세력을 키우게 되면 왕의 자식인 자신이 왕권을 이어받지 못할까 두려워서 후환을 없애려고 했다.

003 가락국기_ 작자 미상 028~029쪽

키포인트 체크 황금, 신성성, 왕

1 ⑤ **2** ② **3** ① **4** ③ **5** 〈가락국기〉는 수로왕의 탄생 설화이면서 동시에 가야국의 건국 신화임을 알 수 있다.

1 이 신화의 주인공은 시련 없이 왕이 되었으므로, 주인공이 고난을 이겨 내는 전형적인 영웅의 일대기 구조는 드러나지 않는다.

2 아홉 간에게 흙을 파면서 노래를 부르고 춤을 추라고 요구한 주체는 실체는 보이지 않고 목소리만 들리는 신이하고 초월적인 존재이다. 그 존재가 요구하는 대로 노래를 부르고 춤을 춘 까닭은 말하는 대로 되도록 하기 위해, 즉 임금이 나타나도록 하기 위해서이다.

3 (나)에서 '사람의 소리 같기는 하지만 그 모양은 숨기고 소리만 내서 말했다.'라고 했으므로 신의 등장 방식은 목소리나 효과음 등으로 처리하는 것이 적절하다. 신의 모습을 신성하게 직접 드러내자는 내용은 적절하지 않다.

오답 뜯어보기 ② 〈구지가〉는 주술적 성격의 노래이므로 주문을 외듯 진지한 표정과 목소리로 노래할 수 있다.
③ '아홉 간은 이 말을 좇아 모두 기뻐하면서 노래하고 춤추다가'라고 했으므로 경쾌하면서도 품위 있는 춤을 춘다는 설정은 적절하다.
④ 자줏빛 줄이 하늘에서 내려온 것은 신성한 존재의 강림을 나타내므로 신비로운 느낌으로 연출하는 것은 적절하다.
⑤ 알에서 나온 어린아이는 용모가 매우 훤칠했다고 했으므로 적절한 설정이다.

4 〈단군 신화〉의 신단수와 같이 두 세계를 이어 주는 역할을 하는 것은 하늘에서 땅으로 내려온 '자줏빛 줄'이다.

5 ㉠은 알에서 태어난 수로가 가야국을 세웠다는 내용이므로, 이를 통해 〈가락국기〉는 수로왕의 탄생 설화이면서 가락국의 건국 신화임을 알 수 있다.

004 온달 설화_ 작자 미상 030~031쪽

키포인트 체크 주체적, 여성상, 입신출세(입신양명)

1 ① **2** ⑤ **3** ② **4** 마음만 통하면 가난한 살림이라도 화목하게 지낼 수 있으니, 온달과의 혼인을 허락해 달라는 의미이다.

1 온달이 장수로서 전쟁에서 공을 세우기는 하지만 인간의 능력을 벗어난 초월적이고 비범한 능력을 보이지는 않는다.

오답 뜯어보기 ② 역사상의 실존 인물인 온달과 평강 공주의 이야기를 설화화하여 이야기로 나타냈다.
③ 평강 공주는 신분이 높은 사람은 신분이 높은 사람끼리 혼인하는 기존의 관습을 깨고 평민인 온달과 혼인한다.
④ 자신의 삶을 스스로 개척해 나가는 평강 공주의 모습에 주체적인 삶의 모습이 나타나 있다.
⑤ 온달은 가난하고 신분이 미천한 인물이지만 고귀한 왕족이며 지혜로운 평강 공주와 결혼한 뒤에 자신의 능력을 발휘하고 전쟁에서도 공을 세우게 된다.

2 평강 공주는 값비싼 팔찌 수십 개를 팔에 매달고 궁궐을 나온 뒤, 온달의 집에 머물며 가지고 나온 팔찌들을 처분하여 살림을 장만한다. 이로 보아, 공주는 팔찌를 자신의 권위를 유지하기 위한 의도가 아니라 온달과의 혼인 생활을 위해 가지고 나온 것임을 짐작할 수 있다. 즉, 평강 공주가 팔찌를 가지고 나온 것은 앞으로의 삶을 위한 경제적이며 실용적인 선택이라 할 수 있다.

오답 뜯어보기 ① 왕이 우는 평강 공주를 놀릴 때에 '온달'이라는 이름을 언급한 것으로 보아, 온달의 이름이 널리 퍼져 있었음을 추측할 수 있다.
② 평강왕이 온달에게 시집가겠다는 평강 공주에게 화를 낸 것으로 보아, 평강 공주를 바보 온달에게 시집보내겠다고 한 것이 진심이 아니라 가벼운 농담이었음을 알 수 있다.
③ 왕이 평강 공주를 상부 고씨에게 시집보내려 한 것으로 보아, 상부 고씨는 공주와 결혼할 만한 유력한 집안의 사람임을 추측할 수 있다.
④ 온달의 어머니는 처음에 평강 공주가 아들과는 격이 맞지 않는다고 생각하여 혼인을 거절하고 있으므로, 자신의 분수를 알아 평강 공주를 부담스러워하고 있음을 추측할 수 있다.

3 ⓐ는 설화가 당대인의 삶을 반영하고 있다는 내용이고, ⓑ는 설화에는 비현실적인 이야기가 존재한다는 내용이다. 평강 공주는 평민인 온달과 결혼하여 자신이 출세하는 것이 아니라 온달을 출세시키고 있으므로, 이를 통해 당대의 여성들이 남성보다 우위에 서고 싶어 하는 소망을 가졌음을 이끌어 내는 것은 적절하지 않다.

오답 뜯어보기 ① 미천한 신분의 온달이 출세하는 과정을 통해 미천한 사람도 위대해질 수 있다는, 혹은 위대해지고 싶어 했던 당대인의 생각을 엿볼 수 있다.
③ 온달이 죽고 평강 공주가 관을 어루만지자 비로소 그 관이 움직였다는 내용을 통해, 당대인은 사후에도 영혼이 존재한다고 믿었음을 알 수 있다.
④ 관이 움직이지 않는 것은 온달의 영혼이 그러한 영향력을 발휘했기 때문인데, 이러한 비현실적이고 신이한 내용을 통해 온달의 애국심과 의기를 강조하고 있다.
⑤ 신이한 요소들이 많이 드러나는 건국 신화에 비해, 〈온달 설화〉는 온달이 죽고 관이 움직이지 않았다는 내용 외에는 대부분 현실적인 내용으로 이루어져 있다.

4 제시된 평강 공주의 말은 가난은 중요하지 않고 마음이 중요하다는 의미로, 이는 평강 공주가 온달과의 혼인을 반대하는 온달의 어머니를 설득하여 허락을 받으려는 의도로 한 말이다.

005 조신지몽_ 작자 미상 032~033쪽

키포인트 체크 욕망, 불교, 인생무상

1 ⑤ 2 ③ 3 세달사, 명주 날리군, 정토사 등 사찰의 이름과 지명을 통해 구체적인 지리적 공간이 제시되고 있기 때문이다. 4 ㉠: 꿈속에서 사랑하는 여인과 부부의 연을 맺고 행복하게 산 일, ㉡: 세속적 욕망의 부질없음을 깨달은 뒤 정토사를 건립하고 수행한 일

1 조신은 울다 지쳐 잠이 들어 꿈을 꾸기 시작하고, 꿈에서 길을 떠나려 할 때 깨어난다. 이러한 입몽(入夢)과 각몽(覺夢)의 과정에는 어떤 필연적인 사건도 나타나지 않는다. 따라서 입몽과 각몽의 계기로 필연성을 갖춘 사건이 제시되었다는 진술은 적절하지 않다.

2 조신은 [B]에서 사십여 년의 세월 동안 가난에 지쳐 고통스러운 삶을 살아가다 꿈에서 깨어난 후인 [C]에서 세속적 욕망이 덧없음을 깨닫고 있다. 따라서 고생 끝에 즐거움이 옴을 뜻하는 '고진감래(苦盡甘來)'와는 거리가 멀다.

오답 뜯어보기 ① [A]에서 김흔의 딸을 좋아하게 된 조신은 김씨 낭자와 함께 살게 해 달라고 빌었다.

② 김씨 낭자가 다른 사람과 혼인하게 되자 슬피 울다가 잠이 든 조신은 꿈에서 김씨 낭자가 찾아와 같이 살게 된다.

④ 조신은 꿈을 꾸기 전에는 김씨 낭자와 부부의 연을 맺고 싶어 하지만, 꿈에서 깬 뒤에는 세속을 탐하는 마음이 없어지게 된다.

⑤ 조신은 꿈에서 깬 뒤 세속적 욕망이 덧없음을 깨닫고는 정토사를 짓고 수행에 전념한다.

3 이 글에는 구체적인 사찰의 이름(세달사, 정토사)과 지명(명주 날리군) 등이 언급되어 있으므로, 〈보기〉에서 설명한 구체적인 지리적 공간이 제시되는 전설로서의 성격을 지니고 있음을 알 수 있다.

4 이 글에서 조신에게 '즐거운 시간'은 꿈속에서 사랑하는 여인과 부부의 인연을 맺고 행복하게 산 일이며, '청량(清凉)의 세계'는 조신이 꿈에서 깨어나 깨달음을 얻은 뒤에 추구한 것으로 세속적 욕망의 부질없음을 깨달은 뒤 정토사를 건립하고 수행한 일을 의미한다.

006 도미 설화_ 작자 미상 034~035쪽

키포인트 체크 의리, 절개, 개루왕, 왕

1 ① 2 ① 3 ③ 4 ⑤

1 개루왕은 '부인의 덕은 비록 정결을 위주로 한다고 하나 만약 어둡고 사람이 없는 곳에서 교묘한 말로 꼬이면 능히 그 마음이 움직이지 않는 자가 없을 것'이라고 말하며 여성의 절개에 불신감을 드러낸다.

오답 뜯어보기 ② 도미 부인은 왕과 남편이 자신을 두고 내기를 했다는 말에 대해 어떠한 반응도 보이지 않는다.

③ 도미가 집을 비우고 개루왕의 신하가 찾아와 거짓말을 하는 상황에서 도미의 부인이 위기를 모면하기 위해 혼자서 일을 꾸며 개루왕을 속인 것이다. 도미 부부가 계획적으로 개루왕을 속인 것은 아니다.

④ 도미는 자신의 부인이 반드시 절개를 지킬 것이라고 말하고 있을 뿐, 권력에 의해 부인이 입게 될 피해를 걱정하고 있지는 않다.

⑤ 도미는 사람의 마음은 가히 헤아리지 못할 것이라고 말하고 있다.

2 이 설화는 '관탈 민녀 설화'에 해당하는데, '관(官)'에 속하는 인물 중에서 가장 강한 권력을 갖고 있는 존재가 왕이다. 그러므로 왕의 절대 권력 앞에서 정절을 지킨다는 것은 그 무엇보다도 어려운 일일 것이다. 따라서 주인공을 억압하는 반동 인물을 왕으로 설정한 것은 도미 부인의 정절을 강조하고 부각하기 위함이라고 볼 수 있다.

3 〈도미 설화〉에서도 왕은 무력(武力)을 사용하여 도미 부인을 궁으로 잡아들였다. 따라서 〈춘향전〉뿐만 아니라 이 글 역시 무력으로 백성을 제압한 내용을 담고 있다.

오답 뜯어보기 ① 이 글의 개루왕과 〈보기〉의 변학도는 둘 다 권력을 지닌 지배 계층으로 평민 여성의 절개를 빼앗으려 하고 있다.

② 이 글의 도미 부인은 기지와 재치로 왕을 속여 절개를 지키고 있으며, 〈보기〉의 춘향 역시 감옥에서 갖은 고난과 시련을 겪었지만 이를 모두 이겨 내고 절개를 지키고 있다.

④ 〈보기〉의 이몽룡은 암행어사가 되어 돌아와 변학도를 물리치며 자신의 능력을 발휘하고 있지만 이 글의 도미는 별다른 능력을 발휘하지 못하고 있다.

⑤ 〈보기〉의 〈춘향전〉은 춘향과 이몽룡이 사랑을 이루게 된다는 점에서 행복한 결말을 맞이하지만, 이 글은 도미의 눈이 멀고 부부가 어렵게 살아가다 고구려로 가 일생을 마친다는 점에서 다소 비극적인 결말을 맺는다고 할 수 있다.

4 도미 부인은 앞에는 강물이 흐르고 있어 건널 수 없고 뒤에는 군사들이 쫓아와 잡힐 상황에 처해 있다. 앞으로 나아갈 수도 없고 뒤로 물러날 수도 없는 상황이므로 이러지도 저러지도 못하는 어려운 처지를 일컫는 '진퇴양난(進退兩難)'에 해당된다.

오답 뜯어보기 ① 역지사지(易地思之): 처지를 바꾸어서 생각하여 봄.

② 토사구팽(兎死狗烹): 토끼가 죽으면 토끼를 잡던 사냥개도 필요 없게 되어 주인에게 삶아 먹히게 된다는 뜻으로, 필요할 때는 쓰고 필요 없을 때는 야박하게 버리는 경우를 이르는 말.

③ 아전인수(我田引水): 자기 논에 물 대기라는 뜻으로, 자기에게만 이롭게 되도록 생각하거나 행동함을 이르는 말.

④ 견강부회(牽强附會): 이치에 맞지 않는 말을 억지로 끌어 붙여 자기에게 유리하게 함.

007 지귀 설화_ 작자 미상 036~037쪽

키포인트 체크 사모(사랑), 연민, 신분, 금팔찌, 불귀신, 주문

1 ⑤ 2 ② 3 ③ 4 금팔찌 5 사랑 때문에 불귀신이 된 지귀의 마음을 달래 주는 내용을 담고 있다.

1 넘치는 사랑의 감정으로 불귀신이 된 지귀 때문에 화재가 일자, 선덕 여왕이 주문을 지어 화재를 면하게 하고 있다. 이러한 내용에서 지귀가 품은 한을 선덕 여왕이 달래어 풀어 주고 있음을 알 수 있다.

2 선덕 여왕은 자신을 사모하는 지귀를 가여워하며 연민의 감정으로 바라보고 있다. '측은지심(惻隱之心)'이란 누군가를 불쌍히 여기는 마음으로, 연민의 정서와 가깝다.

오답 뜯어보기 ① 동병상련(同病相憐): 같은 병을 앓는 사람끼리 서로 가엾게 여긴다는 뜻으로, 어려운 처지에 있는 사람끼리 서로 가엾게 여김을 이르는 말이다. 선덕 여왕이 지귀와 마찬가지로 어려운 처지에 있는 것은 아니다.

③ 언감생심(焉敢生心): 어찌 감히 그런 마음을 품을 수 있겠냐는 뜻으로, 전혀 그런 마음이 없었음을 이르는 말이다. 상대에게 아무런 감정이 없음을 나타낼 때 사용하는 말이므로, 지귀에게 연민을 느끼는 선덕 여왕의 정서와는 거리가 멀다.

④ 자가당착(自家撞着): 같은 사람의 말이나 행동이 앞뒤가 서로 맞지 아니하고 모순됨을 뜻한다. 선덕 여왕의 연민의 정서와는 관련이 없다.

⑤ 이심전심(以心傳心): 마음과 마음으로 서로 뜻이 통함을 이른다. 선덕 여왕과 지귀의 뜻이 서로 통한다고 보기는 어렵다.

3 〈지귀 설화〉의 관리는 여왕과 평민이라는 신분적 질서 때문에 지귀를 핍박하고 있다. 반면에 〈봄봄〉의 장인은 '나'를 머슴으로 좀 더 부려먹으며 경제적 이득을 얻기 위해서 핍박하고 있다.

4 선덕 여왕을 사모하던 지귀는 자고 있던 자신의 가슴에 선덕 여왕이 놓아둔 금팔찌를 보고 사랑의 감정이 폭발하여 온몸에 불이 번지고 있다. 따라서 금팔찌는 지귀의 감정을 폭발시켜 화신(火神)으로 만드는 계기가 되는 소재이다.

5 선덕 여왕을 사모하다가 불귀신이 된 지귀는 자신의 한을 달래 주는 선덕 여왕의 말이라면 따를 수밖에 없다. 실제로 선덕 여왕은 '지귀는 마음에서 불이 일어 / 몸을 태우고 화신이 되었네. / 푸른 바다 밖 멀리 흘러갔으니, / 보지도 말고 친하지도 말지어다.'라는 내용의 주문을 지은 것으로 전해진다.

지식+

- **고대 시가의 주술성, 제의성, 집단성**
  - 주술성: 불행이나 재해를 막으려고 외우는 주문으로 사용됨.
  - 제의성: 제사를 지내는 의식의 일부로 노래됨.
  - 집단성: 개인적 차원을 넘어서서 집단적으로 공유됨.

008 화왕계_ 설총 038~039쪽

키포인트 체크 갈등, 꽃, 충신

1 ⑤ 2 ④ 3 ④ 4 임금은 (충신을 가까이하고) 간신을 멀리해야 한다.

1 이 글의 작가는 꽃을 화왕, 백두옹, 장미에 의인화하여 빗댐으로써 임금의 도리와 바른 처신에 대해 간접적·우의적으로 전하고 있다.

2 이 글에서 화려하고 아름다운 용모를 지닌 장미는 임금을 현혹하는 간신을 빗댄 존재로 충언을 하는 백두옹과 대비되고 있다.

오답 뜯어보기 ① 화왕은 인간 세상의 임금을, 장미는 간신을, 백두옹은 충신을 빗댄 존재이다.

② 작가는 백두옹을 통해 바른 도리로 정치를 해야 한다는 생각을 드러내고 있다.

③ 백두옹은 맹자와 풍당의 고사를 통해 장미와 자신 사이에서 고민하는 화왕의 잘못을 바로잡고자 하는 의도를 드러내고 있다.

⑤ 화왕이 백두옹의 충언을 듣고 '내가 잘못했다. 잘못했다.'라고 뉘우치는 모습을 통해 간신을 멀리하고 충신을 등용해야 한다는 인재 발탁에 관한 교훈을 제시하고 있다.

3 백두옹은 맹자와 풍당의 경우처럼 많은 왕이 정직한 신하를 꺼려하여 멀리했으며, 뛰어난 재주를 지닌 인재들이 불우한 일생을 살도록 방치했음을 왕에게 깨우쳐 주고 있다. 이를 통해 간사한 무리를 멀리하고 정직하고 충성스러운 인재를 등용하여 바른 도리로 정치를 해야 한다는 의도를 전달하고 있다.

4 〈화왕계〉에서는 꽃인 장미, 백두옹, 모란을 의인화하여 인간 사회를 우의적으로 표현하였고, 〈보기〉의 시조에서는 구름이 햇빛을 가리는 자연 현상을 통해 인간 사회를 우의적으로 표현하였다. 〈화왕계〉에서는 백두옹(충신)이 간신을 가까이하고 충신을 멀리하려는 화왕(모란, 임금)을 비판했고, 〈보기〉에서는 구름(간신)이 날빛(햇빛, 임금)을 가리는 것을 안타깝게 표현하고 있다. 따라서 〈화왕계〉와 〈보기〉에서는 '임금은 간신을 멀리해야 함'을 공통적으로 전달하고 있음을 알 수 있다.

지식+

- **〈화왕계〉의 배경 설화**

  어느 여름날 신문왕이 설총에게 말하기를

  "오늘은 오던 비도 개었고 시원한 바람도 불어오니, 비록 진수성찬과 서글픈 음악이 있으나 고상한 이야기와 멋있는 익살로 울적한 마음을 푸는 것이 좋을 것 같소. 그대는 기이한 이야기가 있거든 나를 위하여 이야기하여 주지 않겠는가?"

  하였다. 이에 설총이 옛날이야기 하듯이 왕에게 들려준 이야기가 바로 〈화왕계〉이다. 왕은 이 이야기를 듣고 쓸쓸한 표정을 짓고 말하기를

  "그대의 우언에는 참으로 깊은 뜻이 있으니 청컨대 이를 써 두어 임금 된 자를 경계하는 말로 삼으리라."

  하고 설총에게 높은 벼슬을 주었다.

009 김현감호_ 작자 미상 040~041쪽

키포인트 체크 자기희생, 탑돌이, 호원사

1 ④ 2 ④ 3 ③ 4 '신라 시대 서울'이라는 시간과 장소가 나오고, '호원사'와 '민간요법'이라는 구체적인 증거물이 제시되고 있기 때문이다.

1 하늘에서 외치는 소리가 있었는데, 호랑이 처녀의 세 형제들이 생명을 즐겨 해침이 너무 많아 그 악행을 징계하겠다고 말하고 있다.

오답 뜯어보기 ① 늙은 할미는 호랑이 처녀가 김현을 데려온 것에 대해 '비록 좋은 일이지만 없는 것만 못하다.'라고 말했다.

② 남녀들이 서로 다투어 탑돌이를 하는 것은 소원을 비는 풍습 때문이지, 이성을 만나기 위해서가 아니다.

③ 호원사를 지은 사람은 김현으로, 절을 건립하여 불경을 강한 것은 호랑이 처녀의 유언에 따르고 호랑이 처녀의 은혜를 갚고자 한 행동이다.

⑤ 원성왕이 김현이 호랑이를 잡기 전에 벼슬부터 준 것은 그를 격려하기 위함이다. 원성왕이 김현이 호랑이를 잡아올 것이라 믿어 벼슬부터 내렸다는 내용은 나타나지 않는다.

2 김현이 왕 앞에서 호랑이를 잡을 수 있다고 말한 것은 호랑이 처녀와의 약속에 따른 것이다. 김현은 호랑이를 잡게 될 것이므로 이를 '허장성세(실속은 없으면서 큰소리치거나 허세를 부림.)'라고 보기는 어렵다.

오답 뜯어보기 ① 김현은 호랑이 처녀에게 은혜를 갚기 위해 등용된 후 호원사를 건립했다.

② 호랑이 처녀는 세 오빠의 벌을 자진해서 받겠다고 하며 자신의 목숨을 내놓고 있는데, 이는 자기의 몸을 희생하여 인(仁)을 이루는 것이므로 '살신성인(殺身成仁)'이라고 할 수 있다.

③ 김현은 호랑이 처녀에게 '어찌 차마 배필의 죽음을 팔아서 일생의 벼슬을 요행으로 바랄 수 있겠소?'라고 말하고 있는데, 이를 통해 그가 진실된 성격임을 알 수 있다.

⑤ 호랑이 처녀는 배필의 죽음으로 벼슬을 얻을 수 없다고 말하는 김현을 설득하고 있다. 따라서 자신의 죽음이 다섯 가지의 이로움이 있다고 한 말은, 김현의 죄책감을 덜어 주려는 호랑이 처녀의 의도에서 비롯된 것임을 알 수 있다.

3 〈보기〉에서는 소설이 자아와 세계와의 갈등 상황에서 자아가 세계에 적극적으로 대응하는 모습을 그린다고 하였다. 그런데 이 이야기에서 주인공인 김현은 '호랑이 처녀의 죽음'이라는 '세계의 횡포'에 적극적으로 저항하지 않는다. 따라서 이 이야기를 소설로 볼 수 없는 것이다.

오답 뜯어보기 ① 호랑이 처녀와 함께하고자 하는 욕망과 벼슬을 얻고자 하는 욕망이 나타나 있다.

② 김현과 호랑이 처녀의 갈등은 자아와 세계의 갈등이 아니다. 이 작품에서 김현이 맞닥뜨리는 세계는 '호랑이 처녀의 죽음'이다.

④ 세계와의 갈등에서 선택을 하는 것은 김현이 아니라 호랑이 처녀이며, 김현은 별다른 선택을 하지 못하고 있다. '선택하지 않는 것'을 김현의 선택이라 보아도 이는 호랑이 처녀의 숭고한 자기희생의 결과이기 때문에 비도덕적인 선택이라고 볼 수 없다.

⑤ 김현이 호랑이 처녀와 함께하고자 할 때 '호랑이 처녀의 죽음'이라는 세계의 횡포가 나타난다.

4 〈보기〉의 설명에서, 전설에는 뚜렷한 시·공간이 제시되고 구체적인 증거물이 존재함을 알 수 있다. 이 이야기는 신라 시대 서울을 배경으로 하며 '호원사'와 '민간요법'이라는 구체적인 증거물이 제시되고 있다. 따라서 이 작품은 전설이라고 할 수 있다.

010 경문 대왕 이야기_ 작자 미상 042~043쪽

키포인트 체크 당나귀, 비밀, 대나무 숲

1 ⑤ **2** ③ **3** ① **4** 경문왕의 귀가 당나귀 귀로 변한다는 내용에 드러나는 '당나귀 귀' 화소는 우리나라뿐만 아니라 전 세계적으로 분포하기 때문이다.

1 이 글은 경문 대왕이 왕이 된 일화와 뱀을 숭상한 일화, 왕의 귀가 당나귀 귀로 변화한 일화 등을 보여 주어 왕의 지혜로움과 신이함을 부각하고 있다.

오답 뜯어보기 ① 작가의 직접적 평가가 드러나지 않는다.

② 여러 유형의 인물이 등장하지 않고 경문 대왕에 관한 이야기가 진행되고 있다.

③ 신라 시대의 경문 대왕이라는 역사적 실존 인물이 등장한다.

④ 초월적 능력을 지닌 인물이 태어나 시련을 극복하고 과업을 이루는 것은 주로 신화에 등장하는 이야기 구조이다. 이 이야기는 설화이다.

2 경문 대왕의 침소에 뱀이 나타나자 대궐에서 사람들이 놀라서 몰아내려 했다는 내용으로 보아, 뱀을 숭배한다기보다 두려워하고 꺼림을 알 수 있다.

오답 뜯어보기 ① 왕이 죽자 맏사위인 응렴이 왕위를 이어받은 것에서 알 수 있다.

② 응렴은 맏공주에게 장가를 들라는 범교사의 충고 덕에 왕이 될 수 있었다.

④ 왕위에 올라 '이제 쉽게 아름다운 둘째 공주를 취할 수 있게' 되었다는 범교사의 말을 통해 알 수 있다.

⑤ 경문 대왕이 자신의 비밀을 퍼뜨리는 대나무를 베어 냈다는 내용에서 알 수 있다.

3 〈보기〉는 사회적 고립이 두려워 하고 싶은 말을 못해 화병에 걸린 경우에는 일기를 쓰는 등의 행동을 통해 속마음을 표현하는 것이 효과적이라는 내용이다. 이를 참고하면 대나무 숲에서 비밀을 발설한 복두장의 행동은 화병을 극복하기 위해 일기를 쓰는 행위와 본질적으로 동일하다고 볼 수 있다. 화병에 걸리는 것은 자신이 알고 있는 비밀이나 속마음을 표현하지 못해서이므로 간접적이라 해도 비밀을 털어놓았기 때문에 오히려 화병에 걸린다는 ①은 적절하지 않다.

4 이 설화의 내용 중 경문 대왕의 귀가 자란 내용은 당나귀 귀 화소를 지닌 다른 나라의 이야기들과 유사한 구조를 보인다. 이러한 점에서 우리 문학의 보편성, 즉 우리 문학이 세계 문학과 일맥상통함을 알 수 있다.

011 지하국 대적 퇴치 설화_ 작자 미상 044~045쪽

키포인트 체크 비범, 지상, 지하, 노력, 구출

1 ③ **2** ③ **3** ② **4** 현실의 힘든 상황을 노력을 통해 극복할 수 있다는 희망을 드러내고 있다.

1 이 글에서는 무사가 여인들을 납치해 간 도적을 죽이고, 자신의 공을 가로채려 한 사람들을 처치함으로써 악인을 징벌하고 있다. 또한 선인인 무사가 여인들과 결혼하는 행복한 결말을 통해 독자들에게 권선징악의 교훈을 전달하고 있다.

오답 뜯어보기 ① 이 글은 흥미 위주의 민담으로, 이야기에 신뢰성을 부여하는 증거물은 찾아볼 수 없다.

② 주인공인 무사는 용기가 있고 의지적인 인물이지만 평범한 인간이며 이 글에서 무사의 일대기를 다루고 있는 것은 아니다.

④ 여인들을 납치해 간 독수리나 무사를 지상에 데려다 준 학은 자연물로서 이 글의 전기적인 특성을 보여 주기는 하지만 의인화한 대상이 아니다. 또한 인간 세계에 대한 풍자도 찾아볼 수 없다.

⑤ 시간적 배경은 명확하지 않으며 공간적 배경은 비현실적인 지하국으로 실제 역사적 사건이나 당시의 사회상과 관련이 없다.

지식+

• **신화, 전설, 민담의 특성**

신화	주인공이 신이하고 초월적 능력을 지닌 인물이며 신성성이 중시됨.
전설	주인공이 특별한 능력을 지닌 인물이며 이야기의 증거물이 제시됨.
민담	주인공이 평범한 인물이며 흥미 위주의 이야기임.

2 〈보기〉의 물고기와 자라는 주몽이 기병에게 쫓기는 위기에서 벗어날 수 있도록 돕는 조력자이다. 이 글에서 여인은 무사가 구출하려는 대상이면서 동시에 무사가 도적을 퇴치할 수 있도록 조언하는 조력자의 역할을 하고 있다.

오답 뜯어보기 ① 여인을 납치해 간 괴물이다.
② 지상과 지하를 오갈 수 있게 하는 수단이다.
④ 무사가 도적을 퇴치하는 데 방해가 되는 존재이다.
⑤ 무사가 부딪힌 문제를 해결하는 방법이다.

3 무사는 지상에서 바구니를 타고 지하로 내려갔고 지하국에서 여인을 만나 도움을 받았으며, 동료들의 배신으로 지하에서 지상으로 나올 때는 학을 타고 올라왔다. 즉, 무사는 [C]에서 여인의 도움을 받았다.
오답 뜯어보기 ① 무사는 독수리가 여인을 납치해서 바위 사이로 들어가는 것을 보았기 때문에 지하국으로 가는 구멍을 찾아냈다.
③ 무사는 [B]에서는 바구니를 타고 바위 밑의 구멍을 통과해서 내려갔고, [D]에서는 학을 타고 나왔다.
④ 무사는 [B]에서는 한 사람만 겨우 통과할 수 있는 구멍으로 밧줄에 묶은 바구니를 타고 내려갔으며, [D]에서는 고기를 주며 학을 타고 오다가 고기가 떨어지자 자기 팔을 베어 주었다.
⑤ 무사는 지하국에서 도적을 퇴치하여 지상으로 돌아온 뒤 여인들과 결혼하여 행복하게 살았다.

4 약자이며 특별한 능력도 없는 평범한 인물인 무사가 각고의 노력으로 강자인 도적과 대결하여 승리를 쟁취하는 이야기를 통해 힘든 현실 상황도 노력하면 극복할 수 있다는 희망적인 주제를 전달하고 있다.

2 | 고대 수필

014 왕오천축국전_ 혜초 048~049쪽

키포인트 체크 불교적, 천축국, 기후

1 ⑤ **2** ② **3** ⑤ **4** ② **5** 육로와 해로를 같이 언급한 글이다. / 8세기의 인도와 중앙아시아를 다룬 세계에서 유일무이한 기록이다. / 당대 인도의 사회상을 상세히 기록한 글이다.

1 이 글은 신라의 승려 혜초가 고대 인도의 다섯 천축국을 답사하고 쓴 기행문으로 인도의 정세, 지리, 풍속, 언어 등을 자세히 기록하고 있다. 비현실적 사건을 제시한 부분은 찾을 수 없다.

2 이 글에 혜초가 천축국을 여행하면서 기록을 남기게 된 계기가 무엇인지는 직접적으로 드러나지 않는다.
오답 뜯어보기 ① 천축국의 형벌 제도에 관한 내용은 (다)에서 알 수 있다.
③ 마하보리 영탑의 위치는 (가)에서 알 수 있다.
④ 천축국 백성들이 주로 먹는 음식은 (라)에서 알 수 있다.
⑤ 천축국의 재판 제도에 관한 내용은 (마)에서 알 수 있다.

3 〈보기〉는 구름, 바람을 의인화하여 고향에 대한 자신의 그리움을 드러내고 있다. 이와 달리 [A]에는 의인법이 사용되지 않았고 고향에 대한 그리움이 아니라 승려로서 느낀 불교적 감동이 나타나 있다.
오답 뜯어보기 ①, ② [A]에는 마하보리사를 예방하는 기쁨과 감동이 드러나 있지만, 〈보기〉에는 대상(고향)에 대한 그리움이 드러나 있다.
③ 〈보기〉의 '누가 내 고향 계림으로 나를 위하여 소식을 전할까.'에서 설의법을 활용하여 자신의 소식을 전할 수 없는 안타까운 마음을 효과적으로 드러내고 있다.
④ [A]는 혜초가 마하보리사를 예방할 때 쓴 시이므로 대상과 화자의 심리적 거리가 가깝다. 그러나 〈보기〉는 그리움의 대상인 고향 계림이 하늘 끝 북쪽에 있다고 표현함으로써 심리적 거리감을 드러내고 있다.

4 〈보기〉는 불교의 오계에 관한 설명으로, 밑줄 친 부분은 살생하지 말라는 '불살생계'에 해당한다. ㉡은 국왕에서 서민에 이르기까지 사냥을 하지 않는다는 내용으로, 생명을 죽이지 않으려는 노력이 드러나는 부분이다.

5 이 글은 육로와 해로의 기행이 같이 언급되어 있다는 점과 8세기 인도와 중앙아시아를 다룬 세계에서 유일무이한 기록이라는 점, 그리고 일반적인 정세 외의 당시의 생활상이 구체적으로 다뤄지고 있다는 점에서 사료적인 가치가 있다.

015 격황소서_ 최치원 050~051쪽

키포인트 체크 회유, 황소의 난, 귀순

1 ④ **2** ④ **3** ② **4** 반란을 일으킨 황소로부터 항복을 받고자 한다.
5 자신의 약속이 거짓이 아님을 강조하기 위해서이다.

1 이 글은 중국에 건너가 과거에 급제하고 높은 벼슬에 올랐던 최치원이 쓴 격문이다. 그는 황소의 난이 일어나자 토벌군 총사령관의 서기직을 맡은 상황에서 황소의 죄상을 고발하고 항복을 강하게 권유하고자 이 글을 썼다.
오답 뜯어보기 ② 황소가 항복하도록 설득하기 위해 쓴 격문이다.
③ 최치원이 중국 문학에 미친 영향을 확인할 수 있는 글이다.
⑤ 이 글은 상대를 위협하면서 회유하는 내용을 모두 포함하고 있다.

2 (나)의 '만일 땅을 떼어 봉해 줌을 원한다면, 나라를 세우고, 집을 계승하여 몸과 머리가 두 동강으로 되는 것을 면하며, 공명의 높음을 얻을 것이다.'에서 부귀를 약속하며 상대방을 회유하고 있음을 확인할 수 있다.

3 격문이란 원래 사람의 생각과 행동을 바꿀 목적으로 쓴 글이다. 이 격문에서 최치원은 회유와 협박을 적절히 결합하여 황소를 압박하고 있다. 그런데 〈보기〉에 따르면 황소가 이 글을 읽고 의자에서 떨어졌다고 하는데, 이는 황소가 격문을 읽고 강한 충격을 받았다는 뜻이다. 이를 통해 문학이 사람의 마음을 움직이고 나아가 어떤 구체적인 행동까지도 야기할 수 있는 강력한 힘을 지녔음을 확인할 수 있다.

4 이 글은 당나라 말기에 일어난 민란인 황소의 난 때 그 우두머리였던 황소에게 항복을 권유하기 위하여 보낸 격문이다.

5 최치원은 자신의 약속이 반드시 실행될 것이라는 확신을 주기 위해 천자를 거론하고 있다. 즉, 자신은 황제의 명령을 받은 사람이고 맑고 깨끗한 신의를 지녔으며, 은혜를 베푼다고 해 놓고 나중에 다른 행동을 하지 않겠다고 말함으로써 자신의 약속이 거짓이 아님을 강조하고 있다.

II. 고려 시대

1 | 가전

016 공방전_ 임춘 056~059쪽

키포인트 체크 의인화, 돈, 재물, 탄핵

1 ⑤ 2 ④ 3 ⑤ 4 벼슬을 팔아서 올리고 내침이 그 손바닥에 있으므로 많은 벼슬아치들이 절개를 굽혀 섬겼다. 5 (1) 공방은 겉은 둥글어 착해 보이지만, 속은 모가 나서 악하다. (2) 표리부동(表裏不同) 6 ③ 7 ⑤ 8 ④ 9 ④ 10 이 글과 〈보기〉의 공통점은 사물을 의인화했다는 것이다. 그러나 이 글의 주인공 공방이 부정적인 평가를 받는 것과 달리 〈보기〉의 주인공 성은 긍정적인 평가를 받고 있다.

1 공방은 물건값을 낮추어 곡식을 천하게 만드는 대신 돈을 중하게 만들어 백성으로 하여금 장사를 좇게 하여 나라의 근본이 되는 농사를 방해했다. 그 결과 물가가 안정되고 나라의 경제 사정이 좋아졌는지는 알 수 없다.

오답 뜯어보기 ① 공방의 조상은 처음 황제 시절에 조금 쓰였으며 쇠붙이를 맡은 사람의 청으로 세상에 그 이름이 알려졌다.

② 공방의 아버지 천(泉)은 주나라의 재상으로 나라의 세금을 매기는 일을 맡았었다.

③ 공방은 욕심 많고 더러워 염치가 없었으며 백성들과 사소한 이익조차 다툴 만큼 돈을 벌기 위해서라면 체면도 가리지 않았다.

④ 벼슬을 팔아서 올리고 내침이 공방의 손바닥에 있으므로 벼슬아치들이 절개를 굽혀 섬겼다는 것으로 보아, 공방 때문에 매관매직이 성행했음을 알 수 있다.

2 사람 사귀는 기준을 돈에 두고 재물만 많은 자면 사람을 가리지 않은 공방의 속물근성을 드러내고 있다. 이와 관련하여 진정한 사귐이 무엇인지는 제시되지 않는다.

지식+

• **가전 문학의 출현 배경**

가전 문학의 담당층은 신진 사대부 계층이었다. 무신 집권 이후, 과거 제도를 통해 새롭게 등장한 신진 사대부들은 대체로 관념적 이상보다는 현실에 관심이 많았다. 신진 사대부들의 이러한 현실주의 정신은 인간 생활을 구성하는 실제적 사물에 대한 관심을 불러일으키고, 이에 따라 새로운 유형의 문학 양식인 가전을 창출하고 발전시켰다.

3 ㉤은 사람들이 돈을 중하게 여기게 되어 공방의 권세가 커짐을 드러낸 부분이다.

4 '벼슬을 팔아서 올리고 내침이 그 손바닥에 있으므로 많은 벼슬아치들이 절개를 굽혀 섬겼다.'라는 표현을 통해 당대 사회에서 돈으로 매관매직(賣官賣職)하는 폐단이 성행하고 있었음을 알 수 있다. 또한 이것은 전형적인 정치와 경제의 유착 관계를 보여 주는 것이라 할 수 있다.

5 공방의 생김새는 겉으로 보기에는 둥글어서 착해 보일 수 있지만, 속은 모가 나서 악한 성질을 지녔음을 짐작할 수 있다. 따라서 이러한 공방의 모습을 드러내기에 적절한 한자 성어는 겉과 속이 다름을 뜻하는 표리부동(表裏不同)이 적절하다.

6 이 글에는 왕안석이 정사를 맡아 다스리며 청묘법을 썼는데 이 때문에 천하가 시끄러워 못살게 되었고, 소식이 그 폐단을 비난했다고 나와 있다. 이는 청묘법을 실시함으로써 돈이 대량으로 유통되자 나라가 혼란해졌음을 의미한다. 따라서 돈 때문에 발생하는 폐단을 억제하고자 청묘법을 썼다는 ③의 설명은 적절하지 않다.

지식+

• **공방에 대한 등장인물의 태도**

긍정적 태도	부정적 태도
유안, 비(濞), 왕안석	공우, 사마광, 소식

7 (다)는 가전체의 마지막 부분인 사신의 평으로 일반적으로는 인물의 장단점을 모두 다루지만, 이 글에서는 인물의 단점만을 언급하고 있으며, 미래를 예측하지 않았다.

오답 뜯어보기 ① 공방에 대한 부정적 평가를 통해 돈(재물)의 폐단을 비난하고자 하는 작품의 주제가 드러난다.

② 재물을 탐하는 세태에 대해 비판적인 작가의 생각을 사신(史臣)이 대신하여 드러내고 있다.

③ 마지막 문단에서 서술자가 공방에 대해 부정적으로 논평하고 있다.

④ 공방을 충신의 도리에 어긋난 자('충신은 경외의 사귐이 없다는 것에 어그러진 자')라고 표현하여 직접적으로 비판하고 있다.

8 (다)에 돈을 없앴더라면 후환을 없앨 수 있었을 것이라는 언급이 드러나는데, 이를 통해 돈이 모든 악의 뿌리라는 작가의 생각을 짐작할 수 있다.

오답 뜯어보기 ① 돈의 유통성을 뜻한다.

② 돈이 많은 사람이 그 이익을 바탕으로 돈을 더 벌 수 있다는 뜻이다.

③ 사람은 누구나 돈을 소중히 여긴다는 말이다.

⑤ 돈이 사람을 살릴 수도, 죽일 수도 있는 막강한 힘을 가졌다는 의미이다.

9 〈보기〉의 김○○ 할머니는 어렵게 모은 돈을 의미 있게 사용하고 있으므로 돈을 부정적인 대상으로만 인식하는 작가에게 돈도 잘 쓰면 의미가 있다는 말을 해 줄 수 있다.

10 이 글의 공방은 돈을 의인화한 인물이고 〈보기〉의 성은 술을 의인화한 인물이다. 이 글의 공방은 일조에 모두 없애 버리지 못해 후세에 폐단을 남겼다는 부정적인 평가를 받고 있지만, 〈보기〉의 성은 태평스러운 푸짐한 공을 이루었다는 긍정적인 평가를 받고 있다.

017 국순전_ 임춘 060~063쪽

키포인트 체크 술, 간신, 전횡

1 ③ 2 ④ 3 ④ 4 ③ 5 〈보기〉와 이 글은 빗대는 방법을 사용하여 주제를 드러내고 있다. / 〈보기〉와 이 글은 비유의 방법을 사용하여 주제를 드러내고 있다. 6 ④ 7 ① 8 ⑤ 9 (라)와 〈보기〉는 모두 술을 의인화하고 있는데 (라)의 작가는 술을 간신배로 보고 부정적 평가를 내린 반면, 〈보기〉의 작가는 술의 긍정적 측면과 부정적 측면을 모두 밝히면서 대체로 긍정적인 평가를 내리고 있다.

1 임금의 책망을 받은 것은 주가 아니라 서막이다. 임금은 서막이 주와 사사로이 사귀어 난리의 계단을 키우고 있다는 어떤 사람의 이야기를 듣

고 그를 책망했다. 주는 그 후에 세상이 어지러울 줄 알고 다시 벼슬할 뜻이 없어 죽림에서 노닐며 그 일생을 마쳤다.

오답 뜯어보기 ① (가)에서 국순의 90대조인 모가 숨어 살며 벼슬을 하지 않았다고 했다.

② (나)에 서막과 친하여 그를 조정에 끌어들여 말할 때마다 주가 입에서 떠나지 않았다고 한 데서 알 수 있다.

④ (다)에 성대한 모임이 있을 때 순이 오지 않으면 '국 처사가 없으면 즐겁지가 않다.'라고 한 것에서 알 수 있다.

⑤ 산도는 국순에 대해 '천하의 창생(蒼生)을 그르칠 자는 이놈'이라고 하며 국순으로 인한 폐해가 생길 것을 예측하여 말했다.

2 〈보기〉의 기사에는 술을 지나치게 탐닉하여 문제를 일으킨 상황이 제시되어 있다. 따라서 술의 폐해를 보여 주는 사례, 술이 사람을 그르친 사례라 할 수 있다.

오답 뜯어보기 ① 술이 문제를 야기하는 상황이 중점적으로 드러나 있으므로 술을 귀하게 여기고 사랑하는 상황과는 거리가 멀다.

② 사람들이 술을 흠모하는 이유가 아니라 술을 경계하는 이유를 알게 하는 사례이다.

3 ㉣은 과음하여 몸을 가누지 못하는 모습으로, 술의 폐해에 해당한다. 나머지는 모두 술의 좋은 점에 해당한다.

오답 뜯어보기 ① ㉠은 국순의 재능과 도량이 뛰어나다는 뜻이다.

② ㉡은 국순의 성품이 맑다는 뜻이다.

③ ㉢은 술이 사람들에게 활력을 불어넣어 준다는 뜻이다.

⑤ ㉤은 국순이 흥을 돋우며 즐거운 분위기를 만들어 준다는 뜻이다.

4 ⓐ에서는 앞에서는 국순을 '갸륵한 아이'라고 치켜세웠다가 뒤에서 천하의 창생(蒼生)을 그르칠 자'라며 깎아내리고 있다.

5 〈보기〉는 탐관오리의 수탈이 심하여 백성들이 피폐하게 살아가는 부당한 현실을, 애써 지어 놓은 늙은 홀아비의 곡식을 참새가 쪼아 먹는 상황에 비유하여 고발한 작품이다. 〈국순전〉은 술을 의인화하여 당시의 부정적인 정치 상황을 풍자하는 교훈적인 내용을 담은 가전체 작품이다.

6 이 글은 술이라는 사물을 의인화하여 현실 세계를 비판하고 있는 우의적 성격의 글이다. 하지만 개인의 정서를 표현한 것은 아니다.

오답 뜯어보기 ① 술을 의인화하여 표현하고 있다.

②, ③ 가전에서는 의인화한 사물의 가계와 생애 및 성품, 공과를 서술하기 위해 여러 가지 역사적 사실과 고사를 인용하는데, 이 글에서도 이러한 특징이 드러나고 있다.

⑤ 국순의 생애를 시간의 흐름에 따라 서술하고 있다.

7 이 글에는 술이 인간을 망치듯 충언을 하지 않고 임금의 비위만 맞추어 임금을 망치는 간신에 대한 풍자가 드러나 있다.

8 왕실은 순으로 인한 폐단 때문에 어지러워지고, 순은 천하의 웃음거리가 되었으므로 '함께 넘어지고 같이 망함.'이라는 뜻의 '공도동망(共倒同亡)'이 적절하다.

오답 뜯어보기 ① 전전긍긍(戰戰兢兢): 몹시 두려워 벌벌 떨며 조심한다는 의미이다.

② 소탐대실(小貪大失): 작은 것을 탐하다 큰 것을 잃는다는 의미이다.

③ 배은망덕(背恩忘德): 남에게 입은 은덕을 저버리고 배신한다는 의미이다.

④ 자승자박(自繩自縛): 자기의 줄로 자기 몸을 옭아 묶는다는 뜻으로, 자기의 말과 행동에 자신이 옭혀 곤란하게 됨을 비유적으로 이르는 말이다.

9 (라)와 〈보기〉는 모두 술을 의인화한 가전이지만, 두 작품에서 술을 대하는 태도는 다르다. 이 글에서 술은 임금을 현혹하고 국가를 위기에 빠뜨리는 부정적 존재이지만 〈보기〉에서 술은 넓은 도량을 바탕으로 국가를 구하는 긍정적 존재이다.

지식+

• 〈국순전〉과 〈국선생전〉의 비교

	국순전	국선생전
공통점	• 인물과 지명, 서술 방식 등이 유사함. • 술(내력, 성질, 효능)을 의인화함.	
차이점	• 간신을 꾸짖고 방탕한 군주를 풍자하려는 목적에서 창작됨. • 술의 폐해를 드러냄.	• 총애를 받다가 방종하여 물러난 후에 백의종군하는 충절의 대표적 인간상임. • 술의 효능과 가치를 긍정적으로 수용함.

018 국선생전_이규보

064~067쪽

키포인트 체크 술, 무신, 탄핵

1 ⑤ **2** ④ **3** ② **4** 곡식이 누룩을 만나 발효되어 술(국성)이 되는 과정을 표현하기 위해서이다. **5** ③ **6** ⑤ **7** 이 글은 술에 대한 긍정적인 관점에서 국성의 업적과 국성이 과오를 극복하는 과정에 초점을 맞추었고, 〈보기〉는 술에 대한 부정적인 관점에서 국순이 행한 부정부패를 서술하는 데 중점을 두었다. **8** 물러날 때를 보아 물러날 줄 아는 인물이다.

1 국성은 주천(酒泉) 사람으로, 주천 물로 맛있는 술을 빚었다고 하여 공간적 배경이 의미 있는 장소로 제시되기는 하지만 인물의 심리를 드러내지는 않는다.

오답 뜯어보기 ① 성과 함께 즐긴다고 하는 것은 술을 마신다는 것을 비유적으로 드러낸 말이다.

② 국성의 일대기를 중심으로 사건이 전개되고 있다.

③ 국성은 누룩(술)을, 조부 모(牟)는 보리를, 아버지 차(醝)는 흰 술을 의인화한 표현이다.

④ 중국 진나라의 시인 유영, 동진의 시인 도잠 등을 등장시켜 흥미를 유발하고 있다.

2 이 글에서 임금이 국성을 '국 선생'으로 예우한 것은 국성이 국가의 주요한 행사에서 중요한 역할을 맡으면서 위국충절의 모범적 태도를 보였기 때문이다. 이는 국성과 같은 이상적 인물을 설정하여 바른 신하의 귀감으로 삼으려 한 작가의 의도가 반영된 부분이므로, 이를 무인들의 삶과 관련짓는 것은 적절하지 않다.

3 ㉡은 맑음이 쉽게 변하지 않는 좋은 술의 속성을 의미하는 것으로, 쉽게 변하지 않는 국성의 성품을 나타낸다. 그러나 쉽게 변하지 않는다 해서 이를 원칙적이고 세속의 유혹에 흔들리지 않는 강직한 성품으로까지 해석하기는 어렵다.

4 '국(麴)'은 누룩을 의미하고 '곡씨'는 곡식을 의미하며, 이 둘이 만나 발효되면 '술(국성)'이 된다. 그러므로 국성의 어머니를 곡씨의 딸로 설정

한 것은 누룩이 곡식을 만나 발효되어 술(국성)이 되는 과정을 표현하기 위한 것임을 알 수 있다.

5 모영이 술의 폐해를 지적하여 국성을 탄핵하자 국성은 결국 서인으로 폐해지고 아들과 친구를 잃게 된다. 작가는 이러한 국성의 시련을 통해 술을 지나치게 마시면 그 폐해가 클 수 있음을 지적하고, 사람의 상황도 언제든지 바뀔 수 있으니 항상 행동을 조심해야 함을 일깨우고 있다.

6 가전에서 주인공의 가계 내력을 서술할 때에는 보통 주인공이 태어나기 전의 가계도를 자세히 설명하는 것으로 나타난다. 또한 국성의 조카와 아우들의 행적에 대한 설명은 이 글에 언급되지 않는다.

7 〈보기〉의 〈국순전〉에서 술(국순)은 임금으로 하여금 정사를 폐하게 하고, 돈을 거둬들여 재산을 모으는 등 부정적인 인물로 그려져 있다. 반면에 이 글에서는 술(국성)의 업적과 국성의 과오를 극복하는 과정에 초점을 맞추어 국성, 즉 술을 긍정적인 인물로 그리고 있기 때문에 〈보기〉의 국순과는 대조적이라 할 수 있다.

8 이 글에서는 국성을 통해 바람직한 신하의 모습을 제시하고 있다. 국성은 가난한 집 자식으로 태어나, 권문세족이 아니지만 뛰어난 능력을 발휘하여 임금의 총애를 받는다. 또한 임금에게 충성을 다했을 뿐만 아니라, 물러날 때에는 물러날 줄 아는 순리를 지키는 인물이었다.

019 청강사자현부전_ 이규보 068~071쪽

키포인트 체크 거북, 처세, 안분지족

1 ④ **2** ③ **3** ③ **4** 벼슬을 주려는 왕과 이를 거부하는 현부의 외적 갈등이 나타난다. **5** 이 글의 서술자는 거북(현부)에게 우호적인 데 반해, 〈보기〉의 화자는 거북에게 위협적인 태도를 보이고 있다. **6** ① **7** ② **8** ⑤ **9** 언행을 삼가고 자신을 경계

1 현부는 앞길의 길흉화복을 점치는 능력이 있음에도 어부에게 사로잡혀 강제로 세상에 나오게 된다. 이는 아무리 현명한 사람이라도 한순간의 실수로 일을 그르칠 수 있으니 말과 행동을 조심해야 한다는 주제를 보여 준다.

2 ㉠은 현부가 임금의 뜻을 거절하기 위해 부른 노래로, 벼슬을 탐하지 않고 자신의 처지에 만족하는 현부의 삶의 태도가 나타난다.

3 꿈은 능동적으로 꿀 수 있는 것이 아니라 다분히 수동적이기 때문에 ⓐ와 ⓑ의 주체는 모두 수동적이라고 할 수 있다. 또한 꿈을 다르게 해석하여 현부라는 특정 인물의 행동만을 놓고 보아도 꿈을 통해 현부가 태어날 것을 암시한 ⓐ보다는 현부가 직접 꿈에 나타나서 자신이 갈 것임을 암시하는 ⓑ가 좀 더 능동적이라고 할 수 있다.
오답 뜯어보기 ① ⓐ는 현부의 출생, ⓑ는 현부가 원왕 앞에 나타나는 것을 예고하는 역할을 한다.
② ⓐ에서 요광성은 군대를 관장하는 별이다. 따라서 현부가 꿈에서와 같은 일을 하려면 장성해야 하므로 시간이 많이 걸리고, ⓑ의 내용은 이튿날 예저가 현부를 데리고 와 이루어졌으므로 ⓐ보다 ⓑ가 시간적으로 짧게 걸렸다고 할 수 있다.
④ ⓐ의 내용은 요광성이 품에 들어오는 것이 전부이지만, ⓑ의 내용은 현부가 검은 옷에 수레를 타고 나타나서 말한 내용까지 제시되어 있으므로 ⓐ보다 ⓑ의 정보가 좀 더 구체적이라고 할 수 있다.
⑤ ⓐ는 현부의 어머니가 임신할 때 꾼 꿈이므로 태몽(胎夢)의 성격을 띠고, ⓑ는 그 다음날 일어날 일을 미리 보여 준 것이므로 예지몽(豫知夢)의 성격을 띤다고 할 수 있다.

4 현부는 임금이 그의 명성을 듣고 불러들였을 때 '진흙 속에서 노니는 재미가 끝이 없는데, 벼슬살이를 내가 왜 바라겠는가?'라며 벼슬에 뜻이 없음을 드러낸다. 후에 예저에 의해 강제로 임금을 뵈었을 때에도 벼슬에 대한 욕심이 없음을 드러내며 자신을 보내 줄 것을 간청하고 있다. 따라서 왕과 현부의 외적 갈등이 드러나고 있다.

5 이 글의 (나), (다)에서는 현부를 침착하고 도량이 크며 벼슬을 사양하는 긍정적인 인물로 그리고 있는 데 반해, 〈보기〉에서는 거북이 남의 아내를 약탈해 갔기 때문에 그물로 잡아 구워 먹겠다고 하며 거북을 위협하고 있다.

지식+

• 〈청강사자현부전〉과 〈해가〉의 비교

	청강사자현부전	해가
갈래	가전	4구체 한역 시가
거북의 면모	지혜로우나 술책에 빠지는 인물	신성한 존재
주제 의식	안분지족(安分知足)의 처세와 언행(言行)을 삼가는 삶의 자세	수로 부인의 귀환을 요구함.
형식	'도입 – 전개 – 비평'의 3단 구성	'요구 – 위협'의 명령 어법

6 왕은 어부에게 잡혀 온 현부를 보내 주려 했으나 위평이 은밀히 눈짓하여 이를 말렸다. 이는 현부를 등용하라는 뜻을 전달한 것이라 할 수 있으므로 ①과 같은 설명은 적절하지 않다.
오답 뜯어보기 ② (가)에서 나랏일의 대소를 막론하고 모두 현부에게 물어본 뒤에 시행했다는 내용에서 알 수 있다.
③ (나)에 벼슬살이를 하던 현부가 어디에서 생을 마쳤는지 아는 사람이 없다는 내용이 나와 있다.
④ (나)에서 지금도 벼슬아치들이 현부의 덕을 사모하여 황금으로 그의 형상을 주조해서 다니기도 한다는 내용을 통해 알 수 있다.
⑤ (다)에서 원서가 '때를 가리지 않고 세상에 나왔다가' 뜨거운 물에 삶겨 죽임을 당했음을 알 수 있다.

7 ⓐ는 현부의 후손에 대해 '그가 있는 곳에는 항상 푸른 구름이 감돌았다.'라고 한 부분에 반영되어 있으며, ⓓ는 '나랏일의 대소를 막론하고 모두 그에게 물어본 뒤에 시행하였다.'와 연결되고, ⓔ는 '그대는 신명의 후손으로 길흉화복에 밝은 자인데, 왜 스스로 미리 자신의 앞길을 도모하지 못하고 예저의 술책에 빠져서 과인에게 붙들린 신세가 되었는가?'에 반영되어 있다.

8 〈보기〉에서 이규보는 자의 반, 타의 반으로 관직에 진출했다고 했으므로, 현부가 예저의 술책에 빠진 것을 작가가 관직 진출의 꿈을 실현한 것으로 보기는 어렵다.

9 이 글의 작가는 성인도 삶에 어그러짐이 있고 현부처럼 앞일의 길흉을 점칠 수 있는 자도 어부의 술책에 빠져 사로잡히기도 하므로, 평범한 사람들은 항상 자신을 경계하고 언행을 삼가야 한다는 의도를 전달하고 있다.

2 | 수필·패관 문학

020 경설_이규보 072~073쪽

키포인트 체크 거울, 맑음, 대답, 통념

1 ② 2 ② 3 ⑤ 4 ⑤ 5 ① 6 거사는 작가의 분신으로 작가의 생각을 대변해 주며, 거울은 작가가 얻은 깨달음을 이끌어 내는 역할을 한다.

1 이 글은 거사와 손의 대화를 통해 바람직한 삶의 자세를 전달하는 수필로, 인물 간의 갈등은 드러나지 않는다.

오답 뜯어보기 ① 거사와 손이 대화를 나누는 방식으로 내용이 전개되고 있다.

③ 사람의 용모를 비추는 거울을 통해 작가가 생각하고 있는 대인 관계에서의 태도를 드러내고 있다.

④ 일상적 사물인 거울을 통해 현실적인 처세와 바람직한 삶의 자세를 일깨우고 있다.

⑤ 일반적으로 거울은 맑다는 특성에서 인격 수양의 기능을 찾는 데 반해, 작가는 거사의 답변을 통해 오히려 먼지가 낀 흐린 거울이 결점을 수용하여 유연하게 살아가는 삶의 태도를 전해 줄 수 있다는 가치관을 제시하면서 통념을 깨뜨리고 있다.

2 ㉮를 사람들이 세상을 살아가는 데 필요한 과정이라고 생각하는 사람은 손이 아니라 거사이다.

3 손은 거울에 대한 통념을 제시하여 거사가 거울에 대한 새로운 깨달음을 주장할 기회를 제공하고 있다.

4 〈보기〉의 옥은 흙이 묻어 아무도 그 진가를 알아보지 못하지만, 본래 맑고 고운 가치가 있는 존재로, 자신의 가치를 알아봐 줄 이를 기다리고 있다. 〈경설〉에서는 거울이 그 맑음을 취할 잘생긴 사람을 만나기를 기다린다고 할 수 있으므로, 〈보기〉의 옥과 〈경설〉의 맑은 것이 가치를 알아보고 제대로 활용해 줄 사람을 기다린다는 면에서 그 상징적 의미가 유사하다.

오답 뜯어보기 ① ⓐ 거사는 삶에 대한 원숙한 통찰을 하는 인물로, 깨달음을 제시해 주고 있다.

② ⓑ 손은 거사에게 통념을 깨뜨릴 새로운 가치관을 주장할 기회를 주고 있다.

③ ⓒ 잘생긴 사람은 도덕적으로 결점이 없는 사람을 의미한다.

④ ⓓ 못생긴 사람은 단점과 결점이 많은 사람을 의미한다.

5 명경지수(明鏡止水)는 깨끗하고 맑은 마음의 상태를 나타내는 한자 성어로, 손이 '군자는 거울의 맑음을 취한다.'라고 말한 것과 관련된다. 깨끗하고 맑은 마음의 상태는 군자가 추구하는 바이며, 그러한 깨끗하고 맑은 상태는 맑은 거울에서 볼 수 있기 때문이다.

오답 뜯어보기 ② 경궁지조(驚弓之鳥): 한 번 화살에 맞은 새는 구부러진 나무만 보아도 놀란다는 뜻으로, 한 번 혼이 난 일로 늘 의심과 두려운 마음을 품는 것을 이르는 말이다.

③ 목불인견(目不忍見): 몹시 참혹하여 차마 눈 뜨고 볼 수 없음을 이르는 말이다.

④ 명불허전(名不虛傳): 이름은 헛되이 퍼진 것이 아니라는 뜻으로, 이름날 만한 까닭이 있음을 이르는 말이다.

⑤ 박문약례(博文約禮): 널리 학문을 닦아 사리에 밝고 예절을 잘 지키는 것을 이르는 말이다.

6 이 글에서 작가는 거사를 자신의 대변인으로 설정하여, 거울에 대한 통념에서 벗어나 새로운 깨달음을 전달하고 있다. 이때 거울은 작가가 얻은 깨달음을 주장할 수 있는 계기를 형성하는 소재로서 작가가 얻은 깨달음을 이끌어 내는 역할을 하고 있다.

021 이옥설_이규보 074~075쪽

키포인트 체크 행랑채, 비, 수리, 정치

1 ④ 2 ④ 3 ④ 4 ④ 5 개인의 이익을 추구하는 사람들을 멀리하고 백성들의 삶을 보살피는 정치를 펼쳐야 한다.

1 작가는 행랑채를 수리한 경험을 통해 사람이 잘못된 것을 알고서도 바로 고치지 않으면 곧 그 자신이 나쁘게 되는 것이 마치 나무가 썩어서 못 쓰게 되는 것과 같다고 유추하고 있다.

오답 뜯어보기 ① 칸은 기둥과 기둥 사이의 공간을 이르는 말로, 행랑채가 세 칸이라는 것은 행랑채 건물의 공간이 세 칸으로 이루어져 있다는 것이지 행랑채 자체가 세 채라는 뜻은 아니다.

② 행랑채가 퇴락하여 수리할 정도라는 것으로 보아 오래전에 지어졌다고 추측할 수 있다.

③ 한 번밖에 비를 맞지 않은 재목들은 완전하여 다시 쓸 수 있었다고 했으므로 비를 맞았다고 모두 다시 사용할 수 없는 것은 아니다.

⑤ 비가 샌 지 오래된 재목을 그대로 두는 것은 백성을 좀먹는 무리들을 내버려 두는 것과 같다고 하였으므로, 좋은 정치란 비가 샌 지 오래된 행랑채를 수리하는 일이 아니라 행랑채에 비가 새면 바로 고치는 것임을 알 수 있다.

2 작가는 [A]의 경험에서 [B]의 깨달음을 유추해 내고 있다. [C]는 [B]에서 유추한 의미를 확장한 것이다.

오답 뜯어보기 ②, ⑤ [A]는 행랑채를 수리한 경험, [B]는 사람은 잘못을 알고 바로 고쳐야 해를 입지 않는다는 깨달음, [C]는 백성을 좀먹는 무리를 내버려 두어서는 안 된다는 내용에 해당한다.

3 이 글에 따르면 자신의 잘못을 알고도 고치지 않으면 점점 더 나빠지고 잘못을 알고 빨리 고치면 일을 바로잡을 수 있다. 작가는 이를 정치에 확대 적용하여 백성을 좀먹는 무리를 내버려 두면 나라가 위태로워지므로 늦기 전에 잘못을 바로잡아야 정치가 올바르게 된다고 주장하고 있다. 따라서 더 큰 잘못을 하기 전에 현재의 자신을 돌아보고 잘못된 부분을 고쳐 나가야 한다는 반응이 가장 적절하다.

4 〈보기〉의 참새는 열심히 농사를 지은 홀아비를 괴롭히며 곡식을 빼앗아 가는 존재로, 백성들을 괴롭히는 탐관오리를 의미한다. ⓐ~ⓔ 중에서 탐관오리를 뜻한다고 볼 수 있는 소재는 'ⓓ백성을 좀먹는 무리들'이다.

5 이 글에서 이규보는 백성을 좀먹는 무리들을 뿌리 뽑아야 하며 이를 위해서는 개혁과 결단이 필요하다는 입장을 보이고 있다. 따라서 자신들의 안위만을 보호하는 데 힘을 쓰기보다는 백성의 삶을 보살펴야 한다는 조언을 할 것이다.

022 이상자대_이규보 076~077쪽

키포인트 체크 관상가, 고정관념, 좌우명, 문답

1⑤ 2③ 3① 4④ 5 '색'은 보는 사람에 따라 아름답게도 추하게도 여겨지기 때문이다.

1 이 글은 작가와 관상가가 묻고 답하는 대화 형식으로 구성되어 있으며, 두 인물 간의 특별한 갈등은 나타나지 않는다.
오답 뜯어보기 ① (다)에서 작가는 관상가에 대하여 '참으로 기이한 관상가'라며 감탄하고 있다.
② 이 글은 작가와 관상가와의 대화를 직접 인용하여 제시하고 있다.
③ 이 글에서는 여러 가지 상황에 대한 관상가의 판단을 제시하고 있다.
④ 이 글은 작가와 관상가가 묻고 답하는 과정을 통해 고정관념에 얽매이지 않고 다양한 시각으로 세상을 볼 것을 강조하고 있다.

2 작가는 관상가가 세상을 바라보는 관점에 감탄하며, 그의 말을 좌우명으로 삼아 본받으려 하고 있다.

3 진기하고 좋은 물건을 보고서 그것을 탐하는 마음은 '견물생심(見物生心)'에 해당한다.
오답 뜯어보기 ② 견리사의(見利思義): 눈앞에 이익이 보일 때, 먼저 의리를 생각함.
③ 목불식정(目不識丁): 아주 간단한 글자인 '丁' 자를 보고도 그것이 '고무래'인 줄을 알지 못한다는 뜻으로, 글을 읽을 줄 모름 또는 그런 사람을 이르는 말.
④ 안하무인(眼下無人): 눈 아래에 사람이 없다는 뜻으로, 방자하고 교만하여 남을 업신여김을 이르는 말.
⑤ 과유불급(過猶不及): 정도를 지나침은 미치지 못한 것과 같다는 뜻으로, 중용(中庸)이 중요함을 이르는 말.

4 관상가는 고정관념이나 편견에 얽매이지 않고, 유연하고 다양한 시각으로 관상을 보고 있다. 이 글의 작가 역시 잘못을 고치지 않고 틀에 박힌 것만을 따르는 태도를 비판적으로 바라보고 있다. 따라서 과거로부터 이어져 내려오는 방법을 잘 계승해야 한다는 설명은 '그(관상가)'가 대답할 만한 내용으로 보기에 적절하지 않다.

5 (나)에서 아름다운 여인과 관련해 '무릇 색이라는 것은 음탕하고 사치한 사람이 보면 아름답게 여기고, 단정하고 순박한 사람이 보면 진흙처럼 추하게' 여긴다고 했다.

023 차마설_이곡 078~079쪽

키포인트 체크 말, 소유, 유추

1⑤ 2② 3① 4② 5 인간이 지닌 소유욕을 경계해야 한다.

1 작가는 말을 빌려 탄 경험을 통해 소유에 맹목적으로 집착하지 않는 삶이 참되고 바른 삶의 자세임을 제시하고 있다. 즉, 가지고 있는 것은 본래 자기 소유가 아니라 모두 남에게서 빌려 온 것이므로 소유에 집착하지 말라는 의미를 전달하고 있다.

2 <보기>는 백성들이 권력을 가진 자들에게 착취당하는 상황을 제시하며 '세력 있는 사람들'을 비판하고 있다. 그런데 이 글의 작가는 '임금은 백성으로부터 힘을 빌려서 존귀하고 부유하게 되는 것이요, 신하는 임금으로부터 권세를 빌려서 총애를 받고 귀한 신분이 되는 것이다.'라고 서술한 것으로 보아 모든 권력의 원천은 백성이라고 생각하고 있다. 따라서 이 글의 작가는 <보기>에서 세력 있는 사람들이 백성의 땅을 빼앗는 것은 부당한 일이며 백성들을 아끼고 보살펴야 함을 주장할 것이다.
오답 뜯어보기 ① 이 글의 작가는 본래 자기 소유는 없다고 생각하므로 소유의 경계를 뚜렷이 하는 것은 이 글의 작가의 의도와 반대되는 일이다.
③ 이 글의 관점에 따르면 땅은 백성의 소유도, 나라의 소유도 아니다. 따라서 백성이 나라에서 땅을 빌렸다는 말은 적절하지 않다.
④ 땅은 하나인데 주인이 많다는 것은 세력 있는 사람들이 자신의 권력을 이용해 백성들의 땅을 중복하여 착취한다는 뜻으로, 땅의 주인이 특정한 인물이 아니라는 내용과는 관계가 없다.
⑤ 이 글의 작가가 '땅은 원래 백성이 하늘로부터 잠시 빌려 쓰는 것'이라고 말하는 것은 어색하지 않지만, 땅을 빼앗겨 사용하지 못하면 빌린 의미가 없고, 또한 <보기>에서 땅을 빼앗은 것은 하늘이 아니라 세력 있는 사람들이므로 '백성들이 땅을 빼앗기고 억울해하는 것은 부당'하다고 말하는 것은 이 글의 내용이나 <보기>의 내용으로 보아 적절하지 않다.

3 ㉠은 맹자라는 권위 있는 사람의 말로 작가는 이를 근거로 제시하여 세상의 모든 것은 잠깐 빌린 것이라는 자신의 주장을 뒷받침하면서 설득력을 높이고 있다.

4 안분지족(安分知足)은 소유에 집착하지 않고 제 분수를 지키는 모습을 이르는 말로 소유에 대한 지나친 집착을 경계하는 한자 성어이다.
오답 뜯어보기 ① 능소능대(能小能大): 모든 일에 두루 능하다는 뜻이다.
③ 사필귀정(事必歸正): 무슨 일이든 결국 옳은 이치대로 돌아간다는 뜻이다.
④ 수구초심(首丘初心): 여우가 죽을 때는 머리를 자기가 살던 굴 쪽으로 두고 죽는다는 말로 고향을 그리워하는 마음을 비유한 말이다.
⑤ 백절불굴(百折不屈): 백 번 꺾여도 결코 굽히지 않는다는 의미로 실패를 거듭해도 뜻을 꺾지 않는다는 뜻이다.

5 이 글에서 작가는 인간이 소유하고 있는 것은 잠시 빌린 것인데 사람들이 그것을 인식하지 못한다고 말하면서, 소유에 대해 성찰하고 있다. 즉, 작가는 인간이 지닌 소유욕을 경계해야 한다는 깨달음을 주고 있는 것이다.

III. 조선 전기

1 | 고전 소설

026 만복사저포기_ 김시습 086~089쪽

키포인트 체크 의리, 만복사, 윤회, 저포

1 ⑤ 2 ⑤ 3 비취새, 원앙새 4 ⑤ 5 여인이 대접한 술의 향기가 인간 세상의 것이 아니었다는 것으로 보아, 여인이 이승 사람이 아니기 때문이다. 6 ③ 7 ② 8 ③ 9 ②

1 이 글은 인물 간의 대화를 중심으로 한 보여주기 방식으로 내용이 전개되고 있어서 전반적으로 사건의 진행 속도가 느리다고 할 수 있다.
오답 뜯어보기 ① 부처님에게 소원을 빌고 부처님이 돌보셔서 임을 만났다고 하는 것 등에서 불교적 세계관을 엿볼 수 있다.
② 공간적 배경인 만복사는 우리나라의 전라도 남원에 있는 절이다.
③ 이 글의 시점은 전지적 작가 시점으로, 작품 밖의 서술자가 내용을 서술하고 있다.
④ 죽은 여인과의 만남과 사랑이라는 비현실적인 사건이 몽환적인 분위기 속에 제시되었다.

2 〈보기〉는 여인이 부처에게 바친 글의 일부이다. 〈보기〉에서 여인은 업보는 피할 수 없다고 생각하지만 이 때문에 인연을 만나는 것을 주저하지는 않는다. 오히려 여인은 배필을 얻게 해 달라고 부처에게 간절히 기도하고 있다.

3 〈보기〉는 양생의 외로움을 나타내는 시로 양생의 심리를 집약적으로 묘사하고, 작품에 서정적이고 낭만적인 분위기를 부여하고 있다. 양생은 비취새와 원앙새에 감정을 이입하여 배필을 얻지 못한 자신의 외로운 심정을 표현하고 있다.

4 여인은 양생을 위하여 시녀를 시켜 앉을 자리와 술상을 펼쳐 놓는다. 양생을 우연히 만난 날 밤늦게 갑자기 마련한 술자리이므로 이는 조촐하면서도 아담했을 것이다. 따라서 '푸짐하게 잘 차린 맛있는 음식'을 뜻하는 '진수성찬(珍羞盛饌)'은 이 상황에 어울리지 않는다.
오답 뜯어보기 ① 화용월태(花容月態): 아름다운 여인의 얼굴과 맵시를 이르는 말이다.
② 미인박명(美人薄命): 미인은 불행하거나 병약하여 요절하는 일이 많음을 이르는 말이다.
③ 두문불출(杜門不出): 집에만 있고 바깥출입을 아니함을 뜻한다.
④ 천우신조(天佑神助): 하늘이 돕고 신령이 도움을 뜻한다.

5 여인의 비현실적인 면모에 양생이 의심을 품고 질문을 하자 여인은 정체를 밝히지 않으려고 한다. (라)에서 여인이 하녀를 시켜 마련한 술에서 이 세상의 것이라고 할 수 없는 진한 향기가 풍겼다는 것으로 보아 여인은 이 세상 사람이 아님을 짐작할 수 있다. 즉, 여인은 이승 사람이 아니기 때문에 양생에게 자신의 정체를 숨기고자 한 것이다.

6 (나), (다)에서 양생은 여인의 부모로부터 여인에 관한 사연을 들은 후 부탁 받은 대로 여인을 만나고 있으므로, 양생이 여인의 죽음을 믿지 못한다는 설명은 적절하지 않다.
오답 뜯어보기 ① (마)에서 여인이 양생에게 착한 업을 닦아 속세의 누를 벗어나게 하라고 말하고 있으므로, 여인은 불교적 윤회 사상을 믿고 있음을 알 수 있다.
② (라)에서 여인은 자신이 어려서부터 시경(詩經)과 서경(書經)을 읽었음을 말하고 있다.
④ (라)에서 여인은 업보(業報)를 피할 수가 없어서 저승길을 떠나야 한다고 말하고 있다. 이로 보아 여인은 운명론적 세계관을 지녔으며, 운명에 순응하고 있음을 알 수 있다.
⑤ (마)에서 양생은 토지와 가옥 등 자신의 전 재산을 다 팔아 절간으로 가서 여인을 위한 재를 지내고 있다.

7 은그릇은 여인이 죽었을 때 같이 묻힌 부장품으로, 여인이 죽어 땅에 묻힌 존재임을 나타낸다. 양생은 은그릇을 매개로 여인의 부모와 만나고 저승의 여인과 이승의 부모를 연결해 준다. 즉, 사건 전개에 필연성을 부여하는 역할을 하는 것이다. 그러나 은그릇이 여인의 운명을 암시하는 역할을 하는 것은 아니다.

8 ⓒ는 귀신으로서 산 사람과 만나 사랑을 나눈 것을 뜻한다. 또한 불좌 밑에 숨어 있던 양생이 먼저 여인에게 다가가 말을 걸었으므로 여인이 먼저 양생에게 다가갔다는 내용은 ⓒ의 설명으로 적절하지 않다.
오답 뜯어보기 ① 양생의 말을 믿지 못하면서도 한편으로는 자신의 딸에 대한 이야기여서 술깃해하고 있다.
⑤ 부부의 연을 맺고 누리는 즐거움을 뜻한다.

9 이 글에는 양생이 여인의 정체를 알고도 변함없이 그녀를 사랑하는 모습이 드러나 있다. 이러한 내용을 드라마에 반영하여 시청자에게 만남의 소중함을 깨닫게 한다는 것은 기획 의도에 부합하는 의견이다.
오답 뜯어보기 ① 주변 인물들은 양생이 죽은 여인과 만나 대화하는 것을 보고 놀라고 있다.
③ 여인을 신비하고 기이한 모습으로 설정하는 것은 적절하지만 시청자들로 하여금 현실을 잊게 하는 것은 적절하지 않다.
④ 양생과 귀신인 여인의 만남을 밝고 경쾌하게 묘사하는 것은 작품 전체 분위기와 어울리지 않는다.
⑤ 기획 의도에서 '비현실적 요소가 더 진지하게 받아들여질 때가 있다.'라고 했으므로, 비현실적인 요소를 줄이는 것은 적절하지 않다.

지식+

• **양생과 여인의 삶의 태도에 반영된 작가 의식**
여인이 목숨보다 정절을 중히 여겨 왜구에게 죽임을 당한 것이나, 양생이 여인과의 의리를 지켜 다시 장가들지 않고 지리산에 들어가 약초를 캐고 살았다는 것에서 의리와 정절을 중요하게 생각하는 작가 의식이 드러난다. 당시의 시대적 배경을 고려할 때 이는 부당하게 단종의 왕위를 빼앗은 세조를 고발하고자 이 작품에서 도덕적 이념을 전면에 내세운 것으로 볼 수 있다.

027 이생규장전_ 김시습 090~093쪽

키포인트 체크 성취, 홍건적, 환신, 이별

1 ② 2 ⑤ 3 ⑤ 4 이생은 부모의 반대를 거역하지 못하고 영남으로 내려가는 소극적인 모습을 보이는 반면, 최 처녀는 자신의 뜻을 부모에게 전하여 허락을 받아 내는 적극적인 모습을 보이고 있다. 5 ④ 6 ② 7 ⑤ 8 Ⓐ: 지금까지 일어난 사건을 압축적으로 제시하기 위해서 삽입했다. Ⓑ: 앞으로 일어날 사건을 암시하기 위해서 삽입했다.

1 최 처녀는 이생과의 연애가 좌절된 후 상심하여 병이 났다. 이를 통해 최 처녀가 자유연애를 금기시하는 당대의 관습을 수용하며 체념하기보다 이를 극복하고 싶은 욕망을 가지고 있음을 짐작할 수 있다.

오답 뜯어보기 ① 최 처녀의 부모는 매자를 보내 혼담을 성사시키기 위해 노력하며 최 처녀를 적극적으로 돕고 있다.
③ 이생과의 자유연애는 유교적 세계의 욕망과 충돌한다.
④ 이생과의 결혼이 성사되면서 세계를 바꾸고 있다.
⑤ 이생에 대한 사랑만을 중시하고 있다.

2 최 처녀가 이생과 혼인할 수 있게 된 상황에서 보낼 수 있는 답시에는, 이생과 재회하게 된 기쁨과 병든 몸을 추슬러 이생과 혼인할 마음가짐을 드러내는 내용이 담길 것이다. 따라서 ⑤가 가장 적절하다.

3 ⓓ는 최 처녀가 다시 이생과 만나 혼인하게 되었기 때문에, 이별의 한을 간직하며 운다는 두견새 소리를 들으며 슬퍼하지 않아도 된다는 의미를 나타낸 것이다.

오답 뜯어보기 ① 깨진 거울은 둘 사이의 인연이 깨졌다는 것으로, 두 사람이 이별했던 상황을 뜻한다.
② '이것 또한 인연이네.'에는 이생과 최 처녀가 반드시 맺어질 인연이었다는 반가움이 응축되어 있다.
③ 두 사람의 재회를, 서로 이별했다가 까막까치의 도움으로 만나게 되는 〈견우직녀 설화〉의 내용에 빗대고 있다.
④ 월로(月老)는 부부의 인연을 맺어 준다는 전설상의 노인으로, 이생과 최 처녀가 혼인하게 되었음을 드러낸다.

4 이생은 자유연애를 반대하는 부모에게 저항하지 못하고 영남으로 내려갔으나, 최 처녀는 상사병으로 자리에 누워 있음에도 불구하고 자신의 뜻을 부모에게 전하는 적극적인 모습을 보이면서 자신의 감정을 솔직하게 드러내고 있다.

5 최 처녀는 이미 죽은 몸임에도 불구하고 환신하여 이생과 3년 동안 부부로 산다. 그러나 이승과 저승의 질서에 따라 최 처녀는 저승으로 다시 돌아가고 두 사람은 영원히 이별하게 된다. 이러한 내용을 고려할 때 작가의 생사관으로는 ④가 가장 적절하다.

지식+

• 〈이생규장전〉의 주제 의식

작가는 〈이생규장전〉에서 최 처녀의 죽음으로 인한 가정의 파괴와 불행을 이생과 최 처녀의 환상적인 재회로 극복하고 있다. 삶과 죽음을 가르는 법은 엄격하지만 두 사람의 깊은 사랑으로 최 처녀는 환신하게 된다. 이처럼 죽음과 같은 절대적인 장벽까지 뛰어넘는 사랑 이야기를 통해 '죽음을 초월한 남녀 간의 애절한 사랑'이라는 주제 의식을 효과적으로 드러내고 있다.

6 〈보기〉는 초현실 세계를 다루며 비현실적이고 환상적인 내용을 중심으로 전개되는 전기 소설에 대한 설명이다. 전기 소설에 속하는 〈이생규장전〉에서도 이승의 사람과 저승의 영혼이 만나 함께 산다는 비현실적인 내용이 등장한다.

7 이생이 최 처녀의 유골을 거두어 장사를 지내 준 것은 최 처녀의 마지막 부탁이자 최 처녀에 대한 이생의 지극한 사랑 때문이지 최 처녀에게 은혜를 갚기 위해서는 아니다. 따라서 죽은 뒤에라도 은혜를 잊지 않고 갚는다는 뜻을 지닌 '결초보은(結草報恩)'은 적절하지 않다.

오답 뜯어보기 ① 설상가상(雪上加霜): 눈 위에 서리가 덮인다는 뜻으로, 난처한 일이나 불행한 일이 잇따라 일어남을 이르는 말이다.
② 흥진비래(興盡悲來): 즐거운 일이 다하면 슬픈 일이 닥쳐온다는 뜻으로, 세상일은 순환되는 것임을 이르는 말이다.
③ 회자정리(會者定離): 만난 자는 반드시 헤어진다는 말이다.
④ 두문불출(杜門不出): 집에만 머무르며 바깥출입을 하지 않는다는 말이다.

8 Ⓐ에서는 전쟁으로 인해 최 처녀가 이생과 헤어지고 억울하게 죽임을 당한 후 시신마저 제대로 수습이 되지 않은 사건을 압축해서 제시하고 있다. Ⓑ에서는 두 세계(저승과 이승) 사이의 소식조차 막힐 것이라며 최 처녀가 앞으로 이생과 영원히 이별하게 될 것임을 나타내고 있다. 다시 말해서 Ⓐ에서는 지금까지 일어난 사건을 압축적으로 제시하고 있고, Ⓑ에서는 앞으로 일어날 사건을 암시하고 있다.

028 용궁부연록 _ 김시습 094~097쪽

키포인트 체크 부귀영화, 용궁, 용왕

1 ③ **2** ④ **3** ③ **4** ① **5** 문사로서 선생의 명성을 오랫동안 들어 왔기 **6** ③ **7** ③ **8** ③ **9** 신(용왕)과 인간이 소통하게 하는 매개이다. / 한생의 진가를 드러내는 계기이다.

1 이 글에는 한생이 사는 현실의 세계와 용궁이라는 이상적 세계가 함께 제시되지만 이 두 세계의 대립이나 갈등은 드러나지 않는다. 오히려 현실 세계의 사람인 한생이 용궁의 일을 돕고 있다.

2 한생이 집에 있을 때나 용궁에 갈 때 불편한 심기를 드러낸 부분은 찾아볼 수 없다.

오답 뜯어보기 ① 관리들은 한생을 각종 의례로 예를 갖추며 정중히 모셔 가고자 하였다.
② 용왕이 '오랫동안 선생의 성화(聲華)를 들어 왔습니다만'이라고 한 데서 알 수 있다.
⑤ 한생이 "어리석은 백성은 초목과 함께 썩을 몸이온데, 어찌 감히 거룩하신 임금님께 외람히 융숭한 대접을 받을 수 있겠습니까?"라고 한 데서 드러난다.

3 이 글에서 용왕이 한생을 초대한 것은 단지 문사로 이름이 났다는 이유밖에 없다. 문사로 이름이 높다고 해서 반드시 용궁에 가게 되는 것은 아니므로 한생이 용궁에 가고 그곳에서 다양한 경험을 하게 되는 것은 필연적인 구성이라기보다는 사건의 우연성이 나타난 예라고 볼 수 있다(ㄱ). 또한 이 글은 전지적 작가 시점으로, 작가가 인물의 행동은 물론 내면세계까지 서술하며 이야기를 이끌어 나가고 있다(ㅁ).

4 ㉠에서 두 사람이 공중으로부터 내려와서 한생을 만났다는 것, ㉡에서 총마에 날개가 돋혀 있었다는 것이 모두 전기적 요소에 해당한다.

5 한생을 용궁에 부른 이유는 (나)의 마지막 부분에 '오랫동안 선생의 ~ 모시게 되었습니다.'라는 용왕의 말을 통해 알 수 있다. 한생이 명성 있는 이유는 (가)의 첫 문장에 제시되어 있다.

6 이 글은 한생이 용궁에 다녀온 경험을 서술하고 있는데, 사건의 전개 과정에서 갈등이라 할 만한 요소가 나타나 있지 않아 긴장감이 느껴지지 않는다.

오답 뜯어보기 ① 용왕이나 한생은 이야기 속에서 성격 변화를 보이지 않으므로 입체적 성격을 지녔다고 볼 수 없다.
② 한생은 용궁의 신이한 모습을 구경하나 무언가를 하려 할 때면 여러 가지 제약을 받는다. 용궁을 이상적인 세계로 여긴다거나 배우려고 하는 모습은 나타나지 않는다.
④ 한생은 용궁에 다녀온 뒤 종적을 감춘다. 이는 용궁에서 세속적 명리의 허망함을 깨닫고 세상을 등진 것으로 볼 수 있다.
⑤ 용왕은 상량문을 짓기 위해 한생을 초청한 것으로 그를 자신의 곁에 두고자 한 것은 아니다.

7 한생이 용왕에게 용궁의 구경(궁실과 강토의 구경)을 부탁했다는 것은 이 글의 내용과 일치하지만, 이러한 행적을 통해 김시습이 세조의 권력을 인정했다는 사실을 이끌어 낼 수는 없다. 〈보기〉에는 김시습이 끝내 세조의 부름에 응하지 않았다는 사실이 드러나 있다.

8 한생은 상량문을 쓴 뒤 용궁을 두루 구경하고 용왕에게서 극진한 대접을 받는다. 그러나 한생이 용궁 세계에 대하여 어떻게 생각하고 있는지는 이 글에 직접적으로 드러나 있지 않으며, 결국 용궁을 떠났으므로 용궁 세계에 흠뻑 빠졌다고 보기는 어렵다.

9 용왕은 새 누각의 상량문을 짓기 위해 명성이 있는 한생을 용궁으로 초대한다. 따라서 상량문은 한생이 용왕과 인연을 맺고 소통하게 되는 매개가 된다. 더불어 상량문은 한생의 문장 실력을 유감없이 보여 주어 그의 진가를 다시 한번 확인하게 하는 계기가 된다.

2 | 수필·평론

033 주옹설_ 권근 102~103쪽

키포인트 체크 뱃사람, 평정, 중심, 역설

1 ⑤ **2** ② **3** ⑤ **4** ③ **5** 배 위에서 위태롭게 살고 있는 주옹의 삶

1 이 글에서 작가는 험난한 세상을 살아가는 지혜에 대해 말하고 있는데, 실제 경험에서 얻은 깨달음을 직접 전달하는 것이 아니라 대리인인 주옹의 말을 빌려 간접적으로 제시하고 있다.
오답 뜯어보기 ① 손과 주옹의 대화로 세상을 살아가는 태도를 제시하고 있다.
② (다)의 '무릇 인간 세상이란 ~ 낫지 않은가?'에서 위험하고 변화가 심한 세상을 거대한 물결과 큰 바람에 비유하고 있으며, 세상에 휩쓸려 위태롭게 살아가는 상황을 바다 한가운데 떴다 잠겼다 하는 모습에 비유하고 있다.
③ 이 글은 주옹이 부른 노래로 결말을 맺고 있다. 주옹의 노래는 자연 속에서 유유자적하고자 하는 삶의 태도를 집약한 내용으로, 주제를 강조하면서 여운을 남기고 있다.
④ 배 위에서의 삶에 대한 손과 주옹의 상반된 관점이 드러나고 있다.

2 주옹은 편안한 곳에서 태연하고 느긋하게 사는 것보다 위태로운 곳에서 늘 긴장하고 조심하며 사는 것이 오히려 더 안전하다고 말하고 있다. 따라서 이 글의 작가는 위태로운 상황에서도 평정을 잃지 않고 스스로 중심을 잡고 조심하며 살아가는 태도를 지닐 것을 주장하며 편안함을 추구하는 세태를 비판하고자 한다고 볼 수 있다.

3 (라)의 노래는 자연 속에서 유유자적하고자 하는 주옹의 삶의 태도를 드러내고 있는데, '강'과 '바다'는 한평생의 삶, '빈 배'는 욕심을 버린 주옹 자신, '밝은 달'은 무욕을 상징한다.
오답 뜯어보기 ① 주옹의 노래는 홀로 유유자적하는 삶의 태도를 나타내고 있다.
④ 마지막에 주옹은 자신의 삶을 집약적으로 드러내는 노래를 제시함으로써 손에게 자신의 삶의 태도를 유지하겠다는 뜻을 드러내고 있다.

4 ㉠은 매우 위태로운 상황이므로, 몹시 어렵고 위태로운 지경을 이르는 말인 '백척간두(百尺竿頭)'가 가장 적절하다.
오답 뜯어보기 ① 계란유골(鷄卵有骨): 운수가 나쁜 사람은 모처럼 좋은 기회를 만나도 역시 일이 잘 안 됨을 이르는 말이다.
② 함흥차사(咸興差使): 심부름을 가서 오지 아니하거나 늦게 온 사람을 이르는 말이다.
④ 유비무환(有備無患): 미리 준비가 되어 있으면 걱정할 것이 없음을 뜻하는 말이다.
⑤ 문전성시(門前成市): 찾아오는 사람이 많아 집 문 앞이 시장을 이루다시피 함을 이르는 말이다.

5 설(說) 양식에서는 대상에 해당하는 상황이나 이야기를 제시하고, 작가가 대상과 자신이 어떤 관계인지 헤아리는 과정에서 그 의미를 드러내게 된다. 〈주옹설〉에서 작가는 주옹의 일화(대상)에 대해 생각하는 과정(관계)에서 올바른 삶의 태도(의미)를 발견하고 있으므로, 이 글에서의 대상은 배 위에서 위태롭게 살아가는 주옹의 삶이라고 할 수 있다.

034 주봉설_ 강유선 104~105쪽

키포인트 체크 술, 벌, 욕심, 깨달음

1 ⑤ **2** ⑤ **3** ⑤ **4** ① **5** 매일 사용하는 물건들에 경계의 내용을 새겨 잊지 않기 위해서이다.

1 이 글에서 작가는 벌을 불쌍히 여겨 손을 휘저어 내쫓았다고 분명하게 밝히고 있다.
오답 뜯어보기 ① 작가가 이 글을 쓴 것은 단지 과음(過飮)을 경계하기 위해서가 아니라, 인간이 욕심을 절제하지 못하는 것을 경계하기 위해서이다.
② 작가는 미물인 벌을 관찰한 경험을 통해 인간에게 욕심을 절제할 것

을 강조하고 있다. 이러한 태도에는 욕심을 절제하지 못하면 큰 피해를 입게 된다는 점에서 벌과 인간은 근본적으로 같다는 관점이 반영되어 있다.

③ 작가는 벌이 자신이 준 기회를 활용해 날아가지 못한 것을 안타까워할 뿐 분노하지는 않는다.

④ 작가는 자신이 술을 좋아한다고 말하고 있지만 벌에 대한 공감을 드러내지는 않는다.

2 이 글에서 작가는 일상의 경험에서 얻는 깨달음을 인간사로 확장하여 적용하고 있을 뿐, 자아 성찰을 통해 얻은 깨달음을 구체적으로 서술하지는 않는다. 작가 자신도 술을 좋아한다고 말하고는 있으나, 이 언급 하나만으로 자신을 성찰했다고 보기는 어렵다.

오답 뜯어보기 ① 작가는 '술 먹은 벌을 예로 중요한 조목을 가려 자식을 위한 경계로 삼고자' 이 글을 쓴다고 밝히고 있다.

② 작가는 일상적 소재인 벌을 관찰한 내용을 토대로 이 글을 쓰고 있다.

③ 작가는 벌이 술에 빠져 죽음에 이르는 과정을 지켜보며, 욕심을 절제하지 못하면 생명까지 잃을 수 있다는 이치를 깨닫고 이를 글로 설명하고 있다.

④ 작가는 벌의 죽음을 안타까워하며 두 번이나 '슬프다'고 하여 감정을 직접적으로 드러내고 있다.

3 이 글의 작가는 사람들이 욕심을 절제하지 못하면 생명까지 잃을 수 있음을 경고하고 있다. 따라서 작가가 인간이 이성적인 존재이기 때문에 욕망의 노예가 되는 일은 없을 것이라고 본다는 학생의 반응은 적절하지 않다.

오답 뜯어보기 ① 〈보기〉에서는 욕망이 인간을 살아가게 하는 동력이라고 말함으로써 인간이 욕망을 갖는 것 자체를 부정적으로 제시하지는 않는다.

② 이 글의 작가는 사람이 욕심이 있고 절제할 수 없으면 생명까지 잃는다고 말하고 있다. 즉, 욕망을 절제하지 못하면 큰 화를 입을 수 있음을 경고하고 있는 것이다.

③ 이 글에서 벌이 죽은 것은 제때에 술에 대한 욕망을 멈추지 못하여 날개가 젖어 날아가지 못했기 때문이다.

④ 〈보기〉에서 '대상을 얻는 순간 허상이 되기 때문에 욕망은 남'는다는 말은, 욕망은 계속 갈증을 유발하기 때문에 만족감을 얻기가 쉽지 않다는 의미이다.

4 〈보기〉는 백성들을 착취하는 탐관오리를 비판하고 있는 작품으로, 동물을 통해서 대상을 우의적으로 비판하고 있다. 〈주봉설〉 역시 벌을 통해서 사람들에게 우의적으로 교훈을 주고 있다.

오답 뜯어보기 ② 해학적(諧謔的): 익살스럽고도 품위가 있는 말이나 행동이 있는. 또는 그런 것.

③ 풍자적(諷刺的): 풍자의 성격을 띤. 또는 그런 것.

④ 달관적(達觀的): 사소한 사물이나 일에 얽매이지 않고 세속을 벗어남.

⑤ 냉소적(冷笑的): 쌀쌀한 태도로 업신여기어 비웃는. 또는 그런 것.

5 밥그릇, 방석, 지팡이와 같이 매일 사용하는 물건들에 경계의 말을 새기고자 한다는 것은 그 깨달음을 매우 중요하게 여기고 있음을 의미한다. 즉, 매일 사용하는 물건들에 내용을 새김으로써 그 깨달음을 하루라도 잊지 않고자 하기 위해서이다.

035 난중일기 _ 이순신 106~107쪽

키포인트 체크 임진왜란, 염원, 사랑, 일기체

1 ⑤ 2 ④ 3 ⑤ 4 ⓐ: 날씨, 이순신 장군이 속한 수군에게 날씨에 관한 정보는 전술을 수립하는 데 중요한 요인이었기 때문이다.

1 (나)에서 우수사 김억추의 능력을 언급하며 불공정한 인사를 비판했을 뿐, 전장에서 누가 어떤 활약을 하고 누가 어떤 잘못을 저질렀는지 등을 평가하는 내용은 드러나지 않는다.

오답 뜯어보기 ② 전장에서 있었던 일들을 간결한 문체로 기록했다.

③ 불공정한 인사에 대한 불만이나 어머니에 대한 그리움 등의 감정을 드러내고 있다.

2 (다)에서 작가는 자신이 복중(상중)에 있음에도 중양절을 맞이하여 군사들을 위해 음식을 베풀기로 결정하고 있다. 이로 미루어 볼 때 정해진 격식을 지키려는 엄격함보다는 군사들을 위하는 배려심이 더 강한 인물임을 알 수 있다.

오답 뜯어보기 ① (나)의 '이러고서야 조정에 사람이 있다고 할 수 있겠는가. 다만 때를 못 만난 것을 한탄할 뿐이다.'에서 조정을 걱정하는 모습이 나타난다.

② (가)에서 '조금이라도 군령을 어기는 일이 있으면 군법대로 할 것이다.'라고 말한 것에서 냉정하게 상황을 판단하고 단호하게 대처하는 냉철함이 드러난다.

③ (가)의 '내가 탄 배가 곧바로 앞장서서 지자포를 쏘니 강산이 온통 흔들렸다.'에서 적을 제압하는 용맹함이 드러난다.

⑤ (가)의 '오늘 밤에는 반드시 적의 야습이 있을 것이니'에서 적이 공격할 것을 미리 알고 대비하는 모습이 나타난다.

3 이순신 장군이 병사들과 스스럼없이 어울리는 내용은 이 글과 〈보기〉 모두에서 찾아볼 수 없다. 명절인 중양절을 맞아 병사들에게 고기를 먹이도록 지시했을 뿐이며 〈보기〉에서도 이순신 장군은 상중이라 소찬만 먹었다고 제시되어 있다.

오답 뜯어보기 ①, ② 중양절에 소 다섯 마리를 잡아 병사들을 배불리 먹이는 내용이 제시되어 있다.

③, ④ 〈보기〉의 병사들의 대화를 통해 알 수 있다.

4 이순신 장군이 매일매일 꼼꼼하게 기록한 것은 '날씨'이다. 수군은 바다 위에서 배를 타고 전투를 치러야 하는데, 비가 오거나, 바람이 불어 파도가 심하면 전술을 펴는 데 큰 차질이 생기기 때문에 날씨를 아는 것이 매우 중요하다. 이렇듯 '날씨'는 전술 수립에 매우 중요한 요소이기 때문에 이순신 장군은 이를 매일 꼼꼼하게 기록한 것이다.

036 보지 못한 폭포 _ 김창협 108~109쪽

키포인트 체크 폭포, 긍정적, 성찰

1 ⑤ 2 ⑤ 3 ④ 4 ② 5 바른 길로 좀 더 애를 써서 나아가지 않은 것이 안타깝다. 폭포의 실상이 자익이 본 것 정도에 그치지 않아 기쁘다. 진짜 폭포를 뒷날 유람할 거리로 삼게 된 것이 여운이 있다.

1 폭포를 찾아가는 과정에서 아름다운 경치를 보며 즐거워하고 있을 뿐, 자연물과 인간사를 대비하거나 자연물에서 교훈을 찾지는 않았다.

오답 뜯어보기 ①, ③ 폭포를 보러 갔다가 폭포를 보지 못한 경험을 바탕으로 자신의 감상과 깨달음을 제시하고 있다.

②, ④ 여정에 따라 시간 순서대로 이야기가 전개되고 있으며 장소의 이동이 드러나 있다.

지식+

• **교술 갈래**

표현 양식에 따른 문학 갈래 중 하나로, 대상이나 세계를 서술하고 전달하는 특성을 지닌다. 작가의 대리인이 등장하는 시나 소설과 달리 작가가 자신의 경험이나 생각을 직접 전달한다. 형식의 제약이 없이 자유로우며 작가의 개성이 잘 드러난다. 수필이 가장 대표적이며 고전 문학에서는 경기체가, 악장, 가사, 가전체 등이 이에 속한다.

2 자익은 황 씨가 말한 진짜 폭포가 아닌 다른 폭포를 보고서 볼만한 것이 없다고 평가한 것이므로 황 씨의 말이 거짓이라고 할 수 없다.

오답 뜯어보기 ① 자익은 폭포가 조금도 볼만한 것이 없다고 하며 황 씨에게 속은 것을 유감스러워했다.

② 자익이 본 것은 작가 일행이 찾던 진짜 폭포가 아니다.

③ 작가는 폭포를 찾아가던 도중에 기대하지 않았던 아름다운 경치를 보고 기뻐했다.

④ 노인이 산등성이를 따라서 가야 폭포를 볼 수 있다고 했다.

3 ㉠은 황 씨가 말한 기이한 폭포를 말한다. 검은 바위가 겹겹이 포개져 있는 것은 자익이 본 폭포에 대한 설명이다.

4 ⓑ는 작가 일행이 폭포를 더 이상 찾지 않고 돌아가도록 하는 계기가 되는 말이다. 작가 일행은 폭포로 들어가는 길을 놓쳐서 헤매다가 폭포에 대한 자익의 평가를 듣고 산을 내려가기로 했다.

오답 뜯어보기 ① 작가 일행은 기이한 폭포가 있다는 황 씨의 말을 듣고 폭포를 구경하러 갔다.

③ 폭포를 찾으러 이리저리 헤맸는데 폭포가 볼만한 것이 없다는 자익의 말을 듣고 기운이 빠져 허탈해하고 있다.

④ 자익은 진짜 폭포를 보지 못한 상황인데, 자신의 실수를 알지 못하고 황 씨의 말이 잘못된 것이라 평가하고 있다.

5 이 글의 마지막 부분에 진짜 폭포가 따로 있다는 노인의 말을 들은 작가의 감상과 깨달음이 드러나 있다.

IV. 조선 후기

041 최고운전 _ 작자 미상 118~121쪽

키포인트 체크 최치원, 황제, 신라, 중국, 석함, 학사

1 ④ **2** ② **3** 문장가로서 당나라에 명성을 떨쳤던 역사적 실존 인물을 내세워 주인공의 영웅적 활약상을 나타내기 위해서이다. **4** 꿈을 통해 주인공이 천상계와 연결된 고귀한 혈통을 지닌 인물임을 알려 주고 있다. **5** ④ **6** ② **7** ⑤ **8** 최치원이 위기를 극복하는 것은 어려움에 처한 소국 신라가 대국 중국과 겨루어 이겼음을 의미한다.

1 이 글은 실존 인물인 신라의 학자 최치원의 일생을 허구적으로 형상화한 소설이다. 따라서 최치원의 일생이 사실적으로 그려져 있다는 설명은 적절하지 않다.

오답 뜯어보기 ② 이 글에는 〈금돼지 설화〉, 〈기아 설화〉, 〈파경 설화〉, 〈입당 설화〉, 〈수난 설화〉, 〈귀국 설화〉 등 다양한 설화적 화소가 결합되어 있다.

2 이 글에서는 주인 딸과의 혼인 및 시를 짓는 일과 관련하여 나 승상과 최치원의 갈등이 나타난다. 주인인 승상은 시를 짓지 못하는 데 반해, 파경노인 최치원은 시를 짓는 능력이 있으므로 주인보다 종이 더 우월한 존재라고 할 수 있다.

3 파경노는 '거울을 깨뜨린 노비'인 데 반해, 최치원은 문장가로서 당나라에서 명성을 떨쳤던 역사적 실존 인물이다. 따라서 작가가 파경노의 이름과 자(字)를 치원(致遠)과 고운(孤雲)으로 정한 이유는 더 이상 노비가 아닌, 영웅적 면모를 지닌 주인공으로서의 활약상을 나타내기 위해서라고 할 수 있다.

4 〈보기〉는 영웅 소설에서 주인공의 영웅성을 드러내기 위한 다양한 서사적 장치에 대해 설명하고 있다. 이 글의 [A]에도 주인공 최치원이 영웅성을 지닌 인물임을 보여 주는 서사적 장치가 활용되고 있다. [A]는 운영이 기이한 꿈을 꾸는 장면인데, 이 꿈을 통해 최치원이 천상계와 연결된 고귀한 혈통을 지닌 인물임을 드러내며, 최치원은 하늘의 도움을 받아 능력을 발휘하게 된다.

5 〈보기〉의 작품 〈촉규화(蜀葵花)〉는 최치원이 자기 자신을 촉규화에 빗대어 자신의 능력을 알아주지 않는 시대 현실을 한탄한 작품이다. 최치원은 당나라에서 빈공과에 급제했음에도 불구하고 신라인이라는 이유로 인정받지 못했고, 신라에 돌아와서는 육두품 출신이라는 이유로 자신의 능력에 맞는 대우를 받지 못했다. 이러한 자신의 처지를 탐스럽고 향기롭지만 척박한 곳에 쓸쓸히 피어 있어 아무도 눈여겨보는 사람이 없는 촉규화를 통해 형상화한 것이다. 이 글에서는 황제와 학사들이 최치원과 대립하지만, 〈보기〉에서는 최치원과 대립하는 대상이 나타나지 않으므로 ④는 적절하지 않다. 〈보기〉에서 '수레 탄 사람', '벌 나비'가 등장하지만, 이것은 각각 고관대작과 소인배 등을 비유한 것으로, 자신의 가치를 몰라보는 현실에 대한 안타까움을 드러내기 위한 것일 뿐이다.

오답 뜯어보기 ① 이 글의 최치원은 중국의 학사나 황제 앞에서도 당당한 모습을 보이고 있지만 〈보기〉에서는 신라인이라는 이유로 능력을 인정받지 못하는 현실에서 신라를 '천한 땅'이라고 표현하여 열등감을 드러내고 있다.

② 이 글에서는 최치원과 황제의 외적 갈등이 나타나는 데 비해, 〈보기〉에는 자신의 능력을 알아주지 않는 현실로 인한 화자의 내적 갈등이 드러난다.

③ 이 글에서는 최치원이 황제에게 그 능력을 인정받는 반면에, 〈보기〉의 현실에서는 최치원의 가치를 몰라보고 있다.

⑤ 이 글은 역사적 인물 최치원을 허구적으로 형상화했고, 〈보기〉에서는 최치원을 '꽃(촉규화)'에 빗대어 표현하고 있다.

6 ㉠에서 최치원은 자신을 곤경에 빠뜨리려는 중국의 황제를 조롱하고 있다. 〈보기〉에서는 을지문덕이 상대인 우중문을 높이는 듯하지만 3, 4행에서 상대를 위협하는 억양법을 사용하여 상대를 조롱하고 있다.

7 최치원은 중국으로 가는 길에 한 여인에게서 부작을 받고, 이 부작을 이용하여 위기에서 벗어나게 된다. 이를 통해 최치원이 천상으로부터 지속적인 도움을 받고 있는 천상계의 인물임을 짐작할 수 있다.

8 이 글에는 중국 황제가 자신의 권력을 이용하여 소국인 신라를 위협하는 모습이 드러난다. 최치원은 이러한 위기를 비범한 능력으로 극복하고 중국 황제에게 그 능력을 인정받고 있다. 이를 국가적 차원에서 보면 소국인 신라가 대국인 중국과 겨뤄 이겼음을 의미하고 그로 인해 우리 민족의 우월성 및 자긍심을 고취하고 있는 것이라 할 수 있다.

042 홍길동전_ 허균 122~125쪽

키포인트 체크 서자, 영웅, 적서 차별, 가출, 율도국

1 ② **2** ① **3** ④ **4** 홍길동은 재상가의 천생이 호부호형을 하지 못하는 당대의 사회적 모순에 대해 고민하고 갈등하는 반면, 홍 판서는 그런 제도를 당연하게 받아들이고 있다. **5** 서자인 홍길동은 아버지보다 신분이 낮으므로 어머니와 아버지 앞에서 자신을 칭하는 호칭이 각각 다르다. **6** ③ **7** ① **8** ⑤ **9** 이 작품의 작가인 허균은 당대 체제에 대해 비판적(저항적) 성향을 가진 인물이었는데, 그러한 자신의 성향을 등장인물인 홍길동에게 투영했기 때문이다.

1 대부분의 고전 소설이 소재와 인물, 배경 등을 중국에서 가져오는 데 반해, 〈홍길동전〉은 우리나라를 무대로 삼아 이야기를 전개하고 있다.

오답 뜯어보기 ① 이 글은 최초의 한글 소설로 한문을 읽지 못하는 서민들도 읽을 수 있어 독자층이 넓었다.

③ '고귀한 혈통 – 비정상적 잉태 – 비범한 능력 – 위기 – 위기 극복 – 성장 후 고난 – 고난 극복'의 영웅의 일대기 구조를 따르고 있다.

④ 적서 차별과 신분 제도의 타파, 탐관오리의 응징과 빈민 구제 등 불합리한 사회 제도에 대한 저항 정신이 반영된 현실 비판적 성격의 소설이다.

⑤ 홍길동이 호부호형하지 못하고 벼슬길에도 나아가지 못하는 것을 통해 신분 제도가 엄격하게 지켜졌던 당시의 사회상을 알 수 있다.

2 이 글에는 적서 차별에 대한 신분 제도의 모순, 관리들의 부패상이 드러나 있을 뿐, 당파 싸움의 상황을 찾아볼 수 없다. 홍 판서가 호부호형을 하고 싶어 하는 홍길동을 꾸짖는 것은 적서 차별의 기존 질서를 그대로 수용하고자 하는 모습일 뿐이다.

오답 뜯어보기 ② 홍 판서가 본부인뿐 아니라, 홍길동의 어머니인 춘섬과 곡산 어미(초란)를 첩으로 거느리고 사는 데서 알 수 있다.

③ 부부 사이라도 종과 양반의 구분이 명확하고, 형제간에도 종과 양반을 구분한다는 점에서 알 수 있다.

④ 홍길동이 양반인 아버지 앞에서는 자신을 '소인'이라 부르고, 종인 어머니 앞에서는 자신을 '소자'라 부르는 것을 통해 알 수 있다.

⑤ '나라에 큰 공을 세우고 이름을 만대에 빛내는 것이 장부로서 흔쾌히 할 일이다.'라는 홍길동의 독백에서 확인할 수 있다.

3 작품이 창작된 시대보다 후대의 인물인 장길산이 언급되어 있는 것은 후대에 어느 누군가가 개작을 했기 때문이다. 이 글은 출간 이후 꾸준히 인기를 끌었기 때문에 후대에까지 소통되어 개작이 된 것이며(ㄴ), 그 과정에서 후대의 인물인 장길산에 대한 내용이 들어간 것이다. 따라서 이 글이 창작되어 전해지는 과정에서 내용이 덧붙은 것이라 할 수 있다(ㄹ).

오답 뜯어보기 허균은 광해군 때의 인물이고 장길산은 그보다 한참 후대인 숙종 때의 인물이다. 따라서 숙종조 이후에 어느 누군가가 개작을 하면서 장길산에 대한 내용을 끼워 넣었다고 볼 수 있다(ㄷ). 이런 사실을 두고 작가가 역사적 사실을 고려하지 않았다고 할 수 없다(ㄱ).

4 홍길동은 총명하고 그 능력이 보통 사람을 능가할 정도로 뛰어나지만 서자라는 신분의 벽 때문에 자신의 능력을 발휘할 기회를 얻지 못한다. 홍길동은 이 사실을 한탄하며 사회적 모순에 대해 고민하고 갈등하고 있다. 하지만 홍 판서는 홍길동의 능력과 이러한 고민을 이해하면서도 시대의 질서를 따르는 보수적 태도를 보이면서 호부호형을 하고자 하는 홍길동을 꾸짖고 있다.

5 홍길동은 적서 차별의 대상인 서자로 아버지보다 신분이 낮아 자신을 부르는 호칭이 어머니와 아버지 앞에서 각각 다르다. 〈보기〉를 통해 소자(小子)는 부모 앞에서 자신을 낮출 때 사용하는 호칭인 반면, 소인(小人)은 신분이 낮은 사람이 신분이 높은 사람 앞에서 자신을 낮출 때 사용하는 호칭임을 알 수 있다. 홍길동은 아버지보다 신분이 낮으므로 아버지 앞에서 자신을 칭할 때 소인이라는 호칭을 사용하고 있다. 반면 어머니 앞에서 자신을 칭할 때에는 소자라는 호칭을 사용하고 있다.

6 (가)~(다)는 초란의 음모로 위기에 처한 홍길동이 비범한 능력을 사용하여 위기에서 벗어나는 부분이다. 따라서 유충렬이 간신 정한담의 박해로 죽을 고비에 처하는 ③이 본문의 영웅 서사 단계와 일치한다.

지식+

• 〈유충렬전〉에 나타난 영웅의 일대기 구조

영웅의 일대기 구조	〈유충렬전〉의 내용
고귀한 혈통	현직 고위 관리인 유심의 외아들로 태어남.
비정상적 출생	부모가 산천에 기도하여 늦게 얻은 아들임.
탁월한 능력	천상인이 하강했기에 비범한 능력을 지님.
고난	간신 정한담의 박해로 죽을 고비에 처함.
구출	강희주를 만나 그의 사위가 되고 도승을 만나 도술을 배움.
성장 후 위기	정한담의 반란으로 국가적 위기를 맞음.
고난 극복, 승리	반란을 평정하고 부귀영화를 누림.

7 이 글은 적서 차별 문제를 다룸으로써 신분 제도의 사회적 모순에 대한 관심을 촉구하고 이를 확대해 나가는 기능이 있으며, 이를 통해 개혁의 필요성을 일깨우고 있다.

오답 뜯어보기 ② 이 글에서의 계급 타파는 양반 안에서 이루어진 것이

므로, 평등사상이 실현되었다고 볼 수 없다.
③ 홍길동이 적서 차별의 문제를 해결하지만, 이러한 문학적 해소가 계층 간의 갈등을 완화했다고 볼 수 없다.
④ 진정한 가치에 대한 화두는 제시하지 않았다.
⑤ 허균이 건설한 '율도국'은 봉건 지배 체제를 탈피한 근대적 국가라고 볼 수 없으며, 또한 이러한 국가 건설이 근대적 국가의 출현을 앞당겼는지 판단하기 어렵다.

8 ⓒ에서 홍길동이 스스로 죽으려 했다는 내용은 이 글에서 찾을 수 없다.
오답 뜯어보기 ① 초란은 홍길동을 죽이려는 목적으로 무녀를 시켜 관상녀를 부른 것이다.
② 초란이 무녀에게 돈을 주고 관상녀를 부르게 한 것을 통해 짐작할 수 있다.
③ ⓐ와 ⓒ를 연결해 볼 때, 초란이 관상녀를 데려올 것을 무녀에게 부탁했고, 관상녀가 특재를 초란에게 소개하여 특재로 하여금 홍길동을 죽이게 했다는 추리가 가능하다.
④ 특재가 홍길동을 죽이려 하면서 초란이 무녀와 관상녀와 더불어 상공과 의논하고 홍길동을 죽이려 한 것이라고 말한 것으로 보아 관상녀가 ⓑ에 개입했음을 알 수 있다.

9 이 작품의 작가 허균은 급진 개혁 사상을 가진 것이 빌미가 되어 반역죄로 처형된 인물이다. 이러한 작가의 경향으로 보아 허균은 홍길동에게 자신을 투영하여 당대의 체제를 비판하고 있다고 평가할 수 있다.

지식+

• 문학 작품의 관점

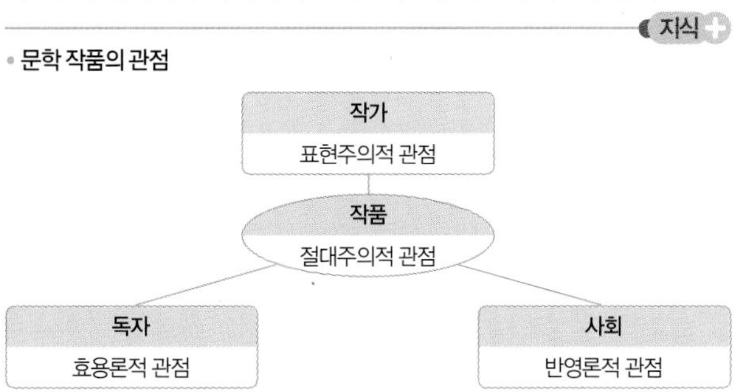

• 내재적 관점: 작품 자체만을 바라보는 관점. 절대 주의적 관점
• 외재적 관점
 - 표현주의적 관점: 표현 주체인 작가 중심 해석
 - 반영론적 관점: 문학이 반영하는 현실 중심 해석
 - 효용론적 관점: 문학을 수용하는 독자 중심 해석

043 최척전_조위한 126~129쪽

키포인트 체크 의지적, 임진왜란, 정유재란, 이산, 재회

1 ① **2** ⑤ **3** ③ **4** ① **5** 이 글에서는 영웅은 등장하지 않은 채 전란의 참상이 사실적으로 형상화되어 있고, <보기>에서는 박씨라는 여성 영웅이 신이한 도술을 부려 적군을 제압하고 있다. **6** ④ **7** ③ **8** ⑤ **9** '장육금불'은 옥영의 자살을 막고, 앞으로 기쁜 일이 있을 것이라고 말하여 옥영에게 가족을 만날 수 있다는 희망을 주고 있다. **10** ⓐ: 왜적에게 붙잡혀 가족과 헤어진 채 지내고 있습니다, ⓑ: 가족에 대한 그리움과 다시는 가족을 만날 수 없다는 절망감

1 이 글에서는 최척의 가족이 정유재란으로 헤어지게 되는 사건이 전개되고 있다. 인물 간의 대립은 구체적으로 드러나지 않는다.
오답 뜯어보기 ③ 춘생이 최척에게 전하는 말에서 그간의 사건이 요약적으로 진술되고 있다.
④ 정유재란이 일어난 직후에 지리산 연곡사에서 일어난 일임이 구체적으로 드러나 있다.
⑤ 최척이 양식을 구하기 위해 산에서 내려왔다가 길이 막혀 사흘 동안 숨어 지낸 것이 가족들과 헤어지게 된 원인이다.

2 이 글은 전쟁 후에 민중들이 겪었던 참혹한 현실과 그 심정을 대변하기 위해 창작된 것이다. 전후의 곤궁한 현실과 가족의 이산으로 인한 슬픔 등 당시 민중들의 고통을 생생하게 그리고 있다. 따라서 왜적의 침입으로 인한 민중 계층의 희생과 가족 이산의 아픔을 사실적으로 그려 내는 데 중점을 둔다는 ⑤가 가장 적절하다.
오답 뜯어보기 ④ 최척과 옥영의 사랑이 드러난 것은 맞지만 낭만적인 분위기를 드러내는 것이 초점이 아니며 이 작품의 창작 의도와는 거리가 멀다.

3 ㉠은 최척이 아내 옥영과 아들 몽석이 죽었다고 생각하여 통곡하는 대목이다. 따라서 맑게 갠 하늘에서 갑자기 떨어지는 벼락이라는 뜻으로 돌발적인 사태나 사변을 이르는 말인 '청천벽력(靑天霹靂)'으로 최척의 심리를 표현할 수 있다.
오답 뜯어보기 ① 비분강개(悲憤慷慨): 슬프고 분한 느낌이 마음속에 가득 차 있다는 의미이다.
② 노심초사(勞心焦思): 애쓰면서 속을 태운다는 의미이다.
④ 유구무언(有口無言): 입은 있으나 말은 없다는 것으로 변명할 말이 없음을 의미한다.
⑤ 진퇴유곡(進退維谷): 이러지도 저러지도 못하고 꼼짝할 수 없는 궁지에 몰린 상황을 나타낸다.

4 ⓐ~ⓒ는 최척이 헤어진 가족들을 찾기 위해 찾아간 연곡사와 섬진강에서 만난 이들로, 상황을 직접 보지 못한 최척에게 어떤 일이 일어났는지를 설명해 주고 있다.

5 영웅 군담 소설인 <박씨전>에서는 박씨라는 여성 영웅을 등장시켜 전란의 패배감을 심리적으로 보상받고자 했다. 하지만 이 작품에서는 영웅적인 인물이 등장하지 않고 평범한 인물들을 통해 전쟁의 참상을 사실적으로 형상화하고 있다.

6 이 글에는 영웅적 인물이 등장하지 않으며 전란이라는 시대 상황을 사실적으로 묘사하여 백성들의 고난과 역경을 그리고 있다.
오답 뜯어보기 ① 옥영은 자신의 뜻에 따라 배우자를 선택하고, 전쟁 중의 역경을 극복하고 운명을 개척해 나가는 적극적이고 강인한 여성으로 부각되어 있다.
② 이 글은 병자호란, 정유재란 등 전란으로 인해 가족이 뿔뿔이 흩어졌다가 만나는 과정이 반복되고 있다.
③ 최척의 부친과 장모가 연곡사에서 우연히 몽석을 찾았던 것처럼 가족들의 재회 또한 극적인 감동을 불러일으키고 있다.
⑤ 이 글에서는 전쟁의 참상을 사실적으로 표현하여 당시의 시대적 상황을 잘 보여 주고 있다.

7 '장육금불'은 옥영의 자살을 막는 역할을 할 뿐 옥영에게 신이한 능력을 부여하거나 그러한 능력을 가지도록 돕는 역할은 하지 않는다.

8 [A]는 최척이 자신의 누이와 결혼하라고 하는 여공의 제의를 거절하는 장면으로, 최척은 아버지와 아내의 생사도 모르는데 어떻게 편안한 생활을 꾀할 수 있겠느냐며 오히려 여공에게 반문하고 있다. 이러한 반문은 질문한 사람에게 자신의 의지를 확고하게 전달하는 기능을 한다.

9 '장육불금'은 여러 번 자살을 시도하는 옥영의 꿈에 나타나 '삼가 죽지 않도록 해라. 후에 반드시 기쁜 일이 있을 것이다.'라고 말하고 있다. 이는 후에 가족들을 만나게 되는 일을 예언하는 것이며 복선의 역할을 하기도 한다. 이 꿈을 꾼 후에 옥영은 죽기를 포기하고 가족을 만날 수 있다는 희망을 안고 다시 살아가게 된다.

10 옥영은 왜병 돈우에게 붙들려 간 상황에서 물에 뛰어들어 여러 차례 죽으려고 했다. 이후에 가족과 다시 만날 희망으로 살아가고자 결심한 것으로 보아, 이는 가족과 다시는 만날 수 없다는 절망감에서 나온 행동이라 볼 수 있다.

044 박씨전_ 작자 미상 130~133쪽

키포인트 체크 박씨, 병자호란, 박색, 허물

1 ① 2 ⑤ 3 ⑤ 4 앞으로 닥칠 재앙에서 박씨 부인이 사람들을 지켜내고, 적을 물리칠 장소이다. 5 ③ 6 ③ 7 ④ 8 박씨가 시비인 계화를 내세워 용울대와 상대한다.

1 이 작품은 병자호란을 배경으로 가공 인물인 박씨를 주인공으로 하여 작가가 꾸며 낸 허구의 이야기이다. 박씨는 초인적인 능력을 가진 비범한 인물로, 실제 인물과는 거리가 멀기 때문에 실존 모델을 탐색하는 것은 의미가 없다.
오답 뜯어보기 ② 남성 중심의 사회였던 조선 시대에 여성을 문학 작품의 주인공으로 삼는 것은 흔치 않은 일이므로 그 이유를 분석해 보는 것은 의미가 있다.
③ 유사한 소재의 작품과 비교해 봄으로써 이 작품에 대해 더 깊이 이해할 수 있을 것이다.
④ 이 작품은 역사적 사건(병자호란)을 소재로 한 소설이므로 그 사건에 대한 이해가 작품 이해의 근간이 된다.
⑤ 작가가 이 작품을 통해 말하고자 한 바가 무엇인지 파악하는 것은 작품을 이해하는 데 도움이 된다.

2 박 처사가 앞으로 다시 보기 어렵다고 한 것은 앞날을 기약하기 어렵기 때문일 뿐이며 상공을 다시 만나지 않으려고 한 말이 아니다.
오답 뜯어보기 ① '그 신기한 일을 사람이 본받기 어려운지라 허락하며'를 볼 때 상공은 박씨의 재주가 신묘하다는 것을 이미 알고 있었음을 알 수 있다.
② '구름이 영롱하더니, ~ 내려와 당에 오르는지라.'를 볼 때, 박 처사는 도술을 사용하는 범상치 않은 인물임을 알 수 있다.
③ '사장(査丈)을 대하여 죄 많사와 부끄럼을 어찌 형언하오리까.'라고 말하며 상공은 자신의 아들이 며느리 박씨를 홀대하는 것에 책임을 느끼고 있다.
④ '상공이 슬픔을 이기지 못하여 이별하는 정이 자못 결연하되'를 볼 때, 상공이 박 처사와의 이별에 애통함을 느끼고 있음을 알 수 있다.

3 〈보기〉의 금방울은 고난과 역경을 극복하고 마침내 '껍질(금방울)'을 벗고 절세의 가인으로 변신하는 인물이다. 이를 볼 때, 금방울과 대응되는 〈박씨전〉의 소재는 박씨가 변신할 때 벗게 되는 추비한 용모, 즉 '허물'이라고 볼 수 있다.

4 '피화당'은 '화를 피할 수 있는 공간'이라는 뜻으로, 이야기가 전개되어 후반부로 넘어가게 되면 건물의 이름대로 인물들이 이 공간으로 피신해 오게 되고, 박씨 또한 여기서 적장을 맞아 승리를 거두게 된다.

5 박씨전은 병자호란이 일어난 조선 시대를 배경으로 하고 있으며, 천상 세계와 지상 세계를 오가는 내용은 나타나지 않는다.
오답 뜯어보기 ① 박씨의 변신을 기점으로 가정 내의 갈등이 마무리되고 병자호란이라는 사회적 갈등을 다룬 내용으로 바뀌고 있다.
② 역사적 인물인 용골대와 허구적 인물인 박씨, 계화가 함께 등장한다.
④ 박씨가 신이한 도술을 부려 청나라 군사들을 혼내 주고 있다는 점에서 전기적 요소가 사건 전개에 매우 중요한 역할을 한다고 볼 수 있다.
⑤ 남성 중심의 조선 사회가 청에게 항복한 역사적 상황을 고려할 때, 여성 영웅인 박씨가 청의 군사들에게 통쾌한 복수를 하는 것은 결국 남성 중심 사회에 대한 작가의 비판적 인식이 반영된 것이라고 할 수 있다.

지식+

• 변신 화소

뜻	사람이나 동물이 형태가 변하여 본래 모습과는 전혀 다른 모습이 되거나 현실 세계에서는 보기 힘든 형태가 됨.
변신 동기	좀 더 우월한 존재로 변하기 위해
예	〈단군 신화〉의 웅녀, 〈구렁덩덩 신 선비〉의 남편, 〈금방울전〉의 금방울

6 이 소설은 현실 세계와의 접점으로 이시백과 용골대 같은 실존 인물을 등장시키고 있다.
오답 뜯어보기 ① 인물의 신통력을 부각하는 것은 병자호란의 패배감을 극복하려는 의도가 반영된 것이며, 현실 세계와의 접점과는 거리가 멀다.

7 이 작품의 배경인 병자호란은 역사상 유례가 없는 치욕적인 사건으로 우리 민족에게 커다란 고통과 손실을 안겨 주었다. 이 작품에는 이러한 현실의 패배를 보상받고자 하는 민중의 심리가 투영되어 박씨라는 가상의 인물을 통해 청나라에 통쾌한 설욕을 하고 있다. 이때 박씨의 신이한 능력이 청나라를 물리치는 데 큰 역할을 하고 있으므로, 이 글에 나타난 전기적 요소에는 현실의 패배를 보상받고자 하는 민중들의 심리가 투영되어 있다고 할 수 있다.
오답 뜯어보기 ① 이 글의 시공간적 배경은 병자호란 당시 조선으로 초현실적 세계와 거리가 멀다.
② 이 글에서 전기적 요소는 박 처사와 박씨의 도술에서 나타나는데, 이는 인물 간의 갈등을 해소하기보다는 가정 내의 갈등을 해소하고 전쟁에서 활약하는 장면에서 주로 사용된다.
③ 병자호란의 패배를 승리로 바꾼 것을 사회의 모순을 해결하는 것이라고 보기 어렵다.

8 박씨가 계화를 시켜 싸움에 임한 것은 양반집 아녀자가 함부로 다른 사람 앞에 얼굴을 보이면 안 된다는 조선 시대의 관습을 따른 것이라고 할 수 있다.

045 구운몽_ 김만중 134~137쪽

키포인트 체크 욕망, 속세, 현실, 꿈, 환생, 인생무상, 불법

1 ③ **2** ④ **3** ③ **4** ④ **5** 성진이 꿈속에서 양소유로 태어나 높은 벼슬에 오르고 두 공주, 여섯 낭자와 함께 살았던 것 **6** 등장인물인 성진과 팔선녀가 꿈을 꾸고 깨어나는 과정에서 인생무상의 깨달음을 얻게 되는 것을 나타낸다. **7** ② **8** ④ **9** ③ **10** ④

1 유불선 사상이 작품에 총체적으로 반영되어 있으며, 그중 불교의 공(空) 사상이 중심을 이루고 있다.

2 〈구운몽〉은 작품 외부에 서술자가 존재하는 전지적 작가 시점의 작품으로 서술자의 시각이 하나의 시점으로 고정되어 있다.
오답 뜯어보기 ① 승상과 호승의 대화가 기품 있게 진행되고 있다.
② 사부가 승상의 꿈을 깨우는 부분에서 전기적인 특성이 드러난다.
③ 이 글은 성진의 이동에 따라 '천상계(신선계) → 인간계 → 천상계(신선계)'로 이야기가 전개되고 있다.
⑤ 현실의 공간과 꿈의 공간이 교차하는 액자식 구성을 취하고 있다.

3 양소유는 자신이 십오륙 세 이전에는 부모와 함께 살았고 부모 곁을 떠난 이후에는 줄곧 관직에 있었던 기억을 근거로 호승의 말에 반박하고 있다. 이는 호승이 양소유와 십 년을 같이 살았다고 말한 것과 모순되는 점이다.

4 ㉡과 ㉣은 양소유가 현실이라고 믿는 현재의 상황, 즉 성진이 양소유로서 살아가는 꿈을 가리킨다. ㉠은 양소유가 꾼 꿈, 즉 몽중몽(夢中夢)에 해당한다. ㉢은 성진이 꿈에서 깨어나는 과정에서 정신이 혼미해진 상태를 비유한 말이다.

5 〈보기〉의 '즐거운 시간'은 한순간 사라지는 허무한 세속의 시간을 의미한다. 이는 이 글에서 성진이 양소유로 태어나 부귀와 권세를 누리며 살던 꿈속 시간과 의미가 서로 통한다.

6 '구운몽(九雲夢)'이라는 제목은 성진과 팔선녀가 속세의 부귀영화를 갈망하다가 하룻밤 꿈속에서 그것을 다 겪고 난 후에 허망함을 느끼고, 인생의 덧없음을 깨닫게 된다는 내용을 담고 있다.

지식+

- **제목의 상징적 의미**

성진을 비롯한 아홉 명의 인물이 꿈속에서 세속의 부귀영화를 누리고 그것이 덧없음을 깨닫는 과정을 통해서 '인생무상'이라는 주제 의식을 표현한 작품임을 제목에서 상징적으로 보여 주는 것이다.

구운몽(九雲夢)

구(九): 인물	운(雲): 주제	몽(夢): 구성
현실에서는 성진과 팔선녀, 꿈에서는 양소유와 2처 6첩을 의미함.	인생무상(人生無常): 삶이 흘러가는 구름과 같이 덧없음을 의미함.	꿈속은 주인공이 깨달음을 얻는 계기가 되는 공간임.

7 천상계와 용궁 등과 같은 선계는 현실에 존재하지 않는 비현실적인 공간이다.
오답 뜯어보기 ⑤ 주로 등장인물들의 대화로 사건이 진행되고 있다.

8 하룻밤 꿈으로 깨달음을 얻었다는 성진의 말에 대해, [A]에서 대사는 성진이 여전히 인간 세상과 꿈이 다른 것이라 생각하는 미망(迷妄)에서 벗어나지 못하고 있음을 질책하며 현실과 꿈의 구별 자체가 무의미함을 강조하고 있다.

9 〈보기〉의 내용은 모든 것은 헛되고 순간적이라는 것이다.
오답 뜯어보기 ①, ② 〈구운몽〉에서 작가가 궁극적으로 나타내고자 한 꿈의 의미는 희망이나 소망, 바람 등과 같은 성격의 것이 아니다.
④, ⑤ 앞서 육관 대사는 인간 세상과 꿈을 구분하는 것은 무의미하다고 했다.

10 이 글에서는 대사가 성진에게 주는 가르침을 통해 주제 의식을 드러내고 있지만, 〈보기〉에서 관음보살상은 조신에게 직접적으로 가르침을 주지 않는다.
오답 뜯어보기 ① 이 글과 〈보기〉 모두 인간의 욕망과 집착이 헛된 것임을 깨우쳐 주고 있다.
② 〈보기〉의 마지막 부분에서 '돌미륵'과 '정토사' 이야기를 통해 절이 건립된 내력을 제시하고 있다.
③ 이 글의 성진과 〈보기〉의 조신은 모두 하룻밤 꿈을 통해 자신들의 욕망이 헛된 것임을 깨닫고 있다.
⑤ 이 글에서 성진은 꿈에서 인간이 누릴 수 있는 부귀영화를 모두 경험하지만, 〈보기〉의 조신은 인간 삶의 괴로움을 경험했다.

046 사씨남정기_ 김만중 138~141쪽

키포인트 체크 현모양처, 악인, 축첩 제도, 고난, 사랑

1 ⑤ **2** ⑤ **3** ④ **4** ④ **5** 결혼 상대자를 고를 때에는 가문을 중시하며, 매파를 부르거나 인편을 통해 혼인 의사를 밝힌다. **6** ① **7** ② **8** ② **9** 서술자가 이야기에 직접 개입하여 사건(인물)에 대하여 평가를 내리고 있다.

1 이 글은 전지적 작가 시점으로 서술되었으며 '부인은 평소 딸을 기특히 여기고 사랑하는지라 어찌 그 뜻을 어길 리가 있겠는가?'와 같이 서술자가 사건에 직접 개입하는 편집자적 논평이 나타난다.
오답 뜯어보기 ① 이 글은 등장인물이 서술자가 되는 1인칭 시점의 작품이 아니다.
② 서술자는 '부인은 평소 딸을 기특히 여기고 사랑하는지라 어찌 그 뜻을 어길 리가 있겠는가?'와 같은 표현에서 주관적인 생각을 드러내고 있다.
③ 며느리를 구하는 당사자인 유 소사가 이 부분에서 중심 인물이기는 하지만, 그의 시각으로 사건이 전개되는 것은 아니다.
④ 등장인물의 심리는 잘 드러나지 않으나 심리가 표현될 때에는 서술자의 직접적 진술에 의존하고 있다.

2 사 소저는 덕행보다 미색을 먼저 이야기하는 매파의 말을 전해 듣고 혼사를 거절하겠다는 의사를 당당히 밝히고 있다. 이로 보아 사 소저는 총명하며 덕을 중시하는 인물이라 할 수 있다. 또한 사 소저가 매파의 잘못이라고 이야기하여 혼인 성사의 가능성을 남기고 있으므로 다른 사람의 실수를 용납하지 않는다고 보기는 어려우며, 혼인을 거절했다 해서 완고한 인물이라고 판단할 수는 없다.
오답 뜯어보기 ② 어머니에게 이유를 들어 유 소사와 혼인하지 않겠다고 자신의 의사를 분명히 밝히고 있다.

③ 유씨 집안의 부귀를 자랑하는 매파에 대해 사람됨이 미천하다고 하며 덕(德)으로써 시집을 가야 한다는 생각을 드러내고 있다.

3 혼인 당사자는 '사 소저'로, (가)에서 사 소저는 매파 주씨가 말한 것을 조목조목 따지며 청혼을 받아들일 수 없는 이유를 직접 밝힌다. 하지만 (나)에서는 지현이 대신 청혼하러 오자 사 소저가 직접 등장하지 않고 소공자 희랑을 대신하여 사 소저의 유모가 말을 전하고 있다.
오답 뜯어보기 ① (가)에서 매파 주씨를 보내 청혼을 거절당했던 유 소사는 혼인을 성사시키기 위해 두 번째 청혼에서는 지현에게 혼사의 뜻을 다시 전해 주기를 부탁하고 있다.
② (가)의 전달자는 매파 주씨로 사 소저의 외모가 천자 국색이며 재덕이 출중함을 들어 청혼을 하고 있고, (나)의 전달자는 지현으로 사 소저의 아버지인 사 급사의 이름을 높이고 사 소저의 덕행이 뛰어남을 들어 청혼을 하고 있다.

4 사 소저의 동생이 비록 어린아이지만 집안의 유일한 남자로 집안을 대표하는 인물이기 때문에 유모가 안고 손님을 맞이하러 나간 것이다. 이는 남자만을 가장으로 인정하는 당시의 가부장적 사회 분위기를 보여준다.

5 매파는 유씨 집안의 부귀를 내세우며 혼담을 전달하고 있고, 이에 사 소저는 자신의 가문에 대한 자부심을 드러내며 거부감을 보인다. 이로 보아 당시 결혼에서 가문에 대한 고려가 중요하게 작용했음을 알 수 있다. 또한 유 소사가 혼인을 청하기 위해 처음에는 매파를 보내고 이후에는 지현에게 혼인 의사를 전해 줄 것을 부탁한 데서 인편을 통해 혼인 의사를 전달하는 당시의 혼인 풍속을 알 수 있다.

6 이 작품의 작가는 고매한 부덕을 지닌 본처 사씨와 간교한 후처 교씨를 설정하여 그들의 갈등을 다룸으로써 조선 사회 축첩 제도의 불합리성을 비판하고 있다.

7 〈보기〉에서 교씨는 사씨 앞에서는 사씨의 가르침이 옳다고 하며 명심하겠다고 순종하는 모습을 보이지만 (나)에서는 사씨가 자신을 위협했다며 거짓으로 사씨를 헐뜯고 있다. 이러한 모습은 말로는 친한 듯하나 속으로는 해칠 생각을 하고 있다는 '구밀복검(口蜜腹劍)'과 어울린다.
오답 뜯어보기 ① 감탄고토(甘呑苦吐): 달면 삼키고 쓰면 뱉음. 사리에 옳고 그름을 돌보지 않고, 자기 비위에 맞으면 취하고 싫으면 버린다는 의미이다.
③ 부화뇌동(附和雷同): 우레 소리에 맞춰 함께한다는 뜻으로, 자신의 뚜렷한 소신 없이 그저 남이 하는 대로 따라가는 것을 의미한다.
④ 방약무인(傍若無人): 곁에 아무도 없는 것처럼 여긴다는 뜻으로, 주위의 다른 사람을 전혀 의식하지 않고 제멋대로 행동하는 것을 이른다.
⑤ 호가호위(狐假虎威): 여우가 호랑이의 위세를 빌려 호기를 부린다는 뜻으로, 남의 세력을 빌어 위세를 부림을 의미한다.

8 사씨는 당시 여성들의 모범이라 할 수 있을 정도로 현명하고 유교적 가치관을 잘 따르는 인물이다. 따라서 이 작품은 당대의 여성들에게 부덕(婦德)을 가르치는 윤리 교과서로서의 역할을 했다고 볼 수 있다.
오답 뜯어보기 ① 사씨가 자신의 결혼을 주체적으로 결정하는 모습을 보이기는 하지만 이 작품에서 중매결혼의 문제점을 지적하지는 않는다. 매파의 실언 이후에도 유 소사는 지현을 통해 청혼을 하였으며 사씨는 이를 수락했다.
③ 이 작품에서는 신분제의 문제점을 다루지 않는다.
④ 처첩 간의 갈등을 다루고 있을 뿐 여성이 독립하여 살아야 함을 주장하지 않는다.
⑤ 사씨의 고난 과정을 그리고 있기는 하지만 사씨가 삶의 의미를 가정 밖에서 찾지는 않는다.

9 (다)는 서술자의 편집자적 논평이 드러난 부분으로, 사씨와 교씨의 의도를 서술자가 직접적으로 설명하여 사건의 진행 상황을 정리하고, 사건에 대해 직접 평가하고 있다. 〈보기〉의 밑줄 친 부분 또한 서술자의 편집자적 논평이 드러난 부분으로, 악이 나면 반벙어리 같은 사람도 말을 물 퍼붓듯 한다는 서술자의 생각을 바탕으로 말수가 적던 부인이 말을 많이 하게 된 상황을 평가하고 있다.

047 운영전_ 작자 미상

142~145쪽

키포인트 체크 궁녀, 전근대적, 수성궁, 신분적, 자결

1 ④ **2** ② **3** ① **4** 안평 대군은 궁녀들을 억압하기도 하고 궁녀들이 쓴 한시를 칭찬하면서 상을 주는 이중적인 태도를 보인다. **5** 운영과 '아가씨'는 둘 다 이별의 상황에 처해 있는데 운영은 저승에서의 재회를 기약하고 있고, '아가씨'는 상대에게 아무런 말도 못했다. **6** ① **7** ⑤ **8** ④ **9** ② **10** ④ **11** 이 글에서는 궁녀의 연애 금지라는 사회적 제약 때문에 운영과 김 진사가 사랑을 이루지 못하고 죽음으로 생을 마감하므로 비장미가 나타난다.

1 이 글은 주인공 운영이 자신이 겪은 비극적인 사랑 이야기를 직접 전달하는 방식으로 서술되고 있다. 이에 따라 운영의 억울하고 슬픈 감정이 독자들에게 생생하게 전달된다. 운영은 과거의 사건을 직접 화법을 사용하여 전달하고 있을 뿐 사건이나 인물에 대해 분석하거나 평가하지는 않는다.

2 (나)의 '제 나이가 아직 20도 되지 않은 데다가 다시 부모님도 뵙지 못하고 죽는 것이 매우 원통한지라'라는 운영의 말에서 부모님조차 마음대로 볼 수 없는 궁궐의 폐쇄적인 성격을 짐작할 수 있다. 따라서 운영을 비롯한 궁녀들에게 궁궐은 감옥이나 다름없는 억압적이고 폐쇄적인 공간이다.

3 운영은 안평 대군의 궁녀로, 당시 궁녀는 다른 남자와 인연을 맺을 수 없었다. 즉, 안평 대군은 운영과 김생 사이를 방해하는 장애물이라 할 수 있다.
오답 뜯어보기 ② 운영은 김생을 꾸짖은 것이 아니라 현실적 상황의 한계 때문에 이별을 고하고 있는 것이다.
③ 김생은 운영과의 사랑을 이루고자 하나 현실적 제약 때문에 갈등하고 있는 것이다.
④ 자란은 운영이 자결하는 것을 막고자 했을 뿐 김생을 옹호하며 돕고자 한 것은 아니다.
⑤ 특은 김생과 운영이 함께 도망갈 것을 제안하며 김생의 나약한 태도를 비난하고 있을 뿐이다.

4 남성 중심의 가부장적 질서를 존중하는 안평 대군은 궁녀들에게 위압적인 자세를 취하지만, 동시에 궁녀들이 쓴 한시를 칭찬하면서 비단을 상으로 주는 등 온유한 태도를 취하며 이중적인 모습을 보인다.

5 운영은 김 진사와 헤어지는 상황에 처해 있으며, 〈보기〉의 '아가씨'도 사랑하는 임과 헤어지는 상황을 맞이하고 있다. 그런데 운영이 김 진사에게 마땅히 저승에서나 서로 만나 볼 수 있을 것이라고 말하며 저승에서의 재회를 기약하는 것과 달리, 〈보기〉의 '아가씨'는 부끄러워서 아무 말도 못하고 헤어지고 있다.

6 안평 대군이 서궁의 궁녀들을 문초하며 죽을 때까지 때리라고 명령하는 것으로 보아 우유부단한 성격이라고 보기 어렵다.

오답 뜯어보기 ② 은섬의 '저희는 한번 깊은 궁궐에 갇힌 이후 그림자를 벗하며 외롭게 지내 왔습니다.'라는 말에서 알 수 있다.

③ 운영은 '죄 없는 서궁 사람들이 저 때문에 함께 죄를 입게 된 것이 저의 세 번째 죄'라고 하며 자신 때문에 함께 벌을 받게 된 서궁의 궁녀들에게 미안함을 느끼고 있다.

④ 은섬이 '주군의 위엄이 두려워 이 마음을 굳게 지키다가 말라 죽는 길뿐입니다.'라고 한 데서 궁녀들이 억압된 궁중 생활에 한이 맺혀 있음을 알 수 있다.

⑤ 서궁의 궁녀들이 운영을 감싸고 살리기 위해 애쓰는 것은 같은 처지인 운영의 마음을 이해하고 안타까움을 느끼기 때문이다.

7 소옥은 운영 대신 자신이 죽으려 하고 있으므로 희생적인 태도를 보인다고 할 수 있다. 완사를 성내에서 하자는 다른 사람의 의견을 따르지 않은 것은 운영의 처지를 알고 있는 자란이 와서 간절하게 부탁했기 때문이므로, 소옥의 태도를 독선적이라고 판단한 것은 적절하지 않다.

8 궁녀들은 초사에서 자신의 한을 드러내며 죽음에 대해서는 오히려 강경한 태도를 보이고 있다. 죽음이 불러올 문제 상황을 제시한 내용은 찾을 수 없다.

오답 뜯어보기 ① 자란은 '대순, 이비, 목왕, 항우' 등의 고사를 들어 말했다.

② 비취는 주군의 은혜가 '산보다 높고 바다보다도 깊습니다.'라고 표현했다.

③ 은섬이 '저희는 한번 깊은 궁궐에 갇힌 이후 ~ 질투하는 마음을 견딜 수 없었기 때문입니다.'라고 한 데서 잘 드러난다.

⑤ 자란이 '주군께서는 어찌 운영만이 유독 운우지정(雲雨之情)이 없다 하십니까?'라고 한 데서 드러난다.

9 안평 대군이 ㉠처럼 말한 이유는 서궁의 궁녀들을 벌함으로써 남궁의 궁녀들에게 경각심을 심어 주기 위해서이다. 이는 '한 사람을 벌주어 백 사람을 경계한다.'라는 뜻으로, 다른 사람들에게 경각심을 불러일으키기 위해 본보기로 한 사람에게 엄한 처벌을 하는 일인 '일벌백계(一罰百戒)'와 뜻이 통한다.

오답 뜯어보기 ① 타산지석(他山之石): 본이 되지 않은 남의 말이나 행동도 자신의 지식과 인격을 수양하는 데에 도움이 될 수 있음을 비유적으로 이르는 말이다.

③ 발본색원(拔本塞源): 좋지 않은 일의 근본 원인이 되는 요소를 완전히 없애 버려서 다시는 그러한 일이 생길 수 없도록 한다는 뜻이다.

④ 인과응보(因果應報): 전생에 지은 선악에 따라 현재의 행과 불행이 있고, 현세에서의 선악의 결과에 따라 내세에서 행과 불행이 있는 일을 뜻한다.

⑤ 자승자박(自繩自縛): 자기의 줄로 자기 몸을 옭아 묶는다는 뜻으로, 자기가 한 말과 행동에 자기 자신이 옭혀 곤란하게 됨을 비유적으로 이르는 말이다.

10 궁녀들의 말에서 궁녀들은 궁 밖과 격리된 채 살아가도록 규제되었음을 알 수 있다. 따라서 궁궐의 담은 외부 세계를 차단하여 궁녀의 생활을 제한하는 기능을 한다. 즉, 궁궐에서 살아가는 궁녀들의 삶은 궁 밖의 삶과 단절된 채 안평 대군의 절대적인 영향 아래 놓여 있는 것이다. 따라서 궁궐의 담을 넘는다는 것은 안평 대군이 세운 질서를 거스르는 행동으로 안평 대군의 권위에 대한 도전이라 할 수 있다.

11 이 글은 궁녀의 연애 금지라는 사회적 제약 때문에 운영과 김 진사가 사랑을 이루지 못하고 죽음으로 생을 마감하는 내용이다. 〈보기〉에서 '나'의 실현 의지가 현실적 여건 때문에 좌절될 때 비장미가 나타난다고 했으므로, 이 글에도 비장미가 나타난다고 할 수 있다.

048 숙향전_ 작자 미상 146~149쪽

키포인트 체크 천상계, 지상계, 이원적, 죄, 성취

1 ⑤ **2** ③ **3** ① **4** 일반적인 영웅 소설은 주인공이 비범한 능력을 지니지만 〈숙향전〉은 주인공이 영웅으로서의 능력을 지니지 않는다. **5** ② **6** ① **7** ④ **8** 〈보기〉는 지상계에서 겪고 있는 숙향의 고난이 천상계에서 예정된 것임을 보여 주는 기능을 한다. / 〈보기〉는 지상계에서 겪고 있는 숙향의 고난이 천상계에서의 득죄 때문임을 알려 주는 기능을 한다.

1 사향은 숙향에게 두 가지 누명을 씌우는데, 그것은 숙향이 금봉차와 옥장도를 훔쳤다는 것과 숙향의 방에 외인이 자주 출입한다는 것이다. 즉, 사향은 거짓으로 숙향이 도둑질을 했다는 누명과, '부정한 행실'을 한다는 누명을 씌우면서도 쫓겨나는 숙향에게는 상대를 위하는 듯이 행동하므로 음해자이다. 승상은 이에 대해 심판을 내리는 자로서, (다)에서 사향이 숙향을 문밖으로 내치는 것으로 보아 승상이 숙향을 추방하라는 지시를 내렸음을 알 수 있다. 또한 숙향은 피해자로서 자신이 죄가 없음을 주장하거나 입증하려고 하기보다는 집을 돌아보며 울며 쫓겨나고 있다.

2 고전 소설의 적강 화소는 영웅 소설에서 많이 쓰인다. 주인공은 신이한 능력을 가지고 태어나거나 성장한 이후 신이한 능력을 갖추는 경우가 많지만, 이 글은 적강 화소를 가지고 있음에도 불구하고 숙향은 자신의 능력으로 위기를 극복하지 못한다. 제시된 부분에서도 숙향은 월궁항아의 명을 받은 계집아이들의 도움으로 죽을 고비를 극복하고 있다.

오답 뜯어보기 ① 계집아이들이 숙향에게 '귀하신 몸'이라고 하는 이유는 숙향이 천상계에서 적강한 존재이기 때문이다.

② 천상계와 지상계가 서로 소통하고 있기 때문에 천상의 존재들이 지상계에서 숙향이 죽으려 하는 것을 알고 나타난 것이다.

④ 지상계의 원리에 따르면 숙향은 물에 뛰어들었으므로 죽어야 마땅하나 월궁항아의 명으로 살아나는 것으로 보아, 지상계의 원리보다 천상계의 원리가 더 우위에 있다고 할 수 있다.

⑤ 〈보기〉에서 알 수 있듯이 적강 화소는 주인공이 천상계에서 죄를 지어 지상계로 적강하는 것이다. 따라서 죄를 지은 데 대한 벌로 지상계로 내려온 것은 숙향의 의지와 상관없이 일어난 일이다.

3 ⓐ에서 숙향은 위기 앞에서 어찌할 바를 모른 채 도움을 청할 곳도 없는 상황 속에 있다. '기호지세(騎虎之勢)'는 범에 올라탄 기세라는 뜻으로 이미 시작한 일을 그만둘 수 없다는 의미이므로 ⓐ의 상황을 표현하기에 적절하지 않다.

오답 뜯어보기 ② 고립무원(孤立無援): 고립되어 도움을 받을 데가 없음을 이른다.
③ 혈혈단신(孑孑單身): 의지할 곳이 없는 외로운 홀몸을 뜻한다.
④ 사고무친(四顧無親): 도무지 의지할 사람이 아무도 없음을 뜻한다.
⑤ 진퇴유곡(進退維谷): 이러지도 저러지도 못하고 꼼짝할 수 없는 궁지를 뜻한다.

4 일반적인 영웅 소설에서는 초월적 존재인 주인공이 비범한 능력을 지니고 있어 자신의 능력으로 위기를 극복한다. 그러나 〈숙향전〉에서 숙향은 비범한 능력이 없어 위기에 봉착했을 때 자결을 시도하며 계집아이, 삽사리, 마고할미 등 천상의 초월적 존재의 도움으로 위기를 극복하게 된다.

5 〈보기〉는 〈운영전〉의 한 부분으로 안평 대군의 궁녀인 운영과 가난한 선비인 김 진사가 어려움 속에서 서로 만나는 장면이다. 운영과 김 진사는 자신들의 애정을 성취하기 위해 여러 가지 위험과 고난을 무릅쓰고 적극적으로 노력하고 있다. 이에 비해 이 글에서 숙향은 사랑하는 사람과 헤어지고 마고할미마저 죽자 외로움을 느껴 자결하려고 하는 나약한 모습을 보인다. 그러나 운영에 비해 숙향이 상대방에게 희생하는 모습은 나타나지 않는다.

오답 뜯어보기 ① 운영은 김 진사에게 직접 궁의 담을 타고 들어오라고 말하는 적극적인 모습을 보이고 있으나 숙향은 자신의 신세를 한탄하는 소극적인 모습을 보인다.
④ 이 글에서는 삽사리가 숙향을 돕고 있고, 〈보기〉에서는 자란이 운영을 돕고 있다.
⑤ 〈보기〉에서 김 진사가 늦은 밤 담을 타고 넘어가 운영과 사랑을 나누는 것은 그들의 애정을 방해하는 안평 대군이라는 존재가 있기 때문이다. 이 글의 숙향과 이선도 가연을 맺고 서로 그리워하지만 함께하지 못하고 있는 것으로 보아 애정 성취 과정에서 어려움을 겪고 있음을 알 수 있다.

6 [A]는 숙향의 고난을 알게 된 이선이 삽사리 편에 보낸 편지의 내용이다. 숙향을 사랑하는 이선이 자신의 과거 급제를 기다려 달라는 내용을 적어 숙향에 대한 자신의 사랑을 전하면서, 자신을 믿어 줄 것을 부탁하고 있다. 즉, 과거에 급제하여 숙향을 찾아가겠다는 자신의 뜻을 직접적으로 전하고 있는 것이다. 그리고 '낭자의 이렇듯한 괴로움이 모두 나로 말미암은 것이오.'라고 함으로써 숙향이 처한 부정적인 상황에 대한 원인을 자신에게로 돌리고 있음을 알 수 있다.

7 ㉣은 숙향이 자결하려는 순간에 삽사리가 등장하는 부분으로, 삽사리가 나타남으로써 숙향은 목숨을 구하게 된다. 따라서 숙향의 신변에 위험이 닥칠 것을 예고하는 것은 아니다.

8 (다)에서 숙향이 쓴 봉서는 자신을 돌봐 주던 마고할미가 죽자 낙심하여 자신의 처지를 한탄하는 내용의 글로, 숙향이 지상계에서 겪고 있는 고난에 해당한다. 〈보기〉에서 옥황상제는 숙향이 천상계에서 죄를 지어 지상계로 쫓겨 갔으며, 그곳에서 여러 고난을 겪게 됨을 알려 주고 있다.

049 홍계월전_ 작자 미상 150~153쪽

키포인트 체크 남장, 남존여비, 봉건적, 가문, 국가

1 ① **2** ④ **3** ⑤ **4** 주인공의 탄생을 예시하고 있으며, 선녀가 나타난 것으로 보아 주인공이 비범한 인물일 것임을 암시하고 있다. **5** 곽 도사가 홍계월이 5세에 부모와 이별한다고 했으므로 그럴 경우 여자보다는 남자로 살아가는 것이 수월하다고 생각했기 때문이다. **6** ⑤ **7** ② **8** ④ **9** 보국은 가부장적 사고를 지닌 남성으로, 홍계월이 여성임이 드러나자 홍계월의 명령에 불복하며 갈등을 빚고 있다. **10** 지체하지 말고 지적할 수 있어야 합니다.

1 '가세는 요부(饒富)하나 슬하에 일점혈육(一點血肉)이 없어 매일 설워하더라.'라는 것으로 보아 홍무의 살림은 넉넉했음을 알 수 있다.

오답 뜯어보기 ② '만조백관이 다 시기하야 모함하여, 무죄히 삭탈관직(削奪官職)하고 고향에 돌아와 농업에 힘쓰니'에서 확인할 수 있다.
③ 양 부인은 선녀가 품에 안기는 꿈을 꾸고 이것을 태몽이라 여겨 자식을 얻기를 기대한다.
④ 양 부인은 '다른 가문의 어진 숙녀를 취하여 후손을 볼진대'라고 말하며 남편에게 첩을 얻어 자식을 볼 것을 권하고 있다.
⑤ 도사는 홍계월이 5세에 부모와 헤어질 것이며 후에 명망이 천하에 가득할 운명이라고 예언하고 있다.

2 ㉠은 부인 양씨가 남편 홍 시랑에게 첩을 두어 자식을 얻을 것을 권유하는 말로, 당시의 사회가 한 남편이 동시에 여러 아내를 둘 수 있는 일부다처제 사회였음을 보여 준다.

3 ㉡에는 홍계월의 외모와 자식을 얻은 기쁨, 아들이 아닌 것에 대한 아쉬움이 드러날 뿐, 앞으로 닥칠 시련을 암시하는 복선은 드러나지 않는다.

오답 뜯어보기 ①, ② 얼굴을 도화, 즉 복숭아꽃에 비유하여 그 아름다움을 드러내고 월궁항아와 같다고 하여 계월이 비범한 인물임을 나타내고 있다.
③ 자식을 얻었으나 남자아이가 아님을 한탄하는 것으로 보아 남존여비 사상을 엿볼 수 있다.
④ 월궁항아는 '달에 있는 궁에 산다는 선녀'를 가리키는 말로, 도교 사상의 영향을 받은 표현이다.

4 부인은 천상에서 내려온 선녀가 찾아와 부인의 댁으로 가라고 지시를 받았다며 자신의 품에 안기는 꿈을 꾼다. 그리고 태기가 있어 열 달 후에 홍계월을 낳았으니 이는 태몽에 해당한다. 이러한 꿈은 홍계월이 천상에서 내려온 비범한 인물임을 보여 준다.

5 홍 시랑은 홍계월이 5세에 부모와 이별한다는 곽 도사의 말을 듣고 혹시나 일어날지도 모르는 일에 대비하고 있다. 남자의 옷을 입혀 홍계월에게 글을 가르치는 것은 여자로서 살아가는 것보다 남자로 위장하여 살아가는 것이 위기에 처했을 때 더 도움이 되리라 생각했기 때문이다. 이러한 생각은 당대에 만연했던 남존여비 사상을 보여 주면서 여성보다는 남성으로서의 삶이 살아가기에 더 수월했음을 짐작할 수 있게 해 준다.

6 이 글은 중국을 배경으로 이야기가 전개되고 있다. 홍계월은 봉건적 가치관에 맞서는 새로운 여성상을 보여 주는 인물이지만 민족적 영웅은 아니다. 따라서 이 글은 민족의 자존심 회복과는 연관성이 없다.

오답 뜯어보기 ② 이 글은 홍계월이라는 영웅적인 면모를 지닌 여성이 주인공이므로 여성 영웅 소설에 해당한다.
③ 주인공 홍계월이 남장을 함으로써 어려움을 극복하고 벼슬에 나아

갈 수 있었으며 대장군이 되는 출세도 가능했다는 점에서, 남장이 사건의 전개에 중요한 역할을 한다고 할 수 있다.
④ 외적의 침략으로 인한 갈등이 있기는 하지만 작품 전개상 주된 갈등은 홍계월과 보국 사이의 갈등이다.

7 홍계월은 보국이 군령을 제대로 지키지 않은 것이 여자인 자신에게 명령을 받는 것에 대한 불만 때문임을 알고 있었다. 그렇기에 몸이 좋지 않아 군령을 게을리했다고 말하는 보국의 변명을 내심 우습게 생각하는 것이다. 따라서 보국이 군령을 지키지 않은 이유를 알 수 없어 홍계월이 더욱 호령했다는 설명은 적절하지 않다.

8 (가)의 '원수 내심은 우스우나 겉으로는 호령하기를'은 서술자가 직접 서술한 부분으로 보국을 혼내는 홍계월의 심리를 드러내고 있다(ㄷ). 또한 홍계월과 보국의 대화를 통해 두 사람이 처한 상황과 내면 심리를 드러내고 있다(ㅁ).

9 보국은 홍계월이 평국이라는 이름으로 남장을 하고 있을 때에는 아무런 갈등을 일으키지 않았지만 홍계월이 여자임이 밝혀지자 태도가 바뀌게 된다. 이는 여자는 남자에게 순종해야 한다는 가부장적 사고 때문이라고 할 수 있다.

10 이 글의 홍계월은 남자인 보국보다 뛰어난 능력을 발휘하며 남편의 잘못을 지적하고 있는 반면, 〈보기〉의 인물은 남편의 뜻을 어기지 않고 순종하려는 모습을 보이고 있다. 따라서 홍계월은 〈보기〉의 인물에게 남편일지라도 잘못된 점이 있다면 이를 지적해야 한다고 충고할 수 있다.

050 소대성전_ 작자 미상 154~157쪽

키포인트 체크 | 인간, 겉모습, 이원적, 무술, 황제

1 ④ **2** ⑤ **3** ② **4** ④ **5** ④ **6** ③ **7** ① **8** ⑤ **9** 소대성을 죽이러 온 자객 조영이 소대성에게 칼을 던지는 장면

1 소대성이 자신을 찾아온 검객 조영 앞에서 도술을 부리는 장면에서 전기적(傳奇的) 요소가 드러난다.

지식+

• 우의적 소재
'우의(寓意)'란 다른 사물에 빗대어 비유적인 뜻을 나타내거나 풍자하는 것을 말한다. 우화 소설에서 주로 드러나는 수법이다.

2 ㉤은 소대성이 겁 없이 자신을 죽이려 덤비는 조영의 어리석음을 꾸짖기 위해 하는 말이다. 이러한 문맥을 고려하지 않은 채 소대성이 조영을 동정하고 있다고 이해하는 것은 적절하지 않다.

3 이 글은 소대성이 지닌 남다른 재주(㉮)를 유일하게 알아주던 인물이자 그의 양육자이기도 한 이 승상(㉯)의 죽음이 계기가 되어, 소대성의 재주를 알지 못하는 왕 부인과 이생 등이 소대성을 없앨 계략을 꾸밈으로써 소대성에게 위기(㉰)가 닥치는 장면이다.

4 승상이 죽은 뒤 왕 부인과 그의 아들들이 소대성을 미워하며 소대성을 암살할 계략을 세우고 있다. 소대성은 이러한 상황에 대해 자신의 신세를 한탄하고 있다.

5 이 글에서 배경 묘사가 복선의 역할을 하는 부분은 찾을 수 없다.
오답 뜯어보기 ① 소대성이 조영을 물리치고 떠난 이후까지 시간의 흐름에 따라 사건이 진행되고 있다.
② 소대성이 복수하지 않고 이 승상의 집을 떠나기로 결심하는 혼잣말이 (가)에 제시되어 있다.
③ 이생의 뉘우침과 왕 부인의 기쁨 등을 (나)에서 서술자가 직접 제시하고 있다.
⑤ 조영이 소대성을 피하지 않고 맞서겠다고 생각하는 내용이 (가)에 제시되어 있다.

6 이생은 소대성이 사라진 것을 알고 처음에는 뒷일을 염려하나, 소생이 스스로 나간 것으로 하면 된다는 정생의 말을 듣고 이를 따르고 있으므로, 구체적인 대비책을 세웠다고 볼 수 없다.

7 주인(이 승상)의 은혜를 생각하는 정이 깊다고 노래하고 있으므로, '은덕을 입은 고마움이 마음 깊이 새겨져 잊히지 아니함.'을 뜻하는 '각골난망(刻骨難忘)'이 가장 적절하다.
오답 뜯어보기 ② 막역지우(莫逆之友): 참된 마음으로 서로 거역할 수 없이 매우 친한 벗을 말한다.
③ 반포지효(反哺之孝): 자식이 자라서 부모를 봉양함을 의미한다.
④ 사고무친(四顧無親): 친척이 없어 의지할 곳 없이 외로운 처지를 의미한다.
⑤ 수구초심(首丘初心): 여우가 죽을 때 고향 쪽으로 머리를 둔다는 뜻으로 고향을 생각하는 마음을 말한다.

8 이별시의 3~4행에는 승상이 죽은 후 왕 부인 등의 미움을 받게 된 자신의 처지에 대한 소대성의 인식이 드러나며(ㄹ), 5~7행에는 자객을 죽인 후 승상의 집을 떠나게 되는 과정이 압축적으로 제시되어 있다(ㄷ).

9 ㉠은 소설의 내용이 흥미진진할 때, 즉 청중이 이어질 이야기를 궁금해할 만한 대목에서 사용해야 가장 효과적일 것이다. 이 글에서는 자객이 소대성을 죽이러 온 대목이 가장 흥미진진한 부분이므로, 소대성을 죽이러 온 조영이 소대성을 향해 칼을 던지는 장면이 가장 적절할 것이다.

051 유충렬전_ 작자 미상 158~161쪽

키포인트 체크 | 대립, 충성, 충신, 도술, 반란군

1 ② **2** ③ **3** ① **4** ② **5** 대조법을 사용하여 의미를 선명하게 하고 있다. / 직유법을 사용하여 듣는 이의 이해를 돕고 있다. / 설의법을 사용하여 주장을 강조하고 있다. **6** ⑤ **7** ④ **8** ③ **9** ④

1 천자는 유심이 적 가달과 내통했다는 정한담과 최일귀의 모함을 듣고 유심의 목을 벨 것을 허락했으므로 그의 충성심을 이해한다고 보기 어렵다. 또한 천자는 평소 남적이 강성해지고 있음을 근심했고, '폐하의 위엄이 남방에 가득할 것'이라는 정한담의 말에 기병을 허락했으므로 백성을 위해 기병했다고 할 수 없다.

2 정한담과 최일귀가 천자에게 남적 토벌을 건의하자 천자가 이를 허락하지만 유심은 반대한다. 그리고 정한담과 최일귀가 천자에게 유심이 적과 내통했다고 고변하여 유심의 목을 벨 것을 청하자 천자가 이를 허락하지만 왕공렬은 이에 반대한다.

3 [A]는 정한담이 천자에게 고한 내용이다. 그런데 정한담은 천자에게 먼저 공격하는 것이 가장 좋은 방법이라는 말은 하지 않았으므로 ①은 적절하지 않다.

오답 뜯어보기 ④ 제후국이 천자의 나라에 조공을 바치는 것으로 보아, 천자의 나라와 제후국의 역학 관계를 알 수 있다.

⑤ '천자 매일 남적이 강성함을 근심하더니'에서 천자의 염려를 알 수 있고, '대희 왈'이라고 한 것에서 문제를 해결할 기대감에 차 있음을 알 수 있다.

4 '누이 좋고 매부 좋다.'는 어떤 일에 있어 서로 다 이롭고 좋음을 비유적으로 이르는 말이므로, 두 인물 모두에게 이로운 ㉠의 상황에 해당하는 속담이라고 할 수 있다.

오답 뜯어보기 ①, ③, ④, ⑤ 모두 '일석이조'의 의미를 지니지만, 두 인물 모두에게 이로운 것이 아니라, 한 인물이 두 가지 이득을 보는 것을 나타낸 것이어서 적절하지 않다.

5 '왕실은 미약하고 외적은 강성하니'에서 대조법을 사용하여 의미를 선명하게 나타내었고, '자는 범을 찌름과 같고 드는 토끼를 놓침이라'에서 직유법을 사용하여 듣는 이의 이해를 돕고 있다. 그리고 '한낱 새알이 천 근의 무게를 견디리까?'에서는 설의법을 사용하여 자신의 주장을 강조하고 있다.

6 정한담이 천자를 쫓는 장면과 유충렬이 적군을 무찌르는 사건은 동시에 일어나는데, 이를 '이때'라는 말로 연결하여 병렬적으로 제시하고 있다.

7 '천자는 백사장에 엎어져 있고 한담이 칼을 들고 천자를 치려 했다.'에서 정한담에게 패한 천자의 무력함과 나약함을 느낄 수 있다(ㄴ). 또한 천사마는 천상에서 내려온 비룡으로 눈 한 번 꿈쩍하는 사이에 변수 가에 다다르는 등 용맹을 떨치고 있음을 알 수 있고(ㄷ), '원수가 이때를 당해 평생의 기력을 다해 호통을 지르니'에서 천자를 구하고자 하는 유충렬의 강인한 의지를 엿볼 수 있다(ㄹ).

오답 뜯어보기 ㄱ. '도성에 살기 가득하고 천자의 자미성이 떨어'졌다고 했으므로 천기를 살펴보는 호산대의 배경은 오히려 암울한 분위기로 표현해야 적절하다.

ㅁ. '원수의 호통 소리에 한담의 두 눈이 캄캄하고 두 귀가 멍멍해'에서 정한담의 겁먹은 모습이 드러나므로 여유와 의연함은 찾을 수 없다.

8 천자가 위험에 빠졌다는 사실은 월색이 희미해지더니 난데없이 빗방울이 원수의 면상에 떨어지는 것을 통해 알게 된다. 또한 천자의 자미성이 떨어져 변수 가에 비쳐 있는 것을 보고 천자가 위험에 빠졌음을 알게 된다. 천자가 위험에 빠진 것을 알게 된 것과 천사마(비룡)는 관련이 없다.

9 원수가 천지를 살펴보고 놀라서 발을 구르는 것은 한담으로 인해 천자가 위급한 상황에 처해 있음을 깨달았기 때문이다. 원수는 천자를 구하기 위해 다급하게 행동할 뿐 한담에서 속은 것에 대한 분노를 드러내지는 않는다.

오답 뜯어보기 ① 한담은 원수가 금산성에서 적군과 싸우도록 한 뒤 자신은 도성에 와서 천자를 죽이려 하고 있다.

② 천자가 깊이 잠을 자고 있다는 것은 원수에게 한담의 반란군과 맞서 싸우는 일을 맡기고 안심하고 있었음을 보여 준다.

③ 한담은 하늘이 자신을 남경의 천자가 되게 한 것이라며 천자의 옥새를 빼앗아 천자의 자리에 오르려 하고 있다.

⑤ 원수는 천자를 구하기 위해 자신의 모든 힘을 쏟고 있다. 이는 천자를 지켜야 한다는 충성심에서 나온 행동으로 볼 수 있다.

052 임진록_ 작자 미상 162~165쪽

키포인트 체크 임진왜란, 패배, 승전, 왜국, 항서

1 ③ **2** ② **3** ⑤ **4** 임진왜란의 치욕을 씻기 위해 왜왕(왜인)에 대한 조선인의 우월성을 강조하고 있다. **5** ④ **6** ④ **7** ② **8** 왜국에 대한 적개심과 분노 **9** 패전에 대한 정신적 보상과 민족의 긍지와 자부심 고취

1 병풍의 일만 팔천 칸의 글을 외우거나, 연못 위에 띄운 유리 방석에 앉는 것, 사면의 문을 잠그고 불을 지핀 방에서 얼음 빙(氷) 자를 쓰고 추위에 떠는 모습은 전기적 요소가 활용된 장면으로 이를 통해 독자의 흥미를 높이고 있다.

2 왜왕은 조선의 패문을 읽고는 조선에 어찌 생불이 있냐며 비웃고 있다. 따라서 속으로는 두려움을 느끼지만 겉으로 태연한 척한다는 ②의 서술은 적절하지 않다.

3 ㉠은 사명당이 초인적인 능력으로 왜왕의 계략을 물리치는 부분으로 사명당의 영웅적인 면모가 잘 드러나 있다. 사명당은 도술을 부려 별당을 한기로 가득 차게 만든 것이지 마음을 다스려 화기를 이겨 낸 것이 아니다.

오답 뜯어보기 ① 도술을 부리는 사명당의 신이한 능력을 보여 주고 있다. 이는 사명당이 생불임을 증명해 주는 것이다.

③ 왜왕과 신하들은 별당을 지으면서 생불이라도 불에 녹을 수밖에 없을 것이라며 사명당이 죽을 것을 기대하고 있다.

4 왜왕은 사명당이 생불인지 시험하기 위해 병풍 외우기, 못 위 유리 방석에 앉기, 별당에 불 지피기 등 보통 사람이라면 통과할 수 없는 갖가지 난관을 설치한다. 그러데 사명당은 이러한 왜왕의 시험을 초인적인 능력을 발휘하여 거뜬히 통과하고 있다. 이것은 임진왜란의 치욕을 씻으려는 민중의 의식이 반영된 결과로, 사명당이 왜왕보다 뛰어남을 나타낸 것이며 사명당으로 상징되는 조선인이 왜왕으로 상징되는 왜인보다 우월함을 드러내기 위한 장치라고 할 수 있다.

5 〈보기〉는 역사적 사건을 사실적으로 기록한 것일 뿐, 집권층에 대한 분노는 드러나지 않는다. 또한 이 글에서도 집권층에 대한 분노를 직접적으로 확인할 수는 없다. 오히려 사명당은 왕의 명령을 받아 사신으로 왜국에 건너가 항복을 받아 내고 있다.

오답 뜯어보기 ① 〈보기〉는 역사적 사건을 사실적으로 기술한 글이고, 이 글은 허구화된 소설이므로 극적인 전개를 통해 흥미를 더하고 있다.

② 이 글에서는 왜왕과 사명당의 갈등이 드러나는데, 〈보기〉에서는 이러한 갈등이 드러나지 않는다.

③ 이 글에서 사명당은 도술의 힘으로 왜왕의 시험을 모두 물리치는 영웅으로 형상화되어 있다.

⑤ 사명당은 이 글에서 왜왕의 항복을 받으면서 형제지국(兄弟之國)의 예까지 맺게 했고, 〈보기〉에서도 양국 간의 화평을 성공적으로 도출해 내는 역할을 하고 있다.

6 서산 대사가 신이한 능력을 발휘하여 왜국이 거의 함몰될 지경에 이른 상황으로, 이에 왜왕은 항복하여 위기에서 벗어나고자 하고 있다. 따라서 왜와 조선의 갈등이 심화된다고 보기 어렵다.

오답 뜯어보기 ① 서산 대사가 도술을 부려 왜국을 침몰시키려 한 부분으로 이는 왜왕이 항복하게 되는 계기가 된다.

② '어찌 누립고 섭나시 아니하리오.'에서 서술자의 편집자적 논평이 드러난다.

③, ⑤ 왜를 침몰시키려는 행동을 통해 독자들이 통쾌함을 느끼고 전쟁의 상처를 위로받고자 하는 작가의 의도가 반영된 부분이라 할 수 있다.

7 계속되는 왜왕의 혹독한 시험에도 사명당은 초인적인 능력을 발휘하여 위기에서 벗어나고 있다. 왜왕은 자신들이 짜낸 계책이 사명당에게 아무런 소용이 없음을 느꼈을 것이다. 따라서 '온갖 계교를 다 써도 해결할 방도를 찾지 못한다.'는 '백계무책(百計無策)'이 가장 어울리는 반응이다.

오답 뜯어보기 ① 허장성세(虛張聲勢): 실속은 없으면서 큰소리치거나 허세를 부린다는 의미이다.

③ 극악무도(極惡無道): 더할 나위 없이 악하고 도리에 완전히 어긋나 있음을 뜻한다.

④ 사상누각(沙上樓閣): 모래 위에 세운 누각이라는 뜻으로, 기초가 튼튼하지 못하여 오래 견디지 못할 일이나 물건을 이르는 말이다.

⑤ 고립무원(孤立無援): 고립되어 구원을 받을 데가 없음을 이른다.

8 사명당이 왜왕에게 인피(人皮)를 요구한 것은 현재의 시각에서 보면 잔인한 일이지만, 당대의 시대적 상황을 고려할 때 그만큼 왜국에 대한 적개심과 분노가 높았음을 반영한 것이라 할 수 있다.

9 임진왜란은 역사적으로 우리에게 굴욕과 수모를 준 전쟁이다. 이러한 전쟁을 승리한 전쟁으로 그려 낸 것은 소설적 허구를 통해 패전에 대한 수모를 정신적으로 보상받으면서 민족의 긍지와 자부심을 높이고자 한 것이다.

053 임경업전_ 작자 미상 166~169쪽

키포인트 체크 영웅, 간신, 병자호란, 적개심, 충절, 김자점

1 ⑤ 2 ⑤ 3 ② 4 ⑤ 5 호왕이 임경업의 충절에 감복했다. 6 ③ 7 ④ 8 ② 9 전기적(비현실적) 사건을 다루고 있다. 10 당시 백성들은 병자호란에서 겪은 치욕을 문학적으로 위로받고자 했다.

1 (라)에서 임금이 임경업을 역적으로 몰아붙이는 김자점을 엄히 꾸짖자, 김자점은 임금 앞에서 물러나 동료들과 임경업을 역적으로 잡아 올 것을 의논했다. 이로 보아 김자점이 권세를 떨쳤으나 임금 앞에서 어명을 거역할 정도는 아니었음을 확인할 수 있다.

오답 뜯어보기 ① 호왕이 금은을 청한 세자보다도 조선에서 잡혀 온 사람을 청한 대군을 기특히 여긴 것으로 보아, 호왕은 물질보다도 백성을 중시한다는 점을 추론할 수 있다.

② (가)에서 임경업의 충절에 감복한 호왕이 임경업의 소원대로 세자와 대군을 놓아 보내라 하였으며, (나)에서 '임 장군이 아니었던들 우리를 위하여 만리타국에 죽기를 돌보지 아니하고 구하는 자 뉘 있으며'라는 세자와 대군의 말을 통해서도 세자와 대군이 임경업 덕분에 귀국할 수 있었음을 추론할 수 있다.

③ 호왕은 임경업을 죽이려 하다가 임경업의 충절에 감복하여 임경업의 소원을 들어주고 있다.

④ 조선의 임금은 임경업이 자신을 해롭게 하더라도 임경업을 해치지 못하게 하겠다고 선언하고 있다. 임금이 임경업의 충절을 굳게 믿고 있음을 알 수 있다.

2 ⓐ는 호왕의 회유에 대하여 임경업이 대응한 내용이지만, ⓑ는 세자와 대군이 임경업의 귀국을 명령한 것이 아니라 임경업의 빠른 귀국을 기원하는 말에 대하여 답한 것이다.

3 ㉠에서 '세자와 대군을 청하여 보내고'라고 한 것에서 김자점이 세자와 대군을 언급하고 있으나, 세자와 대군을 임경업과 한통속이라고 생각하는 근거로 볼 수는 없다. 김자점은 임경업이 자신의 계교를 이루기 위해 세자와 대군을 청하여 귀국시킨 것이라고 임금에게 모함하고 있다.

오답 뜯어보기 ① 서술자는 '호왕'이라는 호칭을, 김자점은 '황명'이라는 말을 사용한 것으로 보아, 서술자는 호왕을 황제로 인정하지 않지만 김자점은 호왕을 황제로 인정하고 있음을 알 수 있다.

③ 임경업을 가리켜 '반신', '대역'이라고 한 것으로 보아 임경업에 대한 김자점의 적의가 직접 드러났다고 할 수 있다.

④ '하늘이 무심하지 아니하사 북경에 잡힌 바 되어'라는 구절에서 김자점이 임경업이 호국에 붙잡힌 것을 다행으로 여기고 있음을 알 수 있다.

⑤ 김자점은 임경업이 도망하여 남경에 간 사실, 북경에 붙잡혔던 사실, 세자와 대군을 청하여 보낸 사실과 함께 임경업이 조선을 치고자 한다는 거짓을 섞어서 임금에게 아뢰고 있다.

4 임금은 '경업이 비록 과인을 해롭게 하여도'라는 극단적인 상황을 설정하고 '(임경업을) 아무도 해하지 못하리라'라고 말하며 김자점이 반론을 펼칠 기회를 봉쇄하고 있다.

5 이 글에는 임경업과 호왕의 외적 갈등이 두드러지게 나타난다. 호왕은 임경업의 용맹을 두려워하여 그를 죽이려 하다가 임경업의 충절에 감복하여 소원을 들어주고 있다. 따라서 호왕이 임경업의 충절에 감복한 것을 계기로 임경업과 호왕의 외적 갈등이 해소된다고 할 수 있다.

6 이 글에서 임경업이나 김자점, 임금 등 주요 인물의 외양을 묘사한 부분은 찾을 수 없다.

오답 뜯어보기 ① 임경업이 압송되는 과정, 임경업과 김자점이 대립하는 과정에서 인물의 행동이 두드러지며, 임경업과 김자점, 임금 등이 주고받은 대화를 중심으로 사건이 전개되고 있다.

② 임경업이 전옥에 갇혀 있다가 '바로 몸을 날려 입궐'한다는 것은 현실적으로 불가능한 일이므로 이 부분에서 전기적 요소를 확인할 수 있다.

④ 임경업이 임금에게 청죄하면서 자신이 북경에 갇혔다가 귀국하기까지의 과정을 요약적으로 제시하고 있다.

⑤ '산천초목도 따라서 슬퍼하더라.'는 서술자의 주관에 따라 인물이 처한 상황을 평가한 것으로 편집자적 논평에 해당한다.

7 임경업이 청죄하는 말을 들은 임금은 크게 놀라 임경업이 전옥에 갇힌 연유를 조신에게 알아오도록 했다. 또한 임금은 김자점의 거짓말을 듣고도 임경업에 대한 신뢰를 보여 주고 있다. 따라서 임금이 임경업의 억울함을 모른다고 말하기는 어렵다.

오답 뜯어보기 ① 임경업이 귀국 도중에 전옥에 갇히고, 김자점 무리에게 무수히 난타질당하여 전옥에 갇혔으므로 난세의 영웅 임경업이 곤경에 처한 것이라고 할 수 있다.

② 임금의 명마저 거스르고 충신 임경업을 역적으로 몰아 전옥에 가두는 김자점의 행동은 독자가 분노를 느끼게 한다.

③ 임경업은 전옥 관원이 김자점의 모계를 알릴 때까지 전옥에 갇혀 있었으며, 임금에게 청죄하고 나온 뒤에도 김자점 무리에게 난타질당하여 전옥에 갇히고 만다. 이것은 초인적 능력을 지닌 영웅임에도 어처구니없이 당하기만 하는 임경업의 모습이라고 할 수 있다.

⑤ 임경업의 공을 치하하며 배려하는 임금의 명은 김자점의 위세를 두려워하는 신하들 때문에 제대로 임경업에게 전달되지 못하고 있다. 자신의 명조차 전달하지 못하는 임금은 무능하다고 판단할 수 있다.

8 작가는 병자호란에서 패배한 민족적 치욕을 문학적, 정신적으로나마 보상받으려는 당시 민중의 심리를 반영하여 이 글을 창작했다고 할 수 있다. 이 과정에서 국제 정세를 살피지 못한 집권층, 충신과 간신의 시비를 가리지 못한 임금을 비판하고 김자점으로 대표되는 간신들이 국정을 어지럽히는 행위를 고발하고 있다. 이 글에서 백성에 대한 지배층의 착취와 억압을 직접적으로 고발하는 내용은 찾아볼 수 없다.

9 〈보기〉에서 박씨는 '옥화선을 쥐고 불을 붙이'는 도술을 사용하고 있다. 즉, 박씨는 영웅으로서 초인적 능력을 발휘하고 있는데, 이러한 영웅의 초인적 능력은 고전 소설의 비현실적이고 전기적인 요소라고 할 수 있다. 이 글에서는 임경업이 전옥에 갇혀 있다가 '바로 몸을 날려 입궐'한다는 부분에서 비현실적, 전기적 요소를 확인할 수 있다.

10 〈보기〉에서는 '오랑캐로 여겨 왔던 여진족이 세운 나라에 신(臣)의 예를 갖추고 임금이 굴욕적인 항복을 한 사실은 조선 사회에 큰 충격을 주었다.'라고 밝히고 있다. 이러한 시대적 상황에서 백성들은 청에 대한 적개심과 함께 병자호란의 치욕을 문학적으로나마 위로받고자 했기 때문에, 〈임경업전〉을 비롯하여 〈박씨전〉, 〈임진록〉과 같은 영웅 군담 소설을 창작하고 향유했다고 할 수 있다.

054 조웅전_작자 미상 170~173쪽

키포인트 **체크** 충신, 간신, 자유연애, 도사, 용마, 태자

1 ② **2** ⑤ **3** ② **4** ㉠은 세상에 나아가려는 조웅의 마음을 드러내면서, 동시에 앞으로 조웅이 크게 출세할 것임을 암시한다. **5** ④ **6** ④ **7** ④ **8** 조웅이 악인 이두병의 사신을 죽이고 태자를 구한 뒤, 위왕의 부마가 되었기 때문이다. **9** 조웅이 하늘의 명령을 따르며 하늘의 도움을 받는 존재임을 부각하기 위해서이다.

1 이 글은 대부분의 군담 소설과는 달리 천상계의 인물인 주인공이 지상으로 내려왔다는 적강 화소가 나타나지 않는다.

오답 뜯어보기 ① 이 글은 조웅이라는 인물의 일생을 담은 영웅·군담 소설이다.

③ 이 글은 주인공의 고행담과 결연담을 담은 전반부와 영웅적 무용담을 담은 후반부로 구성되어 있다.

④ 충신의 전형적인 인물인 조웅과 천자를 몰아내고 스스로 천자가 된 간신 이두병의 갈등이 드러나 있다.

⑤ 조웅이 부모의 허락 없이 장 소저와 인연을 맺는 것은 유교 윤리에 어긋나는 행동이다.

2 (나)에서 동자는 글을 쓰고 떠난 조웅을 철관 도사의 명에 따라 데리러 가는 역할을 하고 있을 뿐, 동자가 조웅의 존재를 철관 도사에게 알려 주는 것은 아니다.

3 '결초보은(結草報恩)'은 죽은 뒤에라도 은혜를 잊지 않고 갚겠다는 뜻이다. 조웅은 월경 대사에게 도움을 받지만 이 글에서 은혜를 갚겠다는 생각은 드러나 있지 않으므로 ②는 적절하지 않다.

오답 뜯어보기 ① 동고동락(同苦同樂): 괴로움도 즐거움도 함께한다는 뜻으로, '네 어디를 갈 양이면 한가지로 할 것이라.'에서 아들과 동고동락하고자 하는 왕 부인의 마음을 읽을 수 있다.

③ 일취월장(日就月將): 나날이 다달이 자라거나 발전한다는 뜻으로, '도사가 가르치는 ~ 모를 것이 없더라.'에서 확인할 수 있다.

④ 선견지명(先見之明): 어떤 일이 일어나기 전에 미리 앞을 내다보고 아는 지혜라는 뜻으로, '공자의 환란을 ~ 출세함을 권하며'에서 월관 대사가 조웅의 앞날을 내다보고 있음을 알 수 있다.

⑤ 고진감래(苦盡甘來): 고생 끝에 즐거움이 옴을 이르는 말로, 조웅이 고생하며 애타게 찾던 철관 대사를 마침내 만난 것에서 알 수 있다.

4 〈보기〉를 볼 때 산문 문학에 삽입된 시는 인물의 내면 심리를 드러내기도 하고, 사건의 방향을 암시하기도 한다는 것을 알 수 있다. ㉠에는 용이 못에서 날아오르려 한다고 쓰여 있는데, 여기에서 '용'은 '조웅'을 상징하는 것으로, 조웅은 자기 자신을 '용'에 비유하여 세상에 나아가려는 마음을 나타낸 것이다. '용이 날아오르는 것'은 출세를 의미하기 때문에 '조웅'이 앞으로 세상에 나아가 크게 출세할 것임을 암시하는 것으로 볼 수도 있다.

5 조웅은 초인적인 능력을 지니고 있지 않으며, 고난을 겪을 때마다 월경 대사, 철관 도사와 같이 초인적인 능력을 지닌 조력자들을 만나 위기를 극복해 나간다.

오답 뜯어보기 ① 조웅은 아버지를 죽게 만든 이두병과 원수 관계로 끝까지 대립한다.

② 조웅은 학산에서 태자에 대한 충성심을 잃지 않고 태자를 지지하는 충신들을 만나 기뻐한다.

⑤ 조웅은 이두병을 징벌하고자 하는 강한 의지를 드러내고 있다.

6 송나라의 충신들은 천사(天使)가 조웅에게 죽임을 당한 사실을 듣고 '고금에 이런 상쾌한 일이 어디 있으리오?'라고 하며 기쁨을 감추지 못하고 있다.

7 (라)에서 조웅은 자신이 그동안 겪었던 일들을 좌중의 여러 사람에게 요약적으로 제시하고 있다.

8 〈보기〉의 화자는 악인인 이두병의 사신을 죽이고 태자를 구한 뒤, 위나라 왕의 부마가 되는 조웅의 영웅적 활약상을 들으며 통쾌함을 느꼈을 것이다.

9 조웅은 환란을 피해 하늘의 명만 기다렸다고 하며 하늘의 뜻을 따르고

자 하는 태도를 보이고 있다. 조력자인 철관 도사를 천명 도사로 표현한 것 역시 조웅이 하늘의 뜻에 따르고 있음을 보여 주는 것이다.

055 춘향전_ 작자 미상 174~177쪽

키포인트 체크 정절, 신분적, 암행어사

1 ④ 2 ⑤ 3 ③ 4 ㉮에는 판소리 사설체의 문체적 특징이 나타나 있고, ㉯에는 유사한 문장 구조의 반복으로 운율감이 드러나고 있다. 5 ② 6 ③ 7 ② 8 ② 9 ⓐ는 '학정'을 의미하는 표현으로 [A]의 '바람, 눈'과 의미가 통한다. ⓑ는 중의적 표현으로 '봄바람'과 '이몽룡'을 동시에 뜻한다.

1 이 글에는 '어사또 마음이 심란하구나.', '어찌 아니 명관인가.'와 같이 인물이나 사건에 대한 서술자의 개입이 자주 드러난다.

오답 뜯어보기 ① 어사또, 운봉 등 등장인물의 성격이나 행동을 해학적으로 표현하여 웃음을 유발하고 있다.

② 판소리의 영향을 받은 판소리계 소설로 4·4조의 운율을 지닌 운문체와 산문체가 섞여 있다.

③ 〈암행어사 설화〉, 〈관탈 민녀 설화〉 등과 같은 근원 설화가 바탕에 깔려 있다.

⑤ 어사또의 한시에서 서민들의 삶의 애환과 당대 사회에 대한 비판 의식이 잘 드러나 있다.

2 ㉠에서는 사람의 '갈비'와 소의 '갈비'라는 동음이의어를 이용한 언어유희가 활용되었다. ⑤ 역시 '양반'을 '개잘량'이라는 '양' 자에 개다리 소반이라는 '반' 자를 쓴다고 함으로써 동음이의어를 통한 언어유희를 드러내고 있다.

오답 뜯어보기 ① '시집살이'와 '개집살이'의 발음의 유사성을 이용한 언어유희이다.

② 언어 도치에 의한 언어유희이다.

③ '노새 원님'은 '노생원님'(나이 많은 양반님)과 발음이 유사한 것을 이용해 양반을 희화화한 언어유희이다.

④ 유사 음운의 반복에 의한 언어유희이다.

3 ⓒ는 운봉의 제안을 마지못해 받아들이는 본관 사또의 말로, 이몽룡이 잔치에 끼어드는 것이 못마땅한 본관 사또의 마음이 드러나 있다.

4 ㉮의 '~보소'는 판소리에서 흔히 볼 수 있는 사설체의 문체이다. 또 ㉯에는 가렴주구를 비판하는 어사또의 시를 보고 어사출두를 예감한 운봉이 여러 사람을 불러 단속하는 장면인데, '~불러 ~단속'처럼 유사한 문장 구조를 지닌 어구가 반복되며 운율감이 잘 드러나 있다.

5 이 글에서 서술자가 사건을 요약적으로 제시하는 부분은 나타나지 않는다.

오답 뜯어보기 ① (가)의 '강산이 무너지고 ~'에서 암행어사의 위세를 과장하여 표현하고 있다.

③ (나)의 "어 추워라, 문 들어온다, 바람 닫아라. 물 마른다, 목 들여라." 에서 언어 도치에 의한 언어유희가 나타나고 있다.

④ (바)의 '이화 춘풍(李花春風) 날 살린다.'에서 '이화 춘풍'은 봄바람을 의미하는 동시에 이몽룡을 가리키는 중의적 표현이다.

⑤ (가)의 '"공형 들라!" / 외는 소리, ~ 등채로 휘닥딱 / "애고 중다."' 등에서 짧은 어구나 문장을 사용하여 긴박감을 주고 있음을 확인할 수 있다.

지식+

• 〈춘향전〉의 표현상 특징

	예시	특징
언어유희	운봉의 갈비를 직신, / "갈비 한 대 먹고 지고."	사람의 신체 일부인 '갈비'와 음식 '갈비'의 동음이의를 사용해 웃음을 유발함.
확장적 문체	• 공방(工房) 불러 포진(鋪陳) 단속, ~ • 이때에 어사또 군호(軍號)할 제, ~ 햇빛같이 번듯 들어	사건에 대처하는 인물들의 모습을 열거하여 내용을 확장·부연하면서 관객의 흥미를 유도함.
해학적 표현	• 인궤(印櫃) 잃고 과줄 들고, ~ 깨지느니 북, 장구라. • 관청색은 상을 잃고 문짝 이고 내달으니,	체면을 중시하는 양반들이 엉뚱한 것을 들고 허둥대는 모습을 열거와 대구를 통해 묘사함.
	"문 들어온다, 바람 닫아라. 물 마른다, 목 들여라."	일반적인 단어의 위치를 뒤바꾸어 어사출두에 당황하는 본관의 모습을 우스꽝스럽게 표현함.
반어적 문체	"내려오는 관장(官長)마다 개개이 명관이로구나."	춘향에게 수청을 요구하는 수의 사또의 행태를 비난하는 표현임.

6 유교적 질서와 교훈을 담은 내용은 양반층의 취향에 부합하는 내용이다.

오답 뜯어보기 ⑤ 힘없는 백성으로 대표되는 춘향이 정절을 추구하여 힘 있는 악인인 변학도에게 승리한다는 의식이 나타나 있다.

7 본관 사또의 행동을 우스꽝스럽게 비유하여 웃음을 유발하고 있으며 단어의 위치를 의도적으로 바꾸는 언어유희를 통해 해학적으로 표현하고 있다. 이는 어사가 출두한 긴박한 장면에서 심리적 긴장을 이완시키는 역할을 한다.

8 ㉡은 이몽룡이 죄인이 춘향임을 알면서도 모르는 체하며 춘향의 절개를 시험하기 위해 한 질문이다.

9 ⓐ는 낙엽이 떨어지는 계절이라는 말로 변학도의 학정을 의미한다. [A]에서 이와 의미가 유사한 것은 시련과 고통을 의미하는 '바람'과 '눈'이다. ⓑ는 중의법이 사용된 것으로, '봄바람'이라는 의미와 '이몽룡'이라는 두 가지 의미로 해석된다.

056 심청전_ 작자 미상 178~181쪽

키포인트 체크 동냥젖, 효성, 현실, 환상, 인당수, 용왕

1 ④ 2 ⑤ 3 ④ 4 심청이 인당수 제물이 되기로 결정한 것은 주변 사람들의 시선을 의식하거나 강요에 의한 것이 아니라 자발적인 선택이다. 5 ④ 6 ④ 7 ③ 8 ④ 9 심청과 심청의 모친이 모녀 사이임을 확인해 주는 매개물이다.

1 이 글은 인당수 제물이 된 심청이 떠나기 직전의 상황으로 심청의 집이 배경이 되고 있어 공간의 이동이 두드러지게 나타나지 않는다.

오답 뜯어보기 ① 이 부분에서는 전기적인 요소가 나타나지 않고 사건이 사실적으로 서술되고 있다.

② '부녀의 천륜이 중하니 몽조(夢兆)가 어찌 없을쏘냐.'와 같은 편집자적 논평이 나타나 있다.
③ 아버지를 두고 떠나야 하는 심청의 슬픔과 딸을 보내야 하는 심 봉사의 분노, 애달픔이 직접적으로 제시되고 있다.
⑤ 인당수에 제물로 바쳐지기 위해 배를 타고 떠나기 전의 상황이 시간의 흐름에 따라 제시되고 있다.

2 이 글에서 심청은 아버지의 눈을 뜨게 하기 위해 인당수 제물로 자신을 팔았고, 〈보기〉의 평국은 전란에서 나라를 구하기 위해 앞장 서서 나선다. 이와 같이 심청과 평국은 모두 어려움에 직면하여 이를 해결하기 위해 적극적으로 노력하는 모습을 보인다.
오답 뜯어보기 ② 평국(계월)은 뛰어난 능력을 지녔지만 심청은 평범한 인물이다.
④ 심청과 평국(계월) 모두 자신의 처지를 한탄하는 모습을 보이지는 않는다.

3 ㉣은 심 봉사가 큰 충격을 받았음을 편집자적 논평을 통해 보여 주는 부분으로 심 봉사의 독백이 아니다.

4 심청은 아버지의 눈을 뜨게 하는 공양미 삼백 석을 마련하기 위해 선인들에게 자진하여 인당수 제물로 자신의 몸을 판 것이다. 따라서 심 봉사가 공양미 삼백 석에 자신의 딸을 산 선인들에 적대감을 드러내며 '이를 갈며 죽기로 기를 쓰'자 심청이 '아버지, 이 일은 남의 탓이 아니오니 그리 마옵소서.'라고 말한 것은 아버지를 생각하는 심청의 효심에서 나온 자발적인 선택이었음을 말한 것이다.

5 이 글에서는 사건이 시간의 흐름에 따라 전개되고 있어 시간의 역전적 구성은 드러나지 않는다.
오답 뜯어보기 ① '고운 꽃이 흩어지고 나는 나비 불에 드니'에서 심청이 처한 상황을 비유적으로 표현하고 있다.
② '하루는 글 족자에 물이 흐르고 빛이 변하여 검어지니'에서 심청의 죽음을 암시하는 전기적 요소가 드러나고, 용궁에 간 심청이 돌아가신 어머니를 만나는 비현실적인 내용이 나타난다.
③ '밤은 깊어 삼경인데 ~ 강물에 어리었다.'에서 배경 묘사를 통해 장 승상 댁 부인의 슬픔을 부각하여 드러내고 있다.
⑤ 족자에 물이 흐르고 검어지는 것은 심청이 물에 빠져 죽음을 암시하는 것이라 할 수 있다.

6 (나)에서는 장 승상 댁 부인이 심청의 죽음을 슬퍼하며 제사를 지내고 있다. 그러나 이 행위의 결과로 (다)에서 심청과 심청의 어머니가 만날 수 있게 된 것은 아니다. (나)와 (다)는 별개의 사건이다.
오답 뜯어보기 ① (가)에서 장 승상 댁 부인은 족자가 변하는 것을 보고 심청이 죽었다고 생각하여, 심청의 혼을 불러 위로하기 위해 (나)에서 제사를 지낸 것이다.
② '뜻밖에 강 가운데로부터 한 줄 ~ 날씨가 화창해지거늘'에서 심청이 재생했음을 배경 묘사를 통해 드러내고 있으므로 (나)에서는 복선을 통해 글의 내용이 반전될 것임을 암시하고 있다고 볼 수 있다.
③ (다)에서 심청의 어머니는 '오늘날 나를 다시 이별하고 너의 부친을 다시 만날 줄을 네가 어찌 알겠느냐?'라고 하여 심청이 환생하여 부친을 다시 만날 것을 암시하고 있다.
⑤ (가), (나)는 장 승상 댁 부인이 심청의 죽음을 생각하며 애통해하는 장면으로 심청이 인당수 제물이 되기 전에 살았던 인간 세상에서 일어난 일이며, (다)는 용궁에서 죽은 어머니와 만나는 장면으로 비현실 세계에서 일어난 일이다.

7 ㉢은 장 승상 댁 부인이 심청의 죽음을 애통해하는 장면에 대해 서술자가 직접 자신의 견해를 드러낸 편집자적 논평에 해당한다.

8 '수정궁'은 아버지와 이별을 한 심청이 어머니를 만나는 공간이므로 이별과 만남의 공간이다. 반면, 〈보기〉의 '물'은 임이 빠져 죽은 공간으로 이별만 존재하는 공간이다.
오답 뜯어보기 ① ⓐ는 아버지를 위해 희생하여 가게 된 곳이지만, ⓑ에는 희생의 의미가 없다.
② ⓐ에는 죽음의 이미지가 있으나, ⓑ에는 부활의 이미지가 없다.
③ ⓐ에는 유교적 이념의 '효(孝)' 사상이 드러나지만, ⓑ에는 불교적 이념이 드러나지 않는다.
⑤ ⓐ는 심청이 스스로 선택한 공간이지만, ⓑ는 화자가 임을 말리는데도 건너다 죽게 되는 공간이므로 ⓑ를 타인의 강압에 의해 선택된 공간이라 할 수는 없다.

9 심청은 어머니의 얼굴을 알지 못하고, 심청의 어머니는 15년 동안 심청을 만난 적이 없다. 따라서 옥지환은 심청과 심청의 어머니가 모녀 사이임을 확인해 주는 매개물이라고 할 수 있다.

057 흥보전_ 작자 미상 182~185쪽

키포인트 체크 탐욕, 부, 신분제, 제비, 패가망신

1 ④ **2** ② **3** ① **4** 비극적인 상황을 해학적인 표현으로 승화했다.
5 ② **6** ① **7** ④ **8** 과장법을 통해 가난한 삶을 해학적으로 묘사함으로써 독자의 웃음을 유발한다.

1 이 글은 흥보의 가난이라는 비극적인 상황을 해학적인 표현을 통해 웃음으로 극복하고 있으므로, 비장미가 드러나지 않는다.
오답 뜯어보기 ①, ③ 판소리가 문자로 정착된 작품이기 때문에 운율이 느껴지는 부분이 빈번히 나타난다.
⑤ 판소리는 양반 계층과 평민 계층이 함께 향유했던 대상이다. 이러한 이유로 〈흥보전〉에는 한자어나 고사(故事)와 같은 양반 계층의 언어뿐만 아니라 평민들이 일상생활에서 사용하는 비속어 등도 함께 쓰이고 있다.

2 〈보기〉의 편지는 18세기 서얼 출신의 문인 이덕무가 이서구에게 보낸 편지이다. 책을 좋아하는 작가가 동질감을 느끼는 친구에게 궁핍한 삶을 하소연한 것인데, 너무 가난하여 《맹자》와 《좌씨전》을 팔아 밥을 먹고 술을 마신 뒤 그 책을 지은 사람들을 찬송했다는 내용이다. 작가는 자신의 가난한 삶을 비극적, 절망적으로 표현하여 좌절감을 드러내기보다는 가난이라는 부정적인 상황에서도 웃음을 잃지 않고 있다. 〈흥보전〉 역시 자신이 곤장을 맞아야 하는 이유를 장황하게 나열하거나, 상황을 제대로 파악하지 못하고 온갖 것을 사다 달라고 조르는 자식들의

모습에서, 가난의 고통을 직접 드러내기보다는 웃음으로 희화화하여 드러내고 있다.

3 시선의 이동이란 서술자가 정지된 상태에서 바라보는 대상에 대한 시선만 옮겨 가는 것을 일컫는 것으로, [A]에는 대상에 대한 시선의 이동은 확인할 수 없다.
오답 뜯어보기 ② '~ 하였으면 ~ 앉아 볼까', ~ 하여 ~ 앉아 볼까' 등에서 동일한 문장 구조를 반복하여 리듬감을 느끼게 한다.
③ 자신이 정승이 되거나 육판서가 되는 일 등은 불가능한 일이기 때문에 자신의 볼기는 곤장을 맞는 데 쓰여야 한다는 말에서 흥보의 궁핍한 처지가 부각된다.
④ '볼기'라는 신체 부위에 대해 장황하게 나열하고 있는 상황이 웃음을 자아낸다.
⑤ '자신의 볼기는 매품 파는 데 써야 한다.'라고 요약할 수 있는 말을 불가능한 상황을 열거함으로써 장황하게 표현하고 있다.

4 ㉠에서는 흥보가 매품을 팔기로 한 것을 '볼기의 구실'이라고 표현하여 웃음을 자아내고 있으며, ㉡에서는 동생들을 혼내는 듯하다가 더 값비싼 물건을 사다 달라고 하는 큰아들의 말이 웃음을 자아낸다. 이와 같은 표현은 모두 흥보가 처한 비극적인 상황을 웃음으로 승화하는 효과를 얻고 있다.

5 <보기>는 양반이 지녔던 권위가 약해지는 등 신분 질서가 흔들리던 조선 후기의 사회상을 설명하고 있다. 이러한 사회·문화적 맥락과 관련지어 <흥보전>을 이해할 때, 양반임에도 불구하고 매품을 팔러 가는 흥보의 모습이 제시된 것에서 양반의 권위가 추락한 상황을 해학적으로 그렸다고 이해할 수 있다.

6 '샘물같이 솟아 나오는 눈물 가랑비같이 흩뿌리며 목이 막혀 기절하더니'에서 비유적 표현이 드러나기는 하나, 이는 흥보의 슬픔이 매우 큼을 과장하여 표현한 것으로 상황을 사실적으로 드러낸 것은 아니다.
오답 뜯어보기 ② 마지막 부분 '접동 두견 꾀꼬리는 때를 찾아 슬피우니 뉘 아니 슬퍼하리.'에서 서술자가 개입하여 슬퍼하고 있는 흥보와 흥보 아내의 정서를 논평하고 있다.
③ (라)의 마지막에 '청산은 높이 솟아 있고 온갖 꽃이 화려하고 찬란하게 피어 있는' 봄이라는 시간적 배경과 가난을 탄식하고 있는 '흥보', '흥보 아내'의 처지가 대비되어 제시되었다.
④ '마음만 옳게 먹고 ~ 장래 한때 볼 것이니'에서 앞으로 흥보에게 좋은 일이 생길 것임을 암시하고 있다.
⑤ '피눈물이 반죽되면 ~ 열녀 설움이요.'에서 원통한 일을 당하거나 비극적으로 죽은 인물들의 고사를 활용하여 자신의 서러운 마음을 강조해 드러내고 있다.

7 ㉣의 내용은 집이 너무 작아 아내의 궁둥이가 담 밖으로 나갈 정도이며, 그 궁둥이를 동네에서 노는 아이들이 칠 정도라는 것이다. 이는 가난한 처지를 과장하여 서술하고 있는 부분으로, 가난 때문에 다른 사람에게 괴롭힘을 받는 처지라는 것을 나타내는 것은 아니다.

8 이 글에서는 흥보의 비참한 삶을 심각하거나 비극적인 분위기로 몰고 가지 않고, 서민 특유의 건강한 웃음으로 표현하고 있다. 이처럼 비극적인 상황을 해학적으로 표현한 것에서 웃음으로 그 상황을 극복하고자 하는 의도를 엿볼 수 있다.

058 토끼전 _ 작자 미상 186~189쪽

키포인트 체크 관료, 서민, 풍자, 간

1 ① **2** ④ **3** ③ **4** 판소리가 소설로 정착하는 과정에서 양반 문화와 평민 문화가 함께 수용되었기 때문이다. **5** 용궁은 지배 관료층의 세계를, 육지는 피지배 서민층의 세계를 의미한다. **6** ③ **7** ① **8** ② **9** 위기 상황에서 기지를 발휘하여 살아날 방도를 마련했다. **10** 자라가 부당한 권력을 행사했다고 볼 수 없다. 자라는 용왕에게 충성하기 위해 토끼를 잡아 온 것이기 때문이다.

1 이 글은 현실을 풍자한 우화 소설이기는 하지만 설득적인 성격은 드러나지 않는다.

2 이 글은 우화적 기법을 사용하여 인간 사회의 계층적 측면을 다룸으로써 지배층에 대한 직접적인 비판과 도전이 가져오는 위험 요소를 완화하고 있다.
오답 뜯어보기 ③ 비유적 표현이 사용된 것은 맞지만, 이를 통해 사회 제도 개혁을 주장하지는 않았다.

3 [A]에서 토끼는 자신의 나이가 많다는 것을 과시하기 위해 달에 관한 전설과 중국 고사의 인물들을 인용하여 허세를 부리고 있다. 따라서 '실속은 없으면서 큰소리치거나 허세를 부린다.'라는 뜻을 지닌 ③이 토끼의 성격을 드러내는 데 가장 적절하다고 할 수 있다.
오답 뜯어보기 ① 안하무인(眼下無人): 눈 아래 사람이 없다는 뜻으로, 방자하고 교만하여 다른 사람을 업신여김을 뜻한다.
② 교언영색(巧言令色): 아첨하는 말과 알랑거리는 태도를 뜻한다.
④ 표리부동(表裏不同): 마음이 음흉하고 불량하여 겉과 속이 다름을 의미한다.
⑤ 정저지와(井底之蛙): '우물 안의 개구리'라는 뜻으로, 소견이나 견문이 몹시 좁은 것을 의미한다.

4 판소리는 양반층과 서민층이 함께 즐겼던 문학 양식으로, 판소리 광대들이 상층(양반)의 말투인 한자어와 하층(평민)의 말투인 비어, 속어 등을 함께 사용했다. 이러한 판소리가 판소리계 소설에도 영향을 주어 양반층이 사용한 어려운 한자어가 많이 나타난 것이다.

5 이 글은 동물을 의인화하여 현실을 풍자한 우화 소설로, 용왕은 전형적인 지배 계급을, 토끼는 피지배층 서민을 상징한다. 따라서 이들의 생활 공간인 용궁과 육지도 그와 같은 상징적 의미를 가진다.

6 자라는 토끼에게 속았음을 알고 허탈해하고 있다. ③은 애써 이루려던 일이 실패로 돌아가 어이없이 된 것을 이르는 말로, 자라가 처한 상황을 나타내기에 적절한 속담이다.
오답 뜯어보기 ① 두각을 나타내는 사람이 남에게 미움을 받게 된다는 말이다.
② 일이 이미 잘못된 뒤에는 손을 써도 소용이 없음을 비꼬는 말이다.
④ 몹시 고생을 하는 삶에도 좋은 운수가 터질 날이 있다는 말이다.
⑤ 자기의 부담을 덜려고 하다가 다른 일까지도 맡게 된 경우를 비유적으로 이르는 말이다.

7 ㉡은 이미 죽을 고비를 넘긴 토끼가 독수리에게 붙잡히자 다시 한 번 위기를 모면하기 위해 둘러댄 수단으로, 독수리로부터 벗어나려는 토끼에게는 이익이 되지만 독수리에게는 이익이 되지 않는다.

오답 뜯어보기 ② 의사 주머니는 독수리의 입장에서는 더 많은 먹이를 얻고자 하는 욕망을, 토끼의 입장에서는 위기에서 벗어나고자 하는 욕망을 담고 있다.
③ 의사 주머니는 토끼가 독수리에게 잡아먹힐 위기에서 벗어나기 위해 임기응변으로 꾸며 낸 것으로, 실제로는 '꾀주머니'를 뜻한다.
④ 토끼는 의사 주머니를 꾸며 내어 자신을 잡아먹으려는 독수리의 관심을 돌리고 있다.
⑤ 의사 주머니는 토끼가 독수리를 속이고 위기에서 벗어나는 데에 중요한 역할을 한다.

8 〈보기〉와 ⓑ는 서술자가 작품에 직접 개입하는 편집자적 논평이 드러나는 부분이다.

9 〈보기〉의 〈구토 설화〉에서 김춘추는 군사를 요청하러 고구려에 갔다가 오히려 신라의 땅을 요구하는 고구려 왕에게 붙잡혀 죽을 지경에 처하지만, 토끼와 같이 거짓말로 고구려 왕을 속이고 무사히 고구려를 탈출한다.

10 힘없는 토끼를 속여서 수궁에 데려간 자라는 용왕에게 충성을 다하는 긍정적 인물로 평가할 수 있지만, 이를 부당한 권력을 행사한 것으로 보기는 힘들다. 부당한 권력을 행사하는 것은 토끼의 간을 뺏으려 한 용왕이다.

059 장끼전_ 작자 미상 190~193쪽

키포인트 체크 가부장적, 남존여비, 콩, 개가

1 ④ **2** ③ **3** 까투리는 장끼를 존중하고 있고, 장끼는 까투리를 무시하고 있다. **4** ① **5** ② **6** ③ **7** ⑤ **8** 장끼를 통해 가부장제 사회에서의 권위적인 남성을 비판하고, 까투리를 통해 개가 금지라는 당시의 풍속을 비판하고 있다.

1 이 글은 판소리계 소설로 운문적 요소가 많이 나타나고 있다.
오답 뜯어보기 ① 장끼와 까투리의 대화를 통해 경망스러운 장끼와 신중한 까투리의 성격을 보여 주고 있다.
② 꿩 한 쌍을 의인화하여 내용을 전개하고 있다.
③ 양반 계층이 주로 향유했던 중국의 고사와 한자어가 많이 사용되었다.
⑤ 까투리는 긍정적으로, 장끼는 부정적으로 제시하여 남성의 우월 의식과 권위주의 비판이라는 작가의 생각을 드러내고 있다.

2 까투리는 자신의 생각을 차분하게 말하고 있지만 남편에게 순종적이라고 보기 어렵고, 계집 다람쥐 역시 남편을 거세게 꾸짖고 있으므로 포용적인 것은 아니다.
오답 뜯어보기 ① 까투리와 계집 다람쥐는 모두 중국의 고사를 인용하고 있다.
② 계집 다람쥐는 '크게 꾸짖어' 말하고 있으므로 까투리보다 남편에게 더 기세당당하다고 할 수 있다.
④ 까투리와 계집 다람쥐는 모두 상황을 적절하게 이해하고 상대방을 배려하며 충고하고 있다.
⑤ 까투리는 남편의 안전을 중시하고 있고, 계집 다람쥐는 신의를 으뜸으로 말하고 있으므로 사회적 관계를 중시한다고 볼 수 있다.

3 까투리는 남편 장끼에게 경어체를 사용하여 겸손한 자세로 남편을 존중하며 말하고 있고, 장끼는 아내 까투리에게 반말체를 사용하여 고압적인 자세로 아내를 무시하며 말하고 있다.

4 장끼는 콩을 먹지 말라고 만류하는 까투리의 말을 자기 식대로 해석하고 있는데, 이러한 상황은 사리에 맞지 않은 말을 억지로 끌어다 붙여 자기에게 유리하도록 하는 '견강부회(牽强附會)'와 같은 상황이다.
오답 뜯어보기 ② 연목구어(緣木求魚): 나무에 올라가서 물고기를 구하듯 도저히 불가능한 일을 하려고 함을 이르는 말이다.
③ 호가호위(狐假虎威): 여우가 호랑이의 위세를 빌려 호기를 부린다는 뜻으로, 남의 권세를 빌려 위세를 부림을 비유적으로 이르는 말이다.
④ 목불식정(目不識丁): 아주 간단한 글자인 '丁' 자를 보고도 그것이 '고무래'인 줄을 알지 못한다는 뜻으로, '글을 읽을 줄 모름. 또는 그런 사람'을 이르는 말이다.
⑤ 식자우환(識字憂患): 학식이 있는 것이 도리어 근심을 사게 된다는 말이다.

5 까투리가 자신의 주장을 굽히지 않고 말하는 모습으로 보아 분명 여권이 신장된 것이라고 할 수 있지만, 경제적 능력을 앞세우고 있다는 내용은 적절하지 않다.
오답 뜯어보기 ① 평민들이 사용하는 속어나, 재담을 효과적으로 사용하고 있다.
③ 남존여비(男尊女卑) 사상과 여성의 개가(改嫁) 금지 풍습을 풍자하고 있다.
④ 까투리는 조선 후기 민중 의식을 대변하는 인물로, 작가는 까투리를 통해 당대의 유교 윤리를 비판하고 있다.
⑤ 까투리의 충고를 무시하고 욕심을 부리다 화를 자초하는 장끼의 모습을 통해 타인의 충고를 받아들이고 과욕을 금하라는 교훈을 얻을 수 있다.

6 〈장끼전〉과 〈흥보전〉은 모두 판소리로 불리다가 국문 소설로 정착된 판소리계 소설이다. 한자어가 많이 쓰인 것은 판소리를 향유하는 계층이 양반층으로 확대되면서 그들의 문화를 수용했기 때문이다.
오답 뜯어보기 ① (나)는 장끼의 죽음, 〈보기〉는 가난이라는 비극적 상황을 해학적으로 그리고 있다.
② (나)와 〈보기〉 모두 판소리로 불렸기 때문에 낭독에 편한 운문체가 사용되었다.
④ (나)는 장끼와 까투리의 대화를 통해, 〈보기〉는 흥보의 집안 모습을 서술자의 묘사를 통해 드러내고 있다.
⑤ 〈보기〉는 집이 워낙 좁아 기지개만 켜도 손발이 집 밖으로 나간다는 설명으로 흥보의 가난을 과장되게 표현한 것이다. 이에 비해 (나)는 장끼의 죽음을 해학적, 사실적으로 표현하고 있다.

7 〈보기〉의 서술자는 조선 시대 모든 여자들이 수절하는 것을 비판하며 '이 법이 어찌 모든 서민을 위해 만든 것이겠는가.'라고 했으므로 ⑤와 같은 반응이 가장 적절하다.

8 여자의 말이라고 까투리를 무시하다가 결국 죽음에 이르는 장끼를 통해서는 가부장제 사회에서의 권위적인 남성을 비판하고, 장끼가 죽은 뒤에 개가하는 까투리를 통해서는 개가 금지라는 당시의 풍속을 비판하고 있다.

060 광문자전_ 박지원 194~197쪽

키포인트 체크 거지, 신의, 권모술수, 누명

1 ② 2 ③ 3 ③ 4 ③ 5 신분을 중시하는 가치관에서 벗어나 바람직한 인품을 지닌 새로운 인간형을 제시하고자 했다. 6 ① 7 ④ 8 ③ 9 ②

1 광문의 행동을 중심으로 인물의 훌륭한 성품을 부각하고 있을 뿐, 동일 사건에 대한 다양한 시각이 제시되고 있지는 않다.

오답 뜯어보기 ① 병든 아이를 죽였다는 오해와 돈을 훔쳤다는 누명을 쓰고도 신의를 지키는 일화 등이 제시되어 있다.

③ 대화가 일부 있지만, 주로 서술자의 설명에 의해 이야기가 진행되고 있다.

④ 광문의 따뜻한 성품, 의로운 면모 등 광문의 인품에 서술의 초점이 맞춰지고 있다.

⑤ 광문의 신분과 처지 등을 사실적으로 묘사하여 현실감을 드러내고 있다.

2 광문은 (b)에서 도둑의 누명을 쓰지만 말없이 지낼 뿐이었고, 부자의 처조카가 해명하면서 광문에 대한 부자의 오해가 풀리게 된다.

오답 뜯어보기 ① (a)에서 광문은 동료 거지들을 피해 어느 집으로 들어가다가 그 집 개를 놀라게 해서 도둑으로 몰리게 된 것이다.

② 집주인은 광문의 따뜻한 마음씨와 의로움을 알게 되어 그를 부자에게 천거한다.

④ (b)에서 광문에 대한 부자의 의심은 부자의 처조카에 의해 해소된다.

⑤ 집주인은 (a)를 계기로, 부자는 (b)를 계기로 광문을 의로운 사람으로 생각하게 된다.

3 광문은 부자가 자신을 꺼려하는 것을 느끼지만 아무 말도 못하고 지내며 그만두겠다고도 말하지 못한다. 광문이 그만두지 못한 이유는 자신을 소개해 준 집주인과 자신이 거지임을 알면서도 받아들여 준 약국 부자에 대한 예의가 아니라고 생각했기 때문으로 추측할 수 있다.

오답 뜯어보기 ①, ② 광문은 자신을 꺼리는 듯한 주인의 태도 때문에 이러지도 저러지도 못하는 상황에 처했다.

④ 부자는 광문이 돈을 훔치지 않았을 수 있다는 여지도 남겨 놓은 신중한 성격의 소유자이다.

⑤ 광문은 부자의 태도가 이상해졌음을 눈치채지만 적극적으로 해명하지도, 그만둔다고 말하지도 않은 채 평소처럼 묵묵히 일만 하며 지냈다.

4 광문이 울면서 중얼거린 이유는 자신의 처지에 대한 서글픔 때문이 아니라 죽은 아이에 대한 연민과 애도 때문이다.

5 광문은 신분은 천하지만 훌륭한 인품을 지니고 있다. 작가는 이러한 비천한 신분인 광문의 인품을 부각하고 있는데, 이로 보아 기존의 신분을 중시하는 가치관에서 벗어난 새로운 인간형을 제시하고자 한 것으로 볼 수 있다.

6 (라)의 광문의 성원이 없으면 기생들의 값이 한 푼어치도 못 나갔다는 말을 통해 기생들이 광문에게 인정받기를 바라고 있었음을 알 수 있다.

오답 뜯어보기 ② 광문의 인간성을 이용해 돈놀이를 한 것이 아니라 광문이 빚보증을 서면 광문에 대한 신뢰로 담보를 따지지 않고 돈을 내주었다는 것이다.

③ 사람들은 기생집에 찾아온 광문을 처음에는 내쫓으려 하지만 광문의 당당하면서도 소탈한 태도를 보고 다함께 어울리게 된다.

④ (나)에서 광문은 외모가 추악할뿐더러 말솜씨도 남을 감동시킬 만하지 못하다고 했다.

⑤ 광문이 결혼을 하지 않으려 한 것은 누구나 잘생긴 얼굴을 좋아하는 법이고 그것은 여자도 마찬가지라고 생각했기 때문이다.

7 이 글에서 광문이 자신의 신분적 한계를 극복하고자 노력하는 장면은 나타나지 않는다.

오답 뜯어보기 ③ 광문을 주인공으로 내세운 것은 그가 의로움, 지혜, 평등한 사고 등을 지닌 훌륭한 인물이기 때문이다.

⑤ 광문의 인물됨을 부각하여 당대 사회의 부정적인 모습을 비판하고자 한 작가의 의도를 엿볼 수 있다.

8 [B]에서 광문은 집을 갖지 않는 이유로 자신이 잘 수 있는 남의 집 문간이 서울에만 팔만 호라고 말하며 욕심 없는 삶의 태도를 보이고 있다. 따라서 광문이 세상의 인심을 비판하고 있다고 한 ③은 적절하지 않다.

오답 뜯어보기 ①, ② [A]에서 광문은 결혼을 하지 않는 이유로 남자와 마찬가지로 여자도 잘생긴 얼굴을 좋아할 것이라는 이유를 들고 있다.

④, ⑤ 광문은 집을 갖지 않는 이유를 말하며 반드시 자기 집을 갖지 않아도 된다는 욕심 없는 태도와 서울 안의 팔만 호가 모두 자신의 집과 같다는 호탕한 생각을 드러내고 있다.

9 광문은 걸인으로 재자가인(才子佳人)이 아닌 비주류의 인물이다. 이러한 인물을 주인공으로 한 것은 신분제를 벗어나 다가올 새 시대에 어울리는 새로운 인간형을 제시하기 위한 것으로 볼 수 있다. 광문은 훌륭한 성품을 가진 인물이므로 잘못된 명성을 얻었다고 볼 수 없다.

오답 뜯어보기 ① 기생집에서 사람들은 광문의 지저분한 외모와 행색에 놀라 광문을 쫓아내려 하였다.

③ 〈보기〉의 내용으로 보아 박지원은 명성을 훔치고 가짜 명성으로 다투는 당시 양반들의 행태를 비판하고자 하는 의도를 지니고 있었음을 알 수 있다.

④, ⑤ 다른 사람에 대한 신의로 빚보증을 서 주고 남녀를 평등하게 대하며 집도 갖지 않으려는 욕심 없는 태도로 살아가는 광문의 행적으로 인해 명성을 얻게 되었다.

061 양반전_ 박지원 198~201쪽

키포인트 체크 경제적, 신분, 양반, 환곡, 매매 증서

1 ② 2 ③ 3 ① 4 양반의 특권 5 ⑤ 6 ② 7 ④ 8 양반으로서 누릴 수 있는 권리나 혜택은 없고 지켜야 할 의무만 제시하고 있기 때문이다.

1 이 글은 생활 능력이 없는 무능력한 양반을 통해 무능하고 위선적인 당대의 양반들을 비판하고 있다. 이 글에서 비판의 대상은 당대의 새로운 세력으로 등장한 부자가 아니라 양반이다.

오답 뜯어보기 ① 이 글은 양반 신분 매매라는 현실의 사건에서 소재를 취하여 이를 사실적으로 다루고 있다.

③ 이 글은 임진왜란과 병자호란을 거치며 사회적 신분 변동이 일어나는 역사적 상황을 배경으로 하고 있다.

④ 이 글은 현실에 대해 날카롭게 풍자하면서 사이사이에 익살스러운 표현을 더해 문학적 가치를 인정받고 있다.
⑤ 이 글에 등장하는 부자는 조선 후기 자본주의 사회 신흥 세력의 전형적인 인물로, 새롭게 등장한 계층의 인물이라 할 수 있다.

2 군수가 매매 증서 작성을 제의한 것은 자신의 책임을 면하기 위해서라기보다는 양반의 특권 의식을 비판하고, 양반이 되어 특권을 누리려는 부자를 비판하기 위해서이다.
오답 뜯어보기 ① 양반이었던 선비가 자신의 신분을 부자에게 판 뒤 행색과 말투가 달라짐을 통해 알 수 있다.
② (나)의 부자의 말에 '양반은 아무리 가난해도 늘 존귀하게 대접받고'라는 부분을 통해 알 수 있다.
④ 가난한 양반이 매번 이용한 환곡 제도를 통해 알 수 있다.
⑤ 군읍을 순시하며 환곡 장부를 열람한 강원도 감사의 업무를 통해 알 수 있다.

3 ㉠에서 양반의 부인은 글 읽기는 현실의 궁핍을 해결하는 데 무용지물(無用之物)이고, 양반은 한 푼어치도 안 된다고 말하고 있다. 이를 볼 때, 양반의 아내는 양반의 무능력을 비판하고 있는 인물이라 할 수 있다. 〈보기〉에서도 생업에 힘쓰지 않고 앉아서 글만 읽는 양반의 모습을 그 처가 비판하고 있다.

4 군수는 겉으로는 양반의 환곡을 갚아 주고 양반 신분을 산 부자를 '의로운 일', '어진 일'을 했다고 칭찬하고 있다. 하지만 그 이면에는 양반 매매 증서를 작성하자고 제의함으로써 양반의 특권 의식을 비판하고, 양반의 특권을 누리고 싶어 양반 신분을 산 부자를 비판하는 의도가 숨겨져 있다.

5 부자는 현실적 한계 때문이 아니라 양반의 무능함과 부정함을 깨달았기 때문에 스스로 양반 되기를 포기한 것이다. 즉, 부자가 양반 신분을 포기한 이유는 양반이 허례허식에 얽매인 존재이며(A), 신분적 특권을 이용해 횡포를 일삼는 존재라는 것(C)을 깨달았기 때문이다. 따라서 ⑤와 같이 (A)와 (C)를 통해 현실적 한계를 느꼈다는 말은 적절하지 않으며, 부자는 절망하고 있지도 않다.

6 부자가 양반 신분을 산 이유는 단지 자신의 경제력에 걸맞은 신분에 대한 욕망 때문으로 정치에 대한 관심은 확인할 수 없다.
오답 뜯어보기 ① 1차 매매 증서를 보고 화를 내는 부자의 말을 통해 양반의 특권 때문에 양반 신분을 산 것임을 알 수 있다.
③ 양반의 환곡을 갚아 준 부자는 새롭게 등장한 부농층, 신흥 상공인 계층에 해당한다.
④ 돈으로 양반 신분을 사고파는 모습을 통해 당시의 신분 질서에 동요가 있었음을 알 수 있다.
⑤ 양반이 자신의 신분을 팔게 된 이유는 현실적으로 환곡을 갚을 능력이 없었기 때문이다.

7 ㉣은 양반이 무위도식하며 향락에 젖어 생활하는 모습에 해당한다. 이를 속세를 멀리하고 한가로움을 추구하는 삶으로 이해하는 것은 적절하지 않다.
오답 뜯어보기 ① 부자가 좌수와 향소의 오른쪽, 즉 좌수와 별감 옆자리에 위치하고 양반은 공형의 아랫자리에 위치하고 있는 모습에서 두 사람의 신분이 바뀌었음을 확인할 수 있다.
② '변정'은 옳고 그른 것을 따져 일을 바로잡는다는 뜻으로, 여기에서는 양반이 규범을 어길 경우 잘잘못을 가려 양반의 신분을 뺏을 수도 있다는 의미이다.
③ 부자가 양반 신분을 사서 신선놀음을 하듯 특권을 누리며 지내는 것을 기대했음을 알 수 있다.
⑤ 백성을 수탈하는 양반 계층의 횡포를 구체적 사례를 들어 알리고 있다.

8 (나)를 본 부자는 '무어 이익이 있도록 문서를 바꾸어 주옵소서.'라고 말하고 있다. 즉, 군수가 제시한 증서에 자신이 생각하는 양반의 특권에 관한 내용은 없고 양반으로서 지켜야 할 의무만 제시되어 있자 불만을 토로한 것이다.

062 예덕선생전_ 박지원

202~205쪽

키포인트 체크 이해타산, 양반, 봉건, 분뇨, 가르침

1 ② **2** ⑤ **3** ⑤ **4** ⑤ **5** 자목은 선귤자가 세상의 이름 있는 사대부들과 사귀지 않고 신분이 미천한 엄 행수와 교우하는 것을 부끄럽게 여겼기 때문이다. **6** 신분이 미천하지만 덕이 있는 사람과의 사귐 **7** ② **8** ④ **9** 부당하게 벼슬에 오르고 백성을 착취해 부를 쌓는 양반층을 비판하고 있다.

1 이 글에서는 선귤자와 자목의 대화를 중심으로 사건을 전개하고 있을 뿐, 공간의 이동은 나타나지 않는다.
오답 뜯어보기 ① '친구란 함께 살지 않는 처(妻)이고 동기가 아닌 형제라.'와 '마치 가려운 곳을 긁어 주는 것 같을 것이다.'에 비유적 표현이 사용되었다.
③, ④ 선귤자와 자목의 대화에서 엄 행수에 대한 상반된 시각을 엿볼 수 있으며 이를 통해 두 인물의 성격을 짐작할 수 있다.
⑤ 이 글의 첫 부분에서 엄 행수에 대해 요약적으로 소개하고 있다.

2 모든 사람들이 엄 행수를 예덕 선생이라고 부르는 것은 아니며 선귤자만이 그를 존경하여 예덕 선생으로 부르고 있을 뿐이다. 마을 사람들은 그를 엄 행수라고 부른다.

3 ㉤은 원한이 있는 사이도 돕다 보면 다시 친해진다는 의미로, 이해관계에 따라 자주 바뀌는 세속의 사귐을 지적한 것이다.
오답 뜯어보기 ① 벗을 부부 관계와 형제 관계에 빗대어 매우 가까운 사이임을 강조한 말이다.
② 타인을 돕는 일을 하는 사람도 자신의 문제점을 스스로 고치기 어렵다는 의미이다.
③ 칭찬과 지적도 적절한 선을 유지하는 세속적인 사귐에 대해 말하며 이와 같은 것을 친구라 할 수 있는지 묻고 있다.
④ 선귤자가 자신을 무지한 사람처럼 대하는 것에 대한 자목의 불만이 담긴 말이다.

4 선귤자가 생각하는 훌륭한 사귐은 진실한 마음과 덕으로 사귀는 것임을 알 수 있다.

5 자목은 선귤자가 이름난 사대부들과의 사귐은 거부하고, '마을의 상놈이라 하류(下流)에 처한 역부'인 엄 행수와 교우하는 것을 부끄럽게 여겨 그의 곁을 떠나겠다고 말한 것이다.

6 선귤자는 자목이 엄 행수와의 사귐을 시정잡배와의 사귐으로 여기면서 부끄러워하는 것을 지적하기 위해 '그러면 네가 수치로 여기는 것은 여기에 있는 것이지 저기에 있는 것이 아니로구나.'라고 말한다. 따라서 '저기'와 대비되는 '여기'는 신분이 미천하지만 덕이 있는 사람과의 사귐을 의미한다는 것을 알 수 있다.

7 뭇 양반들이 교우 관계를 맺고 싶어 하는 최고의 학자인 선귤자가 최하층 신분인 엄 행수와 교우한다는 이 작품의 설정에는, 당시 봉건 사회의 엄격한 신분 체계에 대한 작가의 부정적 인식이 드러나 있다. 〈보기〉의 '벗을 사귀는 데 신분의 차이는 고려 대상이 되지 않으며'라는 설명에서도 이를 확인할 수 있다.

8 [A]에는 엄 행수의 욕심 없고 소박한 삶이 나타나 있다. 따라서 물고기가 아닌 무심한 달빛만 싣고 빈 배 저어 오는 무욕(無慾)의 삶을 노래한 ④의 월산 대군의 시조가 엄 행수의 삶의 태도와 유사하다고 할 수 있다.

오답 뜯어보기 ① 신흠의 시조로, 시름을 해소하고 싶은 소망이 나타나 있다.
② 윤선도의 시조 〈오우가(五友歌)〉 중 한 수로, 대나무의 겸허함과 절개를 예찬하고 있다.
③ 이황의 시조로, 학문 수양에 전념할 것을 다짐하고 있다.
⑤ 김유기의 시조로, 입신양명(立身揚名)의 포부를 드러내고 있다.

9 〈보기〉는 〈양반전〉의 일부로 부당한 방법으로 벼슬에 오르고 백성을 착취하여 부를 쌓는 양반을 '도둑놈'이라고 비판하고 있다. ㉠에서는 부당한 방법으로 만종의 녹봉을 얻어서는 안 되고 정당한 노력 없이 부자가 되어서는 안 된다고 말하고 있다. 따라서 〈보기〉와 ㉠에서는 공통적으로 매관매직을 일삼고 백성을 착취하는 당시 지배층(양반층)을 풍자하고 있다고 할 수 있다.

063 허생전_ 박지원 206~209쪽

키포인트 체크 실학사상, 비판, 변 부자, 이완

1 ③ **2** ③ **3** ③ **4** ③ **5** 예와 의관을 중시하는 양반들에게 가격 외의 요인이 작용하는 물건들이기 때문이다. **6** ① **7** ④ **8** ② **9** 이완은 지배 계층의 입장을 대변하는 인물이기 때문이다. **10** 독자의 상상력을 자극하고, 허생의 제안이 현실적으로 받아들여지기 어려웠음을 드러낸다.

1 (나)에서 군도들도 감히 나가 활동을 못했다는 내용으로 보아, 당시에 치안이 허술했다고 판단하는 것은 적절하지 않다.

오답 뜯어보기 ① 허생이 과일과 말총을 매점매석하여 큰돈을 벌었다는 내용을 통해 확인할 수 있다.
② 안성은 삼남의 길목이라는 내용을 통해 확인할 수 있다.
④, ⑤ 가정을 이루고 농사지으며 살고 싶어 하는 백성들이 경제적으로 궁핍하여 도적이 될 수밖에 없는 상황을 통해 확인할 수 있다.

2 허생이 군도들에게 돈을 준 이유는 그들을 빈 섬으로 이주시켜서 평범한 삶을 살도록 하기 위해서였다. 따라서 허생을 재력으로 군도들의 환심을 사고자 한 계산적인 인물로 평가하는 것은 적절하지 않다.

3 ㉢ 뒤에 이어지는 대화에서 알 수 있듯이, 군도들이 어이없이 웃은 이유는 허생이 자신들의 처지를 이해하지 못하고 있다고 판단했기 때문이다.

오답 뜯어보기 ① 만 냥으로 나라의 과일값을 좌지우지할 수 있는 유통 구조의 취약함을 탄식하고 있다.
② 양반들의 치장에 필요한 말총을 매점매석함으로써 의관 등 겉치레를 중시하는 허례허식의 태도를 비판하고 있다.
④ 허생이 돈을 마련하겠다고 언약하고 내려가자 군도들은 그를 미친놈이라고 비웃었다. 그러나 허생이 실제로 돈을 마련하여 오자 군도들은 허생이 능력 있는 인물임을 확인하고 그를 장군이라고 부르고 있다.
⑤ 나라에서 해결하지 못한 군도 문제를 해결한 허생의 영웅적 면모를 엿볼 수 있다.

4 허생은 경제적 궁핍 때문에 도적이 된 양민들을 빈 섬으로 데리고 가서 농사를 짓고 가정을 꾸리는 평범한 삶을 누리게 하고 있다. 이렇게 볼 때 빈 섬은 허생이 이상국을 건설하는 무대라고 할 수 있다.

5 과일은 주로 제사를 지낼 때 사용하는 물건이고 말총은 양반들이 머리를 싸맬 때 사용하는 물건으로, 이들은 예와 의관을 중시하는 양반들이 아무리 비싸도 반드시 사야 하는 물건들이다. 즉 〈보기〉에서 말한 가격 외의 요인이 작용하는 물건들이기 때문에 아무리 비싸도 물건들이 팔린 것이다.

6 이완이 ⓐ와 ⓑ의 계책을 실천하기 어렵다고 말하자 허생은 '가장 쉬운 일이 있는데, 네가 능히 할 수 있겠느냐?'라고 물은 후 ⓒ를 제시하고 있다. 그러나 이완은 ⓒ 역시 실천하기 어렵다고 말한다. 이로 보아 허생은 ⓒ가 가장 실천하기 쉬운 계책이라 여기고 있으며 이완은 ⓐ~ⓒ 모두 실천하기 어렵다고 생각하고 있음을 알 수 있다.

오답 뜯어보기 ② ⓐ~ⓒ의 시급함의 정도는 나타나지 않는다.
③ 이완은 ⓐ~ⓒ 모두 받아들이기 어렵다고 말하고 있다.
④ ⓐ~ⓒ를 단계적으로 해결해야 할 과제로 보기 어렵다.
⑤ ⓐ~ⓒ는 모두 지배 계층의 과제이다.

7 〈보기〉는 고등학교 국어 수업 시간에 〈허생전〉을 능동적으로 수용해 가는 학생들의 모습을 그린 일기 형식의 소설이다. 〈보기〉의 선생님은 허생이 어디론가 떠난 것을 불만스런 현실과 그 현실을 지배하는 사람들에게 졌다고 평가하고 있다. 즉, 선생님은 잘못된 현실을 개혁하는 지식인의 행동을 촉구하는 입장이라 할 수 있다. 그러므로 선생님의 입장에서는 시사 삼책이 거절당하자 종적을 감춘 것에 대해 해결책을 제시하기는 하나 이를 실행하기 위한 노력을 하지 않았다고 허생을 비판할 수 있다.

오답 뜯어보기 ⑤ 명분을 중시한 것은 이 대장이지 허생이 아니다.

8 이완은 허생의 시사 일책을 듣고 한참 생각하더니 '어렵습니다.'라고 예의를 갖추어 말했으므로, 허생의 말을 가볍게 무시했다는 ②의 설명은 적절하지 않다. 허생은 자신의 주장을 받아들이지 못하는 지배층의 무능에 답답함을 느꼈을 뿐이다.

9 이완은 지배 계층의 입장을 대변하는 인물로 집권층의 입장을 고려해야 하기 때문에 급진적인 허생의 제안을 받아들이지 못하고 있다.

10 이 글은 허생이 잠적한 것으로 끝을 맺고 있는데, 이를 통해 여운을 남겨 독자의 상상력을 자극하는 한편, 허생이 제안한 시사 삼책이 급진적인 것이기 때문에 현실적으로 받아들이기 어려움을 간접적으로 드러내고 있다.

064 호질_박지원 210~213쪽

키포인트 체크 표리부동, 실학사상, 범, 꾸지람

1③ 2③ 3② 4⑤ 5 점잖은 북곽 선생이 과부와 밀회를 나누는 것은 있을 수 없는 일이라고 생각했기 때문이다. 6 사대부의 위선적인 모습을 풍자하기 위한 것이다. 7⑤ 8① 9② 10② 11 북곽 선생으로 대표되는 양반 사대부 계층의 삶을 비판

1 동리자의 다섯 아들은 동리자와 밀회를 나누는 북곽 선생을 보고도 그의 사회적 명성에 집착하여 위선적 실체를 파악하지 못하고 단지 둔갑한 여우라고만 생각하는 어리석은 모습을 보이고 있다.

오답 뜯어보기 ① 북곽 선생은 위선에 가득찬 사대부의 모습을 보이고 있다.
② 동리자는 수절 과부라는 칭송을 받고 있다.
④ 동리자의 아들들이 동리자의 개가를 원하지 않는지는 나타나 있지 않다.
⑤ 북곽 선생과 동리자의 대화는 밀회를 나누는 부도덕한 연인의 모습이다.

2 작가는 유학자로 존경받는 북곽 선생과 열녀로 추앙받는 동리자의 표리부동하고 위선적인 행동을 통해 당대 사대부 계층의 부패한 도덕성을 신랄하게 비판하고 있다.

3 북곽 선생은 높은 학식을 가진 선비로 추앙받는 것과 달리 동리자와 밀회를 즐기고 있고, 동리자는 열녀로 칭송받는 것과 달리 성이 다른 다섯 아들을 두고 있다. 따라서 이들에게 어울리는 말은 겉과 속이 서로 다름을 이르는 양두구육(羊頭狗肉)이다.

오답 뜯어보기 ① 지성감천(至誠感天): 무엇이든 정성껏 하면 하늘이 움직여 좋은 결과를 맺는다는 뜻이다.
③ 천의무봉(天衣無縫): 일부러 꾸민 데 없이 자연스럽고 아름다우면서 완전함을 이르는 말이다.
④ 천생연분(天生緣分): 하늘이 정해 준 연분을 의미한다.
⑤ 동병상련(同病相憐): 어려운 처지에 있는 사람끼리 서로 가엾게 여김을 의미한다.

4 북곽 선생은 동리자와의 밀회 장면을 동리자의 다섯 아들에게 들키자 자신의 위신과 체면을 생각하여 동리자의 아들들이 자신을 알아보지 못하도록 이상한 모습으로 허둥지둥 달아나고 있다.

5 동리자의 아들들이 자신들의 어머니와 밀회를 즐기는 북곽 선생을 보면서도 그를 여우라고 판단한 이면에는 북곽 선생이 이름 높은 학자라는 사실이 크게 작용했다.

6 작가는 위선적인 사대부의 전형이라고 할 수 있는 북곽 선생을 똥구덩이에 빠지게 함으로써 사대부들의 부정적인 모습을 희화화하면서 풍자하고 있다.

7 이 글에서는 함축적 표현을 사용하여 사건의 내용을 암시하는 부분은 찾을 수 없다.

오답 뜯어보기 ① '유(儒)는 유(諛)라 하더니'라는 범의 말에서 '유(儒)'는 선비, 학자를 뜻하고, '유(諛)'는 아첨하는 말을 의미한다. '유(儒)'와 '유(諛)'라는 동음이의어를 활용하여 북곽 선생을 풍자한 것이다.
② 범은 '범의 세계에서는 ~ 어질지 않느냐?', '~ 거대한 도둑이 되지 않겠는가?', '~ 대적(大賊)이 아니겠는가?' 등에서 설의법을 활용하여 인간의 부도덕성을 비판하고 있다.
③ 범을 의인화하여 인간의 부정적 속성을 비판하고 있다.
④ 인간과 범의 본성을 대조하여 인간의 부도덕성을 지적하고 있다.

8 범은 비현실적 세계의 존재이기는 하지만 풍자의 대상은 아니다. 풍자의 대상은 북곽 선생이며 범은 북곽 선생을 풍자하는 주체이다.

오답 뜯어보기 ② 범은 작가 의식을 대변하는 인물로, 작가는 범의 입을 빌려 현실의 모순을 비판하고 있다.
③, ④ 범은 사대부로 대표되는 인간의 표리부동함을 비판하면서 현실 사회의 본질과 모순을 꿰뚫어 보고 있다.
⑤ 범은 객관적 관찰자로서 동리자의 아들들이나 농부와는 다르게 현실을 올바르게 파악하며 인간 사회의 부정적 속성을 고발하고 있다.

9 〈보기〉는 탐관오리(양반)의 이중적 태도를 풍자한 시조로, '두터비(두꺼비)'는 탐관오리나 양반 계층을, '프리'는 그들에게 수탈당하는 약자인 백성을 상징한다. 또 '백송골(白松骨)'은 '두터비' 위에 군림하는 중앙 관리를 상징한다고 볼 수 있다. 이때 풍자 대상인 '두터비'는 약자에게 강하고 강자 앞에서 약한 모습을 보이는 이중적 태도를 보이고 있는데, 이러한 태도는 범에게 목숨을 구걸하다가 농부에게는 위엄을 보이는 북곽 선생의 태도 변화와 유사하다고 할 수 있다.

오답 뜯어보기 ① 북곽 선생과 두터비 모두 비판의 대상으로 위기를 지혜롭게 극복하는 모습은 나타나지 않는다.
③ 두터비는 탐관오리를 의인화한 인물로, 강자 앞에서 약한 모습을 보이는 점을 풍자하고 있다. 인간의 탐욕을 지적하고 있는 것은 아니다.
④ 두터비 역시 작가가 비판하는 부정적인 대상이다.
⑤ 북곽 선생과 두터비는 모두 작가가 비판하고 있는 풍자의 대상이다. 이 글에서 작가 의식을 대변하고 있는 인물은 범이다.

10 ㉡은 북곽 선생이 범에게 목숨을 구걸하고 있는 상황으로, 북곽 선생의 비굴한 모습을 보여 주고 있다.

오답 뜯어보기 ① 표면적으로는 똥을 뒤집어 쓴 모습을 가리키지만 그 이면에 겉과 속이 다른 북곽 선생의 위선을 비웃는 뜻이 담겨 있다.
③ 인간들이 겉으로는 오륜과 사강을 말하지만 실천이 뒤따르지 않음을 비판하고 있다.
④ 돈을 형님이라 부르며 따르는 것은 지나친 배금주의를 드러낸 것이다.
⑤ 범에게 목숨을 구걸하던 북곽 선생은 범이 사라지고 농부를 만나자 다시 위선적 행동을 보이고 있다.

11 북곽 선생은 고매한 인품으로 추앙받지만 실상은 동리자와 밀회를 즐기는 부도덕한 인물이다. 반면에 농부는 농사를 짓기 위해 새벽 일찍부터 부지런하게 밭을 갈러 가는 성실한 인물이다. 작가는 이러한 두 인물의 삶의 태도를 대조함으로써 북곽 선생으로 대표되는 양반 사대부 계층의 삶을 비판하고 있다.

065 이춘풍전_작자 미상 214~217쪽

키포인트 체크 가부장적, 남성, 비장

1③ 2③ 3① 4⑤ 5 호조로부터 빌려온 돈을 모두 탕진했기 때문이다. 6⑤ 7① 8① 9⑤ 10 후세 사람들에게 전하여 본받도록 권유하기 위해서이다.

1 과거와 현재를 교차하는 것은 역순행적 구성에 대한 설명이며, 이 글은 시간이 흐르는 순서에 따라 전개되는 순행적 구성을 보인다.

오답 뜯어보기 ① (가)에서 이춘풍의 외양을 구체적으로 묘사하여 이춘풍이 처한 비참한 상황을 드러내고 있다.

② (가)에서 비장은 이춘풍에게 반말로 꾸짖고 있는 반면, 이춘풍은 비장에게 높임 표현을 사용하고 있다.

④ (나)의 이춘풍의 말에, 이춘풍이 호조의 돈을 빌려 평양에 왔다가 추월에게 홀려 빈털터리가 되었다는 내용이 요약적으로 제시되어 있다.

⑤ 이 글은 이춘풍과 비장, 추월의 대화를 통해 각각의 인물이 처한 상황과 인물의 심리 및 정서가 드러나고 있다.

2 이춘풍은 비장에게 자신의 잘못을 인정하며 자포자기하고 있으므로, 자신의 억울함을 비장에게 하소연하고 있다는 설명은 적절하지 않다.

오답 뜯어보기 ④ 비장이 추월을 꾸짖는 것을 볼 때 비장은 추월이 이춘풍의 돈을 가져간 사실을 이미 알고 있었음을 알 수 있다.

3 '춘풍은 제 아내인 줄 꿈에나 알랴마는 비장이야 모를쏜가.'는 서술자가 작품에 직접 개입하여 이춘풍과 비장의 상황을 직접 서술한 부분이므로, 편집자적 논평에 해당한다.

지식+

• **편집자적 논평**

소설에서 서술자가 작중 인물이나 사건, 배경에 대한 정보를 직접적으로 제시하는 것을 말한다. 여기에는 작가 개인의 주관적인 판단이나 평가가 포함된다. 이 때문에 주로 3인칭 전지적 작가 시점에서 두드러지게 나타나며, 판소리계 소설을 비롯한 고전소설에서 자주 찾아볼 수 있다.

4 이춘풍의 아내는 비장으로 변장하고 평양에 나타나 이춘풍과 추월을 꾸짖고 있다.

오답 뜯어보기 ① 추월은 이춘풍의 돈을 되돌려 주라는 비장의 지시를 수용한 것이지, 이춘풍의 지시를 수용한 것은 아니다.

② 이춘풍의 아내가 비장으로 변장하여 이춘풍과 추월의 잘못을 꾸짖고 있으므로, 비장이 불합리하게 이춘풍과 추월을 억압한다는 설명은 적절하지 않다.

③ 추월이 자신의 지위를 이춘풍으로부터 인정받는다는 것은 이 글의 내용과 관련이 없다.

④ 이춘풍은 호조로부터 돈을 빌려 평양으로 장사를 하러 왔지만 추월에게 홀려 돈을 모두 탕진했으므로, 이춘풍이 돈을 빌린 목적을 달성했다는 설명은 적절하지 않다.

5 이춘풍은 호조로부터 돈을 빌려 장사를 하기 위해 평양으로 왔지만 기생 추월에게 홀려 돈을 모두 탕진하고, 추월의 집 사환 노릇을 하게 되었다.

6 이춘풍은 비장이 자신의 아내임을 알고 난 후에도 자기 합리화를 하며 허세를 부리고 있으므로, 자신의 잘못을 인정하고 진심으로 용서를 구하고 있다는 설명은 적절하지 않다.

오답 뜯어보기 ① (가)에서 이춘풍의 아내는 다시 비장으로 변신하여 이춘풍이 집으로 돌아온 이후에도 거만하게 굴었던 것에 대해 이춘풍을 다시 꾸짖고 있다.

② (가)에서 이춘풍의 아내가 저녁이 되기를 기다린 것은 이춘풍을 속이기 쉬운 시간대를 기나리고 있는 것이다.

③ (나)에서 이춘풍의 아내는 비장의 옷을 벗어 놓고 여자 의복을 입는 것으로 자신의 정체를 이춘풍에게 드러내고 있다.

④ (나)에서 이춘풍의 아내는 이춘풍에게 '멍청아'라고 말하며 이춘풍을 직접적으로 풍자하고 있다.

7 판소리계 소설에는 의성어나 의태어를 활용하여 운율감을 높이는 경우가 많지만, 이 글에서는 의성어나 의태어가 사용되지 않았다.

오답 뜯어보기 ② '평양에서 떠날 적에 너더러 이르기를', '이런 거동 볼작시면, 누가 아니 웃고 볼까' 등과 같은 4(3)·4조의 운문체와 일반적인 산문체가 함께 나타나고 있다.

③ 이춘풍이 눈치를 보며 흰죽을 먹는 장면에서 자신의 권위가 무너질까 걱정하는 이춘풍의 모습이 해학적으로 나타나 있다.

④ (나)에서는 서술자가 작품에 개입하여 이춘풍이 아내와 화목하고 즐겁게 지냈다는 내용을 직접 논평하고 있다.

⑤ 이 글에는 '무가내하(無可奈何)'와 같은 한자어와 '멍청아'와 같은 비속어가 함께 나타나 있다.

8 이춘풍은 자신이 흰죽을 먹고 있는 모습을 아내가 볼까 봐 애를 태우고 있다. 자신이 비굴하게 흰죽을 먹고 있는 모습을 가족들이 보면 가장으로서의 권위가 추락할 것이기 때문이다. 이춘풍이 애를 태우고 있는 모습을 나타내기에 적합한 표현은 '몹시 두려워 벌벌 떨며 조심함'의 의미를 지니고 있는 '전전긍긍(戰戰兢兢)'이다.

오답 뜯어보기 ② 호가호위(狐假虎威): 여우가 호랑이의 위세를 빌려 호기를 부린다는 뜻으로, 남의 권세를 빌려 위세를 부린다는 의미이다.

③ 마이동풍(馬耳東風): 동풍이 말의 귀를 스쳐 간다는 뜻으로, 남의 말을 귀담아듣지 아니하고 지나쳐 흘려버림을 이르는 말이다.

④ 아연실색(啞然失色): 뜻밖의 일에 얼굴빛이 변할 정도로 놀란다는 뜻이다.

⑤ 호각지세(互角之勢): 역량이 서로 비슷비슷한 위세를 의미하는 말이다.

9 아내가 이춘풍에게 흰죽을 먹어 보라고 한 것은 흰죽을 먹음으로써 평양에서 있었던 일을 상기하게 하여 이춘풍의 잘못을 뉘우치게 하기 위한 것이라 할 수 있다.

10 (다)에서는 이춘풍과 이춘풍의 아내의 사연을 요약적으로 제시하고, 이러한 사연을 후세에게 전하여 본받고 법으로 삼도록 권유하고 있다.

066 옥루몽 _ 남영로 218~221쪽

키포인트 체크 영웅적, 홍란성, 조선 후기, 양창곡, 꿈, 백옥루

1 ④ 2 ① 3 ④ 4 강남홍이 살아 있어 다시 만날 것이라고는 꿈에도 생각하지 못했기 때문이다. 5 ① 6 ③ 7 ④ 8 강남홍을 지상계에서 천상계로 인도해 주는 기능을 한다.

1 전장에서 퇴각한 강남홍은 만왕 나탁에게 명나라 원수를 사로잡을 뻔했지만 몸이 불편하여 군사들을 퇴각시켰고, 내일 다시 싸워야겠다고 말했다. 이는 나탁을 안심시키고자 의도적으로 거짓말한 것이다.

오답 뜯어보기 ① 강남홍은 대결 전에는 양창곡의 정체를 몰랐다.

② 강남홍과 양창곡은 서로 사랑하는 사이이고, 강남홍이 일부러 싸움을 멈추고 퇴각한 것으로 보아 재대결을 제안했다고 볼 수 없다. 즉, 강남홍은 양창곡에게 삼경에 만나기를 요청하고 있을 뿐 재대결할 것을 제안한 것은 아니다.

③ 강남홍은 손삼랑에게 싸움터에서 양창곡을 만난 사실을 이야기했으나, 손삼랑에게 미리 명나라 진영으로 잠입하라고 지시하지는 않았다.
⑤ 양창곡은 본진으로 돌아와 낮에 만난 사람이 진짜 강남홍인지 반신반의하고 있을 뿐 적의 습격에 대비하라는 명령을 내리지는 않았다.

2 (가)에는 서술자가 개입하여 '강남홍의 총명으로 어찌 양창곡의 모습을 몰라보겠는가.', '어찌 생각이나 했겠는가.'처럼 인물에 대한 평가를 직접적으로 드러내고 있다.

3 양창곡은 전쟁터에서 오늘 만난 사람이 진짜 강남홍이라면 잠시 끊어졌던 인연을 이어갈 수 있어서 좋고, 그녀의 도움으로 쉽게 오랑캐 지역을 평정할 수 있어서 좋겠다고 생각하고 있다. 즉, 일시에 두 가지 이득을 얻을 수 있을 것이라 기대하고 있으므로 일거양득(一擧兩得)이 ㉠의 상황에 어울리는 말이다.
오답 뜯어보기 ① 동분서주(東奔西走): 동쪽으로 뛰고 서쪽으로 뛴다는 뜻으로, 사방으로 이리저리 몹시 바쁘게 돌아다님을 이르는 말이다.
② 와신상담(臥薪嘗膽): 섶에 누워 쓸개를 맛본다는 뜻으로, 원수를 갚거나 마음먹은 일을 이루려고 괴로움과 어려움을 참고 견딤을 비유적으로 이르는 말이다.
③ 설상가상(雪上加霜): 눈 위에 서리가 덮인다는 뜻으로, 난처한 일이나 불행한 일이 잇따라 일어남을 이르는 말이다.
⑤ 점입가경(漸入佳境): 들어갈수록 점점 재미가 있음. 또는 시간이 지날수록 하는 짓이나 몰골이 더욱 꼴불견임을 비유적으로 이르는 말이다.

4 양창곡은 싸움터에서 적군의 장수로 출전한 강남홍을 극적으로 만나게 된다. 하지만 본진으로 돌아와서도 오늘 만난 인물이 진짜 강남홍인지 억울하게 죽은 원혼이 나타난 것인지 반신반의하게 된다. 양창곡은 강남홍이 물에 빠져 죽은 것으로 알고 있으며, 싸움터에서 적군의 장수가 된 강남홍을 만날 수 있을 것이라고는 꿈에도 생각하지 못했기 때문이다.

5 이 글에는 강남홍이 취봉루에서 꿈을 꾸고 깨는 사건을 통해 장면이 전환되고 있으며, 이 과정에서 천상계의 환상적인 분위기가 잘 드러난다. 또 꿈에 나타난 보살의 외양을 '푸른 눈썹에 옥 같은 얼굴을 하고 몸에는 비단 가사를 걸치고 석장(錫杖)을 짚고 있다가'라고 묘사한 후 도술을 부리는 모습을 보여 줌으로써 보살이 비범한 능력을 지닌 인물임을 드러내고 있다.
오답 뜯어보기 ㄷ. 강남홍과 보살이 등장하지만 대립 관계가 아니며, 꿈을 통해 강남홍이 천상계에서 적강한 인물임을 자각하게 하므로 인물 간의 갈등이 나타나지 않는다.
ㄹ. 인물 간의 대화가 있지만 시련을 극복하려는 의지를 보여 주는 부분은 확인할 수 없다.

6 자신이 천상의 존재임을 깨달은 강남홍은 보살에게 인간 세상에 돌아가지 않겠다고 말한다. 하지만 보살은 '하늘이 정한 인연은 인간의 힘으로는 미칠 수 없는 것'이며, '40년 뒤에 다시 와서 옥황상제께 조회를 하고 천상의 즐거움을 누리'라고 말한다. 이로 보아 강남홍이 자신의 존재를 자각했다고 해도 인간 세상의 인연을 마치지 못했기 때문에 천상계로 복귀할 수 없음을 알 수 있다.
오답 뜯어보기 ① 취봉루는 천상계의 선관인 문창성이 죄를 지어 꿈을 통해 오게 된 지상계의 공간이자 역시 천상계의 존재였던 강남홍이 머물고 있는 공간이므로, 천상계에서 쫓겨 내려온 공간이라고 할 수 있다.
② 강남홍은 꿈을 통해 지상계로 내려왔는데 그 꿈속에서 다시 꿈을 꾸어 천상계의 백옥루에 오르게 되고, 자신이 천상계의 존재였음을 알게 된다.
④ 보살은 도술을 부려 인간인 강남홍을 천상계로 인도하고 다시 인간계로 돌려보내며 각몽을 유도하는 인물이므로, 강남홍의 조력자이자 신이한 존재에 해당함을 알 수 있다.
⑤ 강남홍을 비롯하여 천상계에서 쫓겨 내려온 인물들은 마음대로 천상계로 되돌아갈 수 없고 속세에서의 연을 다한 후에야 돌아갈 수 있다. 결국 천상계의 인물들도 하늘이 정해 놓은 인연대로 살아갈 수밖에 없는 존재들인 것이다.

지식+

• 〈옥루몽〉에 나타난 '현실 – 꿈 – 현실'의 환몽 구조

현실	명나라 때 문창성과 다섯 선녀가 연꽃을 꺾어 술을 마시며 놀다가 신불에 의해 인간계에 떨어짐.
꿈	문창성은 인간 양창곡으로 다시 태어나 파란만장한 인생을 겪음. 이 과정에서 기생 강남홍과 항주 자사의 딸 윤 소저, 기생 벽성선, 축융국의 공주 일지련, 황 소저로 환생한 다섯 선녀를 만나 사랑을 나눔.
현실	두 부인과 세 첩을 거느리고 부귀영화를 누리며 살다가 천상에 올라가 선관이 됨.

7 강남홍은 꿈속에서 보살을 만났을 때 '존사(尊師)께서는 누구시며, 인간의 즐거움이란 것은 무엇을 말씀하시는 겁니까?'라고 물어보았으므로 강남홍이 보살을 만나는 순간 천상계의 기억을 떠올린 것이 아님을 알 수 있다. 강남홍은 보살의 설명을 들은 후에야 자신이 있는 공간이 백옥루이고 자신이 천상계의 존재였음을 알게 된다.

8 강남홍의 꿈에 나타난 보살은 손에 들고 있던 석장을 이용하여 도술을 부린 뒤 강남홍을 지상계에서 천상계로 인도한다. 따라서 석장은 강남홍을 지상계에서 천상계로 인도해 주는 도구로 볼 수 있다.

067 채봉감별곡_ 작자 미상 222~225쪽

키포인트 체크 혼인, 봉건, 전환기, 사랑

1 ⑤ 2 ⑤ 3 ③ 4 ② 5 ㉠은 작은 단체의 우두머리가 큰 단체의 졸개보다 낫다는 뜻으로, 재상가의 첩보다는 여염집의 부인이 되겠다는 뜻이다. 6 ④ 7 ④ 8 ③ 9 ⑤ 10 이 감사는 이상적이고 바람직한 목민관으로서의 면모와 송이(채봉)의 괴로움을 해결해 주는 조력자의 면모를 지닌 인물이다.

1 김 진사 내외는 채봉이 허 판서의 첩으로 가지 않겠다고 단호히 말하는데도 불구하고 자식은 부모의 뜻에 따르는 것이라고 하며 자신들의 의지대로 할 것을 강요하고 있다.
오답 뜯어보기 ① 김 진사는 허 판서에게 만 냥을 주고 과천 현감 벼슬자리를 샀다.
② 채봉이 장 선천 부사의 아들과 정혼했다는 사실을 김 진사 부부의 대화를 통해 확인할 수 있다.
③ 처음에 부인은 '허 판서 아니라 허 정승이라도' 채봉을 보낼 수 없다고 말하며 김 진사가 정한 혼처에 부정적인 태도를 보였으나 이후에 마음을 바꾸었다.

④ 김 진사는 '그 거지 다 된 것하고?'라고 말하며 장필성의 집안이 변변치 않은 것을 못마땅해하고 있다.

2 김 진사는 벼슬자리를 돈 주고 살 만큼 권력에 대한 욕심을 가지고 있으며 사윗감의 재력을 따지는 것으로 보아 재력과 권력을 중시하는 인물임을 알 수 있다. 따라서 세상 물정을 모른다고 보기는 어렵다.

오답 뜯어보기 ① 김 진사의 딸을 첩으로 얻고자 김 진사가 상노에 대해 한 말을 에둘러 묻는 허 관서의 모습에서 음흉함이 드러난다.

③ 김 진사의 부인은 자식은 부모의 뜻에 따라야 한다고 말하며 채봉이 자신들의 뜻을 따를 것을 강요하고 있다.

④ 채봉은 자신의 혼사에 대한 생각을 명확하게 드러내고 있다.

3 김 진사가 서울로 가려는 것은 딸을 허 관서의 첩으로 보내고 과천 현감이 되기 위해서이다. 이를 통해 당시에 출세를 위해 서울로 가는 사람들이 많았다고 짐작하기는 어렵다.

4 부모가 정해 준 혼처를 거부하고 스스로 사랑을 쟁취하는 채봉의 모습은 가부장제의 권위라는 사회적 관습과 지배적 이념의 구속에서 벗어나고자 하는 태도로 볼 수 있다.

오답 뜯어보기 ①, ④ 적절한 설명이지만 근대성과는 관련이 없다.

③ 허 관서와 김 진사의 관계는 서로의 이익이 맞아떨어진 거래로 보는 것이 더 적절하다.

5 '닭의 입이 될지언정 소의 뒤 되기는 바라는 바가 아니'라는 것은 큰 단체의 졸개보다는 작은 단체의 우두머리가 되겠다는 뜻이며, 이는 문맥상 허 관서의 첩이 되지 않겠다는 의도에서 한 말이다.

6 매관매직이 성행하고 신분제가 동요하는 조선 말기의 상황이 잘 반영되어 있다.

오답 뜯어보기 ① 고난을 극복하여 사랑을 이루는 전통적인 애정 소설의 특성을 지니고 있을 뿐, 남녀 주인공 사이의 갈등은 보이지 않는다.

② 해학적인 표현은 나타나지 않는다.

③ 다른 고전 소설과 달리 사실적인 내용으로 사건이 전개되고 있다.

⑤ 조력자 이 감사의 도움으로 주인공이 고난을 극복하기는 하지만 영웅의 일대기 구조를 취하고 있지는 않다.

7 이 감사는 송이(채봉)와의 대화에서 '비록 위아래가 있으나'라고 하며 기존의 신분 제도를 인정하는 모습을 보인다.

8 송이(채봉)와 장필성의 사랑에 장애로 작용한 것은 허 관서의 첩으로 딸을 보내려는 김 진사의 행동이다. 송이(채봉)가 기생이 된 것은 장필성과 이별한 후의 일이다.

오답 뜯어보기 ⑤ 송이(채봉)와 장필성은 이 감사의 주선을 통해 다시 만나 혼인을 하게 된다.

지식+

• 혼사 장애 구조

뜻	남녀의 혼사 과정에서 갈등이 발생하는 구조
구조	장애 유발(이별의 동기) – 분리와 시련 – 귀환과 재결합
장애 원인	부모의 반대, 사회 관습의 장벽, 전란 등
작품	〈운영전〉, 〈숙향전〉, 〈춘향전〉, 〈숙영낭자전〉 등

9 송이(채봉)와 장필성은 이 감사에 대한 무한한 감사의 마음을 드러내고 있으며, 오랫동안 그리던 상대를 만난 것에 기뻐하고 있다. '각주구검(刻舟求劍)'은 '융통성 없이 현실에 맞지 않는 낡은 생각을 고집하는 어리석음'을 이르는 말로 ㉠의 상황과 어울리지 않는다.

오답 뜯어보기 ① 백골난망(白骨難忘): 죽어서 백골이 되어도 잊을 수 없다는 뜻으로, 남에게 큰 은덕을 입었을 때 고마움의 뜻으로 이르는 말이다.

② 감개무량(感慨無量): 마음속에서 느끼는 감동이나 느낌이 끝이 없음, 또는 그 감동이나 느낌을 의미한다.

③ 결초보은(結草報恩): 죽은 뒤에라도 은혜를 잊지 않고 갚음을 이르는 말이다.

④ 난망지은(難忘之恩): 잊을 수 없는 은혜를 이른다.

10 〈보기〉는 이 감사의 인물됨을 짐작할 수 있는 부분이다. 제시된 내용의 앞부분에는 백성과 나라에 대한 걱정으로 잠을 이루지 못하는 이 감사의 모습이 드러나 있고, 뒷부분에는 송이(채봉)의 괴로움과 고민을 알고자 하며 이를 해결해 주려고 애를 쓰는 이 감사의 모습이 잘 드러나 있다.

2 | 수필·평론

074 규중칠우쟁론기_ 작자 미상 232~235쪽

키포인트 체크 공치사, 불평, 직분, 의인화

1 ③ 2 ③ 3 ③ 4 자기 공로를 드러내기 위해 상대를 폄하하고 있다.
5 ② 6 ⑤ 7 ② 8 잘못한 점은 즉시 반성

1 이 글에서는 공치사를 늘어 놓는 의인화된 사물의 모습을 풍자하고 있을 뿐 인물의 일대기에 대한 서술은 드러나지 않는다.
오답 뜯어보기 ① 이 글은 국문으로 쓰인 내간체 수필로, 주로 여성들이 창작하고 향유했다고 알려져 있다.
②, ④ 바느질 도구들을 의인화하여 각자 자신의 공을 자랑하는 모습을 보여주기 방식으로 서술하고 있다. 이는 곧 자기 자랑만 내세우는 당대인들의 세태를 반영하여 풍자한 것이라 볼 수 있다.
⑤ 각 인물들(의인화된 사물들)의 이름은 바느질 도구의 명칭의 발음, 생김새, 쓰임새의 특성을 반영하고 있다.

2 〈보기〉에서는 오케스트라 연주에서 자신이 맡은 연주의 본분을 다하여 전체 연주와 조화를 이루려는 자세가 중요하다는 점을 강조하고 있다. 〈보기〉에서 칭찬이나 혹평 모두 '내'가 아닌 '우리'가 받는다고 했으므로, 〈보기〉의 관점에서는 지은 옷에 문제가 생겼을 때 실수를 일으킨 개인이 아닌 규중 칠우 전체가 함께 책임지는 자세를 지녀야 한다고 충고할 수 있다.
오답 뜯어보기 ① 〈보기〉의 '한 멤버가 된다는 것만도 참으로 행복한 일이다.'에서 이끌어 낼 수 있다
②, ④ 〈보기〉의 '각자의 맡은 바 기능이 전체 효과에 종합적으로 기여된다는 것은 의의 깊은 일이다.'에서 이끌어 낼 수 있다.
⑤ 〈보기〉의 '서로 없어서는 안 된다는 신뢰감이 거기에 있고'에서 이끌어 낼 수 있다.

3 골무의 별명은 '감토 할미'이며 감투와 유사한 생김새에서 지어지게 되었다.
오답 뜯어보기 ① 자 – 척 부인 – 한자의 발음
② 인두 – 인화 부인 – 쓰임새
④ 가위 – 교두 각시 – 생김새
⑤ 다리미 – 울 랑자 – 한자에서 따옴, 쓰임새

4 [A]에서 세요 각시는 자신의 공로 덕분에 척 부인과 교두 각시가 재단을 잘 할 수 있었음을 말하면서 둘의 공을 폄하하고 자기의 공로를 내세우고 있다.

5 부인이 가위를 들어서 살피고 문고리에 걸어 놓는 것은 바늘이 없어졌을 때 바늘을 찾기 위한 행동이다.
오답 뜯어보기 ① 마름질을 하기 위해 가장 먼저 자를 찾는다고 했다.
③ 세요 낭자는 규중 부인이 바느질이 잘되지 않으면 자신의 허리를 부러뜨려 화로에 넣는다고 말했다.
④ 세요 낭자가 부인의 손톱 밑을 찌르려 하지만 감토 할미(골무)가 만류한다는 진술이 있다.
⑤ 인화 부인은 부인이 굳은 것을 깨뜨릴 때는 항상 자신을 시킨다고 말했다.

6 규중 부인은 규중 칠우가 바느질을 하는 데 들인 공을 모두 자신의 공으로 돌리고 있다는 점에서 부하들이 낸 의견을 자신이 사용하는 ③의 인물과 유사하다고 할 수 있다.

7 ㉡은 칠우의 공치사를 들은 부인이 그 공은 사람에게서 나오는 것이라며 칠우를 꾸중하고 다시 잠이 드는 부분이다. 이후 대화의 쟁점은 각자의 공치사가 아닌 규중 부인에 대한 불평으로 전환된다. ㉢은 잠들었던 규중 부인이 다시 잠에서 깨어나는 부분으로, 이후 규중 칠우는 블평한 일에 대해 꾸중을 듣고 대화를 중단하게 된다.

8 감토 할미는 규중 부인의 꾸중을 듣고 규중 칠우를 대표하여 잘못된 점을 겸허히 인정하고 용서를 구한다는 점에서 세상을 살아가는 지혜를 보여 주는 인물로 평가될 수 있다.

075 원이 엄마의 한글 편지_ 이응태의 부인 236~237쪽

키포인트 체크 사별, 꿈, 사랑

1 ② 2 ② 3 ⑤ 4 헤어진 임을 꿈속에서 다시 만나고자 한다.

1 이 글은 죽은 남편을 그리워하는 아내의 마음이 잘 드러난 한글 편지로, 남편과의 대화를 회상하며 즐거웠던 결혼 시절의 기억을 떠올리는 한편, 뱃속의 아이를 걱정하는 마음을 드러내고 있다. (가)와 (나)의 내용에서 글쓴이와 남편이 서로 마음을 터놓고 지냈음을 알 수 있으므로 ②와 같은 반응은 적절하지 않다.
오답 뜯어보기 ① 전반적으로 높임말이 쓰였다.
③ (라)의 '당신 내 뱃속의 자식 낳으면 보고 말할 것 있다 하고 그렇게 가시니'라는 표현에서 알 수 있다.
④ 이 글에는 죽은 남편을 향한 아내의 절절한 그리움이 표출되어 있다.
⑤ (라)에서 유복자의 앞날을 걱정하는 어머니의 마음을 알 수 있다.

2 〈보기〉에서 화자는 새에 자신의 감정을 이입하여 한의 정서를 효과적으로 표현하고 있지만, 이 글에서는 감정이 이입된 대상물이 제시되지 않는다.
오답 뜯어보기 ① 이 글과 〈보기〉에는 모두 먼저 떠난 임에 대한 절절한 그리움이 표현되어 있다.
③ 이 글의 작가와 〈보기〉의 화자는 모두 여성으로, 임에 대한 애절한 그리움과 임을 잃은 비통한 심정을 드러내고 있다.
④ '그대 하늘 끝 호올로 가신 임아.'라는 표현을 통해 〈보기〉의 화자 역시 이 글의 작가와 마찬가지로 먼저 떠난 임을 그리워하고 있음을 알 수 있다.
⑤ 두 글 모두 임의 부재, 이별의 정한이라는 우리 문학의 전통을 잇고 있다.

지식+

- 서정주, 〈귀촉도(歸蜀途)〉
- 갈래: 자유시, 서정시
- 제재: 귀촉도
- 주제: 임에 대한 그리움과 정한(情恨)
- 감상: 전통적 소재를 빌려 떠나간 임에 대한 화자의 애틋한 마음을 표현한 시이다. '귀촉도'는 흔히 소쩍새, 접동새로 불리는 새로, 이 작품에서는 사랑하는 임의 죽음에 대한 한(恨)을 상징하고 있다.

3 ⓜ은 남편은 저승에 있고 자신은 이승에 있으므로 살아서 다시 만날 수 없어 슬픔과 그리움만 더한다는 의미이므로, '마음에서 마음으로 통한다'는 의미인 이심전심(以心傳心)과는 어울리지 않는다.

오답 뜯어보기 ① 머리가 하얗게 셀 때까지 함께 행복하게 살자는 말로 '백년해로(百年偕老)'와 의미가 통한다.
② 다른 어떤 부부보다도 서로를 아끼고 사랑했음이 드러나 있다.
③ 죽은 남편에게 빨리 가고 싶다는 것은 남편이 없는 삶은 의미가 없으므로 따라 죽고 싶다는 뜻으로, 그만큼 남편에 대한 사랑이 깊었음을 드러내는 것이다.
④ 뱃속에 있는 아이도 보지 못하고 세상을 떠난 남편에 대한 안타까움이 드러난 표현이다.

4 '이 편지 자세히 보시고 내 꿈에 와서 당신 모습 자세히 보여 주시고 또 말해 주세요.'에서 알 수 있듯이 이 글의 작가는 꿈속에서라도 남편을 만나기를 바라고 있다. 그리고 〈보기〉에서도 '만날 길은 꿈길밖에 없는데'와 '다음날 밤 꿈에는'을 통해 꿈속에서 임을 만나고자 하는 염원을 드러내고 있다.

076 산성일기_ 어느 궁녀 238~239쪽

키포인트 체크 남한산성, 객관적, 피란, 일기

1 ⑤ 2 ② 3 ① 4 ③ 5 일기 형식을 띠고 있지만 역사적 사건을 사실적이고 객관적으로 서술하고 있기 때문이다.

1 작가는 역사적 사실을 최대한 객관적인 입장에서 기록했다. 사건에 대한 작가의 감상을 서술하는 데 치중하지 않았으며 제시된 사건과 그에 대한 서술을 통해 작가의 시각을 파악할 수 있다.

오답 뜯어보기 ① 병자호란 당시의 역사적 사실을 한글로 기록하고 있는 유일한 자료이다.
② 각각의 기록에 날짜를 먼저 제시하고 있는 것으로 보아 일기 형식임을 알 수 있다.
③ 병자호란이라는 당대의 시대적 상황이 구체적으로 제시되어 있다.
④ 사신으로 간 이경직, 김신국, 전투에서 패한 김류 등 실존 인물의 이름을 직접 밝혀 서술하고 있다.

2 청군의 적장이 선물을 거절한 것은 성안 사람들의 처지를 안타깝게 생각해서가 아니라 약탈을 일삼아 풍족하게 지내고 있는 자신들의 처지와 비교하며 성안의 상황을 비꼬기 위해서이다.

오답 뜯어보기 ① 27일 일기의 내용에서 알 수 있다.
③ 큰비가 내려 얼어 죽는 군사가 많았다는 사실을 24일의 일기에서 알 수 있다.
④ 25일의 일기에서 사신을 보내는 것이 욕된 일임을 알면서도 화친을 위해 선물을 보냈음을 알 수 있다.
⑤ 28일의 일기에서 청군의 유인책을 파악하지 못한 김류의 지휘 탓에 전투에서 패했음을 알 수 있다.

3 24일의 일기에는 전쟁으로 인한 고통을 자신의 탓으로 돌리며 하늘에 이에 대한 용서를 구하여 백성을 구원하고자 하는 임금의 행동이 드러나 있다. 이러한 내용을 기록한 의도는 백성을 생각하는 임금의 마음을 보여 주기 위한 것으로 볼 수 있다.

4 이 글은 임금을 모시던 궁녀가 쓴 것으로 추측된다. 26, 27일의 일기가 성밖의 일을 다루고 있기는 하지만 임금에게 보고된 내용을 기록한 것으로, 같은 사건을 성 안과 밖의 시각에서 대비하여 서술하고 있는 것은 아니다.

5 이 글은 일기 형식으로 쓰여 있어 사적인 기록으로 볼 수 있기는 하나, 작가의 주관적인 생각보다는 병자호란이 일어난 동안 남한산성에서 벌어진 일들을 객관적이고 사실적으로 기록하고 있어 당시의 상황을 이해하는 데 도움이 된다.

077 서포만필_ 김만중 240~241쪽

키포인트 체크 정철, 우리말, 인용

1 ④ 2 ② 3 ② 4 ④

1 서민들의 진솔한 감정이 담긴 작품을 좋은 문학으로 볼 수 있기는 하지만, 이 글에서 서민들의 진솔한 감정이 나타나야 좋은 문학이라는 내용은 제시되지 않는다. 이 글에서 나무꾼이나 물 긷는 아낙네들의 노래를 가치 있게 본 까닭은 그것이 자기 말, 즉 우리말로 표현된 것이기 때문이다.

오답 뜯어보기 ① 문학은 내용과 형식이 조화를 이루면 천지를 감동시키고 귀신과도 통할 수 있다고 했다.
② '사람의 마음이 입으로 표현된 것이 말이요, 말의 가락이 있는 것이 시가문부(詩歌文賦)'라고 했다. 또한 사방의 말이 같지는 않다고 했다.
③ 자기 나라 말에 따라서 가락을 맞추면 좋은 시가 되어 천지를 감동시킬 수 있다고 보았다.
⑤ 좋은 문학이 갖추어야 할 요건이나 송강의 문학을 평가한 데서 국문으로 된 문학이 진정한 문학이라는 주체적 자각이 필요하다는 생각이 드러나 있다.

2 이 작품의 작가는 우리말로 표현된 문학 작품이 진정한 문학이라고 주장하고 있다. 〈보기〉의 작가는 우리 가곡이 방언을 사용하고 간혹 한문자를 섞었는데 모두 언문으로 유포되었다고 하며 그 가곡이 들을 만한 것이 있다고 하여 우리말로 된 우리 문학에 대한 긍지를 드러내고 있다.

3 〈관동별곡〉을 칠언시로 번역하였지만 아름답게 될 수 없었던 이유는 뜻을 얻을 뿐 그 말의 가락을 얻지 못했기 때문(ⓐ)이며 이는 한문이 우리말의 묘미를 제대로 살려 내지 못했음(ⓒ)을 의미한다.

4 이 글의 작가는 한글로 쓴 문학 작품을 긍정적으로 평가하며, 송강의 가사를 극찬했다. 작가의 이러한 태도를 볼 때 작가가 〈보기〉를 극찬한 이유는 임의 소식을 알고 싶어 하는 화자의 심정을 우리말로 진솔하게 표현했기 때문이라고 할 수 있다.

078 요로원야화기_ 박두세 242~243쪽

키포인트 체크 시골, 정치 제도, 대화

1 ② 2 ⑤ 3 ② 4 봉건적 사회 구조를 유지하기

1 작가는 당대 사회 현실을 주관적인 태도로 비판하고 있다.
오답 뜯어보기 ① 이 글은 '나'의 이야기가 중심이 되어 작가의 생각을 드러내고 있다.
③, ④ 이 글은 서울 양반인 객을 풍자 대상으로 삼아 당대의 풍속과 세태를 비판하고 있다.
⑤ '나'와 객, 두 사람의 대화를 통해 사건을 순차적으로 전개하고 있다.

2 〈보기〉의 '또 다른 농부'는 인물의 말투를 듣고 양반이라고 판단한 것이 아니라 손길을 보고 양반이라고 판단했다.
오답 뜯어보기 ③ 이 글에는 언어유희가 나타나지 않지만, 〈보기〉는 '볏, 성엣장, 양지머리' 등의 언어유희를 통해 웃음을 유발하고 있다.
④ 이 글에서 객은 '나'의 행색이 초췌한 것을 우습게 여기며 거드름을 피우고 있고, 〈보기〉의 다른 농부는 인물을 행색으로 판단하여 비렁뱅이 녀석이라고 하면서 우습게 여기고 있다.

3 ㉠은 객이 '나'가 어리석은 사람인 줄 알았다가 자신이 도리어 욕을 보게 된 것을 깨닫는 부분이므로 '제 꾀에 제가 넘어간' 경우라고 할 수 있다.
오답 뜯어보기 ① 자기에게만 이롭도록 일을 하는 경우를 비유적으로 이르는 말이다.
③ 남의 덕을 보려다가 뜻대로 안 되고 결국 제 돈을 쓰게 되었다는 말이다.
④ 언제나 남의 논에 있는 모가 더 커 보인다는 뜻으로, 무엇이든 남의 물건이나 재물은 좋아 보이고 탐이 남을 비유적으로 이르는 말이다.
⑤ 아무리 제갈량만큼 꾀가 있고 재주가 있더라도 어찌할 도리가 없음을 비유적으로 이르는 말이다.

4 이 글이 쓰인 조선 시대에는 양반과 상민의 신분 차이가 있었다. 양반의 말과 상민의 말이 다른 것은 당대의 신분 제도가 엄격했음을 의미하며, 봉건적 신분 질서가 언어에 그대로 반영되었음을 보여 준다. 이처럼 신분에 따라 언어를 철저하게 구별한 것은 사용하는 언어로 그 사람의 신분을 판단하고, 봉건적 사회 구조를 계속 유지하기 위한 중요한 방편으로 작용했다.

079 낙치설_김창흡 244~245쪽

키포인트 체크 이, 수용, 깨달음, 인용

1 ① 2 ④ 3 ① 4 ② 5 이 글의 작가는 늙는 것을 자연스러운 일로 여기고 편하게 받아들이고 있지만, 〈보기〉의 화자는 늙음을 막기 위해 온갖 노력을 기울여도 막지 못함을 한탄하고 있다.

1 나이가 들어 앞니가 하나 빠지게 된 일을 통해 과거를 성찰하고 반성하며 새로운 각오와 결심을 하는 과정을 담고 있다.
오답 뜯어보기 ②, ③ 작가의 관심과 성찰의 영역은 자기 자신에게 국한되어 있을 뿐, 자기 개인의 범주를 벗어난 인간관계에서의 갈등이나 사회적 현실에 대한 비판은 드러나지 않는다.
④ 이 글에서는 남들이 지닌 통념과 다르게 생활했던 작가가 깨달음을 얻은 후 오히려 그 통념을 존중하게 되는 모습을 보이고 있다.
⑤ 개인의 체험에서 깨달은 바를 그대로 표현하고 있을 뿐 인간사 전반에 적용하는 내용은 제시되지 않는다.

2 작가는 처음에는 이가 빠져 겪는 불편함을 호소하며 무기력하게 지내다가 어느 순간 자신을 성찰하면서 바람직한 방향으로 살아갈 것을 다짐하고 있다. 이는 '재앙과 환난이 바뀌어 오히려 복이 된다.'라는 의미의 '전화위복(轉禍爲福)'과 의미가 통한다.
오답 뜯어보기 ① 견리사의(見利思義): 눈앞의 이익을 보면 의리를 먼저 생각한다는 의미이다.
② 결자해지(結者解之): 맺은 사람이 풀어야 한다는 뜻으로, 자기가 저지른 일은 자기가 해결해야 함을 이르는 말이다.
③ 기사회생(起死回生): 거의 죽을 뻔하다가 도로 살아난다는 의미이다.
⑤ 절차탁마(切磋琢磨): 옥이나 돌 등을 갈고 닦아서 빛을 낸다는 뜻으로, 부지런히 학문과 덕행을 닦음을 이르는 말이다.

3 작가가 자신을 돌아보며 반성한 내용은 자신의 나이는 생각하지 않고 무리하게 행동해 왔다는 것이다. 이러한 반성을 통해 스스로의 처지를 인정하고 이에 맞는 생활을 해야겠다는 결심에 이르고 있다.
오답 뜯어보기 ⑤ 깨달음을 통해 얻게 된 인식의 전환과 관련이 있으나 작가가 부드러운 음식을 먹고 소리 내지 않고 글을 읽겠다는 각오를 한 것은 아니다. 그렇게 해야만 하는 늙음의 상태를 받아들이고 있을 뿐이다.

4 작가는 주자는 나이가 들어서 오히려 더 바람직한 생활을 할 수 있었다는 예를 들고 있다. 이는 작가가 맞이한 상황과 비슷한 경우의 예로, 결국 주자의 사례는 자신의 상황과 처지, 그리고 깨달음의 모습에 정당성을 부여하고 설득력을 얻기 위한 장치라고 볼 수 있다.

5 작가는 자신이 늙었다는 것을 인정하지 않고 활발하게 행동하는 모습을 보였지만 이가 빠진 것을 계기로 나이가 들었음을 인정하고 이를 긍정적으로 수용하고 있다. 그러나 〈보기〉의 화자는 늙기를 거부하며 늙음을 피하기 위해 온갖 노력을 하다가 결국은 세월을 피할 수 없음을 깨닫고 한탄하고 있다.

지식+

- 우탁의 시조
- 갈래: 평시조, 단시조
- 성격: 직서적, 해학적
- 주제: 늙음에 대한 한탄
- 특징: 추상적인 대상을 시각화함.

늙는 길	세월(추상적) → 길(구체적, 감각적)
오는 백발	늙음(추상적) → 백발(구체적, 감각적)

080 의산문답_홍대용 246~247쪽

키포인트 체크 가치, 인간 중심적, 대화

1 ② 2 ④ 3 ② 4 ④ 5 실옹은 만물이 모두 동등하다고 생각하지만, 허자는 만물 중 사람만이 귀하다고 생각한다.

1 이 글에 등장하는 실옹과 허자는 가상의 인물로, 실옹은 새로운 학문을 받아들인 실학자를, 허자는 주자 성리학에 사로잡혀 있던 당대의 유학자를 상징한다.

오답 뜯어보기 ① 실옹과 허자가 서로 묻고 답하면서 깨달음을 드러내고 있다.
③ 실옹은 작가의 생각을 대변하는 인물로, 인간의 관점에서 만물을 바라보는 인간 중심적 사고를 비판하고 인간과 만물이 동등하다는 생각을 뚜렷이 드러내고 있다.
④ 실옹이 인간 중심적 사고방식을 지닌 허자를 깨우치는 과정을 통해 인간과 만물이 동등하다는 교훈을 전달하고 있다.
⑤ 실옹은 인간과 만물이 동등하다는 상대적 가치관을 지닌 반면, 허자는 인간이 가장 존귀하다는 인간 중심적 가치관을 지니고 있다.

지식+

• 인간 중심주의
인간이 세상의 중심이라고 보는 관점으로, 인간의 가치만을 중요하게 생각하고 인간의 관점에서 세상을 바라본다. 인간 이외의 다른 존재들은 인간의 목적을 이루기 위한 수단으로 보는 경향이 있다. 자연을 인간을 위한 도구로 인식하게 하여 현재 인류가 처한 환경 문제에 원인으로 작용했다고 평가된다.

2 허자는 봉황, 용, 시초와 울금초 역시 금수와 초목의 한계를 벗어날 수 없다고 말했으며, 이들이 금수나 초목 중에서 특별히 귀하다고 여기는 내용은 드러나지 않는다.
오답 뜯어보기 ① 사람의 몸과 만물의 차이 중 하나로 사람이 태어날 때 정혈의 교감으로 태를 이루고 달이 차면 나온다고 했다.
② 금수와 초목은 지혜, 깨달음, 예법, 의리가 없으므로 사람이 귀하다고 했다.
③ (가)에서 사람의 몸과 만물의 차이를 이야기했으며, (나)에서 사람, 금수, 초목 중에 오직 사람이 귀하다고 했다.
⑤ (라)에서 복식, 의장, 예악, 병형이 없는 금수, 초목이 어찌 사람과 마찬가지라 할 수 있느냐고 묻고 있다.

3 실옹은 허자의 답변을 반박하며 잘못을 일깨우고 있다. 실옹이 허자의 말에 공감을 표현한 부분은 찾아볼 수 없다.
오답 뜯어보기 ① '하물며 금수와 다를 것이 있겠는가?', '너는 어찌해서 하늘의 입장에서 만물을 보지 않고 오히려 사람의 입장에서 만물을 보느냐?' 등에서 질문의 형식을 활용하여 전하고자 하는 의미를 강조하여 드러내고 있다.
③ (마)에서 '성인(聖人)은 만물(萬物)을 스승으로 삼는다.'라는 말을 인용하여 사람이 만물의 도움을 받았다는 자신의 생각을 뒷받침하고 있다.
④ 사람의 몸이 만물과 다른 점과 귀하고 천함에 등급이 있는지를 묻고 허자의 생각을 들은 뒤 이에 대한 자신의 생각을 이야기하여 허자에게 깨달음을 주고 있다.
⑤ 사람, 금수, 초목 중 오직 사람이 귀하다는 말과 금수와 초목은 인(仁)과 지(知), 복식이나 의장, 예악이나 병형이 없다는 말에 봉황, 용, 시초와 울금초, 소나무와 잣나무의 사례를 제시해 허자의 생각을 반박했다. 또한, 옛사람이 세상을 다스릴 때 만물의 도움을 받은 것의 구체적인 사례도 제시하였다.

4 이 글에서는 실옹의 말을 통해 사람이 만물과 동등하다는 생각을 드러내고 있다. 이러한 관점은 사람이 자연을 지배하는 존재가 아니라 자연을 구성하는 하나의 일원이라는 생각과 통한다.
오답 뜯어보기 ①, ② 사람이 만물과 차이가 있으며 우월하다는 관점이 드러난다.
③ '식물 < 동물 < 인간'의 순으로 가치가 있다고 생각하는 관점이 드러난다.
⑤ 자연을 인간이 마음대로 이용해도 되는 존재라는 인간 중심적 사고방식이 드러난다.

5 허자는 사람이 만물과 다르다고 생각하고 사람만을 귀하게 여기는 인간 중심적인 태도를 보이지만, 실옹은 이러한 허자의 태도를 비판하며 사람과 만물이 동등하다고 말하고 있다.

081 동명일기_의유당 248~251쪽

키포인트 체크 일출, 관조, 직유법

1 ③ 2 ② 3 ④ 4 ⑤ 5 ② 6 ⑤ 7 대상을 세밀하게 관찰하여 섬세하고 사실적으로 묘사했다.

1 사군의 말을 직접 인용하고 있으나 묻고 답하는 대화체로 구성되어 있지는 않다.
오답 뜯어보기 ① 예리한 관찰력과 섬세한 표현이 나타난다.
② 월출의 변화 과정을 시각적 이미지와 직유법을 사용하여 생동감 있게 묘사했다.
④ 월출과 일출을 보지 못할까 봐 초조해하는 마음과, 월출을 본 뒤의 감흥이 자세하게 드러나 있다.
⑤ 순우리말을 사용해 여러 가지 비유와 묘사를 활용해 표현했다.

2 (다)의 '사군이 세록지신(世祿之臣)으로 ~ 성주(聖主)의 은혜 아닌 것이 있으리오.'에서 드러나듯이 작가는 달을 보며 임금의 은혜를 생각하고 있고, 〈보기〉의 화자는 '일이 됴흔 세계(世界) 남대되 다 뵈고져.'에서 알 수 있듯이 달을 보며 백성들에게 선정을 베풀 것을 생각하고 있다.
오답 뜯어보기 ① 이 글과 〈보기〉 모두 월출 장면을 보고 느낀 감흥이 나타나 있다.
③ 이 글의 '관동별곡을 시키니, 소리 높고 맑아 집에 앉아 듣는 것보다 더욱 신기롭더라.'에서 〈보기〉가 노래로 불렸음을 알 수 있다.
⑤ 이 글의 작가는 남편, 시숙, 비복, 기생 등 여러 사람과 함께 달맞이를 하고 있으나, 〈보기〉에는 화자 외의 다른 인물이 등장하지 않는다.

3 ㉡에서 글쓴이는 모든 것이 임금님의 은혜라고 말하고 있으며, ④에서도 자연에서 한가하게 살아가는 것이 임금님의 은혜라는 태도를 드러내고 있다.
오답 뜯어보기 ①, ⑤ 강호한정의 태도를 보이고 있다.
② 자신의 신념대로 행동하겠다는 삶의 태도를 보이고 있다.
③ 매화에 대한 예찬적 태도를 보이고 있다.

4 이 글에서 일출의 장관을 칭송하고 있기는 하지만 대상의 재주는 나타나지 않고, 〈보기〉에서는 대상, 즉 바늘의 재주가 뛰어남이 드러나 있다.
오답 뜯어보기 ① 〈보기〉에서는 바늘에 인격을 부여하여 의인화하고 있다.
② 이 글에서는 활유법을 사용하여 해를 역동적으로 표현하고 있다.
③ 〈보기〉의 화자는 부러진 바늘에 대한 애틋한 마음을 드러내고 있다.
④ 이 글과 〈보기〉 모두 직유법을 사용하여 대상을 구체적으로 묘사하고 있다.

5 해돋이 과정에서 '그 위로 작은 회오리밤 같은 것이 붉기가 호박(琥珀) 구슬 같고', '밤 같던 기운이 해 되어 차차 커가며, 큰 쟁반만 하여', '쟁반 같은 것이 수레바퀴 같아서' 등 해를 보이는 크기에 따라 '회오리밤 → 큰 쟁반 → 수레바퀴'에 비유하고 있다. '큰 실오라기', '손바닥 너비', '항아리', '독' 등은 해가 아니라 해의 붉은 기운을 나타낸 표현이다.

6 이 글에서는 일출의 광경을 생동감 있게 표현하고 있고, 작가도 일출의 아름다움에 감탄하고 있기 때문에, 슬프고 애절한 음악보다는 밝고 웅장한 배경 음악이 어울린다.

7 이 글의 (다)에서는 일출의 장관을 일출의 진행 과정에 따라 세세하게 나누어 사실적으로 묘사하고 있다. 〈보기〉의 서술자는 메밀꽃 핀 메밀밭에 달빛이 비추고 메밀밭 사이의 좁은 길로 세 사람이 걸어가는 모습을 생생하고 사실적으로 묘사하고 있다. 따라서 (다)와 〈보기〉 모두 대상을 세밀하게 관찰하여 그림을 그리듯이 사실적으로 표현하는 묘사의 표현 방법을 사용했다는 공통점이 있다.

082 이름 없는 꽃 _ 신경준

252~253쪽

키포인트 체크 꽃, 이름, 실질, 사례

1 ① **2** ③ **3** ④ **4** 이름은 아름답지 않아도 되고 없어도 된다.

1 작가는 자연물인 꽃을 보며 느낀 점, 즉 사물의 참된 가치가 사물의 이름이 아닌 사물의 본질에 있다는 교훈을 독자에게 전달하고 있다. 따라서 자연을 통해 알게 된 삶의 이치를 독자들에게 전달하기 위한 목적으로 이 글을 썼다고 보는 것이 타당하다.

2 이 글의 작가는 사물에 이름을 꼭 붙일 필요가 없음을 주장하기 위해 음식, 옷, 생선 등의 사례를 활용하고 있다.

3 [A]는 이름은 반드시 필요한 것이 아니라는 작가의 주장을 반박하기 위해 '어떤 이'가 한 말이고, [B]는 '어떤 이'의 반대 의견을 재반박하여 상대방을 설득하기 위한 작가의 발언이다.

4 이 글에서 작가는 사물의 이름이 중요한 것이 아니라 본질(실질)이 중요함을 강조하고 있다. 이러한 주제를 드러내는 과정에서 자신의 주장을 뒷받침하기 위해 초나라 어부와 굴원의 고사를 활용하고 있다. 이들의 이야기를 통해 작가는 '(이름이) 아름다워도 되고 천해도 된다면 꼭 아름답기를 생각할 필요가 있겠는가? 있어도 되고 없어도 된다면 없는 것도 정말 괜찮은 것이다.'라고 말하고 있다. 따라서 작가가 초나라 어부와 굴원의 이야기를 통해 전달하려는 것은 이름은 아름답지 않아도 되고 없어도 된다는 생각이다.

지식+

• **〈이름 없는 꽃〉에 반영된 실학적 사고**

조선 시대의 사대부들은 사물의 실질보다는 관념적인 명분을 중요하게 여겼다. 그런데 조선 후기가 되면서 명분과 같은 허울에만 빠지지 말고 사물의 실질에 주목하고 실생활의 가치에 더 힘써야 한다는 주장이 제기되기 시작했다. 이것이 바로 실학의 근간이 되는 사고이다. 이름보다는 실질을 주목하라는 주장이 나타난 이 글은 이러한 점에서 실학적 사고를 담아낸 글이라고 할 수 있다.

083 옛사람의 독서 일기 _ 유만주

254~255쪽

키포인트 체크 독서, 비판, 책 바보, 노비

1 ⑤ **2** ② **3** ④ **4** ② **5** 중국 사람들은 책이 누구로부터 전해졌고 책을 누가 평비하며 읽었는지 알려 주기 위해서 책에 장서인을 찍는데, 우리나라 사람들은 그 책이 자신의 소유임을 밝히기 위해서 장서인을 찍는다.

1 이 글에서 작가가 다른 책의 내용을 인용하여 자신의 생각을 드러낸 부분은 나타나지 않는다.

오답 뜯어보기 ① 이 글은 책과 독서에 관한 작가의 생각을 제재로 삼아 내용을 전개하고 있다.

② (나)에서 작가는 장서인을 찍는 행위에 대해 우리나라 사람들과 중국인들의 태도를 대조적으로 설명하고 있다.

③ 이 글에서는 책을 혼자서만 소유하고 다른 사람과 나누지 않는 것은 어리석은 행위라고 단정적으로 서술하고 있다.

④ (나)에서 쉽게 판단할 수 있는 사실을 의문문의 형식으로 표현하는 설의법을 사용하여 사사로운 마음으로 책을 소장하려는 태도를 비판적으로 서술하고 있다.

2 (가)의 마지막 문단에서 집에 책이 한 권도 없어도 좋으며, 모은 책을 다 흩어 버려도 좋다고 말하고 있다.

오답 뜯어보기 ① (가)에서 책을 혼자서만 소유하고 다른 사람과 나누지 않는 사람은 책 바보이며 이는 어리석은 행동이라고 서술하고 있다.

③ (나)에서 우리나라 사람과 중국인이 장서인을 찍는 행위의 의도가 서로 다르다는 점을 제시하고 있다.

④ (다)에는 요즘 어린애들이 욕심을 내고 빨리 읽으려 하는 것에 대한 비판적인 시각이 드러나 있다.

⑤ (가)의 세 번째 문단에서 훌륭한 서화나 멋진 책을 혼자 구경하며 걱정만 하는 것을 사소한 물건의 노비가 되는 것이라 말하고 있다.

3 (다)에서 작가는 책을 빨리 읽기 위해 욕심을 내는 것은 세상에 널리 퍼진 폐해라고 했다. 〈보기〉의 '나'는 책을 많이 읽기 위해 속독을 했는데 이는 작가가 제시한 올바른 독서 자세와 거리가 있다.

4 (가)에서 작가는 만 권의 책을 쌓아 두고 있더라도 문장과 학문에 뜻이 없다면 무용지물이라 했고, 비록 책 한 질 없더라도 글을 읽고자 하는 정성이 있다면 멋진 책이 절로 눈앞에 올 것이라 했다. 따라서 만 권의 책이 있더라도 글을 읽고자 하는 정성이 없다면 무용지물이라고 보는 것이 적절하다.

오답 뜯어보기 ① 책이 없더라도 글을 읽고자 하는 정성이 있으면 멋진 책이 절로 눈앞에 올 것이라 했으므로, 만 권의 책이 글을 읽고자 하는 정성의 필수 요소라고 보기 어렵다.

③ 글을 읽고자 하는 정성이 있으면 훌륭한 책이 눈앞에 올 것이라고 했을 뿐 만 권의 책을 얻을 수 있는지는 알 수 없다.

④ 작가는 '만 권의 책을 쌓아 두고 있다 할지라도 문장과 학문에 뜻이 없다면'이라고 가정하고 있으므로, 역으로 만 권의 책과 글을 읽고자 하는 정성을 함께 가질 수 있음을 유추할 수 있다.

⑤ 만 권의 책을 소유하는 것은 작가가 추구하는 책을 대하는 자세와 거리가 멀다.

5 (나)에서 작가는 책에 장서인을 찍는 행위에 대해 우리나라 사람들의 의도와 중국인들의 의도를 대조하여 설명하고 있다. 우리나라 사람들

은 책을 소장하는 것을 근본으로 삼으므로, 그 책이 자신의 소유임을 드러내기 위해 장서인을 찍는다고 했다. 반면 중국인들은 책을 유통하는 것을 근본으로 삼으므로, 그 책이 누구로부터 전해졌고 누가 평비하며 읽었는지를 알려 주기 위해 장서인을 찍는다고 했다.

084 통곡할 만한 자리_ 박지원 256~259쪽

키포인트 체크 요동, 울음, 문답, 해석

1 ① 2 ⑤ 3 울음과 웃음 모두 사람의 지극한 감정이 이치에 맞게 터져나오는 것이기 때문이다. 4 (1) 울음 (2) 억압받고 있다가 자유롭게 표출되는 감정이다. 5 ② 6 ① 7 ① 8 ⑤ 9 청나라의 새로운 문물과 넓은 땅 10 칠정(七情) 중 어느 정으로 울어야 하는지를 물음.

1 작가는 요동 벌판의 광활함을 보고 인간이란 왜소한 존재라고 여기고 큰 감동을 받는다. 그러나 자연과 대비하여 인간사의 무상함을 드러내지는 않았다.

오답 뜯어보기 ② 작가는 인간은 희로애락애오욕의 모든 감정이 극에 달하면 울음이 나오는 것이니, 북받쳐 나오는 감정이 이치에 맞아 터지는 것은 웃음과 다를 바가 없다는 논리를 제시하여 울음을 새롭게 해석했다.

③ 작가는 요동 벌판의 광활함을 보고 현기증이 날 듯했다고 말하고 있는데, 이는 작가의 심리적 충격이 매우 큼을 드러낸 것이다.

④ 천하의 장관을 보면 감탄하는 것이 일반적인데, 작가는 한바탕 울어 볼 만하다고 표현하여 기존의 인식과 다른 발상을 보여 주고 있다.

⑤ '삼류하(三流河)', '냉정(冷井)' 등과 같은 지명과 작가 일행이 가마와 말을 타고 이동하고 있다는 내용에서 이 글이 여행기임을 알 수 있다.

2 통곡에 대한 작가의 창의적 발상이 청나라를 여행하는 도중 요동 벌판을 본 것을 계기로 겉으로 표현되었을 뿐, 한바탕 울어 볼 만한 감정을 청나라에서만 느낄 수 있는 것이라고 보기는 어렵다.

3 (나)의 '복받쳐 나오는 감정이 ~ 웃음과 뭐 다르리오?'에서 작가가 울음과 웃음이 같다고 말한 이유를 알 수 있다.

4 이 글의 작가는 '울음'을 칠정이 극에 달하여 복받쳐 나오는 감정이라는 의미로 사용하고 있다. 이는 〈보기〉에서 말하는 '카타르시스'에 해당된다. '카타르시스' 역시 무의식적으로 억압받던 감정이 자유롭게 표출되어 나오는 것을 의미하기 때문이다. 따라서 이 글에서 '카타르시스'의 의미로 사용되는 어휘는 '울음'이며, 공통점은 '억압받다가 자유롭게 터져 나오는 감정'이라고 볼 수 있다.

5 작가는 통곡할 만한 자리로 비로봉 꼭대기에서 동해 바다를 바라보는 곳, 황해도 장연의 금사 바닷가, 그리고 요동 벌판 등을 꼽고 있는데, 그 중에서 어떤 곳이 최고의 장소인지 특별히 지정하여 말하지는 않았다.

오답 뜯어보기 ① 정 진사가 두 번째 질문에서 칠정(七情) 가운데 어느 정으로 울어야 하는지를 묻고 있는 것에서 알 수 있다.

③ 작가는 요동 벌판은 사방에 한 점 산이 없고 비바람만이 창망하기 때문에 한번 통곡할 만한 자리라고 말하고 있다.

④ 일부 사람들은 갓난아이가 세상에 태어날 때 우는 울음을 슬프고 성이 나서 우는 것이라고 잘못 해석하고 있다고 했다.

⑤ 칠정 중 어느 정으로 울어야 하느냐는 정 진사의 물음에 작가는 갓난아기가 세상에 나왔을 때의 정을 예로 들어 기쁨과 즐거움으로 울어야 함을 이야기하고 있다.

6 작가는 ㉠에 대해 대답하면서, 갓난아이가 세상에 처음 태어났을 때 우는 이유를 설명하고 있다. 갓난아이는 어둡고 좁은 엄마 뱃속에서 넓은 세상으로 나와 부모와 친척들을 보고 기쁘고 즐거워 우는 것이므로, ㉠에 대한 대답은 희(喜)와 락(樂)이라고 할 수 있다.

7 ㉡은 광명을 볼 수 있는 바깥세상과 차단된 폐쇄적인 공간, 즉 성리학에 갇혀 있는 조선 사회의 폐쇄성을 상징하는 것으로 볼 수 있다.

8 작가는 광활한 요동 벌판에 이르러 전망이 탁 트인 넓은 세계를 만나는 기쁨을 갓난아이가 세상에 태어난 기쁨과 즐거움에 빗대어 말하며 '한바탕 통곡할 만한 자리'라고 말하고 있는데, ㉢은 바로 작가가 넓은 세계를 만나는 기쁨을 표현한 부분으로 작가의 넓고 큰 기상이 드러나고 있다. 그러므로 ㉢에서 엿볼 수 있는 작가의 기질은 '활달한 기질'을 나타내는 '호연지기(浩然之氣)'가 적절하다.

오답 뜯어보기 ① 기고만장(氣高萬丈): 우쭐하여 뽐내는 기세가 대단함을 이르는 말이다.

② 안하무인(眼下無人): 눈 아래에 보이는 사람이 없다는 뜻으로, 방자하고 교만하여 다른 사람을 업신여김을 이르는 말이다.

③ 유아독존(唯我獨尊): 세상에서 자기만 잘났다고 뽐내는 태도를 뜻한다.

④ 천방지축(天方地軸): 몹시 급하게 허둥지둥 함부로 날뛰는 모습을 이른다.

9 작가는 갓난아이가 엄마 뱃속에서 나온 기쁨과 즐거움을 드러내기 위해 한바탕 운다고 했는데, 이러한 모습은 조선의 협소함 속에서 갇혀 살다가 광활한 요동 벌판을 보고 한바탕 울음을 울 자리라고 생각하고 있는 작가의 모습과 닮아 있다. 여기서 '탁 트인 넓은 곳'은 청나라의 새로운 문물과 넓은 땅을 비유한 표현이다.

10 정 진사는 울음이 인간의 모든 감정이 극에 달했을 때 터지는 것이라는 작가의 말을 듣고 그 말에 공감하며 수용하는 태도를 보이고 있다. 이에 자신도 한바탕 통곡을 할 것인데 칠정(七情) 중 어떤 정에 따라 울어야 하는지 작가에게 묻고 있다.

085 일야구도하기_ 박지원 260~263쪽

키포인트 체크 강, 흐름, 소리, 역동

1 ⑤ 2 ③ 3 ③ 4 ① 5 ① 6 ④ 7 ① 8 '마음이 어두운 자'는 외물에 현혹되지 않는 초연한 태도를 지닌 사람이고, '귀와 눈만을 믿는 자'는 외물에 현혹되어 사물의 본질을 깨닫지 못하는 사람을 의미한다.

1 대상의 속성을 점점 강하거나 크게 표현하는 방법은 점층법이다. 이 글에서 '우는 듯, 소리치는 듯, 바쁘게 호령하는 듯'과 같이 열거법은 사용되었으나 점층법은 사용되지 않았다.

오답 뜯어보기 ① 물이 흐르는 모양을 역동적으로 묘사하고 있다.

② 물에 인격을 부여하여 표현하고 있다.

③ 청각적 이미지와 시각적 이미지를 사용하여 생생함을 더하고 있다.
④ '~듯'과 같은 직접 연결어로 결합하여 물소리를 다양하게 비유하고 있다.

2 이 글에서 작가는 '산중의 내 집 문 앞에는 큰 시내가 있어 ~ 거기(車騎)와 포고(砲鼓)의 소리를 듣게 되어 드디어 귀에 젖어 버렸다.'라고 했으므로, 요란한 물소리가 귀에 익숙해진 상태이다.

오답 뜯어보기 ① 작가는 강을 아홉 번 건넌 경험이 있고, '주옹'은 물에 띄운 조각배에서 지내고 있다.
② 작가는 듣는 이의 마음가짐에 따라 강물 소리가 다르게 들린다고 했고, 주옹은 '사람의 마음이란 다잡기와 느슨해짐이 무상(無常)하니'라며 이어서 자신이 평탄한 땅 위에서 살지 않는 이유를 설명하여, 마음가짐을 잘 유지하는 것이 중요함을 말하고 있다.
④ 주옹은 두려워서 조심하면 위태로움을 면하여 오히려 더 안전할 수 있다고 했다.
⑤ 작가는 마음에 따라 물소리가 달리 들린다고 말하고 있다.

3 [A]에서 작가는 소리를 들을 때 다양한 느낌이 연상되는 이유은 결국 듣는 이의 마음가짐이 다르기 때문이라고 설명한다. 즉, 귀를 통해 들리는 소리를 있는 그대로 듣지 않고 주체의 생각에 따라 판단하고 있음에도, 이를 알지 못한 채 소리에 투영된 자신의 생각을 소리의 본질이라 믿는 것은 외물에 구애된 어리석은 생각에 지나지 않는 것이다.

4 ㉠은 목숨이 위태로운 급박한 상황에서 나온 말로, 거의 죽게 되어 곧 숨이 끊어질 지경에 이름을 뜻하는 명재경각(命在頃刻)과 그 의미가 유사하다.

오답 뜯어보기 ② 미인박명(美人薄命): 미인은 불행하거나 병약하여 요절하는 일이 많음을 뜻한다.
③ 절치부심(切齒腐心): 이를 갈고 마음을 썩이다는 의미로, 대단히 분하게 여기고 마음을 썩임을 뜻한다.
④ 사면초가(四面楚歌): 아무에게도 도움을 받지 못하는, 외롭고 곤란한 지경에 빠진 형편을 이른다.
⑤ 고립무원(孤立無援): 고립되어 구원을 받을 데가 없음을 뜻한다.

5 이 글은 추상적인 개념을 논리적으로 해석한 것이 아니라 구체적인 경험을 통해 깨달은 바를 서술한 것으로, 교훈적이며 설득력이 강하다.

6 (가)에서 먼저 '요동 들은 평평하고 넓기 때문에 물소리가 크게 울지 않는 것'이라는 사람들의 편견이 제시되고, 이에 대해 작가는 체험을 근거로 낮과 밤에 물소리가 다르게 들리는 이유를 제시하고 있다. 그리고 (나)에서 그러한 체험을 통해 깨달음을 얻은 뒤 강을 건널 때에 두려움이 없어지고 평정심을 유지할 수 있었음이 드러나 있다. 그러나 Ⅳ-1과 같이 '큰 소리를 내며 흐르는 강물을 좋아하게 되었다.'라는 내용은 제시되지 않았다.

7 이 글의 작가는 눈에 보이거나 귀에 들리는 대상에 휘둘리지 말고 마음을 다스리는 것이 인생을 살아가는 바른 태도라고 역설하고 있다. 이러한 관점에서 본다면, ①과 같이 두꺼운 책은 읽기 어려울 것이라 미리 판단하고 겁을 먹는 대신 자신의 마음을 다스려 묵묵히 책을 읽어 나가는 태도가 외물에 현혹되지 않은 바람직한 삶의 자세에 해당한다고 볼 수 있다.

8 '마음이 어두운 자'는 자신의 마음을 고요하게 가라앉히는 사람, 이목(耳目)에 구애됨이 없는 사람이다. 이는 외물에 감정이 휩쓸리지 않는 초연한 마음 자세를 지닌 사람을 의미한다. 하지만 '귀와 눈만을 믿는 자'는 소리와 빛과 같은 외계(外界) 현상에 쉽게 현혹되어 참소리와 참모습을 가려내지 못하는 사람을 의미한다.

086 상기_ 박지원

264~265쪽

키포인트 체크 코끼리, 하늘, 문답법

1 ① **2** ⑤ **3** ⑤ **4** ④ **5** 일부분의 내용을 전체로 확장하는 성급한 일반화의 오류

1 작가는 열하의 행궁 서쪽에서 코끼리 두 마리가 움직이는 모습을 보고 크게 놀랐는데, 이 경험을 토대로 글을 작성하고 있다.

오답 뜯어보기 ② 작가는 문답법을 사용하고 있지만 이는 실제로 사람들과 대화한 것이 아니라 사람들의 일반적인 통념을 바탕으로 작성한 것이다.
③ 코끼리가 코로 호랑이를 죽일 수 있다는 것은 언급되어 있으나, 그것을 작가가 직접 봤는지는 알 수 없다.
④ 작가가 동해에서 본 것은 그 정체가 무엇인지 분명하게 언급되지 않았다. 따라서 파도 위에 말이 서 있었다고 확신할 수 없다.
⑤ 작가가 코끼리가 엄니 때문에 식사에 곤란을 겪을 것이라고 추측하고 있을 뿐, 그 모습을 실제로 본 것은 아니다.

2 코끼리라는 존재가 당시 조선 사람들에게 다소 신비롭고 환상적인 소재임은 분명하다. 하지만 코끼리는 현실에 존재하는 동물이다. 따라서 비현실적인 내용에 해당하는 전기적(傳奇的) 요소라고 보기는 어렵다.

오답 뜯어보기 ① 북경, 열하 등 중국의 구체적인 지명을 제시하여 내용의 사실성을 높이고 있다.
② 자신이 묻고 이에 대한 답도 자신이 스스로 제시하면서 문답법을 사용했다.
③ 자신의 주장에 대한 사람들의 통념을 제시하고, 또 이에 대한 자신의 반박과 재반박을 드러내고 있다.
④ 코끼리의 외양을 묘사하는 부분에서 코끼리를 소, 당나귀, 낙타 등에 비유하고 있으며, '소의 몸뚱이에 당나귀 꼬리요, 낙타의 무릎에 호랑이 발굽이요'와 같은 부분에서 대구가 나타난다.

3 〈보기〉를 보면 박지원의 〈상기〉가 창작되었던 시기의 사회에서는 하늘의 이치를 절대화하여 인간과 자연의 모든 것을 이와 결부시켰음을 알 수 있다. 또한 이 글에서 작가는 사람들이 하늘이 낸 이치로 세상의 모든 사물을 판단하는 것을 비판하고 있다. 따라서 작가가 비판하고자 하는 것은 모든 것을 하늘의 이치로 판단하는 획일적 사고방식이다.

4 작가는 코끼리가 움직이는 모습을 보며 그 기괴함에 크게 놀랐다. 그러면서 동해에서 봤던 어떤 것을 떠올리고 있는데, 그것도 기괴한 모습으로 작가의 머릿속에 남아 있었다. 따라서 작가가 동해에서의 일을 떠올린 것은 코끼리를 보고 받은 충격과 비슷한 느낌의 경험이 생각났기 때문이다.

오답 뜯어보기 ① 작가가 난생처음으로 코끼리를 본 곳은 열하가 아니라 북경이다.
② 우리나라 동해에서 코끼리를 볼 수 있었다는 내용은 나타나지 않는

다.

③ 열하 행궁에서 코끼리를 볼 때의 날씨는 이 글에 언급되어 있지 않으며, 날씨 때문에 동해에서의 일을 떠올린 것도 아니다.

⑤ 작가는 과거 동해에서 본 것이 물고기인지 산짐승인지 알지 못한다고 서술하고 있다.

5 ㉢에서는 코끼리 전체 몸뚱이에서 가장 작은 것을 가지고 보면 이렇게 엉터리 비교가 나온다고 말하며, 사물의 일부분을 전체로 일반화하는 것은 적절하지 않다고 말하고 있다. 〈보기〉에서도 사람들은 자신들이 만진 것이 전체의 일부분임에도, 이를 전체로 일반화하는 오류를 범하고 있다. 즉, 〈보기〉에 나타난 문제점은 일부분의 내용을 전체로 확장하는 성급한 일반화의 오류임을 알 수 있다.

087 수오재기_ 정약용 266~267쪽

키포인트 체크 | 수오재, 나, 본질적, 대화

1 ⑤ **2** ② **3** ③ **4** ㉠: 참된 '나', ㉡: 참된 '나'를 지키는 일이 중요하다

1 이 글에서 큰형님과 둘째 형님을 언급하고는 있지만, 작가가 초점을 맞추고 있는 것은 작가 자신의 삶이다.

오답 뜯어보기 ①, ④ 큰형님이 자신의 집에 '수오재'라는 이름을 붙인 것에 의문을 가졌다가 그 의미를 깨닫게 된 경험을 이야기하며 교훈을 전하고 있다.

② 이 글은 경험에 따른 자신의 깨달음을 기록하고 있다는 점에서 '기(記)'라고 할 수 있다.

③ 작가는 과거 공부와 벼슬길에 빠져 자신을 돌아보지 못하고 지내다 귀양을 가게 된 과거에 대해서 반성하고 있다.

지식+

• **한문 수필의 종류**

한문 수필의 양식에는 논(論), 기(記), 서(序), 설(說) 등이 있다.

논(論)	지금의 논설문에 해당한다. 주로 사리를 판단하여 옳고 그름을 밝히는 문체이다. 논리를 세워 분석하는 것이 핵심이다.
서(序)	사물의 발단과 끝맺음을 적은 글로 서문(序文) 또는 서(敍)라고도 한다. 원래 작가 자신이나 작가와 관련된 사람이 저작물의 의도와 성립 경과를 소개, 논평하여 책머리 또는 책 끝에 붙이는 문장을 뜻했으나, 후에 전체 사물의 발단, 시말을 질서 정연하게 서술하는 단독 문장으로 발전했다.
설(說)	대체로 구체적인 사물에 관해 자기의 의견을 서술하면서, 사리를 설명하여 나가는 한문 수필 갈래를 칭한다. 사물에 대한 해석이나 사물과 관련된 서술을 통해 자신의 깨달음이나 삶의 교훈을 드러낸다.

2 이 글은 '나와 굳게 맺어져 있어 어디로 가겠는가?', '너는 무엇 때문에 여기까지 왔느냐?' 등 스스로 질문을 하고 그 질문에 대한 답을 찾아 가는 과정을 통해 자신의 생각을 드러내는 방식으로 전개되고 있다.

3 〈보기〉는 지조 있는 삶을 강조하는 글이다. 〈보기〉의 주인은 깨끗한 선비로 지내려 했으나 가난 때문에 벼슬아치가 되었다가 죽음에 처하고 만다. 즉, 〈보기〉의 주인은 배고픔(가난)이라는 한순간의 괴로움을 참지 못하고 지조를 버린 사람이다. 이런 행동을 한 주인의 〈수오재기〉에서 말하는 '나를 잃은 자'라고 할 수 있다.

4 이 글에서 작가는 '나'와 '또 하나의 나'를 구분하여 '현상적 자아'와 '본질적 자아'로 제시하고 있다. '본질적 자아'는 간직하고 지켜 내야 할 자아의 내면, 즉 참된 '나'로, 세속적 현실을 좇는 '나'가 세상의 바람에 흔들리고 미혹에 빠지려고 할 때 중심을 잡아 줄 수 있는 든든한 기둥과 같은 것이다. 이처럼 작가는 '나'의 두 가지 의미를 대비하여 참된 '나(본질적 자아)'를 지키는 것이 중요함을 말하고 있다.

088 포화옥기_ 이학규 268~269쪽

키포인트 체크 | 노비, 여관, 만족

1 ① **2** ① **3** ② **4** 주어진 운명에 순응하기만 하는 것은 현실을 합리화하는 무기력한 삶의 자세이다. / 어려운 현실 상황에 안주하지 말고 이를 개선하기 위해 적극적으로 노력하는 태도가 필요하다.

1 이 글은 유배지에서 고통스러운 삶을 살고 있던 '나'가 나그네로부터 어떤 노비의 이야기를 듣고, 힘든 상황을 견딜 수 있는 방법에 대한 깨달음을 얻게 된 과정을 보여 주고 있다.

지식+

• **이학규의 문학관**

이학규는 유배지에서 오직 문학 작품 창작에 전념했는데, 당시 강진에 유배되어 있던 정약용의 현실주의적 문학 세계에 공감하고, 유배지에 살고 있는 민중들의 생활 양상과 감정을 작품에 수용했다. 이를 통해 그는 사실적인 표현과 현실적인 내용의 작품을 남겨 다산 정약용과 더불어 19세기 전반기를 대표하는 남인계 문인으로 평가받고 있다.

2 이 땅에서의 삶에 대해 이 글의 노비는 나그네가 잠시 머무는 '여관'으로 생각하고 있고, 〈보기〉의 '나'는 '소풍'으로 생각하고 있다. 따라서 이 두 사람 모두 현실을 '이 땅은 잠깐 머물다가 가는 곳'으로 인식하고 있음을 알 수 있다.

지식+

• **천상병, 〈귀천(歸天)〉**

- 갈래: 자유시, 서정시
- 성격: 독백적, 관조적, 낙천적
- 주제: 죽음에 대한 정신적 승화와 삶에 대한 달관
- 감상: 생명의 유한성을 인식하고, 삶에 대한 달관과 죽음에 대한 긍정적 인식을 드러낸 작품이다. 언젠가 다가올 죽음에 대한 두려움이 없고, 두고 가야 할 세상에 미련도 집착도 없는 무욕의 경지를 드러내고 있는데, 이는 화자가 지상에서의 삶을 '소풍'으로 인식하고 있는 것에서 잘 표현되어 있다.

3 '나'는 열악한 주거 환경을 신경 쓰다 마음과 몸에 병을 얻었다. 반면 노비는 '나'보다 열악한 환경에도 만족하며 지내 걱정이 없을 뿐더러 건강하게 오래 산다. 나그네는 이러한 노비의 예화를 들어 주어진 삶에 만족하며 살아가는 태도가 필요함을 깨우쳐 주고자 한 것이다.

4 카네기는 어려운 집안 형편에도 불구하고 근면함과 성실함으로 주어진 운명을 개척한 사람이다. 따라서 주어진 운명에 순응하는 노비의 태도에 대해 어려운 현실 상황에 안주하지 말고 그것을 개선하기 위해 노력해야 한다는 관점에서 평가할 것이다.

089 한중록_혜경궁 홍씨 270~273쪽

키포인트 체크 사도 세자, 혜경궁 홍씨, 자결, 세손, 궁중, 내간체

1 ⑤ 2 ② 3 ⑤ 4 곤룡포를 벗고 5 임금이 세자를 죽일 정도로 당시 정쟁이 심각했다. 6 ① 7 ⑤ 8 ③ 9 ⑤ 10 세손의 목숨을 보전하기 위해서이다.

1 혜경궁 홍씨는 남편 사도 세자가 죽음을 맞이하는 과정을 어쩔 수 없이 받아들이면서 비통해하고 있다. 이러한 태도는 중립적인 입장과는 거리가 멀다.

오답 뜯어보기 ① 혜경궁 홍씨가 20대 후반에 경험한 임오옥을 60세 이후에 회고하여 기록한 것이다.

② 서술자는 임오옥이 벌어지는 과정을 시간의 흐름에 따라 관찰하여 기술하고 있다.

③ 대상을 직접 드러내기보다는 우회적으로 표현하는 전아하고 품위 있는 궁중 용어를 사용하고 있다.

④ 서술자는 상황이 전개됨에 따라 '눈물 흘림. → 흉독함을 서러워함. → 천지 망극하고 가슴이 찢어짐.' 등의 정서를 드러내고 있다.

2 선희궁은 편지에서 나라의 평안과 세손의 보존을 위해 아들 세도 세자의 죄를 영조에게 고하겠다는 뜻을 밝히고 있다. 여기서 선희궁은 자신의 슬픔을 억누르는 비장한 모습을 보여 주고 있다.

3 '내 차마 그 아내로 이 일을 옳다고는 못 하나 어쩔 수 없는 일이라.'라는 문장을 통해, 혜경궁 홍씨는 선희궁이 영조에게 사도 세자의 죄를 고한 것을 옳지 않다고 생각했음을 알 수 있다.

오답 뜯어보기 ① 선희궁은 사도 세자의 생모임에도 대의를 위해 영조에게 사도 세자를 대처분하라고 고하고 있다.

② 이 글에서도 영조는 사도 세자를 대처분하라는 선희궁의 말을 들은 뒤 창덕궁 거둥령을 내리고, 선희궁은 혼절하고 만다. 따라서 창덕궁 거둥령은 영조의 중대한 결정이 임박했음을 알려 준다. 실제로 영조는 중요한 결정을 내리기 전에 아버지 숙종의 어진을 모신 창덕궁 선원전을 방문했다.

③ 사도 세자는 영조의 대처분에 따라 세자의 지위에서 폐위되고 뒤주에 갇혀 죽음을 맞이했다.

④ 선희궁은 영조에게 사도 세자를 대처분하라고 고하면서 '세손을 건져' 종사를 평안히 하라고 하여, 세손을 살리려고 애쓰고 있다.

4 '곤룡포'는 임금이나 세자, 세손이 입는 의복의 하나를 뜻하는 말로, '곤룡포를 벗었다'는 것은 사도 세자가 왕세자의 신분을 잃었음을 우회적으로 표현한 것이다.

5 〈보기〉에서는 역사가들이 서로 대립하여 정쟁을 벌였던 노론과 소론이 영조와 세자 간의 불신을 부추겼고, 그 때문에 사도 세자가 희생당했다고 생각해 왔음을 밝히고 있다. 또한 영조는 세자가 죽은 직후에 세자를 복위하고 '사도'라는 시호를 내렸음을 밝히고 있다. 이를 통해 영조가 세자를 뒤주에 가둬 죽인 것을 후회했으며, 노론과 소론의 정쟁이 심각하여 영조의 올바르고 정확한 판단을 방해했음을 추론할 수 있다.

6 일기 형식의 대표작은 〈계축일기(癸丑日記)〉이며, 〈한중록〉은 회고록의 형식으로 기록되었다.

7 이 글에서 사도 세자는 자결하라는 영조의 명령을 거부하고 있다. 〈보기〉에서도 사도 세자는 자결하라는 명령을 따르지 않다가 임금이 칼을 들고 자결을 재촉하자 자결하려 하는 모습을 보이고 있다.

오답 뜯어보기 ② 이 글에서는 혜경궁 홍씨의 주관적인 시각으로 임오옥을 바라보고 있으나, 〈보기〉에서는 보다 객관적인 시각으로 임오옥을 서술하고 있다.

③ 이 글과 달리 〈보기〉에서는 신만, 홍봉한, 정휘량, 이이장, 한광조, 김성응과 같은 인물의 실명이 등장하고 있다.

④ 이 글과 〈보기〉는 모두 사도 세자가 폐위되고 뒤주에 갇혀 죽임을 당한 임오옥을 다루고 있다.

8 오빠와 '서로 붙들고 망극 통곡'한 것, '허다한 상하 내인이 다 뒤를 따르며 통곡'한 것으로 보아, 오빠와 많은 내인이 혜경궁 홍씨의 처지를 이해해 주고 있다.

오답 뜯어보기 ① (다)의 '하늘이 어찌 이토록 하신고.'에서 뒤주에 갇힌 남편 사도 세자의 처지를 운명으로 받아들이고 있음을 알 수 있다.

② (라)의 '처분이 이러하시니 죄인의 처자가 편안히 대궐에 있기도 황송하옵고, 세손을 오래 밖에 두기는 귀중한 몸이 어찌 될지 두렵사오니'에서 자신과 아들(세손)의 앞날을 걱정하고 있음을 알 수 있다.

④ (나)의 '가슴을 두드려 아무리 한들 어찌하리오.'에서 남편의 죽음을 앞두고 아무것도 할 수 없어 무력감을 느끼고 있음을 알 수 있다.

⑤ (다)의 '당신 용력(勇力)과 장한 기운으로 뒤주에 들라 하신들 아무쪼록 아니 드시지, 어찌 마침내 들어가시던고.'에서 마침내 뒤주에 들어간 남편을 원망하는 혜경궁 홍씨의 심정을 짐작할 수 있다.

9 (바)에서 혜경궁 홍씨는 절망감에 자결하려 했으나 뜻을 이루지 못하고 깊은 슬픔에 몸조차 제대로 가누지 못하는, 겨우 목숨만 붙어 있는 상태이다. 그러므로 '죽지도 살지도 아니하고 겨우 목숨만 붙어 있음.'을 의미하는 '불생불멸(不生不滅)' 또는 '불생불사(不生不死)'가 적절하다.

오답 뜯어보기 ① 은인자중(隱忍自重): 마음속에 감추어 참고 견디면서 몸가짐을 신중하게 행동함을 뜻한다.

② 대경실색(大驚失色): 몹시 놀라 얼굴빛이 하얗게 질림을 뜻한다.

③ 풍전등화(風前燈火): 바람 앞의 등불이라는 뜻으로, 사물이 매우 위태로운 처지에 놓여 있음을 비유적으로 이르는 말이다. 사물이 덧없음을 비유적으로 이르는 말로서도 사용된다.

④ 진퇴양난(進退兩難): 이러지도 저러지도 못하는 어려운 처지를 뜻한다.

10 남편 사도 세자가 죄를 지어 죽을 처지에 몰린 상황에서 죄인의 아들인 세손마저 목숨을 장담할 수 없으므로, 혜경궁 홍씨는 세손을 살리기 위해 출궁을 결심한 것이다.

090 조침문_유씨 부인 274~277쪽

키포인트 체크 바늘, 애통, 의인화, 제문

1 ⑤ 2 ④ 3 ② 4 ② 5 바늘을 잃은 애통하고 안타까운(부러진 바늘에 대한 애정과 슬픈) 6 ③ 7 ⑤ 8 ③ 9 작가가 바늘을 사람처럼 친숙하게 인식하고 있음을 드러내어 부러진 바늘에 대한 안타까움과 추모의 정이 절실하게 느껴지게 한다.

1 이 글은 바늘을 앞에 두고 대화하듯이 진술하면서 바늘에 대한 작가의 애정을 드러내고 있지만, 묻고 답하는 형식의 구성은 사용되지 않았다.

오답 뜯어보기 ① 바늘을 의인화하여 무생물인 대상과의 심리적 거리를 줄이고 있다.

② '오호 통재라' 등의 영탄적 어조를 통해 슬프고 애통한 감정을 직접적으로 드러내고 있다.

③ 죽은 사람을 애도하는 글인 제문의 형식을 사용해 부러진 바늘에 대한 애도를 표현함으로써 내용과 형식의 유기성을 확보하고 있다.

④ '아깝다 바늘이여, 어여쁘다 바늘이여', '물중(物中)의 명물(名物)이요, 철중(鐵中)의 쟁쟁(錚錚)이라.'와 같이 3·4조의 운문적 표현도 나타나고 있다.

2 작가는 가산이 빈궁하여 바느질로 생계를 이어 가고 있어 바늘에 대한 남다른 애정을 갖고 있다. 그러나 세상 사람들이 바늘을 귀하게 여기지 않는 것을 비판하지는 않는다.

3 ㉠은 '쇠 가운데 으뜸'이라는 뜻이다. 따라서 이와 의미가 통하는 것은 닭의 무리 가운데에서 한 마리의 학이란 말로, 많은 사람 가운데서 뛰어난 인물을 의미하는 '군계일학(群鷄一鶴)'이다.

오답 뜯어보기 ① 계란유골(鷄卵有骨): 운수가 나쁜 사람은 모처럼 좋은 기회를 만나도 역시 일이 잘 안됨을 이르는 말이다.

③ 아치고절(雅致高節): 아담한 풍치나 높은 절개라는 뜻으로, 매화를 이르는 말이다.

④ 천의무봉(天衣無縫): 일부러 꾸민 데 없이 자연스럽고 아름다우면서 완전 무결함을 이르는 말이다.

⑤ 화룡점정(畵龍點睛): 무슨 일을 하는 데에 가장 중요한 부분을 완성함을 비유적으로 이르는 말이다.

4 ⓑ는 임금의 명을 받들었다는 의미로, 작가의 시삼촌이 동지상사로 임명을 받았다는 뜻이다.

5 바늘과 함께 동고동락하면서 바늘로 생계를 잇고 있었던 작가의 입장에서 볼 때, 바늘이 부러진 것은 사람이 죽은 일에 비할 만큼 매우 슬프고 안타까운 일이었을 것이다. 따라서 작가는 이러한 마음을 효과적으로 부각하기 위해 제문 형식을 취해 바늘을 애도하고 있는 것이다.

6 과거의 일을 회상하는 장면이 나오고는 있지만, 이러한 내용이 탈속적(속세를 벗어난 것) 분위기를 조성하고 있는 것은 아니다.

오답 뜯어보기 ① 작가가 일상생활에서 늘상 접하고 사는 바늘을 소재로 삼아 내용을 전개하고 있다.

② 이 글과 가전체는 의인화라는 표현 기법 면에서 서로 통하는 부분이 있다.

④ 작가는 섬세하고 다정다감한 문체로 바늘에 대한 애정을 표현하며 바늘을 잃은 슬픔을 극대화하고 있다.

⑤ 바늘이 부러질 때의 상황을 '지끈동'이라는 의태어를 사용하여 표현했다.

지식+

• 〈조침문〉에 드러난 작가의 개성

• 제문 형식의 글: 죽은 사람을 추모하는 제문 형식을 차용하여 바늘에 대한 애정과 추모의 정을 드러냈다.

• 사물의 의인화: 바늘을 의인화하여 바늘과 함께한 긴 세월을 회고하고 있다. 이를 통해 대상과의 친밀함을 강조하고, 대상을 잃은 슬픔을 실감 나게 표현하고 있다. 이는 고려의 가전체 문학과도 연결되어 있다고 할 수 있다.

• 다양한 표현 기법의 사용: 바늘에 대한 애정을 영탄, 대구, 열거, 직유 등 다양한 표현 방법을 사용하여 나타냄으로써 작가의 개성적이고 빼어난 문장 실력을 보여 준다.

7 '동네 장인(匠人)에게 때이련들 어찌 능히 때일손가.'는 부러진 바늘을 장인에게 보여도 땜질하기가 어렵다는 의미로, 작가가 바늘을 땜질하는 장면을 찍기 위해 장소를 섭외하는 것은 글의 내용상 불필요하다.

오답 뜯어보기 ① 바늘이 부러진 때는 초겨울의 저녁 '희미한 등잔 아래'이므로 배경을 어둡게 할 필요가 있고, 작가는 생계를 위해 바느질을 했으므로 피곤한 표정을 보이는 것이 적절하다.

② 작가가 평소 바늘을 보관하던 바늘집은 은으로 만든 데다가 겉에는 오색으로 파란을 놓은 것이다.

③ 제문은 죽은 이를 추모하는 것이므로 화려한 옷을 입기보다는 검소한 옷을 입어야 한다.

④ 누비며, 호며, 감치며, 박으며, 공그리는 장면을 구체적으로 보여 주기 위해 클로즈업해서 찍는 것은 적절하다.

8 작가는 오랫동안 같이한 바늘을 잃고 애통한 마음을 드러내고 있다. 이렇게 볼 때 작가와 유사한 심정이 드러난 것은 ③의 임제의 시조로, 화자는 죽은 이(황진이)의 죽음을 애통해하면서 인생무상(人生無常)을 드러내고 있다.

오답 뜯어보기 ① 서경덕의 시조로, 그리운 사람을 향한 기다림과 안타까움의 심정이 드러나 있다.

② 기녀 명옥의 시조로, 주체할 수 없이 쌓인 그리움을 꿈속에서나마 풀어 보겠다는 간절한 소망이 담겨 있다.

④ 이정보의 시조로, 국화를 의인화해서 그 절개를 찬양하고 있다.

⑤ 봉림 대군이 병자호란의 패전으로 소현 세자와 함께 볼모가 되어 심양으로 끌려갈 때 부른 시조로, 춥고도 먼 타국 땅으로 끌려가는 봉림 대군의 처연한 모습을 짐작할 수 있다.

9 대상을 의인화하면 대상과 정서적 교감을 나눌 수 있다. 이 글에서도 바늘의 의인화는 작가가 바늘을 사람처럼 친숙하고 기댈 수 있는 대상으로 인식하고 있음을 보여 주는 효과가 있다.

3 | 판소리

095 흥보가_ 작자 미상 282~285쪽

키포인트 체크 형제, 권선징악, 금은보화

1 ③ 2 ③ 3 ④ 4 진양조는 가장 느린 장단으로, 속상하고 애절한 흥보의 마음을 효과적으로 드러낸다. 5 '창'은 청자에게 심리적 긴장감을 불러일으키고 '아니리'는 청자의 긴장감을 이완시킨다. 6 ⑤ 7 ④ 8 ④ 9 모두 '잘난 돈'을 갖고자 한다고 표현하며 돈을 반기면서도 '생살지권(生殺之權)을 가진 돈', '부귀공명이 붙은 돈'에 대해 냉소적이고 비판적인 시각도 가지고 있다.

1 흥보는 놀보 내외에게 매를 맞고 쫓겨났음에도 마누라에게는 형님 댁에서 전곡을 많이 주었으나 집에 돌아오는 길에 도적에게 빼앗기고 매를 맞은 것이라고 하며 놀보 내외를 두둔하였다.

2 [A]의 '잘살기 내 복이요 못살기도 니 팔자.'라는 말을 통해 인생의 수복이 하늘에 달려 있다는 운명론적 태도를 읽어 낼 수 있으며, 볏섬도 뒤주 안에 있고, 천록방 금궤 안에 떼돈도 들어 있지만 흥보에게 줄 것은 없다는 말을 통해 도와줄 형편은 되지만 도와주고 싶지 않은 놀보의 생각을 파악할 수 있다.

3 ㉠은 '뱀'과 '뱀'의 유사한 발음을 이용한 언어유희가 사용된 부분으로, 이와 같은 표현은 판소리의 해학성을 높여 준다.

4 ㉡은 진양조로 가장 느린 장단이다. 흥보가 놀보 아내에게 뺨을 맞고 쫓겨나는 장면에서 진양조의 느린 장단은 흥보의 속상하고 애절한 마음을 효과적으로 드러내기에 적절하다.

5 자진모리장단은 급박한 상황이 진전되는 장면이나 격동적 장면에서 쓰이는 빠른 장단이다. 〈보기〉의 밑줄 친 부분에서처럼 흥보가 놀보에게 쫓겨나는 장면을 자진모리장단의 '창'으로 부르면 청자는 긴장감을 느끼게 되고, 그 이후 장면을 '아니리'로 부르면 상대적으로 청자의 긴장감이 이완된다. 판소리에서는 이러한 효과를 주기 위해 '창'과 '아니리'를 교차하여 부른다.

6 〈흥보가〉는 판소리로 구연되기 때문에 생생한 구어를 사용하며 현재 시제를 사용하여 생동감 있게 전개된다.

오답 뜯어보기 ① 3·4조, 4·4조의 운문과 산문이 혼합되어 사용된다.
② 서민적 표현과 양반의 한문 투가 섞여 사용되어 처음에는 서민층에서만 향유되던 판소리가 점차 그 영역을 넓혀 갔음을 알 수 있다.
③ 전라도 사투리를 구사하여 현장감을 높이고 있다.

7 흥보의 아내가 박에서 쌀과 돈이 나오자 쌀을 부어 보며 좋아하는 것은 가난하고 어려운 형편에 도움이 될 수 있는 재물이 나왔기 때문이다. 이를 두고 황금만능주의적 가치관을 가졌다고 보기는 어렵다.

오답 뜯어보기 ③ 흥보가 어려울 때 도와주지 않고 자신을 쫓아냈던 놀보를 불러오라고 하는 것에서 우애를 중시하는 인물임을 알 수 있다.
⑤ 궤짝을 갖다 버리라고 하는 흥보에게 양심에 걸릴 것이 없으면 한번 열어 보자고 말하는 것에서 적극적으로 행동하고 있음을 알 수 있다.

8 〈보기〉에서 흥부 부부는 박을 가르기 전 가난한 상황에서도 웃음을 잃지 않고 소박한 행복을 느끼고 있다. 따라서 〈보기〉의 화자는 궁핍한 현실을 탄식하고 있는 ㉠(흥보 아내)에게 사랑과 웃음으로 어려움을 이겨 낼 수 있다는 조언을 건넬 수 있을 것이다.

9 흥보는 돈의 이중적인 성격에 대해 이야기하고 있다. 돈으로 무엇이든 사고팔 수 있기에 부자건 가난한 사람이건 모두가 돈을 좋아하며 흥보 또한 돈을 반기고 있지만, 그만큼 돈이 가진 위력도 알고 있기에 냉소적이고 비판적인 태도도 함께 지니고 있다.

096 적벽가_ 작자 미상 286~289쪽

키포인트 체크 용맹, 고통, 혼비백산

1 ⑤ 2 ② 3 ① 4 ③ 5 전쟁이 끝나 하루빨리 어머님, 아버님 곁으로 돌아가 가족과 함께 살기 6 ② 7 ④ 8 ② 9 조조를 조롱함으로써 골계미를 드러내고 있다.

1 이 글은 전장에 나온 군사들이 가족에 대한 그리움과 설움을 토로하고 있는 장면으로, 시선의 빠른 이동에 따른 긴장감 조성은 나타나지 않는다.

오답 뜯어보기 ① 군사들이 고향의 부모와 처자를 그리워하는 심리를 구체적으로 드러내고 있다.
② 군사들의 대화 중간에 해설에 해당하는 아니리를 제시하여 대화와 서술이 교차되고 있다.
③ '노래 불러 춤추는 놈 ~ 턱 괴인 놈'이 이에 해당한다.
④ 조조가 전장에서 패할 것을 암시하는 '병노즉장위불행(兵老則將爲不幸)이라.'에서 확인할 수 있다.

2 (나)의 군사는 부모를 그리워하며 느끼는 설움을, (다)의 군사는 아내를 그리워하며 느끼는 설움을 주로 토로하고 있는데, 이들의 소망은 전쟁이 끝나고 집으로 돌아가 각자의 가족들과 상봉하는 것이므로 모두 같은 소망을 품고 있다고 할 수 있다.

오답 뜯어보기 ① 자신의 설움을 들어 보라고 하면서 각자가 설움을 말하고 있다.
③, ⑤ 〈삼국지연의〉가 영웅을 중심으로 한 전쟁의 이야기를 생동감 있게 그려 냈다면, 〈적벽가〉는 민중 중심의 무명의 군사 이야기를 중심으로 하여 그들의 설움을 제시함으로써 지배 계층에 대한 비판적 의식을 드러내고 있다.
④ '노래 불러 춤추는 놈, ~ 아이고, 울음을 우니,'에서 볼 수 있듯이 군사들의 각양각색의 모습을 희화화하여 표현하고 있다.

3 ㉠은 하루에도 열두 번 부모를 생각한다는 뜻으로, 부모에 대한 그리움을 드러낸 표현이다. ①은 윤선도의 〈견회요〉 중 4수로, 귀양을 간 화자가 고향의 부모를 그리워하는 내용을 담고 있다.

오답 뜯어보기 ② 유응부의 시조로, 세조의 횡포에 대한 비판과 인재가 희생되는 것에 대한 걱정이 드러나 있다.
③ 서경덕의 시조로, 임을 기다리는 심정을 드러내고 있다.
④ 이개의 시조로, 촛불을 통해 단종과 이별한 슬픔을 표현하고 있다.
⑤ 김상헌의 시조로, 병자호란 때 청나라에 볼모로 끌려가는 안타까운 심정을 드러내고 있다.

4 ⓒ '출문망(出門望)'은 '문밖에 나와 바라봄.'의 뜻으로 부모가 문밖에서 자식을 기다린다는 의미이다.

5 (나)에는 전장에 나간 자식을 그리며 기다리고 있을 부모님을 생각하는 군사의 마음이 나타나 있다. 따라서 어서 전쟁이 끝나 부모와 만나기를 바라는 내용이 들어가는 것이 적절하다.

6 이 글은 전쟁에 패하고 도망 중인 조조의 상황을 희화화하여 풍자하고 있다. 따라서 사건을 다양한 시각으로 그리고 있다는 설명은 적절하지 않다.

오답 뜯어보기 ① 도망 중인 조조가 상황에 맞지 않게 술안주 이야기를 하고 정욱은 이를 비웃고 있다.

③ 조조가 도망가는 상황이 시간의 흐름에 따라 진행되고 있다.

④ 주유와 공명을 비웃으며 안심하던 조조가 조자룡을 만나면서 다시 긴장감이 높아지고 있다.

⑤ (나)의 '새타령'에 드러난 새들을 통해 죽은 병사들의 원한을 보여 주고 있다.

7 까마귀가 '들판 대로를 마다하고 심산 숲속에'서 우는 것은 조조가 전쟁에서 패한 뒤 이리저리 숨어 도망할 수밖에 없는 처지를 상징하고 있다. 따라서 이를 군사들이 부모를 그리워하는 상황으로 보는 것은 적절하지 않다.

8 ㉡은 생사가 위태로운 순간에도 술안주 이야기나 떠올리는 조조의 경박한 모습을 비웃고 있는 부분이다. 따라서 정욱이 조조의 의견에 적극적으로 동조한다고 보기 어렵다.

9 이 글에서 정욱은 자신의 상관인 조조의 부정적인 면모를 비판하고 조롱함으로써 골계미를 불러일으키고 있다.

지식+

• **미적 범주(미의식)**

• 있는 것: 현실, 현상을 의미함.

• 있어야 할 것: 당위, 이상을 의미함.

종류	의미	예시
숭고미	있어야 할 것을 중심으로 있는 것을 통합하는 태도. 경건하고 엄숙한 분위기를 자아냄.	월명사의 〈제망매가〉에서 있어야 할 것(미타찰에서 누이와의 재회)을 중심으로 있는 것(누이의 죽음)을 받아들임.
비장미	있어야 할 것을 긍정하고 있는 것을 부정하는 태도. 슬픈 분위기를 자아냄.	이육사의 〈교목〉에서 있어야 할 것(독립)을 긍정하고 있는 것(일제 강점)을 부정함.
우아미	있는 것을 중심으로 있어야 할 것을 융합하는 태도. 조화로운 분위기를 자아냄.	대부분의 자연 친화가 나타난 작품에서 있는 것(자연을 완상함.)을 중심으로 있어야 할 것(자연의 아름다움)을 융합하는 태도
골계미	있는 것을 긍정하고 있어야 할 것을 부정하는 태도. 풍자나 해학의 수법으로 우스꽝스러운 분위기를 자아냄.	〈적벽가〉에서 있는 것(조조의 경박함.)을 긍정하고 있어야 할 것(상관인 조조의 근엄함)을 부정함.

097 춘향가_ 작자 미상 290~293쪽

키포인트 체크 탐관오리, 자유연애, 절개

1 ③ **2** ③ **3** ⑤ **4** 이렇듯 말을 하니, 기특다 칭찬하고 그만 내보냈으면 관청과 동네에 아무 일이 없어 좋을 것을, **5** ④ **6** ④ **7** ④ **8** 춘향의 천한 신분 때문에 억울한 일을 당한다고 생각하여 안쓰러워한다.

1 춘향이 다른 여러 기생들의 사례를 든 것은 그들도 정절을 지켜 후세의 칭송을 받고 있음을 보여 주어 자신의 행위가 정당함을 드러내기 위한 것이지 자신이 그들보다 우월함을 드러내기 위한 것이 아니다.

2 [A]에 앞으로 어떤 일이 있을지를 예상한 발언은 나타나지 않는다.

오답 뜯어보기 ① '어이 모르시오?', '충이 없소 열녀가 없소?', '수절에도 위아래가 있소?', '두 임금을 섬기려오?' 등에 설의적 표현이 사용되었다.

② '청주 기생 매월이', '안동 기생 일지홍이', '선천 기생' 등의 과거 사례를 활용하고 있다.

④ '사또도 국운이 ~ 두 임금을 섬기려오?'라고 하여 자신이 정절을 지키는 일을 사또가 임금을 섬기는 일에 비유하고 있다.

⑤ '충신은 불사이군(不事二君)이요, 열녀불경이부절(烈女不更二夫節)'이라는 관용어를 효과적으로 사용하여 설득력을 높이고 있다.

3 변학도가 춘향의 읍소를 물리치고 사령을 대령하라고 명령하는 것은 물리적인 힘을 동원하여 춘향을 굴복시키고자 하는 의도를 보여 주는 부분으로 그의 포악한 성격을 드러냄과 동시에 위기감을 부각하는 계기가 된다.

4 〈보기〉는 편집자적 논평에 대한 설명이다. (나)에서 서술자는 '이렇듯 말을 ~ 좋을 것을'이라고 하며 작품 속 상황에 직접 개입하여 안타까움을 드러내고 있다.

5 표면적으로 춘향의 정절을 기리고 있으나 해학과 풍자에 의한 골계미가 주로 나타나는 작품으로 백성을 계도하려는 의도를 지녔다고 보기는 어렵다.

6 춘향은 자신이 죽더라도 정절을 굽힐 수 없다는 단호하고 강경한 태도, 즉 일편단심(一片丹心)을 보여 주고 있다. 이와 같은 태도는 죽음을 각오하고 절개를 지키고자 다짐하는 내용을 담은 ④ 정몽주의 시조에서 발견할 수 있다.

오답 뜯어보기 ① 황진이의 시조로, 이별의 회한과 그리움을 나타내고 있다.

② 유응부의 시조로, 세조의 횡포에 대한 비판과 인재가 희생당하는 것에 대한 걱정을 담고 있다.

③ 왕방연의 시조로, 임금을 이별한 애절한 마음을 담고 있다.

⑤ 성혼의 시조로, 자연을 벗 삼아 사는 즐거움을 말하고 있다.

7 ㉠은 '오'라는 유사 음운을 반복하는 언어유희가 사용된 부분이다. ④에서도 '반'이라는 유사 음운을 언어유희에 활용하고 있다.

오답 뜯어보기 ①, ② 언어 도치를 통한 언어유희에 해당한다.

③ 이 도령의 '이(李)'가 '이(二)'와 음이 같은 것을 활용해 '삼(三)' 도령이라는 표현을 이끌어 내고 있으므로, 동음이의어를 이용한 언어유희에 해당한다.

⑤ '성엣장'은 '기온이 영하일 때 유리나 벽 등에 수증기가 허옇게 얼어붙은 서릿발'이라는 뜻과 '쟁기의 윗머리에서 앞으로 길게 뻗은 나무'라는 뜻으로 동음이의어를 활용한 언어유희에 해당한다.

8 [A]에서 집장사령은 춘향이 서녀이자 기생이라는 낮은 신분 때문에 변학도에게 억울한 일을 당한다고 생각하고 있다. 자신의 임무이기 때문에 변학도의 부정한 명령을 거부할 수는 없지만, 춘향의 처지를 안쓰럽게 생각하여 춘향에게 가급적 피해가 적게 하려는 마음이 드러난다.

4 | 민속극

100 봉산 탈춤_ 작자 미상 296~299쪽

키포인트 체크 비판, 풍자, 무지

1 ⑤ 2 ③ 3 ⑤ 4 관객이나 악공이 극 중에 참여하기도 한다. 5 ④ 6 ② 7 ② 8 ④ 9 서민 계층이 양반 계층을 자유롭게 비판할 수 있도록 익명성을 보장하는 기능을 한다.

1 〈보기〉의 '양반 삼 형제는 무식을 드러내며'와 '취발이에게 돈을 받고 그를 풀어 준다.'라는 내용에서, 이 글이 양반 계층의 무능과 부정부패에 대한 비판 의식을 주제로 삼고 있음을 알 수 있다.

2 말뚝이의 조롱을 듣고 양반이 호통을 치면 말뚝이가 이에 대해 변명하고 양반이 속아 넘어가 안심하는 구조로 이루어져 있다.

3 ㉠은 동음이의어를 활용한 언어유희이다. ⑤에서는 '두 남편'을 뜻하는 이부(二夫)와 '이씨 성의 남편'을 뜻하는 이부(李夫)가 동음이의어임을 활용한 언어유희가 나타나 있다.

오답 뜯어보기 ① 담배를 쇠털에 비유하면서 꿀물에다가 적셨다고 과장하여 표현하고 있다.

② 새처의 모습을 묘사하고 있는 표현이다. 실제로는 마구간을 묘사한 것으로 양반을 조롱하는 표현이다.

③ 죄가 많다는 것을 산에 비유하여 과장하고 있다.

④ 시아버지, 남편, 자식을 새에 비유하면서 이를 나열하는 열거법을 사용하고 있다.

4 ⓐ는 탈춤을 구경하고 있는 관객들에게 하는 말로, 극을 진행하는 과정에서 관객들에게 직접 이야기함으로써 관객을 극의 진행에 참여시키는 효과를 가져온다. 또한 ⓑ는 악공에게 하는 말로, 악공이 악기만 연주하는 역할에 그치는 것이 아니라 극의 진행에 직접 참여하도록 유도하고 있다.

5 이 글은 전통 민속극으로, 서양 연극과 달리 극 중에 관객이나 악공 등 제삼자가 개입할 수 있다.

오답 뜯어보기 ① 과장된 표현을 통해 양반과 말뚝이의 갈등을 제시하여 웃음을 유발하고 양반을 풍자하고 있다.

② (나)~(라)에서 양반들의 엉터리 글자 놀이를 제시하여 양반의 무지함을 폭로하고 허위를 풍자하고 있다.

③ 서민의 언어인 비속어와 양반의 언어인 한자어가 혼용되어 있다.

⑤ 양반들은 시대적 흐름을 감지하지 못하고 낡은 권위주의만을 고집하는 데 비해 말뚝이는 시대의 변화를 정확히 파악하고 있다. 이를 통해 양반들이 살아남을 수 있는 방법은 서민의 실체를 인정하고 대등한 권리를 인정하면서 협동하는 길이라는 점을 암시하고 있다.

6 이 글은 당시 사회상을 반영한 전통 가면극으로, 이 글이 시대적 갈등과 분열을 불러왔다는 인식은 적절하지 않다.

7 이 글에서 각 과장은 다른 과장과 인과적 관계가 없이 독립적으로 구성되는데, 이러한 옴니버스식 구성은 〈봉산 탈춤〉을 비롯한 민속극의 특징이다.

8 〈보기〉에 따르면 말뚝이가 양반을 풍자하는 것은 궁극적으로 양반의 부정적 속성을 교정하여 바람직한 사회를 만들기 위한 노력에 해당한다. 그러나 말뚝이가 민요를 부르는 것은 양반들의 시조창 놀이를 비웃고 깎아내리려는 의도일 뿐 이것이 양반들의 놀이 문화를 교정하기 위한 행동이라고 해석하기는 어렵다.

오답 뜯어보기 ① 〈보기〉에 따르면 풍자의 근본적 의도는 바람직한 사회를 이루고자 하는 것이므로, 양반의 무능하고 부패한 모습을 풍자한 이 작품 역시 그러한 의도를 표현한 것으로 볼 수 있다.

② 풍자는 당대 독자에게 쉽게 받아들여질 수 있는 수준에서 이루어진다고 했으므로, 이 작품 역시 양반에 대한 풍자와 관련한 추가 설명이 필요치 않았을 것이라 추론할 수 있다.

③ (가)에서는 말뚝이가 양반을 직접 조롱하여, (다)와 (라)에서는 양반의 무지한 모습을 묘사하여 양반을 풍자하고 있다.

⑤ (다)와 (라)에서는 양반들의 엉터리 글자 놀이를 통해 그들의 무지를 드러내면서 웃음을 유발하고 있다.

9 조선 시대에는 폐쇄적인 신분 사회의 특성상 상류층인 양반을 자유롭게 비판하기가 어려웠다. 따라서 배우들이 탈을 씀으로써 익명성을 보장하여 양반에 대한 비판과 풍자를 자유롭게 할 수 있도록 해 주었을 것이다.

101 강령 탈춤_ 작자 미상 300~301쪽

키포인트 체크 주체적, 갈등, 악공

1 ③ 2 ④ 3 ① 4 탈춤은 극과 더불어 노래와 춤이 어우러지는 종합 예술로서의 성격을 지니고 있다.

1 탈춤은 양반과 평민이 함께 향유했던 예술 양식이기 때문에 속담이나 관용구, 비속어 등의 서민적 표현뿐만 아니라, 양반 취향의 한문 투 표현도 함께 쓰인다.

오답 뜯어보기 ① '어둠침침 야삼경(夜三更)에 불현듯이 보고지고 대한 칠 년 왕가뭄에 빗발같이 보고지고' 등 대구와 반복을 통해 리듬감을 살리고 있다.

② 악공인 장구잽이는 극에 개입하여 인물들의 만남을 매개하는 등 적극적인 역할을 하고 있다.

④ 〈이별가〉, 〈보고지고 타령〉 등 음악적인 요소가 포함되어 있다.

⑤ '전송춘(餞送春)에 낙화(落花) 이별 강수원함정(江樹遠含情)'의 시구를 인용하여 영감에 대한 그리움을 표현하고 있다.

2 이 글의 할멈이 영감을 찾으면서 악공(장구잽이)과 나누는 대화의 내용이 〈보기〉의 악공(장구잽이)과 영감의 대화에서도 유사하게 반복된다. 이는 구비 전승의 효율성을 높이기 위해 비슷한 대화 구조를 반복하는 탈춤 특유의 재담 구조이다.

3 ㉠에서는 할멈이 영감의 외모를 과장하여 해학적으로 표현하고 있다. 〈보기〉 역시 시집살이의 고단한 삶 때문에 변한 자신의 용모를 '비사리춤', '오리발' 등에 빗대어 과장되게 묘사하여 재미있게 표현하고 있다.

4 ⓐ는 악공이 할멈에게 〈보고지고 타령〉을 부르도록 유도하는 부분으로, 이를 통해 탈춤에서 음악적 요소가 서사적 진행만큼이나 중요함을 알 수 있다. 또한 ⓑ는 춤을 추며 인물이 퇴장하는 장면으로 극의 요소

에 춤이 포함됨을 보여 준다. 따라서 탈춤이 종합 예술의 성격을 지님을 알 수 있다.

102 양주 별산대놀이_ 작자 미상 302~305쪽

키포인트 체크 우회적, 직접적, 서민, 조롱

1 ⑤ 2 ③ 3 양반들의 부정부패가 만연한 당시 사회를 비판하고자 했다. 4 ① 5 ① 6 ③ 7 ⑤ 8 ① 9 ⑤ 10 서민 계층뿐만 아니라 양반 계층에서도 이 작품을 향유했음

1 이 글은 인물의 언행을 통해 등장인물의 심리를 드러내고 있으며, 인물의 내면 심리를 직접적으로 묘사하여 전달하지는 않는다.

2 〈보기〉에서는 정면에만 관객이 위치하는 오늘날의 일반 연극 무대와 다른, 사면에 관객이 위치하는 마당극 무대의 특징을 설명하고 있다. 일반 연극은 무대 좌우로 등장인물이 등퇴장하고 관객과 무대 사이에 막을 설치함으로써 장면을 전환할 수 있다. 그러나 관객이 사면에 위치하는 마당극에서는 배우의 설명이나 가상의 행동으로 장면이 전환되거나 공간이 설정되었다고 가정하게 된다. 예를 들어, 이 장면에서 쇠뚝이가 의막을 정하는 듯한 흉내를 내는 모습을 보여 줌으로써, 관객은 의막이 설치되었다고 동의하게 된다.

3 청편지는 어떤 일을 하는 데 권세 있는 사람에게 부탁하여 그 힘을 빌리는 편지로, 당시 양반들의 부정부패한 모습을 드러내는 소재이다. 따라서 청편지는 부정부패가 만연한 당시 사회상을 비판하고자 한 작가의 의도가 반영된 소재라 할 수 있다.

4 이전 과장에서 취발이 역을 맡았던 인물이 갑자기 쇠뚝이로 등장하는 것으로 보아, 각 과장의 내용이 연결되지 않고 독립적임을 알 수 있다.
오답 뜯어보기 ② 극 중 인물들이 실제 연희된 산대굿을 구경했다는 것으로 보아 산대굿을 하는 공연 장소와 극이 진행되는 극 중 장소가 일치함을 알 수 있다.
③ 쇠뚝이가 악공에게 음악을 연주하게 하는 것으로 보아 악공의 극 중 개입이 가능함을 알 수 있다.
④ 특별한 장치 없이 인물의 행동에 의해 의막이라는 공간이 설정되는 것에서 알 수 있다.
⑤ 음악과 춤을 통해 극에 흥미를 더하고 있다.

5 ⓐ는 샌님이 묵어야 할 의막을 묘사하고 있는 것으로, '말뚝', '문은 하늘로' 등의 표현에서 쇠뚝이가 샌님의 의막을 돼지우리로 정했음을 알 수 있다. 이는 쇠뚝이와 말뚝이가 양반을 돼지와 같은 존재로 보며 조롱하고 있는 것이다.

6 조선 후기에 경제적으로 몰락하는 양반이 생겨나면서 부를 축적한 평민 계층이 나타나기는 했지만, 이 글에 그러한 인물은 등장하지 않는다.
오답 뜯어보기 ① (다)에서 말뚝이를 매로 치라는 양반의 명령에 복종하는 쇠뚝이의 모습에서 양반의 권위가 아직 남아 있던 시기임을 알 수 있다.
② 조선 후기는 서민 의식이 성장하던 시기로, 말뚝이와 쇠뚝이는 서민을 대표하는 전형적인 인물이다.
④, ⑤ 샌님이 돈을 탐내어 말뚝이를 벌하려던 것을 없던 일로 하는 데서 알 수 있다.

7 말뚝이탈에 붙어 있는 금종이는 말뚝이의 외양을 두드러지게 하려는 것으로, 말뚝이가 지배 계층에 맞서 승리할 인물이라는 것을 드러내는 장치로 볼 만한 근거가 되지 않는다.

8 이 글에서 쇠뚝이가 신분 상승의 욕망을 가지고 있다고 짐작할 만한 내용은 찾아볼 수 없으며, 오히려 양반 계층을 조롱하며 풍자하는 모습이 주로 드러난다.

9 샌님은 아무 조건 없이 말뚝이를 용서해 준 것이 아니라, 돈을 탐내어 말뚝이를 처벌하지 않기로 한 것이다.
오답 뜯어보기 ① 제대로 된 옷도 사지 못하고 빌려 입는 모습에서 경제적으로 몰락한 양반 계층의 모습을 엿볼 수 있다.
② 쇠뚝이가 '아번'이라는 가명을 제시한 것은 샌님으로 하여금 자신을 아버지라 부르게 하려는 수작이다.
③ 샌님은 어쩔 수 없이 쇠뚝이를 아버지라 부른 분노를 자신의 하인인 말뚝이에게 풀고 있다.
④ 말뚝이는 처음에는 열 냥을 제시했다가, 다시 스무 냥을 주겠다고 하여 샌님이 자신의 권위를 포기하도록 유혹하고 있다.

10 성격이 다른 두 언어, 즉 서민들의 일상적 비속어와 어려운 한자어가 혼재되어 있는 것으로 보아 서민 계층과 양반 계층 모두 이 작품을 향유했다는 사실을 알 수 있다.

103 하회 별신굿 탈놀이_ 작자 미상 306~309쪽

키포인트 체크 표리부동, 조화, 무지

1 ③ 2 ④ 3 ④ 4 ③ 5 언행이 자유로운 낮은 신분의 여성일 것이다. 6 ④ 7 ⑤ 8 ③ 9 ② 10 양반의 무지함을 비판하고 있다.

1 이 탈놀이는 마을 제의에서 양반과 서민이 함께 즐긴 놀이이기는 하지만, 공연은 전적으로 서민에 의해 이루어졌다.

2 [A]에서 초랭이와 부네는 인간 본연의 감정에 솔직하고 자유롭게 행동하는 서민 계층의 모습을 보여 주고 있다. 따라서 등장인물의 부정적인 모습이 부각된다고는 볼 수 없다.
오답 뜯어보기 ① 지시문만으로 내용을 전달하는 [A]에 비해 〈보기〉는 인물의 대사로 상황을 명확하게 제시하고 있다.
②, ③ [A]는 행동으로만 극이 진행되기 때문에 독자에 따라 받아들이는 정도가 다를 수 있다. 또한 행동에서 의미를 찾아야 하므로 적극적으로 감상해야 극을 제대로 이해할 수 있다.
⑤ [A]에서 초랭이의 손을 때리려다 그만두는 부네의 행동을 통해 초랭이가 자신을 함부로 대하는 것을 대수롭지 않게 여김을 드러내어 부네가 비교적 언행이 자유로운 낮은 신분의 여성임을 더 잘 드러낸다.

3 양반과 선비는 중과 각시의 애정 행각을 못마땅해하다가, 부네가 나타나자 그녀를 차지하기 위해 서로에게 속임수를 쓰는 것까지도 불사한다. 이러한 언행으로 볼 때, 양반과 선비는 겉으로는 점잖은 체하지만 젊고 아름다운 이성에게 정신을 쏟음을 알 수 있다.

4 이 글에서 부네는 선비와 양반 사이를 오가며 양쪽의 오김을 사려 하고 있다. 이러한 부네의 모습은 자기에게 이익이 되면 지조 없이 이편에 붙었다 저편에 붙었다 하는 모습을 비유적으로 나타내는 말인 '간에 붙었다 쓸개에 붙었다 한다.'와 가장 어울린다.

오답 뜯어보기 ① 어떤 일을 하려는데 뜻하지 않은 일을 공교롭게 당함을 비유적으로 이르는 말이다.
② 값어치를 모르는 사람에게는 보물도 아무 소용없음을 비유적으로 이르는 말이다.
④ 자기는 도저히 할 처지가 아닌데도 남이 하는 짓을 덩달아 흉내 내다가 웃음거리가 됨을 비유적으로 이르는 말이다.
⑤ 자기 허물은 생각하지 않고 도리어 남의 허물만 나무라는 경우를 비유적으로 이르는 말이다.

5 부네는 지배 계층인 양반과 선비에게 반말로 응대하고, 공공연한 장소에서 어울려 춤을 추기도 한다. 이러한 언행으로 보아 부네는 예의범절의 제약이 있는 여염집 여자가 아니라 언행이 자유로운 낮은 신분의 여성임을 알 수 있다.

6 〈하회 별신굿 탈놀이〉는 지배 계층에 대한 민중의 비판 의식을 표출하는 수단이었으나, 이는 공동체 유지의 차원에서 지배 계층의 묵인 혹은 지원하에 이루어진 것이므로 계층 간의 갈등을 초래하는 원인이 되었다고 보기는 어렵다.

7 부네는 양반에게 반말을 하고, 양반과 선비 사이를 오가며 희롱하면서 양반들을 조롱하는 역할을 한다. 따라서 부네가 양반들의 학식과 인품을 존경한다는 내용은 적절하지 않다.

8 이 글에서 양반과 선비는 도덕군자인 체하다가 양기에 좋다는 말에 쇠불알을 서로 차지하려고 다투고 있다. 이러한 모습은 겉과 속이 다름을 이르는 말인 '표리부동(表裏不同)'으로 나타내기에 적절하다.

오답 뜯어보기 ① 교언영색(巧言令色): 남의 환심을 사기 위해 아첨하는 말과 보기 좋게 꾸미는 낯빛을 이르는 말이다.
② 구밀복검(口蜜腹劍): 겉으로는 달콤함과 웃음으로 친한 척하지만, 속으로는 은근히 해칠 생각을 품고 있음을 비유하여 이르는 말이다.
④ 근묵자흑(近墨者黑): 나쁜 사람과 가까이 지내면 나쁜 버릇에 물들기 쉬움을 비유적으로 이르는 말이다.
⑤ 우유부단(優柔不斷): 결단력이 부족함을 이르는 말이다.

9 ㉠에서 양반은 선비의 말에 쓰인 한자어(사서삼경)의 발음에 주목하여 언어유희를 사용하고 있다. ②에서도 '남편'을 뜻하는 '서방'과 발음이 같은 '서쪽 방향'을 뜻하는 '서(西)방'을 활용하여 그와 연관된 '남(南)방'을 제시하고 있다.

오답 뜯어보기 ① 〈수궁가〉에서 인용한 것으로, 동일한 구절을 반복하고 있다.
③ 〈심청전〉에서 인용한 것으로, 열거의 표현 방법이 나타난다.
④ 황진이의 시조로, 추상적인 시간을 구체적인 사물로 형상화한 표현 방법이다.
⑤ 〈봉산 탈춤〉에서 인용한 것으로, 비속어와 과장된 표현이 활용되었다.

10 사서삼경(四書三經)은 사서와 삼경을 이르는 말로, 옛 성현들의 말씀을 담은 경전과 경서를 말한다. 선비가 사서삼경을 읽었다고 하자 양반은 이에 지지 않기 위해 그 두 배인 팔서육경을 읽었노라고 하는데, 팔서육경은 존재하지 않는다. 하인 초랭이가 육경에 대해 말하자 양반은 자신도 이를 잘 알고 있는 양 뽐냄으로써 스스로 무식을 폭로하게 되고, 이를 통해 양반의 무지함을 비판하고 있다. 또한 〈보기〉에서는 서방과 생원이 운자를 내어 시조를 짓고 있는데, 그렇게 지은 시조가 엉터리임을 볼 때 〈보기〉 역시 양반의 무지함을 비판하고 있는 것이다.

104 꼭두각시놀음 _ 작자 미상

310~311쪽

키포인트 체크 횡포, 언어, 치도

1 ④ 2 ③ 3 ③ 4 ④ 5 ④

1 〈꼭두각시놀음〉은 조선 후기 유랑 연예인 집단인 남사당패가 공연한 인형극으로 서민층을 중심으로 연희되었으며, 서민 대중의 욕구를 충족시켜 주었던 공연이다.

2 이 글에는 '박간지 망간지', '길 닦은 놈', '우는 거여' 등의 사투리와 비속어, 언어유희의 해학적인 표현이 많이 드러난다.

3 평안 감사 마당에서는 백성을 괴롭히는 평안 감사의 죽음을 우스꽝스럽게 표현하여 백성들에게 횡포를 부리는 탐관오리를 풍자하고 있다.

4 ㉠의 '박간지 망간지'는 동음을 연속시킨 언어유희로, 이와 같은 표현은 ④의 '노중, 망중, 백중'에서 잘 드러난다.

오답 뜯어보기 ① 이항복이 지은 시조의 초장으로 전체적인 내용을 고려할 때 비유적인 표현이 사용되었다.
②, ③ 반복적 표현이 나타난다.
⑤ '무르익은 대초빛, 배미 잔등' 등에 비유한 표현이 사용되었다.

5 평안 감사가 죽었음에도 불구하고 남의 일이라 그리 슬퍼하지 않는 박첨지의 언행은 '자기와 아무런 이해관계도 없는 남의 불행을 구경거리로 여긴다.'는 뜻의 '남의 소 들고 뛰는 건 구경거리'라는 속담으로 비판할 수 있다.

오답 뜯어보기 ① 아무리 큰 잘못을 저지른 사람도 그것을 변명하고 이유를 붙일 수 있다는 말이다.
② 자기의 부담을 덜려고 하다가 다른 일까지도 맡게 된 경우를 비유적으로 이르는 말이다.
③ 수단이나 방법은 어찌 되었든 간에 목적만 이루면 된다는 말이다.
⑤ 아무리 궁하거나 다급한 경우라도 체면을 깎는 짓은 하지 않는다는 말이다.

5 | 설화·무가

109 이야기 주머니_ 작자 미상 316~317쪽

키포인트 체크 방해, 소통, 주머니

1 ③ 2 ⑤ 3 ① 4 ① 5 화자가 이전에 들은 이야기를 전달해 주기 때문이다. / 이야기를 하는 과정에서 상대방의 반응을 듣기 때문이다.

1 예스러운 형식을 따른 문체보다는 청자를 앞에 두고 민담을 구연한 것을 그대로 옮겨 적은 만큼 구어체가 두드러지게 나타난다.
오답 뜯어보기 ①, ② 이 글은 '이야기' 자체를 소재로 삼아 의인화하여 표현하고 있는 민담이다.
④ '그전엔 왜 가마에다 이렇게 가야 되잖아요.', '게서 귀를 이렇게 찌우들으니깐', '이렇게 잎이 피어 늘어지게 하고 돌배가 이렇게 매달리고 허먼'에서 알 수 있다.
⑤ 이 글은 예로부터 전해 내려오는 이야기를 구연하여 전달한 것이다.

2 도령은 자신이 들은 이야기를 종이에 적어 이야기 주머니에 넣고 풀어 놓지 않는데, 이는 이야기의 본질인 소통을 방해하는 행동이다. 따라서 갇혀 있던 이야기들이 도령에게 불만을 품고 도령을 해칠 계획을 꾀하게 된 것이다.

3 이 글에서 드러내고자 하는 핵심 내용은 이야기가 소통되어야 한다는 것이다. 따라서 돈이 유통되어야만 돈의 본질이 드러난다는 의미인 ①의 속담과 발상이 유사하다.
오답 뜯어보기 ② 말만 잘하면 어려운 일이나 불가능해 보이는 일도 해결할 수 있다는 말이다.
③ 아무리 좋은 조건이 마련되었거나 손쉬운 일이라도 힘을 들여 이용하지 않으면 안 됨을 비유적으로 이르는 말이다.
④ 아무도 안 듣는 데서라도 말조심해야 한다는 말이다.
⑤ 남에게 은혜를 입고서도 그 고마움을 모르고 생트집을 잡음을 이르는 말이다.

4 ㉠에서는 청자에게 경어를 쓰고 있으나, 뒤 문장에서는 반말을 쓰고 있다. 일관성 없는 존대 표현은 이 글이 구연한 것을 그대로 채록한 글임을 보여 준다. 따라서 청자가 다수라서 경어를 사용했다는 것은 적절하지 않다.

5 구전 문학은 그 특성상 이야기를 들은 사람(청자)이 다시 이야기를 전해 주는 사람(화자)이 되어 또 다른 사람(청자)에게 자신이 들은 이야기를 전달하게 된다. 또한 이야기를 전달하는 화자는 말을 하면서 동시에 이야기를 듣는 상대방의 반응을 살피고 그들의 말을 듣는 청자이기도 하다.

110 용소와 며느리바위_ 작자 미상 318~319쪽

키포인트 체크 장재 첨지, 용소, 며느리바위, 집터, 화석

1 ④ 2 ② 3 ④ 4 (1) 장재 첨지가 도승에게 악행을 부림.(장재 첨지가 도승의 바랑에 쇠똥을 넣음.) (2) 며느리가 뒤돌아보지 말라는 금기를 어김.

1 이 글에 해학적인 표현이나 대상에 대한 풍자는 뚜렷하게 나타나지 않는다.
오답 뜯어보기 ①, ⑤ '~라네', '~라구' 등의 구어체를 활용하여 청자 앞에서 직접 구연하는 듯한 느낌이 들도록 표현하고 있다.
② '우정', '옇단(옇다)' 등의 방언을 찾아볼 수 있다.
③ '인지'와 같이 의미를 전달하는 데 꼭 필요하지 않은 군더더기 말을 계속 사용하고 있다.

2 전설의 주인공 중에 비범한 인물이 많다고는 했으나, 장재 첨지는 인색하고 욕심이 많은 인물로 비범한 능력을 지니고 있다고 보기는 어렵다.
오답 뜯어보기 ① 전설이 지역 단위로 전승된다고 하였으므로 용소가 있는 장연읍을 중심으로 주변 지역에서 전승되었을 것으로 추측할 수 있다.
③ 선한 인물이었지만 금기를 지키지 못해 벌을 받은 며느리는 인간의 한계를 드러내는 비극적 인물이라 할 수 있다.
④ 용소와 며느리바위는 이 전설의 증거물로 이야기의 신빙성, 진실성을 뒷받침하는 역할을 하고 있다.
⑤ '옛날 옛적 얘기'라고 하여 시간적 배경은 명확하지 않지만 공간적 배경은 '장연읍'이라고 구체적이고 명확하게 제시되어 있다.

지식 +

• 신화, 전설, 민담

신화	전설	민담
• 태초의 신성한 장소 • 우주나 국가 등의 포괄적인 증거 • 신적인 인물이 비현실적인 능력을 발휘하여 업적을 이룸.	• 구체적인 시간과 장소 • 바위, 연못 등 개별적인 증거 • 비범한 인물이 등장하나 세계와의 대결에서 패배함.	• 뚜렷한 시간과 장소가 제시되지 않음. • 뚜렷한 증거물이 없음. • 평범한 인물이 등장하여 운명을 개척해 나감.

3 〈보기〉에서 쑥과 마늘을 먹고 백 일 동안 햇빛을 보지 말라는 것은 곰과 범이 지켜야 할 금기에 해당한다. 이 글에서 도승은 봉변을 당한 자신에게 쌀을 준 며느리에게 어떤 소리가 나도 절대 뒤를 돌아보지 말라는 금기를 제시했다.
오답 뜯어보기 ① 용소의 내력에 대해 이야기한 부분이다.
② 장재 첨지의 인물됨을 설명한 부분이다.
③ 중들이 일은 않고 무위도식한다고 비난하는 말로 중들에 대한 장재 첨지의 관점을 드러내는 부분이다.
⑤ 용소의 깊이를 과장하여 표현한 부분이다.

4 장재 첨지의 집터가 용소가 되는 벌을 받은 것은 장재 첨지가 도승에게 패악을 부렸기 때문이고, 며느리가 바위가 된 것은 도승이 일러 준 금기를 어기고 뒤를 돌아보았기 때문이다.

111 나무꾼과 선녀_ 작자 미상 320~321쪽

키포인트 체크 나무꾼, 호기심, 천상, 금기

1 ② 2 ④ 3 ② 4 천상계와 지상계를 왕래할 수 있는 수단(도구)이다.

1 구비 전승되었던 민담에는 구연자의 언어 습관이 잘 드러나 있다. 이 글에서도 군말과 사투리, '-는디'와 같은 특정 어미가 사용되었으며, 문

장 성분의 위치가 바뀌거나 음성 상징어가 많이 사용되는 등 청자에게 이야기를 들려주는 어투가 잘 드러나 있어서 구비 문학의 특징을 엿볼 수 있다.

지식+

• **구비 문학(口碑文學)의 변이와 적층성(積層性)**

이야기의 전승 과정에서 변형과 확장의 주체는 구연자(口演者)인 이야기꾼이다. 이야기꾼은 상상력을 발휘하여 새로운 이야기를 만들어 내는 오늘날의 소설가와 구별되지만, 이야기의 전달자로 국한되지 않고 창조적인 작가의 역할도 수행한다. 이야기는 옮겨지는 과정에서 보태지기도 하고 떨어져 나가기도 한다. 이러한 방식으로 입에서 입으로 전달되는 문학을 가리켜 구비 문학이라고 한다.

2 나무꾼은 처남이 제시한 과제를 받고 해결할 방도를 찾지 못해 끙끙 앓고, 그때마다 아내인 선녀의 도움으로 무사히 과제를 해결하게 된다. 나무꾼이 아내가 당부한 금기(활촉을 절대로 끌러 보지 말 것)를 어겨 활촉을 빼앗기기도 했지만 선녀가 나무꾼을 못마땅하게 여기는 모습은 보이지 않는다.

3 나무꾼은 토끼의 행방을 묻는 포수들에게 의뭉스러운 태도를 취하며 선의의 거짓말을 하여 토끼의 생명을 구해 준다. 포수들에게 화를 내는 모습은 이 글에서 확인할 수 없다.

오답 뜯어보기 ① 이 글에서 토끼가 나무꾼에게 도와 달라고 애원하므로 적절한 장면이다.

③ 목숨을 구한 토끼가 나무꾼에게 '총각님, 참 고맙습니다.'라고 인사하므로 연신 고맙다고 인사하는 모습은 적절한 장면이다.

④ 나무꾼은 처남으로부터 어려운 과제를 받고 난 후 밤새 끙끙 앓았으므로 밤새 잠 못 이루는 나무꾼의 모습은 적절한 장면이다.

⑤ 나무꾼은 하늘에서 가족들과 살면서도 고향을 잊지 못해 항상 콧노래를 불렀다고 했으므로 적절한 장면이다.

4 허리띠는 선녀가 지상계로 내려왔다가 다시 천상계로 갈 수 있는 도구인데, 나무꾼이 그 허리띠를 감추었기 때문에 선녀는 천상계로 복귀하지 못하고 지상계에 남아 나무꾼과 결혼하게 된다. 또 나무꾼은 비루먹은 말을 타고 천상계에서 지상계로 내려오지만 호박나물을 먹지 말라는 금기를 어겨 말이 죽음으로써 결국 천상계로 가지 못하게 된다.

지식+

• **금기와 금기의 위반에 따른 결과**

	금기	금기의 위반	결과
지상계	아들 넷을 낳기 전에는 선녀에게 허리띠를 돌려 주어서는 안 됨.	아들 셋을 낳은 뒤 선녀에게 허리띠를 돌려 줌.	나무꾼이 지상계에 홀로 남겨짐.
	호박나물을 먹으면 안 됨.	호박나물을 먹음.	
천상계	오는 길에 화살촉을 꺼내 보아서는 안 됨.	호기심 때문에 화살촉을 꺼내 봄.	나무꾼이 과제를 완벽하게 해결하지 못함.

112 바리데기 신화 _ 작자 미상

322~325쪽

키포인트 체크 효심, 장애, 남성, 무상 신선

1 ③ **2** ③ **3** ④ **4** 일반적인 영웅 소설에서 영웅의 뛰어난 능력을 강조하는 것과 달리 〈바리데기 신화〉에서는 이타적 행동과 희생정신, 고난을 견디는 강인한 정신력을 부각한다. **5** ④ **6** ⑤ **7** ⑤ **8** ④ **9** 죽지 않고 영원히 살고 싶어 하는 바람이 반영되어 있다.

1 이 글은 죽은 사람의 영혼을 저승으로 인도하고자 행해지는 오구굿에서 가창되는 구비 문학 작품이다.

오답 뜯어보기 ① 바리공주의 고난과 그 극복에 초점이 맞추어져 있다.

②, ⑤ 어떤 한 창작자가 아닌 여러 사람의 입을 통해 구비 전승된 작품으로, 지역이나 구연자에 따라 내용의 차이가 드러난다.

④ 여성인 바리공주가 중심인물이지만, 여성이 사회를 주도하던 시대에 출현한 것은 아니다.

2 (나)에서 비정상적인 출생에 대한 내용은 드러나지 않는다.

오답 뜯어보기 ① '국왕의 세자이옵더니'라고 왕의 자녀임을 밝히는 바리공주의 말에서 확인할 수 있다.

② 바리공주가 지팡이를 한 번 휘둘러 천 리를 간다는 내용에서 알 수 있다.

④, ⑤ 석가세존의 '너를 대양 서촌(大洋西村)에 버렸을 때에 / 너의 잔명(殘命)을 구해 주었거든'에서 알 수 있다.

3 〈보기〉의 물고기와 자라는 주몽이 고난을 극복하게 해 주는 조력자의 역할을 하고 있다. 이 글에서는 석가세존이 바리공주에게 라화를 주어 바리공주가 대해를 무사히 건너게 도와주는 역할을 한다는 점에서 유사하다.

4 〈바리데기 신화〉의 이야기 구조는 영웅의 일대기 구조를 따르고 있지만 일반적인 영웅 소설에서 주인공이 뛰어난 능력을 바탕으로 고난을 극복하는 것에 반해, 바리공주는 희생정신과 강인한 의지로 고난을 극복한다.

5 이 글은 무당이 굿을 하면서 부른 노래이므로 서민의 감정을 드러내는 비속어가 사용되기는 어렵다.

오답 뜯어보기 ① '라화', '서방 정토', '극락세계', '승하' 등의 어휘를 통해 확인할 수 있다.

② 바리공주의 행적에 대한 서술과 무상 신선에 대한 묘사, 바리공주와 무상 신선의 대화 등이 골고루 드러나 있다.

6 (나)에서 바리공주는 무상 신선을 처음 보고 '무서웁고 끔찍하여 물러나'고 있으므로 ⑤의 내용은 적절하지 않다.

오답 뜯어보기 ① 부모의 죽음을 암시하는 꿈을 꾸고 서둘러 돌아가고 있다.

② 무상 신선의 요구대로 9년 동안 일하고 일곱 자식을 낳아 준 것에서 알 수 있다.

③ 부모를 살리기 위해 온갖 고난을 받아들이며 극복하고 있다.

④ 무상 신선의 어려운 부탁을 별말 없이 모두 받아들이고 있다.

7 〈바리데기 신화〉의 '여성의 수난과 극복' 화소는 당대 사회의 억압으로 인한 버려짐, 자기희생과 노력을 통해 업적을 성취하는 것으로 나타난다. 그런데 〈구운몽〉에서 난양 공주가 겪은 어려움은 당대 사회의 억압이나 불합리와 거리가 멀고, 그 극복에 있어서도 고난이나 희생이 나타난다고 보기 어렵다.

8 ㉣에서 은바리가 깨지고 은수저가 부러진 것은 바리공주의 부모가 죽었음을 암시하는 부분으로, 이를 통해 항상 부모를 걱정하는 바리공주의 지극한 효심을 알 수 있다.

9 바리공주는 약을 구하여 죽은 부모를 살리고, 죽은 사람의 혼을 저승으

로 인도하는 무조신이 된다. 무당은 죽은 사람의 혼령을 위로하는 굿에서 이러한 과정을 읊음으로써 이승에 남은 사람들을 위로하며, 죽지 않고 영원히 살고 싶어 했던 당대 민중의 소망을 반영하고 있다.

지식+

• **통과 제의**

통과 제의는 새로운 세상으로 나아가기 위해 꼭 거쳐야 할 관문과 같은 것이다. 이를테면 〈단군 신화〉에서 곰은 사람이 되기 위해 백 일이라는 시간 동안 마늘과 쑥을 먹으며 햇빛을 보지 않는 관문을 거쳐 사람이 되고, 〈심청전〉의 심청은 인당수에 빠지는 과정을 거쳐 황후가 된다.

113 천지왕본풀이_ 작자 미상 326~327쪽

키포인트 체크 | 자애, 질서, 저승, 이승

1 ③ **2** ④ **3** ③ **4** ④ **5** 대별은 세상을 자애로 다스리려고 하는 반면, 소별은 세상을 엄하고 무섭게 다스리고 있다.

1 이 글은 창세 신화로 세상이 만들어진 내력이나 우주와 자연의 기원에 대해 밝히고 있을 뿐, 나라를 건국한 과정이나 애국심을 고취하는 내용은 드러나지 않는다.

오답 뜯어보기 ① 창세 신화로 천지가 생겨나고 해와 달, 별이 생겨난 기원을 설명하고 있다.

② 굿의 초입부에서 천지의 내력을 설명하는 대목에서 불린다.

④ 천지왕의 업적, 대별과 소별이 신이 되는 과정을 드러내고 있다.

⑤ 서사 무가로 굿에서 불리면서 구비 전승되어 왔으며 다양한 이본이 존재한다.

지식+

• **서사 무가**

굿에서 무당이 구연하는 이야기나 노래를 말한다. 소설이나 설화와 같이 인물이 등장하고 인물이 겪는 사건을 중심으로 한 줄거리를 갖추고 있다. 신의 유래를 설명한다는 특징이 있어 '본풀이'라고 불리기도 한다.

2 천지왕은 자신을 찾아온 대별과 소별이 자식인지 확인하기 위해 활과 화살을 주며 시험했지만 이들이 해와 달을 쏘아 떨어뜨린 후에는 이승과 저승을 다스리는 일을 맡기려 하고 있다. 꽃을 피우게 한 것은 이승과 저승을 누가 다스릴 것인지 결정하기 위해 한 것이지 대별과 소별의 능력을 믿지 못해 시험한 것이 아니다.

오답 뜯어보기 ① (나)에서 대별의 꽃나무가 소별의 것보다 더 잘 자랐음이 드러나 있다.

② (나)에서 소별은 꽃을 바꿔서 경쟁에서 이긴 뒤 이승이 자신의 차지라고 자랑스럽게 말하고 있다.

③ (가)에서 해와 달이 하나씩 부서져 사라지자 세상이 사람이 살 만한 곳이 되었음을 확인할 수 있다.

⑤ 천지왕은 이승과 저승을 나누는 판가름을 정성과 사랑이 있어야 할 수 있는 생명을 키우는 시합으로 하여, 꽃을 훌륭히 피운 사람이 이승을 맡도록 했다.

3 대별과 소별이 해와 달을 하나씩 쏘아 떨어뜨리는 일을 하게 된 것은 천지왕이 자신의 자식임을 증명해 보이라고 했기 때문이다. 해와 달을 쏘는 과제를 통해 대별과 소별을 경쟁시키지는 않았다.

오답 뜯어보기 ①, ② 대별과 소별이 천지왕의 자식임을 증명하기 위해 해와 달을 하나씩 쏘아 부수고 있다.

④ 대별과 소별은 천지왕이 내어 준 무쇠 활과 화살로 해와 달을 하나씩 사라지게 했다.

⑤ 대별과 소별이 해와 달을 떨어뜨려 세상은 사람들이 깃들어 살 만한 곳이 되었다.

4 대별과 소별이 해와 달을 쏘아 부서지게 한 것은 인간의 진취적인 모습과 도전 정신을 보여 주는 것이다. 또한 이러한 행동을 통해 천지왕의 아들로 인정을 받게 되는 한편, 사람들이 잘 살 수 있게 만들었을 뿐, 이로 인해 둘의 사이가 벌어진 것은 아니다.

오답 뜯어보기 ①, ② 소별이 잘못된 방법으로 이승을 차지함으로써 이승에 악행이 끊이지 않았다는 것을 통해 혼란스러운 현실에 대한 비판 의식과 분수를 넘어서는 욕심에 대한 경계 의식을 드러내고 있다.

③ 이야기를 통해 천지의 생성과 우주의 기원에 대해 설명하고 있다.

⑤ 용맹과 지략이 아니라 정성과 사랑이 필요한 생명을 키우는 시합을 통해 이승을 다스릴 인물을 결정하는 것은 그러한 인물이 이승을 다스려야 한다는 생각이 반영된 것으로 볼 수 있다.

5 대별은 소별에게 세상을 자애로 다스리라는 당부를 하고 저승으로 떠나고 있으며, 소별은 이승의 혼란을 바로잡기 위해 위계를 엄격히 세우고 죄를 지은 자를 무서운 형벌로 다스리고 있다.

114 제석본풀이_ 작자 미상 328~331쪽

키포인트 체크 | 강인, 삼신, 쌀

1 ④ **2** ⑤ **3** ⑤ **4** ④ **5** 삼한 세준을 태이러 왔는데 **6** ⑤ **7** ② **8** ② **9** 천상계의 존재인 아버지와 지상계의 존재인 어머니가 결합하여 후계자가 탄생하는 과정을 보여 준다.

1 무녀는 '참 이 스님에 거동 보소'와 같이 작품 내용에 개입하여 자신의 주관을 밝히기도 한다.

오답 뜯어보기 ① 당금애기가 삼신할머니가 되는 과정을 그린 서사 무가로 신화적 성격을 지니면서, 영웅 서사 구조 및 스님이 당금애기를 잉태시키는 과정을 통해 흥미를 유발하고 있다.

② 우리나라의 고대 건국 신화에서 보이는 천부지모형(天父地母型) 신화의 성격을 지닌다.

③ '우리 절에'와 같은 데서 구연 과정의 실수가 드러난다.

2 본문은 스님이 당금애기에게 잠겼던 고방문을 열어 놨으니 동냥을 달라고 말하는 장면으로 시작하고 있다. 따라서 이 글의 앞 장면에는 당금애기가 고방문이 잠겨 스님에게 동냥을 줄 수 없다고 말하는 내용이 있었음을 짐작할 수 있다.

3 ㉠은 해가 질 때까지 시간을 끌어야 한다는 스님의 생각으로, 스님은 시간을 끌기 위해 여러 가지 의도적인 행동을 한다. ⓒ는 당금애기가 이러한 스님의 의도를 눈치채지 못하고 흘린 쌀을 비로 쓸어 담자고 몸종인 옥단춘에게 하는 말이다.

오답 뜯어보기 ①, ② 아버님의 쌀독과 당금애기의 쌀독에 각각 청룡과 거미를 두어 쌀을 퍼 가지 못하게 하여 시간을 끌려는 스님의 의도가 담겨 있다.

③, ④ 쌀을 받는 시주 자루에 일부러 구멍을 뚫어 바닥에 쌀을 흘림으로써 시간을 끌려는 스님의 의도가 담겨 있다.

4 이 글에서는 '잽이'가 악사의 역할을 하고 있는데, 잽이가 무녀의 생각에 대해 해설하는 부분은 나타나지 않는다.
오답 뜯어보기 ① 삼신할머니가 되는 당금애기에 대한 내용을 노래하고 있다.
② '구부로 치도로', '댕깁니까?'와 같이 지역색이 드러나는 방언을 많이 찾아볼 수 있다.
③ 장고잽이는 잠깐 장고를 두드리다가 이내 멈추는 행위를 반복하고 있다.
⑤ 잽이는 무녀의 노래 중간중간에 '야'라는 탄성을 반복하여 지르고 있다.

5 (가)의 마지막 부분에 '삼한 세준을 태이러 왔는데'를 통해 스님이 온 목적을 알 수 있다. 즉, 스님은 삼한 세존을 태어나게 하고자 당금애기를 만나러 온 것이다.

6 이 글은 당금애기가 삼신할머니가 되는 과정을 담고 있는 작품으로, 평범한 인간의 고난 극복에 관한 이야기와는 거리가 멀다.

7 당금애기는 아들만 아홉을 낳고 딸을 낳고 싶어 하는 당금애기의 부모가 산천에 간절히 기도를 드려 겨우 태어났으므로, 부모가 딸을 원하지 않는 상황에서 태어났다는 말은 적절하지 않다.

8 ㉡은 당금애기의 말이고, 나머지는 스님의 직접 발화 또는 간접 발화이다.

9 이 글은 천신계의 남성 도승과 지신계의 여성 당금애기가 결합하여 새로운 제석신을 생산하는 신화이다. 〈보기〉에도 천상계의 존재인 환웅과 지상계의 존재인 웅녀의 결합으로 단군 왕검이 탄생하는 과정이 드러나 있다.

115 세경본풀이_ 작자 미상 332~333쪽

키포인트 체크 꾀, 제주, 남장, 편지

1 ⑤ **2** ④ **3** ① **4** 천상의 옥황이 보낸 편지가 문 도령이 천상으로 올라가는 계기가 되고 있다.

1 민중의 염원을 반영하는 구비 문학의 특성을 감안할 때, 이 글은 소극적인 삶을 살아가던 당시 여성들의 이상과 염원을 담은 이야기로 보는 것이 적절하다. 자청비는 위기 대처 능력이 뛰어난 지혜로운 여성으로 남장을 하고 글공부를 하며, 문 도령과 겨뤄 이기지만 남성 중심 사회를 변화시키기 위해 저항하는 모습을 보인다고 할 수는 없다.
오답 뜯어보기 ① 구연을 통해 구전된 작품으로, 자청비의 출생, 문 도령과의 만남과 글공부 등의 과정을 그리고 있다.
②, ③ 제주도에서 농사가 잘되고 가축이 번성하기를 기원하는 목적으로 큰굿을 할 때 구연되었던 무가이다.
④ 무가로 구연되기 적합한 구어체로 이루어져 있다.

2 문 도령은 자청 도령이 여자라는 것을 의심하기는 했지만 자청 도령이 여자임을 알고도 모른 체한 것은 아니다.
오답 뜯어보기 ① 문 도령의 의심이나 오줌 내갈기기 내기 등 정체가 들통날 위기를 잘 모면하는 모습을 볼 때, 자청비의 위기 대처 능력이 뛰어남을 알 수 있다.
② 자청비는 문 도령에게 남동생을 소개해 주겠다고 하고 자신이 남장을 한 후 문 도령을 따라나섰다.
③ 문 도령이 아버지의 편지를 받고 집으로 돌아가겠다고 하는 모습에서 알 수 있다.
⑤ 문 도령이 글공부를 그만두겠다고 하자 자청비도 글공부를 그만두겠다고 말하는 모습에서 애초에 자청비가 글공부하러 온 목적이 문 도령에게 있음을 암시하고 있다.

3 [A]에서 자청비는 문 도령을 속여 문 도령이 젓가락에 신경 쓰느라 잠을 잘 수 없게 하여, 여자임을 들키지 않고 학문에서 문 도령을 이겼다. 그리고 〈보기〉에서 탈해왕은 호공의 집이 살 만한 곳임을 알고 숫돌과 숯을 파묻는 꾀를 사용하여 원하는 대로 일을 성취했다.
오답 뜯어보기 ②, ③ 자청비가 아닌 탈해왕에게 해당하는 내용이다.
④ 자청비와 탈해왕에게 모두 해당하는 내용이다.
⑤ 자청비는 젓가락에 관한 일 외에도 자신의 정체와 관련하여 서당 사람들을 모두 속였고, 탈해왕 또한 자신의 속임수를 재판의 증거로 삼음으로써 많은 이를 속였다.

4 상황 1에서는 문 도령이 지상계에 있지만, 상황 2에서는 문 도령이 천상계에 올라가 있다. 옥황의 아들인 문 도령은 원래 천상의 존재이지만 지상계에 내려와 있다가 부친인 옥황이 보낸 편지를 보고 천상계로 다시 올라가고 있다.

고전 시가

고전 산문

현대 시

현대 소설

수필·극

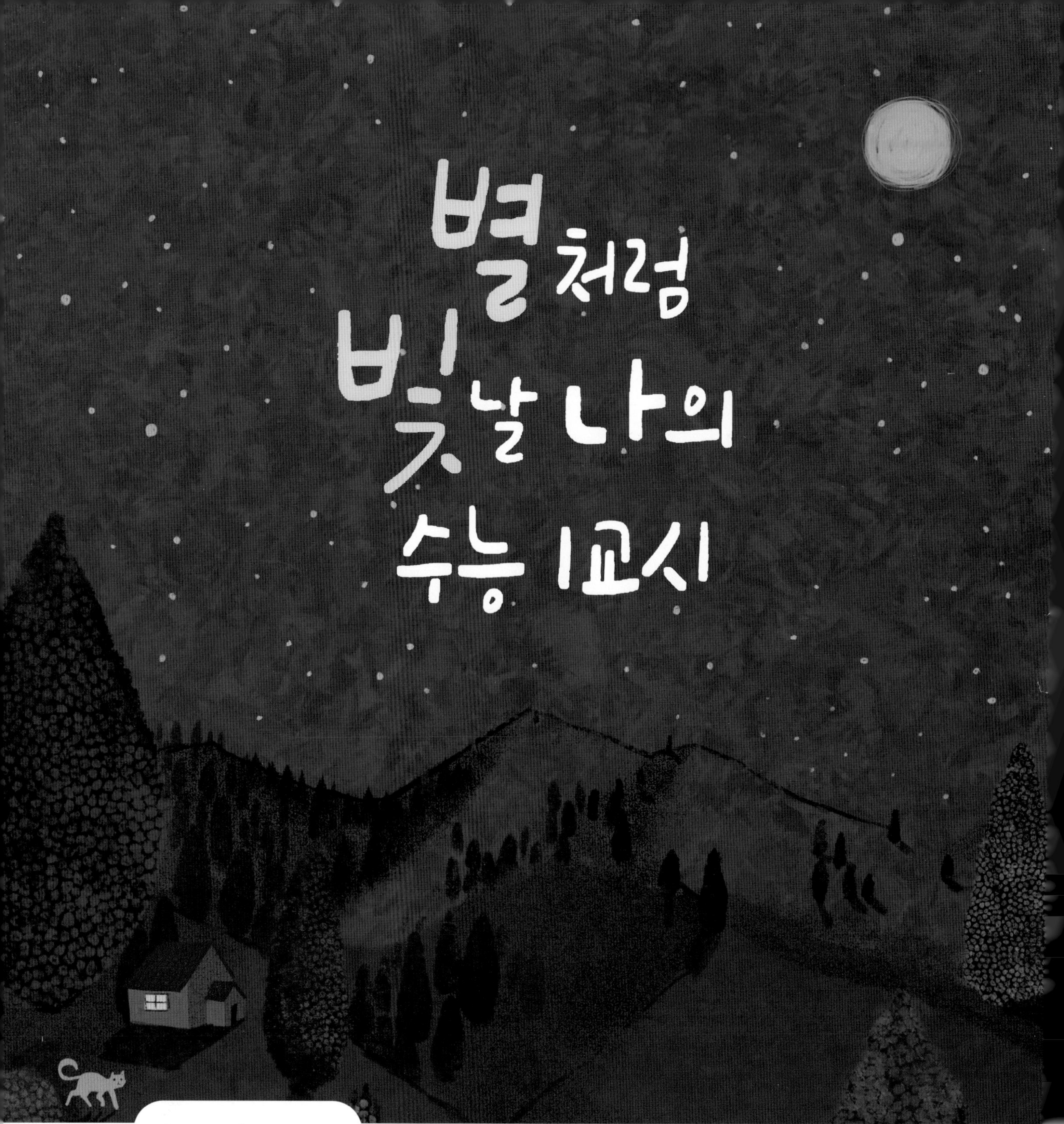

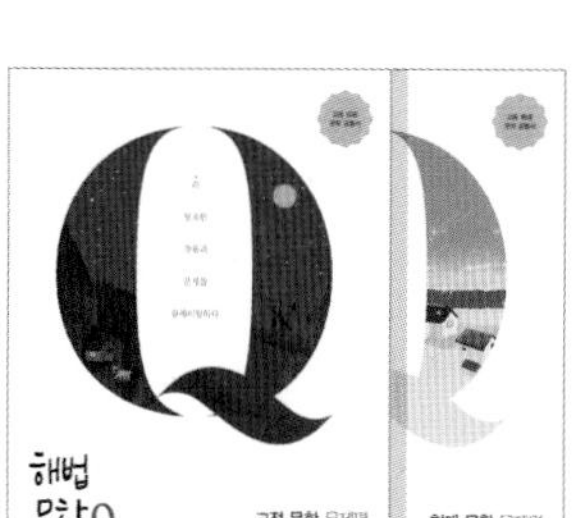